Strobl / Blaschke / Griesebner / Zagel (Hrsg.)

Angewandte Geoinformatik 2014

Strobl / Blaschke / Griesebner / Zagel (Hrsg.)

Angewandte Geoinformatik 2014

Beiträge zum 26. AGIT-Symposium Salzburg

Wichmann

Alle in diesem Buch enthaltenen Angaben, Daten, Ergebnisse usw. wurden von den Autoren nach bestem Wissen erstellt und von ihnen und dem Verlag mit größtmöglicher Sorgfalt überprüft. Dennoch sind inhaltliche Fehler nicht völlig auszuschließen. Daher erfolgen die Angaben usw. ohne jegliche Verpflichtung oder Garantie des Verlags oder der Autoren. Sie übernehmen deshalb keinerlei Verantwortung und Haftung für etwa vorhandene inhaltliche Unrichtigkeiten.

Bibliografische Information der Deutschen Nationalbibliothek
Die Deutsche Nationalbibliothek verzeichnet diese Publikation in der Deutschen Nationalbibliografie; detaillierte bibliografische Daten sind im Internet über http://dnb.dnb.de abrufbar.

ISBN 978-3-87907-543-0

Bismarckstr. 33, 10625 Berlin
www.vde-verlag.de
www.wichmann-verlag.de

FSC
www.fsc.org
MIX
Papier aus verantwortungsvollen Quellen
FSC® C117664

Druck unter Verwendung von Papier aus verantwortungsbewussten Quellen.

Druck: druckhaus köthen GmbH & Co. KG, Köthen (Anhalt)
Printed in Germany 2014-06

Vorwort der Herausgeber

Geoinformatik ist heute als ein methodisch-technisches Querschnittsfach etabliert. Daher erscheint die Palette der in diesem Band veröffentlichten Beiträge auch auf den ersten Blick sehr ‚bunt' und ist mit zahlreichen Anwendungsfächern verbunden. Genau in dieser Einbringung einer räumlichen Perspektive in eine Vielzahl von Disziplinen liegt auch das spezifische Stärkefeld geoinformatisch arbeitender Wissenschafter und Praktiker – der ‚*experts for a spatial view*', und daraus resultierendem Mehrwert an Wissen und Entscheidungsgrundlagen.

Anerkannt wird die universelle Bedeutung räumlicher Sichtweisen nicht nur durch die Grundlagen ‚räumlichen Denkens', der Konzeption von Geodateninfrastrukturen und kartographisch geprägte Benutzerschnittstellen, sondern auch durch institutionelle Akzente im Bereich der ‚spatial sciences'. Wie an einigen anderen Universitäten ist in Salzburg das Z_GIS als ‚Interfakultärer Fachbereich' eingerichtet und damit transdisziplinär orientiert.

Aus dieser Perspektive freuen wir uns, diesen Band wieder als das aktuelle ‚Jahrbuch der Geoinformatik' vorlegen zu können! Auch im 26. Jahr des AGIT-Symposiums werden aktuelle Fortschritte aus methodischer und technischer Sicht, besonders aber auch die Weiterentwicklung einer breiten Palette von Anwendungen präsentiert. Hinsichtlich Vielfalt und Niveau der Beiträge ist dies eine beeindruckende Leistungsschau der deutschsprachigen Geoinformatik.

‚Die AGIT', als jährlich an der Naturwissenschaftlichen Fakultät der Universität Salzburg veranstaltetes Symposium für Angewandte Geoinformatik, nimmt in unserem weiterhin stark wachsenden Fachgebiet eine zentrale Aufgabe wahr: Fortschritte in wissenschaftlichen Grundlagen, in innovativen Methoden wie auch in der kreativen Anwendungspraxis entstehen nur selten in Einzelarbeit, sondern vorrangig auf der Grundlage fachlichen Austauschs. Arbeiten werden daher bei der AGIT nicht nur präsentiert, sondern auch mit TeilnehmerInnen kritisch diskutiert und im Zuge dieser Publikation offen zugänglich gemacht.

Im Namen des Programmkomitees des Symposiums sowie des Interfakultären Fachbereichs Geoinformatik – Z_GIS der Universität Salzburg als Veranstalter der AGIT 2014 sind wir nicht nur stolz darauf, diesen Band herausgeben zu können, sondern sind vor allem auch vielen Mitwirkenden zu Dank verpflichtet:

An erster Stelle danken wir dabei den AutorInnen, die sich in einem engen terminlichen Korsett der „peer review" der Beiträge stellen. Besonders hervorzuheben ist die hohe Qualität der mit „full paper review" gekennzeichneten Aufsätze, im Volltext und zweifach begutachtet durch FachkollegInnen im Programmkomitee – gerade diese Beiträge sind wertvolle Elemente der Weiterentwicklung von Konzepten und Methoden der ‚Geographic Information Science' und der Angewandten Geoinformatik.

Die fachlich fundierten Stellungnahmen und Vorschläge der FachkollegInnen im Programmkomitee sind Grundlage der Qualitätssicherung einer Publikation. Für diese umfangreiche, anspruchsvolle und immer auch terminlich knapp angesetzte Arbeit sprechen wir unseren Dank und besondere Anerkennung aus! Auch wir Herausgeber sind vielfach in der Rolle als Reviewer und schätzen die damit verbundene Lerngelegenheit, wenngleich einige sehr lange Abende dafür zu investieren sind.

Besonders danken wollen wir an dieser Stelle Herrn Gerold Olbrich vom herausgebenden Verlag, der wie gewohnt in effizienter und freundlich unterstützender Zusammenarbeit den vorliegenden Band fachkundig betreute. Dieser wurde nicht nur in qualitativ hochwertiger Form pünktlich bereitgestellt, sondern wir freuen uns auch über die Möglichkeit der offenen Online-Verfügbarkeit der Inhalte auf www.gisopen.de!

Undenkbar wäre die Ausrichtung des jährlichen AGIT-Symposiums mit seiner begleitenden wirtschaftlich-technischen Leistungsschau der AGIT-EXPO ohne die engagierte ganzjährige Arbeit der verantwortlichen Mitarbeiter am Z_GIS: Bernhard Zagel leitet gemeinsam mit Helena Atteneder die Gesamtorganisation, und Gerald Griesebner zeichnet in Zusammenarbeit mit dem Programmkomitee insbesondere für den Ablauf von Einreichung und Review bis zur Publikation des Bandes verantwortlich. Die ‚Technik dahinter', einschließlich der Review-Plattform, wird von Bernhard Bretz kompetent betreut. Diesen und allen weiteren MitarbeiterInnen des AGIT-Teams sei an dieser Stelle für ihren Einsatz herzlich gedankt!

In der wissenschaftlich orientierten Geoinformatik-Welt ist der AGIT-Tagungsband als Jahrbuch zum „Stand der Geoinformatik" seit vielen Jahren etabliert. Diese regelmäßige Standortbestimmung ist für GIS-Experten richtungweisend hinsichtlich aktueller Fortschritte und rezenter Entwicklungen. Durch die Vielfalt der Beiträge kann jeder Leser im individuellen Interessensbereich neue Anregungen, Informationen und kritische Perspektiven mitnehmen – als Basis der Weiterentwicklung eigener innovativer Ansätze.

Dieses kreative Umfeld bereichert auch die erfolgreichen akademischen Studienangebote an der Universität Salzburg: Das Masterstudium „Applied Geoinformatics" und das Doktoratsprogramm einschließlich des nunmehr etablierten Doktoratskollegs „Geographic Information Science" werden in englischer Sprache angeboten, die berufsbegleitenden UNIGIS-Fernstudien als weltweit führendes Weiterbildungsangebot lokal in deutscher Sprache und in Zusammenarbeit mit weltweiten Studienzentren auch in anderen Sprachen.

In enger Verbindung mit der AGIT steht das gemeinsam mit der Österreichischen Akademie der Wissenschaften veranstaltete und parallel stattfindende englischsprachige ‚GI_Forum Salzburg', mit dem wir unsere internationalen Partner einbinden. Blicken Sie gelegentlich in das reichhaltige Programm und die Publikationen des GI_Forum – Sie werden die Kontakte mit internationalen KollegInnen sicherlich auch zu schätzen wissen!

Der Interfakultäre Fachbereich Geoinformatik ist anerkannt als universitäres Kompetenzzentrum an den Schnittstellen von Wissenschaft, Wirtschaft und Weiterbildung. In diesem Kontext ist die AGIT ein jährlicher Höhepunkt, ein Geben und Nehmen an neuer Information und voller kreativer Ideen. Die Drehscheibe AGIT bietet ein überaus reichhaltiges Angebot zur Vernetzung von Institutionen, Personen und deren Wissen.

Anlässlich des 26. AGIT-Symposiums wünschen wir eine interessante, erkenntnisreiche und zu Innovationen motivierende Lektüre dieses Bandes und freuen uns auf ein Wiedersehen in den kommenden Jahren! Besuchen Sie uns bis dahin gelegentlich auch online auf www.zgis.at und www.agit.at sowie auf dem YouTube-Kanal der AGIT, bleiben Sie uns auf http://www.facebook.com/agit.community verbunden und verfolgen Sie die tweets @agit_team – unsere Adressen im weltweiten Netz der Geoinformatik-Fachwelt!

Josef Strobl *Thomas Blaschke* *Gerald Griesebner* *Bernhard Zagel*

Inhaltsverzeichnis

Datenerfassung, Fernerkundung und Bildanalyse

Ein neuer standardisierter Workflow zur quantitativen Landschaftsbildbewertung bei UVP-Verfahren

Christoph ERLACHER[1], Gernot PAULUS[1], Markus EISL[2], David MELCHER[3], Daniel BOGNER[3], Brigitte GRIESSER[4], Werner PÖLL[4], Alexandra RIEGER[5] und Lukas UMGEHER[5]

[1]FH KÄRNTEN, Villach · C.Erlacher@fh-kaernten.at
[2]eoVision GmbH, Salzburg
[3]eb&p Umweltbüro GmbH, Klagenfurt
[4]Freiland ZT GmbH, Graz
[5]Revital IB GmbH, Nußdorf-Debant

Dieser Beitrag wurde durch das Programmkomitee als „reviewed paper“ angenommen.

Zusammenfassung

Im Rahmen von Umweltverträglichkeitsprüfungs-Verfahren (UVP-Verfahren) muss die Auswirkung von technischen Infrastrukturprojekten auf das Landschaftsbild bewertet werden. Diese Bewertung des Landschaftsbildes wird gutachterlich von ExpertInnen durchgeführt. Für die dabei notwendigen Prozessschritte der Beurteilung des Ist-Zustandes der Landschaft, der Auswirkungen von Infrastrukturprojekten und der Wirkung von Ausgleichsmaßnahmen gibt es aktuell keine einheitlich angewandte Methodik, entsprechend kritisch werden daher oft die Ergebnisse beurteilt. Dieser Fachbeitrag schlägt einen neuen standardisierten Workflow zur quantitativen Landschaftsbildbewertung vor, in dem hochauflösende Geodaten, räumliche Analysemethoden und Verfahren der räumlichen Entscheidungsunterstützung kombiniert werden und damit eine transparente, szenariobasierte Landschaftsbildbewertung ermöglichen.

1 Einleitung

Im Projekt kooperieren drei Umweltplanungsbüros mit unterschiedlichen thematischen Schwerpunkten und ein Unternehmen im Bereich Satellitenbildklassifikation mit einer Hochschule, um ein neues standardisiertes Verfahren zur quantitativen Landschaftsbildbewertung bei Umweltprüfverfahren (Wasserkraftwerke, Straßenprojekte, Windkraftanlagen, etc.) zu entwickeln. Ziel des Projektes ist es, den Prozess der Landschaftsbildbewertung objektiv zu gestalten und damit Entscheidungen im Rahmen von UVP-Verfahren (Umweltverträglichkeitsprüfungen) transparent und nachvollziehbar zu machen. Mithilfe von Methoden und Werkzeugen der Geoinformation, der Satellitenbildauswertung und der räumlichen Entscheidungsunterstützung (Spatial Decision Support System – SDSS) wird ein Workflow zur standarisierten Bewertung des Landschaftsbildes entwickelt. Dieser Workflow bzw. das zu entwickelnde Konzept umfasst den Aufbau des Kriterienkatalogs, die

Strobl, J., Blaschke, T., Griesebner, G. & Zagel, B. (Hrsg.) (2014): Angewandte Geoinformatik 2014.
 ISBN 978-3-87907-543-0.

Geodatenaufbereitung (räumliche Analyse der Modellinputdaten durch Sichtbarkeitsanalysen & Satellitenbildklassifikation), das räumliche Entscheidungsunterstützungsmodell (zur Bewertung der Sensibilität des Landschaftsbildes, der Vorbelastung und des Einflusses von Infrastrukturprojekten und Ausgleichsmaßnahmen) sowie die räumliche Visualisierung der Ergebnisse zur Quantifizierung von unterschiedlichen Planungsszenarien.

2 Landschaftsbildbewertung

Der Lebensraum des Menschen ist in seinem Erscheinungsbild durch natürliche und menschenbedingte Einflüsse bestimmt und strukturiert. Laut NOHL (2001) unterteilt sich ein Gebiet in der Regel in Bereiche mit unterschiedlichen Erscheinungsbildern. Die Grundlage für die Beurteilung der Auswirkungen eines Infrastrukturprojektes auf das Landschaftsbild bildet eine Unterteilung des Untersuchungsgebietes in visuell eigenständige landschaftsästhetische Raumeinheiten, die in sich homogen sind. ROTH (2012) gibt eine Übersicht, die unterschiedliche Sinneseindrücke bei der Wahrnehmung des Landschaftsbildes berücksichtigt. Neben den visuellen Eindrücken spielen auch olfaktorische und akustische Eindrücke eine Rolle, wobei in diesem Workflow nur Erstgenannte berücksichtigt werden. Wesentlich für die Wahrnehmung der Gestaltprinzipien ist jedoch nicht nur ihr Vorkommen oder Aussehen, sondern vor allem die Sichtbeziehungen und die Distanz zu ihnen vom jeweiligen räumlichen Beobachtungspunkt aus.

Die Verfahren zur Bewertung des Landschaftsbildes lassen sich grundsätzlich in **quantifizierende** und **verbal-argumentative** Verfahren einteilen. Zwischen diesen Vorgehensweisen bestehen Übergänge, sodass eine eindeutige Zuordnung eines bestimmten Verfahrensansatzes zu dem einen oder anderen Typus manchmal schwierig ist. Die quantifizierenden Verfahren sind methodisch gegliederte Vorgehen, die sich auf quantitativ bestimmbare Faktoren, aber auch auf Skalierungen und Klassifizierungen nicht messbarer Kriterien stützen. Die Werteinstufungen werden dabei vornehmlich rechnerisch, z. B. durch Multiplikation mit anderen quantitativen Werteinheiten, ermittelt und aggregiert. Sie differenzieren sich für Punktewertverfahren, Kompensationsflächenfaktoren und Herstellungskostenansätze. Vorteile dieses Verfahrens sind Nachvollziehbarkeit und die Möglichkeit der Ableitung quantitativer Forderungen. Das Verfahren nach NOHL stellt einen quantifizierenden, *„auf dem Prinzip der Nutzwertanalyse fußenden Ansatz dar“* (JESSEL et al. 1998). In zehn Schritten wird die Größe der Kompensationsfläche bei mastartigen Eingriffen (Windkraftanlagen, Sendemasten, Freileitungen) ermittelt. Dabei greift er für die Bestimmung der Eingriffsintensität und der landschaftsästhetischen Erheblichkeit in den unterschiedlichen Landschaftsbildeinheiten und Wirkzonen, welche nach Entfernung zum Eingriff eingeteilt sind, auf verschiedene Tabellen zurück. Durch die Multiplikation der beeinträchtigten Fläche mit dem Erheblichkeitsfaktor, dem Kompensationsflächenfaktor und dem Wahrnehmungskoeffizienten wird die Kompensationsfläche für jede Teileinheit ermittelt. Das von KIEMSTEDT (1967) entwickelte V(ielfältigkeits)-Wert-Verfahren ist ein nutzerunabhängiges, quantifizierendes Verfahren zur Bewertung von Landschaftsbildern. Es beruht auf der Annahme, dass die Vielfalt und somit die ästhetische Wirksamkeit einer Landschaft als objektive Größe gemessen werden kann. Durch Definition von Wertkriterien wird Subjektivität bei der Bewertung ausgeschlossen. Der Vielfältigkeitswert wird anhand von Größen wie Wald- und Gewässerrand in m/km^2, Reliefenergiezahl, Nutzungszahl und Klimafaktor berechnet. Räumliche Bewertungsmethoden, meist rasterbasierte quantitative Bewertungsverfahren, werden beispielsweise von ROSER (2011),

MELCHER & BOGNER (2012), SCHIRPKE et al. und FRANK et al. (2013) vorgestellt. Das verbal-argumentative Verfahren dagegen verzichtet auf eine rechnerische Ermittlung und Aggregation der Wertstufe und bewertet durch Argumentation. Dies ermöglicht die Behandlung schwieriger und nicht quantifizierbarer Sachverhalte. Dabei gibt es eine große Anzahl von unterschiedlichen Ansätzen, die von einfach strukturierten, mit rein textlichen Ausführungen, über formal strukturierte und grafisch unterstützte Bewertungen, bis hin zu entscheidungslogischen Verfahren mit Entscheidungsregeln, Entscheidungsbaum oder Paarvergleich reichen. Ein Beispiel hierfür ist der Leitfaden für die Beurteilung der Auswirkungen von Eingriffen auf das Landschaftsbilden (Amt der NÖ Landesregierung).

3 Konzept und Workflow

3.1 Kriterienkatalog

Zur Beschreibung oder Bewertung des optischen Eindrucks, den eine Landschaft beim Betrachter hinterlässt, werden verschiedene Parameter herangezogen. Es gibt unterschiedliche Ansätze, die dabei Anwendung finden. Die subjektive Empfindung kann dabei jedoch nicht ganz ausgeschlossen werden. Oft wird von den sogenannten Gestaltprinzipien gesprochen, durch die das Landschaftsbild erfasst werden kann. Zu diesen zählen Natürlichkeit, Eigenart, Vielfalt, Schönheit und Störfaktoren, welche die Bewertungskriterien für das Landschaftsbild repräsentieren. In der Literatur finden sich verschiedene Definitionen zu diesen Kriterien.

Vielfalt: Laut NOHL (1993) ist *Vielfalt* mittels der Anzahl deutlich unterscheidbarer Elemente in einer Landschaft messbar (z. B. Oberflächenformen, Vegetationsstrukturen, Gewässerformen, Nutzungsarten, Gebäude- und Baustrukturen sowie Einschließungsarten). Genauso verstärken geschwungene Grenzen, jahreszeitliche Vegetationsaspekte und Sichtbeziehungen den Eindruck von Vielfalt. SCHWAHN (1990) beschreibt, dass vor allem Nähe bzw. Entfernung sowie die zeitliche Dimension eine wichtige Rolle spielen. Somit ergibt sich für die Vielfalt auch eine Abhängigkeit durch die Blick- bzw. Sichtbeziehung, sowie durch unterschiedliche Jahreszeiten (JESSEL 1998, RIEDEL et al. 2009). **Eigenart:** ROTH (2012) beschreibt, dass das Wort *Eigenart* einerseits als positiv (typisch, charakteristisch, unverwechselbar) und anderseits als negativ (merkwürdig, abnorm) verstanden werden kann. NOHL (2001) erklärt den Begriff der Eigenart mit „untypischen" Veränderungen/Eingriffen innerhalb der letzten ein bis zwei Menschengenerationen, der einer Landschaft Identität und Individualität verleiht. Die Eigenart einer Landschaft setzt sich aus Anordnung, Anteile und Ausprägungen von Elementen (z. B. dominante Gehölz- und Gewässerstrukturen, geomorphologische Strukturen, Reliefformen, kulturelle Elemente …) zusammen (RIEDEL 2009). **Naturnähe:** Laut NOHL (1993) zeichnet sich *Naturnähe* durch möglichst wenige menschliche Eingriffe und ein hohes Maß an Spontanentwicklung aus. Naturnähe besitzt auch künstliche Landschaftsräume, die zufällig strukturiert sind. ROTH (2012) betont, dass es sich hier um die wahrgenommene bzw. erlebte Naturnähe handelt und nicht um die ökologische Naturnähe. Zum Beispiel können auch Brachflächen, Forste und Landschaftsgeräte als sehr naturnah erlebt werden. Zu berücksichtigen gilt die Abwesenheit von Überbauungen und Versiegelungen sowie das Fehlen intensiver Landnutzungsformen und regelmäßig-geometrischer Muster und technischer Strukturen (NOHL 2001; ROTH 2012, 63). **Störfaktoren:** Laut Nohl (1993) haben Störelemente vor allem Einfluss auf den Verlust der Eigenart einer Landschaft. Die Stärke der Beeinträchtigung eines Störfaktors (Windparks, Straßen, Siedlungen...) hängt von der Charakteristik (Bauhöhe/Baumasse, Konstruktion/Material, Farbe/ Textur, Standort/Trassenverlauf...) und der Entfernung eines Objektes ab. **Schönheit:** Das Kriterium *Schönheit* wird in der Fachliteratur als der am schwierigsten greifbare bzw. zu bewertende Parameter bezeichnet (ROTH 2012). Die Schönheit liegt im Auge des Betrachters und ist somit höchst subjektiv. Dieses Kriterium eignet sich kaum für GI-Analysen, da es sich schwer ableiten lässt. Der Kriterienkatalog repräsentiert die Basis für die räumliche Entscheidungsunterstützung und wird durch die Kriterien und deren Einfluss (Gewichtung) im Modell hierarchisch beschrieben. In der obersten Ebene befinden sich die Kriterien „Vielfalt", „Eigenart" und „Störfaktoren". Elemente des in der Literatur beschriebene Kriteriums „Naturnähe" sind implizit in Form von Subkriterien der Kriterien „Vielfalt" (Still- und Fließgewässer...) und „Eigenart" (Almen...) abgedeckt. Hinsichtlich des Einflusses der einzelnen Kriterien gibt es bereits eine Vorbewertung der Kriteriengewichtungen, die aber durch vor Ort Begehungen durch Experten abgeändert werden kann.

3.2 Geodatenaufbereitung

Das ausgewählte Testgebiet (5 × 5 km) deckt das Gebiet Velden-Rosegg in Kärnten ab. Dieses eignet sich aus strategischen Gründen, da die Case-Study im Zentralraum von Kärnten liegt und viele Menschen durch geplante Bauvorhaben betroffen wären. Darüber hinaus sind bessere Sichtbeziehungen als in den engen Tälern gegeben und der landschaftliche Raum ist recht bekannt, wodurch Ergebnisse durch das Userforum und weiterer Experten, die nicht direkt im Projekt involviert sind, leichter verifiziert werden können. Derzeit stammen die Inputdaten hauptsächlich aus der landschaftsräumlichen Gliederung Kärntens (BLECH & PIECHL 2002), die vor allem die menschenbedingte Eigenart und die Störfaktoren repräsentieren, sowie aus der Vegetationskartierung Kärntens (HARTL et al. 2002), welche die natürliche Eigenart abbildet.

Eigenart und Störfaktoren

In der Raumplanung sind Sichtbarkeitsanalysen ein wichtiges Werkzeug um die visuelle Auswirkung geplanter Infrastrukturprojekte (Gebäude, Seilbahnen, Straßen, Windparks ...) auf die Umgebung quantitativ berechnen zu können (FISHER 1996). Nicht nur Störfaktoren üben Einfluss auf die Umgebung aus, auch Objekte der Eigenart prägen das Landschaftsbild in einer positiven Art und Weise und werden vom Betrachter als angenehm bzw. aufwertend empfunden. Der Wirkungsgrad von Objekten der Eigenart und Störfaktoren wird durch Faktoren wie die vertikale Höhe, die Flächenausdehnung, der Sichtanteil, Entfernungen, visuelle Durchlässigkeit, Farben, Formen, Material usw. bestimmt. Die Inputdaten sind, wie bereits erwähnt, als Flächen (Vektordaten) vorhanden und müssen für die Ermittlung der Sichtbeziehungen folglich aufbereitet werden. Die Umsetzung und Durchführung dieser Analysen (engl. Viewshed) wird mit der Software „ArcGIS" und der Erweiterung „Spatial Analyst" als Python-Implementierung realisiert. Dabei fließen derzeit die Faktoren vertikale Höhe, Sichtanteil und Distanz, als von Experten gewichtete Rasterdatensätze ein. Somit erhält man für die Objekte der Eigenart und der Störfaktoren jeweils eine distanzbasierte, gewichtete Einflusskarte (Raster), die den Sichtanteil der Objekte berücksichtigt. Je geringer der Abstand zu den Objekten und je dominanter der Sichtanteil der Objekte, desto größer ist der Einfluss auf die Umgebung (Pixel Positionen). Innerhalb des Projektgebiets wurden die Einflusskarten (Sensibilitäts- und Vorbelastungsraster) mit einer Auflösung von 10 Metern berechnet. Mittels einer Viewshed Analyse wird auch die Kulissenwirkung, also der Einfluss von außen auf das Projektgebiet, ermittelt (Auflösung 25 Meter). Für die Berechnungen der Sichtbeziehungen werden als Basishöhenraster das DOM (Digitale Oberflächen Modell) und das DGM (Digitale Gelände Modell) verwendet, welche in einer Vorberechnung angepasst wurden.

Vielfalt

Für die Bewertung der Vielfalt werden hochauflösende Satellitenaufnahmen (Bodenauflösung von zumindest 1 Meter/Pixel, z. B. WorldView-2 oder GeoEye-1; Abbildung 1 links) herangezogen, die mittels semiautomatischer, objektbezogener Klassifizierung für eine Bestimmung von Landschaftsparametern aufbereitet werden. Nach Vorbereitung durch Orthorektifizierung und topographischer Normalisierung werden die Satellitendaten zunächst segmentiert, wobei für die Segmente eine Mindestfläche von 25 m² gewählt wurde. Für jedes Segment werden Attribute, wie die mittleren Spektralwerte der Bildkanäle, deren Varianz, die Segmentfläche sowie der Umfang bestimmt. Auf Grundlage von Testgebieten und den Attributen der Segmente werden diese einer Maximum-Likelihood-Klassifizierung unterzogen. Die Definition der Klassen beruht auf dem Schema von Corine Level 3, wobei die nicht interessierenden Siedlungsklassen zu einer einzigen Klasse vereint werden und auch bei den Ackerflächen keine weitergehenden Unterscheidungen getroffen werden (Abbildung 1 Mitte). Besondere Aufmerksamkeit muss bei der Auswertung der Satellitendaten auf Schattenflächen gelegt werden, da diese die Heterogenität der Klassifizierung beeinflussen. Während bei großflächiger Beschattung, etwa verschatteten Berghängen, die Klassifizierung für die Schattenflächen getrennt erfolgt, werden kleine Schattenflächen, z. B. an Waldrändern, benachbarten Flächen zugeordnet. Ausgehend von in der Literatur beschriebenen Landschaftsstrukturparametern (z. B. MOSER et al. 2002) wurde eine Reihe von Tests durchgeführt, um die, für die Weiterbearbeitung im SDSS, geeignetsten, mit der verwendeten Methode zugänglichen Parameter zu identifizieren. Als aussagekräftigste Parameter wurden ausgewählt:

- Fragmentierungsindex: MPS (mean patch size),
- Diversitätsindex: PR (patch richness, Patches je Rasterzelle),
- Formindizes: MSI (mean shape index) bzw. dazu invers MC (mean compactness).

Diese Parameter wurden für Rasterzellen mit den Rasterweiten 100m, 250m und 500m berechnet und für die Verwendung im MCDM-Modell normalisiert (Abbildung 1 rechts).

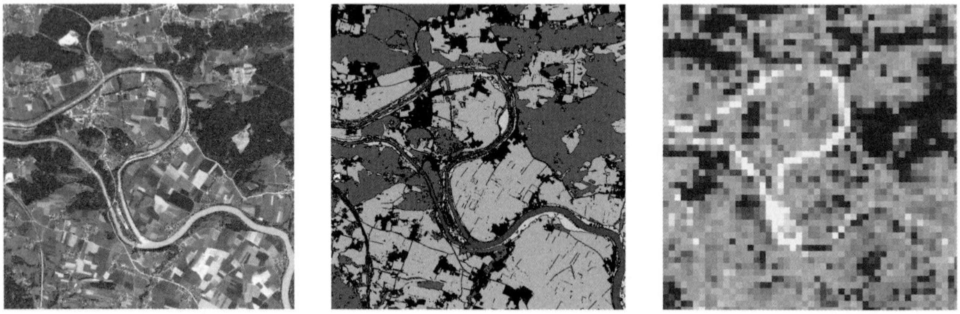

Abb. 1: Testgebiet Rosegg – Satellitenaufnahme (QuickBird-2 vom 11. August 2011; links), Landnutzungsklassifizierung (Mitte) und Diversitätsindexberechnung (PR, patch richness, Rasterweite 100m; rechts)

Um auch den Einfluss des Geländes, speziell der Reliefvariabilität, zu berücksichtigen, wird als zusätzlicher Inputparameter, ausgehend vom digitalen Geländemodell (DGM) mit einer Rasterweite von 10 Metern, die Reliefenergie über einem moving window von 100 × 100 m errechnet.

3.3 Aufbau des MCDM Modells und Workflow

Multi-Criteria Decision Making (MCDM) ist eine Analysemöglichkeit, die eine Menge von Alternativen hinsichtlich verschiedener Kriterien, der Kriteriengewichtungen und angewendeten Entscheidungsregel reiht, und stellt einen Teilbereich der räumlichen Entscheidungsunterstützung (engl. Spatial Decision Support) dar (MALCZEWSKI 1999). Das MCDM-Modell lässt sich durch ein übergeordnetes Ziel, mehrere untergeordnete Ziele (engl. Objectives) inkl. der jeweiligen Attribute bzw. Kriterien und der Expertenpräferenzen (Gewichtung) beschreiben. Der hierarchische Aufbau des MCDM-Modells lässt sich mittels des Kriterienkatalogs, der aus Haupt- und Subkriterien besteht, gut abbilden. Im Wesentlichen wird zwischen attributiven- (meist Vektordaten) und räumlichen (meist Rasterdaten) MCDM Analysen unterschieden. Mithilfe des MCDM-Modells können die Alternativen durch folgende Schritte gereiht werden: **Standardisierung der Kriterienwerte**, um die Kriterien untereinander vergleichbar zu machen. **Ermittlung der Kriteriengewichtungen**, welche die Präferenzen von Experten ausdrücken (z. B. Ranking- und Ratingmethoden oder paarweise Vergleich der Kriterien). **Berechnung der gewichteten standardisierten Kriterienwerte**. **Anwendung der Entscheidungsregel**, welche die Reihung der Alternativen ermöglicht. Beispiele hierfür sind WLC (Weighted Linear Combination), AHP (Analytic Hierarchy Process, SAATY 1980) oder OWA (Ordered Weighted Averaging, YAGER 1988). **Überprüfung mittels Sensibilitätsanalyse**, um die Robustheit des Modells und die Zuverlässigkeit seiner Ergebnisse zu bestimmen. Die **Empfehlung für weitere Maßnahmen**, die hinsichtlich der Alternativenreihung und der Sensibilitätsanalyse erfolgen sollte. Ein detaillierter theoretischer Hintergrund zu Spatial Decision Support Systems (SDSS) and Multicriteria Decision Analysis kann in folgenden Referenzen gefunden werden (MALCZEWSKI 1999, ERLACHER 2009). Im Projekt werden die einzelnen Schritte zur Entscheidungsunterstützung wie folgt realisiert (siehe auch Abb. 2):

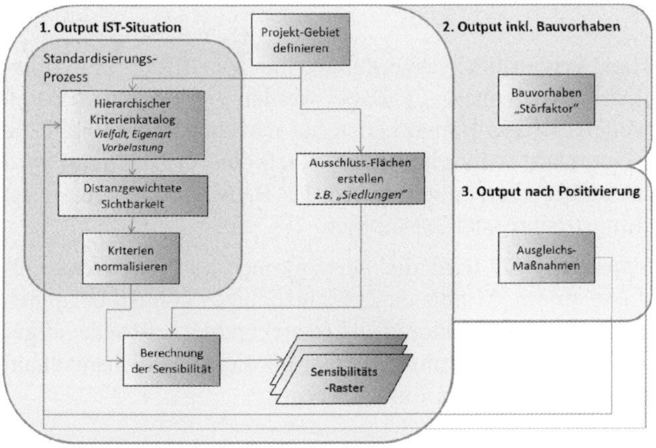

Abb. 2: MCDM-Modell, das durch die drei Iterationen „Ermittlung der IST-Situation", „Miteinberechnung des Bauvorhabens" und „Miteinbeziehung der Ausgleichsmaßnahmen" bestimmt wird

- *Beurteilungsraum definieren*: Die räumliche Ausdehnung der Projektgebiete (Beurteilungsräume) variiert hinsichtlich der Bauvorhaben (z. B. Straßen, Gewerbegebiet, Windparks…). Zudem können die Projektgebiete in mehrere Teilräume (homogene Bereiche) untergliedert sein.
- *Visuelle Wirkzonen festlegen*: Die visuellen Wirkzonen für die Sichtbarkeitsanalysen werden im speziellen vom Bauvorhaben abhängen. Objekte der Eigenart sowie Störfaktoren, die sich außerhalb des Projektgebietes befinden, haben auch Einfluss auf das Projektgebiet. Die visuellen Wirkungszonen für diese Objekte müssen nicht zwingend die gleiche räumliche Ausdehnung aufweisen.
- *Kriterienaufbereitung*: Die Kriterien Vielfalt, Eigenart, und Störfaktoren werden mittels Fernerkundung aufbereitet und/oder mithilfe von vor Ort Begehungen erfasst. Für die Kriterien Eigenart und Störfaktoren werden die Sichtbeziehungen im und außerhalb des Projektgebiets gerechnet. Zusätzlich zu den Viewsheds (Sichtbeziehungen) fließen die Distanzen zu den Objekten als Input ein (distanzgewichtete Sichtbarkeitsanalyse). Das Expertenwissen bezüglich der Einflusswirkung der Kriterien und Subkriterien wird durch die relativen Einflusswerte (Gewichtungen) ausgedrückt.
- *Ausschlussflächen bestimmen*: Hinsichtlich der Sichtbeziehungen werden nach NOHL (1993) Siedlungsflächen und Wälder ausgeschlossen, da hier durch die Vegetations- und Gebäudehöhen die Sichtbarkeit eingeschränkt bzw. nicht gegeben ist. Für die Berechnung der Sensibilitätsraster werden Siedlungsflächen als Ausschlussflächen deklariert und als Boolean Karten oder auch Constraint Maps bezeichnet.
- *Standardisierung der Kriterien*: Damit die Kriterien untereinander vergleichbar werden, müssen diese zuvor standardisiert werden (einheitliche Skala z. B. Floatwerte zwischen 0.0 und 1.0).
- *Feststellung der IST-Situation*: Dabei werden alle Faktoren, die bereits im Untersuchungsgebiet vorliegen, berücksichtigt. Hier findet der erste Durchlauf der MCDM-Analyse statt, die natürlich auch die Sichtbeziehungen miteinschließt. Resultat ist ein Sensibilitätsraster, das die Empfindlichkeit (Eigenart und Vielfalt) bzw. die Störwirkung (Straßen, Windparks …) einer Zelle beschreibt. Je höher der Zellwert, desto höher die Empfindlichkeit der Kriterien Vielfalt und Eigenart gegenüber Eingriffen (Bauvorhaben; Störfaktor). In Bezug auf die Störfaktoren repräsentieren hohe Zellwerte eine hohe Vorbelastung.
- *Auswirkung Bauvorhaben*: Hier werden die Auswirkungen für spezifische Bauvorhaben ermittelt (Eingriff: Windpark, Straßenbau …). Dabei werden die Inputdaten durch den geplanten Störfaktor erweitert. Dieses Bauvorhaben hat natürlich Einfluss auf die Ergebnisraster, die im ersten Durchlauf ermittelt wurden. Nach diesem Durchlauf wird erkennbar, inwieweit bestimmte Bereiche (Zellen) durch das Bauvorhaben beeinflusst werden. Somit lässt sich die Eingriffsintensität bestimmen.
- *Auswirkung Ausgleichsmaßnahmen*: Hier wird die Auswirkung der Ausgleichsmaßnahmen (z. B. Sichtschutz …) bestimmt. Mittels eines Sichtschutzes können beispielsweise die negativen Sichtbeziehungen (Störfaktoren) im Projektgebiet teilweise aufgehoben werden. Hier muss natürlich noch bestimmt werden, ob die Ausgleichsmaßnahmen als störend, neutral oder gar als positiv empfunden werden.

4 Erste Resultate

Die ersten Resultate der MCDM-Analyse spiegeln die Sensibilität bzw. Vorbelastung (siehe Abb. 3) in Form von Rasterkarten mit standardisierten Zellwerten zwischen 0 (keine Sensibilität bzw. keine Vorbelastung) und 1 (sehr hohe Sensibilität bzw. sehr hohe Vorbelastung) wider. Diese Ergebnisraster werden mittels unterschiedlicher Entscheidungsregeln (WLC, MAX, OWA ...) erzeugt. Helle Zellen repräsentieren Bereiche mit hoher Vorbelastung, dunkelgrauen Zellen zeigen Bereiche mit niedriger Vorbelastung. Die schwarzen Bereiche entsprechen den Störfaktoren (z. B. Siedlungs- und Gewerbeflächen, Autobahnabschnitt der A2 ...) innerhalb des Projektgebiets. Im Projektteam sowie im Userforum werden die einzelnen Ergebnisse hinsichtlich Plausibilität evaluiert und das resultierende Feedback fließt anschließend als wichtiger Input in die Adaption des MCDM-Modells ein.

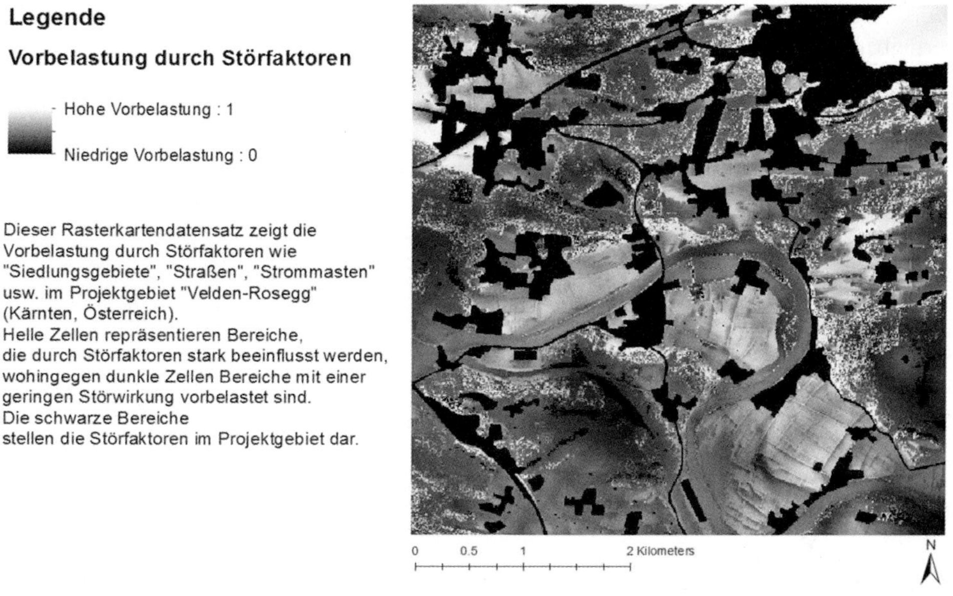

Abb. 3: Die digitale Karte zeigt den Einfluss der Störfaktoren auf das Landschaftsbild

5 Diskussion und Ausblick

Im Rahmen dieses Projektes wurde ein neuer, standardisierter Workflow zur quantitativen Landschaftsbildbewertung im Zusammenhang mit Infrastrukturprojekten und UVP-verfahren konzipiert und erfolgreich als GIS-Prototyp implementiert. Der große Vorteil dieses neuen Zugangs besteht in der Möglichkeit, unterschiedliche Planungsszenarien zu analysieren und quantitativ vergleichen zu können. Aktuell liegen die ersten Ergebnisse des Workflows vor und werden von Landschaftsbild-BewertungsexpertInnen kritisch evaluiert. Dazu werden die Ergebnisse der quantitativen Analyse mit einer analogen ExpertInnenkartierung verglichen. Bei der analogen ExpertenInnenkartierung wird der Untersuchungsraum meist in homogene Teilräume gegliedert und diese hinsichtlich der Kriterien *Vielfalt*, *Eigenart*, *Naturnähe* und *Vorbelastung* bewertet, um die Sensibilität der Teilräume bestimmen zu können. Die ermittelte Sensibilität wird mittels einer vier bis fünfstufigen Skala ausgedrückt (0 – keine Sensibilität, 1 – gering, 2 – mäßig, 3 – hoch und 4 – sehr hoch), die auch die kooperierenden Umweltplanungsbüro verwenden. Bei der digitalen Analyse werden hingegen die Pixel-Locations pro Kriterienlayer hinsichtlich der Wirkung beurteilt und durch standardisierte Zellwerte zwischen 0 (keine Wirkung) und 1 (volle Wirkung) repräsentiert. Die standardisierten Zellenwerte müssen klassifiziert werden, um die analoge Bewertung mit der digitalen Analyse vergleichen zu können. Unterschiede bei den zwei Bewertungsverfahren werden aufgezeigt und analysiert. Auf dieser Grundlage erfolgt eine kritische Reflexion des Workflows, der Datenaufbereitung, der Methoden (Standardisierung, Gewichtungen und Entscheidungsregel) und der Ergebnisse. Mittels dieser Feedbackschleifen werden der Workflow und das MCDM-Modell bei Bedarf angepasst. Derzeit werden zwei weitere Case-Studies (Stubachtal und Grazerfeld) anhand des standardisierten Workflows analysiert und bewertet. Die ersten Unterschiede haben sich schon durch die verfügbaren Geodaten (Vollständigkeit und Genauigkeit) aufgetan. Die kooperierenden Umweltplanungsbüros verfügen letztendlich über eine unterschiedliche Datengrundlage, die folglich hinsichtlich Vergleichbarkeit für den Analyse- und Bewertungsprozess angepasst und topologisch aufbereitet werden müssen. Die Aktualität, Vollständigkeit und Genauigkeit, sowie die Auflösung der aufbereiteten Geodaten, spielen bei der Bewertung des Einflusses auf die Umgebung eine wesentliche Rolle. Neben den Geodaten stellen unterschiedliche Standardisierungsmethoden, Einstufungen der Objekte in Intensitätsklassen, Gewichtungsfaktoren, Entscheidungsregeln und die Festlegung der Wirkungsklassen die Unsicherheitsfaktoren im Projekt dar, welche anhand weiterer Fallstudien und alternativen Beurteilungsmethoden analysiert und überprüft werden müssen. Mit diesem Workflow steht aber den ExpertInnen prinzipiell ein neues Werkzeug zur Verfügung, das durch den standardisierten Ablauf und der Möglichkeit, alle Berechnungsschritte transparent einsehen zu können, eine neue Qualität für die Landschaftsbildbewertung erwarten lässt.

Literatur

Blechl, H. & Piechl, R. (2002), Die Landschaftsräumliche Gliederung Kärntens. Klagenfurt.

Erlacher, C., Paulus, G. & Bachhiesl, P. (2009), Comparison and Analysis of Multiple Sceanrios for Network Infrastructure Planning. In: Car, A., Griesebner, G. & Strobl, K. (Eds.), Geospatial Crossroads @ GI_Forum '09. Proceedings of the Geoinformatics Forum Salzburg. Wichmann Verlag, Heidelberg, 26-35.

Frank, S., Fuerst, C., Koschke, L., Witt, A. & Makeschin, F. (2013), Assessment of landscape aesthetics – validation of a landscape metrics-based assessment by visual estimation of the scenic beauty. Ecological Indicators, 32, 222-231.

Hartl, H., Stern, R. & Seger, M. (2002), Karte der aktuellen Vegetation von Kärnten. Naturwissenschaftlicher Verein für Kärnten, Klagenfurt, 80.

Jessel, B. (1998), Das Landschaftsbild erfassen und darstellen. Vorschläge für ein pragmatisches Vorgehen (The Recording and Description of the Visual Landscape – Proposals for a pragmatic Approach). Naturschutz und Landschaftsplanung, 30 (11), 356-361.

Kiemstedt, H. (1967), Zur Bewertung von Landschaft für die Erholung. Beiträge zur Landespflege, Sonderheft 1. Verlag Eugen Ulmer, Stuttgart, 151 S.

MALCZEWSKI, J. (1999), GIS and Multicriteria Decision Analysis. Wiley.New York.

MALCZEWSKI, J. (2006), Ordered weighted averaging with fuzzy quantifiers: GIS-based multicriteria evaluation for land-use suitability analysis. International Journal of Applied Earth Observation and Geoinformation, 8, 270-277.

MELCHER, D. & BOGNER, D. (2012), Beiträge zur überörtlichen Raumplanung in Kärnten – Ausweisung von landwirtschaftlichen Eignungsflächen und Bewertung des Landschaftsbildes mittels GIS-Modellierung. In: SROBL, J., BLASCHKE, T. & GRIESEBNER, G. (Eds.), Angewandte Geoinformation 2012. Beiträge zum 24. AGIT-Symposium Salzburg. Wichmann, Berlin/Heidelberg, 713-722.

MOSER, D., ZECHMEISTER, H. G., PLUTZAR, C., SAUBERER, N., WRBKA, T. & GRABHERR, G. (2002), Landscape patch shape complexity as an effective measure for plant species richness in rural landscapes, Landscape Ecology, 17, 657-669.

NOHL, W. (1993), Beeinträchtigung des Landschaftsbildes durch mastenartige Eingriffe. Materialien für die naturschutzfachliche Bewertung und Kompensationsermittlung. Kirchheim, München, 79 S.

NOHL, W. (2001), Landschaftsplanung – Ästhetische und rekreative Aspekte. Konzept, Begründungen und Verfahrenseisen auf der Ebene des Landschaftsplans. Patzer-Verlag, Berlin/Hannover.

NOHL, W. (2010), Ist das Landschaftsbild messbar und bewertbar? – Bestandsaufnahme und Ausblick. Institut für Landschaftsentwicklung, Erholungs- und Naturschutzplanung (ILEN) an der Universität für Bodenkultur in Wien. 18 S.

RIEDEL, W. & LANGE, H. (2009), Landschaftsplanung. 2. Auflage. Heidelberg. 384 S.

ROSER, F. (2010), Ist die Schönheit der Landschaft errechenbar? Entwicklung einer Methode zur flächendeckenden Vorbewertung des Landschaftsbildes. In: STROBL, J., BLASCHKE, T. & GRIESEBNER, G. (Eds.), Angewandte Geoinformatik 2010 – Beiträge zum 22. AGIT-Symposium Salzburg. Wichmann, Berlin/Offenbach, 76-85.

ROTH, M. (2012), Landschaftsbildbewertung in der Landschaftsplanung. Entwicklung und Anwendung einer Methode zur Validierung von Verfahren zur Bewertung des Landschaftsbildes durch internetgestützte Naturbefragungen. Leibniz-Institut für ökologische Raumentwicklung. Rhombos-Verlag, Berlin.

SAATY, T. L. (1980), The analytic hierarchy process. McGraw-Hill, New York.

SCHWAHN, C. (1990), Landschaftsästhetik als Bewertungsproblem. Zur Problematik der Bewertung ästhetischer Qualität von Landschaft als Entscheidungshilfe bei der Planung von landschaftsverändernden Maßnahmen. In: Universität Hannover, Fachbereich Landespflege (Hrsg), Beiträge zur räumlichen Planung 282. Universität Hannover, 160 S.

SCHIRPKE, U., TASSER, E. & TAPPEINER, U. (2013), Predicting scenic beauty of mountain regions. Landscape and Urban Planning, 111, 1-12.

YAGER, R. R. (1988), On ordered weighted averaging aggregation operators in multicriteria decision making. IEEE Transactions on Systems, Man and Cybernetics, 18 (1), 183-190. IEEE Press Piscataway, NJ, USA.

Hochaufgelöste Messung von Flussmorphologien mittels Drohne und Structure from Motion

Ianina KOPECKI[1], Jeff A. TUHTAN[1], Matthias SCHNEIDER[1], Karsten WINK[2], Christoph FALLER[2] und Martin SCHLETTERER[3]

[1]sje Ecohydraulic Engineering GmbH, Stuttgart · kopecki@sjeweb.de
[2]ARDIS Airpicture, Innsbruck
[3]TIWAG-Tiroler Wasserkraft AG, Innsbruck

Erweiterte Zusammenfassung

Die vermessungstechnische Erfassung von Oberflächengewässern und der darin beinhalteten Lebensräume ist ein interessanter Teilbereich der Geoinformatik. Es erfordert die intensive Zusammenarbeit von Ingenieuren, Ökologen und Geomorphologen, um die wesentlichen Charakteristika mit hinreichender Genauigkeit zu erfassen (RICE et al. 2010). Die grundlegenden Randbedingungen für die Hydraulik z. B. bei Mittelwasser- oder Niedrigwasserabfluss, sowie die Veränderungen durch Erosion und Deposition von Sedimenten können vergleichsweise genau durch Transektaufnahmen über längere Zeiträume, idealerweise über Jahrzehnte hinweg, bestimmt und dargestellt werden (KLEIN et al. 2007). Natürliche und naturnahe Gewässer weisen aber oft eine große Vielfalt morphologischer Eigenheiten auf, die über die reine Aufnahme von Querprofilen nicht erfassbar sind (BUFFINGTON & MONTGOMERY 2013). Derart komplexe Strukturen sind jedoch über hochaufgelöste dreidimensionale Oberflächenmodelle darstellbar, die eine neue Qualität der Daten liefern. Die Hauptvorteile dieser neuen und vollständigeren Abbildung der Flusstopographie liegen im Potenzial die Auflösung, die Genauigkeit und die Aussagekraft umweltbezogener Überwachungsprogramme zu erhöhen.

Abb. 1: Typische Arbeitsschritte für die Erstellung einer Punktwolke mit Drohnenbefliegung und SfM Software

Terrestrische Vermessung oder Airborne Laser Scanners (ALS) sind mittlerweile die bevorzugten Methoden für die Datenerfassung zur Erstellung hochaufgelöster geomorphologischer Modelle. Die Kosten für das Equipment und dessen Einsatz sind jedoch bei kleineren Projektgebieten oftmals ein Hemmnis. In diesem Beitrag wird eine andere Option für

Strobl, J., Blaschke, T., Griesebner, G. & Zagel, B. (Hrsg.) (2014): Angewandte Geoinformatik 2014.

die Aufnahme räumlich hochaufgelöster topografischer Daten unter Verwendung einer digitalen Kamera in Verbindung mit einem Bildverarbeitungsverfahren.

Eine Serie von Bildern wird zunächst von einem unbemannten Flugkörper UAV (Unmanned Aerial Vehicle) mit einem speziellen Kamerarahmen aufgenommen. Die Software detektiert daraufhin spezifische Übereinstimmungsmerkmale der unterschiedlichen Fotografien, ermittelt die Kamerapositionen und erstellt eine 3D-Punktewolke der Geländeoberfläche. Diese Structure from Motion (SfM)-Methode, erfolgreich angewendet in geomorphologischen Studien, eignet sich auch für gewässerbezogene Studien (JAMES & ROBSON 2012).

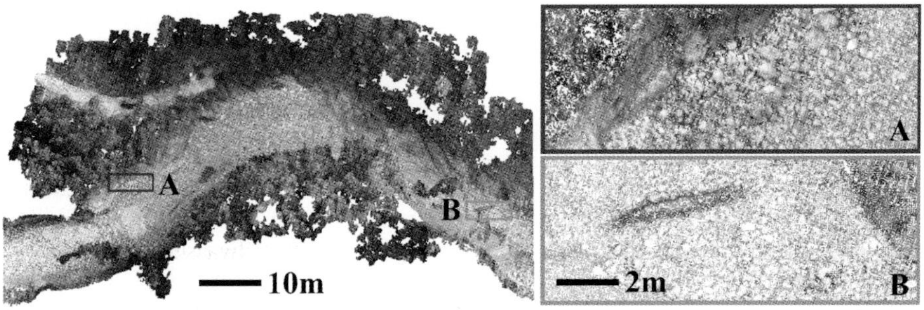

Abb. 2: Durch UAV-SfM erzeugte Punktwolke eines alpinen Fließgewässers. Die hohe Punktdichte von > 200 Pt. / m² ermöglicht die räumliche Abbildung einzelner Steine (A) und von Totholz (B).

Bei dem zum Einsatz kommenden UAV handelt es sich um eine MD 4-1000 der deutschen Herstellerfirma Microdrones. Mit einer Flugzeit von bis zu 88 Minuten und einer möglichen Nutzlast von 1500 g stellt diese regenfeste und staubresistente Drohne aus Carbon die ideale Hardware für Befliegungen zu SfM-Modellierungen dar. Der Downlink Decoder der mobilen Bodenstation empfängt sämtliche Telemetriedaten während des Fluges und informiert laufend über die aktuelle Position und den Status der Drohne. Außerdem wird die gesamte Flugroute kontinuierlich aufgezeichnet. Zusätzlich können automatisierte Flüge mittels Wegpunktnavigation (Waypoint) durchgeführt werden. Es ist möglich, die komplette Flugplanung vor Ort anzupassen oder neue Routen einzugeben. Als Kamerasystem findet derzeit eine Canon EOS 100D mit einem Fixbrennweitenobjektiv von 40 mm/1:2.8 STM Verwendung. Zusätzlich ist die Kamera mit einem externen GPS Receiver ausgestattet. Die Definition des Aufnahmewinkels erfolgt mechanisch über Einstellung des für die Halterung verwendeten Digitalservos. Die terrestrischen Referenzpunkte werden mithilfe eines Trimble R4 RTK Systems eingemessen. Die Auswertung und Modellierung der gewonnenen Daten erfolgt mithilfe der Software Agisoft PhotoScan.

Literatur

BUFFINGTON, J. M. & MONTGOMERY, D. R. (2013), Geomorphic classification of rivers. In: SHRODER, J. & WOHL, E. (Eds.), Treatise on Geomorphology. San Diego, 730-767.

JAMES, M. R. & ROBSON, S. (2012), Straightforward reconstruction of 3D surfaces and topography with a camera: Accuracy and geoscience application. Journal of Geophysical Research, 117, F03017.

KLEIN, L. R., CLAYTON, S. R., ALLDREDGE, J. R. & GOODWIN, P. (2007), Long-Term Monitoring and Evaluation of the Lower Red River Meadow Restoration Project, Idaho, U.S.A. Restoration Ecology, 15, 223-239.

RICE, S. P., LANCASTER, J. & KEMP, P. (2010), Experimentation at the interface of fluvial geomorphology, stream ecology and hydraulic engineering and the development of an effective, interdisciplinary river science. Earth Surface Processes and Landforms, 35, 64-77.

Monitoring von Muschelbänken im Wattenmeer – welchen Beitrag kann die Fernerkundung leisten?

Gabriele MÜLLER[1], Kerstin STELZER[2], Jasmin GEIßLER[2], Sabrina MELCHIONNA[3] und Jörn KOHLUS[1]

[1]Nationalparkverwaltung LKN-SH, Tönning · gabriele.mueller@lkn.landsh.de
[2]Brockmann Consult, Geesthacht
[3]Zentrum für Marine und Atmosphärische Wissenschaften, Universität Hamburg

Einleitung

Muschelbänke gehören im Wattenmeer zu den biogenen Substraten und sind Habitatbildner, die anderen Organismen als Substrat dienen (DITTMANN 1990). Durch das Filtrieren des Wassers haben die Muscheln eine große Bedeutung für die Stoffumsetzung und werden von einer Reihe von Vogelarten als Nahrungsquelle genutzt. Miesmuscheln werden im Nationalpark Schleswig-Holsteinisches Wattenmeer wirtschaftlich genutzt. Die Auswirkungen auf das Habitat und der Zustand der Bestände werden mit einem Monitoringprogramm überwacht. Im Nationalparkgesetz von 1985 ist ein Monitoring des Wattenmeeres vorgegeben, allerdings ohne konkrete Angaben zu Parametern und Methoden. Im Rahmen des Bundesnaturschutzgesetzes, der OSPAR-Konvention sowie der Fauna-Flora-Habitat-, der Wasser- und der Meeresstrategierahmenrichtlinie sind Muschelbänke als separat zu überwachende Biotope bzw. als charakteristische Eigenschaften des Habitattyps „Wattflächen" dargestellt. Bereits im Rahmen der trilateralen Zusammenarbeit zum Schutz des Wattenmeeres wurde ein Managementplan entwickelt, in dem ein Monitoring der Muschelbänke beschlossen wurde (CWSS 1998). Konkrete Angaben zu den zu erfassenden Parametern sind im Trilateralen Monitoring- und Bewertungsprogramm festgelegt. Mit den Ergebnissen dieses Monitorings werden bisher auch die anderen Richtlinien und Konventionen bedient.

1 Aktuelles Muschelmonitoring

Das Ziel des Monitorings ist die Dokumentation des Zustandes und der Dynamik der eulitoralen Muschelbänke sowie die Erfassung und Bewertung der Reaktionen auf Änderungen in der Schadstoffbelastung, der Intensität der Fischerei sowie auf globale Änderungen wie z. B. dem Meeresspiegelanstieg. Da sich die Pazifische Auster (*Crassostrea gigas*) in den letzten Jahren stark vermehrt und an vielen Stellen die Miesmuscheln verdrängt hat, werden im Monitoring sowohl die Miesmuschel als auch die Auster berücksichtigt.

Das Monitoring enthält sowohl obligatorische als auch nicht obligatorische Parameter (Tabelle 1; TMAG 1997). Für Fläche und Verteilung der Muschelbänke ist eine vollständige Erfassung vorgesehen. Biomasse und Bedeckung werden an ausgewählten Muschelbänken ermittelt und auf Basis der ermittelten Gesamtfläche für das Schleswig-Holsteinische Wattenmeer hochgerechnet.

Strobl, J., Blaschke, T., Griesebner, G. & Zagel, B. (Hrsg.) (2014): Angewandte Geoinformatik 2014.
 ISBN 978-3-87907-543-0.

Tabelle 1: Obligatorische und nicht obligatorische Parameter des Monitorings

	Parameter	Erfassungsumfang	Häufigkeit
Obligatorisch	Fläche	vollständig	jährlich
	Verteilung	vollständig	jährlich
	Biomasse	vollständig auf Basis ausgewählter Bänke	jährlich
	Bedeckung	vollständig auf Basis ausgewählter Bänke	jährlich
Nicht obligatorisch	Längenverteilung	ausgewählte Bänke	–
	Condition Index	ausgewählte Bänke	–
	Struktur	ausgewählte Bänke	–

Fläche und Verteilung der Muschelbänke werden prinzipiell vor Ort mittels GPS erfasst. Aufgrund von erschwerter Zugänglichkeit durch Wetter und Gezeiten sowie einer zu hohen Anzahl von Standorten ist die Möglichkeit einer vollständigen GPS-Vermessung nicht immer gegeben. In diesen Fällen kann eine Analyse von Luftbildern zur Erfassung der restlichen Muschelbänke herangezogen werden. Die Übereinstimmung der beiden Methoden ist jedoch nicht optimal (NEHLS & BÜTTGER 2006). Die zum Teil stark begrenzte Zugänglichkeit, besonders in Kombination mit einer hohen Anzahl von Standorten, macht das Muschelmonitoring insgesamt zu einer sehr personal- und kostenintensiven Aufgabe. Aufgrund der begrenzten Übereinstimmung mit der GPS-Vermessung ist die Luftbildanalyse allerdings keine optimale Alternative.

2 Fernerkundungsmethoden

Fernerkundungsdaten werden seit vielen Jahren mit unterschiedlichen Methoden auf ihre Eignung zur Erfassung von verschiedenen Wattoberflächen hin untersucht. Zunächst stützten sich die Untersuchungen hauptsächlich auf optische Sensoren (THOMSON et al. 1998, BROCKMANN & STELZER 2008, ADAMS et al. 2011), wobei die Anwendung von Radar bzw. einer Kombination von Optik und Radar in den letzten Jahren ebenfalls Bestandteil der Forschung wurde (GADE et al. 2008, GADE & STELZER 2010).

Im Rahmen des aktuellen SAMOWatt-Projektes (SAtelliten-MOnitoring im Wattenmeer) werden sowohl optische Satellitendaten als auch Radardaten zur Erstellung von Klassifikationen der Wattflächen verwendet. Die Klassifikationsmethode nutzt die Lineare Spektrale Entmischung zusammen mit Band Ratios und kombiniert diese in einem nachgeschaltetem Entscheidungsbaum (BROCKMANN & STELZER 2008). Ergebnisse dieser Bearbeitungen sind Oberflächenklassen wie verschiedene Sedimenttypen (Schlick, Sand), Seegras und Makroalgen sowie Muschelbänke. Aus dem Bereich der optischen Sensoren werden Satellitenbilder von Landsat, SPOT und RapidEye verwendet. Für die Erfassung von Muschelflächen werden aus den multispektralen Daten verschiedene Features extrahiert. Dies sind z. B. Vegetationsindices, Band Ratios oder die Steigung zwischen zwei Kanälen. Da Muschelbänke häufig mit Fucus, einer Braunalgenart, bewachsen sind, weisen sie sich entsprechend durch ein von der Vegetation geprägtes spektrales Signal aus. Hier kann daher z. B. der

NDVI herangezogen werden, um diese Flächen von Sediment oder Wasser zu differenzieren. Bei RapidEye-Daten, die auch im Red Edge-Bereich einen Aufnahmekanal haben, können auch Seegraswiesen und Muschelbänke gut voneinander getrennt werden. Schillfelder und Muschelbänke unterscheiden sich ebenfalls durch unterschiedliche Eigenschaften. So haben Schillfelder eine sehr hohe Reflektion im sichtbaren Spektralbereich mit einem Anstieg zum nahen Infrarot, während Muscheln im sichtbaren Bereich deutlich dunkler sind. Am Ende werden die verschiedenen spektralen Features in einem Entscheidungsbaum miteinander kombiniert und jedem Pixel eine konkrete Klasse zugewiesen (Abbildung 1). Nicht alle Muschelbänke können über spektrale Eigenschaften erkannt werden; sind die Muschelbänke beispielsweise mit einer dünnen Schlickschicht überlagert, sind sie spektral kaum erfassbar.

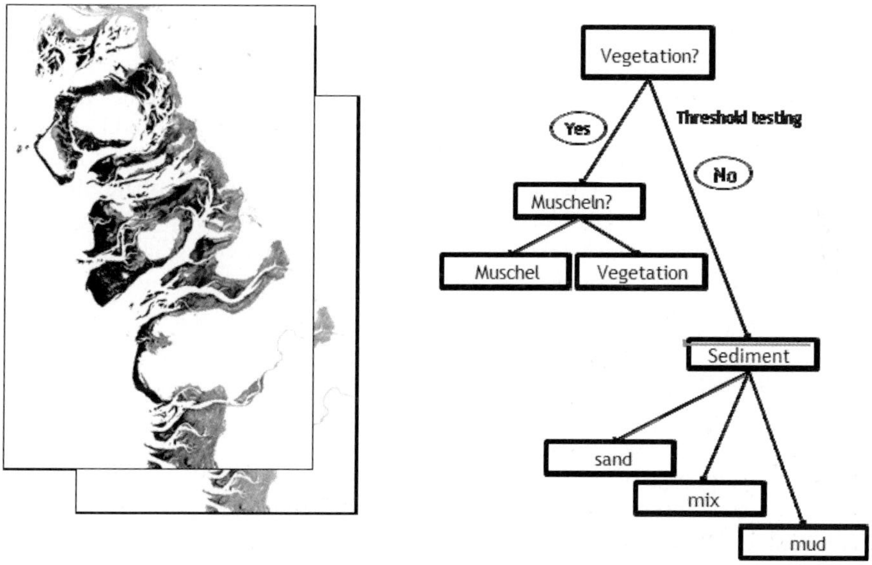

Abb. 1: Skizzierung der Eingangsdaten (links) sowie des Entscheidungsbaumes (rechts) in der Klassifizierung von Fernerkundungsdaten

Aus dem Radarbereich werden Bilder von Terra-SAR-X (X-Band, HH- und VV-Polarisation) und RADARSAT-2 (C-Band, VV-Polarisation) verwendet. Es hat sich gezeigt, dass hier besonders der normalisierte Radarquerschnitt sowie vom Radarquerschnitt abgeleitete Parameter auf Basis unterschiedlicher Bänder und Polarisationen zur Erfassung von Muschelflächen geeignet sind. Zusätzlich können bei multi-temporalen Daten auch Informationen über die Rauigkeit, dargestellt durch Mittelwert und Standardabweichung des normalisierten Radarquerschnitts, Informationen über Muschelvorkommen liefern. Diese Parameter gehen wiederum in die wissensbasierten Entscheidungen des Klassifikationsverfahrens ein.

Ein wesentlicher Schritt bei der Arbeit mit Fernerkundungsverfahren ist die Validierung der Ergebnisse. Hierzu wurden im Rahmen von SAMOWatt und des Vorgängerprojektes eine Vielzahl von standardisierten Geländedaten erhoben. Diese Daten enthalten u. a. Informationen über optische als auch Rauigkeitseigenschaften der Oberflächen, Sediment- und Vegetationseigenschaften sowie über die Wasserbedeckung. Muschelbänke wurden in ihrer Bewuchsdichte, ihrer Altersstruktur sowie der Artenzusammensetzung eingeschätzt. Des Weiteren wurden Daten der laufenden Monitoringprogramme in Form von Polygondatensätzen mit den zugehörigen Attributen zur Validierung herangezogen. Punkt- sowie Polygondaten wurden unterschiedlich aufbereitet und entsprechend der Datentypen verschiedene Verfahren zur Validierung angewendet.

Die Punktmessungen auf Basis der Geländeprotokolle wurden mithilfe von Konfusionsmatrizen mit den Klassifikationsergebnissen zusammengeführt. Statistische Gütemaße wie z. B. verschiedene Genauigkeiten sowie Kennwerte wie Cohens Kappa oder Krippendorffs Alpha (KRIPPENDORFF 2004) wurden zur Beurteilung der Klassifikationen herangezogen. Genauigkeiten bis zu 70 % konnten erzielt werden, wobei die hohe Variabilität im Wattenmeer und die Saisonalität besondere Herausforderungen darstellen.

Flächenvergleiche wurden mit den Monitoringdaten durchgeführt. Der Vergleich mit der synoptisch aus Boden- und Luftbilderfassung gewonnenen Flächengröße und der Lage der Bänke liefert erste Hinweise auf das Potenzial der Satellitenfernerkundung. Die Flächen der Muschelbänke aus den Klassifikationen liegen in der Regel 10-20 % unterhalb der Monitoringdaten für gut erfassbare Muscheln, und durchaus mehr für schlecht erfassbare Muschelbänke. In Bezug auf die Muschelbänke konnte mit der hohen Auflösung von RapidEye-Daten und des zusätzlichen Aufnahmekanals im Red Edge-Bereich eine deutliche Verbesserung der Erfassbarkeit erzielt werden.

3 Ein weiter optimiertes Monitoringkonzept

Die Erfahrungen zeigen, dass sowohl das aktuelle in-situ-Monitoring als auch ein rein auf fernerkundlichen Methoden basierendes Monitoring ihre jeweiligen Vor- und Nachteile haben. Das in-situ-Monitoring leidet besonders unter der begrenzten Zugänglichkeit der Wattflächen, wodurch eine flächendeckende Erfassung aller Muschelbänke nicht gewährleistet werden kann. Auch die Luftbildanalyse kann hier wegen der deutlich geringeren Erfassungsgenauigkeit keine Abhilfe leisten. Unabdingbar bleibt die Notwendigkeit einer in-situ-Erfassung zur Bestimmung von Biomasse und Bedeckungsgrad, sie ist jedoch nur für ausgewählte Bänke erforderlich.

Die Fernerkundung bietet als wichtigsten Vorteil die flächendeckende und zeitgleiche Erfassung aller Gebiete in einigen wenigen Aufnahmen. Hierbei können alle bekannten und deutlich sichtbaren Muschelbänke erfasst werden, aber auch neue Bänke und kleinere Muschelflächen in nicht zugänglichen Bereichen können ausfindig gemacht und kartographisch erfasst werden. Die Begrenzung dieser Methode liegt dabei in der Schwierigkeit, besonders für die optischen Daten, Aufnahmen bei Niedrigwasser, Tageslicht und Wolkenfreiheit zu bekommen.

Neben der Genauigkeit eines Klassifikationsproduktes bzw. Monitoringergebnisses sind die Kosten eines operationellen Monitorings ein entscheidender Faktor. Der Kostenaspekt sollte hierbei jedoch differenziert betrachtet werden. Die Kosten für Personal und eventuelle Luftbildaufnahmen im Rahmen des aktuellen in-situ-Monitorings stehen den Kosten für Satellitenbilder und Bildanalyse bei dem fernerkundlichen Monitoring gegenüber. Während das in-situ-Monitoring nur die Muschelbänke betreffende Daten erhebt, können die Fernerkundungsdaten auch für das Monitoring anderer Parameter wie z. B. Sediment und Vegetation herangezogen werden. Sich aus solchen Synergien ergebende Einsparpotenziale sollten bei der Kostenkalkulation ebenfalls Berücksichtigung finden.

Auf Basis der oben aufgeführten Erwägungen zeichnet sich ab, dass ein optimales Muschelmonitoring aus zwei Teilen bestehen könnte: einer in-situ-Komponente und einer satellitenbasierten, fernerkundlichen Komponente. An ausgewählten und möglichst leicht zugänglichen Muschelbänken können neben der GPS-Erfassung Informationen über die obligatorischen Parameter Biomasse und Bedeckungsgrad gesammelt werden. Die Ermittlung der Lage und Verteilung der Muschelbänke im Wattenmeer würde dagegen mittels einer Klassifikation der Satellitenbilder durchgeführt. Die in-situ-erfassten Werte für Biomasse und Bedeckungsgrad können dann für alle Muschelbänke im Wattenmeer hochgerechnet werden. Die GPS-Vermessungen der ausgewählten Muschelbänke könnten zudem noch zur Überprüfung und Validierung der Fernerkundungsergebnisse dienen. In einem solchen kombinierten Monitoring würden die Vorteile des in-situ-Monitorings (Genauigkeit, Erfassung von Biomasse und Bedeckungsgrad) mit den Vorteilen der fernerkundlichen Methodik (Flächendeckung, Erfassung neuer und kleinerer Muschelbänke) zusammengebracht werden, um ein weiter optimiertes und kosteneffizienteres Monitoring zu erreichen.

4 Fazit

Insgesamt gesehen haben alle Methoden sowohl Vor- als auch Nachteile und daher muss eine Bewertung der Methoden individuell auf Basis der jeweiligen Anforderungen, wie z. B. die Berichterstattung für das Trilaterale Monitoring und Bewertungsprogramm oder für die Meeresstrategierahmenrichtlinie, bewertet werden. Generell ist die flächendeckende Erfassung bei den Fernerkundungsmethoden jedoch ein sehr großer Vorteil, der – zusammen mit der Möglichkeit die gewonnenen Daten gleichzeitig zur Erfassung anderer Parameter zu nutzen – das Potenzial dieser Methoden gegenüber dem aktuellen Monitoring deutlich erhöht. Darüber hinaus werden Faktoren wie die technische Weiterentwicklung (z. B. in Bezug auf Auflösung und Wiederkehrrate der Satelliten) und Weltraumprogramme wie Copernicus, die einen kostenlosen Zugang zu Satellitendaten ermöglichen, die Attraktivität von Fernerkundungsmethoden in Zukunft weiter steigern.

Literatur

ADAM, S., DE BACKER, A., DE WEVER, A., SABBE, K., TOORMAN, E. A., VINCX, M. & MONBALIU, J. (2011), Bio-physical characterization of sediment stability in mudflats using remote sensing: A laboratory experiment. Continental Shelf Research, 31 (10), 26-35.

BROCKMANN, C. & STELZER, K. (2008), Optical Remote Sensing of Intertidal Flats. In: BARALE, V. & GADE, M. (Eds.), Remote Sensing of the European Seas. Heidelberg.

COMMON WADDEN SEA SECRETARIAT (CWSS) (1998), Erklärung von Stade – Trilateraler Wattenmeerplan. Ministererklärung der Achten Trilateralen Regierungskonferenz zum Schutz des Wattenmeeres, Stade, 22. Oktober 1997.

DITTMANN, S. (1990), Mussel beds – amensalism or amelioration for intertidal fauna? Helgoländer Meeresuntersuchungen, 44 (3-4), 335-352.

GADE, M., ALPERS, W., MELSHEIMER, C. & TANCK, G. (2008), Classification of sediments on exposed tidal flats in the German Bight using multi-frequency radar data. Remote Sensing of Environment, 112 (4), 1603-1613.

GADE, M. & STELZER, K. (2010), Multi-Sensor Remote Sensing of the Wadden Sea Ecosystem on the German North Sea Coast. Proceedings Oceans from Space 2010 Symposium, Venedig, Italien, 26-30 April 2010.

KRIPPENDORFF, K. (2004), Reliability in Content Analysis: Some Common Misconceptions and Recommendations. Human Communication Research, 30 (3), 411-433.

NEHLS, G. & BÜTTGER, H. (2006), Miesmuschelmonitoring 1998 – 2005 im Nationalpark Schleswig-Holsteinisches Wattenmeer. Bericht an das Landesamt für den Nationalpark Schleswig-Holsteinisches Wattenmeer, Husum.

THOMSON, A. G., FULLER, R. M., SPARKS, T. H., YATES, M. G. & EASTWOOD, J. A. (1998), Ground and airborne radiometry over intertidal surfaces: Waveband selection for cover classification. International Journal of Remote Sensing, 19 (6), 1189-1205.

TMAG – TRILATERAL MONITORING AND ASSESSMENT GROUP (1997), TMAP Manual. The Trilateral Monitoring and Assessment Program. Common Wadden Sea Secretariat, Wilhelmshaven.

Einzelbaumdetektion anhand von Ebenenschnitten

Sead MUSTAFIC, Andreas KAINER und Mathias SCHARDT

Institut für Fernerkundung & Photogrammetrie, TU Graz · seadmustafic@gmail.com

Zusammenfassung

Mithilfe von Laserscannerdaten können Forstparameter flächendeckend und kostengünstig erfasst werden. Dabei stellt in vielen Fällen die Detektion von Baumkronen aus einem normalisierten Kronenoberflächenmodell einen wesentlichen Auswerteschritt dar, da in weiterer Folge daraus wichtige forstliche Parameter wie die Höhe von Einzelbäumen oder in einem bestandsweisen Ansatz die Bestandsoberhöhe, Bestandsmittelhöhe oder der Holzvorrat abgeleitet werden können. Untersuchungen haben gezeigt, dass die Einzelbaumdetektion generell besser in Nadel- als Laubwaldgebieten funktioniert. Im vorgestellten Ansatz werden die Höheninformationen des nDSM in Ebenen gleicher Höhen untergliedert, wobei für jede Ebene Polygone entstehen, welche danach zu Einzelbäumen zusammengefasst werden können. Zur Laufzeitoptimierung werden die Daten in kleine sich überlappende Teilbereiche segmentiert. Die Verwendung eines externen Modells zur Beschreibung der Kronenform ist hierbei nicht nötig, da dieses direkt aus den Laserscannerdaten abgeleitet wird. Ein essenzieller Vorteil dieser Methode ist die Möglichkeit, das Modell individuell so anzupassen, dass eine möglichst genaue Detektion der Baumkronen gewährleistet wird. Ein weiterer Vorteil liegt in der verhältnismäßig kurzen Laufzeit der Rechenoperationen. Aus den erhaltenen Informationen über die Baumform sind weitere Anwendungen wie beispielsweise die Klassifizierung der einzelnen Bäume nach der Art und Alter denkbar.

1 Motivation und Stand der Technik

Diese Arbeit beschäftigt sich mit der Erfassung von Forstparametern mittels Laserscannerdaten. Es wurde ein neuer Ansatz zur Einzelbaumdetektion entwickelt, der im Vergleich zu anderen Verfahren eine geringe Rechenzeit aufweist, ohne Abstriche bei der Genauigkeit machen zu müssen.

Zur Einzelbaumdetektion gibt es eine Vielzahl von Verfahren, die auf einem „normalized Digital Surface Model" (nDSM), auch bekannt als „Canopy Height Model" (CHM), das entweder aus Laserscannerdaten oder photogrammetrisch aus Stereo-Luftbildern abgeleitet wird, basieren. Diese werden meist auf ein gerastertes Bild angewendet, wobei Spitzen im nDSM als Baumspitzen und somit als die Position der Baumstämme (SOLBERG et al. 2006) interpretiert werden können. Weitere Ansätze versuchen Einzelbäume direkt aus der Punktwolke zu detektieren, diese sind aber meist sehr rechenintensiv (LI et al. 2012). BRANDTBERG et al. (2003) beschreiben beispielsweise einen anderen Ansatz, bei dem aus einem nDSM die Einzelbäume mittels Segmentierung detektiert werden.

Strobl, J., Blaschke, T., Griesebner, G. & Zagel, B. (Hrsg.) (2014): Angewandte Geoinformatik 2014.
 ISBN 978-3-87907-543-0.

Eine Vielzahl von Verfahren wählt den Ansatz über die Detektion von lokalen Maxima, welche als Baumspitzen angesehen werden (HYYPPÄ et al. 2001, PERSSON et al. 2002; CHEN et al. 2006). Dabei werden die lokalen Maxima zumeist in einem Fenster variabler Größe gesucht. Das größte Problem dabei ist, dass hier Maxima auftreten, die aber in der Realität keine Baumspitzen darstellen, sondern aus der Baumkrone herausragende Äste. Weitere Ansätze stellen „valley following" (LECKIE et al. 2003), „region growing" (SOLBERG et al. 2006) oder „template matching" (KORPELA et al. 2007) dar. Wieder andere Verfahren ermitteln die Kronenflächen mittels neigungsbasierter Verfahren (PERSSON et al. 2002) oder mittels Watershed Algorithmus (VINCENT & SOILLE 1991, CHEN et al. 2006). Einen Überblick über verschiedene Methoden zur Einzelbaumdetektion und ihrer Qualität bieten KAARTINEN et al. (2012), welche eine internationale Vergleichsstudie durchgeführt haben.

2 Methode

2.1 Funktionsweise

Aus den Höheninformationen des nDSM ist es problemlos möglich, Höhenschichtlinien abzuleiten. Diese repräsentieren die Umrisse der Bäume bei jeweils einer gewissen Höhe. Wenn man nun diese Höhenschichtlinien sehr eng zueinander anordnet, erhält man umfassende Informationen über die Struktur des Waldes bzw. der einzelnen Bäume, woraus dann in weiterer Folge Einzelbäume detektiert oder die Baumart abgeleitet werden kann. Der Ablauf ist in Abbildung 1 schematisch dargestellt.

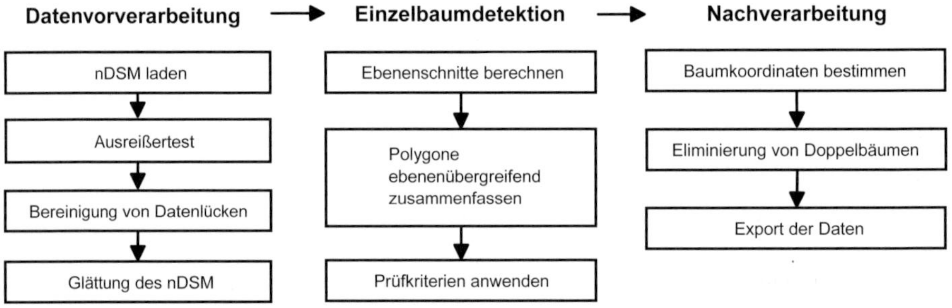

Abb. 1: Schematische Darstellung des Algorithmus

Bevor mit der eigentlichen Detektion begonnen werden kann, müssen die Höheninformationen des nDSM noch vorverarbeitet werden. Dieser Bildverarbeitungsschritt beinhaltet die Entfernung fehlerhafter Höhen sowie die Bereinigung von Datenlücken. Als nächster Schritt kommt zur Glättung des nDSM ein Tiefpassfilter zum Einsatz. Dieser soll verhindern, dass einzelne aus der Krone herausragende Äste oder Kronenteile nicht irrtümlich als ein eigener Baum interpretiert werden. Dadurch werden jedoch die Baumspitzen nach unten „gedrückt" und somit die Baumhöhen etwas unterschätzt. In einem späteren Schritt werden jedem detektierten Baum die Höhen aus den noch nicht geglätteten Höhendaten zugeordnet. Die Koordinaten der Punkte im nDSM werden beim Import in MATLAB automatisch als Bildkoordinaten gespeichert.

Die Berechnungen werden zur Laufzeitoptimierung in kleine sich überlappende Kacheln aufgeteilt. Der vertikale Abstand zwischen den Ebenen bzw. Höhenschichtlinien muss definiert werden, ebenso der Schwellwert, ab welcher Anzahl übereinanderliegender Polygone ein Baum als detektiert gilt. Für jede Ebene werden nun Polygone erzeugt, welche die Höhenschichtlinien für eine bestimmte Höhe repräsentieren (Abbildung 2). Anschließend werden die Polygone zu Baumkandidaten zusammengefasst, wobei vorausgesetzt wird, dass ein Polygon einer Ebene vollständig in einem Polygon auf der nächstunteren Ebene liegt. Sobald mehrere (zumeist 2 oder 3) Polygone in einem einzelnen Polygon der nächstunteren Ebene liegen, wird die Überprüfung beendet und diese Polygone repräsentieren einen Baumkandidaten. Im nächsten Schritt werden nun alle Baumkandidaten, die zu knapp beieinander liegen (zumeist im Überlappungsbereich der Kacheln) oder sich zu gering (jeweils weniger als 0,5 m) von den umgebenden Kandidaten abheben, eliminiert. Abschließend werden die Koordinaten der einzelnen Bäume bestimmt und somit kann das erhaltene Detektionsergebnis zur weiteren Verwendung exportiert werden.

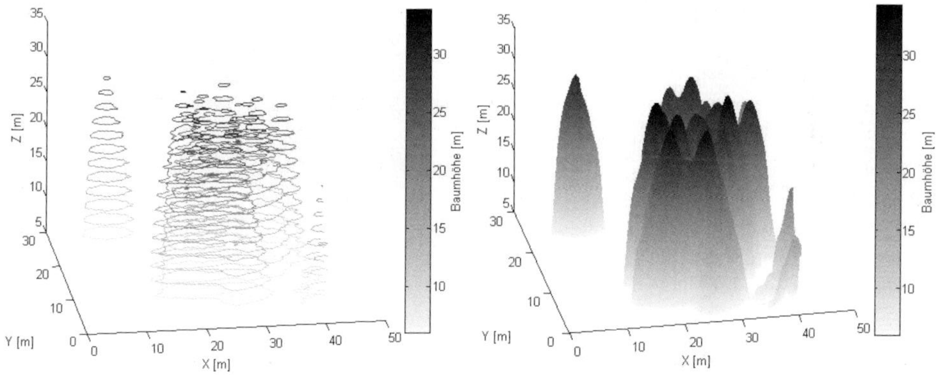

Abb. 2: 3D-Darstellung der aus dem nDSM generierten Höhenschichtlinien

2.2 Umsetzung in MATLAB

Für die Umsetzung in MATLAB wurde die Version R2013a verwendet. Der Algorithmus benötigt neben den Höheninformationen des nDSM auch weitere Parameter wie Stärke der Glättung, Kachelgröße und Überlappungsgrad. Die richtige Kombination dieser Parameter ist entscheidend für die Qualität der Detektion. Um unrealistische Baumdetektionen zu vermeiden, wurde die maximale Baumkronenfläche auf 200 m^2 beschränkt und der maximale Baumumfang mit 75 m definiert. Damit soll sichergestellt werden, dass mehrere Bäume nicht irrtümlich zusammengefasst werden.

2.3 Datengrundlage

Zur Einzelbaumdetektion wurde ein nDSM mit einer Größe von knapp 2 × 2 km und 0,5 m Abstand zwischen den Rasterpunkten verwendet. Die einzelnen Rasterpunkte sind im Koordinatensystem UTM33N gegeben. Das abgedeckte Gebiet befindet sich im Westen von Graz in der Nähe von Schloss St. Martin im Stadtbezirk Straßgang.

2.4 Überprüfung der Ergebnisse

Die Überprüfung der Ergebnisse der Einzelbaumdetektion erfolgte auf der Basis der Anzahl und Lage der detektierten Bäume. Da das vorliegende nDSM aus dem Jahr 2007 stammte, haben sich die Gegebenheiten vor Ort deutlich verändert. Aus diesem Grund wurde von einer terrestrischen Erhebung von „ground truth"-Informationen Abstand genommen. Als Basis für die Verifizierung der Ergebnisse wurden daher das nDSM und das Intensitätsbild herangezogen. Dabei wurden mehrere Kacheln mit einer Größe von jeweils 50 × 50 m verwendet, in denen die automatisch detektierten Einzelbäume mit den visuell interpretierten Bäumen verglichen wurden.

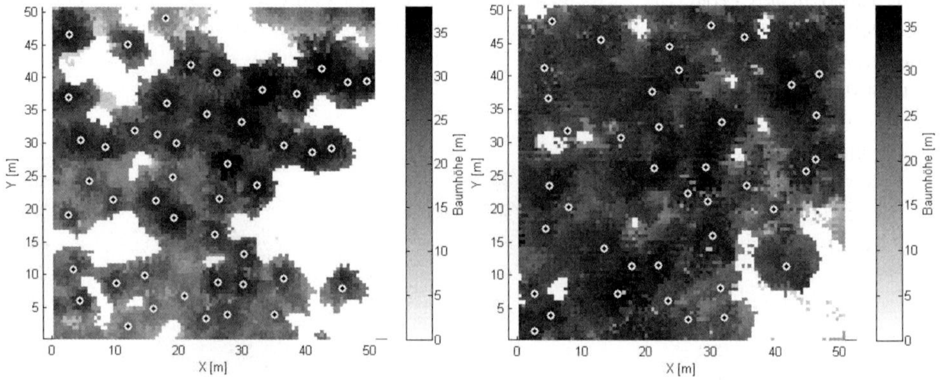

Abb. 3: Testgebiete für Nadelwald (links) und Laubwald (rechts)

3 Ergebnisse

3.1 Detektionsergebnis

Zur Verifikation wurden fünf 50 × 50 m Kacheln ausgesucht. Da der Algorithmus vorerst nur für Nadelbäume entwickelt wurde, beinhalten die Kacheln die Baumarten Fichte, Lärche und Kiefer. Die Ergebnisse der Verifizierung zeigen, dass ein optimales Ergebnis vorliegt, wenn Baumkronen, die zumindest 0,4 m aus der geglätteten Umgebung herausragen, als eigener Baum interpretiert werden.

Tabelle 1: Ergebnisse der Verifikation

Testgebiet	# Bäume lt. visueller Interpretation	# Automatisch detektierte Bäume	Überdetektion	Unterdetektion
T1	50	47	2,0 %	8,7 %
T2	57	56	3,5 %	5,6 %
T3	58	53	1,7 %	11,5 %
T4	49	45	0,0 %	8,9 %
T5	59	54	0,0 %	9,3 %

Tabelle 1 zeigt, dass der entwickelte Algorithmus im Vergleich zur visuellen Interpretation eine geringe Unterdetektion (10 %) bei einer minimalen Überdetektion (1,5 %) liefert. Fast alle nicht erkannten Bäume befanden sich entweder nah bei einem bereits erkannten Baum oder die Baumkrone ragte zu gering aus der Umgebung heraus. Senkt man den Mindestwert der herausragenden Baumkronen oder glättet das nDSM weniger, sinkt die Unterdetektion weiter, gleichzeitig kommt es bei anderen Bäumen zu einer Überdetektion im gleichen Gebiet. Der Grad der Überdetektion hängt stark von Rauigkeit und Glättung des nDSM ab.

3.2 Laufzeit

Die Laufzeit des Programms ist sehr stark von zwei Parametern abhängig. Einerseits wird sie bei kleineren Kacheln massiv reduziert, wobei ein nicht-linearer Anstieg bei steigender Kachelgröße festgestellt werden konnte. Der Grund dafür ist, dass die laufzeitintensive Berechnung der Höhenschichtlinien mittels der contour3-Funktion in MATLAB mit zunehmender Kachelgröße überproportional ansteigt. Der zweite maßgebliche Faktor für die Laufzeit ist der Abstand zwischen den einzelnen Schnittebenen. Je dichter dieser gewählt wird, umso höher ist erwartungsgemäß die Laufzeit. Mit der verwendeten Hard- und Software (MATLAB R2013a, Windows 7, Intel Core2Duo P8600 2.40GHz, 4 GB RAM) ergab sich eine Laufzeit von 30 Minuten bei einem Abstand von 0,3 m zwischen den Schnittebenen. Bei Veränderung der Abstände zwischen den Ebenen stieg die Laufzeit bei geringeren Abständen überproportional an, während sie bei einer Erhöhung etwa linear sank.

4 Diskussion

Die Vorteile der hier vorgestellten Methode sind einerseits in der kurzen Laufzeit zu sehen, andererseits kann der Algorithmus durch die vielfältigen Parametereinstellungen gut an die spezifischen Charakteristika eines Untersuchungsgebietes angepasst werden. Durch die Aufteilung des Projektgebiets in Kacheln und die Definition von Überlappungsgebieten ist es möglich, für große Gebiete in akzeptablen Zeiten die Einzelbaumdetektion durchzuführen. Da die gesamte Information des nDSM verwendet wird, ist es auch möglich, die Form des Baumes und speziell seiner Krone direkt aus den Informationen des nDSM abzuleiten.

Die hier vorgestellte Methode reagiert äußerst sensibel auf Feineinstellungen bei der Initialisierung. Daher ist es ratsam, zuerst nur kleine, repräsentative Gebiete zu berechnen und nach einer Überprüfung im Feld und einer Anpassung der Einstellungen für größere Flächen die Einzelbaumdetektion durchzuführen. Die Verifizierung zeigt, dass im Bereich der Nadelwaldgebiete gute Ergebnisse erzielt werden. Aufgrund mangelnder Verifizierung in Laubwaldgebieten kann noch keine Aussage getroffen werden, wie gut der Algorithmus in diesen Gebieten arbeitet, außer dass offensichtlich eine Überdetektion vorliegt.

Eine Verbesserung der Methode ist bezüglich der Überdetektion von Baumkronen in Laubwaldgebieten erforderlich. Die hierfür notwendigen Weiterentwicklungen werden zurzeit vorgenommen. Generell besteht für Laubwaldgebiete noch ein großes Optimierungspotenzial. Ob durch die Kombination des nDSM mit Intensitätsdaten die Ergebnisse verbessert werden können, ist Bestandteil der Weiterentwicklung. Darüber hinaus wird untersucht, inwieweit auf der Basis des vorgestellten Algorithmus verschiedene Baumarten anhand deren Kronenform und Radius differenziert werden können.

Literatur

BRANDTBERG, T., WARNER, T., LANDENBERGER, R. & MCGRAW, J. (2003), Detection and analysis of individual leaf-off tree crowns in small footprint, high sampling density lidar data from the eastern deciduous forest in North America. Remote Sensing of Environment, 85 (3), 290-303.

CHEN, Q., BALDOCCHI, D., GONG, P. & KELLY, M. (2006), Isolating individual trees in a savanna woodland using small footprint lidar data. Photogrammetric Engineering and Remote Sensing, 72, 923-932.

HYYPPÄ, J., OKELLE, O., LEHIKOINEN, M. & INKINEN, M. (2001), A segmentation-based method to retrieve stem volume estimates from 3-D tree height models produced by laser scanners. IEEE Transactions on Geoscience and Remote Sensing, 39, 969-975.

KAARTINEN, H., HYYPPÄ, J., YU, X., VASTARANTA, M., HYYPPÄ, H., KUKKO, A., HOLOPAINEN, M., HEIPKE, C., HIRSCHMUGL, M., MORSDORF, F., NÆSSET, E., PITKÄNEN, J., POPESCU, S., SOLBERG, S., WOLF, B. M. & WU, J. C. (2012), An international comparison of individual tree detection and extraction using airborne laser scanning. Remote Sensing, 4, 950-974.

KORPELA, I., DAHLIN, B., SCHÄFER, H., BRUUN, E., HAAPANIEMI, F., HONKASALO, J., ILVESNIEMI, S., KUUTTI, V., LINKOSALMI, M. & MUSTONEN, J. (2007), Single-tree forest inventory using lidar and aerial images for 3D treetop positioning, species recognition, height and crown width estimation. International Archieves of Photogrammetry and Remote Sensing and spatial information sciences, 227-233.

LECKIE, D., GOUGEON, F., HILL, D., QUINN, R., ARMSTRONG, L. & SHREENAN, R. (2003), Combined high-density lidar and multispectral imagery for individual tree crown analysis. Can J Remote Sens, 29, 633-649.

LI, W., GUO, Q., JAKUBOWSKI, M. & KELLY, M. (2012), A New Method for Segmenting Individual Trees from the Lidar Point Cloud. Photogrammetric Engineering & Remote Sensing, 78, 75-84.

PERSSON, A., HOLMGREN, J. & SÖDERMAN, U. (2002), Detecting and measuring individual trees using an airborne laserscanner. Photogrammetric Engineering & Remote Sensing, 68 (9), 925-932.

SOLBERG, S., NAESSET, E. & BOLLANDSAS, O. M. (2006), Single Tree Segmentation Using Airborne Laser Scanner Data in a Structurally Heterogeneous Spruce Forest. Photogrammetric Engineering & Remote Sensing, 72 (12), 1369-1378.

VINCENT, L. & SOILLE, P. (1991), Watersheds in Digital Spaces: An Efficient Algorithm Based on Immersion Simulations. IEEE Transactions of Pattern Analysis and Machine Intelligence, 13 (6), 583-598.

GMES4Mining – GMES-basierte Geoservices für den Bergbau

Kian PAKZAD

EFTAS Fernerkundung Technologietransfer GmbH, Münster · kian.pakzad@eftas.com

In den meisten Staaten der Europäischen Union befinden sich die Bergwerke in der Betriebsphase oder in der Nachbergbauphase (Stilllegung, Sanierung, Rekultivierung, Altbergbau). In anderen Ländern besteht jedoch auch ein Interesse an der Aufsuchung neuer Lagerstätten. Aufgrund des beträchtlichen Eingriffs, den der Bergbau für die Landschaften bedeutet und den umfangreichen möglichen Auswirkungen gibt es zahlreiche rechtliche Vorgaben. Die Auswirkungen können beispielsweise den Grundwasserspiegel mit einem indirekten Einfluss auf die Vegetation betreffen. Bei Bergbauaktivitäten unter Tage können aber auch Bodenbewegungen und -senkungen auftreten, die es zu detektieren gilt. Somit gibt es im Rahmen eines Bergbau-Lebenszyklus verschiedenste Aufgabenbereiche, die durchzuführen und unterschiedliche rechtliche Vorgaben, die zu erfüllen sind. Zur Unterstützung vieler dieser Aufgaben sind Fernerkundungs- und GIS-Daten sehr hilfreich.

Im Bereich der Fernerkundung hat es dabei in den letzten Jahren zahlreiche Weiterentwicklungen gegeben. Dies betrifft sowohl die Sensorik als auch die Methodik. Die Anzahl der Fernerkundungssatelliten ist im Verlauf der Zeit kontinuierlich gestiegen, wobei sich sowohl die räumliche als auch die zeitliche Auflösung verbessert hat, verbunden mit Sensoren, die eine größere Bandbreite an wichtigen spektralen Kanälen bereitstellen. Zudem werden mit den zukünftigen Sentinel-Satelliten des Copernicus-Programms auch Fernerkundungsdaten verfügbar sein, die kostenfrei zur Verfügung gestellt werden sollen.

Das F&E-Projekt GMES4Mining soll diese beiden Bereiche zusammenbringen. Zur Unterstützung der unterschiedlichen Aufgaben im Bereich des Bergbaus und der Umsetzung der rechtlichen Vorgaben werden im Rahmen von GMES4Mining die Potenziale innovativer Fernerkundungstechnologien untersucht. Dies betrifft sowohl die Methodik zur Extraktion der benötigten Informationen aus den Fernerkundungsdaten als auch die Bereitstellung der Daten. Das Projekt begann gegen Ende 2011 und läuft für drei Jahre. Das Konsortium besteht aus vier Gruppen, die sowohl aus der Universität als auch aus der Industrie stammen und Ihre Expertise in den verschiedenen Bereichen einbringen.

Die Basis der Arbeiten im Projekt sollte eine Nutzerbefragung bilden, die bei unterschiedlichen Bergbaufirmen und -institutionen den Bedarf in den verschiedenen Arbeitsbereichen ermitteln sollte. Hierzu wurden Fragebögen erstellt und an die potenziellen Nutzer verschickt. Die Auswertung dieser Bögen stellte den momentanen Stand der Technik der Firmen bei der Nutzung von Fernerkundungsdaten dar und zeigte den Bedarf in diesem Bereich auf. Auf dieser Grundlage wurden auf unterschiedlichen Gebieten Entwicklungen und Untersuchungen mit verschiedenen Sensordaten durchgeführt. Im Bereich der optischen Fernerkundungsdaten wurden sowohl multitemporale Multispektral-Satellitendaten genutzt als auch für flugzeuggetragene Hyperspekraldaten. Im Bereich von Radardaten wurden sowohl Satellitendaten als auch terrestrische Radardaten interferometrisch verwendet. Die

Strobl, J., Blaschke, T., Griesebner, G. & Zagel, B. (Hrsg.) (2014): Angewandte Geoinformatik 2014.

Forschungsergebnisse wurden in eine GDI (Geodateninfrastruktur) integriert und über ein Webportal verbreitet. Hierzu wurden Entwicklungen im GIS-Bereich durchgeführt.

Die Entwicklungen in diesem Projekt fokussieren auf mehrere Anwendungsbereiche, die sich auch aus der Nutzerbefragung ergeben haben: Ein Bereich ist die Detektion von Vernässungsgebieten in Bergabbauregionen. Diese Vernässung kann aufgrund einer relativen Erhöhung des Grundwasserspiegels erfolgen, die die Erdoberfläche erreichen kann. Dies führt zu Vernässungen und Überflutungen von Flächen. Die Vegetation zeigt auf diesen Flächen eine Reaktion, die von geringen Veränderungen am Anfang des Prozesses bis hin zum Absterben am Ende reicht. Durch Beobachtung der Vegetation sollen frühzeitig erste Anzeichen dieser Veränderungen detektiert werden, um die Vernässungen erkennen zu können und Gegenmaßnahmen zu ergreifen. Hierzu werden sowohl multitemporale Satellitenbilder als auch Bilder flugzeuggetragener Hyperspektralsensoren verwendet. Mithilfe von verschiedenen Indizes konnten verschiedene Stadien der Vegetationsveränderung aus Satellitenbildern erkannt werden. Hierzu wurden wegen der langjährigen zeitlichen Verfügbarkeit Landsat-TM-Bilder verwendet, aktuell werden auch RapidEye-Bilder untersucht. Die Untersuchungen der Hyperspektraldaten erfolgten mit Bildern des Sensors AISA Eagle mit 107 Bändern und einer Bodenpixelgröße von 1 m. Sie zeigten, dass die verschiedenen Vegetationsstadien bei beginnender und erfolgter Überflutung charakteristische Signaturen in den Spektralbändern zeigen. Somit kann auch hier eine Detektion durchgeführt werden. Weitere Untersuchungen mit Hyperspektraldaten beschäftigen sich mit deren Einsatz im Bereich der Exploration.

Ein weiterer Anwendungsbereich fokussiert auf die Detektion von Bodenbewegungen und -senkungen mithilfe von Radarbildern. Hierbei wurden sowohl Untersuchungen mit bodenbasierten Radarsensoren als auch mit Satellitenbildern durchgeführt. Mithilfe des bodenbasierten Radargerätes wurden terrestrische Messungen zur Erkennung von Böschungsrutschungen in operativen Tagebauen und Halden getestet. Mit satellitengestützten Radardaten – TerraSAR-X-Daten – wurden Untersuchungen zur Früherkennung von Bodenbewegungen mithilfe der PSI-Methodik durchgeführt.

Ein wichtiges Ziel des Projektes ist es, Aufschluss über die Qualität der Daten und der Methoden zu geben. Im Rahmen dieses Beitrages soll einerseits ein Überblick über das Projekt GMES4Mining gegeben werden und andererseits konkrete Methoden und Ergebnisse vorgestellt werden, wobei der Fokus dabei auf den Bereich liegen wird, der auf Basis von optischen Fernerkundungsdaten entwickelt wurde.

RPAS Mission Portal – ein Webportal zur Metadatendokumentation von Remotely Piloted Aircraft Systems Missionen

Gernot PAULUS, Karl-Heinrich ANDERS, Thomas WINKLER und Arno BREINBAUER
FH KÄRNTEN, Villach · gernot.paulus@fh-kaernten.at

Extended Abstract

Remotely Piloted Aircraft Systems (RPAS) stellen aktuell ein rasant wachsendes technologisches Marktsegment dar, das speziell im Bereich der hochauflösenden Datenerfassung und des Monitorings enormes Potenzial für zivile Anwendungsmöglichkeiten im Geoinformationsbereich bietet. ZALOGA et al. (2013) schätzen, dass sich der weltweite RPAS Markt in Bezug auf jährliche Investitionsvolumina in neue Beschaffungen und F&E bis 2020 von derzeit (Stand 2013) ca. 5.2 Mrd. US$ auf 11.6 Mrd. US$ verdoppeln wird. In den USA werden durch eine gesetzlich geregelte Integration von RPAS in den zivilen Luftraum ab 2015 in den ersten 3 Jahren mehr als 70,000, und bis 2025 geschätzte 100,000 neue Jobs prognostiziert (AUVSI 2013). Mit der anstehenden nationalen und internationalen Eliminierung von bestehenden Barrieren für den zivilen RPAS-Einsatz werden neue Märkte für unbemannte luftfahrtsystembasierte Dienstleistungen erschlossen. Ausgelöst vom gesetzlich verabschiedeten Vorhaben der USA, zivile RPAS beginnend mit 2015 für Missionen im nationalen Luftraum zuzulassen, hat die Europäische Kommission 2013 eine europaweite Strategie für die Integration von zivilen RPAS Systemen in den europäischen Luftraum verabschiedet (EC-RPAS Roadmap 2013). Ein zentrales Element dieser Strategie ist die notwendige Erweiterung und Anpassung der gesetzlichen Rahmenbedingungen für die sichere Luftraumintegration sowohl auf europäischer als auch nationaler Ebene. Die jeweilige Zuständigkeit richtet sich dabei nach der RPAS-Gewichtsklasse, wobei für RPAS Systeme mit einem Gesamtgewicht größer als 150 kg die europäische Luftfahrtbehörde EASA zuständig ist, für Systeme mit einem Gesamtgewicht kleiner 150kg die jeweilige nationale Luftfahrtbehörde. Vor diesem Hintergrund wurde 2013 eine Novelle zum nationalen Luftfahrtgesetz in Österreich verabschiedet (LFG 2013), und die Austro Control mit der Erarbeitung der spezifischen Durchführungsbestimmungen beauftragt. Diese wurden im Dezember 2013 zur Begutachtung ausgesendet und traten mit 1.1.2014 gesetzlich in Kraft (ACG 2014). In diesen Durchführungsbestimmungen (Lufttüchtigkeits- und Betriebstüchtigkeitshinweis Nr. 67 – LTBH 67) ist die Erteilung für Flugbewilligungen für die gewerbliche Nutzung und den Betrieb von unbemannten Luftfahrzeugen (uLFZ) geregelt. Die behördlichen Entscheidungskriterien für die Strenge der Auflagen sowie den Umfang des Bewilligungsprozesses ist eine Kombination aus Betriebsmasse (< 5 kg < 25 kg < 150 kg), Besiedlungsdichte des geplanten Einsatzgebietes (es werden die 4 Klassen unbebaut, unbesiedelt, besiedelt und dicht besiedelt unterschieden), sowie ob während der Mission ein Sichtkontakt mit einer maximale erlaubten Flughöhe von 150m zwischen RPAS und Pilot besteht (Klasse 1) oder nicht (Klasse 2). Abbildung 1 zeigt die daraus resultierende für Österreich gültige Kategorisierung von uLFZ.

Strobl, J., Blaschke, T., Griesebner, G. & Zagel, B. (Hrsg.) (2014): Angewandte Geoinformatik 2014.
 ISBN 978-3-87907-543-0.

	Einsatzgebiet			
	I unbebaut	II unbesiedelt	III besiedelt	IV dicht besiedelt
Betriebsmasse bis einschließlich 5 kg	A	A	B	C
Betriebsmasse bis einschließlich 25 kg	A	B	C	D
Betriebsmasse über 25 kg und bis einschließlich 150 kg	B	C	D	D

Abb. 1: Kategorien von RPAS auf Grundlage der nationalen LTBH 67 Durchführungsbestimmungen (ACG 2014)

Hinsichtlich des Betriebs von uLFZ nach erteilter Genehmigung hat der Betreiber laut LTBH 67 „*Betriebsaufzeichnungen zu führen, welche zumindest Datum, Uhrzeit und Dauer des Einsatzes, den Namen des Piloten, den Ort des Fluges inkl. Kategorisierung des Einsatzgebietes (I-IV), die Anzahl der Starts und Landungen sowie ggf. Besonderheiten, Vorkommnisse und Betriebsstörungen enthalten. Die Aufzeichnungen sind mindestens zwei Jahre aufzubewahren und der ausstellenden Behörde auf Verlangen vorzulegen*“.

Im Rahmen eines Pilotprojektes an der FH Kärnten wurde nun auf Grundlage der gesetzlichen vorgeschriebenen Betriebsaufzeichnungsanforderungen sowie einer Untersuchung von Qualitätskriterien im Zusammenhang von RPAS Missionen (ROBNIK et al. 2012) ein Webportal zur Erfassung und Verwaltung von relevanten Metadaten zur durchgängigen Dokumentation von RPAS Missionen ausgehend von der Planung über die Durchführung bis hin zur Datenauswertung entwickelt. Abbildung 2 zeigt ein konzeptionelles Modell der zur Dokumentation notwendigen Metadatenstruktur. Dieses Konzept wurde prototypisch als Webportal auf Grundlage des Open-Source-Metadateneditors GeoNetwork umgesetzt (GeoNetwork Opensource 2014).

Das Ergebnis ist ein funktionstüchtiger Prototyp eines Webportals, der über eine Benutzer- bzw. Gruppenverwaltung verfügt. Registrierten Benutzern wird die Möglichkeit geboten, durchgeführte RPAS Missionen zu erstellen und die betreffenden Metadaten zu erfassen bzw. bei Bedarf auch zu editieren. Über die Suchfunktion wird sichergestellt, dass erfasste Datensätze nach räumlichen und attributiven Kriterien gesucht werden können. Die räumlichen Komponenten einer Mission, der Flugplan sowie die geflogene Missionstrajektorie werden als Karte visualisiert.

Zurzeit stellen gewerbliche RPAS Missionen keine Standardanwendung im nationalen Luftraum dar. Trotz der erwarteten sehr positiven wirtschaftlichen und auch gesellschaftlichen Auswirkungen (z. B. durch die erwartete Schaffung von hochqualitativen neuen Arbeitsplätzen) dieser Aktivitäten stellen der soziale Aspekt und die Akzeptanz des Einsatzes von RPAS Missionen durch die Öffentlichkeit einen kritischen Erfolgsfaktor dar. Dies wurde auch bei der Erstellung der EC RPAS Roadmap umfassend adressiert und auf die Problematik der bestehenden Unsicherheit in der Bevölkerung (Schutz der Privatsphäre, starke Assoziation mit militärischen Anwendungen etc.) hingewiesen. Um hier einerseits potenziellen Ängsten und Befürchtungen in der Bevölkerung zu begegnen und andererseits den gesetzlichen Vorgaben zur Führung von Betriebsaufzeichnungen Genüge zu tun, schlagen wir als ein mögliches Szenario die Weiterentwicklung des bestehenden Prototyps unter Einbindung relevanter Stakeholder sowie der Berücksichtigung aktuelle luftfahrtbezogener Standardisierungsaktivitäten (Aeronautical Information Exchange Model AIXM (AIXM 2014); OGC Standards Support Aviation Information Management (OGC 2014)) zu einer frei zugänglichen Informationsplattform für im österreichischen Luftraum offiziell bewilligte und zugelassene RPAS Plattformen und RPAS Missionen vor.

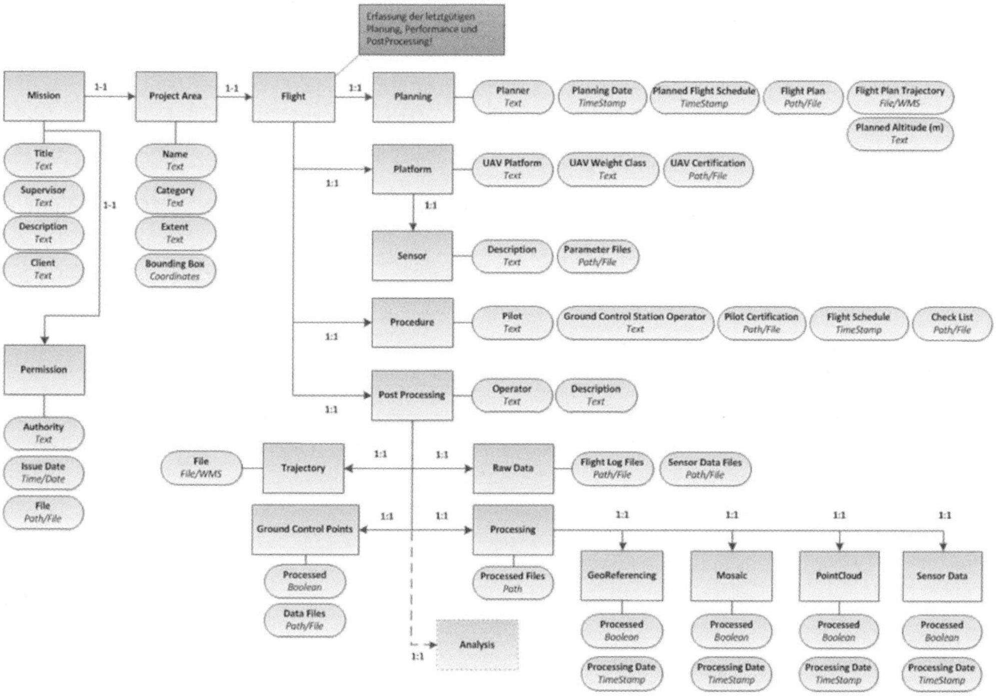

Abb. 2: Konzeptionelles Modell der Metadatenstruktur für die Dokumentation von RPAS Missionen

Literatur

ACG (2014), Flugbewilligungen für unbemannte Luftfahrzeuge. http://www.austrocontrol.at/luftfahrtbehoerde/lizenzen_bewilligungen/flugbewilligungen/unbemannte_lfz (25.01.2014).

AIXM (2014), Aeronautical Information Exchange. http://www.aixm.aero/public/subsite_homepage/homepage.html (11.04.2014).

AUVSI (2013), The Economic Impact Of Unmanned Aircraft Systems Integration In The United States. http://www.auvsi.org/econreport (23.9.2013).

EC RPAS Roadmap (2013), Roadmap for the integration of civil Remotely-Piloted Aircraft Systems into the European Aviation System. http://ec.europa.eu/enterprise/sectors/aerospace/files/rpas-roadmap_en.pdf (28.8.2013).

GEONETWORK OPENSOURCE (2014), GeoNetwork Opensource Developer Manual v2.10.3 http://geonetwork-opensource.org/manuals/2.10.3/eng/developer/index.html (6.11.2013).

LFG (2013), Novelle zum Luftfahrtgesetz (108. Bundesgesetz: Änderung des Luftfahrtgesetzes (NR: GP XXIV RV 2299 AB 2349 S. 203. BR: AB 8984 S. 821.). http://www.ris.bka.gv.at/Dokumente/BgblAuth/BGBLA_2013_I_108/BGBLA_2013_I_108.pdf (23.8.2013).

OGC (2014), OGC Standards Support Aviation Information Management. http://www.opengeospatial.org/domain/aviation (11.4.2014).

ROBNIK, M., ANDERS, K.-H., HARTLIEB, E. & PAULUS, G. (2012), Development of a Quality Management System for Unmanned Aerial Systems. Poster presentation, GI-Forum 2012, 3.-6. July 2012, University of Salzburg, Austria.

ZALOGA, S. J., ROCKWELL, D. & FINNEGAN, P. (2013), World Unmanned Aerial Vehicle Systems – Market Profile and Forecast. 2013 Edition – Teal Group Corporation Executive summary. https://dl.dropboxusercontent.com/u/1665888/TGCTOC/DL/2013UAV_TOC_EO.pdf (23.9.2013).

VHR Stereo-Pléiades-Satellitenbilder versus Airborne Laserscandaten – Vergleich auf Basis von abgeleiteten 3D-Gebäudemodellen

Klaus STEINNOCHER[1], Mario KÖSTL[1], Martin HOFER[2] und Roland PERKO[3]

[1]AIT Austrian Institute of Technology GmbH, Wien · klaus.steinnocher@ait.ac.at
[2]GeoVille Information Systems GmbH, Innsbruck
[3]JOANNEUM RESEARCH Forschungsges.mbH, Graz

1 Einleitung

Mit der Verfügbarkeit der neuesten Satellitengeneration Pléiades und Sentinel können die Kernanforderungen einer hoch automatisierten und kontinuierlichen Landbeobachtung erfüllt werden. Pléiades ist ein aus zwei baugleichen und synchronisierten Satelliten (twin satellites) bestehendes EO-System, das eine tägliche Neuerfassung von jedem Punkt weltweit ermöglicht. Die Hauptinnovation stellt die hervorragende Dreh-, Neigungs- und Schwenkagilität dar, welche Stereo-und Tri-Stereo-Aufnahmen vom selben Orbit ermöglichen und eine signifikante Neuerung gegenüber anderen Satelliten wie GeoEye, Ikonos oder WorldView darstellt. Die hohe Bodenauflösung von bis zu 50 cm im panchromatischen Kanal ermöglicht somit eine hochgenaue Rekonstruktion der Erdoberfläche.

Dazu werden im Projekt HighSens II, das im Rahmen des Austrian Space Applications Programme (ASAP) der österreichischen Forschungsförderungsgesellschaft (FFG) gefördert wird, Entwicklungen aus dem Vorgängerprojekt komplementiert sowie neue technologische Komponenten entwickelt und validiert:

- Leistungsfähige Prozesskette, die neben der bereits in HighSens I entwickelten vollautomatischen Generierung von digitalen Oberflächenmodellen um die Kapazität erweitert wird, ein digitales Gelände- und ein normalisiertes Digitales Oberflächenmodell zu berechnen, sowie die Orthorektifizierung von Pléiades-Daten in großflächigem Maßstab ermöglicht.
- Prototyp für die 3D-Modellierung von Gebäuden auf Basis von Pléiades-Daten.
- Methoden zur Generierung von wolkenfreien Kompositen und zur Erkennung von Landschaftsveränderungen im urbanen Raum auf Basis von Sentinel-2-Daten für die Optimierung von kostenaufwendigen Bildakquisitionen.
- Vermarktung der entwickelten Kapazitäten, um Pléiades- und Sentinel-2-basierte Lösungen am Markt anbieten zu können.

Die vorliegende Arbeit konzentriert sich auf die Ableitung von Oberflächenmodellen aus Pléiades-Daten und die darauf basierende Erstellung von Gebäudemodellen. Zur Bewertung der Gebäudemodelle – und damit der dahinter liegenden Oberflächenmodelle – werden die auf Pléiades basierenden Modelle mit ALS-basierten Modellen verglichen.

Strobl, J., Blaschke, T., Griesebner, G. & Zagel, B. (Hrsg.) (2014): Angewandte Geoinformatik 2014.
 ISBN 978-3-87907-543-0.

2 Testgebiet und Datenverarbeitung

Als Testgebiet wurde die Region rund um Innsbruck (Österreich) gewählt mit einer Höhendynamik von 560 bis 2.750 m über dem Meeresspiegel. Zur Ableitung des digitalen Oberflächenmodells steht eine Pléiades-1A-Stereo-Aufnahme zur Verfügung (siehe Tabelle 1), die eine Fläche von 435 km^2 abdeckt. Der Stereo-Schnittwinkel beträgt 26,9° und entspricht somit einem Basis-zu-Höhen-Verhältnis von 0,47.

Tabelle 1: Aufnahmeparameter der Pléiades-Stereo-Bilder

Datum	Zeit	Blickwinkel [°] in / quer zur Bahn		GSD [m]	Plattform	Aufnahmemodus	Spektrale Verarbeitung
2013-07-13	10:16:41.4	8.96	-11.72	0.70-0.77	PHR 1A	PX	PA
2013-07-13	10:17:25.8	2.35	14.48	0.70-0.77	PHR 1A	PX	PA

Zur Extraktion eines Oberflächenmodells wurden die VHR panchromatischen Pléiades-Bilder herangezogen. Zuerst wurden 30 Passpunkte zwischen den Pléiades-Bilder und den ALS-Daten gemessen, um die Genauigkeit der Sensormodelle zu verbessern. Als nächstes wurden beide Bilder epipolar rektifiziert (WANG et al. 2011), um eine 1D Suche im folgenden Bildmatching zu ermöglichen. Das dichte Stereo-Matching basiert auf der semiglobalen Optimierung (HIRSCHMÜLLER 2008) und findet für jeden Bildpunkt den lokalen Stereo-Verschiebungsvektor. Darauf erfolgt die Berechnung einer 3D Punktwolke durch einen räumlichen Vorwärtsschnitt, die wiederum auf ein regelmäßiges Raster mit 1-m-Bodenauflösung interpoliert wurde. Das Ergebnis dieses Verfahrens ist in Abbildung 1 (rechts) dargestellt.

Abb. 1: Überblick über das Testgebiet. Pléiades multi-spektrales Orthobild (links) und eine Reliefdarstellung des abgeleiteten Oberflächenmodells (rechts).

Das normalisierte Pléiades-Oberflächenmodell (nDSM) kann nun durch Subtraktion des ALS-Bodenmodells erhalten werden, da eine Funktion der DTM-Berechnung sich noch im Entwicklungsstadium befindet und somit noch nicht in die Software implementiert wurde. Die für das Testgebiet herangezogenen ALS-Daten mit einer Auflösung von 1 m wurden vom Land Tirol für das Projekt zur Verfügung gestellt und stammen aus der Gesamtbefliegung von 2006 bis 2009. Sie liegen in der Gauß-Krüger-M28-Projektion mit orthometrischen Höhen vor und wurden für die weitere Verwendung in WGS84 UTM 32N mit ellipsoidischen Höhen transformiert.

Das nDSM wurde gemeinsam mit den multispektralen Informationen der orthorektifizierten VHR-Aufnahmen von Pléiades für die Generierung der Gebäudegrundrisse herangezogen. Veränderungen in der Gebäudestruktur, die sich aus den unterschiedlichen Aufnahmezeitpunkten ergeben, wurden, soweit möglich, auf Basis der multispektralen Information allein identifiziert. Objekte mit einer Fläche von weniger als 60 m² wurden nicht als Gebäude berücksichtigt. Durch die Verwendung eines speziellen Glättungsalgorithmus konnten Unregelmäßigkeiten in der Gebäudestruktur entfernt werden (Abbildung 2). Diese geglätteten Gebäudegrundrisse bilden die Grundlage für die 3D-Modellierungen.

Abb. 2: Glättung von Gebäudeabgrenzungen: nicht geglättet (links); geglättet (rechts).

3 Modellierung

Die Ableitung der Gebäudemodelle erfolgt in einem ArcGIS-Modell, das innerhalb der Gebäudefläche auftretende unterschiedliche Gebäudehöhen berücksichtigt. Damit können mehrere Gebäudeteile ausgewiesen werden, sofern das Gebäude unterschiedliche Niveaus aufweist. Die Modellierung ist in erster Linie eine Generalisierung der einzelnen Rasterwerte zu einheitlichen Oberflächen. Die Abgrenzung verschiedener Niveaus erfolgt dabei über Schwellwerte, die in der Größenordnung von Stockwerkhöhen liegen. Größenmäßig vernachlässigbare Restflächen werden mittels *Expand* und *Shrink* Prozessen eliminiert. Die resultierenden Gebäudeniveaus werden dann in Polygone überführt und deren Grenzlinien geglättet. Diese Polygone werden dann wiederum mit den Originaldaten aus dem nDSM verschnitten, Statistiken pro Polygon berechnet und als Attribut abgelegt. Somit kann für weitere Berechnungen auf die Originaldaten zurückgegriffen werden. Konkret werden die Volumina der Gebäudeteile bestimmt, sowie die Anzahl der Stockwerke über Standardhöhen geschätzt.

Das Modell erfordert nur wenige Parameter Einstellungen und läuft größtenteils automatisch. Es erlaubt die Verwendung von nDSM Daten in Rasterformat und Gebäudeumrissen in Polygonformat, unabhängig von der Datenquelle. Daher kann das Modell sowohl auf die ALS-basierten Daten als auch auf das nDSM von Pléiades angewendet werden. Ein quantitativer Vergleich der Modellierungsergebnisse erfolgt in Bezug auf ausgewiesene Gebäudeteile, deren Höhen und Volumina sowie die Anzahl der Stockwerke. Zusätzlich ermöglicht die Visualisierung der modellierten Gebäude eine qualitative Bewertung der Ergebnisse.

4 Ergebnisse und Diskussion

Aus den beiden nDSM (ALS- und Pléiades-basiert) und den abgeleiteten Gebäudegrundrissen wurden sowohl einfache Blockmodelle (LOD 1) als auch Gebäudemodelle mit unterschiedlichen Höhenstufen (LOD 2) abgleitet. Erstere ergeben sich aus den Gebäudegrundrissen und der mittleren Höhe aus dem nDSM, Letztere werden mittels des im letzten Kapitel beschriebenen ArcGIS Modells erzeugt.

Bei der Plausibilitätskontrolle des Pléiades-basierten nDSM wurde festgestellt, dass einige Gebäude zum Teil negative Höhen aufweisen. Diese aus dem Matching resultierenden Fehler wurden korrigiert, in dem die negativen Werte innerhalb der Gebäude durch den Median der nicht negativen Höhen ersetzt wurden.

Ein Vergleich der einfachen Blockmodelle gibt einen ersten Eindruck der unterschiedlichen Qualitäten (Abbildungen 3 und 4). Bei kleinen und mittelhohen Gebäuden kommt es zwar zu Abweichungen zwischen den Gebäudehöhen, diese bewegen sich aber in einem Rahmen von einigen Metern. Das könnte darauf zurückzuführen sein, dass das Geländemodell in beiden Fällen aus ALS-Daten abgeleitet wurde und es daher zu systematischen Höhendifferenzen kommt. Gut erfasst wurden die Gebäude, die im ALS-basierten Modell aufgrund der unterschiedlichen Aufnahmezeitpunkte nicht enthalten sind.

Bei einigen sehr hohen Gebäuden mit vergleichsweise geringer Grundfläche kommt es zu extremen Unterschätzungen in den Pléiades-Daten (Gebäude mit 30-50 m Höhe werden auf einige wenige Meter reduziert). Hier dürfte der Matching Algorithmus versagen, i. e. die Gebäudeoberflächen werden in den Stereobildern nicht als zu einem Gebäude gehörig erkannt.

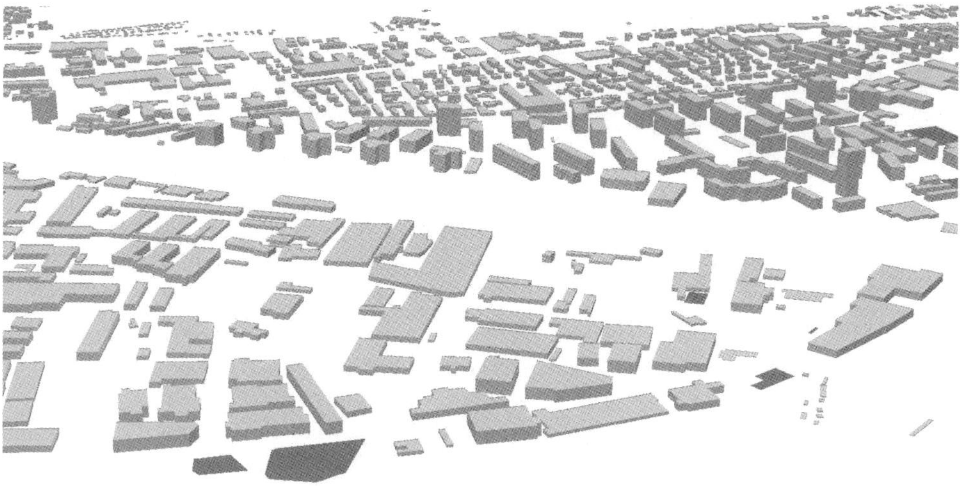

Abb. 3: Gebäudemodell (LOD 1) aus ALS-Daten

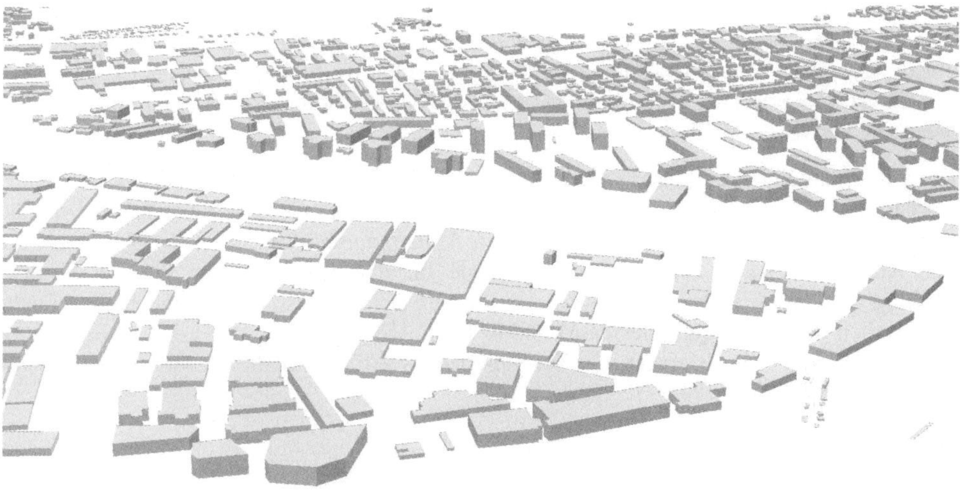

Abb. 4: Gebäudemodell (LOD 1) aus Pléiades-Daten

Die Ergebnisse der LOD2-Modellierung, die unterschiedliche Höhenniveaus pro Gebäude ausweist, ist in Abbildung 5 dargestellt. Die aus den ALS-Daten abgeleiteten Modelle zeigen sehr gute Ergebnisse, mit einer scharfen Abgrenzung der einzelnen Gebäudeteile. Die Pléiades-basierten Modelle sind im Grad der Differenzierung ähnlich, weisen aber zum Teil verrauschte Grenzlinien zwischen den Gebäudeteilen auf. Wo im Pléiades-basierten nDSM Fehler auftreten, kommt es natürlich auch zu Abweichungen in den Gebäudemodellen.

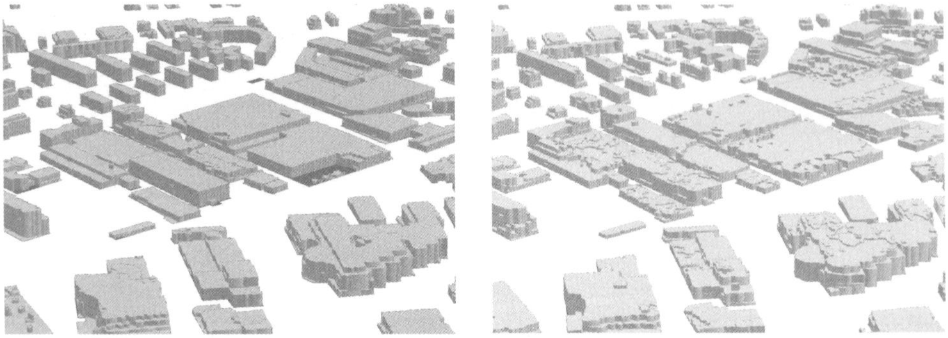

Abb. 5: Gebäudemodell (LOD 2) aus ALS- (links) und Pléiades-Daten (rechts)

Zusammenfassend kann nach diesen ersten Tests gesagt werden, dass die ALS-basierten Gebäudemodelle wie erwartet eine bessere Qualität aufweisen als die Pléiades-basierten. Allerdings ist der Unterschied geringer als man angesichts der Abweichungen im nDSM erwarten würde. Die Erfassung von neu hinzugekommenen Gebäuden stellt kein Problem dar, die Änderung von Gebäudehöhen kann nur ab einer signifikanten Größenordnung erkannt werden. Problematisch sind jedenfalls die extremen Ausreißer in den nDSM-Daten, die sich offensichtlich aus Fehlern im Matching Prozess ergeben. Insgesamt liegt die Übereinstimmung der beiden Gebäudemodelle im gesamten Testgebiet jedoch bei etwa 90 %. Dieser Wert könnte sich noch erhöhen, wenn statt eines Stereo-Paares ein Triplet für das Matching verwendet wird.

Durch die Fähigkeit des Pléiades-Satelliten neben Stereodaten auch Triplets aufzunehmen, werden im Rahmen des Projektes HighSens II auch die Unterschiede hinsichtlich Qualität und Genauigkeit zwischen den verschiedenen Aufnahmemodi, wie auch im Verhältnis zu den ALS-Daten näher analysiert. Dazu wurde für das Testgebiet ein Pléiades-Triplet-Tasking in Auftrag gegeben. Im weiteren Verlauf des Projekts werden die Unterschiede hinsichtlich der Erstellung eines DSM und in der Folge auch eines DTM und nDSM untersucht, sowie die Auswirkungen der Tri-Stereo-Auswertung auf die Generierung von Gebäudemodellen.

Literatur

HIRSCHMÜLLER, H. (2008), Stereo processing by semi-global matching and Mutual Information. IEEE Transactions on Pattern Analysis and Machine Intelligence, 30 (2), 328-341.

WANG, M., HU, F. & LI, J. (2011), Epipolar resampling of linear pushbroom satellite imagery by a new epipolarity model. ISPRS Journal of Photogrammetry and Remote Sensing, 66 (3), 347-355.

Synergetischer Einsatz von UAV- und Nahbereichs-Photogrammetrie zur Vermessung von Gullys

Claudia STÖCKER, Anette ELTNER und Pierre KARRASCH
Technische Universität Dresden · Claudia.Stoecker@mail.de

Zusammenfassung

Gullys beschreiben komplexe geomorphologische Systeme, die für ihr Prozessverständnis eine präzise Erfassung ihrer Morphologie notwendig machen. Diese Studie zeigt, dass die Kombination aus der UAV- und Nahbereichs-Photogrammetrie bestehende Lücken in der Datenerfassung schließen kann.

1 Einleitung

Gullys sind Erosionsgräben, die oft mit erheblichen Folgen für die Landwirtschaft einhergehen, da permanent fertile Flächen verloren gehen. In der fragilen Mergellandschaft Andalusiens sind Gullys ein häufiges Phänomen. Die Erodibilität des Bodens, die Erosivität saisonaler torrentieller Niederschlagsereignisse sowie die starke ackerbauliche Nutzung verursachen sehr hohe Bodenerosionsraten (u. a. FAUST & SCHMIDT 2009, BRACKEN & KIRKBY 2005, POESEN & HOOKE 1997). Um die Dynamik der Gullygenese besser zu verstehen, ist ihre umfassende und genaue Erfassung notwendig.

Um das Volumen von Gullys sowie deren Erosionsraten zu erfassen, wurde in der Vergangenheit vor allem auf die Auswertung flugzeuggestützter Luftbilder zurückgegriffen. Dabei konnten Auflösungen im Meterbereich erzielt werden (vgl. DABA et al. 2003). Seit wenigen Jahren etablieren sich Unmanned Aerial Vehicles (UAVs), welche einen völlig neuen Maßstab der photogrammetrischen Aufarbeitung geomorphologischer Fragestellungen erlauben. Die rasche Entwicklung der UAV-Technik ermöglicht eine kostengünstige und flexible Datenakquise. Zusätzlich gibt es aufgrund bedeutender Fortschritte in Computer Vision und digitaler Photogrammetrie Softwarelösungen, welche die aufgenommenen Luftbilder in wenigen Schritten zu hochaufgelösten Geländemodellen prozessieren. Obwohl diese Methodik bei der Erkundung von Gullys ein großes Potenzial aufweist, ist sie in der Literatur erst sehr wenig besprochen. Erste Befliegungen von Gullys fanden im Sahel und in Spanien mit Drachen und Ballons statt (vgl. MARZOLFF & POESEN 2009). In Marokko verfolgen D'OLEIRE-OLTMANNS et al. (2012) einen multi-scale Ansatz, bei dem Gullys aus unterschiedlichen Höhen beflogen werden.

2 Zielsetzungen

Ein Problem der Datenakquise aus der Luft stellen Überhänge und steile Geländeformen dar. Hierbei gelangt die Methodik der UAV-Photogrammetrie aufgrund der gegebenen

Strobl, J., Blaschke, T., Griesebner, G. & Zagel, B. (Hrsg.) (2014): Angewandte Geoinformatik 2014.
 ISBN 978-3-87907-543-0.

Aufnahmegeometrie an ihre Grenzen. Neben der technisch aufwendigen Nutzung von beispielsweise terrestrischen Laserscanning (TLS) wird eine vollständige photogrammetrische Erfassung des Gullys möglich, wenn es gelingt, die Vorteile terrestrischer und UAV-gestützter Aufnahmeverfahren in geeigneter Weise zu kombinieren.

Das Ziel der Studie ist die Fusion von Nahbereichs- und UAV-Photogrammetrie zur Erzeugung eines konsistenten hoch aufgelösten digitalen Oberflächenmodells. Hierbei sollen Lücken der UAV-Daten mit terrestrischen Aufnahmen ergänzt werden, um ein ganzheitliches digitales Geländemodell eines Gullys zu generieren. Darüber hinaus wird untersucht, ob das dabei generierte terrestrische 3D-Modell ohne zuvor eingemessener Passpunkte (ground control points – GCPs) für eine Fusion der unterschiedlich akquirierten Punktwolken geeignet ist. Insgesamt werden Untersuchungen für drei Testgebiete nördlich der kleinen Stadt Espera in der Mergellandschaft Andalusiens durchgeführt.

3 Methoden

3.1 Datengrundlage und Datenvorverarbeitung

Die Befliegung wird mit der Mikrodrohne *AscTec Falcon 8* in einer Flughöhe von ca. 15 m mit einer Querüberlappung von 60 % und einer Längsüberlappung von 80 % durchgeführt. Die Drohne integriert einen automatisch stabilisierenden Kamerahalter. Zum Einsatz kommt die Systemkamera Sony NEX-5N mit einer Festbrennweite von 16 mm. Der Sensor besitzt eine Größe von 23,5 × 15,6 mm^2. Die Pixelgröße beträgt 4,8 µm. Die terrestrischen Bilder werden mit der Spiegelreflexkamera Nikon D100 mit einer Festbrennweite von 28 mm aufgenommen. Der Sensor ist 23,7 × 15,6 mm^2 groß und besitzt eine Pixelgröße von 7,8 µm. Initiale Parameter der inneren Orientierung resultieren aus einer Kalibrierung, welche direkt nach der Objekterfassung vor Ort mit einem mobilen Testfeld erfolgt. Die erhaltenen Kameraparameter werden im Rahmen der automatischen Bildorientierung zur Erzeugung der digitalen 3D-Modelle mit der Methode der Selbstkalibrierung verbessert.

Zur Referenzierung der Daten wird ein lokales Netz angelegt. Für die UAV- und terrestrischen Fotos werden unterschiedliche Passpunkte ausgelegt, die an die jeweilige Auflösung der Kameras und ihrer Lage zum Untersuchungsobjekt angepasst sind (Drohnenpasspunkte Ø 5 bis 10 cm, terrestrischer Passpunkt Ø 2,5 cm). Die Einmessung der Passpunkte erfolgte mit geodätischen Verfahren der Tachymetrie und einer horizontalen sowie vertikalen Genauigkeit von 5 mm. Während die absolute Orientierung der UAV-Aufnahmen mit den Passpunkten berechnet wird, erfolgt die Referenzierung der terrestrisch aufgenommenen Fotos nach zwei unterschiedlichen Verfahren. Einerseits werden ebenfalls die Koordinaten der Passpunkte des lokalen Referenznetzes zur Bestimmung der Rotations-, Translations- und des Maßstabsparameters verwendet. Andererseits wird geprüft, ob markante Punkte des zuvor berechneten UAV-Orthophotos mit unterlegtem digitalem Geländemodell, als „virtuelle“ Passpunkte (vGCP) zur Bestimmung der absoluten Orientierung eine ausreichende Genauigkeit aufweisen.

Die Auswertung der optischen Daten findet mit dem Open Source Softwarepaket *APERO/ MicMac* des Institut Géographique National (IGN) statt. Im ersten Schritt erfolgt eine automatische Bildpunktsuche auf Basis des SIFT-Algorithmus (VEDALDI 2014 basierend auf LOWE 2004). Anschließend wird die relative Orientierung anhand zuvor erzeugter Verknüpfungspunkte berechnet, wobei in regelmäßigen Abständen eine Bündelblockausgleichung zur Minimierung der quadratischen Residuen stattfindet. *APERO* arbeitet mit einer Kombination der Essentiel-Matrix und dem RANSAC-Ansatz (PIERROT-DESEILLIGNY & CLERY 2011). Nach erfolgter Bildorientierung werden mit *MicMac* digitale 3D-Modelle in Form von verdichteten Punktwolken erzeugt. Der Pixel-Matching-Algorithmus verfolgt einen multi-resolution und multi-scale Ansatz. Während *APERO/MicMac* ursprünglich für Luftbildaufnahmen konzipiert wurde, erfolgt in der jüngeren Vergangenheit eine Erweiterung an die Anforderungen der terrestrischen Photogrammetrie (GEORGANTAS et al. 2012).

3.2 Methoden der Datenfusion

Die Kombination des terrestrischen sowie des UAV-Modells erfolgt über das gemeinsame lokale Referenznetz. Um restliche Abweichungen zwischen den Punktwolken zu minimieren, wird die Möglichkeit des „Iterative Closest Point" (ICP)-Algorithmus – als eine Variante der Feinregistrierung – evaluiert. Hierbei dient das UAV-Modell als Referenz.

Für die Auswertung der Punktwolken kommt die Open Source Software *CloudCompare* zur Anwendung. Es werden die Punktdistanzen zwischen dem terrestrischen und dem UAV-Modell berechnet. Durch unterschiedliche Punktdichten findet die Berechnung der Distanz zweier Punkte unter Berücksichtigung lokaler Umgebungsfunktionen statt. Aufgrund der konkaven und konvexen Morphologie des Gullys wird die lokale Umgebung mittels quadratischer Funktionen auf Basis einer festgelegten Anzahl an Punkten repräsentiert.[1]

Abschließend erfolgt die Kombination der 3D-Modelle. Um aus den unterschiedlich dichten Punktwolken eine homogene Punktwolke zu generieren, wird ein finales Subsampling durchgeführt. Dabei werden nur Punkte mit einem Mindestabstand von 0,5 cm erhalten.

4 Resultate / Ergebnisse

4.1 UAV – Photogrammetrie

Bei einer Flughöhe von 15 m wird eine Bodenauflösung von 0,48 cm erreicht. Um den Gully mit einer Ausdehnung von ca. 1.200 m² mit ausreichender Überlappung zu erfassen, werden insgesamt 25 Aufnahmen benötigt. Neben einem Orthophoto wird ein digitales 3D-Modell in Form einer Punktwolke generiert, in dessen Schrägansicht die Limitationen der senkrecht akquirierten UAV-Aufnahmen deutlich zu erkennen sind (vgl. Abbildung 2b).

4.2 Nahbereichsphotogrammetrie

Mit dem Ziel überhängende und senkrecht abfallende Seitenwände zu implizieren, werden sowohl konvergente als auch parallelaxiale terrestrische Aufnahmen herangezogen. Bei einer durchschnittlichen Aufnahmeentfernung von 5,2 m ergibt sich eine geometrische Auflösung von 0,14 cm. Um eine fehlerfreie Prozessierung mit *MicMac* zu gewährleisten,

---

1 CLOUDCOMPARE (2014): http://www.danielgm.net/cc/ (letzter Zugriff: 04/2014)

muss die Aufnahmegeometrie manuell konfiguriert werden. Während der Berechnung finden nur Bereiche mit einer Mindestabdeckung von vier Bildern Berücksichtigung.

4.3 Distanzmessung und Datenfusion

Die Modellierung der lokalen Umgebung findet unter Berücksichtigung von zwölf nächsten Nachbarn statt. Die Distanzmessungen der Grobregistrierung zeigen, dass die arithmetisch gemittelte Differenzen der Punktwolken ohne Anwendung des ICP-Algorithmus für die fusionierten Daten mit GCPs 3,4 cm und mit vGCPs 6,1 cm betragen. Während das mit GCPs orientierte terrestrische 3D-Modell hauptsächlich vertikal verschoben ist, weist das 3D-Modell auf Basis der vGCPs eine deutliche Verkippung im Vergleich zum Drohnenmodell auf. Neben der Verschiebung der mittleren Distanz ist auch die Standardabweichung deutlich unterschiedlich (vgl. Abbildung 1).

Maximale Distanzen von ca. 26 cm treten in Datenlücken des UAV-Modells auf. Aufgrund der geringen Punktdichte ist die Berechnung der lokalen Umgebung an diesen Stellen kritisch zu sehen.

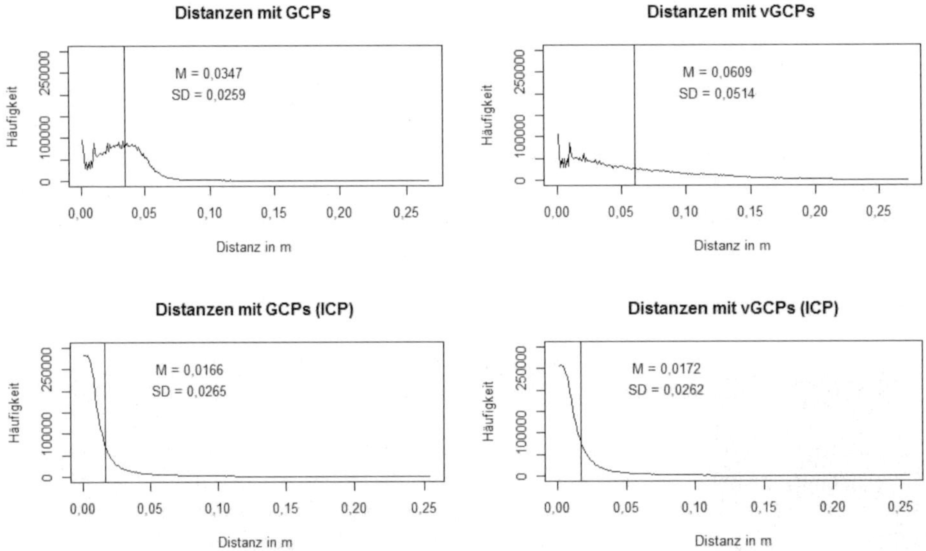

Abb. 1: Histogramm der Distanzberechnung der terrestrischen zur UAV-Punktwolke (links: Berechnung mit GCPs – vor/nach der ICP-Feinregistrierung (oben/unten); rechts: Berechnung mit vGCPs – vor/nach der ICP-Feinregistrierung (oben/ unten); Mittelwert (M – schwarze Linie), SD (Standardabweichung))

Mithilfe des ICP-Algorithmus kann die initiale Verkippung bzw. Verschiebung korrigiert werden. Aus den unteren Histogrammen von Abbildung 1 geht hervor, dass die durchschnittliche Differenz der Punktwolken nach Anwendung des ICP-Algorithmus auf weniger als 2 cm minimiert werden kann. Weder im Bezug auf den Mittelwert noch auf die Standardabweichung ist ein deutlicher Unterschied der beiden Ergebnisse zu erkennen.

Anhand dieser Resultate und den Ergebnissen vergleichbarer Datensätze kann gezeigt werden, dass eine Grobregistrierung auf Basis der vGCPs ausreichend genau ist, um den ICP-Algorithmus anzuwenden (vgl. Tabelle 1).

Tabelle 1: Statistische Übersicht der Endergebnisse vor und nach der Feinregistrierung

	M	SD	$Q_{0.25}$	$Q_{0.75}$
Testgebiet 1	0,061 m	0,051 m	0,020 m	0,089 m
Testgebiet 1 (ICP)	0,017 m	0,026 m	0,004 m	0,018 m
Testgebiet 2	0,041 m	0,044 m	0,012 m	0,054 m
Testgebiet 2 (ICP)	0,026 m	0,033 m	0,006 m	0,030 m
Testgebiet 3	0,084 m	0,086 m	0,024 m	0,112 m
Testgebiet 3 (ICP)	0,022 m	0,029 m	0,006 m	0,026 m

Die finale Datenfusion durch das Zusammenführen des UAV-Modells und des terrestrischen Modells ist in Abbildung 2 dargestellt. Die Lücken im Steilwandbereich des Gullys können mit terrestrischen Daten vervollständigt werden.

5 Schlussfolgerungen

Erste Ergebnisse zeigen, dass Nahbereichs- und UAV-Photogrammetrie mittels einer Feinregistrierung erfolgreich miteinander kombiniert werden können, um somit lückenhafte Geländemodelle aus UAV-Daten für geomorphologische Fragestellungen zu verdichten. Eine Fusion auf Basis der Grobregistrierung würde zu fehlerhaften Endprodukten führen. Der ICP-Algorithmus stellt für die Feinregistrierung eine gute Möglichkeit dar, denn die Distanzwerte können mithilfe der ICP-Berechnung im Durchschnitt um mehr als die Hälfte minimiert werden.

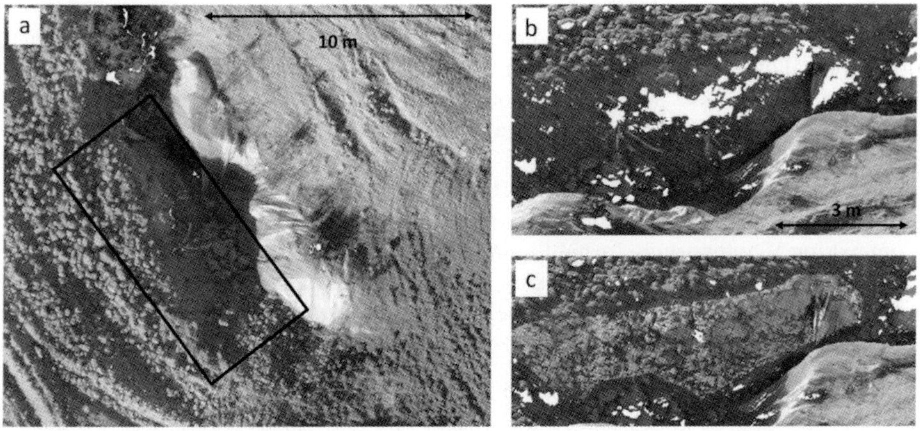

Abb. 2: Kolorierte Punktwolke des Gullys (Testgebiet 1): a) orthogonale Ansicht der UAV – Punktwolke; b) Schrägansicht der Seitenwände, Lücken im Steilbereich der UAV – Punktwolke; c) Schrägansicht des fusionierten 3D-Modells

Das terrestrische Modell kann sowohl mit als auch ohne zuvor eingemessener GCPs orientiert werden, da nahezu idente Modelldistanzen gegeben sind. Daraus folgt, dass für die Feinregistrierung auf den zeitintensiven Einsatz von GCPs für die terrestrischen Aufnahmen verzichtet werden kann. In weiteren Untersuchungen bleibt zu eruieren, ob z. B. auf Basis von differenziellem GPS für die UAV-Aufnahmen, GCPs prinzipiell notwendig sind.

Die Studie zeigt, dass Nahbereichsphotogrammetrie und UAV-Photogrammetrie synergetisch genutzt werden können. Die vorgestellte Vorgehensweise ermöglicht unzugängliche Bereiche in Gullys terrestrisch aufzunehmen und sie anschließend in das UAV-Modell zu integrieren. Folglich kann eine zentimetergenaue, dreidimensionale Datengrundlage als Basis für die Untersuchung der Genese von Gullys, wie sie in der Mergellandschaft Andalusiens gegeben sind, bereitgestellt werden.

Literatur

BRACKEN, L. J. & KIRKBY, M. J. (2005), Differences in hillslope runoff and sediment transport rates within two semi-arid catchments in southeast Spain. Geomorphology, 68 (3-4), 183-200.

DABA, S., RIEGER, W. & STRAUSS, P. (2003), Assessment of gully erosion in eastern Ethiopia using photogrammetric techniques. Catena, 50 (2-4), 273-291.

D'OLEIRE-OLTMANNS, S., MARZOLFF, I., PETER, K. & RIES, J. (2012), Unmanned Aerial Vehicle (UAV) for Monitoring Soil Erosion in Morocco. Remote Sensing, 4 (12), 3390-3416.

FAUST, D. & SCHMIDT, M. (2009), Soil erosion processes and sediment fluxes in a Mediterranean marl landscape, Campiña de Cádiz, SW Spain. Z. f. Geomorphologie N.F., 52 (2), 247-265.

GEORGANTA, A., BRÉDIF, M. & PIERROT-DESSEILLIGNY, M. (2012), An Accuracy Assessment of Automated Photogrammetric Techniques for 3d Modeling of Complex Interiors. ISPRS-International Archives of the Photogrammetry, Remote Sensing and Spatial Information Sciences, 1, 23-28.

LOWE, D. G. (2004), Distinctive Image Features from Scale- Invariant Keypoints. International journal of computer vision, 60 (2), 91-110.

MARZOLFF, I. & POESEN, J. (2009), The potential of 3D gully monitoring with GIS using high-resolution aerial photography and a digital photogrammetry system. Geomorphology, 111 (1), 48-60.

PIERROT-DESEILLIGNY, M. & CLERY, I. (2011), Apero an open source bundle adjustment software for automatic calibration and orientation of set of images. Proc. of the ISPRS Commission V Symposium. Image Engineering and Vision Metrology, 269-276.

POESEN, J. & HOOKE, J. M. (1997), Erosion flooding and channel management in Mediterranean Environments of southern Europe. Progress in Phys. Geogr., 21 (2), 157-199.

VEDALDI, A. (2014), http://www.vlfeat.org/~vedaldi/code/siftpp.html (12.04.2014).

Dynamische Modellierung und Simulation

Konzept und Anwendung eines objektorientierten 4D-Datenmodells

Tobias HILLMANN und Olaf KEITSCH
Hochschule Neubrandenburg · hillmann@hs-nb.de

Dieser Beitrag wurde durch das Programmkomitee als „reviewed paper" angenommen.

Zusammenfassung

Der logische und konsequente Datenfluss von raumzeitlicher Information findet eigentlich bei den Arbeitsprozessen in der Geoinformatik noch nicht statt. In raumzeitlichen Datenbanken können nur unzureichend Daten und Anwendungen gespeichert und analysiert werden, die raumzeitliche Merkmale und Eigenschaften besitzen. Das vorgestellte suffiziente Datenmodell nutzt unterschiedliche raumzeitliche Bezugssysteme und basiert auf einem ereignisorientierten Modell. Zur Lösung des Dilemmas der redundanten Speicherung wurde ein erweitertes Modell der Datenobjekte gefunden. Mithilfe des Klassenmodellkonzepts ist es möglich ein reales Objekt in seiner topologischen Veränderlichkeit oder ein Ereignis für einen eindeutig temporalen Zeitraum oder Zeitpunkt als Datenobjekt abzubilden und beliebig zu verarbeiten.

1 Speicherung von raumzeitlichen Daten

Die Speicherung, Analyse und Verarbeitung von raumzeitlichen Geoinformationen ist bis heute eine nur teilweise gelöste Aufgabe, deren Produkte aber bisher immer nur unzureichende Ergebnisse liefern. In raumzeitlichen Datenbanken können bisher nur unzureichend Daten und Anwendungen gespeichert und analysiert werden, die raumzeitliche Merkmale und Eigenschaften besitzen. Ein Geoobjekt besitzt geometrische, semantische, topologische und zeitliche Attribute. Die Zeit bildet mit dem Raum eine vierdimensionale Raumzeit und ist gleichbedeutend zum Raum. Aktuelle raumzeitliche Informationssysteme lassen die Bedeutung dieser Erkenntnis vermissen. Konsens ist, dass durch das Erfassen des Verhaltens von Objekten in Raum und Zeit in dynamischen Bereichen der realen Welt das Abbild besser analysiert und dargestellt werden kann so z. B. im Bergbau, der Raumplanung, Deformationsanalysesystemen etc. Jedoch wird für die Speicherung von raumzeitlichen Daten ein geeignetes Datenmodell benötigt. Bei einer simplen Kombination von Datentypen und Abfragesprachen aus den räumlichen und zeitlichen Datenbanken würde die Raum- und Zeitinformation eines Objekts zwar mit spezifischen Datentypen abgebildet, aber die Objekte würden trotzdem als separate Attribute gespeichert. Die Integrationstiefe der raumzeitlichen Aspekte in das Datenmodell untersuchte (FRANK 2003). Ergebnis ist eine Ontologie für die raumzeitliche Datenbankmodellierung. Grundsätzlich kann ein Objekt im Raum seine Geometrie, Topologie sowie seine Semantik über die Zeit ändern. Somit ergeben sich acht mögliche Arten von Veränderung, inklusive „keine Änderung". Zur Speiche-

Strobl, J., Blaschke, T., Griesebner, G. & Zagel, B. (Hrsg.) (2014): Angewandte Geoinformatik 2014.
 ISBN 978-3-87907-543-0.

rung der Änderungen von Attributen, Beziehungen und Geometrie der raumzeitlichen Daten existieren unterschiedliche Ansätze (PELEKIS et al. 2004), (HILLMANN 2004) und (WORBOYS 2005)

Zur Speicherung, Abfrage und Analyse von raumzeitlichen Daten existieren diverse Konzepte und Modelle. Grundsätzlich können diese in vier raumzeitliche Bezugssysteme eingeordnet werden:

- Level 0: valid value
- Level 1: temporal snapshots
- Level 2: object change
- Level 3: events, actions, processes.

Level 0 repräsentiert die aktuelle Situation der meisten verfügbaren Softwarelösungen, in denen meist nur ein einzelner Stand eines Objektes gespeichert werden kann. Obwohl theoretisch die Vergangenheit oder die Zukunft repräsentiert werden könnten, ist nur das Speichern eines einzelnen Moments möglich. In der Regel wird der Stand mit den möglichst aktuellen Daten gespeichert und ältere Daten werden überschrieben. In Level 1 werden zeitliche Momentaufnahmen (snapshots) gespeichert und ergeben durch ihre Sequenz eine Art zeitliche Abfolge. In diesen Modellen kann nur indirekt auf die Gültigkeits- und Transaktionszeit zurückgegriffen und verarbeitet werden, obwohl Zeitstempel, zeitliche Granularität oder zeitliche Indizierung existieren. Dieses Konzept ist in aktuellen raumzeitlichen Datenbankmodellen der am weitesten verbreitete. Von großem Nachteil ist hierbei, dass das Modell sehr speicherintensiv werden kann, da jede Datenmenge gespeichert wird, auch wenn zwischen zwei Zeitpunkten keine Veränderung erfolgt ist. Im Unterschied zu Level 1 werden in Level 2 keine zeitlichen Sequenzen von Objekten, ihren Attributen und Beziehungen abgebildet. Der Schwerpunkt liegt hier beiden den eventuell eintretenden Änderungen von Objekten, Attributen und Beziehungen. Dabei beziehen sich die eventuellen Veränderungen nur auf das Objekt selbst (creation, continuation, disappearance, reappearance, transformation, death), auf zwei Objekte (transmission) oder auf die Teilung eines Objektes (cloning). Diese Änderungen der Objekte, Attribute und Beziehungen sind jedoch nicht komplett, da keine eventuelle Bewegung eines sich verändernden Objektes gespeichert werden kann. Wie auch in Level 1 werden hier geographische Entitäten mit ihren Attributen und Beziehungen nur als Sequenzen von verschiedenen Objektkonfigurationen dargestellt. In Level 3 wird das Modell um Veränderungen mit Ereignissen, Aktionen und Prozessen erweitert. Das ist folgerichtig da im Grunde die Ontologie nicht auf Gegenständen sondern auf Ereignissen basieren soll. Zwischen Objekten und Ereignissen besteht eine wechselseitige Reduzierbarkeit (Ereignissemantik). In diesem Modell wird zwischen Objekten, die über die Zeit fortbestehen und Ereignissen, die beginnen und enden unterschieden. Diese eintretenden Ereignisse können sich auf beliebige Objekte und andere Ereignisse auswirken. Mit einem komplett ausgearbeiteten ereignisorientierten Modell wandert der Fokus von Abfragen zu Zuständen in Richtung der Abfragen zu Ereignissen. Das Zusammenspiel von Objekten mit Events und Beziehungen von Events untereinander gewährt neue Einblicke in Prozesse. Die Schwierigkeit in der Definition der unterschiedlichen Begriffe events, action und process und einen Lösungsansatz beschreibt (HILLMANN 2006).

Obwohl theoretisch ein raumzeitliches Datenmodell bezüglich Erfassung, Speicherung und Analyse von dynamischen Zuständen bekannt zu sein scheint, zeigt die Praxis, dass nur wenige dieser Datenmodelle und Analysenmethoden für raumzeitliche Daten umgesetzt wurden. Obwohl viele Aufgaben ein raumzeitliches Datenmodell erzwingen würden, sind nur wenige Lösungsversuche bekannt (SPACCAPIETRA et al. 2006), (DODGE et al. 2008), (HILLMANN 2009) und (SILVA & SANTOS 2010).

Das hier vorgestellte Datenmodell setzt bei Level 2 und 3 an und kombiniert die Vorteile beider Bezugssysteme miteinander. So können die raumzeitlichen Abfragen nach Objekten, Orten und Ereignissen bzw. einer Kombination von Ereignissen als raumzeitliche Abgrenzungsabfrage, als raumzeitliche Verhaltensabfrage und als raumzeitliche Beziehungsabfrage oder als Abfragen in Moving Objects Databases erfolgen.

2 Datenmodell

2.1 Redundanz in den Daten

Das Datenmodell wurde innerhalb eines Forschungsprojektes zur Auswertung eines Monitorings von setzungsgefährdeten Böschungen in Tagebauseen bzw. Tagebaurestlöchern entwickelt. Die Punktwolken wurden von einer mobilen schwimmfähigen Plattform über Wasser mittels terrestrischen Laserscanners und unter Wasser mittels Fächerlot erfasst (Abb. 1). Aus dem Datenmodell sollten Böschungsbewegungen und hydrodynamische Echtzeit-Strömungsvorgänge abgeleitet werden.

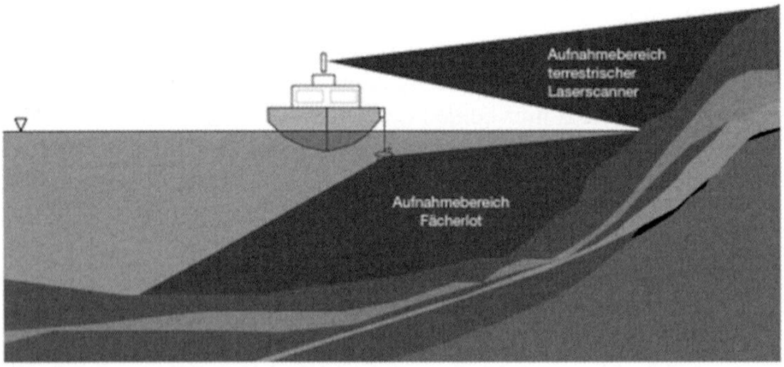

Abb. 1: Erfassungsbereich der eingesetzten Sensoren auf der Messplattform

Das Laserscanning und das Fächerecholot besitzen aufgrund der hohen Datendichte eine hohe geometrische Informationsdichte aber auch eine hohe Redundanz. Die gescannten Punktwolken können mit dem ICP-Algorithmus (Iterative Closest Point) ohne ausgewiesene Passpunkte miteinander verknüpft werden. Bei auftretenden großflächigen Veränderungen infolge von Böschungsrutschungen liefert der Algorithmus keine zufriedenstellenden Ergebnisse. Deshalb wurde ein Algorithmus entwickelt, der allein die hohe Redundanz zwischen zwei oder mehreren Punktwolken nutzt. Die Idee der Transformation besteht darin, in den zu vergleichenden Punktwolken nach identischen NURBS-Flächen mit identischen Elementen zu suchen. In jeder Punktwolke lassen sich mindestens 100 identische Ebenen finden. Das funktionale Modell wird mit Quaternionen formuliert. Quaternionen erlauben in vielen Fällen eine rechnerisch elegante Beschreibung des dreidimensionalen euklidischen Raumes und anderer Räume, insbesondere im Kontext von Drehungen. Beim funktionalen Modell werden identische NURBS-Flächen (Schwerpunkt, Normalenvektor, Krümmung in 2 Richtungen) gesucht, identifiziert und gespeichert. Nichtidentische NURBS-Flächen sind als Veränderungsgebiete klassifiziert. Die NURBS-Flächen sind nicht größer als die Footprints des Laserscanners oder Fächerlots.

2.2 Redundanzfreies Datenmodell

Würde die bei keiner Zustandsänderung zu erfassende Böschung immer wieder durch ihre geometrischen, topologischen, semantischen, zeitlichen sowie eventuellen Metadaten beschrieben werden, käme es zu einer (n · Anzahl der identischen Eigenschaftswerte)-igen Redundanz in den zeitlichen Abfolgen n.

Um das Dilemma der redundanten Speicherung zu beseitigen, muss ein erweitertes Modell der Datenobjekte gefunden, sowie eine Erweiterung der Datenschnittstelle zum Datenbanksystem erstellt werden. Im Rahmen der Datenobjekte wird für die temporale Beschreibung eine Erweiterung der zeitlichen Eigenschaften eingeführt. Beschrieben durch ein Interface besitzen alle Datenobjekte (Objekte und Ereignisse) die zeitlich beschreibenden Eigenschaften im Sinne eines Lebenslaufes verknüpft mit der Gültigkeits- und Transaktionszeit. Mit diesem Interface kann somit ein Lebenszeitraum für jedes Datenobjekt definiert werden. Durch den Mechanismus von Vererbungshierarchien entstehen die Querverbindungen zwischen den einzelnen Objekten und Ereignissen. Damit ist jedoch nur das Dilemma für topologisch identische Objekte gelöst. Erfahren Objekte in der temporalen Folge topologische Änderungen in Teilen ihrer topologischen Eigenschaften, müssen diese innerhalb des Objektmodells berücksichtigt werden. Mit der Bedingung, dass ein Objekt in der Folge nur temporal eindeutig, in seiner topologischen Beschreibung jedoch mehrdeutig als Datenobjekt definiert wird, kann eine Lösung gefunden werden. Hierzu ist wieder eine Erweiterung des bestehenden Objektmodells notwendig. Diese erfolgt im Bereich seiner topologischen Eigenschaften.

Daher besitzen alle für die Datenspeicherung relevanten Datenobjekte ein Interface für die eindeutige temporale Beschreibung als Eigenschaft und Vektoren topologischer Eigenschaftsobjekte und Metadaten für die mehrdeutige topologische Beschreibung innerhalb seines eindeutigen temporalen Lebenszeitraumes. Mit dieser Erweiterung ergibt sich die Möglichkeit ein eindeutig temporal topologisches Objekt in der Folge seiner topologischen Änderung über die Zeit, um die topologisch veränderlichen Eigenschaften fortzuführen. Die Erstellung eines neuen temporalen Objektes mit redundanten topologischen Eigenschaften ist nicht mehr notwendig. Im Rahmen des vorhandenen Klassenmodells muss dieses Konzept für alle Klassen einheitlich realisiert werden.

Mithilfe des Klassenmodellkonzepts ist es jetzt möglich, ein reales Objekt in seiner topologischen Veränderlichkeit oder ein Ereignis für einen eindeutig temporalen Zeitraum oder Zeitpunkt als Datenobjekt abzubilden. Aus diesem Konzept können folgende Erkenntnisse auf temporal topologischer Ebene abgeleitet werden:

- Ein Datenobjekt ist immer temporal eindeutig.
- Ein Datenobjekt kann topologisch ein- oder mehrdeutig sein.
- Ein topologisch eindeutiges Datenobjekt ist immer ein topologisch unveränderliches Objekt.

- Ein topologisch mehrdeutiges Datenobjekt ist immer ein topologisch veränderliches Objekt.
- Wird ein topologisch eindeutiges Datenobjekt zu einem topologisch mehrdeutigen Datenobjekt, so kann es in seiner temporalen Folge nicht mehr topologisch eindeutig werden.
- Ein toplogisch mehrdeutiges Objekt kann in mit der Anzahl *n* topologisch eindeutige Objekte zerlegt werden. Die temporale Folge der Zerlegungsobjekte ist homogen.
- Die temporal topologischen Beschreibungsobjekte müssen in ihrer temporalen Folge homogen sein. Objekte mit nicht temporal homogener Folge von Beschreibungsobjekten sind inkonsistent und somit nicht zulässig.
- Temporal nicht eindeutige Objekte sind immer inkonsistent.

Praktisch besteht somit die Möglichkeit im Rahmen des Klassenmodells Objekte mit temporal-topologischen Eigenschaftenobjekten zu speichern die über die topologisch eindeutig definierte Anzahl hinausgehen.

Diese Aussage soll an einem Dreieck illustriert werden (Abb. 2). Das Dreieck wird zum Zeitpunkt 1 durch drei Punkte (A, B, C) eindeutig definiert. Diese Punkte sind durch ihre Koordinaten geometrisch und topologisch festgelegt. Die temporale Definition erfolgt über den Lebenslauf der Punkte sowie des Dreiecks. Zum Zeitpunkt 2 erlischt der Punkt A in seiner temporalen Definition und wird durch Punkt D mit einer neuen temporalen geometrisch topologischen Definition ersetzt und mit einem eventuell vorhandenen Ereignis verknüpft. Gleiches geschieht zum Zeitpunkt 3 mit Punkt B und Punkt E.

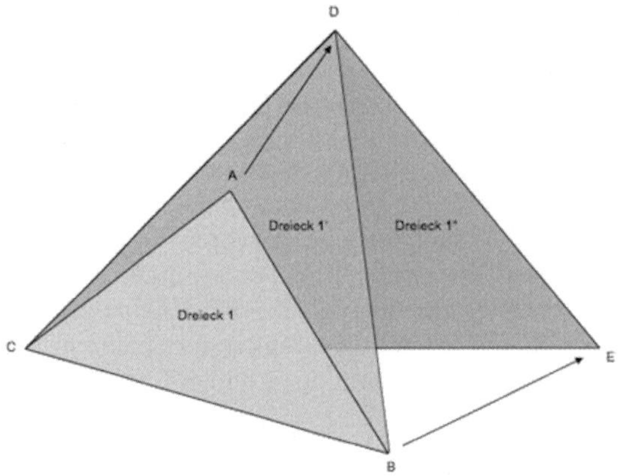

Abb. 2: Topologisch mehrdeutiges Dreieck

Dies ergibt folgenden temporalen Fluss der topologischen Beschreibungsobjekte des Dreiecks in Abbildung 3.

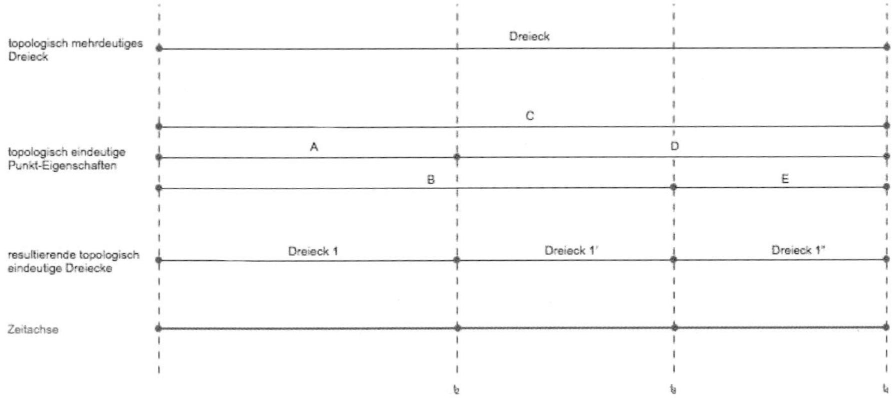

Abb. 3: Temporal-topologische Objektbeziehung

Das Datenobjekt Dreieck als eine Instanz im Datenmodell hält somit in seinem Eigenschaftsvektor Punkte fünf temporal topologisch eindeutige Beschreibungsobjekte. Die Instanz Dreieck ist somit temporal eindeutig und topologisch mehrdeutig beschrieben. Die temporale Eindeutigkeit der Dreiecksinstanz ergibt sich, wie in Abbildung 2 dargestellt, aus der temporal eindeutigen Folge der Beschreibungselemente Punkte. Das Datenobjekt Dreieck kann im Rahmen einer temporalen Betrachtung für Zeitpunkte oder Zeiträume in eindeutige topologische Objekte aufgespalten werden (Dreieck 1 bis Dreieck 1").

Temporale Datenobjekte stellen somit nicht mehr eindeutig topologische Abbilder der Realität ohne zeitlichen Bezug dar. Vielmehr repräsentieren sie den temporalen „Fluss" von Eigenschaften realer Objekte, hier topologischer Eigenschaften, in einer Datenstruktur. Der eindeutige Bezug eines Datenobjektes zu einem Objekt der Realität wird somit nicht mehr durch seine Instanz, sondern durch seine geometrischen, topologischen und temporalen Eigenschaften im Datenmodell repräsentiert.

2.3 Datenobjekte

Die Zugehörigkeit von Beschreibungsobjekten, die Auswahl der Darstellungsobjekte als Folge eines gewählten Abstraktionsgrades der Realität sowie die definierte Lebensdauer eines Datenobjektes oder Teile Dessen wird durch die Modellierungsebene bestimmt. Als Modellierungsebene wird die Schnittstelle, die für die Verarbeitung der vorliegenden Rohdaten, z. B. aus der praktischen Vermessung, zu den zu speichernden Datenobjekten liegt, verstanden. Die Modellierung der Daten wird durch die vorliegenden Verarbeitungsalgorithmen der benutzten Software, deren Möglichkeiten sowie nicht zuletzt durch den Bearbeiter bestimmt. Die Funktionsprinzipien des Datenmodells bleiben hiervon jedoch unberührt. Auswirkungen sind im Bereich der Effizienz sowie der Komplexität der Datenobjekte sichtbar. Entscheidungen, wann ein Datenobjekt sinnvoll temporal weitergeführt oder durch ein neues Datenobjekt abgelöst wird sind vorrangig durch diese äußeren Faktoren bestimmt.

Grundsätzlich werden zwei Formen der Modellierung von Datenobjekten aus realen Messdaten unterschieden:

1. Erstellung eines temporal und topologisch eindeutigen Datenobjektes.
2. Integration neuer Messdaten in bestehende Datenobjekte.

Liegen durch Prüfung mittels formalem Quaternionenmodell (siehe Kap. 2.1) bereits für den relevanten Koordinatenbereich Datenobjekte in der Datenbank vor, muss in der Datenverarbeitung entschieden werden, ob die aktuellen Messwerte in bestehende Datenobjekte migriert werden können. In der Regel ist davon auszugehen, dass die vorliegenden Daten Änderungen in mehreren Datenobjekten oder Teilen von Datenobjekten nach sich ziehen. Liegen für die neuen Daten keine relevanten Datenobjekte vor oder ist die Integration in bestehende Datenobjekte nicht sinnvoll, so werden für diesen Bestand an Messdaten neue temporal, topologisch eindeutige Datenobjekte erstellt. Diese stellen dann einen neu aufzunehmenden Datenbestand für die Datenbank dar. Ersetzen diese neuen Datenobjekte bestehende Datenobjekte des Datenbestandes, so müssen die bestehenden Datenobjekte temporal beendet werden.

Liegen relevante Datenobjekte vor, die einen eindeutigen Bezug zu den neuen Messdaten besitzen, und kann die Weiterführung der Datenobjekte mit den neuen Daten sinnvoll vorgenommen werden, müssen diese Daten in das bestehende Datenobjekt migriert werden. Hierzu sind mehrere Wege möglich. Die Art der Integration ist abhängig von den Migrationszielen. Aus Sicht der Datenbank erscheint es sinnvoll die neuen Daten möglichst effizient zu migrieren. Unter dieser Prämisse muss zu jedem Datenelement das entsprechende Daten- oder Eigenschaftsobjekt von Datenobjekten gefunden werden, um das Datenelement zu migrieren. Aus Sicht der topologischen Abbildung erscheint dieser Weg jedoch weniger geeignet. Infolge können Datenstrukturen entstehen, die aus topologischer oder übergeordneter hierarchischer Sicht ungünstig sind oder ein reales Objekt in einem falschen kausalen Zusammenhang abbilden. Hier sollten zuerst ausschließlich neue temporal und topologisch eindeutige Datenobjekte erstellt und diese als Basis der Migration verwendet werden. Eine Entscheidung der zu verwendenden Verfahrenswege kann in der Praxis sicher nur ein Kompromiss auf der Basis übergeordneter Direktiven sein.

2.4 Raumzeitliche Abfragen

Mithilfe der klassischen Abfragemodelle für Datenbanken müssen die hierarchischen und Eigenschaftenstrukturen der Abfrageobjekte eindeutig vorliegen. Nur unter dieser Voraussetzung können diese in der Abfragestruktur aufgenommen werden. Ist diese Forderung noch für die Eigenschaftenstruktur erfüllbar, fehlen jedoch die Informationen für die hierarchischen Strukturen der Datenobjekte. Diese können von Datenobjekt zu Datenobjekt, entsprechend des jeweilig zugrunde liegenden Klassenmodells, voneinander abweichen. Gleichzeitig ist diese Struktur unabhängig von den temporalen und topologischen Parametern. Zusätzlich stellt ein topologisch mehrdeutiges Objekt ein Datenelement dar, das durch die Elemente seiner Eigenschaftenvektoren seine temporale und topologische Veränderlichkeit repräsentiert. Mithilfe der klassischen Abfragestrukturen können somit nur die vollständigen temporalen Objekte ermittelt werden. Diese können jedoch topologisch mehrdeutig sein und müssen für die weitere Datenverarbeitung temporal auf ihre topologisch eindeutigen Objekte aufgespalten werden.

Für das temporale Framework werden zwei Abfragekategorien unterschieden.

1. Einfache raumzeitliche Abfrage für Objekte
2. Raumzeitliche Abgrenzungsabfrage für Ereignisse und Objekte
3. Raumzeitliche Verhaltensabfrage für Ereignisse und Objekte
4. Raumzeitliche Beziehungsabfrage für Ereignisse

Die einfache raumzeitliche Abfrage liefert Ergebnisse für Abfragen nach dem Ort eines Objektes zu einem definierten Zeitraum oder umgekehrt. Bei den raumzeitlichen Abgrenzungsabfragen wird untersucht, was in einem räumlichen Bereich in einem Zeitraum passiert ist. Die Zunahme der Komplexität erfolgt durch die Erweiterung der räumlichen und zeitlichen Komponente von Punkten und Orten zu Regionen und Intervallen. Dabei können Änderungen nur Teile von Ereignissen und Objekten betreffen. Diese Abfragen liefern auch korrekte Ergebnisse wenn sich Objekte geteilt, verschmolzen sind oder ihre Eigenschaften fundamental in einem Zeitraum geändert haben. Raumzeitliche Verhaltensabfrage liefern Aussagen über ereignisindizierte Änderungen bzgl. Ort, Form, Ausdehnung, Deformation, Bewegungsmuster etc. von Objekten und Ereignissen der gleichen Art, z. B. kam es im Frühling nach kalten schneereichen Wintern zu größeren Böschungsrutschungen? Bei den raumzeitlichen Beziehungsabfragen werden im Gegensatz zu der raumzeitlichen Verhaltensabfrage Objekte verschiedenen Typs miteinander verglichen. Dieser Abfragetyp ist sehr komplex, ermöglicht aber bei einer logischen durchgreifenden Datenstruktur die Untersuchung von räumlichen Prozessen über die Zeit z. B. Wo und wann führt der Anstieg des Grundwassers zu signifikanten Ausspülungen am Böschungsfuß? In Abbildung 4 wird das Ergebnis einer raumzeitlichen Abfrage auf dem Monitoringsystem dargestellt.

Abb. 4: Ergebnis einer ereignisorientierten Verhaltensabfrage nach einer Überkippung

Die Abfrage für einen temporal definierten Zeitpunkt liefert für jedes temporal gültige Datenobjekt genau ein temporal, topologisch eindeutiges Ergebnisobjekt. Die Abfrage für einen temporalen Zeitraum liefert für jedes temporal gültige Datenobjekt ein oder mehrere temporal, topologisch eindeutige Ergebnisobjekte. Mehrere temporal, topologisch eindeutige Ergebnisobjekte können nur aus topologisch mehrdeutigen Datenobjekten erstellt werden. Zusätzlich muss dieses topologisch mehrdeutige Datenobjekt auch für den Abfragezeitraum topologisch mehrdeutig sein.

Für die Zeitpunktabfrage werden mittels des implementierten Interfaces in der Datenbank alle zum Zeitpunkt gültigen Objekten identifiziert. Diese können sowohl topologisch ein- als auch mehrdeutig sein. Alle topologisch eindeutigen Datenobjekte stellen hier schon eine Teilmenge der resultierenden Ergebnismenge dar. Alle topologisch mehrdeutigen Datenobjekte beinhalten topologisch eindeutige Abbildungen für unterschiedliche Zeiträume der Gesamtlebenszeit des Datenobjektes. Der Algorithmus der Zeitpunktabfrage arbeitet iterativ auf den Eigenschaftsobjekten und bereinigt das mehrdeutige Datenobjekt um die Eigenschaftsobjekte die für den abgefragten Zeitpunkt nicht relevant sind. Als Ergebnis liefert der Algorithmus jeweils ein temporal, topologisch eindeutiges Objekt für den betreffenden Zeitpunkt aus dem entsprechenden topologisch mehrdeutigen Datenobjekt.
Die Ergebnismenge der temporalen Abfrage ist somit nicht eine eindeutige Teilmenge der Datenobjekte der Datenbank. Alle aus den temporal, topologisch mehrdeutigen Datenobjekten extrahierten temporal, topologisch eindeutigen Abbilder stellen eigene, in dieser Form in der Datenmenge nicht existente Objekte dar.

Die Algorithmen der Zeitraumabfrage erweitern die Algorithmen der Zeitpunktabfrage. Somit entsteht im Gegensatz zur Zeitpunktabfrage keine 1:1-Beziehung, sondern ein 1:*n*-Beziehung von mehrdeutigen Datenobjekten zu eindeutigen Abbildern. Dem erweiterten Algorithmus kommt hier die Aufgabe zu, das in seinen Eigenschaftsobjekten für den Zeitraum temporal bereinigte Datenobjekt in seine temporalen Abbilder aufzuspalten. Hierzu wird algorithmisch auf das mehrdeutige Datenobjekt eine Zeitpunktabfrage durchgeführt. Der Algorithmus spaltet das erste eindeutige Abbild aus dem mehrdeutigen Objekt ab. In der Folge wird diese Zeitpunktabfrage mit dem Ende-Zeitstempel des letzten abgespalteten Abbildes auf das mehrdeutige Datenobjekt durchgeführt, bis entweder der Zeitpunkt End-Range oder der Ende-Zeitstempel des mehrdeutigen Datenobjektes erreicht ist. Somit ist das mehrdeutige Datenobjekt in alle seine eindeutigen Abbilder aufgespalten. Die Ergebnismenge der Abfrage wird dann aus allen aufgespaltenen eindeutigen Abbildern der mehrdeutigen Datenobjekte und allen eindeutigen Datenobjekten der Datenbankabfrage gebildet.

2.5 Erweiterung des Klassenmodells für Punkte und Metadaten

Aufgrund bestehender gesetzlicher Vorgaben durch BBergG (Bundesberggesetz) und MarkschBergV (Markscheider Bergverordnung) müssen Messergebnisse gespeichert werden. Das Ergebnis des Laserscanners und des Fächerlotes sind Punktwolken. Aus diesem Grund wurde das Klassenmodell auf Punkte und ihre Metadaten (Intensität, physikalische Parameter bei der Messung etc.) erweitert. Bei den in Kap. 2.4 beschriebenen raumzeitlichen Abfragen werden aber standardmäßig nur NURBS-Flächen berücksichtigt.

Das Datenmodell könnte als einfachstes Element den Punkt abbilden. Mit einer Ergänzung des Klassenmodells können Punkte in das topologisch mehrdeutige Modell mit aufgenommen werden. Aufgrund der iterativen temporalen Abfragealgorithmen ist für diese Erweiterung keine Änderungen der Funktionsmechanismen des temporalen Abfrage-Framework notwendig. Alle übergeordneten Klassen behalten unverändert ihre Eigenschaften.

3 Fazit

Mit der Einführung eines raumzeitlichen Konzeptes wird die Speicherung, Verarbeitung, Analyse und Visualisierung auf eine höhere Abstraktionsebene als bisher üblich gestellt. Am Beispiel eines Erfassungs- und Überwachungssystems für Böschungen von Tagebauseen wird die höhere Suffizienz von raumzeitlichen Informationssystemen aufgezeigt. Durch die Verwendung von ereignisorientierten Abfragen wandert der Fokus von den Objekten zu den Zuständen von Objekten. Neben rein geometrischen Änderungen werden so auch die grundlegenden Prozesse aufgezeigt und können aufgrund der zur Verfügung stehenden Raum-Zeit neuartig untersucht werden.

Literatur

DODGE, S., WEIBEL, R. & LAUTENSCHUTZ, A. K. (2008), Towards a taxonomy of movement patterns. Informations Visualization, 7 (3-4), 240-252.

FRANK, A. U. (2003), Chapter 2: Ontology for Spatio-temporal Databases. In: KOUBARAKIS, M. (Ed.), Spatio-Temporal Databases: The Chorochronos Arroach., Vol. 2520, Springer, 9-77.

HILLMANN, T. (2004), Organisation and Visualization of Spatio-Temporal Data. Vortrag. SIGGRAPH 2004, Vol. 23 of ACM Transactions on Graphics.

HILLMANN, T. (2009), Photorealistisches 4D-GIS im Altbergbau. In: STROBL, J., BLASCHKE, T. & GRIESEBENER, G. (Hrsg.), Angewandte Geoinformatik 2009. Wichmann Verlag, Heidelberg.

PELEKIS, N. et al. (2004), Literature review of spatio-temporal database models. Knowl. Eng. Rev., 19, 235-274.

SILVA, J. & SANTOS, M. (2010), Spatiotemperal database models and laguage for moving objects: A review. In: Information Systems and Technologies (CISTI), 5th Iberian Conference, 1. – 4. Juni 2010.

SPACCAPIETRA, S. et al. (2006), A conceptual view on trajectories. Data and Knowledge Engineering, 65 (1), 126-146 (including Special Section: Privacy Aspects of Data Mining Workshop, 2006).

WORBOYS, M. (2005), Event-oriented approaches to geographic phenomena. International Journal of Geographical Information Science, 19, 1-28.

Modellierung der verbrauchsbasierten Erreichbarkeit mit GIS

Nicole KARRAIS

Institut für Geographie, Universität Augsburg · karrais@geo.uni-augsburg.de

Dieser Beitrag wurde durch das Programmkomitee als „reviewed paper" angenommen.

Zusammenfassung

Erreichbarkeitsmodellierungen sind spätestens seit den 1970er-Jahren Bestandteil der Forschung, doch beziehen sie häufig nur die Distanz oder Fahrzeit als Kriterium mit in die Berechnung der Erreichbarkeit ein. Dabei ist der Verbrauch in Zeiten der Rohstoffverknappung, Nachfrage- und Preissteigerung zu einem wichtigen Bestandteil der Erreichbarkeit geworden. Diese Arbeit integriert den Kraftstoffverbrauch bzw. Energieaufwand von Fahrzeugen in die Erreichbarkeitsmodellierung. Hierfür wird auf den Begriff der Erreichbarkeit eingegangen, um darauf aufbauend Kriterien einer verbrauchsbasierten Erreichbarkeit abzugrenzen. Diese Kriterien münden in eine GIS-gestützte Modellierung, die eine Verbrauchsberechnung von Fahrzeugen mit Verbrennungsmotoren und Elektrofahrzeugen beinhaltet. Die Modellierung wird auf ein konkretes Beispiel angewandt, wobei sich aus dieser Betrachtung ergibt, dass ein direkter Vergleich der Erreichbarkeiten zwischen den Fahrzeugtypen aufgrund technischer Eigenschaften der Berechnungen nicht möglich ist.

1 Motivation

In Zeiten der steigenden Emissionen klimawirksamer Treibhausgase und Luftschadstoffe, der Erhöhung von Kraftstoffnachfrage und -preis, der Verringerung von Ressourcen und des Umweltbewusstseins wirft der Kauf eines Fahrzeuges häufig die Frage auf, welches Fahrzeug eine kostengünstige und verbrauchsarme Möglichkeit bietet, um Orte zu erreichen. Doch Verbrauchsangaben von Herstellerseite, welche beim Kauf als Information über die Fahrzeuggüte herangezogen werden, beruhen für gewöhnlich auf Fahrzyklen wie dem *„Neuen Europäischen Fahrzyklus (NEFZ)"* (WIEDEMANN 2009, 462). Durch Messungen auf gängigen Prüfständen werden dabei Verbräuche ohne Berücksichtigung von entscheidenden räumlichen Faktoren ermittelt (SCHREINER 2011, 182).

Abhängig z. B. von dem verwendeten Fahrzeug, der gefahrenen Strecke, dem Verbrauch und der resultierenden Reichweite steht mehr oder weniger Energie zur Überwindung einer Fahrtstrecke zur Verfügung. Werden z. B. räumliche Gegebenheiten wie Straßenneigungen berücksichtigt, bewirkt ein Gefälle bei Elektrofahrzeugen eine Energierückgewinnung und bei konventionellen Fahrzeugen einen Minderverbrauch an Kraftstoff. Eine Steigung führt jedoch zu einer stärkeren Verminderung an gespeicherter Energie bzw. an Kraftstoff und verringert die Reichweite. Folglich stellt sich die Frage, ob mit einem Elektrofahrzeug ebenso wie mit einem konventionellen Fahrzeug eine zu überwindende Strecke ohne nochmaliges aufladen bzw. nachtanken bewältigt und ein Ziel erreicht werden kann. Eine Mo-

Strobl, J., Blaschke, T., Griesebner, G. & Zagel, B. (Hrsg.) (2014): Angewandte Geoinformatik 2014.
 ISBN 978-3-87907-543-0.

dellierung des Kraftstoff- bzw. Energieaufwandes eines Fahrzeuges auf einem Straßennetz unter Berücksichtigung räumlicher Faktoren soll Hinweis auf die verbrauchsbasierte Erreichbarkeit geben. In diesem Aufsatz wird in Kapitel 2 zunächst auf den Begriff und Forschungsstand zum Thema Erreichbarkeit eingegangen. In Kapitel 3 werden dann Kriterien erläutert, die für eine Modellierung ausschlaggebend sind. Daraufhin wird in Kapitel 4 ein Modell vorgestellt, das sowohl für konventionelle Fahrzeuge, als auch für Elektrofahrzeuge erstellt wurde. Der Darstellung der Ergebnisse und Diskussion in Kapitel 5 folgen in Kapitel 6 ein Fazit sowie künftig zu betrachtende Aspekte.

2 Definition und Forschungsstand zum Begriff Erreichbarkeit

Der Begriff ‚Erreichbarkeit' wird durch unterschiedlich genaue, kontextabhängige Definitionen beschrieben. Er ist multidimensional und einem fortwährenden zeitlichen Wandel unterlegen (APPARICIO et al. 2008, 2). Während räumliche Mobilität die *„Beweglichkeit,* [...] [als] *Teilaspekt räumlicher Interaktion*" (NUHN & HESSE 2006, 19) beschreibt und sich mit der *„realization of* [..] [the] *potential* [to interact] *in terms of actual travel from place to place*" (MILLER 2008, 1) beschäftigt, geht die Erreichbarkeit über die einfache räumliche Bewegung hinaus. Erreichbarkeit, welche grundsätzlich umrissen werden kann als *„Zugang zu Ressourcen bzw. Gelegenheiten* [..], *der den Individuen in unterschiedlicher Form gegeben ist*" (NUHN & HESSE 2006, 19), beschreibt vielmehr *„the ease with which residents of a given area can reach services and facilities*" (APPARICIO et al. 2008, 2). Um Einrichtungen zu erreichen, ist dementsprechend auch Mobilität nötig.

Die Zahl an Gelegenheiten, die in einem Raum unterschiedlich verteilt sind und die in einer bestimmten Zeit erreicht werden können, stellen nach NUHN & HESSE (2006, 19) die Maßzahl der Erreichbarkeit dar. Dabei ist für INGRAM Erreichbarkeit *„the inherent characteristic (or advantage) of a place with respect to overcoming some form of spatially operating source of friction (for example, time and/or distance)*" (1971, 101). Für ihn stehen insbesondere die Distanzmaße im Vordergrund (INGRAM 1971, 102 f.). HANDY & NIEMEIER (1997) beschreiben die Erreichbarkeit durch Anfangs- und Zielpunkte in einem Straßennetz sowie Grad und Art ihrer Verteilung. Sie messen u. a. Impedanzen, also Widerstände, die als Kosten in einem Netzwerk betrachtet werden können und die Erreichbarkeit stark beeinflussen. KWAN (1998) definiert Erreichbarkeit durch die ihr entgegenstehenden raumzeitlichen sowie individuellen Widerstände. MAKRÍ & FOLKESSON (1999, 4) unterscheiden die ‚ortsbasierte' von einer ‚individuellen Erreichbarkeit'. Erstere berücksichtigt neben der räumlichen Verteilung, Anzahl und Art der Gelegenheiten u. a. ein Transportnetzwerk und Daten z. B. über Reisezeit und -kosten. Letztere beschreibt den Zugang zu Gelegenheiten und Aktivitäten im Hinblick auf individuelle Bedürfnisse und Möglichkeiten (vgl. PEARCE & TIMPF 2006). Für sie sind die kürzeste Distanz und Fahrtzeit die entscheidenden Parameter für Erreichbarkeit. Erreichbare Gelegenheiten fassen sie aber auch kumulativ sowie gravitationsbasiert zusammen, wobei Letztere eine Gewichtung der Gelegenheiten z. B. mit ihrer Attraktivität beinhaltet (MAKRÍ & FOLKESSON 1999, 1 ff.). Erreichbarkeit kann außerdem destinationsseitig oder aus dem Blickwinkel eines Verkehrsnutzers, der eine Destination erreichen will, betrachtet werden (MILLER 2008, 2).

Erreichbarkeitsstudien gehen häufig besonders auf Distanz und Fahrzeit als Kriterien der Erreichbarkeit ein, teilweise verbunden mit weiteren Kosten (MAKRÍ & FOLKESSON 1999, 3). Verbrauchsberechnungsmodelle beruhen häufig auf Ergebnissen von Fahrzyklen und vernachlässigen räumliche Gegebenheiten und die Erreichbarkeit. Ziel der Arbeit ist, Erreichbarkeit und Verbrauch gemeinsam zu betrachten. Zwar befassen sich jüngste Forschungsprojekte (vgl. bspw. TIEDTKE o. J.) derzeit insbesondere mit der Reichweite von Elektrofahrzeugen, jedoch scheint die wissenschaftliche Fragestellung der Erreichbarkeit von Gelegenheiten nicht im Vordergrund zu stehen, eben so wenig wie deren Vergleich mit Verbrennungsfahrzeugen. Nun gilt es verbrauchsrelevante Parameter festzulegen, die schließlich in eine GIS-gestützte Modellierung münden.

3 Kriterien einer verbrauchsbasierten Erreichbarkeit

Verbrauchsbasierte Erreichbarkeit wird hier folglich als der Zugang zu bestimmten Gelegenheiten definiert, der je nach Raum, Zeit, Individuum, zu überwindenden Widerständen und aufzubringender Energie auf unterschiedliche Weise gegeben ist. Kriterien einer verbrauchsbasierten Erreichbarkeit können zunächst aus Sicht der räumlichen Erfordernisse erfasst werden (FISLER et al. 2014). Zu ihnen gehört zum einen das betrachtete Straßennetz, welches Informationen über die zulässigen Geschwindigkeiten und Fahrtrichtungen, Topographie und dreidimensionale Straßenlängen bereithalten muss. Diese Kriterien beeinflussen auch den Kraftstoffverbrauch eines Fahrzeuges und damit die Erreichbarkeit. Widerstände z. B. in Form von Ampeln oder Verkehrsstauungen stellen ebenfalls Einschränkungen für die Erreichbarkeit dar. Zum anderen gehört zu diesen räumlichen Kriterien auch die Verteilung von Gelegenheiten im Raum. Zur Klassifizierung verschiedener Gelegenheiten können aus geographischer Sicht die *„Daseinsgrundfunktionen“* (GEBHARDT et al. 2007, 587) herangezogen werden und bspw. Einrichtungen wie Schulen als Befriedigung der Daseinsgrundfunktion ‚Bildung‘ wahrgenommen werden. Des Weiteren stellen auch zeitliche Belange Kriterien für die Erreichbarkeit dar. So können sowohl der Zugang zu Gelegenheiten z. B. in Form von Öffnungszeiten als auch die Verhältnisse auf einem Straßennetz an Tages-, Wochen- und Jahreszeiten gebunden sein. Letztere können bspw. Einfluss auf das Verkehrsaufkommen oder die Fahrbahnbeschaffenheit (vgl. HAKEN 2011, 140) nehmen und die Erreichbarkeit einschränken. Auch das Fahrzeug selbst spielt eine entscheidende Rolle für die Erreichbarkeit, besonders bei verbrauchsbasierter Betrachtung. Die Fahrzeugtypen stellen Energie mittels diverser Speichertechnologien zur Verfügung, nutzen Energie auf unterschiedliche Weise und erreichen so verschiedene Reichweiten. Hinzu kommen spezifische Kriterien wie das Fahrzeuggewicht (vgl. LIENKAMP 2012, 16), gefahrene Geschwindigkeiten, Nebenverbraucher (vgl. WALLENTOWITZ & FREIALDENHOVEN 2011, 72) und die Menge des Tankinhalts bzw. des Ladezustandes der Batterie. Zuletzt sei auch der/die Fahrende als ein wichtiges Kriterium für die verbrauchsbasierte Erreichbarkeit genannt. Persönliche Termine, aber auch ein bestimmtes Alter, Wegplanung und Fahrweise beeinflussen die Erreichbarkeit.

In die nachfolgend vorgestellte, grundlegende Modellierung können nur einige dieser Kriterien eingehen. Aus räumlicher Sicht werden zunächst nur Straßenneigungen und fahrbare Geschwindigkeiten auf einem Straßennetzwerk berücksichtigt, da ihr Einfluss auf den Verbrauch von Fahrzeugen als grundlegende Kriterien einer verbrauchsbasierten Erreichbarkeit betrachtet werden. Die Ergebnisse werden auf beispielhaft ausgewählte Gelegenheiten, basierend auf den Daseinsgrundfunktionen ‚Arbeiten‘ und ‚Bilden‘, angewandt. Aus zeitlicher Sicht geht die Geschwindigkeit als eine Funktion der Zeit ein, während auf eine Betrachtung des Individuums aufgrund der hohen Komplexität zunächst verzichtet wird.

4 GIS-gestützte Modellierung

4.1 Modellbeschreibung und Datengrundlage

Je nach Fragestellung und Fachbereich gibt es zahlreiche Modellierungsmöglichkeiten der Erreichbarkeit. Sie unterscheiden sich z. B. im Detaillierungsgrad, der technischen Genauigkeit, den Parametern, dem Blickwinkel und weiteren Komponenten. Die hier vorgestellte Modellierung, welche aus der eigenen Diplomarbeit hervorgeht, wird mit ArcGIS von der Firma ESRI sowie eigenen Python-Skripten und VBA-Makros umgesetzt.

Es gehen zunächst Straßendaten aus Open Street Map (OSM) in das Modell ein. HAKLAY zufolge OSM „*data's accuracy* [with regard to consistently classified attributes, position, completeness, or correct interpretation of primary data] *is unknown, given that there are no systemic and comprehensive quality assurance processes integral to the data collection*" (2008, 18). Obwohl sich dies zweifelsohne als nachteilig für die Zuverlässigkeit der Ergebnisse eines Modell erweisen kann, spricht die freie Verfügbarkeit, die hohe Aktivität der OSM Beitragenden und die Detailliertheit der Datenerfassung auch für ihre Nutzung (NEIS et al. 2012, 3). Des Weiteren ist das Modell derart konzipiert, dass nach Modifikation auch andere Straßendaten nutzbar sind. Die Beifügung zusätzlicher Informationen ist in jedem Fall notwendig, um die Berechnung eines Energieaufwandes der Fahrzeuge in eine Erreichbarkeitsanalyse zu integrieren. Dies wird in den nachfolgenden Unterkapiteln mithilfe eines Straßen- und Geschwindigkeitsmodells sowie der eigentlichen Verbrauchs- bzw. Energieberechnung umgesetzt. Um die Berechnungsdauer möglichst gering zu halten, wird für das Mikromodell beispielhaft ein Raum im Süden der Stadt Augsburg gewählt, der Straßen mit unterschiedlichen Neigungen und Geschwindigkeitsprofilen aufweist.

4.2 Straßen- und Geschwindigkeitsmodell

Im Straßenmodell werden die Grunddaten aus OSM zunächst aufbereitet. Ziel ist dabei, weitere Informationen wie konkrete Geschwindigkeiten und die Straßenneigung eines jeden Streckenabschnitts beizufügen, da diese für die weiteren Berechnungen unerlässlich sind. Für die Angabe exakter Geschwindigkeiten reicht die Datenlage jedoch nicht aus. Obwohl maximale Geschwindigkeiten auch in OSM-Daten enthalten sind (vgl. OPENSTREETMAP WIKI CONTRIBUTORS 2014), sind sie nicht für jedes Straßenelement vorhanden und geben keine Auskunft über die tatsächlich fahrbare Geschwindigkeit. Doch diese beeinflusst eine Verbrauchsermittlung. Empirisch erfasste Daten würden exakte Geschwindigkeitsprofile ergeben, doch liegen solche Daten für die Modellierung nicht vor. Demnach wurde ein Verfahren entwickelt, um mathematisch eine Annäherung an fahrbare Geschwindigkeiten zu erhalten. Aus dem Datensatz werden zunächst für PKW befahrbare Straßen extrahiert und durch Verschneidung mit Stadtgebieten in ‚außerorts' und ‚innerorts' klassifiziert. Mit dieser Information können den Straßentypen aus OSM entsprechende Straßenkategorien und zulässige Geschwindigkeiten aus dem Richtlinienkatalog RAS-L (FGSV 1995, 6 f.) zugewiesen werden. Dass dabei getroffene Annahmen die Modellierungsergebnisse beeinflussen können, wird aufgrund fehlender Daten zunächst akzeptiert und auf die dahin gehende Einschränkung der Ergebnisse hingewiesen. Weiterhin werden die Straßen zur Verringerung der Datenmenge und Berechnungsdauer geringfügig generalisiert und in kleinere Abschnitte geteilt. Durch Shape-Interpolation mit dem Digitalen Geländemodell DGM25 werden den Straßen Höheninformationen beigefügt, durch die sich die Straßenneigung aus der Höhendifferenz von Anfangs- und Endpunkt je Fahrtrichtungen berechnen lässt.

Mittels des Geschwindigkeitsmodells werden die zugewiesenen zulässigen Geschwindigkeiten weiterverarbeitet, um fahrbare Geschwindigkeit für jeden Straßenabschnitt zu bestimmen. Eine zulässige Geschwindigkeit bedeutet nicht, dass diese in jedem Fall gefahren oder erreicht werden kann, denn es muss davon ausgegangen werden, dass Fahrzeuge zur Erreichung einer Geschwindigkeit abbremsen oder beschleunigen. Demnach ist die Ermittlung einer möglichst exakten Geschwindigkeit – auch während z. B. des Beschleunigungsvorganges – eine Voraussetzung für die Verbrauchsberechnung. Parameter wie Spurzahl, Kurvigkeit, Kreuzungen, Verkehrsaufkommen und individuelle Fahrweise nehmen Einfluss auf die Geschwindigkeit, doch können diese im Rahmen der hier vorgestellten, grundlegenden Modellierung nicht berücksichtigt werden. Lediglich die Änderung der zulässigen Geschwindigkeit, die sich aus der Überschreitung eines Straßenabschnittes in einen Angrenzenden ergibt, gehen in das Modell ein.

Umgesetzt wird dies in Python. Mithilfe von Search-Cursorn werden lagegleiche Koordinaten von Anfangs- und Endpunkten abgefragt, um die Straßen der übereinstimmenden Punkte als zusammenhängend betrachten zu können. Die zulässige Geschwindigkeit v_{s1} einer vorhergehenden Straße s1 kann demnach mit der Geschwindigkeit v_{s2} einer betrachteten Straße s2 verglichen und das Ergebnis in zwei Fälle unterschieden werden: Sind im ersten Fall die Geschwindigkeitsangaben gleich, kann von einer konstanten Fahrt ausgegangen werden. Wird die Streckenlänge durch die Geschwindigkeit dividiert, ergibt sich hierfür die Fahrtzeit. Sind die Angaben im zweiten Fall ungleich, so weist dies auf eine Be- bzw. Entschleunigung hin. Dabei stellt sich die Frage, ob v_{s2} erreicht und zusätzlich eine Reststrecke konstant befahren werden kann. Die Fahrtzeit wird zur Vereinfachung mit konstanter Be- bzw. Entschleunigung a errechnet, indem die Geschwindigkeitsdifferenz von v_{s2} und v_{s1} durch a dividiert wird. Auch die Streckenlänge, in der eine Geschwindigkeitsänderung stattfindet, lässt sich durch Division von $({v_{s2}}^2 - {v_{s1}}^2)$ mit $2a$ berechnen (vgl. KUCHLING 2011, 69 ff.). Wird die so errechnete Strecke mit der tatsächlichen Streckenlänge des Abschnitts verglichen, kann als Ergebnis einerseits eine potenziell restliche, konstant befahrbare Strecke angegeben werden. Wird die zulässige Geschwindigkeit schon vor Streckenende erreicht, gilt sie konstant bis zum Endpunkt. Ist die tatsächliche Streckenlänge $s2$ andererseits kleiner als die beschleunigte bzw. abgebremste Strecke, so wird die zulässige Geschwindigkeit nicht erreicht und die Endgeschwindigkeit berechnet mit $\sqrt{(2a \cdot s2) + ({v_{s1}}^2)}$ (verändert nach KUCHLING 2011, 73).

Durch Update-Cursor folgt eine Zuordnung der so errechneten Geschwindigkeit im Endpunkt zu dem Anfangspunkt der nachfolgenden Strecke als Anfangsgeschwindigkeit. Ein nochmaliger Abgleich der zugewiesenen Geschwindigkeiten stellt dabei eine stärkere Annäherung an die fahrbaren Geschwindigkeiten dar. Gleiches Vorgehen wird zur Berechnung der Geschwindigkeiten aus entgegengesetzter Fahrtrichtung durchgeführt.

4.3 Berechnung des Verbrauchs bzw. Energieaufwandes

Diese Datenaufbereitung dient der Verbrauchsberechnung als Grundlage. Hierfür werden nun die fahrzeugbezogenen Einflussgrößen näher beleuchtet. Um den Kraftstoffverbrauch eines Fahrzeuges zu berechnen, muss zunächst Kenntnis über den Energiebedarf auf einer Strecke je nach Fahrtrichtung erlangt werden. Für die Überwindung einer Wegstrecke ist

Energie notwendig, denn durch sog. ‚Fahrwiderstände' entstehen Kräfte, die entgegen der Bewegungsrichtung wirken (HAKEN 2011, 137). Der Gesamtwiderstand setzt sich aus vier grundlegenden Fahrwiderständen – Roll-, Steig-, Luft- und Beschleunigungswiderstand – zusammen (NAUNIN 2007, 22; HAKEN 2011, 137). Sie sind unmittelbar mit Raum und Fahrzeug verbunden. Zum einen sind sie dem Raum immanent, da bspw. eine Steigung die Erhöhung des Fahrwiderstands bewirkt. Zum anderen stehen sie mit dem Fahrzeug in direkter Verbindung, da z. B. das Fahrzeuggewicht Einfluss auf die Fahrwiderstände nimmt.

Der Rollwiderstand F_{WR} beschreibt das Verhalten des Rades auf der Straße:

$$F_{WR} = f_R \cdot G \cdot cos\alpha \qquad (1)$$

Nach Formel 1 (verändert nach HAKEN 2011, 139) geht zunächst der Rollwiderstandsbeiwert f_R ein, der Faktoren wie Reifeneigenschaften oder Fahrbahnbelag zusammenfasst. In der Modellierung wird z. B. von einem trockenen Betonboden mit durchschnittlichem f_R von 0,01 ausgegangen (WALLENTOWITZ, FREIALDENHOVEN 2011, 121). Es folgt die Multiplikation mit der Gewichtskraft G, die vertikal durch die Fahrzeugmasse m und die Schwerebeschleunigung der Erde g auf Rad und Boden drückt, sowie der Neigung α.

Der Steigwiderstand F_{WS} bezieht sich auf die Höhenveränderung, die ein Fahrzeug während seiner Fahrt erfährt. Hierbei sind die Neigung α der Fahrstrecke, die Fahrzeugmasse m und die Schwerebeschleunigung der Erde entscheidend (NAUNIN 2007, 22):

$$F_{WS} = m \cdot g \cdot sin\alpha \qquad (2)$$

Handelt es sich in Formel 2 (HAKEN 2011, 155) um eine Steigung, nimmt F_{WS} einen positiven Wert an, bei einem Gefälle wird er negativ. Dies ist ein entscheidender Faktor für den Verbrauch, da sich bei einer Steigung grundsätzlich ein höherer Gesamtfahrwiderstand ergibt. Ein Gefälle hingegen ermöglicht einem Elektrofahrzeug im Gegensatz zu einem konventionellen Fahrzeug „*Rekuperation*" (WALLENTOWITZ & FREIALDENHOVEN 2011, 92), durch welche Energie rückgewonnen werden kann.

Der Einfluss aerodynamischer Eigenschaften wird durch den Luftwiderstand F_{WL} (Formel 3; HAKEN 2011, 152) dargestellt. Als Annäherung an die Wirklichkeit und Vereinfachung der Berechnung kann der Normluftdruck bei Windstille herangezogen werden (HAKEN 2011, 152):

$$F_{WL} = c_W \cdot A \cdot \frac{\rho}{2} \cdot {v_x}^2 \qquad (3)$$

Der Luftwiderstand errechnet sich aus der Strömungsqualität der Karosserie c_W, der projizierten Stirnfläche des Fahrzeuges A, der Luftdichte ρ und der aktuellen Fahrgeschwindigkeit v_x. Der ‚c_W-Wert' hängt stark von der Form und Umströmung des Fahrzeuges ab und wird als Durchschnittswert mit 0,32 angegeben (HAKEN 2011, 152). Außerdem wird v_x bei Windstille in der 2. Potenz berechnet und der Luftwiderstand nimmt einen exponentiellen Verlauf an. Hier wird der Einfluss der Geschwindigkeit auf den Gesamtwiderstand deutlich. Nach WIELER (2013) müssen folglich Berechnungen in Abhängigkeit von der Zeit, zu der bestimmte Geschwindigkeiten erreicht werden, erfolgen.

Wird ein Fahrzeug einer Geschwindigkeitsänderung ausgesetzt, wirkt außerdem der Beschleunigungswiderstand F_{WB} entgegen (Formel 4; verändert nach KUCHLING 2011, 99). Die träge Fahrzeugmasse m muss über einen Zeitraum t insbesondere mithilfe der translatorischen Beschleunigung a überwunden werden, um das Fahrzeug in einen anderen Geschwindigkeitsbereich zu überführen (WALLENTOWITZ & FREIALDENHOVEN 2011, 124). Er kann mithilfe des Grundgesetzes der Dynamik, beruhend auf dem zweiten Newton'schen Axiom, berechnet werden:

$$F_{WB} = m \cdot a(t) \tag{4}$$

F_{WB} ist negativ, wenn das Fahrzeug abgebremst wird, und positiv, wenn es beschleunigt wird. Da für die Modellierung eine konstante Beschleunigung angenommen wird, ist auch F_{WB} während der Geschwindigkeitsänderung konstant hoch. Wird mit konstanter Geschwindigkeit gefahren, so ist der Beschleunigungswiderstand gleich null.

Die Summe der Fahrwiderstände, der Gesamtwiderstand, beschränkt die Bewegung eines Fahrzeuges und bestimmt die erforderliche Zugkraft, was nach HAKEN *„die Kraft* [ist], *die* [an den angetriebenen Rädern] *für den Vortrieb sorgt*" (2011, 219). Multipliziert mit der Geschwindigkeit zu einer bestimmten Zeit ergibt sich nach HAKEN die *„Fahrwiderstandsleistung*" (2011, 160), die angenähert der *„Antriebsleistung*" (2011, 170) entspricht. Diese Antriebsleistung wird von Fahrzeugen mittels unterschiedlicher Technologie zur Verfügung gestellt. Sie hängt u. a. von Motordrehzahl und -drehmoment, vom gewählten Gang, der Getriebeübersetzung und dem -wirkungsgrad ab (vgl. HAKEN 2011, 176 f.). Diese Informationen sind fahrzeugspezifisch, weshalb sie in die weitere Berechnung teilweise angenähert für ein ausgewähltes Fahrzeug, den Fiat 500, eingehen. Nach der Ermittlung des Gesamtwiderstandes für jeden Streckenabschnitt, wird beruhend auf einer Berechnungstabelle von WIELER (2013) und mithilfe eines hierfür programmierten VBA-Makros, ein Liter-Verbrauch angegeben. Für die Berechnung des Energieaufwandes von Elektrofahrzeugen wird beruhend auf einer Berechnungstabelle von CONTE (2013) zur Vereinfachung eine energetische Berechnung für den Fiat 500 E und den Karabag 500 E gewählt. Wird die Fahrwiderstandsleistung mit den zu einer bestimmten Zeit auf einem bestimmten Streckenabschnitt angenäherten Wirkungsgraden von Batterie, Umrichter und elektrischer Maschine multipliziert, so ergibt sich die an den Rädern zur Verfügung gestellte Leistung (CONTE 2013). Als Produkt dieses Wertes und der Zeit, die zur Befahrung der Straße notwendig ist, kann der Energieaufwand auf einem Streckenabschnitt angegeben werden. Der letztliche Ladezustand einer Batterie (CONTE 2013) liefert dabei einen Hinweis über den Verbrauch und die Reichweite des Elektrofahrzeuges.

4.4 Erreichbarkeitsmodellierung

Die berechneten Verbrauchs- und Energieaufwendungswerte gehen anschließend für jeden Streckenabschnitt und aus jeder Fahrtrichtung in die Attributtabelle der Straßendaten ein. Da die verarbeiteten OSM-Daten per se noch nicht routingfähig sind (NEIS et al. 2012), bedürfen sie weiterer Bearbeitung z. B. durch Erstellung eines Netzwerk-Datasets im Rahmen von ArcGIS. Sie können neben Informationen wie Richtungsangaben und Abbiegevorschriften für eine Netzwerkanalyse verwendet werden. Als Impedanz dienen die Verbrauchswerte beider Richtungen und es werden Standardunterbrechungen zur detaillierteren Analyse ausgewählt. Folglich wird ein Einzugsgebiets-Layer erstellt, welches Isolinien gleichen Verbrauchs aufzeigt. Zur Betrachtung von Verbrauchswerten im Zusammenhang mit der reinen Distanz wird ein zweites Einzugsgebiets-Layer, das lediglich die Distanz als Kostenfaktor berücksichtigt, erzeugt. Nach Durchführung der Layer-Erstellung ergibt sich eine insgesamte Reichweite der Fahrzeuge bezüglich des Verbrauchs sowie der Distanz. Sie zeigen die ortsbasierte Erreichbarkeit aller im Inneren dieses Einzugsgebietes befindlichen

Gelegenheiten. Sie werden durch das kumulative Erreichbarkeitsmaß (vgl. Kapitel 2) als Summe der erreichbaren Gelegenheiten beschrieben.

5 Ergebnisse und Diskussion

Als Ergebnis für konventionelle Fahrzeuge ist ein konkretes verbrauchsbasiertes Einzugsgebiet zu erkennen, wie Abb. 1 verdeutlicht.

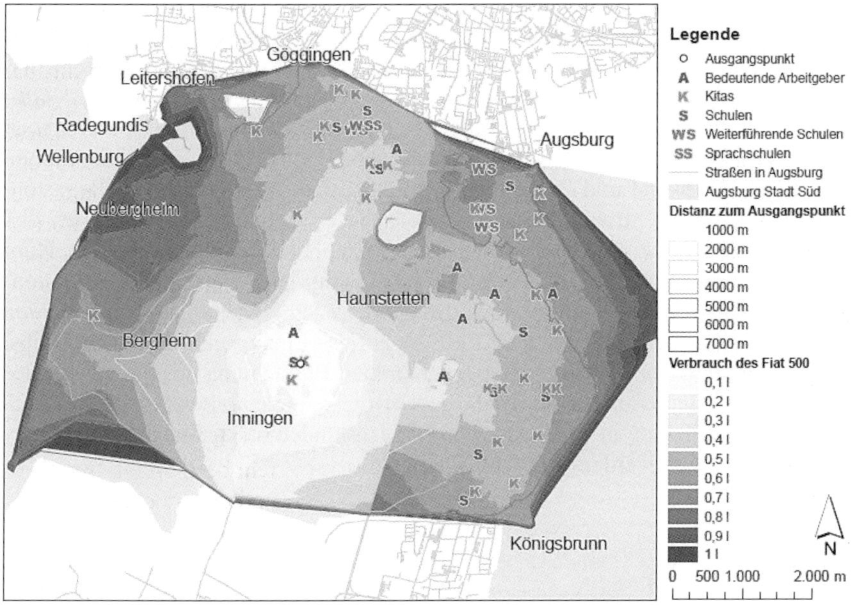

Abb. 1: Verbrauchs- und distanzabhängiger ‚Erreichbarkeitsraum' eines Fahrzeuges mit Verbrennungsmotor (Fiat 500) und erreichbare Gelegenheiten

Die dargestellten Isolinien gleichen Verbrauchs zeigen den ‚verbrauchsabhängigen Erreichbarkeitsraum', unterteilt in Liter. Mit einem Verbrauch von 0,1 l beschränkt sich die Fahrzeugreichweite auf die direkte Umgebung des Ausgangspunktes und vergrößert sich mit zunehmend verbrauchtem Benzin auf nahezu den gesamten Betrachtungsraum. Dabei werden beispielhafte Gelegenheiten aufgezeigt, die innerhalb bestimmter Literverbräuche erreichbar sind. Unter Berücksichtigung sämtlicher erwähnter Annahmen und Einschränkungen wird deutlich, dass im Umfeld des Ausgangspunktes mit einem Verbrauch von 0,1 l zwei Kindergärten, eine Schule und ein bedeutender Arbeitgeber erreicht werden können. Erst mit einem höheren Verbrauch von mindestens 0,5 l können auch weiterführende Schulen und Sprachschulen, sowie mehrere bedeutende Arbeitgeber erreicht werden. Mit einem Liter wird nahezu das gesamte Einzugsgebiet abgedeckt. Statistisch wird die Zahl der Gelegenheiten durch Verschneidung mit den Einzugsgebietspolygonen und Aufsummierung ermittelt. Obwohl diese Informationen zunächst keinen direkten Einfluss auf eine potenzielle Standortwahl nehmen, ist anzunehmen, dass der Verbrauch insbesondere in stadtfernen

Gebieten die Erreichbarkeit insbesondere weiter entfernter Gelegenheiten beeinflusst. Dies stellt eine Fragestellung für weiterführende Untersuchungen dar.

Für batterieelektrische Fahrzeuge am Beispiel von Fiat 500 E und Karabag 500 E kann eine Einzugsgebietsanalyse in Bezug auf den Energieaufwand mit den gleichen technischen Mitteln jedoch nicht durchgeführt werden. Grund hierfür sind die als Impedanz verwendeten Werte der Energieaufwendungen, die im Falle von negativen Rekuperationswerten zur frühzeitigen Terminierung der Analyse führen. Da der für Netzwerkanalysen in ArcGIS verwendete Dijkstra-Algorithmus lediglich das Problem des "*shortest path between two nodes in graph [...], each having a non-negative weight*" (DE BERG et al. 2008, 326) löst, negative Werte jedoch als Restriktionen interpretiert, kann mithilfe des Network Analyst die Analyse nicht durchgeführt werden. Würden die negativen Werte als Nullwerte behandelt, so ließe sich ebenso keine Aussage über den Ladezustand eines Akkumulators machen. Nur die Verwendung eines anderen Algorithmus, der auch negativ gewichtete Graphen zulässt, oder die Nutzung alternativer Software kann dieses Problem lösen. Dennoch können mit Einschränkungen auch unter Nutzung der ArcGIS Netzwerkanalysefunktionen die Werte von Energieaufwand und Rekuperation in der Einzugsgebietsanalyse dargestellt werden. Zum einen kann die Straßenlänge als Impedanz verwendet werden, wodurch distanzabhängige Einzugsgebiete abhängig von den kürzesten Pfaden erstellt werden. Zum anderen wird die aufgewendete und rekuperierte Energie mithilfe der sog. ‚Akkumulation' festgestellt. Die akkumulierten Verbrauchswerte werden den Straßen des erreichbaren Raumes beigefügt, sie nehmen jedoch keinen Einfluss auf das Einzugsgebietspolygon selbst (ESRI 2013). Die Energiewerte können zur eingeschränkten Betrachtung des Ladezustandes eines Akkumulators weiterverarbeitet werden, indem die Linien in Punkte, diese durch Interpolation und Klassifikation in ein Raster von Ladezuständen und schließlich in vektorbasierte Isolinien konvertiert werden, wie Abb. 2 zeigt.

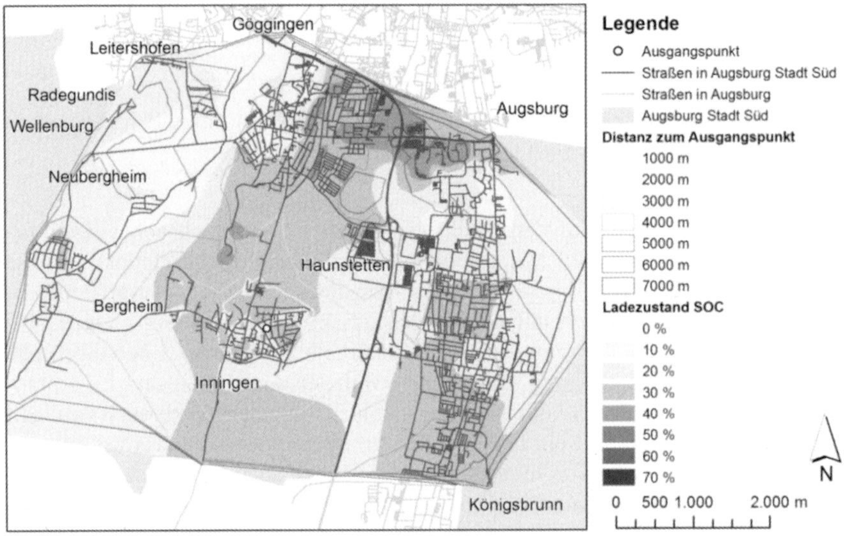

Abb. 2: Distanzabhängiger Erreichbarkeitsraum eines Elektrofahrzeuges (Fiat 500 E) mit initialem Ladezustand von 20 % und Darstellung der Ladezustände (SOC)

In dieser Abbildung wird auch deutlich, dass ein Vergleich der beiden Fahrzeugtypen ‚konventionelle Fahrzeuge' und ‚Elektrofahrzeuge' bezüglich der verbrauchsbasierten Erreichbarkeit nicht möglich ist. Die Polygone gleicher Ladezustände geben lediglich Auskunft über die energetischen Vorgänge, die mit einem distanzbasierten Routing stattfinden. So lassen die zunehmenden Ladezustandswerte darauf schließen, dass entweder ein Gefälle oder ein Abbremsen von Straßen mit höheren zulässigen Geschwindigkeiten in Straßen mit geringeren Geschwindigkeiten zu einer erhöhten Rekuperation führen. Die in den Akkumulator so zusätzlich eingespeiste Energie kann zur potenziell weiteren Fahrt verwendet werden, was bei konventionellen Fahrzeugen nicht möglich ist. Ob die Ergebnisse als realitätsnah bezeichnet werden können, ist ohne eine Überprüfung der tatsächlichen verbrauchsbasierten Erreichbarkeit jedoch fraglich und bedarf künftig eingehender Betrachtung. Was die erreichbaren Gelegenheiten anbelangt, so wird auf deren Verortung in Abbildung 1 verwiesen, denn durch die hier durchgeführte Analyse kann nur ausgesagt werden, mit welchem Ladezustand welche Einrichtung erreicht werden kann.

6 Fazit

Zusammenfassend basiert die beschriebene Modellierung des ‚Erreichbarkeitsraumes' der Fahrzeuge mit Verbrennungsmotor und Elektrofahrzeuge auf der ausführlichen Berechnung von Fahrzeugverbräuchen, die in eine Netzwerkanalyse eingingen. Für diese wurde zunächst ein Straßenmodell zur Ermittlung der relevanten Straßeneigenschaften erstellt und durch ein Geschwindigkeitsmodell ergänzt. Die so ermittelten Daten wurden dann zur Verbrauchsberechnung eines Fahrzeuges mit Verbrennungsmotor und zweier Elektrofahrzeuge verwendet, für die jeweils die Fahrwiderstände in beide Fahrtrichtungen errechnet wurden. Während zur Kraftstoffverbrauchsberechnung der Verbrennungsfahrzeuge ein Motorkennfeld herangezogen und z. B. Gangwechsel berücksichtigt wurden, wurde für Elektrofahrzeuge eine rein energetische Betrachtung angestrebt. Dabei ergaben sich für Verbrennungsfahrzeuge positive Verbrauchswerte, während für Elektrofahrzeuge auch negative Werte in Form von Rekuperation ermittelt werden konnten. Als Kosten gingen die errechneten Verbräuche in eine Einzugsgebietsanalyse ein.

Dabei konnte festgestellt werden, dass die Kosten des Verbrauchs grundsätzlich Einfluss auf die Erreichbarkeit von Gelegenheiten haben und diese unterschiedlich nach Fahrzeugtypen betrachtet werden muss. Bei Fahrzeugen mit Verbrennungsmotor konnten klare Reichweiten in Abhängigkeit vom Verbrauch und so eine konkrete Erreichbarkeit der betrachteten Gelegenheiten gezeigt werden. Für Elektrofahrzeuge konnten nur Ladezustände und eine tendenzielle Erreichbarkeit auf den entfernungsabhängigen Straßen wiedergegeben werden. Eine Vergleichbarkeit der Erreichbarkeitsräume beider Fahrzeugtypen ist daher kaum möglich. Dennoch war zu erkennen, dass bei Elektrofahrzeugen im Gegensatz zu konventionellen Fahrzeugen Energie wiedergewonnen wurde und damit potenziell wieder mehr Energie zur weiteren Fahrt zur Verfügung steht.

Die Verbräuche als Kostenattribute berücksichtigen sowohl räumliche als auch fahrzeugtechnische Elemente. Sie bieten ein großes Potenzial, denn einzelne Faktoren wie das Fahrzeuggewicht können in der Berechnung leicht ohne Modellveränderung angepasst werden. Gleichzeitig kann schon die Beifügung einzelner Sachverhalte, z. B. die Temperatur, die Komplexität der Analyse erhöhen, was eine starke Veränderung der Ergebnisse bewirken kann. Die verbrauchsbasierte Erreichbarkeit unter verschiedenen Bedingungen und verfeinerten Modelleigenschaften zu untersuchen ist daher Aufgabe in künftigen Analysen.

Schwachpunkte des Modells liegen zum einen in der Verwendung zahlreicher angenommener, wenn auch realitätsnaher Faktoren begründet. Da in der Realität der Zusammenhang von Raum und Energieaufwand von Fahrzeugen jedoch sehr komplex ist, wurde eine Modellvereinfachung angestrebt. Folglich nimmt diese ebenso Einfluss auf das Ergebnis wie das Treffen von Annahmen aufgrund unzugänglicher Daten. Modellverfeinerungen und komplexere physikalische und fahrzeugtechnische Zusammenhänge, die Nutzung empirisch erhobener Daten z. B. in Bezug auf Geschwindigkeiten, dynamische Beschleunigungs- und tatsächliche Verbrauchswerte, sowie die Berücksichtigung von Individuum und Zeit können das Modell künftig verbessern. Schließlich kann auch die Verwendung eines alternativen Algorithmus die Analyse vervollständigen und Aussagen über die Erreichbarkeit von Elektrofahrzeugen zulassen, sodass z. B. für Fahrzeugkäufer auch in Zeiten der Ressourcenverknappung und -verteuerung Fahrzeugvergleiche bezüglich der persönlichen verbrauchsbasierten Erreichbarkeit möglich sind.

Danksagung

An dieser Stelle möchte ich mich herzlich bei Frau Professor Dr. Sabine Timpf bedanken, die mich seit meinem Studium und auch im Rahmen dieses Papers unterstützt hat.

Literatur

Apparicio, P., Abdelmajid, M., Riva, M. & Shearmur, R. (2008), Comparing alternative approaches to measuring the geographical accessibility of urban health services. Distance types and aggregation-error issues. International Journal of Health, 7 (7).

Conte, F. V. (2013), Berechnungstabelle zur Verbrauchsberechnung von Elektrofahrzeugen und persönliche Mitteilung vom 14.02.2013 (Prof. Dr.-Ing. F. V. Conte, Hochschule Augsburg, Fakultät für Maschinenbau und Verfahrenstechnik).

de Berg, M., Cheong, O., Kreveld, M. & Overmars, M. (2008), Visibility Graphs. Finding the shortest route. In: Computational Geometry. Algorithms and Applications. Berlin/Heidelberg, Springer Verlag.

Esri (2013), Einzugsgebiet-Analyse. http://resources.arcgis.com/de/help/main/10.1/index.html#//004700000048000000 (10.04.2014).

Fisler, J., Lüscher, P. & Bischof, S. (2014), Räumliche Einschränkungen. http://www.gitta.info/Accessibilit/de/html/NotaSpatDist_learningObject3.html (20.02.2014).

Forschungsgesellschaft für Straßen- und Verkehrswesen (FGSV) (1995), Richtlinien für die Anlage von Straßen RAS. Teil: Linienführung RAS-L.

Gebhardt, H., Glaser, R., Radtke, U. & Reuber, P. (2007), Geographie. Physische Geographie und Humangeographie. 1. Aufl. München.

Haken, K.-L. (2011), Grundlagen der Kraftfahrzeugtechnik. 2. Aufl. München.

HAKLAY, M. & WEBER, P. (2008), OpenStreetMap. User-Generated Street Maps. IEEE Pervasive Computing, 7 (4), 12-18.

HANDY, S. L. & NIEMEIER D. A. (1997), Measuring accessibility. An exploration of issues and alternatives. Environment and Planning A, 29 (7), 1175-1194.

INGRAM, D. R. (1971), The Concept of Accessibility. A Search for an Operational Form. Regional Studies (5), 101-107.

KUCHLING, H. (2011), Taschenbuch der Physik. 20. Aufl. München.

KWAN, M.-P. (1998), Space-Time and Integral Measures of Individual Accessibility. A Comparative Analysis Using a Point-based Framework. Geographical Analysis, 30 (3), 191-216.

LIENKAMP, M. (2012), Elektromobilität. Hype oder Revolution? In: VDI-Buch, Berlin.

MAKRÍ, M.-C. & FOLKESSON, C. (1999), Accessibility Measures for Analyses of Land Use and Travelling with Geographical Information Systems. http://www.lth.se/fileadmin/tft/dok/KFBkonf/4Makrifolkesson.pdf (10.04.2014).

MILLER, E. J. (2008), Accessibility: Some Definitions and Issues. In: TU München (Hrsg.): mobil.TUM 2008. International Conference on Mobility and Transport.

NAUNIN, D. (2007), Hybrid-, Batterie- und Brennstoffzellen-Elektrofahrzeuge. Technik, Strukturen, Entwicklungen. In: Kontakt&Studium, 4. Aufl. Renningen.

NEIS, P., ZIELSTRA, D. & ZIPF, A. (2012), The Street Network Evolution of Crowdsourced Maps: OpenStreetMap in Germany 2007–2011. Future Internet, 4 (4), 1-21.

NUHN, H. & HESSE, M. (2006), Verkehrsgeographie. In: UTB. 1. Aufl. Stuttgart.

OPENSTREETMAP WIKI CONTRIBUTORS (2014), DE:Key:maxspeed. http://wiki.openstreetmap.org/w/index.php?title=DE:Key:maxspeed&oldid=1008050 (19.04.2014).

PEARCE, O. & TIMPF, S. (2006), Erreichbarkeit von Haltestellen des öffentlichen Verkehrs zu verschiedenen Tageszeiten. In: STROBL, J., BLASCHKE, T. & GRIESEBNER, G. (Hrsg.), Angewandte Geographische Informationsverarbeitung XVIII. Beiträge zum AGIT-Symposium Salzburg 2006. Wichmann Verlag, Heidelberg, 535-544.

SCHREINER, K. (2011), Basiswissen Verbrennungsmotor. 1. Aufl. Wiesbaden.

TIEDTKE, T. (o. J.), eE-Tour Ergebnisbuch. http://de.calameo.com/read/000940819152bf9 d324cb (28.05.2012).

WALLENTOWITZ, H. & FREIALDENHOVEN, A. (2011), Strategien zur Elektrifizierung des Antriebsstranges. Technologien, Märkte und Implikationen. 2. Aufl. Wiesbaden.

WIEDEMANN, J. (2009), Leichtbau bei Elektrofahrzeugen. Wieviel ist er uns (noch) wert? ATZ, 11 (6), 462-463.

WIELER, R. (2013), Berechnungstabelle zur Verbrauchsberechnung von Fahrzeugen mit Verbrennungsmotor und persönliche Mitteilung vom 27.01.2013 (Prof. Dr.-Ing. R. Wieler, Hochschule Augsburg, Fakultät für Maschinenbau und Verfahrenstechnik).

Multisensor-Datenfusion zur Echtzeitlage-visualisierung und Kurzfristprognose bei Großevents

Armin KÖFLER[1], Thomas SCHNABEL[1], Roland PERKO[1],
Alexander ALMER[1] und Helmut SCHROM-FEIERTAG[2]

[1]JOANNEUM RESEARCH Forschungsges.mbH, Graz · armin.koefler@joanneum.at
[2]AIT Austrian Institute of Technology GmbH, Wien

Zusammenfassung

Bei Massenveranstaltungen kommt es aus sicherheitstechnischer Sicht immer wieder zu kritischen Situationen und Gefährdung von Personen aufgrund fehlender genauer Informationen bezüglich der Verteilung von Menschenmassen. Eine permanente flächendeckende Überwachung mit Sensoren ist allerdings aus mehreren Gründen problematisch. In dieser Arbeit wird ein hybrider Ansatz gezeigt, in welchem unterschiedliche Sensoren verwendet und durch die intelligente Fusion dieser Daten die Grundlage für Bewegungsstromanalysen und Kurzfristprognosen bildet. Weiterhin wird erläutert, wie diese Daten in der Echtzeitvisualisierung verwendet wurden, welche realen Tests durchgeführt wurden sowie welche Aspekte beim Einsatz beachtet werden müssen.

Einleitung

Bei Massenveranstaltungen kommt es immer wieder zur Gefährdung von Personen, in Fällen wie am Bergisel am 4.12.1999 oder bei der Love-Parade am 24.7.2010 sogar zu Todesfällen und Schäden an öffentlichen Infrastrukturen. Trotz umfangreicher Planung von Sicherheitskonzepten und der behördlichen Genehmigung anhand genauer Personenzahlengrenzen und dynamischer Entwicklungen treten immer wieder tragische Zwischenfälle auf. Der Grund ist oftmals das Fehlen von genauen Informationen über die aktuelle Personenzahl, Dichte und die räumliche Verteilung am Veranstaltungsgelände. Eine ständige flächendeckende Überwachung mit Sensoren ist meist in Hinblick auf Kosten und Aufwand nicht durchführbar.

Das KIRAS-Projekt „EN MASSE" fokussiert daher darauf, eine hybride Methode zu entwickeln, die unterschiedliche Sensoren aus unterschiedlichen Einsatzgebieten für eine zuverlässigere Erfassung von Besucherströmen zusammenführt, diese auszuwerten, Prognosen der kommenden Entwicklungen zu erstellen und beides für Sicherheitskräfte geografisch basiert zu visualisieren.

Überblick

Aufgrund der Problemstellungen oftmals zu spät erkannter Entwicklungen kritischer Situationen durch die Verteilung von Besuchern von Großevents wurde im Rahmen von KIRAS das Projekt EN MASSE durchgeführt. Dieses spezialisierte sich auf die Schwerpunkte

Strobl, J., Blaschke, T., Griesebner, G. & Zagel, B. (Hrsg.) (2014): Angewandte Geoinformatik 2014.
 ISBN 978-3-87907-543-0.

multisensorielle Erfassung von Personenbewegungen, die modellbasierte Fusion der einzelnen Datenquellen und deren Analyse sowie die Kurzfristprognose und echtzeitfähige, geobasierte Lagebilddarstellung. Die Erfahrungen von JOANNEUM RESEARCH (JR) und AIT, welche bereits in der Vergangenheit Forschung in diesen Bereichen durchgeführt hatten, wurden durch die aktive Teilnahme von Eventveranstaltern sowie zuständigen Sicherheitsexperten unterstützt.

Sensordatenaufnahme und Analyse

Speziell für Großevents relevant war die Nutzung unterschiedlicher Sensoren, welche entsprechend ihrer Eigenschaften an neuralgischen Punkten aufgestellt wurden und in optische und drahtlose Sensoren eingeteilt werden.

Bei den optischen handelte es sich um Videokameras (AXIS P3364), mit welchen Bereiche automatisch auf den Befüllungsgrad hin analysiert wurden. Über die abgedeckte Fläche und das Tracking der an- und wegströmenden Personen konnte auch die Personenanzahl geschätzt werden. Zusätzlich dazu wurde die in Vorgängerprojekten von JR entwickelten Algorithmen zur Erkennung von Einzelpersonen (PERKO et al. 2013) weiterentwickelt, deren Ergebnisse in weiterer Folge in das Datafusionsframework und später zur Personenstromanalyse sowie Dichtebestimmung der Menschenmassen einfließen. Zum anderen wurden mit laserbasierten Zählsensoren (LASE) an definierten Eingängen Personen sowie deren Bewegungsrichtung gezählt.

Bei den drahtlosen Sensoren handelte es sich solche, die Mobiltelefone erfassen, deren Zuordnung zu den vorhandenen Mobilfunkzellen gegeben war und somit auf die Position des Gerätes selbst zurückgeschlossen werden konnte. Als zweite drahtlose Variante wurde Bluetooth verwendet, um eingeschaltete Geräte innerhalb des einstellbaren Empfangsradius zu registrieren und an anderer Stelle wieder zu erkennen. Bis auf die Ortung mittels Mobilfunk boten alle eingesetzten Sensoren mit der erreichbaren Genauigkeit die Möglichkeit daraus das Bewegungsverhalten ableiten zu können.

Multisensor-Datenfusion

Für eine gemeinsame Auswertung, als Input für die Simulation und Kurzfristprognose, sowie die schließlich benötigte Lagebildgenerierung wurde ein flexibles, mehrere Ebenen umfassendes Data-Fusion-Framework, auf Basis des .NET-Frameworks entwickelt. Es erlaubt die Nutzung unterschiedlichster Sensortypen mit unterschiedlichen Datenformaten, Genauigkeiten und Zuverlässigkeit als Eingangsdaten, welche modellbasiert für die angestrebten Ergebnisse herangezogen werden.

Angelehnt an (CARVALHO et al. 2003) wurde das Framework erstellt, das in sieben Schichten mit verschiedenen Aufgaben eine Datenfusion ermöglicht. Abstrahiert lassen sich die Schichten wie folgt beschreiben:

1. Sensorschicht. Sie repräsentiert die Inputschnittstelle. Für jeden unterstützten Sensor wird im Framework eine den physischen Sensor beschreibende Sensorkomponente definiert welche Daten für folgende Schichten erfasst.

2. Vorverarbeitungsschicht. Sofern nötig werden von der Sensorschicht erhaltene Daten behandelt, sodass die in nachfolgenden Schichten verarbeitet werden können. Beispielhafte Aufgaben sind Fehlerdetektion oder Filterung.
3. Low-Level-Datenfusion. Werden aus der Vorverarbeitungsschicht erhaltene Daten vor der Datenanalyse (Schicht 4) fusioniert, so passiert das in der Low-Level-Datenfusion. Eine beispielhafte Aufgabe dieser Schicht ist die Aggregation von Daten von Zählsensoren über ein Zeitintervall.
4. Datenanalyse. Daten aus den vorhergehenden Schichten werden algorithmisch ausgewertet und höherwertige Information transformiert.
5. High-Level-Datenfusion. Aus der Datenanalyse stammende Information werden fusioniert.
6. Interpretation. Fusionierte Information wird nach dem Anwendungsfall entsprechenden Kriterien interpretiert. Weist fusionierte Information beispielsweise auf einen hohen Zustrom von Menschen auf ein Areal hin, so wird die Information auf eine Warnstufe reduziert.
7. Entscheidungsschicht. Erhaltene Interpretationen dienen als Input für die Generierung von Entscheidungen. Erkennt das System beispielsweise, dass sich zwei große Menschengruppen aus zwei Richtungen einem klein dimensionierten Areal nähern, so kann eine dringliche Warnung an einen Entscheidungsträger geschickt werden.

Eine konkrete Anwendung definiert die Ausprägung des Frameworks durch eingesetzte Sensoren, den gewünschten Ergebnissen und anderen Eigenschaften. Die Ausprägung besteht aus einer hierarchischen Kombination der Schichten, wobei einzelne Schichten fehlen (Daten/Informationen überspringen die Schicht) oder mehrfach parallel vorkommen können (unterschiedliche Sensoren werden gleichzeitig verwendet). Ein grafisches Planungswerkzeug dient der Erzeugung konkreter Ausprägungen.

Für die Nutzung im Rahmen von EN MASSE wurden dabei zuerst die einzelnen Sensortypen mit ihren Parametern festgesetzt und darauf basierend das Analysemodell erstellt. Hierbei flossen vor allem die Gewichtungswerte der Sensoren ein, um eine normalisierte Datensituation zu schaffen. Mit Bluetooth Scannern erfasste Mobilgeräte deckten beispielsweise nur 2 % der Besuchergesamtanzahl ab. Die Ergebnisse der Videoanalyse boten für die verwendeten extrahierten Einzelbilder eine Erkennungsrate von ~95 %, welche durch manuell durchgeführte Referenzzählungen für unterschiedliche Testaufnahmen ermittelt wurde (PERKO et al. 2014).

Situationsvisualisierung

Zur Verwendung der Analysedaten durch die Bedarfsträger wurde eine Applikation zur Visualisierung eines Lagebildes erstellt. Diese nutzt zum einen die kontinuierlich durch die Analyseworkflows erhaltenen Daten und zum anderen die Ergebnisse der Kurzfristprognose, welche die prognostizierte Situation in 15 bzw. 30 Minuten bereitstellte. Der Nutzer hat dabei auch die Möglichkeit sich Situationen zu unterschiedlichen Zeitpunkten anzeigen zu lassen und somit auch einen Vergleich zwischen den prognostizierten Daten und der realen durch die Sensoren gemessene Datensituation herzustellen. Die Darstellung umfasst dabei einerseits Bereiche, welche durch ihre geografische Ausdehnungen sowie Ein- und Ausgänge definiert wurden, andererseits die Übergänge zwischen den einzelnen Sensoren. Somit konnten auch Bewegungsgeschwindigkeiten ermittelt werden. Eine farbkodierte Darstellung von Personendichte bzw. Geschwindigkeit erlauben rasches erfassen der Lage. Detaillierte Informationen können bei Bedarf abgerufen werden. Eine schematische Darstellung eines Geländes und der Sensorpositionen ist unter Abbildung 1 ersichtlich.

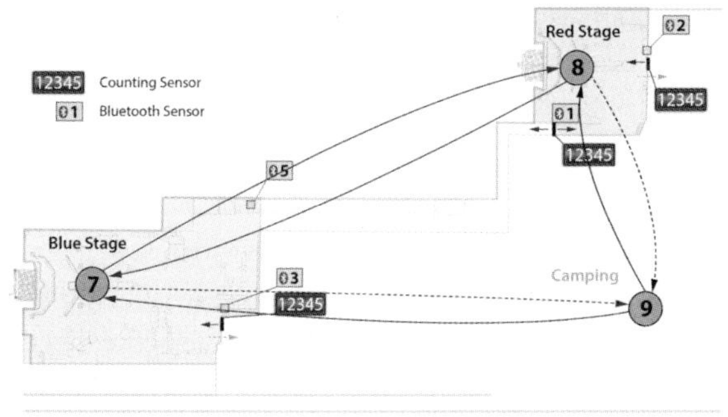

Abb. 1: Schematische Darstellung von Gelände und Sensoren

In Abbildung 2 wird die Applikation dargestellt, die in der Lage ist, basierend auf den erfassten Sensordaten fusionierte Auswertungen zu erstellen und diese sowohl in der aktuellen Situation als auch in einer Prognose für wahlweise 15 oder 30 Minuten darzustellen. Als Datengrundlage für den Screenshot dient die erfasste Situation beim NOVAROCK Festival 2012.

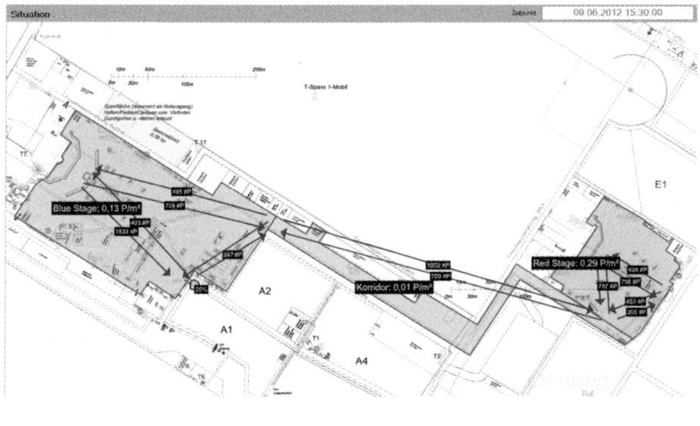

Abb. 2: Lagebild NOVAROCK Festival 2012

Auf dem Lagebild ersichtlich sind die drei Regionen „Blue Stage" (links), „Korridor" (Mitte) und „Red Stage" (rechts), für die sowohl farblich als auch textuell (grüne Schrift) der aktuelle Füllstand basierend auf in den letzten 15 Minuten aggregierten Sensordaten und dem Zustand der vorhergehenden Epoche darstellt. Die Textinformation den gibt den Füllstand als durchschnittliche Anzahl von Personen pro m² an. Die farbliche Darstellung der Regionsfläche korrespondierend anhand von Schwellwerten den Kategorien „Niedriger Füllstand" (grün), „Mittlerer Füllstand" (gelb), „Hoher Füllstand" (rötlich) und „Kritischer Füllstand" (rot). Die Intensität der Färbung passt sich graduell, sodass ein Operator intuitiv Änderungen innerhalb einer Kategorie wahrnehmen kann.

Gelb beschriftete rote Pfeile beschreiben die Anzahl der Personen, die sich in diesem Zeitraum von einem Knoten zu einem anderen bewegt haben. Vor dem Eingang der „Blue Stage", welcher rechts unten an der „Blue Stange" zu finden ist, wird mittels Videoauswertung die prozentuelle Ausfüllung des Zugangs mit Personen ersichtlich. Auch diese Füllstandsanzeige wird basierend auf Schwellwerten farblich veränderlich angezeigt.

Kurzfristprognose

Basierend auf den fusionierten Daten über den Istzustand wurden einerseits die Füllstände definierter Bereiche sowie die Bewegung von Personengruppen zwischen definierten Knoten für auf 15 Minuten aggregierte Epochen bestimmt. Mittels linearer Interpolation wurden für jeweils nachfolgenden beiden Epochen Prognosen erstellt und im Lagebild dargestellt.

Reale Einsätze

Im Rahmen von EN MASSE konnten zwei Feldtests durchgeführt werden. Sowohl am NOVAROCK 2012 sowie auch am Donauinselfest 2013 wurden die unterschiedlichen Sensoren installiert und Daten aufgenommen, welche in Folge analysiert und verifiziert werden konnten. Bei beiden Veranstaltungen wurden Zählsensoren (LASE), Bluetooth-Scanner und Kameras als Datenquellen eingesetzt.

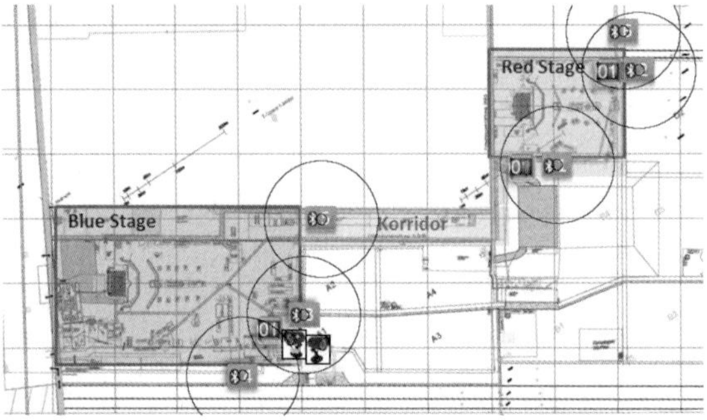

Abb. 3: Lageplan NOVAROCK Festival 2012 inkl. der Sensorverteilung

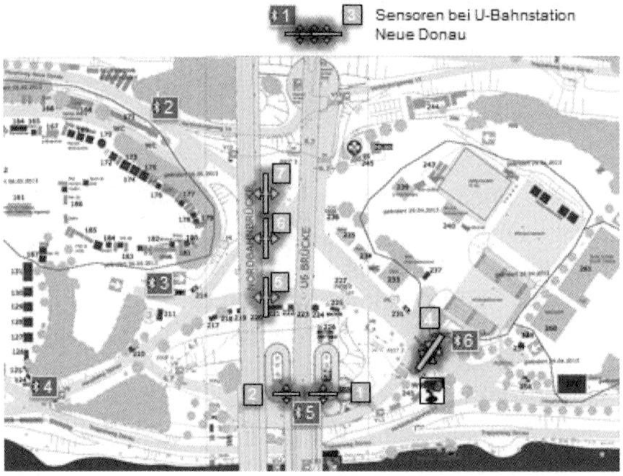

Abb. 4: Sensorverteilung Donauinselfest 2013

Schlussfolgerungen und Ausblick

In dieser Arbeit wurden die Inhalte des KIRAS-Projekts EN MASSE mit dem Fokus auf die Fusion von multisensoriellen Daten vorgestellt sowie die Erkenntnisse und weiteren

Entwicklungsanforderungen diskutiert. Die durchgeführten Tests und Demonstrationen im Rahmen von zwei Festivals zeigten dabei die unterschiedlichen Qualitäten aber auch die Zuverlässigkeit der eingesetzten Datenquellen. Dabei kristallisierte sich heraus, dass speziell die drahtlosen Zählmethoden noch deutlich verbessert bzw. erweitert werden müssen. Beispielsweise würde die Erweiterung um WLAN oder iBeacon basierte Positionierungsmethoden eine wesentlich detaillierte Aussagekraft liefern können. Weiters ist es auch notwendig, die Erfassung mit optischen Mitteln zu verbessern, was die vor allem die Geschwindigkeit der Zählung betrifft, um diese echtzeitnahe durchführen zu können. Die Wahl der Sensoren für eine Veranstaltung hängt auch von der Veranstaltungsart ab. Besucher einer Veranstaltung im urbanen Gebiet können mittels derer Mobiltelefone potenziell leichter erfasst werden als bei mehrtägigen Festivals am Land, da die Geräte regelmäßiger geladen werden können. Ähnliches gilt für die Verwendung von WLAN bzw. Bluetooth. Hier müssen Anreize (z. B. durch Apps) geschaffen werden, diese Technologien am mobilen Gerät aktiv zu haben. Auch müssen dabei noch mehrere Versuche für eine fundierte statistische Aussage in Bezug auf die Zuverlässigkeit der gemessenen Daten zu erhalten.

Weiters ergeben sich Notwendigkeiten in der Einbeziehung weiterer Informationsquellen, welche Änderungen grundlegender Zustände des beobachteten Areals signalisieren. Werden beispielsweise temporär Absperrungen oder Zäune geöffnet, so betreten oder verlassen Personen ein Areal, ohne dass diese Änderungen sensorisch erfasst werden können.

Bei wiederkehrenden Veranstaltungen können die erfassten und ausgewerteten Daten der Planung für das nächste Mal dienlich sein, indem sie zum Beispiel für eine höher zu erwartende Besucheranzahl Simulationen für die Planung der Dimensionierung von Ein- und Ausgangsportalen oder Durchgängen verwendet werden können.

Datenschutz ergab sich als nicht zu vernachlässigendem Faktor. Die Gewährleistung der Anonymität von Veranstaltungsbesucher muss gegeben sein und überzeugend kommuniziert werden. Aufgrund schlechter Publicity konnten Versuche nicht wie geplant durchgeführt werden, da der Veranstalter einen Besucherschwund fürchtete.

Literatur

Carvalho, H. S., Heinzelman, W. B., Murphy, A. L. & Coelho, C. J. N. (2003), A general data fusion architecture. In: Proceedings of the Sixth International Conference of Information Fusion, 2003. Cairns, 1465-1472.

Perko, R., Schnabel, T., Fritz, G., Almer, A. & Paletta, L. (2013), Airborne based high performance crowd monitoring for security applications. In: Kämäräinen, J.-K. & Koskela, M. (Eds.), Scandinavian Conference on Image Analysis (SCIA), Espoo, Finland: Springer LNCS, 2013, 7944 (18), 664-674.

Perko, R., Schnabel, T., Almer, A. & Paletta, L. (2014), Towards View Invariant Person Counting and Crowd Density Estimation for Remote Vision-Based Services, 23rd International Electrotechnical and Computer Science Conference, Portorož, Slovenia. Submitted for review.

Möglichkeiten der Modellierung und Bewertung der Kippenstabilität stillgelegter Tagebaue

Marco ROSCHER[1], Andreas BARTH[2], Enrico KALLMEIER[2], Robert BÖHNKE[3], Carsten DREBENSTEDT[4], Silke NOACK[2] und Andreas KNOBLOCH[2]

[1]Saxore Bergbau GmbH, Freiberg · Marco.Roscher@saxorebergbau.com
[2]Beak Consultants GmbH, Freiberg
[3]LMBV, Senftenberg
[4]TU Bergakademie Freiberg, Freiberg

Die Bewertung der Stabilität von unverdichteten Tagebaukippen ist infolge unerwartet eingetretener geotechnischer Ereignisse in den vergangenen Jahren vermehrt in den Blickpunkt von Medien und Bevölkerung geraten. Die damit verbundenen Deformationsprozesse an der Oberfläche der Kippen sind wegen der auftretenden Gefährdungen bei der öffentlichen Nutzung bzw. Flächenbewirtschaftung der Bergbaufolgelandschaft nicht tolerierbar. So sind z. B. große Teile ehemaliger Tagebaukippen in der Lausitz gesperrt, entsprechende Sicherungs- und Sanierungsmaßnahmen sind erforderlich und eingeleitet.

In Innenkippenbereichen der Braunkohlentagebaue in der Lausitz ist es nach deren Stilllegung und dem eingeleiteten Grundwasserwiederanstieg wiederholt zu spontanen Deformationen der Geländeoberfläche gekommen. Durch Veränderungen der bodenphysikalischen und geochemischen Eigenschaften der Kippen wurden Prozesse ausgelöst, die eine plötzliche Veränderung im teilgesättigten Bodengefüge der trocken geschütteten Kippen nach sich zogen. Dadurch ausgelöste und mit Verflüssigungen einhergehende Geländebrüche und -einbrüche stellen eine Gefahr für die nachbergbauliche Nutzung dieser Areale dar. Aufgrund der Anzahl von Ereignissen und dem weiter fortschreitenden Grundwasseranstieg ist es von großem Interesse, Gefährdungsbereiche möglichst frühzeitig zu erkennen. Mit bestehenden bodenmechanischen Modellen zur Berechnung der geotechnischen Sicherheit konnten diese Geländedeformationen, die infolge von Verflüssigungszuständen ausgelöst durch innere Initiale entstanden, bisher nicht ausreichend beschrieben werden. Obgleich die auslösenden Mechanismen noch nicht endgültig geklärt sind, ist es für die Festlegung geeigneter Überwachungs- und Sanierungsmaßnahmen erforderlich, eine räumliche Abschätzung über das Gefährdungspotenzial zu erstellen.

Alternativ zur genauen mathematisch-physikalischen (geomechanischen) Modellierung kann eine statistische Modellierung helfen, die Zusammenhänge zwischen Einflussfaktoren und Ereignissen ohne die exakten Kenntnisse über die Ursache-Wirkungs-Prinzipien zu erklären. Eine vielversprechende Methodik sind dabei künstliche neuronale Netze, die Zusammenhänge selbstständig in einem überwachten Lernprozess lernen können (NOACK et al. 2009, KNOBLOCH & GUSAT 2010, SÜHNEL & SCHMIDT 2013).

Die Daten, die für die Generierung von Gefährdungskarten zu Bodenverflüssigungen vor allem in den Innenkippenbereichen relevant sein können, reichen von geometrischen und bergbautechnologischen Daten des Kippenkörpers sowie dessen stofflicher Zusammensetzung über Daten zur Lage und Dynamik des Grundwasserspiegels bis hin zu geotechni-

Strobl, J., Blaschke, T., Griesebner, G. & Zagel, B. (Hrsg.) (2014): Angewandte Geoinformatik 2014.
 ISBN 978-3-87907-543-0.

schen Kennwerten. Diese Daten sollen mit dem Ziel einer umfassenden und flächengenauen Prognose in einem System zusammengefasst und ausgewertet werden.

Im Rahmen eines Projektes zum Aufbau eines solchen „Integrierten KippenSicherheits- und Bewertungssystems“ (IKSB) wurde die Anwendung künstlicher neuronaler Netze zur Modellierung und Prognose mithilfe der Software advangeo® untersucht (Roscher et al. 2013). Mit advangeo® können GIS-Daten direkt erfasst, zum Teil automatisiert aufbereitet und modelliert werden. Die Metadaten zu den erfassten Daten und Modellen sowie die physischen Geodaten werden dabei nachvollziehbar in einem advangeo®-Projekt gespeichert.

Die Entwicklung und Erprobung des IKSB erfolgte aufgrund der guten Datenlage pilothaft am Beispiel des Tagebaus Schlabendorf-Süd. Alle im Projekt verwendeten Daten wurden durch die LMBV (Lausitzer und Mitteldeutsche Bergbau-Verwaltungsgesellschaft mbH) bereitgestellt. Die Daten lagen in unterschiedlicher Form und Auflösung vor. Als geeignete Rasterzellgröße für die Auswertung wurde 25 × 25 m festgelegt.

Zunächst wurden die einzelnen Daten zusammengestellt, interpretiert und mithilfe von GIS aufbereitet. Die Modellierung der Daten erfolgte in einem überwachten Lernverfahren, d. h. es werden entsprechende Beispiele für das Auftreten eines bestimmten Ereignisses benötigt. Für das Modellgebiet lagen insgesamt 34 bekannte Ereignisse für den Zeitraum 2006-2011 vor, von denen 12 sicher dem Jahr 2010 zuzuordnen waren. Das Lernen erfolgte in einem iterativen Prozess durch eine ständige Anpassung der Modellgewichte.

Nach der Übernahme der Daten in die Software advangeo® erfolgte zunächst eine Sensitivitätsanalyse, um den Einfluss bestimmter Einzelparameter oder Parameterkombinationen zu untersuchen. Der Einfluss verschiedener Parameter wurde hinsichtlich ihrer Relevanz, als Einzelparameter und in Kombination mit anderen Parametern, ausgewertet und interpretiert. Aus diesen Ergebnissen wurden verschiedene, als geeignet erscheinende Kombinationen abgeleitet und überprüft. Die Ergebnisse einer ausgewählten Parameterkombination wurden anhand weiterer Ereignisse und in Form einer teilweisen Kreuzvalidierung bestätigt. Ein Beispiel für eine Prognosekarte ist in Abb. 1 dargestellt. Folgende Parameter haben sich als besonders relevant für die Modellierung der Kippenstabilität erwiesen:

- Kippenmächtigkeit,
- Lage des Grundwasserspiegels,
- Korngrößenzusammensetzung der Kippe.

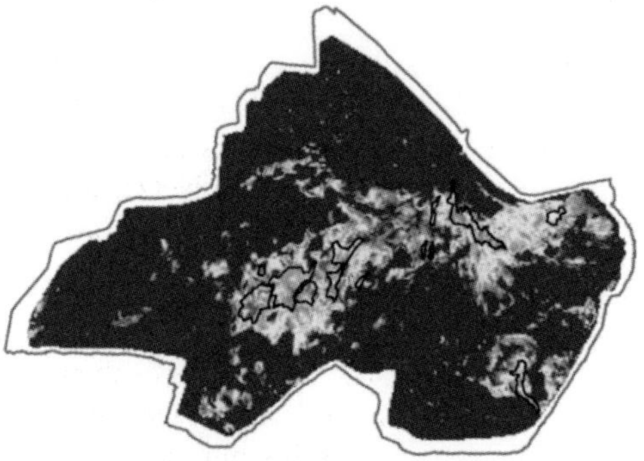

Abb. 1:
Prognosekarte für potenziell gefährdete Gebiete (Geländebrüche und Geländeeinbrüche) im Tagebaubereich auf der Basis einer Kombination verschiedener Parameter, blau (wenig gefährdet) nach rot (stark gefährdet), die Umrisse bekannter Ereignisse sind schwarz dargestellt.

In einem weiteren Schritt wurde das trainierte neuronale Netz erfolgreich auf andere Szenarien angewendet. Ein geänderter Grundwasserspiegel zeigte klar die Auswirkungen auf die geänderte Stabilität der Kippenoberfläche und ließ sich sehr gut mit Beobachtungsdaten aus anderen Jahren verifizieren.

Das Modellierungsverfahren „Künstliche neuronale Netze" hat sich für die Auswertung und Prognose von geotechnischen Ereignissen in unverdichteten Tagebaukippen des Lausitzer Reviers als geeignet erwiesen. Die Ergebnisse des Projektes lassen Schlussfolgerungen zu, welche Daten in welchem Umfang zukünftig für eine Überwachung und Sanierungsplanung zu erfassen sind.

Die Anwendung der Modelle auf der Basis veränderter Informationen, wie zum Beispiel unter Berücksichtigung eines gestiegenen Grundwasserspiegels nachfolgender Jahresscheiben, erlaubt die Präzisierung bzw. Eingrenzung zu überwachender Bereiche und die Planung entsprechender Sicherungsmaßnahmen. Das kalibrierte Modell kann auch auf andere Tagebaue mit gleichen Randbedingungen (u. a. Geologie, Kippenzusammensetzung und -mächtigkeiten, Abbautechnologie) übertragen werden.

Literatur

KNOBLOCH, A. & GUSTAT, O. (2010), Development of a Coal Fire Prognosis Map for China Using Artificial Neural Networks and GIS. In: IUR "Scientific Reports on Resource Issues" Volume 3, 2010.

NOACK, BARTH, IRKHIN & BENNEWITZ (2009), Modellierung raumbezogener Ereignisse mit künstlichen neuronalen Netzen". In: STROBL, J., BLASCHKE, T. & GRIESEBNER, G. (Hrsg.), Angewandte Geoinformatik 2009. Beiträge zum 21. AGIT-Symposium Salzburg. Wichmann Verlag, Heidelberg.

ROSCHER, M., KNOBLOCH, A., KALLMEIER, E., BARTH, A., DREBENSTEDT, C. & LUCKE, B. (2013), Modellierung und Bewertung der Stabilität von Tagebaukippen mit künstlichen neuronalen Netzen. Bergbau, 12/2013, 543-546.

SÜHNEL, T. & SCHMIDT, F. (2013), Anwendung von GIS und neuronalen Netzen zur Analyse der Beziehungen zwischen Biotop- und Landnutzungstypen sowie Brutvorkommen verschiedener Vogelarten. In: STROBL, J., BLASCHKE, T., GRIESEBNER, G. & ZAGEL, B. (Hrsg.), Angewandte Geoinformatik 2013. Beiträge zum 25. AGIT-Symposium Salzburg. Wichmann Verlag, Berlin/Offenbach, 402-412.

Erstellung von potenziellen Einflussgebieten auf der Basis von archäologischen Ausgrabungsorten – am Beispiel prähistorischer Kulturen im Amazonasgebiet

Carolin VON GROOTE-BIDLINGMAIER[1], Sabine TIMPF[1] und Klaus HILBERT[2]

[1]Geoinformatics Group, Universität Augsburg · cvgb@geo.uni-augsburg.de
[2]FFCH, Päpstliche Katholische Universität von Rio Grande do Sul, Brasilien

Dieser Beitrag wurde durch das Programmkomitee als „reviewed paper" angenommen.

Zusammenfassung

Wie kann ein sich veränderndes Einzugsgebiet von bestimmten Kulturen abgeleitet werden, wenn lediglich wenige archäologische Ausgrabungsorte im Amazonasgebiet als Datengrundlage vorhanden sind? Die Vorgehensweise zur Berechnung der Flächen für unterschiedliche Zeitpunkte ist von den verfügbaren Eingabedaten und den bekannten (bspw. naturräumlichen) Gegebenheiten abhängig. Im vorgestellten Ansatz werden die Daten in unterschiedliche Zeitschritte unterteilt, um unter Berücksichtigung der zeitlichen und räumlichen Unsicherheiten eine Fläche (oder mehrere Flächen) für jeden einzelnen Zeitraum abzuleiten. Die Berechnung erfolgt auf Basis einer Kostenoberfläche, die den Bedarf und die Möglichkeiten der betrachteten präkolonialen Kulturen berücksichtigt. Bedingt durch die Datenqualität archäologischer Daten ist das Datenbankschema so konzipiert, dass räumliche Unsicherheiten durch variable maximale Distanzwerte berücksichtigt werden können. Basierend auf dem Kostenraster und der maximalen Distanz wird ein maximaler Kostenwert für jeden Ausgrabungsort berechnet, der die Basis für die Erstellung des Einflussgebiets ist, welches dann in seiner zeitlichen Veränderung analysiert werden kann.

1 Einführung

Die vorgestellte Arbeit handelt von der Berechnung sich verändernder Flächen ausgehend von Punktdaten. Dies soll unter Berücksichtigung der raumzeitlichen Zusammenhänge erfolgen. Konkret bedeutet das, dass Einflussgebiete präkolonialer Kulturen im Amazonasgebiet auf Basis von Ausgrabungsorten berechnet werden.

Im Gegensatz zu vielen wissenschaftlichen Arbeiten, in denen die Punkte und die daraus resultierenden Trajektorien im Fokus stehen (LAUBE 2009), bezieht sich diese Arbeit auf flächenhafte Veränderungen. Bei der Erstellung von Flächen ausgehend von Punktdaten werden in vielen Fällen eine Vielzahl von Punktdaten als Grundlage verwendet, z. B. wenn Menschen oder Tiere beobachtet werden. WARTMANN et al. (2010) haben minimale konvexe Hüllen und Kernel-Density-Berechnungen verwendet, um Reviere von weiblichen Orang Utans abzuleiten. WOODING (2002) hat mithilfe von Kernel-Density-Berechnungen versucht, aus Eye-Tracking-Daten Muster von Fixierungen zu identifizieren. Dies sind

Strobl, J., Blaschke, T., Griesebner, G. & Zagel, B. (Hrsg.) (2014): Angewandte Geoinformatik 2014.

lediglich zwei Beispiele, in denen, ausgehend von einer Vielzahl von Punktdaten, Flächen erzeugt wurden.

Im Rahmen dieser Arbeit kann allerdings nur auf eine geringe Anzahl an Punkten als Ausgangsdatensatz zurückgegriffen werden. Die Schwierigkeiten bei der Erstellung einer zeitlich untergliederten Analyse der Wanderungsmuster der präkolonialen Kulturen entstanden aufgrund von:

1. den nicht in ausreichender Anzahl und nicht gut auf die Ausgrabungsorte verteilten C14-Daten,
2. der fehlenden chronologischen Abfolge der Kulturen, abhängig von einer Klassifikation der verwendeten Materialien,
3. einer uneinheitlichen Verwendung von Definitionen und Nomenklaturen archäologischer Kulturen.

Es existieren bspw. einige Ausgrabungsorte, für die keine C14-Messungen vorhanden sind, während es für einige wenige Ausgrabungsorte eine Vielzahl von C14-Daten gibt. Diese heterogene Verteilung der Messdaten spiegelt den Forschungsstand im Amazonasgebiet wider. Es wird teilweise Forschung auf Mikroebene betrieben, um die genaue Struktur der jeweiligen Siedlung zu analysieren (in dem Fall sind viele C-14 Daten für einen Fundplatz vorhanden). Im Gegensatz dazu bezieht sich diese Arbeit auf die Makro-Perspektive, um die raumzeitlichen Prozesse und Verbindungen der Kulturen im gesamten Amazonasgebiet zu analysieren.

Die folgende Hypothese dient als Basis für diese Arbeit und soll die zeitliche Unsicherheit reduzieren, die durch die wenigen C14-Daten entsteht. Das erste Auftreten einer Kultur findet an strategisch wichtigen Orten statt. Diese Phase ist gefolgt von einer Phase der maximalen Ausbreitung, während der weitere Siedlungen gegründet werden. Das Ende einer Kultur wird durch den Rückzug in kleinere Siedlungen repräsentiert. Das führt zu folgenden Prämissen:

- Die strategisch wichtigen Ausgrabungsorte sind groß und wurden von mehr als einer Kultur besiedelt (sog. multiphasige Ausgrabungsorte).
- Während der Phase maximaler Ausbreitung werden neben den multiphasigen Ausgrabungsorte weitere (aber nach wie vor große) Siedlungen gegründet.
- In der letzten Phase werden nur noch einphasige (also lediglich von einer Kultur genutzte) kleine Ausgrabungsorte besiedelt.

Diese Unterteilung ermöglicht die Bildung von drei Zeitintervallen. Die wenigen vorhandenen C14-Daten werden verwendet, um die Dauer der jeweiligen Intervalle zu spezifizieren.

Der Artikel ist wie folgt aufgebaut: Im zweiten Kapitel wird ein kurzer Überblick über die vorhandene Literatur gegeben. Kapitel drei beschreibt die verwendete Methodik für die Berechnung der Einflussgebiete und Kapitel vier zeigt deren Anwendung in Bezug auf eine präkoloniale Kultur. Eine Zusammenfassung und das Fazit steht in Kapitel 5.

2 Hintergrund

Die Berechnung der Einflussgebiete soll für jede Kultur im Amazonasgebiet individuell erfolgen. Die Abgrenzung von archäologischen Kulturen basiert auf der unterschiedlichen Be- und Verarbeitungsweise keramischer Produkte. Bisher werden vier Kulturen unterschieden (MEGGERS & EVANS 1961; NEVES 2006). Für diese Arbeit wird die Unterteilung der Kulturen nach HILBERT (1968) und SIMÕES (1973) verwendet, die neben den Kulturen auch eine weitere Aufgliederung in Traditionen vornimmt.

Die Idee, Regionen von archäologischen Ausgrabungsorten abzuleiten, ist nicht neu. „The ability to establish territorial extents of political, religious or economic zones in a quantitative, formally correct way allows us to transfer hypotheses and knowledge from observations made at single archaeological sites to the landscape surrounding them – effectively moving from point to area-based descriptions.“ (DUCKE & KROEFGES 2007, 245). Minimale konvexe Polygone werden oft verwendet, um Flächen von Punktdaten abzuleiten (für Reviere von Orang-Utans siehe WARTMANN et al. 2010). Das setzt aber einen homogenen Raum voraus, Tiere (und auch Menschen) nutzen den sie umgebenden Raum aber i. d. R. mit unterschiedlicher Intensität (KATAJISTO & MOILANEN 2006). Auch Kernel-Density-Berechnungen können aufgrund der geringen Menge an Eingangsdaten nicht verwendet werden.

Ein „Territorium“ (engl. territory) wird von den dort Siedelnden erkundet und die Grenzen werden durch die aufzuwendenden „Kosten“ definiert. Genauer bedeutet das, dass die Grenze durch die maximale Distanz bestimmt wird, die die Menschen bereit sind zurück zu legen, um ihren Bedarf an Ressourcen zu decken (ROPER 1979). Ein beliebtes Vorgehen ist die Erstellung von Territorien auf Basis von Voronoi-Diagrammen (RENFREW & BAHN 2000). Voronoi-Diagramme berücksichtigen aber nicht die geographischen Gegebenheiten wie bspw. natürliche Barrieren. Ein weiterer Nachteil besteht darin, dass das gesamte Untersuchungsgebiet in Territorien untergliedert wird, es also kein Gebiet mehr gibt, welches nicht einem Territorium zugewiesen ist.

Um den politischen Einfluss I zu beschreiben, haben RENFREW & LEVEL 1979 das sogenannte Xtent-Modell vorgestellt. Die implementierte Formel $I = C^a - k \cdot d$ berücksichtigt die Größe einer Siedlung C und die Distanz d. Die Koeffizienten a und k bestimmen das Gewicht der beiden Parameter. Das Gewicht der Distanz steigt linear an, während das der Größe exponentiell zunimmt. Das führt dazu, dass größere Siedlungen auch bei großer Distanz einen größeren Einfluss haben. DUCKE & KROEFGES (2007) haben eine Erweiterung des Xtent-Modells vorgestellt, die durch die Verwendung von Kostenoberflächen und Barrieren zusätzlich topographische Gegebenheiten berücksichtigen kann. Aufgrund der zugrunde liegenden Formel sind beide Versionen sehr abhängig von den gewählten Koeffizienten.

Ein weiterer Ansatz zur Ableitung von Flächen ist die sog. Site-Catchment-Analyse. Diese basiert auf der Annahme, dass jede Siedlung von einem Einzugsgebiet umgeben ist, das als Quelle für Ressourcen (wild oder domestiziert) in leicht erreichbarer Distanz betrachtet wird. Je weiter die Güter von der Siedlung entfernt sind, desto schwieriger deren Nutzung. Aus diesem Grund ist ein spezifisches Wissen über den Ausgrabungsort bzw. den Fundstücken nötig. Daraus lassen sich Informationen über die benötigten Materialien ableiten. Die an den Ausgrabungsorten gefundenen Materialien lassen Rückschlüsse auf das Einflussgebiet zu (bspw. wenn Steine gefunden werden, die nicht aus der unmittelbaren Umgebung des Fundplatzes stammen). Auf diese Weise kann auch auf maximale Distanzen geschlossen werden, die einzelne Kulturen bereit waren zurückzulegen. Dieser Theorie liegt zugrunde, dass die Kulturen "were aware of this decrease in cost/benefit ratio and located sites, moved their locations, and generally played out a settlement strategy that minimized the ratio of energy expended to energy procured" (ROPER 1979).

3 Berechnung der Einflussgebiete

Hier wird eine Kombination aus Territoriums- und Site-Catchment-Analyse verwendet, um die Einflussgebiete zu berechnen. Die maximale Ausdehnung des Territoriums wird ausgehend von der maximalen Laufdistanz der jeweiligen Kultur berechnet, die wiederum auf Basis der benötigten Ressourcen abgeleitet wird und von Experten festgelegt wird.

Die Daten der Ausgrabungsorte bestehen mindestens aus den Koordinaten, der gefundenen Tradition (woraus sich die Kultur ableiten lässt) und der Größe der Siedlung. Für die Datenhaltung wird eine PostgreSQL-Datenbank mit der Erweiterung PostGIS verwendet.

3.1 Die Datenbank

Das Datenbankschema kann in fünf thematische Komplexe unterteilt werden (siehe Abbildung 1). Der Kern enthält die Information über die Ausgrabungsstätte und deren Funde. Jeder Ausgrabungsort kann mehrere Funde enthalten, denen unterschiedlichen Kulturen und Traditionen zugewiesen werden können. Der Teil unten rechts enthält die Kulturen und Traditionen und deren Zugehörigkeit. Oben rechts wird die räumliche Ausdehnung und damit die Wichtigkeit eines bestimmten Ausgrabungsorts für eine Tradition geregelt. Dort werden auch die räumlichen Unsicherheiten abgefangen. Basierend auf den Grundlagen der Fuzzylogik wird ein alpha-Wert (α) vergeben, der den Grad der „Zugehörigkeit" ausdrücken soll. Bezogen auf die präkolonialen Kulturen bedeutet das, je höher der α-Wert, desto sicherer ist die Angabe über den maximalen Distanzwert. Auf diese Weise ergeben sich für

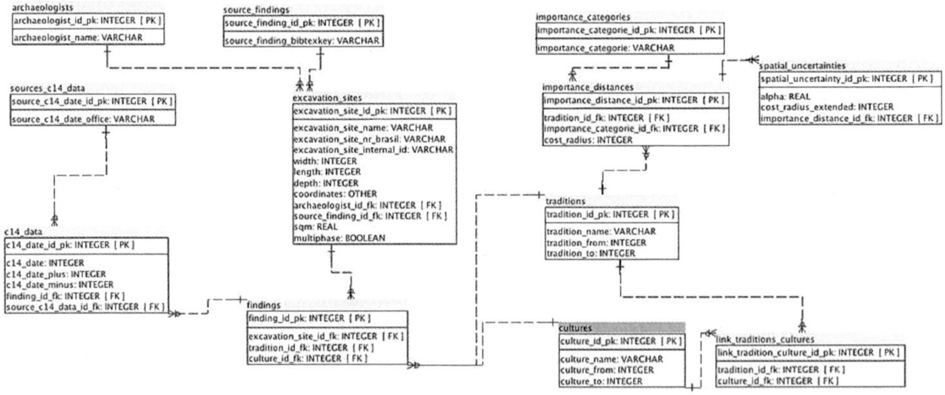

Abb. 1: Datenbankschema für die Ausgrabungsorte und die Berechnung der Einflussgebiete

jeden Ausgrabungsort, abhängig von der Anzahl der α –Werte, unterschiedlich viele erweiterte maximale Distanzwerte. Dieser Wert kann für jeden Fundplatz und jede Tradition einzeln definiert werden. Der vierte Teil (unten links) behandelt die zeitliche Information und enthält die C14-Daten (falls vorhanden) mitsamt des Unsicherheitsintevalls (z. B. 450±45 BP). Die letzten drei Tabellen (oben rechts) beinhalten Metadateninformationen, wie bspw. die Quelle, wo die Ausgrabung dokumentiert ist, den Archäologen oder das Büro, welches die C14-Messung durchgeführt hat.

3.2 Erstellung der Kostenoberfläche (C_{rast})

Basierend auf den oben definierten Zeitintervallen können nun die entsprechen Abfragen an die Datenbank gesendet werden. Die Berechnung erfolgen mit GRASS GIS. Neben den zeitlich aufgegliederten Punkten der Ausgrabungsorte wird zusätzlich eine Kostenoberfläche in die Berechnung eingebunden, um die geographischen Gegebenheiten (wie bspw. die Nähe zu Flüssen) zu berücksichtigen.

Um eine möglichst realitätsnahe Modellierung zu erreichen, müssen abhängig von den Möglichkeiten und dem Bedarf (bspw. die Fähigkeit, auf einem bestimmten Bodentyp Getreide anzubauen) der jeweiligen Tradition unterschiedliche Kostenoberflächen modelliert werden. Auf diesen kann dann individuell die maximale Distanz berechnet werden, die eine Tradition zurückzulegen bereit war.

Viele naturräumliche Gegebenheiten (z. B. das Klima) sind im betrachteten Gebiet gleich, weswegen diese in der Berechnung der Kostenoberfläche C_{rast} nicht berücksichtigt werden. Als Eingabedaten werden alle siedlungsrelevanten Daten einbezogen. Nach DENEVAN (1996) befinden sich Siedlungen aufgrund der Notwendigkeit von Wasser häufig in der Nähe von Flüssen. Allerdings wird im Amazonasgebiet nach sog. Schwarzwasser- (weniger nährstoffreich) und Weißwasserflüssen (sehr nährstoff- und fischreich) unterschieden. Aus diesem Grund werden für die Distanz inverse Kosten berechnet, allerdings steigen die Kosten für die Schwarzwasserflüsse schneller an. Als zweiter Parameter wird die Fließrichtung des Amazonas (nicht die seiner Nebenflüsse) mit einbezogen. Zusätzlich ist die Entfernung zu den im Norden liegenden Wasserfällen relevant, da erst dort Steine vorkommen. Da nördlich der Wasserfälle Steine verfügbar sind, gibt es lediglich zwischen dem Amazonas und den Wasserfällen einen Kostengradienten. Als letztes werden die bekannten Ausgrabungsorte mit einbezogen, um die Ausgangsorte zu berücksichtigen. Alle Eingaberaster werden mithilfe von Map Algebra zu einem Kostenraster C_{rast} zusammengefasst. Die unterschiedlichen Kosten für Schwarz- und Weißwasserflüsse werden mithilfe des min-Operators (local Minimum) zusammengefasst. Die Fließrichtung (West nach Ost) wird durch ein von West nach Ost abnehmenden Kostenfaktor repräsentiert und zu dem zuvor erstellten Fluss-Kostenraster addiert. Die Distanz zu den Wasserfällen und die Distanz ausgehend von den Ausgrabungsorten werden mit dem bisherigen Zwischenergebnis kombiniert. Auch das erfolgt durch die Verwendung des min-Operators. Das auf diese Weise erstellte Kostenraster C_{rast} dient als Basis für die weiterführenden Berechnungen.

3.3 Ableiten der Einflussgebiete

Die Angaben zu den maximal zurückgelegten Distanzen variieren je nach Kultur und nach Quelle. LEE (1969) gibt für die !Kung eine Entfernung von 10 Kilometern an, CHISHOLM (1968) schreibt, dass Kulturen noch weniger Distanz zurücklegen. Im Amazonasgebiet liegen die Werte vermutlich deutlich höher, da die benötigten Ressourcen (wie bspw. Steine) teilweise nur in großer Entfernung aufzufinden sind. Je nach Kultur und Art der Siedlung können hier bis zu 25 Kilometer angenommen werden (KOCH-GRÜNBERG 1921, HECKENBERGER 2005). Die Hauptsiedlungen haben einen größeren Einflussbereich als kleinere Siedlungen. Der maximale Distanzwert ($Dist_{max}$), der in der Datenbank hinterlegt ist, wird verwendet, um die Kosten (CD_{max}) für jeden Ausgrabungsort zu berechnen. Das erfolgt, indem um jeden Ausgrabungsort ein Puffer der Größe $Dist_{max}$ erstellt wird. Innerhalb dieses Puffers wird, basierend auf C_{rast}, der Pfad mit den geringsten Kosten zwischen Ausgrabungsort und Puffergrenze berechnet. Der kumulierte Kostenwert an der Puffergrenze entspricht dem Wert CD_{max} (siehe Abbildung 2), der als maximaler Kostenwert für die Berechnung des Einflussgebiets für diesen Ausgrabungsort verwendet wird. Auf diese Weise entsteht für jeden Ausgrabungsort ein Einflussgebiet, welches sich an dem orientiert, was die jeweilige Kultur zu überwinden bereit war. Für jeden der oben genannten Zeitschritte werden die entstandenen Einflussgebiete zusammengeführt, um eine Veränderung der Ausbreitung analysieren zu können (siehe Abbildung 5).

Wie bereits weiter oben beschrieben, sind drei Zeitschritte definiert worden, die sich formal in folgende Zeitintervalle unterteilen lassen:

- ti_1: mp
- ti_2: sqm>=min(sqm(ti_1))
- ti_3: ¬mp&sqm<min(sqm(ti_1))

ti_1 ist durch alle multiphasigen (mp) Siedlungen beschrieben, ti_2 enthält alle single- und multiphasigen Ausgrabungsorte, bei denen die Quadratmeter (sqm) größer oder gleich der multiphasigen Ausgrabungsorte sind. Ti_3 enthält lediglich einphasige Punkte mit geringer Flächengröße. Unter Berücksichtigung von Allen's zeitlichen Relationen (ALLEN 1983) sind die beschriebenen Zeitintervalle nicht zwingend in einer „meets"-Relation. Einzige Bedingung ist, dass ti_1 vor oder gleichzeitig mit ti_2 startet und ti_2 nach oder zeitlich mit ti_1 endet (gleiches gilt für das Verhältnis zwischen ti_2 und ti_3).

Weg der niedrigsten Kosten zwischen Ausgrabungsort und Puffergrenze

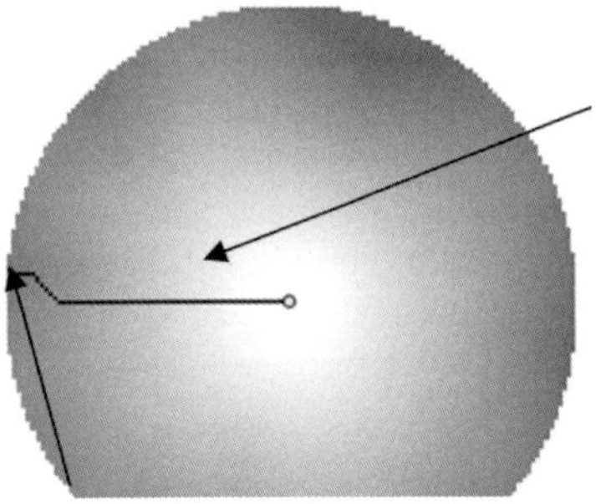

Der kumulierte Wert an dieser Stelle entspricht CD_{max}

Abb. 2:
Berechnung des Pfads mit den geringsten Kosten – und somit CDmax – für einen Ausgrabungsort und dem vordefinierten Wert Distmax

Der Zeitraum, in dem eine Kultur existiert hat, ist bekannt, nicht aber die Zeitpunkte des Übergangs von einem Zeitintervall in das Nächste. Die zeitliche Unsicherheit soll durch die Verwendung von C14-Daten eingegrenzt werden. Folgende Unterteilung der Zeitintervalle ist gemacht worden:

- ti_1: LKD – Sep_{ti1_ti2}
- ti2: Sep_{ti1_ti2} – Sep_{ti2_ti3}
- ti3: Sep_{ti2_ti3} – HKD

LKD = niedrigstes bekanntes C14-Datum

HKD = letztes bekanntes C14-Datum

und

- Sep_{ti1_ti2} = max(RC(mp)) < RC(sqm>=min(sqm(ti_1)))
- Sep_{ti2_ti3} = min(RC(¬mp&sqm<min(sqm(ti_1))))

RC = C14-Datum

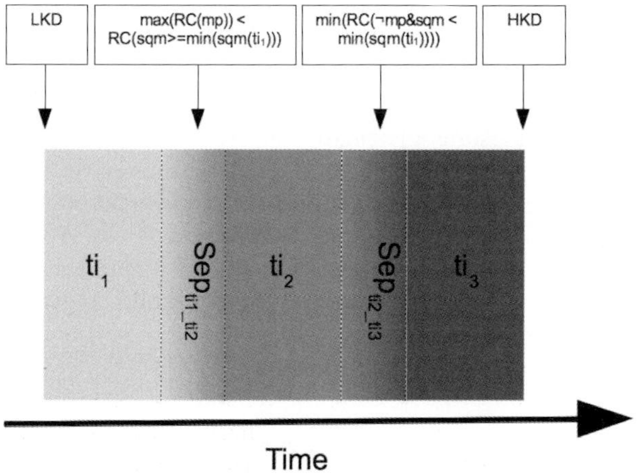

Abb. 3: Übersicht über den zeitlichen Verlauf und die Abgrenzung durch die vorhandenen C14-Daten

Das entspricht den Definitionen der unterschiedlichen Zeitintervalle. Der Übergang zwischen Zeitintervall ti_1 und ti_2 wird dadurch definiert, dass die jüngste C14 Messung eines multiphasigen Fundplatzes (also max(RC(mp))) kleiner ist, als die C14 Messungen, die zu Zeitintervall ti_2 zugeordnet werden – also Fundplätze, die mindesten genauso groß sind, wie die von ti_1 (RC(sqm>=min(sqm(ti_1))). Ähnlich verhält es sich mit dem Übergang von ti_2 zu ti_3, der durch die jüngste C14-Messung repräsentiert wird, wo der Fundplatz weder ti_1 oder ti_2 zugeordnet ist (min(RC(¬mp&sqm<min(sqm(ti_1))))) (siehe auch Abbildung 3).

Um die räumliche Unsicherheit zu berücksichtigen wurden für $Dist_{max}$ mehrere Werte berechnet – abhängig von dem gewählten α-Wert. Einen ähnlichen Ansatz hat ZOGHLAMI (2007) gewählt, der die sprachlichen Unsicherheiten auf diese Weise abfangen wollte. Das Ergebnis für drei unterschiedliche α-Werte wird in Abbildung 4 dargestellt.

4 Fallstudie

Abb. 4: Drei unterschiedliche α-Werte (von links nach rechts 1, 0.8, 0.5) bei dem gleichen Ausgrabungsort (nimmt von links nach rechts zu). Je kleiner der α-Wert, desto größer die räumliche Unsicherheit.

Die Fallstudie bezieht sich auf die Tradition Konduri, die der Kultur „Punktierung-Ritzung" angehört (ca. 1000 AD – 1500 AD) (HILBERT 1968). Die Einflussgebiete wurden mit drei unterschiedlichen α-Werten (1, 0.8, 0.5) berechnet, um die Auswirkungen auf das Ergebnis zu verdeutlichen (siehe Abbildung 4).

In Abbildung 5 werden die berechneten Einzugsgebiete für die drei Zeitintervalle dargestellt. In jedem der drei Zeitschritte wurden unterschiedliche α-Werte verwendet (wobei in dem Beispiel allen Ausgrabungsorten der gleiche veränderte Wert zugewiesen wurde – also eine vergrößerte, aber für alle Ausgrabungsorte gleichgroß angenommene Puffergröße zugrunde gelegt wurde). Es können drei unterschiedliche Besiedlungsmuster im ersten Zeitintervall ausgemacht werden. Alle drei befinden sich an Flüssen, eins direkt am Amazonas, das zweite am Nhamundá Fluss und das letzte am unteren Trombetas Fluss. Alle drei Siedlungsgebiete haben guten Zugang zu den wichtigen Ressourcen, sind in geringem Abstand zum Amazonas und dessen Schwemmland auf den Hochterrassen.

Im zweiten Zeitintervall sind eine Expansion und ein Zusammenwachsen der Siedlungen zu erkennen. Zusätzlich sind Siedlungen an Seeufern hinzugekommen. Es ist auch eine Wanderungstendenz flussaufwärts zu erkennen.

Das letzte Zeitintervall zeigt eine Bewegung weg vom Hauptfluss Amazonas mehr ins Hinterland zur sog. „terra firme". Auch hier ist eine weitere Verdichtung der Siedlungen zu beobachten.

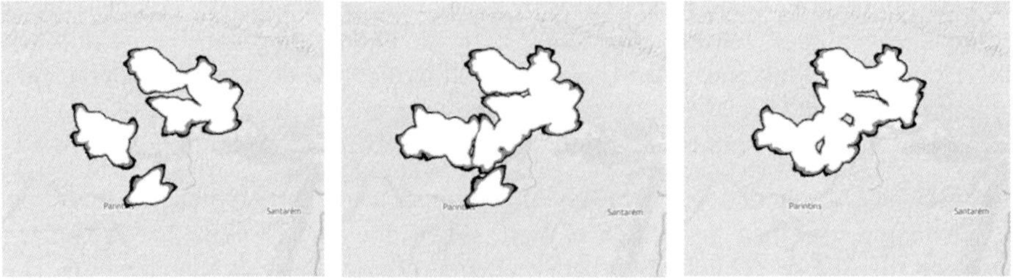

Abb. 5: Ergebnisse für die Tradition „Konduri". Zeitintervall 1 – 3 (von links nach rechts). Die unterschiedlichen Grauwerte repräsentieren die unterschiedlichen Resultate aufgrund der variierenden α-Werte.

5 Fazit und Diskussion

Ein großes Problem bei der Ableitung von Einflussgebieten von präkolonialen Kulturen ist die geringe Datenmenge. Es gibt nur wenige Ausgrabungsorte und die dazugehörigen Daten sind nicht immer in gleicher Qualität vorhanden.

Der gezeigte Ansatz versucht eine Annäherung an damalige Einflussgebiete ausgehend von Punktdaten. Aufgrund der räumlich und zeitlich unsicheren Datenlage werden die Flächen, ausgehend von den Bedürfnissen und Möglichkeiten der betrachteten Kultur, erzeugt. Die Ergebnisse scheinen den Erwartungen zu entsprechen, eine Validierung der Ergebnisse muss aber erst noch erfolgen. Bei der präsentierten Fallstudie ist nicht klar, ob es sich tatsächlich um einen Rückzug handelt, oder lediglich um ein durch Unsicherheiten verzerrtes Endergebnis. Die Methodik ist auch auf andere Gebiete anwendbar, sofern eine ähnliche Datenstruktur vorliegt. Bei genauerer zeitlicher Auflösung ist das Datenbankschema auch in der Lage, unabhängig von der hier getroffenen zeitlichen Abfolge die Einzugsgebiete zu berechnen.

Der gewählte α-Wert hat großen Einfluss auf die Qualität des Ergebnisses. Da aber für jede Tradition und jeden Ausgrabungsort die Werte separat angegeben werden können, kann bei besserem Kenntnisstand ein exakteres Ergebnis erzielt werden. Das berücksichtigt auch die heterogene Qualität der Eingangsdaten.

Aufgrund der Unvollständigkeit der Daten über frühere Siedlungsorte ist schon die Ausgangssituation unsicher. Es könnten noch Siedlungsorte im Schwemmland („varzea") existiert haben, die aber nicht mehr auffindbar sind. Außerdem sind manche verwendete Materialien vermutlich nicht mehr erhalten. Dadurch könnte sich ein verändertes Bild über die benötigten Ressourcen und Möglichkeiten einer Kultur ergeben.

In diesem Fall ist als Kostenraster ein sehr einfaches Modell verwendet worden. Alle Flüsse sind lediglich als linienhafte Strukturen berücksichtigt und auch die Sinuosität oder andere ggf. wichtige Faktoren, wie die Sichtbarkeit eines Standortes, sind nicht mit eingeflossen. Das soll im Rahmen einer Sensitivitäts- und Unsicherheitsanalyse noch erfolgen.

Literatur

ALLEN, J. F. (1983), Maintaining Knowledge About Temporal Intervals. Communications of the ACM, 26 (11), 832-843.

CHISHOLM, M. C. (1968), Rural settlement and land use. Hutchinson & Co.

DENEVAN, W. M. (1996), A Bluff Model of Riverine Settlement in Prehistoric Amazonia. Annals of the Association of American Geographers, 86, 654-681.

DUCKE, B. & KROEFGES, P. C. (2007), From Points to Areas: Constructing Territories from Archaeological Site Patterns Using an Enhancend Xtent Model. In: POSLUSCHNY, A. & LAMBERS, K. & HERZOG, I. (Eds.), Layers of Perception. Proceedings of the 35th International Conference on Computer Applications and Quantitative Methods in Archaeology (CAA). Berlin, Germany, April 2–6, 2007, Berlin.

HECKENBERGER, M. (2005), The Ecology of Power. Culture, Place, and Personhood in the Southern Amazon, A.D. 1000-2000. Routledge, London.

HILBERT, P. P. (1968), Archäologische Untersuchungen am mittleren Amazonas: Beiträge zur Vorgeschichte des südamerikanischen Tieflandes (Marburger Studien zur Völkerkunde). Reimer Verlag, Berlin.

KATAJISTO, J. & MOILANEN, A. (2006), Kernel-based home range method for data with irregular sampling intervals. Ecological Modelling, 194 (4), 405-413.

KOCH-GRÜNBERG, T. (1921), Zwei Jahre bei den Indianern Nordwest-Brasiliens. Strecker und Schröder, Stuttgart.

LAUBE, P. (2009), Progress in Movement Pattern Analysis. In: GOTTFRIED, B. & AGHAJAN, H. (Eds.), Behaviour Monitoring and Interpretation – BMI – Smart Environments. CRC Press, London, 43-71.

LEE, R. B. (1969), !Kung Bushman subsistence: An input-output analysis. In: VAYADA, A. P. (Ed.), Environment and cultural behavior. University of Texas Press, Austin, 47-79.

MEGGERS, B. J. & EVANS, C. (1961), An experimental formulation of horizon styles in the tropical forest area of South America. In: LOTHROP, S. K. (Ed.), Essays in pre-columbian art and archaeology. Harvard University Press, Cambridge, 372-388.

NEVES, E. G. (2006), Arqueologia da Amazônia. Jorge Zahar Editora, Rio de Janeiro.

RENFREW, C. & BAHN, P. (2000), Archaeology: Theories, Methods and Practice. Thames & Hudson, London.

RENFREW, C. & LEVEL, E. (1979), Exploring Dominance: Predicting Polities from Centers. In: RENFREW, C. & COOKE, K. L. (Eds.), Transformations: Mathematical Approaches to Culture Change, Academic Press, New York, 145-167.

ROPER, D. (1979), The Method and Theory of Site Catchment Analysis: A Review. In: SCHIFFER, M. B. (Ed.), Advances in Archaeological Method and Theory, Vol. 2 (1979), 119-140.

SIMÕES, M. A. (1973), A pesquisa arqueológica na Amazônia Legal Brasileira. Dedalo, 17/18, 11-23.

WARTMANN, F. M. & PURVES, R. S. & VAN SCHAIK, C. P. (2010), Modelling ranging behaviour of female orang-utans: a case study in Tuanan, Central Kalimantan, Indonesia. Primates, 51 (2), 119-130.

WOODING, D. S. (2002), Eye movements of large populations: II. Deriving regions of interest, coverage, and similarity using fixation maps. In: Behavior Research Methods, Instruments & Computers, 34 (4), 518-528.

ZOGHLAMI, A. (2012), Through a Fuzzy Spatiotemporal Information System for Handling Excavation Data. In: GENSEL, J. & JOSSELIN, D. & VANDENBROUCKE, D. (Eds.), Bridging the Geographic Information Sciences. International AGILE'2012 Conference, Avignon (France), April, 24-27, 2012. Lecture Notes in Geoinformation and Cartography, Springer, Heidelberg, 179-196.

GIS-gestützte Modellierung von Lagefaktoren für automatisierte Immobilien- und Liegenschaftsbewertung von Standardwohnobjekten

Ronald S. WEBERNDORFER[1], Wolfgang A. BRUNAUER[1] und Wolfgang FEILMAYR[2]

[1] Real(e)value Immobilien BewertungsGmbH, Wien · ronald.weberndorfer@realevalue.at

[2]Fachbereich Stadt- und Regionalforschung, TU Wien

Dieser Beitrag wurde durch das Programmkomitee als „reviewed paper" angenommen.

Zusammenfassung

In dieser Arbeit werden Verfahren und Techniken vorgestellt, mit welchen es möglich ist, kleinräumige (Mikro-)Lageeffekte in einem Geographischen Informationssystem (GIS) zu modellieren und so aufzubereiten, dass diese in einem multiplen Regressionsmodell zur Modellierung von Immobilienpreisen (sog. hedonisches Preismodell) Verwendung finden können. Ziel ist es, derzeit noch nicht berücksichtigte räumliche Effekte in das statistische Modell so einzubinden, dass diese neuen Lagevariablen die Modellqualität und Prognosefähigkeit erhöhen.

1 Einleitung

In den vergangenen Jahren kam der statistisch fundierten automatisierten Bewertung von Immobilien immer größere Bedeutung zu. Grund dafür ist einerseits die Möglichkeit zur Effizienzsteigerung durch Automatisierung, andererseits die erhöhte Transparenz, die durch die strukturierte Datensammlung zustande kommt.

In der Bank Austria kommt für die Ermittlung von Marktwerten von Standardwohnimmobilien (Einfamilienhäuser, Eigentumswohnungen und Baugrundstücke) die automatisierte LIEgenschaftsBEwertungssoftware (LIEBE) zum Einsatz. Durch diese standardisierte Software ist es möglich, alle in der Datenbank befindlichen Objekte automatisiert neu zu bewerten und somit eine den Eigenkapitalvorschriften des Basler Ausschusses für Bankenaufsicht („Basel II") konforme Bewertungssystematik zu verwenden.

Der Software liegt ein hedonisches Preismodell zugrunde, welches basierend auf einer umfangreichen Datengrundlage den Immobilienwert durch die wertbeeinflussenden Eigenschaften der Immobilie selbst (z. B. Fläche, Alter, Zustand), die räumlichen Unterschiede im Preisniveau und dessen zeitliche Entwicklung erklärt. Auf diese Weise kann anhand der Eigenschaften einer Immobilie und über ihre räumliche Verortung ein spezifischer Marktwert errechnet werden. Das Modell wird halbjährlich neu geschätzt, und die Ergebnisse mittels Steuertabellen und Rasterdatenschichten in eine Microsoft .NET Applikation übergeben.

Strobl, J., Blaschke, T., Griesebner, G. & Zagel, B. (Hrsg.) (2014): Angewandte Geoinformatik 2014.
 ISBN 978-3-87907-543-0.

In diesem Beitrag wird zunächst aufgezeigt, wie kleinräumige Lageunterschiede durch Lage beschreibende Variablen in GIS modelliert werden. Eine Herausforderung ist dabei die Berücksichtigung von Basisdaten auf unterschiedlichen Bezugs- bzw. Aggregationsebenen, die zudem teilweise nicht flächendeckend verfügbar sind. Für viele wertrelevante Eigenschaften gibt es zudem auch keine offiziellen flächendeckenden Quellen, wie z. B. für Lärm, Sonneneinstrahlung, Gefahrenzonen oder Erreichbarkeit von wirtschaftlichen Zentren. In der vorliegenden Arbeit wird für die Modellierung von solchen (Mikro-) Lageeigenschaften auf die Rastertechnik – mit bis zu 30 m Auflösung – gesetzt, welche es ermöglicht, auch sehr kleinräumige Effekte abzubilden. Es wird dargestellt, wie diese Lagefaktoren im GIS modelliert werden und wie sie die Modell- bzw. Prognosequalität verbessern können.

2 Statistische Modellgrundlagen

Die hedonische Preistheorie beschreibt, wie differenzierte Güter wie Immobilien über ihre Nutzen stiftenden Eigenschaften bewertet werden (Rosen 1974). Während am „expliziten Markt" das gesamte Eigenschaftsbündel gehandelt wird, wird am „impliziten Markt" der „implizite Preis" der Objekteigenschaften determiniert, vgl. z. B. Sheppard (1999). Das hedonische Preismodell schätzt ein multiples Regressionsmodell für diese Zusammenhänge, in denen die Effekte der einzelnen Charakteristika die impliziten marginalen Preise bzw. Preiselastizitäten der Objekteigenschaften darstellen.

Die Standortgebundenheit von Immobilien einerseits und die Bündelung der Objekteigenschaften andererseits führen aber zu speziellen Herausforderungen bei der Modellierung von Immobilienpreisen, insbesondere Nichtlinearität in den erklärenden Effekten sowie räumliche Heterogenität. Ein prominentes Beispiel für Nichtlinearität im Zusammenhang mit Immobilienpreisen ist die Alterswertminderung: ein Objekt verliert üblicherweise in den ersten Jahren relativ stark an Wert, während dieser Effekt in Folgejahren abnimmt und ab einem gewissen Alter keine Wertminderung mehr zu beobachten ist. Darüber hinaus ist z. B. bei Wohnungen in Gründerzeithäusern ein „Vintage"-Effekt zu beobachten: Die historische Objektkonfiguration stellt einen Wert an sich dar, der räumlich variiert und über direkte Parametrisierung schwer bis gar nicht modellierbar wäre (vgl. dazu Brunauer et al. 2010). Darüber hinaus führt die Standortgebundenheit der Immobilie zu räumlichen Unterschieden in den Preisen, welche unmodelliert zu verzerrten Effekten führen können. Beim zugrunde liegenden Datensatz besteht dazu noch das Problem, dass die Daten sehr ungleich über das Untersuchungsgebiet verteilt sind. Es stellt sich daher die Frage, auf welcher Ebene „unerklärte räumliche Heterogenität" modelliert werden soll: Modelliert man sie auf einer sehr granularen Ebene, erhält man viele Einheiten ohne Beobachtungen. Modelliert man zu grob, bleiben kleinräumige Effekte unberücksichtigt.

Vor diesem Hintergrund bieten sich Modelle an, die sowohl Nichtlinearität als auch räumliche Heterogenität (idealerweise auf unterschiedlichen Aggregationsstufen) berücksichtigen. Für das hedonische Preismodell, das dem Bewertungsmodell LIEBE zugrunde liegt, werden daher Strukturiert-Additive Regressionsmodelle (STAR, vgl. Fahrmeir et al. 2012) bzw. Generalisierte Additive Regressionsmodelle (GAM, vgl. Wood 2006) angewandt. Durch die Modellierung kontinuierlicher Kovariablen über Polynomsplines sind hochgradig nichtlineare Variableneffekte möglich. Unerklärte räumliche Heterogenität wird in diesem regularisierten Modellrahmen über Random Effects modelliert. Die Hintergründe des dieser Arbeit zugrunde liegenden Modells werden z. B. in BRUNAUER et al. (2010), BRUNAUER et al. (2013a) & BRUNAUER et al. (2013b) sowie RAZEN et al. (2014) beschrieben.

Die Modellierung von räumlichen Unterschieden in den Immobilienpreisen erfolgt in dem dieser Arbeit zugrunde liegenden statistischen Modell auf zweierlei Weise:

1. Einerseits werden über Geocodierung der Adressdaten alle potenziell wertrelevanten Lageeigenschaften (Wohnumfeld, Erreichbarkeit, soziale Einrichtungen etc.) für die beobachteten Kaufpreise ermittelt. Im Modell werden diese Eigenschaften wie Objekteigenschaften behandelt und dafür ein impliziter Wert geschätzt (vgl. BÖKEMANN & FEILMAYR 1994). Diese Komponente der räumlichen Preisunterschiede bezeichnen wir als „erklärte räumliche Heterogenität“, also jener Anteil der Preisvariation, welcher durch „fundamentale Variablen“ erklärt werden kann.
2. Darüber hinaus werden Abweichungen von diesem räumlichen Preistrend durch clusterspezifische Effekte modelliert. Diese Komponente bezeichnen wir als „unerklärte räumliche Heterogenität“. Diese Effekte könnten als fixe Effekte (über lineare Dummy-Variablen) modelliert werden, allerdings ergibt sich dann das Problem, dass die Skala der räumlichen Aggregation gewählt werden muss (s. o.). Im vorgestellten Modellrahmen fließen räumliche Effekte in einer hierarchischen Random-Effects Struktur ein. Dadurch wird der jeweils feinere (untergeordnete) Effekt informationsgewichtet zum gröberen (übergeordneten) Effekt penalisiert. Diese Vorgehensweise entspricht einer „Ridge-Penalty“ (vgl. eine ausführliche Diskussion in BRUNAUER et al. 2013a).

Dieser Modellrahmen erlaubt eine räumliche Preisvorhersage auch in Regionen, in denen keine Preisbeobachtungen vorliegen. Die Optimierung erfolgt über Kriterien zur Prognosegüte wie das Akaike Informations Kriterium (AIC) oder das Generalisierte Kreuzvalidierungskriterium (GCV), wodurch Overfitting vermieden wird (vgl. WOOD 2006).

3 Verbesserung der räumlichen Genauigkeit durch GIS-Modellierung

In dem oben beschriebenen Modell wird bisher zum Zweck der Modellierung erklärter räumlicher Heterogenität auf Daten, die einer statistischen Raumeinheit zugewiesen sind, zurückgegriffen. Die kleinste räumliche Einheit stellt der Zählsprengel dar (ca. 9000 Einheiten in Österreich), hierarchisch übergeordnet sind die Gemeinde (ca. 2500 Einheiten), der Bezirk (ca. 100 Einheiten) und das Bundesland (9 Einheiten). In der Anwendung zeigt sich aber, dass diese räumliche Aggregationsebene für die Vorhersage kleinräumiger Effekte oft zu grob ist. Ein Zählsprengel hat eine Ausdehnung von durchschnittlich fast 10 km^2, der größte sogar über 300 km^2. Darüber hinaus hat fast die Hälfte der österreichischen Gemeinden überhaupt nur einen Zählsprengel, so kann beispielsweise zwischen Ortskern und Randgebieten nicht differenziert werden.

In diesem Beitrag wollen wir zeigen, wie die GIS-technischen Möglichkeiten zur Modellierung kleinräumiger Lagevariablen genutzt werden können, um die kleinräumige Prognosefähigkeit des hedonischen Preismodells zu erhöhen. In diesem Beitrag steht die Modellierung eines Lärm- und eines Erreichbarkeitsmodells und deren Effekte im hedonischen Preismodell im Vordergrund. WEBERNDORFER (2013) beschreibt darüber hinaus die Modellierung und Aufbereitung folgender Rasterdaten, deren Anwendung im hedonischen Preismodell dort ebenfalls erläutert wird:

- Regionalstatistischer Raster der Statistik Austria (250 × 250 m): Anzahl der Einwohner, Alters-Kohortenverteilung, Herkunft nach Land, Anzahl der Arbeitsstätten und Beschäftigten, Anzahl der Gebäude, Wohnungen, Wohngebäude.
- Raster Lebensphasen von der ProfileAddress Direktmarketing GmbH (250 × 250 m): Anteil von Haushaltstypen (Singlehaushalt, Wohngemeinschaften etc.), Akademikeranteil, Anteil der Entscheider.
- Gebäuderaster von der Geomarketing GmbH (250 × 250 m): Anzahl der Gebäude nach Typ (Büro, Handel, Industrie, Wohnen etc.).
- Höhenmodell GDEM[1] der NASA[2] (30 × 30 m): Verwendung zur Modellierung der aus der Geländestruktur stammenden Eigenschaften wie Ausrichtung, Neigung, Geländekrümmung (konvex/konkav) und Sonneneinstrahlung.

Damit die geographische Mikrolage einer Immobilie automatisiert beschrieben werden kann, wird eine flächendeckende Landnutzungskartierung, wie es etwa das Projekt Land Information System Austria (LISA 2014) vorsieht, benötigt.

Da es derzeit in Österreich noch keine geeigneten Basisdaten gibt, wurde im ersten Modellierungsschritt basierend auf unterschiedlichen externen Datenquellen (Teleatlas, OpenStreetMap, Corine LandCover) ein flächendeckendes Landnutzungsmodell erstellt. Das Modell wurde als Polygondatensatz mittels Pythonscripts im ArcGIS erzeugt und verfügt über 95 verschiedene Nutzungsklassifizierungen, die in 20 Obergruppen eingeteilt sind. Die darin enthaltenen Nutzungstypen wie etwa Straßen, Fußgängerzonen, Plätze, Firmengelände, Parkanlagen, Wälder etc., ermöglichen es somit, Aussagen über das Umfeld einer Immobilie zu treffen (vgl. WEBERNDORFER 2013, 17 f.).

Dieses Lagemodell dient neben der Beschreibung von Lageeigenschaften an Standorten, auch als Modellierungsgrundlage für das im Folgenden beschriebene Lärm- und Erreichbarkeitsmodell.

3.1 Lärmmodell

Die Hauptlärmquellen, welche bei der Modellierung der Lärmdatenschicht im GIS einfließen, können in Verkehrslärm (Straße, Bahn, Straßenbahn, Flugzeug) und sonstigen Lärm (Industrie, Gewerbe, Hafengebiete, Sport- und Freizeitanlagen etc.) unterteilt werden. Ausgehend von den „lärmerzeugenden" Flächentypen der Nutzungsdatenschicht wird der zu erwartende Lärmpegel flächendeckend ermittelt. Dabei wird, wie in Formel 1 (vgl. dazu KRAWIETZ et al. 2007, 165-167 und WEBERNDORFER 2013, 45-61) dargestellt, entsprechend der physikalischen Schallausbreitungsfunktion (SA_{Typ}: Kegel- oder Linienausbreitung) für die unterschiedlichen Schallquellen (log_{Typ}: in Abhängigkeit von der Schallquelle wird der 10 oder 17 Logarithmus verwendet) anhand der Geländestruktur (aus dem Höhenmodell), der notwendigen Dämpfungskonstanten DK und den Pegelveränderungen ΔP_a (Bebauungsstruktur am Straßenrand, Straßensteigung, Flächendämpfung) für jede Rasterzelle ein ent-

---

[1] Abkürzung für: Global Digital Elevation Map.
[2] Download unter: http://asterweb.jpl.nasa.gov/gdem.asp.

sprechender Lärmpegel L_r in einer Entfernung r ermittelt. L_{25} ist dabei der energieäquivalente Dauerschallpegel in 25 m Entfernung.

$$L_r = L_{25} - \left(log_{Typ} SA_{Typ}\right) - DK + \sum\nolimits_{a \in \{Randbebauung,\ Steigung,\ Fläche\}} \Delta P_a \qquad (1)$$

In Abbildung 1 wird am Beispiel von Linz und des Umlandes die simulierte Summe aller einfließenden Umgebungslärmquellen dargestellt.

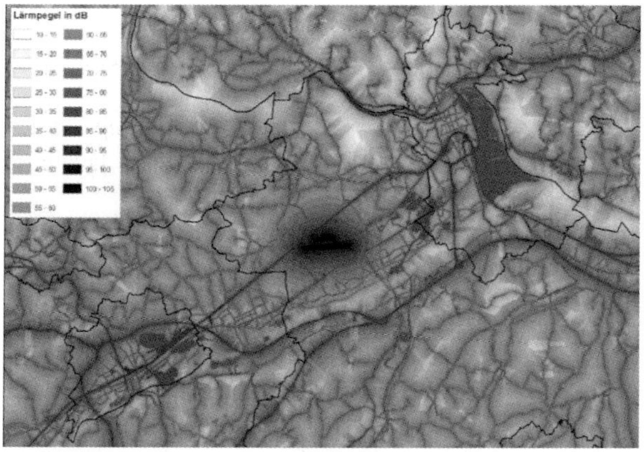

Abb. 1:
Lärmpegel (Zentralraum Oberösterreich Wels, Linz)

3.2 Erreichbarkeitsmodell

Dieses Modell bildet Erreichbarkeit für motorisierten Individualverkehr als Raster ab. Basis für das Modell sind die Straßentypen der Nutzungsdatenschicht, welche mit unterschiedlicher Reisegeschwindigkeit hinterlegt werden, sowie die Geländeneigung aus dem Höhenmodell. Ausgehend von diesen Regelgeschwindigkeiten wird anhand von verschiedenen Brems- und Beschleunigungsfunktionen (Ortsausfahrten vs. Überland) ein Reisegeschwindigkeitsraster ermittelt. Dieser Raster ermöglicht es, von jedem beliebigen Startpunkt die Reisekosten zu allen Rasterzellen in ganz Österreich zu ermitteln (vgl. WEBERNDORFER 2013, 61 f,).

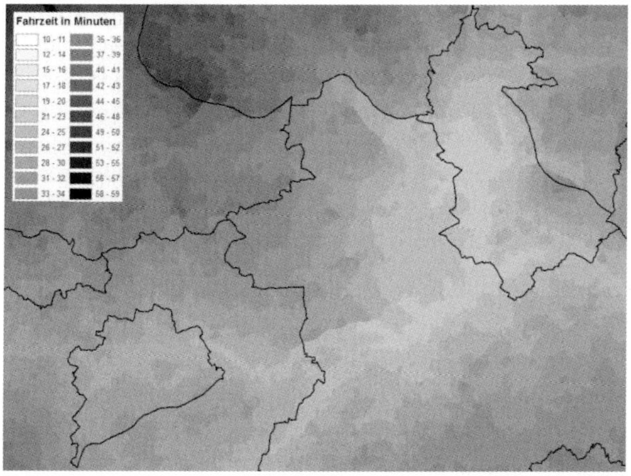

Abb. 2:
Erreichbarkeitsindex (Zentralraum Oberösterreich Wels, Linz)

Für alle Rasterzellen werden in drei verschiedenen Klassen (Landeshauptstädte, Bezirkshauptstädte und Städte mit über 20.000 Einwohner sowie Städte mit mehr als 10.000 Einwohnern) Reisekostenoberflächen ermittelt, welche die Erreichbarkeit beschreiben. Die Klassenergebnisse werden über ein Gewichtungsschema aggregiert. Der auf diese Weise ermittelte Erreichbarkeitsindex auf Rasterbasis kann als Fahrzeit in Minuten zu den definierten Zentren interpretiert werden (s. Abbildung 2).

4 Ergebnisse und Einbindung in LIEBE

4.1 Effekte der Lageeigenschaften auf das Preisniveau

Die oben beschriebenen Datenschichten fließen als Mikrolagevariablen in das hedonische Preismodell ein und werden auf ihre Relevanz getestet. Die Variablenselektion aus dem GIS-Datenpool wurde über die Signifikanz der Effekte durchgeführt. Da in diesem Beitrag die GIS-gestützte Ableitung von Mikrolagevariablen zur Modellverbesserung im Vordergrund steht, werden in weiterer Folge nur die Effekte der Lärmbelastung und der Erreichbarkeit detailliert erläutert. Folgende Mikrolagevariablen im Rasterformat wurden darüber hinaus in unterschiedlichen Modellkonstellationen getestet und als relevant erkannt:

- Anteil der Personen mit nicht österreichischer Herkunft (250 × 250 m): Der Anteil der nicht-Österreicher wirkt sich im Modell signifikant negativ (1-%-Niveau) aus und ist linear. Details zur Größe und Interpretation des Effekts für Einfamilienhäuser (EFH) und Eigentumswohnungen (ETW) finden sich in WEBERNDORFER (2013, 105, 114, 164, 167). Den Autoren ist die Problematik dieses Effekts bewusst. Es sollen daraus auch keinerlei (wirtschafts-)politische Konsequenzen abgeleitet werden. Eine naive Interpretation dieses Effekts würde auch sicherlich zu kurz greifen, da dadurch keine Aussagen über Kausalität getroffen werden können, also: zieht es ausländische Migrationsströme in Regionen mit geringeren Preisen, oder verursachen hohe Ausländeranteile ein niedrigeres Preisniveau. Diese Fragestellung verdient es, in zukünftigen Arbeiten genauer untersucht zu werden.
- Anteil der Akademiker (250 × 250 m): Der Akademikeranteil kann als Proxy für das Kaufkraftniveau interpretiert werden. Dieser ist signifikant (1-%-Niveau) und bei ETW nichtlinear. In zahlreichen Studien wird dieser Zusammenhang für den österreichischen bzw. Wiener Immobilienmarkt bereits gezeigt (vgl. BÖKEMANN UND FEILMAYR 1994). Zwischen einem Anteil von 0 und ca. 7 % ist der Effekt nicht von 0 verschieden, relevant wird der Akademikeranteil erst danach. Details zu den beiden untersuchten Objektarten finden sich wiederum in WEBERNDORFER (2013, 104, 118, 168).
- Anzahl der Wohngebäude (250 × 250 m, nur bei ETW): Die Anzahl der Wohngebäude in einer Rasterzelle ist eine Approximation für Zentralität. Der Effekt im ETW-Modell ist Signifikant auf 1-%-Niveau und linear, vgl. WEBERNDORFER (2013, 115).

Die Modellkennzahlen R^2 und AIC haben sich durch die Einbindung dieser und der weiteren Mikrolagevariablen wie folgt verbessert:

Modell EFH – ohne/mit Raster: **R^2:** 0.6829 / 0.7889 **AIC:** 1656.7116 / 113.6271
Modell ETW – ohne/mit Raster: **R^2:** 0.7922 / 0.8366 **AIC:** 454.0670 / –322.5290

In Abbildung 3 werden beispielhaft die im Modell geschätzten Funktionsverläufe des Lärmpegels bei Eigentumswohnungen (ETW, links) und der Erreichbarkeit bei Einfamilienhäusern (EFH, rechts) dargestellt. Da die abhängige Variable logarithmiert ist, kann der Effekt als prozentuelle Änderung approximiert werden.

Der Effekt des Lärms auf ETW-Preise ist annähernd linear. Über den gesamten Wertebereich ergibt sich eine Wertverringerung von ca. 11 %. Bei Einfamilienhäusern fällt dieser Effekt mit bis zu 24 % sogar noch höher aus.

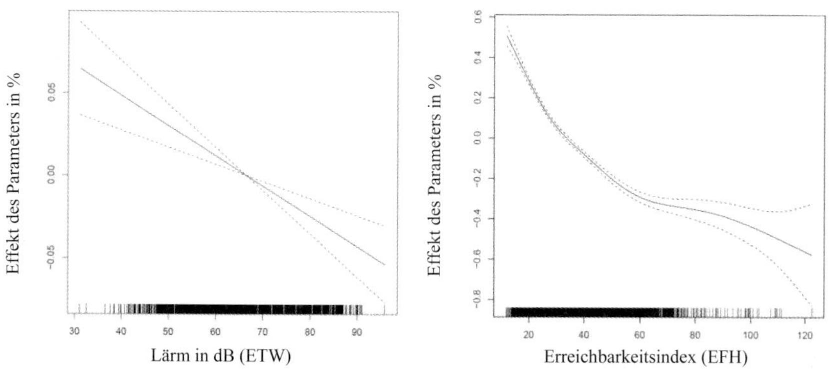

Abb. 3: Preiseffekt (durchgezogene Linie: Mittelwerteffekt; strichlierte Linie: 95 % Konfidenzintervall) der Rastervariablen Lärm (links) und Erreichbarkeit (rechts)

Im Gegensatz dazu ist der Effekt der Erreichbarkeit auf EFH-Preise stark nichtlinear. Erwartungsgemäß sinkt der Immobilienwert mit abnehmender Erreichbarkeit. Ab einem Erreichbarkeitswert von ca. 60 Minuten wird die Kurve aber deutlich flacher, z. B. ist ceteris paribus der Preisunterschied zwischen EFH mit einem Indexwert von 60 und 80 Minuten gering (vgl. WEBERNDORFER 2013, 164-169).

4.2 Technische Einbindung in die LIEBE-Software

Für die Objekttypen Einfamilienhaus und Eigentumswohnung wird jeweils ein Lagewertraster erstellt. Dieser ist die Summe der in jeder Rasterzelle ausgewerteten Lagevariableneffekte und der hierarchisch modellierten unerklärten räumlichen Heterogenität. Die Lagewerte im Rasterlayer haben eine Auflösung von 50 × 50 m, welche die Fläche von Österreich in ca. 33,6 Millionen Rasterzellen mit unterschiedlichen Lagewerten unterteilt.

Die folgenden Abschnitte visualisieren die Lagewerte, ausgewertet an einem „Standardobjekt". Dazu werden die Variableneffekte für definierte und räumlich konstant gehaltene Objekteigenschaften der Immobilie (Zustand, Größe, Alter etc.) miteinbezogen.

4.3 Räumliche Simulation des Wertes eines Einfamilienhauses

Die für die Simulation der räumlichen Variation der Marktwerte von Einfamilienhäusern verwendeten Eigenschaften sind:

- Baujahr: 2013,
- Gewichtete Nutzfläche: 190 m²,
- Grundstücksfläche: 700 m²,
- Ausstattung: sehr gut, Zentralheizung, Terrasse, zusätzliches Bad,
- Zustand: neu.

Abbildung 4 visualisiert die Ergebnisse dieser Simulation. Grundsätzlich ist bei der österreichweiten Darstellung das Preisgefälle zwischen Ost- und Westösterreich deutlich zu erkennen. Alle sonstigen Standorte mit hohem Preisniveau sind in den Stadtzentren und den dazugehörigen Agglomerationen zu finden.

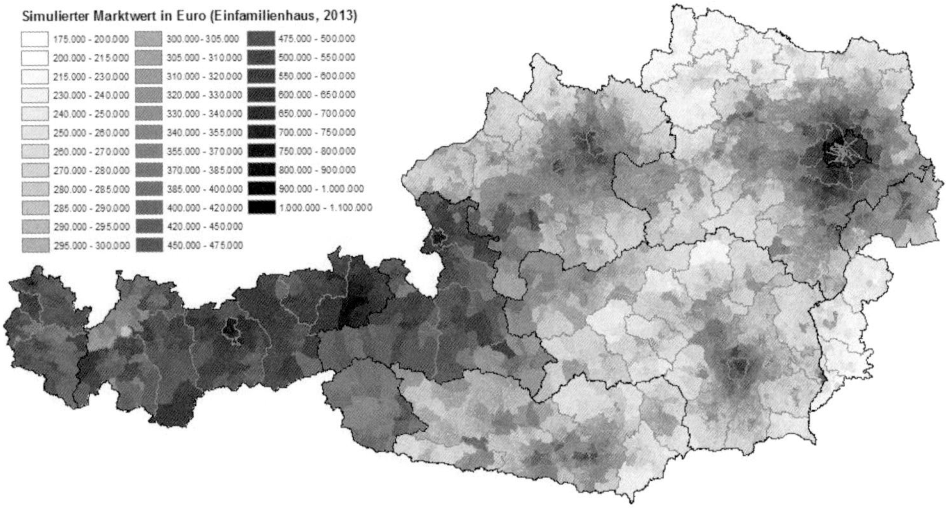

Abb. 4: Simuliertes Einfamilienhaus (2013)

Abbildung 5 zeigt die räumliche Preisvariation für die Stadt Linz und deren Umgebung. Der Lärmeffekt zeigt sich vor allem entlang von Autobahnen, Bahnstrecken oder neben Industrieanlagen etc. Mit zunehmender Entfernung vom Stadtzentrum kommt der Effekt der Erreichbarkeit stärker zum Tragen, was sich in tendenziell helleren Oberflächen verdeutlicht.

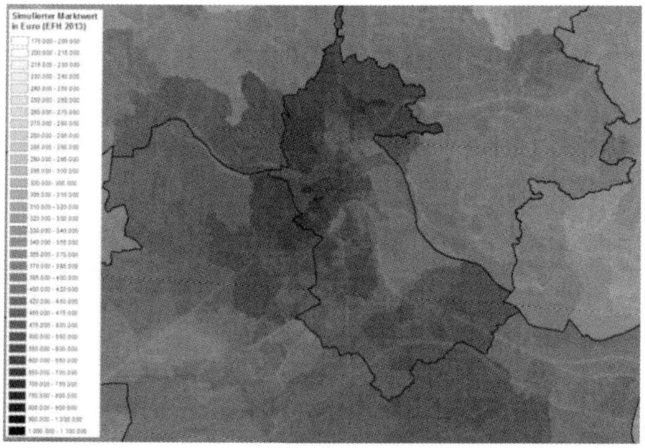

Abb. 5: Simuliertes Einfamilienhaus (Linz und Umland)

Zusammenfassend lässt sich festhalten, dass der Einsatz von Rastertechnik zur Erklärung räumlicher Heterogenität nicht nur die statistischen Modellkennzahlen (R^2, AIC, BIC etc.) deutlich verbessert, sondern auch ein stimmiges Bild der Preisvariation ergibt.

5 Schlussfolgerungen und Ausblick

Durch den Einsatz von hochauflösenden Raster-Mikrovariablen als neue Modellierungsebene in diesem statistisch-räumlichen Analysemodell kann die Qualität von hedonischen Preismodellen zur Immobilienbewertung signifikant verbessert werden. Das Erklärungspotenzial von Raster-Mikrolagefaktoren in hedonischen Preismodellen ist bei Weitem noch nicht ausgeschöpft.

Weitere Verbesserungen beinhalten sowohl eine Daten- als auch eine Modellkomponente: Eine Verbesserung der Datengrundlage könnte etwa die Einbindung von Laserscanningdaten (vgl. HELBICH et al. 2013a), Naturgefahreninformationen oder Daten der öffentlichen Verkehrsanbindung erzielt werden. Darüber hinaus könnte die Prognosefähigkeit verbessert werden, indem unterschiedliche Zeitstände der GIS-Variablen verwendet werden – derzeit wird nur die „Cross-Section" der räumlichen Heterogenität erklärt, die Longitudinal- bzw. Panelstruktur wird nur durch unerklärte räumliche und zeitliche Heterogenität modelliert. Auf diese Weise soll es beispielsweise möglich werden, Bevölkerungswanderungen oder Erreichbarkeitsveränderungen durch neue Infrastruktureinrichtungen im Modell zu berücksichtigen und somit auch räumlich-dynamische Effekte im hedonischen Preismodell abbilden zu können.

Darüber hinaus werden die erklärenden Lagevariablen zukünftig noch stärker auf Multikollinearität untersucht. Multikollinearität verursacht zwar keine verzerrten Ergebnisse, reduziert aber die Identifizierbarkeit der Effekte. Eine Möglichkeit wäre die Anwendung dimensionsreduzierender Verfahren (z. B. Hauptkomponentenanalyse), eine andere, die Orthogonalisierung der Lagevariablen. Schließlich beinhaltet die vorgestellte Modellierung von räumlicher Heterogenität bislang nur räumliche Intercept-Modellierung. Eine Weiterentwicklung des Modells beinhaltet daher vor allem eine datengetriebene Regionalisierung der Variableneffekte (vgl. HELBICH et al. 2013b).

Literatur

BÖKEMANN, D. & FEILMAYR, W. (1994), Kleinräumige Analyse der Wiener Grundstückspreise. In: Seminarberichte der Gesellschaft für Regionalforschung, Ausgabe 35, 22-46.

BRUNAUER, W., LANG, S., WECHSELBERGER, P. & BIENERT, S. (2010), Additive Hedonic Regression Models with Spatial Scaling Factors: An Application for Rents in Vienna. The Journal of Real Estate Finance and Economics, 41 (4), 390-411. DOI:10.1007/s11146-009-9177-z.

BRUNAUER, W., LANG, S. & UMLAUF, N. (2013a), Modeling House Prices using Multilevel Structured Additive Regression. Statistical Modelling, 13 (2), 95-123. DOI:10.1177/1471082X13475385.

BRUNAUER, W. A., LANG, S. & FEILMAYR, W. (2013b), Hybrid multilevel STAR models for hedonic house prices. Jahrbuch für Regionalwissenschaft. Springer-Verlag, Berlin/Heidelberg. DOI 10.1007/s10037-013-0074-9.

FAHRMEIR, L., KNEIB, T., LANG, S. & MARX, B. (2013), Regression: Models, Methods and Applications. Springer-Verlag. ISBN: 3642343325.

HELBICH, M., JOCHEM, A., MÜCKE, W. & HÖFLE, B. (2013a), Boosting the predictive accuracy of urban hedonic house price models through airborne laser scanning. Computers, Environment and Urban Systems, 39 (5), 81-92.

HELBICH, M., BRUNAUER, W., HAGENAUER, J. & LEITNER, M. (2013b), Data-Driven Regionalization of Housing Markets. Annals of the Association of American Geographers 01/2013. DOI:10.1080/00045608.2012.707587.

KRAWIETZ, R. & HEIMKE, W. (2007), Physik im Bauwesen. Grundwissen und Bauphysik. Hanser Fachbuchverlag, München, 244 S.

LISA (2014), Land Information System Austria. Bundesministerium für Verkehr, Innovation und Technologie (bmvit), Austrian Space Applications Programme (ASAP 6 GMES), Österreichische Forschungsförderungsgesellschaft mbH (FFG). http://www.landinformationsystem.at/ (25.01.2014).

RAZEN, A., BRUNAUER, W. A., KLEIN, N., LANG, S. & UMLAUF, N. (2014), Hedonic House Price Modeling based on Multilevel Structured Additive Regression. Computational Approaches for Urban Environments (erwartete Veröffentlichung des Buchs: 1.7.2014).

ROSEN, S. (1974), Hedonic prices and implicit markets: product differentiation in pure competition. Journal of Political Economy, 82 (1), 34-55.

SHEPPARD, S. (1999), Hedonic analysis of housing markets. In: CHESIRE, P. C. & Mills, E. S. (Eds.), Handbook of Regional and Urban Economics, 3, 1595-1635.

WEBERNDORFER, R. S. (2013), Modellierung von wertrelevanten Mikrolageparametern für die automatisierte Immobilienbewertung. Dissertation.

WOOD, S. N. (2006), Generalized Additive Models: An introduction with R. Chapman und Hall/CRC Press.

Energie und Ressourcen

Webtool zur Abschätzung des Nutzungspotenzials erneuerbarer Energien in Gebäuden

Bernhard CASTELLAZZI, Stephan HAUSL und Markus BIBERACHER

Research Studios Austria, Salzburg · bernhard.castellazzi@researchstudio.at

Dieser Beitrag wurde durch das Programmkomitee als „reviewed paper“ angenommen.

Zusammenfassung

Viele europäische Städte stellen mittlerweile ihren BürgerInnen die Möglichkeit zur Verfügung, Daten über das Potenzial eines Gebäudes zur Nutzung von Solarenergie (Solarthermie oder Photovoltaik) über Web-GIS Plattformen abzurufen. Der tatsächliche Nutzen einer solchen Anlage kann aber nur eruiert werden, wenn diese nicht singulär, sondern im Verbund mit zusätzlichen Informationen, wie beispielsweise Daten über das Heizsystem, dem Energiebedarf, Strombedarfsprofilen, Einspeisetarif, Bewohneranzahl etc. kombiniert wird.

Das hier vorgestellte Webtool richtet sich an Personen, welche an der Integration erneuerbarer Energien in Gebäuden interessiert sind. Anhand von Nutzereingaben zu unterschiedlichen Gebäudeparametern und der Abfrage von Solardaten der Dachfläche können die finanziellen und ökologischen Auswirkungen von erneuerbaren Strom- und Wärmetechnologien (z. B. Photovoltaik, Solarthermie, Wärmepumpe) abgeschätzt werden. Dabei werden der Wärme- und der Strombereich im Sinne des integrativen Ansatzes kombiniert betrachtet, da zwischen diesen Bereichen auch Wechselwirkungen auftreten können.

Die Umsetzung des Webtools erfolgte im Rahmen des Central Europe Projekts „Cities on Power“ und wird von den Städten Turin, Warschau, Ravenna, Dresden und Klagenfurt übernommen.

1 Einleitung

Im Angesicht des Klimawandels und der drohenden Knappheit von Ressourcen muss auch in Städten ein Wandel hin zu einer stärkeren Nutzung von erneuerbaren Energien vollzogen werden. Bisher wird über 70 % der benötigten Energie in den Städten verbraucht, wobei nur ein Bruchteil davon auch dort erzeugt wird. Der Einsatz von erneuerbaren Energieträgern, insbesondere von Sonne und Umgebungswärme in urbanen Räumen, verkürzt Wege, schafft Wertschöpfung und trägt wesentlich zur Versorgungssicherheit bei. Gleichzeitig kann die Bevölkerung durch Sichtbarkeit der eingesetzten Technologie sensibilisiert und ein Bewusstseinswandel in Gang gesetzt werden.

In diesem Beitrag wird dem Rechnung tragend ein interaktives, webbasiertes Analysewerkzeug (Webtool) unter Verwendung räumlich und zeitlich hochaufgelöster Solarpotenzialdaten vorgestellt, welches im Rahmen des EU-Projekts „Cities on Power“ implementiert wurde. Damit sollen BürgerInnen u. a. eine Möglichkeit erhalten, potenzielle Energieerträ-

Strobl, J., Blaschke, T., Griesebner, G. & Zagel, B. (Hrsg.) (2014): Angewandte Geoinformatik 2014.
 ISBN 978-3-87907-543-0.

ge aus installierten Solarkollektoren in ihren Haushalten abschätzen zu können und beispielsweise Amortisationszeiten der Investitionen zu erfahren. Die Analysemöglichkeiten des vorgestellten Webtools gehen jedoch weit über die Solarenergie hinaus, da auch andere konventionelle wie erneuerbare Energietechnologien überprüft und validiert werden können.

Es erfolgt eine verschränkte Betrachtung der Bereiche Wärme und Strom, wobei die zeitliche Übereinstimmung von Energieaufkommen und -bedarf detailliert berücksichtigt wird. Die benutzerfreundliche Oberfläche ermöglicht dabei eine zügige, leicht zugängliche, aber dennoch sehr umfassende Modellierung der Energieversorgung eines Gebäudes mit Wärme und Strom. Dabei kann der Istzustand der Energieversorgung (z. B. fossil-betriebener Heizkessel) direkt mit einer gewünschten Testkonfiguration der häuslichen Energieversorgung mit erneuerbaren Energien (Solarthermie, PV, Biomasse, Umgebungswärme etc.) verglichen werden in Bezug auf wirtschaftliche, ökologische und technische Aspekte.

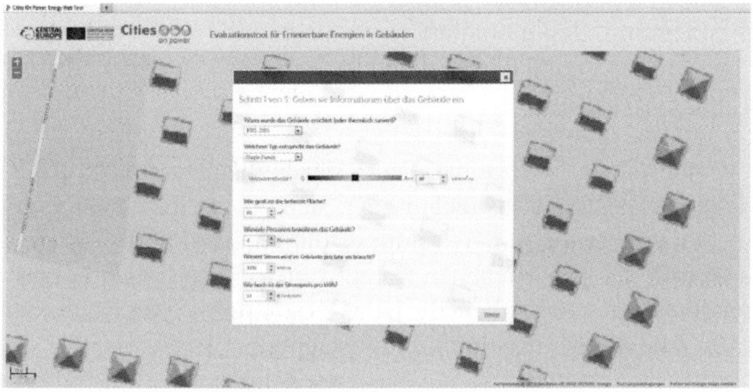

Abb. 1: Darstellung des Webtools mit Solardaten im Hintergrund (www.citiesonpower.eu)

2 Solardaten

Ein wesentlicher Anwendungsfall der vorgestellten Webapplikation ist die Abschätzung der Auswirkungen der Installation einer Solaranlage (PV oder Solarthermie) an einer bestimmten Dachfläche eines bestehenden Gebäudes. Insbesondere in urban geprägten Siedlungen können im Tagesverlauf Perioden der Verschattung einer Dachfläche durch höhere Gebäude auftreten, womit klarerweise ein Rückgang der Leistung der Anlage verbunden ist. Die damit verbundene Form des stündlichen Leistungstagesganges ist zur Ermittlung von PV Einspeisungsmengen (nach Verschneidung mit typischen Tagesstrombedarfskurven) von Bedeutung, welche wiederum einen direkten Einfluss auf den finanziellen Nutzen der Anlage hat.

Zur Abbildung der variablen Verschattung einer Dachfläche und zur Simulation der damit verbundenen Leistungsschwankungen einer Solaranlage müssen 2,5D-Gebäudegeometriedaten analysiert und integriert werden. Die dazu benötigten Methoden werden hier jedoch nicht vorgestellt. Es werden aber die Ergebnisdaten skizziert und die weitere Verarbeitungsmethodik dieser Daten gezeigt. Zu bemerken ist dabei, dass im Rahmen des COP-Projekts je nach Partnerstadt unterschiedliche Solardatenstrukturen verarbeitet wurden. Daher wird hier beispielhaft die Berechnung des Solarpotenzials eines beliebigen Dachflächenabschnitts anhand des folgenden Datenstrukturtyps beschrieben:

2.1 Solardatenstruktur

Dachflächen werden hier durch geographische Punktfeatures in Form von regulären Gittern (1 m Maschengröße) abgebildet. Jedes Feature speichert neben der räumlichen Lage folgende Attribute:

- Neigung des Daches an der Position in Grad
- Exposition des Daches an der Position in Grad
- Täglicher Verlauf der Verschattung zu jedem 15. eines jeden Monats dargestellt als binäre Zeichensequenz. Jedes Zeichen entspricht je nach Position in der Sequenz der Verschattungssituation einer bestimmten Stunde des Tages.

Neben diesen räumlichen Daten werden zudem regional konstante (d. h. nicht mit den Punktfeatures gespeicherte Daten), mittlere tägliche Diffus- und Direktsolarstrahlungszeitreihen aus jedem Monat für die weitere Berechnung verwendet. Diese werden aus der PVGIS-Plattform (ŠÚRI et al. 2008) des Instituts für Energie und Transport des Joint Research Centres der Europäischen Kommission extrahiert.

2.2 Modellierung der Globalstrahlung

Typischerweise möchte eine Person die Nutzung eines Teiles der vorhandenen Dachfläche zur Solarenergienutzung evaluieren. Das heißt aus technischer Sicht, dass eine Abfrage der räumlichen Punktfeatures der eben erläuterten Gitterstruktur erfolgt (anhand einer Polygonverschneidung) und für diese anhand der beschriebenen Daten weitere Berechnungen erfolgen müssen. Das Ergebnis der Berechnungen sollen für jeden gewählten Punkt Zeitreihen der Globalstrahlungsleistung für alle 12 Monatsdurchschnittstage stündlich zwischen 0 h und 24 h sein.

Für einen beliebigen Monat wird hierzu folgendermaßen (1) vorgegangen:

$$IRR_{glob_h} = S_h * IRR_{dir_h} * UF_{dir_h} + IRR_{diff_h} * UF_{diff_h} \quad (1)$$

IRR_{glob_h} Globalstrahlungsleistung einer mittleren Monatsstunde (Watt/m²)

IRR_{dir_h} horizontale Direktstrahlungsleistung einer mittleren Monatsstunde (Watt/m²)

IRR_{diff_h} horizontale Diffusstrahlungsleistung einer mittleren Monatsstunde (Watt/m²)

UF_{diff_h}, UF_{dir_h} Umrechnungsfaktoren von horizontaler Einstrahlung auf die geneigte Fläche (DUFFIE & BECKMAN 1980) nach Neigung, Exposition, Stunde des Tages (h) und Tagzahl des 15. des Monats. Jeweils für diffuse und direkte Strahlung

S_h Binäre Verschattung (1: keine Beschattung oder 0: Beschattung)

h Stunde des Tages (0-23)

D. h., dass in verschatteten Stunden eines mittleren Monatstages nur die Diffusstrahlung zur Berechnung der Globalstrahlung herangezogen wird, ansonsten beide Solarstrahlungskomponenten addiert werden. Um den Neigungs- und Expositionswerten Rechnung zu tragen, werden separat für Diffus- und Direktstrahlung Umrechnungsfaktoren von horizontaler auf geneigte Fläche berechnet (DUFFIE & BECKMAN 1980).

Die folgende Tabelle zeigt das Prinzip der beschriebenen Berechnung für eine horizontale Fläche, d. h. ohne der Umrechnungsfaktoren UF, exemplarisch:

Tabelle 1: Beispielhafte Verschattungsberechnung der Globalstrahlungsleistung für eine horizontale Fläche

Stunde	09:00	10:00	11:00	12:00	13:00	14:00	15:00
IRR_{glob}	**149.5**	**113**	**120.25**	**206**	**187**	**149.5**	**71.5**
S_h	1	0	0	1	1	1	0
IRR_{diff}	97.25	113	120.25	120.25	113	97.25	71.5
IRR_{dir}	52.25	74	85.75	85.75	74	52.25	25.75

Dieses Schema wird bei einer Berechnungsanfrage für jeden mittleren Monatstag für jeweils jedes abgefragte Punktfeature durchgeführt. Die Ergebnisse aller Punktfeatures werden in weiterer Folge zu Typtagen aggregiert, welche den stündlichen Verlauf der Leistung aller Punkte (und damit des gewählten Dachflächenabschnitts) für jeweils einen mittleren Winter-, Sommer und Übergangstag repräsentieren. Diese finalen Zeitreihen können nach weiteren Anpassungen beispielsweise mit Typtagzeitreihen des Strombedarfs überlagert werden und erlauben so u. a. die Ermittlung von PV-Einspeisemengen.

3 Der Gebäuderechner

Das Webtool simuliert die Energieversorgung von Gebäuden unter Berücksichtigung der Wärme- und Stromversorgung. Die gewonnenen Ergebnisse umfassen ökologische, wirtschaftliche und technische Parameter. Um den Benutzer zu unterstützen, werden für alle einzugebenden Eingangsparameter typische Werte vorgegeben. Diese können vom Nutzer geändert werden.

3.1 Eingabe- und Berechnungsablauf

Der folgende Abschnitt gibt einen Überblick über die Rechnungen (Formeln 2 bis 18) und Abläufe innerhalb des Webtools.

Der grundlegende Bedienungsablauf gibt dem Nutzer zwei generelle Fragen vor: Welche Art von Gebäude und Heizungssystem liegt vor? Und wie soll die Energieversorgung in Richtung Erneuerbarer verändert werden? Berechnet wird schließlich, welche Auswirkungen diese Veränderungen im Gebäude hätten (hinsichtlich Kosten, CO_2-Emissionen etc.). Damit soll ein Verständnis für die Vorgänge bei der häuslichen Energieversorgung sowie der Nutzung dezentraler erneuerbarer Energien wie etwa der Solarenergie (Solarthermie, PV), Wärmepumpen und anderer Technologien forciert werden.

Gebäude- und Haushaltsdaten

Für die Modellierung des Heizwärmebedarfs (HWB), des Warmwasserwärmebedarfs (WWWB) und des Strombedarfs werden Gebäude- und Haushaltsangaben, wie in Abbildung 1 angezeigt, verwendet. Es werden folgende Daten miteinbezogen:

- Baujahr des Gebäudes,
- Gebäudetyp,
- Beheizte Wohnfläche (netto) in m^2, Anet.,
- Im Gebäude lebende Personen (p),
- Stromverbrauch in kWh pro Jahr, Power demand (PD),
- Strompreis in €-Cent/kWh.

Basierend auf dem Baujahr und dem Typ des Gebäudes wird ein typischer Wert für den spezifischen Heizwärmebedarf shd_{spec} in kWh/m²/a vorgegeben, der den thermischen Dämmstandard widerspiegelt. Dieser Wert wird auf einer Effizienzskala visualisiert. Die beheizte Nettowohnfläche wird über einen Faktor von 0,8 in die Bruttogeschossfläche umgerechnet, die benötigt wird, um den jährlichen Heizwärmebedarf und flächenbezogene Ergebnisse zu berechnen, die als Indikatoren für Effizienz und Nachhaltigkeit bezüglich des Energieverbrauchs und der Treibhausgasemissionen dienen. Die Angabe über im Gebäude lebende Personen (p) wird für die Berechnung des Warmwasserwärmebedarfs benötigt, der über den spezifischen Bedarf ($hwhd_{spec}$) pro Monat und pro Person ermittelt wird. Der eingegebene Jahresstrombedarf wird im weiteren Verlauf über synthetische Lastkurven in ein stündliches Lastprofil umgewandelt.

Der Wärmebedarf pro Monat wird aus HWB und WWWB folgendermaßen berechnet:

$$HD_{month} = shd_{spec} * A * v_{month} + p * hwhd_{spec} \tag{2}$$

v_{month} Wärmelastprofil, Anteil des monatlichen HWB am jährlichen HWB

Gesamter jährlicher Wärmebedarf, HD:

$$HD = \sum\nolimits_{month} HD_{month} \tag{3}$$

Bewertung der derzeitigen energetischen Gebäudeeigenschaften

Abhängig von der gewählten Heizungstechnologie (z. B. Ölkessel, Gaskessel) werden die derzeitigen CO_2-Emissionen für die Energiebereitstellung (Wärme & Strom) des Gebäudes berechnet und flächenspezifisch in kg/m²/a angegeben[1]. Dies wird daraufhin auf einer Effizienz-Skala visualisiert.

$$CO2_{spec} = (\frac{HD}{Eff} * f_{CO2} + PD * f_{CO2,el})/A \tag{4}$$

$CO2_{spec}$	Spezifische CO_2-Emissionen der Energiebereitstellung des Gebäudes, in kg/m²/a
HD	Wärmebedarf, in kWh/a
Eff	Wirkungsgrad (Effizienz) der Heizungstechnologie
f_{CO2}	Spezifischer CO_2-Inhalt des Energieträgers der Heizung, in kg/kWh
PD	Strombedarf, in kWh/a
$f_{CO2,el}$	Spezifischer CO_2-Inhalt des nationalen Strommix, in kg/kWh
A	Bruttogeschossfläche, in m²

Auswahl eines alternativen Heizungssystems

Um ermitteln zu können, wie sich ein Wechsel des Heizungssystems von nicht-erneuerbarer Energie auf erneuerbare auswirken würde, sind vom Nutzer Eingaben zu einem möglichen neuen System nötig (Systemtyp, Investitionskosten etc.). Diese Eingaben sind fakultativ, d. h. bei keiner Eingabe werden weitere Berechnungen nur mit dem zuvor definierten „konventionellen" Heizsystem durchgeführt.

[1] Die Berechnung in Schritt 2 nimmt keine Solarthermie oder PV-Nutzung im derzeitigen Status an!

Solarthermie

Zur Berechnung der Auswirkungen einer solarthermischen Anlage ist die räumliche Definition der betrachteten Dachfläche nötig. Dies geschieht im Stile einer Web-GIS Anwendung über die Zeichnung eines Polygons in der Karte. Die Polygonkoordinaten werden zur Selektion der Solardatenpunkte herangezogen und die Berechnungen werden wie unter 2.2 beschrieben unmittelbar durchgeführt. Der geschätzte Solarertrag wird daraufhin für die gewünschte Fläche angezeigt.

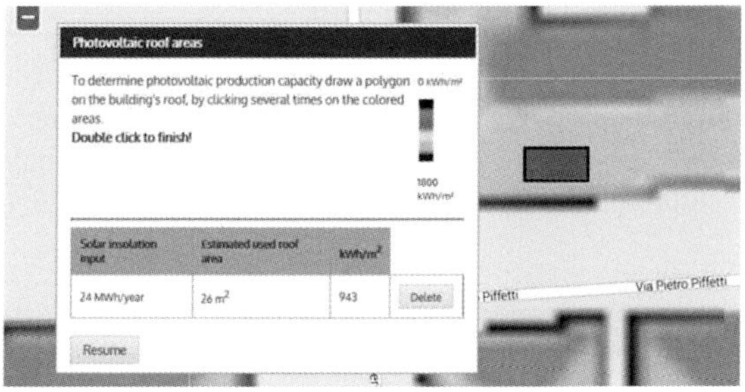

Abb. 2: Auswahl der Dachfläche zur Solarnutzung (blaues Polygon) und Anzeige der Solarstrahlungsdaten

Der Solarthermie-Ertrag wird pro Monat bestimmt:

$$EST_{month} = A_{ST} * Eff_{ST} * Irr_{month} \tag{5}$$

EST_{month}	Wärmeenergie der Solarthermieanlage, in kWh pro Monat
A_{ST}	Kollektorfläche, in m²
Eff_{ST}	Wirkungsgrad (Effizienz) des Solarthermiesystems (inkl. Speicherung und Transport)
Irr_{month}	Globalstrahlung, in kWh/m² pro Monat

Die Solarenergie, die tatsächlich für die Deckung des Wärmebedarfs verwendet wird, wird folgendermaßen berechnet[2]:

$$EST_{month,used} = min\{EST_{month}, HD_{month}\} \tag{6}$$

Eine analoge Berechnung wird für den monatlichen WWWB (anstatt des Wärmebedarfs) durchgeführt.

Kombination von Heiz- und Solarthermiesystem

Diese monatlichen Werte des Solarthermieertrags werden dazu verwendet, die benötigte Wärmedeckung des primären Heizsystems zu berechnen. Das Heizsystem muss nur mehr den verbleibenden Wärmebedarf decken, was in einem geringeren Endenergieverbrauch des Heizsystems resultiert.

---

[2] Falls der monatliche Solarenergieertrag den monatlichen Wärmebedarf übertrifft, so wird die Wärmeüberproduktion nicht verwendet. Dieses Vorgehen impliziert die Verwendung kleiner bis mittlerer Wärmespeicher, jedoch keiner saisonalen Speicher.

$$EHT = \sum_{month}(HD_{month} - EST_{month}) \quad (7)$$
$$EHT_{Final} = EHT/Eff \quad (8)$$

EHT Wärmedeckung des Heizsystems nach Abzug der Solarthermienutzung
EHT_{Final} Endenergieverbrauch des Heizsystems

Photovoltaik

Der Vorgang zur Auswahl einer möglichen Photovoltaikfläche und die damit verbundenen Berechnungen verlaufen ähnlich zur Solarthermie, wobei zusätzlich für ökonomische Berechnungen der aktuelle Einspeisetarif für PV-Strom eingegeben wird.

Der PV-Ertrag wird mit der gleichzeitig auftretenden Stromlast stündlich verglichen (Abbildung 3), um den direkt im Gebäude verbrauchten ($EPV_{hour,used}$) und den ins Stromnetz eingespeisten PV-Strom zu berechnen. Dies ist möglich, da die zugrunde liegenden Globalstrahlungsdaten mit Verschattungsdaten stündlich berechnet wurden.

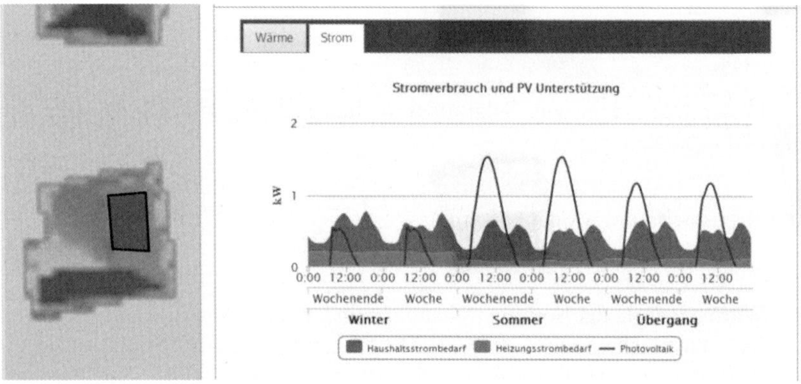

Abb. 3: Darstellung der stündlichen PV-Erzeugung und dem simultanen Strombedarf

Wie bereits erwähnt, wird die Strommodellierung zeitlich innerhalb von 6 sog. Typtagen dargestellt. Alle stündlichen Werte (z. B. $EPV_{hour,used}$) werden innerhalb des entsprechenden Typtages aufsummiert und dann mit den sog. Typtag-Faktoren (s. HAUSL & BIBERACHER 2012) multipliziert, die die Häufigkeit eines bestimmten Typtages innerhalb eines Jahres wiedergeben. Ein Sommer Werktag beispielsweise tritt etwa 84-mal innerhalb eines Jahres auf, weshalb der entsprechende Typtag-Faktor den Wert 84 aufweist.

$$EPV_{season,day,used} = \sum_{hour} EPV_{hour,used} \quad (9)$$
$$EPV_{used} = \sum_{season,day}(EPV_{season,day,used} * TD_{season,day}) \quad (10)$$

$EPV_{season,day,used}$ Im Gebäude verbrauchter PV-Strom pro Typtag
$TD_{season,day}$ Typtagfaktor
EPV_{used} Im Gebäude verbrauchter PV-Strom pro Jahr

Mit diesen Werten kann im Folgenden der aus dem Netz bezogene Strom, wie auch der ins Netz eingespeiste Strom, berechnet werden:

$$GP = PD - EPV_{used} \tag{11}$$
$$FIP = EPV - EPV_{used} \tag{12}$$

GP	Aus dem Netz bezogener Strom
PD	Strombedarf
FIP	In das Netz eingespeister PV-Strom

wobei EPV den gesamten jährlichen PV-Ertrag darstellt:

$$EPV = P_{PV} * PR * Irr_{year} \tag{13}$$

EPV	Jährlicher PV-Ertrag
Irr_{year}	Jährliche Globalstrahlung, in $kWh/m^2/a$

3.2 Sonstige Ergebnisse und Berechnungen

Ökologische Ergebnisse

Nicht-erneuerbarer Primärenergieverbrauch und CO_2-Emissionen stellen wichtige Indikatoren für die Bewertung der Nachhaltigkeit dar. Diese werden für das alte (derzeitiges Heizsystem) und die neue Systemkonfiguration, je nach Benutzereingabe, berechnet. Hierfür werden drei Quellen berücksichtigt. Das Heizsystem (HT), bezogener Netzstrom (GP) und eingespeister Strom (FIP). Der Endenergieverbrauch des Heizsystems, wie oben berechnet, wird nach dem jeweiligen Energieträger berücksichtigt, während Strombezug und -einspeisung mit dem Primärenergieinhalt des nationalen Strommix beaufschlagt werden. Eingespeister PV-Strom ersetzt sozusagen Stromerzeugung im übergeordneten nationalen Stromsystem, weshalb dieser Faktor mit negativem Vorzeichen in die Bilanzen eingeht.

$$PE_{HT} = EHT_{final} * f_{PE,HT} \tag{14}$$
$$PE_{GP} = GP * f_{PE,el} \tag{15}$$
$$PE_{FIP} = -FIP * f_{PE,el} \tag{16}$$
$$PE_{total} = PE_{HT} + PE_{GP} + PE_{FIP} \tag{17}$$

PE	Primärenergie (nicht-erneuerbar)
f_{PE}	Primärenergiefaktor (nicht-erneuerbar)

Die Berechnung für die CO_2-Emissionen erfolgt analog, wobei der Primärenergiefaktor durch den entsprechenden CO_2-Emissionsfaktor ersetzt wird.

Ökonomische Ergebnisse

Investitions-, Betriebs- und Wartungs-, sowie Brennstoff- und Stromkosten werden für die finanziellen Berechnungen berücksichtigt. Zusätzlich werden für PV die Einnahmen aus der PV-Einspeisung miteinbezogen. Die installierte Leistung (Kapazität) des neuen Heizsystems (s. „Technische Ergebnisse"), der PV und Solarthermie wird mit den jeweiligen spezifischen Investitionskosten und Betriebs- und Wartungskosten multipliziert, um die anfallenden jährlichen Kosten zu berechnen. Für das bestehende Heizsystem werden keine Investitionskosten berücksichtigt, da die Anlage als bereits abbezahlt angenommen wird. Brennstoffverbrauch, bezogener Strom und eingespeister Strom werden mit den jeweiligen spezifischen Kosten verrechnet.

Technische Ergebnisse

Bei den technischen Ergebnissen wird zwischen dem Wärme- und dem Strombereich unterschieden.

Die zu installierende Leistung des Heizsystems wird über den anfallenden Wärmebedarf und typische Volllaststunden der jeweiligen Technologie bestimmt.

$$PI = \frac{HD}{H_F} \tag{18}$$

PI	Installierte Leistung, in kW
HD	Wärmebedarf, wie in Schritt 1 berechnet
H_F	Volllaststunden

Zusammenfassung Ergebnisse

Nach Abschluss der Benutzereingaben erfolgt eine sofortige Anzeige der Ergebnisse, wobei die erste Ansicht eine Zusammenfassung der wichtigsten ökologischen und ökonomischen Auswirkungen der gewählten Erneuerbaren-Energie-Technologien wiedergibt, wie in Abbildung 4 dargestellt. Ein Graph zeigt dabei die über 20 Jahre kumulierten Kosten der verglichenen Konfigurationen an und ermöglicht so eine anschauliche Einschätzung zur Rentabilität der untersuchten Maßnahmen (in Abb. 4: Amortisation nach ca. 11 Jahren).

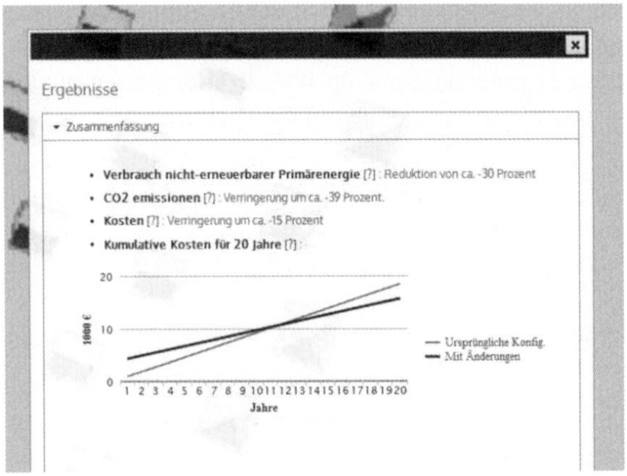

Abb. 4: Anzeige der zusammengefassten Ergebnisse

3.3 Anmerkungen

Die integrative Betrachtung der Wärme- und Strombedarfsdeckung ist mit einigen Besonderheiten in der Modellierung verbunden, die im Folgenden angemerkt werden, um Unklarheiten zu vermeiden.

Gekoppelte Betrachtung des Wärme- und Strombereichs mit unterschiedlichen zeitlichen Auflösungen

Die zeitlichen Auflösungen der Wärme- und Strommodellierung unterscheiden sich, wobei dennoch eine Kopplung beider Bereiche besteht, da diese sich in manchen Konstellationen beeinflussen, wie beispielsweise bei der Nutzung der Wärmepumpe, die wiederum den Stromverbrauch erhöht. Der Wärmebereich wird in monatlicher Auflösung wiedergegeben. Der Strombereich hingegen wird in sechs repräsentativen Typtagen modelliert, welche das typische Stromlastprofil für verschiedene Jahreszeiten (Winter, Übergang, Sommer) und Tage (Werktag, Nicht-Werktag) darstellen, um innerhalb dieser Typtage eine stündliche Auflösung zu gewährleisten und prozessierbar zu machen. Diese Unterscheidung begründet sich aus den verschiedenen Besonderheiten der Energieformen Wärme und Strom, wie beschrieben in HAUSL & BIBERACHER (2012).

Wärmepumpe

Falls eine Wärmepumpe für die Wärmedeckung gewählt wird, wird der entstehende Energieverbrauch (Stromverbrauch) und die entsprechenden Kosten und Emissionen dem Strombereich zugeordnet, da es für die Bewertung entscheidend ist, ob der Strombedarf der Wärmepumpe von einer eigenen PV-Anlage erzeugt wird oder nicht. Auch das zeitliche Aufkommen zwischen Bedarf und Erzeugung sind hier zu berücksichtigen. Daher wird auch der Bedarf der Wärmepumpe dem herkömmlichen Stromlastgang hinzugefügt, wobei eine typische stündliche Lastkurve der Wärmepumpe nach SWM (2010) und BDEW (2002) verwendet wird.

4 Conclusio

Die vorgestellte Webapplikation ist eine Erweiterung bisheriger Ansätze zur Darstellung und Verwertung klassischer Web-GIS-Solarpotenzialkarten. Die Verknüpfung von räumlichen Solardaten in zeitlich hoher Auflösung mit synthetischen Stromlastprofilen ist hierbei ein wesentliches Feature, das eine erweiterte Sicht auf die Nutzbarkeit von Dachflächen für Solarenergie Erzeugung erlaubt. Besonders der kombinierte Einsatz von Wärmepumpen mit Photovoltaikstromerzeugung kann hiermit dargestellt werden. Dies kann einen wertvollen Beitrag zum Verständnis und zur Akzeptanz erneuerbarer Energien insbesondere bei privaten Wohnhäusern leisten.

Literatur

BDEW (2002), Lastprofile unterbrechbare Verbrauchseinrichtungen. http://www.bdew.de/bdew.nsf/id/DE_Lastprofile_unterbrechbare_Verbrauchseinrichtungen?open, (30.01.2014).

DUFFIE, J. & BECKMAN, W. (1980), Solar engineering of thermal processes.

HAUSL, S. & BIBERACHER, M. (2012), Räumliche Aspekte in der regionalen Energiesystemmodellierung. Symposium für Angewandte Geoinformatik 2012 (AGIT 2012).

ŠÚRI, M., HULD, T., CEBECAUER, T. & DUNLOP, E. D. (2008), Geographic Aspects of Photovoltaics in Europe: Contribution of the PVGIS Web Site. IEEE Journal of Selected Topics in Applied Earth Observations and Remote Sensing, 1, 1, 34-41.

SWM (2010), Stadtwerke München, Nominiertes Lastprofil Wärmepumpe. http://www.swm-infrastruktur.de/strom/netzzugang/bedingungen/waermepumpe.html (30.01.2014).

Datenpool ENP – Daten und Werkzeuge für die kommunale Energieplanung

Amelie LESSER und Tobias EDER

Lehrstuhl für Energiewirtschaft und Anwendungstechnik,
Technische Universität München · amelie.lesser@lrz.tu-muenchen.de

Dieser Beitrag wurde durch das Programmkomitee als „reviewed paper“ angenommen.

Zusammenfassung

Für die kommunale Energienutzungsplanung werden neue Werkzeuge benötigt, die die Phase der Bestands- und Potenzialanalyse automatisieren und somit Freiräume für eine Vertiefung der Konzeptphase schaffen. In dem Projekt „Datenpool ENP“ wird eine plattformunabhängige Open-Source-Softwareumgebung geschaffen, die wesentlich auf den Geobasisdaten der Bayerischen Vermessungsverwaltung aufbaut. In voneinander unabhängigen Analysemodulen können verschiedene kommunale Einsparungs- und Energiepotenziale untersucht werden. Zu Projektschluss Mitte 2014 werden exemplarisch die Module zur gebäudescharfen Wärmebedarfsberechnung im Wohngebäudebestand, zur Abschätzung des flurstückbezogenen Potenzials oberflächennaher Geothermie und zur Analyse standortbezogener Windenergie zur Verfügung stehen.

1 Motivation

Der kommunale Energienutzungsplan (ENP) entwickelte sich in den letzten Jahren erfolgreich zum Quasistandard in der kommunalen Energieplanung Bayerns. Er wird in Analogie zu Flächennutzungsplänen und anderen raumplanerischen Instrumenten nicht von Städten und Gemeinden selbst erstellt, sondern vornehmlich von Planungsbüros und spezialisierten Beratungsunternehmen.

HAUSLADEN et al. (2011) unterteilt die Energieplanung in vier Phasen: Von der Datensammlung und der Beschaffung der notwendigen Arbeitsgrundlagen, über die Bestands- und Potenzialanalyse, zur Konzepterstellung und schließlich die ersten Schritte in der Umsetzung des Plans in der Gemeinde. In vielen der bis heute erstellten ENPs wurde ein großer Teil der Bearbeitungszeit in die Bestands- und Potenzialanalyse investiert. Diese ist tatsächlich eine wichtige Phase, in der Planungsgrundlagen erstellt werden, auf Basis derer im Anschluss Konzepte entwickelt werden können, die auf die Gemeinde zugeschnitten sind. Allerdings besteht ein großer Teil dieser Analysephase aus zeitaufwendigen Routinearbeiten, die teils automatisiert werden könnten, um so Freiräume für die Konzeptphase zu schaffen. Denn erst in der Konzeptphase wird die eigentliche planerische Leistung erbracht,

Strobl, J., Blaschke, T., Griesebner, G. & Zagel, B. (Hrsg.) (2014): Angewandte Geoinformatik 2014.
 ISBN 978-3-87907-543-0.

indem die Planungsgrundlagen ausgewertet, gegeneinander abgewogen und zu konkreten Handlungsempfehlungen zusammengefasst werden.

Um die Erstellung von ENPs in Effizienz und Qualität zu verbessern, müssen Werkzeuge und Methoden zur Unterstützung der Planer in der Analysephase zur Verfügung gestellt werden, die Routinearbeiten automatisieren und wesentliche Datenquellen effizient und standardisiert zugänglich machen.

2 Projekt „Datenpool ENP“

Das Projekt „Datenpool ENP“ ist ein Kooperationsprojekt des Bayerischen Wirtschaftsministeriums mit den Lehrstühlen für Energiewirtschaft und Anwendungstechnik (Prof. Dr. rer. nat. Hamacher) sowie Bauklimatik und Haustechnik (Prof. Dipl.-Ing. Auer) an der Technischen Universität München. Ziel des Projektes ist es einerseits, Gemeinden bei der Ausschreibung von Energienutzungsplänen informativ zu begleiten und sie dadurch von Beginn des Prozesses an für die Möglichkeiten und Einschränkungen eines ENP zu sensibilisieren. Des Weiteren werden in dem Projekt Werkzeuge entwickelt, mit denen Planer Teile der Bestands- und Potenzialanalyse automatisieren können, um in ihren Projekten einen stärkeren Fokus auf die aktive Zusammenarbeit mit der Gemeinde und die Entwicklung von nachhaltig umsetzbaren Konzeptvorschlägen legen zu können. Gleichzeitig erleichtern diese Werkzeuge den Planern den Umgang mit einigen über die Bayerische Vermessungsverwaltung oder von den Ministerien bereitgestellten Datensätze, wie z. B. den 3D-Gebäudemodellen Level-of-Detail (LoD)1 und LoD2.

Im Folgenden wird auf die Software eingegangen, in welche die Analysewerkzeuge modulartig integriert werden und beispielhaft die Module „Wärmebedarfsermittlung Wohnen“ und „Oberflächennahe Geothermie“ vorgestellt.

3 Softwareumgebung

Um den Planern verschiedene Werkzeuge integriert bereitstellen zu können, wurde zunächst eine plattformunabhängige Softwareumgebung geschaffen, über die mehrere ENP-Projekte verwaltet werden können. In das Framework werden dann modular aufgebaute Analysewerkzeuge integriert und bereitgestellt. Die Software kann lokal auf dem PC des Nutzers installiert werden, bietet jedoch vollumfängliche Servereigenschaften, um z. B. die Integration in Clusterinfrastrukturen zu ermöglichen. Das grafische Nutzerinterface ist Webbrowser basiert realisiert. Die Softwareumgebung basiert im Wesentlichen auf einer Postgres-Datenbank und dem Python-Framework Django sowie „clientseitig“ JQuery und OpenLayers.

3.1 Datenmanagement

Die Verfügbarkeit der entsprechenden Geobasisdaten ist Voraussetzung für das Anlegen eines neuen Projektes in der Software. Die Datensätze wie Gebäudeumrisse, Flurstücke und Bauteile der Digitalen Flurkarte (DFK), die tatsächliche Nutzung (TN) im Siedlungsbereich, Hauskoordinaten sowie das LoD2-Gebäudemodell im cityGML-Format stehen den meisten bayerischen Gemeinden im Rahmen einer Generalvereinbarung mit dem Landesvermessungsamt zur Verfügung. Eine Ausnahme bildet das LoD2-Modell, welches bisher erst für ca. 20 % der bayerischen Landkreise erstellt wurde (vgl. BAYERISCHE VERMESSUNGSVERWALTUNG 2013).

Für die verschiedenen Analysewerkzeuge können bzw. müssen neben den Basisdaten ggf. noch weitere (Geo-) Datensätze geladen werden. Zur Visualisierung von Daten und Ergebnisse können zusätzliche Geofachdaten über eine .shp-Importschnittstelle geladen werden. In einer Kartenapplikation können die geladenen Daten visualisiert und überprüft werden. Zusätzlich könnten adressbezogene .csv-Dateien über den Adressdienst der Vermessungsverwaltung georeferenziert werden, was besonders für Analysemodule mit Gebäudebezug von Interesse ist.

3.2 Modularer Aufbau

Durch die modulare Einbindung der Analysemodule bietet das Open-Source-Projekt die Möglichkeit, dass nach Projektabschluss einzelne Module durch Dritte hinzugefügt, erweitert oder individuell angepasst werden. Bisher wurden drei Analysemodule umgesetzt:

- Ein Modul zur Wärmebedarfsermittlung in Wohngebäuden mittels 3D-Gebäudemodell im Heizperiodenverfahren;
- Eine flurstücksbezogene Analyse des Potenzials oberflächennaher Geothermie für Flächenkollektoren und Erdwärmesonden, die das nutzbare Flächenangebot dem gebäudescharfen Wärmebedarf gegenüberstellt;
- Eine Windpotenzialanalyse, bei der mögliche Standorte identifiziert werden können, um dann standortscharf den Ertrag verschiedener Turbinentypen abzuschätzen.

4 Analysemodul Wärmebedarfsermittlung in Wohngebäuden

In der kommunalen Energieplanung spielt der gebäudeseitige Wärmebedarf eine maßgebliche Rolle. Einerseits ist der Wärmebedarf für Raumwärme und Warmwasser in Haushalten deutschlandweit für etwa 45 % des Wärmebedarfs verantwortlich und gilt auch auf Gemeindeebene als eine der größten Energiesenken, die vermutlich großes Einsparungspotenzial birgt. Andererseits unterliegt der Transport von Wärme aus technologischer und thermodynamischer Sicht starken Einschränkungen und bedingt zumeist eine enge räumliche Bindung zwischen Erzeugung und Verbrauch.

Das Modul zur Wärmebedarfsberechnungen Gem-EB 3.0 ist eine Weiterentwicklung des Quantum GIS Plugins „Gem-EB: Gemeinde Energieberatung" (ZADOW & LESSER 2012). Es berechnet auf Basis des 3D-Gebäudemodells und Angaben zur Baualtersklasse der einzelnen Gebäude den Jahreswärmebedarf in Anlehnung an das in DIN 4108-6 beschriebene Heizperiodenverfahren.

4.1 Automatisierte Datenvorverarbeitung

Bevor mit dem 3D-Gebäudemodell in cityGML-Format Berechnungen durchgeführt werden können, müssen einige Daten für Gem-EB aufbereitet und zusätzliche Informationen aus dem Modell abgeleitet werden.

4.1.1 Gebäudetyp

Mit dem 3D-Gebäudemodell und der DFK Gebäude wurde die Zuweisung des Gebäudetyps automatisiert. Als Charakteristika dienen die (maximale) Traufhöhe und das Gebäudevolumen. Die Grenzwerte wurden zunächst in Anlehnung an die Gebäudeklassen der Bayerischen Bauordnung (BayBO) und den dort festgesetzten Fußbodenoberkanten (FOK) der obersten begehbaren Geschosse gewählt (vgl. Tabelle 1).

Bei einem Vergleich der Gebäudetypen für die Gemeinde Weyarn, bei dem die automatisiert zugewiesenen Typen den manuell erhobenen Daten einer Befahrung gegenübergestellt wurden, stellte sich jedoch heraus, dass gerade in der Unterscheidung zwischen EFH (inkl. RH und DHH) und Mehrfamilienhäusern (MFH) das Gebäudevolumen ein stärker ausgeprägtes Unterscheidungsmerkmal bildet als die Traufhöhe (vgl. Abb. 1). Zur Unterscheidung zwischen Ein- und Mehrfamiliengebäude wurde deswegen der Volumengrenzwert zu 2.000 m^3 festgelegt. Die in Tabelle 1 zusammengefassten Grenzwerte werden für die derzeitige Arbeitsversion der Software verwendet, sollten jedoch noch anhand anderer Gemeinden validiert und ggf. korrigiert werden.

Tabelle 1: Grenzwerte für die automatisierte Zuweisung von Gebäudetypen in Gem-EB und Vergleichswerte aus der BayBO

	Gem-EB		**BayBO**	
Gebäudetyp	**Traufhöhe**	**Volumen**	**FOK**	**Gebäudeklasse**
Hochhaus (HH)	> 24 m	> 2.000 m^3	22 m	5
Großes Mehrfamilienhaus (GMH)	> 12 m	> 2.000 m^3	13 m	4 / 5
Mehrfamilienhaus (MFH)	<= 12 m	> 2.000 m^3	7 m / 13 m	3 / 4
Einfamilienhaus (EFH, RH, DHH)	<= 12 m	<= 2.000 m^3	7 m	1 – 3

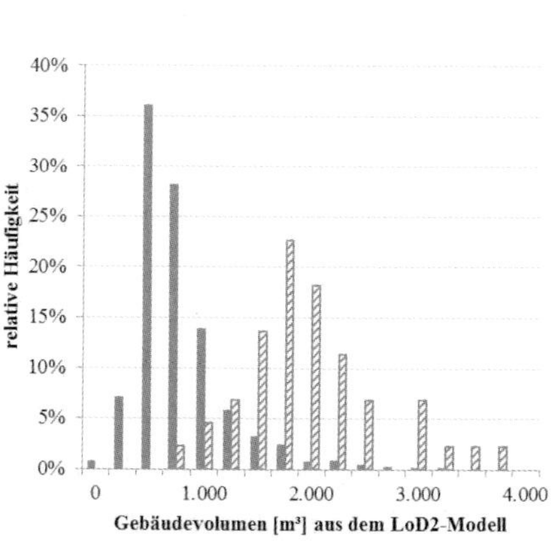

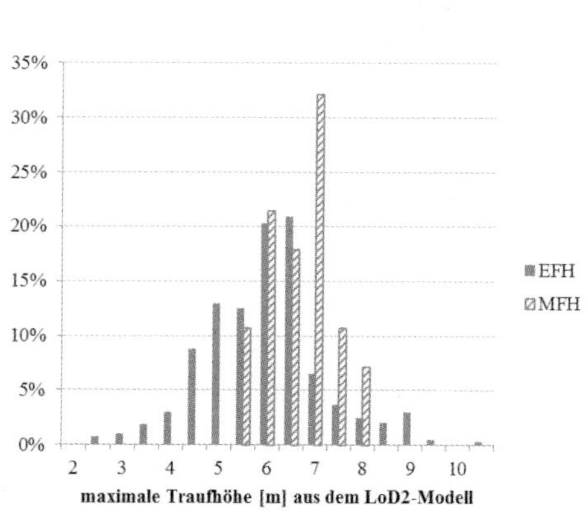

Abb. 1: Relative Häufigkeitsverteilung der Merkmale Gebäudevolumen (links) und maximale Traufhöhe (rechts), jeweils extrahiert aus dem 3D-Gebäudemodell für 867 EFH und 57 MFH der Gemeinde Weyarn

4.1.2 Gebäudegeometrie

Um die Transmissionswärmeverluste über die Gebäudehülle im Heizperiodenverfahren zu berechnen, werden Informationen zu Flächen und U-Werten der einzelnen Außenbauteile benötigt. Um die Bauteilflächen aus dem 3D-Gebäudemodell auszulesen, werden zunächst die Wohngebäude extrahiert, indem alle Hauptgebäude der DFK, die auf Siedlungsflächen (TN Siedlung) der Art AX („Wohnbaufläche" oder „Fläche gemischter Nutzung") stehen, ausgewählt werden. Gewerblich genutzte Gebäude, die auf Flächen gemischter Nutzung stehen, können bisher erst in einem späteren Schritt von der Berechnung nach dem Verfahren für Wohngebäude ausgeschlossen werden, indem der Planer diesen Gebäuden im Gegensatz zu der Wohnbebauung keine Baualtersklasse zuweist. Die Wärmebedarfsberechnung für Nicht-Wohngebäude wird eigenständig in das Wärmebedarfsmodul eingearbeitet.

Für die identifizierten Wohngebäude erfolgt eine Datentransformation in ein Gem-EB-kompatibles Gebäudemodell. Dazu werden alle zu dem Gebäude gehörenden Bauteile der Typen Dach, Außenwand und Boden zusammengestellt. Hierbei werden einige vereinfachende, allgemeine Annahmen getroffen, so z. B. dass alle Dachstühle ausgebaut sind, also das Dach und nicht die oberste Geschossdecke Teil der thermischen Hülle ist, und es keine Drempel gibt. Analog wird angenommen, dass Keller nicht ausgebaut sind, sondern dass das Bauteil Boden mit einem Temperaturkorrekturfaktor $F_x = 0{,}5$, den unteren Gebäudeabschluss bildet. Die verwendeten Temperaturkorrekturfaktoren werden in Tabelle 3 aufgeführt.

Über die Anbausituation im 3D-Modell wird als nächstes ermittelt, bei welchen Außenwandflächen ein niedrigerer Wert als $F_x{=}1{,}0$ anzusetzen ist. Dazu wird aus der jeweils angebauten Fläche ein neues Bauteil gebildet, die entsprechende Fläche wird von dem Gesamtbauteil abgezogen.

Tabelle 2: In Gem-EB verwendete Temperaturkorrekturfaktoren für Außenbauteile (in Anlehnung an DIN 4108-6, Tabelle 3)

Außenbauteile	F_x	**Beispiel**
Bauteil gegen Außenluft	1,0	Außenwände, Fenster, Dach
Bauteil gegen Erdreich oder unbeheizte Kellerräume	0,5	Bodenplatte
Bauteil gegen unbeheizte Räume	0,5	Außenwände, die an Nebengebäude grenzen
Bauteil gegen beheizte Räume	0,0	Außenwände, die an Hauptgebäude grenzen

Einen weiteren wichtigen Bestandteil der thermischen Gebäudehülle bilden die Fenster, die über das Laserscanning im 3D-Modell nicht erfasst werden können. Die Fensterfläche wird deshalb pauschal zu 20 % der Wohnfläche angenommen (vgl. INSTITUT FÜR WOHNEN UND UMWELT 2005), wobei als Wohnfläche die EnEV-Gebäudenutzfläche A_N als Funktion des beheizten Gebäudevolumens herangezogen wird. Die Fensterfläche wird anteilig über alle nicht angebauten Außenwandbauteile des Gebäudes verteilt.

4.2 Manuelle Dateneingabe

4.2.1 Bauteilqualitäten

Während die Geometrien der Außenbauteile größtenteils aus dem 3D-Modell abgeleitet werden können, stehen keine vergleichbaren flächendeckenden Informationen zu den energetischen Eigenschaften der Bauteile zur Verfügung. Die U- und g-Werte werden deshalb über für Typ und Alter des Gebäudes typische Werte abgeschätzt. Als Referenz dient die Deutsche Gebäudetypologie (INSTITUT FÜR WOHNEN UND UMWELT 2003), die anhand von Musterhäusern typische Werte für verschiedene Außenbauteile in Abhängigkeit des Gebäudetyps und der Baualtersklasse auflistet.

Die Deutsche Gebäudetypologie berücksichtigt keine regionalen Besonderheiten. Je nach gewünschtem Detailgrad der Analyse kann es deshalb sinnvoll sein, eine bestehende, der Region angepasste, Typologie zu verwenden. In Gem-EB kann dafür über einen Typologie-Manager eine eigene Typologie geladen und bearbeitet werden. Für Wärmebedarfsermittlungen in der Stadt Iphofen wurden beispielsweise einige historische Gebäude der Altstadt genauer untersucht und daraus eine „historisch energetische Gebäudetypologie" entwickelt, die für die Wärmebedarfsermittlung in Gem-EB 2.0 eingespielt wurde (DRITTENPREIS et al. 2012).

Die entsprechende Baualtersklasse der Deutschen Gebäudetypologie oder benutzerdefinierten Typologie muss der Planer den Gebäuden in der integrierten Kartenanwendung in Gem-EB manuell zuweisen (Abbildung 2). In der Kartenapplikation wird die DFK Gebäude einer topologischen Karte überlagert, es können aber auch andere informative Layer geladen werden.

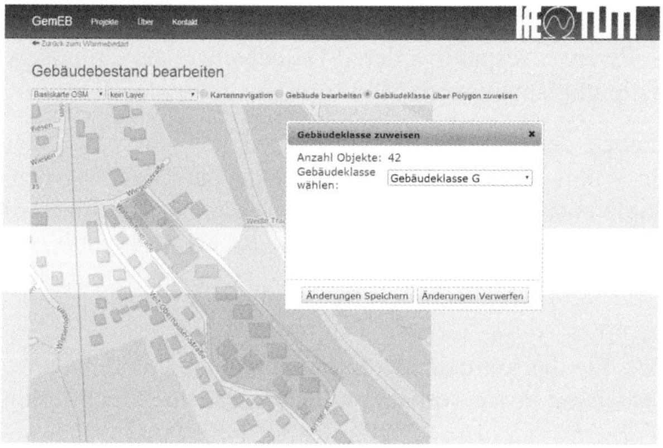

Abb. 2:
Oberfläche für die manuelle Zuweisung der Baualtersklassen in Gem-EB 3.0

4.2.2 Istzustand

Wie detailliert Baualtersklassen zugewiesen werden, liegt in der Verantwortung des Planers und hängt von der gewünschten Auflösung der Analyseergebnisse ab. Bei einer Vor-Ort-Begehung kann die Baualtersklasse anhand typischer Merkmale der jeweiligen Epoche gebäudescharf abgeschätzt werden. Da die Deutsche Gebäudetypologie nur den Errichtungszustand der Gebäude wiedergibt, können allein anhand der Typologiewerte eigentlich keine belastbaren Aussagen zum Wärmebedarf im Istzustand getroffen werden. Es bietet sich daher an, bei einer solchen Begehung auch offensichtliche Sanierungsmaßnahmen und deren Baualter aufzunehmen. Diese Daten werden dann ebenfalls in die Projektdatenbank der Software aufgenommen, indem typische Werte z. B. für die Sanierungsmaßnahme „Fenstertausch in den 90er-Jahren“ eingesetzt werden. Alternativ kann der Planer gezielt U-Werte, die den Gebäuden über die Typologie zugewiesen wurden, manuell nachkorrigieren.

4.3 Zukunftsszenarien

Um in der Potenzialanalyse des ENP abschätzen zu können, wie stark der Wärmebedarf durch Sanierungsmaßnahmen im Bestand reduziert werden kann, sollten verschiedene Szenarien erstellt werden, in denen z. B. mit einer Sanierungsrate von 1 % weitersaniert wird oder angenommen wird, dass der EnEV 2009 Standard für Bestandsgebäude flächendeckend erreicht werden kann. Stochastische Algorithmen für die Sanierungen von Wohngebäudebeständen wurden in (NEMETH 2009) und (LESSER 2013) erarbeitet und können auf das beschriebene Datenmodell angewendet werden. Derzeit können Zukunftszenarien jedoch nur über eine manuelle Erstellung und Zuweisung eine Sanierungstypologie erstellt werden.

4.4 Berechnungsmodi

Bisher liegt der Fokus von Gem-EB 3.0 auf der Wärmebedarfsberechnung nach dem Heizperiodenverfahren. Theoretisch könnte das Modell auch für eine Berechnung nach einem (vereinfachten) Monatsbilanzverfahren angepasst werden. Genauere Werte als im Heizperiodenverfahren kann dieses Verfahren allerdings nur liefern, wenn der Planer auf Basis einzelner Gebäude die automatisiert erhobenen Daten nachkorrigiert, was in der Regel nur für besonders interessante, kleine Gebäudegruppen sinnvoll und finanziell darstellbar ist. Womöglich könnte ein Sanierungsmanager seitens der Gemeinde Daten langfristig in das Modell einpflegen und das Modell somit Schritt für Schritt dem realen Zustand der Gemeinde anpassen. Damit kann die Software – respektive deren Datenbank – als Grundlage eines auf kommunaler Ebene langfristig implementierten Monitoringinstrumentes dienen.

Vereinfachend kann bereits jetzt, neben dem Heizperiodenverfahren, ein überschlägiger typologiebasierter Wärmebedarf für Wohn- und Nicht-Wohngebäude berechnet werden, wenn in der anzuwendenden Typologie entsprechende Werte hinterlegt sind. Hierfür wird die aus dem Gebäudevolumen im 3D-Modell berechnete Nutzfläche nach EnEV 2009, A_N, verwendet und mit einem spezifischen Bedarfswert in [kWh/m²a], z. B. aus der Deutschen Gebäudetypologie, multipliziert.

Welches Verfahren die besten Werte für die kommunale Energieplanung liefert und wo zusätzlicher Aufwand in der Datenerhebung durch verbesserte Bedarfswerte gerechtfertigt ist, ist gesondert zu untersuchen.

5 Analysemodul „Oberflächennahe Geothermie“

Neben der Untersuchung der Bedarfsseite werden auch Module zur Berechnung der Angebotsseite entwickelt. Das Modul „Oberflächennahe Geothermie“ greift den im Wärme-Modul berechneten gebäudescharfen Jahreswärmebedarf auf und berechnet, ob dieser über das dazugehörige Flurstück mit Erdwärme gedeckt werden kann. Untersucht werden können die Umweltwärmequellen Erdwärmesonde und Erdwärmeflächenkollektor.

Zur Berechnung des flurstückbezogenen Erdwärmepotenzials werden zunächst die unter Einhaltung bestimmter Abstandsflächen zu Gebäuden und Grundstücksgrenzen nutzbaren Flächengeometrien bestimmt (Abbildung 3-2). Für die Sonden wird den nutzbaren Flächen anschließend ein Raster überlagert, das einen Sondenabstand untereinander von 6 m gewährleistet (3) und durch numerische Optimierung die maximal mögliche Anzahl an Sonden findet (4).

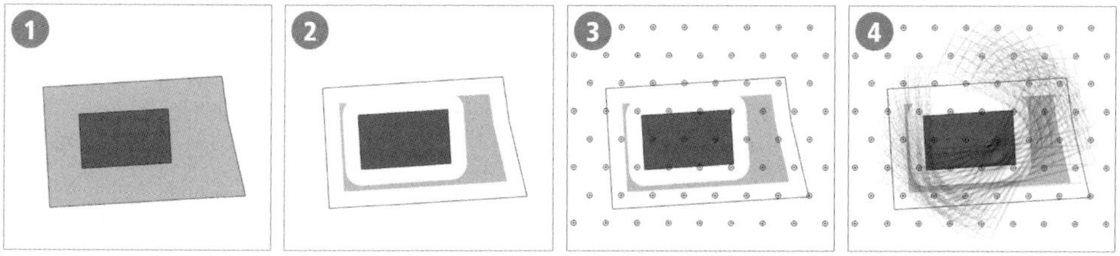

Abb. 3: Flächenalgorithmus zur Bestimmung der maximalen Sondenzahl eines Flurstücks

Informationen zur Ergiebigkeit des Bodens stellt das Bayerische Landesamt für Umwelt in Form vorprozessierter Datensätze zur Verfügung. Diese beinhalten Informationen zu den hydrogeologischen Verhältnissen und Bohrtiefenbeschränkungen. Diese Datensätze enthalten im Wesentlichen jeweils für 1.800 und 2.400 Vollaststunden der Anlage pro Jahr:

- Entzugsleitung in $kW/m_{Sonde} \cdot a$ bzw. $kW/m^2_{Kollektorfläche} \cdot a$,
- Entzugswärme in $kWh/m_{Sonde} \cdot a$ bzw. $kWh/m^2_{Kollektorfläche} \cdot a$

Über den Einsatz eines generischen Heizungssystems kann damit abgeschätzt werden, ob das Gebäude mit Erdwärme vollständig versorgt werden kann und welcher Hilfsenergieeinsatz für den Betrieb der Wärmepumpe notwendig ist.

6 Fazit

Um Energienutzungspläne besser in der kommunalen und regionalen Energie- und Flächenplanung zu verankern, bedarf es der vermehrten Automatisierung und Standarisierung der dem Plan zugrunde liegenden Analysen. Das Projekt „Datenpool ENP" bildet den Anfang einer Entwicklung eines Softwarewerkzeuges, das Bestands- und Potenzialanalysen automatisiert und ermöglicht es dadurch den Planern, bei gleichwertiger oder sogar vertiefter Analysequalität weniger Zeit in Datenbeschaffung und Berechnung zu investieren. Eine Konzentration der planerischen Arbeiten auf die Auswertung von Ergebnissen und deren Integration in die Gemeindestrukturen wird damit wesentlich gefördert. Zu Projektende werden mit den drei Modulen Wärme, oberflächennahe Geothermie und Wind erste exemplarische Analysewerkzeuge zur Verfügung stehen. Durch den höchst modularen Aufbau der Software bietet diese großes Potenzial zur Weiterentwicklung – sie es durch die Weiterentwicklung bestehender Module oder das hinzufügen neuer Analysewerkzeuge für den Bereich der kommunalen Energieplanung.

Literatur

BAYERISCHE VERMESSUNGSVERWALTUNG (2013), 3D-Gebäudemodell LoD2. http://vermessung.bayern.de/geobasis_lvg/3DGebaeude/lod2.html (31.01.2014).

DRITTENPREIS, J., SCHMID, T. & ZADOW, O. (2012), Energienutzungsplan unter besonderer Berücksichtigung des Denkmalschutzes am Beispiel Iphofen. München.

HAUSLADEN, G., WAGNER, T., SCHMID, T., BONNET, C., HAMACHER, T., TZSCHEUTSCHLER, P. & BURHENNE, R. (2011), Leitfaden Energienutzungsplan. München.

INSTITUT FÜR WOHNEN UND UMWELT (2003), Deutsche Gebäudetypologie – Systematik und Datensätze. Darmstadt.

INSTITUT FÜR WOHNEN UND UMWELT (2005), Kurzverfahren Energieprofil: Entwicklung eines vereinfachten, statistisch abgesicherten Verfahrens zur Erhebung von Gebäudedaten für die Erstellung des Energieprofils von Gebäuden. Darmstadt. http://www.iwu.de/fileadmin/user_upload/dateien/energie/werkzeuge/iwukurzverfahren_energieprofil-endbericht.pdf (31.01.2014).

LESSER, A. (2013), Erarbeitung eines Modells zur gesamtenergetischen Entwicklung in Wohngebäuden unter Berücksichtigung verschiedener Sanierungsszenarien. Masterarbeit am Lehrstuhl für Bauklimatik und Haustechnik, Technische Universität München.

NEMETH, I. (2009), Methodenentwicklung zur Bestimmung von Potenzialen der Energieeffizienzsteigerung im Haushalts und GHD-Sektor – Am Beispiel von drei Landkreisen in Bayern. München.

ZADOW, O. & LESSER, A. (2012), Gem-EB – Ein Softwarewerkzeug für den Energienutzungsplan zur Berechnung von Energiebedarfsdichten in Siedlungsgebieten. http://www.bk.ar.tum.de/fileadmin/w00bky/www/Forschung/Software/20121219_GemEB.pdf (19.12.2012).

Windenergiepotenzial auf Offenland- und Waldstandorten

Nikolas LUDWIG[1] und Stephan BOSCH[2]

[1]BayWa r.e. renewable energy · nikolas.nudwig@baywa-re.com
[2]Lehrstuhl für Humangeographie und Geoinformatik der Universität Augsburg

Dieser Beitrag wurde durch das Programmkomitee als „reviewed paper" angenommen.

Zusammenfassung

Standortalternativen für die Windenergie ergeben sich zum einen daraus, dass ein Standortsuchraum durch Maximierung bzw. Minimierung von Restriktionskriterien eingeschränkt bzw. erweitert wird. Die Potenzialanalyse kann jedoch auch durch eine bislang nicht ins Standortkalkül miteinbezogene Flächenkategorie – im vorliegenden Fall sind dies Waldstandorte – ergänzt werden. Um zu verstehen, welche Ausbauoption die wirtschaftlich sinnvollste und sozialökologisch verträglichste Lösung darstellt, müssen die räumlichen Dimensionen der jeweiligen Ausbaupfade konkretisiert werden. Im Folgenden wird dies beispielhaft an der Umsetzung der bayerischen Wind-Energiewende illustriert.

1 Aufbau der Arbeit

1.1 Problemstellung und Zielsetzung

Vor dem Hintergrund des bayerischen Energiekonzeptes „Energie innovativ", das eine Erhöhung des Anteils der Windenergie am Stromverbrauch Bayerns auf 10 % bis zum Jahr 2021 vorsieht und daher den Ausbau von 1.500 zusätzlichen Windenergieanlagen (WEA) fordert (BAYERISCHE STAATSMINISTERIEN 2011), gilt es, die räumlichen Dimensionen dieses Vorhabens zu erfassen. Das bislang verfügbare Onlineinformationssystem „Gebietskulisse Windkraft" (STMUG 2013a) bestätigt die Annahme des Bundesverbandes Windenergie (IWES 2011), dass zwei Prozent der Landesfläche für den Ausbau der Windenergie geeignet wären (SEBALD 2012). Es besteht jedoch die Annahme, dass für die Umsetzung des bayerischen Energiekonzeptes 0,2 % der Landesfläche genügen würden (STMUG 2013b). Diese Diskrepanz, die zwischen dem großen Standortpotenzial von 2 % auf der einen und dem relativ geringen Ausbauvorhaben von 0,2 % auf der anderen Seite besteht, erhöht zwar die Planungsflexibilität. Jedoch birgt sie das Risiko eines ineffizienten Ausbaus, falls es nicht gelingt, zum einen die optimalen Standorte innerhalb des zulässigen räumlichen Korridors zu ermitteln, zum Anderen diesen Standorten sozialökologisch verträgliche Alternativen zur Seite zu stellen. Ziel der Studie ist es deshalb, den Fokus der Szenarien nicht nur auf das stark genutzte Offenland zu richten, sondern auch die bis dato in Bayern wenig beachteten Waldstandorte miteinzubeziehen. Eine Unterscheidung zwischen Offenland- und Waldflächen fehlt in der „Gebietskulisse Windkraft" und bedarf daher einer genauen Betrachtung.

Strobl, J., Blaschke, T., Griesebner, G. & Zagel, B. (Hrsg.) (2014): Angewandte Geoinformatik 2014.
 ISBN 978-3-87907-543-0.

1.2 Methodik

Anhand einer GIS-gestützten Potenzialanalyse für den Untersuchungsraum Bayern werden nachfolgend drei Szenarien entwickelt, die das Standortpotenzial der Windenergie in Abhängigkeit von unterschiedlich starken räumlichen Restriktionen darstellen und so einen räumlichen Korridor für eine realistische Umsetzung des Energiekonzeptes „Energie innovativ" eröffnen. Im Falle von Szenario 1 werden allein die rechtlich eindeutig definierten Restriktionsgebiete als Ausschlussflächen definiert. Szenario 2 schließt überdies Flächen aus, bei denen es in der Planungspraxis zu einer Einzelfallentscheidung kommt. In Szenario 3 wird das Augenmerk schließlich auf jene Flächen gerichtet, die einen ökologisch und sozial einwandfreien Ausbau von WEA ermöglichen. Auf den jeweils verbleibenden Flächen wird sodann die Wirtschaftlichkeit der Standorte geprüft. Dabei werden die restriktionsfreien Flächen mit WEA bestückt und deren Ertragspotenzial anhand von Winddaten des Deutschen Wetterdienstes (DWD) berechnet. Mit Blick auf die Vorgaben des Energiekonzeptes gilt es anschließend, die 1.500 ertragreichsten Standorte zu selektieren und das Verhältnis von Offenland- und Waldstandorten darzulegen.

In der Studie wird vom Ausbau einer getriebelosen Schwachwindanlage (SWT-2.3-113), mit einer Nabenhöhe von 142,5 m, einem Rotordurchmesser von 113 m und einer Leistung von 2,3 MW ausgegangen. Es muss darauf geachtet werden, dass bei der Anordnung der WEA die erforderlichen Abstände, die zum Einen für die Minimierung der Abschattungsverluste, zum Anderen für die Standsicherheit der Anlagen gelten, eingehalten werden. Die WEA sollen in Waldarealen in Hauptwindrichtung (225°) nicht näher als 791 m, im Offenland nicht näher als 565 m zueinander stehen (UMBWL 2011). Da in Nebenwindrichtung geringere Abstände möglich sind, ergeben sich ellipsenförmige Abstandsflächen. Ellipsen können im GIS jedoch nicht automatisiert erstellt werden. Deshalb werden die Polygone mit Kreisen gefüllt. Ist die Beplanung für gleichmäßige Rechtecke einfach durchzuführen, stellt sie sich für unregelmäßige Polygone als komplex dar (vgl. Abb. 1).

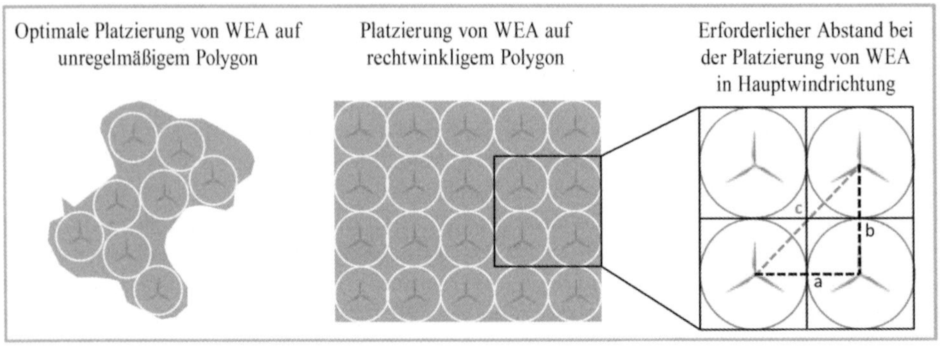

Abb. 1: WEA auf unregelmäßigen und rechtwinkligen Polygonen (Quelle: eigene Darstellung)

In ArcGIS ist ein Algorithmus, der unregelmäßige Polygone automatisiert mit der maximal möglichen Anzahl an Kreisen füllt, nicht verfügbar. Daher wird ein alternativer Weg aufgezeigt: Einzel- und Mehrfachstandorte werden getrennt voneinander betrachtet. Deshalb werden die Polygone in Flächen untergliedert, auf denen einerseits maximal eine WEA, andererseits mehr als eine WEA Platz hat. Dabei ist der Flächenbedarf einer WEA ausschlaggebend. Der erforderliche Abstand von 791 m in Richtung des Hauptwindes (vgl. Abb. 1 rechts, Diagonale c) führt zu einem Abstand in Nebenwindrichtung von 560 m (vgl. Abb. 1 rechts, Horizontale a). Bei einer angenommenen quadratischen Fläche kann dies über den Satz des Pythagoras bestimmt werden. Daraus ergibt sich ein Abstandsflächenbedarf von 560 m × 560 m, d. h. 31,36 ha/ WEA. Jene Waldflächen, die den Wert von 62,72 ha unterschreiten, können folglich nur mit einer WEA beplant werden. Jedoch wird das Einhalten der Abstände nicht allein durch die absolute Flächengröße, sondern auch durch deren spezifische Form bestimmt. Es ist tatsächlich möglich, unter Einhaltung der Mindestabstände, selbst auf kleineren Flächen mehr als eine WEA zu platzieren (vgl. Abb. 2): Zwar ist die Gesamtfläche des Polygons kleiner als 62,72 ha, aufgrund der länglichen Form könnten dennoch zwei WEA in ausreichendem Abstand zueinander errichtet werden. Im Rahmen der vorliegenden Studie wird davon abgesehen und für alle Polygone, bei denen es sich um Einzelstandorte mit einer Fläche von unter 62,72 ha handelt, Zentroide erstellt. Daraus folgt, dass nur eine WEA, und diese im Schwerpunkt des Polygons, platziert wird (vgl. Abb. 3, links oben). Das tatsächliche Potenzial der als Einzelstandorte definierten Flächen ist daher in der Realität tendenziell höher als hier angenommen.

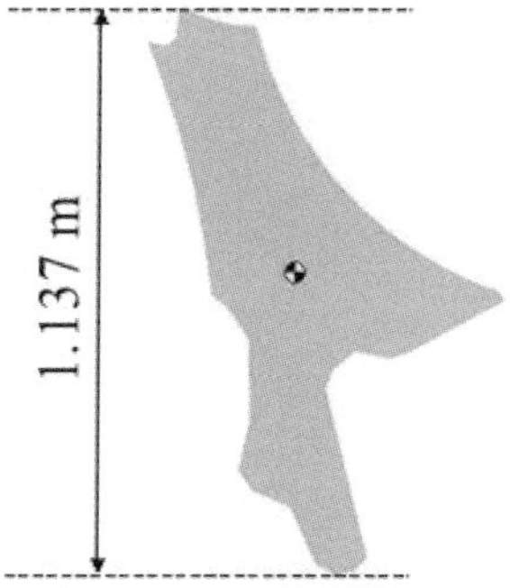

Abb. 2:
Unregelmäßiges Polygon-Feature (< 62,72 ha)
(Quelle: eigene Darstellung)

In einem weiteren Schritt werden auf den Flächen, die größer als 62,72 ha sind, mindestens zwei WEA positioniert. Für diese Flächen ist jedoch eine andere als die bei den Einzelstandorten angewandte Methodik notwendig, da mit der Zentroid-Methode nur eine WEA je Polygon platziert werden kann. Daher werden die Polygone in ein Raster (Seitenlänge 560 m) konvertiert (vgl. Abb. 3, rechts oben). Im Mittelpunkt jeder Rasterzelle wird hierbei ein Punkt-Feature generiert. Aufgrund der Form der Polygone kann es sein, dass schmale Polygonabschnitte nicht in Rasterzellen konvertiert und somit an diesen Stellen keine WEA zugeordnet werden (vgl. Abb. 3, links unten). Um diese Areale zu lokalisieren und dort dennoch WEA zu positionieren, wird das generierte Raster wieder in Polygone konvertiert und mit einem Puffer von 560 m versehen. Dadurch lassen sich alle Bereiche der restriktionsfreien Waldfläche, die von dem erzeugten Puffer überdeckt sind, ausschneiden. Letztlich erhält man alle Polygonteilbereiche, die im vorangegangenen Schritt aufgrund ihrer Form nicht in ein Raster umgewandelt wurden. Diesen Polygonen kann über die Zentroid-Methode eine WEA zugeordnet werden (vgl. Abb. 3, rechts unten).

Um den WEA einen Ertrag zuweisen zu können, ist es erforderlich, den Punktfeatures Winddaten anzuhängen. Eine Windkarte des DWD, auf der die Windhöffigkeit in 80 m Höhe dargestellt ist (Auflösung 1 km), dient hierbei als Datenbasis. Da es notwendig ist, die Windhöffigkeit auf 142,5 m Nabenhöhe zu extrapolieren, muss die von der Geländeoberfläche abhängige Rauigkeitslänge berücksichtigt werden (GLEIS 2012). Für die Wirtschaftlichkeit einer WEA wird als Schwellenwert die 60 %-Marke des festgelegten Referenzertrags angewendet (EICHHORN & BOVET 2010). Für den festgelegten WEA-Typ liegt der Referenzertrag für fünf Betriebsjahre bei 47.500.000 kWh. Für zwölf Monate liegt der Schwellenwert von 60 % daher bei 5.700.000 kWh. In Bayern wird dieser Ertrag etwa bei 5,2 m/ s auf 80 m und 5,86 m/ s auf 142,5 m Nabenhöhe erreicht. Durch Interpolation der Ertragskarte wurde ein generalisierter Schwellenwert von 5,75 m/ s ermittelt. Unterhalb dieser Windhöffigkeit sind die Standorte unwirtschaftlich.

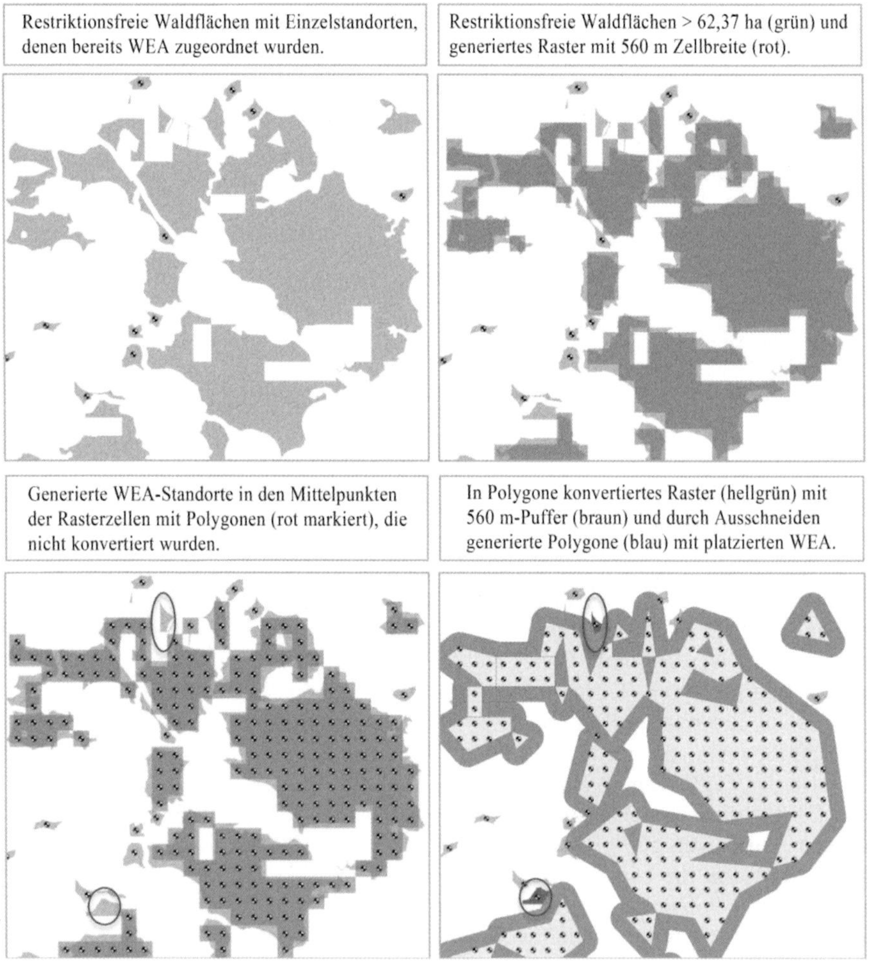

Abb. 3: Platzierung von WEA (Quelle: eigene Darstellung)

2 GIS-gestützte Potenzialanalyse

2.1 Szenario 1 – maximaler Ausbau der Windenergie

Nach Abzug der rechtlich eindeutigen Restriktionsflächen verbleiben für die Windenergie 1,24 Mio. ha bzw. 17,6 % der Staatsfläche Bayerns (vgl. Abb. 4). 812.540 ha entfallen davon auf Wald-, 428.300 ha auf Offenlandflächen. Diese Flächen sind jedoch nicht ausnahmslos für WEA geeignet. Bei der Verschneidung von Restriktionsgebieten sind stellenweise Polygonsplitter entstanden, die nur wenige Quadratmeter groß sind. Doch sollten Waldflächen eine bestimmte Mindestgröße aufweisen, damit der Eingriff durch Rodungsarbeiten relativ zur jeweiligen Eignungsfläche nicht zu groß ist. Deshalb wird die erforderliche Mindestgröße eines Polygons auf die achtfache Größe der durchschnittlichen Rodungsfläche von 0,5 ha, d. h. auf 4 ha festgelegt. WEA im Offenland benötigen hingegen eine restriktionsfreie Fläche, die nur der Größe ihres Fundamentes entspricht. Da häufig die vom Rotor überstrichene Fläche als Kriterium für Abstände herangezogen wird und des Weiteren Flächen für die Erschließung sowie Montage- bzw. Kranstellflächen benötigt werden, ist das Minimum im Offenland auf einen Hektar festzusetzen. Alle Polygone, die diese Mindestgrößen unterschreiten, werden ausgeschlossen. Auf Waldflächen sind hierbei 6.640 ha betroffen, im Offenland 3.600 ha. Somit verbleiben 805.900 ha Wald- und 424.700 ha Offenlandfläche. Das große Standortpotenzial im Wald wird dadurch relativiert, dass die Abstandsflächen dort, mit 31 ha/WEA, größer als im Offenland, mit 16 ha/WEA, sind. Mit 26.500 WEA lassen sich im Offenland 500 Anlagen mehr als im Wald errichten. Darüber hinaus ergibt sich eine Reduktion aus dem Ausschluss unwirtschaftlicher Standorte. Der Umfang der Waldstandorte geht dabei von 805.900 ha zurück auf den Wert von 514.000 ha (–36,2 %), Offenland-Standorte werden von 424.700 ha auf 281.700 ha (–33,7 %) reduziert. Unter planerisch-rechtlichen, wie auch unter wirtschaftlichen Gesichtspunkten sind damit 11,3 % der bayerischen Staatsfläche für die Windenergie geeignet.

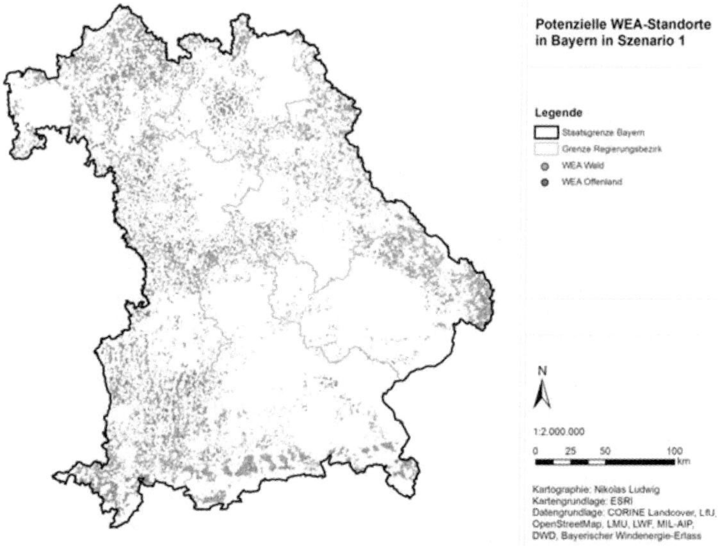

Abb. 4: Potenzielle WEA-Standorte Szenario 1 (Quelle: eigene Darstellung)

Gilt es, zusätzlich Bauschutzbereiche der Flughäfen und Flugplätze sowie Korridore der militärischen Tiefflugzone zu beachten, innerhalb derer eine Bauhöhenbegrenzung von unter 200 m besteht, verbleiben nur mehr 11 % der Staatsfläche. Mit 501.000 ha ist der Großteil dieser Flächen Wald. Im Offenland wird das Standortpotenzial auf 274.000 ha reduziert. Nach Szenario 1 verbleiben im Wald 17.454 restriktionsfreie und wirtschaftliche WEA-Standorte. Jede dieser WEA erzeugt durchschnittlich 7.060 MWh pro Jahr, daher liegt das summierte Standortpotenzial bei 123 TWh. Dies entspricht 143 % der bayerischen Stromerzeugung. Mit 6.629 MWh ist der durchschnittliche Ertrag eines Offenlandstandortes geringer. Wegen der größeren maximalen Anzahl von WEA im Offenland (23.171 WEA) fällt der potenzielle Gesamtertrag – mit 153 TWh – höher aus und entspricht 178 % der bayerischen Stromerzeugung.

2.2 Szenario 2 – Ausschluss Einzelfallentscheidung

Methodisch greift Szenario 2 die Ergebnisse aus Szenario 1 (Eignungsfläche Wald: 501.000 ha; Offenland: 274.000 ha) auf. Die Eignungsflächen werden zusätzlich um jene Gebiete reduziert, die nach der „Gebietskulisse Windkraft" aufgrund ihrer sozialen und ökologischen Bedeutung sensibel zu behandeln sind. Aus rechtlicher Sicht sind diese Gebiete keine definitiven Ausschlussgebiete, bedürfen im Rahmen des Genehmigungsverfahrens jedoch einer Einzelfallbetrachtung (LFU 2012a). Hier ist anzumerken, dass sich die naturschutzrechtlichen Gebietskategorien stellenweise überlappen und die Summe aus den einzelnen Restriktionsflächen daher größer ist als die Gesamtgröße des auszuschließenden Gebietes. Zwar würde die Gebietskategorie „Erholungslandschaft Alpen Zone A + B" auch einer Einzelfallbetrachtung unterstehen, jedoch wird sie zu Beginn von Szenario 2 kategorisch ausgeschlossen. Dies ist dadurch zu erklären, dass es sich um einen bedeutenden Tourismusraum handelt. Die zukünftige Einbindung dieses Gebietes in das Energiekonzept ist deshalb unrealistisch. Ohnehin haben die betroffenen Planungsregionen Oberland, Südostoberbayern und Allgäu den Großteil dieser Flächen als Ausschlussgebiete ausgewiesen. Im Wald bzw. Offenland werden die Eignungsflächen durch diese Entscheidung auf den Referenzwert von 405.000 ha bzw. 242.000 ha reduziert. Die Wirtschaftlichkeit der Standorte wurde bereits in Szenario 1 überprüft und entfällt daher im Folgenden.

Vom rechtlichen Umgang mit Landschaftsschutzgebieten (LSG) sind gravierende Auswirkungen auf den Umfang des Standortpotenzials zu erwarten. In Bayern nehmen diese, mit 2,12 Mio. ha, 30 % der Landesfläche ein. Da WEA einen Rotorradius von Gebietsabgrenzungen entfernt sein sollen, vergrößert sich die Restriktionsfläche der LSG aufgrund eines Puffers von 60 m auf 2,31 Mio. ha (33 % der Landesfläche). Vom Referenzwert im Wald würden angesichts des Ausschlusses der LSG nur 145.000 ha (–64,2 %) verbleiben. FFH-Gebiete nehmen eine Fläche von 645.000 ha ein. Bei einem 60-m-Abstandspuffer vergrößert sich diese auf 812.000 ha bzw. 11,5 % der bayerischen Staatsfläche. Dürfen WEA im Wald FFH-Gebiete nicht beeinträchtigen, verringert sich die Referenzfläche um 34.000 ha (–8,3 %). Geringer fällt die Reduktion bei den Biosphärenreservaten aus. Die Biosphärenreservate Berchtesgaden und Rhön erstrecken sich über eine Fläche von 20.900 ha. Im Falle des Ausschlusses dieser Gebietskategorie müssten 14.000 ha (–3,3 %) vom Referenzwert der Waldeignungsgebiete abgezogen werden. Werden darüber hinaus alle Waldflächen, die entsprechend der Waldfunktionskartierung die Funktion Erholung (Stufe 1 u. 2), Sichtschutz, Bodenschutz, Lebensraumschutz und Lawinenschutz erfüllen, als Ausschlussgebiete bestimmt, wird die Waldeignungsfläche um 112.000 ha (–27,6 %) reduziert. Neben den

Vogelschutzgebieten hat das LFU (2012b) auch Gebiete ausgewiesen, die eine besondere Funktion für Vögel haben. Hierzu zählen Vogelzugkorridore bzw. Gebiete mit Vogelzugverdichtungen sowie Gebiete für Wasservögel und Wiesenbrüter. Die summierte Fläche dieser Kategorien beträgt über 1 Mio. ha. Trotz dieser großen Gesamtfläche wären die Auswirkungen auf Waldstandorte, mit einer Flächenreduktion von 30.000 ha (–7,3 %), überschaubar. Ebenfalls sensibel zu behandelnde Gebiete sind die Zonen I und II der Gebietsabgrenzung Trinkwasserschutzgebiete, deren Eignung für die Errichtung von WEA im Einzelfall zu prüfen ist. Die 102.000 ha Fläche dieser Kategorie wirken sich kaum auf den Bestand der Windeignungsflächen aus. Hierdurch würde der Referenzwert um etwa 11.000 ha (–2,6 %) reduziert werden. Auf Offenlandflächen wirken sich die Restriktionen aus Szenario/2 deutlich geringer aus. Mit einer Flächenreduktion von 54.000 ha (–22,4 %) haben auch hier die LSG den größten Einfluss. Die Gebiete für Vogelschutz, die den Referenzwert um 34.000 ha (–14 %) reduzieren würden, liegen an zweiter Stelle. Mit einer Reduktion von 4.000 ha (–1,9 %) bzw. 2.000 ha (–1 %) wirken sich FFH-Gebiete und Biosphärenreservate minimal aus. Die Zonen I und II der Gebietsabgrenzung Trinkwasserschutzgebiete haben eine Reduktion der Eignungsfläche um nur mehr 0,8 % zur Folge.

Im Rahmen der Planungen sind überdies die Belange des Denkmalschutzes zu berücksichtigen. Historische Befestigungsanlagen, Burgen, Schlösser, Kirchen oder Klöster zählen zu den schützenswerten Baudenkmälern und Bauensembles (BLFD 2012). Die Umgebung dieser Denkmäler soll von WEA freigehalten werden. Dabei hängen die Abstandsregelungen vom Schutzgut und von den lokalen Gegebenheiten ab (BAYERISCHE STAATSMINISTERIEN 2011, 53). Es wird jedoch ein pauschaler Mindestabstand zu Baudenkmälern und Bauensembles von 800 m festgelegt. Dieser Wert wurde vom Abstand für geschlossene Wohngebiete übernommen. Unter die schützenswerten Kulturdenkmäler fallen darüber hinaus Bodendenkmäler, bspw. historische Überreste von Siedlungen, Bauwerken oder Grabhügeln. Auch diese sind kein prinzipielles Ausschlusskriterium für WEA, jedoch besteht die Notwendigkeit aufwendiger archäologischer Untersuchungen und Grabungsarbeiten. Die Bodendenkmäler werden mit einem Puffer von 50 m versehen, um eine Beeinflussung durch die Fundamentflächen von WEA zu verhindern. Durch die Belange des Denkmalschutzes verringert sich der Referenzwert geeigneter Waldgebiete um 41.000 ha (–10,2 %), im Offenland ist mit einer Reduktion von 37.000 ha (–15,5 %) zu rechnen. Die Fläche der geeigneten Waldstandorte wird durch die Restriktionen aus Szenario 2 von 405.000 ha auf 130.000 ha (–67,9 %), die der Offenlandstandorte von 242.000 ha auf 153.000 ha (–36,6 %) eingeschränkt. Infolge der Restriktionen aus Szenario 2 verringert sich neben dem Flächenpotenzial (vgl. Abb. 5) auch der durchschnittliche Ertrag je Standort. Der potenzielle Gesamtertrag im Wald geht hierbei von 123 TWh zurück auf 29 TWh. Dies entspricht einem Drittel des Strombedarfs Bayerns. Das Potenzial im Offenland geht von 154 TWh zurück auf 77 TWh (88,6 % des Strombedarfs Bayerns). Von den LSG geht die größte Wirkung aus. Ohne deren Einbeziehung würde sich der Gesamtstromertrag lediglich auf die Werte 52 TWh (Wald) und 95 TWh (Offenland) verringern. Die Ansicht der Bayerischen Staatsregierung, WEA in LSG prinzipiell als genehmigungsfähig zu deklarieren, ist somit ein bedeutendes Kriterium für den Erfolg der Energiewende. Im Falle des Ausschlusses von LSG ginge nicht nur die absolute Zahl der Standorte auf 4.648 im Wald und 12.153 im Offenland zurück, vielmehr würde sich der durchschnittliche Ertrag pro WEA im Wald von 6.507 MWh auf 6.220 MWh, im Offenland von 6.233 MWh auf 6.195 MWh verringern. Angesichts der bislang unklaren Handhabung der Zonierungskonzepte und der Empfehlung von ZIMMERMANN (2011) bleiben die LSG in der vorliegenden Studie dem

Standortpotenzial erhalten. Nach Szenario 2 verbleiben im Wald 228.000 ha (3,2 % der Landesfläche), im Offenland 180.000 ha (2,5 %). Dort könnten 8.019 WEA bzw. 15.265 WEA errichtet werden, die 60,5 % bzw. 110 % der Stromerzeugung Bayerns decken würden.

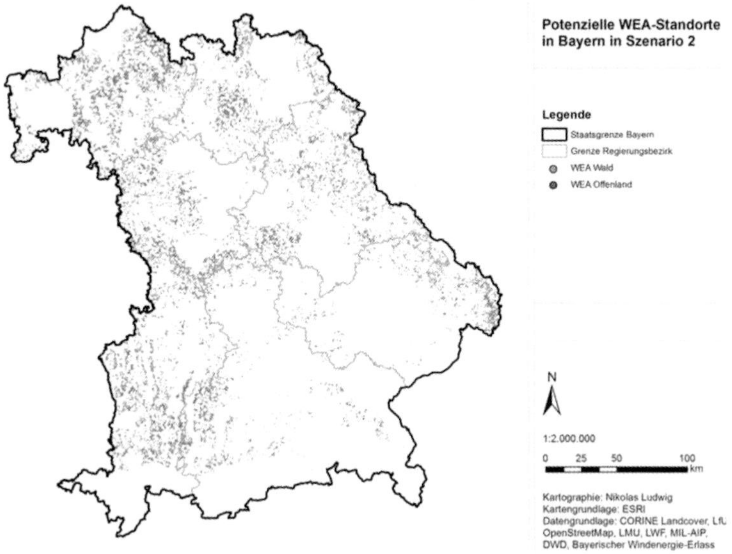

Abb. 5: Potenzielle WEA-Standorte Szenario 2 (Quelle: eigene Darstellung)

2.3 Szenario 3 – sozialökologisch verträglicher Ausbau

Ausgehend von den Ergebnissen aus Szenario 2 wird in Szenario 3 die größtmögliche sozialökologische Verträglichkeit des Ausbaus anvisiert. Alle Raumkategorien, bei denen Konflikte zu erwarten sind, werden deshalb als Ausschlussgebiete definiert. Hierzu wird die ASK-Kartierung des LFU (2012b) herangezogen. Jegliche Arten, die durch WEA gefährdet sind, werden pauschal durch einen Puffer von 1.000 m (Vögel) bzw. 500 m (Fledermäuse) geschützt (vgl. DÜRR 2011). Des Weiteren werden besonders sensible Laubwaldgebiete und alle Waldrandbereiche (mit einer Tiefe von 200 m) als Ausschlusskriterium behandelt. Um die soziale Verträglichkeit zu erhöhen, sollen WEA-Standorte eine Distanz zu gekennzeichneten Wander- und Radwegen von mindestens 200 m einhalten. Die Eignungsflächen im Wald (228.000 ha) und Offenland (180.000 ha) werden erheblich durch die Puffer der Rad- und Wanderwege eingeschränkt. Im Wald bzw. Offenland führt dies zu einer Flächenreduktion von 88.000 ha (–38,7 %) bzw. 58.000 ha (–32,4 %). Die Eignungsfläche im Wald wird durch den Ausschluss von Waldrandbereichen um 85.000 ha (–37,4 %) verringert. Absolut gesehen wirken sich die Puffer der Vogel- und Fledermauskartierungen im Wald, mit einer Reduktion von 15.000 ha, schwächer aus als im Offenland (–17.000 ha). Unter Berücksichtigung aller Restriktionskriterien verbleiben nach Szenario 3 71.800 ha Waldfläche. Diese Fläche entspricht einem Prozent der Landesfläche Bayerns. Die geeigneten Flächen im Offenland haben erstmals einen größeren Umfang als Waldflächen. 110.700 ha bzw. 1,6 % der Landesfläche verbleiben hier den WEA (vgl. Abb. 6). Im Vergleich zu Szenario 2 wurden die Eignungsflächen um 68,5 % (Wald) bzw. 38,5 % (Offenland) reduziert. Nach Szenario 3 könnten auf Waldstandorten nur noch ca. 4.077 WEA errichtet werden und bei durchschnittlich 6.512 MWh/ WEA 26,6 TWh Strom produzieren. Dies entspricht 34,1 % der Stromproduktion Bayerns. Im Vergleich zum vorhergehenden Szenario hat sich damit sowohl die Zahl der möglichen WEA im Wald, als auch ihr Gesamtertrag halbiert. Die Anzahl der Offenlandstandorte verringert sich im Vergleich zu Szenario 2 um ein Viertel auf insgesamt 11.337 WEA. Damit ließen sich 91,7 % der Stromerzeugung Bayerns decken.

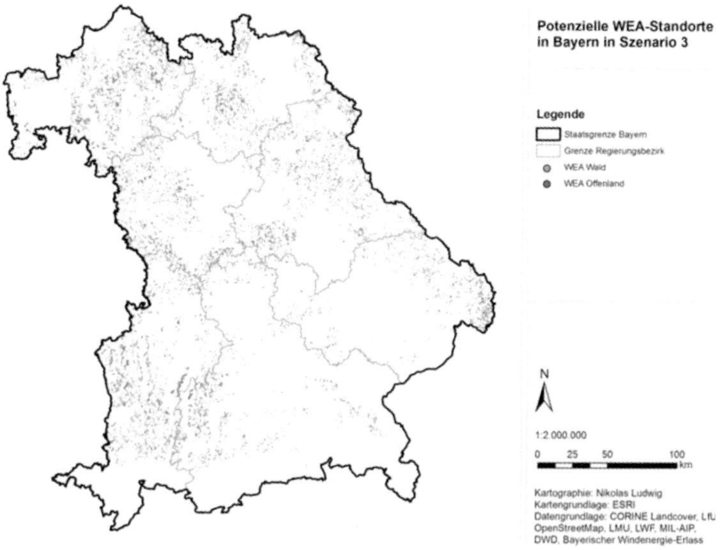

Abb. 6: Potenzielle WEA-Standorte Szenario 3 (Quelle: eigene Darstellung)

3 Fazit

Vor dem Hintergrund von Szenario 1 könnte mehr als das Dreifache der bayerischen Stromerzeugung (derzeit 86,3 TWh) gedeckt werden. Dabei würden Standorte im Wald 45 % zum Gesamtpotenzial beisteuern. Entsprechend den Empfehlungen des bayerischen Energiekonzeptes, den Ausbau auf 1.500 zusätzliche WEA zu beschränken, ließen sich 20 % des Bedarfes decken. Unter den 1.500 ertragreichsten WEA befinden sich 56 % auf Waldflächen. Die restriktionsfreie Fläche im Wald verringerte sich nach Szenario 2 auf 228.000 ha, im Offenland auf 180.000 ha. Die verbleibenden Waldflächen bieten so ein Standortpotenzial von maximal 8.019 WEA. Etwa doppelt so viele ließen sich im Offenland errichten. Dieses Potenzial reicht aus, um 60,5 % (Waldstandorte) bzw. 110 % (Offenlandstandorte) der Stromproduktion Bayerns zu decken. Szenario 3 macht klar, dass die Summe aus Wald- und Offenlandstandorten selbst bei einem äußerst sensiblen Ausbau dem bayerischen Strombedarf entsprechen könnte. Dabei können Waldstandorte einen wichtigen Beitrag zur regenerativen Energieversorgung leisten. Bei einem Standortpotenzial von 15.414 WEA entfällt mehr als ein Viertel auf Waldgebiete, deren durchschnittlicher Ertrag mehr als 200 MWh über dem der Offenlandstandorte liegt. Der Anteil der Waldstandorte an den 1.500 geforderten WEA liegt angesichts wirtschaftlicher Optimierung bei 51 %.

Literatur

BAYERISCHE STAATSMINISTERIEN (2011), Hinweise zur Planung von Windkraftanlagen. München.

BLFD – BAYERISCHES LANDESAMT FÜR DENKMALPFLEGE (2012), BayernViewer-denkmal. http://www.blfd.bayern.de/denkmalerfassung/denkmalliste/bayernviewer/index.php (05.10.2012).

DLR – DEUTSCHES ZENTRUM FÜR LUFT- UND RAUMFAHRT (2012), Corine Landcover – Bodenbedeckungsdaten für Deutschland. http://www.corine.dfd.dlr.de/intro_de.html (20.02.2013).

DÜRR, T. (2011), Auswirkungen von Windenergieanlagen auf Vögel und Fledermäuse. http://www.mugv.brandenburg.de/cms/detail.php/bb2.c.451792.de (03.04.2014).

EICHHORN, M. & BOVET, J. (2010), Ermittlung des potenziellen Eignungsraumes für die Windenergienutzung unter physischen und rechtlichen Gesichtspunkten. In: DRECHSLER, M., OHL, C., MEYERHOFF, J. & MONSEES, J. (Hrsg), Ein Verfahren zur optimalen räumlichen Allokation von Windenergieanlagen. Marburg, 79-91.

GLEIS, S. (2012), Rauigkeitsklassen. http://www.renewable-energy-concepts.com/german/windenergie/wind-basiswissen/rauhigkeitsklassen.html (04.10.2013).

HAU, E. (2003), Windkraftanlagen – Grundlagen, Technik, Einsatz, Wirtschaftlichkeit. 3. Aufl. Berlin.

IWES – FRAUNHOFER INSTITUT FÜR WINDENERGIE UND ENERGIESYSTEMTECHNIK (2011), Studie zum Potenzial der Windenergienutzung an Land. Kassel.

LFU – LANDESAMT FÜR UMWELT (2012a), Erläuterungen zur Gebietskulisse Windkraft als Umweltplanungshilfe für Kommunen. Augsburg.

LFU – LANDESAMT FÜR UMWELT (2012b), Arteninformationen des Bayerischen Landesamtes für Umwelt. Augsburg. http://www.lfu.bayern.de/natur/sap/arteninformationen/ (27.04.2013).

SEBALD, C. (2012), Wo die Brise weht. In: Süddeutsche Zeitung 27, vom 2. Feber 2012, 50.

STMUG – BAYERISCHES STAATSMINISTERIUM FÜR UMWELT UND GESUNDHEIT (2013a), Energie-Atlas Bayern 2.0. http://www.energieatlas.bayern.de/kommunen/gebietskulisse.html (27.09.2013).

STMUG – BAYERISCHES STAATSMINISTERIUM FÜR UMWELT UND GESUNDHEIT (2013b), Gebietskulisse Windkraft. http://www.stmug.bayern.de/umwelt/oekoenergie/windenergie/gebietskulisse/ (27.11.2013).

UMBWL – MINISTERIUM FÜR UMWELT, KLIMA UND ENERGIEWIRTSCHAFT BADEN-WÜRTTEMBERG (2011), Windatlas Baden-Württemberg. http://www.um.baden-wuerttemberg.de/servlet/is/82723/_Windatlas.pdf (04.10.2013).

ZIMMERMANN, J.-R. (2011), 50 Prozent plus – Strom aus Landwind. neue energie 21, 4, 37-42.

Entwicklung eines GIS-Werkzeugs zur Untersuchung geothermischer Energieproduktionspotenziale

Julia OFFER[1], Robert KADEN[1], Oliver KASTNER[2], Günter ZIMMERMANN[2] und Thomas H. KOLBE[1]

[1]Technische Universität München · julia.offer@mytum.de
[2]Geoforschungszentrum Potsdam

Dieser Beitrag wurde durch das Programmkomitee als „reviewed paper" angenommen.

Zusammenfassung

Im Rahmen der Energiewende rückt die Umgestaltung der Energieversorgung gerade von Städten zunehmend in den Fokus. Der Ausstieg aus der Atomenergie sowie klimapolitische Ziele in der Bundesrepublik Deutschland machen die Nutzung alternativer und gleichzeitig erneuerbarer Energien als Instrument der Energiewende unumgänglich. Ein hohes Potenzial zur Gewinnung großer Energiemengen bietet die sogenannte Tiefengeothermie mit einem Zielhorizont von bis zu 4000 Meter Tiefe. Die Tiefengeothermie ermöglicht die Extraktion von bis zu über 100 Grad Celsius heißem Wasser und erlaubt daher neben der Gewinnung von Heizwärme die Erzeugung von Elektrizität (SIPPEL et al. 2012).

In dieser Arbeit wird die Entwicklung und Implementierung einer Methode zur überschlägigen Abschätzung der förderbaren hydrothermischen Energiemenge in einer bestimmten Tiefe an einer bestimmten Position, im Sinne einer virtuellen Geothermiebohrung, beschrieben. Die Methode wurde vornehmlich mit der Software ArcGIS implementiert. Als Basis dient ein geologisches Untergrundmodell der Stadt Berlin, welches zunächst CityGML-konform modelliert und in das virtuelle 3D-Stadtmodell von Berlin integriert wurde. Die zur Energieproduktionspotenzialabschätzung notwendigen Daten wurden im Anschluss in eine ESRI-Geodatabase exportiert und mittels des entwickelten Modellwerkzeuges analysiert. Zu diesem Zweck wurden spezielle Algorithmen zur thermodynamischen Bilanzierung der nutzbaren Heizleistung eines hydrothermalen Heizwerkes in Form eines Dublettensystems entwickelt und implementiert.

1 Einleitung

Aufgrund aktueller klima- und umweltschutzpolitischer Vorgaben befindet sich die Energieversorgung in der Bundesrepublik Deutschland derzeit im Wandel. Ein Ziel dieser Bemühungen ist beispielsweise die Reduktion der Treibhausgasemissionen in Deutschland bis zum Jahr 2020 um 40 Prozent. Diese Vorgaben sollen zum einen durch eine Steigerung der Energieeffizienz von Gebäuden und Anlagen und zum anderen durch den Ausbau der erneuerbaren Energien wie Solarenergie oder Geothermie erreicht werden. Die Bundesregierung hat sich zum Ziel gesetzt, dass bis 2020 18 Prozent des gesamten Endenergieverbrau-

Strobl, J., Blaschke, T., Griesebner, G. & Zagel, B. (Hrsg.) (2014): Angewandte Geoinformatik 2014.
 ISBN 978-3-87907-543-0.

ches, davon mindestens 30 Prozent des Stromverbrauches und 14 Prozent des Wärmeverbrauches, durch erneuerbare Energien abgedeckt werden sollen (BMU 2013).

Um den klima- und umweltschutzpolitischen Vorgaben sowie den Reduktionszielen bis 2020 zu entsprechen, wird seit einiger Zeit auch die Nutzung der Tiefengeothermie untersucht. Die dabei genutzte geothermische Energie ist die in Form von Wärme gespeicherte Energie unterhalb der Oberfläche der festen Erde. Ein großer Vorteil von Erdwärme ist, dass sie generell überall und jederzeit zur Verfügung steht und bei sachgerechter Bewirtschaftung praktisch unerschöpflich ist. Um das geothermische Energiepotenzial an einem beliebigen Ort und in einer beliebigen Tiefe abschätzen zu können, wurden Algorithmen zur überschlägigen Berechnung der förderbaren Heizleistung entwickelt und mithilfe der Software ArcGIS implementiert. Als Datengrundlage dient das geologische Untergrundmodell der Stadt Berlin.

Da sich die Auswirkungen von verschiedenen Maßnahmen zur Umgestaltung der Energieversorgung und zur Steigerung der Energieeffizienz häufig gegenseitig beeinflussen und zum Teil kompensieren, wurden die Implementierungen im Rahmen des Energieatlasses Berlin durchgeführt. Der Energieatlas Berlin erlaubt es, die Untersuchung des geothermischen Energiepotenziales mit Abnahmestrukturen in der Stadt in Verbindung zu bringen und die Auswirkungen verschiedener Maßnahmen bezüglich der Wirtschaftlichkeit und ökologischen Effekten zu untersuchen (KADEN et al. 2012).

2 Konzept

Der Energieatlas Berlin dient als ein ganzheitliches Entscheidungs- und Planungswerkzeug für die strategische Energieplanung auf verschiedenen Entscheidungsebenen und wurde durch Vertreter der Wissenschaft, Verwaltung und Wirtschaft initiiert (KADEN et al. 2013). Als Basis dient das virtuelle 3D-Stadtmodell von Berlin, welches konform zum CityGML-Standard modelliert ist und sich durch die objektorientierte Strukturierung hervorragend als Integrationsplattform verschiedener stadtobjektbezogener Informationen eignet. CityGML ist ein anwendungsunabhängiges und vom OGC standardisiertes Beschreibungs- und Austauschformt für virtuelle 3D-Stadtmodelle. Es beinhaltet Objektklassen, Attribute und Beziehungen zur Beschreibung topologischer, semantischer, geometrischer und visueller Eigenschaften, im Sinne einer Ontologie von Städten. Für die Nutzung des virtuellen 3D-Stadtmodells als Integrationsplattform für energiebezogene Planungen wird der Energieatlas Berlin mithilfe der in CityGML vorhandenen Erweiterungsmechanismen um energierelevante Eigenschaften und Objekte unterschiedlicher Anwendungsfelder erweitert. Der Energieatlas Berlin bietet somit die Möglichkeit, u. a. energetische Gebäudeeigenschaften, Energieproduktions- und Einsparpotenziale sowie die Ver- und Entsorgungsstrukturen einer Region in einen Zusammenhang zu bringen und gemeinsame Analysen und Simulationen durchzuführen. Der Energieatlas Berlin umfasst bislang die gebäudescharfe Abschätzung von Strom-, Warmwasser- und Wärmeenergiebedarfen, die Ermittlung von Einsparpotenzialen durch Gebäudesanierung, die Gestaltung eines optimalen Energienetzausbaus unter Berücksichtigung des Strombedarfs und der Lastspitzen sowie die Nutzung der Solarenergiepotenziale (KADEN et al. 2013).

Zur Untersuchung des Geothermiepotenzials wurde zunächst das geologische Untergrundmodell von Berlin in den Energieatlas Berlin integriert. Dieses Modell besteht aus einer

Anzahl von 500 mal 500 Meter mal Formationsmächtigkeit großen 3D-Volumenobjekten, welche als CityGML-*GenericCityObjects* modelliert wurden. Die Wahl der horizontalen Auflösung der 3D- Volumenobjekte geht auf ein integriertes 3D Modell der flachen Aquifer in Berlin zurück. Die Diskreditierung der Volumenobjekte wurde dabei so gewählt, dass die Variationen im Rahmen einer Interpolation zwischen den vorhanden Volumenobjekten keine signifikanten Änderungen im Falle einer detaillierteren Auflösung erwarten lassen. Das Untergrundmodell umfasst eine Fläche von 53 mal 43,5 Kilometer unter der Stadt Berlin und enthält die acht charakteristischen Hauptformationen Jura, Keuper, Muschelkalk, Oberer Buntsandstein, Mittlerer Buntsandstein, Unterer Buntsandstein, Zechstein Salz und Sedimentär Rotliegend. Diese geologischen Einheiten wurden auf der Basis von vier über Berlin verteilten tiefen geologischen Bohrungen und aus einem 3D-Modell von Brandenburg modelliert. Aufgrund dieser Datenbasis werden durch das 3D-Modell keine Störungen abgebildet.

Jedes 3D-Volumenobjekt besitzt eine Reihe von charakteristischen Attributen, wie den Namen der Formation, die Dichte des Porenfluids oder die Fördertemperatur. Dabei sind von einigen Attributen *_trend-*, *_max-* und *_min*-Werte hinterlegt, welche jeweils für den Erwartungs-, den Maximal- und den Minimalwert stehen. Von den acht charakteristischen Hauptformationen des geologischen Untergrundmodells eignen sich lediglich zwei Gesteinsschichten für tiefe hydrothermale Heizwerke. Diese sind der Mittlere Buntsandstein und das Sedimentär Rotliegend. Die übrigen Formationen besitzen entweder ungünstige hydraulische Eigenschaften oder verfügen über ungünstige Temperaturniveaus (KASTNER et al. 2013, KASTNER & ZIMMERMANN 2013). Zur Implementierung der Methoden in ArcGIS wurden das Untergrundmodell und weitere für die Standortplanung eines hydrothermischen Wärmewerkes benötigten Geodaten in eine ESRI-Geodatabase exportiert (vgl. Abb. 1).

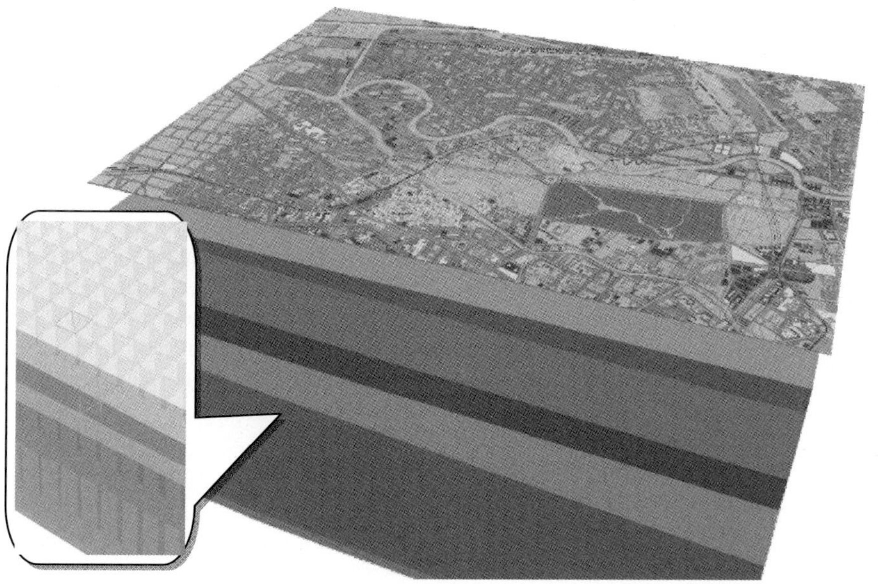

Abb. 1: Ausschnitt des integrierten Untergrundmodells mit der darüber liegenden Stadtstruktur im Energieatlas Berlin

Die Tiefengeothermie ermöglicht die Extraktion von bis zu über 100 Grad Celsius heißem Wasser und erlaubt die Gewinnung von Heizwärme in einem großen Umfang (SIPPEL et al. 2012). Dabei wird zwischen verschiedenen geothermischen Systemen unterschieden. In dieser Arbeit wird die förderbare nutzbare Heizleistung eines Dublettensystems untersucht, welches zu den hydrothermalen Systemen mit niedriger Enthalpie zählt und das im Untergrund vorhandene Wasser nutzt. An der Oberfläche wird die Wärme des Wassers über einen Wärmetauscher extrahiert und meist zur Speisung von Nah- und Fernwärmenetzen genutzt (STOBER et al. 2011). Jedoch ist die Erschließung und Bohrung eines hydrothermalen Heizwerks mit enormen Kosten und Risiken verbunden, sodass eine optimale Standortplanung einen entscheidenden Einfluss auf die Wirtschaftlichkeit und Akzeptanz einer solchen Anlage besitzt. Durch die Integration der Abschätzung des geothermischen Potenzials in den Energieatlas Berlin wird die förderbare Heizleistung an Standorten von Interesse mit der Stadtstruktur in einen Zusammenhang gebracht. Dadurch ist es möglich, die Standortwahl nach den unterschiedlichen Kriterien zu optimieren, z. B. eine hohe förderbare Heizleistung in einer gewünschten Gesteinsformation bei möglichst geringer Bohrtiefe, unter Berücksichtigung potenziell nutzbarer Freiflächen bzw. unbebauter Grundstücke und mit einer möglichst nahen und großen Abnehmerstruktur durch die umliegende Bebauung.

3 Thermodynamische Bilanzierung

Ziel der thermodynamischen Bilanzierung im Zusammenhang mit der Geothermie ist die Bestimmung der thermischen Leistung von virtuellen Heizwerken. Die hydrothermale Wärme wird dabei aus den Formationen Mittlerer Buntsandstein und Sedimentär Rotliegend gefördert. Den Berechnungen liegt die Verwendung eines Dublettensystems zu Grunde, wobei die folgenden Parameter Fluiddichte ρ, Porosität ϕ, dynamische Fluidviskosität η, Permeabilität k, spezifische Wärmekapazität c_p, Temperatur T^F und T^I des Porenfluids am Kopf des Förder- und Injektionsbrunnens, effektive Mächtigkeit $M = \varepsilon H$, Ruhespiegel Z_∞, Radius des Bohrlochs am Zutrittspunkt R und Anlagenlaufzeit a benötigt werden. Ein Großteil dieser Parameter kann aus dem Untergrundmodell des Energieatlasses Berlin entnommen werden, einige können jedoch axiomatisch festgelegt werden (KASTNER & ZIMMERMANN 2013).

Bei einem Dublettensystem wird in einem hydrothermalen Heizwerk zunächst das heiße Porenfluid durch eine tiefe Förderbohrung an die Erdoberfläche gepumpt. Anschließend wird die Wärme über einen Wärmetauscher extrahiert und durch eine zweite Bohrung, die sogenannte Injektionsbohrung, wieder in die Gesteinsschicht zurückgepresst. Dies geschieht sowohl aus hydraulischen Gründen als auch aufgrund der hohen Salinitäten. Der prinzipielle Aufbau eines Dublettensystems ist in Abbildung 2 schematisch dargestellt (KASTNER & ZIMMERMANN 2013).

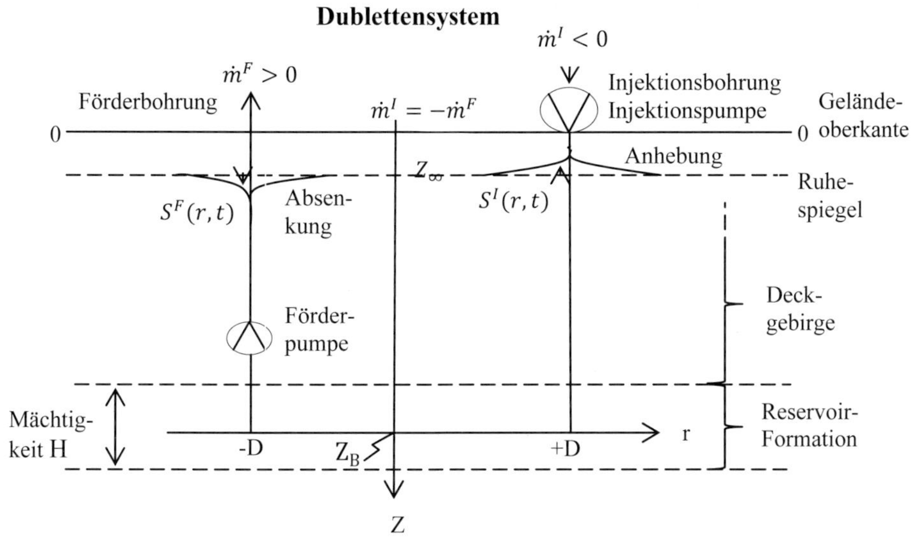

Abb. 2: Hydraulische Verhältnisse eines Dublettensystems aus Förderbrunnen und Injektionsbrunnen in einem homogenen Reservoir

Um ein Heizkraftwerk thermodynamisch zu optimieren, wird die Leistungszahl für ein gegebenes Reservoir und eine gegebene Betriebsdauer maximiert. Die Temperatur des geförderten Fluids, die Permeabilität des Reservoirgesteins und seine effektive Mächtigkeit werden hier von den Reservoireigenschaften festgelegt. Zur Festlegung der Anlagenlaufzeit wird eine Wirtschaftlichkeitsberechnung durchgeführt. Die Mindestdauer entspricht jedoch der Zeit, die eine Amortisierung der Investition unter ökonomischen und politischen Rahmenbedingungen erfordert.

Die allgemeine Definition der thermodynamischen Leistungszahl ist das Verhältnis von Nutzen zu Aufwand der Wärmeanlage. Als Nutzen wird hier der Betrag der abgegebenen Heizleistung $|\dot{Q}|$ definiert:

$$\dot{Q} = \dot{m}^F c_p \left(T^I - T^F\right), \tag{1}$$

$\dot{m}^F$ stellt hierbei die Förderleistung dar, welche nach Gleichung (2) berechnet wird; die spezifische Wärmekapazität c_p und die Temperatur T^F des Porenfluids am Kopf der Förderbrunnens können dem geologischen Untergrundmodell von Berlin entnommen werden. Die Temperatur T^I des Porenfluids am Kopf des Injektionsbrunnens kann der Nutzer im Dialogfeld des Modellwerkzeugs selbst festlegen. Da $T^I < T^F$ gilt, hat die Wärmeleistung ein negatives Vorzeichen, was die Energieabgabe des Porenfluids kennzeichnet.

Um den Betriebspunkt festzulegen, müssen ökonomische Rahmenbedingungen ausgewertet werden. Es ist sinnvoll, die Kapitalinvestition durch eine günstige Wahl des Betriebspunktes der Anlage zu minimieren. Die Förderleistung entspricht hierbei folgender Gleichung:

$$\dot{m}^F_{Betrieb} = \frac{2\beta}{W(2\beta exp\,(-2\alpha))} \tag{2}$$

Um diese Gleichung zu lösen wird die Lambert'sche W-Funktion benötigt. Hierbei entspricht $\alpha = \frac{1}{2}\ln\frac{R^2\rho\pi M\phi}{a}$ und $\beta = 2Z_\infty\pi\,\tau$ mit $\tau = M\frac{k\rho g}{\eta}$. Die Fluiddichte ρ, die Porosität ϕ, die dynamische Fluidviskosität η, die Permeabilität k und die effektive Mächtigkeit M werden dem geologischen Untergrundmodell von Berlin entnommen. Der Ruhespiegel Z_∞, der Radius R des Bohrlochs am Zutrittspunkt und die Anlagenlaufzeit a werden vom Nutzer im Dialogfeld des Modellwerkzeuges festgelegt (KASTNER & ZIMMERMANN 2013).

4 Implementierung der Methoden in ArcGIS

Das Modellwerkzeug zur Bestimmung des geothermischen Potenzials an einer bestimmten Position in einem bestimmten Zielhorizont wurde vorwiegend unter Verwendung des ModelBuilders in ArcGIS implementiert. Die Berechnung der thermodynamischen Bilanzierung aus Kapitel 3 wurde unter Verwendung von Python implementiert.

Im Dialogfeld des Modellwerkzeugs können ein beliebiges Untergrundmodell und beliebige Bohrpunkte ausgewählt werden. Zudem kann der Nutzer Parameter – wie den Zielhorizont, den Ruhespiegel, die Anlagenlaufzeit, die Temperatur am Kopf des Injektionsbrunnens und den Radius des Bohrlochs am Zutrittspunkt – im Dialogfeld festlegen. Abbildung 3 zeigt vereinfacht das Ablaufschema des Modellwerkzeugs.

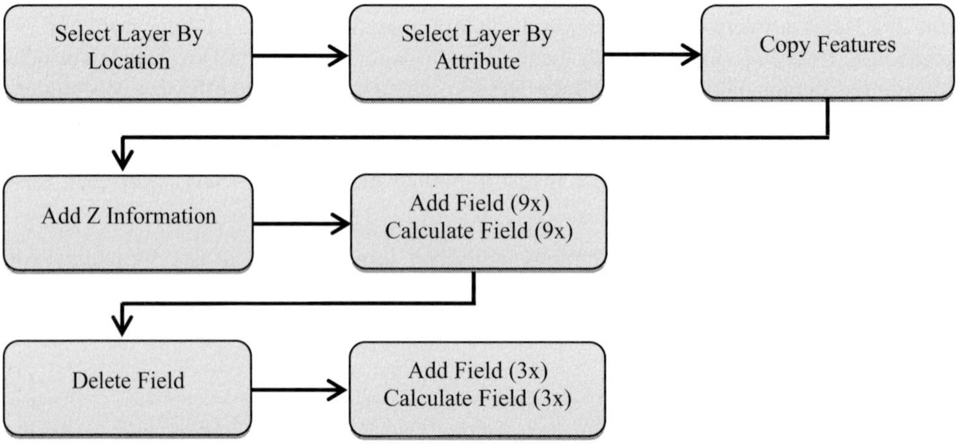

Abb. 3: Schematische Darstellung des Ablaufschemas des Modellwerkzeugs

Abbildung 3 zeigt die im Modellwerkzeug nacheinander verwendeten ArcGIS-Werkzeuge. Mittels der Werkzeuge „Select Layer By Location" und „Select Layer By Attribute" wird das gewünschte 3D-Volumenelement ausgewählt. Hierbei handelt es sich um das Element, welches in der gewählten Formation liegt und in dessen Verlängerung die Bohrung stattfindet. Um alle Eingangsdaten und Ergebnisse gemeinsam mit den gewählten Bohrpunkten in einer eigenständigen Ergebnis-Featureklasse darzustellen, wird das Werkzeug „Copy Features" angewandt. Durch die Verwendung des Werkzeugs „Add Z Information" werden die Höheninformationen als Attribut dem betrachteten Volumenelement hinzugefügt. Es werden die jeweils minimale und maximale Höhe der Volumenelemente ermittelt und im Anschluss die Mächtigkeit der Elemente berechnet, welche zur Berechnung der Wärmeleistung notwendig ist. Darüber hinaus liefert die ermittelte Tiefe der gewählten Gesteinsformation bereits ein wichtiges Ergebnis, da diese ein Indikator für die zu erwartende Bohrtiefe und die damit verbundenen Bohrkosten an der Untersuchungsstelle ist.

In den nächsten Schritten werden mithilfe des Werkzeugs „Add Field“ der Ergebnis-Featureklasse neun neue Attributspalten hinzugefügt und unter Verwendung des Werkzeugs „Calculate Field“ berechnet. Diese Felder beinhalten u. a. die zur Berechnung notwendigen Modellvariablen Radius des Bohrlochs, Temperatur des Injektionsbrunnens und Anlagenlaufzeit. Um als Endergebnis eine Tabelle zu erhalten, die neben den Punkten nur Eingabewerte und Ergebnisse von Interesse enthält, werden die Felder der nicht verwendeten Parameter aus dem Untergrundmodell mittels des Werkzeugs „Delete Field“ entfernt. Im Anschluss werden nochmals drei neue Felder hinzugefügt und die nutzbare Heizleistung bzw. deren Erwartungs-, Maximal- und Minimalwert berechnet. Die komplexen Berechnungen der nutzbaren Heizleistung werden unter Verwendung von Python implementiert und als „Pre-Logic Script Code“ im Field Calculator angegeben.

Abbildung 4 zeigt das Dialogfeld des Modellwerkzeugs. Zu den bereits genannten Eingabeparametern wird, wie in ArcGIS-Werkzeugen üblich, der Speicherort für die Ergebnis-Featureklasse durch das Feld „Output Feature Class“ festgelegt. Einige Parameter, z. B. die Laufzeit der Anlage oder der Radius des Bohrlochs, müssen vom Nutzer festgelegt werden, jedoch bietet das Dialogfeld bereits übliche Default-Werte an.

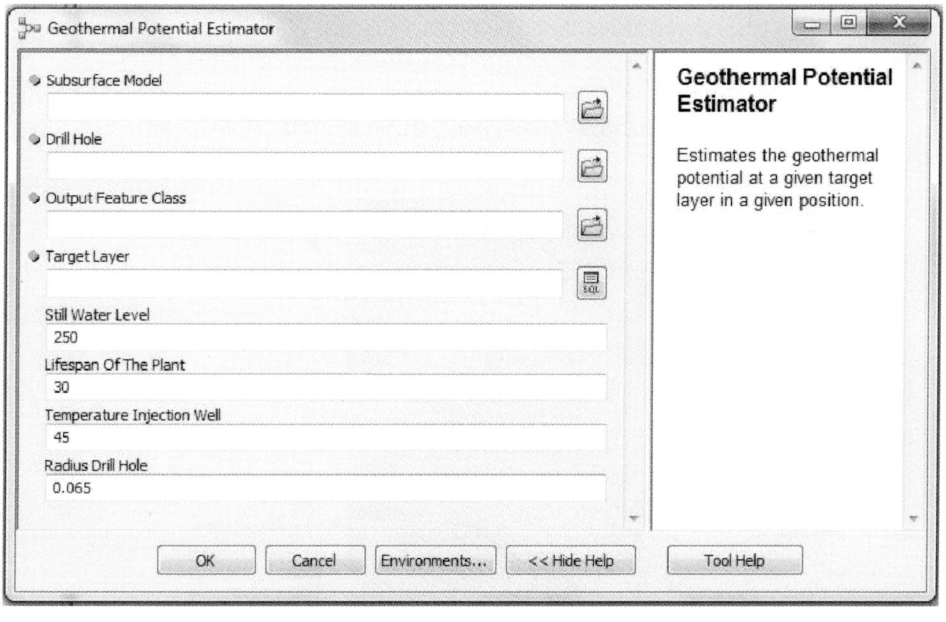

Abb. 4: Dialogfeld des Modellwerkzeugs

5 Ergebnisse und Diskussion

Es wurde ein Modellwerkzeug zur Abschätzung des geothermischen Energiepotenzials im Sinne einer virtuellen Bohrung an einer beliebigen Position und in der gewünschten Gesteinsformation entwickelt. Als Ergebnis erhält der Nutzer eine Attributtabelle, in der alle relevanten Eingangs- und Ergebniswerte enthalten sind. Entscheidende Ergebnisse sind die nutzbare Heizleistung und die Tiefe der gewählten Gesteinsformation, welche eine entscheidende Rolle bei der Berechnung der Kosten und der Wirtschaftlichkeit einer Bohrung spielen. Vereinfacht kann gesagt werden: je tiefer der Zielhorizont der für die Tiefengeothermie infrage kommenden Gesteinsformation, desto kostenintensiver wird die Bohrung.

Zur Validierung der Ergebnisse wurden diese mit manuell berechneten Werten des Geoforschungszentrums Potsdam verglichen. Dies geschah exemplarisch für das Volumenelement dV_47_33 im Sedimentär Rotliegend, wobei durch das Modellwerkzeug eine Heizleistung von 0,317012 MW und durch das Geoforschungszentrums Potsdam von 0,317433 MW berechnet wurden, was einer Abweichung von 0,13 % entspricht. Das Modellwerkzeug bietet neben der Berechnung der Heizleistung einzelner Orte auch die Möglichkeit, mehrere Punkte gleichzeitig zu berechnen. Durch Anwendung des Modellwerkzeugs auf ein definiertes Raster über ein Gebiet bzw. die gesamte Stadt können für gewählte Gesteinsformationen von Interesse Übersichtskarten der potenziellen förderbaren Heizleistung angefertigt werden. Abbildung 5 zeigt eine solche Übersichtskarte der durchschnittlich nutzbaren Heizleistung im Sedimentär Rotliegend. Entsprechend der Einfärbung gilt: je dunkler, desto mehr durchschnittliche Heizleistung. Die Karte ermöglicht einen interessanten Überblick über die Verteilung förderbarer Heizleistung im gesamten Stadtgebiet und zeigt, welche Regionen sich im besonderen Maße für ein hydrothermisches Wärmewerk eignen würden.

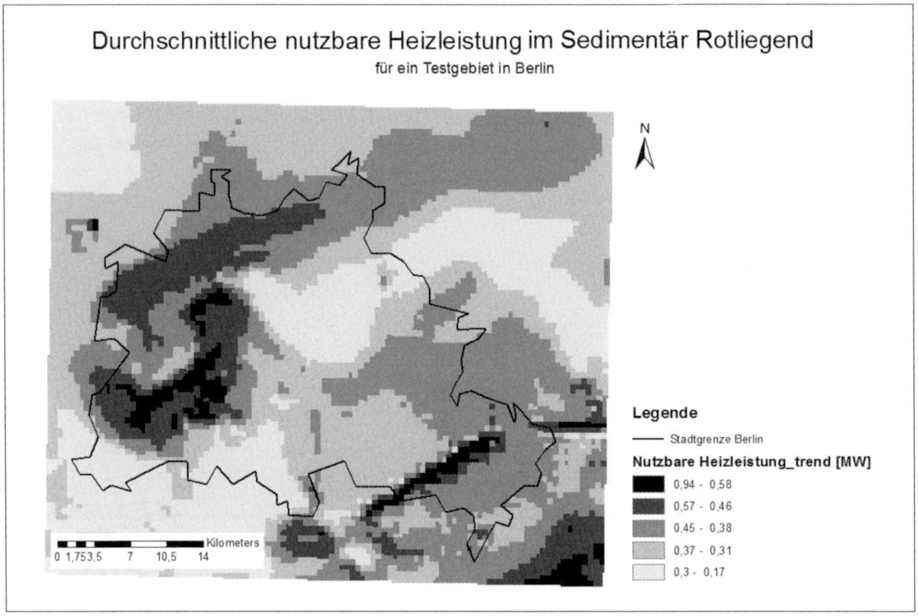

Abb. 5: Durchschnittliche nutzbare Heizleistung im Sedimentär Rotliegend

Die berechnete nutzbare Heizleistung basiert auf der Annahme, dass sich Förder- und Injektionsbohrung im selben 3D-Volumenelement befinden. Das Volumenelement wird isoliert betrachtet und mögliche Einflüsse der benachbarten Elemente werden nicht berücksichtigt. Eine Untersuchung der Gradienten der berechneten Heizleistung benachbarter Volumenelemente hat jedoch gezeigt, dass diese aufgrund der entsprechend detaillierten Auflösung nicht signifikant sind. Die entwickelten Methoden und Werkzeuge erlauben die überschlägige Berechnung der förderbaren Wärmeleistung an potenziellen Standorten in Bezug auf die Stadt- und Abnahmestruktur und ermöglichen die Identifizierung von geeigneten Regionen. Sie ersetzen jedoch kein detailliertes Reservoir-Engineering.

6 Zusammenfassung

In dieser Arbeit werden eine Methode und deren Implementierung zur überschlägigen Abschätzung geothermischer Energiepotenziale an einer bestimmten Position in einer bestimmten Gesteinsformation beschrieben. Die Methode wurde exemplarisch für die Stadt Berlin unter Verwendung von ArcGIS implementiert. Die Datengrundlage bildet ein geologisches Untergrundmodell, das die acht Hauptformationen des Berliner Untergrunds enthält. Das Ergebnis ist das Modellwerkzeug „Geothermal Potential Estimator". Über das Dialogfeld des Modellwerkzeugs kann der Nutzer das Untergrundmodell, die potenziellen Bohrstellen, den Speicherort, die gewünschte Gesteinsformation sowie die vier weiteren Parameter Ruhespiegel, Lebensdauer der Anlage, Temperatur des zurückgeforderten Porenfluids und Radius des Bohrlochs festlegen. Das geothermische Energiepotenzial wird durch die nutzbare Heizleistung repräsentiert. Als Ergebnis erhält der Nutzer eine Attributtabelle, die zum einen die nutzbare Heizleistung sowie die Tiefe der gewählten Gesteinsformation und zum anderen die zur Berechnung genutzten Eingabewerte enthält.

Literatur

BMU – BUNDESMINISTERIUM FÜR UMWELT, NATURSCHUTZ UND REAKTORSICHERHEIT (2013), Klimaschutzpolitik in Deutschland. http://www.bmu.de/themen/klima-energie/klimaschutz/nationale-klimapolitik/ (27.07.2013).

KADEN, R., KRÜGER, A. & KOLBE, T. H. (2012), Integratives Entscheidungswerkzeug für die ganzheitliche Planung in Städten auf der Basis von semantischen 3D-Stadtmodellen am Beispiel des Energieatlas Berlin. In: Deutsche Gesellschaft für Photogrammetrie, Fernerkundung und Geoinformation (DGPF) Tagungsband, 21. 32. Wissenschaftlich-Technische Jahrestagung der DGPF 2012, Potsdam.

KADEN, R., PRYTULA, M., KRÜGER, A. & KOLBE, T. H., (2013), Energieatlas Berlin: Vom Gebäude zur Stadt – Am Beispiel zur Abschätzung der Wärmeenergiebedarfe von Gebäuden. In: 18. Münchner Fortbildungsseminar Geoinformationssysteme – Tagungsband, Wichmann Verlag. to-be-published.

KASTNER, O., SIPPEL, J., SCHECK-WENDEROTH, M. & HUENGES, E. (2013), The deep geothermal potential of the Berlin area. Environmental Earth Sciences, Special Issue Geo-Energy.

KASTNER, O. & ZIMMERMANN, G. (2013a), Thermodynamische Bilanzierung eines hydrothermalen Dublettensystems (Entwurf 1). Potsdam: Geoforschungszentrum, Interner Bericht.

KASTNER, O. & ZIMMERMANN, G. (2013b), Thermodynamische Bilanzierung eines hydrothermalen Dublettensystems (Entwurf 2). Potsdam: Geoforschungszentrum, Interner Bericht.

SIPPEL, J., SCHECK-WENDEROTH, M., NOACK, V., MOECK, I., KASTNER, O., STILLER, M., BREDEL-SCHÜRMANN, S., KADEN, R., KRÜGER, A. & KOLBE, T. H. (2012), Exploration of Geothermal Reservoirs in the City of Berlin – a Pilot Study. 34th International Geological Congress, 5.-10. August, Brisbane, Australien.

STOBER, I., FRITZER, T., OBST, K. & SCHULZ, R. (2011), Tiefe Geothermie – Nutzungsmöglichkeiten in Deutschland. http://www.bmu.de/fileadmin/bmu-import/files/pdfs/allgemein/application/pdf/broschuere_geothermie_tief_bf.pdf (27.07.2013).

VERTISOL – das weltweit erste Verfahren zur großflächigen Erstellung von Solarkatastern für Gebäudefassaden dargestellt am Beispiel der Stadt Wien

Frederic PETRINI-MONTEFERRI[1], Markus POSCH[2], Magnus BREMER[3], Christian GEORGES[1,4], Volker WICHMANN[1,4], Stefan DÜRAUER[5] und Christian SAM[5]

[1]Laserdata GmbH, Innsbruck · petrini@laserdata.at
[2]STEPS e.U., Volders
[3]Universität Innsbruck, Institut für Geographie, Innsbruck
[4]alpS-Centre for Climate Adaptation, Innsbruck
[5]Magistrat der Stadt Wien, MA 41, Wien

1 Motivation

Solarkataster finden als Planungsinstrument für erneuerbare Energien bereits eine weite Verbreitung und sind zu einer der gefragtesten GIS-Auswertungen unter Verwendung von digitalen Oberflächenmodellen avanciert (KLÄRLE 2012, MAUKISCH et al. 2008). Allerdings sind sie großflächig ausschließlich auf Dach- und Freiflächen bezogen, nicht jedoch auf die energietechnisch ebenfalls sehr relevanten Gebäudefassaden. Am Beispiel der Metropole Wien wurde deshalb weltweit erstmals für die rund 160.000 Objekte des Baukörpermodells der Stadt das Solarpotenzial und die Sonnenstundendauer aller Fassaden erhoben. Das Verfahren VERTISOL zur Analyse der Einstrahlung auf vertikale Gebäudeelemente wurde im Rahmen eines Forschungsprojektes – gefördert vom Amt der Tiroler Landesregierung – entwickelt.

2 Methodik

Zur Umsetzung des Fassadensolarkatasters wurde seitens des Magistrats der Stadt Wien – MA 41 Stadtvermessung folgende Datensätze übergeben:

- Baukörpermodell im CityGML-Format, welches die Gebäudefassaden enthält.
- Digitales Oberflächenmodell aus Laserscanningdaten in der Auflösung 0,5 m × 0,5 m pro Gridzelle als Verschattungsquelle.

Über eine neu entwickelte Formatschnittstelle für CityGML-Daten (OGC 2012) wurde das Baukörpermodell in die Software Laserdata LiS importiert und als 3D-Shapefile abgelegt. Um für die Fassaden Einstrahlungswerte zu erhalten, wurden nach dem VERTISOL-Verfahren synthetische Fassadenpunkte (1 Punkt pro Quadratmeter) für jedes Fassadenpolygon des Baukörpermodells erzeugt (siehe Abb. 1) und die Exposition und Neigung auf Basis der Polygonorientierung bestimmt. Diese synthetischen Fassadenpunkte lassen sich

Strobl, J., Blaschke, T., Griesebner, G. & Zagel, B. (Hrsg.) (2014): Angewandte Geoinformatik 2014.
 ISBN 978-3-87907-543-0.

sowohl als 3D-Punktwolke im Zielkoordinatensystem, als auch in Form von polygonbezogenen Texturkoordinaten beschreiben.

Abb. 1: Synthetisch erzeugte Fassadenpunkte für die nachfolgende Einstrahlungsanalyse

Abb. 2: Baukörpermodell der Stadt Wien und verschattungsrelevante Punkte des Oberflächenmodells

Die Fassadenpunkte wurden nachfolgend in der LiS-Software einer Einstrahlungsberechnung nach BÖHNER (2004) unterzogen, wobei das digitale Oberflächenmodell aus Laserscanningdaten als Verschattungsquelle diente (siehe Abb. 2). Neben der Nahverschattung durch umliegende Gebäude und Vegetation werden auch topographische Schatten berücksichtigt. Als Ergebnis der Analyse wurden für jeden Fassadenpunkt der Jahressummenwert der Einstrahlung und die mittlere Sonnenstundendauer abgespeichert. Um die Daten visualisieren zu können, wurde seitens des Magistrats der Stadt Wien eine Rückgabe der Daten im CityGML-Format vereinbart. Dazu wurden die Einstrahlungs- und Sonnenstundenergebnisse der Fassadenpunkte mit bereits im Jahr 2010 von Laserdata generierten Rasterkarten der Dachflächen kombiniert. Anschließend wurde für jedes Polygon des Baukörpermodells ein Texturbild unter Nutzung einer einheitlichen Legende erzeugt und abgespeichert.

3 Integration beim Magistrat der Stadt Wien

Nach der flächendeckenden Visualisierung des 2D-Solarpotenzialkatasters in der Stadtplanapplikation „Umweltgut" im Jahr 2010 wird nun seitens der Geodaten führenden Fachabteilung Stadtvermessung Wien die nächste Entwicklung umgesetzt: Auf Basis des Baukörpermodells wird das Fassadensolarpotenzial und das Dachsolarpotenzial im einem 3D-Webviewer dargestellt.

Bei der eingesetzten Visualisierungslösung handelt es sich um ein streamingfähiges 3D-Webviewer System der Firma virtualcitySYSTEMS, das in der Lage ist in Webbrowsern großflächige Datenbestände abzubilden. Bei den dargestellten Ebenen (siehe Abb. 3 und Abb. 4) handelt es sich um:

- das Baukörpermodell der Stadt Wien in unterschiedlichen Detaillierungsgraden mit den berechneten Themen Sonnenstundendauer und Solarpotenzial, aufgebracht als Texture-Mapping
- das mit den naturgetreuen Fassadentexturen versehene Baukörpermodell der Stadt Wien
- einem bruchkantenverfeinerten Geländemodell mit Orthophoto- und Kartentextur
- sowie texturierten Brücken

Für den Aufbereitungsprozess werden die dateibasierten CityGML-Solarthemen in die von der Stadtvermessung Wien eingesetzte 3D-Geodatenbanklösung importiert (3D City DB/virtualcityDB) um die kachelweise Aufteilung in einen Gesamtdatenbestand überzuführen. Anschließend erfolgt die Konvertierung der Datenbestände in das für Echtzeit-Computergrafik optimierte Format der webbasierten Ausgabe (virtualcityPublisher) sowie die schlussendliche Integration in den Intranet- und Internetauftritt der Stadt Wien.

Im ersten Halbjahr 2014 wird der 3D-Webviewer zur Visualisierung der oben beschriebenen Daten als magistratsinterne Betaversion freigeschalten. Nach einem internen Evaluierungs- und Verbesserungszyklus ist es im Laufe des Jahres 2015 geplant, den Webviewer für die Nutzung durch die Bevölkerung freizugeben – in diesem Fall jedoch schon mit den anhand von Bildmatchingdaten 2013 aktualisierten Ebenen der Sonnenstundendauer, des Solarpotenzials und des flächendeckenden LOD2-Gebäudebestandes.

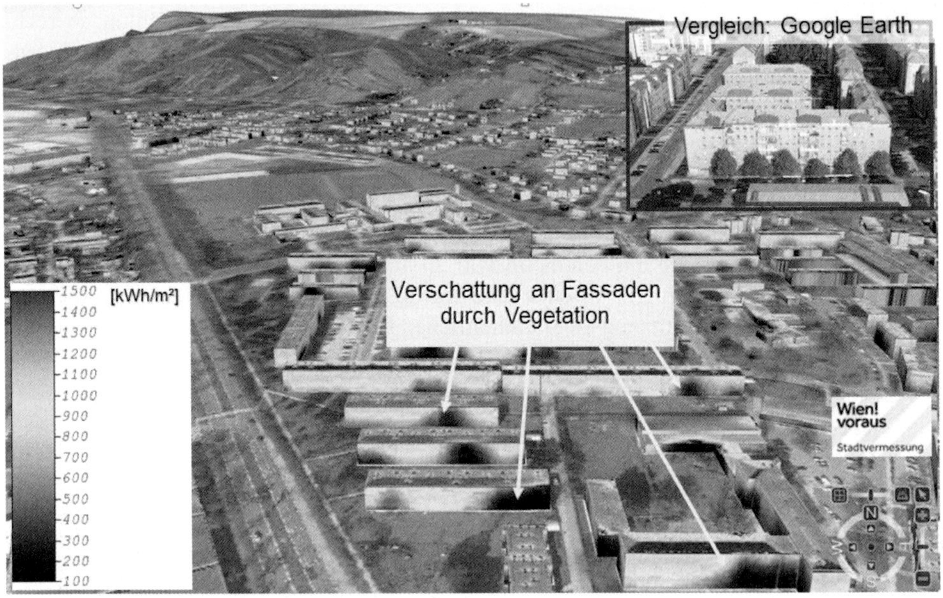

Abb. 3: Jahressolarpotenzial auf Gebäudefassaden und Dachflächen im Norden Wiens

Abb. 4: Sonnenstundendauer für Gebäudefassaden und Dachflächen in der Innenstadt Wiens

4 Fazit

Mit dem VERTISOL-Verfahren wurde eine neue technische Lösung zur Ableitung des Solarpotenziales von Gebäudefassaden auf Basis von digitalen Oberflächenmodellen und Stadtmodellen entwickelt. Die Algorithmen sind so konzipiert, dass die Resultate graphisch als 3D Ansichten (siehe Abb. 5) sowie statistisch genutzt werden können. Die Ergebnisse dienen zur Planung und Ertragsschätzung von Photovoltaik- und Solarthermieanlagen sowie zur Positionierung von "Blindmodulen" in Schattenbereichen von Gebäudefassaden. Durch die großflächige Anwendbarkeit des Verfahrens ist eine Berechnung der Energiepotenziale für Energieentwicklungspläne möglich. Aus den Ergebnissen lässt sich zudem der Energieeintrag durch die Sonne in die Gebäude berechnen und in Sanierungsplänen, Heiz- und Kühllastenberechnungen sowie Gebäudeplanungen (z. B. Wandaufbauten, Fenstergrößen) berücksichtigen. Mit VERTISOL steht damit ein Verfahren zur Verfügung, welches neben den rein dach- und freiflächenbezogenen Solarkatastern eine neue, ganzheitliche Generation von Solarpotenzialerhebungen ermöglicht.

Abb. 5: Flächendeckende Solarpotenzialerhebung mittels der Kombination von synthetisch erzeugten Fassadenpunkten aus CityGML-Daten sowie Laserscanningdaten (Dächer, Vegetation, Bodenbereiche) – Ausschnitt Parlament und Rathaus Wien

Literatur

BÖHNER, J. (2004), Regionalisierung bodenrelevanter Klimaparameter für das Niedersächsische Landesamt für Bodenforschung (NLfB) und die Bundesanstalt für Geowissenschaften und Rohstoffe (BGR). Arbeitshefte Boden, 2004/4, 17-66.

KLÄRLE, M. (2012), Erneuerbare Energien unterstützt durch GIS und Landmanagement. Wichmann Verlag, Berlin/Offenbach.

MAUKISCH, M., PETRINI-MONTEFERRI, F., GEORGES, C., JOCHEM, A. & STÖTTER, J. (2008), Berechnung des Solarpotenzials von Dachflächen auf Basis hoch aufgelöster Oberflächenmodelle In: STROBL, J., BLASCHKE, T. & GRIESEBNER, G. (Hrsg.), Angewandte Geoinformatik 2008 – Beiträge zum 20. AGIT-Symposium Salzburg, 476-481. Wichmann Verlag, Heidelberg.

OGC – OPEN GEOSPATIAL CONSORTIUM. (2012), OGC City Geography Markup Language (CityGML) Encoding Standard, GRÖGER, G., KOLBE, T. H., NAGEL, C. & HÄFELE, K.-H. (Eds.), Version 2.0.0 Publication Date: 2012-04-04.

Zeitlich und räumlich hochaufgelöste Modellierung der potenziellen solaren Einstrahlung – ein Methodenvergleich

Luis RAMIREZ CAMARGO[1,2], Raphaela PAGANY[1] und Anna MARQUARDT[1]
[1]Technische Hochschule Deggendorf · luis.ramirez-camargo@th-deg.de
[2]Universität für Bodenkultur, Wien

Dieser Beitrag wurde durch das Programmkomitee als „reviewed paper" angenommen.

Zusammenfassung

Die Berücksichtigung zeitlicher Schwankungen der Erträge aus erneuerbaren Energiequellen, insbesondere Sonne und Wind, spielt eine wesentliche Rolle in der Planung dezentraler Energiesysteme. Etablierte GIS-Tools sind jedoch auf die Berechnung von Jahresbilanzen ausgerichtet. Diese Arbeit stellt ein Modellierungsverfahren vor, welches durch die Verknüpfung verschiedener Open-Source-Tools räumlich und zeitlich hochaufgelöste Solarstrahlungswerte generieren kann. Die Vorteile dieser Vorgehensweise gegenüber anderen gängigen Verfahren werden in einer Fallstudie beleuchtet.

1 Hintergrund

Die EU hat sich zum Ziel gesetzt, den Anteil der Energieerzeugung aus erneuerbaren Quellen auf 20 % bis 2020 bzw. auf 75 % – 97 % bis 2050 zu steigern (CEC 2007). Die größte Herausforderung dabei sind die Unterschiede der technischen Systeme zwischen erneuerbaren Energiequellen (EE) und bisher eingesetzten konventionellen Großkraftwerken. Während Letztere, meist basierend auf fossilen Energieträgern, räumlich zentral wirken und leicht steuerbar an den Verbrauch angepasst werden können, sind regenerative Systeme räumlich disloziert und zeitlich sehr variabel in ihrer Erzeugung, z. B. aufgrund der Witterungsabhängigkeit, und aus regelungstechnischer Sicht problematisch bzw. nur sinnvoll in Verbindung mit Speichertechnologien. Um diese Unterschiede zu überwinden und die oben genannten Ziele der EU zu erreichen, muss das gesamte Energiesystem überdacht werden – dies würde auch einen Paradigmenwechsel mit sich bringen. Das aktuelle, zentralisierte Erzeugungsschema muss durch ein dezentrales ersetzt werden (ASMUS 2010, LOPES et al. 2007, BORBELY & KREIDER 2001).

Dieser Paradigmenwechsel ist mit Vor- und Nachteilen verbunden. Dezentrale Erzeugung bietet die Möglichkeit, dass nicht nur große Energiekonzerne, sondern auch Privatpersonen und kleine Verwaltungseinheiten wie Gemeinden und Kommunen eine wesentliche Rolle bei der Gestaltung des Energiesystems spielen können (MENDES et al. 2011, WOLSINK 2012). Zur Unterstützung gerade dieser Akteure gibt es eine dauerhaft wachsende Anzahl an Tools und Verfahren zur Potenzialermittlung und Planung von EE-basierten Anlagen

Strobl, J., Blaschke, T., Griesebner, G. & Zagel, B. (Hrsg.) (2014): Angewandte Geoinformatik 2014.

und Systemen (ANGELIS-DIMAKIS et al. 2011, MANFREN et al. 2011, MENDES et al. 2011). Die Mehrheit dieser Tools errechnet Potenziale in Form von Jahresbilanzen. In seltenen Fällen wird die Kompatibilität mit der lokalen Nachfrage berücksichtigt (BLASCHKE et al. 2008) und noch seltener sind Verfahren, in welchen die Beschränkungen und Kapazitäten des bestehenden Netzes berücksichtigt werden.

Für die Planungen, Investitionsentscheidungen und Auslegungen waren große Abstraktionen wie die Jahresbilanzen bisher ausreichend, da die Erzeugung von möglichst viel Strom oder die Erreichung von möglichst vielen Betriebsstunden im Jahr das wesentliche Ziel war und durch Einspeisevergütungen gefördert wurde. Diese Herangehensweise ist jedoch nicht mehr sinnvoll, wenn die EE-Durchdringung ein relatives hohes Niveau erreicht. Ein hoher Anteil an stark volatilen Energiequellen wie Sonne und Wind kann zu einer Verschlechterung der Versorgungssicherheit und zu höheren Infrastrukturkosten beim Ausbau des bestehenden Netzes und der Energiespeicherkapazitäten führen (HOLTTINEN et al. 2006, PAATERO & LUND 2007, U.S. DEPARTMENT OF ENERGY & SNL 2007). Dies geht einher mit einer Verringerung der erwarteten Erlöse von Anlagen, wenn die Länder wie Deutschland darauf mit veränderten Einspeisebedingungen reagieren. Die Herausforderung liegt damit nicht mehr darin möglichst große Strommengen erzeugende Anlagen zu bauen, sondern dass die Anlagen Strom bedarfsgerecht bereitstellen. Diese Änderung in der Zielsetzung erfordert auch Modifikationen in den Planungsgrundlagen und Modellierungsverfahren: Interessant sind nicht mehr die Summenwerte und Jahresbilanzen, sondern die zeitliche Verteilung der potenziellen Erzeugung. Damit sind zeitlich und räumlich hochauflösende Rechenmodelle erforderlich, um frühzeitig potenzielle Erzeugung und tatsächlichen Strombedarf in der Planungsphase abzugleichen bzw. bei Speicher unterstützten Anlagen das Speichermanagement, Einspeisung und ggf. Eigenverbrauch zu steuern. Der Beitrag stellt ein Modellierungsverfahren vor, das mittels verbreiteter Open-Source Software und handelsüblicher Hardware auf Basis von LIDAR-Daten zeitlich und räumlich hochaufgelöste potenzielle Solarstrahlung berechnet. Im Anschluss wird eine Fallstudie durchgeführt, das Verfahren mit herkömmlichen Methoden verglichen und die Vorteile des entwickelten Modells aufgezeigt.

2 Bisherige GIS-basierte Verfahren der Solarberechnung und deren Grenzen

In der Planung von Photovoltaik (PV)-Anlagen ist die globale Solarstrahlung die entscheidende Einflussgröße (ŠÚRI et al. 2007). Für hochaufgelöste zeitliche und räumliche Ertragsprognosen sind deshalb detaillierte räumliche Angaben, Umgebungs- und Geländedaten erforderlich. In Gebieten mit abwechslungsreicher Topografie und geringer Dichte des meteorologischen Messnetzes sowie in städtischen Gebieten sind GIS-basierte Strahlungsmodelle ein Ansatz, um solare Strahlungspotenziale zu berechnen (HOFIERKA & KAŇUK 2009, RUIZ-ARIAS et al. 2009).

Das Werkzeug Solar Analyst (SA) der ArcGIS – Software, das r.sun Modul in GRASS GIS sowie zahlreiche vereinfachte Verfahren auf Basis regionaler Durchschnittswerte der nutzbaren solaren Einstrahlung[1] (RDNS) haben sich im letzten Jahrzehnt als gängige Methoden

[1] Siehe z. B. STMUG et al. (2011)

für die Standortanalyse und Ertragsermittlung etabliert. Diese Ansätze erfordern aber entweder eine hohe Rechenleistung, haben alternativ lange Rechenzeiten bei der Ermittlung von zeitlichen Ganglinien oder sind zu ungenau, um eine zeitlich und räumlich hochaufgelöste Ertragsprognose zu erlauben.

Zur Verringerung der Rechenzeit entwickelten TABIK et al. (2012) und LUKAČ & ŽALIK (2013) einen effizienteren Lösungsansatz. Sie nutzen die CUDA Technologie um die Berechnungsalgorithmen auf den Rechenkernen in NVIDIA Grafikkarten (GPUs) zu parallelisieren. Damit können Rechenvorgänge in kürzerer Zeit erfolgen. Fraglich ist allerdings, wann diese Methoden Einzug in gängige GIS-Anwendungen finden und damit den Nutzern zur Verfügung stehen. Das in dem Beitrag vorgestellte Verfahren versucht, mit gängigen Soft- und Hardwarekomponenten dennoch möglichst effizient hochaufgelöste Zeitreihen der Solarstrahlung zu generieren.

3 Das Modellierungsverfahren

Der präsentierte Ansatz basiert auf einer Optimierung bestehender Methoden und der Verknüpfung unterschiedlicher Tools. Unter den drei oben genannten gängigen Alternativen eignen sich der SA und r.sun zur Erzeugung von hoch auflösenden Zeitreihen. Vereinfachte Verfahren wie das RDNS sind lediglich zur jährlichen Summenberechnung der Solareinstrahlung geeignet. Zwar können Monats-, Tages- oder Stundenmessdaten aus den nächstgelegenen Wetterstationen oder Datensätzen wie Testreferenzjahre als Datengrundlage verwendet werden. Allerdings liegen diesen spezifische Werte des Messortes bzw. regionale Durchschnittswerte zugrunde, die dem gesamten Untersuchungsgebiet zugeordnet werden müssen. D. h. es wird zwar eine zeitliche, jedoch keine räumliche Differenzierung erfolgen. Ausrichtung, Geländeneigung etc. werden dabei nicht berücksichtigt, sodass kleingliedrigere Unterscheidungen kaum aussagekräftig sind.

Im Gegensatz dazu bieten SA und r.sun die Möglichkeit Solarstrahlung für das entsprechende Untersuchungsgebiet mithilfe der Digitalen Gelände- und Oberflächenmodelle (DGM und DOM) zu berechnen. Beide Werkzeuge können Werte sowohl für eine bestimmte Uhrzeit als auch für ganze Tage kalkulieren. SA kann so konfiguriert werden, dass jede Kalkulation einzeln gespeichert wird (ESRI 2013). Mithilfe des SA besteht auch die Möglichkeit direkt Jahressummen zu ermitteln, in diesem Fall können aber keine Einzelergebnisse, sondern nur aggregierte Tageswerte gespeichert werden. Um stündliche oder noch höher aufgelöste Werte über ein ganzes Jahr zu erhalten, muss im SA die Analyse in einer Schleife für 365 Tage durchlaufen werden. ArcGIS berechnet jedoch nur Karten für Zeitpunkte, an denen die Solarstrahlung größer Null ist. Deshalb muss zusätzlich eine externe Kalkulation von Sonnenaufgang und -untergang durchgeführt werden, damit Null-Werte eingefügt und die Zeitreihen so in der richtigen Reihenfolge mit genauer Zeitangabe aufgebaut werden können. In r.sun ist der Kalkulationsmodus zur Berechnung von Einzelwerten zu wählen und eine Schleife für einen beliebig großen Zeitschritt zu implementieren.

Obwohl im SA zusätzliche Schritte erforderlich sind, eignen sich beide Werkzeuge zur Erzeugung von stündlichen oder höher aufgelösten Solarstrahlungskarten. Allerdings wird r.sun für das weitere Vorgehen verwendet, da es mehrere Vorteile gegenüber SA besitzt. Erstens, RUIZ-ARIAS et al. (2009) haben in einem Vergleich von verschiedenen GIS-basierten Solarstrahlungsberechnungen gezeigt, dass r.sun in der Berechnung täglicher Werte schneller als SA ist. Zweitens, die breite Open-Source Community, die an der Entwicklung von GRASS GIS arbeitet, bietet bereits Beispiele, um die Berechnung der verschiedenen Zeitschritte auf die Rechenkerne eines CPUs zu verteilen. Drittens liefert der in r.sun implementierte ESRA-Algorithmus genauere Ergebnisse als der Algorithmus von FU UND RICH (1999), der die Basis des SA bildet. GUEYMARD (2012) und RUIZ-ARIAS et al. (2009) haben gezeigt, dass der Algorithmus von r.sun sowohl bei klarem als auch bei bewölktem Himmel eine präzisere Prognose liefert.

Der Modus 1 von r.sun, der nicht die aufsummierten, sondern die Einzelwerte kalkuliert, verlangt eine Reihe an Input Parameter, welche für jeden Zeitschritt eingegeben werden müssen. Dieses Modul kann Solarstrahlung für einen klaren oder bewölkten Himmel kalkulieren. Das Verfahren, das in dieser Arbeit präsentiert wird, bezieht sich auf die Berechnungen bei wolkenlosem Himmel. Eine Erweiterung auf eine Berechnung unter Berücksichtigung des Bewölkungsgrades ist nicht ausgeschlossen, ist jedoch nicht Bestandteil dieser Arbeit.

In einem ersten Schritt müssen die Parameter für den Modus 1 von r.sun definiert werden. Grundlegend erforderliche Daten sind: ein DOM, Rasterkarten mit Ausrichtung (Aspect) und Neigung (Slope) des Untersuchungsgebietes, die Uhrzeit und der Tag im Jahr, für den die Strahlung berechnet werden soll, und der Linke-Trübungsfaktor (HOFIERKA & SURI 2002). Letzterer kann aus der SoDa Datenbank (SODA 2004) in einer monatlichen Auflösung für weltweite Standorte heruntergeladen und dann in tägliche Werte interpoliert werden. Das Plug-in „g.linke_by_day“ von GRASS GIS kann dafür verwendet werden. Ähnlich wie beim SA wird für die Berechnung der Zeitschritte eine Schleife implementiert, wobei die Kalkulation auf die CPU Rechenkerne verteilt wird. Zur Generierung des DOMs und zur Ermittlung der Flächenausrichtung und -neigung gibt es in der Literatur eine große Zahl an Vorgehensweisen. Eine effiziente Open-Source basierte Möglichkeit bietet AWK (Programmiersprache zur Bearbeitung strukturierter Textdaten) für die Auswahl der gewünschten Laserimpulse der LIDAR Daten, gefolgt vom Prozess in GRASS GIS, der bei NETELER & MITASOVA (2008) erläutert wird. Weitere Methoden können u. a. bei KLÄRLE (2012) gefunden werden.

Nachdem die Berechnung in r.sun durchgeführt ist, werden die Werte eines jeden Zeitschrittes für alle ausgewählten Flächen im Untersuchungsgebiet extrahiert. Dieser Schritt wird mithilfe von sogenannten PK-Tools (KEMPENEERS 2014), welche von Pieter Kempeneers zur Verarbeitung von Rasterkarten entwickelt wurden, durchgeführt. Dafür benötigt man die zuvor berechnete Solarstrahlungskarte und eine Vektorkarte, welche die gewünschte Untersuchungsfläche definiert, wie zum Beispiel die Dachflächen aus den Gebäudeumringen der digitalen Flurkarte. Das Tool generiert eine neue Vektorkarte mit einer zusätzlichen Spalte in der Attributtabelle, in der die Summe der Strahlungswerte auf den Dachflächen gespeichert ist.

Ein weiteres Modul – PKdumpogr – wird im Anschluss daran verwendet, um die neue Spalte als Textdatei zu exportieren. Die extrahierte Spalte wird transponiert und in eine neue Textdatei nach der Uhrzeit aufgelistet. Die Ausgabedatei beinhaltet Solarstrahlungszeitreihen für alle ausgewählten Flächen im Untersuchungsgebiet. Das gesamte Modellierungsverfahren wird in der Abbildung 1 schematisch dargestellt.

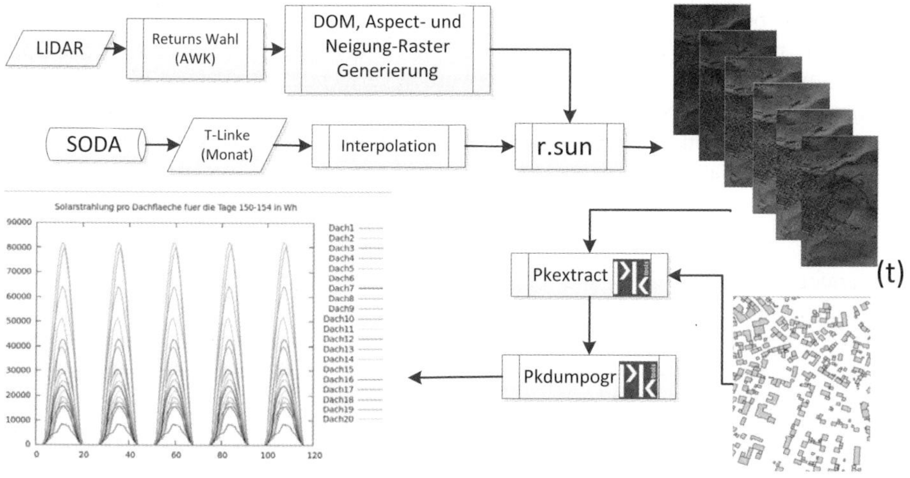

Abb. 1: Grafische Darstellung des Modellierungsverfahrens

4 Fallstudie und Vergleich mit etablierten Verfahren

4.1 Inputdaten

Ein Abschnitt von zwei Quadratkilometern der topographisch abwechslungsreichen Gemeinde Waldthurn in Bayern, Deutschland wurde ausgewählt um die Untersuchung durchzuführen. LIDAR Daten mit fünf Impulsen und die Gebäudeumringe der digitalen Flurkarte wurden von der Bayerischen Vermessungsverwaltung bereitgestellt (Geobasisdaten © Bayerische Vermessungsverwaltung 2013 – www.geodaten.bayern.de). Ein DOM sowie zwei Rasterkarten mit Ausrichtung und Neigung des Untersuchungsgebietes mit einer Auflösung von einem Quadratmeter wurden mit dem ersten und dritten Return generiert. Durch deren Verschneidung mit den Gebäudeumringen wurden die Gebäudedächer, je nach Himmelsrichtung, in vier Klassen (N, S, W, O) aufgeteilt. Flächen unter sechs Quadratmeter wurden extrahiert um Dachvorsprünge, Gaupen und Kamine nicht in die Berechnung des Solarpotenzials mit einzubeziehen.

4.2 Vergleich der Solarstrahlungsberechnungstools

Zur Ermittlung der potenziellen Solarstrahlung wurde in erster Linie ein Vergleich zwischen r.sun und SA durchgeführt. RUIZ-ARIAS et al. (2009) haben bereits gezeigt, dass bei einer Auflösung des DGMs von 100 m^2 bzw. 20 m^2 die Berechnung in r.sun schneller als im SA ist. Sie haben aber auch herausgefunden, dass sich dieser Unterschied bei einer höheren Auflösung des DGMs verringert. Während r.sun mit dem DGM100 12,5 mal schneller als SA ist, verringert sich dieses Verhältnis unter der Verwendung eines DGMs20 auf 1:6,4 (RUIZ-ARIAS et al. 2009). Da das im Kapitel 3 vorgestellte Modellierungsverfahren eine effiziente Lösung darstellen soll, ist hier zu überprüfen, ob der Grundbaustein des Verfahrens auch mit der Auflösung der Inputdaten (1 m^2) effizient ist.

Der Vergleich der beiden Tools wurde auf einer Workstation mit einem „Intel® Core™ i7-3770 Processor" mit vier Rechenkernen und 8 GB RAM durchgeführt. Das r.sun in GRASS GIS 7 für Linux und das SA der ArcMap 10.1 wurden verwendet. Die Tage 172 und 355 im Jahr (Sommer- und Wintersonnenwende) wurden als Testtage für die Solarstrahlungsberechnung gewählt. Während im SA die Berechnung über die graphische Benutzeroberfläche für die Stunden innerhalb eines Tages erfolgte, wurde in r.sun die Berechnung aller Zeitschritte mithilfe einer Schleife, die in der freien Unix-Shell Bash implementiert ist, ausgeführt.

In einem ersten Versuch wurden alle Voreinstellungen der beiden Tools beibehalten. SA berechnete die Solarerträge für Tag 172 in 648 Sekunden und für Tag 355 in 644 Sekunden. Für die gleiche Kalkulation mit r.sun wurde eine Berechnungszeit von 1380 bzw. 780 Sekunden benötigt. Dieses Ergebnis spricht gegen die Effizienz von r.sun. Allerdings entsprechen die Voreinstellungen im SA nicht dem Detaillierungsgrad der Standardkonfiguration von r.sun. Ein wesentlicher Faktor ist die Himmelsgröße für das Sichtfeld im SA. Standardmäßig ist sie auf 200 mal 200 Rasterzellen definiert, was eigentlich nur einen Bruchteil des Untersuchungsgebietes repräsentiert und zu ungenauen Ergebnissen führen sollte – je größer die Himmelgröße desto genauer ist das Berechnungsergebnis (ESRI 2013). In r.sun muss keine Himmelsgröße definiert werden, da der Algorithmus die Strahlungswerte für jede Rasterzelle mit der gesamten verfügbaren Information im Untersuchungsgebiet berechnet. Dieselben Tage wurden noch einmal mit dem SA für eine Himmelsgröße, welche der Größe des Untersuchungsgebiets entspricht, gerechnet. In diesem Fall waren mehr als 15.000 Sekunden erforderlich, um die Solarstrahlungskarten zu generieren.

Eine wesentliche Beschleunigung der Berechnung mit r.sun kann erreicht werden, indem die Kalkulation der Solarstrahlungskarten für jeden Zeitschritt in den CPU-Kernen parallelisiert wird. Mit der Aufteilung auf die vier verfügbaren Rechenkerne konnten die Karten für die Testtage 172 und 355 in 349 bzw. 223 Sekunden generiert werden. Das ist zwei- bzw. dreimal schneller als die Zeit, die mit dem SA unter Standardeinstellungen benötigt wird.

Überdies erfordert der SA im Gegensatz zu r.sun, bei der die Berechnung von Tagen mit weniger Sonnenstunden auch weniger Zeit im Anspruch nimmt, in jedem Fall die gleiche Rechenzeit, egal ob an einem Tag mehr (Sommersonnenwende) oder weniger Sonnenstunden (Wintersonnenwende) verzeichnet sind. Die Berechnung für ein gesamtes Jahr mit den Standardeinstellungen würde circa 65 Stunden beanspruchen.

Die Parallelisierung lässt sich in Bash mit relativ wenig Aufwand implementieren. Die Berechnung eines ganzen Jahres mit zwei verschiedenen Rechnern zeigte in beiden Fällen einen fehlerfreien Durchlauf. Ein ähnlicher Ansatz ist für den SA nicht ausgeschlossen. KLÄRLE (2012) weist jedoch darauf hin, dass bei einem größeren Projekt (ein Gebiet mit 1.000 km^2 und eine Auflösung der Rasterzelle von 0,5 m^2) aufgrund der 32-bit-Architektur und der Fehleranfälligkeit von ArcGIS ein großer Aufwand bei der Parallelisierung der Berechnungen entsteht. Der ganze Prozess kann deshalb nicht unbeobachtet durchlaufen werden und bedarf einer detaillierten Dokumentation.

Aufgrund der Erkenntnisse von RUIZ-ARIAS et al. (2009) und dem Wissen über die unterschiedlichen Ausgangsbedingungen wurde vor der Berechnung angenommen, dass mit r.sun höhere Solarstrahlungswerte ermittelt werden als mit dem SA. Außerdem wurden aus den Berechnungen beider Tools höhere Werte vermutet als bei der RDNS-Methode, da beide Methoden einen wolkenlosen Himmel voraussetzen, was eine Reduzierung der potenziellen Solarstrahlung bedingt. Im Gegensatz dazu basiert die Berechnung der RDNS-Methode auf real gemessener, durchschnittlicher Solarstrahlung und bezieht den Faktor Bewölkung daher mit ein. Tatsächlich ermittelt r.sun mit 87.912 MWh/Jahr höhere Solarstrahlungswerte als es beim SA mit 34.520 MWh/Jahr oder bei der RDNS-Methode mit 66.331 MWh/Jahr der Fall ist. Allerdings weist nicht die RDNS-Methode, sondern der SA die niedrigsten Ergebnisse vor, obwohl letztere Methode keine Bewölkung berücksichtigt und man deshalb höhere Werte erwarten würde.

4.3 Erzeugung der Zeitreihen

Der gesamte Extraktionsprozess wurde auch mithilfe eines Bash-Skriptes parallelisiert. Die Ausgabe einer begrenzten Anzahl an Flächen kann dadurch innerhalb weniger Minuten erfolgen. Die Rechenzeit steigt linear je nach Anzahl der Flächen, für die die Zeitreihen generiert werden sollen. Die Berechnungszeit für die Input Vektorkarte des Untersuchungsgebietes mit 1838 Flächen bedurfte 54 Stunden. In Abbildung 2 werden die stündlichen Werte der durchschnittlichen globalen Solarstrahlung pro Quadratmeter der 1838 ausgewählten Flächen, die in den Vektorkarten berücksichtigt worden sind, nach Himmelsrichtung dargestellt.

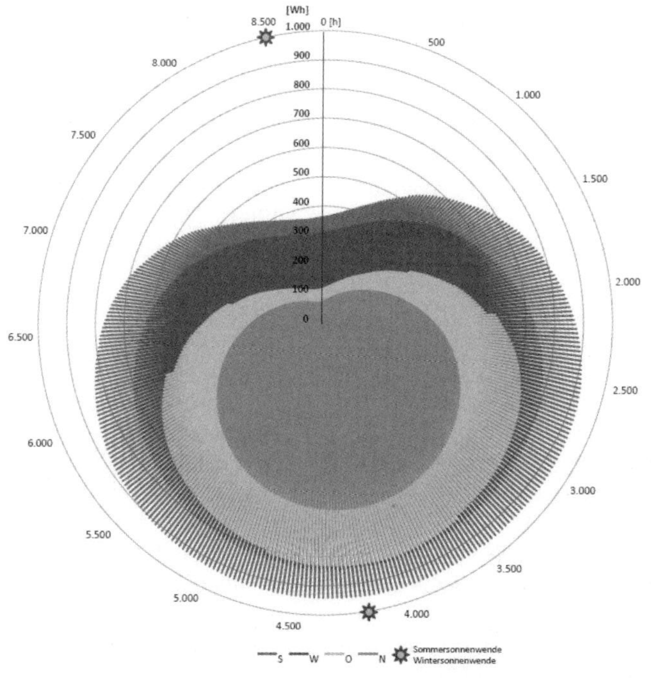

Abb. 2: Stündliche Verteilung der jährlichen globalen Solarstrahlung in Wh für einen wolkenlosen Himmel. Mittelwerte pro Quadratmeter aller ausgewählten Flächen nach Himmelsrichtung (S = Süd, W = West, O = Ost, N = Nord).

5 Fazit

Mit dem vorgestellten Modellierungsverfahren ist es möglich, Solarstrahlungszeitreihen für ausgewählte Flächen zu generieren. Grundkomponente dieses Verfahrens ist das Open-Source Tool r.sun, das gegenüber dem gängigen und proprietären Solar Analyst über zahlreiche Vorteile verfügt. Die durchgeführte Fallstudie bestätigt diese Vorteile auch für die Berechnungen mit hochaufgelösten DOMs. Es wurde gezeigt, dass mittels Implementierungen in Open-Source Lösungen eine wesentliche Verringerung der erforderlichen Berechnungszeit durch eine Streuung der Rechenschritte auf mehrere Rechenkerne erreicht werden kann. Die parallelisierte Berechnung läuft stabil und benötigt keine externe Beobachtung.

Der Ausgabeprozess der Solarstrahlungswerte für jeden Zeitschritt und jede ausgewählte Fläche ist mit einem hohen Zeitaufwand verbunden. Allerdings ist hier ebenfalls eine Parallelisierung möglich. Im Endeffekt bietet das gesamte Modellierungsverfahren die Basis für die Entwicklung eines Tools, das zu einer detaillierten Planung auf kommunaler Ebene beitragen soll. Im Rahmen zukünftiger Arbeiten soll das Modellierungsverfahren weiterentwickelt werden, um damit auch auf eine effiziente Art und Weise Prognosen für die bewölkungsabhängige Solarstrahlung in Form von Zeitreihen zu liefern. Letztere ließen sich direkt für die Planung dezentraler Energiesysteme einsetzen.

Literatur

ANGELIS-DIMAKIS, A., BIBERACHER, M., DOMINGUEZ, J., FIORESE, G., GADOCHA, S., GNANSOUNOU, E., GUARISO, G., KARTALIDIS, A., PANICHELLI, L., PINEDO, I. & ROBBA, M. (2011), Methods and tools to evaluate the availability of renewable energy sources. In: Renewable and Sustainable Energy Reviews, 15 (2), 1182-1200.

ASMUS, P. (2010), Microgrids, Virtual Power Plants and Our Distributed Energy Future. In: The Electricity Journal, 23 (10), 72-82.

BLASCHKE, T., BIBERACHER, M., GADOCHA, S., ZOCHER, D., MITTLBÖCK, M., HASLAUER, E., SCHARDINGER, I. & STROBL, J. (2008), Virtual Power Plants: spatial energy models in times of climate change. In: Digital Earth Summit on Geoinformatics, 61-66.

BORBELY, A.-M. & KREIDER, J. F. (2001), Distributed generation: the power paradigm for the new millennium. Mechanical engineering series. Boca Raton, CRC Press.

CEC – COMMISSION OF THE EUROPEAN COMMUNITIES (2007), Communication from the commission to the European council and the European parliament: An Energy Policy for Europe.

ESRI DEUTSCHLAND GMBH (2013), ArcGIS Help 10.1 – Area Solar Radiation. http://resources.arcgis.com/de/help/main/10.1/index.html#//009z000000t5000000 (31.11.2013).

FU, P. & RICH, P. M. (1999), Design and Implementation of the Solar Analyst: an ArcView Extension for Modeling Solar Radiation at Landscape Scales. In: Proceedings of the 19th Annual ESRI User Conference, San Diego, USA.

GUEYMARD, C. A. (2012), Clear-sky irradiance predictions for solar resource mapping and large-scale applications: Improved validation methodology and detailed performance analysis of 18 broadband radiative models. Solar Energy, 86 (8), 2145-2169.

HOLTTINEN, H., MEIBOM, P., ORTHS, A.,VAN HULLE, F., LANGE, B., O'MALLEY, M., PIERIK, J., UMMELS, B., TANDE, J. O. et al. (2006), Design and operation of power systems with large amounts of wind power. VTT Tiedotteita Research Notes 2493.

HOFIERKA, J. & KAŇUK, J. (2009), Assessment of photovoltaic potential in urban areas using open-source solar radiation tools. Renewable Energy, 34 (10), 2206-2214.

HOFIERKA, J. & SURI, M. (2002), The solar radiation model for Open source GIS: implementation and applications. In: Proceedings of the Open source GIS-GRASS users conference, 1-19.

KEMPENEERS, P. (2014), PK-Tools, Open source toolkit for geospatial data. http://pktools.nongnu.org (15.01.2014).

KLÄRLE, M. (2012), Erneuerbare Energien unterstützt durch GIS und Landmanagement. Wichmann Verlag, Heidelberg.

LOPES, J. A. P., HATZIARGYRIOU, N., MUTALE, J., DJAPIC, P. & JENKINS, N. (2007), Integrating distributed generation into electric power systems: A review of drivers, challenges and opportunities. Electric Power Systems Research, 77 (9), 1189-1203.

LUKAČ, N. & ŽALIK, B. (2013), GPU-based roofs' solar potential estimation using LiDAR data. Computers & Geosciences, 52, 34-41.

MANFREN, M., CAPUTO, P. & COSTA, G. (2011), Paradigm shift in urban energy systems through distributed generation: Methods and models. Applied Energy, 88 (4), 1032-1048.

MENDES, G., IOAKIMIDIS, C. & FERRÃO, P. (2011), On the planning and analysis of Integrated Community Energy Systems: A review and survey of available tools. Renewable and Sustainable Energy Reviews, 15 (9), 4836-4854.

NETELER, M. & MITASOVA, H. (2008), Working with raster data. In: NETELER, M. & MITASOVA, H. (Eds.), Open Source GIS. Springer US, 2008.

PAATERO, J. V. & LUND, P. D. (2007), Effects of large-scale photovoltaic power integration on electricity distribution networks. Renewable Energy, 32 (2), 216-234.

RUIZ-ARIAS, J. A., TOVAR-PESCADOR, J., POZO-VÁZQUEZ, D. & ALSAMAMRA, H. (2009), A comparative analysis of DEM-based models to estimate the solar radiation in mountainous terrain. International Journal of Geographical Information Science, 23 (8), 1049-1076.

SODA, SOLAR RADIATION DATA (2004), Time Series of Solar Radiation Data. http://soda-is.com/eng/services/services_radation_free_eng.php (02.12.2013).

STMUG, Bayerisches Staatsministerium für Umwelt und Gesundheit, StMWIVT, Bayerisches Staatsministerium für Wirtschaft, Infrastruktur, Verkehr und Technologie, OBB, Oberste Baubehörde im Bayerischen Staatsministerium des Innern (2011), Leitfaden Energienutzungsplan. http://www.stmi.bayern.de/imperia/md/content/stmi/bauen/recht undtechnikundbauplanung/_staedtebau/veroeffentlichungen/oeko/leitfaden_enp.pdf (18.04.2012).

ŠÚRI, M., HULD, T. A., DUNLOP, E. D. & OSSENBRINK, H. A. (2007), Potential of solar electricity generation in the European Union member states and candidate countries. Solar Energy, 81 (10), 1295-1305.

TABIK, S., VILLEGAS, A., ZAPATA, E. L. & ROMERO, L. F. (2012), A Fast GIS-tool to Compute the Maximum Solar Energy on Very Large Terrains. Procedia Computer Science, 9, 364-372.

U.S. DEPARTMENT OF ENERGY & SNL, SANDIA NATIONAL LABORATORIES (2007), Solar Energy Grid Integration Systems „SEGIS". Program Concept Paper.

WOLSINK, M. (2012), The research agenda on social acceptance of distributed generation in smart grids: Renewable as common pool resources. Renewable and Sustainable Energy Reviews, 16 (1), 822-835.

Photovoltaik in virtuellen Kraftwerken zur Versorgung regionaler Elektromobilitätskonzepte

Luis RAMIREZ CAMARGO[1,2] und Roland ZINK[1]

[1]Technische Hochschule Deggendorf · roland.zink@th-deg.de

[2]Universität für Bodenkultur Wien

Zusammenfassung

Motiviert durch die zunehmende Dezentralisierung der Stromproduktion und dem damit einhergehenden Einsatz erneuerbarer Energien stellt dieser Beitrag eine zeitlich und räumlich hochaufgelöste GIS-basierte Ertragsanalyse für Photovoltaik (PV) vor. Eine exakte Prognose ist Voraussetzung, um eine sichere und am Verbraucher orientierte Versorgung z. B. durch den Zusammenschluss verschiedener Kraftwerke gewährleisten zu können. Gerade bei wetterabhängigen Technologien wie der PV und neuen Verbrauchern wie der Elektromobilität stellt dies eine große Herausforderung dar. Mit einer Reihe an Open-Source GIS-Werkzeugen lassen sich jedoch auf Grundlage von LIDAR-Daten und Wetterdaten von Testreferenzjahren (TRY) die geforderten Kennlinien errechnen. Die Ergebnisse zeigen standort-, anlagen- und wetterbezogene Ertragswerte in 15 Minuten Intervallen und unterstützen damit wesentlich die Planung kleinräumiger virtueller Kraftwerke. So lässt sich auch bei kleinen Untersuchungsgebieten wie dem südöstlichen Bayerischen Wald durch eine gezielte Verteilung der Erzeugungskapazität auf Standorte verschiedener Wetterregionen die Variabilität um bis zu 48 % senken.

1 Regionale Elektromobilitätskonzepte

Die Entwicklung alternativer Antriebskonzepte wie etwa die Elektromobilität ist eine von mehreren Möglichkeiten, einen Beitrag zur Reduzierung von Treibhausgasen und zur nachhaltigen Gestaltung des Verkehrswesens zu leisten (vgl. WBGU 2011). Diese Argumentation überzeugt allerdings nur dann, wenn auch die dafür benötigte Elektrizität aus regenerativen Quellen stammt. Daher ist es bei regionalen Elektromobilitätskonzepten erforderlich, parallel zur infrastrukturellen Erschließung und der lokalen Bewusstseinsbildung entsprechende Energieversorgungsstrukturen zu schaffen. Aufgrund der wetterbedingten Produktionsschwankungen, insbesondere bei der PV und der Windenergie, richtet sich der Fokus dabei auf kommunikative Zusammenschlüsse mehrerer und unterschiedlicher erneuerbarer Energien in Form von Microgrids, Smartgrids oder virtueller Kraftwerke, mit deren Hilfe eine angepasste Versorgung der neuen Verbraucher erreicht werden kann.

Das Projekt E-WALD, gefördert durch den Freistaat Bayern, stellt Deutschlands größte Modellregion zur Erprobung von Elektromobilität dar. Das Gebiet erstreckt sich auf einer Fläche von ca. 7.000 km^2 entlang der Donau zwischen Straubing und Passau und umfasst den gesamten südöstlichen Bayerischen Wald. Geprägt durch eine ländliche Mittelgebirgslandschaft mit strengen Wintern, einer bewegten Morphologie und einem sehr hohen Anteil an Individualverkehr, hält die Region zahlreiche Herausforderungen für die Elektromobili-

Strobl, J., Blaschke, T., Griesebner, G. & Zagel, B. (Hrsg.) (2014): Angewandte Geoinformatik 2014.

tät bereit (vgl. E-WALD 2014). So gilt der elektronisch betriebene Individualverkehr – im Gegensatz zu städtischen Ballungsräumen – in derartigen Gebieten wegen der begrenzten Reichweite der Fahrzeuge bisher kaum als Alternative. Gleichzeitig ergeben sich aufgrund des räumlichen Umrisses der Projektregion neue Aufgaben bei der Elektrizitätsbereitstellung durch erneuerbare Energien.

2 Geoinformation zur Planung virtueller Kraftwerke

Im Forschungs- und Entwicklungsprojekt E-WALD soll die Stromversorgung durch heimische Ressourcen aus der Projektregion erfolgen. Zum einen bietet die Region bilanziell ausreichende Energiepotenziale, zum anderen lassen sich damit wirtschaftliche Impulse vor Ort setzen, wodurch der ländliche Raum gestärkt wird (vgl. ZINK 2013, 172f.). Um diesem Anspruch und dem einer sicheren Versorgung gerecht zu werden, bedarf es sowohl intelligenter Angebots- als auch Nachfragestrukturen. Auf der Angebotsseite bieten sich hierfür sogenannte virtuelle Kraftwerke an. Diese zeichnen sich durch einen kommunikativen Zusammenschluss verschiedener Erzeugungsformen an unterschiedlichen Standorten aus und ermöglichen eine zentrale Überwachung, Steuerung und Regelung.

Obwohl die Nutzung regionaler Energiepotenziale der Idee der Dezentralisierung entspricht, verringert sich dadurch allerdings die Möglichkeit einer breiten Ausdehnung des virtuellen Kraftwerkes, was einen besonderen Faktor dessen konzeptioneller Gestaltung darstellt. So ist es ein zentraler Aspekt virtueller Kraftwerke, anhand eines geographisch weit gestreuten Kraftwerksparks meteorologisch bedingte Schwankungen auszugleichen. Durch die gezielte Kombination verschiedener Energieformen einerseits und deren unterschiedlichen Standorte andererseits soll die Versorgungszuverlässigkeit gesteigert bzw. die Eintrittswahrscheinlichkeit extremer Ausschläge minimiert werden.

Bei kleinen Gebieten – wie etwa dem Umgriff von E-WALD (vgl. Abbildung 1) – reduzieren sich jedoch sowohl die meteorologischen Unterschiede als auch die Anzahl an verfügbaren Flächen mit verschiedenen topographischen Bedingungen. Eine räumlich detailreiche Analyse und eine standortangepasste Anlagenkonfiguration werden deshalb umso wichtiger und markieren den Forschungsschwerpunkt, zeitlich und räumlich hochaufgelöste Prognosemodelle für die verschiedenen erneuerbaren Energien zu erstellen. Dies trifft insbesondere auf die PV zu, die neben der Wasserkraft die dominante Erzeugungsform in der Untersuchungsregion darstellt.

GIS-basierte Verfahren liefern folglich eine planerische Grundlage zur Gestaltung des Kraftwerksportfolios. Zum einen lassen sich mit der Verortung von Verbrauchern inklusive deren Lastprofile (Ladesäulen und Hausladungen) sowie den erneuerbaren Kraftwerkskomponenten und deren potenziellen Erzeugungskurven Rückschlüsse auf Bedarfs-, Versorgungs- und Netzstrukturen ziehen. Im Bereich der Elektromobilität schließt dies auch die Verwendung der Fahrzeuge selbst als Kurzspeicher ein (vgl. ROTHFUSS & LE BRIS 2013, 44), weswegen zu erwarten ist, dass Elektromobilitätsinitiativen wie E-WALD und die darin implementierten virtuellen Kraftwerke zur räumlichen Neudefinitionen von Energielandschaften beitragen und sich gänzlich neue Versorgungskonzepte etablieren. Zum anderen ermöglichen GIS-Anwendungen wie etwa r.sun im Bereich der Sonnenenergie, die Einstrahlung zu berechnen sowie unter Berücksichtigung lokaler Wetterbedingungen und der regionalen Topographie hochaufgelöste Ertragsprognosen zu erstellen.

3 GIS-basiertes Photovoltaikprognosemodell

Das Photovoltaikprognosemodell besteht aus drei aufeinander aufbauenden Schritten. Im ersten Schritt wird die solare Einstrahlung für ein ganzes Jahr in 15 Minuten Intervallen berechnet. Die Berechnung basiert auf der Annahme eines bewölkten Himmels und erfolgt mittels der Anwendung r.sun, welche von HOFIERKA & SURI (2002) für die Open-Source-GIS-Software GRASS entwickelt wurde. r.sun erfordert für die Berechnung der Strahlung zu einer bestimmten Uhrzeit folgende Parameter (vgl. HOFIERKA & SURI 2002, 9):

a) Digitales Gelände-/Oberflächenmodell (DGM/DOM);
b) Rasterdateien zur Ausrichtung und Neigung der Oberfläche;
c) Linke-Trübungsfaktor;
d) Rasterdateien der Koeffizienten sowohl zur direkten als auch zur diffusen Solarstrahlung unter bewölktem Himmel.

Die Parameter a) und b) lassen sich aus den LIDAR-Daten des jeweiligen Untersuchungsgebiets erzeugen. Die SoDa-Datenbank (SODA 2004) gibt Auskunft über den Linke-Trübungsfaktor. Die Koeffizienten zur direkten und diffusen Strahlung können als Faktor zwischen den gemessenen Werten für einen bewölkten Himmel und berechnete Werte für einen klaren Himmel kalkuliert werden. Die Berechnung letzterer ist mithilfe von r.sun selbst möglich. Hierzu bedarf es wiederum der Parameter a), b) und c). Gemessene Werte liefert der Datensatz zu den TRY des DEUTSCHEN WETTERDIENSTES (2011).

Ein wesentlicher Aspekt bei der Ermittlung des Stromertrags ist die Beachtung der Verschattung von PV-Modulen. r.sun bietet hierzu entsprechende Funktionen, die aber wegen begrenzter Rechenkapazitäten häufig an ihre Grenzen stoßen. Die Rechenzeit korreliert dabei sowohl mit der Größe des Untersuchungsgebietes als auch mit dessen räumlicher Auflösung. Dieser Trade-Off lässt sich lösen, in dem mithilfe des r.horizon-Moduls im Vorfeld Horizontkarten für das gesamte Gebiet mit relativ niedriger Auflösung und nur für das nahe Umfeld der interessanten PV-Standorte detaillierte Horizontkarten erstellt werden. Die Horizontkarten dienen als Input für r.sun und werden für jeden Azimut (Richtungswinkel) der gewählten zeitlichen Auflösung berechnet. Damit lässt sich sowohl die gesamte Topographie als auch die nahe Umgebung der PV-Anlage effizient in der Beschattungsberechnung berücksichtigen.

Der zweite Schritt im Prognosemodell betrifft die Extraktion der Solarstrahlungswerte für ausgewählte Flächen. Hierzu bedient sich das Modell der Module PKextract und PKdumpogr der Anwendung PK-Tools (KEMPENEERS 2014) und Vektordaten, welche die zu analysierenden PV-Flächen kennzeichnen. Die aus den Rasterkarten extrahierten Werte werden als Zeitreihen in Form von Textdateien gespeichert und repräsentieren die Solarstrahlung für die jeweiligen Anlagen. Die Analyse kann dabei sowohl für PV auf Hausdächer als auch für PV auf Freiflächen durchgeführt werden.

Im dritten und letzten Schritt kommen die erzeugte Zeitreihen der Solarstrahlung und die Zeitreihen der Lufttemperatur zur jeweiligen Wetterregion aus den TRY zum Einsatz. Die Daten sind Grundlage der Ermittlung des Stromertrags einer PV-Anlage, die mit einem Tabellenkalkulationsprogramm durchgeführt wird. Unter Beachtung der Anlagenparameter stehen im Resultat Ertragswerte in Wh je Quadratmeter Modulfläche in 15 Minuten Zeitschritten für das ganze Jahr. Die Berechnungen stützen sich dabei auf die Formeln von JAKUBIEC & REINHART (2013, 133, Gleichungen 2, 3 und 4).

4 Photovoltaik in der E-WALD-Region

Die Integration von PV in virtuelle Kraftwerke erfordert fundierte Kenntnisse zu den Ertragskurven, da die anderen Kraftwerkskomponenten wie etwa BHKWs oder Speichersysteme in der Lage sein müssen, die Schwankungen der PV ausgleichen zu können. Demzufolge ist es hilfreich, bereits bei der PV selbst die Variabilität der Erzeugung durch eine geschickte Standort- und Anlagenwahl zu minimieren, um dadurch die Ersatz- und Speicherleistung möglichst klein zu halten. Ein Ansatz hierzu ist Einbeziehung von Analgen verschiedener Ausrichtungen und die geographische Verteilung der Anlagen in unterschiedliche Wetterregionen.

Obwohl sich die E-WALD-Region auf den südöstlichen Bayerischen Wald beschränkt, wird das vorgestellte Prognosemodell angewendet, um kleinräumige meteorologische und topographische Unterschiede zu analysieren. Als Input dienen das frei zugängliche DOM25 der europäischen Union (EEA 2013) sowie LIDAR-Daten der Bayerischen Vermessungsverwaltung von jeweils einem Quadratkilometer um die analysierten PV-Standorte. Die Rasteranalyse im Umfeld der Anlagen hat eine räumliche Auflösung von einem Quadratmeter. In die Analyse werden drei PV-Standorte innerhalb der E-WALD-Region mit einbezogen. Die Standorte sind durch die jeweils unterschiedliche Zugehörigkeit zu den drei vorkommenden Wetterregionen charakterisiert (vgl. Abbildung 1).

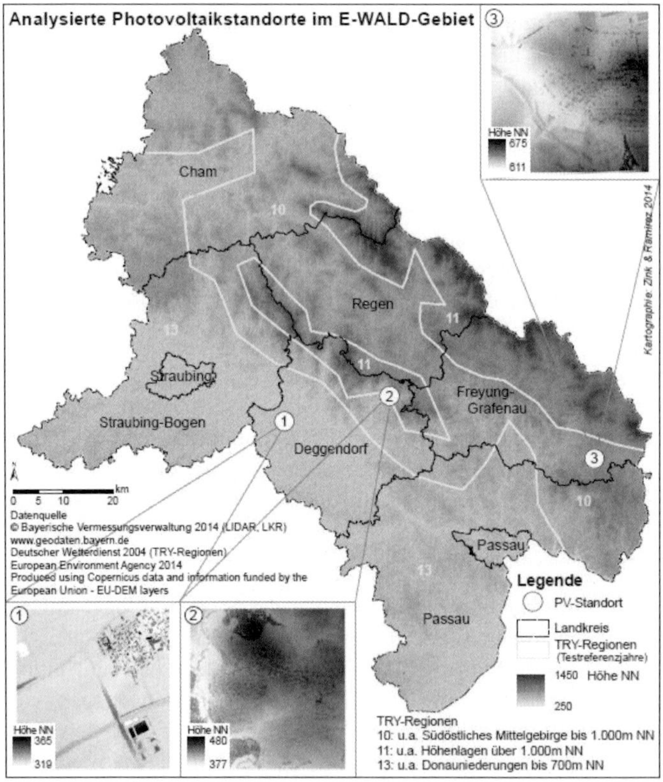

Abb. 1: Analysierte Photovoltaikstandorte im E-WALD-Gebiet

In jedem der analysierten Gebiete werden sieben Flächen potenzieller und/oder bestehender PV-Anlagen mit verschiedenen Ausrichtungen betrachtet. Die Flächen repräsentieren dabei ausnahmslos Dachanlagen, deren Größen sich näherungsweise am bilanziellen Bedarf der E-WALD-Flotte orientieren. Die Ertragswerte der insgesamt 21 Flächen werden in Wh und in 15 Minuten Zeitintervallen über ein ganzes Jahr berechnet. Für die Quantifizierung der Variabilität wird in Anlehnung an HOFF & PEREZ (2012, 2178, Gleichung 1) auf die Standardabweichung der Veränderung pro Zeitschritt des PV-Ertrages zurückgegriffen. Die Kalkulation erfolgt sowohl für einzelne Standorte als auch für mögliche Standortkombinationen. Die Ergebnisse zeigen, dass innerhalb einer Analyseregion eine Reduktion der Variabilität um 15 % erreicht werden kann, wenn statt einer einzigen PV-Anlage eine Kombination von Anlagen mit unterschiedlichen Ausrichtungen und verschiedenen Beschattungsverhältnissen verwendet wird. Verteilt man die Anlagen zusätzlich auf die drei Wetterregionen des E-WALD-Gebietes, so steigt dieser Wert auf bis zu 48 %.

Folglich lassen sich enorme Optimierungspotenziale bei der Gestaltung kleinräumiger virtueller Kraftwerke konstatieren. Der Vergleich zwischen den PV-Ertragsveränderungen für den Einzelstandort mit der höchsten Variabilität und der, mittels dem Prognosemodell ermittelten stabilsten Anlagenkombination ist in Abbildung 2 dargestellt. Gerade extreme Ausschläge der Stromproduktion (hellgraue Linie) können stark abgemildert werden, was für das virtuelle Kraftwerk ein entscheidender Aspekt ist. So trägt das Modell dazu bei, PV in virtuellen Kraftwerken gezielt zu nutzen und verhilft der Planung derartiger Kraftwerke zu einer ökonomisch und technologisch verbesserten Auslegung von Ersatz- und Speicherkapazitäten.

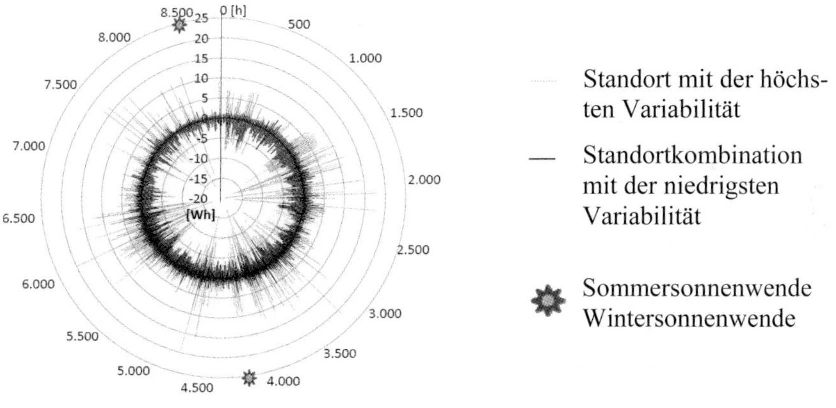

Abb. 2: PV-Ertragsänderungen zwischen 15-minütigen Zeitschritten für einen durchschnittlichen Quadratmeter des Standorts mit der höchsten Variabilität und der Standortkombination mit der niedrigsten Variabilität für ein ganzes Jahr.

5 Ausblick

Aufbauend auf den Forschungsaktivitäten im Rahmen des regionalen Elektromobilitätsprojektes E-WALD zeigt der Beitrag exemplarisch für die PV, wie diese Technologie zur Versorgung von Elektromobilitätskonzepten eingesetzt werden kann und welche räumlichen

Problemstellungen bei der Planung kleinräumiger virtueller Kraftwerke auftreten. Die Simulation von Stromertragswerten aus der PV erzielt unter Verwendung des TRY-Wetterdatensatzes und LIDAR-Daten zeitlich wie räumlich hochaufgelöste Ergebnisse, die feinste Unterschiede erkennen lassen. Wie dargelegt, kann so durch eine gezielte Kombination verschiedener Anlagen und Standorte in einem virtuellen Kraftwerk die Variabilität der Stromproduktion verringert werden.

Eine Weiterentwicklung des Verfahrens betrifft zum einen die Verwendung von live-Wetter- und Anlagendaten. Zum anderen soll das Modell für die permanente Berechnung von Ertragswerten mehrerer Anlagen parallel eingesetzt und diese Daten in das virtuelle Kraftwerk integriert werden. Angewendet auf verschiedene Standorte und Anlagenkonfigurationen (Ausrichtung der Module, Verschattung, Wirkungsgrad, usw.) liefert die vorgestellte Methodik zudem ein Set an prognostizierten Jahres- und Tageserzeugungskurven. Die Ergebnisse sind folglich auch Bewertungsgrundlage für das Kraftwerksportfolio und helfen sowohl die PV-Anlagen als auch die Standorte hinsichtlich ihrer Integrationsmöglichkeit in virtuelle Kraftwerke zu beurteilen. Neben der Identifizierung von Flächen für den Ausbau von Kraftwerken auf Basis von Landschaftsmerkmalen und Bodennutzungskategorien prädestinieren sich GI-Systeme damit auch als passende Werkzeuge zur Modellierung und Analyse von zeitlich-räumlichen Prozessen für die Planung dezentraler Energiesysteme.

Literatur

E-WALD GMBH (2014), Über das Projekt, E-WALD Modellregion Bayerischer Wald. http://e-wald.eu/das-projekt/uber-das-projekt/ (20.03.2014).

HOFF, T. E. & PEREZ, R. (2012), Modeling PV fleet output variability. Solar Energy, 86 (8), 2177-2189.

HOFIERKA, J. & SURI, M. (2002), The solar radiation model for Open source GIS: implementation and applications. In: Proceedings of the Open source GIS-GRASS users conference, 1-19.

JAKUBIEC, J. A. & REINHART, C. F. (2013), A method for predicting city-wide electricity gains from photovoltaic panels based on LiDAR and GIS data combined with hourly Daysim simulations. In: Solar Energy, 93, 127-143.

KEMPENEERS, P. (2014), PK-Tools, Open source toolkit for geospatial data. http://pktools.nongnu.org (15.01.2014).

ROTHFUSS, R. & LE BRIES, J. (2013), Elektromobilität und Pedelecs: Räumliche Neuordnung des Verkehrssystems? Geographische Rundschau, 6, 42-48.

SODA-SOLAR RADIATION DATA (2004), Time Series of Solar Radiation Data. http://soda-is.com/eng/services/services_radation_free_eng.php (18.01.2014).

WBGU – WISSENSCHAFTLICHER BEIRAT DER BUNDESREGIERUNG GLOBALE UMWELTVERÄNDERUNGEN (2011), Welt im Wandel, Gesellschaftsvertrag für eine Große Transformation, Hauptgutachten. Berlin.

ZINK, R. (2013), Ländliche Entwicklung durch Erneuerbare Energien – Das Beispiel Photovoltaik in Niederbayern. STANDORT – Zeitschrift für Angewandte Geographie, 37, 172-178.

GIS-gestützte Potenzialanalyse des Wärmebedarfs als Grundlage für die Planung von Nahwärmenetzen

Katharina RAMSBACHER, Gernot PAULUS,
Melanie REGENFELDER und André ARNOLD

FH KÄRNTEN, Villach · katharina.ramsbacher@edu.fh-kaernten.ac.at

Dieser Beitrag wurde durch das Programmkomitee als „reviewed paper" angenommen.

Zusammenfassung

Der Klimawandel, die steigenden Energiepreise und die zunehmende Verknappung fossiler Ressourcen sind die großen Herausforderungen unserer Zeit. Preissteigerungen für fossile Energieträger wirken sich nicht nur negativ auf die wirtschaftliche Entwicklung aus, sondern stellen auch für Privathaushalte eine wachsende Belastung dar. Deshalb bieten sich selbstständigere Energieversorgungsmöglichkeiten, wie etwa Nahwärmenetze durch erneuerbare Energieträger, an. Um erneuerbare Energien aber mit ihrem vollen Potenzial nutzen zu können, bedarf es der Hilfe von Geographischen Informationssystemen (GIS) sowie hochauflösender Geodaten. So nimmt beispielsweise der Gemeindeverband Karnische Region in Kärnten am europäischen INTERREG IV-A Energieprojekt „AlterVIS" teil, um regionale Energiepotenziale zu erfassen, zu analysieren und kartographisch auszuwerten. In Zusammenhang mit diesem Energieprojekt wird durch den Einsatz von innovativen GIS-Methoden eine Potenzialanalyse des Wärmebedarfs speziell für Nahwärmenetze im Untersuchungsgebiet Hermagor-Presseggersee erzielt. Durch die Verwendung von zwei unterschiedlichen räumlichen Analysemethoden können auf regionaler und lokaler Ebene potenzielle Standorte für Nahwärmenetze bestimmt werden. Zum einen werden Dichte- und Clusterberechnungsmethoden verwendet, um Gebiete mit einer hohen Wärmebedarfsdichte zu lokalisieren. Zum anderen werden Netzwerkanalysen durchgeführt, um bestimmte, auserwählte Standorte hinsichtlich ihres umliegenden Potenzials, begrenzt durch eine maximale Leitungsnetzwerkdistanz, zu analysieren. Angeführte Ergebnisse der beiden Methoden dienen als Grundlage für die Priorisierung von potenziellen Standorten für eine weiterführende Detailplanung von Nahwärmenetzen.

1 Einleitung

1.1 Motivation

Ganz nach dem Motto „Global denken, lokal handeln" setzt sich der Bezirk Hermagor in Kärnten gemeinsam mit der angrenzenden italienischen Region Friaul-Julisch Venetien zum Ziel, einen wirtschaftlichen und gesellschaftlichen Prozess in die Wege zu leiten, um eine umweltverträglichere Selbstversorgung mit Energie auf lokaler und regionaler Ebene führen zu können. Bei diesem bestehenden Energieprojekt, „Selbstversorgung mit erneuer-

Strobl, J., Blaschke, T., Griesebner, G. & Zagel, B. (Hrsg.) (2014): Angewandte Geoinformatik 2014.
 ISBN 978-3-87907-543-0.

baren Energien – AlterVIS“ werden alle erneuerbaren Energiequellen erfasst, analysiert und kartographisch ausgewertet (ALTER VIS 2013). Durch dieses Projekt kann ein Beitrag zum Klimaschutz geleistet und Energiekosten sowohl auf Gemeinde- als auch Haushaltsebene verbessert werden. Im Vordergrund dieser Arbeit steht die Unterstützung und Weiterführung des AlterVIS Projektes anhand der GIS-gestützten Potenzialanalyse von zukünftigen Nahwärmenetzen. Nahwärme kann aus ökologischer Sicht und als Teil der kommunalen Wärmeversorgung eine Alternative zur individuellen Versorgung von Einzelobjekten darstellen. Eine wichtige Voraussetzung und Planungsgrundlage zur Potenzialabschätzung eines Nahwärmenetzstandortes stellen aktuelle Daten über den Wärmebedarf auf Haushaltsebene dar (KOSAR et al. 2013).

1.2 Zielsetzung und Hypothesen

Als Herausforderung gilt einerseits die flächendeckende, regionale Verteilung des Wärmebedarfs von Privathaushalten zu analysieren, um so Aussagen über potenzielle Nahwärmenetzbereiche zu treffen und andererseits, ausgehend von einem ausgewählten lokalen Standort (i. e. „Großverbraucher“) innerhalb eines Hotspotbereiches, die umliegenden Abnehmer zu bestimmen, um so quantitative Angaben über das wirtschaftliche Potenzial dieses lokalen Standortes treffen zu können. Als Zielsetzung wird diese Lösung in Form eines adaptierbaren Workflows im ArcGIS ModelBuilder mit flexiblen Inputdaten auf Grundlage der folgenden drei Hypothesen umgesetzt:

1. Ein Nahwärmenetz ist potenziell kostendeckend, wenn mindestens ein Großverbraucher an das Nahwärmenetz anschließt.
2. Der Standort eines Großverbrauchers ist mit dem potenziellen Standort eines Nahwärme-Heizkraftwerkes gleichgesetzt.
3. Das Leitungsnetzwerk orientiert sich am Verlauf des Straßennetzes, da es sich beim Straßenraum um öffentliches Gut handelt und damit Grabungen durchgeführt werden dürfen.

2 Theoretischer Hintergrund

2.1 Raumrelevante Aspekte eines Nahwärmenetzes

Der Begriff Nahwärmenetz wird in der Literatur als technische Infrastruktur zur leitungsgebundenen Verteilung thermischer Energie zwischen einer zentralen Wärmequelle und einer mehr oder minder umfassenden Anzahl an Verbrauchern bezeichnet (ESCH et al. 2011). Grundvoraussetzung für eine sinnvolle Nutzung von Nahwärme ist ein hoher und möglichst dichter Wärmebedarf in einem Netz mit begrenzter Ausdehnung (EGGSTEIN et al. 2010). Daher versorgt ein Nahwärmeheizkraftwerk oft nur einzelne Siedlungen und Gebäudegruppen (MIKSCHE 2010). Besonders die bestehende Siedlungsstruktur und die Anzahl an Großabnehmern sind entscheidend. Als raumrelevante Aspekte eines Nahwärmenetzes gelten somit Standorte und zugleich eine bestimmte Anzahl an Wärmeabnehmern, (dies können Klein- oder Großverbraucher sein), der Standort des zentralen Heizkraftwerks und die räumliche Ausdehnung des unterirdisch verlaufenden Leitungsnetzes, welches mit begrenzter Ausdehnung das Heizkraftwerk mit den Abnehmern verbindet und diese mit Wärme versorgt.

2.2 Differenzierung Kleinverbraucher und Großverbraucher

Für die Analysen wird zwischen Klein- und Großverbraucher differenziert. Als Kleinverbraucher werden private Haushalte bezeichnet, welche einen durchschnittlich niedrigeren Wärmebedarf aufweisen als Großverbraucher. Großverbraucher können Büros, Hotels, Schulen, Einkaufszentren, Krankenhäuser oder öffentliche Veranstaltungszentren sein, dies ist vom jeweiligen Untersuchungsgebiet abhängig. In Tabelle 1 sind exemplarisch typische Jahresenergiebedarfszahlen in Megawattstunden (MWh) exklusive Strom aufgelistet. Diese Werte konnten von der Initiative Nahwärme Baden Württemberg ermittelt werden und beziehen sich auf Hochrechnungen und Verbrauchsdaten aus kommunalen Energieberichten. (EGGSTEIN et al. 2010)

Tabelle 1: Typische durchschnittliche Wärmebedarfe

Abnehmerart	Typischer-Jahresenergiebedarf (in MWh), ohne Strom
Einfamilienhaus	20-50
Mehrfamilienhaus	100-300
Schule	100-1.500
Einkaufszentrum	1.000-2.000
Gewerbe	5.000-15.000
Krankenhaus	10.000-30.000

2.3 Ausgewählte Best Practise Projekte

Das „GIS Projektbeispiel Wärmeinseln“ von der Initiative Nahwärme Baden-Württemberg zeigt die wirtschaftlichen Chancen für Stadtwerke durch Nahwärme auf. Dafür werden Geodaten und GIS Technologien eingesetzt, um Wärmeatlanten zur Potenzialanalyse für Nahwärmenetze zu generieren. Ein Wärmeatlas ist eine Karte, die für den Siedlungsbestand gebäudescharf farbig den aktuellen Wärmebedarf darstellt (EGGSTEIN et al. 2010).

Das Institut für angewandtes Stoffstrommanagement in Trier (Rheinland-Pfalz) führt anhand eines Wärmekatasters eine großflächige Analyse der Wärmebedarfsstruktur mittels GIS durch, um damit nötige Wärmeversorgungsmaßnahmen ableiten zu können. In einem ersten Schritt wurden Wärmeabsatzpotenziale ermittelt und dargestellt, wobei bereits bestehende Wärmenetze berücksichtigt wurden. Eine Siedlungstypenclusterung nach Gebäudetyp und Baujahr wurde angewendet und der Wärmebedarf anhand der Wärmebedarfskennzahlen, Stockwerkzahl und Grundfläche ermittelt. Bereiche mit besonders hohem Wärmebedarf können identifiziert werden und dementsprechend Wärmenetze ausgelegt werden. Die GIS Daten für ein bestimmtes Netz können nach verschiedenen Anschlussquoten ausgewertet werden und geben Netzlänge, Anzahl der Gebäudeanschlüsse, Leistung und Verbrauch an (ULBIG 2010).

Ein im Zuge des AlterVIS-Projekts entwickeltes WebGIS-Portal für die Erfassung von Energiekenndaten auf Haushaltsebene für Gemeinden ermöglicht es den BürgerInnen, auf Grundlage eines standardisierten Fragebogens Energiekenndaten zu Gebäude, Strom, Heizung und Mobilität zu erfassten, verwalten und analysieren (KOSAR et al. 2013).

Das Forschungsstudio iSPACE stellt sich im Projekt „Virtuelle Kraftwerke für Autarke Regionen“ die Aufgabe mit analytischen Methoden der Geoinformatik die theoretischen und effektiven Potenziale zur Elektrizitätserzeugung aus erneuerbaren Energieträgern, wie Biomasse, Photovoltaik, Wasserkraft und Windkraft innerhalb eines exemplarischen Untersuchungsgebiets (Salzburg/Bayern) räumlich zu ermitteln. Ermittelte Erzeugungspotenziale beispielsweise von virtuellen Kraftwerken werden mit entsprechenden Verbrauchstrukturen kombiniert, woraus ein Bilanzraster resultiert, welcher den Energieüberschuss bzw. -mangel pro Rasterzelle darstellt. (MITTLBÖCK et al. 2013)

3 Untersuchungsgebiet

Das Untersuchungsgebiet für die Entwicklung der Potenzialanalyse ist die Gemeinde Hermagor-Presseggersee, welche geographisch gesehen im südwestlichen Teil Kärntens liegt. Der Bezirk Hermagor besitzt eine Fläche von 205 Quadratkilometern und hat 7270 Einwohner. Das städtische Gebiet der gesamten Gemeinde beschränkt sich auf die Stadt Hermagor. Besonders die Gemeinde Hermagor-Presseggersee hat im zweisaisonalen Tourismus einen wichtigen Stellenwert. Im Winter lockt das Nassfeld, eines der größten Skigebiete Kärntens, die Touristen an und im Sommer der Presseggersee. Weiteres befinden sich auch zahlreiche Hotelanlagen rund um das Skigebiet und den Presseggersee.

4 Geodatenanalyse

Für das festgelegte Untersuchungsgebiet Hermagor-Presseggersee sind die angeführten Geodaten für die regionale und lokale Potenzialanalyse relevant:

- *Standorte von Privathaushalten mit Wärmebedarfsdaten*
  Um auf kleinräumiger Ebene Aussagen zum Potenzial von Nahwärmenetzen treffen zu können, ist die Kenntnis über die Verteilung des Wärmebedarfs unumgänglich. Unter Zuhilfenahme des Adress-, Gebäude- und Wohnregister (Adress-GWR) der Statistik Austria, wurde daher der Wärmebedarf für Privathaushalte statistisch hochgerechnet. Grundlage hierfür waren aus dem Adress-GWR bezogene Angaben zu Gebäudebaujahr und -grundfläche, Wärmebereitstellungsarten (z. B. Öl, Gas, etc.), sowie Anzahl an gemeldeten Personen. In Kombination mit den Wirkungsgraden der einzelnen Wärmebereitstellungsarten wurden auf diese Weise adressgenaue Wärmebedarfsdaten generiert, die in weiterer Folge in die Potenzialabschätzung als Grundlage für die Planung von Nahwärmenetzen einfließen konnten.
- *Standorte potenzieller Großverbraucher*
  Diese Adresspunkte repräsentieren potenzielle Großverbraucher, wie z. B. 3-4 Sternehotels, Großgasthäuser, Gewerbebetriebe oder Schulen.
- *Standorte bestehender Nahwärmenetze*
  Um ein effizienteres Ergebnis der Analyse zu gewährleisten, werden bereits bestehende Nahwärmenetze berücksichtigt. Einige Standorte wurden aus der Heizwerkdatenbank des AlterVIS-Projektes herausgefiltert.
- *Straßendaten*
  Einen zentralen Datensatz zur Berechnung der Einzugsgebiete für ein Nahwärmenetz stellen Straßendaten dar. Diese werden vor allem für die Netzwerkanalyse benötigt, da davon ausgegangen wird, dass entlang des Straßenverlaufs Grabungen für das Rohrlei-

tungsnetzwerk durchgeführt werden dürfen. Für dieses Projekt wurden als „Proof-of-concept" von OpenStreetMap verwendet (Quelle: http://download.geofabrik.de/europe/austria.sn). Um diese Daten für die Potenzialanalyse nutzen zu können, muss ein routingfähiges Straßennetzwerk generiert werden.

- *Geographische Hintergrund- und Lageinformation*
  Des Weiteren ist für die Visualisierung der Ergebnisse ein Polygondatensatz mit den Gemeindegrenzen beigefügt. Gemeinsam mit der ÖK50-Karte, die vom Kärntner Geographischen Informationssystem KAGIS als WebService zur Verfügung gestellt wird, ist eine geographische Hintergrundinformation gegeben.

5 Hierarchisches Analysemodell

Für die Bestimmung von potenziellen Nahwärmestandorten wird ein hierarchischer Analyseansatz vorgeschlagen (Abb. 1).

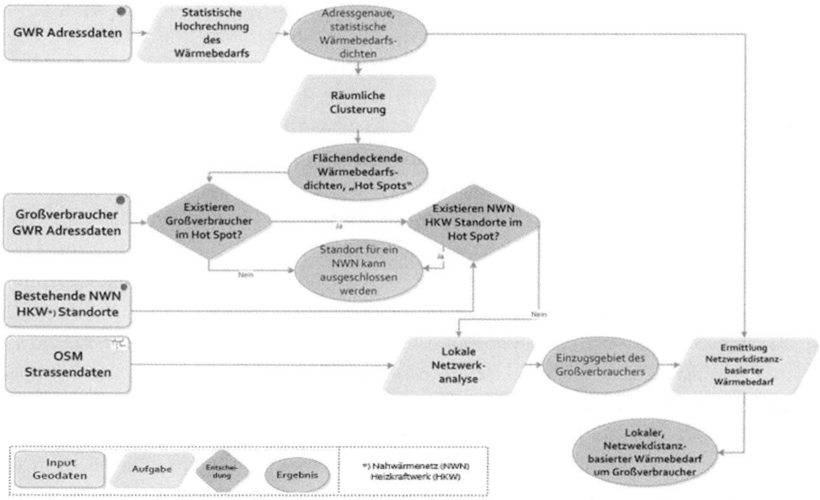

Abb. 1: Hierarchisches Analysemodell für die regionale und lokale Potenzialanalyse

In einem ersten Schritt werden aus adressgenauen, statistisch hochgerechneten Wärmepotenzialen, regionale Wärmebedarfsdichten mittels einer Dichte- und Clusteranalyse (LEVINE et al. 2004) ermittelt. Durch berechnete Hotspots, also jene Bereiche in denen eine hohe regionale Dichte an Privathaushalten und ein hoher Wärmebedarf gegeben ist, können potenzielle Bereiche hinsichtlich des Wärmebedarfs priorisiert werden. Im nächsten Schritt werden Netzwerkanalysen für diese qualifizierten Gebiete durchgeführt. Voraussetzung ist, dass sich in diesem Gebiet mindestens ein Großverbraucher befindet und kein bereits bestehendes Nahwärmeheizkraftwerk in unmittelbarer Nähe vorhanden ist. Für den ausgewählten Großverbraucher wird das Einzugsgebiet berechnet und der Wärmebedarf ermittelt. In diesem Zugang wird der Standort eines Nahwärmeheizkraftwerkes mit dem Adresspunkt des Großverbrauchers gleichgesetzt. Bei der Netzwerkanalyse wird lokal ein bestimmter Standort auf Rentabilität für ein Nahwärmenetz überprüft. Da ein Nahwärmenetz besonders dann sinnvoll ist, wenn ein hoher Wärmebedarf in einem Netz mit begrenzter Ausdehnung existiert, ist nicht nur die Ermittlung des umliegenden Wärmebedarfs (Einzugsgebiet in der Umgebung des Großverbrauchers) wichtig, sondern auch die Fixierung bestimmter Netzwerkdistanzen bzw. der Reichweite eines Leitungsnetzwerkes, von besonderer Bedeutung. Hierbei wird davon ausgegangen, dass die Grabungen für das Leitungsnetzwerk entlang des Straßenverlaufs durchgeführt werden. Dadurch ergibt sich ein lokaler, netzwerkdistanzbasierter Wärmebedarf rund um den ausgewählten Großverbraucher.

5.1 Implementierung der regionalen Dichte- und Clusteranalyse

Im ersten Schritt der regionalen Dichte- und Clusteranalyse werden die benötigten Geodaten aufbereitet. Besonders ausschlaggebend ist hierbei die statistische Hochrechnung des adressgenauen Wärmebedarfs der Privathaushalte (in Megawattstunden pro Jahr). Die Implementierung der Daten und die Umsetzung der Analysen erfolgt durch die beiden Softwareanwendungen ArcMap und CrimeStat III. Mit dem aufbereiteten Punktmuster der privaten Haushalte wurde zuerst die Dichteberechnung mittels des *Point Density* Tools in ArcMap durchgeführt. Dieses Tool berechnet die Dichte von Punktmustern um jede einzelne Punkt-Raster-Zelle herum, somit werden umliegende Punkte addiert und durch die Fläche der Nachbarschaft geteilt. Diese resultierende Dichteberechnung (für jede einzelne Rasterzelle wird ein Dichtewert für Wärme ermittelt) wurde anschließend mit der Klassifizierungsmethode *Natural Breaks* neu klassifiziert und eine flächendeckende Dichtekarte erstellt. Mittels CrimeStat III wurden ebenfalls mit den adressgenauen Punktdaten die räumlichen Cluster analysiert. Zur Ermittlung von Hotspots wird die *Nearest Neighbor Hierarchical Spatial Clustering* Methode von CrimeStat III verwendet, welche eine von vielen Möglichkeiten ist, um Cluster zu berechnen. Hierbei werden die euklidischen Distanzen zwischen den einzelnen Punkten berechnet und Gruppen mit möglichst geringen Abständen gesucht. Anschließend wird das erzeugte File in das Softwareprodukt ArcGIS importiert und mit der durchgeführten Dichteberechnung abgeglichen, sodass aussagekräftigere Cluster bzw. Hotspots resultieren. Dieser Abgleich wurde über das *Zonal Statistic* Tool durchgeführt, welches einen Abgleich des Zonenrasters (Resultat der ermittelten Cluster von CrimeStat III) mit dem Werteraster (Resultat der Dichteberechnung von ArcGIS) ermöglicht. Als Statistiktyp wurde der *Mean* verwendet und somit für alle Zellen in einer Zone ein Wertedurchschnitt zugewiesen. Als letzten Schritt können die resultierenden Cluster neu klassifiziert und anhand der Wärmedichten eingefärbt werden. Ein Cluster definiert sich in diesem Zusammenhang also einerseits nach der räumlichen Nähe von einzelnen Privathaushalten, und andererseits nach deren ermittelten Dichtewert für Wärme. Qualifizierte Regionen für ein Nahwärmenetz können also anhand der Wärmebedarfsdichten und der Voraussetzung für mindestens einen Großverbraucher innerhalb des ermittelten Hotspots bestimmt werden.

5.2 Implementierung der lokalen Netzwerkanalyse

Als Ergebnis der räumlichen Clusteranalyse resultieren erste qualifizierte Gebiete, welche einen hohen regionalen Wärmebedarf aufweisen. Um das Potenzial für ein Nahwärmenetz an einem bestimmten Standort zu bestimmen, wird die lokale Netzwerkanalyse durchgeführt. Erneut müssen auch bei der Netzwerkanalyse vorerst die genannten Geodaten aufbereitet und insbesondere das Straßennetzwerk auf Routingfähigkeit überprüft werden. Erst nach Überprüfung des Straßennetzwerkes kann die Erweiterung, Network Analyst (im speziellen das Tool *Make Service Area Layer*) in den ArcGIS ModelBuilder eingebunden werden. Hier sind auch passende Netzwerkdistanzen bestimmbar, im Projekt werden Distanzen von 250, 500, 750 und 1000 Metern verwendet. Im dritten Schritt ist dem ModelBuilder ein passender Ausgangsstandort in Form eines Shapefiles hinzuzufügen. Dieser Standort repräsentiert einen Großverbraucher im bereits analysierten Hotspot. Dieser Input Datensatz sollte flexibel sein und ist daher als Parameter gesetzt. Anschließend müssen die berechneten Einzugsgebiete mit den jeweiligen Netzwerkdistanzen von 250, 500, 750, 1000 ausgewählt und die umliegenden Haushalte innerhalb der angegebenen Distanzen selektiert (*Select Layer By Location*) werden. Dabei werden sowohl die Wärmebedarfsdaten der Haushalte pro Einzugsgebiet aufsummiert, als auch die Anzahl der Abnehmer pro Einzugsgebiet addiert. Diese Zahlen beschreiben somit das Potenzial für ein lokales Nahwärmenetz.

6 Ergebnisse und Interpretation

6.1 Ergebnis der regionalen Dichte- und Clusterberechnung

Durch die Dichte- und Clusteranalyse können erste Aussagen über regional potenzielle Standorte eines Nahwärmenetzes getroffen werden und jene Gebiete aufgrund der Wärmebedarfsdichten pro Rasterzelle ausgeschlossen oder bestätigt werden. Die adressgenauen Wärmepotenzialdichten einzelner Privathaushalte stellen Hotspots in der Gemeinde Hermagor-Presseggersee dar (Abb. 2).

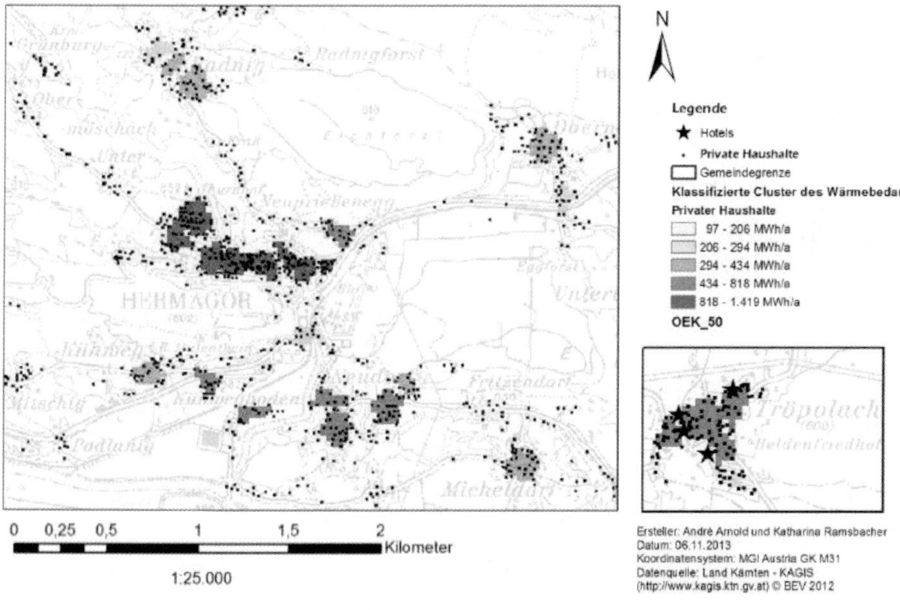

Abb. 2: Ergebniskarte der Dichte- und Clusterberechnung anhand adressgenauer Privathaushalte mit Wärmebedarfsdaten

Sowohl das Punktmuster der privaten Haushalte (kleine Rechtecke) als auch die klassifizierten Cluster (5 Klassen) zeigen Hotspots der Gemeinde auf. Besonders die fünfte Klasse visualisiert einen hohen jährlichen Wärmebedarf der Privathaushalte von 818 bis 1.419 MWh/a. Befindet sich also in diesen Hotspots (auch dritte oder vierte Klasse) mindestens ein Großverbraucher (siehe Hotels im Detailausschnitt Tröpolach) und ist kein bereits bestehendes Nahwärmenetz in unmittelbarer Nähe vorhanden, so könnte dies ein potenzieller Standort für ein Nahwärmenetz sein und mit der lokalen Netzwerkanalyse fortgesetzt werden. In der Karte ist klar ersichtlich, dass sich das größte Potenzial direkt im Stadtgebiet Hermagor, Möderndorf, Fritzendorf, Neudorf und Tröpolach befindet.

6.2 Ergebnis der lokalen Netzwerkanalyse

Durch die berechneten Hotspots können erste Bereiche sowohl ausgeschlossen als auch bestätigt werden. Im Detail wird nun die lokale Netzwerkanalyse für diese qualifizierten Gebiete durchgeführt. Abbildung 3 zeigt ein Ergebnis der lokalen Netzwerkanalyse im Untersuchungsgebiet Tröpolach. Für diese Analyse wurde Tröpolach ausgewählt, da sich hier ein räumlicher Hotspot und ein potenzieller Großverbraucher befindet. Ausgehend vom Gebäudezentroid dieses Großverbrauchers werden sowohl der umliegende Wärmebedarf pro Privathaushalt als auch verschiedene Netzwerkausdehnungen für ein Nahwärmenetz in visueller und tabellarischer Form ermittelt (Tabelle 2). In der Abbildung 3 ist ersichtlich, dass die einzelnen Gebäude passend zur Höhe des jeweiligen Wärmebedarfs klassifiziert sind. Die Tabelle 2 zeigt das Potenzial für ein Nahwärmenetz, ausgehend von einer hundertprozentigen Anschlussrate der 50 Haushalte mit dem berechneten Wärmebedarf von 130 MWh/a und einer Netzausdehnung von 1000 Metern entlang des Straßenverlaufs. Auch die jeweiligen Netzerweiterungen um weitere 250 m zeigen in der Tabelle, wie viele zusätzliche Haushalte bzw. wie viel Wärmebedarf dadurch hinzukommen würden. Dieses Resultat präsentiert das lokale Potenzial für ein Nahwärmenetz in Tröpolach und erfordert fachwissenschaftliche Beurteilung bevor es der Gemeinde vorgeschlagen werden kann.

Tabelle 2: Lokale Analyse: Tabellarisches Resultat der Netzwerkanalyse

Berechnetes Potenzial pro Netzwerkdistanz	Anzahl Haushalte	Summe Wärmebedarf
250 Meter	10	23 MWh/a
500 Meter	10	27 MWh/a
750 Meter	21	58 MWh/a
1000 Meter	9	22 MWh/a
Gesamt	50	130 MWh/a

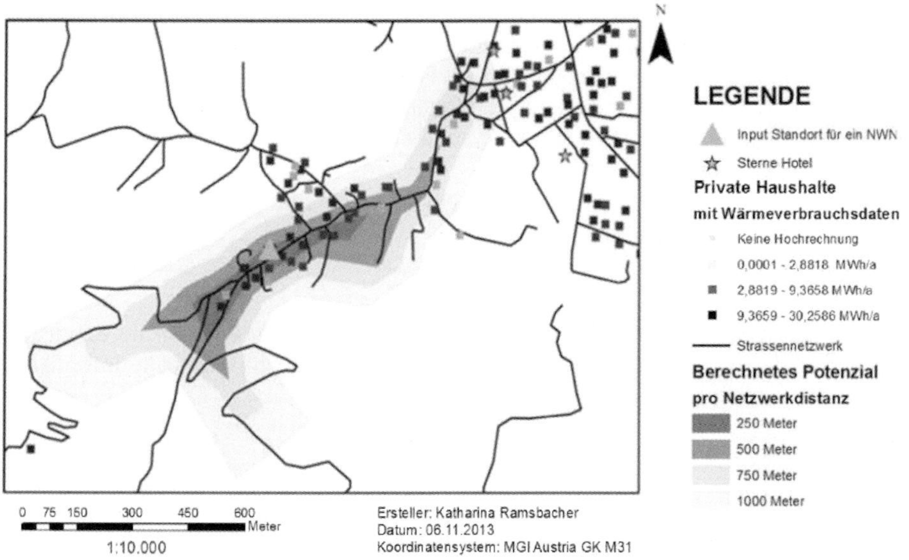

Abb. 3: Im Untersuchungsgebiet Tröpolach wird das umliegende Potenzial für ein Nahwärmenetz ausgehend von einem potenziellen Großverbraucher berechnet

7 Fazit und Ausblick

Da Nahwärme aus ökologischer Sicht eine Alternative zur individuellen Versorgung von Einzelobjekten darstellt, wurde ein hierarchisches, GIS-gestütztes Potenzialanalysemodell für Nahwärmenetze sowohl auf regionaler als auch lokaler Ebene behandelt. Die ausgewerteten Ergebnisse der beiden angewendeten GIS Methoden zeigen eine lukrative Grundlage für die Potenzialbestimmung von Nahwärmenetzen und sollten möglichst in Kombination angewendet werden. Kritisch zu hinterfragen ist allerdings die Aussagekraft der verwendeten Datengrundlage, da die Adress-GWR-Daten mit hochgerechneten Wärmedaten nur einen grundsätzlichen Trend des Wärmebedarfs visualisieren. Auch bei der Auswahl des Großverbrauchers können räumliche Unschärfen vorkommen, da Gebäudekomplexe nicht berücksichtigt und vom Zentroid des Einzelobjektes ausgegangen wird. Als sinnvolle Weiterführungsarbeiten des Projektes gelten hinsichtlich der Daten die Miteinbeziehung von vollständigen und aktuellen Wärmebedarfsdaten einzelner Privathaushalte und Großverbraucher sowie die Verwendung von amtlichen Straßennetzwerkdaten des Landes Kärnten, hier insbesondere des ländlichen Wegenetzdatensatzes. Zur Optimierung der Qualität dieser Daten sind erfasste online Energiedatenblätter eines Web-Portals anwendbar, um mit tatsächlichen Wärmeverbrauchsdaten zu arbeiten (KOSAR et al. 2013). Des Weiteren wurden bezüglich der regionalen Dichte- und Clusteranalyse keine weiterführenden Methoden für qualitative Cluster durchgeführt. Somit ist das verwendete Clustering Werkzeug eine mögliche Identifizierungsmethode der Cluster, wobei diese in Zukunft noch anhand der angegebenen Parameter zu verbessern sind. Für die zukünftige Weiterführung dieses Projektes ist auch ein Annäherungsverfahren mit Kostenaspekt vorstellbar, um dem Endverbraucher ein realitätsnahes Potenzial inklusive Kosten liefern zu können. In Relation dazu sind erlaubte

Baumaßnahmen, kostengünstigste Distanzen und die Bodenbeschaffenheit für das Leitungsnetz zu berücksichtigen. Diese weiterführenden Ansätze gelten als zukünftiges Erweiterungspotenzial der beiden implementierten Methoden. Mit derzeitigem Stand stellt das Projekt eine aussagekräftige Grundlage für die Potenzialbestimmung von Nahwärmenetzen dar, indem eine schnelle und effiziente Analyse des Wärmebedarfs sowohl auf regionaler als auch lokaler Ebene ermöglicht wird.

Danksagung

Wir danken dem Kärntner Geographischen Informationssystem KAGIS für die Bereitstellung der verwendeten Geodaten sowie Herrn DI Christoph Aste für wertvolle Informationen zur Nahwärmenetzplanung.

Literatur

ALTER VIS (2012), Interreg IV Italien-Österreich AlterVIS. Autonome Provinz Bozen-Südtirol Abteilung Europa. http://www.ktn.gv.at/199587_DE (27.10.2012).

EGGSTEIN, M. & MITSCH-WERTHWEIN, C. (2011), Wirtschaftliche Chancen für Stadtwerke durch Nahwärme Studie und Endbericht zur Initiative Nahwärme Baden-Württemberg. http://www.nahwaerme-bw.de/fileadmin/img/Meilensteine/Abschluss_Ergebnisse/Endbericht_NahwaermeBW_KGROUP.pdf (22.12.2013).

ESCH, T., GEIß, C. & HELDENS, W. (2011), Potenzialanalyse zum Aufbau von Wärmenetzen unter Auswertung siedlungsstruktureller Merkmale. http://www.schleswig-holstein.de/Waermenetzkarte/DE/Service/Links/DownloadLinks/potenzialanalyse_blob=publicationFile.pdf (20.01.2013).

KOSAR, B., PAULUS, G. & ERLACHER, C. (2013), Entwicklung eines WebGIS Portals für Energiekenndaten auf Gemeindeebene, AGIT Paper, Fachhochschule Kärnten, Studiengang Spatial Information Management, Villach, 1-5.

LEVINE, N., BLOCK, R. & BLOCK, C. (2004), Chapter 6 Hotspot Analysis I. https://www.icpsr.umich.edu/CrimeStat/files/CrimeStatChapter.6.pdf (02.04.2014).

MIKSCHE, M. (2010), Prototypische Umsetzung einer GIS-gestützten Nahwärmenetzkonzeption mit Netzwerkerstellung und –Analyse, Diplomarbeit, Hochschule Karlsruhe Technik und Wirtschaft, Studiengang Kartographie und Geomatik, Karlsruhe, 12-32.

MITTLBÖCK, M., BIBERACHER, M. & PRINZ, T. (2006), Virtuelle Kraftwerke für Autarke Regionen. http://www.nachhaltigwirtschaften.at/nw_pdf/0658_virtuelle_kw_autarke_regionen.pdf (02.04.2014).

ULBIG, B. (2010), Energiepotenziale und Bedarfsanalysen auf Basis von Geoinformationssystemen, Methodik und Anwendungsmöglichkeiten. http://www.stoffstrom.org/fileadmin/userdaten/dokumente/Veranstaltungen/Solartagung/ST_2013_9ST13/vortraege/02/T0203_Ulbig.pdf (22.12.2013).

Ein GIS-basierter Ansatz zur optimalen Standortfindung für dezentrale Speicher in Energienetzen

Tobias TÖRNROS, Günther SAGL und Bernd RESCH
Geographisches Institut, Universität Heidelberg · obias.toernros@geog.uni-heidelberg.de

Zusammenfassung

Die Energieproduktion unter verstärkter Einbindung erneuerbarer Energiequellen sowie der Energieverbrauch variieren zeitlich als auch räumlich. Um die resultierenden räumlichen und zeitlichen Lastschwankungen im Energienetz abzufedern, werden dezentrale Energiespeicher eingesetzt – die Bedeutung der geographischen Lage wird jedoch meist vernachlässigt. In diesem Beitrag beschreiben wir einen GIS-basierten Ansatz um optimale Standorte für dezentrale Speicher in regionalen Energienetzen zu finden. Das sich in Entwicklung befindende GIS-basierte Modell beruht zurzeit auf OpenStreetMap (OSM) und anderen frei zugänglichen Daten – die Datenproblematik in der Energiesystemmodellierung wird ebenfalls kurz diskutiert. Weitere Modelleingangsparameter sind die geometrische und topologische Struktur des Energienetzes. Am Fallbeispiel der Stadt Sinsheim zeigen die Ergebnisse, dass sich die ermittelten Standorte und Kapazitäten der Wärmespeicher positiv auf das Lastverhalten im lokalen Wärmenetz und auf die zu versorgende Region auswirken können.

1 Einleitung

Aus nachhaltiger und politischer Sicht sind in der breiten Forderung nach einer „Energiewende“ drei wesentliche Trends hinsichtlich Energieinfrastrukturplanung, Energieerzeugung und -speicherung zu erkennen: 1.) von geplanter und daher quasi-stabiler zu spontaner und fluktuierender Energieerzeugung, 2.) von zentraler zu dezentraler Erzeugung und Einspeisung und 3.) von teuren meist fossilen hin zu kostengünstigen bzw. kostenlosen erneuerbaren Energieträgern (MANFREN et al. 2011). Modifikationen in der Energieinfrastruktur wie z. B. der Ausbau von Strom- und Wärmenetzen oder der Bau von zusätzlichen Kraftwerken und Speicheranlagen sind notwendig, um einen effizienten Einsatz erneuerbarer Energien zu ermöglichen (CHICCO & MANCARELLA 2009).

Für die Planung von Bau bzw. Ausbau von Energienetzen, aber auch für die Modellierung und Simulation von bestehenden und zukünftigen Energiesystemen, muss neben der zeitlichen auch die räumliche Dimension berücksichtigt werden, um raumzeitliche Lastspitzen aufgrund dezentraler Einspeisungen im Energienetz gezielt mittels geeigneter Speichertechnologien abzufedern. Hierzu sind die Integration von GIS und Energiesystemen sowie die Entwicklung innovativer Methoden in Form von anwendbaren Analyse- und Optimierungswerkzeugen unabdingbar. Dies wird zwar zunehmend berücksichtigt (MEDRANO et al. 2008), das Potenzial von GIS wird aber bei Weitem noch nicht ausgeschöpft (RESCH et al. 2014).

Strobl, J., Blaschke, T., Griesebner, G. & Zagel, B. (Hrsg.) (2014): Angewandte Geoinformatik 2014.
 ISBN 978-3-87907-543-0.

Das Ziel des laufenden Forschungsprojektes GISOPT[1] ist die Entwicklung GIS-basierter Werkzeuge für die Potenzialanalyse und die Strukturoptimierung von dezentralen Energiespeichern in regionalen Energiesystemen unter Berücksichtigung der zeitlichen und räumlichen Variabilität von Energieproduktion und Energienachfrage. In diesem Artikel stellen wir einen sich in Entwicklung befindenden GIS-basierten Ansatz zur optimalen Standortfindung dezentraler Speichern vor und präsentieren erste Ergebnisse am Fallbeispiel der Stadt Sinsheim (Baden-Württemberg, Deutschland).

2 Methodik

2.1 Datenbeschreibung

Räumlich hochaufgelöste Daten für die Energiesystemmodellierung sind in der Regel teuer und befinden sich im Besitz von Wärmeversorgern, Netzbetreibern oder amtlichen Behörden. Um optimale Standorte für dezentrale Speicher zu finden bzw. die räumliche Optimierung der Verteilung von Wärmespeichern durchführen zu können, sind verschiedenste Geodaten jedoch zwingend erforderlich, zum Beispiel der Liegenschaftskataster, welcher für die Abschätzung des gebäudespezifischen Wärmebedarfs herangezogen wird. Eine Alternative zu derartigen amtlichen Daten sind die frei verfügbaren Daten von Open StreetMap (OSM) – daher ergibt sich ein dringenden Bedarf an Modellen, welche auf frei verfügbaren Daten („Open Data“) basieren (FAN et al. 2014).

In der hier präsentierten Fallstudie wird untersucht, in wie fern frei verfügbare OSM Daten als Gebäudegrundlage für die Modellierung des Wärmebedarfs im Projektgebiet Sinsheim, Baden-Württemberg, Deutschland, eingesetzt werden können. Von 590 Häusern waren 258 in OSM verfügbar, alle übrigen wurden manuell digitalisiert. Zusätzlich wurden von der Firma „AVR Energie“ grundlegende Daten über die Kapazitäten der Kraftwerke und das Fernwärmenetz der Stadt Sinsheim zur Verfügung gestellt. Diese Daten beinhalten auch die Information, für welche Häuser ein Fernwärmeanschluss möglich ist. Es wurde ein einfaches Energiesystemmodell mittels Esri ArcGIS Model Builder entwickelt. Als wichtigste Eingangsdaten werden OSM-Gebäudedaten verwendet und manuell in Gebäudetypen untergliedert. Zusätzlich werden die über das Erneuerbare-Energien-Gesetz (EEG) erfassten Daten zu Photovoltaik- und Solarthermieanlagen herangezogen, z. B. die frei zugänglichen Daten über private Solarthermieanlagen der Klimaschutz- und Energie- Beratungsagentur Heidelberg – Rhein-Neckar-Kreis GmbH (KliBA[2]) und Daten zur Photovoltaikeinspeisung von „Transnet BW“[3].

2.2 Energiesystemmodell

Im Modell werden Zeitreihen von Wärmebedarf und Solarthermieproduktion generiert. Die erste Zeitreihe basiert auf vorhandenen Wärmebedarfssimulationen für unterschiedliche Gebäudetypen – diese Simulationen wurden vom Fraunhofer Institut für Solare Energiesys-

---

1 http://www.geog.uni-heidelberg.de/forschung/gis_energystorage_en.html
2 http://www.bw-co2.de
3 http://www.transnetbw.de/de

teme durchgeführt. Eine zweite Zeitreihe basiert auf Daten zur Photovoltaikeinspeisung. Hierbei wurde in der Skalierung für die Beispielregion Sinsheim die Einspeisung für das gesamte Netz auf den Effekt der einzelnen EEG-Anlagen angepasst. Außerdem wird angenommen, dass die gesamte Wärmeproduktion des Fernwärme-Kraftwerkes dem Wärmebedarf abzüglich der Produktion der dezentralen EEG-Anlagen entspricht. Das Energiesystemmodell ist so konzipiert, dass ein „virtueller" thermischer Speicher gefüllt wird, sobald die Produktion der EEG-Anlagen den Wärmebedarf überschreitet. Der Algorithmus sieht auch eine Füllung des Speichers im Voraus vor, sodass dessen Wärmeenergie einen möglichen erhöhten Wärmebedarf zu einem späteren Zeitpunkt decken kann.

2.3 Die Rolle von GIS im Energiesystemmodell

Für den hier beschriebenen GIS-basierten Ansatz werden zwei wesentliche räumliche Eingangsparameter berücksichtigt.

Räumliche Verteilung des Wärmebedarfs: Unterschiedliche Gebäudetypen sind mit unterschiedlichen zeitlichen Verläufen des Wärmebedarfs verknüpft. Zunächst wird der Tagesverlauf des Wärmebedarfs unterschiedlicher Gebäudetypen räumlich betrachtet, da der Wärmebedarf in einem Industriegebiet sich z. B. von einem Wohngebiet unterscheidet. Aus Sicht des Energienetzbetreibers kann diese räumlich unterschiedliche Verteilung des Wärmebedarfs durch die gezielte Platzierung von Speichern kompensiert werden. In der Folge kann z. B. die Wärmeproduktion eines Kraftwerkes besser geplant werden.

Topologie und Geometrie des Energienetzwerkes: Die Geschwindigkeit des Heißwassertransports richtet sich nach der Leitungslänge- und Dimensionierung des Energienetzwerkes. Mittels GIS kann anhand der topologischen und geometrischen Eigenschaften des Netzwerkes die damit verbundene Transportzeit von jedem Segment im Netzwerk, und somit auch von jedem potenziellen Speicherstandort, zu den angeschlossenen Häusern berechnet werden:

- *Topologisch*: eine typischerweise hierarchische Knoten-Kanten-Struktur bildet die Topologie des Energienetzes ab. Eine Kante ist ein durch zwei Knoten eindeutig zusammenhängendes Netzwerksegment. Es kann daher angenommen werden, dass innerhalb einer Kante die zeitlichen Schwankungen von Temperatur und Wassermenge homogen sind – andererseits können Knoten als (Diss-)Aggregationspunkte dieser zeitlichen Schwankungen angesehen werden.
- *Geometrisch*: über das GIS hat jedes topologische Element (Knote, Kante) einen räumlichen Bezug. Die räumliche Ausdehnung jeder Kante bestimmt implizit die räumliche Auflösung. Durch die Leitungslänge können Transportzeiten und Leitungsverluste entsprechend berechnet werden.

Durch die Kombination aus topologischen und geometrischen Netzwerkeigenschaften und deren Verschneidung mit dem zeitlichen Wärmebedarf je Gebäude und Gebäudetyp lässt sich das raumzeitliche Lastverhalten auf unterschiedlichen hierarchischen Ebenen des Energienetzes quantifizieren. Dies ist somit die Basis für weitere Analysen hinsichtlich optimalen Standort und Dimension eines Wärmespeichers mit dem Ziel über das segmentspezifische in der Folge das gesamte Lastverhalten im Energienetzwerk besser ausgleichen.

3 Ergebnisse und Diskussion

3.1 Datenproblematik

Der Mangel an verfügbaren Geodaten ist nach wie vor ein entscheidendes limitierendes Element für die Analysen und Optimierung von Energiesystemen. Dieser Mangel hat drei hauptsächliche Ursachen: 1.) befinden sich Geodaten über Energiesysteme (Wärmebedarfe, Energieproduktion, Leitungsnetze, etc.) größtenteils in der Hand von Energieversorgungsunternehmen und Netzbetreibern, deren Geschäftsmodell oft keine Freigabe dieser Datensätze vorsieht; 2.) haben viele Energiedatenbestände wie z. B. Netzwerktopologien keine explizite geographische Referenz; 3.) ist die Heterogenität der Daten in Bezug auf Detailgenauigkeit, zeitliche und räumliche Auflösung sowie der Aktualität eine spezielle Herausforderung für die Durchführung von GIS-basierten Energiesystemanalysen.

Als Resultat dieser Mängel haben sich in den letzten Jahren eine Reihe von Open Data Initiativen etabliert. Trotzdem zögern viele Datenproduzenten ihre Daten frei verfügbar zu machen, was überraschenderweise auch mit öffentlichen Geldern erhobene Daten betrifft (RESCH et al. 2014). Neben diesen Open Data Ansätzen gibt es auch neuartige crowdsourcingbasierte Methoden für die Generierung von energierelevanten Geodaten. Dies kann beispielsweise mittels Webplattformen oder mobiler Applikationen geschehen, wodurch eine breite Bürgerbeteiligung für offene und frei verfügbare Geodaten im Bereich Energie erfolgen kann. Diese Vorgehensweise kann potenziell zu einer weiteren „Demokratisierung“ in der Planung und Durchführung von Energieinfrastrukturprojekten führen.

3.2 A-räumliche Optimierung und Dimensionierung von Energiespeichern

Mit a-räumlichen, d. h. nicht-GIS-basierten Ansätzen, kann die notwendige Größe des Energiespeichers simuliert werden. Auf Basis der hier gemachten vereinfachten Annahmen zeigen die Ergebnisse, dass der Wärmebedarf die potenzielle Produktion (20 MW) über zehn Mal pro Jahr übersteigt. Daher ist ein thermaler Energiespeicher notwendig, welcher die Differenzen zwischen Produktion und Wärmebedarf ausgleichen kann. Basierend auf der maximal akkumulierten Produktion über 20 MW, wird die Dimensionierung eines Energiespeichers mit einer Kapazität von 12 MW angenommen. Abb. 1 zeigt die jeweils berechneten Zeitreihen am Beispiel des Monats Januar.

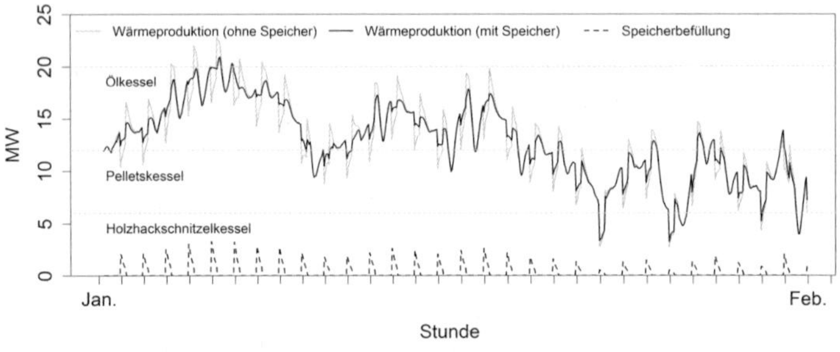

Abb. 1: Simulierte Wärmeproduktion in Megawatt (MW) ohne Speicher (graue Linie), und mit einem Speicher (schwarz Linie) mit der Kapazität von 12 MW. Die horizontalen Linien entsprechen Grenzwerte für den Betrieb von unterschiedlichen Produktionslinien.

3.3 GIS-basierte Optimierung und Dimensionierung von Energiespeichern

Abb. 2 zeigt potenzielle Standorte für Wärmespeicher unter Berücksichtigung des gebäudespezifischen Wärmebedarfs und der Netzwerkstruktur. In der Fallstudie Sinsheim befindet sich das Kraftwerk etwa 2 km nördlich des Ortes. In einem a-räumlichen Modellansatz wird die Platzierung des Speichers direkt beim Kraftwerk angenommen. Dies bedeutet im Fall Sinsheim, dass das Fernwärmenetz zwischen Kraftwerk und Stadt für ca. 20 MW dimensioniert sein sollte. Wenn sich Heißwasserspeicher in den oberen topologischen Hierarchieebenen des Netzwerkes befinden, hat dies auch Auswirkungen auf Lastschwankungen in den unteren Ebnen. Wenn ein Stadtgebiet hauptsächlich aus anderen Gebäudetypen besteht (z. B. Industrie), ergeben sich dadurch Unterschiede im Wärmebedarf und im Lastverhalten des Energienetzes – siehe potenzieller Speicherort rechts unten in Abb. 2.

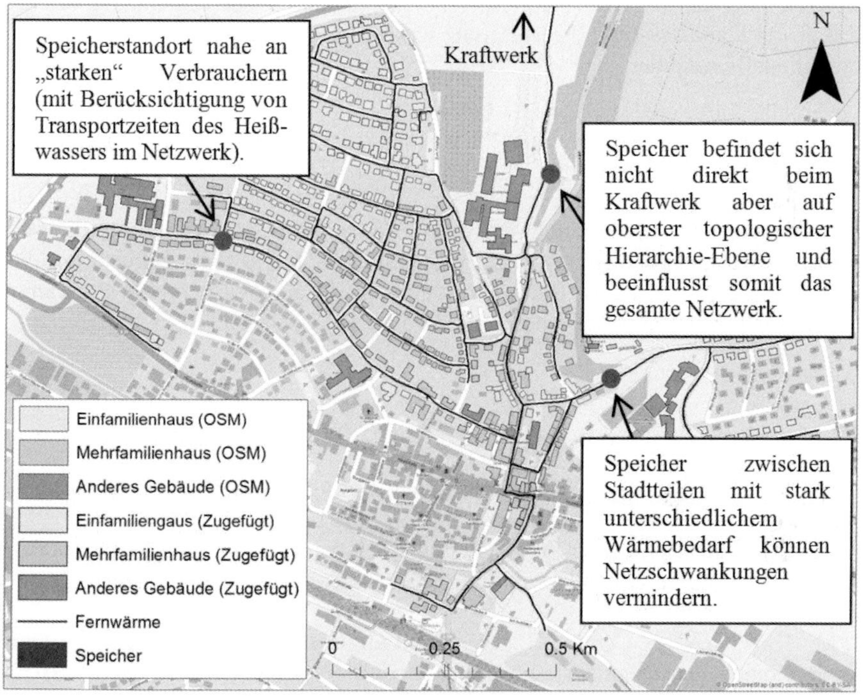

Abb. 2: Bespielergebnis der Modellierung auf Basis von „Open Data": potenzielle räumlich optimierte Standorte von Energiespeicher in der Projektregion Sinsheim

4 Fazit und Ausblick

In diesem Artikel wurde ein GIS-basierter Ansatz zur optimalen Standortfindung für dezentralen Speicher in regionalen Energienetzen präsentiert. Die Verwendung von frei verfügbaren Daten wie z. B. OSM für gebäudetypologische Eigenschaften sowie einer innovativen Methodik, welche die geometrischen und topologischen Eigenschaften des Energienetzwerkes berücksichtigt, ermöglichen realistische räumliche und zeitliche Simulationen eine Energiesystems. Das Potenzial dieses Ansatzes wurde am Beispiel einer Fallstudie in der Stadt Sinsheim (Baden-Württemberg, Deutschland), demonstriert.

Um die Modellierung weiter zu verbessern, sollten zusätzliche Eingangsparameter evaluiert und weitere Fragen adressiert werden. Zum Beispiel, wie können detailliertere technische Daten über private Solarthermieanlagen, welche den Wärmebedarf aus dem Fernwärmenetz punktuell stark beeinflussen können, möglichst flächendeckend erhoben werden? Durch die Einfachheit der getroffenen Annahmen, zum Beispiel, dass jedes Haus im Netzgebiet an das Fernwärmenetz angeschlossen ist, ist eine Überschätzung des Wärmebedarfs anzunehmen.

Abschließend kann festgehalten werden, dass der hier vorgestellte GIS-basierte Ansatz innovative Möglichkeiten für die Ermittlung optimaler Standorte bzw. die Optimierung der räumlichen Verteilung dezentraler Energiespeicher zeigt. Durch die Einbindung offener und frei verfügbarer Geodaten trägt dieser Ansatz wesentlich zur Integration von GIS in die Energiesystemmodellierung bei.

5 Danksagung

Die Autoren bedanken sich beim Fraunhofer Institut für Solare Energiesystem für die Modellierung des Wärmebedarfs. Das Forschungsprojekt GISOPT wird vom Ministerium für Wissenschaft, Forschung und Kunst Baden-Württemberg (Baden-Württemberg Programm „Lebensgrundlage Umwelt und ihre Sicherung – BWPLUS“) gefördert.

Literatur

CHICCO, G. & MANCARELLA, P. (2009), Distributed multi-generation: A comprehensive view. Renewable and Sustainable Energy Reviews, 13 (3), 535-551.

FAN, H., ZIPF, A., FU, Q. & NEIS, P. (2014), Quality assessment for building footprints data on OpenStreetMap. International Journal of Geographical Information Science, 28 (4), 700-719.

MANFREN, M., CAPUTO, P. & COSTA, G. (2011), Paradigm shift in urban energy systems through distributed generation: Methods and models. Applied Energy, 88 (4), 1032-1048.

MEDRANO, M., BROUWER, J., CARRERAS-SOSPEDRA, M., RODRIGUEZ, M. A., DABDUB, D. & SAMUELSEN, G. S. (2008), A methodology for developing distributed generation scenarios in urban areas using Geographical Information Systems. International Journal of Energy Technology and Policy, 6 (4), 413-434.

RESCH, B., SAGL, G., TÖRNROS, T., BACHMAIER, A., EGGERS, J.-B., HERKEL, S., NARMSARA, S. & GÜNDRA, H. (in press), GIS-based Planning and Modelling for Renewable Energy: Challenges and Future Research Avenues. ISPRS International Journal for Geo-Information (IJGI) – Special Issue on GIS for Renewable Energy.

GIS-basierte Ermittlung des Leistungspotenzial von Eignungsflächen für Windkraftnutzung durch simulierte Windparkplanung: ein geometrischer Ansatz

Johannes UHL

Pfalzwerke Netz AG, Ludwigshafen · johannes.uhl@pfalzwerke-netz.de

Dieser Beitrag wurde durch das Programmkomitee als „reviewed paper" angenommen.

Zusammenfassung

Windkraft ist eine der erneuerbaren Energiequellen, für die in den kommenden Jahrzehnten hohe Zuwachsraten prognostiziert werden. Um die Stromnetze von morgen bereits jetzt für eine zunehmende dezentrale Energieeinspeisung durch Windkraft sinnvoll auszulegen, ist die Frage nach der geographischen Verteilung des Windkraftpotenzials von großer Bedeutung für Entscheidungsträger aus Politik und dem Energieversorgungsbereich. Hierfür spielen Geodaten und GIS-Technologie eine zentrale Rolle. Neben der Identifizierung von Flächen, die aus technischer, raumplanerischer und wirtschaftlicher Sicht potenziell zur Windkraftnutzung geeignet sind, sind insbesondere quantitative Aussagen über das zu erwartende Leistungspotenzial in diesen Gebieten von großer Relevanz. Die zu erwartende Leistung bei einem Vollausbau der Eignungsflächen kann bei großräumigen Analysen mit ausreichender Genauigkeit anhand der Festlegung einer Referenzanlage und eines entsprechenden Flächenfaktors ermittelt werden. Für konkrete Planungsvorhaben lassen sich anhand komplexer Modelle aus Statistik und Strömungslehre exaktere Leistungsprognosen erzielen. In dieser Arbeit wird ein GIS-basiertes Verfahren vorgestellt, welches unter Berücksichtigung von geometrischen Vorgaben eine mögliche Windparkplanung simuliert und somit eine genauere Abschätzung der zu erwartenden Leistung auch für großflächige Gebiete ermöglicht.

1 GIS-gestützte Potenzialanalysen für Windenergie

Die Verwendung von GIS-Technologie und Geodaten zur Abschätzung von Windenergiepotenzialen ist weitverbreitet. Hierfür können verschiedene Daten zum Einsatz kommen und unterschiedliche methodische Ansätze verfolgt werden. Dieser Abschnitt versucht, einen Überblick über Datengrundlagen und Methoden zur Windpotenzialanalyse zu geben.

1.1 Datengrundlagen

Winddaten bilden die wichtigste Grundlageninformation, um das Potenzial für Windkraft abzuschätzen. Anhand meteorologischer Messungen werden Windgeschwindigkeiten, Windrichtungen sowie deren Häufigkeitsverteilungen registriert. Diese Informationen kön-

Strobl, J., Blaschke, T., Griesebner, G. & Zagel, B. (Hrsg.) (2014): Angewandte Geoinformatik 2014.
 ISBN 978-3-87907-543-0.

nen dann horizontal interpoliert werden, um flächenhafte Daten zu erhalten, sowie für verschiedene Bezugshöhen vertikal extrapoliert werden, was insbesondere für die Nabenhöhe von Windkraftanlagen (WEA) interessant ist (ZHOU et al. 2011). Anhand permanenter Messungen und daraus entstandenen Zeitreihen lassen sich flächenhaft mittlere Windgeschwindigkeiten ableiten, welche für grobe Potenzialabschätzungen ausreichen. Solche Daten sind in Rasterform auf globaler und in der Regel auf nationaler Ebene erhältlich. Für detaillierte Betrachtungen können auch die Häufigkeitsverteilungen von Windrichtung und Windgeschwindigkeit hinzugezogen werden (OZERDEM & TURKELI 2003, ALAMDARI et al. 2012, GASS et al. 2013).

Landnutzungsdaten können in vektorieller Form oder als Rasterdaten vorliegen. Informationen über bebaute Flächen wie z. B. Wohn- und Industriegebiete, Verkehrsnetze, Waldflächen und Schutzgebiete bilden die Grundlage, um in Kombination mit Angaben aus **gesetzlichen Festlegungen** wie Mindestabständen die für eine Windenergienutzung relevanten Abstands- und Ausschlussflächen zu erzeugen. Die Nähe zum Straßennetz kann im Hinblick auf Konstruktions- und Instandhaltungskosten von WEA außerdem eine Rolle bei der wirtschaftlichen Bewertung von Standorten spielen (MANN et al. 2012, VAN HAAREN & FTHENAKIS 2011). Mögliche Quellen für Landnutzungsdaten sind z. B. CORINE Land Cover-Daten oder auch digitale Landschaftsmodelle der Katasterverwaltungen.

Digitale Geländemodelle eignen sich dazu, um Gebiete auszuschließen, welche aufgrund ihrer Orographie, wie z. B. wegen zu starker Hangneigung, nicht für die Installation von WEA geeignet sind, und ermöglichen außerdem eine nach Geländebeschaffenheit differenzierte Verwendung von Referenzturbinen für die Potenzialberechnung (DOMINGUEZ-BRAVO et al. 2007, MCKENNA et al. 2014). Die aus digitalen Geländemodellen ableitbaren Kennwerte für die Geländerauigkeit spielen außerdem eine Rolle bei der Berechnung komplexer Windmodelle (ALAMDARI et al. 2012).

Oftmals werden Flächen, die zur Nutzung durch Windenergie verwendet werden können oder davon ausgeschlossen sind, in Raumordnungsplänen auf nationaler, regionaler und kommunaler Ebene definiert. Liegen diese **Raumplanungsdaten** wie z. B. Regionalpläne oder Flächennutzungspläne vor, so können diese ebenfalls in die Potenzialanalyse einfließen (KLÄRLE 2013). Bei der Planung von WEA sind einerseits gewisse Mindestabstände zum **elektrischen Versorgungsnetz** einzuhalten, insbesondere zu überirdischen Versorgungsleitungen höherer Spannungsebenen. Diese Abstandsflächen können anhand von Netzdaten generiert werden, welche i. d. R. von Netzbetreibern vorgehalten werden. Andererseits spielt die Nähe zum elektrischen Versorgungsnetz und zu geeigneten Einspeisepunkten eine wichtige Rolle bei der Bewertung potenzieller WEA-Standorte in Bezug auf deren Netzanschlusseignung (z. B. MANN et al. 2012).

In einigen sehr großflächigen Potenzialanalysen werden auch **sozioökonomische Daten** wie die Bevölkerungsdichte verwendet, um dünn besiedelte bzw. unbewohnte Gebiete zu identifizieren, welche ein höheres Windkraftpotenzial besitzen als Gebiete hoher Bevölkerungsdichte (NGUYEN 2007, JANKE 2010, MANN et al. 2012).

1.2 Ermittlung von Eignungsflächen mit GIS

Die Identifizierung von Flächen, welche potenziell zur Nutzung durch Windkraft geeignet sind, kann anhand verschiedener Methoden geschehen, je nach Verfügbarkeit von Daten und Größe des Untersuchungsgebietes.

Für großflächige Analysen bieten sich rasterbasierte Multi-Criteria-Analysen an (HIGGS et al. 2008). Alle flächenhaften Daten, die zur Potenzialanalyse beitragen, liegen hierfür als Rasterdaten vor. Durch Bildung binärer Raster („Fläche geeignet" oder „Fläche nicht geeignet") und pixelweiser Kombination lassen sich diejenigen Flächen ermitteln, welche sämtliche Eignungsbedingungen erfüllen (BABAN & PARRY 2001, VAN HAAREN & FTHENAKIS 2011). Alternativ können mittels Rasterdaten auch Eignungsgrade modelliert werden, z. B. basierend auf Fuzzy Logic (HANSEN 2005, AYDIN et al. 2013) oder durch Zuweisung von Gewichtungen für einzelne Kriterien (TEGOU et al. 2010, AL-YAHYAI et al. 2012). Auf diese Weise lassen sich graduelle Eignungsflächen ermitteln (z. B. „Fläche nicht geeignet" / „mittelmäßig geeignet" / „sehr geeignet").

Auch vektorbasierte Ansätze zur Windpotenzialanalyse sind weitverbreitet. Hierbei werden die Eignungsflächen über geometrische Operationen wie „Clip", „Buffer" und „Erase" bestimmt. Insbesondere bei kleinräumigen Potenzialanalysen lassen sich durch vektorbasierte Ansätze höhere geometrische Genauigkeiten erreichen, da eine Rasterisierung kleinmaßstäblicher Vektordaten zu Genauigkeits- und Informationsverlusten führen kann. Allerdings lässt sich mittels vektorbasierter Flächenverschneidung die Windkrafteignung lediglich in binärer Form („geeignet" / „nicht geeignet") modellieren. Beispiele für vektorbasierte Ansätze sind KREWITT & NITSCH (2003) und PHUANGPORNPITAK & TIA (2012).

Bei der Auswahl der Methode zur Ermittlung von Eignungsflächen (rasterbasiert / vektorbasiert) spielen also neben der erforderlichen Komplexität des Modells (Anzahl der Eignungsbedingungen und deren Abstufungen) auch das Format und die räumliche Auflösung der Eingangsdaten sowie die Größe des Untersuchungsgebietes und der damit verbundene Rechenaufwand eine wichtige Rolle.

1.3 Quantifizierung des Leistungspotenzials der Eignungsflächen

Die folgenden Methoden dienen dazu, um für die ermittelten Eignungsflächen eine quantitative Aussage über deren Windkraftpotenzial treffen zu können.

Windleistungsdichte

Die Windleistungsdichte $\boldsymbol{WLD}$ (in Watt/m²) berechnet sich anhand von Mittelwerten der Windgeschwindigkeit $\boldsymbol{v}$ und der Dichte der Luft $\boldsymbol{\rho}$ nach MANWELL et al. (2003) als

$$WLD = \frac{1}{2}\rho v^3 \qquad \text{vgl. ALAMDARI et al. (2012)} \qquad (1)$$

Anhand der Windleistungsdichte lässt sich für die nutzbare Fläche ein näherungsweises, theoretisches Windleistungspotenzial bestimmen. Dieser Ansatz wird hauptsächlich bei großflächigen Betrachtungen verwendet (SCHALLENBERG-RODRIGUEZ 2013).

Turbinendichte

Aus technischer Sicht ist es sinnvoll, zunächst die mögliche Anzahl der in den geeigneten Flächen installierbaren WEA zu bestimmen, um daraus Rückschlüsse auf die potenzielle Leistung zu ziehen.

Üblicherweise werden die WEA in Windparks arrayförmig angeordnet, um gegenseitige Beeinträchtigungen zu minimieren. Hierbei spielt die vorherrschende Hauptwindrichtung (HWR) eine Rolle, sowie die Abstände zwischen den Anlagen in HWR $\boldsymbol{d_1}$ und zwischen den Anlagenreihen quer zur HWR $\boldsymbol{d_2}$, welche als Vielfache des Rotordurchmessers $\boldsymbol{D}$ gewählt werden (SCHALLENBERG-RODRIGUEZ 2013), wobei d_1 üblicherweise das 5- bis 12-fache und d_2 das 3- bis 7-fache des Rotordurchmessers beträgt (NGUYEN 2007). Anhand dieser Abstandsparameter sowie des Rotordurchmessers einer Referenzanlage lässt sich eine rechteckige Fläche A_{WEA} ermitteln, welche eine WEA benötigt.

$$A_{WEA} = d_1 d_2 D^2 \quad (2)$$

Anhand dieser Fläche und der angenommenen Wirkleistung der Referenzanlage W_{WEA} lässt sich die Turbinendichte TD als

$$TD = \frac{W_{WEA}}{A_{WEA}} \quad (3)$$

sowie die Anzahl der installierbaren WEA n_{WEA} und die zu erwartende Leistung W_{POT} für die potenziell nutzbaren Flächen A_{POT} bestimmen:

$$n_{WEA} = \frac{A_{POT}}{A_{WEA}} \quad (4)$$

$$W_{POT} = TD \cdot A_{POT} \quad (5)$$

Dieser weitverbreitete Ansatz wird unter Anderem von HOSSAIN et al. (2011), ARNETTE & ZOBEL (2011), RUIZ-ARIAS et al. (2012), GRASSI et al. (2012) sowie MCKENNA et al. (2014) verwendet.

Micro-Siting

Bei konkreten Planungsvorhaben werden zur optimalen Anordnung der WEA komplexe Modelle aus Strömungslehre und Statistik verwendet, um einen maximalen wirtschaftlichen Nutzen des Windparks zu erreichen (sogenanntes „Micro-Siting"). Hierzu werden die Kenngrößen der geplanten Anlagentypen sowie Informationen über Windgeschwindigkeiten und Windrichtungen sowie deren Häufigkeiten verwendet, um z. B. vom Windparkplaner zunächst grob manuell platzierte WEA-Standorte zu optimieren. Eine gute Übersicht über vorhandene Micro-Siting-Methoden wird von GONZÁLEZ et al. (2013) gegeben.

Abbildung 1 stellt die beschriebenen Daten und Methoden noch einmal im Kontext mit dem im Folgenden präsentierten Verfahren der „simulierten Windparkplanung" dar.

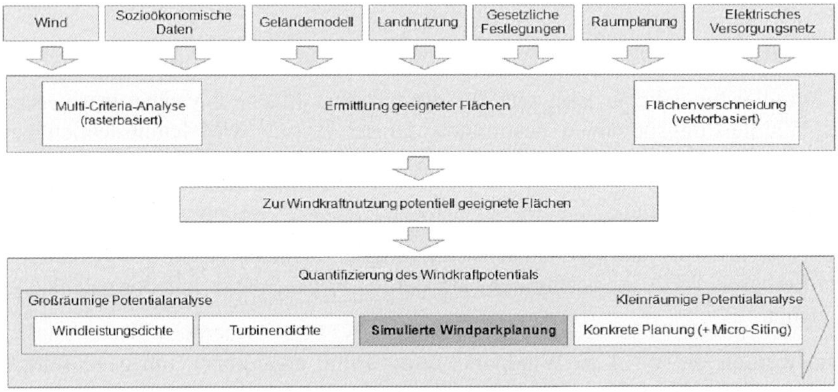

Abb. 1: Übersicht über mögliche Datengrundlagen und Methoden zur Windpotenzialanalyse (Quelle: eigene Darstellung)

2 Methode

Wie im vorigen Abschnitt beschrieben, erfolgt bei großflächigen Windpotenzialanalysen die Quantifizierung des Leistungspotenzials häufig anhand der Windleistungsdichte oder der Turbinendichte. Dies ist für grobe Potenzialabschätzungen ausreichend. Micro-Siting-Verfahren, welche genauere Prognosen erlauben, kommen häufig erst bei konkreten, kleinräumigen Planungen zu Einsatz. Im Folgenden wird ein geometrisches Verfahren präsentiert, welches auch bei großflächigen Betrachtungen genauere Prognosen für die Anzahl installierbarer WEA innerhalb der Eignungsflächen erlaubt.

Damit sich in die WEA in einem Windpark nicht gegenseitig beeinträchtigen, sind gewisse Abstände zwischen den Anlagen einzuhalten (siehe Kap. 1.3). Die Methode der Turbinendichte kann als Näherung für eine möglichst platzsparende, versetzte Anordnung von WEA gesehen werden, wobei sich keine Anlage innerhalb der Abstandsellipsen anderer Anlagen befinden sollte, beispielhaft dargestellt in Abbildung 2.

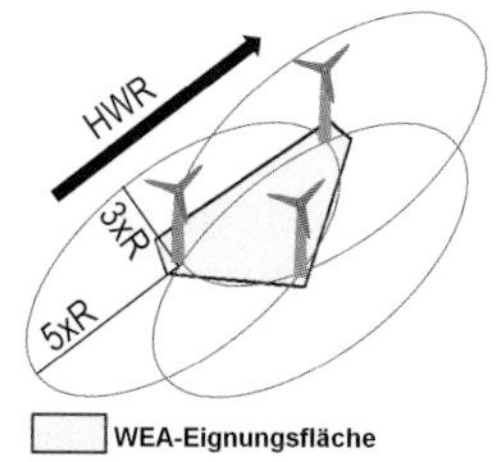

Abb. 2:
Beispielhafte Abstandsellipsen als Planungskriterium bei einer Windparkplanung, hier für eine 5Dx3D-Konfiguration (Quelle: eigene Darstellung)

Bei der Planung eines Windparks wird häufig so vorgegangen, dass zunächst grob eine maximale Anzahl von Anlagenstandorten unter Berücksichtigung ihrer Abstandsellipsen manuell in die dafür vorgesehene Fläche positioniert wird. Anschließend kann durch Micro-Siting-Verfahren die Windpark-Konfiguration hinsichtlich des maximalen Ertrags oder anderer wirtschaftlicher Kriterien optimiert werden. Dieser Vorgang der groben WEA-Positionierung innerhalb der Eignungsflächen wird im folgenden Verfahren automatisiert und simuliert somit eine Windparkplanung, was zur Potenzialabschätzung genutzt werden kann.

2.1 Clusteranalyse der Eignungsflächen

Die in einem vorherigen Schritt (durch raster- oder vektorbasierte Methoden) ermittelten Eignungsflächen bestehen mitunter aus vielen Flächensegmenten, was z. B. auf die Verwendung hochauflösender Flächennutzungsdaten zurückzuführen ist. Deshalb werden im folgenden Verfahren die Eignungsflächen zunächst zu Clustern zusammengefasst, welche individuell verarbeitet werden können. Dies ist dann der Fall, wenn die Abstände eines Flächensegmentes zu den Nachbarsegmenten so groß sind, dass es sich mit keiner der möglichen Abstandsellipsen aus benachbarten Flächensegmenten überschneidet, da sonst das Planungskriterium möglicherweise nicht erfüllt wäre. Um dies sicherzustellen, wird um jedes Flächensegment zunächst ein vom Autor entwickelter „Oriented-Ellipse-Buffer“ (OEB) gelegt. Dies bezeichnet eine Abstandsfläche, welche anhand der gewählten Parameter der Abstandsellipse gebildet wird und den Bereich darstellt, welchen die Abstandsellipsen der innerhalb der Fläche positionierten WEA maximal abdecken können.

Die OEB-Fläche eines Polygonumrings (Abbildung 3a) wird folgendermaßen generiert:

- Verdichten der Stützpunkte des Polygonumrings um einen geeigneten Wert, z. B. durch Halbieren aller Liniensemente (Abbildung 3b).
- Platzieren einer Ellipse mit der gewählten Ausrichtung und Dimension auf jedem Stützpunkt des Polygonumrings (Abbildung 3c).
- Erzeugen einer geeigneten konkaven Hülle um das zu puffernde Polygon und alle Ellipsenflächen auf den Stützpunkten (Abbildung 3d).

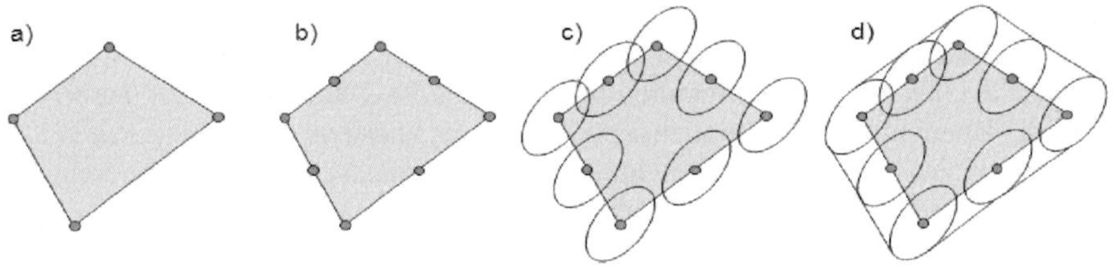

Abb. 3: Erzeugen des „Oriented-Ellipse-Buffers" (Quelle: eigene Darstellung)

Schneidet sich ein Segment A mit der OEB-Fläche eines Nachbarn B, so gehören die Segmente A und B zum gleichen Cluster und dürfen im Folgenden nicht unabhängig voneinander verarbeitet werden.

2.2 Setzen von WEA-Standorten innerhalb der Clusterflächen

Das folgende Beispiel verwendet eine 5Dx3D-Konfiguration für eine Hauptwindrichtung von Südwest nach Nordost sowie die Referenzanlage Enercon E-126 ($\boldsymbol{W_{WEA}}$ = 6 MW, $\boldsymbol{D}$ = 126 m). Zunächst werden innerhalb der Bounding Box jedes Clusters parallele Linien im definierten Querabstand in Richtung der HWR über die Fläche gelegt. Die Schnittpunkte dieser Linien mit dem Flächenumring werden ermittelt und derjenige Schnittpunkt mit der geringsten Distanz zur Südwest-Ecke der Bounding Box wird als Startpunkt definiert (Abbildung 4 links), um eine optimale Anordnung der WEA zu erhalten. Ausgehend von diesem Punkt wird dann ein Punktraster über die Fläche gelegt, welche den Kriterien aus Abb. 2 entspricht (Abbildung 4 rechts). Die Punkte, welche sich innerhalb der Eignungsfläche befinden (hier: Punkte 1 und 2), werden als mögliche Standorte registriert (Abbildung 5 links).

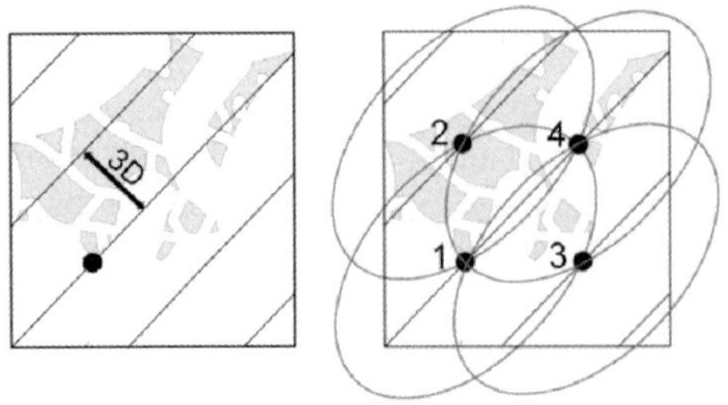

Abb. 4:
Clusterfläche mit ermitteltem Startpunkt für das Punktraster (links) und regelmäßiges Ellipsenraster (rechts) (Quelle: eigene Darstellung)

2.3 Ermittlung noch ungenutzter Flächen

Durch Bildung der Ellipsenflächen der registrierten WEA-Standorte und geometrischer Subtraktion („Erase") von den ursprünglichen Eignungsflächen können noch ungenutzte Flächen bestimmt werden (Abbildung 5 Mitte). Diese werden dann erneut anhand des „Oriented-Ellipse-Buffers" zu Clustern zusammengefasst und mit WEA-Standorten besetzt (Abbildung 5 rechts). Dies geschieht in einem iterativen Verfahren so lange, bis keine neuen WEA-Standorte mehr hinzukommen. Dies bedeutet, dass entweder alle Flächen bereits verwendet werden, oder dass aufgrund der Geometrie der Clusterflächen eine Bildung von Schnittpunkten mit den Rasterlinien und somit eine Ermittlung des Startpunktes nicht mehr möglich ist. In solch einem Fall wird nacheinander für jedes der verbliebenen Flächenobjekte der Polygonschwerpunkt als möglicher WEA-Standort verwendet, und die restlichen Flächen um die Fläche der entsprechenden Abstandsellipse reduziert. Dies geschieht so lange, bis keine nutzbare Fläche mehr übrig bleibt (siehe Tabelle 1).

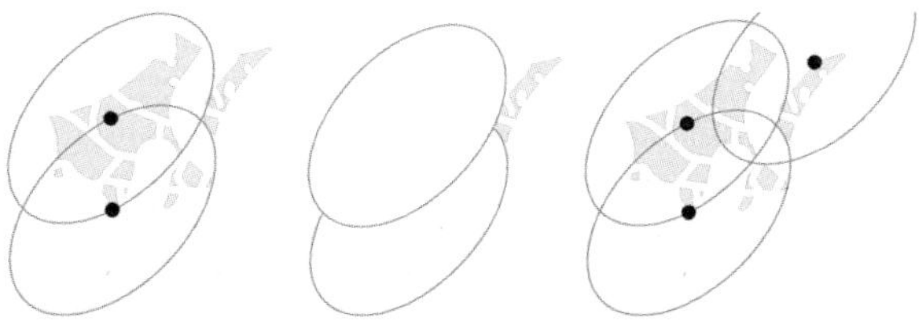

Abb. 5: Sich innerhalb der Eignungsflächen befindliche WEA-Standorte (links), ungenutzte Flächen nach der „Erase"-Funktion (Mitte) und Standorte nach der zweiten Iteration (rechts) (Quelle: eigene Darstellung)

2.4 Ergebnisse

Die ermittelten WEA-Standorte aller Clusterflächen aller Iterationsschritte (in diesem Falle 68 Stück) stellen eine gute Simulation des WEA-Vollausbaus der Eignungsflächen unter Berücksichtigung der definierten Abstandskriterien dar.

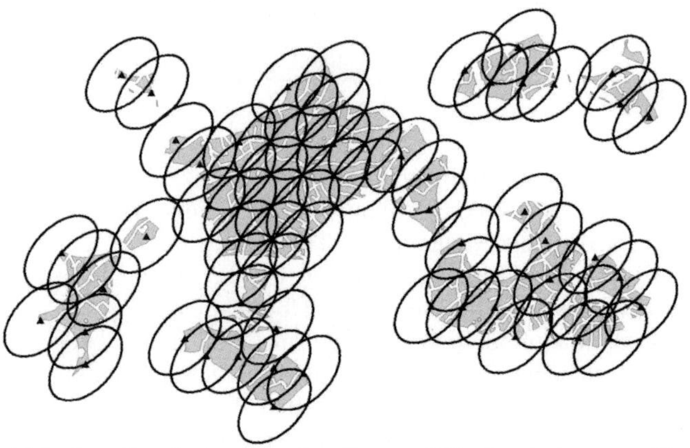

Abb. 6: Ergebnis der simulierten Windparkplanung für die zuvor ermittelten WEA-Eignungsflächen (Quelle: eigene Darstellung)

Tabelle 1: Übersicht der einzelnen Iterationsschritte

Iteration	Eignungsfläche [m²]	Cluster	WEA-Standorte	Bereits verwendete Fläche [m²]
1	8.620.429	1	39	6.926.794
2	1.693.635	9	14	8.191.318
3	429.111	9	7	8.573.455
4	46.974	6	2	8.601.609
5	18.820	5	1	8.601.624
6	18.805	4	0	8.601.624
7	18.805	4	5 (Schwerpunkte)	8.620.429
Summe WEA-Standorte:			68	

3 Validierung und Fazit

Für die ermittelten Eignungsflächen (A_{POT} = 8.620.429 m²) wird die Potenzialermittlung zusätzlich anhand folgender Verfahren durchgeführt und mit den Ergebnissen der simulierten Windparkplanung verglichen:

- Methode der Turbinendichte (***TD*** = 25,195 MW/km² für die gewählte Referenzanlage und Konfiguration).
- Hypothetische, manuelle Grobplanung ohne Micro-Siting-Optimierung. Hierbei werden WEA-Standorte manuell möglichst platzsparend platziert, wobei die notwendigen Abstände eingehalten werden.

Durch Multiplikation der WEA-Anzahl mit der Wirkleistung der Referenzanlage W_{WEA} erhält man das Leistungspotenzial. Die Ergebnisse der drei Methoden sind in Tabelle 2 gegenübergestellt.

Tabelle 2: Gegenüberstellung der drei Methoden zur Potenzialabschätzung.

Methode	Anzahl potenzieller WEA	Leistungspotenzial [MW]
Turbinendichte	36	217
Simulierte Windparkplanung	68	408
Manuelle Planung	77	462

Durch die manuelle Planung wird eine nahezu maximal mögliche Anzahl von WEA-Standorten erzielt (77 WEA-Standorte), was einem Vollausbau der Eignungsflächen am nächsten kommt. Es ist zu erkennen, dass die Methode der Turbinendichte eine deutlich konservative Schätzung des Windkraftleistungspotenzials liefert (36 WEA-Standorte), da gegenseitige Überschneidungen der Abstandsellipsen sowie Überschneidungen an den Rändern der Potenzialflächen nicht optimal modelliert werden. Eine ähnliche Beobachtung wird auch von KRENN et al. (2011) gemacht. Das Ergebnis der simulierten Planung (68 WEA-Standorte) nähert sich deutlich dem Ergebnis der manuellen Planung an und kann somit als eine geeignete Methode zur Quantifizierung der Obergrenze des Windkraftpotenzials betrachtet werden, da ein WEA-Vollausbau der ermittelten Eignungsflächen mit ausreichender Genauigkeit abgeschätzt wird. Da eine manuelle Planung nicht automatisierbar ist, bietet die simulierte Windparkplanung eine wirtschaftliche Alternative bei der Potenzialabschätzung großflächiger Gebiete und könnte im Übrigen auch bei konkreten Planungen großer Windparks als Grundlage dienen. Das hier vorgestellte Verfahren der simulierten Windparkplanung liefert realistischere Leistungsprognosen als z. B. die Methode der Turbinendichte, allerdings sollte auch der wesentlich höhere Implementierungs- und Rechenaufwand der Methode an dieser Stelle erwähnt werden.

Analysen mit unterschiedlich ausgeprägten Eignungsflächen und Windparkkonfigurationen sowie der Vergleich mit Micro-Siting-Methoden könnten zur weiteren, systematischen Validierung des Verfahrens verwendet werden. Darüber hinaus könnten prognostizierte und tatsächlich erzielte Erträge von bereits realisierten Windparks miteinander verglichen werden, um das Verfahren durch eine Kalibrierung anhand realer Daten eventuell weiter zu verfeinern.

Literatur

AL-YAHYAI, S., CHARABI, Y., GASTLI, A. & AL-BADI, A. (2012), Wind Farm Land Suitability Indexing Using Multi-Criteria Analysis. Renewable Energy, 44, 80-87.

ALAMDARI, P., NEMATOLLAHI, O. & MIRHOSSEINI, M. (2012), Assessment of Wind Energy in Iran: A Review. Renewable and Sustainable Energy Reviews, 16 (1), 836-860.

ARNETTE, A. N. & ZOBEL, C.W. (2011), Spatial Analysis of Renewable Energy Potential in the Greater Southern Appalachian Mountains. Renewable Energy, 36 (11), 2785-2798.

AYDIN, N. Y., KENTEL, E. & DUZGUN, H. (2013), GIS-Based Site Selection Methodology for Hybrid Renewable Energy Systems: A Case Study from Western Turkey. Energy Conversion and Management, 70, 90-106.

BABAN, S. M. J. & PARRY, T. (2001), Developing and Applying a Gis-Assisted Approach to Locating Wind Farms in the UK. Renewable Energy, 24 (1), 59-71.

DOMINGUEZ-BRAVO, J., GARCÍA CASALS, X. & PINEDO PASCUA, I. (2007), GIS Approach to the Definition of Capacity and Generation Ceilings of Renewable Energy Technologies. Energy Policy, 35 (10), 4879-4892.

GASS, V., SCHMIDT, J., STRAUSS, F. & SCHMID, E. (2013), Assessing the Economic Wind Power Potential in Austria. Energy Policy, 53, 323-330.

GONZÁLEZ, J. S., PAYÁN, M. B., SANTOS, J. M. R. & GONZÁLEZ-LONGATT, F. (2013), A Review and Recent Developments in the Optimal Wind-Turbine Micro-Siting Problem. Renewable and Sustainable Energy Reviews, 30, 133-144.

GRASSI, S., CHOKANI, N. & ABHARI, R. S.(2012), Large Scale Technical and Economical Assessment of Wind Energy Potential with a GIS Tool: Case Study Iowa. Energy Policy, 45, 73-85.

HANSEN, H. S. (2005), GIS-based multi-criteria analysis of wind farm development. Report, National Environmental Research Institute, Aarhus, Denmark.

HIGGS, G., BERRY, R., KIDNER, D. & LANGFORD, M. (2008), Using IT Approaches to Promote Public Participation in Renewable Energy Planning: Prospects and Challenges. Land Use Policy, 25 (4), 596-607.

HOSSAIN, J., SINHA , V. & KISHORE, V. V. N. (2011), A GIS Based Assessment of Potential for Windfarms in India. Renewable Energy, 36 (12), 3257-3267.

JANKE, J. R. (2010), Multicriteria GIS Modeling of Wind and Solar Farms in Colorado. Renewable Energy, 35 (10), 2228-2234.

KLÄRLE, M. (2013), Ausweisung von Windparks: Chancen und Grenzen der Kommunalplanung. Forum – Zeitschrift des Bundes der Öffentlich bestellten Vermessungsingenieure e. V., 2/2013, 20-27.

KRENN, A., WINKELMEIER, J., TIEFGRABER, C., CATTIN, R., MÜLLER, S., TRUHETZ, H., BIBERACHER, M. & GADOCHA, S. (2011), Endbericht Windatlas und Windpotentialstudie Österreich. http://www.windatlas.at/downloads/Endbericht.pdf (11.4.2013).

KREWITT, W. & NITSCH, J. (2003), The Potential for Electricity Generation from on-Shore Wind Energy under the Constraints of Nature Conservation: A Case Study for Two Regions in Germany. Renewable Energy, 28 (10), 1645-1655.

MANN, D., LANT, C. & SCHOOF, J. (2012), Using Map Algebra to Explain and Project Spatial Patterns of Wind Energy Develop. in Iowa. Applied Geography, 34, 219-229.

MANWELL, J. F., MCGOWAN, J. G. & ROGERS, A. L. (2002), Wind Energy Explained: Theory, Design and Application. John Wiley & Sons, Amherst, USA.

MCKENNA, R., HOLLNAICHER, S. & FICHTNER, W. (2014), Cost-Potential Curves for Onshore Wind Energy: A High-Resolution Analysis for Germany. Applied Energy, 115, 103-115.

NGUYEN, K. Q. (2007), Wind Energy in Vietnam: Resource Assessment, Development Status and Future Implications. Energy Policy, 35 (2), 1405-1413.

OZERDEM, B. & TURKELI, M. (2003), An Investigation of Wind Characteristic on The Campus of Izmir Institute of Technology, Turkey. Ren. Energy, 28, 1013-1027.

PHUANGPORNPITAK, N. & TIA, S. (2011), Feasibility Study of Wind Farms under the Thai Very Small Scale Renewable Energy Power Producer (Vspp) Program. Energy Procedia, 9, 159-170.

RUIZ-ARIAS, J. A., TERRADOS, J., PÉREZ-HIGUERAS, P., POZO-VÁZQUEZ, D. & ALMONACID, G. (2012), Assessment of the Renewable Energies Potential for Intensive Electricity Production in the Province of Jaén, Southern Spain. Renewable and Sustainable Energy Reviews, 16 (5), 2994-3001.

SCHALLENBERG-RODRIGUEZ, J. (2013), A Methodological Review to Estimate Techno-Economical Wind Energy Production. Renewable and Sustainable Energy Reviews, 21, 272-287.

TEGOU, L.-I., POLATIDIS, H. & HARALAMBOPOULOS, D. A. (2010), Environmental Management Framework for Wind Farm Siting: Methodology and Case Study. Journal of Environmental Management, 91 (11), 2134-2147.

VAN HAAREN, R. & FTHENAKIS, V. (2011), GIS-Based Wind Farm Site Selection Using Spatial Multi-Criteria Analysis (SMCA): Evaluating the Case for New York State. Renewable and Sustainable Energy Reviews, 15 (7), 3332-3340.

ZHOU, Y., WU, W. X. & LIU. G. X. (2011), Assessment of Onshore Wind Energy Resource and Wind-Generated Electricity Potential in Jiangsu, China. Energy Procedia, 5, 418-422.

Freie Geodaten und Open-Source-Software

GIS as a Service / Prozessoptimierung bei organisationsübergreifenden Arbeitsabläufen in Verwaltungen

Nikolaus GRÄSSLE[1] und Stefan ZIEGLER[2]

Amt für Geoinformation des Kantons Bern[1] / Solothurn[2] · nikolaus.graessle@bve.be.ch

Zusammenfassung

Behördenverbindliche Datensätze (Geobasisdatensätze) gibt es wie Sand am Meer. Die Anzahl der beteiligten Stellen und der eingesetzten Werkzeuge zur Qualitätssicherung sind ebenfalls sehr groß. Unter diesen Voraussetzungen können kaum standardisierte und homogene Geobasisdatensätze entstehen. Dies behindert stark den Aufbau von nationalen Geobasisdateninfrastrukturen. Der nachfolgende Artikel beschreibt die Möglichkeiten zur Schaffung von einheitlichen visuellen Prüfinstrumenten für Geobasisdatensätzen in der Verwaltung. Am Beispiel einer Verifikationsfachschale für Daten der amtlichen Vermessung wird die konkrete Umsetzung dokumentiert.

Hintergrund

In der Verwaltung hat die Bedeutung von Geografischen Informationssystemen (GIS) in den letzten Jahrzehnten stetig zugenommen. Die Prozesse in den raumbezogenen Aufgabengebieten wie z. B. Raumplanung, Vermessungswesen, Klima und Meteorologie oder Naturschutz / Naturgefahren wurden durch den Einsatz dieser modernen Systeme starken Veränderungen unterzogen. Dieses Phänomen ist nicht nur auf den Geobereich beschränkt.

Staatliche Leistungen entstehen häufig durch die Zusammenarbeit von mehreren Stellen und über Verwaltungsebenen bzw. Organisationsgrenzen hinweg. Die jeweiligen Geschäftsprozesse unterlagen in den letzten Jahrzehnten durch das Aufkommen der Informations- und Kommunikationstechnik großen Veränderungen. Die Informatikinfrastrukturen haben sich allerdings in den unterschiedlichen Organisationseinheiten heterogen entwickelt und erschweren dadurch die Zusammenarbeit der staatlichen Stellen bei der Leistungserbringung.

Die E-Government-Strategie Schweiz (2007) hält dazu fest:

In den letzten Jahren wurden in den Verwaltungen viele, auch teure Applikationen, mehrfach entwickelt, das „Rad wurde wiederholt erfunden". ...

Da in den meisten Verwaltungsstellen dieselben oder ähnliche Prozesse zur Erbringung der Leistungen ablaufen, drängt sich beim Einsatz von Informatiklösungen ein Vorgehen nach dem Prinzip „einmal entwickeln – mehrmals anwenden" auf. Durch Standardisierung und gemeinsame Lösungen lassen sich die Kosten erheblich reduzieren und erst noch die Benutzerfreundlichkeit verbessern.

Strobl, J., Blaschke, T., Griesebner, G. & Zagel, B. (Hrsg.) (2014): Angewandte Geoinformatik 2014.
 ISBN 978-3-87907-543-0.

In den letzten Jahren wurden in der Schweiz zahlreiche Projekte lanciert, die primär Erleichterungen im Geschäftsverkehr von Bürgern / Unternehmen zu den Behörden im Fokus haben. Konkrete Vorhaben zur Umsetzung werden von einem Steuerungsausschuss verabschiedet und in den Katalog der priorisierten Vorhaben aufgenommen. Kriterien für die Aufnahme in den Katalog sind unter anderem:

- Zur Erarbeitung bzw. Umsetzung der Leistung ist eine übergeordnete Koordination nötig.
- Die Leistung ist nicht nur für eine spezifische Branche/Personengruppe relevant (Anzahl potenzieller Nutzer) und
- die Leistung wird häufig in Anspruch genommen.

In der Periode 2011 bis 2016 werden insgesamt 20 Projekte umgesetzt, die mehrheitlich den Geschäftsverkehr zwischen Bürgern bzw. Unternehmen zu den Behörden erleichtern sollen (z. B. elektronischer Grundbuchauszug, elektronische Steuererklärung oder Zugang zu Geobasisdaten und interaktive Kartenanwendungen). Um diese Projekte überhaupt umsetzen zu können, müssen noch einige Voraussetzungen geschaffen werden. Eine dieser Voraussetzungen ist die Cloud-Computing-Strategie Schweiz (Cloud-Computing-Strategie der Schweizer Behörden – 2012), die ab Mitte 2014 umgesetzt werden soll.

În Deutschland trat im Sommer 2013 das E-Government-Gesetz in Kraft (Gesetz zur Förderung der elektronischen Verwaltung – 2013). Auch dabei steht hauptsächlich der Geschäftsverkehr mit den Behörden im Fokus (De-Mail-Zugang, elektronische Publikation, Open Data, ...)

In Österreich wurde bereits 2004 das E-Government-Gesetz erlassen (Bundesgesetz über Regelungen zur Erleichterung des elektronischen Verkehrs mit öffentlichen Stellen). Der Fokus dieses Gesetzes liegt hauptsächlich auf der elektronischen Kommunikation. Die darauf aufbauende Strategie hält in der Zielsetzung (Zielsetzung der E-Government-Strategie Österreich) des 2. Teiles (Verfahren und Methoden in der Verwaltung) fest:

Die enge Kooperation zwischen den Behörden auf allen Ebenen führt zu wertvollen Synergien auf allen Ebenen. Infrastrukturen können gemeinsam genutzt und anfallende Arbeit und Kosten aufgeteilt werden. Ein koordiniertes Vorgehen bei der Entwicklung von einzelnen Verfahrensschritten trägt dazu bei, Doppelgleisigkeiten und Insellösungen zu vermeiden. Das Bundesvorgehensmodell zur Modellierung von IT gestützten Verwaltungsverfahren (IT-BVM) ist dafür ein geeignetes, qualitätssicherndes Werkzeug.

Mit www.geoland.at wurde ein gemeinsames Geodatenportal der Länder geschaffen. Über Aktivitäten im Bereich Qualitätssicherung von Geodaten im Rahmen von E-Government konnte nichts in Erfahrung gebracht werden.

Rückblickend auf den Zeitraum 2007 bis 2013 lässt sich festhalten:

1. Die Projekte im Bereich E-Government zielen zunächst auf den größten Nutzen für möglichst viele Betroffene (z. B. elektronische Steuererklärungen).
2. Erleichterungen bei verwaltungsinternen Prozessen werden parallel geschaffen, wenn diese einem Hauptziel aus dem vorhergehenden Punkt dienen (z. B. Open Government Data als Grundlage für den elektronischen Grundbuchauszug).
3. Alle Projekteingaben werden zentral beurteilt. Das System folgt einem strikten Top-down-Ansatz.

Problemanalyse

In den meisten europäischen Ländern existieren Hunderte von Geodaten, die auf Gesetzen, Verordnungen oder anderen Vorschriften beruhen. Bei einem föderalen Staatsaufbau sind die Zuständigkeiten zu diesen sogenannten Geobasisdaten auf die verschiedenen Verwaltungsebenen (z. B. Bund, Länder und Gemeinden) aufgeteilt. Aufgrund der Vorgaben in den zugrunde liegenden Rechtsnormen (Datenmodelle, Erfassungsrichtlinien, ...) ist die Struktur der Geodaten für den Geltungsbereich der Rechtsnormen nahezu identisch.

Geografische Informationssysteme kommen dabei sowohl bei der Erfassung, Bearbeitung, Verwaltung bzw. Qualitätskontrolle als auch bei der Prüfung/Abnahme der Geodaten zum Einsatz. Die verschiedenen Verwaltungseinheiten sind häufig unabhängig voneinander, sodass die Geoinformationssysteme unterschiedlichster Hersteller mit themenbezogenen Fachschalen für identische Aufgaben zum Einsatz kommen. Die Nutzung von Synergieeffekten auf der gleichen Verwaltungsebene (z. B. Datenerfassung) oder zwischen zwei Verwaltungsebenen (z. B. Datenprüfung und Qualitätskontrolle) wird dadurch erschwert.

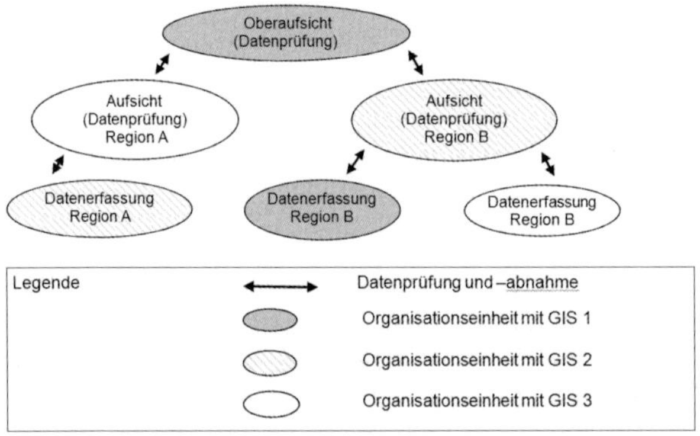

Abb. 1: Mögliche Aufteilung der Datenerfassung und Kontrolle eines Geobasisdatensatzes auf sechs Organisationseinheiten / Verwaltungsstellen

Die Analyse der Geobasisdaten im Kanton Zürich (ZH) verdeutlicht diese Problematik. Dort existieren aufgrund der verschiedenen Rechtsvorschriften mindestens 350 Geobasisdatensätze. Die Datenprüfungen teilen sich ca. 25 Stellen in den Verwaltungen des Bundes bzw. des Kantons Zürich. Über 100 Behörden bzw. beauftragte Stellen sind für die Erfassung und Nachführung der Geodaten verantwortlich.

	alle	Rechtsgrundlage			Zuständigkeit		
		CH	ZH	Gde.	CH	ZH	Gde.
Katalog CH	181	181			104	77	
Katalog ZH	243	97	146			154	89
Katalog CH+ZH	347	201	146		104	154	89

Abb. 2: Statistischer Auszug aus dem Geobasisdatenkatalog des Kantons Zürich (Quelle: http://www.geobasisdaten.ch)

Bei Nachführungen von Geobasisdatensätzen muss immer eine Qualitätskontrolle stattfinden. Bei umfangreichen Änderungen findet zusätzlich eine Prüfung und Abnahme der Aufsichtsbehörde statt. Standardisierte Datenmodelle erleichtern den Einsatz von automatisierten, über das Internet zugänglichen Prüfroutinen (Ein Beispiel ist der CheckService der Firma infoGrips). Pro Geobasisdatensatz müssen solche Automaten nur einmal entwickelt und zur Verfügung gestellt werden. Für bestimmte Fragestellungen und Plausibilitätsprüfungen müssen die Daten visualisiert und von einer Fachperson begutachtet werden. Für komplexe Geobasisdatensätze werden dazu eigene Verifikationsfachschalen zur Datenprüfung entwickelt. Dies führt zu folgenden Nachteilen:

- Hohe Kosten für den Staat (Steuerzahler), da pro eingesetztes GIS eigene Verifikationsfachschalen entwickelt und gepflegt werden müssen.
- Die unterschiedlichen Verifikationsfachschalen liefern unterschiedliche Ergebnisse. Dies kann zu Diskussionen, Projektverzögerungen und (im schlimmsten Fall) zu einer Beeinträchtigung der Zusammenarbeit führen.
- Die Datenhomogenität kann aufgrund der unterschiedlichen Ergebnisse nicht gewährleistet werden.

Lösungsansatz

Eine gemeinsame Verifikationsfachschale pro Geobasisdatensatz wäre im Sinne der E-Government-Strategie der Schweiz. Leider ist die Anzahl der Nutzer zu gering, als dass dies in den nächsten Jahren in den Katalog der priorisierten Vorhaben aufgenommen werden könnte. Behörden, die diese Entwicklung in Eigeninitiative vorantrieben wollen, müssen folgende Aspekte berücksichtigen:

- Geografische Informationssysteme sind innerhalb der einzelnen Behörden häufig eine „Konzernapplikation". Der Betrieb eines zusätzlichen GIS innerhalb der IT-Infrastruktur ist aus Gründen der Administration, Lizenzierung und Wartung in der Regel ausgeschlossen.
- Die Administration, Weiterentwicklung, Wartung und Pflege der Verifikationsfachschale muss zentral erfolgen. Die Nutzer sollen sich ausschließlich auf ihre Prüftätigkeit konzentrieren.
- Die Prüfungen der Verifikationsfachschale müssen den jeweiligen gesetzlichen Anforderungen genügen und von den beteiligten Stellen akzeptiert sein. Dies setzt voraus, dass die Prüfungen transparent und für Fachpersonen zugänglich programmiert bzw. konfiguriert sind.
- Es muss ein einfaches und der Nutzung entsprechendes Verrechnungsmodell der „Leistung Verifikationsfachschale" entwickelt werden.

Diese Vorgaben lassen sich mit einer Cloud-Computing-Lösung umsetzen. Diese muss zusätzliche Anforderungen (Cloud-Computing-Strategie der Schweizer Behörden – 2012) erfüllen:

- Pflichtenheft für Betrieb der Cloud-Computing-Lösung
- Gewährleistung von Datenschutz und Datensicherheit
- Wahrung der Nationale Souveränität (Vertragsrecht, Gerichtsstand, ...)

Umsetzungsbeispiel

VeriSO, eine Verifikationsfachschale für Daten der amtlichen Vermessung, wurde im Jahr 2010 als „Wochenendprojekt“ von Stefan Ziegler (Kantonsgeometer Kanton Solothurn) entwickelt. Auf Grundlage einer QGIS/PostGIS-Umgebung wurde ein Plug-in für über 100 Datenprüfungen erstellt. Die Lösung, die zunächst nur auf einem Desktop mittels Virtualisierung verfügbar war, erregte das Interesse der Vermessungsaufsicht des Kantons Bern. Zusammen wurden die Prüfungen ausgebaut. Einen Einblick in den Funktionsumfang erhalten Sie unter (Funktionsumfang, Benutzeranleitung für VeriSO sowie Installationsanleitung GIS as a Service).

Seit Frühjahr 2014 stellt der Kanton Bern den 20 Vermessungsbüros sowie fünf Mitarbeitenden der Vermessungsaufsicht VeriSO-BE mit einer Cloud-Computing-Lösung zur Verfügung. Auf die Hostserver, die von der privaten ALPGIS AG in Thun betrieben werden, greifen die Nutzer mittels einer Clientsoftware (X2GO) über das Internet zu. Die Vermessungsaufsicht gibt fünf Lizenzen einer kommerziellen GIS-Software zurück. Mit den eingesparten Lizenzkosten kann der Betrieb und zusätzlich ein Teile der Weiterentwicklung finanziert werden.

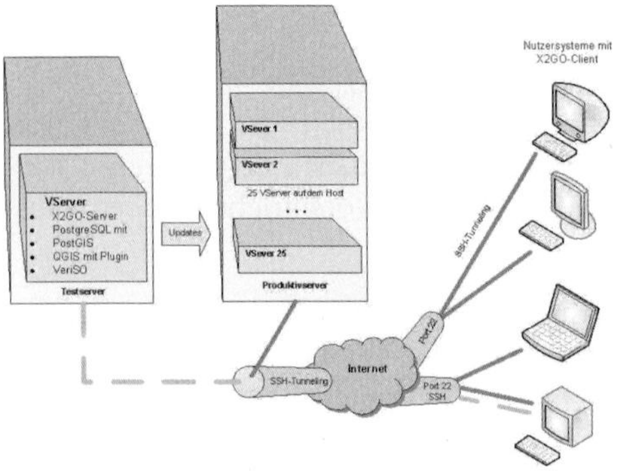

Abb. 3:
Betrieb von VeriSO-BE im Kanton Bern

Die Weiterentwicklungen werden von der Vermessungsaufsicht Kanton Bern in einer Testumgebung vorgenommen und überprüft. Anschließend wird die angepasste Software auf die virtuellen Server (VServer) der einzelnen Nutzer übertragen.

Den Nutzern stehen ein vollwertiges GIS inklusive Zusatzdaten (z. B. Orthofotos, digitale Landeskarten, ...) und natürlich die Prüfungen zur Verfügung. Parallel zur Datenprüfung kann halb automatisch ein technischer Bericht zur Dokumentation der Arbeiten erstellt werden.

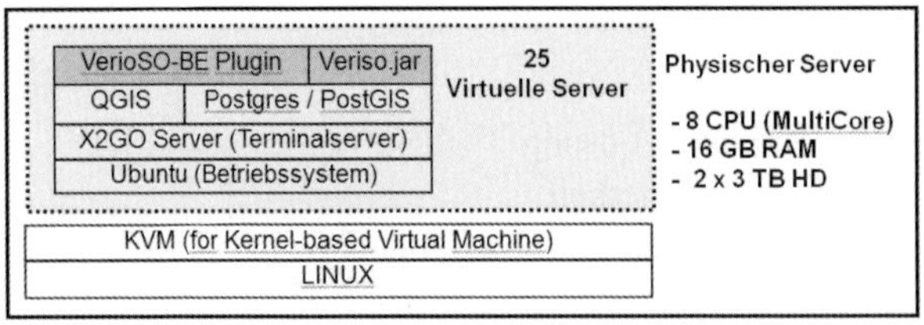

Abb. 4:
Softwarekomponenten und Leistung der Hostserver

Das System ist so ausgelegt, dass 5 Nutzer gleichzeitig ohne Einschränkung der Performance auf einem Host arbeiten können. Durch die Virtualisierung können weitere Nutzer einfach Zugang zur Verifikationsfachschale erhalten. Gleichzeitig kann bei Zunahme der Nachfrage die Hardware einfach erweitert werden.

Die Verifikationsfachschale baut ausschließlich auf quelloffene Software auf. Dadurch kann das Konzept problemlos auf die Verifikation von anderen Geobasisdatensätzen übertragen werden. Allein die Prüfungen müssen noch spezifisch konfiguriert bzw. angepasst werden. Für den Aufbau und die Installation dieser Cloud-Computing-Lösung steht unter (Zielsetzung der E-Government-Strategie Österreich) eine Anleitung bereit. Wir würden uns über jeden Nachahmer sehr freuen. Ein tolles Geschenk erwartet jeden, der diese Lösung umsetzt – bitte melden!

Grenzenlos:

14 Kurzgeschichten aus der amtlichen Vermessung

Kontaktadresse:

Amt für Geoinformation des
Kantons Bern
Nikolaus Grässle
Reiterstrasse 11
CH-3011 Bern

Literatur

Webseiten

Bundesgesetz über Regelungen zur Erleichterung des elektronischen Verkehrs mit öffentlichen Stellen. https://www.ris.bka.gv.at/Dokumente/BgblAuth/BGBLA_2004_I_10/BGBLA_2004_I_10.pdf.

Cloud Computing Strategie der Schweizer Behörden 2012- 2020 vom 25.10.2012. http://www.egovernment.ch/umsetzung/00881/00882/index.html?lang=de.

E-Government-Strategie Schweiz, Vom Bundesrat verabschiedet am 24. Januar 2007, Auflage Juni 2013, Seite 3, Kapitel 1.2 Mit abgestimmten Prozessen Synergien nutzen, unter: http://www.egovernment.ch.

Ein Beispiel ist der CheckService der Firma infoGrips, Zürich. http://www.infogrips.ch/checkservice.html.

Funktionsumfang, Benutzeranleitung für VeriSO sowie Installationsanleitung GIS as a Service. http://www.bug-bern.ch.

Gesetz zur Förderung der elektronischen Verwaltung sowie zur Änderung weiterer Vorschriften (EGovG) vom 25. Juli 2013. http://dipbt.bundestag.de/extrakt/ba/WP17/473/47380.html.

Zielsetzung der E-Government-Strategie Österreich 2. Teil. http://www.digitales.oesterreich.gv.at/site/5622/default.aspx.

Besser ans Ziel – eine Echtzeit-Anzeige der städtischen Busse für Web, Smartphones und Tablets

Peter HOPFGARTNER[1], Paolo VISKANIC[2],
Patrick OHNEWEIN[3] und Markus WINDEGGER[4]

[1,2]R3 GIS GmbH, Meran · peter.hopfgartner@r3-gis.com
[3]TIS Techno Innovation South Tyrol KAG, Bozen
[4]SASA AG, Bozen

Zusammenfassung

Ein Tourist möchte gerne mit den öffentlichen Verkehrsmitteln die Stadt besuchen.

Ein Ortsansässiger, obwohl kein regelmäßiger Benutzer der öffentlichen Verkehrsmittel, muss ausnahmsweise dennoch den Bus benutzen.

Ein Pendler würde gerne über eventuelle Verspätungen „seines" Busses informiert sein, vielleicht hat er noch Zeit auf einen schnellen Kaffee Macchiato.

Diese Szenerien waren der Ausgangspunkt für die Entscheidung, eine Applikation zur besseren Information der Kunden der öffentlichen Verkehrsmittel zu entwickeln.

Die gezielte Auswahl der Partner, allen voran das Transportunternehmen SASA, welches unter anderem den öffentlichen Personentransport in den Städten Bozen, Meran und Leifers zuständig ist, sowie der Kurverwaltung Meran, mit der technischen Unterstützung von R3 GIS und Madeincima, deckt sich mit dem Fokus dieses Projekts, welches vom TIS innovation park koordiniert wurde.

1 Zielsetzung

Als Zielgruppe für das System wurden vor allem wenig erfahrene Benutzer des öffentlichen Personentransports genommen.

Ganz bewusst wurden auch die Besucher der Stadt, die in Meran eine starke Präsenz über den größten Teil des Jahres sind, als wichtige Benutzergruppe berücksichtigt. Kennzeichnend für diese Gruppe ist, dass sie nur eine begrenzte Ortskenntnis haben und die Entscheidungen von einer hohen Spontaneität gekennzeichnet sind.

Als wichtige Anforderungen wurden demzufolge vor allem eine gute Übersicht, ein leicht abzufragender Fahrplan für den laufenden Tag sowie die aktuelle Position der Busse festgelegt. Fortgeschrittene Funktionen, wie z. B. das Routing, oder die Abfrage des Fahrplans für die nächsten Tage, sozusagen als Fahrtenplaner, wurden bewusst aus der aktuellen Version ausgeschlossen, um die Software einfach und spontan benutzbar zu gestalten.

Aus demselben Grund wurde deshalb beschlossen, die Software nicht als App für iPhone und Android, sondern als Webapplikation umzusetzen. Der Benutzer wird somit nicht ge-

Strobl, J., Blaschke, T., Griesebner, G. & Zagel, B. (Hrsg.) (2014): Angewandte Geoinformatik 2014.
 ISBN 978-3-87907-543-0.

zwungen für eine kurze Nutzungsdauer eine neue Software auf seinem Smartphone oder Tablet zu installieren. Vor allem mit den aktuellen Webtechnologien lassen sich sehr klar gestaltete und einfach zu bedienende Benutzeroberflächen entwickeln, welche in weitem Umfang unabhängig von der zugrunde liegenden Smartphone-Architektur sind.

Schlussendlich war es auch ein Bestreben die aktuellen Daten als „Open Data" zur Verfügung zu stellen. Somit können Dritte ihrerseits Dienste erstellen, welche unter anderem auf den Echtzeitdaten des Busunternehmens aufbauen. In der Umsetzung wurde konsequenterweise daher auch darauf geachtet, dass die Programmierschnittstellen, im Jargon als API (Application Programming Interface) bezeichnet, einfach gehalten und hinreichend dokumentiert sind, sowie ihrerseits auf bestehenden Standards und Konventionen aufbauen.

2 Technische Umsetzung

Grundlegend verteilen sich die Funktionen auf drei Server. Ausgangspunkt für den Datenfluss ist das Betriebsleitsystem des Transportunternehmens, welches unter anderem schon vor Projektbeginn existierte.

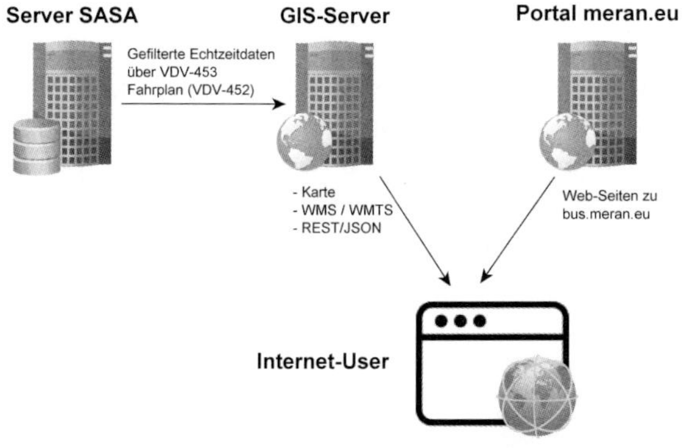

Abb. 1:
Schema der verteilten Architektur

Die Daten werden an einen zweiten Server übermittelt, welcher auch alle geografischen Daten verwaltet. Die für den Endbenutzer bestimmte Weboberfläche hingegen wird von einem dritten Server ausgeliefert.

Die Kommunikation zwischen den drei Servern erfolgt weitgehend über gängige Standards. Insbesondere wurden von dem Verbund Deutscher Verkehrsunternehmen (VDV), einen Verbund mit annähernd 600 Mitgliedern, welche im Bereich des öffentlichen Personen- und Güterverkehr tätig sind, im Rahmen der VDV-Schnittstelleninitiative ein gemeinsames Datenmodell definiert. Darauf aufbauend wurden verschiedene Schnittstellen zum Austausch von Daten zu dem öffentlichen Transport definiert, welche im europäischen Umfeld eine weite Verbreitung gefunden haben. So wird das Austauschformat zu den Fahrplandaten in VDV-452 definiert. Zu jedem Fahrplanwechsel werden von SASA die Fahrpläne auf dem Server mit den Geo- und Fahrplandaten über eine VDV-452 konforme Datei aktualisiert.

Zudem übermittelt das Betriebsleitsystem über eine VDV-453-konforme Schnittstelle die Echtzeitdaten zu den Bus-Positionen an den Server mit den Geo- und Fahrplandaten.

Die Positionsdaten werden in einer relationalen Datenbank mit räumlicher Erweiterung, die im Open-Source-Umfeld weitverbreitete Kombination PostgreSQL und PostGIS, gehalten. Die Positionsdaten werden pro Bus ca. alle 30 Sekunden erneuert. Um eine flüssige Animierung der Bus-Symbole zu ermöglichen, welche unter anderem für Erkennung die Fahrtrichtung erforderlich ist, wird aus der letzten Position mithilfe des Fahrplans im Sekundentakt eine interpolierte Position errechnet.

Auf die Fahrplan- und Positionsdaten kann über eine einfache und dokumentierte Programmierschnittstelle zugegriffen werden. Dabei wurde sehr viel Wert auf die Einhaltung gängiger Standards gelegt. So kommen für die Kartendienste vor allem die vom Open Geospatial Consortium (OGC) definierten Standards WMS und TMS zum Einsatz.

Ansonsten baut die API auf der REST Architektur auf, welche bei geringer Komplexität eine hohe Interoperabilität ermöglicht. Die Daten werden als JSON ausgeliefert. In dem besonderen Fall, dass es sich um Daten mit geografischen Attributen handelt, wie z. B. die Positionsdaten, wird die räumliche Variante GeoJSON eingesetzt.

Ein Webserver, auf welchem unter anderem auch das Portal der Kurverwaltung Meran läuft, liefert die Web-Seiten zu dem Projekt.

Die Weboberfläche wurde mit einem „responsive design" umgesetzt. Grundidee eines solchen Designs ist es, dass die Applikation, welche z. B. auf einem Desktop-PC den vollen Bildschirm ausnutzen kann, graduell sich an kleinere Bildschirme und weniger leistungsfähigere Webbrowser anpasst, ohne dass verschiedene Versionen der Software geschrieben werden müssen. So werden beispielsweise gewisse Bildschirmelemente ab einer gewissen Mindestbreite standardmäßig ausgeblendet und die entsprechenden Funktionen können über ein getrenntes Bedienfeld erreicht werden.

Abb. 2:
Für hinreichend breite Bildschirme werden zusätzliche Elemente eingeblendet

Abb. 3:
Bildschirmfoto mit typischem Layout für Smartphones

Dank dieser Vorgehensweise kann die Applikation auf einer sehr großen Anzahl von Geräten, sowohl Mobil- als auch Standgeräte, aufgerufen werden.

Schlussfolgerungen

Die Applikation hat, auch dank einer effizienten Medienarbeit, einen sehr guten Zuspruch in der Bevölkerung und bei den Touristen der Stadt gefunden.

Vor allem in Anbetracht der eingesetzten überschaubaren Geldmittel konnte ein Instrument geschaffen werden, dessen Nutzen einem beachtlichen Teil der Benutzer des öffentlichen Verkehrs zur Verfügung steht und auch effektiv benutzt wird.

Durch die Entscheidung, die Daten als Open Data zur Verfügung zu stellen und die Software, welche die Abfrage des Fahrplanes und der Positionen abwickelt, als Open Source zu verteilen, können Software und Daten auch von Dritten wiederverwendet werden.

In der Tat sind inzwischen mehrere Anwendungen von Dritten entwickelt worden, welche ihre Daten von dem vorgestellten System beziehen.

Zudem sind die nächsten Versionen der Anwendung schon angedacht, ebenso wie eine für die internen Mitarbeiter des Fahrdienstes angepasste Ausprägung der Software.

Die Anwendung kann über http://bus.meran.eu aufgerufen werden.

Interessierte Entwickler können den Quellcode von GitHub, einen sehr populären Dienst für die Verwaltung von Softwarequellcode, beziehen, wo das Projekt unter https://github.com/r3-gis/realtimebus registriert ist.

Literatur

Portal des Verbundes Deutscher Verkehrsunternehmen. http://www.vdv.de (April 2014).

3D-punktbasierte Solarpotenzialanalyse für Gebäudefassaden mit freien Geodaten

Robert REGVAT, Martin HÄMMERLE, Sabrina MARX,
Kristina KÖNIG und Bernhard HÖFLE

Geographisches Institut, Universität Heidelberg · martin.haemmerle@geog.uni-heidelberg.de

Dieser Beitrag wurde durch das Programmkomitee als „reviewed paper" angenommen.

Zusammenfassung

Im Zuge der Debatten um den globalen Wandel, nachhaltige Entwicklung und steigenden Energiebedarf werden erneuerbare Energiequellen als zentral wichtig angesehen. Die Installation von Photovoltaikanlagen an vertikalen Flächen, wie Fassaden, hat ein großes Potenzial zur Energieproduktion. Zur lokalen Abschätzung des Solarpotenzials von Fassaden sind detailreiche 3D-Geodaten nötig. Die Verwendbarkeit freier Geodaten aus dem Web 2.0-Projekt OpenStreetMap (OSM) für die Solarpotenzialanalyse eines Stadtgebietes wird in diesem Beitrag am Beispiel der Stadt Bregenz untersucht. Die Fassaden werden auf der Grundlage von i) OSM und Laserscanningdaten und ii) amtlichen Katasterdaten in dreidimensionalen Punktrastern modelliert. Für jeden Fassadenpunkt wird das Solarpotenzial anhand von Verschattungen und Einfallswinkeln der Sonnenstrahlung berechnet. Im Vergleich zu Referenzwerten aus amtlichen Daten zeigt das Solarpotenzial für OSM-Daten vor allem in Bereichen mit viel Vegetation deutlich abweichende Werte. Ohne Einfluss von Vegetation zeigen 89 % der Solarpotenzialwerte aus OSM-Daten weniger als 10 % Abweichung von den Referenzwerten. Gebäudedichte und die abweichende Repräsentation von Gebäudegrundrissen und Dachgeometrien in OSM haben zudem Einfluss auf die Berechnung des Solarpotenzials. Mit homogenen, aktuellen, detailreichen und dreidimensionalen OSM-Daten erschließt sich jedoch eine frei verfügbare Datenquelle für Standortanalysen von Photovoltaikanlagen an vertikalen Gebäudeflächen.

1 Motivation

Energie aus erneuerbaren Quellen spielt eine zentrale Rolle in der Diskussion um den globalen Wandel: Durch steigende Lebensstandards und eine wachsende Weltbevölkerung wird mehr Energie verbraucht. Wegen des begrenzten Vorrates an fossilen Energieträgern und deren Umweltschädlichkeit wird zunehmend in Technologien investiert, mit denen erneuerbare Energiequellen nachhaltig erschlossen werden können. In Deutschland hat dabei die Photovoltaik einen sehr starken Ausbau erfahren, welche im Jahr 2012 etwa 4,4 % des Nettostromverbrauches abdeckte (BÖHME & NICK-LEPTIN 2013). Mit einer installierten Nennleistung von 35,7 GW steht die Photovoltaik nach der Windenergie an zweiter Stelle der Kraftwerkstypen für erneuerbare Energien in Deutschland und ist somit zu einem Pfeiler für die Energiewende geworden (ISE 2012).

Strobl, J., Blaschke, T., Griesebner, G. & Zagel, B. (Hrsg.) (2014): Angewandte Geoinformatik 2014.
 ISBN 978-3-87907-543-0.

Mit Rahmenbedingungen wie der EU-Richtlinie 2010/31/EU, nach welcher ab 2021 alle Neubauten den Standards von Niedrigstenergiehäusern entsprechen sollen, wird auch eine wachsende installierte Leistung von Photovoltaikanlagen angenommen (IPSER et al. 2012). Die herkömmliche Installation von Solarmodulen auf Dächern und Freiflächen wird zunehmend durch gebäudeintegrierte Photovoltaik ergänzt, bei welcher die komplette Gebäudehülle als Montageort für PV-Module infrage kommt (CERÓN et al. 2013). Nach Angaben des Bundesverbands Solarwirtschaft ließe sich mit Photovoltaikanlagen an Fassaden nahezu ein Drittel des gesamten deutschen Stromverbrauchs decken (GFF 2011). Die geringere Energieausbeute an vertikalen Flächen aufgrund ungünstigerer Einstrahlwinkel wird dabei durch das größere Angebot an Flächen insgesamt aufgewogen (REDWEIK et al. 2013), die überdies nicht in Konkurrenz zu landwirtschaftlichen Flächen stehen.

Für die Planung des Ausbaus von Photovoltaik stellen Solarpotenzialkataster ein effektives Hilfsmittel dar. Ein solches Kataster zeigt für die untersuchte Region räumlich und zeitlich differenziert die zu erwartenden Solarenergieerträge auf. Mit diesem Wissen um günstige Standorte können privaten und öffentlichen Akteuren Impulse für Investitionen in PV-Anlagen gegeben werden (HELMSTADT 2012). Da ein vollständiges Solarpotenzialkataster auch die zu erwartende Energieausbeute für Fassadeninstallationen beinhalten muss, sind hochauflösende 3D-Geodaten nötig. Entsprechende Datensätze werden bislang mit aufwendigen Methoden wie Laserscanning oder Photogrammetrie aufgenommen (JOCHEM et al. 2011, HELMSTADT 2012, HOFIERKA & ZLOCHA 2012, REDWEIK et al. 2013). Es besteht somit Bedarf an frei verfügbaren, flächendeckenden Datensätzen, welche die Berechnung des Solarpotenzials auch für Fassadenflächen erlauben.

Im Folgenden werden zunächst ausgewählte Untersuchungen vorgestellt, die sich ebenfalls mit der Berechnung des Solarpotenzials vertikaler Flächen beschäftigen. Davon ausgehend wird die in dieser Analyse bearbeitete Frage entwickelt, inwiefern sich freie Geodaten für vergleichbare Berechnungen des Solarpotenzials eignen. Der Zusammenstellung der Methoden, mit denen das Solarpotenzial aus freien Geodaten mit Referenzdaten verglichen wird folgt eine Diskussion der festgestellten Unterschiede und ihrer Ursachen. Aus der Zusammenschau der Ergebnisse werden schließlich weiterführende Fragestellungen abgeleitet.

2 Stand der Forschung

Die Solarpotenzialberechnung für horizontale oder geneigte Flächen unterscheidet sich von der Analyse vertikaler Fassaden. Im ersten Fall kann mit 2.5D-Rasterdaten (ein z-Wert pro x-, y-Koordinatenpaar) gearbeitet werden, welche die untersuchten Flächen repräsentieren. Modelle senkrechter Flächen verlangen dagegen mehrere z-Werte pro x-, y-Koordinate (HOFIERKA & ZLOCHA 2012).

Eine Möglichkeit, diese Einschränkung zu umgehen, zeigt CARNEIRO (2011) mit der Unterteilung eines auf Laserscanningdaten basierenden Gebäudehöhenrasters in vertikal gestapelte Segmente und die anschließende Berechnung des Solarpotenzials pro Rasterzelle und Segment. Die direkte Betrachtung der Fassadenflächen nehmen HOFIERKA & ZLOCHA (2012) mithilfe eines photogrammetrisch erstellten 3D-Stadtmodelles vor. Das von den Autoren vorgestellte GRASS-GIS Modul *v.sun* segmentiert das eingehende Stadtmodell in Voxel gewünschter Auflösung und berechnet für die je Voxel entstandenen Polygone die

Einstrahlungsenergie unter Berücksichtigung von Fassadenausrichtung, atmosphärischer Trübung und Verschattung. Ein weiterer Weg zur Berechnung des Solarpotenzials von Fassaden führt über die Modellierung vertikaler Flächen mit Hyperpunkten (REDWEIK et al. 2013) bzw. einer Punktwolke, in welcher die Fassade von mehreren z-Werten je x-, y-Koordinate repräsentiert ist. JOCHEM et al. (2011) nutzen zur Solarpotenzialberechnung eine 3D-Punktwolke aus mobilem Laserscanning. Darauf aufbauend berechnen PETERS & HÖFLE (2013) das Solarpotenzial für vertikale Lärmschutzwände, und HELBICH et al. (2013) erreichen mit der gewonnenen Information eine deutliche Verbesserung hedonischer Immobilienpreismodelle.

Die genannten Untersuchungen bedienen sich ausnahmslos aufwendig erstellter Datensätze, um Informationen über Fassadenhöhen abzuleiten. Ziel dieser Untersuchung ist es deshalb, das Potenzial freier Geodaten für Solarpotenzialanalysen als Ergänzung zu kommerziellen oder amtlichen Geodaten zu ermitteln.

Gewählt wurden Daten aus dem OpenStreetMap-Projekt (OSM). OSM stützt sich vorwiegend auf von Personen freiwillig digitalisierte Karten und gilt vor allem in urbanen Räumen als aktuell und qualitativ hochwertig (ZIELSTRA & ZIPF 2010, ROICK et al. 2011, NEIS et al. 2012, HECHT et al. 2013, NEIS et al. 2013). Auf Basis von OSM-Daten wird in dieser Untersuchung das Solarpotenzial des Stadtgebietes von Bregenz (Vorarlberg, Österreich) berechnet. Als Referenz für die Berechnungen sind amtliche Katasterdaten verfügbar. Analysiert werden die Unterschiede der Solarpotenzialberechnungen für Fassaden aus i) kombinierten OSM- und Laserscanningdaten und ii) amtlichen Daten. Betrachtet werden dabei der Einfluss verschattender Vegetation, schattenfreier Fassadenanteile sowie der Bebauungsdichte.

3 Methodik

Um verschattende Objekte in die Solarpotenzialberechnungen einzubeziehen, wurden aus Laserscanningdaten (ALS von engl. airborne laser scanning) des Landes Vorarlberg vorbereitend folgende Rastermodelle mit einer Zellgröße von 1 m² generiert: Normalisiertes digitales Oberflächenmodell (nDSM, normalized DSM), normalisiertes digitales Stadtmodell (nDUSM, normalized digital urban surface model) und OSM-Raster (Abbildung 1). Die Gebäude in nDSM und nDUSM enthalten der Rasterauflösung entsprechend gestufte Dächer, deren Höhenwerte aus den ALS-Daten abgeleitet wurden. Im nDUSM wurde Vegetation entfernt, indem nDSM-Rasterzellen außerhalb von Gebäudegrundrissen auf einen z-Wert von 0 m gesetzt wurden. Das OSM-Raster enthält für die Rasterzellen innerhalb von Gebäuden die mittleren Höhenwerte der ALS-Höhen (KLONNER et al. 2014) und simuliert damit das in OSM verwendete LOD1. Die Ableitung der Gebäudehöhen aus ALS-Daten war notwendig, da Gebäudehöhendaten in OSM noch eine sehr geringe Abdeckung von unter 1 % haben (z. B. GOETZ & ZIPF 2012). Auch im OSM-Raster wurden die Rasterzellen außerhalb von Gebäuden auf z = 0 gesetzt, um das Fehlen von Vegetation in OSM zu berücksichtigen. Um den verschattenden Einfluss ausschließlich von OSM- und Katasterdaten vergleichend zu analysieren, wurde die Topographie des Untersuchungsgebietes nicht in die Berechnungen einbezogen. Als Grundhöhe für nDSM, nDUSM und OSM-Raster wurden 400 m Höhe über Meeresspiegel vorgegeben, um eine dem Untersuchungsgebiet entsprechende Berechnung der Sonneneinstrahlung zu erhalten.

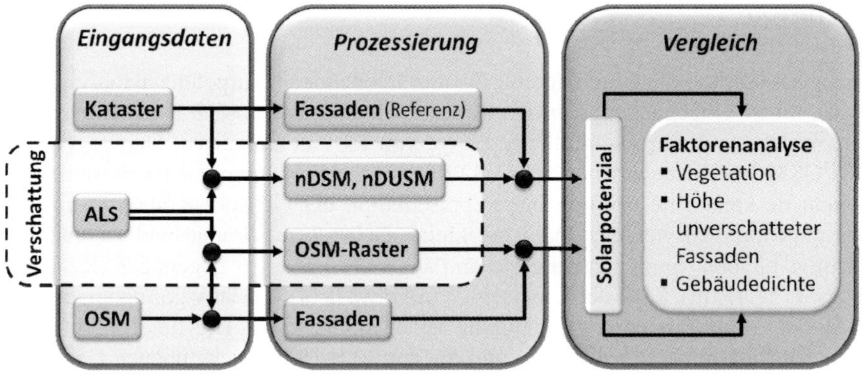

Abb. 1: Überblick der Teilschritte der vergleichenden Solarpotenzialanalyse.

Zur Fassadenmodellierung wurden die Gebäudegrundrisspolygone im OSM- und Katasterdatensatz in Linien umgewandelt. Linien an Gebäudeaußenseiten, welche mehr als 45° von einer südlichen Ausrichtung (180°) abweichen, wurden von den weiteren Berechnungen ausgenommen. Im Falle der Katasterdaten konnte die Fassadenhöhe direkt aus dem Originaldatensatz übernommen werden. Bei den OSM-Daten wurde die Fassadenhöhe aus dem nDSM übernommen. Ausgehend von den Fassadenlinien wurden horizontal und vertikal im Abstand von einem Meter virtuelle 3D-Punkte generiert, die die Fassade modellhaft repräsentieren.

Die Berechnung des jährlichen Solarpotenzials (in kWh/m²/a) erfolgt für jeden konstruierten 3D-Fassadenpunkt (JOCHEM et al. 2011). Sie erfolgt in zwei Schritten auf der Grundlage von HOFIERKA & SÚRI (2004). In einem ersten Schritt wird auf Basis der Eingangsraster die Verschattung durch Hindernisse im Umkreis von 300 m berücksichtigt. Die benötigten Sonnenstände im Jahres- und Tagesverlauf werden mit SOLPOS (NREL 2002) generiert. Im zweiten Schritt erfolgt die Berechnung der Globalstrahlung auf Grundlage der jeweiligen Verschattung und der daraus folgenden Ermittlung des Potenzials aus dem direkten und diffusen Strahlungsanteil. Für das Untersuchungsgebiet wurde hierfür aus dem PVGIS-Projekt (SÚRI et al. 2008) ein einheitlicher clear-sky-Index von $K_c = 0{,}6378$ ermittelt. Um lokale Unterschiede des Solarpotenzials herausarbeiten zu können, wurde Kacheln von 100 × 100 m jeweils der mittlere Wert des Solarpotenzials aller Fassadenpunkte zugewiesen. Es wurden 601 Kacheln berücksichtigt, von denen jede mindestens ein Fassadenelement aus OSM- sowie aus Katasterdaten enthält.

In der Analyse wird das Solarpotenzial für die OSM-basierten Fassaden mit den Werten für die katasterbasierten Fassaden verglichen. Die OSM-Fassaden werden dazu mit dem OSM-Raster verschattet. Die katasterbasierten Fassaden erfahren Verschattung einerseits durch das nDSM und andererseits durch das nDUSM, um den Einfluss von Vegetation festzustellen. Weitere Analyseschritte vergleichen die Solarpotenzialabweichungen zwischen OSM- und katasterbasierten Fassaden in Abhängigkeit dreier Faktoren: i) prozentualer Vegetationsanteil ii) durchschnittliche Höhendifferenz zwischen Fassaden und Vegetation iii) Gebäudedichte pro Kachel. Die Verschattung der Fassaden erfolgt für den Einzelfaktorenvergleich jeweils mit dem nDSM. Aus den Vergleichen kann dann geschlossen werden, welche Faktoren eine Solarpotenzialberechnung aus OSM-Daten beeinflussen.

4 Ergebnisse

Da die Fassadenextraktion die Grundlage für die anschließenden Solarpotenzialanalysen ist, wird hier kurz auf sie eingegangen. Aus den Katasterdaten wurden 10.166 Fassadenelemente extrahiert, welche eine durchschnittliche Länge von 5,83 m aufweisen. Demgegenüber stehen 4.863 OSM-Fassadenelemente mit 11,82 m Länge. Als Hauptgrund für diese deutlichen Unterschiede kann eine vereinfachte Repräsentation der Gebäudegeometrien in den OSM-Daten angenommen werden, durch die kleine Gebäudevorsprünge und -schluchten unberücksichtigt bleiben. Stellt man die Gesamtlänge der Fassaden gegenüber (Kataster: 59.268 m, OSM: 57.481m), kann der Unterschied mit etwa 3 % als relativ gering angesehen werden. Der Unterschied in der Fassadenhöhe ist ebenfalls klein: Die durchschnittliche Gebäudehöhe im Kataster liegt bei 8,00 m und die aus ALS-Höhen gewonnenen Gebäudehöhen für den OSM-Datensatz bei 7,89 m. Die Anzahl der Einzelpunkte, mit welchen die Fassaden in 3D modelliert wurden, liegt bei 575.410 Punkten in den katasterbasierten Fassaden und 547.439 Punkten im OSM-Datensatz.

Die Abweichungen zwischen dem Solarpotenzial auf Kataster- und OSM-Fassaden sind in Abbildung 2 dargestellt. Das Solarpotenzial der Katasterfassaden wurde mit dem nDSM als Verschattungsdatensatz gerechnet. Im Ergebnis wurden für fast alle OSM-basierten Fassaden (589 von 601 Kacheln) höhere Einstrahlungswerte berechnet. Dabei weichen 77 % der Kachelwerte um mehr als 10 % voneinander ab (Mittelwert der Abweichung: 21.2 %). Die Verschattung der Katasterfassaden durch Vegetation und das dadurch reduzierte Solarpotenzial kommt in diesen Differenzen zum Ausdruck. Bereiche geringer und großer Abweichung lassen sich räumlich abgrenzen: In eng bebauten Stadtgebieten mit geringem Vegetationsanteil sind auch die Unterschiede gering (eingerahmte Kacheln in Abbildung 2). Bei lockerer Bebauung oder hohem Vegetationsanteil weichen die Berechnungen stärker voneinander ab.

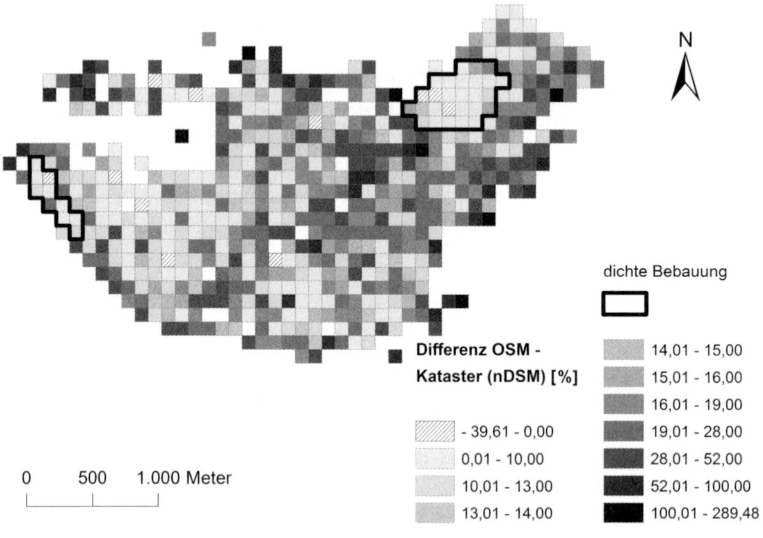

Abb. 2: Solarpotenzialunterschiede zwischen OSM- und katasterbasierten Fassaden in Prozent. Die Verschattung der katasterbasierten Fassaden erfolgte durch das nDSM.

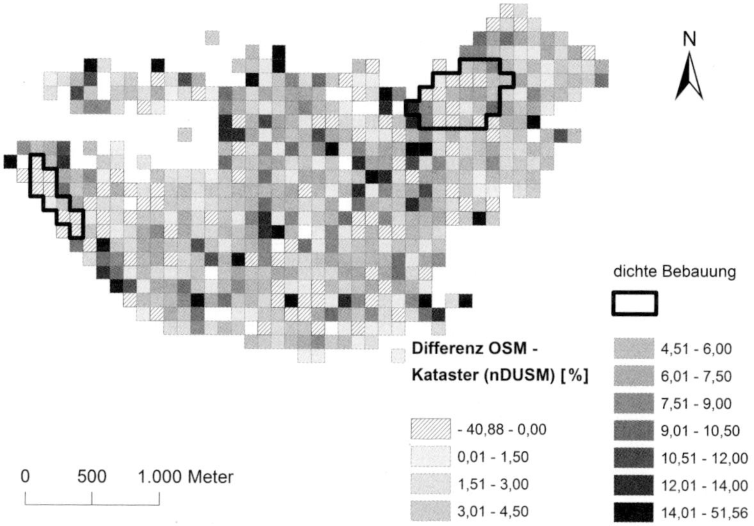

Abb. 3: Solarpotenzialunterschiede zwischen OSM- und katasterbasierten Fassaden in Prozent. Im Gegensatz zu Abb. 2 erfolgte die Verschattung hier mit dem vegetationslosen nDUSM.

Wird das vegetationslose nDUSM zur Verschattung der Katasterfassaden verwendet, sind die Unterschiede deutlich geringer mit einer mittleren Abweichung von 4.1 % (Abbildung 3). Der Anteil von Kacheln mit negativer Abweichung, in denen das mittlere Solarpotenzial der OSM-Fassaden niedriger ist als das der Katasterfassaden, steigt von 1,8 % (11 Kacheln) auf 14,6 % (88 Kacheln). Circa 89 % der Kachelwerte weichen um maximal 10 % voneinander ab und nur 1 % der Kachelwerte haben Abweichungen über 20 %. Die berechneten Solarpotenzialwerte gleichen sich somit bei Ausschluss der verschattenden Vegetation an, das Überwiegen höherer Werte für die OSM-Fassaden bleibt jedoch bestehen. Diese auch nach Ausschluss der Vegetation verbleibenden Unterschiede weisen erneut auf die vereinfachte geometrische Repräsentation der Gebäudeobjekte im OSM-Datensatz hin. Durch sie wird vor allem die auch von Hofierka & Zlocha (2012) als wichtig eingestufte Eigenverschattung (z. B. durch Gebäudevorsprünge) zu wenig berücksichtigt. Ein weiterer Grund für die verbleibenden Differenzwerte kann in den unterschiedlichen Dachgeometrien gesehen werden: Im OSM-Raster sind die einzelnen Hausdächer einheitlich hoch, während im nDUSM Satteldächer im Raster gestuft modelliert sind.

Der starke Einfluss von Vegetation auf die Solarpotenzialberechnung für OSM- oder katasterbasierten Fassaden zeigt sich auch in Tabelle 1. In Kacheln mit niedrigem Vegetationsanteil (nDSM-Rasterzellen außerhalb von Gebäudegrundrissen und über 1 m Höhe) ist auch der Einstrahlungsunterschied zwischen den beiden Fassadendatensätzen gering. Betrachtet man die Höhendifferenz von Fassaden und Vegetation, unterscheidet sich das Solarpotenzial am geringsten in Zellen mit hohen Fassaden oder niedriger Vegetation in Gebäudenähe.

Die Gebäudedichte schließlich zeigt ein inverses Verhalten zur Vegetationsdichte. In Kacheln mit hoher Gebäudedichte sind die Unterschiede zwischen OSM- und katasterbasierten Fassaden geringer als in lockerer Bebauung. Als Grund hierfür wird der geringere Anteil von Vegetation im Bereich hoher Gebäudedichte angenommen.

Tabelle 1: Einfluss einzelner Faktoren auf die Solarpotenzialberechnung für OSM- und katasterbasierte Fassaden (nDSM-verschattet). Kacheln mit entsprechendem mittlerem Faktorwert fallen in die zugehörige Differenzklasse OSM-Katasterfassade.

Kacheleigenschaft	**Differenzklasse (Abweichung OSM-Katasterfassaden)**					
	< 10 %	**10 – 20 %**	**20 – 30 %**	**30 – 40 %**	**40 – 50 %**	**> 50 %**
Vegetationsanteil [%]	16,3	21,8	30,3	39,8	48,5	62,4
Fassaden – Vegetationshöhe [m]	7,6	6,4	5,5	3,8	3,2	0,2
Gebäudedichte [%]	23,7	17,3	14,4	13,7	10,3	6,5

5 Fazit

In dieser Untersuchung wurden Solarpotenzialberechnungen für Fassaden aus freien Geodaten sowie amtlichen Katasterdaten verglichen. OpenStreetMap-Daten wurden für das Stadtgebiet Bregenz unter Zuhilfenahme von ALS-Höhenwerten bis zu einer dreidimensionalen punktbasierten Modellierung der relevanten Fassaden aufbereitet. Das Solarpotenzial je Fassadenpunkt wurde berechnet und mit dem zugehörigen Referenzwert aus der Berechnung basierend auf amtlichen Katasterdaten verglichen. Die größten Unterschiede bei den Berechnungen bestehen in Bereichen mit hohem Vegetationsanteil. Nach dem Entfernen der abschattenden Vegetation weichen nur 11 % der Solarpotenzialwerte aus OSM-Daten um mehr als 10 % von den Referenzwerten ab, wobei der Großteil der OSM-Fassaden (ca. 85 %) ein im Mittel um 5.4 % höheres Solarpotenzial aufweist. Für diese verbleibenden Abweichungen werden hauptsächlich zwei Gründe angenommen: Durch die relativ stark vereinfachte geometrische Repräsentation der OSM-Gebäudegrundrisse werden Eigenverschattungen nicht ausreichend berücksichtigt. Zudem wirken sich die vereinfachten Dachgeometrien (LOD1) auf den Schattenwurf auf Fassaden aus. Bei der Verwendung von Solarpotenzialberechnungen aus OSM-Daten sind somit die fehlende Informationen über Vegetation und die Tendenz zur Überschätzung des Solarpotenzials zu berücksichtigen, beispielsweise über einen vom Vegetationsanteil abhängigen Korrekturfaktor. Eine Verbesserung von Solarpotenzialberechnungen mit OSM-Daten kann zudem durch eine detailreichere Erfassung der Gebäudegrundrisse erreicht werden. Freie 3D Stadtmodelle wie OSM-3D (GOETZ & ZIPF 2012) können einen wichtigen Beitrag leisten, nicht nur die Generalisierung der Gebäudegrundrisse zu vermindern, sondern auch realitätsnahe Dachgeometrien in Solarpotenzialanalysen einzubinden. Detailreiche 3D-Gebäudemodelle erlauben zudem, Fassadenelemente wie Fenster zu berücksichtigen.

Die vorgestellten Analysen zeigen, dass sich auf der Grundlage von freien Geodaten Aussagen über die räumliche Verteilung des Solarpotenzials auf Ebene eines Stadtgebietes treffen lassen. Die Verfügbarkeit der Gebäudehöhen ist dabei jedoch eine Grundvoraussetzung. Bei einer Übertragung auf andere Untersuchungsgebiete muss zudem berücksichtigt werden, dass sich die Qualität der OSM-Daten regional stark unterscheiden kann (KLON-

NER et al. 2014) und Solarpotenzialberechnungen eng an die Qualität der Eingangsdaten gekoppelt sind.

Eine detaillierte Betrachtung von Einzelgebäuden kann mit dem vorgestellten Ansatz nicht ersetzt werden. Für eine regionale Einschätzung des Solarpotenzials können freie Geodaten jedoch eine kostengünstige Ergänzung zu anderen Datensätzen darstellen. Weitere Untersuchungen sind nötig, um Ansprüche an die Daten zu formulieren und damit PV-Standortanalysen für Fassaden weiter zu verbessern.

Danksagungen

Die Autoren danken der Stadt Bregenz, Dienststelle GIS, für die Bereitstellung der Katasterdaten sowie dem Land Vorarlberg, Landesamt für Vermessung und Geoinformation, für die Bereitstellung der ALS-Daten.

Literatur

BÖHME, D. & NICK-LEPTIN, J. (2013), Erneuerbare Energien in Zahlen. Nationale und internationale Entwicklung. Berlin, Bundesministerium für Umwelt, Naturschutz und Reaktorsicherheit.

CARNEIRO, C. (2011), Extraction of urban environmental quality indicators using LiDAR-based Digital Surface Models. Thesis, École Polytechnique Fédérale de Lausanne (Doktorarbeit Nr. 5050).

CERÓN, I., CAAMAÑO-MARTIN, E. & NEILA, F. J. (2013), 'State-of-the-art' of building integrated photovoltaic products. Renewable Energy, 58, 127-133.

GFF (2011), Heben Sie einen verborgenen Schatz: Technikspezial Photovoltaik in der Fassade. GFF – Das Praxismagazin für Produktion und Montage, 6.

GOETZ, M. & ZIPF, A. (2012), OpenStreetMap in 3D – Detailed Insights on the Current Situation in Germany, Agile – Avignon, April 24-27, 2012.

HECHT, R. C., KUNZE, C. & HAHMANN, S. (2013), Measuring Completeness of Building Footprints in OpenStreetMap over Space and Time. ISPRS International Jounal of Geo-Information, 2, 1066-1091.

HELBICH, M., JOCHEM, A., MÜCKE, W. & HÖFLE, B. (2013), Boosting the predictive accuracy of hedonic house price models through airborne laser scanning. Computers, Environment and Urban Systems, 39, 81-92.

HELMSTADT, S. (2012), Vorlage an dern Verwaltungsausschuss und den Bau- und Umweltausschuss: Befliegung Solarflächenpotentiale.

HOFIERKA, J. & SÚRI, M. (2004), A New GIS-based Solar Radiation Model and Its Application to Photovoltaic Assessments: Research Article. Transactions in GIS, 8 (2), 175-190.

HOFIERKA, J. & ZLOCHA, M. (2012), A New 3-D Solar Radiation Model for 3-D City Models. Transactions in GIS, 16 (5), 681-690, 10.1111/j.1467-9671.2012.01337.x.

IPSER, C., BOINTNER, R. & SIELDORF, K. (2012), Planungsleitfaden Plusenergie: Energieeffizienz und gebäudeintegrierte regenerative Energieträgertechnologien in Vorentwurf und Entwurf. Wien, Bundesministerium für Verkehr, Innovation und Technologie.

ISE (2012), Aktuelle Fakten zur Photovoltaik in Deutschland. Freiburg, Fraunhofer-Institut für Solare Energiesysteme.

JOCHEM, A., HÖFLE, B. & RUTZINGER, M. (2011), Extraction of Vertical Walls from Mobile Laser Scanning Data for Solar Potential Assessment. Remote Sensing, 3 (4), 650-667.

KLONNER, C., BARRON, C., NEIS, P. & HÖFLE, B. (2014), Updating digital elevation models via change detection and fusion of human and remote sensor data in urban environments. International Journal of Digital Earth, 10.1080/17538947.2014.881427 (Online-veröffentlichung am 20.02.2014).

NEIS, P., ZIELSTRA, D. & ZIPF, A. (2012), The Street Network Evolution of Crowdsourced Maps: OpenStreetMap in Germany 2007-2011. Future Internet, 4, 1-21, 10.3390/fi4010001.

NEIS, P., ZIELSTRA, & ZIPF, A. (2013), Comparison of Volunteered Geographic Information Data Contributions and Community Development for Selected World Regions. Future Internet, 5 (2), 282-300, 10.3390/fi5020282.

NREL (2002), SOLPOS Documentation: Technical Report. Golden, Co, USA, Renewable Resource Data Center.

PETERS, R. & HÖFLE, B. (2013), Solarpotenzialanalyse an vertikalen Strukturen mit ArcGIS und GRASS GIS am Beispiel von Lärmschutzwänden. Proceedings of the Geoinformatik 2013, 1-3.

REDWEIK, P., CATITA, C. & BRITO, M. (2013), Solar energy potential on roofs and facades in an urban landscape. Solar Energy, 97, 332-341.

ROICK, O., NEIS, P. & ZIPF, A. (2011), Volunteered Geographic Information – Datenqualität und Nutzungspotentiale am Beispiel von OpenStreetMap. Symposium Königslutter 2011, Kommission „Angewandte Kartographie – Geovisualisierung“ der Deutschen Gesellschaft für Kartographie.

SÚRI, M., HULD, T., CEBECAUER, T. & DUNLOP, E. D. (2008), Geographic Aspects of Photovoltaics in Europe: Contribution of the PVGIS Website. IEEE Journal of Selected Topics in Applied Earth Observations and Remote Sensing, 1 (1), 34-41.

ZIELSTRA, D. & ZIPF, A. (2010), A Comparative Study of Proprietary Geodata and Volunteered Geographic Information for Germany. Guimaraes, Portugal, 13th AGILE International Conference on Geographic Information Science 2010.

Geodatenmanagement und -harmonisierung mit Open-Source-Tools

Jens SCHAEFERMEYER
WhereGroup GmbH & Co. KG, Bonn · jens.schaefermeyer@wheregroup.com

Zusammenfassung

Die Harmonisierung von Geodatenbeständen ist nicht erst seit INSPIRE ein großes Thema bei Geodaten haltenden oder -produzierenden Organisationen. Immer wieder müssen Geodatenbestände zwischen verschiedenen Formaten oder Schemata transformiert werden. Bisher wurden diese Aufgaben i. d. R. mit kostenpflichtigen ETL-Tools (Extract, Transform, Load) bearbeitet. Seit einiger Zeit gibt es für diese Zwecke auch freie Softwarepakete. Im vorliegenden Vortrag soll die Arbeitsweise mit einem dieser Tools exemplarisch aufgezeigt werden.

GeoKettle ist ein ETL-Programm für räumliche Daten. GeoKettle basiert auf der Open-Source-Software *Pentaho Data Integration (Kettle)* und ist mit der LPGL lizenziert. GeoKettle unterstützt dabei u. a. die Open-Source-Bibliotheken GeoTools, deegree und gdal/ogr sowie sextante.

1 GeoKettle

GeoKettle ist ein ETL-Programm für räumliche Daten. ETL steht für **Extract**, **Load** und **Transform**. GeoKettle basiert auf der Open-Source-Software *Pentaho Data Integration (Kettle)* und ist mit der LPGL lizenziert. GeoKettle unterstützt dabei u. a. die Open-Source-Bibliotheken GeoTools, deegree und gdal/ogr und sextante.

Die Modellierung von Datenoperationen wird in GeoKettle in Transformationen und Jobs vorgenommen. In den Transformationen werden Daten verarbeitet. Daher hat eine Transformation immer einen Dateninput, der entweder aus einer originären Datenquelle oder aus der Übergabe von Daten aus einer vorherigen Transformation bzw. aus einem vorherigen Job besteht. Die Abbildung 1 zeigt eine einfache Transformation, die aus einem Input (Shapefile) und zwei Outputs (PostgreSQL-Tabellen) besteht. Zwischen Input und Output

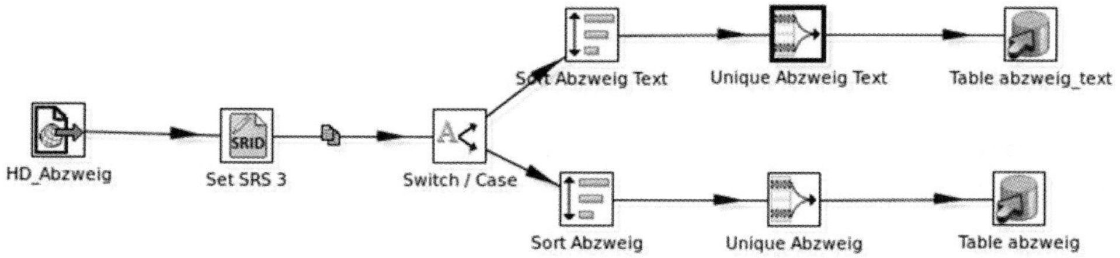

Abb. 1: Transformation

Strobl, J., Blaschke, T., Griesebner, G. & Zagel, B. (Hrsg.) (2014): Angewandte Geoinformatik 2014.

befinden sich weitere Steps, in denen die Daten verarbeitet werden. Verbindungen zwischen Steps werden Hop genannt. Die in den Transformationen definierten Schritte (Steps) können im Gegensatz zu den Jobs gleichzeitig ablaufen. Die Jobs sind den Transformationen übergeordnet. Sie kontrollieren den Ablauf von Transformationen und/oder anderen Jobs. Die Steps eines Jobs werden immer nacheinander abgearbeitet. Die Abbildung 2 zeigt einen einfachen Job. Zu Beginn eines Jobs steht immer der Start-Step. Danach folgen in diesem Job ein Step („Set varaiables 1 2“) sowie eine Transformation („get Subfolder“) und ein weiterer Job („Dateiimport Gas Step2“)

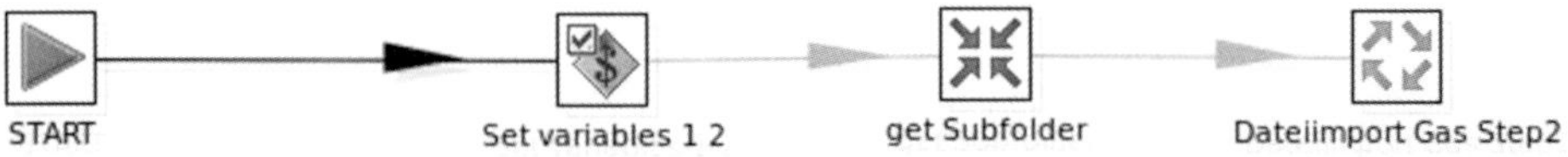

Abb. 2: Einfacher Job

2 Ausgangslage des Anwendungsfall

Bei einem Energiedienstleister in Thüringen, stand aufgrund eines Systemwechsels im Bereich des CAD auch ein Umzug der Geodaten von einer Oracle-Datenbank in eine PostgreSQL-Datenbank mit PostGIS an. Die Daten lagen in einem nicht dokumentierten Datenmodell vor und konnten nur mithilfe eines CAD als Shapedateien exportiert werden. Nach dem Export lagen 247 Shapefiles für die unterschiedlichen Objekte vor. Das Versorgungsgebiet des Energiedienstleisters ist allerdings so groß, dass der Export nur in 40 sich zum Teil überlagernden räumlichen Einheiten durchgeführt werden konnte. Die Daten dieser 40 Gebiete wurden als gezippte Dateien übergeben. Insgesamt wurden für das komplette Versorgungsgebiet ca. 11.000 Shapefiles erstellt. Die Inhalte der Shapefiles sind zudem nicht eindeutig, sodass ein Shapefile für Leitungen sowohl die Leitungen mit Ihren Attributen als auch Hilfslinien für die Beschriftungen mit den gleichen Attributen beinhaltet.

3 GeoKettle in action

Beim Import der Daten in die PostgreSQL-Datenbank mussten unter anderem folgende Arbeiten vorgenommen werden:

- Import der 11.000 Shapefiles in zwei verschiedene Datenbanken (Gas und Grundkarte),
- Verteilen von Objekten in einem Shapefile auf mehrere Tabellen,
- Zusammenfassen von Objekten aus mehreren Shapefiles mit unterschiedlichen Attributfeldern in einer Tabelle,
- Veränderung von Attributen,
- Entfernen von redundanten Daten,
- …

3.1 Vorgehensweise

Der Gesamtimport wurde in zwei Phasen (Erstimport und Nachbereitung) aufgeteilt. Für eine bessere Übersichtlichkeit und größere Kontrollmöglichkeiten des Importprozesses wurde der Gesamtimport in zwei thematisch voneinander getrennte Modelle aufgeteilt, die in ihrem generellen Ablauf keine Unterscheide aufweisen. Somit gibt es ein Importmodell für die Daten, die in die Datenbank „Gas“ fließen und ein Modell für die Daten der Datenbank „Grundkarte“. Zusätzlich wurden die räumlichen Exporte in Gruppen zu maximal sechs Einheiten zusammengefasst und in insgesamt neun Ordner abgelegt.

3.2 Erstimport

Zu Beginn der Modellierung des Erstimports wurden die Transformationen für die 247 Shapefiles erstellt, obwohl sie im Modell zuletzt ausgeführt werden. Die Abbildung 1 zeigt ein typisches Beispiel für eine Transformation des Erstimports. Die Schritte dieser Transformation umfassen die Zuweisung des Koordinatensystems, ggfs. die Verteilung des Shapefiles auf verschiedene Tabellen und die Beseitigung von Duplikaten.

Der Ablauf des Erstimports stellt sich wie folgt dar. Der erste Job des Modells ist in Abbildung 2 zu sehen. In dem ersten Step „Set variables“ wurde die Variable „root.path“ mit dem Pfad zum Arbeitsordner gesetzt, in welchem sich die Unterordner mit den zu importierenden Shapefiles befinden. In dieser Transformation „get Subfolders“, die in Abbildung 3

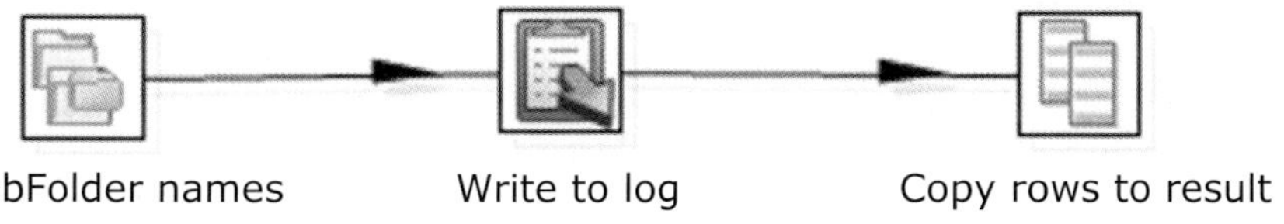

Abb. 3: Transformation „Get subfolders“

zu sehen ist, wurden die Unterordner des in der Variablen bestimmten Ordners ausgelesen und verschiedene Parameter mit dem Schritt „Copy rows to result“ an den folgenden Job „Datenimport Gas Step 2“ der in Abbildung 4 zu sehen ist übergeben. In diesem Job wurden aus den Parametern in der Transformation „getdirectories“ die Ordnernamen ausgelesen und nacheinander an die folgenden Jobs übergeben. In diesen Jobs wurde dann mithilfe des übergebenen Ordnernamens mit dem Step „Resultlist for Unzipped Files“ eine Liste der vorhandenen Shapefiles erstellt. In dieser Liste wurde überprüft, ob bestimmte Shapefiles vorhanden sind. Wenn die nachgefragte Datei vorhanden war, wurde die entsprechende Transformation für den Import durchgeführt, wenn nicht, wurde nach der nächsten Datei in der Liste geschaut. Dieses Vorgehen ist in Abbildung 5 exemplarisch für die Gruppe Abzweig dargestellt.

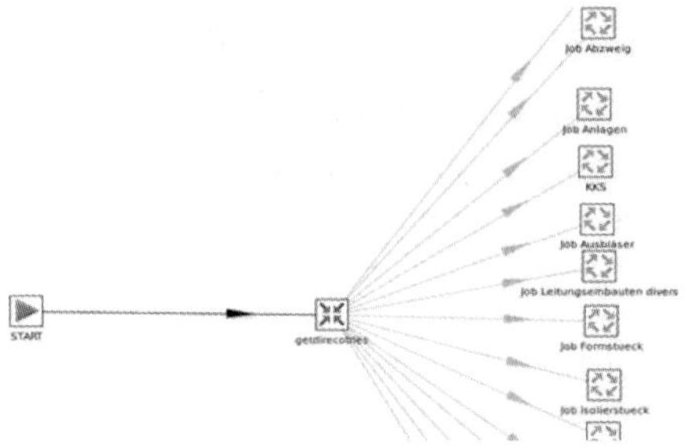

Abb. 4:
Job „Dateiimport Gas Step2“

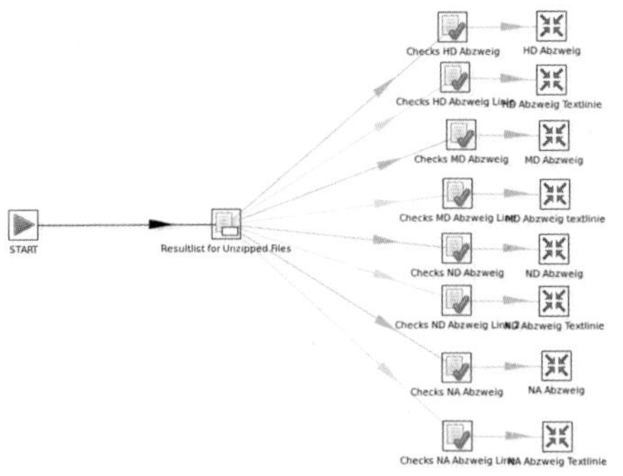

Abb. 5:
Job „Job Abzweig“

3.3 Nachbereitung

In der zweiten Phase ging es dann hauptsächlich darum, die Duplikate, die durch die räumlich Überlagerung der Importbereiche in die Datenbank geflossen sind, zu entfernen. Zudem wurden während dieser Transformationen auch Veränderungen an Attributen vorgenommen. Die Abbildung 6 zeigt eine typische Transformation dieser Phase. Hier wurden

Abb. 6: Transformation der Phase 2 für Abzweige

zum Beispiel Attribute verändert, Werte umgerechnet und Duplikate entfernt. Der Step „Replace in string“ wurde in diesem Fall dazu verwendet, um im Attributfeld „stil“ den string „Style-“ zu entfernen. Die beiden nächsten Schritte „Add constants factor rad2grad“ und „Calculator rad2grad“ wurden dazu verwendet, den Drehungswinkel von Symbolen und Schriften, der in allen Fällen in Rad vorlag, nach Grad umzurechnen. Dazu wird im ersten der beiden genannten Schritte der Umrechnungsfaktor als Konstante gesetzt. Im darauf folgenden Schritt (vgl. Abbildung 7) werden dann das Attributfeld (Field A) und die

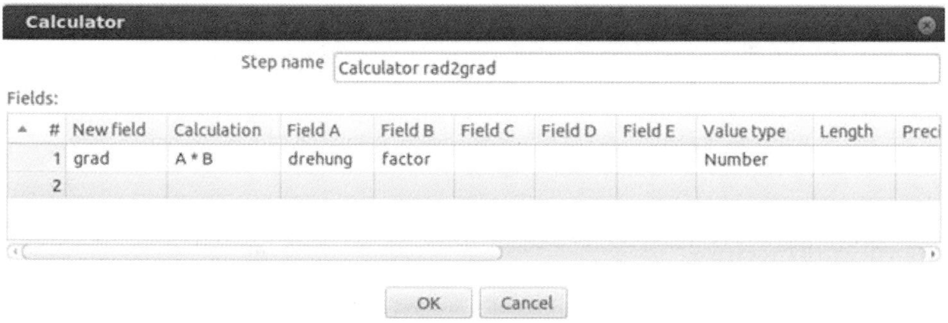

Abb. 7: Calculator

Konstante (Field B) ausgesucht und die Art der Berechnung angegeben (Calculation). Das Ergebnis wird in einem neuen Feld ausgegeben, das den Namen „grad“ erhält. Dieses neue Feld wird dann im Output, Step „Table abzweig unique“ auf das gewünschte Feld in der Datenbanktabelle gemappt. In dem vorletzten Schritt werden die zu importierenden Daten in eine Reihenfolge gebracht. Die Felder, nach denen sortiert werden soll, können dabei frei gewählt werden. In diesem Schritt gibt es zudem die Möglichkeit, Duplikate direkt zu entfernen. Die Sortierung ist dabei zwingend erforderlich, weil der aktuell zu bearbeitende Datensatz mit dem vorherigen Datensatz verglichen wird. In dem Fall, dass dieser Datensatz dem vorherigen entspricht, wird dieser nicht an den nächsten Step weiter geleitet.

Im Anschluss an die Nachbereitung wurden noch ein paar Schritte wie zum Beispiel das Anlegen der Primär- und Fremdschlüssel sowie die Erstellung eines räumlichen Index direkt auf der Datenbank durchgeführt. Diese Arbeiten hätte man aber auch ohne Weiteres noch in die Modellierung mit einbauen können.

4 Fazit

Ohne den Einsatz von GeoKettle wäre die Datenmigration kaum zu stemmen gewesen. Die ca. 11.000 Shapefiles wurden auf 2 Datenbanken mit insgesamt ca. 150 Tabellen verteilt. Die Modellierung des Importprozesses hat insgesamt etwa 2 Tage gedauert und der reine Importprozess keine 2 Stunden. Nach Überprüfung der importierten Daten war es sehr einfach, das Importmodell anzupassen, um Fehler zu beheben bzw. Ergänzungen vorzunehmen. Nach der Anpassung konnte dann entweder der komplette Import wiederholt oder nur die relevanten Daten neu importiert werden, indem die Hops zu nicht-relevanten Transformationen bzw. Jobs deaktiviert wurden.

GeoKettle wird in der WhereGroup in mehreren Projekten eingesetzt. So wird es zum Beispiel bei der Synchronisation von Datenbanken oder beim Mergen von Coderepositories eingesetzt. GeoKettle hat sich als gut dokumentierte und leicht zu erlernende Software heraus gestellt, die eine echte Alternative zur FME darstellt.

Bürgerbeteiligung und Geoinformation

Peter STAMM

WhereGroup GmbH & Co KG, Bonn · peter.stamm@wheregroup.com

Zusammenfassung

Bürgerbeteiligung, eGovernment und webgestützte Angebote für Bürger sind die großen Leitlinien der letzten Jahre, nicht nur im kommunalen Bereich. Dies alles muss aber mit sinkenden Haushaltsmitteln und starkem Effizienzdruck in Einklang gebracht werden. Vor diesem Hintergrund scheint uns das hier vorgestellte Informations- und Beteiligungsportal „Klarschiff.HRO“ beispielhaft für eine Lösung, die alle diese Punkte und noch einige mehr umfasst.

Klarschiff.HRO ist ein Onlineportal, das Einwohnern und Gästen Rostocks eine einfache und schnelle Möglichkeit bietet, Probleme und Ideen im Bezug auf die Stadtentwicklung sowie die öffentliche Ordnung auf einer interaktiven Karte an die Verwaltung zu melden. Die Weiterleitung der Meldungen zwecks deren Abarbeitung an die jeweils Zuständigen innerhalb der Verwaltung erfolgt dabei automatisch über ein selbstlernendes Zuordnungssystem. Die Stadtverwaltung verfügt mit Klarschiff.HRO zugleich erstmals über ein Verwaltungsportal, in dem Meldungen zentral erfasst und bearbeitet werden. Externe Dienstleister, wie etwa Entsorgungsunternehmen, sind ebenfalls an das System angebunden.

Bei Klarschiff.HRO handelt es sich um eine technisch und organisatorisch innovative Plattform zur Bürgerbeteiligung. Die Anwendung bietet den Bürgern verschiedene Kommunikationswege mit der Stadtverwaltung, darunter auch die Interaktion per Smartphone. Das System basiert vollständig auf OpenSource-Software und ist daher aus wirtschaftlichen Gesichtspunkten heraus hochinteressant, gerade auch für weitere Kommunen, die diesem Beispiel folgen wollen.

1 Projektbeschreibung

1.1 Geschichte und Ausrichtung des Projektes

Die Vorgeschichte des Projektes reicht zurück ins Jahr 2009, als Dr. Detlef Neitz vom Kataster-, Vermessungs- und Liegenschaftsamt der Hansestadt Rostock ein Online-System zur Bürgerbeteiligung konzipierte. Als technische Basis sollten dabei die Komponenten genutzt werden, die bei der Stadt Rostock ohnehin bereits im Einsatz waren (u. a. Mapbender, MapServer, Postgres/PostGIS). Als Datengrundlage sollten die städtischen Geodaten Verwendung finden. Beeinflusst war die Projektidee von Plattformen wie FixMyStreet[1] oder dem Kölner Unortkataster[2], die damals gerade relativ neu erschienen waren. Waren diese Plattformen noch sehr monothematisch auf reine Schadensmeldungen ausgerichtet, sollte die Rostocker Anwendung auch weitere Kategorien wie z. B. Vorschläge zur Verkehrsführung oder für bauliche Veränderungen umfassen.

Strobl, J., Blaschke, T., Griesebner, G. & Zagel, B. (Hrsg.) (2014): Angewandte Geoinformatik 2014.
 ISBN 978-3-87907-543-0.

Technisch war das System von Anfang an als OpenSource-Anwendung konzipiert worden.

1.2 Zielsetzungen

Mit der Online-Anwendung sollten alle potenziellen Nutzer in die Lage versetzt werden, auf einfachste Weise mit der Verwaltung in Kontakt zu treten, um Schäden oder Verunreinigungen zu melden, Verbesserungsvorschläge einzureichen oder z. B. auch Unklarheiten in der Verkehrsführung an die zuständigen Bearbeiter weiterzugeben.

Im Normalfall bestehen allerdings bei den Bürgern eher geringe Vorkenntnisse über die Zuständigkeiten innerhalb einer Stadtverwaltung, zumal diese auch von Kommune zu Kommune unterschiedlich geregelt sein können. Daher war eine Zielsetzung, die Meldungen möglichst weitgehend automatisiert an die richtige Stelle innerhalb der Verwaltung weiterzuleiten.

Zur Erhöhung der Akzeptanz des Systems bei den Bürgern war außerdem eine sehr leichte, intuitive Bedienbarkeit auf weitverbreiteten Plattformen gefragt. Daher wurde von Beginn an neben der auf PC-Nutzer ausgelegten Internetanwendung auch eine mobile Version als HTML-Anwendung (keine native App) eingeplant.

1.3 Projektergebnis

Dank Klarschiff.HRO müssen sich Bürgerinnen und Bürger nicht mehr fragen, an welche Verwaltungsstelle sie ihre Probleme oder Ideen konkret melden sollen: Dies übernimmt das System durch die automatische Weiterleitung der Meldungen an die jeweils Zuständigen innerhalb der Verwaltung. Somit sparen Bürger und die Verwaltung Zeit, da ein Suchen nach Zuständigen und deren Kontaktdaten entfällt. Zudem wird die Frage nach dem Kommunikationsmittel (Telefon? Fax?) obsolet, da Meldungen zentral im Onlineportal abgesetzt werden können: Auch dies spart Zeit, vor allem jedoch Aufwand. Ebenfalls eine große Aufwandsersparnis resultiert aus dem Wegfall der oft schwierigen Schilderung des Standortes einer Meldung, da dieser durch das Verorten auf der Karte nun graphisch aufgezeigt werden kann.

Seitens der Stadtverwaltung liegt der Nutzen von Klarschiff.HRO besonders im Effizienzgewinn, da das System Meldungen zentral bündelt und deren Bearbeitung in einem intuitiven Verwaltungsportal medienbruchfrei ermöglicht. Außerdem wird die Zusammenarbeit innerhalb der Verwaltung erleichtert, da Meldungen kollaborativ abgearbeitet werden können und damit eine Beschleunigung von Abwicklungsverfahren erreicht wird, die wiederum auch für Bürgerinnen und Bürger erfreulich ist. Am Beispiel des Umweltamtes der Hansestadt Rostock ist zu erkennen, wie positiv sich das Ende März 2012 eingeführte Klarschiff.HRO und der damit einhergehende zentrale Meldungseingang sowie die zentrale Abarbeitung der Meldungen auswirkt: Zuvor liefen alle Meldungen beispielsweise über illegale Müllablagerungen oder überfüllte Recyclingcontainer via Telefon, Fax oder E-Mail an und beliefen sich auf etwa drei pro Werktag. Mittlerweile gehen über das Onlineportal etwa fünf Meldungen pro Werktag ein und jene über die herkömmlichen Wege werden weniger. Damit spart das Umweltamt wertvolle Ressourcen (Arbeitszeit durch medienbruchfreie, gebündelte Bearbeitung; Papier durch Wegfall von Antwortschreiben an Meldende und Fax-Weiterleitungen an externe Dienstleister) und kann zudem die Routenplanung von Beräumungsfahrten etwa von illegalen Müllablagerungen effizienter planen, da die Meldungen übersichtlich auf der Karte dargestellt werden.

Abb. 1: Nutzeroberfläche der Anwendung „Klarschiff"

1.4 Technische Innovation

Klarschiff.HRO basiert zunächst auf OpenSource-Technologie. Technisch besteht es hauptsächlich aus den Standardkomponenten Mapbender und MapServer. Es hebt sich durch zwei wesentliche Elemente von anderen Meldungsportalen ab: zum einen durch das automatische, selbstlernende Routing aller eingehenden Meldungen direkt an die jeweils Zuständigen innerhalb der Stadtverwaltung. Dieses Modul wurde eigens für das Projekt außerhalb der GIS-Komponenten programmiert.

Zum Zweiten sticht die das Bedienkonzept des Online-Portals dominierende, intuitiv gestaltete und interaktive Karte hervor. Zur übersichtlicheren Darstellung wurde bei der Umsetzung eine Funktion erstellt, die mehrere nahe zusammen liegende Meldungspunkte zu einem Sammelsymbol aggregiert (s. Abb. 1). Die Karte ist auch in der mobilen Version der zentrale Einstieg in die Nutzung der Anwendung (s. Abb. 2).

Für die Zukunft ist eine Verknüpfung von Klarschiff.HRO mit dem zentralen Dokumentenmanagementsystem der Stadtverwaltung geplant.

Abb. 2: Screenshots der mobilen Lösung

2 Wirtschaftlichkeit

Kosteneinsparungen ergeben sich u. a. aus der effizienteren Bearbeitung von Verwaltungsprozessen sowie aus dem gezielteren Einsatz städtischer Ressourcen.

Zur Kostensenkung und damit auch andere Verwaltungen das System verwenden und für ihre Bedürfnisse anpassen können, ist Klarschiff.HRO als OpenSource-Software verfügbar. Somit kann eine weitere Verbesserung des Systems durch eine gemeinsame Entwickler-community erreicht werden und wiederholte Entwicklungs- sowie Beschaffungskosten werden vermieden.

3 Auswirkungen

Klarschiff.HRO verstärkt als innovative E-Government-Lösung die Beteiligung an gesellschaftlichen Aktivitäten, erbringt einen messbaren Nutzen für Bürgerinnen und Bürger, stellt Transparenz über Verwaltungsdaten und -handeln sicher und bildet darüberhinaus die Grundlage für eine effiziente und wirtschaftliche Verwaltung.

Im Fokus der Anwendung steht die direkte Bürgerbeteiligung, z. B. in Bereichen des Umweltschutzes, der Verbesserung des Stadtbildes bzw. des Wohnumfeldes oder zu Sicherheitsfragen. Wie die vergangenen zwei Jahre belegen, wird die Anwendung von den Bürgern sehr gut angenommen und genutzt.

Das Portal „Klarschiff.HRO“ hat den ersten Preis des e-Government-Wettbewerbs des Landes Mecklenburg-Vorpommern gewonnen. Das Innenministerium des Landes Mecklenburg-Vorpommern hat 2013 zum ersten Mal einen landesweiten Wettbewerb um die besten e-Government-Lösungen ausgeschrieben. Gesucht wurden Systeme, die den Kontakt zwischen Bürgern bzw. Unternehmen mit kommunalen oder staatlichen Verwaltungen vereinfachen, Vorgänge beschleunigen oder eine durchgehende Onlineabwicklung ohne Medienbrüche auch zwischen den Verwaltungen ermöglichen. Unter Beachtung des diesjährigen Hauptkriteriums „Nutzen für Bürger, Unternehmen und Verwaltung“ entfielen die meisten Stimmen auf das von der Stadt Rostock, der WhereGroup und vom Fraunhofer-Institut Rostock entwickelte Portal.

4 Ausblick

Aktuell wird das Portal[3] für mehrere Kommunen angepasst und weiter ausgebaut. Aus der Projektlösung wird so ein OpenSource-basiertes, individualisierbares Produkt entstehen, hinter dem mehrere Unternehmen stehen und support, Wartung sowie Weiterentwicklung anbieten.

Literatur/Links

http://www.fixmystreet.com/

http://unortkataster.de/

http://www.klarschiff-hro.de

Geovisualisierung und kartographische Kommunikation

Auf dem Weg zur *geo*digitalen Gesellschaft: Erfahrungen zum Einsatz von *participatory design* am Beispiel der Internetkarte Universität 55-PLUS

Sabine HENNIG und Robert VOGLER

IFFB Geoinformatik – Z_GIS, Universität Salzburg · sabine.hennig@sbg.ac.at

Dieser Beitrag wurde durch das Programmkomitee als „reviewed paper" angenommen.

Zusammenfassung

Moderne Informations- und Kommunikationstechnologie (ICT) und insbesondere Geo-ICT unterliegt derzeit einer rasanten Entwicklung. Eine wachsende Anzahl an nutzerfreundlichen (Geo-)Web-2.0-Anwendungen, die verstärke Verbreitung von mobilen Endgeräten (Smartphones, Tablets) und die zunehmende kostenlose Verfügbarkeit von (Geo-)Daten und (Geo-) Services eröffnet neue Möglichkeiten und inspiriert zur Erarbeitung innovativer Konzepte und Anwendungen. Dies erlaubt es auch, (Geo-)ICT in umfassender Form der Bevölkerung zur Verfügung zu stellen. Infolge werden Begriffe wie digitale bzw. *geo*digitale Gesellschaft verwendet. Um den damit in Kontext stehenden Erwartungen, die rein technologisch viel erlauben, zu genügen, kommt nutzerzentrierten Applikationen steigende Bedeutung zu. Sie unterstützen Nicht-Experten durch ihre hohe Usability und eine explizite Ausrichtung auf Nutzeranforderungen. Dies gilt auch für interaktive, dynamische Internetkarten.

Bei der Entwicklung nutzerzentrierter Anwendungen kommt dem Ansatz des *participatory designs*, einem Konzept, das der Integration der Nutzer in den gesamten Entwicklungsprozess eine wesentliche Rolle einräumt, großer Stellenwert zu. In diesem Zusammenhang eröffnen sich eine Reihe von Fragen: Welche Probleme bzw. Herausforderungen ergeben sich durch die Zusammenarbeit mit Nutzern als zumeist nicht GI-Experten? Welche Werkzeuge bieten sich für eine Realisierung an, wobei von Relevanz ist, dass diese auch durch Nicht-Experten problemlos nutzbar und zugänglich sein müssen? Welche Herausforderungen bestehen im Zusammenhang mit jenem Werkzeug? Welche zusätzlichen Potentiale eröffnen sich durch den Einsatz von *participatory design*? Diesen Fragen wird anhand der Umsetzung einer interaktiven, dynamischen Internetkarte (zunächst als Prototyp) für und mit StudentInnen der Universität 55-PLUS nachgegangen. Dabei möchte dieser Beitrag grundsätzlich für die Situation der Nutzer bzw. der Gesellschaft als Nicht GI-Experten sensibilisieren und Erfahrung hinsichtlich des Einsatzes von *participatory design* sowie der Zusammenarbeit mit GI-Laien kommunizieren.

1 Hintergrund und Fragestellung

Moderne Information und Kommunikation (englisch: information and communication technology, kurz ICT) einschließlich Geo-ICT eröffnet für die Gesellschaft zahlreiche innovative Chancen bzgl. Information, Kommunikation, Interaktion und Partizipation. Dies

Strobl, J., Blaschke, T., Griesebner, G. & Zagel, B. (Hrsg.) (2014): Angewandte Geoinformatik 2014.
 ISBN 978-3-87907-543-0.

verlangt auf Nutzerseite allerdings nach neuen Kompetenzen und Fähigkeiten. Um zum einen bestehendes Potential optimal zu nutzen und zum anderen den Nutzer hinsichtlich der neuen Informationsflut zu entlasten, kommt der Bereitstellung von nutzerzentrierte Anwendungen eine zunehmend wichtige Rolle zu. Ihre Umsetzung basiert auf der Kenntnis von Nutzeranforderungen und grundlegendem Verständnis für Hintergrund und Wissenstand der Nutzer bzw. deren Kompetenzen im Hinblick auf die Nutzung von moderner (Geo-) ICT. Hier eröffnet der Einsatz von *participatory design* umfangreiche Möglichkeiten – jedoch auch eine einige Fragen. Welche Probleme bzw. Herausforderungen ergeben sich hinsichtlich einer Kooperation mit Nutzern als GI-Laien bei der Applikationsentwicklung? Welche Werkzeuge bieten sich für die Realisierung von Anwendungen in direkter und aktiver Zusammenarbeit mit den Nutzern an? Welche zusätzlichen Potentiale, aber auch Probleme eröffnen sich?

Im Weiteren werden zunächst zentrale Begriff im Kontext moderner ICT und Geo-ICT sowie das Zusammenwirken von moderner (Geo-)ICT und Gesellschaft sowie nutzerzentrieten Anwendungen vorgestellt und diskutiert.

1.1 Moderne Geo-ICT

ICT umfasst alle digitalen Anwendungen, die zwischen Menschen eine Übertragung von Informationen oder deren Austausch in digitalisierter Form und auf elektronischem Weg erlauben. Hier bezieht sich moderne ICT auf die sogenannten neuen Medien, d. h. netzbasierte elektronische Technologien und primär das Internet (OECD 2003, SCHNORR-BÄCKER 2004). Entsprechend ist Geo-ICT das Ergebnis der Kombination von geographischer Information und ICT. Haupttechnogien im Kontext von Geo-ICT sind z. B. GIS, GPS, RS, Satelliten Kommunikationssysteme und Websysteme, wobei **moderne** Geo-ICT sich auf die internetbasierte Nutzung geographischer Daten bezieht (ACHARYA 2009, NAVARRA 2013).

In engem Zusammenhang mit moderner ICT steht das Web 2.0 oder Mitmach-Netz. Es gestattet und fördert durch spezielle, webtechnologie-basierte Applikationen den interaktiven Austausch und die Zusammenarbeit zwischen den Nutzern (LANGE 2007, ZEW 2010). Dabei ist das Web 2.0 heute wegen der wachsen Verfügbarkeit und Integration von geographischer Information in unterschiedlichsten Anwendungen (Social Media, Multimedia Dienste etc.) und spezieller Geo-Applikationen wie dynamischer Karten und Globen, Geodienste und Geoportale treffender als GeoWeb 2.0 zu beschreiben. (MAGUIRE 2007).

Durch die Verwendung moderner (Geo-)ICT und insbesondere (Geo-)Web-2.0-Applikationen verändert sich unser Informations- und Kommunikationsverhalten sowie unsere Erwartungshaltung, da diese Anwendungen zahlreiche Möglichkeiten eröffnen (IEB 2009, LANGE 2007, MECKEL 2008):

- Bereitstellung von aktuellen Informationen, wobei sich mehr Inhalte (zeitgleich) und mit variabler Informationstiefe bereitstellen lassen als in traditionellen Printmedien.
- Schneller Zugriff zu adäquat, zielgruppengerecht aufbereiteten Informationen.
- Agieren der Nutzer nicht nur als passive Informationskonsumenten, sondern auch als aktiven Informations-Produzenten, die eigene Inhalte, Meinungen Erfahrungen und Bewertungen einbringen und sich somit austauschen können.
- Aufnahme und Pflege von Kontakten, Gruppenbildungen und community building.

Diese Aspekte erlauben und fördern Nutzerpartizipation und -kollaboration. Zudem bietet die Nutzung geographischer Informationen eine Reihe von Vorteilen, wie sie im Hinblick auf Geovisualisierung und Geokommunikation diskutiert sind: leichte Erfassbarkeit von Inhalten, Relevanz von Raumbezug, Wirkmacht von Karten, etc. (VOGLER et al. 2010).

1.2 Gesellschaft und moderne (Geo-)ICT

Moderne (Geo-)ICT haben sich zuletzt hochdynamisch entwickelt und sind heute in der Bevölkerung viel genutzt. Beispiele dafür beziehen sich auf die immer größer werdende Relevanz von mobilen Endgeräten (Smartphones, Tablets), die mittlerweile standardmäßig über GPS und Lagesensoren verfügen, die Integration von Social Networking Services in die unterschiedlichsten Web-2.0-Anwendungen, und die Popularisierung von GIS und Computerkartografie.

Heute durchdringt moderne (Geo-)ICT alle Lebensbereiche, beeinflusst und verändert auf vielfältige Weise unseren beruflichen wie privaten Alltag und wird quer durch alle Bevölkerungsschichten sowie Altersgruppen genutzt: Gesprochen wird von einer Digital Society (INITIATIVE D21 2013), wobei im Zuge der steigenden Verfügbarkeit und Nutzung von Geoanwendungen zu überlegen ist, ob der Begriff *geo*digitale Gesellschaft nicht treffender wäre. Dies bedeutet, dass jedermann in der Gesellschaft prinzipiell digitale Werkzeuge zur Verfügung stehen, um diverse Aufgaben und Verantwortungen unter Nutzung von Geodaten wahrzunehmen, d. h. sich *geo*digital zu informieren (z. B. Geoportale, Open Government Data), eigene Daten und Informationen mit Raumbezug zur Verfügung zustellen (z. B. UGC, VGI), bei raumbezogenen Fragen zu partizipieren (z. B. Citizen Science Projekte, PP GIS).

Im Hinblick auf eine erfolgreiche Nutzung von Geo-ICT ist jedoch die sogenannte *spatial literacy* der Gesellschaft ein wesentliches Kriterium. Die kompetente und *fortgeschrittene* Nutzung dieser Anwendungen (*d. h. mehr als reine Kartenbetrachtung inkl. zoom/pan, Adresssuche etc.*) verlangt seitens der Nutzer eine Reihe von geomedialen Fähigkeiten und Kenntnissen; diskutiert z. B. im Rahmen des Spatial Citizenship Konzepts (GRYL & JEKEL 2012). Diese sind in der Bevölkerung, global betrachtet, derzeit nur rudimentär vorhanden, was nach entsprechenden Bildungsmaßnahmen verlangt (HENNIG et al. 2013).

Unterstrichen wird dies u. a. durch Diskussionen um die sogenannte digitale Spaltung der Gesellschaft (digital divide). Dieser Begriff bezeichnet die ungleiche Verteilung des Zugangs zu ICT in der Gesellschaft, wobei die Gesellschaft in Nutzer und Nicht-Nutzer unterschieden wird. Diverse Gründe für die Zugehörigkeit zu einer der beiden Gruppen werden thematisiert: Geschlecht, Herkunft, Einkommen, Alter und Bildung (BISKY & SCHEELE 2007). Hier zeigt sich eine deutliche Spaltung der Gesellschaft im Kontext primär des Alters: Während Kinder und Jugendliche als „digital native generation“ bezeichnet werden (IEB 2009), ist die Generation 50-Plus oftmals ausgeschlossen. Dies gilt speziell für moderne Geo-ICT (HENNIG et al. 2013): Während Geomedienkompetenzen zunehmend auch im Rahmen schulischer Bildung vermittelt werden, bleiben sämtliche Bevölkerungsteile, die eben keine formale Bildung mehr genießen, auf der Strecke. Möglichkeiten des Erwerbs entsprechend benötigter Fähigkeiten bestehen nicht oder nur kaum.

1.3 Nutzerzentrierte Anwendungen

Web 2.0 bedeuten nicht nur Dynamik und Interaktion, sondern auch die Bereitstellung von nutzerzentrierten Anwendungen. Dabei ist unbestritten, dass gerade nutzerzentrierte Anwendungen eine erfolgreiche Applikationsnutzung unterstützen. Dies gilt ebenso für das GeoWeb 2.0 (Neuschmid et al. 2012, Maguire 2007). Vermehrt finden sich nutzerzentrierte dynamische, interaktive Internetkarten, die in Karteninhalt, -design und -funktionalitäten auf Bedürfnisse und Anforderungen unterschiedlicher Nutzergruppen ausgerichtet sind. Es gibt Internetkarten eigens entwickelt z. B. als Antwort auf Anforderungen von Rollstuhlfahrern, Wanderern, Radfahrern, Menschen mit Sehschwäche bzw. -behinderung. Diese verlangen seitens der Entwickler umfassendes Verständnis für die jeweilige Nutzergruppe und Einblick in ihre Bedürfnisse. Dabei ist die Beschäftigung mit Nutzeranforderungen in Softwareentwicklungsprozessen heute ein fest etablierter Aspekt.

In Anbetracht, die jeweilige Nutzergruppe gut zu kennen und ihre Bedürfnisse zu berücksichtigen, wird verstärkt der Ansatz des *participatory design* genutzt. Bei diesem werden die zukünftigen Nutzer eines Systems nicht nur befragt oder beobachtet, sondern sie werden als vollwertige Partner integriert: Sie partizipieren direkt und proaktiv (O'Reilly 2005, Sanders 2002).

2 Blick in die Praxis: Universität 55-PLUS – Informationsbedarf und Rahmen

Seit 2012 bietet die Paris Lodron Universität Salzburg (PLUS) für Senioren die Möglichkeit eines eigens konzipierten Studiums an, kurz Universität 55-PLUS (http://www.uni-salzburg.at/index.php?id=131). Derzeit sind knapp über 300 StudentInnen in der Universität 55-PLUS inskribiert. Ihnen steht ein umfangreiches Angebot an Lehrveranstaltungen zur Verfügung. Neben dem generellen Lehrangebot der Universität umfasst dies Veranstaltungen, die speziell und nur für Studierende der Universität 55-PLUS angeboten werden.

Für die Studierenden der Universität 55-PLUS besteht speziell im ersten Semester ein Bedarf an Information, Orientierung und Navigation, um in Salzburg entsprechend wichtige Orte (v. a. eben speziell für Studierende der Universität 55-PLUS) zu finden. Dies gilt insofern als dass erstaunlich viele dieser Studierenden von Auswärts kommen, also nicht über die benötigten Ortskenntnisse verfügen. Eine dynamische, interaktive Internetkarte, ausgerichtet auf die Anforderungen diese Zielgruppe, kann hier Abhilfe schaffen. Unter Berücksichtigung der Beliebtheit, welche mobilen Endgeräten heute in der Gesellschaft zukommt und der Notwendigkeit, dass die entsprechenden Informationen auch „unterwegs" zugänglich sein müssen, wird eine Kartenanwendung (mobile App bzw. mobile Karte) gefordert, die sowohl auf Desktop-PCs als auch auf mobilen Endgeräten, d. h. per Smartphone und Tablet, nutzbar ist.

3 Vorgehen und Produkt

3.1 Entwicklungsprozess

Eine speziell für Studierende der Universität 55-PLUS im Wintersemester 2013/14 angebotene Lehrveranstaltung hatte das Ziel, die TeilnehmerInnen zur kompetenten Nutzung von Geomedien bzw. Geodaten zu befähigen. Um dies praxisnah zu vermitteln, haben sich in dieser Veranstaltung 16 Studierende mit der Erstellung einer dynamischen, interaktiven Internetkarte für ihre Kommilitonen (also Universität 55-PLUS Studierende) beschäftigt. In der als Workshop konzipierten Lehrveranstaltung wurden die diversen Aufgaben im Hinblick auf die Entwicklung der entsprechenden Internetkarte zum einen während fixer Termine mit der Gesamtgruppe und zum anderen in Kleingruppen in Eigenregie bearbeitet.

Das Entwicklerteam bestand einerseits aus GI-Experten (Workshop-Leitung) und andererseits aus GI-Laien, d. h. Vertretern aus der Gruppe der zukünftigen Nutzer (Workshop-Teilnehmer). Einsicht in Nutzeranforderungen wurde primär durch die direkte Integration der Workshop-Teilnehmer (Vertreter der zukünftigen Zielgruppe) in den Entwicklungsprozesses (Workshop) gewonnen. Diese wurde durch Literaturrecherche und Analyse anderer Anwendungen ergänzt. Die Workshop-Leitung stellte die gewonnen Erkenntnisse bzgl. Nutzeranforderungen, in kompakte Form aufbereitet, den Workshop-Teilnehmern zur Verfügung. Ebenso wurden Grundkenntnisse zu den einzelnen Arbeitsschritten, Methoden, Werkzeugen kompakt und frontal im Workshop vermittelt. Diese Informationen und ergänzende Materialien wurden den Teilnehmern zudem digital (via Blackboard) bereitgestellt. Einblick in Ablauf und Struktur des Workshops mit unterschiedlichen Phasen der Gruppen- und Kleingruppenarbeit (Diskussionen, Entscheidungsfindung, Arbeiten zu Datenbereitstellung, Design und Implementierung der Internetkarte etc.) gibt Abb. 1.

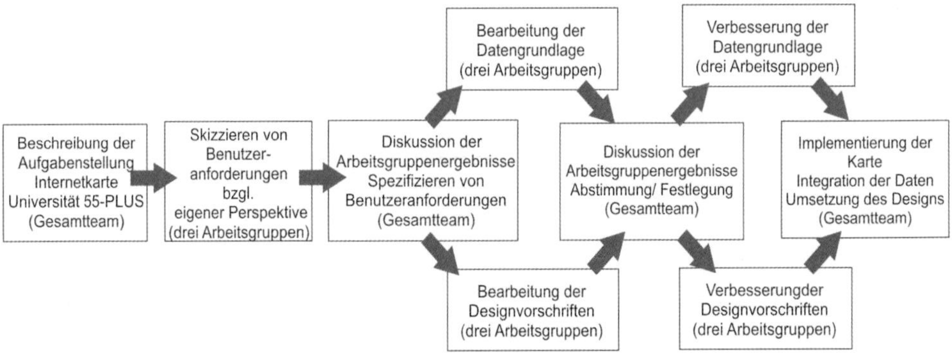

Abb. 1: Workshop-Struktur und Ablauf

Ein wesentlicher Punkt war die Bereitstellung der benötigten (Geo-)Daten und Zusatzinformationen. Dies umfasste vier Arbeitsschritte (1) Entscheidungen welche (Geo-)Daten seitens der Zielgruppe von Relevanz sind, (2) Recherche, ob diese verfügbar sind (z. B. Open Government Data; durch andere Institutionen bereitgestellt werden können), zu digitalisieren sind oder eigens im Gelände zu erheben sind, (3) Erarbeitung eines Datenmodells, und (4) Datenaufbereitung.

3.2 Werkzeuge

Für die Erarbeitung der Datengrundlage und der Designgrundlagen sowie für die Implementierung der Interkarte „Universität 55-Plus" wurde sich aus verschiedenen Gründen für den Einsatz von primär kostenfreien Web-2.0-Werkzeuge entschieden: (1) Die Benutzung dieser Tools ist ohne spezielles Hintergrundwissen auch für GI-Laien leicht zu erlernen. (2) Ihre Nutzung ist – und dies ist entscheidend – nicht mit Kosten verbunden. (3) Ihr Einsatz verlangt lediglich Internetzugang.

Insgesamt wurde für die Implementierung der Internetkarte „Universität 55-PLUS" eine Vielzahl an Werkzeugen eingesetzt, wie Abbildung 2 zu entnehmen ist. Ihre Auswahl beruht einerseits auf den unterschiedlichen Vor- und Nachteilen der einzelnen Tools und andererseits auf immer noch bestehenden Problemen bei der Nutzung von Daten unterschiedlicher Formate bzw. deren Konvertierung. Es wurde explizit keine Expertensoftware (ArcGIS Desktop etc.) eingesetzt, um die Integration der StudentInnen in allen Arbeitsphasen zu gewährleisten und diese nicht zu überfordern sowie das Arbeiten auch zuhause am eigenen PC zu ermöglichen.

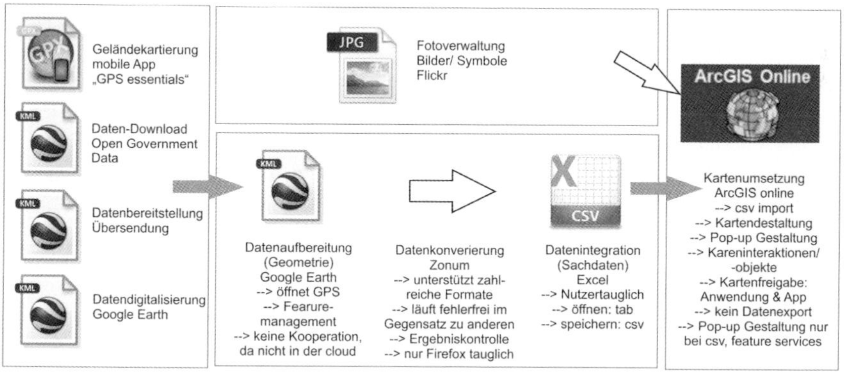

Abb. 2: Einsatz, Vor- und Nachteile der verwendeten kostenfreien Web-2.0-Tools

3.3 Die interaktive, dynamische Internetkarte „Universität 55-PLUS"

Die entwickelte prototypische Kartenanwendung „Universität 55-PLUS", die sowohl mittels Desktop-PC als auch mobilem Endgerät genutzt werden kann, ist zugänglich unter http://www.uni-salzburg.at/index.php?id=64285. Im Weiteren werden Karteninhalt und -design kurz umrissen.

Karteninhalte

Die Workshop-Teilnehmer haben drei Informationskategorien als relevant für die Zielgruppe und somit für die Karte „Universität 55-PLUS" identifiziert. Diese sind: (1) Universitätsstandorte, (2) Mobilität (3) sonstige POIs. Bei dem letzten Punkt handelt es sich u. a. um „nice-to-have" Informationen wie z. B. Angaben zu Kaffeehäusern oder Grünanlagen. Die Workshop-Teilnehmer begründeten die Notwendigkeit diese Daten zur Verfügung zu stellen damit, dass ein nicht unerheblicher Anteil der Universität 55-PLUS Studierenden von außerhalb Salzburgs kommt, d. h. sowohl aus dem bayerischen wie dem österreichischen

Umland (u. a. Braunau, Traunstein). Diese Studierenden besuchen verständlicherweise oft mehrere Veranstaltungen an einem Tag und sind bestrebt, die Zeit bzw. Pausen zwischen den einzelnen Veranstaltungen sinnvoll zu gestalten. Ein Museums- oder Galeriebesuch bietet sich hier beispielsweise an. Zudem werden diese Einrichtungen von der Zielgruppe als Orte geschätzt, wo es möglich ist, etwas „Ruhe zu finden". Außerdem wurde öffentlichen Toiletten hoher Stellenwert zugemessen.

Die in den drei Informationskategorien von den Workshop-Teilnehmern als bedeutsam erachteten Daten werden in neun Layern vorgehalten. Je nach Layer stehen unterschiedliche Zusatzinformationen (u. a. Links und Bildmaterial), zugänglich in Feature Pop-ups, zur Verfügung (vgl. Tab. 1).

Tabelle 1: Informationsstruktur der Internetkarte „Universität 55-PLUS"

Informations-kategorien	**Layer**	**Inhalt**	**Zusatzinformationen (Pop-ups)**
Universitäts-einrichtungen	Universitäts-standorte	Organisation Uni-55+	Name, Adresse, Bild, weitere Informationen (Link)
		Universitätsstandorte	
Mobilität	Bushaltestelle	universitätsnahe	Weitere Informationen (Link)
		sonstige	
	Parkmöglichkeiten	Garagen	Name, Adresse, Bild, Nähe zu Universitätsstandorten, weitere Informationen (Link)
		Parkplätze	
		Kurzparkzonen	
Sonstiges	Gastronomie	Restaurants/ Imbisse	Name, Adresse, Bild, weitere Informationen (Link)
	Kaffeehäuser	Kaffeehäuser	Name, Adresse, Bild, weitere Informationen (Link)
	Museen & Galerien	Museen & Galerien	Name, Adresse, Bild, Link
	Grünflächen	Grünflächen	Name, Adresse, Bild, Link
	Wifi-Hotspots	Wifi-Hotspots	Name, Adresse, Bild, weitere Informationen (Link)
	Toiletten	Toiletten	Name

Kartendesign

Unter Berücksichtigung u. a. von im Projekt Accessible Map (NEUSCHMID et al. 2012, ZOBL et al. 2013) gewonnen Erkenntnissen zum Kartendesign wurden die Entscheidung zur Gestaltung der Internetkarte (Wahl der Hintergrundkarte, Symbolgrößen, -icons, -farben, Feature Pop-Up etc.) getroffen. Die Erfahrungen dieses Projektes sind für die Zielgruppe dahin gehend interessant, als dass im Accessible Map-Projekt auch die Bedürfnisse von Menschen mit altersbedingter Sehschwäche untersucht wurden. Dies ist ein Aspekt, der auch bei der Zielgruppe „Studierende der Universität 55-PLUS" von nicht unerheblicher Relevanz ist.

Hervorzuheben ist, dass beim Design der Interkarte „Universität 55-PLUS" u. a. auf hohe Kontraste zwischen Symbolen und Hintergrundkarte geachtet wurde. Die zentralen Informationen (Universitätsstandort) wurden mit größeren Symbolen und als Icon mit dem Symbol der Universität Salzburg dargestellt.

4 Erfahrungen zum Einsatz von *participatory design*

Der Ansatz des *participatory designs* unterstützt es, Einblick in die Anforderungen der zukünftigen Nutzer eines Produktes bzw. einer Anwendung zu gewinnen. Durch die direkte und proaktive Nutzerpartizipation besteht unmittelbarer Kontakt zwischen Nutzern und Entwicklern. Verständnisprobleme, wie sie oft im Rahmen von Softwareentwicklungsprojekten hinsichtlich der Spezifizierung von Nutzeranforderungen bestehen, können so umgangen bzw. verringert werden. Applikationen können infolge optimierter auf die zukünftigen Nutzer und ihre Anforderungen ausgerichtet werden. Neben diesen augenfälligen Vorteilen, ergeben sich eine Reihe weiterer Vorzüge, die zwar nur indirekt für die Entwicklung der Anwendungen von Relevanz sind, jedoch direkt und nicht unerheblich für die weitere Ausbildung der digitalen bzw. *geo*digitalen Gesellschaft von Bedeutung sind. Dies bezieht sich, wie in Tabelle 2 dokumentiert, zum einen auf Aspekte im Kontext „Entwickler" und zum anderen im Kontext „Nutzer".

Tabelle 2: Mehrgewinn durch den Einsatz von *participatory design*

Mehrgewinn durch den Einsatz von *participatory design*	
Nutzer/ GI-Laien	Interesse wecken bei den Teilnehmern sowie Sensibilisierung für zahlreiche Aspekte moderner (Geo-)ICT (u. a. Stellenwert im Alltag, Existenz von Daten, Tools)
	Angst vor der Nutzung neuer Medien nehmen (z. B. „Es kann nichts gelöscht werden!)
	Teilnehmer können Einblick gewinnen in die vielseitigen Möglichkeiten (Ziele, Potentiale) von Geo-Web-2.0-Anwendungen und moderner Geo-ICT
	Teilnehmer werden zu Multiplikatoren (u. a. Universität 55-Plus Kommilitonen)
	„Nebenbei" Weiterbildung der Teilnahme (Ausbau der benötigten Fähigkeiten und Erkenntnisse; „Der Weg ist das Ziel!")
Entwickler/ GI-Experten	Sensibilisierung für Qualität & Quantität der Nutzung von Geo-Web-2.0-Anwendungen und moderner Geo-ICT aufseiten der Nutzer (z. B. Kenntnisse von Werkzeugen, Datenquellen)
	Verständnis für die Nutzer und ihre geomedialen Fähigkeiten und Kenntnisse sowie Probleme; Sensibilisierung für deren Wissensstand (Wissen um Daten, Werkzeuge, IPR etc.)
	Sensibilisierung wie Erwachsene hinsichtlich ihrer geomedialer Fähigkeiten und Kenntnisse gefördert, informiert und gebildet werden können und welche Hilfestellung bei der Nutzung von Geo-Web-2.0-Anwendungen und moderner Geo-ICT hilfreich wären um die Nutzer angemessen zu unterstützen

In diesem Zusammenhang hat sich die Nutzung verschiedener, kostenfreier Web-2.0-Werkzeuge als sehr zweckdienlich erwiesen. Die Workshop-Teilnehmer konnten umfangreichen Einblick in die Funktionsweise diverser Werkzeug, Dateiformate und das Zusammenspiel der einzelnen Aspekte (Datenerhebung, -bereitstellung, -aufbereitung, -verwaltung, -visualisierung etc.) gewinnen.

Die Partizipation der Zielgruppe, d. h. GI-Laien, verlangte allerdings aufseiten der Workshop-Leitung umfangreiche Vorarbeiten und die Bereitstellung zahlreicher Arbeitsgrundlagen (Einführung ArcGIS online, Ablauf Datenkonvertierung etc.). Des Weiteren waren eine intensive Betreuung der Workshop-Teilnehmer und Unterstützung bei unterschiedlichen technischen Problemen gefragt. Hierfür waren aufseiten der Workshop-Leitung u. a. umfangreiche Soft Skills gefordert, wie z. B. Aufbauen von Vertrauen, Teilnehmermotivation, Förderung von Experimentierfreudigkeit sowie unterschiedliche Zugänge bei Erklärungen.

5 Zusammenfassung und Ausblick

Außer dass Studierenden der Universität 55-PLUS nun eine, auf deren Anforderungen abgestimmte, dynamische, interaktive Internetkarte (Prototyp) zur Verfügung steht, bietet der Ansatz des *participatory design* (insbesondere auch als Lehr-/ Lernform wie im Rahmen des hier dargestellten Workshops) zahlreiche weitere Vorteile. Dies gilt sowohl für die GI-Experten bzw. Entwickler als auch für die Nutzer, d. h. GI-Laien. Das beschriebene Vorgehen ermöglicht es u. a., bestehende Probleme zwischen Entwicklern und Nutzern (Verständnis für die Situation des anderen) abzubauen. Dabei kann nicht nur aufseiten der GI-Experten bzw. Entwickler Bewusstsein für die Bedürfnisse der Nutzer geweckt werden. Insbesondere kann Verständnis bzgl. bestehender und benötigter geomedialer Fähigkeiten und Kenntnisse (spatial literacy) aufseiten der Nutzer geschaffen werden, welche sich deutlich von dem der Experten unterscheidet. Ein Bedarf, geeignete Materialien zur Vermittlung besagter Fähigkeiten und Kenntnisse (Online-Tutorials, Glossare etc.) bereitzustellen, wird offensichtlich. Indes verlangt der Einsatz des *participatory designs* von den Entwicklern, auf die Teilnehmer ganz besonders einzugehen: Motivation muss erhalten und Experimentierfreude geweckt werden, Unsicherheiten sind ab- und Vertrauen in die eigenen Fähigkeiten aufzubauen. Hier hat sich die Nutzung kostenfreier Web-2.0-Tools für die Umsetzung (zunächst eines Protypens) als zielführend bewiesen: die Lernkurve ist steil, Erfolge sind schnell sichtbar und die gewonnenen Kenntnisse sind transferier- und auch in anderen (privaten) Kontexten anwendbar. Basierend auf den gewonnenen Erkenntnissen ist sicherlich zu überlegen, weitergehend Expertensysteme zu verwenden (Datenverwaltung, Kartenimplementierung etc.)

Zusammenfassend gilt, dass *participatory design* in vielerlei Hinsicht ein interessantes Konzept ist, um die Nutzung moderner (Geo-)ICT in der Gesellschaft weitergehend zu etablieren und die Ausbildung einer *geo*digitalen Gesellschaft zu unterstützen. Indes muss klar gesagt werden, dass die Workshop-Teilnehmer, mit einer Ausnahme, lediglich Männer waren. Wie in anderen Bereichen im Kontext GI scheint es, dass Frauen für (Geo-)ICT-Themen nur schwer begeistert werden können (z. B. stammen 97 % der Open Street Map Beiträge von Männern; STEINMANN et al. 2013). Es besteht Bedarf, speziell auch Frauen zu integrieren um einen Einblick in deren Situation und Anforderung zu gewinnen, um so die Gesamtgesellschaft zu berücksichtigen.

Literatur

ACHARYA, B. R. (2009), Adopting Geo-ICT for Land Administration: Problems and Solutions, 7th FIG Regional Conference Spatial Data Serving People: Land Governance and the Environment – Building the Capacity Hanoi, Vietnam, 19-22 October 2009.

BISKY, L. & SCHEELE, J. (2007), Die digitale Spaltung der Gesellschaft. In: UTOPIE kreativ, 203 (September 2013), 816-825.

GYL, I. & JEKEL, T. (2012), Re-centering geoinformation in secondary education: Toward a spatial citizenship approach. In: Cartographica – The International Journal for Geographic Information and Geovisualization, 47 (1), 18-28.

HENNIG, S. & VOGLER, R. (2013), Geomedia skills – a required prerequisite for public participation in urban planning? In: SCHRENK, M., POPOVICH, V., ZEILE, P. & ELISEI, P. (Hrsg), REAL CORP 2013, Proceedings, 357-366.

HENNIG, S., VOGLER, R. & GRYL, I. (2013), Spatial Educationfor Different User Groups as a Prerequisite for Creating a Spatially Enabled Society and Leveraging SDI. In: IJSDIR, 8 (2013), 98-127.

IAP2 INTERNATIONAL ASSOCIATION OF PUBLIC PARTICIPATION (2007), Spectrum of Public Participation. http://www.iap2.org/associations/4748/files/spectrum.pdf (17.1.2014).

IEB INSTITUTE OF ELECTRONIC BUSINESS E. V. (2009), Digital Natives – Generation Internet. http://www.ieb.net/newsletter/46/dl/digital-natives_artikel.pdf (17.1.2014).

INITIATIVE D21 (2013), D21 – Digital – Index. Auf dem Weg in ein digitales Deutschland.

LANGE, C. (2007), Web 2.0 zum Mitmachen. Die beliebtesten Anwendungen. O'Reilly.

MECKEL, M. (2008), Aus Vielen wird das Eins gefunden – wie Web 2.0 unsere Kommunikation verändert. In: Aus Politik und Zeitgeschichte (APuZ 39/2008).

MAGUIRE, D. J. (2007), GeoWeb 2.0 and Volunteered GI, http://www.ncgia.ucsb.edu/projects/vgi/docs/position/Maguire_paper.pdf (31.01.2014).

NAVARRA, D. (2013), Perspectives on the Evaluation of Geo-ICT for Sustainable Urban Governance: Implications for E-Government Policy. In: URISA, 25 (1), 19-28.

NEUSCHMID, J., HENNIG, S., SCHRENK, M., WASSERBURGER, W. & ZOBL, F. (2012), Barrierefreiheit von online Stadtplänen – das Beispiel AccessibleMap. In: STROBL, J., BLASCHKE, T. & GRIESEBNER, G. (Hrsg.), Angewandte Geoinformatik 2012. Wichmann Verlag, Berlin/Offenbach, 339-347.

OECD (2003), Document No. DSTI/ICCP/IIS/M (2003)1, 12. September 2003.

O'REILLY, T (2005), What is Web 2.0. Design Patterns and Business Models for the Next Generation of Software.

SANDERS, E. (2002), From User-Centered to Participatory Design Approaches. http://www.maketools.com/articles-papers/FromUsercenteredtoParticipatory_Sanders_%2002.pdf (28.1.2014).

STEINMANN, R., HÄUSLER, E., KLETTNER, S., SCHMIDT, M. & YUWEI, L. (2013), Gender Dimensions in UGC and VGI. A Desk based Study. In: JEKEL, T., STROBL, J. & GRIESEBENER, G. (Eds.), GI_Forum 2013. Creating the GISociety. Berlin/Offenbach/Wien, 355-364.

VOGLER, R. & HENNIG, S. (2013), Providing geomedia skills beyond (post)secondary education. In: JEKEL, T., CAR, A., STROBL, J. & GRIESEBNER, G. (Eds.), GI_Forum 2012: Geovisualization, Society and Learning. Berlin/Offenach, 317-327.

VOGLER, R., JEKEL, T., HENNIG, S., MÜLLER, N. & SÖNSER, L. (2010), Partizipative Planung, kollaboratives Lernen und digitales Webmapping – Versuch einer Schnittmengenkonstruktion. In: GW-Unterricht, 120 (4), 15-29.

ZEW ZENTRUM FÜR EUROPÄISCHE WIRTSCHAFTSFORSCHUNG (2010), Interaktiv, mobil, international – Unternehmen im Zeitalter von Web 2.0. IKT Report, September 2010.

ZOBL, F., HENNIG, S., NEUSCHMID, J. & WASSERBURGER, W. (2013), Barrierefreie Karten: Entwicklung einer webbasierten Desktop- und mobilen Anwendung für sehbeeinträchtigte und blinde Personen. In: Kartographische Nachrichten, 319-327.

Visualisieren von animierten 3D-Objekten auf einer Printkarte mit Augmented Reality

Katharina HOTH

Beuth Hochschule für Technik, Berlin · frauhoth@gmail.com

Dieser Beitrag wurde durch das Programmkomitee als „reviewed paper“ angenommen.

Zusammenfassung

Dieser Fachbeitrag beschreibt die Methodik und Realisierung einer Beispiel-AR-Anwendung (kurz AR-App) für die Android Plattform. Ziel ist es, ein animiertes 3D-Objekt auf einer topographischen Printkarte zu augmentieren und anschließend eine Einschätzung über die Möglichkeiten und Einschränkungen, bei der Kombination einer gedruckten Karte mit einem AR-System, geben zu können. Dabei soll die Visualisierung mit einem 3D-Grafikprogramm und die beispielhafte Entwicklung mit einer geeigneten AR-Technologie dokumentiert sowie essenzielle Kriterien aus Sicht des Entwicklers und des Rezipienten bewertet und in einem Katalog festgehalten werden. Außerdem spielt die Karte, als verkleinerte, großräumige Orientierungsgrundlage, eine bedeutende Rolle für das verwendete markerlose Tracking. Mit der erstellten AR-App konnten mehrere Testszenarios durchgeführt werden, um spezifische Eigenschaften von kartographischen Darstellungsmitteln einer Printkarte und weitere einwirkende, äußere Störeinflüsse zu untersuchen. Dadurch konnten Empfehlungen für die Fertigung von topographischen Karten mit kleinen Maßstäben erarbeitet werden, um die Funktionsfähigkeit zu garantieren. Anreiz und Ermutigung zugleich war es, der klassischen Kartographie weiterhin Bedeutung zu verleihen, in dem sie mit neuen Technologien verknüpft wird.

1 Neokartographie im 21. Jahrhundert

1.1 Update und Hintergrund

Immer leistungsstärkere, digitale Endgeräte (Smartphone/ Tablet), ausgestattet mit Bewegungssensoren, Gyroskop, GPS und der OLED-Technik für Displays, überschwemmen den Markt und sind allgegenwärtig. Wearable Computing steht in den Startlöchern und durch den Ausbau der Funktechnologien und der Weiterentwicklung von Datenübertragungsverfahren wie HSDPA, LTE und WiMAX, wird das Internet mit dem mobilen Endgerät zum ständigen Begleiter. Neue Branchen und innovative Möglichkeiten entstehen durch Geolokalisierung und ortsbasierte Dienstleistungen. Augmented Reality ist dabei ein ernst zu nehmender Trend und schon lange keine fiktionale Spekulation mehr, sondern der Anfang einer neuen Ära. Die physische Welt verschmilzt mit der virtuellen Welt, indem unsere Umgebung mit visuellen, digitalen Inhalten angereichert und vernetzt wird. Die reale Printkarte mit virtuellen Modellen zu erweitern, bietet einen breiten Spielraum bei der Informationsdarstellung und ein eindringliches Potenzial bei der kartographischen Informationsvermittlung. Der Umfang an Informationen

Strobl, J., Blaschke, T., Griesebner, G. & Zagel, B. (Hrsg.) (2014): Angewandte Geoinformatik 2014.

kann individualisiert werden und verschiedene Objekte und Inhalte, die auf der gedruckten Karte keinen Platz mehr finden, können wie eine transparente Folie über das in Echtzeit aufgenommene Video gelegt werden. *Die gedruckte Karte erwacht auf dem Display zum Leben!*

1.2 Idee, thematische Umsetzung und Anwendungsszenario

Die Projektidee bestand darin, eine AR-App zu konzipieren, mit der einerseits dynamische Daten dargestellt und präsentiert werden sollen und um andererseits Prinzipien für eine beispielhafte, technische Umsetzung erarbeiten zu können. Das Thema der Anwendung lautet: „Winde am Gardasee – Ein Surfparadies". Die zwei recht konstant auftretenden Hauptwinde „Vento" und „Ora", die bedingt durch die geographische Lage des Gardasees auftreten, wurden als 3D-Objekt auf einer gedruckten Kartengrundlage visualisiert. Ein mögliches Anwendungsszenario mit einem mobilen Handheld Gerät könnte zum Beispiel eine Printkarte für den handlichen Gebrauch oder eine touristische Übersichtskarte sein, die in einer Informationstafel aushängt (vgl. Abb. 5). Der Nutzer hat mit der AR-App die Möglichkeit, sich den Verlauf der Winde, oder spezifische orts- und kontextbezogene Informationen, auf dem Display seines Smartphone einblenden zu lassen.

2 Aufbau, Methodik und Umsetzung einer AR-App

2.1 Augmented Reality

Drei markante Merkmale definiert Ronald T. AZUMA (1997), um AR von anderen Technologien abzugrenzen: „Combine the real and virtual", „Interactive in real time" und „Registered in the real world in 3D". Dabei lässt er viel Spielraum für die technische Umsetzung und die applizierende Technologie.

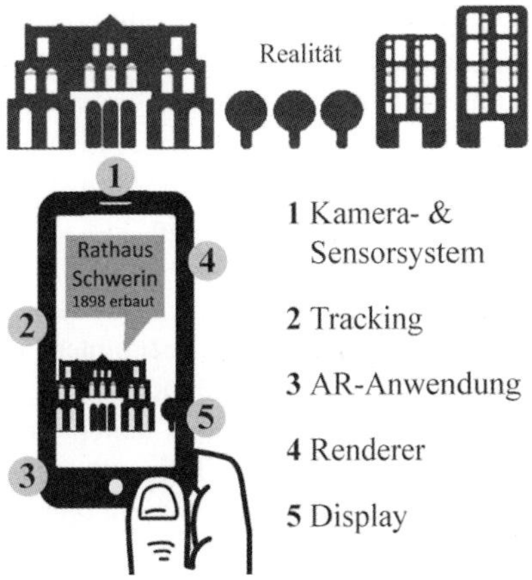

Abb. 1:
Elementare Komponenten eines AR-System

2.2 Auswahl der AR-Technologie

Ein AR-System besteht aus mehreren ablaufenden Prozessen (vgl. Abb.1), die harmonisch miteinander konzertieren müssen. Um AR-Apps für mobile Geräte erstellen zu können, werden aktuell unterschiedliche AR-Technologien angeboten. Zu erwähnen sind das proprietäre Framework des Qualcomm AR-SDK Vuforia, die Layar Vision oder der Metaio Creator. Der von der Firma Metaio bereitgestellte Creator bietet die Möglichkeit AR-Apps zu generieren und online über den AR-Browser Junaio zur Verfügung zu stellen. Bei dieser Arbeit wurde das Mobile SDK von Metaio verwendet, wobei sich bei der Zugänglichkeit der App für eine reine offline Nutzung entschieden wurde, da diese meist eine robustere Gesamtperformance verspricht. Die Prozessabläufe der einzelnen Komponenten benötigen keinen permanenten Internetzugang und können offline auf dem Smartphone durchgeführt werden. Ein Vorteil dabei ist die Flexibilität bei der Layoutgestaltung und die Möglichkeit eigene Funktionen hinzu programmieren oder anpassen zu können. Außerdem bietet die Software dem Entwickler ein umfangreiches Paket für die Erstellung einer AR-App auf den Betriebssystemen Windows, Android und iOS. Ein Nachteil ist, dass die in der Anwendung hinterlegten und codierten Daten durch die Hardware- und Kameraeigenschaften des Smartphones begrenzt sind, also dem zur Verfügung stehenden Speicherplatz und der Bildauflösung der Kamera (vgl METAIO GMBH 2013).

2.3 Tracking-Verfahren

In der AR-Technologie gibt es drei wesentliche Verfahren, die sich bei der Umsetzung von mobilen AR-Apps durchgesetzt haben. Dabei folgen die Verfahren unterschiedlichen Ansätzen und können in die Bereiche optische und nicht-optische Verfahren gegliedert werden (METAIO GMBH 2013). Bei der Smartphone-App Wikitude, die sich auf die Lokalisierung von Inhalten in der realen Welt fokussiert, werden gespeicherte Informationen über die Umgebung auf dem Display des mobilen Gerätes eingeblendet. Mittels *sensorbasiertem Tracking* wird die Umgebung mit dem Sensor- und Kamerasystem ermittelt. Die aufgenommenen Bilder werden durch Objekterkennung und Informationen über den Ort mit der Wikitude-Datenbank abgeglichen, analysiert, ausgewertet und visualisiert (vgl. WIKITUDE GMBH 2013). Um die Positionen von Objekten beim *markerbasierten Tracking* erfassen und bestimmen zu können, werden optische Markierungen im Raum angebracht. Durch Bildanalyseverfahren kann die Position des Kamerabildes im Verhältnis zum ID-Marker identifiziert werden, wobei die Positionen des Markers in einem Weltkoordinatensystem bekannt ist (BRAUER 2010). Beim verwendeten *markerlosen Tracking* werden während der Laufzeit der App Feature-Punkte, also markante Bereiche in einem Bild ermittelt, die für die Identifizierung benötigt werden. Um ein 3D-Objekt korrekt auf der Printkarte platzieren zu können, bedient sich die AR-Technologie des Mobile SDK spezieller Bildverarbeitungsalgorithmen, dabei wird das Referenzbild als Graustufenbild in der App hinterlegt. Diese werten das Bild mit einer kontrastbasierten Methode aus (METAIO GMBH 2013) und extrahieren Feature-Punkte.

2.4 Kartengrundlage

Karten können mit AR auf eine neue Art und Weise mit dem Nutzer kommunizieren, denn analoge Karten sind aufgrund bestimmter Eigenschaften (Mobilität, kein Energieverbrauch, hohe Auflösung, großer Referenzrahmen) heutigen digitalen Karten im Gelände immer noch überlegen und werden es in den nächsten Jahren wohl auch bleiben“ (SCHÖNING 2007). Printkarten haben den Nachteil, nur begrenzt Informationen darstellen zu können. Die Informationstiefe ist meistens abhängig vom Maßstab, Format oder dem Thema des kartographischen Produktes. Die gedruckte Karte ist statisch und es können keine zusätzlichen, individuell auf den Benutzer angepassten Inhalte angezeigt oder dynamische Informationen einblendet werden. Zur Untersuchung wird eine selbst angefertigte, topographische Übersichtskarte vom Gardasee im Maßstab 1: 200 000 in verschiedenen Modifikationen und grafischen Details untersucht, da davon ausgegangen werden kann, dass *touristische Sonderkarten* (vgl. Abb. 2.1) und *thematische Karten* (vgl. Abb. 2.2), bedingt durch ihre Vereinfachung und Reduzierung des Karteninhaltes, meist größere und markante geometrische Eigen-

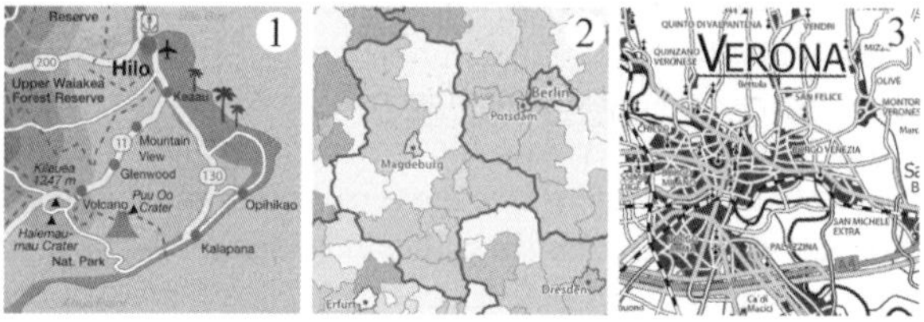

Abb. 2: Beispiele von Kartentypen im Vergleich

schaften aufweisen und somit besser für das Finden von Feature-Punkten geeignet sind. *Topographische Karten* (vgl. Abb. 2.3) weisen in höherem Maße ein feineres Gefüge aus verschiedenen Elementen auf. Der Kartograph verwendet kartographische Darstellungsmittel, bestehend aus geometrischen Elementen, um Objekte und Sachverhalte eines bestimmten Gebietes der Erde darzustellen. Der Maßstab der Karte entscheidet dabei über den Detailierungsgrad des Informationsinhaltes. Je kleiner der Maßstab, desto mehr muss die Karte generalisiert werden, d. h. aufgrund von Platzmangel im Kartenausschnitt, wird das abbildbare Gebiet immer kleiner. Dabei trifft der Kartograph die Entscheidung, welche Inhalte wesentlich und unwesentlich sind, welche er betont, weglässt, zusammenfasst, klassifiziert, bewertet oder durch Signaturen ersetzt (vgl. HAKE & GRÜNREICH 1994). Im Zuge der Generalisierung müssen die Mindestgrößen der geometrischen Elemente der Karte beachtet werden, damit die Karte für den Nutzer lesbar bleibt.

2.5 Erstellen der animierten 3D-Objektdaten

Für eine intuitive Erkennung beider Winde wurde ein Surfbrett, mit einem typischen Windsurfsegel als 3D-Objekt digitalisiert. Für diese Aufgabe wird die GPL-lizensierte Open-Source-Software Blender 2.65 unter Windows verwendet. Das 3D-Grafikprogramm bietet eine geeignete Umgebung, sowie eine umfangreiche Werkzeug- und Funktionspallete (BLENDER FOUNDATION 2013). Nach der *Modellierung* des Objektes kommt die Methode des *Texture-Mapping* zum Einsatz. Dabei wird das Bild eines Windsurfbrettes auf die Oberflächen des 3D-Objektes projiziert. Dafür wird an bestimmten Kantenlängen das 3D-Objekt aufgeschnitten, um den 2D-Bildinhalt auf alle Oberflächen anpinnen zu können. Im nächsten Schritt wird dem 3D-Objekt die *Animation* zugefügt. Für den Bewegungsablauf werden zwei typisch verlaufende Pfade erstellt, auf dem sich das 3D-Surfobjekt bewegt (vgl. Abb.3). Dabei sind die Marker, die im Timeline-Fenster von Blender eingefügt werden können, von großer Bedeutung. Sie werden an Stellen gesetzt, an denen die Animation startet oder eine Veränderung auftritt. Für jeden Marker wird ein Schlüsselbild (keyframe) eingefügt, der die Position und Rotation des Objektes speichert. Die Marker können später im Java-Quellcode der App angesprochen werden (vgl. Abb.4). Das 3D-Objekt wird anschließend in das MD2-Format aus Blender *exportiert.* Mit diesem Dateiformat kann ein 3D-Objekt und dessen Animation mit den Markern gespeichert werden (HENRY 2004).

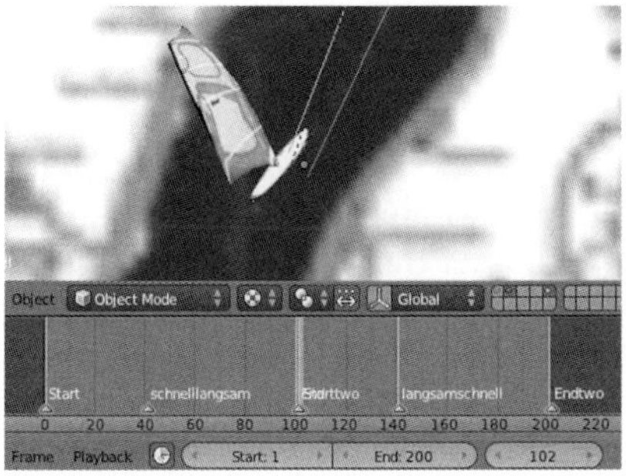

Abb. 3: Animationspfade und Marker im Timelinefenster von Blender 2.65

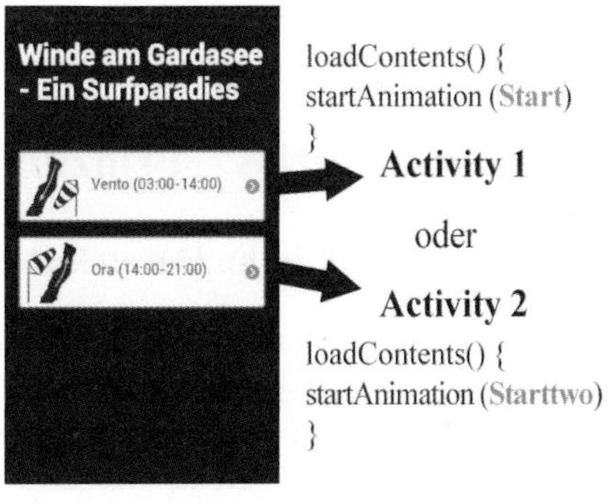

Abb. 4: Angepasste Standardfunktion

2.6 Entwicklung und Implementierung

Für die praktischen Tests stand ein Huawei U8860 Smartphone, zur Verfügung. Zu Beginn wird die Java-Laufzeitumgebung (JRE, engl. Java Runtime Environment) im Zielsystem unter Windows auf dem Desktop PC installiert. Auf die Systemeigenschaften des Smartphones ausgerichtet, wird ebenfalls die integrierte Entwicklungsumgebung (IDE, engl. Integrated Development Environment) Eclipse installiert. Danach werden die Android Entwicklungswerkzeuge (ADT) in Eclipse integriert, welches für die Projektentwicklung zuständig ist. Als letzte wichtige Komponente muss das Android SDK installiert werden, es stellt dem Programmierer, über das Anwendungs-Framework, verschiedene Fremdbibliotheken, wie OpenGL ES für die Darstellung von 3D-Grafiken oder relationalen Datenbanken zur Verfügung. Aufbauend auf einer Beispielanwendung des Metaio SDK, wird die AR-App angepasst. Der Referenzausschnitt der Karte und das 3D-Objekt müssen dabei in die Entwicklungsumgebung importiert werden (vgl. Abb. 5). Das Ziel der AR-App ist es, zwei Bewegungen, beim Berühren einen der beiden Buttons ablaufen zu lassen (vgl. Abb.4). Damit die Animationen gestartet werden können, ist es notwendig, die Standardfunktionen „load Contents" des Metaio SDK im Java-Quellcode zu verändern und anzupassen, denn sie ermöglicht es, eine der beiden Animationen zu laden. Jeder der Buttons besitzt im Code eine Klasse (Activity), die jeweils nach Berühren eines Buttons gestartet wird (vgl. Abb.4), während sich simultan die Video-Stream Ansicht aufbaut. Damit das 3D-Objekt korrekt auf der Karte positioniert wird, können diverse Parameter in der XML-Datei angepasst werden. Der Ursprung des kartesischen Objektkoordinatensystems wird mithilfe der Maßeinheiten der Referenzkarte mittig auf dieser platziert. Der Ursprung kann individuell angepasst und auf dem Kartenbild frei positioniert werden.

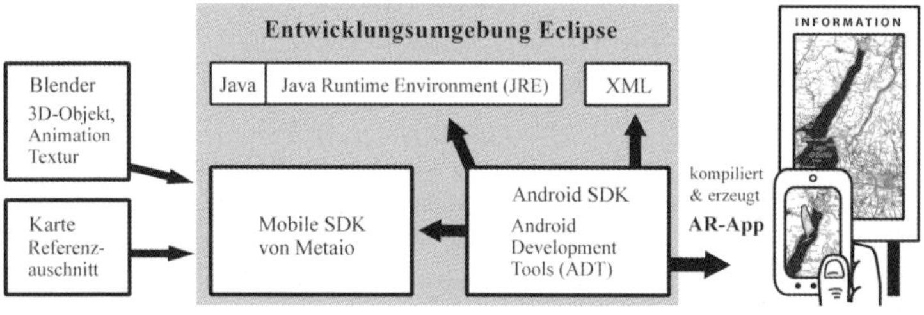

Abb. 5: Zusammenspiel der verwendeten Technologien

3 Testszenarios – Prinzipien und Erkenntnisse

3.1 Kartographische Darstellungsmittel und grafische Variablen

Im ersten Testszenario wurde das markerlose Tracking-Verfahren der AR-Technologie, mithilfe von angefertigten Testkarten, untersucht. Um aussagekräftige Resultate zu erzielen, werden die verschiedenen kartographischen Darstellungsmittel, der erstellten topographischen Testkarte, graduell, durch Veränderungen der grafischen Variablen: Form, Größe, Muster, Farbe und Helligkeit, erforscht (vgl. Bertin 1974). Die Variablen Orientierung und Position werden vernachlässigt. Für die Szenarios wird die erzeugte AR-App verwendet. Die Erkenntnisse, die bei den Testszenarios gewonnen wurden, bieten zusätzliche Hilfe dabei, welche kartographischen Elemente für die Bildverfolgung der AR-Technologie besonders wichtig sind und welche eher eine untergeordnete Rolle spielen. In Abhängigkeit dieser gewonnenen Erkenntnisse, die die durchgeführten Tests mit einer kleinmaßstäbigen Karte hervorgebracht haben, kann die Erstellung einer AR tauglichen Karte vorgenommen werden. Die aufgestellten Prinzipien können hauptsächlich als Richtwerte, im Bezug auf kleinmaßstäbige topographische Karten, betrachtet werden.

3.1.1 Linienhafte Objekte

- Kontrastreiche Farben der Linien konträr zum Hintergrund auswählen;
- Schwarze Konturen mind. 0,2 mm;
- Wichtigste Straße mind. 1,3 mm;
- Je breiter die Straßen, desto besser (dabei grafische Dichte berücksichtigen);
- Flussnetz nicht charakteristisch genug (zu kurvig und zu feine Linien notwendig);
- Minimaldimensionen nach Hake und Grünreich (1994) verwenden, wenn Verkehrsnetz untergeordnete Rolle spielt, müssen andere Bereiche ausreichend betont werden.

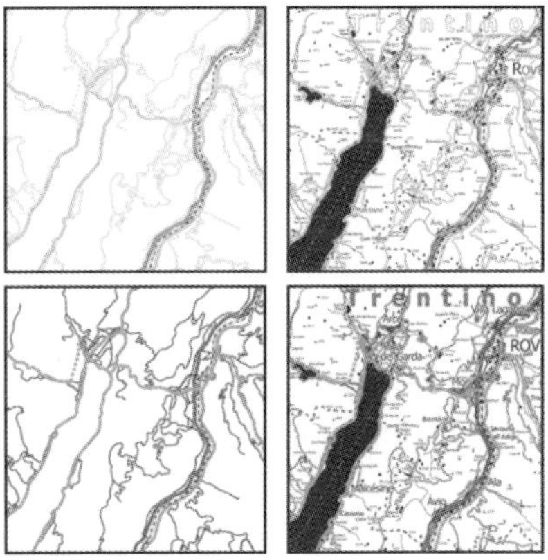

Abb. 6: Beispiel Linienauszeichnung – schlechte (oben), gute (unten)

3.1.2 Flächenhafte Objekte

- Je größer der Maßstab der Karte ist und je kontrastreicher die eckigen Gebäudeflächen zum Untergrund sind, desto mehr Featurepunkte werden im Bild gefunden;
- Eckige Formen sind besser geeignet als runde;
- Kräftige und kontrastreiche Farbfüllungen diametral zum Hintergrund, heller Hintergrund vorteilhaft, auch bei schlechten Lichtverhältnissen;
- Erkennbare Abstufungen von Flächenfarben berücksichtigen;
- Kantenlängen mindestens 1 cm lang;
- Keine Muster aus Einzelsignaturen.

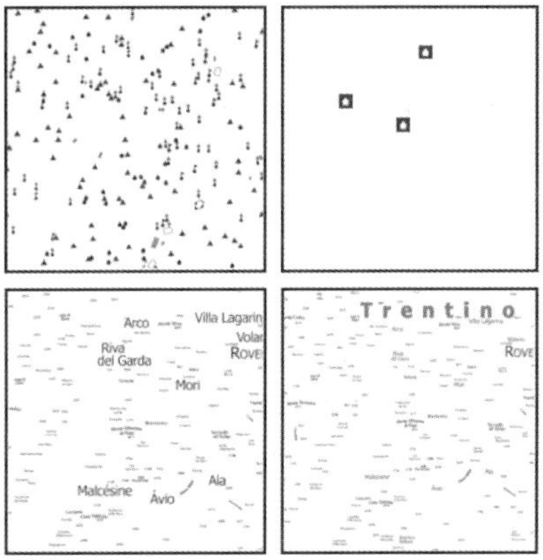

Abb. 7: Beispiel für Größen – schlechte (links) und gute (rechts)

3.1.3 Topographische Einzelzeichen

- Verdeckungen und zu hohe Dichte vermeiden;
- Umrandungen bei vereinzelten Signaturen mit kontrastreicher Farbe bringt positives Ergebnis;
- Mind. drei gut verteilte Signaturen (1 cm × 1 cm).

3.1.4 Schrift

- Kontrastreiche Schriftfarbe benutzen;
- Schrift nimmt eher wenig Einfluss auf Tracking;
- Überdeckungen durch gute Platzierung vermeiden, Zuordnung muss eindeutig bleiben;
- Beschriftung ab 30Pt bringt positives Ergebnis (Groteskschriften verwenden/ serifenlos).

3.1.5 Halbtonbilder

- Kontrastreiche Bereiche im Bild sind vorteilhaft;
- Vereinzelt, kartographische Darstellungsmittel mit genügend kontrastreichen Farben und Größen auszeichnen;
- Viele Internetkarten, z. B. Google, Bing, OSM (Abb. 8 unten links) sind nicht geeignet, Verwendung von zu dezenten Farben;
- Kontrastverstärkte Satellitenbilder können das Ergebnis positiv beeinflussen (Abb. 8 oben rechts);
- Bei ungeeigneten Halbtonbildern greifen andere Empfehlungen, z. B. große Signaturen oder Liniennetz ausreichend betonen.

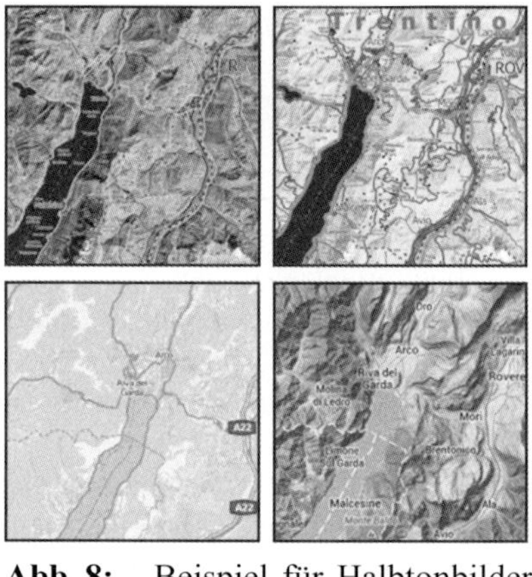

Abb. 8: Beispiel für Halbtonbilder – schlechte (links) und gute (rechts)

3.2 Äußere Störeinflüsse

Im zweiten Testszenario wurden die Auswirkungen auf die Bildverfolgung bei äußeren Störeinflüssen getestet. Der erste Teil untersucht Einflüsse von verschiedenen Lichtverhältnissen. Dabei soll das Tracking-Verhalten bei Tageslicht, direkter Sonneneinstrahlung ohne und mit Schattenwurf von anderen Objekten überprüft werden, sowie bei wenig Licht, nachts und bei Laternenbeleuchtung. Danach sollen unterschiedliche Auswirkungen von Papiereigenschaften, wie glänzendes, mattes und geknicktes Papier untersucht werden. Zudem könnten sich vor einer Karte Oberflächen befinden, wie eine Glas- oder Kunststoffscheibe, das ist z. B. bei touristisch-/topographischen Karten der Fall, die in Informationskästen aushängen. Drei Karten wurden ausgewählt, die sich bei den Tests zuvor, als gut geeignet herausgestellt haben.

3.2.1 Papiereigenschaften, Lichtverhältnisse und äußere Einwirkungen

- Folien und glänzende Fotopapiere vermeiden;
- Keine Knicke, Risse oder gewelltes Kartenpapier verwenden;
- Farbausbleichung vermeiden und kontrollieren;
- Mattes, gesättigtes, reiß- und wasserfestes Papier ist vorteilhaft (je nach Zweck);
- Spätere Verwendung und Gebrauch der Karte bedenken;
- Direkte Sonneneinstrahlung verhindern (Farbausbleichung), Tageslicht ist vorteilhaft;
- Laternenbeleuchtung eher schlecht;
- In Infokästen ist indirekte Beleuchtung vorteilhaft;
- Verhindern von störenden Spiegelungen bei direkter Sonneneinstrahlung auf Glas- oder Kunststoffscheiben.

3.3 Kriterienkatalog

In Tabelle 1 werden die wichtigsten Kriterien für die Umsetzung und Verwendung der AR-App aus Sicht des Entwicklers und des Rezipienten bewertet und eingestuft.

Tabelle 1: Bewertung der Kriterien

Entwickler	**Bewertungen und Erkenntnisse**
Auswahl der Technologie	Blender2.65 sehr gut geeignet, bietet breiten Funktionsumfang für Modellierung, Animation und Export von 3D-Objekten. Gutes Forum/Tutorials; Metaio SDK auf allen gängigsten Zielplattformen lauffähig; robustes Verhalten beim Tracking, optimaler Abstand 10-40 cm; Funktionsumfang kann ausgebaut und mit Echtzeitverknüpfung (3D-Windfelder) optimiert werden. Beide Technologien lassen sich gut miteinander verknüpfen.
Programmierung	Metaio SDK bietet individuelle Möglichkeiten bei der Implementierung und Darstellung von 3D-Gaphiken; für Animation tiefer gehende Kenntnisse notwendig; XML-Tracking-Datei vereinfacht den Zugriff auf App; Alternativ kann Metaio Creator verwendet werden, der Datenimport und Konfiguration durch bedienungsfreundliche Nutzeroberfläche vereinfacht. Bei mehreren Animationsabläufen oder einem Zugriff auf Datenbanken ist das SDK besser geeignet.
Wiederverwendbarkeit	Neue Versionen des Betriebssystems werden von älteren Anwendungen unterstützt; Änderungen standardmäßig immer durch Anpassungen des Quellcodes auf dem neuen SDK möglich; bietet Schnittstellen um inhaltliche Veränderungen oder Funktionserweiterungen vorzunehmen.
Rezipient	**Bewertungen und Erkenntnisse**
Nutzerfreundlichkeit	Themen und komplexe Zusammenhänge sollten intuitiv nachvollziehbar sein; Dateigröße so gering wie möglich halten und Fehlertoleranz maximieren; Absturzgefahr durch zu hohe Dateigröße minimieren; Für den richtigen Gebrauch der AR-App, erläuternde und erklärende Inhalte für Funktionen und Bedienung integrieren; Steuerelemente für Bedienung nicht verkomplizieren; Auf abgestimmte und zielgruppengerechte Gestaltung und moderne Visualisierung achten.
Nutzen und Potenzial	Vermittlungsprozess wird durch grafische Visualisierung verstärkt, verbleibt dadurch länger im Erinnerungsvermögen; abstrakte Themen können verständlicher realisiert werden; sehr Lernförderlich, hohes Potenzial auch bei Vermittlung von Bildungsinhalten (Geschichte, Geopolitik, Geographie).
Zugänglichkeit	Bei Offline-Nutzung, muss App nur einmal herunterladen werden, dann ohne Internetverbindung verwendbar; Erfolg von Gebrauch, Ziel und Konzept der AR-Anwendung abhängig.

4 Fazit und Ausblick

4.1 Möglichkeiten

AR verbessert die visuelle Kommunikation bei Verwendung von animationsfähigen, bildhaften Grafiken, wovon die Informationsaufnahme profitiert. Zusammenhänge, insbesondere raumzeitliche Veränderungen, können neuartig in der dritten und vierten Dimension vermittelt werden (GREGAT et al. 2013). Die positive Argumentation für die 3D-Visualisierungsmethodik in der digitalen Kartographie stützt sich dabei auf aktuelle Erkenntnisse der Kommunikationsforschung, Lerntheorien, Wissensakquisition und den menschlichen Verarbeitungsprozessen (BONFADELLI 2004, MERTEN 1977, MÜLLER 2003, zitiert bei JOBST 2009). Gedruckte Karten können multimedial angereichert werden, z. B. durch touristische Angebote, die der Nutzer dann über das Display abrufen kann. Weiterführende Inhalte und Interaktionsmöglichkeiten können geschaffen werden, z. B. durch das Einbinden von Videos, Bildern, Ton, Internetseiten oder durch orts- und kontextbezogene Inhalte, die mit 2D-/3D-Grafiken visualisiert werden. Eine realistische Darstellung des 3D-Objektes und der Animation vereinfacht den Vermittlungsprozess und bleibt dadurch besser im Erinnerungsvermögen. Die Inhalte und Aktionsmöglichkeiten sollten dabei aber nicht zu komplex sein, da sie den Nutzer überfordern könnten. Eine Kombination von Text und Grafik wäre beim Augmentieren auf Karten deshalb immer vorteilhafter. Die eingeblendeten Zusatzinformationen bringen dem Nutzer der Anwendung einen Mehrwert, wenn die Informationen aktuell, fehlerlos und am richtigen Ort hinterlegt und präsentiert werden. Die Möglichkeit ortsbezogene Informationen verständlich und einprägsam dort zu visualisieren, wo sie tatsächlich nützlich sind, ist eine der größten Stärken von AR. Interessant wäre auch die Verknüpfung von Echtzeitdaten. Die App sollte einfach, praktisch und intuitiv nutzbar sein. Durch eine schlechte oder unkreative, gestalterische Umsetzung könnte langfristig wohl kein erfolgreicher Effekt erzielt werden, ebenso wenig, wenn der technische Aufwand, die App zu starten, zu groß ist. Das „wearable computing" könnte die Bedienung von AR durch Gesten- oder Sprachsteuerung für den Nutzer intuitiver und flüssiger gestalten und somit wesentlich vereinfachen.

4.2 Einschränkungen

Damit sich AR durchsetzen kann, muss die Frage der Datensicherung und Überwachung durch Dritte geklärt werden, um Vertrauen bei zukünftigen Nutzern zu schaffen. Hier ist ein sensibler Umgang der Daten, die mit dem mobilen Gerät, z. B. während der Nutzung ortsbasierter Angebote aufgenommen wird, gefragt. Beim Augmentieren auf gedruckten Karten müssen bei der Erstellung der Kartengrundlage weitere Faktoren berücksichtigt werden, gerade im Bezug auf topographische Karten mit kleinen Maßstäben. Die Tests haben gezeigt, dass die Darstellung der einzelnen Elemente unterschiedlichen Einfluss auf das Tracking-Verfahren besitzen. Diese Kenntnisse sollten vordergründig in das Konzept der Karte einfließen, denn meist müssen die einzelnen kartographischen Elemente stärker in ihrer Form reduziert werden, um ein gutes Ergebnis zu erzielen. Das kann zur Folge haben, dass die Elemente zusätzlich zu den allgemeinen Generalisierungsmethoden noch stärker vereinfacht und kontrastreicher visualisiert werden müssen, ohne dass die Karte noch weiter an Richtigkeit oder Vollständigkeit verliert. Die Karte muss so angepasst werden, dass die wichtigen Elemente dennoch inhaltlich richtig und verständlich präsentiert werden, während die Karte selbst, mit ihrem kartographischen Gefüge nicht zu sehr an Ästhetik verlieren darf. Die Aufgabe, eine AR taugliche Karte zu erstellen, erfordert vom Kartographen ein hohes Maß an Feingefühl beim Aufstellen der Taxonomie und der Gestaltung der kartographischen Darstellungsmittel.

4.3 Resümee

Die Mannigfaltigkeit von Augmented Reality macht sie zu einem neoterischen Themengebiet, das immer mehr Einzug in das alltägliche Leben findet. Dabei sind die Umsetzungsmöglichkeiten bei Weitem noch nicht ausgeschöpft und eröffnen einen großen Spielraum für die Anfertigung von modernen Anwendungen, zusätzlich zu einer gedruckten Karte.

Literatur

AZUMA, R. T. (1997), A Survey of Augmented Reality. http://www.cs.unc.edu/~azuma/ARpresence.pdf (Stand: 2013-07-25; 18:12).

BERTIN, J. (1974), Graphische Semiologie. W. de Gruyter, Berlin/NewYork.

BLENDER FOUNDATION (Hrsg.) (2013), Blender. http://www.blender.org/ (Stand: 2013-08-25; 12:12).

BRÜGGEMANN, L. (2012), Interaktion mit 3D-Objekten in Augmented Reality Anwendungen auf mobilen Android Geräten. http://de.scribd.com/doc/91942901/Interaktion-mit-3D-Objekten-in-Augmented-Reality-Anwendungen-auf-mobilen-Android-Geraten (Stand: 2013-08-02; 19:22).

ECLIPSE FOUNDATION (Hrsg.) (2013), Eclipse Software. http://www.eclipse.org/downloads/index-developer.php (Stand: 2013-09-17; 12:34).

GARTNER, G. & SCHMIDT, M. (2010), Moderne Kartographie-Technologische Entwicklungen und Implikationen. Kartographische Nachrichten, 60 (6), 299-305.

GREGAT, R., FRIEDRICH, M. & SCHOMACKER, R. (2013), Mobile Augmented Reality Technologien zur Visualisierung von dynamischen Abläufen auf Karten. In: STROBL, J., BLASCHKE, T., GRIESEBNER, G. & ZAGEL, B. (Hrsg.), Angewandte Geoinformatik 2013. Wichmann Verlag, Berlin/Offenbach.

GOOGLE (Hrsg.) (2013), Android Developers. http://developer.android.com/about/index.html (Stand: 2013-09-08; 14:21).

HAKE, G. & GRÜNREICH, D. (1994), Kartographie. 8. Auflage. W. de Gruyter, Berlin/Nex York.

JOBST, M. (2009), Ein Modell zur kartographischen Veredlung der 3D-Präsentation. Kartographische Nachrichten, 59 (4), 181-190.

KHRONOS GROUP (Hrsg.) (2013), OpenGL. http://www.khronos.org/ (Stand: 2013-09-12; 11:19).

METAIO GMBH (Hrsg.) (2013), Metaio Mobile SDK. http://www.metaio.com/software/mobile-sdk/ (Stand: 2013-08-27; 14:51).

SCHÖNING, J. (2007), Interaktion von mobilen Geräten mit öffentlichen Karten. Kartographische Nachrichten, 57 (5), 259-267.

WIKITUDE GMBH(2013), Wikitude. http://www.wikitude.com/ (Stand: 2013-09-06; 17:45).

Zeitanimation – zur kartographischen Repräsentation von Zeit durch Zeit

Florian HRUBY[1] und Mónica CHICO AVELINO[2]

[1]National Commission for Knowledge and Use of Biodiversity (CONABIO), Mexiko-Stadt · florian.hruby@conabio.gob.mx

[2]Universidad Nacional Autónoma de México (UNAM), FES Iztacala, Mexiko-Stadt

1 Einleitung

Thema des Beitrages ist die kartographische Visualisierung von Zeit *durch Zeit*, d. h. nicht mit bereits der analogen Kartographie bekannten statischen Mitteln, sondern durch nichtstatische, dynamische Repräsentationen. Angesichts der komplexen Natur des Zeitbegriffes ist dieser Titel jedoch einzuschränken: Der Zeitbegriff, der uns hier interessiert, ist jener, der Veränderungen beschreibt, da wir die Zeit als eine allen Veränderungen innewohnende Dimension wahrzunehmen gewohnt sind. Philosophischen, linguistischen und physikalischen Überlegungen zurzeit (cf. CALLENDER 2011) wird hingegen nicht nachgegangen werden. Wir wollen also Zeit als konzeptionellen Rahmen verwenden und visualisieren, mit dem Veränderungen von Raumdaten beschrieben werden können. Solche Veränderungen zu erfassen, zu analysieren und zu visualisieren ist von grundlegender Bedeutung für viele der gegenwärtig wichtigsten Forschungsfragen, die das Verständnis dynamischer physikalischer Systeme, etwa Monitoring und Prognose von Naturgefahren betreffen.

2 Analogien zwischen Raum und Zeit

Ähnlich zur Geographie, welche *Raum* zunächst statisch konzeptualisiert hatte, begann die *Geographic Information Science* mit Verzögerung, sich der Integration von *Zeit* in geographische Informationssysteme zu widmen (OTT & SWIACZNY 2001). Jedem Versuch einer solchen Integration stellt sich die Frage nach Analogien zwischen Raum und Zeit, d. h. wie Raum und Zeit so beschrieben werden können, dass sie unter einem gemeinsamen Raum-Zeit-Konzept zusammenfassbar sind; zahlreiche Vorschläge hierzu liegen bereits vor (vgl. GALTON 2001). Dabei darf jedoch nicht übersehen werden, dass mögliche Analogiebildungen zunächst vom zugrundegelegten Konzept räumlicher Daten abhängen. So kann etwa einem feldbasierten Raumdatenmodell, bei dem jeder Position (*location*) verschiedene Attribute zugeordnet werden, ein Zeitdatenmodell entsprechen, welches jedem Prozess bzw. Zustand (*fluent*) – (i. e. „[...] something ongoing, capable of continuation.“ (ibid.)) – diverse Werte zuweist. Umgekehrt kann ein objektbasiertes Raumdatenmodell, das Objekte über Attribute (von denen die Position nur eines ist) beschreibt, zu einem Zeitdatenmodell in Analogie gesetzt werden, welches jedem Ereignis (*event*) – (i. e. „[...] a single unitary happening, with a definite beginning and end [...]“ (ibid.)) – Attribute zuordnet (von denen der Zeitpunkt nur einer ist): „The important thing is that event occurrences can be counted, and in this respect events are analogous to objects.“ (ibid.); vgl. Abbildung 1.

Strobl, J., Blaschke, T., Griesebner, G. & Zagel, B. (Hrsg.) (2014): Angewandte Geoinformatik 2014.
 ISBN 978-3-87907-543-0.

	RAUMDATENMODELL	ZEITDATENMODELL
dimensionsbezogen	Raumpositionen (x/y/z) → Werte	Zeitpunkte (t) → Werte
objektbezogen	Objekt → Raumpositionen; Objekt → Werte	Ereignis → Zeitpunkte; Ereignis → Werte

Abb. 1: Mögliche Analogiebildungen zwischen Raum- und Zeitdaten in Abhängigkeit des zugrunde liegenden Datenmodells

Analogien wie die eben skizzierten lassen sich nicht nur bei der Modellierung, sondern auch bei der Visualisierung raum- und zeitbezogener Informationen ziehen: So kann Zeit, ebenso wie Raum, als a priori kontinuierliche Dimension verstanden werden, die aus praktischen Gründen (z. B. Verfügbarkeit und Erfassung zeitlicher Daten) jedoch oft als diskret behandelt wird. Diskrete Zeitmessungen können auf verschiedenen Skalenniveaus vorgenommen werden, je nachdem, ob lediglich eine zeitliche Ordnung von Ereignissen im Sinne eines „früher-später“ vorgenommen wird, oder ob diskrete Intervalle gleicher Dauer (z. B. Sekunden, Minuten, etc.) verwendet werden. Weiters bestimmen die kleinsten Intervalle, die für die Messung und Beschreibung diskreter Zeitspannen verwendet werden, die zeitliche Auflösung, d. h. die zeitliche Genauigkeit der Repräsentation. Daten unterschiedlicher Auflösung können durch Aggregation oder Dekomposition verbunden werden. Um diese zeitliche Auflösung auch für den Nutzer verständlich zu machen, bedarf es schließlich der Angabe eines zeitlichen (numerischen oder graphischen) Maßstabes, der das Verhältnis zwischen Echtzeit und Kartenzeit angibt (vgl. HARROWER & FABRIKANT 2008).

3 Statische und dynamische visuelle Variablen

Eben gezeigte Entsprechungen zwischen Raum- und Zeitdaten sind nicht nur von theoretischem Interesse, sondern geben auch Aufschluss über das mögliche Verhältnis statischer und dynamischer visueller Variablen. Für die symbolisierte Darstellung raumbezogener Information haben sich in der Kartographie die von BERTIN (1967/2011) definierten 6 (+1) visuellen Variablen etabliert. Diese wurden von BERTIN explizit für statische Darstellungen definiert, während er zur dynamischen Visualisierung bemerkt: „Although movement introduces only one additional variable, it is an overwhelming one; it so dominates perception that it severely limits the attention which can be given to the meaning of the other variables.“ (ibid). Ungeachtet dieser Warnung kann festgehalten werden, dass die statisch definierten BERTIN'schen Variablen grundsätzlich auch dynamisch variierbar sind. So kann etwa eine dynamische Veränderung der Variable *Orientierung* zur Wahrnehmung einer Rotation führen (vgl. Abb. 2). Um die Möglichkeiten einer dynamischen Modifikation der visuellen Variablen zu strukturieren, wurden entsprechend dynamische Variablen vorgeschlagen. Ein früher und relativ einfacher Entwurf von DIBIASE et al. (1992) umfasst beispielsweise drei dynamische Variablen (die später von anderen Autoren (e.g. MACEACHREN 2004) modifiziert und ergänzt wurden): *Veränderungsrate*, *Dauer* und *Ordnung*. Kombiniert man dynamische und statische Variablen, so wird deutlich, dass es sich hierbei nicht um eine bloße Addition handelt, wie BERTIN suggeriert, sondern vielmehr um eine Multiplikation kartographischer Darstellungsmöglichkeiten (vgl. Abb. 2).

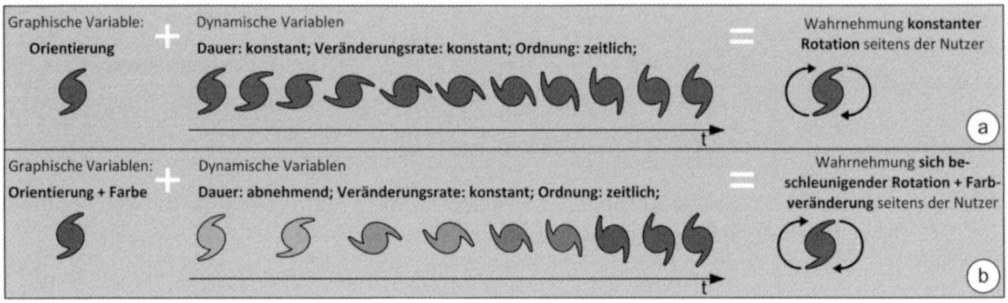

Abb. 2: Kombination graphischer (statischer) und dynamischer Variablen zur Erzeugung eines (a) konstanten und (b) sich beschleunigenden Rotationseffektes

4 Vor- und Nachteile dynamischer Visualisierung

Im Sinne oben skizzierter Analogien von Raum und Zeit bedeutet die Verwendung dynamischer Variablen also nicht nur eine einfache Ergänzung der statischen Variablen im Sinne einer Addition, sondern eine Multiplikation als Resultat einer Verknüpfung zweier konzeptuell gleichwertiger Dimensionen. Der Nutzen dieser Multiplikation für kartographische Zwecke ist jedoch umstritten. Zwar ist die Animation der Kartographie seit Jahrzehnten bekannt, doch zeichnet sich auch in der jüngeren Fachliteratur keine Einigkeit über die Vor- und Nachteile dynamischer Visualisierung ab: *Für* animierte Repräsentationen sprechen etwa GRIFFIN et al. (2006), deren empirische Studie zeigt, dass animierte Darstellungen räumlicher Cluster und deren zeitlichen Veränderungen besser erkannt werden, als entsprechende Serien statischer Karten. Auch HARROWER (2007) folgert aus seinen Untersuchungsergebnissen, dass NutzerInnen animierter unklassifizierter Choroplethenkarten (d. h. mit dynamischem Farbtonwechsel) Veränderungen signifikant besser wahrnehmen als bei der Betrachtung animierter klassifizierter Choroplethenkarten (d. h. ohne dynamischen Farbtonwechsel), und hält zum Einsatz animierter Karten fest, „[...] that their primary utility is not to emphasise specific rates for specific places, but rather to highlight the net effect of the frames when run rapidly in sequence and to gain an overall perspective of the data.“ Dies trifft auch für erstgenannten Test von GRIFFIN et al. (2006) zu. *Gegen* die Animationen zugesprochenen Vorteile führen TVERSKY et. al (2002) an, dass viele positive Befunde auf Schwächen im Testdesign beruhen könnten, da die untersuchten dynamischen Darstellungen oft mehr Information als die statischen Referenzgrafiken beinhalten, und nur deshalb scheinbar bessere Resultate hervorbringen würden. Genannter Vorwurf wird mit der Beobachtung untermauert, dass Experimente mit gleichwertigem, d. h. vergleichbarem Testmaterial, keinerlei Vor- bzw. sogar Nachteile von Animationen belegen.

5 Typologisierungsversuche kartographischer Animationen

Gibt die Literatur zum Thema also keine eindeutige Antwort auf die Frage nach den Vorteilen dynamischer Visualisierungen für die Kartographie, so mag dies auch daran liegen, dass meist nur spezielle Anwendungsfälle kartographischer Animationen untersucht werden. Zwar räumen TVERSKY et. al (2002) ein, dass „[...] change over time occurs in many different ways, and hence is conveyed by animations differing in complexity", doch wird dieser Komplexität bislang durch keinen entsprechend differenzierten Begriffsapparat Rechnung getragen (vgl. BATTERSBY & GOLDSBERRY 2010). Eine häufig gezogene Abgrenzung von Animationen mit bzw. ohne Zeitbezug (*temporal* vs. *non-temporal animations*) bewegt sich auf allgemeinstem Niveau und ist für die hier behandelte Problematik ohne Bedeutung, da nicht-zeitbezogene Repräsentationen kein Thema dieses Beitrages sind.

Detaillierter ist eine Typologie von LOBBEN (2003), die Animationen zwischen den drei Basismerkmalen *Zeit*, *Variable* und *Raum* aufspannt. Jedes dieser Kriterien kann statischen oder dynamischen Charakter tragen, jedoch muss zumindest immer ein Kriterium dynamisch sein, um von einer Animation sprechen zu können. Tabelle 1 (*links*) fasst die sich bietenden Möglichkeiten zusammen, die LOBBEN für dynamische Darstellungen von Zeit differenziert (LOBBEN's *areal animation*, wo bei statischer Zeit und Variablen der Blickpunkt des Betrachters dynamisch verändert wird, wie etwa bei virtuellen Landschaftsüberflügen ist hier nicht berücksichtigt). Bezüglich der dargestellten Kategorien sind einige kritische Bemerkungen angebracht: So etwa widerspricht sich die Autorin, wenn sie im Text einräumt, dass „In a process animation, space may be static or dynamic", diese Option jedoch in ihrer Gliederung nicht berücksichtigt bzw. unter dem Typus *thematic animation* anführt (vgl. Tab. 1; *links*). Auch die Möglichkeit, Raum *und* Zeit dynamisch zu visualisieren und mit dynamisch *oder* statischen Variablen zu kombinieren, bleibt unberücksichtigt.

Tabelle 1: Gegenüberstellung der Klassifikation LOBBEN's (2003) [*links*] mit dem Konzept nach Ordnungszahlen typologisierter Zeitanimation (siehe Abschnitt 6) [*rechts*]

ANIMATIONSTYP	DYNAMISCHES KRITERIUM DER ANIMATION		
	Zeit	Variable	Raum
Time-Series	✓	×	×
Thematic	✓	✓	×
Process	✓	✓	✓

ORDNUNGSZAHL DER ANIMATION	DYNAMISCHES KRITERIUM DER ANIMATION		
	Zeit	Variable	Raum
I (A^{T1})	✓	×	×
II ($A^{T2\text{-}V}$)	✓	✓	×
II ($A^{T2\text{-}S}$)	✓	×	✓
III (A^{T3})	✓	✓	✓

6 Zeitanimation

Da LOBBEN'S (2003) Typologisierung grundsätzlich tragfähig, aber nicht vollständig bzw. stringent ausgeführt scheint, soll in der gebotenen Kürze der nächsten Absätze auf den drei genannten Kriterien ein alternativer Kategorisierungsversuch skizziert werden. Um eine begrifflich ausbaufähige, und zu bestehenden Bezeichnungen widerspruchslose Gliederung zu ermöglichen, soll dazu auf eine technische Terminologie zurückgegriffen werden, die von *Zeitanimation erster, zweiter und dritter Ordnung* spricht und sich aus drei Teilen zusammensetzt: *Zeitanimation* macht, erstens, deutlich, dass nicht- zeitbezogenen Animationen unberücksichtigt bleiben; zweitens informiert die Angabe der Ordnungszahl über die Anzahl verwendeter dynamischer Charakteristika; drittens wird für den Typ der Zeitanimation zweiter Ordnung angegeben, welche Charakteristika neben Zeit dynamisch dargestellt werden (vgl. Tab. 1; *rechts*). Beispiele aller drei Ordnungen seien nachfolgend angeführt.

Zeitanimationen 1. Ordnung (*1st order time animations*; A^{T1}) definieren sich über eine dynamische Repräsentation von Zeit in einem statischen Raum mittels statischer Variablen. Beispiel einer A^{T1} gibt eine Visualisierung, in welcher Epizentren historischer Erdbeben auf einer statischen Karte in zeitlicher Funktion ihres Auftretens sukzessive eingeblendet werden. Da die Symbole, welche jedes Epizentrum repräsentieren, nach ihrem Erscheinen nicht weiter verändert werden, kann die Variable als statisch visualisiert verstanden werden.

Zeitanimationen 2. Ordnung (*2nd order time animations*; A^{T2}): Bestimmendes Merkmal jeder A^{T2} ist, dass neben der Zeit ein weiteres Kriterium dynamisch verändert wird, seien es der Raum oder Variablen. Entscheidend ist in beiden Fällen, dass Veränderungen als kontinuierlich wahrgenommen werden, wogegen im Falle diskreter Veränderungen von einer A^{T1} zu sprechen wäre. Beispiel einer $A^{T2\text{-}V}$ (das zweite dynamische Kriterium ist hier die Variable) gibt die dynamische Visualisierung eines Hurrikans, bei dem sich ein Kartenzeichen entlang der Route des Hurrikans bewegt, und entsprechend der jeweiligen Intensität hinsichtlich der Variablen *Farbe*, *Größe* und *Orientierung* kontinuierlich verändert wird (vgl. Abb. 2). Im Falle einer $A^{T2\text{-}S}$ (mit dem Raum (*space*) als zweitem dynamischen Kriterium) könnte man zeitliche Veränderungen beispielsweise in dynamisch veränderten Perspektiven oder Maßstäben darstellen: „Panning, zooming, rotating, and angle perspective are some of the techniques that may be used to create a dynamic space" (LOBBEN 2003).

Zeitanimationen 3. Ordnung (*3rd order time animations*; A^{T3}) stellen den komplexesten Fall von Zeitanimation dar: alle drei der genannten Charakteristika, also auch der in der Basiskarte dargestellte Raum werden dynamisch visualisiert, etwa in einer Animation der Kontinentaldrift (Abb. 3). Da im Falle von Abbildung 3 die Trennlinie zwischen Raum und Variablen nicht einfach zu ziehen ist, wäre eine zusätzliche Darstellung (z. B. von Verbreitungsgebieten von Flora und Fauna) ein noch deutlicheres Beispiel einer A^{T3}.

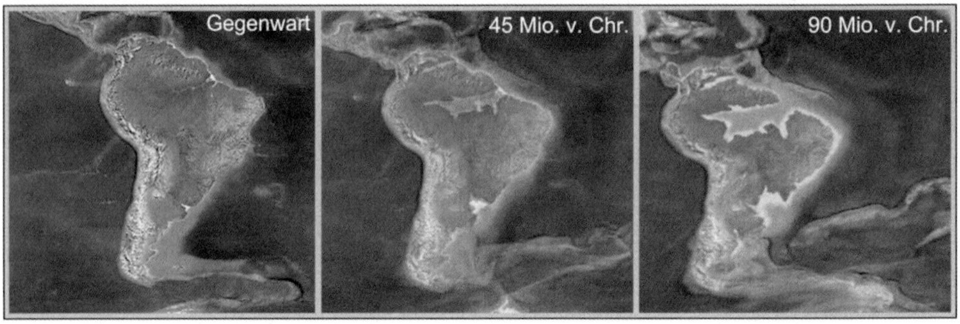

Abb. 3: Szenen einer animierten Darstellung plattentektonischer Bewegungen als Beispiel einer A^{T3} (Quelle: Hyperglobe Research Group)

7 Zusammenfassung

Im Vorangegangenen wurde versucht zu zeigen, dass die Visualisierung von Zeit durch Zeit ein nur ansatzweise erschlossenes Forschungsfeld der Kartographie ist, was nicht nur einem Mangel empirisch gewonnenen Wissens geschuldet ist, sondern auch einem unscharfen Vokabular, welches in recht beliebiger Weise von *Kartenanimation*, *animierten Karten*, (*thematic*) *map animation*, etc. spricht, ohne deutlich zu machen, welches Kartenelement tatsächlich dynamisch dargestellt wird. Entsprechend geben Testresultate oft den Eindruck von Pauschalurteilen zu den Vor- und Nachteilen dynamischer Repräsentation, ohne begrifflich auf die meist sehr speziellen Untersuchungsbedingungen hinzuweisen. Vorliegender Beitrag kann daher als Einladung gelesen werden, sich in der Auseinandersetzung mit Animationen um größere terminologische Genauigkeit zu bemühen. Dieser Einladung wurde zudem ein Typologisierungsversuch beigelegt, der zwischen A^{T1}, A^{T2} und A^{T3} unterscheidet. Das technische Vokabular dieser Typologisierung soll sowohl begriffliche Untergliederungen dieser drei Kategorien als auch Übersetzungen in andere (Fach-) Sprachen erleichtern. Über seine Tragfähigkeit können nur zukünftige Untersuchungen entscheiden.

Literatur

BATTERSBY, S. & GOLDSBERRY, K. (2010), Considerations in Design of Transition. Behaviors for Dynamic Thematic Maps. Cartographic Perspectives, 65, 16-32.

BERTIN, J. (2011), Semiology of Graphics. Redlands, Esri Press. (franz. Original 1967).

CALLENDER, C. (2011) (Hrsg.), The Oxford Handbook of Philosophy of Time. Oxford, Oxford University Press.

DIBIASE, D., MACEACHREN, A. M., KRYGIER, J. B. & REEVES, C. R. (1992), Animation and the Role of Map Design in Scientific Visualization. In: Topoi, 20 (2), 173-187.

GALTON, A. (2001), Space, Time, and the Representation of Geographical Reality. Cartography and Geographic Information Systems, 19 (4), 201-214, 265-266.

GRIFFIN, A. L., MACEACHREN, A. M., HARDISTY, F, STEINER, E. & LI, B. (2006), A Comparison of Animated Maps with Static Small-Multiple Maps for Visually Identifying Space-Time Clusters. Annals of the Association of American Geographers, 96 (4), 740-753.

HARROWER, M. (2007), Unclassed Animated Choropleth Maps. The Cartographic Journal, 44 (4), 313-320.

HARROWER, M. & FABRIKANT, S. (2008), The role of map animation in geographic visualization. In: DODGE, M., MCDERBY, M. & TURNER, M. (Eds.), Geographic Visualization: Concepts, Tools and Applications. Chichester, Wiley, 49-65.

LOBBEN, A. (2003), Classification and Application of Cartographic Animation. The Professional Geographer, 55 (3), 318-328.

MACEACHREN, M. (2004), How maps work: representation, visualization, and design. The Guilford Press, New York.

OTT, M. & SWIACZNY, F. (2001) (Hrsg.), Time-Integrative Geographic Information Systems. Springer-Verlag, Berlin/Heidelberg/New York.

TVERSKY, B., BAUER MORRISON, J. & BETRANCOURT, M. (2002), Animation: can it facilitate? International Journal of Human-Computer Studies, 57, 247-262.

Kartogramme als Tool zur Visualisierung und Messung sozialräumlicher Segregation

Andreas KOCH

FB Geographie und Geologie, Universität Salzburg · andreas.koch@sbg.ac.at

Dieser Beitrag wurde durch das Programmkomitee als „reviewed paper“ angenommen.

Zusammenfassung

Kartogramme bieten eine kreative Alternative für die Darstellung sozialgeographischer Phänomene, indem sie den thematischen Sachverhalt an die Variation der zugrunde gelegten Bezugsflächen binden. Damit erweitern sie methodische und theoretische Debatten zur Aussagekraft quantitativer Verfahren in sozialwissenschaftlichen Untersuchungen. Der folgende Beitrag greift diesen Aspekt für die Visualisierung und Messung sozialräumlicher Segregation auf. Für die Stadt Salzburg wird exemplarisch Segregation anhand des Verhältnisses von Inländern zu Ausländern mit polygonalen und zellulären Kartogrammen dargestellt und mithilfe des klassischen und eines erweiterten Segregationsindexes quantifiziert. Entscheidend für die Beurteilung ist der visuelle und analytische Vergleich der Ergebnisse.

1 Sozialräumliche Segregation und quantitative Sozialgeographie

Die quantitative Ermittlung räumlicher Disparitäten im Allgemeinen und urbaner sozialräumlicher Segregation im Besonderen spiegelt keine objektiven Gegebenheiten des Räumlichen und Sozialen wider, wohl aber bietet sie eine intersubjektiv reliable Grundlage, um Fragen anzuschließen, die sich den Strukturen, Funktionen, Prozessen und maßstabsabhängigen Zusammenhängen ihrer Ausprägungen und Differenzierungen widmen. Ihre Messung und Visualisierung mithilfe von Variablen, Indizes, statistischen Analysen bzw. (karto-)graphischen Gestaltungsmitteln hängen von einer Vielzahl von Setzungen und Prämissen ab, die methodeninhärent aber auch abhängig von wissenschaftlichen (Problem-)Definitionen und/oder politischen Zielsetzungen sind. Wie für Modelle allgemein, deren Gültigkeit nach den Kriterien der Repräsentation, Reduktion und pragmatischen Zwecksetzung beurteilt wird (vgl. STACHOWIAK (1973), ist auch bei einer über Indikatoren gestützten Analyse von sozialräumlicher Segregation zu beachten, dass ihre Ergebnisse nicht mit der – empirischen, theoretischen, normativen – Wirklichkeit gleichgesetzt werden.

Ein definitorischer Zugang zum Begriff regionaler Disparität, wie er von MARETZKE (2006, 473) vorgeschlagen wird, eignet sich für eine quantitative Analyse von urbaner Segregation gleichermaßen, da die perspektivischen und vorab gesetzten Prämissen expliziter Bestandteil des Untersuchungsprozesses und damit der aus ihnen abgeleiteten Schlussfolgerungen sind. Danach sind regionale Disparitäten „[…] Abweichungen bestimmter, als bedeutsam

Strobl, J., Blaschke, T., Griesebner, G. & Zagel, B. (Hrsg.) (2014): Angewandte Geoinformatik 2014.

erachteter Merkmale von einer gedachten Referenzverteilung [...], die – je nach Fragestellung – auf eine bestimmte räumliche Ebene bezogen ist". Auch bei sozialräumlicher Segregation wird auf die ungleiche Verteilung von Personen oder Haushalten, die nach sozialen Merkmalen charakterisiert werden, über räumliche Teileinheiten wie Stadtteile oder statistische Bezirke eines urbanen Gesamtraumes hinweg Bezug genommen und über Indizes wie dem Segregationsindex quantifiziert. Weder sind die sozialen Merkmale und die räumlichen Bezugseinheiten per se und a priori gegeben, noch wird durch das Erkenntnisziel, die Ungleichverteilung von Personen oder Haushalten zu analysieren, suggeriert, dass diese Ungleichverteilung eine raum- und zeitunabhängige Regelhaftigkeit besäße. Das Messinteresse richtet sich methodisch auf einen empirisch nachprüfbaren und datengestützten Sachverhalt, der aus diesem Grund lückenhaft bleibt, da zu einem bestimmten Messzeitpunkt für einen bestimmten Messraum eine vollumfängliche Bestandserhebung methodisch unmöglich ist. Der erkenntnistheoretische Teil des Messinteresses richtet sich auf Fragen zu Stärke, Umfang, Intensität, Heterogenität, räumlicher wie sozialer Unterschiedlichkeit bzw. Diversität von Segregation. Ein für diese Interessen gebildeter Index liefert nicht mehr, aber auch nicht weniger als eine mehr oder weniger adäquate Übersetzungsleistung.

Diese Anmerkungen sind für das Verständnis der nachfolgenden Ausführungen insofern von Bedeutung, als sowohl Kritiker als auch Verfechter quantitativer Methoden in der sozialgeographischen Segregationsforschung von problematischen Annahmen ausgehen. Etwas verkürzt formuliert, kulminiert in beiden Fällen das Problem in dem Missverständnis, eine Modellvorstellung bzw. ein statistisches Analyseergebnis mit einer empirischen Wirklichkeit gleichzusetzen und die Resultate demzufolge zu verabsolutieren. DANGSCHAT & ALISCH (2012, 31f.) beispielsweise überfordern den Erkenntniswert von Segregationsindizes, wenn sie damit eine Abkehr von „verstehender Soziologie" und eine Hinwendung zum Kritischen Rationalismus kritisieren. Hinter einem Segregationsindex bzw. seinem Ergebniswert verbirgt sich weder zwangsläufig ein theoretisches Erklärungsmuster, das es mit ihm zu bestätigen gilt, noch zielt er überhaupt auf verstehende Kriterien wie Motive, Werthaltungen oder Lebensstile ab. „Mit dem zeit- und raum*un*abhängigen Ansatz des Kritischen Rationalismus wurde versucht, die „Gesetzmäßigkeiten" sozialräumlicher Strukturen (Segregation) und Prozesse (Segregierung) zu ermitteln, was – zumindest aus heutiger Sicht – höchst fragwürdig ist. Ein solcher Zugang setzt insbesondere für die vergleichende Stadtforschung voraus, dass Ungleichheitsstrukturen und deren Bedingungen und Ursachen überall und über einen langen Zeitraum zumindest sehr ähnlich sind, dass Wohnungsmärkte ähnliche Segmentierungen aufweisen und dass die Zuweisung sozialer Gruppen zu Wohnungsmarktsegmenten nach prinzipiell gleichen (diskriminierenden) Mustern ablaufen" (EBD.). Abgesehen von einem stark naturwissenschaftlich geprägten Verständnis von Kritischem Rationalismus bedingen ihre gerechtfertigten Untersuchungskriterien nicht eine Ablehnung von Segregationsindizes – zurecht ist zu kritisieren, ein Segregationsindex könne auf die genannten Einflussfaktoren eine – und nur eine – Antwort liefern (vgl. auch MAY & ALISCH 2012, 8 ff.). Umgekehrt würden auch ausschließlich „verstehende" Kriterien keine hinreichende Erklärungskraft haben.

Eine unkritische, die Ergebnisse von Segregationsanalysen unhinterfragte Verwendung ist gleichermaßen problematisch. Neben der bewusst oder unbewusst vorgenommenen Auswahl von Variablen spielen Aspekte der statistischen und semantischen Bedeutung von Variablen bzw. Indikatoren, die Wahl des/der statistischen Verfahren inklusive der damit verbundenen Voraussetzungen an die Daten und der Datenverteilung (Stichwort „stochastische Unabhängigkeit") und der Wahl der (karto-)graphischen Gestaltungsmittel und die

Wahl der räumlichen Bezugsebene eine ergebnisbeeinflussende Rolle. Letztere Phänomene werden unter „modifiable areal unit problem", „Abhängigkeit von räumlichen Aggregationsniveaus" und „ökologische Verfälschung" thematisiert (vgl. OPENSHAW 1981, NIPPER 2011, 142). Die räumliche Aggregierung von Daten führt dabei zu Homogenisierung und Nivellierung der Wertausprägungen und ist zudem abhängig von der arbiträren Form der Raumeinheit. Beispielsweise kommt HERMANN (2009, 703 f.) bei seinen Untersuchungen zum Zusammenhang von „Individualisierung" und „sozialem Status" (zwei Parameter, die ihrerseits auf vielen Merkmalen basieren!) in der Schweiz zu dem Ergebnis, dass dieser Zusammenhang auf kantonaler Ebene positiv ist, auf der disaggregierten Ebene der Kommunen und Stadtteile sich jedoch auflöst. „Auch wenn diese Darstellung [der kommunalen bzw. Stadtteilebene; A.K.] auf der derselben Datenbasis fußt [...], zeigt sie doch ein komplett anderes Bild" (ebd., 704; siehe auch CSILLAG & AGNEW (1995, 104), MADELIN et al. (2009, 647), BELINA & MIGGELBRINK (2010, 23).

Eine kritische quantitative Geographie, wie sie z. B. im Professional Geographer als Focus Section in den Ausgaben 3 und 4 (Volume 61, 2009) diskutiert wurde, zeigt Potenziale auf, ohne die Schwierigkeiten und Einschränkungen zu verschleiern. So heben KWAN & SCHWANEN (2009, 284) dort hervor, dass sich quantitative Geographien den Themen kritischer Geographien zunehmend geöffnet haben, indem sie u. a. lokale Beziehungen, soziale Diversitäten und subjektive Formen der räumlichen Wissensaneignung in den Vordergrund ihrer Analysen stellen. Auch hat die Entwicklung neuer Verfahren, Technologien und Methoden zu einer differenzierteren und spezifischeren Auseinandersetzung mit sozialräumlichen Themen geführt: "Recent developments and applications of complexity theory, agent-based modeling, [...], geocomputation, and geovisualization also suggests that the complexities of urban and social systems and people's everyday life can be taken into account in quantitative models to a certain extent [...]" (ebd., 286). Und ELLIS (2009, 306) merkt zu "The Critical Nature of Statistical Estimation" treffend an: "Properly specified statistical models do nothing more than account for a quantity of the variance in an outcome of interest. In so doing, they are a representation, hopefully a good one, of a priori theorized causal relations; they are never a substitute for this theorizing".

2 Kartogramme

Überlegungen in diese Richtung finden sich zunehmend auch im Bereich der sozialräumlichen Geovisualisierung, die, angelehnt an aktuelle sozialgeographische Theoriedebatten, eine wechselwirkende Beziehung zwischen Raum und Gesellschaft annehmen sowie eine Loslösung von physisch-geographischen und Hinwendung zu sozialräumlichen Repräsentationen einfordern. So konstatiert z. B. HENNIG (2013, 65): "Geographic space cannot only be seen as the representation of the physical surface of the Earth, but acquires new dimensions with the human action and interaction in it". Und DORLING (2012, xlvii) kritisiert in ähnlicher Weise: "Social science does need maps, but the maps that are currently drawn in its name, apart from often being bad examples of physical geography's cartography, are often bad social science. They make concentrations appear where they are not and dissolve existing patterns". Beide sehen daher Kartogramme als geeigneten kartographischen Ansatz zur Visualisierung und Kommunikation sozialräumlicher Phänomene an.

Kartogramme sind eine kartographische Technologie, die das übliche Abbildungsverhältnis von räumlicher und thematischer Repräsentation umkehrt. Während bei einer Karte die räumliche Geometrie und Topologie bei einem bestimmten Maßstab konstant bleiben und die Thematik variabel dargestellt wird, variieren bei Kartogrammen die räumlichen Bezugseinheiten entsprechend der konstant gehaltenen Thematik. Die räumliche Variation bezieht sich in der Regel auf die Größe von Flächen oder Distanzen. Weitere Unterscheidungskriterien sind die Lagebeziehungen und der Abstraktionsgrad der räumlichen Bezugseinheiten. Sogenannte ‚non-contiguous cartograms' behalten im Transformationsprozess ihre Form näherungsweise bei, allerdings sind ursprünglich zusammenhängende (territoriale) Flächen nach der Transformation nicht mehr notwendigerweise zusammenhängend. ‚Contiguous cartograms' sind der heute am meisten genutzte Typ, bei dem die Formerhaltung nicht eingehalten wird, dafür der räumliche Zusammenhang der Flächen erhalten bleibt (vgl. HENNIG 2013, 25 f.; BURGDORF 2009, 694). Hinsichtlich des Abstraktionsgrades sind die sogenannten ‚Dorling-like cartograms' hervorzuheben, die geometrische Figuren (Rechtecke, Kreise) statt der ursprünglichen Polygone verwenden. Eine Übersicht an humangeographischen Einsatzmöglichkeiten bietet WORLDMAPPER.ORG (2014), DORLING (2012) illustriert die große Vielfalt an Anwendungsbereichen anhand von Beispielen für Großbritannien.

Die Idee der Kartogramme reicht zurück in die Mitte des 19. Jahrhunderts, als erstmals ‚value-area cartograms' erstellt wurden (vgl. HENNIG 2013, 24). Heute gibt es knapp zwei Dutzend Algorithmen, die Flächen- oder Distanzkartogramme nach den oben genannten Kriterien erstellen (vgl. WIKIPEDIA 2014). Die direkte Übersetzung des englischen Begriffes ‚cartogram' ist nicht ganz unproblematisch, da mit Kartogrammen eigentlich eine semantische Verknüpfung zu Bezugsflächenkarten verbunden ist, die es gerade zu lösen gilt. Treffender wäre der Begriff ‚kartographische Anamorphose' (vgl. RASE 2001). BURGDORF (2009, 692 f.) weist allerdings darauf hin, dass mit der gestiegenen Popularität dieser Darstellungsformen mittlerweile auch im Deutschen der Begriff Kartogramm gebräuchlich ist.

Der am häufigsten verwendete Algorithmus ist jener von GASTNER & NEWMAN (2004), der nach dem Prinzip des density-equalizing diffusion process funktioniert. Dabei werden die Partikel auf einer Fläche so lange verteilt, bis am Ende eine Gleichverteilung vorliegt. Dieser Gedanke wird nun auf alle Flächeneinheiten (Polygone) einer Karte übertragen und zusätzlich eine Proportionalität zwischen Dichte und Flächengröße eingeführt: Flächen, die eine hohe Dichte an Partikeln (Punktdaten, Datenwerte allgemein) aufweisen, erhalten im Verhältnis zu den anderen Flächen der Karte einen Zuwachs an Fläche entsprechend ihres Dichtewerts. Und umgekehrt (vgl. Abb. 1). Das Ausmaß der Verzerrung durch Wachstum wie Schrumpfung der Flächen spiegelt somit den Datenwert einer Variablen wider. Das kartographische Ergebnis hängt dabei neben der Wahl der Kartenprojektion von der Anzahl der Iterationen des Diffusionsprozesses ab, es handelt sich somit um ein approximatives Verfahren (vgl. WOLF 2005).

Die Vorzüge dieser, hier polygonale Kartogramme genannten Variante liegen in der intuitiv verständlichen Darstellung der Proportionalität raumbezogener Attributwerte sowie der Überwindung von als fix und starr vorgestellter Raumeinheiten (vgl. Abb. 3-6). Gleichzeitig bleibt das Problem bestehen, dass die Attributwerte auf die ursprünglichen Polygonflächen bezogen bleiben, die für die inhaltlich-thematische Auseinandersetzung eine willkürliche Abgrenzung darstellen, da sie meist nach politisch-administrativen Gesichtspunkten abgegrenzt wurden, die für sozialräumliche Fragestellungen irrelevant sind. Ein Vergleich polygonaler Kartogramme fällt somit schwer.

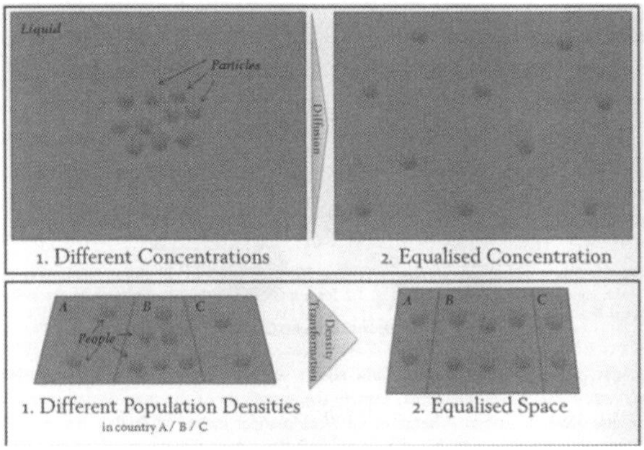

Abb. 1: Funktionsprinzip des density-equalizing diffusion process zur Kartogrammerstellung (Quelle: HENNIG 2013, 28)

Auf der Grundlage von gleichmäßigen Rasterflächen hat HENNIG (2013) einen Kartogrammtyp entwickelt, der die Vorzüge behält, die Nachteile jedoch überwindet. Diese sogenannten ‚gridded cartograms' (hier nachfolgend zelluläre Kartogramme genannt) wenden zumeist ebenfalls den Gastner-Newman-Algorithmus auf Rasterzellen an und transformieren diese ebenfalls nach dem density-equalizing Prinzip (vgl. Abb. 2). In der Regel ist hierfür ein umfangreiches Preprocessing der Ausgangsflächen nötig (vgl. HENNIG 2013, 81 ff), da die Rasterzellen im Transformationsprozess wie Vektorflächen behandelt werden. Eine vereinfachte Variante besteht in der direkten Konvertierung von Rasterdaten in Vektordaten, wobei bei großflächigen Karten (z. B. Weltdarstellungen) gewisse Ungenauigkeiten in Kauf genommen werden müssen (vgl. ebd., 98).

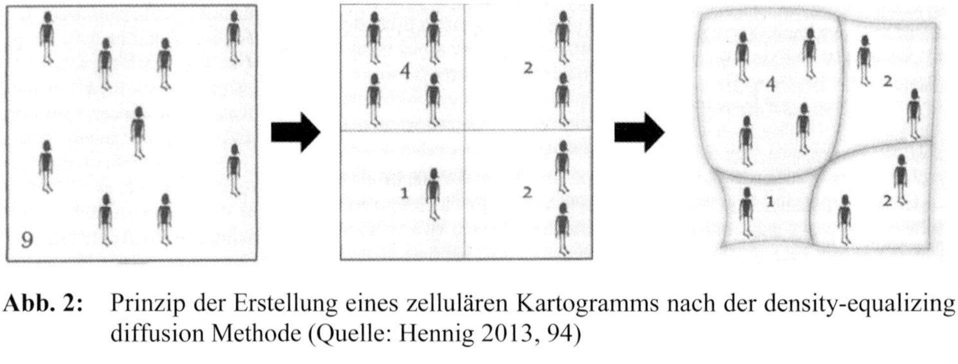

Abb. 2: Prinzip der Erstellung eines zellulären Kartogramms nach der density-equalizing diffusion Methode (Quelle: Hennig 2013, 94)

Nach diesem vereinfachten Prinzip wurden die nachfolgenden zellulären Kartogramme erstellt, indem die Rasterdaten in ESRI ArcGIS direkt in Vektordaten konvertiert wurden. Angesichts der überschaubaren Größe des Untersuchungsgebietes – der Stadt Salzburg – ist diese Variante gerechtfertigt. Es kam zu keinen Fehlern im Übertragungsprozess.

3 Visualisierung von Segregation mittels Kartogrammen

Für die Visualisierung und Messung sozialräumlicher Segregation werden im Folgenden die Daten der in- und ausländischen Bevölkerung der Stadt Salzburg für das Jahr 2001 herangezogen, da sie für beide räumlichen Aggregationsebenen vorliegen (STADT SALZBURG 2014, STATISTIK AUSTRIA 2010). Während die polygonalen Kartogramme die Werte auf der Ebene der 32 statistischen Zählbezirke repräsentieren (vgl. Abb. 3 und 4), bilden die zellulären Kartogramme diese für 812 Rasterzellen mit 250 m Kantenlänge ab (vgl. Abb. 5 und 6). Die Rasterzellen wurden entsprechend den Ausführungen in Kapitel 2 in Polygonzellen transformiert. Ergänzend wurden für jene Rasterzellen, die aus Datenschutzgründen keine Werte ausweisen[1], die fehlenden Werte mithilfe der Methode der Geographically Weighted Regression (GWR) geschätzt (vgl. zu GWR FOTHERINGHAM et al. 2002). Die nachfolgenden Kartogramme wurden mit ESRI ArcGIS und der kostenlosen, von GROSS (2009) entwickelten Extension ‚Cartogram Geoprocessing Tool' erstellt.

Ein Vergleich der Größenverhältnisse der Kartogrammflächen zwischen Abb. 3 und 4 zeigt deutliche Verteilungsunterschiede der ausländischen zur inländischen Bevölkerung.

Abb. 3: Polygonales Kartogramm der ausländischen Bevölkerung der Stadt Salzburg 2001 (Entwurf: Andreas Koch 2014)

[1] BeiBevölkerungsdaten der amtlichen österreichischen Statistik liegt der Schwellenwert bei 30 Personen.

Abb. 4: Polygonales Kartogramm der inländischen Bevölkerung der Stadt Salzburg 2001 (Entwurf: Andreas Koch)

Während stadtzentrale Bezirke wie Schallmoos, Elisabethvorstadt und Lehen Süd überproportional höhere Ausländeranteile aufweist, liegen sie für die südlichen Bezirke Leopoldskron und Morzg vergleichsweise niedriger. In Bezirken wie Hellbrunn oder Gaisberg sind demgegenüber keine Flächengrößenunterschiede zu erkennen. Dieser visuelle Eindruck bestätigt sich auch für die zellulären Kartogrammflächen der Abb. 5 und 6.

Einer im Stadtzentrum und angrenzenden Bereichen tendenziell gleichmäßigen Verteilung ähnlich großer Rasterzellenflächen für die inländische Bevölkerung, stehen die Zellen in Lehen Süd und teilweise Lehen Nord und Schallmoos mit überproportional größeren Raumanteile gegenüber. In den Stadtrandbereichen sind die flächenbezogenen Ausländeranteile demgegenüber nicht signifikant anders. Der visuellen Einschätzung dieser beiden Variablen folgt nun ergänzend eine analytisch exaktere Ermittlung von Segregationsstrukturen auf der Grundlage des klassischen Segregationsindexes.

Anzumerken ist noch, dass die mittels Grauwertabstufung vorgenommene Klassifikation der Kartogrammflächen lediglich eine zusätzliche Visualisierung der Wertausprägungen darstellt und die Interpretation unterstützen soll. Im Fall der Kartogramme ist eine Darstellung der Absolutwerte gerechtfertigt (da hier die Fläche variiert), wohingegen sie für Choroplethenkarten unzulässig ist.

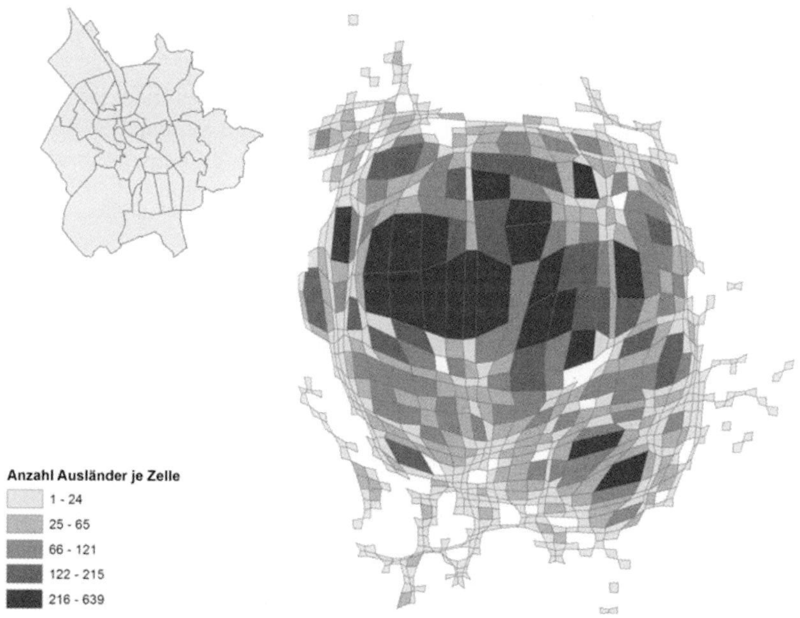

Abb. 5: Zelluläres Kartogramm der ausländischen Bevölkerung der Stadt Salzburg 2001 (Entwurf: Andreas Koch 2014)

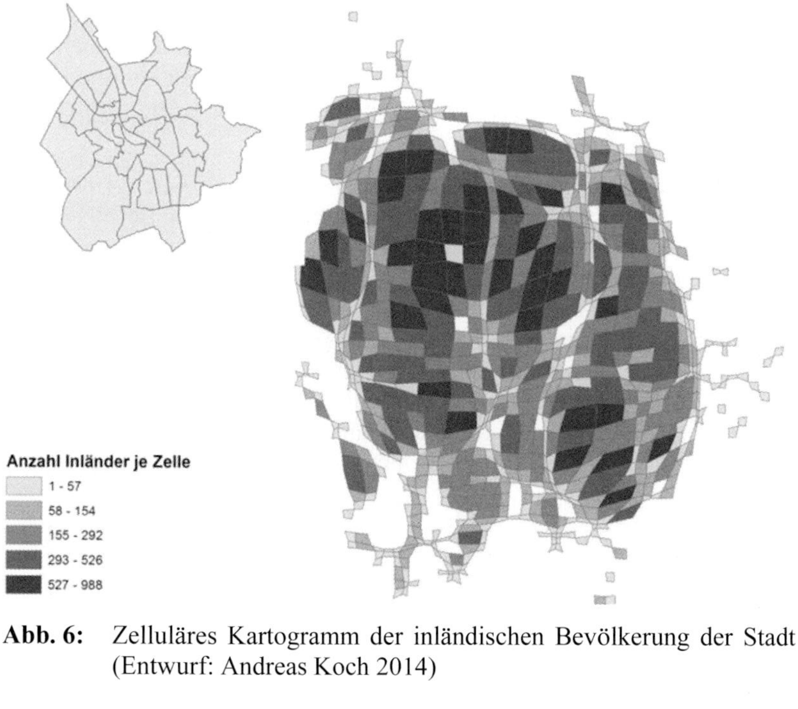

Abb. 6: Zelluläres Kartogramm der inländischen Bevölkerung der Stadt Salzburg 2001 (Entwurf: Andreas Koch 2014)

4 Messung von Segregation mittels Kartogrammen

Die Messung sozialräumlicher Segregation erfolgt mithilfe des klassischen Index of Segregation (IS) nach DUNCAN & DUNCAN (1955), der allgemein über die Summe der Abweichungen einer sozialen Gruppe je Raumeinheit zur Gesamtbevölkerung (ohne diese soziale Gruppe) je Raumeinheit über alle Raumeinheiten gebildet wird (1).

$$IS = \frac{1}{2}\sum_{i=1}^{n} \left| \frac{a_i}{\sum_{i=1}^{n} a_i} - \frac{g_i}{\sum_{i=1}^{n} g_i} \right| \quad (1)$$

mit a_i = soziale Gruppe in Raumeinheit i
g_i = Gesamtbevölkerung (ohne soziale Gruppe a_i) in Raumeinheit i

Für die 32 Zählbezirke der Stadt Salzburg mit a_i = ausländische Bevölkerung ergibt sich nach (1) ein Segregationsindex von IS_1 = 0,19. Auf diesem Aggregationsniveau ist die Segregation der ausländischen Bevölkerung somit sehr gering, d. h. sie verteilt sich vergleichsweise gleichmäßig über das Stadtgebiet. Das Ergebnis ist allerdings auch dadurch bedingt, dass die ausländische Bevölkerung nicht nach Herkunftsregionen differenziert wird (den höchsten Anteil unter den Ausländern nehmen die Deutschen ein).

Für die 812 Rasterzellen erhält man IS_2 = 0,34. Durch die höhere räumliche Auflösung der Variation und der damit einhergehenden Berücksichtigung kleinräumiger Verteilungsunterschiede ist der Segregationsindex erwartungsgemäß gestiegen. Die Erhöhung des Segregationswertes ist dennoch bemerkenswert, da mit den Rasterzellen der räumliche Verzerrungseffekt unterschiedlich großer Polygone ausgeblendet wird. Zudem kann, gestützt durch empirisches Wissen, vermutet werden, dass die Erhöhung bei manchen Zellenclustern auf nichtdeutsche, ausländische Bevölkerung zurückzuführen ist. Zu berücksichtigen ist ferner, dass IS_1 und IS_2 nicht umfassend miteinander verglichen werden können, da für IS_2 fehlende Werte durch die erwähnte GWR-Schätzung ergänzt wurden. Die ‚Fehlersumme' beträgt für a_i 4,9 %, für g_i 1 %.

Mithilfe der Kartogramme lässt sich die Berechnung von IS nun modifizieren. Unter Anwendung der density-equalizing-diffusion Methode wurden nun anstatt der Bevölkerungsanteilswerte die Flächenanteilswerte zur Berechnung des Segregationsindex herangezogen. Es wurden zum einen die Vergrößerung bzw. Verkleinerung der „Ausländerflächen" (vgl. Abb. 3 und 5) zu den „Inländerflächen" (vgl. Abb. 4 und 6) und zum anderen die Vergrößerung bzw. Verkleinerung der „Ausländerflächen" zu den Ausgangsflächen für die Differenzbildung in (1) in Beziehung zueinander gesetzt. Ergänzend zu dieser Variante (1) wurde ein erweiterter Segregationsindex IS_e entwickelt, der die Differenz von Kartogrammfläche zur Ausgangsfläche für die ausländische und inländische Bevölkerung als Abweichungssumme über alle 32 bzw. 812 Flächeneinheiten beinhaltet (2).

$$IS_e = \frac{1}{2}\sum_{i=1}^{n} \left| \frac{|(a_{ic}-a_i)|}{\sum_{i=1}^{n}|(a_{ic}-a_i)|} - \frac{|(g_{ic}-g_i)|}{\sum_{i=1}^{n}|(g_{ic}-g_i)|} \right| \quad (2)$$

mit a_{ic} = Kartogrammfläche der ausländischen Bevölkerung
a_i = Ausgangsfläche der ausländischen Bevölkerung (entweder das territoriale Polygon oder die Rasterzelle)
g_{ic} = Kartogrammfläche der inländischen Bevölkerung
g_i = Ausgangsfläche der inländischen Bevölkerung (entweder das territoriale Polygon oder die Rasterzelle)

Für die polygonalen Kartogrammflächen (n = 32) nimmt der Segregationsindex nach (1) für das Verhältnis „Ausländerfläche" zu „Inländerfläche" einen Wert von IS_3 = 0,18 an. Er unterscheidet sich nicht von IS_1 und liefert somit eine plausible Referenz für die Anwendung auch der Kartogrammmethode zur Berechnung von Segregation, da in diesem Fall das Beziehungsprinzip aufrechterhalten bleibt (Ausländer zu Inländer). Bemerkenswert ist nun die signifikante Erhöhung des Segregationsindexes für den Fall, dass die „Ausländerflächen" mit den Ausgangsflächen in Beziehung gesetzt werden: der entsprechende Wert für IS_4 beträgt 0,58. Die Flächenvarianzen liefern also bereits auf diesem aggregierten Niveau deutliche Hinweise für eine vergleichsweise hohe Segregation der ausländischen Bevölkerung, wenn die räumlich-variablen Flächenverhältnisse statt der räumlich-fixen Bevölkerungsverhältnisse zugrunde gelegt werden.

Diese Einschätzung relativiert sich, wenn der erweiterte IS_e für die polygonalen Kartogrammflächen in die Interpretation inkludiert wird, da mit dem Index IS_{e1} die Flächenverhältnisse der ausländischen Bevölkerung über jene der inländischen Bevölkerung standardisiert werden (IS_{e1} = 0,19). Das heißt, relativ zu den Flächendifferenzen der Inländer ist jene der Ausländer moderat.

Die a priori Standardisierung über die Rasterzellen bestätigt die bisherige Interpretationsstruktur zusätzlich. Der entsprechende IS_5 der zellulären Kartogrammflächen (n = 812) für das Verhältnis „Ausländerfläche" zu „Inländerfläche" liegt bei 0,26 und damit etwas niedriger als IS_2. Die kleinräumigen Unterschiede bleiben, im Vergleich zu IS_1 und IS_3, bestehen, relativieren sich durch die Referenz auf die Flächenwerte jedoch etwas. Die vor dem Hintergrund bisheriger Vergleiche durchgeführte Interpretation lässt nun für den Segregationsindex IS_6 den Schluss zu, dass dieser das relativ zutreffendste Ergebnis liefert, weil hier nicht nur die Kartogrammflächen der Ausländer, sondern auch die Ausgangsflächen (812 Rasterzellen) standardisiert vorliegen. Der Wert für IS_6 beträgt 0,41 und unterstreicht damit die auf disaggregierter Ebene kleinräumig differenzierte Verteilung der ausländischen Bevölkerung. Dieses „relativ zutreffendste" Ergebnis kann aber nur im Kontext der übrigen hier ermittelten Indexwertet konstatiert werden. Diese Einschätzung wird auch durch den erweiterten Segregationsindex IS_{e2} bestärkt, der für den zellulären Fall 0,30 beträgt und damit über IS_{e1} liegt und trotz doppelter Standardisierung (zu den Ausgangs- und den Inländerflächen) einen im Vergleich zu IS_2 nur geringfügig niedrigeren Wert aufweist.

5 Fazit

Kartogramme helfen, den Eindruck zu überwinden, dass räumlich-territoriale Einheiten fix und starr zu sein haben, um quantitative räumliche Analysen durchführen zu können. Form und Größe räumlicher Einheiten zu variieren ermöglicht es, das jeweilige Thema – in diesem Falle die sozialräumliche Segregation anhand der Staatsangehörigkeit – nicht als raumdeterminiert zu assoziieren. Zelluläre Kartogramme sind durch ihre abstrakten Raumeinheiten möglicherweise zunächst weniger intuitiv zugänglich, dafür gelingt es ihnen umso mehr, sich von vorgefassten Raumvorstellungen und ihren „darin enthaltenen“ Inhalten zu lösen.

Im Diskurs um den Charakter von Zahlen bzw. quantitativen geographischen Methoden ist es wichtig, hinter ihnen keine absolute Wahrheit zu vermuten. Sowohl die Ergebnisse selbst als auch die dahinterstehenden Verfahrenswege sind unauflöslich mit der Frage- oder Problemstellung sowie der mehr oder weniger adäquaten Modellimplementierung verknüpft und sind somit perspektivisch, selektiv und reduktionistisch. Daraus jedoch abzuleiten, sie seien für sozial(räumlich)e Untersuchungen ungeeignet, verkennt ihren besonderen Wert beim Zugang zu neuen und anderen Erkenntnissen und unterliegt letztlich auch der irrigen Vorstellung absoluter Wahrheiten. Die visuellen und analytischen Ergebnisse unter Einsatz der polygonalen und zellulären Kartogrammtechniken sollen diese Einschätzung bestärken. Eine einzelne Darstellung, eine einzelne Messung wären unzureichend, um das Phänomen der sozialräumlichen Segregation angemessen zu beschreiben und zu verstehen. Erforderlich ist eine Diversität der Zugänge und Perspektiven – also auch der qualitativen und Simulationsmethoden –, um der Komplexität des Sachverhalts Rechnung zu tragen. Und nicht zuletzt ist gerade für geographische Untersuchungen immer wieder auf die Maßstabsabhängigkeit der Ergebnisse hinzuweisen, die auch im vorliegenden Fall deutlich wurde und zu einer validen Beurteilung der Indizes beigetragen hat.

Literatur

BELINA, B. & MIGGELBRINK, J. (2010), Hier so, dort anders. Zum Vergleich von Raumeinheiten in der Wissenschaft und anderswo – Einleitung zum Sammelband. In: BELINA, B. & MIGGELBRINK, J. (Hrsg.), Hier so, dort anders. Zum Vergleich von Raumeinheiten in der Wissenschaft und anderswo. Münster, 7-39.

BURGDORF, M. (2009), Kartogramme: aus der Form geraten oder auf den Punkt gebracht? Informationen zur Raumentwicklung, 10/11, 689-699.

CSILLAG, F. & AGNEW, J. (1995), How many Italies? A strategy for spatial analysis of regionalizations of Italian election results, 1953-87. In: EAGLES, M. (Ed.), Spatial and Contextual Models in Political Research. London, 85-105.

DANGSCHAT, J. S. & ALISCH, M. (2012), Perspektiven der soziologischen Segregationsforschung. In: MAY, M. & ALISCH, M. (Hrsg.), Formen sozialräumlicher Segregation. Beiträge zur Sozialraumforschung, Band 7. Opladen/Berlin/Toronto, 23-50.

DUNCAN, O. & DUNCAN, B. (1955), Residential Distribution and Occupational Stratification. American Journal of Sociology, 60, 493-503.

DORLING, D. (2012), The Visualisation of Spatial Social Structure. Chichester.

ELLIS, M. (2009), Vital Statistics. The Professional Geographer, 61 (3), 301-309.

FOTHERINGHAM, A. S., CHARLTON, M. & BRUNSDON, C. (2002), Geographically weighted regression: The analysis of spatially varying relationships. New York.

GASTNER, M. T. & NEWMAN, M. E. J. (2004), Diffusion-based method for producing density equalizing maps. In: Proceedings of the National Academy of Sciences of the United States of America, 101, 7499-7504.

GROSS, T. (2009), Cartogram Geoprocessing Tool Version2. http://arcscripts.esri.com/ details.asp?dbid=15638 (20.10.2013).

HENNIG, B. (2013), Rediscovering the World. Map Transformations of Human and Physical Space. Berlin/Heidelberg.

HERMANN, M. (2009), Kartographie sozialräumlicher Zusammenhänge. Informationen zur Raumentwicklung, 10/11, 701-709.

KWAN, M.-P. & SCHWANEN, T. (2009), Quantitative Revolution 2: The Critical (Re)Turn. The Professional Geographer, 61 (3) 2009, 283-291.

MADELIN, M., GRASLAND, C., MATHIAN, H., SANDERS, L. & VINCENT, J.-M. (2009), Das "MAUP": Modifiable Areal Unit – Problem oder Fortschritt? Informationen zur Raumentwicklung, 10/11, 645-660.

MARETZKE, S. (2006), Regionale Disparitäten – eine bleibende Herausforderung. Informationen zur Raumentwicklung, 9, 473-484.

MAY, M. & ALISCH, M. (2012), Formen der Segregation. In: MAY, M. & ALISCH, M. (Hrsg.), Formen sozialräumlicher Segregation. Beiträge zur Sozialraumforschung, Band 7. Opladen/Berlin/Toronto, 7-22.

NIPPER, J. (2011), Rechnen und Mathematikmachen: quantitative Analyseverfahren in der Geographie. In: GEBHARDT, H., GLASER, R., RADTKE, U. & REUBER, P. (Hrsg.), Geographie. Physische und Humangeographie, Heidelberg, 133-144.

OPENSHAW, S. (1981), The modifiable areal unit problem. In: WRIGLEY, N. & BENNET, R. J. (Eds.), Quantitative Geography: A British View, 60-69.

RASE, W.-D. (2001), Kartographische Anamorphosen und andere nicht-lineare Darstellungen. Kartographische Bausteine, 19, 31-38.

STACHOWIAK, H. (1973), Allgemeine Modelltheorie. Wien.

STADT SALZBURG (2014), Salzburg in Zahlen.
http://www.stadt-salzburg.at/internet/politik_verwaltung/salzburg_in_zahlen/statistische_zaehlbezirke_und_zaehlspren_251948.htm (11.1.2014).

STATISTIK AUSTRIA (2010): Regionalstatistische Rastereinheiten, Datenpakte A, B, C für 250 m. Interne Nutzungsvereinbarung. Weitere Informationen unter:
https://www.statistik.at/web_de/klassifikationen/regionale_gliederungen/regionalstatistische_rastereinheiten/index.html (16.01.2014).

WIKIPEDIA (2014), Cartogram. http://en.wikipedia.org/wiki/Cartogram (16.1.2014).

WOLF, E. B. (2005), Creating Contiguous Cartograms in ArcGIS 9.
http://proceedings.esri. com/library/userconf/proc05/papers/pap1155.pdf (26.3.2014).

WORLDMAPPER.org (2014), http://www.worldmapper.org (16.1.2014).

„Standortanalysen für Klein und Groß" – vom Einzugsgebiet über die Einkaufswahrscheinlichkeit zum Umsatz

Christoph KOLLER

Wirtschaftskammer Österreich, Wien · christoph.koller@live.unigis.net

Dieser Beitrag wurde durch das Programmkomitee als „reviewed paper" angenommen.

Zusammenfassung

Dieser Beitrag beschäftigt sich mit der Bestimmung des Einzugsgebiets über die Ermittlung der Einkaufswahrscheinlichkeit bis hin zur Abbildung des prognostizierten Umsatzes von Standorten in Österreich. Dies geschieht unter Verwendung des Modells nach Huff, das am weitesten verbreitete Modell der probabilitischen Gravitationsmodelle. Über die Parameter Nutzen und Attraktivität werden Einzugsgebiete berechnet, Einkaufswahrscheinlichkeiten bestimmt und ein möglicher Umsatz prognostiziert. Nutzen und Attraktivität ergeben sich dabei aus den Parametern Verkaufsfläche oder Beschäftigte, Konkurrenzfaktor, Distanz und einem Distanzparameter. Die Berechnung erfolgt mithilfe von Data.Statistics, welches Informationen auf Straßenabschnittsebene anbietet. Das Untersuchungsgebiet ist Wien. Als Ergebnis wird für jeden Straßenabschnitt die Einkaufswahrscheinlichkeit abgebildet und mittels Interpolation das Einzugsgebiet erstellt.

1 Einführung

1.1 Motivation

Standortentscheidungen bewirken meist eine langfristige Bindung erheblicher Ressourcen von Unternehmen und sind daher für deren Kostenstrukturen – und immer mehr – für ihre Erfolgspotenziale von ausschlaggebender Bedeutung. Angesichts der zunehmenden Vernetzung der Weltwirtschaft bei geringer Stabilität der Märkte sehen sich viele Unternehmen immer öfter gezwungen, sich mit dem Standort als Managementobjekt auseinandersetzen. Gleichzeitig lassen sich die wirtschaftlichen Konsequenzen dieser Entscheidungen schwerer vorhersehen als jemals zuvor (OTTMANN & LIFKA 2010).

Der Weg in die Selbstständigkeit ist somit kein Spaziergang und für den geschäftlichen Erfolg gibt es keinerlei Garantien. Aber für den Erfolg des Unternehmens ist die Wahl des richtigen Standorts entscheidend. Je nach Branche und Art des Betriebes wird bei der Standortentscheidung auf verschiedene Kriterien geachtet. Wenn ein Handels- oder Dienstleistungsbetrieb gegründet oder übernommen werden soll, der sich unmittelbar an die Kunden wendet, werden die Kaufkraft und Kaufgewohnheiten der Kunden, das Verkehrs- bzw. Straßennetz sowie die Konkurrenzsituation von besonderer Bedeutung sein. Der Neugründer/Die Neugründerin (in weiterer Folge wird Neugründer für beide Geschlechter verwen-

Strobl, J., Blaschke, T., Griesebner, G. & Zagel, B. (Hrsg.) (2014): Angewandte Geoinformatik 2014.

det) stellen sich so manche Fragen: Handelt es sich um ein Einzugsgebiet mit hoher Kaufkraft? Wie hoch ist die Zahl der Einwohner im Einzugsgebiet? Wie groß ist die Konkurrenz bzw. gibt es Mitbewerber? Wie stark ist der Standort wirtschaftlich und finanziell?

1.2 Problemstellung

Für den Erfolg im Einzelhandel sind drei Dinge wichtig: 1. der Standort, 2. der Standort und 3. der Standort (BEREKOVEN 1990). Die Standortplanung stellt ein wichtiges Instrument für jedes Unternehmen dar. Insbesondere gilt das für den Einzelhandel und standortgebundene Dienstleistungen (z. B. Friseur, Kosmetikstudio, Eissalon, etc.), da hier die Nähe zum Kunden einen wichtigen Faktor darstellt und die Entscheidung für einen optimalen Standort zur Überlebensfrage werden kann.

Laut Gründungsstatistik der Wirtschaftskammer Österreich beläuft sich die Zahl der Unternehmensneugründungen im Fünf-Jahresschnitt 2008-2012 auf 28.567. Im Jahr 2012 waren es 27.194 Unternehmensneugründungen in Österreich. Derzeit befasst sich ausschließlich die Wirtschaftskammer Wien innerhalb der Wirtschaftskammerorganisation mit Standortanalysen bei Neugründungsentscheidungen, d. h. im Jahr 2012 hatten gerade einmal 26,5 % der Neugründer die Möglichkeit, solch einen Service in Anspruch zu nehmen.

Der Service soll in Zukunft auch in anderen Landeskammern angeboten werden. Ziel dieses Beitrags ist es, das Prognosemodell am Beispiel der Firma Radatz Fleischwaren-Vertriebsgesellschaft m. b. H Standort Wiedner Hauptstraße 64, 1040 Wien vorzustellen. Wie gut kann der tatsächliche Umsatz anhand des Kaufkraftverteilungsmodells nach Huff abgebildet werden?

2 Standortfaktoren

2.1 Harte versus weiche Standortfaktoren

Standortfaktoren sind maßgeblich für die Attraktivität von Standorten für Unternehmen verantwortlich und beeinflussen diese damit bei ihrer Standortwahl. Die räumlichen Unterschiede in der Ausprägung von Standortfaktoren führen zu einer räumlichen Differenzierung von Standortqualitäten, insbesondere zu einer räumlichen Differenzierung von Kosten und/oder Erlösen einer wirtschaftlichen Tätigkeit. Dabei gibt es deutliche Unterschiede in der Bewertung der Wichtigkeit der einzelnen Standortfaktoren durch die Unternehmen.

Es wird zwischen harten und weichen Standortfaktoren unterschieden (HENKE 2004):

- Harte Standortfaktoren (z. B. Steuern, Abgaben, Subventionen, Absatzmarkt, Beschaffungsmarkt, Infrastruktur, Arbeitskräftepotenzial, etc.) sind quantifizierbar und können direkt in die Standortanalyse für ein Unternehmen mit einbezogen werden. Sie können zur Ermittlung der wirtschaftlichen Tragfähigkeit von Standorten genutzt werden, da sie engere betriebswirtschaftliche Kosten- und Umsatzrelationen beinhalten.
- Weiche Standortfaktoren (z. B. Kulturangebot, Freizeitmöglichkeiten, Bildungsangebot, etc.) können nicht in die Kostenrechnung eines Unternehmens integriert werden, treten aber immer mehr bei der Standortwahl in Erscheinung.

2.2 Basiskonstrukte der Standortbewertung

BIENERT (1996) hat 30 Literaturquellen in seinem Buch aufgeführt, Standortfaktoren und Indikatoren dargestellt und zu den vier übergeordneten Basiskonstrukten Verkehr, Konkurrenz, Konsum und Raum zusammengefasst. Die Ausprägungen dieser vier Basiskonstrukte werden in Tabelle 1 aufgelistet.

Tabelle 1: Standort-Basiskonstrukte und deren Ausprägungen (BIENERT 1996)

Verkehr	Konkurrenz	Konsum	Raum
zu Fuß	güterbezogener Wettbewerb	Anzahl und Struktur privater Endverbraucher	Raumkosten (Miete, etc.)
Fahrrad	einkaufsstättenbezogener Wettbewerb	Pro-Kopf-Ausgaben (Bedarfsintensität)	Raumbedarf (Betriebsgröße)
Bus		Kaufkraftstärke	Ambiente
Bahn			
Pkw, Motorrad			

Standortplanung wird als ein mehrstufiger betrieblicher Entscheidungsprozess definiert, bei dem es um die Suche, Bewertung und Auswahl der bestgeeigneten Standortalternativen geht. Standortplanung kann durch eine Vielzahl von Instrumenten unterstützt werden, die in der Literatur als Standortwahlverfahren, Verfahren der Standortbewertung oder Methoden der Standortanalyse bezeichnet werden (BIENERT 1996).

Aufgabe der Standortanalyse ist somit die Ermittlung des Einzugsgebiets sowie die Analyse der am Standort wirkenden Standortfaktoren, die sich positiv als auch negativ auf den Geschäftsgang einer Einkaufsstätte auswirken können.

3 Methoden der Einzugsgebietsanalyse

Jeder Einzelhandels- bzw. Dienstleistungsbetrieb verfolgt primär das Ziel, einen möglichst großen Teil der für das Unternehmen relevanten Nachfrage auf sich zu lenken. Aus diesem Grund gilt es in erster Linie, eine möglichst exakte Abgrenzung des relevanten Einzugsgebiets vorzunehmen und zu analysieren.

Dem Vorgang der Einzugsgebietsabgrenzung liegt demzufolge insbesondere die Fragestellung zugrunde, aus welchen Entfernungen Konsumenten eine Einkaufsstätte aufsuchen und demnach als potenzielle Kunden eines bestimmten Handelsbetriebs zu identifizieren sind. Die Größe eines Einzugsgebiets wird durch den Radius bestimmt, innerhalb dessen die Kunden den Handelsbetrieb zur Tätigung ihrer Einkäufe aufsuchen (THEIS 2007). Zur Bestimmung des Einzugsgebiets stehen verschiedene Methoden zur Verfügung (vgl. Abbildung 1).

Abb. 1:
Methoden zur Bestimmung des Einzugsgebiets (BARTH & THEIS 1991)

Die Abgrenzungsverfahren zur Bestimmung des Einzugsgebiets gehen von folgender These aus: Je kürzer die Distanz zur Einkaufsstätte, umso wahrscheinlicher werden dort Einkäufe getätigt. Somit kann gesagt werden, dass kurze Entfernungen umso wichtiger sind, je (THEIS 2007):

- geringer die Mobilität,
- knapper Zeit und Geld,
- dringender der Bedarf, Güter des kurzfristigen Bedarfs (z. B. Frischebedarf – Lebensmittel),
- kürzer die Einkaufsintervalle,
- gleichartiger die Angebote und
- geringwertiger die Einkäufe

Das Einkaufsverhalten der Konsumenten ist aber nicht nur von der Distanz zur Einkaufsstätte abhängig, sondern auch die Attraktivität der Einkaufsstätte bzw. der Umgebung spielt eine ausschlaggebende Rolle. Die Faktoren Distanz und Attraktivität werden in den oben genannten Abgrenzungsverfahren in unterschiedlichem Maße berücksichtigt. Entscheidenden Einfluss auf die Abgrenzung der Einzugsgebietszonen haben die bereits bekannten Standortfaktoren (Verkehr, Konkurrenz, Konsum, Raum), die die Größe des Einzugsgebiets determinieren.

Der zeitlichen Erreichbarkeit der Einkaufsstätte wird Bedeutung geschenkt und demzufolge werden individuelle räumliche Gegebenheiten sowie die spezifische Infrastruktur berücksichtigt. Die Informationen über den zeitlichen Aufwand eines Besuchs werden entweder in Gehminuten oder als Fahrzeit in Autominuten abgebildet.

Gestützt auf empirische Erhebungen legt ein Fußgänger in einer Gehminute i. d. R. durchschnittlich 80 Meter zurück (BIENERT 1996). Von dem zu untersuchenden Standort ausgehend, werden Gehminuten als Maßstab der Zoneneinteilung festgelegt, die die Kunden für einen Einkauf tolerieren. Aufgrund von Erfahrungswerten kann folgende Unterteilung des Einzugsgebiets nach Gehminuten gemacht werden (vgl. Tabelle 2).

Tabelle 2: Unterteilung des Einzugsgebiets nach Gehminuten (THEIS 2007)

Einzugsgebiet	Minuten	Kundenpotenzial
A	0–5	80 %
B	6-8	15 %
C	9-10	5 %

Um Prognosen zum Umsatz abgeben zu können, bestimmt HUFF (1964) die Wahrscheinlichkeit, mit der die Bewohner eines Versorgungsortes alternative Einkaufsorte aufsuchen. Die Wahrscheinlichkeit hängt analog zu den deterministischen Ansätzen von der Distanz zwischen Wohnort und Einkaufsorten sowie von der Attraktivität der Einkaufsorte ab. Daraus hat Huff das folgende Gravitationsmodell zur Bestimmung der Einkaufswahrscheinlichkeit w_{ij} aufgestellt:

$$w_{ij} = \frac{A_j * d_{ij}^{-\lambda}}{\sum_{k=1}^{m} A_k * d_{ik}^{-\lambda}} \tag{1}$$

Als Wert für die Attraktivität eines Einkaufszentrums A_j zieht Huff die Verkaufsfläche der Einzelhandelsbetriebe heran. Als Maß für die Distanz d_{ij} wird die erforderliche Reisezeit oder aber die tatsächliche Entfernung von Wohnort i zum Einkaufsort j verwendet. Der Distanzparameter λ gibt die Bedeutung der Reisezeit für den Konsumenten beim Einkauf bestimmter Waren an und kann je nach betrachteter Warenart variieren. Hier kommt die Kalibrierung der Parameter ins Spiel, indem versucht wird, den prognostizierten Umsatz an den reellen Umsatz anzupassen.

Das probabilistische Potenzialmodell von Huff erlaubt damit die Berechnung und Prognose der Einzelhandelsumsätze eines Einkaufszentrums, die Bestimmung der Umsatzanteile einzelner Wohngebiete und somit die Ermittlung des Einzugsgebietes und, als Konsequenz daraus, die Auswirkungen auf benachbarte, konkurrierende Einzelhandelsstandorte (MÜLLER-HAGEDORN & SCHUCKEL 1995).

Um die Kunden- bzw. Umsatzanteile auf Grundlage des probabilistischen Ansatzes von Huff zuverlässig bestimmen zu können, ist es erforderlich, alle relevanten Einkaufsalternativen j (j=1, …, m) der Bewohner des jeweiligen Wohnortes i in die Modellrechnungen einzubeziehen. Abbildung 2 zeigt beispielhaft einen Wirtschaftsraum mit drei Einkaufszentren (EK1, EK2, EK3).

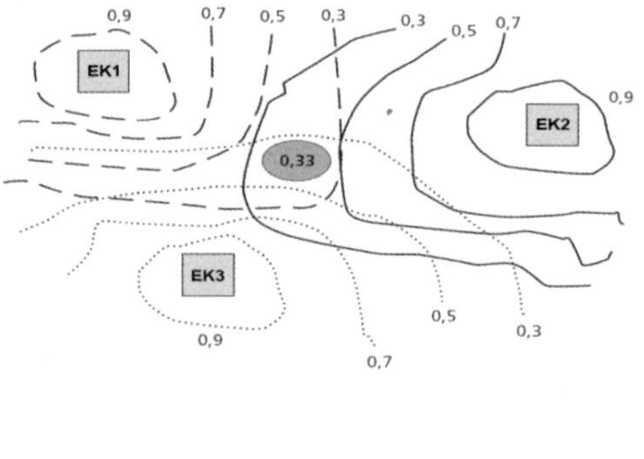

Abb. 2:
Huff-Gravitationsmodell (HUFF 1964)

Die Wahrscheinlichkeit für einen Einkauf in einem Zentrum nimmt mit zunehmender Entfernung von diesem ab. An den Berührungspunkten der Grenzlinien mit der gleichen Wahrscheinlichkeit von 0,5 sind die dort wohnenden Konsumenten zwei Zentren gegenüber indifferent, während die Konsumenten bei der Wahrscheinlichkeitslinie 0,33 sogar allen drei Zentren gegenüber indifferent sind.

Der große Vorteil der auf Erfahrungswerten basierenden Verfahren liegt in der relativ einfachen Anwendung. Als größter Nachteil wird die alleinige Berücksichtigung der Einkaufskosten, gemessen als Luftlinien- bzw. Zeitdistanz, gesehen. Einkaufskosten entstehen dem Verbraucher durch die Distanz zwischen der Einkaufsstätte und seinem Aufenthaltsort etwa in Form von Fahrtkosten, Fahrzeiten, Unbequemlichkeiten etc. Für den Konsumenten steht aber nicht nur die Minimierung seiner Einkaufskosten im Mittelpunkt der Entscheidung für eine bestimmte Einkaufsstätte, sondern auch die Attraktivität des Geschäfts.

Sowohl die auf Gesetzmäßigkeiten aufbauenden Abgrenzungsverfahren als auch die an Erfahrungswerten ausgerichteten Ansätze zur Bestimmung eines Einzugsgebiets sind als vereinfachende Modelle zu betrachten. Sie können jeweils nur einen Teil der relevanten Einflussfaktoren berücksichtigen und die realen, komplexen Tatbestände demzufolge nur in beschränktem Ausmaße abbilden. Anders als die deterministischen Modelle von Reilly und Converse erfährt das Huff-Modell eine wesentliche Besserung, da gleichzeitig die Konkurrenzbeziehungen mit anderen Standorten erfasst werden.

4 Die Standortanalyse in ArcGIS

4.1 Zahlen- und Datenmaterial

Bevölkerungsdaten sowie Einkommens- und Kaufkraftinformationen werden dem Produkt Data.Statistics (Statistische Informationen auf Straßenabschnittsebene) entnommen. Daten zur Konkurrenz entstammen den Daten der Leistungs- und Strukturerhebung der Statistik Austria. Aus den OpenStreetMap-Daten für Wien werden Raum- bzw. Zeitdistanzen zwischen Angebots- und Nachfragestandorten gewonnen. Daten zur Infrastruktur können dank der Initiative Open Government Data Wien online abgerufen werden.

4.2 Analyseschritte in ArcGIS

Beim Aufbau der Standortanalyse wurde mit dem Model Builder gearbeitet und versucht den Ablauf zu untergliedern. Aufgrund der Aufteilung in einzelne Arbeitsschritte wird der ganze Ablauf viel übersichtlicher und auch die Fehlerbeseitigung wesentlich einfacher, da die Korrektheit der Ergebnisse nach jedem Arbeitsschritt überprüft werden kann. Des Weiteren ist es durch den Einsatz des Model Builder möglich, jederzeit die Standortanalyse für einzelne Standorte zu wiederholen und nachvollziehbar zu machen. Ein weiterer Vorteil liegt im Einsatz von Parametern, die innerhalb des Model Builders vergeben werden können. Dabei wird mit Expressions gearbeitet. Voraussetzung für die Funktionsfähigkeit der Modelle ist ein bereits vollständig vorbereitetes und aufgebautes Straßennetzwerk.

Die Arbeitsschritte umfassen somit die Bereiche:

- Übersichtskarten erstellen (aus den Merkmalen Anzahl_Personen und Index_Kaufkraft werden Dichtekarten erstellt – Modell Line Density),

- Service Area Layer erstellen (Modell Standort) und neuen Standort finden bzw. einzeichnen (dieser Arbeitsschritt muss außerhalb des Model Builder erfolgen)
- Service Area des neuen Standorts bestimmen (Modell Service Area)
- Start-Ziel-Kostenmatrix erstellen (Modell OD Cost Matrix)
- Einkaufswahrscheinlichkeiten bzw. prognostizierten Umsatz berechnen (Modell HUFF).

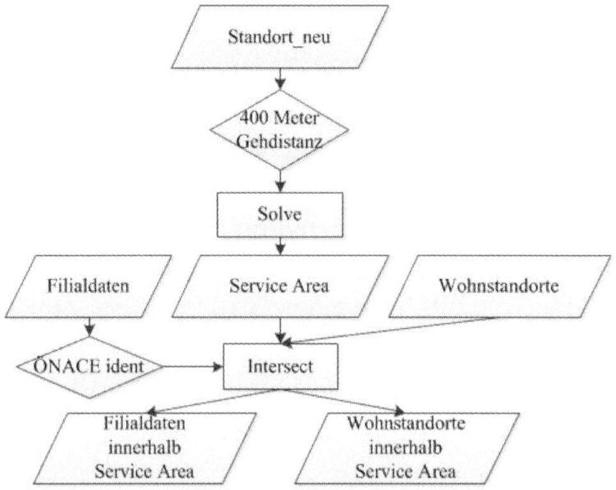

Abb. 3:
Modell Service Area

Mithilfe der Service Area kann festgestellt werden, welche Konkurrenzgeschäfte innerhalb dieses Bereichs liegen. Hier muss erwähnt werden, dass Konkurrenzgeschäfte solche Unternehmen sind, welche den Tätigkeitsschwerpunkt in der gleichen ÖNACE-Klasse haben. Etwaige andere in Betracht kommende Unternehmen mit einem verwandten Aktivitätsschwerpunkt bekommen einen niedrigeren Konkurrenzfaktor β zugewiesen. Des Weiteren werden die Wohnstandorte innerhalb der Service Area ermittelt.

Um herauszufinden wie groß die Entfernung zwischen Filiale und Wohnstandort ist, wird eine Start-Ziel-Kostenmatrix erstellt. Dabei werden alle Filialen und alle Wohnstandorte innerhalb der Service Area berücksichtigt. Die Entfernung zwischen Filiale und Wohnstandort dient als Grundlage für die Berechnung der Einkaufswahrscheinlichkeit des Wohnstandorts je Filiale und in weiterer Folge des prognostizierten Umsatzes je Filiale.

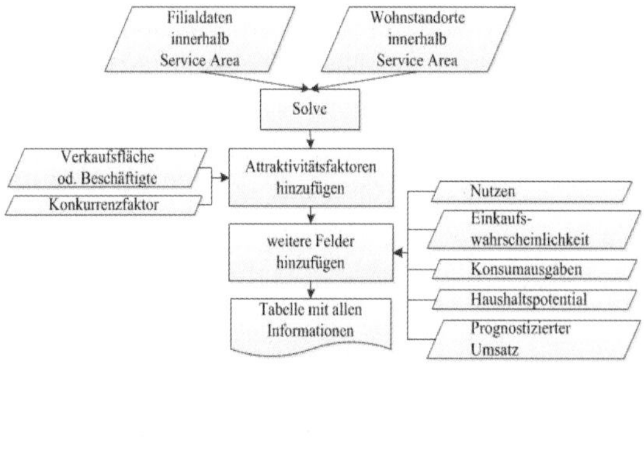

Abb. 4:
Modell OD Cost Matrix

4.3 Kalibrierung der Formel für das Huff-Modell

Für das Huff-Modell existiert bereits eine Grundformel (1), jedoch muss diese um neue Faktoren ergänzt bzw. abgeändert werden. Somit werden unterschiedliche Faktoren (Konkurrenzfaktor β, Distanzparameter λ) zur Grundformel hinzugefügt und variiert, um herauszufinden, wie sich die Ergebnisse verändern.

$$w_{ij} = \frac{A_j^{\beta} * d_{ij}^{-\lambda}}{\sum_{k=1}^{m} A_k^{\beta} * d_{ik}^{-\lambda}} \quad (2)$$

Dabei wird ein existierender Standort herangezogen und versucht, seinen Umsatz möglichst gut zu prognostizieren.

Tabelle 3: Ergebnisse der Kalibrierung – Prognostizierter Umsatz für Standort_neu

Standort_neu	**Variante 1** β=**0,75** λ=**2**	**Variante 2** β=**0,75** λ=**0**	**Variante 3** β=**0,75** λ=**20**	**Variante 4** β=**0,5** λ=**2**
Prognostizierter Umsatz (in Euro)	285.343	237.236	168.674	688.182
Möglicher Umsatz in Service Area	1.447.922			
Prognostizierter Marktanteil	19,7 %	16,4 %	11,6 %	47,5 %
Radatz Fleischwaren-Vertriebsgesellschaft m .b. H.				
Gesamtumsatz lt. Firmenbuch	26,33 Mio. Euro im Jahr 2011/12			
Beschäftigte	266			
Umsatz je Beschäftigten	98.984,96 Euro			
Umsatz Filiale Wiedner Hauptstraße 64, 1040 Wien	791.879,68 Euro			

Wie aus Tabelle 3 ersichtlich ist, wird das Ergebnis mit dem höchsten Umsatz bei Variante 4 erzielt. Innerhalb der Service Area (400 m Gehdistanz) kann ein Umsatz von 688.182 Euro pro Jahr erzielt werden. Im Vergleich zum durchschnittlichen Umsatz je Filiale der Firma Radatz Fleischwaren-Vertriebsgesellschaft m. b. H. entspricht der prognostizierte Umsatz rund 86,9 % des reellen Umsatzes. Hier muss erwähnt werden, dass der Kauf von Mittagsmenüs bei der Berechnung des Umsatzes nicht berücksichtigt wird. Auch sind Erwerbstätige aus der Umgebung und Personen, die mehr als 400 m von der Filiale entfernt wohnen, nicht einbezogen.

Die Berechnung bezieht sich derzeit nur auf die Erreichbarkeit als Fußgänger. Die Wahl eines öffentlichen Verkehrsmittels oder aber des Privat-Pkws fließt hier noch nicht ein. Für eine erste Abschätzung ist die Höhe des prognostizierten Umsatzes der Variante 4 aber brauchbar.

4.4 Ergebnis, Fazit

Wie in Abbildung 5 gut zu erkennen ist, ist die Einkaufswahrscheinlichkeit im Bereich „Mein Standort" (Abbildung Mitte) sehr hoch, jedoch nimmt diese mit der Entfernung ab. Des Weiteren kann beobachtet werden, dass Konkurrenzbetriebe (Quadrate) ebenfalls Einfluss auf die Einkaufswahrscheinlichkeit haben, da die Einkaufswahrscheinlichkeit in ihrer Nähe deutlich abnimmt bzw. gegen 0 sinkt.

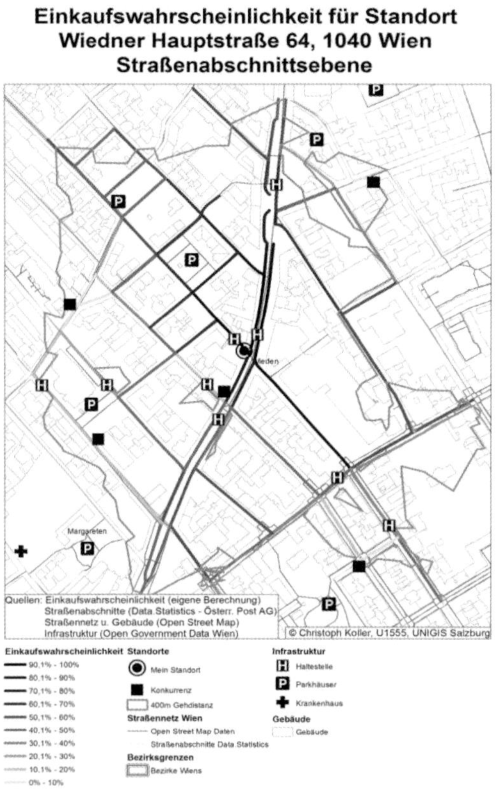

Abb. 5:
Einkaufswahrscheinlichkeit für Standort Wiedner Hauptstraße 64, 1040 Wien

Hauptaugenmerk dieser Arbeit liegt auf der Einzugsgebietsabgrenzung sowie auf der Berechnung des prognostizierten Umsatzes mithilfe des Huff-Modells. Dabei reagiert die Einkaufswahrscheinlichkeit bzw. die Höhe des Umsatzes auf die einzelnen Faktoren sehr unterschiedlich, wie die Kalibrierung des Modells zeigt. Um den Umsatz realistischer abbilden zu können, wurden standortspezifische Faktoren wie das Konkurrenzpotenzial der jeweiligen Filiale miteinbezogen. Die Einzugsgebietsabgrenzung erfolgt derzeit nur für das Zu-Fuß-Gehen, was für ein dicht bebautes Gebiet wie Wien durchaus Sinn macht. Allgemein kann gesagt werden, dass sich die Informationen auf Straßenabschnittsebene für Standortanalysen von Stadtregionen sehr gut eignen. Zur Bestimmung der Einkaufswahrscheinlichkeit in ländlichen Gebieten müsste zusätzlich zwischen den Verkehrsmitteln Fahrrad, öffentliche Verkehrsmittel und Pkw unterschieden werden.

5 Ausblick

Neben einem theoretischen Schwerpunkt mit der Behandlung einer Einzugsgebietsabgrenzung bietet der Beitrag auch einen praktischen Teil, in dem der Aufbau und die Abwicklung in einem Desktop-GIS (ArcGIS) behandelt werden. Mithilfe einer einheitlichen Datenbasis und auf Grundlage von Daten der Amtlichen Statistik ist es gelungen, den Ablauf einer Standortanalyse halbautomatisiert mittels Network Analyst darzustellen.

Ein weiterer Aspekt, der in den Überlegungen noch nicht berücksichtigt wurde, wäre die Einbeziehung eines Konzentrationsindex bei der Beschreibung der Attraktivität eines Ladens auf einen Wohnstandort. Der Konzentrationsindex berücksichtigt die Nähe anderer Läden, d. h. die unmittelbare Nähe eines Geschäfts zu anderen Geschäften sorgt dafür, dass der Kunde nur kurze Wegeketten zurücklegen braucht, um verschiedene Güter zu erhalten.

Das hier behandelte Modell eignet sich für den Einsatz zur Einzugsgebietsabgrenzung sowie zur Bestimmung eines prognostizierten Umsatzes. Die Hauptbeschränkung liegt dabei sicherlich in der Bestimmung eines geeigneten Distanzparameters bzw. in der Beschränkung des Attraktivitätsmaßes auf einen Faktor (Stichwort Multiplicative Interaction Model). Zur Bestimmung eines geeigneten Distanzparameters müsste eventuell auf ein Statistikprogramm (z. B. SPSS, R) zurückgegriffen werden, um diesen mittels Regressionsanalyse berechnen zu können.

Literatur

BARTH, K. & THEIS, H.-J. (1991), Handelsmarktforschung – Welches Verfahren zur Abgrenzung des Einzugsgebiets von Handelsunternehmen geeignet ist. Handel heute, 6/1991, 56-59.

BEREKOVEN, L. (1990), Erfolgreiches Einzelhandelsmarketing. Grundlagen und Entscheidungshilfen. München.

BIENERT, M. L. (1996), Standortmanagement: Methoden und Konzepte für Handels- und Dienstleistungsunternehmen. Wiesbaden.

HENKE, J. (2004), Infoblatt Harte und weiche Standortfaktoren. Geographie Infothek, Leipzig.

HUFF, D. L. (1964), Defining and Estimating a Trading Area. Journal of Marketing, 28, 34-38.

MÜLLER-HAGEDORN, L. & SCHUCKEL, M. (1995), Die Prognose des Umsatzes neuer Einkaufszentren mit Hilfe des Modells von Huff – Theorie und Fallbeispiel I. Das Wirtschaftsstudium, 24 (6), 514-518.

OTTMANN, M. & LIFKA, S. (2010), Methoden der Standortanalyse. Darmstadt.

THEIS, H.-L. (2007), Handbuch Handelsmarketing Band 3: Erfolgreiche Instrumente der Handelsmarktforschung. Frankfurt.

Eine räumliche Alternative der Modellierung und Darstellung von Immobilienpreisen für Immobilienportale

Lasse SCHEELE und Harald SCHERNTHANNER
Universität Potsdam, Potsdam · harald.schernthanner@uni-potsdam.de

Zusammenfassung

Viele Immobilienportale nutzen seit Jahren die hedonische Regression zur Preismodellierung und verwenden deren nicht räumlichen Ergebnisse als Grundlage für eine suboptimale räumliche Darstellung von Immobilienpreisen. Die von Portalbetreibern seit mehr als einer Dekade gesammelten Immobilienpreisdaten werden für diverse Analyse- und Darstellungszwecke genutzt. Die zur Kartenerstellung und -darstellung verwendeten Methodiken geben jedoch nur sehr unvollständig Auskunft über die tatsächlichen Immobilienpreise. Ansätze der räumlichen Analyse werden von Portalbetreibern kaum genutzt. Der Beitrag gibt eine Übersicht über den Status quo der raumanalytischen Grundlage und der kartographischen Darstellung von Immobilienpreisen auf Immobilienportalen und untersucht die Anwendung von räumlich-statistischen Methoden zur Modellierung von Immobilienpreisen als Alternative zu den traditionell verwendeten nicht-räumlichen Verfahren. Es erfolgt im Beitrag eingangs eine Übersicht über den räumlich analytischen und kartographischen State of the Art großer Immobilienportale. Hierbei wird auf Mängel der verwendeten Analyse- und Darstellungsformen eingegangen. Im zweiten Teil des Beitrages werden geeignete Alternativen der Modellierung und Darstellung von Immobilienpreisen identifiziert. Hierzu zählen das Ordinary Kriging, das Kriging with External Drift und das Ordinary Co-Kriging. Diese drei Methoden werden exemplarisch mit einem Fokus auf die geeignetste Parameterwahl mit Mietpreisdaten des Portalbetreibers Immobilienscout24[1] anhand eines Untersuchungsgebiets in Berlin-Kreuzberg auf ihre Performanz hin untersucht und verglichen. Die Umsetzung erfolgt im Statistikprogramm R. Abschließend erfolgt eine Diskussion und eine Einschätzung der Potenziale der operationellen Nutzung der vorgeschlagenen Alternative.

1 Status quo der (räumlichen-) Analyse und Kartendarstellung von Immobilienpreisen

1.1 Übersicht über Methoden der Immobilienpreisanalyse und -darstellung von Immobilienportalen

In diesem Beitragsteil wird eine tabellarische Übersicht (siehe Tabelle 1) über den Status quo (räumlich-) statistischer Immobilienpreisanalyse und der kartenbasierten Darstellung

[1] Die Daten wurden zu Forschungszwecken innerhalb der Transparenzoffensive der Immobilienwirtschaft von Immobilienscout24 zur Verfügung gestellt. Immobilienscout24 hat mit ~ 1,5 Million Datenpunkten die Deutschlandweit größte Immobiliendatenbank für Wohnimmobilien.

Strobl, J., Blaschke, T., Griesebner, G. & Zagel, B. (Hrsg.) (2014): Angewandte Geoinformatik 2014.
 ISBN 978-3-87907-543-0.

von Immobilienpreisen auf den jeweils drei nach Webzugriffen (nicht nach Angeboten) größten Immobilienportalen in den USA, in Deutschland und dem nach Angeboten größten Schweizer Portal gegeben. Laut dem E-Business Guide *eBizMba* (EBIZMBA 2014), der den Traffic, der von *Alexa.com* statistisch erfassten Webseitenaufrufe, auswertet und kategorisiert, sind in folgender Reihenfolge: *Zillow.com, Trulia.com, homes.yahoo.com* die meistaufgerufenen Immobilienportale in den USA. In Deutschland sind laut *Alexa.com: Immobilienscout 24, Immowelt und Immonet* die am häufigst aufgerufenen Immobilienportale. Komplementär, aufgrund der detaillierten Beschreibung der verwendeten hedonischen Regression, wurde das größte Schweizer Portal *Homegate* in die Darstellung mitaufgenommen. Als Standardmethode zur Preisanalyse verwenden die meisten Portalbetreiber die hedonische Regression. Informationen über die von Portalbetreibern zur Preismodellierung verwendeten Analysemethoden zu bekommen, erweist sich als schwierig. Beispielhaft für andere Immobilienportale ist das Schweizer Portal *Homegate* zu nennen, das sehr ausführlich über die verwendete Methode der statistischen Preismodellierung informiert. *Homegate* misst in Zusammenarbeit mit der Zürcher Kantonalbank monatlich die Änderungen der Schweizer Immobilienpreise und bildet einen sogenannten Angebotsmietindex über die Methode der hedonische Regression (HOMEGATE 2013).

Tabelle 1: Übersicht über Methoden der Räumlichen Statisik und Kartendarstellung

Immobilienportal	(Räumliche) Statistik	Kartendarstellung von Immobilienpreisen
Zillow.com	Hedonisches Regressionsmodell: Zillow Price Estimate	Pin Map der Angebotspreise. Listendarstellung geschätzter Preise
Trulia.com	Hedonisches Regressionsmodell: Monitoring von Miet- und Kaufpreisen	Pin map von Miet- und Kaufpreisen
Homes.yahoo.com	Keine Angaben	Pin map von Miet- und Kaufpreisen
Immobilien-scout24.de	Hedonisches Regressionsmodell: IMX	Mapping geschätzter Miet- und Kaupreise gemappt auf willkürliche geographischen Bezugseinheit
Immowelt.de	Keine Angaben	Pin Map
Immonet.de	Keine Angaben	Keine Kartenansicht
Homegate.ch	Hedonisches Regressionsmodell: Mietindex	Pin Map

1.2 Hedonische Regression als nicht räumliche Standardmethode der Immobilienpreismodellierung

Die hedonische Regression zur Modellierung von Immobilienpreisen, ist bei Portalbetreibern die am weitesten verbreitete Methode. Es erfolgt eine Preisschätzung von Produkten mit laufender Veränderung des Preis-Leistungsverhältnis, bzw. einer Preisberechnung über Qualitätsanpassung (GORDON 1990). Umgemünzt auf den Immobiliensektor erfolgt die Preisermittlung einerseits über die Verfügbarkeit von Immobilien, andererseits über die Qualität der Immobilie. Der Ansatz der hedonischen Regression vernachlässigt räumliche Autokorrelation, die direkte Beeinflussung von Objekten durch benachbarte Objekte wird in der hedonischen Regression nicht berücksichtigt.

1.3 Status quo der Kartendarstellung von Immobilienangeboten und Immobilienpreisanalysen

Die Darstellung von Immobilienangeboten erfolgt in den meisten Portalen über eine Verortung als Positionssignatur bzw. als „Pin map". Hierbei wird häufig das Symbol eines Hauses gewählt. Signaturen werden meist nicht maßstabsabhängig skaliert, was zu einer Überdeckung bzw. Überlappung von Signaturen führt. Teils werden beim Wechsel von größeren in kleinere Maßstabsebenen die Anzahl der aggregierten Angebote an einer Position in eine geometrische Signatur geschrieben. Eine weitere oft gewählte Form der Darstellung erfolgt über die Angabe des Preises als absoluter Zahlenwert (Zahlenwertsignatur) innerhalb geometrischer Formen, wie z. B. innerhalb eines Rechtecks. Auch hierbei treten häufig Probleme mit überlappenden Signaturen auf.

Ergebnisse von Immobilienpreismodellierungen werden in seltenen Fällen in Kartenform dargestellt. Oft wird ein Durchschnittspreis als Choroplethenkarte auf eine Bezugsgeometrie, wie z. B. eine administrative Einheit „gemappt". Die tatsächlichen räumlichen Verhältnisse von Immobilienpreisen werden nicht dargestellt.

2 Räumlich-statistische Alternativen

2.1 Methodenauswahl und -beschreibung

Im zweiten Teil des Beitrages werden geeignete Alternativen der Modellierung und Darstellung von Immobilienpreisen identifiziert. Es erfolgte eine Literaturrecherche in wissenschaftlichen Untersuchungen zur Modellierung von Immobilienpreisen unter Berücksichtigung räumlicher Autokorrelation (vgl. CHICA-OLMO 2007, BOURASSA et al. 2010, TSUTSUMI et al. 2011 und WONG et al. 2013). Zu den von den Autoren als am geeignetsten identifizierten Methoden der Preisermittlung gehören das Ordinary Kriging (OK), das Kriging with External Drift (KED) und das Ordinary Co-Kriging (OCK), welche bei räumlich korrelierten Daten eine koordinatengenaue Wertmodellierung erlauben. In dieser Arbeit werden diese Verfahren als Alternative zur hedonischen Regression vorgestellt und evaluiert.

Hierfür wurden 637 Anzeigendaten für Mietwohnungen des Immobilienportals ImmobilienScout24 für ein 4,5 km^2 großes Gebiet in dem Berliner Ortsteil Kreuzberg aus dem dritten Quartal 2007 ausgewählt. Für diese Anzeigen und die zugehörige Kaltmiete pro Quadratmeter konnten zum Signifikanzwert $p > 0{,}05$ signifikante Moran's *I*- und Geary's *c*-Werte von 0,67 und 0,35 ermittelt werden, was auf eine positive räumliche Autokorrelation schließen lässt. Die genannten Kriging-Varianten können also zur Modellierung des Anzeigenpreises genutzt werden.

Beim Kriging wird der Wert an einem Punkt modelliert, indem die räumliche Konstellation der umgebenden Beobachtungspunkte und die zugehörigen Werte mittels eines theoretischen Variogramms in Bezug gebracht werden (eine genaue Beschreibung der Verfahren findet sich z. B. bei LI & HEAP 2008). Das Variogramm modelliert die Semivarianz in Abhängigkeit der Entfernung und wird durch die Wahl einer Modellfunktion und den zugehörigen Modellparametern Nugget, Partial Sill und Range definiert. Es gilt also, die räumliche

Struktur der Datengrundlage mittels einer geeigneten Parameterwahl abzubilden. In dieser Arbeit wird daher die Modellqualität der betrachteten Methoden für verschiedene Parameterkonstellationen untersucht.

Beim OK setzt sich der zu modellierende Wert aus einer Trend- und einer Residuenkomponente zusammen und wird lediglich mittels Informationen zu der Primärvariable berechnet. Als Trend wird hier ein lokaler Mittelwert verwendet, während sich der Residuenanteil aus den räumlich-gewichteten Abweichungen der benachbarten Beobachtungspunkte von diesem lokalen Mittelwert ergibt. Die Modellierung mittels KED verläuft ähnlich, wobei die Trendkomponente mittels einer linearen Regression aus am Modellierungspunkt zur Verfügung stehenden Sekundärvariablen auf der Grundlage der Sekundärinformationen an den Beobachtungspunkten berechnet wird. Hierfür wurden entsprechend vergleichbarer Studien Informationen zur Wohnfläche in Quadratmeter, zum Alter der Immobilie, zur Zimmeranzahl, zur Etage und zur Art der Heizung verwendet (vgl. CHICA-OLMO 2007, Bourassa et al. 2010 und WONG et al. 2013). Mit dem OCK werden ebenfalls die genannten Sekundärvariablen verwendet, wobei hierbei auch deren räumliche Autokorrelation und die räumliche Korrelation zwischen den Primär- und Sekundärvariablen genutzt wird. Es werden also Variogramme und Kreuz-Variogramme für alle vorliegenden Variablen erstellt. Beim OCK müssen entsprechend, anders als beim KED, die Sekundärinformationen nicht an den Modellierungspunkten vorliegen.

2.2 Modellevaluierung und -vergleich

Um die Modellqualität in Abhängigkeit der Modellparameter zu evaluieren und die verschiedenen Verfahren miteinander vergleichen zu können, wurden Wertebereiche für die genannten Modellparameter ausgewählt und die Modellqualität für alle Parameterkombinationen mittels einer 5-Fold-Cross Validation erfasst. Als Modellfunktion wurden die Sphärische, Gaussche und Exponentielle genutzt. Zur Evaluierung des OCKs wurde lediglich die Modellfunktion und der Range-Wert vorgegeben. Die Werte der übrigen Parameter Nugget und Partial Sill wurden iterativ mittels einer gewichteten Kleinste-Quadrate-Schätzung berechnet. Dadurch ergeben sich für OK und KED jeweils 5130 verschiedene Modellläufe und für OCK lediglich 45. Durch die Umsetzung einer Cross Validation konnten beobachtete und modellierte Anzeigenpreise verglichen werden, wobei für die Bewertung der verschiedenen Verfahren für der Mean Error (ME), der Root Mean Square Error (RMSE), die mittlere relative absolute Abweichung und der Anteil mit einer Abweichung von weniger als 10 % analysiert wurden. Zudem wurde die Rechendauer der Methoden erfasst und verglichen. Die Auswertung hat gezeigt, dass in der Regel für jede Modellfunktion und Datendichte ein methodenunabhängiger optimaler Range-Wert existiert, bei dem die besten Ergebnisse erzielt werden. Dieser ist bei sphärischen Modellen am größten und nimmt bei einem Übergang zu exponentiellen und gausschen Modellen jeweils ab. Ein weiterer wichtiger Aspekt ist die gegenseitige Beeinflussung der übrigen Modellparameter. So sollte eine Erhöhung des Nuggets ein Anheben des Partial Sills und eine Verkürzung der Range bedingen.

Der Vergleich der räumlich statistischen Verfahren untereinander mit einer hedonischen Regression hat zunächst gezeigt, dass alle Kriging-Varianten der nicht-räumlichen Regression bezüglich der Modellierungsgenauigkeit überlegen sind, auch wenn die Regression das schnellste Verfahren ist (vgl. Abb. 1). Darüber hinaus besitzt das KED die größte Performanz, mit ähnlichen guten Ergebnissen beim OK. Das OCK fällt besonders durch die langen Laufzeiten negativ auf.

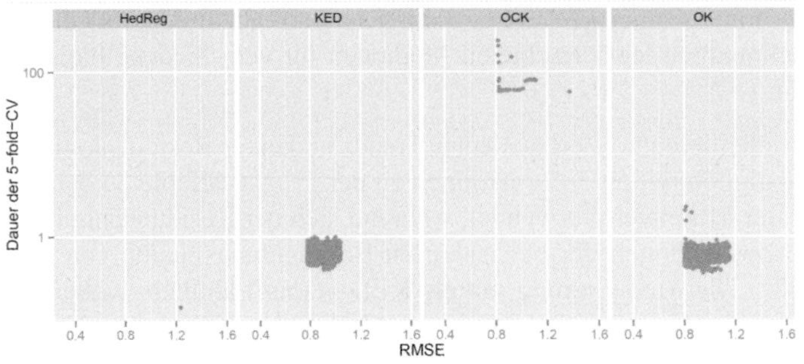

Abb. 1: Modellvergleich bezüglich der Rechendauer und des RMSE

2.3 Räumlich statistische Immobilienpreiskarte

Die räumlich statistischen Modellierungsverfahren lassen sich für eine hausgenaue Schätzung des Angebotspreises von Immobilien nutzen. Hierfür zeigt Abbildung 2 eine Beispielkarte, die mittels der über OpenStreetMap verfügbaren Gebäudegeometrien erzeugt wurde. Dabei wurde der Anzeigenpreis für jeden Gebäudemittelpunkt modelliert in das jeweilige Polygon geschrieben. Die benötigten Sekundärinformationen wurden aus den vorliegenden Daten ermittelt. Die resultierende Standardmietwohnung hat eine Wohnfläche von 77,1 m², ein Alter von 46,8 Jahren, besitzt 2,6 Zimmer, liegt in der Etage 2,5 und besitzt eine Zentralheizung.

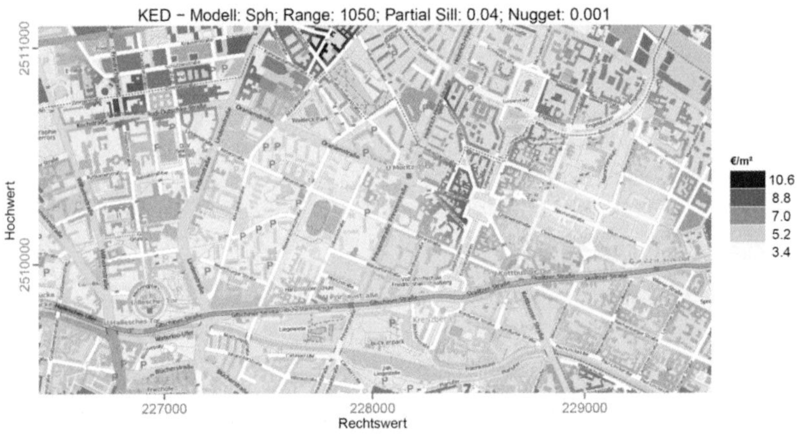

Abb. 2: Immobilienpreiskarte auf Grundlage des nach RMSE besten KED-Modells

3 Ergebnisse

Im operationellen Umfeld werden räumlich-statistische Analysemethoden von Portalbetreibern nicht genutzt, die kartographische Darstellung von Immobilienangeboten ist als suboptimal einzustufen. Keines der im Rahmen des Beitrags analysierten Immobilienportale nutzt operationell Methoden der räumlichen Statistik, eine Kartendarstellung einer räumlich-statistischen Modellierung existiert bisher noch nicht. Die im Beitrag vorgeschlagene räumlich-statistische Alternative versteht sich als Startpunkt räumlich-statistische und kartographische Methoden aus der Wissenschaftsdomäne in das operationelle Umfeld von Portalbetreibern zu überführen. Diesbezüglich sind von den Autoren weitere Aktivitäten geplant.

Literatur

ALEXA (2014), Top Sites in Germany. http://www.alexa.com/topsites/countries/DE (17.04.2014).

BOURASSA, S. C., CANTONI, E. & HOESLI, M. (2010), Predicting House Prices with Spatial Dependence: A Comparison of Alternative Methods. Journal of Real Estate Research, 32 (2), 139-160.

CHICA-OLMO, J. (2007), Prediction of housing location price by a multivariate spatial method: cokriging. Journal of Real Estate Research, 29 (1), 95-114.

COURT, A. T. (1939), 'Hedonic price indexes with automobile examples'. The dynamics of the automobile demand, 99-117.

EBIZMBA, THE EBUSINESSGUIDE (2014), The 15 Most Popular Real Estate Websites. http://www.ebizmba.com/articles/real-estate-websites (17.04.2014).

GORDON, R. J. (1990), 'The Measurement of Durable Goods Prices', National Bureau of Economic Research Monograph, 1. Aufl., University of Chicago Press, Chicago.

GRILICHES, Z. (1961), 'Hedonic Price Indexes for Automobiles: An Econometric of QualityChange', in 'The Price Statistics of the Federal Goverment', National Bureau of Economic Research, General Series, 73, 173-196.

HOMEGATE (2014), Homegate Angebotsmietindex. bit.ly/1hPh2fd (17.04.2014).

IMMOBILIENSCOUT24 (2014), Immobilienindex IMX. http://www.immobilienscout24.de/immobilienbewertung/immobilienindex.html (17.4.2014)

IMMONET (2014), http://www.immonet.de/ (17.04.2014).

IMMOWELT (2014), http://www.immowelt.de/ (17.04.2014).

LI, J. & HEAP, A. D. (2008), A Review of Spatial Interpolation Methods for Environmental Scientists. Geoscience Australia, Record 2008/23.

TRULIA (2014), Trulia price and rent monitor. http://info.trulia.com/trulia-price-and-rent-monitor (17.04.2014).

TSUTSUMI, M., SHIMADA, A. & MURAKAMI, D. (2011), Land price maps of Tokyo Metropolitan Area. Procedia – Social and Behavioral Sciences, 21, 193-202.

WONG, S. K., YIU, C. Y. & CHAU, K. W. (2013), Trading volume-induced spatial autocorrelation in real estate prices. The Journal of Real Estate Finance and Economics, 46 (4), 596-608.

YAHOO HOMES (2014), https://homes.yahoo.com/ (17.04.2014).

ZILLOW (2014), What´s the Zillow Home Value Index? http://www.zillow.com/WIKIPAGES/What's-the-Zillow-Home-Value-Index/ (17.04.2014).

Nutzungsverhalten und Raumorientierungskompetenz von Jugendlichen beim Vergleich von digitalen und analogen Karten

Mark VETTER[1], Friedrich BARNIKEL[2] und Heike ELLBRUNNER[3]
[1]Technik und Wirtschaft – Hochschule Karlsruhe · mark.vetter@hs-karlsruhe.de
[2]Fachkoordination Geographie, Landeshauptstadt München
[3]Förderzentrum Unterschleißheim b. München

Dieser Beitrag wurde durch das Programmkomitee als „reviewed paper" angenommen.

Zusammenfassung

Die Art und Weise, wie Jugendliche Karten nutzen, hat sich in den letzten Jahren gewaltig verändert, was insbesondere am Angebot vieler digitaler Kartendienste und -produkte liegt. Die Studie untersucht, wie die Verbreitung, Nutzungsverhalten bzw. Nutzungskonkurrenz digitaler Karten bei den Jugendlichen aussieht und welche Rolle sie bei diesen Veränderungen spielt. Ferner wird untersucht, welchen Einfluss digitale Karten im Vergleich zu analogen Karten bei der Ausbildung von Raumorientierungskompetenz haben. Dazu wurden Befragungen und Geländeuntersuchungen an verschiedenen Münchner Schulen durchgeführt. Es zeigt sich, dass bei dem Ziel der Ausbildung von Raumorientierungskompetenz analoge Karten den digitalen Karten überlegen sind. Gegenwärtig scheint es noch kein digitales Hilfsmittel zu geben, welches die Ausbildung zur Raumorientierungskompetenz besser fördern kann als analoge Karten. Aber es hat sich ergeben, dass der Anteil der Nutzungen digitaler Kartendienste in den letzten drei Jahren bei den Probanden signifikant angestiegen ist, es stehen rosige Zeiten für die Berufe der digitalen Kartographie und der angewandten Geoinformatik bevor. Und für jene, die in der Ausbildung von Raumorientierungskompetenz aktiv sind, ergeben sich immer vielfältigere Möglichkeiten, dieses Bildungsziel zu verfolgen.

1 Einleitung und Zielstellung

Das Nutzungsverhalten, aber auch die Häufigkeit der Nutzung von Karten, hat sich in unserer Gesellschaft in den letzten Jahren gewaltig verändert, insbesondere seit neuesten Entwicklungen in der Geoinformatik im Zusammenhang mit digitalen Kartendiensten und -produkten. Einem besonders starken Wandel unterliegt hier das Verhalten der Jugendlichen, der sog. *digital natives*. Sie sind die Nutzerinnen und Nutzer von Geoinformatikdiensten und den damit zusammenhängenden Geräten in der Zukunft, und daher sollte den Auswirkungen dieser Entwicklung aus ökonomischer, bildungstheoretischer, soziologischer, wie sozialverhaltensspezifischer Sicht eine besondere Aufmerksamkeit geschenkt werden. Für die Hersteller von Geräten mit Kartendiensten und für die kartographischen Verlage spielen diese Veränderungen für die Auswirkungen auf ihr Produktportfolio eine

Strobl, J., Blaschke, T., Griesebner, G. & Zagel, B. (Hrsg.) (2014): Angewandte Geoinformatik 2014.
 ISBN 978-3-87907-543-0.

große Rolle (VETTER & BARNIKEL 2014). Ebenso muss die angewandte Geoinformatik in diesem Umfeld diesen Entwicklungen Rechnung tragen. Für die Schulen, insbesondere für den Erdkundeunterricht, wirkt sich die Entwicklung der Raumorientierungskompetenz im Zusammenhang mit unterschiedlicher Nutzung der Kartenprodukte verschieden aus (HEMMER et al. 2008; HEMMER & HEMMER 2009; VETTER et al. 2012). Auch ist hier die Frage, wie die Schule die neueren, digitalen Kartenprodukte und die damit verbundenen Verhaltensmuster im Umgang mit diesen Karten für den Unterricht nutzen kann. Die Hochschulen und Universitäten, die in der Ausbildung von Geoinformatik und Kartographie aktiv sind, müssen dieser Entwicklung Rechnung tragen und die Curricula anpassen. Darüber hinaus wird es Einflüsse auf unsere Gesellschaft im Umgang mit diesen digitalen Kartenmedien geben und letztlich lassen sich sogar Veränderungen des gruppenspezifischen Sozialverhaltens der Nutzerinnen und Nutzer feststellen (vgl. ELLBRUNNER et al. 2014).

Eine Rückkehr zur klassischen Papierkarte ist nicht mehr zeitgemäß und kann auch die Schülerinnen und Schüler in Zeiten von Web 2.0, Social Media und „Geocaching" weniger begeistern, als dies die genannten modernen Technologien vermögen. Der Einsatz dieser Technologie darf freilich nicht verteufelt werden, auch weil sie mittlerweile ein essenzieller Bestandteil unseres Alltages ist. Vielmehr bietet sich die Möglichkeit, die Faszination, die von diesen Geräten und dem „Geocaching" ausgeht, unterstützend für das Lernen von Raumorientierung zu nutzen. Daher ist nach Auffassung der Autoren zu untersuchen, welche Möglichkeiten die elektronische Navigationstechnologie und die damit verwandten Visualisierungen im Unterricht bieten, um die Ausbildung der Raumorientierung als Teil der Allgemeinbildung zu fördern. Dies ist in den Bildungsstandard für das Fach Geographie (z. B. in Baden-Württemberg) verankert (DGfG 2008), kann aber auch in anderen Fächern in den verschiedenen Schultypen angewandt werden. Erste Schritte, zur Verfolgung dieser Bildungsziele bieten etwa Formen des „Geocachings", sowie eine prägnantere Nutzung digitaler Karten im Rahmen des Unterrichts, jenseits von lediglich Ortungen für den Freizeitgebrauch (vgl. z. B. ZECHA 2009).

Zahlreiche Innovationen haben in den vergangenen Jahren Orientierungsmedien aller Art tatsächlich „mobil" gemacht. Hand-held-Geräte wie GNSS-Empfänger, Smartphones usw. sind in ihrer Größe geschrumpft und mittlerweile in der Tat „hand"-habbar. Die allgemeine Verbreitung von Open-Source-Kartenmaterialien mündet in eine nahezu universale Verfügbarkeit derartiger Materialien auch für das Smartphone und damit in eine geradezu grenzenlose Nutzbarkeit, zumindest in Mitteleuropa. Die Vertrautheit vieler Kinder und Jugendlicher mit Google Earth oder Google Maps, die oft auch auf den Präsentationsseiten von Cafés, Veranstaltungsorten für Sport- und Freizeitaktivitäten etc. verlinkt sind, vereinfacht den Zugang zu Karten enorm und macht diesen für diese jüngere Zielgruppe, die *digital natives*, besonders attraktiv. Schließlich ist auch der geringe Preis für diese Dienste entscheidend für den jungen Nutzer, wie etwa die App c:geo für Geocacher, die sogar kostenlos angeboten wird.

Die Auswertung der vorliegenden Studie hat das Ziel, diesen oben angesprochenen Wandel zu erforschen und insbesondere mögliche Triebkräfte gesellschaftlicher, kognitionswissenschaftlicher oder ökonomischer Art aufzuzeigen. In diesem Kontext sind zahlreiche Fragen zu klären zum Thema, etwa welche Nutzungsintensitäten und welches Verhalten im Umgang mit digitalen kartographischen Produkten und Diensten Jugendliche heute haben. Wer benutzt in erster Linie die kartendienstfähigen Geräte? Wie ist der Zusammenhang der

Nutzung digitaler Karten mit sozialen Netzwerken? Wie gut und in welcher Art sind Kenntnis und Nutzung von Geocaching unter den Jugendlichen verbreitet? Wie kann die Schule Geocaching für die Ausbildung der Raumorientierungskompetenz nutzen? Wie erfolgt ein Einfluss digitaler oder analoger Kartenprodukte auf die Ausbildung der Raumorientierungskompetenz? Welche Art von Karten würden Jugendliche verwenden, um sich Raummerkmale und deren Orientierung zur Himmelsrichtung einzuprägen? Lassen sich etwaige Verbesserungen zur Raumorientierung nach Geländeübungen mit verschiedenen Kartenmedien bzw. Kartendiensten feststellen?

2 Methodik

Begrifflichkeiten und ein theoretischer Hintergrund in dieser Studie orientieren sich an DICKMANN & KESTERMANN (2011). Eine ähnlich angelegte Studie wie die, über die in dem vorliegenden Beitrag berichtet wird, wurde von einem Teil des Autorenteams schon 2010/2011 durchgeführt (VETTER et al. 2012). Es hat aber methodische Veränderungen und Verbesserungen gegeben, ferner ist ein weiteres Untersuchungsgebiet hinzugekommen.

Die Untersuchung 2010/2011 hat mit ca. 190 Schülerinnen und Schülern der Mittel- und Oberstufe verschiedener Schularten (Gymnasium, Gesamtschule, Berufsschule, Förderschule) im Raum München der Klassenstufen 7 bis 11 stattgefunden. In die Ergebnisauswertung des vorliegenden Berichtes gingen bislang (Januar 2014) 80 Untersuchungsfälle ein. Weitere Untersuchungen werden in den nächsten Wochen noch folgen.

In einem ersten Schritt bekommen die Teilnehmerinnen und Teilnehmer einen Fragebogen zur Nutzungsaktivität, zum Nutzungsverhalten und zur Art der Nutzung von digitalen oder analogen Karten im Alltag. Dieser Fragebogen wurde im Vergleich zur Studie 2010/2011 nicht verändert, damit ein Vergleich zur früheren Untersuchung, bzw. eine Entwicklung seit dem aufgezeigt werden kann.

Für die Realraumuntersuchung wurden zwei Untersuchungsgebiete gewählt. Dies war zum einen ein eher städtisch geprägter Raum in München-Untergiesing (Abb. 1).

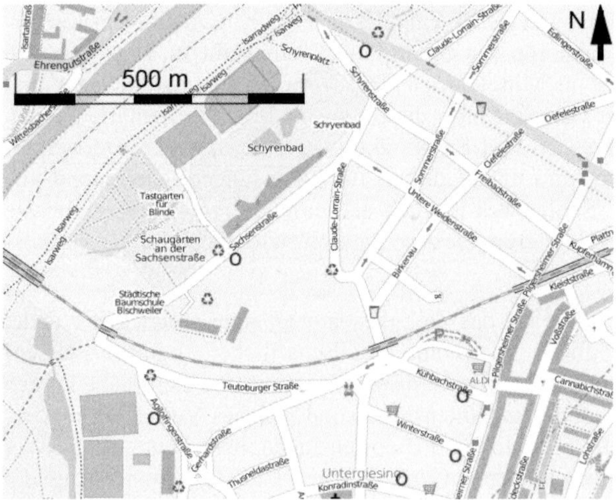

Abb. 1: Städtisches Untersuchungsgebiet München-Untergiesing (www.open-streetmap.org)

Um herauszufinden, ob die Ausbildung der Raumorientierung auch in Abhängigkeit zur Verstädterung des Raumes steht, wurde ein zweites Untersuchungsgebiet in einem unbesiedelten Raum ausgewählt: Hartelholz/Panzerwiese (Abb. 2), München-Hasenbergl.

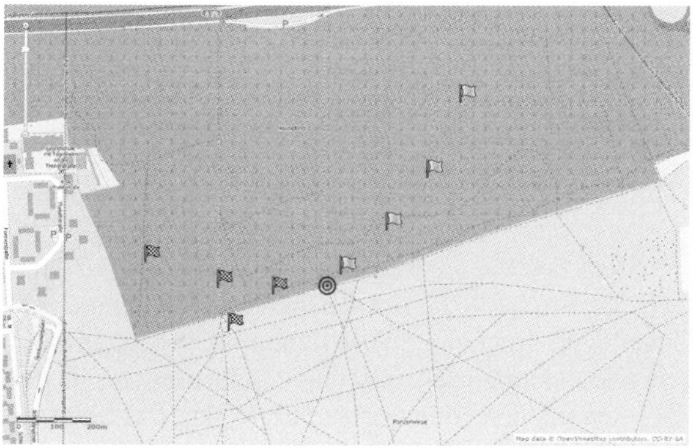

Abb. 2:
Weniger urban geprägtes Untersuchungsgebiet München-Hartelholz, Hasenbergl (Panzerwiese) (www.openstreetmap.org)

Zunächst bekommen die Teilnehmerinnen und Teilnehmer einen allgemeinen Fragebogen zur Ermittlung der Raumorientierung. Danach beginnt die Begehung der Untersuchungsgebiete mit verschieden Aufgaben im Realraum. In Untergiesing erfolgt dies mit dem „Laufzettel", d. h. einem virtuellen Multicache, im Hasenbergl mit der Suche nach „echten" Caches, die zuvor von Schülerinnen und Schülern der Autoren erarbeitet und versteckt wurden. In einem nächsten Durchlauf werden die Gruppen geteilt. Eine Gruppe arbeitet mit stark vergrößerten topographischen, analogen Karten und einer Liste von den Standorten mit Koordinaten. Die Schülerinnen und Schüler müssen anhand der Koordinaten erst einmal auf der Karte die Ziele finden, die sie ansteuern müssen. Zur genaueren Hilfe und zur Unterstützung der Kartennutzer werden im Hartelholz sog. „Spoilerbilder" der Caches (Fotografien des Aussehens der Umgebung der Fundorte des Caches) mit verteilt, damit die Jugendlichen eine bessere Chance zum Auffinden der Caches haben, weil dies nämlich mit Karte eindeutig schwieriger ist als mit GNSS-Geräten, die die Schülerinnen und Schüler direkt per Pfeil und Entfernungsangabe zum Cache führen. Ziel ist bei der Übung im Endeffekt nicht das Geocachen an sich, sondern die etwaige Verbesserung der Raumorientierung (durch das Cachen).

Abb. 3:
Raumorientierungsübung mit Schülerinnen und Schülern. Bild: Friedrich Barnikel.

Die zweite Gruppe arbeitet mit GNSS-Geräten (sieben Garmin etrex Legend HCx), allerdings ohne schon zuvor aufgespielte Karten. Es wird nun nach etwa einer guten halben Stunde gewechselt, sodass jeder Teilnehmer einmal mit Karte und einmal mit GNSS-Gerät arbeitet.

Dann kommt ein zweiter Fragebogen zum Einsatz, ein etwas speziellerer, in dem genauer ein möglicher Zuwachs der Raumorientierung gemessen werden soll.

3 Ergebnisse

Sehr deutlich ist erkennbar, dass ein Anstieg der Verbreitung von Gerätschaften zur Nutzung von digitalen Karten im Vergleich der Studie 2011 mit der aktuellen Untersuchung erkennbar ist (Abb. 4). Mittlerweile haben neun von zehn Schülerinnen oder Schüler unserer Untersuchungsgruppe ein entsprechendes Gerät, nach unseren Beobachtungen in den meisten Fällen Smartphones. Auch die Anzahl der Nennungen (40 % der Befragten in 2014) zur täglichen Nutzung digitaler Karten hat im Vergleich zur früheren Studie zugenommen. Allerdings gibt es auch mehr Jugendliche, die anscheinend seltener solche Geräte verwenden, als dies noch 2011 der Fall war. Die Unterschiede sind aber eher gering, dennoch geben ca. 1/5 der Probanden an, dass die Nutzung der digitalen Karten seltener als einmal pro Monat stattfindet (Abb. 4).

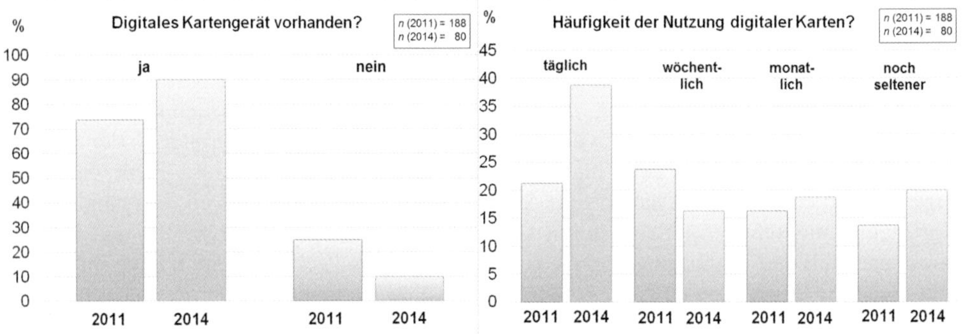

Abb. 4: Entwicklungen bei der Verbreitung von digitalen Kartengeräten bzw. bei der Nutzungsintensität digitaler Karten bei den Untersuchungsgruppen

Die nächste Abbildung (Abb. 5) gibt Aufschluss über die Frage, wie bekannt „Geocaching" ist und wie intensiv dieses betrieben wird. Es ist erkennbar, dass im Vergleich zu den Ergebnissen der Studie vor drei Jahren ein erheblicher Anstieg zu verzeichnen ist.

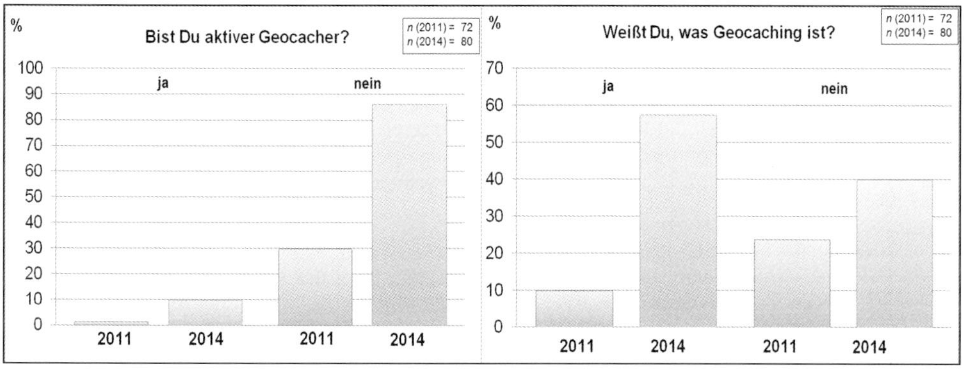

Abb. 5: Kenntnis und Aktivitätsveränderungen bezüglich „Geocaching" 2011 im Vergleich zu 2014

Offenbar besteht mittlerweile zudem eine stärkere Verbindung in der Nutzung von sozialen Netzwerken mit Location-based Services (LBS) (Abb. 6).

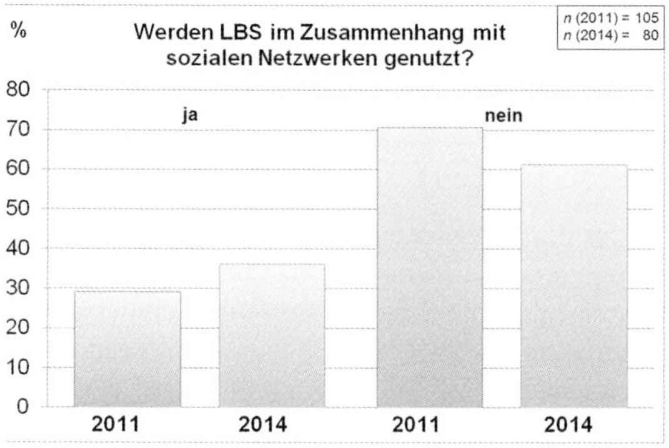

Abb. 6: Nutzungskombination von sozialen Netzwerken und LBS

Während 2011 noch unter 30 % aller Schülerinnen und Schülern diese *services* in Kombination nutzen, liegt der Prozentwert bei der gegenwärtigen Nutzung bei ca. 36 % bei den Befragten. Zu weiteren Angaben aus der Untersuchung von 2011 sei auf VETTER et al. 2012 verwiesen.

Die Verwendung verschiedener digitaler oder analoger Kartenprodukte oder -dienste ist sicherlich in Abhängigkeit des Nutzungszwecks zu sehen. Daher erfolgte die Befragung der Schülerinnen und Schüler, unter welchen Umständen welche Art von Karte eingesetzt wird, über verschiedene weitere Fragen. Tabelle 1 zeigt, dass sich ein erheblicher Wandel in der Beobachtung der Schülerinnen und Schüler über den Zeitraum von nur drei Jahren bei der Nutzung von Navigationsgeräten im Auto feststellen lässt. Während 2011 nur ca. 1/3 der Befragten angab, dass die Eltern diese Geräte bei der Autofahrt nutzen, liegen wir heute mittlerweile bei über 2/3 der Nennungen der Untersuchungsgruppe bei dieser Frage. Dementsprechend nahm der Anteil der (reinen) analogen Kartennutzer auf mittlerweile nur ca. 5 % ab.

Tabelle 1: Verwendung verschiedener Hilfsmittel zur Orientierung in verschiedenen Kontexten (2011: $n = 188$, 2014: $n = 80$, Prozentangaben gerundet)

Frage/ Jahr/ Art	**Was würden Deine Eltern im Auto verwenden?**				**Was würden Deine Eltern beim Wandern verwenden?**				**Was würden Deine Eltern in einer unbekannten Stadt verwenden?**				**Welches Hilfsmittel taugt am besten, um später eine Karte aus dem Gedächtnis zu zeichnen?**			
	Navi.-gerät	**analoge Karten**	**beides**	**weder noch**	**Navi.-gerät**	**analoge Karten**	**beides**	**weder noch**	**Navi.-gerät**	**analoge Karten**	**beides**	**weder noch**	**Navi.-gerät**	**analoge Karten**	**beides**	**weder noch**
2011 (%)	28	25	39	8	7	63	11	19	30	34	26	10	13	61	10	16
2014 (%)	69	6	19	6	11	46	20	23	49	18	25	8	28	51	13	8

Auch 2011 war der Anteil der Eltern laut der Beobachtung der Schülerinnen und Schüler, die beim Wandern ein Navigationsgerät verwenden, gering. Allerdings ist der Anteil der Kartennutzer zu Gunsten des Anteils der Nutzer beider Optionen gesunken. Noch deutlicher als 2011 fällt die Beantwortung der Frage der Nutzung elektronischer Hilfestellungen zur Orientierung in fremden Städten aus. In der vergangenen Studie gaben insgesamt 30 % der Befragten an diese Geräte zu verwenden. Mittlerweile verlässt sich sogar die Hälfte der Eltern der Befragten auf diese Navigationshilfen (Tabelle 1).

Dass die meisten Schülerinnen und Schüler für das Erstellen einer Karte aus dem Gedächtnis nach einer Realraumerfahrung immer noch analoge Karten als das bessere Hilfsmittel im Gelände ansehen, weist darauf hin, dass offenbar die Schülerinnen und Schüler davon ausgehen, ihre Raumorientierungskompetenz damit am besten zu schulen. Die Veränderungen sind aber in nur drei Jahren recht deutlich (Tabelle 1). 2011 bevorzugten über 60 % der Befragten eine analoge Karte für diese Zwecke, 2014 ist es etwas über die Hälfte der Untersuchungsgruppe. Aber mittlerweile glauben ca. 28 % der Probanden, dass man bei der Verwendung digitaler Karten während des Geländeaufenthaltes ebenso in der Lage wäre, später eine Karte aus dem Gedächtnis zu zeichnen. 2011 waren nur ca. 13 % der Teilnehmerinnen und Teilnehmer der Studie der Meinung, dass man mit der Verwendung eines digitalen Kartengerätes ausreichende Raumkenntnis erlangt, um diese später in einer Kartendarstellung zu visualisieren.

Um zu untersuchen, wie sich die Raumorientierungskompetenz bei den Schülerinnen und Schülern unter Verwendung verschiedener digitaler oder analoger Hilfsmittel in unterschiedlichen Untersuchungsgebieten darstellt, wurde wie oben erwähnt, eine Realraumübung durchgeführt (zur Methodik s. VETTER et al. 2012). Tabelle 2 gibt Aufschluss über die Ergebnisse. Es zeigt sich, dass die analoge Kartengruppe offenbar bezüglich der Orientierungsfragen zur Lage von aufgesuchten Objekten im Raum und zur Abschätzung von Distanzen im Vorteil war. Nur bei der Frage zur korrekten Lage einer Achse in Bezug zu Raumobjekten, ist es aufgrund dieser Auswertung offenbar so, dass die GNSS-Gruppe einen kleinen Vorteil hat. Allerdings muss man anmerken, dass die Untersuchungsgruppe vergleichsweise klein ist und die Unterschiede gering sind.

Tabelle 2: Richtige Nennungen in % der verschiedenen Untersuchungsgruppen zu den verschiedenen Fragearten und Gebieten ($n = 60$)

Untersuchungsgebiet	**München-Untergiesing**			**München-Hartelholz**
Richtige Nennungen in % / Gruppen	**Orientierungsfragen zur Lage der Objekte im Mittelwert**	**Distanzfrage**	**Frage zur Ausrichtung einer Achse in Bezug zu Objekten**	**Orientierungsfrage (Marschzahl)**
Ergebnis Kartengruppe	50	11	11	61
Ergebnis GNSS-Gruppe	23	0	20	42

Auch in einem anderen Untersuchungsgebiet (Hartelholz, nicht städtisch geprägt), zeigt sich, dass die analoge Kartengruppe mit über 60 % richtiger Nennungen bei den Fragen zur Raumorientierung besser abschneidet, als die Nutzerinnen und Nutzer digitaler Kartengeräte mit ca. 42 % richtiger Nennungen. Nehmen wir die Werte zur Raumorientierungskompetenz (hier nur Lage der Objekte) aus dem Jahr 2011 im Vergleich zu dem Ergebnis aus dem Jahr 2014, zeigt sich kaum eine Veränderung. Damals wurden 37 % der Fragen zur Lage der Objekte im Raum von den Nutzerinnen und Nutzern der GNSS-Geräten richtig beantwortet, anders als bei den Papierkartennutzern (wo es etwa 67 % waren).

4 Diskussion und Schlussfolgerungen

Zunächst ist festzustellen, dass der Anstieg der Verbreitung von Geräten zur Nutzung von digitalen Karten und damit zusammenhängenden Diensten sehr deutlich erkennbar ist. Hierbei handelt es sich laut Befragungen der Probanden hauptsächlich um Smartphones. Damit ist der Anteil von Smartphones mit 90 % in unserer jugendlichen Untersuchungsgruppe deutlich höher als der Anteil der Smartphone-Nutzer von allen Mobilfunkbesitzern in der gesamten deutschen Bevölkerung mit ca. 60 % (ComScore 2014). Auch wenn zwar die tägliche Nutzung zugenommen hat, gibt im Vergleich zu früher im Jahre 2014 ein größerer Teil der Untersuchungsgruppe an, die digitalen Kartendienste seltener zu nutzen. Man kann aber hier nicht von einem „Wanderungsverhalten" sprechen, da es sich um unterschiedliche Schülerinnen und Schüler handelt, wenn man die beiden Untersuchungen vergleichen möchte. Daher muss man sich vor der Interpretation hüten, dass hier ein Wandel im Umgang mit dieser Technik stattfindet.

Es zeigt sich ferner, dass es mittlerweile mehr „Geocacher" gibt, als dies 2011 der Fall war. Offenbar ist auch 2014 deutlich mehr Schülerinnen und Schülern klar, was dieser Begriff bedeutet. Dies lässt hoffen, dass sich daraus auch ein Nutzen für die Ausbildung von Raumorientierungskompetenz ziehen lässt. „Geocaching" scheint nicht mehr nur noch was für „Nerds" zu sein, offenbar findet es zunehmend Beachtung und Verwendung unter den Jugendlichen.

Die Kombination des Nutzens sozialer Netzwerke zusammen mit Smartphones mit LBS-Funktion, ist etwas gestiegen (von 29 auf 36 % in den letzten drei Jahren). Diese Funktionen wären für die Jugendlichen von Bedeutung, wenn sie zunächst virtuell angebahnte Kontaktaufnahmen in reale Treffen umsetzen möchten. Dennoch ist erstaunlich, dass hier keine höheren Steigerungen erzielt wurden. Entweder ist es im Interesse der Jugendlichen, die virtuellen und realen Begegnungen getrennt zu lassen, oder den Nutzern dieser Dienste ist noch nicht die Verbindung dieser Möglichkeiten klar. Ein Ergebnis zu dieser Fragestellung lässt sich nur durch weitere Befragungen unter den *digital natives* erzielen.

Mittlerweile können wir wohl davon ausgehen, dass in den meisten Fahrzeugen der Eltern der Befragten die Navigationsgeräte die klassischen Straßenkarten abgelöst haben. Während 2011 noch ca. 30 % der Befragten angegeben hatten, diese Technik zur Routenfindung den Papierkarten gegenüber zu bevorzugen, liegen wir mittlerweile mit knapp 70 % bei weit über der Hälfte der Anwenderinnen und Anwender. Ähnlich ist die Häufigkeit der Verwendung digitaler Kartenprodukte an fremden Orten. Aber auch hier ist von einer Steigerung von 30 auf 50 % der Verwender dieser Gerätschaften auszugehen, ein bemerkenswerter Anstieg in nur drei Jahren. Demgegenüber steht, dass die Mehrzahl der Eltern der befragten Schülerinnen und Schüler sich nach wie vor beim Freizeitvergnügen Wandern mit analogen Karten orientieren wollen (Tabelle 1).

Auf Basis dieses Wissens erscheint es erstaunlich, dass nach wie vor die meisten Schülerinnen und Schüler davon ausgehen, dass man mit Papierkarten eine bessere Raumorientierungskompetenz erwerben kann, als dies mit digitalen Karten der Fall sein könnte. Dies ist eine Rechtfertigung für die kartographischen Verlage weiterhin auf gedruckte Kartenerzeugnisse zu setzen. Dies gilt vor allem für die Bewegung im Realraum mit dem Ziel, Orientierungskompetenz zu erwerben oder für den Zweck von Freizeitaktivitäten. Schlichtweg für das Erreichen eines Ziels, ohne weiteren Zweck einer Verbesserung der Raumorientierung, scheint die Weiterentwicklung von digitalem Kartenmaterial angezeigt (Tabelle 1). Von Vorteil wäre es, wenn die Hersteller von Print- oder digitalen Karten hier gemeinsam das Ziel der Ausbildung von Raumorientierungskompetenz verfolgen würden. VETTER & BARNIKEL (2014) haben hierzu Vorschläge gemacht.

Dass die aktive Bewegung im Realraum mit digitalen oder analogen Hilfsmitteln unterschiedliche Fähigkeiten zur Raumorientierung auszubilden vermögen (s. a. NOWAK et al. 2011), wurde mit dieser Studie gezeigt. Dennoch scheinen größerformatige Papierkarten das geeignetere Mittel im Vergleich zu GNSS-Handhelds mit digitalem Kartenmaterial zu sein, um Fortschritt in der Orientierungskompetenz zu erzielen. Wer sich mit entsprechenden Geräten im Raum bewegt kommt auf ca. ein Viertel von richtigen Angaben zu den Fragen zur Lage und Orientierung von besuchten Objekten im Raum. Anders als die Papierkartennutzer. Diese Nutzergruppe konnte 50 % der Fragen zur Raumorientierung richtig beantworten. Dass es für die Ermittlung eines Resultates zur Raumorientierungskompetenz bei dieser Frage unerheblich ist, ob sich die Probanden im städtischen Umfeld oder eher in einem natürlichem Umfeld (in dieser Studie der Innenstadtbezirk München-Untergiesing bzw. Hartelholz) aufhalten, zeigt, dass die Ausbildung von dieser Fähigkeit nicht so stark von unterschiedlichen Raumstrukturen beeinflusst wird (Tabelle 2).

Auf die Rolle des „Geocaching“ als ein Hilfsmittel, um den Schülerinnen und Schülern die Lust an der Orientierung und Bewegung im Raum und damit auch mit der Ausbildung von Raumorientierungskompetenz zu beschäftigen, unterstreicht diese Untersuchung und ist auch in ELLBRUNNER et al. (2014) ausgeführt. Die Untersuchungen zeigen, dass sich die Ausbildung der Raumorientierungskompetenz der Schülerinnen und Schüler heute im Jahre 2014 nicht besser mit elektronischen Geräten bewerkstelligen lässt, als dies 2011 der Fall war. Offenbar liegt dies an den gleichen Gründen, die 2011 festgestellt wurden: Rotierende digitale Karten auf zu kleinen Displays der Geräte, das fehlende Kartenelement zur Nordorientierung und fehlende zusammenfassende, großmaßstäbige Übersichtskarten am Ende des Routings (VETTER & BARNIKEL 2014). Digitale Kartographinnen und Kartographen oder angewandte Geoinformatikerinnen und Geoinformatiker können in diesem Feld noch viel tun, um in Zusammenarbeit mit jenen, die in der Ausbildung für die Raumorientierungskompetenz arbeiten, hier gemeinsam Fortschritte zu erzielen.

Literatur

COMSCORE (2014), Anteil der Smartphone-Nutzer an allen Mobiltelefonbesitzern. http://de.statista.com/statistik/daten/studie/237079/umfrage/anteil-der-smartphone-nutzer-an-allen-mobilfunknutzern-in-deutschland/ (25.01.2014).

DICKMANN & KESTERMANN (2011), Einfluss von Stadtplänen und Fahrzeug-Navigationssystemen auf die Entwicklung mentaler Raummodelle. Kartographische Nachrichten, 61 (4).

DGFG – Deutsche Gesellschaft für Geographie (Hrsg.) (2008), Bildungsstandards im Fach Geographie für den Mittleren Schulabschluss. Kiel.

ELLBRUNNER, H., BARNIKEL, F. & VETTER, M. (2014), "Geocaching" as a method to improve not only spatial but also social skills – Results from a school project. GI_Forum 2014, Salzburg (angenommen).

HEMMER, I., HEMMER, M., OBERMAIER, G. & UPHUES, R. (2008), Räumliche Orientierung. Eine empirische Untersuchung zur Relevanz des Kompetenzbereichs aus der Perspektive der Gesellschaft und der Experten. Geographie und ihre Didaktik, 1, 49-64.

HEMMER, I. & HEMMER, M. (2009), Räumliche Orientierungskompetenz. Struktur, Relevanz und Implementierung eines zentralen Kompetenzbereichs geographischer Bildung. Praxis Geographie, 39 (11), 4-8.

NOWAK, E., FRANZEN, A. E. & KEUL, A. (2011), Bitte unterlassen Sie das Denken während der Fahrt! In: Strobl, J. et al. (Hrsg.), Angewandte Geoinformatik 2011, Wichmann Verlag, Berlin/Offenbach, 403-408.

VETTER, M. & BARNIKEL, F. (2014), Veränderung der Raumorientierungsqualität durch digitale Karten versus analoge Karten – Implikationen für die Kartographie. Tagungsband zur Gemeinsamen Jahrestagung der DGFK, DGPF, GFGI und GIN in Hamburg 2014 (im Druck).

VETTER, M., BARNIKEL, F., PINGOLD, M. & PLÖTZ, R. (2012), Untersuchung zur Verwendung digitaler und analoger Karten im Erdkundeunterricht unter besonderer Berücksichtigung der Raumorientierung. Geographiedidaktische Forschungen, 49. Westermann, 227-241.

ZECHA, S. (2009), Geocaching – Förderung der Orientierungskompetenz mit GPS. Praxis Geographie, 11/2009, 18-20.

GIS im Gesundheitswesen | Health GIS

Zugang zur Kindergesundheit in Brandenburg – eine Untersuchung auf der Grundlage freier Geodaten

Weronika KUCHARSKA, Jonas PIEPER und Jürgen SCHWEIKART
Beuth Hochschule für Technik Berlin · weronika.kucharska@gmx.de

Dieser Beitrag wurde durch das Programmkomitee als „reviewed paper" angenommen.

Zusammenfassung

In Brandenburg wird von einem zunehmenden partiellen Ärztemangel gesprochen. Im Rahmen dieses Beitrags wird untersucht, wie sich diese Situation in der medizinischen Grundversorgung der Kinder abbildet. In Deutschland werden Kinder in einem kombinierten System aus Pädiatern und Hausärzten medizinisch versorgt, weshalb beide Gruppen betrachtet werden. Mittels GI-Methoden wird die geographische Erreichbarkeit der niedergelassenen Kinder- und Hausärzte analysiert. Als Datengrundlage dienen die Arztstandorte, kostenfrei zugängliche Geodaten von *OpenStreetMap* zur Modellierung realer Wege und Siedlungsflächen von *CORINE Land Cover* zur kleinräumigen Bevölkerungsmodellierung. Die Analysen zeigen, dass die verwendeten Daten grundsätzlich geeignet sind, jedoch Limitierungen unterliegen. Für den Zugang zur Kindergesundheit zeigt sich, dass eine flächendeckend verfügbare pädiatrische Grundversorgung nicht in allen Regionen Brandenburgs sichergestellt ist.

1 Einleitung

In Deutschland werden seit 1993 Bedarfsplanungsrichtlinien angewendet, um die vertragsärztliche medizinische Versorgung zu regeln. Zu Beginn der 90er-Jahre eingeführt, ging es in erster Linie darum, der ständig steigenden Zahl von Ärzteniederlassungen und damit einer Überversorgung entgegenzuwirken. Auf der Grundlage von Einwohner-Arzt-Relationen konnten Planungsbereiche für die weitere Zulassung von Ärzten gesperrt werden. Seit etwa zehn Jahren ist vor allem in ländlichen Regionen und in den neuen Bundesländern eher von einem Ärztemangel die Rede. Die Gründe dafür sind vielfältig und reichen von der Überalterung der Ärzteschaft bis hin zu fehlenden Anreizen für junge Ärzte/innen sich in strukturschwachen Regionen niederzulassen. Dazu kommt besonders bei jungen Ärzten/innen mit Familie das Bedürfnis nach sinkenden Arbeitszeiten zugunsten der Work-Life-Balance (KLOSE & REHBEIN 2011).

Die Bedarfsplanungsrichtlinien werden seit Langem nicht mehr als ausreichende Lösung für die bestehenden Probleme angesehen. Daher ist mit Wirkung vom 1. Januar 2013 eine reformierte Bedarfsplanung in Kraft getreten, die im Wesentlichen eine Neueinteilung der Arztgruppen, eine Neugliederung der Planungsbereiche und eine Neufestlegung der Verhält-

Strobl, J., Blaschke, T., Griesebner, G. & Zagel, B. (Hrsg.) (2014): Angewandte Geoinformatik 2014.

niszahlen, mit möglichen Sonderregeln bei regionalen Besonderheiten, beinhaltet (G-BA 2012). Grundlegende Probleme des Bedarfsplanungsansatzes werden dadurch jedoch nicht gelöst. Es wird weiter mit Verhältniszahlen für unterschiedlich große Planungsbereiche gearbeitet, die auf der Grundlage administrativer Grenzen gebildet werden. Vieles bleibt unberücksichtigt: sowohl die kleinräumigen Disparitäten innerhalb der Planungsbereiche als auch die Versorgungsbeziehungen über Planungsraumgrenzen hinaus.

Kinder werden in Deutschland in einem kombinierten System bestehend aus Kinder- und Hausärzten medizinisch betreut. In der Bedarfsplanung werden diese beiden Arztgruppen getrennt betrachtet (JÄGER-ROMAN 2011). Die Verhältniszahlen der beiden Arztgruppen sind unterschiedlich und beziehen sich in Brandenburg auf unterschiedliche Planungsgrößen. Es ist fraglich, ob durch diese Herangehensweise die medizinische Grundversorgung der Kinder ausreichend gesichert werden kann. In diesem Beitrag wird zwei Fragen nachgegangen. Zum einen wie gestaltet sich der geographische Zugang zur ambulanten medizinischen Versorgung von Kindern in Brandenburg, wobei über die in der Bedarfsplanung berücksichtigten raumbezogenen Aspekte hinausgegangen wird. Zum anderen wird untersucht, wie gut sich die verwendeten freien Geodaten von *OpenStreetMap (OSM)* und *CORINE Land Cover (CLC)* für Geoanalysen eignen.

2 Zugangstheorie und Erreichbarkeitsmessung

2.1 Zugang als Indikator zur Messung der Versorgungsqualität

Der Gesundheitsstatus einer Bevölkerung wird sowohl auf der individuellen als auch auf der gesellschaftlichen Ebene grundlegend vom Zugang zu Gesundheitsdienstleistungen beeinflusst. Die Inanspruchnahme von medizinischen Leistungen wirkt sich positiv auf die Gesundheit der Bevölkerung aus (BUTSCH 2011). Das Angebot von Gesundheitsdienstleistungen schließt nicht automatisch ein, dass sie für jedermann zugänglich sind, wenn diese erwünscht oder erforderlich sind (GULLIFORD et al. 2002). Es gibt eine Vielzahl an Nutzungswiderständen, die überwunden werden müssen, bis eine Inanspruchnahme erfolgen kann. Zunächst wurde hierbei das Hindernis des geographischen Raumes, gemessen an der Entfernung zur Einrichtung, untersucht. Später wurden mit den Begriffen „Erreichbarkeit" oder „Zugänglichkeit" zunehmend andere, nicht räumliche Nutzungsbarrieren verbunden (ZEPF et al. 1978). PENCHANSKY & THOMAS (1981) definieren den Zugang als Grad der Anpassung zwischen dem Gesundheitssystem und den Bedürfnissen der Bevölkerung. Sie benennen fünf Indikatoren, die den Zugang beschränken. Angebotsqualität, Erschwinglichkeit und Akzeptanz durch den Nutzer sind nicht räumlicher Natur und spiegeln sich in sozioökonomischen sowie kulturellen Faktoren wieder. Verfügbarkeit und Erreichbarkeit sind dagegen Indikatoren mit räumlichem Bezug und stehen im Mittelpunkt von GIS-Analysen, die in der Gesundheitssystemforschung durchgeführt werden (GATRELL & SENIOR 2005).

2.2 Methoden zur Messung räumlicher Erreichbarkeit

Es gibt eine Vielzahl von Methoden, mittels dessen sich die räumliche Erreichbarkeit und Verfügbarkeit von Gesundheitsdienstleistungen modellieren lassen. Die wichtigsten werden bei GUAGLIARDO (2004) und BRABYN & GOWER (2004) diskutiert.

2.2.1 Reisewiderstand

Um den Reisewiderstand zum nächstgelegenen Arzt zu berechnen, werden häufig Buffer- oder Netzwerkanalysen angewendet. Diese Methode eignet sich besonders gut für Analysen in ländlichen Regionen, in denen das Ärzteangebot vergleichsweise gering ist und der nächstgelegene Arzt häufiger derjenige ist, der tatsächlich aufgesucht wird. In urbanen Gebieten kann diese Annahme nicht gelten, weshalb besser Verfahren eingesetzt werden, die den durchschnittlichen Reisewiderstand aller erreichbaren Ärzte innerhalb eines Untersuchungs- oder Einzugsgebietes verwenden.

2.2.2 Einwohner-Arzt-Relationen

Einwohner-Arzt-Relationen beschreiben das Verhältnis der absoluten Ärzteanzahl innerhalb eines Untersuchungsgebietes zu dessen Gesamtbevölkerung oder zu einer ausgewählten Bevölkerungsgruppe. Gewöhnlich wird diese Methode auf administrative Einheiten angewandt, wie in der Bedarfsplanung. Versorgungsbeziehungen über deren Grenzen hinaus und räumliche Disparitäten in den teilweise großen Untersuchungsgebieten werden nicht berücksichtigt. Um dem entgegenzuwirken, wurde die Methode *two-step floating catchment area* (*2SFCA method*) entwickelt. Die Einwohner-Arzt-Relation wird dabei nicht innerhalb von administrativen Grenzen, sondern innerhalb von Einzugsbereichen berechnet (LUO 2004). Als Ausgangspunkte für die Einzugsbereiche können z. B. Arztstandorte oder Flächenzentroide bevölkerungsstatistischer Einheiten verwendet werden.

2.2.3 Gravitationsmodelle

Für distanzabhängige Gravitationsmodelle werden die potenziellen räumlichen Interaktionen zwischen Nachfrage und Angebot berücksichtigt. Die Modelle ermöglichen Aussagen zum verfügbaren Angebot abhängig von der versorgenden Wohnbevölkerung und dessen potenzieller Inanspruchnahme. LUO & QI (2009) haben den distanzabhängigen Ansatz der Gravitationsmodellierung in die *2SFCA method* integriert und das Modell damit verbessert. Wegen der Vielzahl integrierter Aspekte müssen die Ergebnisse dieser Analysen allerdings sehr differenziert betrachtet werden und sind schwer zu interpretieren.

3 Datengrundlagen

Die Analysen erfordern hausnummerngenaue Adressen der Ärzte. Diese wurden von der Kassenärztlichen Vereinigung (KV) Brandenburg zum Stichtag 31.12.2011 zur Verfügung gestellt. Wegen des kombinierten Versorgungsansatzes in der pädiatrischen Grundversorgung wurden insgesamt 1.728 Ärztestandorte, davon 176 Kinderärzte und 1.552 Hausärzte geokodiert.

Im Gegensatz zum Bedarfsplanungsansatz, wird mithilfe einer GIS-Analyse die wohnortnahe Versorgungssituation realitätsnah beschrieben. Ausgehend von der Annahme, dass der Nutzer den kürzesten Weg wählt, wird die Strecke zum nächstgelegenen, ambulanten medizinischen Angebots auf Basis eines Straßengraphen gemessen. Die Analyse erfolgt auf kleinräumiger Basis und unabhängig von administrativen Grenzen. Dazu werden kostenfrei zugängliche Daten verwendet.

3.1 OpenStreetMap als Grundlage des Straßennetzes

Die Erreichbarkeit der Ärzte wird mittels einer Netzwerkanalyse quantifiziert. Als Grundlage für einen analysefähigen Straßengraphen werden die Daten von *OpenStreetMap (OSM)* verwendet, die mit der Extension *ArcGIS Editor for OpenStreetMap* zu einem *Network Dataset* konvertiert werden. Hinsichtlich der Vollständigkeit unterscheidet sich der OSM-Datensatz in Brandenburg kaum von den Datensätzen kommerzieller Anbieter wie TomTom. Zu dem Ergebnis kommt eine Studie von NEIS et al. (2012), welche die Entwicklung in Deutschland zwischen 2007 und 2011 analysiert. Grundsätzlich wird eine bessere Abdeckung von OSM in städtischen Regionen und von TeleAtlas (heute TomTom) auf dem Land festgestellt.

Besonders in den ländlichen Regionen Brandenburgs ist der private PKW das wichtigste Verkehrsmittel, da der öffentliche Nahverkehr vielfach nur schwach ausgebaut ist und die Wege zum nächstgelegenen Arzt für Fahrradfahrer oder Fußgänger meist zu weit sind. Um PKW-Reisezeiten zu ermitteln, ist eine ausreichende Attributierung der Straßendaten hinsichtlich der zulässigen Höchstgeschwindigkeit und weiterer Restriktionen erforderlich. Hier werden die Schwächen der OSM-Daten deutlich. Über 77 % der Straßenabschnitte weisen keine Informationen im Feld „maxspeed" auf. Dass es deutlich mehr sein kann, zeigt der OSM-Datensatz von Berlin: hier fehlt lediglich bei knapp 24 % der Straßenabschnitte dieses Attribut.

3.2 CORINE Land-Cover-Daten zur Ermittlung von Siedlungsflächen

Verwaltungsgrenzen und Bevölkerungsdaten sind in Brandenburg auf Ebene der Gemeinde verfügbar. Um die Analysen zu präzisieren, werden kleinräumigere Daten zur Ermittlung des Reisewiderstandes zwischen Ärzten und Patienten benötigt. Dazu wurden insgesamt 1.624 Siedlungsflächen aus dem CORINE Land-Cover-Datensatz entnommen. Die Daten sind Teil des CORINE (*Coordination of Information on the Environment*) Projektes der Europäischen Umweltagentur, die einheitliche und vergleichbare Daten der Bodenbedeckung in Europa bereitstellt. Bisher fanden drei Datenerhebungen statt. Der neueste Datensatz aus dem Jahr 2006 wurde anhand von multispektralen Satellitenbildern mit einer räumlichen Auflösung von 20 m aufgenommen, digitalisiert und klassifiziert. Die Daten können kostenfrei für wissenschaftliche Zwecke auf der Seite des Deutschen Zentrums für Luft- und Raumfahrt (DLR) bestellt werden. Aus dem Vektordatensatz wurden Objekte entnommen, die als *„Städtisch geprägte Flächen"* klassifiziert und mit aktuellen Satellitenbildern abgeglichen wurden. Aufgrund der 20 m Auflösung ist die Genauigkeit der Daten begrenzt, sodass nur Objekte über einer Größe von 25 ha kartiert werden konnten (KEIL et al. 2010). Sehr kleine Dörfer und Siedlungen sind daher im Datensatz nicht vorhanden.

Bevölkerungsdaten aus dem Statistischen Informationssystem Berlin Brandenburg (StatIS-BBB) des Amtes für Statistik Berlin-Brandenburg wurden in einem Schätzverfahren auf die aus dem CLC entnommenen Siedlungsflächen umgerechnet. Alle Siedlungsflächen innerhalb einer Gemeinde wurden aufsummiert und die Bevölkerungsdaten, d. h. insgesamt 687.866 Kinder unter 18 Jahren, anschließend flächenproportional zugewiesen.

4 Ergebnisse

Es wurde versucht, die fehlenden zulässigen Höchstgeschwindigkeiten im OSM-Datensatz zu ergänzen. Dazu wurden die Siedlungsflächen mit den Straßen verschnitten und Höchstgeschwindigkeiten für die Straßentypen *Außerorts* und *Innerorts* definiert. Das Ergebnis war nicht zufriedenstellend. Die Gründe sind fehlerhafte Anbindungen von Straßen durch neue Stützpunkte, z. B. zu Autobahnen, Ungenauigkeiten in den definierten Siedlungsflächen und die undifferenzierte Höchstgeschwindigkeit *Außerorts*. Daher werden nur die Ergebnisse der Distanzanalysen dargestellt, da die ermittelten Reisezeiten nicht belastbar ermittelt werden können.

In den folgenden Kapiteln werden drei Indikatoren berechnet, um die Versorgungssituation zu beschreiben. Zur Beschreibung der Versorgungssituation werden drei Indikatoren berechnet und in den folgenden Unterkapiteln dargestellt Verwendung findet die Software *ArcGIS* mit der Erweiterung *Network Analyst*. Primär wird die Alleinversorgung durch Kinderärzte untersucht. In einem weiteren Schritt werden die Hausärzte in die Analysen integriert. Entwickelt und ausführlich dargestellt wurden die Analyseverfahren von SCHWEIKART et al. (2012), angewendet auf die vertragsärztliche Versorgung in Berlin.

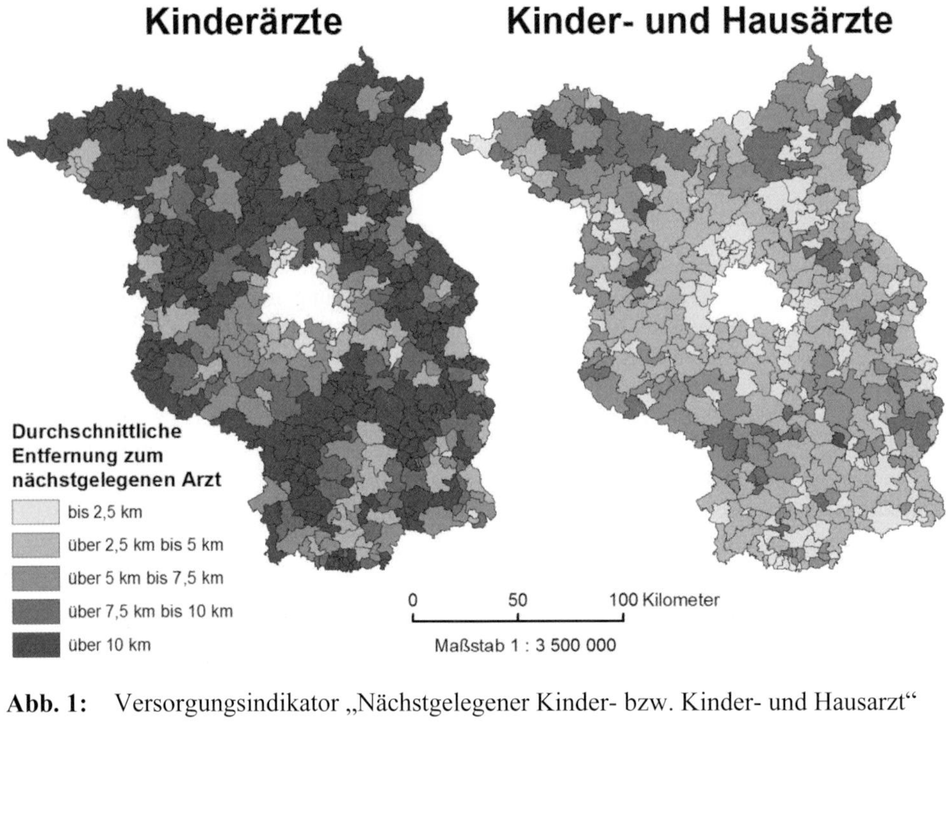

Abb. 1: Versorgungsindikator „Nächstgelegener Kinder- bzw. Kinder- und Hausarzt"

4.1 Nächstgelegener Kinderarzt / Hausarzt

Ausgehend von den Zentroiden der Siedlungsflächen wird der nächstgelegene Kinderarzt bzw. Kinder- oder Hausarzt identifiziert und die Distanz bestimmt. Abbildung 1 zeigt die Ergebnisse aggregiert auf Ebene der Gemeinden. Es wird ersichtlich, dass der Zugang zum Kinderarzt für viele Gemeinden nicht innerhalb der zumutbaren Entfernung von 10 km gewährt wird (vgl. Abb. 1, links). Eine Analyse auf Basis der Siedlungsflächen zeigt, dass davon knapp 21 % der Kinder unter 14 Jahren und 23 % der unter 18-Jährigen betroffen sind. Für fast ein Viertel aller Kinder in Brandenburg ist der nächstgelegene Kinderarzt demnach schlecht zu erreichen. Werden Hausärzte mit in die Erreichbarkeitsanalyse einbezogen verbessert sich die Situation deutlich (vgl. Abb. 1, rechts).

4.2 Erreichbare Kinderärzte / Hausärzte

In diesem Verfahren wird die Anzahl der erreichbaren Ärzte ausgezählt. Dazu ist es erforderlich, eine zumutbare Entfernung zum Arzt festzulegen. In Regionen wie Brandenburg kann die Entfernung zur Praxis bei der Auswahl des Arztes eine entscheidende Rolle spielen. Im Jahr 2011 stellte die „AOK-Arbeitsgruppe Bedarfsplanung" ein Modell zur Planung von Arztsitzen vor. Bei der Fragestellung von Planungsmerkmalen für eine bedarfsgerechte Versorgung der Patienten wurde u. a. der Aspekt der Erreichbarkeit betrachtet. In die erste Versorgungsstufe der ärztlichen Primärversorgung fallen Haus- und Kinderärzte. Die Planung sieht vor, dass sie in einer Distanz von maximal 10 km bzw. 30 Min. zu erreichen sind (SCHLIEMANN 2011). Aufgrund der lückenhaften Angaben der zulässigen Höchstgeschwindigkeiten der OSM-Daten, wird die Analyse auf Basis der 10 km Distanz durchgeführt.

Für den Versorgungsindikator „Erreichbare Kinderärzte / Hausärzte" werden Einzugsbereiche, die der vordefinierten zumutbaren Entfernung von 10 km entsprechen, ausgehend von den Zentroiden der Siedlungsflächen definiert. Die Einzugsbereiche aller Siedlungsflächen einer Gemeinde werden zu einem gemeinsamen Einzugsbereich zusammengeführt. Danach werden diese mit den Arztdaten verschnitten. Das Ergebnis ist die Anzahl der Kinder-. bzw. Kinder- und Hausärzte, die innerhalb des 10 km Bereiches der Gemeinden liegen. Die durchschnittliche Anzahl der erreichbaren Pädiater beträgt 3,67. Wie die Tabelle 1 zeigt, leben ca. 14 % der unter 18-Jährigen Brandenburger in Gemeinden, von denen kein Kinderarzt in angemessener Entfernung zu erreichen ist. Für gut 2.000 Kinder ist sogar weder ein Kinder- noch ein Hausarzt innerhalb dieser Distanz zu erreichen.

Tabelle 1: Bevölkerung nach Indikatorklassen „Erreichbare Ärzte"

Erreichbare Ärzte	**Kinderärzte**			**Kinder- und Hausärzte**		
	Anzahl Siedlungsflächen	**Bevölkerung unter 18 Jahren**		**Anzahl Siedlungsflächen**	**Bevölkerung unter 18 Jahren**	
		absolut	**in %**		**absolut**	**in %**
0	190	96.928	14,09	8	2.060	0,30
1 bis 5	189	342.842	49,84	150	52.552	7,64
6 bis 10	32	154.728	22,49	59	48.540	7,06
über 10	8	93.360	13,57	202	584.706	85,00

4.3 Gleitende Einzugsbereiche – Kinderärzte / Hausärzte

Für den Versorgungsindikator „Gleitende Einzugsbereiche“ werden innerhalb der 10 km Einzugsbereiche die Einwohner-Arzt-Relationen berechnet. Dazu wird die Bevölkerung aller Siedlungsflächen, deren Zentroide sich innerhalb eines Einzugsbereiches befinden, aufsummiert und anschließend durch die Anzahl, der in diesem Gebiet tätigen Ärzte, dividiert. Die Einwohner-Arzt-Relationen werden mittels der Verhältniszahlen der Bedarfsplanungsrichtlinie normiert. Ist der Wert 100 % entspricht es dem Ziel der Richtlinie, ab 110 % wird von Überversorgung gesprochen etc. (vgl. Abb. 2). Da sich diese Einwohner-Arzt-Relationen auf kleinere Gebiete beziehen als sie in der Bedarfsplanung verwendet werden, machen sie Unter- oder Überversorgungssituationen kleinräumig sichtbar. Kinder- und Hausärzte werden getrennt voneinander betrachtet, da beide Arztgruppen in unterschiedliche Versorgungsebenen der Bedarfsplanung eingestuft sind.

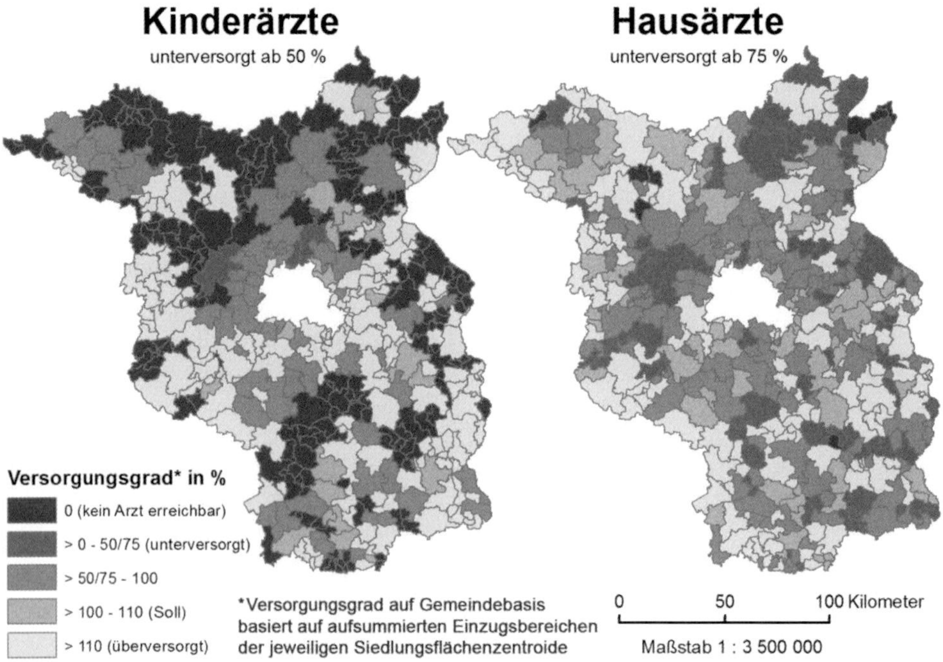

Abb. 2: Versorgungsindikator „Gleitende Einzugsbereiche Kinder- bzw. Hausärzte“

Die Bedarfsplanung ordnet Kinderärzte der Gruppe der allgemeinen fachärztlichen Versorgung zu. Die Versorgungsgrade werden für Planungsbereiche berechnet, die meist auf den Kreisen und kreisfreien Städten der Bundesländer basieren. Abhängig von den siedlungsstrukturellen Kreistypen werden den Planungsbereichen facharztspezifische Verhältniszahlen zugewiesen. Diese werden für die analysierte Gemeinde- und Siedlungsflächenebene übernommen. Sie variieren von 2.405 Kindern pro Kinderarzt in den Zentren bis 4.372 in engeren Pendlerverflechtungsräumen (G-BA 2012). Für 190 Gemeinden, von denen kein Arzt innerhalb der zumutbaren Entfernung erreichbar war, kann kein Indikator berechnet werden. Diesen Gemeinden wurde ein Versorgungsgrad von 0 % zugewiesen. Drei Gemeinden weisen Versorgungsgrade von unter 50 % auf, obwohl Kinderärzten innerhalb von 10 km erreichbar sind und sind dennoch kleinräumig unterversorgt. Weitere 56 Gemeinden befinden sich mit einem Versorgungsgrad von unter 100 % an der Schwelle zur Unterversorgung (vgl. Abb. 2, links).

Die Verhältniszahl für Hausärzte wurde auf der Ebene der Mittelbereiche festgelegt. Laut Bedarfsplanungsrichtlinie ist die Grundversorgung durch Hausärzte bei einer allgemeinen Verhältniszahl von 1.600 Einwohnern pro Arzt gesichert. Dieses Verhältnis bezieht sich auf Einwohner aller Altersgruppen, d. h. Kinder und Jugendliche inbegriffen (G-BA 2012, 11). Deshalb wird auf der Gemeinde- und Siedlungsflächenbasis die gesamte Bevölkerung einbezogen, um den Indikator zu berechnen. Abbildung 2 (rechts) stellt die Versorgungssituation nach der Analyse dar. Mehr als die Hälfte, nämlich 214 von insgesamt 419 Gemeinden weisen eine Überversorgung auf. Diesen steht jedoch ein großer Anteil an Gemeinden mit einer drohenden oder bereits existierenden Unterversorgung gegenüber. Acht Gemeinden haben keinen Zugang zum Hausarzt in einer Distanz von weniger als 10 km.

5 Diskussion

Für fast die Hälfte aller Kinder und Jugendlichen beträgt der Weg zum nächstgelegenen Kinderarzt weniger als 2,5 km. Diese Kinder leben jedoch in nur 18 von insgesamt 419 Gemeinden. In 190 Gemeinden können dagegen keine Kinderärzte innerhalb der zumutbaren Distanz von 10 km erreicht werden. Es ist eine große Herausforderung die relativ kleine Anzahl von Kindern und Jugendlichen (14 %), die auf fast der Hälfte der Fläche des Bundeslandes verteilt sind, angemessen zu versorgen. Bei Berücksichtigung der Einwohner-Arzt-Relationen sind knapp 40 % der Kinder und Jugendlichen von einer kleinräumigen Unterversorgung betroffen.

Wegen der teilweise unzureichenden Versorgungssituation mit Kinderärzten ist davon auszugehen, dass Hausärzte einen großen Beitrag zur Sicherstellung der Versorgung von Kindern leisten. Tatsächlich verbessert sich die Situation bei allen drei Indikatoren deutlich, wenn die Hausärzte in die Analysen integriert werden. Wenn Hausärzte zum primären Ansprechpartner für die Kinder einer Region werden, ist zu befürchten, dass deren Kapazitätsgrenze überschritten wird und darunter auch die hausärztliche Versorgung für Erwachsene leidet.

Eine große Herausforderung dieser Studie ist es, die Analysen auf kleinräumiger Basis, mittels frei verfügbarer Geodaten, durchzuführen. Das betrifft die Daten von CLC zur Ermittlung der Siedlungsflächen sowie OSM-Daten zur Erstellung des Straßennetzes.

Prinzipiell eignen sich CLC-Daten um Siedlungsflächen abzugrenzen. Genauigkeit und Vollständigkeit der Daten reichen für kleinräumige Untersuchungen jedoch nicht aus. Wegen des kleinen Maßstabes sind Flächen mit weniger als 25 ha nicht enthalten. Da Brandenburg überwiegend aus ländlichen Flächen und kleinen Ortschaften besteht, ist das Fehlen dieser Daten problematisch. Die Bevölkerung wird insgesamt auf die erfassten Siedlungsflächen umgerechnet. Der Einfluss von den sehr kleinen Siedlungsflächen mit wenigen Einwohnern bleibt unberücksichtigt.

Die Qualität der OSM-Daten in Bezug auf die Geometrie ist hoch. Eine große Schwäche zeigt sich bei der quantitativen Attributierung des Datensatzes, die in ländlichen Regionen im Gegensatz zu urbanen Regionen deutlich zurückbleibt. Die Versorgungssituation kann durch Reisezeiten mit dem PKW besser als durch Distanzen abgebildet werden. Dazu sind vollständige Angaben zur zulässigen Höchstgeschwindigkeit unerlässliche Bestandteile. Diese fehlen jedoch zu 70 % und können nur unzureichend durch Data-Mining modelliert werden. PKW-Reisezeiten basierend auf OSM-Daten für Versorgungsanalysen in Brandenburg zu nutzen ist derzeit nicht zielführend. Ist die Analyse auf Grundlage der Entfernung ausreichend, eignen sich die OSM-Daten und zeigen zuverlässige und aussagekräftige Ergebnisse.

Fazit

Die drei Indikatoren haben sich als hilfreich erwiesen, die Versorgung im ländlichen Raum zu beschreiben und die Frage zu beantworten, ob die Grundversorgung von Kindern in Brandenburg gesichert ist. Große Teile des Bundeslandes haben keinen Zugang zu Kinderärzten innerhalb einer Distanz von 10 km. Bei Betrachtung der kombinierten Versorgung mit Hausärzten ist der Versorgungsauftrag dagegen weitestgehend erfüllt. Durch die Analysen wird gezeigt, welche Regionen betroffen sind und wo die Versorgungssituation detaillierter beleuchtet werden sollte und gegebenenfalls Gegenmaßnahmen eingeleitet werden sollten. Analysen mit GI-Systemen sind ein geeignetes Instrument in der Gesundheitsforschung, mit deren Anwendung sich der Versorgungsstand regional differenziert beschreiben lässt, und bieten daher einen Vorteil verglichen mit den Bedarfsplanungsrichtlinien. Die Kritik an der Bedarfsplanung bleibt nach deren Neuordnung bestehen, da kleinräumliche Disparitäten innerhalb der Planungsbereiche unbeobachtet bleiben und der integrierte Versorgungsansatz durch die Richtlinien nicht unterstützt wird.

Die verwendeten, kostenfrei zugänglichen Daten zeigen im Untersuchungsgebiet Brandenburg nachweislich Schwächen und sind eingeschränkt nutzbar. Sie sind grundsätzlich ausreichend, abgesehen von der Reisezeitanalyse, die ambulante medizinische Versorgungssituation der Kinder darzustellen und zu zeigen, dass räumliche Disparitäten existieren.

Literatur

BRABYN, L. & GOWER P. (2004), Comparing Three GIS techniques for Modeling Geographical Access to General Practitioners. Cartographica, 39 (2), 41-49.

BUTSCH, C. (2011), Zugang zu Gesundheitsdienstleistungen. Barrieren und Anreize in Pune, Indien. In: KRAAS, F., HEINTZENBERG J. & HERRLE, P. (Hrsg.), Megacities und Global Change, Megastädte und globaler Wandel. Stuttgart.

G-BA – Gemeinsamer Bundesausschuss (Hrsg.) (2012), Richtlinie des gemeinsamen Bundesausschusses über die Bedarfsplanung sowie die Maßnahme zur Feststellung von Überversorgung und Unterversorgung in der vertragsärztlichen Versorgung (Bedarfsplanungsrichtlinie). Neufassung vom 20. Dezember 2012. http://www.g-ba.de/downloads/62-492-666/BPL-RL_2012-12-20_BAnz.pdf (13.12.2013).

GATRELL, A. & SENIOR, M. (2005), Health and health care applications. In: LONGLEY, P. A., GOODCHILD, M. F., MAGUIRE, D. J. & RHIND, D. W. (Eds.), Geographical Information Systems. Principles, Techniques, Management, and Applications. New Jersey, 925-938.

GUAGLIARDO, M. F. (2004), Spatial accessibility of primary care: concepts, methods and challenges. International Journal of health Geographics, 3 (3). http://www.ij-healthgeographics.com/content/3/1/3 (13.12.2013).

GULLIFORD, M., FIGUEROA-MUNOZ, J., MORGAN, M., HUGHES, D., GIBSON, B., BEECH, R. & HUDSON, M. (2002), What does 'access to health care' mean? Journal of Health Services research & Policy, 7 (3), 186-188. http://www.hqcc.qld.gov.au/Quality/Documents/Article-What-does-access-to-health-care-mean-Journal-club-27-Oct-2011.pdf (13.12.2013).

JÄGER-ROMAN, E. (2011), Der Erhalt der Kinder-Grundversorgung in Europa muss eine Herausforderung der Zukunft sein. Beitrag zur Berufspolitik – Symposium auf der DGKJ-Jahrestagung 2011. http://www.dgkj.de/fileadmin/user_upload/Meldungen_2011/1109_Berufspolitik_J%C3%A4gerRoman.pdf (13.12.2013).

KEIL, M., BOCK, M., ESCH, T., METZ, A, NIELAND, S. & PFITZNER A. (2010), CORINE Land Cover Aktualisierung 2006 für Deutschland. – Abschlussarbeit im Auftrag des Umweltbundesamtes am Deutschen Zentrum für Luft- und Raumfahrt. http://www.corine.dfd.dlr.de/media/download/clc2006_endbericht_de.pdf (13.12.2013).

KLOSE, J. & REHBEIN, I. (2011), Ärztliche Versorgung: Mangel oder Allokationsproblem? In: GÜNSTER, C., KLOSE, J. & SCHMACKE, N. (Hrsg.), Versorgungs-Report 2011. Schwerpunkt: Chronische Erkrankungen. Stuttgart.

LUO, W. (2004), Using a GIS-based floating catchment method to assess areas with shortage of physicians. Health & Place, 10, 1-11.

LUO, W. & QI, Y. (2009), An enhanced two-step floating catchment area method for measuring spatial accessibility to primary care physicians. Health & Place, 15, 1100-1107.

NEIS, P., ZIELSTRA, D. & ZIPF, A. (2012), The Street network Evolution of Crowdsourced Maps: OpenStreetMap in Germany 2007-2011. Future Internet, 4(1), 1-1. http://www.mdpi.com/1999-5903/4/1/1 (03.04.2013).

PENCHANSKY, R. & THOMAS, J. W. (1981), The Concept of Access: Definition and Relationship to Consumer Satisfaction. Medical Care, 19 (2), 127-140.

SCHLIEMANN, B. (2011), Ärzteplanung mit hoher Präzision. G+G Gesundheit und Gesellschaft. Das AOK-Forum für Politik, Praxis und Wissenschaft, 3 (11), 32-37.

SCHWEIKART, J., PIEPER, J. & METZMACHER, A. (2010), GIS-basierte und indikatorgestützte Bewertung der ambulanten ärztlichen Versorgungssituation in Berlin. Kartographische Nachrichten, 6, 306-113.

ZEPF, E., MÖLLER, J. & NEUBAUER, G. (1978), Forschungsbericht: Kriterien zur Abgrenzung von Analyse- und Planungsräumen im Gesundheitswesen. Institut für Regionalplanung und Infrastruktur, München.

Einfluss der Patientenmobilität auf die Qualität der Gesundheitsversorgung

Stephan LUTHER und Thomas KISTEMANN

Institut für Hygiene und Öffentliche Gesundheit, Bonn · stephan.luther@ukb.uni-bonn.de

Zusammenfassung

Um die Ursachen von Versorgungsunterschieden im Hinblick auf deren Beeinflussbarkeit unterscheiden und beurteilen zu können, ist die Abgrenzung von ‚relevanten Populationen' erforderlich. Hierzu wird in einem vom Zentralinstitut der Kassenärztlichen Versorgung (ZI) geförderten Forschungsprojekt nicht von der Anbieter-, sondern von der Nachfrageseite ausgegangen. Im vorliegenden Ansatz werden Populationen kassenärztlich versorgter Patienten über Merkmale ihrer eigenen Versorgungsmobilität charakterisiert, definiert und abgegrenzt. Versorgungsmobilität soll hier operationalisiert werden, indem der räumliche Kontext der Arztkontakte analysiert wird: die Zahl der Arztkontakte eines Patienten zu den jeweils besuchten Ärzten unter Berücksichtigung der Entfernung des Patientenwohnortes vom jeweiligen Praxisstandort. Daraus ergeben sich für den Patienten je Arztkontakt durchschnittlich zurückgelegte Personenkilometer sowie jährlich insgesamt zurückgelegte Personenkilometer durch die Inanspruchnahme von Versorgungsangeboten. Die so ermittelten Versorgungsmobilitätswerte lassen sich, nach Normierung mit der Arztdichte anhand demographischer Merkmale (Alter, Geschlecht) und Wohnorttypisierung stratifizieren, sowie zu Patientengruppen möglichst homogener Versorgungsmobilität aggregieren. Die praktische Anwendbarkeit der so ermittelten ‚relevanten Populationen' wird anhand ausgewählter Versorgungsindikatoren überprüft.

1 Einleitung

1.1 Einführung

In Deutschland geht jeder Einwohner durchschnittlich 17 Mal pro Jahr zu einem niedergelassenen Arzt (RIENS et al. 2012). Dabei sind zwischen den Altersklassen deutliche Unterschiede feststellbar. Eine Aussage über die Qualität der gesundheitlichen Versorgung macht die Zahl der Arztkontakte nicht.

Um diese zu bewerten, werden häufig Routine- (Abrechnungs-)daten auf Basis der üblichen administrativen Grenzen – Länder, Kreise, bestenfalls Gemeinden – herangezogen. Die Aggregationsverfahren auf der Basis dieser administrativen Grenzen erweisen sich jedoch als nicht zielführend, um die Versorgungsqualität adäquat zu beurteilen und Disparitäten aufzudecken. So können sich statistische Maßzahlen allein durch eine veränderte Grenzziehung deutlich ändern (Modifiable areal unit problem – MAUP; OPENSHAW 1984). Demnach ist es notwendig, ein anderes Verfahren zur Abgrenzung von Populationen bezüglich ihrer medizinischen Versorgung zu entwickeln und anhand ausgewählter Versorgungsindikatoren zu prüfen, ob sich darüber Versorgungsunterschiede abbilden lassen.

Strobl, J., Blaschke, T., Griesebner, G. & Zagel, B. (Hrsg.) (2014): Angewandte Geoinformatik 2014.
 ISBN 978-3-87907-543-0.

Als einer der zentralen Faktoren der Inanspruchnahme von Gesundheitsdienstleistungen gilt die Mobilität des potenziellen Patienten. In einem vom Zentralinstitut der Kassenärztlichen Versorgung (ZI) geförderten Forschungsprojekt wird, in Zusammenarbeit mit den Kassenärztlichen Vereinigungen Hamburg und Schleswig-Holstein, die Abgrenzung versorgter Populationen aus Sicht der Nachfrageseite durchgeführt. In unserem Ansatz werden Populationen kassenärztlich versorgter Patienten über Merkmale ihrer eigenen Versorgungsmobilität charakterisiert, definiert und abgegrenzt. **Versorgungsmobilität** wird hier über die Analyse des räumlichen Kontextes der Arztkontakte operationalisiert.

Unsere zentrale Forschungsfrage lautet: Unterscheiden sich unterschiedlich versorgungsmobile Populationen hinsichtlich der Qualität ihrer Versorgung?

1.2 Mobilität in der Versorgungsforschung

Hinsichtlich des Verkehrs- und Mobilitätsverhalten der deutschen Bevölkerung wurden bereits 1976, 1982, 1989 (kontinuierliche Erhebung zum Verkehrsverhalten), 2002 und 2008 (BMVBS) Befragungen durchgeführt. Der Zusammenhang zwischen Mobilität und Gesundheitsversorgung wurde dabei nicht untersucht. Dabei wird Mobilität als einer der zentralen Faktoren für die Erreichbarkeit und das Inanspruchnahmeverhalten in Bezug auf Gesundheitsdienstleistungen angesehen (ARCURY et al. 2005, MCGRAIL & HUMPHREYS 2009). So konnten z. B. IEZZONI et al. (2000) hinsichtlich der Inanspruchnahme von Früherkennungsuntersuchungen einen negativen Einfluss eingeschränkter körperlicher Mobilität der Befragten nachweisen.

Die Software der KBV zur kleinräumigen Versorgungsanalyse betrachtet das Versorgungsgeschehen auf der Ebene von Siedlungsflächen, ergänzt um ein Straßenwegenetz (KOPETSCH & SCHÖPE 2007). Die auf Basis der Siedlungsflächen ermittelten Wegezeiten können der optimierten Standortplanung von Arztpraxen dienen. Eine Verknüpfung mit Versorgungsindikatoren findet nicht statt. PEARCE et al. (2007) haben in Neuseeland mit einem GIS anhand eines Straßennetzwerkes die Wegezeiten von Mittelpunkten der Zensusbezirke (mit je ca. 100 Einwohnern) zu Gesundheitseinrichtungen analysiert. CUMMINS (2007) weist in seinem Kommentar zu dieser Studie auf die mangelnde Berücksichtigung tatsächlicher individueller Bewegungsmuster hin. FÜLÖP et al. (2008) konnten anhand von KV-Abrechnungsdaten die tatsächlich zurückgelegten Entfernungen von Patienten zu ihren Ärzten auswerten und nachweisen, dass diese den nächstgelegenen Arzt präferieren.

Als Alternative zu der üblichen Aggregation anhand administrativer Grenzen zeigten VON STILLFRIED & CZIHAL (2013) auf dem AGENS Methodenworkshop 2013, wie sich anhand ärztlicher Abrechnungsdaten „virtuelle Versorgungsnetzwerke“ bilden lassen und wie deren Versorgungsbeitrag ermittelt werden kann.

2 Forschungsdesign und methodische Vorgehensweise

Im Rahmen einer retrospektiven Kohortenstudie wird die Zahl der Arztkontakte eines Patienten zu den jeweils besuchten Ärzten unter Berücksichtigung der kürzesten Netzwerk-Entfernung des Patientenwohnortes vom jeweiligen Praxisstandort analysiert. Daraus ergeben sich für den Patienten je Arztkontakt durchschnittlich zurückgelegte Personenkilometer sowie jährlich insgesamt zurückgelegte Personenkilometer durch die Inanspruchnahme von kassenärztlichen Versorgungsangeboten. Die so ermittelten Werte der Versorgungsmobilität lassen sich nach

Normierung mit der Arztdichte anhand demographischer Merkmale (Alter, Geschlecht) und Wohnorttypisierung stratifizieren, sowie zu Patientengruppen möglichst homogener Versorgungsmobilität aggregieren. Die praktische Anwendbarkeit der so ermittelten ‚relevanten Populationen' wird anschließend anhand ausgewählter Versorgungsindikatoren überprüft.

2.1 Datengrundlage

Als Datengrundlage dienen die (pseudonymisierten) Abrechnungsdaten (ICD10 Diagnosen, EBM-Ziffern) der Jahre 2009 – 2012 (inkl. adressscharfer Ortsinformationen) aller im Untersuchungsgebiet (Schleswig-Holstein und Hamburg) niedergelassenen Ärzte mit Kassenzulassung, sowie die Adressinformationen dieser Ärzte.

Aufgrund der geographischen Gegebenheiten (Küste, Elbe) bieten Schleswig-Holstein und Hamburg eine gegenüber anderen Bundesländern recht isolierte Lage, wodurch Versorgungseffekte aus den angrenzenden Bundesländern als gering eingestuft werden. Für weitergehende Auswertungen sollen als Raumdifferenzierung die Stadt- und Gemeindetypen des Bundesinstituts für Bau-, Stadt-, und Raumforschung (BBSR) verwendet werden (im Folgenden als BBSR-Wohnorttyp bezeichnet).

Für den betrachtenden Zeitraum von vier Jahren wird von fast 290 Mio. Abrechnungsfällen ausgegangen (Annahme: Hamburg 17,8 Arztkontakte/Jahr; 1,8 Mio. Einwohner; Schleswig Holstein 16,9 Arztkontakte/Jahr; 2,8 Mio. Einwohner; 90 % GKV Anteil in der Bevölkerung). Die Zahl unterschiedlicher Arzt-Patienten-Relationen und entsprechend zu berechnende Netzwerk-Distanzen wird allerdings aufgrund von Mehrfachbelegungen und bereinigter Datensätze deutlich geringer ausfallen.

Als Grundlage für die Entfernungsberechnungen auf Basis eines Straßennetzwerkes dient Microsoft MapPoint 2013 (Kartenmaterial von Navteq und Tele Atlas). Die Geocodierung der Arztadressen erfolgt über die Microsoft Bing Maps Locations API.

2.2 Darstellung der verwendeten Indikatoren

Durch die Berechnung der kürzesten Netzwerkdistanzen einzelner Patienten zu den von ihnen aufgesuchten Ärzten werden die wahrscheinlich zurückgelegten Wege modelliert werden. Dies geschieht unter der vereinfachenden Annahme, dass Patienten ihre Ärzte grundsätzlich von ihrer Wohnortadresse aufsuchen und nach dem Arztbesuch dorthin zurückkehren. Anhand der Variablen: ‚durchschnittlich zurückgelegte Entfernung je Arztkontakt' und der ‚für die ambulant-ärztliche Versorgung jährlich zurückgelegten Personenkilometer' wird in Anlehnung an die ‚Mobilität in Deutschland' (MiD) Befragung (Bundesministerium für Verkehr, Bau und Stadtentwicklung 2010) die Versorgungsmobilität der Patienten operationalisiert.

Die ermittelten Mobilitätsvariablen werden individuell über einen Vierjahreszeitraum arithmetisch gemittelt, nach PLZ-bezogener Arztdichte normiert sowie unter Berücksichtigung von Geschlecht, Alter und BBSR-Wohnorttyp stratifiziert. Die Versorgungsqualität der unterschiedlich versorgungsmobilen Patientenpopulationen wird anhand ausgewählter Versorgungsindikatoren des Indikatorensatzes der Gesundheitsberichterstattung der Länder (Indikator 7.16 und 7.17, siehe Tab. 1) (Ministerium für Gesundheit, Soziales, Frauen und Familie des Landes Nordrhein-Westfalen 2003) und weiterer Indikatoren überprüft. Hierfür werden die für spezifische Versorgungsleistungen Inanspruchnahmeberechtigten in den gebildeten Patientenpopulationen betrachtet und für diese die relativen Häufigkeiten der Inanspruchnahme ermittelt.

Tabelle 1: Die ausgewählten Versorgungsindikatoren inkl. ICD10 Codes und EBM Ziffern (eigene Darstellung)

7.16: Inanspruchnahme von Krebsfrüherkennungs-untersuchung	7.17: Gesundheits-Checkup	Untersuchung des Augenhintergrundes bei Diabetikern ICD10: E10 – E14 Diabetes mellitus	Psychotherapie nach Diagnose F32: Depressive Episode	MRT nach Diagnose M54: Rückenschmerzen
EBM: 01730 Krebsfrüherkennungsunter-suchung bei der Frau (ab dem 20. Lebensjahr) Binäre (ja/nein) Variable für: • Jährliche Inanspruchnahme • Mindestens einmal im Untersuchungszeitraum.	EBM: 01732 Gesundheitsuntersu-chung (ab 36. Lebensjahr) Binäre (ja/nein) Variable für: • Jährliche Inanspruchnahme • Mindestens einmal im Untersuchungszeit-raum.	EBM: 06333 Binokulare Untersuchung des Augenhintergrundes Binäre (ja/nein) Variable für: • Jährliche Inanspruchnahme • Mindestens einmal im Untersuchungszeit-raum.	EBM: 035150 Probatorische Sitzung (bis 1 Jahr nach Diagnose) Binäre (ja/nein) Variable für: • wenn bis zu 12 Monate vorher F32 diagnostiziert wurde.	EBM: 34411 MRT-Untersuchung von Teilen der Wirbelsäule (bis 6 Monate nach Diagnose) Binäre (ja/nein) Variable für: ▪ 34411 wenn bis zu 6 Monate vorher M54 diagnostiziert wurde.
EBM: 01731 Krebsfrüherkennungsunter-suchung beim Mann (ab dem 45. Lebensjahr) Binäre (ja/nein) Variable für: • Jährliche Inanspruchnahme • Mindestens einmal im Untersuchungszeitraum.				
EBM: 01746 Früherkennungsuntersuchung auf Hautkrebs (ab 36. Lebensjahr, alle zwei Jahre) Binäre (ja/nein) Variable für: • Zweimal im Untersuchungszeitraum, wenn 36. Lebensjahr ab 2008 erreicht oder davor.				
EBM: 01750 Früherkennung von Brustkrebs durch Mammographie-Screening Binäre (ja/nein) Variable für: • Zweimal im Untersuchungszeitraum, wenn 50. Lebensjahr ab 2008 erreicht oder davor.				

2.3 Statistische und geographische Analysen

Die Ermittlung der kürzesten Netzwerkdistanz für einzelne Patienten wird mithilfe der Verknüpfung einer SQL Datenbank und der Routingfunktion von Microsoft MapPoint realisiert. Für die aus den Abrechnungsdaten abgeleiteten pseudonymisierten Arzt/Patienten-Paare wird die Zahl der Kontakte gezählt, die jeweils kürzeste Netzwerkdistanz berechnet und für das jeweilige Arzt/Patienten-Paar, unter Berücksichtigung von Hin- und Rückweg, in der Datenbank hinterlegt. So lassen sich die individuellen, jährlichen versorgungsbezogenen Personenkilometer sowie die durchschnittlich zurückgelegten Entfernungen je Arztbesuch ermitteln.

Da eine geringere Arztdichte in ländlichen Regionen zu weiteren Wegen führt, ist davon auszugehen, dass die Arztdichte Einfluss auf die berechneten Mobilitätskennzahlen hat. Um diesen Einfluss zu berücksichtigen, werden die Arztadressen geocodiert und in ESRI ArcGIS 10.1 als Punktkarte dargestellt. Auf Basis dieser Punktkarte wird anschließend die Arztdichte über eine Kerndichteschätzung (Kernel Density Estimation, KDE) ermittelt. Über eine quadratische Funktion wird im Zuge der KDE für jeden Punkt eine glockenförmige Oberfläche generiert. Für jede Rasterzelle ergeben sich nun die Werte aus der spezifischen Überlagerung dieser Oberflächen. Die Werte lassen sich in einer Raster- oder Isolinienkarte darstellen (DESMITH et al. 2007). Über eine flächenanteilige Gewichtung wird die Arztdichte den fünfstelligen PLZ-Gebieten und somit den jeweiligen Patienten zugewiesen. Durch eine einfache Multiplikation wird die Mobilitätskennzahl anschließend mit der Arztdichte normiert.

Mithilfe einer hierarchischen Clusteranalyse nach der Ward-Methode (BAHRENBERG 1992; BORTZ & DÖRING 2006) werden anhand der Variablen: Geschlecht, Alter, Wohnorttyp und arztgruppenspezifischer **Versorgungsmobilität** verschiedene Typen versorgungsmobiler Patienten mit spezifischen Mobilitäts- sowie Geschlechts-, Alters- und Wohnortmerkmalen definiert. Zur Durchführung der Clusteranalyse wird die Software IBM SPSS 22 verwendet.

Als Beispiel für entsprechende Populationen können die „wenig mobilen über 65-jährigen des ländlichen Raums" dienen. Für eine so definierte Population wird die relative Häufigkeit der Inanspruchnahme (im Bezug zu den Anspruchsberechtigten) der ausgewählten Versorgungsindikatoren ermittelt.

Mithilfe der ermittelten Inanspruchnahmehäufigkeiten der definierten Patientenpopulationen werden Relative Risiken gegenüber einer, aus der Datenbasis zu definierenden, Referenzpopulationen ermittelt. Für diese werden Konfidenzintervalle und teststatistische Signifikanzen (p-Werte) bestimmt (KREIENBROCK et al. 2011).

3 Ausblick

Mit der vorliegenden Studie sollen in sich homogene Gruppen unterschiedlich **versorgungsmobiler** Patienten gebildet werden. Die so charakterisierten Patientengruppen werden weiterhin nach Wohnorttypus, Alter und Geschlecht beschrieben. Somit lassen sich die verschiedenen Zielgruppen der ambulanten Versorgungsangebote mobilitätsspezifisch erreichen. Dies kann sich in der Anpassung von Versorgungsstrukturen, der Zahl der Hausbesuche oder alternativen Angeboten wie der mobilen Arztpraxis in Niedersachsen (DEUTSCHES ÄRZTEBLATT 2013) niederschlagen. So könnten etwa bei Bedarf Vorsorgeuntersuchungen in mobilen Arztpraxen angeboten und gezielt beworben werden.

Literatur

ARCURY, T., GESLER, W., PREISSER, J., SHERMAN, J., SPENCER, J. & PERIN, J. (2005), The Effects of Geography and Spatial Behavior on Health Care Utilization among the Residents of a Rural Region. Health Services Research, 40 (1), 135-156.

BAHRENBERG, G. (1992), Statistische Methoden in der Geographie. 2. Aufl. Teubner, Stuttgart.

BORTZ, J. & DÖRING, N. (2006), Forschungsmethoden und Evaluation. Für Human- und Sozialwissenschaftler. 4. Auflage. Springer Medizin Verlag Heidelberg, Berlin/Heidelberg:

BUNDESMINISTERIUM FÜR VERKEHR, BAU UND STADTENTWICKLUNG (BMVBS) (Hrsg.) (2010), Mobilität in Deutschland (MiD) 2008. Ergebnisbericht Struktur – Aufkommen – Emissionen – Trends. Bonn & Berlin.

CUMMINS, S. (2007), Commentary: Investigating neighbourhood effects on health – avoiding the 'Local Trap'. Internat. Journal of Epidemiology, 36 (2), 355-357.

DESMITH, M. J., GOODCHILD, M. F. & LONGLEY, P. A. (2007), Geospatial analysis. A comprehensive guide to principles, techniques and software tools. 2. Ed. Matador, Leicester.

DEUTSCHES ÄRZTEBLATT (2013), Erste rollende Arztpraxis in Niedersachsen gestartet. Hg. v. Deutscher Ärzte-Verlag GmbH. http://www.aerzteblatt.de/nachrichten/55436/Erste-rollende-Arztpraxis-in-Niedersachsen-gestartet (31.01.2014).

FÜLÖP, G., KOPETSCH, T., SCHÖPE, P., STROBL, J., BLASCHKE, T. & GRIESEBNER, G. (2008), Einzugsbereiche von Arztpraxen und die Rolle der räumlichen Distanz für die Arztwahl der Patienten. In: STROBL, J. et al. (Hrsg.), Angewandte Geoinformatik 2008, Wichmann, Heidelberg.

IEZZONI, L., MCCARTHY, E., DAVIS, R. & SIEBENS, H. (2000), Mobility impairments and use of screening and preventive services. American Journal of Public Health 90 (6), 955-961. www.ncbi.nlm.nih.gov/pmc/articles/PMC1446260/ (13.05.2013).

KOPETSCH, T. & SCHÖPE, P. (2007), KBV-System zur kleinräumigen prospektiven Versorgungsanalyse. Forum Psychotherapeutische Praxis, 7 (4), 158-163.

KREIENBROCK, L., PIGEOT, I. & AHRENS, W. (2011), Epidemiologische Methoden. 5. Aufl. Spektrum Akademischer Verlag, Heidelberg.

LONGLEY, P. (2001), Geographic information systems and science. John Wiley, Chichester.

MCGRAIL, M. R. & HUMPHREYS, J. S. (2009), The index of rural access: an innovative integrated approach for measuring primary care access. BMC Health Services Research, 9 (1), 124.

MINISTERIUM FÜR GESUNDHEIT, SOZIALES, FRAUEN UND FAMILIE DES LANDES NORDRHEIN-WESTFALEN (Hrsg.) (2003), Indikatorensatz für die Gesundheitsberichterstattung der Länder. Arbeitsgemeinschaft der Obersten Landesgesundheitsbehörden (AOLG). www.gbe-bund.de/gbe10/owards.prc_show_pdf?p_id=9768&p_sprache=d (31.01.2014).

OPENSHAW, S. (1984), Ecological fallacies and the analysis of areal census data. Environ. Plann., A 16 (1), 17-31.

PEARCE, J., WITTEN, K., HISCOCK, R. & BLAKELY, T. (2007), Are socially disadvantaged neighbourhoods deprived of health-related community resources? International Journal of Epidemiology 36 (2), 348-355. http://ije.oxfordjournals.org/content/36/2/348.short (05.08.2013).

RIENS, B., ERHART, M. & MANGIAPANE, S. (2012), Arztkontakte im Jahr 2007–Hintergründe und Analysen. In: Zentralinstitut für die kassenärztliche Versorgung in Deutschland (Hrsg.). Berlin. httwww.versorgungsatlas.de/fileadmin/ziva_docs/ID_14_Dok1_Bericht.pdf (30.07.2013).

STILLFRIED, D. VON & CZIHAL, T. (2013), Ermittlung des „Versorgungsbeitrags" von Arztpraxen – ein Schritt in Richtung eines populationsbezogenen Analysemodells zur Erklärung regionaler Unterschiede? Berlin. www.zi.de/cms/fileadmin/images/content/PDFs_alle/B3_AGENS_Stillfried.pdf (12.05.2013).

Handlungsempfehlungen für eine „Gute Kartographische Praxis im Gesundheitswesen (GKPiG)" – Vorstellung einer Initiative

Jürgen SCHWEIKART[1], Jobst AUGUSTIN[2] und Werner MAIER[3]

[1]Beuth Hochschule fuer Technik, Berlin · schweikart@beuth-hochschule.de
[2]Competenzzentrum Versorgungsforschung in der Dermatologie, Hamburg
[3]Helmholtz Zentrum, München

Zusammenfassung

Seit Jahren ist zu beobachten, dass Geoinformationssysteme verstärkt als Instrument in den Gesundheitswissenschaften eingesetzt werden. Damit verbunden nimmt die Häufigkeit von Karten in Fachpublikationen und bei Präsentationen von Analyseergebnissen zu. Gleichzeitig ist festzustellen, dass die kartographischen Mindeststandards häufig nicht eingehalten werden. Deshalb hat sich eine Initiative mit dem Fokus gegründet, Karten im Gesundheitswesen zu verbessern, indem einheitliche Qualitätsstandards formuliert werden. Ziel ist es, Handlungsempfehlungen zu erarbeiten und darüber hinaus Hinweise für die Interpretation solcher Karten zu geben. Die Initiative Gute Kartographische Praxis im Gesundheitswesen (GKPiG) orientiert sich an den bereits existierenden Empfehlungen Gute Epidemiologische Praxis (GEP) sowie Gute Praxis Sekundärdatenanalyse (GPS). Angesprochen werden sollen Nutzer mit geringer geographischer bzw. kartographischer Expertise aus der Epidemiologie, der Versorgungsforschung und dem Öffentlichen Gesundheitsdienst.

1 Einleitung

Karten gesundheitlich relevanter Sachverhalte haben eine lange historische Tradition. Erste Karten zum Thema Infektionskrankheiten wurden im 17. und 18. Jahrhundert veröffentlicht (CROM & SCHARLACH 2013). Die Abbildung von Mortalität, vor allem verursacht durch die großen Choleraepidemien des 19. Jahrhunderts, war eines der Hauptthemen von Karten aus dieser Zeit. Das bekannteste Beispiel ist die Karte von John Snow über die Choleraepidemie von 1854 in London. Sein Ansatz ging über die reine Deskription der Todesfälle hinaus. Er hatte, ohne den kausalen Zusammenhang zu kennen, Schlussfolgerungen bezüglich der Quelle der Erkrankung gezogen. Diese Karte war ein wichtiges Instrument der Forschungen Snows zu den Ursachen der Cholera (KISTEMANN et al. 1997).

Karten werden zunehmend zur explorativen Datenanalyse eingesetzt und sind heute ein unverzichtbares Werkzeug raumbezogener Fragestellungen in den Gesundheitswissenschaften. Spätestens seit den 1990er-Jahren haben Geoinformationssysteme einen breiteren Anwenderkreis gefunden und Karten werden vermehrt als analytisches und kommunikatives Instrument genutzt (SCHWEIKART & KISTEMANN 2013). Verstärkt in digitaler und webbasierter Form, finden Karten inzwischen einen hohen Zuspruch im Gesundheitswesen, so-

Strobl, J., Blaschke, T., Griesebner, G. & Zagel, B. (Hrsg.) (2014): Angewandte Geoinformatik 2014.
 ISBN 978-3-87907-543-0.

wohl in der Epidemiologie und Versorgungsforschung als auch im Öffentlichen Gesundheitsdienst. Dies schlägt sich entsprechend in der Zahl der wissenschaftlichen Publikationen nieder. Eine diesbezügliche Analyse bestätigt es. Medizinisch relevante Zeitschriftenartikel, einschließlich der Beiträge des Öffentlichen Gesundheitswesens und sozialmedizinischer Literatur, wurden hierfür in der englischsprachigen textbasierten Meta-Datenbank „PubMed" bibliographisch erfasst (McEntyre & Lipman 2001). Abbildung 1 zeigt eine Recherche nach dem Begriff „GIS". Die Anzahl der Beiträge, die bereits in ihrem Titel „GIS" beinhalten haben sich zwischen 2000 und 2006 fast vervierfacht und sich seither auf knapp 80 bis 100 Treffer pro Jahr eingependelt. Die Ergebnisse der Volltextrecherche, die neben dem Terminus „GIS" auch verwandte Begriffe wie „geographical information system" einbeziehen, steigen seit dem Jahr 2000 in ihrer absoluten Zahl kontinuierlich und erzielten 2011 mehr als 670 Treffer. Der relative Anteil an GIS-Publikationen, bezogen auf alle nachgewiesenen Veröffentlichungen, bleibt seit 2006 mit knapp 70 Titeln je 100.000 Publikationen weitgehend stabil. Dies unterstreicht, dass die raumbezogene Betrachtung nachhaltig von wissenschaftlichem Interesse ist und damit zwangsläufig eine Zunahme von Karten verbunden ist (Schweikart & Kistemann 2013, 5).

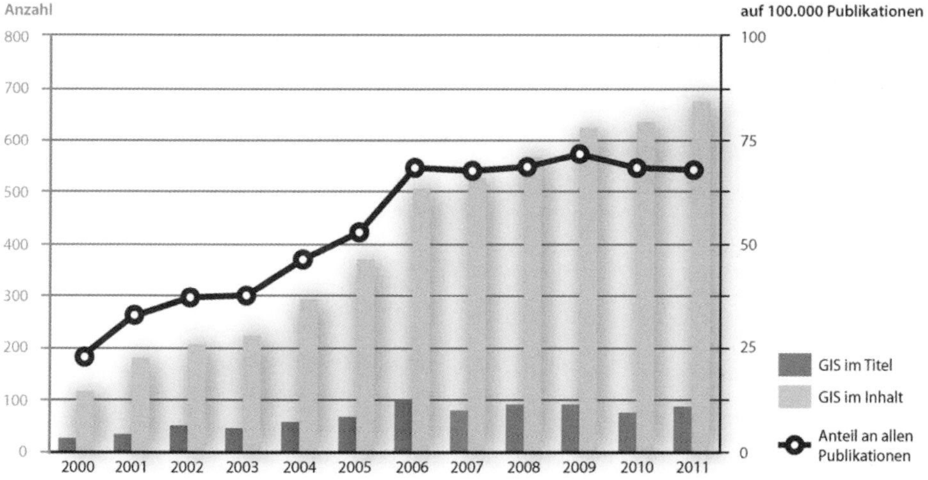

Abb. 1: Wissenschaftliche Publikationen in der Suchmaschine PubMed (Abfrage 31.10.2012) (Quelle: Schweikart & Kistemann 2013, 5)

Dieser Trend wurde einerseits durch ein wachsendes Interesse an regionalen Fragestellungen in den Gesundheitswissenschaften ausgelöst und andererseits durch inzwischen einfach zu bedienende und teilweise frei verfügbare Desktop-Mapping- und GIS-Programme verstärkt. Die Karten, die durch Laien erstellt werden, berücksichtigen leider nicht immer die erforderlichen geographischen und kartographischen Mindeststandards. Viele der Kartenersteller aus den Gesundheitswissenschaften besitzen keinerlei grundlegende Kenntnisse in der Kartographie. In der Folge wird das Potenzial kartographischer Aussagen nicht vollständig ausgenutzt und es kann zu Fehlinterpretationen kommen. Abbildung 2 zeigt eindrucksvoll die grafische Wirkung durch den unterschiedlichen Einsatz der Farbabfolge. Bei gleichen Daten, gleicher Klassenzahl und gleichem Klassenbildungsverfahren, entstehen zwei Karten, die beim Betrachter unterschiedliche Wirkungen hinterlassen. Der dunkle Ton in der linken Abdeckung kann als hohe Impfrate interpretiert werden. In der rechten Karte zeigt die dunkle Signatur eher auf, dass zu wenig geimpft wird. Zwei graphische Konzepte führen zu zwei unterschiedlichen Aussagen.

Vor diesem Hintergrund und der Zunahme raumbezogener Fragestellungen, gestützt durch die von der DEUTSCHEN FORSCHUNGSGEMEINSCHAFT (2013) gewünschten Selbstkontrolle in der Wissenschaft, ist es sinnvoll für Karten einen definierten Qualitätsstandard zu erarbeiten. Der Arbeitskreis für Medizinische Geographie in der Deutschen Gesellschaft für Geographie (DGfG), die Arbeitsgruppe Health Geography in der Deutschen Gesellschaft für Epidemiologie (DGEpi) und das Leibniz-Institut für Länderkunde (IfL) haben die Initiative ergriffen, sich dieser Aufgabe anzunehmen.

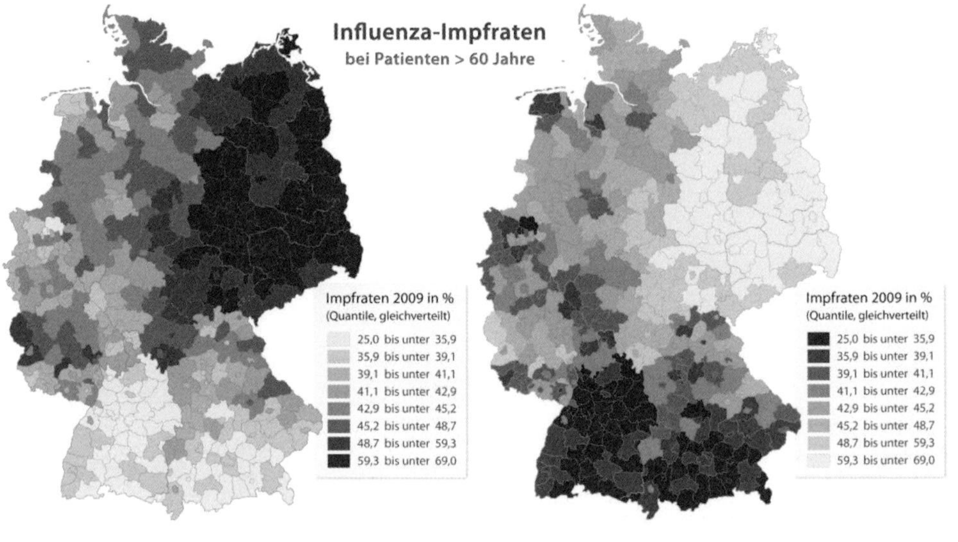

Abb. 2: Ausgewähltes Kartenbeispiel aus dem ZI-Versorgungsatlas (Quelle: www.versorgungsatlas.de, veränderte Kartenrandgestaltung)

2 Zielsetzung

Ziel der Initiative ist es, Handlungsempfehlungen zu geben, die dabei helfen sollen, Karten zu erstellen und diese zu interpretieren. Es werden alle relevanten Gebiete des Gesundheitswesens integriert, dazu gehören die Epidemiologie und Versorgungsforschung sowie der Öffentliche Gesundheitsdienst. Zielgruppe sind alle Personen, die am Prozess der Kartenerstellung und deren Interpretation beteiligt sind. Der Fokus wird vor allem auf diejenigen gerichtet, die geringe geographische bzw. kartographische Vorkenntnisse aufweisen. Es ist nicht das Ziel der Initiative, ein weiteres kartographisches Fachbuch zu erstellen. Vielmehr soll ein qualitätsstandardisierter Handlungsspielraum geschaffen werden, der die Zielgruppe für das Anliegen sensibilisiert, qualitativ gute Karten herzustellen. Praktische

Beispiele sollen dabei helfen, die identifizierten Herausforderungen sichtbar zu machen und den Weg zur Karte als Instrument effektiver Kommunikation aufzuzeigen. Es werden Verweise auf Zusatzinformationen, weiterführende Literatur, Weblinks, Hinweise auf Datenquellen etc. erstellt. Ein ergänzender Schwerpunkt des Vorhabens ist es, soweit wie möglich die Themen Ressourcen von Geodaten und Interpretation von Karten zu integrieren.

Bisher gibt es im deutschsprachigen Raum keine einheitlichen Qualitätsstandards für die Erstellung von Karten im Gesundheitswesen. In der internationalen wissenschaftlichen Gemeinschaft zeigt sich prinzipiell eine ähnliche Situation. Einzig bei der räumlichen Analyse und Visualisierung von Krebsdaten gibt es vereinzelt Publikationen (BREWER 2006, BELL et al. 2006), die die Thematik annäherungsweise im Sinne einer guten Praxis aufgreifen.

3 Implementierung

Die Handlungsempfehlungen werden durch eine Arbeitsgruppe aus Mitgliedern des Arbeitskreises für Medizinische Geographie (DGfG), der Arbeitsgruppe Health Geography (DGEpi) sowie Vertretern des Instituts für Länderkunde erarbeitet. Derzeit beschäftigen sich ca. 25 Teilnehmer aus den Fachbereichen Geographie, Kartographie, Epidemiologie, Versorgungsforschung sowie dem Öffentlichen Gesundheitsdienst mit dem Thema GKPiG (AUGUSTIN et al., 2014).

In einem ersten „Brainstorming“ wurden grundlegende Inhalte gesammelt. Dazu wurden alle Teilnehmer gebeten, typische Probleme, relevante Fragestellungen etc. zu benennen, die während des umfassenden Prozesses auf dem Weg zur Erstellung einer Karte auftreten. Alle Aspekte, d. h. vom ersten Konzept an über die Erhebung von Geometrie- und Attributdaten bis hin zur fertigen Karte und deren Interpretation, werden hierfür berücksichtigt. Eine Vielzahl von relevanten Themen wurden genannt, insbesondere Klassenbildung, Auswahl von Farben oder Signaturen, statistisch-methodische Aspekte, wie der Umgang mit kleinen Fallzahlen, Visualisierung von Signifikanzen oder Konfidenzintervallen etc. In der Folge wurden Arbeitsgruppen gebildet, die sich den ermittelten Themenbereichen annahmen und erste Entwürfe für die Handlungsempfehlungen ausarbeiteten. Die Arbeitsgruppenergebnisse wurden auf gemeinsamen Workshops in Leipzig, Hannover und Bonn diskutiert, weiterentwickelt und anschließend abgestimmt.

Die Handlungsempfehlungen sind in folgende Kapitel gegliedert:

- Kartenvorbereitung: Ethik, Datenschutz und Urheberrechte, Daten und ihre Eigenschaften, Zielgruppe und Publikationsform, Datenaufbereitung, Generalisierung, Informationsvermittlung und Interpretation.
- Kartenerstellung: Projektionen, räumliche Statistik, Kartentypen, Kartenrandangaben, Anwendung der Gestaltungsmittel, Punkt- und Flächensignaturen, Kartenschrift.
- Webbasierte/digitale Kartographie: Interaktivität, technische Anforderungen.
- Evaluierung und Publikation der Karte.

Abgedeckt werden alle relevanten Inhalte in der zeitgemäßen Kartenerstellung bzw. Webapplikation. Auf die grafischen Aspekte wird ebenso eingegangen, wie auf die Stärken und Risiken bei der Anwendung von GI-Systemen. Einbezogen werden auch der sensible Umgang mit Daten und die kritische Auseinandersetzung mit der benannten Thematik.

Insbesondere zwei Aspekte machen die GKPiG zu einer besonderen Herausforderung: Zum einen ist dies die Vielfalt kartographischer Ausdrucksformen, zum zweiten die nicht überschaubare Breite gesundheitsrelevanter Themen. Jedes dieser Themen erfordert es, individuelle Lösungsstrategien zu erarbeiten. Hiervon ist die gesamte Prozesskette betroffen: Erhebung von Geometrie- und Attributdaten, Aufbereitung, Analyse und Präsentation. Aufgrund der Bandbreite ist es eine große Herausforderung, diese Handlungsempfehlungen zu entwickeln. Sie werden sich daher zwangsläufig auf kartographische Mindeststandards und elementare Grundregeln konzentrieren.

Die Struktur der Empfehlungen ist weitgehend festgelegt und wird in den nächsten Monaten mit den diskutierten Inhalten gefüllt. Der Abschluss des Manuskripts ist für Mitte 2014 geplant. Das Manuskript wird als Basisversion veröffentlicht und zur allgemeinen Diskussion bereitgestellt. Dieses Potenzial wird genutzt, um in einem koordinierten Diskussionsprozess die Handlungsempfehlungen weiterzuentwickeln und schließlich am Ende des Jahres im Internet frei zu publizieren. Angestrebt wird eine Evaluierung der GKPiG im Zweijahresrhythmus oder nach Bedarf erfolgende Aktualisierungen bzw. Überarbeitungen. Damit wird sichergestellt, den Bedürfnissen der Zielgruppe gerecht zu werden, indem z. B. neue Themen aufgenommen werden.

Literatur

AUGUSTIN, J., KISTEMANN, T., KOLLER, D., LENTZ, S., MAIER, W., MOSER, J. & SCHWEIKART, J. (2014), Gute Kartographische Praxis im Gesundheitswesen (GKPiG) – Vorstellung einer Initiative. www.med-geo.de (27.01.2014).

BELL, S., HOSKINS, R. H., PICKLE, L. W. & WARTENBERG, D. (2006), Current practices in spatial analysis of cancer data: mapping health statistics to inform policymakers and the public. International Journal of Health Geographics, 5 (49).

BREWER, C. (2006), Basic Mapping Principles for Visualizing Cancer Data Using Geographic Information Systems (GIS). American Journal of Preventive Medicine, 30 (2S), 25-36.

CROM, W. & SCHARLACH, H. (2013), Entwicklung und Einsatzgebiete thematischer Karten im frühen 19. Jahrhundert am Beispiel der Cholera. Kartographische Nachrichten, 1/2013, 19-26.

DEUTSCHE FORSCHUNGSGEMEINSCHAFT (DFG) (Hrsg.) (2013), Vorschläge zur Sicherung guter wissenschaftlicher Praxis Empfehlungen der Kommission „Selbstkontrolle in der Wissenschaft“. 2. Auflage. http://www.dfg.de/download/pdf/dfg_im_profil/reden_stellungnahmen/download/empfehlung_wiss_praxis_1310.pdf (27.01.2014).

KISTEMANN, T., LEISCH, H. & SCHWEIKART, J. (1997), Geomedizin und Medizinische Geographie. Entwicklung und Perspektiven einer „old partnership“. Geographische Rundschau, 49 (4), 198-203.

MCENTYRE, J. & LIPMAN, D. (2001), PubMed: bridging the information gap. Canadian Medical Association Journal (CMAJ), 164 (9), 1317-1319.

SCHWEIKART, J. & KISTEMANN, T. (2013), Kartographie der Gesundheit. Kartographische Nachrichten, 1/2013, 3-11.

INSPIRE-Daten im Gesundheitswesen – Status und Potenzial

Martin SEILER

Bundesamt f. Kartographie und Geodäsie, Frankfurt · martin.seiler@bkg.bund.de

1 Einleitung

Die Nutzung räumlicher Daten in der Gesundheitsforschung wird seit Langem gefordert und es existieren zahlreiche Anwendungsmöglichkeiten und -beispiele. Hindernisse sind häufig die Verfügbarkeit von digitalen Datenbeständen in gängigen Formaten, deren Aktualität sowie die Qualität von Daten- und Netzdiensten (BOULOS 2004). Dieses Problem besteht generell bei der Nutzung räumlicher Daten und ist ein Grund für den Aufbau von Geodateninfrastrukturen (ANNONI et al. 2008).

Die EU-Richtlinie 2007/2/EG zur Schaffung einer europäischen Geodateninfrastruktur (INSPIRE) fordert die interoperable Bereitstellung von Datenbeständen, die auch für die Medizinische Geographie relevant sind (EUR-LEX 2007).

Existierende Anwendungen der Geographischen Gesundheitsforschung scheinen derzeit noch kaum von INSPIRE zu profitieren (z. B. KOPETSCH & JOHN 2014). GRANELL et al. (2013) betonen in diesem Zusammenhang die Notwendigkeit für eine verbesserte Zusammenarbeit der Akteure des Gesundheitswesens und der Akteure im Bereich der Geodateninfrastrukturen.

2 INSPIRE-Daten im Gesundheitswesen

2.1 Stand der INSPIRE-Umsetzung

Der Rechtssetzungsprozess zur Umsetzung der INSPIRE-Richtlinie ist inzwischen nahezu abgeschlossen (ILLERT 2012). Mit der Veröffentlichung der EU-Verordnung Nr. 1253/2013 am 10.12.2013 liegen nunmehr auch die Datenmodelle für die in Annex II und III der Richtlinie definierten Themengebiete rechtsverbindlich vor (EUR-LEX 2013). Seit dem 03.12.2013 müssen zudem alle Datensätze, die von der INSPIRE-Richtlinie betroffen sind, über konforme Metadaten beschrieben, in Suchdiensten recherchierbar, über Darstellungsdienste visualisierbar und über Downloaddienste zugänglich sein. Derzeit ist es ausreichend die Daten im originären Datenmodell bereit zu stellen. Ab 2017 sind diese in den harmonisierten Datenmodellen zugänglich zu machen.

2.2 INSPIRE-Themen mit Bezug zur Gesundheitsforschung

Die Medizinische Geographie beschäftigt sich schwerpunktmäßig mit der Krankheitsökologie und der Geographie der Gesundheitsversorgung (KISTEMANN et al. 2011).

Strobl, J., Blaschke, T., Griesebner, G. & Zagel, B. (Hrsg.) (2014): Angewandte Geoinformatik 2014.

Prinzipiell sind diverse der 34 INSPIRE-Datenthemen im Kontext der Geographischen Gesundheitsforschung interessant, da sie für zahlreiche Fragestellungen Basisdaten für die Analyse und Visualisierung liefern. Als Beispiele hierfür seien die Themen *Statistische Einheiten* und *Umweltüberwachung* genannt.

Darüber hinaus definiert die INSPIRE-Richtlinie zwei Datenthemen, mit direktem Bezug zu den Arbeitsfeldern der Medizinischen Geographie. Dies sind die Themen *Gesundheit und Sicherheit* und *Versorgungswirtschaft und staatliche Dienste*. Das Thema Gesundheit und Sicherheit definiert die folgenden Objektarten: *Statistische Gesundheitsdaten, Biomarker, Krankheit, Allgemeine Gesundheitsdaten, Statistische Daten über Gesundheitsdienste, Messwerte für umweltbedingte Gesundheitsfaktoren* und *Statistische Daten über umweltbedingte Gesundheitsfaktoren*. Aus dem Thema Versorgungswirtschaft und staatliche Dienste ist in diesem Zusammenhang die Objektart *Staatlicher Dienst* relevant. Hierunter fallen beispielsweise Standortdaten zu Rettungsdiensten und -einrichtungen oder Leistungsdaten von Krankenhäusern.

2.3 Gemeldete Datenbestände

Tabelle 1 gibt einen Überblick, über die bisher im Rahmen des INSPIRE-Monitoring 2013 an die Koordinierungsstelle GDI-DE gemeldeten Datenbestände (dies entspricht noch nicht der offiziellen Berichterstattung an die EU, die zum 15.05.2014 erfolgt).

Für das Thema *Gesundheit und Sicherheit* wurden u. a. Daten zur Lärmkartierung, der Umweltüberwachung (z. B. Radioaktivität, Luft- und Wasserqualität) oder Krebsinzidenz- und Mortalität gemeldet.

Das Thema *Versorgungswirtschaft und staatliche Dienste* ist sehr viel breiter angelegt und in diesem Kontext scheint nur ein geringer Teil der gemeldeten Datensätze relevant zu sein. Vereinzelt gemeldet wurden beispielsweise Datensätze zum Standort von Rettungswachen, Hospizdiensten oder frauenspezifischen Suchtangeboten.

In der Gesamtschau ist festzustellen, dass die Meldungen sehr lückenhaft und uneinheitlich sind. Dies betrifft sowohl die inhaltliche Feststellung der INSPIRE-Betroffenheit für konkrete Datenbestände als auch die räumliche Abdeckung. So wurden zahlreiche Datenbestände nur von einzelnen Städten oder Landkreisen gemeldet. Aus manchen Bundesländern liegen überhaupt keine Meldungen zu den gesundheitsrelevanten Themen vor.

Tabelle 1: INSPIRE-Meldungen 2013 (vorläufige Zahlen[1])

Bund/Land	Datensätze gesamt	Gesundheit und Sicherheit	Versorgungswirtschaft und staatliche Dienste
Bund	168	9	0
Baden-Württemberg	89	0	2
Bayern	56	0	4
Berlin	46	0	0
Brandenburg	146	11	8
Bremen	63	0	5
Hamburg	58	2	2
Hessen	58	6	4
Mecklenburg-Vorpommern	323	8	64
Niedersachsen	1796	37	173
Nordrhein-Westfalen	216	0	0
Rheinland-Pfalz	4695	3	9
Saarland	545	3	0
Sachsen	659	19	59
Sachsen-Anhalt	75	0	1
Schleswig-Holstein	28	3	0
Thüringen	130	0	10

2.4 Betroffene Geodaten haltende Stellen und Datenbestände

Die Umsetzungsgesetze zur INSPIRE-Richtlinie (in Deutschland: ein Bundesgesetz, 16 Landesgesetze) verpflichten betroffene Geodaten haltende Stellen zur INSPIRE-konformen Bereitstellung relevanter Datensätze und Dienste. Geodaten haltende Stellen können dabei juristische oder natürliche Personen sein, die Aufgaben der öffentlichen Verwaltung wahrnehmen. Darunter fallen neben den klassischen Verwaltungsbehörden z. B. auch Körperschaften Öffentlichen Rechts sowie juristische Personen des Privatrechts, so diese unter staatlicher Kontrolle stehen und im Zusammenhang mit der Umwelt tätig sind (JANOWSKY et al. 2009).

Demzufolge ist davon auszugehen, dass neben den Gesundheitsministerien und -ämtern grundsätzlich auch die Kassenärztlichen Vereinigungen und Gesetzlichen Krankenversicherungen als Geodaten haltende Stellen in Betracht kommen, da diese als Körperschaften Öffentlichen Rechts institutionalisiert sind.

Datensätze sind nach Art. 3 und Art. 4 der Richtlinie dann von INSPIRE betroffen, wenn sie sich auf das deutsche Hoheitsgebiet beziehen, in elektronischer Form vorliegen, einen direkten **oder** indirekten Raumbezug aufweisen und eines der INSPIRE-Themen betreffen.

---

1 Stand: 14.04.2014. Die endgültigen Zahlen und INSPIRE-Monitoring-Berichte der GDI-DE werden unter http://www.geoportal.de/DE/GDI-DE/INSPIRE/Direktive/Monitoring-und-Reporting/monitoring-und-reporting.html?lang=de veröffentlicht.

Potenziell betroffene Stellen haben demnach ihre Datenbestände hinsichtlich ihrer INSPIRE-Betroffenheit zu überprüfen, im Rahmen des Monitoring-Prozesses über die GDI-DE Kontaktstelle des jeweiligen Bundeslandes bzw. des Bundes zu melden und entsprechend den technischen Vorgaben von GDI-DE und INSPIRE verfügbar zu machen.

Für Datenbestände, die auf Grundlage der folgenden Rechtsgrundlagen erhoben, zusammengeführt oder verarbeitet werden, erscheint eine INSPIRE-Betroffenheit wahrscheinlich (exemplarische Aufzählung):

- *Infektionsschutzgesetz* (IfSG): Abschnitt drei des IfSG regelt für eine Reihe von Krankheiten Meldepflichten für Krankheitsverdacht, Erkrankung oder Tod von Personen (§ 6). Die Meldepflicht umfasst auch den Nachweis von Krankheitserregern (§ 7). Die Meldungen erfolgen mit indirektem Raumbezug, dieser erfolgt bei „Namentlichen Meldungen" über die Adresse der betroffenen Person (§ 9) und bei „Nichtnamentlichen Meldungen" über die ersten drei Ziffern der Postleitzahl der betroffenen Person (§ 10) (BGBL 2013a).
- Landeskrebsregistergesetze der Bundesländer zur Umsetzung des *Krebsfrüherkennungs- und registergesetzes* (KFRG) / *Bundeskrebsregisterdatengesetz* (BKRG): Auf Grundlage des KFRG führen die Bundesländer klinische Krebsregister und erheben Daten in einem bundesweit einheitlichen Datenmodell (BGBL 2013b). Dieses umfasst als indirekten Raumbezug die Adressdaten der Betroffenen. Die Daten der Landeskrebsregister werden auf Grundlage des BKRG zentral zusammengeführt und ausgewertet. Als Raumbezug werden dabei die ersten fünf Ziffern der Gemeindekennziffer des Wohnortes der betroffenen Person übermittelt (§ 3) (BGBL 2009).
- *Sozialgesetzbuch V* (SGB): Das Sozialgesetzbuch V regelt die Erhebung von Sozialdaten bei den Krankenkassen (§ 284) sowie von personenbezogenen Daten bei den Kassenärztlichen Vereinigungen (§ 285). Krankenkassen und Kassenärztliche Vereinigungen sind nach § 286 verpflichtet eine Übersicht über die konkret erhobenen Daten zu veröffentlichen. Demnach ist stets ein indirekter Raumbezug gegeben. Die Daten werden gemäß § 287 – in anonymisierter Form – für Forschungsvorhaben verwendet. Nach § 99 erstellen die Kassenärztlichen Vereinigungen Bedarfspläne auf Landesebene (BGBL 2014). Die Sozialdaten der Krankenkassen dienen diesen auch als Grundlage für statistische Auswertungen, die z. T. mit Raumbezug veröffentlicht werden (TK 2013).

Der *Indikatorensatz für die Gesundheitsberichterstattung der Länder* (MGSFF 2003) listet zahlreiche Gesundheitsindikatoren sowie die zugehörigen Definitionen und Datenhalter auf. Werden entsprechende Daten erhoben oder verarbeitet und weisen diese einen Raumbezug auf, so ist auch hier eine INSPIRE-Betroffenheit i. d. R. zu erwarten.

Gelten für bestimmte Datenbestände datenschutzrechtliche oder sonstige Beschränkungen so befreit dies grundsätzlich nicht von der Bereitstellungspflicht. Ggf. sind solche Dienste durch technischen Zugriffsschutz abzusichern.

3 Fazit und Ausblick

Mit Abschluss der Rechtssetzung tritt die INSPIRE-Initiative in eine neue Phase ein. Lag der Scherpunkt zunächst bei der Schaffung von Organisationsstrukturen sowie der Erarbeitung von technischen Leitfäden, so rücken nun zunehmend die Datenbereitstellung und die Nutzung der Infrastruktur in den Fokus.

Die im Rahmen der INSPIRE-Umsetzung bereitzustellenden Daten können einen wertvollen Input für zahlreiche Informationssysteme und Forschungsvorhaben mit Gesundheitsbezug liefern. Die Tatsache, dass bislang wenig relevante Daten gemeldet wurden, ermöglicht es potenziellen Geodaten haltenden Stellen und Nutzern den Prozess der INSPIRE-Umsetzung in diesem Bereich aktiv mitzugestalten. So sollten vorhandene Strukturen und Netzwerke genutzt werden, um zu ermitteln, welche Stellen und Datenbestände tatsächlich betroffen sind und auf welcher Ebene die Daten sinnvollerweise bereitgestellt werden sollten.

Interessierte Nutzer sollten relevante Daten, die unter die Richtline fallen, gezielt einfordern. Für Geodaten haltende Stellen besteht die gesetzliche Verpflichtung zur Bereitstellung.

Literatur

ANNONI, A., FRIIS-CHRISTENSEN, A., LUCCHI, R. & LUTZ, M. (2008), Requirements and Challenges for Building a European Spatial Information Infrastructure: INSPIRE. In: VAN OOSTEROM, P. & ZLATANOVA, S. (Eds.), Creating Spatial Information Infrastructures. Towards the Spatial Semantic Web (CRC Press), 1-18.

BGBL (2009), Bundeskrebsregisterdatengesetz vom 10. August 2009 (BGBl. I S. 2707).

BGBL (2013a), Infektionsschutzgesetz vom 20. Juli 2000 (BGBl. I S. 1045), das durch Artikel 4 Absatz 21 des Gesetzes vom 7. August 2013 (BGBl. I S. 3154) geändert worden ist.

BGBL (2013b), Gesetz zur Weiterentwicklung der Krebsfrüherkennung und zur Qualitätssicherung durch klinische Krebsregister (Krebsfrüherkennungs- und -registergesetz – KFRG) vom 03. April 2013 (BGBl. I S. 617).

BGBL (2014), Das Fünfte Buch Sozialgesetzbuch – Gesetzliche Krankenversicherung – (Artikel 1 des Gesetzes vom 20. Dezember 1988, BGBl. I S. 2477, 2482), das zuletzt durch Artikel 1 des Gesetzes vom 27. März 2014 (BGBl. I S. 261) geändert worden ist.

BOULOS, M. N. (2004), Towards evidence-based, GIS-driven national spatial health information infrastructure and surveillance services in the United Kingdom. International Journal of Health Geographics, 3 (1), 1.

EUR-LEX (2007), Richtlinie 2007/2/EG des Europäischen Parlaments und des Rates vom 14. März 2007 zur Schaffung einer Geodateninfrastruktur in der Europäischen Gemeinschaft (INSPIRE). http://eur-lex.europa.eu/legal-content/DE/ALL/?uri=CELEX:32007L0002.

EUR-LEX (2013), Verordnung (EU) Nr. 1253/2013 der Kommission vom 21. Oktober 2013 zur Änderung der Verordnung (EU) Nr. 1089/2010 zur Durchführung der Richtlinie 2007/2/EG hinsichtlich der Interoperabilität von Geodatensätzen und -diensten. http://eur-lex.europa.eu/LexUriServ/LexUriServ.do?uri=OJ:L:2013:331:0001:0267:DE:PDF.

GRANELL, C., FERNÁNDEZ, Ó. B. & DÍAZ, L. (2013), Geospatial information infrastructures to address spatial needs in health: Collaboration, challenges and opportunities. Future Generation Computer Systems, 31, 213-222.

ILLERT, A. (2012), Ziel erkannt. Ziel erreicht? Eine Bestandsaufnahme zu INSPIRE. In: KOCH et al. (Hrsg.), Geoinformationssysteme. Beiträge zum 17. Münchener Fortbildungsseminar 2012. Wichmann Verlag, Heidelberg, 41-48.

JANOWSKY, D., LUDWIG, R., ROSCHLAUB, R. & STREUFF, H. (2009), Geodateninfrastrukturrecht in Bund und Ländern. Kommunal- und Schul-Verlag, Wiesbaden.

KISTEMANN, T., SCHWEIKART, J., CLAßEN, T. & LENGEN, C. (2011), Medizinische Geografie: Der räumliche Blick auf Gesundheit. Deutsches Ärzteblatt, 108 (8), A–386-A–387.

KOPETSCH, T. & JOHN, S. (2014), Das elektronische Gesundheitsinformationssystem der Kassenärztlichen Bundesvereinigung (eGIS). Bundesgesundheitsblatt – Gesundheitsforschung – Gesundheitsschutz, 57 (2), 207-214.

MGSFF (2003), Ministerium für Gesundheit, Soziales, Frauen und Familie des Landes Nordrhein-Westfalen (Hrsg.), Indikatorensatz für die Gesundheitsberichterstattung der Länder.

TK (2013), Gesundheitsreport 2013 – Veröffentlichungen zum Betrieblichen Gesundheitsmanagement der TK, 28.

GIS in Natur- und Umweltschutz

Erlebnis Naturerbe – Entwicklung einer Routing-App zum Naturerleben

Oliver BUCK und Cliff PEREIRA

EFTAS Fernerkundung Technologietransfer GmbH, Münster · oliver.buck@eftas.com

Zusammenfassung

Die Potenziale mobiler und ortsbezogener Geoinformationssysteme und Technologien werden im Naturschutz noch nicht vollständig ausgenutzt. Bisher setzten vor allem Experten und Fachliebhaber diese Techniken ein, z. B. in der digitalen Artenerfassung von Pflanzen und Tieren im Gelände oder zur Meldung von Naturbeobachtungen direkt an amtliche Stellen. Mit der zunehmenden Verbreitung mobiler Applikationen (Apps) können die Themen Naturschutz und Tourismus stärker verbunden werden.

Kerngedanke des durch die Europäische Union und das Land NRW geförderten Kooperationsprojektes Projektes Erlebnis Naturerbe („FFH-Identitäten vernetzen – Westfälisches Naturerbe kennen und erleben") ist es, Wissen über Natura 2000 (gemäß der Fauna-Flora-Habitatrichtlinie, FFH, EC 1992) in eine mobile Applikations-Umgebung erlebniswirksam einzubringen. Damit sollen Naturschutzthemen informativ aufbereitet und über eine Routingapplikation auch erlebbar gemacht werden.

In diesem Beitrag sollen die folgenden Arbeitsschwerpunkte vorgestellt werden zur:

- Aufbereitung und Einbindung von Natura 2000 Themen in eine touristische Anwendung
- Erstellung einer Rundrouting-Applikation, die es erlaubt (Naturschutz-) Themenbezogene Rundrouten individuell zu erstellen
- Erstellung eines interaktiven und konfigurierbaren Themennetzes für die Auswahl und Darstellung von Naturschutzthemen in einer App
- Erstellung eines Webportals und einer hybriden App unter Nutzung von HTML5, CSS3 und Javascript, die es ermöglicht Naturschutzthemen über individuelle Rad- und Wandertouren zu erleben.

1 Einleitung

Mobile, digitale und ortsbezogene Informationssysteme erweitern zunehmend in vielen Großstädten oder Tourismusregionen die klassischen analogen Karten- und Informationsmaterialien (Radführer, Flyer, Broschüren etc.). Innovative Hard- und Softwarelösungen erlauben eine multimediale, dynamische und ortsbezogene Bereitstellung von Informationen zur Orientierung, zu Sehenswürdigkeiten und aktuellen Ereignissen oder Erfahrungen anderer Touristen (EDWARDS et al. 2006, BERNSDORF 2013).

Strobl, J., Blaschke, T., Griesebner, G. & Zagel, B. (Hrsg.) (2014): Angewandte Geoinformatik 2014.
 ISBN 978-3-87907-543-0.

Im Naturschutz setzten bisher vor allem Experten und Fachliebhaber mobile Geo-Applikationen (Apps) ein, z. B. in der digitalen Artenerfassung von Pflanzen und Tieren im Gelände (ADEN et al. 2013) oder zur Meldung von Naturbeobachtungen direkt an amtliche Stellen (LANUV 2012). Tourismus und naturschutzfachliche Anforderungen werden jedoch kaum in Verbindung und Einklang gebracht. So finden sich z. B. keine Naturrauminformationen auf der Tourismus NRW Seite (www.nrw-tourismus.de), jedoch wird das Thema Natur über das Bildmaterial stark angesprochen. Auch bestehende Tourenplaner-Webportale für Radfahrer oder Wanderer bieten hingegen kaum Berührungspunkte zu Naturschutzthemen (z. B. www.radroutenplaner.nrw.de, www.wanderroutenplaner.nrw.de, http://www.sh-radroutenplaner.de/).

Ziel des durch die Europäische Union und das Land NRW geförderten Kooperationsprojektes „FFH-Identitäten vernetzen – Westfälisches Naturerbe kennen und erleben" (Erlebnis Naturerbe) ist es, die nachhaltige und verträgliche Erschließung des über die EU Direktive Natura 2000 (Fauna-Flora-Habitatrichtlinie, FFH, EC 1992) geschützten europäischen Naturerbes zum Zwecke der landschaftsbezogenen Erholung zu fördern und auf diese Weise den Tourismus zu stärken. Kerngedanke des Projektes ist es, Wissen über Natura 2000 in eine mobile Applikationsumgebung erlebniswirksam einzubringen. Hierzu werden ein Webportal eingebettet in ein Content Management System sowie eine plattformübergreifende mobile Routing-Applikation entwickelt. Dieses erfolgt exemplarisch am Beispiel einer Testregion (Kreis Coesfeld in Nordrhein-Westfalen, ca. 1.110 km^2).

2 Die Datenbasis

Touristische Informationen zu Naturschutzgebieten können sowohl in Form von lokalen gedruckten (Wander-) Broschüren vorliegen oder als spezielle „Gebiets-App" mit Wissen zu einzelnen Naturschutzgebieten oder Regionen (z. B. Naturland Niederösterreich 2013, Hamburg 2013). FFH-Schutzgebiete sind in der Testregion Coesfeld (und darüber hinaus) in der Regel als solche oftmals nichts ausreichend erkennbar; Ausnahmen bilden hier lediglich einzelne Schutzgebiete (z. B. Moore oder Heidegebiete), die z. B. durch Lehrpfade erschlossen oder gesondert gekennzeichnet sind.

Dem gegenüber steht die Vielzahl an naturschutzfachlichen Informationen, die zu den Schutzgebieten vorliegen und im Rahmen der Fachaufgaben der Naturschutzverwaltungen gepflegt und fortgeführt werden. FFH Gebiete unterliegen einem regelmäßigen Monitoringverfahren, innerhalb dessen Berichte über den Zustand des Gebiets, sowie Entwicklungszielen und Schutzzielen erstellt und ausgearbeitet werden (Art.11 und 17 der FFH-Richtlinie). Viele der Schutzgebiete haben eine kulturhistorische Genese und Bedeutung, sie prägen eine Landschaft, ohne das sich der Besucher dessen klar ist. Das z. B. die häufig anzutreffenden und daher für den Besucher „normalen" Buchenwälder in Deutschland auch Bestandteil eines Schutzgebietssystems von europäischer Bedeutung sein können, erschließt sich nicht auf den ersten Blick. Wie können nun solche Informationen in eine App integriert und dem Besucher anschaulich vermittelt werden?

Für eine Integration der zur Verfügung stehenden Geodaten mussten diese weiter verarbeitet und mit lokalen Informationen angereichert werden (Tabelle 1). Geofachdaten des Landesamts für Natur, Umwelt und Verbraucherschutz Nordrhein-Westfalen, LANUV NRW zu den Themenbereichen FFH und Biotopmonitoring (s. http://www.naturschutzinformationennrw.de/) wurden mit regionaler und lokaler Ortskenntnis des Naturschutzzentrums Kreis Coesfeld e.V. kombiniert und in routingfähige Geodatenformate überführt. Als Datengrundlage für das Routing wurde auf amtliche Geodaten des landesweiten Radroutenplaners NRW, sowie auf lokale Informationen zu Wanderwegen zurückgegriffen (Tabelle 1). Hierzu wurden die Naturschutzinformationen des Landes durch sogenannte Points of Interest (POI) in der Region Coesfeld verortet. Die Auswahl der Punkte erfolgte auf Basis der regionalen Kenntnis des Naturschutzzentrums Coes-feld unter Nutzung der amtlichen Landesdaten. Für die POI-Datenhaltung wurde das XErleben Datenmodell zur Beschreibung kommunaler Freizeitdaten (ANDRAE et al. 2012) eingesetzt. Dadurch soll die Austauschbarkeit mit touristischen Daten des Landes erleichtert werden, sowie eine Übertragung auf weitere Regionen erleichtert werden. XErleben ist ein semantisches Modell und Übergabeformat für kommunale Freizeit- und Infrastrukturinformationen. Es basiert auf dem Freizeitmodell des Landesvermessung (KRICKEL 2012) und wird im Auftrag der kommunalen Spitzenverbände in Nordrhein-Westfalen von einer Arbeitsgruppe erarbeitet. Es eignet sich für die Datenbereitstellung über OGC-konforme Web-Mapping- und Web-Feature-Services.

Tabelle 1: Datenübersicht und Verarbeitungsschritte. POI = Points of Interest (aus BUCK et al. 2014)

Datengrundlage	**Quelle**	**Weitere Verarbeitungsschritte**
Qualifiziertes Radverkehrsnetz NRW	Radroutenplaner NRW (Ministerium für Bauen, Wohnen, Stadtentwicklung und Verkehr des Landes Nordrhein-Westfalen)	Räumliche Verknüpfung der Radrouten mit den Naturschutz-POI und touristischen POI, um diese für eine themenoptimierte Routenberechnung nutzbar zu machen.
Regionale Haupt- und Verbindungswanderwege, kommunale Wanderwege	Westfälischer Heimatbund, Sauerländischer Gebirgsverein und Baumberge-Verein Münster	Zusammenführung der verschiedenen Datenquellen in ein topologisch korrektes Gesamtwegenetz „Wandern". Aktualitätsprüfung der Wege.
Naturschutz-POI	Naturschutzzentrum Kreis Coesfeld unter Berücksichtigung vorhandener Daten (z. B. Landesamtes für Natur, Umwelt und Verbraucherschutz Nordrhein-Westfalen, LANUV NRW)	Unter Berücksichtigung der Wegenetze für Radfahrer und Wanderer wurden an günstigen Beobachtungsstandorten neue POIs erstellt um die Punkt-, Linien- und Flächeninformationen wiedergeben zu können.
Touristische-POI	Radroutenplaner NRW (Ministerium für Bauen, Wohnen, Stadtentwicklung und Verkehr des Landes Nordrhein-Westfalen) Landschaftsverband Westfalen-Lippe (LWL), Amt für Landschafts- und Baukultur	Zusammenführung der verschiedenen Datenquellen und Aktualitätsprüfung.

3 Technische Umsetzung

Für die Entwicklung der Erlebnis-Naturerbe-App wurde auf einen kombinierten Ansatz aus HTML5, JavaScript und CSS3 gesetzt. Diese hybride Lösung wird zunehmend populärer (ALBERT & STILLER 2011, GARTNER 2013, PASTORE 2013) und ermöglicht in Kombination mit der Open-Source Lösung „PhoneGap“ die Erstellung von nativen mobilen Applikationen für die mobilen Betriebssysteme Android (Google), iOS (Apple) und Windows Phone (Microsoft) auf Basis einer gemeinsamen Programmierung (www.phonegap.com). Zur Umsetzung der HTML5 und JavaScript Programmierung wurde für die mobile Applikation das Framework Sencha Touch eingesetzt. Als Pendant zur App wurde auch ein Webportal erstellt (www.erlebnis-naturerbe.de, Abb. 3). Hierzu wurde das Open-Source Publishing Systems WordPress eingesetzt.

Über die vier Einstiegspunkte der App (Abb.1 links) erhält der Nutzer der App Funktionen zu (1) Aktuelles, (2) Deine Routen, (3) Deine Themen, (4) Routenhighlights. Unter „**Aktuelles**“ werden dem Nutzer RSS Feed Informationen bereitgestellt, die vom Naturschutzzentrum Kreis Coesfeld e. V. zum Thema Naturerleben im Kreis Coesfeld veröffentlicht werden. Mit der Option „**Deine Routen**“ können individuelle Rund- und A-B-Routen gerechnet werden, oder bereits berechnete und gespeicherte abgerufen werden, die für Radfahrer im Kreis Coesfeld optimiert sind unter Berücksichtigung der Naturschutzinformationen. Hierzu wurde ein neuer Routing-Algorithmus als Java Applikation entwickelt auf Basis des Ameisenalgorithmus (DORIGO et al. 2006), einem kombinatorischer Optimierungsprozess basierend auf dem Verhalten von realen Ameisen. Dieser beachtet die vom Nutzer eingegebenen Werte zu Dauer oder Routenlänge sowie die über ein Themennetz (Abb. 2) ausgewählten Erlebnisthemen und berechnet entsprechend optimierte Rundrouten (Abb. 1 rechts). Über die Funktion „**Deine Themen**“ können Themenschwerpunkte für das Routing ausgewählt werden. Um den Gedanken der „Vernetzung“ (das Natura 2000 Netzwerk ist ein europäisch zusammenhängendes Netz aus Schutzgebieten) aufzugreifen, wurde auf eine traditionelle, hierarchische Darstellung der Naturschutzthemen verzichtet. Stattdessen wird dem Benutzer des Webportals und der mobilen Applikation ein visuelles Spinnennetz ähnliches Themennetz angeboten, das er durch Berührung in seiner Konstellation verändern kann (Abb. 3). Das sogenannte Themennetz liefert über Steckbriefe kurze Informationen in Text und Bild, welche ggf. auch mit anderen Webinhalten verlinkt sein können. Um sich über ein Thema zu informieren, kann der Nutzer von dort weitere Inhalte aufrufen oder das Thema auswählen, um es für das spätere Routing zu verwenden. Unter **Routenhighlights** kann der Nutzer bereits erstellte Routen abrufen und so auf redaktionell vom Naturschutzzentrum Coesfeld aufbereitete Radrouten zurückgreifen, die thematische Highlights der Region darstellen.

Abb. 1: Startansicht (links) und Kartenansicht mit Rundroute (rechts) der Erlebnis Naturerbe App

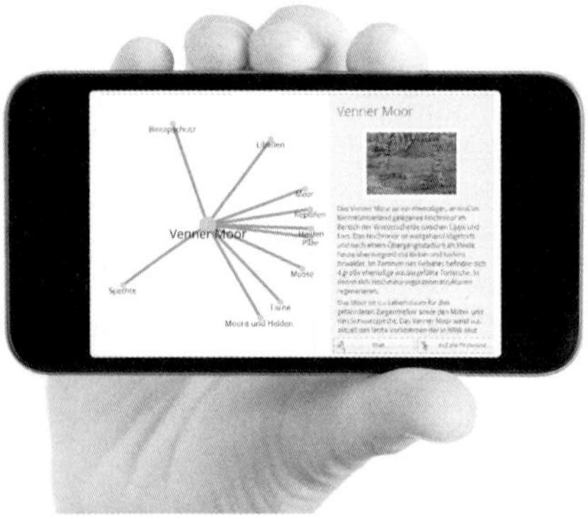

Abb. 2:
Themennetz zur Vermittlung und Auswahl von Naturthemen als Eingangsparameter für die Radroutenberechnung

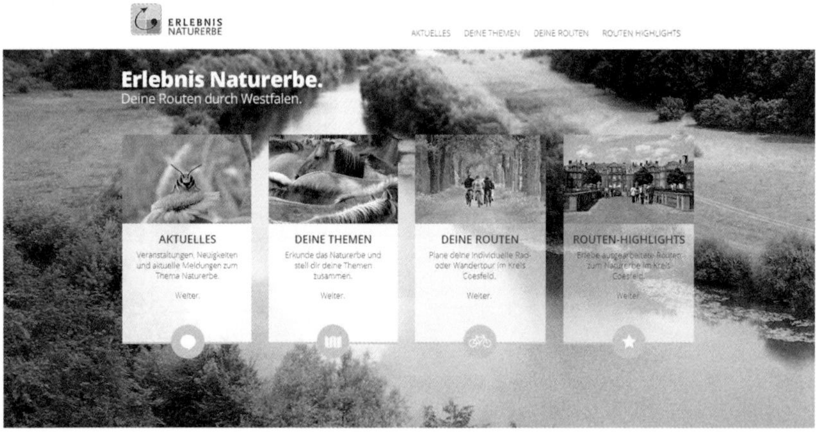

Abb. 3: Startansicht des Erlebnis Naturerbe Webportals www.erlebnis-naturerbe.de

Literatur

ADEN, C., KASTNER, F., LOESBROCK, J. & KROHN-GRIMBERGHE, S. (2013), Neue Ansätze digitaler Artenerfassung für den ehrenamtlichen Naturschutz – Ergebnisse der Entwicklung mobiler Lösungen in Niedersachsen. Naturschutz und Landschaftsplanung – Zeitschrift für angewandte Ökologie 45 (3), 101-107.

ALBERT, K. & STILLER, M. (2012), Der Browser als mobile Plattform der Zukunft – Die Möglichkeiten von HTML5-Apps. In: VERCLAS, S. & LINNHOFF-POPIEN, C. (Eds.), Smart Mobile Apps. Springer, Berlin/Heidelberg, 147-160.

ANDRAE, C., HINRICHS, J., NIENSTEDT, K., KRUTH, F., ZOLPER, A. & BRETSCHNEIDER, D. (2012), XErleben in der Praxis – Implementierung eines Objektmo-dells für „Objekte von Interesse". In: STROBL, J., BLASCHKE, T., GRIESEBNER, G. (Hrsg.), Angewandte Geoinformatik 2012. Wichmann, Heidelberg, 290-296.

BERNSDORF, B. (2013), Geoinformation in Tourismus und Touristik – Der Einsatz von Raumbezug in touristischen Geschäftsprozessen. Online-Publikation des AIR e. V. www.air-verband.de/uploads/media/Geoinformation_im_Tourismus_Langfassung.pdf (02.05.2014).

BUCK, O., PEREIRA, C., GROSSE-STOLTENBERG, A., RÄKERS, J., BUTTSCHARDT, T. K., WOLF, P.-J. & MÜTERTHIES, A. (2014), Erlebnis Naturerbe. Vermittlung von Naturschutz-Themen mit Geoinformationstechnologien, Naturschutz und Landschaftsplanung, 46, 23-29.

DORIGO, M., BIRATTARI, M. & STÜTZLE, T. (2006), Ant Colony Optimization: Artificial Ants as a Computational Intelligence Technique. In: IEEE Computational Intelligence Magazine 1 (4), 28-39.

EC (1992), Council Directive 92/43/EEC of 21 May 1992 on the conservation of natural habitats and of wild fauna and flora. http://eur-lex.europa.eu/LexUriServ/LexUriServ.do?uri=CELEX:31992L0043:EN:NOT. (02.05.2014).

EDWARDS, S., BLYTHE, J., SCOTT, P. & WEIHONG-GUO, A. (2006), Tourist Information delivered through mobile devices: findings from the image project. Information Technology & Tourism 8, 31-46.

GARTNER (2013), Gartner Recommends a Hybrid Approach for Business-to-Employee Mobile Apps, Press Release. http://www.gartner.com/newsroom/id/2429815 (30.04.2014).

KRICKEL, B. (2012), Informationserhebung zur Aktualisierung von ATKIS© und Freizeitkataster in Nordrhein-Westfalen. Zeitschrift für Geodäsie, Geoinformation und Landmanagement, 4, 240-246.

LANUV, (2012), Bürger-Naturschutz – Arten, Alleen, Altbäume. Webseite des Landesamtes für Natur, Umwelt und Verbraucherschutz Nordrhein-Westfalen. http://www.lanuv.nrw.de/natur/apps.htm (02.05.2014).

PASTORE, S. (2013), Mobile operating systems and apps development strategies. Int. Journal of Engineering Research and Applications, 3, 521-531.

MOSANA-GIS: ein mobiles GIS für den Salzburger Naturschutz – ein Beispiel für Kosten- und Zeitersparnis durch innovative mobile Technologien

Andreas HOFER[1], Hanns KIRCHMEIR[2], Daniel DEGASPERI[3], Peter HOPFGARTNER[3] und Paolo VISKANIC[3]

[1]Amt für Naturschutz, Land Salzburg
[2]E.C.O. Institut für Ökologie, Klagenfurt
[3]R3 GIS, Meran · daniel.degasperi@r3-gis.com

Zusammenfassung

Die Ziele des vertraglichen Naturschutzes liegen in der partnerschaftlichen Zusammenarbeit der Naturschutzbehörde mit den Bewirtschaftern landwirtschaftlicher Flächen und Strukturen zur Erhaltung und der Verbesserung der Salzburger Natur- und Kulturlandschaft.

In Salzburg, wie auch in anderen Bundesländern, werden von der Naturschutzabteilung für unterschiedliche Programme Förderverträge mit den Bewirtschaftern erarbeitet. Die Bearbeitung dieser Förderverträge mit herkömmlichen Methoden ist durch die mehrfachen Zwischenschritte auf Papier gekennzeichnet.

Aufgrund einer gründlichen Analyse des bestehenden Systems wurde ein integriertes System angedacht, welches vor allem Arbeitsschritte, welche keinen direkten „Mehrwert" erzeugen, eliminiert und durch eine frühestmögliche Erkennung von Fehlern, welche durch die durchgehende Verfügbarkeit an relevanter Information möglich ist, anstrebt.

Diese Vision konnte durch die aktuelle Generation an Tablet-PCs, welche über hinreichend Rechenleistung und Autonomie vom Stromnetz, einen GPS-Sensor, eine Fotokamera und eventuell einen Stift für die genaue Positionierung auf dem Kartenfenster, sowie den leistungsfähigen Open-Source-Komponenten für die Verwaltung ortsbezogener Daten, realisiert werden. Das neue System, welches von R3 GIS umgesetzt wurde, ermöglicht eine wesentliche Reduktion der Bearbeitungszeiten und der Kosten, sowie eine durchgehend digitale Datenhaltung.

1 Ausgangssituation

Die vom Land Salzburg bearbeiteten Förderverträge setzen sich aus einem Förderantrag und einer Karte der Maßnahmenfläche zusammen. Nach einer telefonischen Vereinbarung zwischen dem Sachbearbeiter und dem Antragsteller wird vom Sachbearbeiter eine Karte mit dem infrage kommenden Gebiet ausgedruckt. Zusammen mit dem Antragssteller werden vor Ort auf der Karte die Förderflächen eingetragen und die notwendigen Formulare

Strobl, J., Blaschke, T., Griesebner, G. & Zagel, B. (Hrsg.) (2014): Angewandte Geoinformatik 2014.
 ISBN 978-3-87907-543-0.

ausgefüllt. Da aber zu diesem Zeitpunkt wichtige Informationen, wie die Biotopkartierung und die Schutzgebiete nicht zur Hand sind, können kommt es des Öfteren zu Fehlern.

Die Daten zu dem Antrag werden später im Büro digitalisiert. Insbesondere werden die Attribute in Datenbanken, insbesondere der AMA-Datenbank, eingegeben und die räumlichen Daten, insbesondere die Flächen in unterschiedlichen GIS-Programmen digitalisiert und die Flächen der Maßnahmen ermittelt.

Die Bearbeitungszeit, von der Interessensbekundung des Bewirtschafters an dem Förderprogramm teilzunehmen, über die Vergabe der Erhebung an externe Büros, einer telefonischen Vorabstimmung bis zur Lieferung und Unterzeichnung des Fördervertrages benötigt in der bisherigen Form 4-8 Monate und bedarf aufwendiger Kontroll- und Korrekturläufe.

2 Der neue Arbeitsablauf

Der neue Arbeitsablauf hat als Grundlage eine IT-Lösung, welche sich im Wesentlichen aus einer zentralen Serverapplikation mit Web-Oberfläche und einer Applikation auf Tablet-PCs zusammensetzt.

Das Ansuchen wird direkt über eine Weboberfläche in das System eingegeben. So weit wie möglich müssen schon erfasste Daten, wie z. B. Daten zum Antragsteller, wenn dieser schon im System vorhanden ist, nicht nochmals eingegeben werden.

Aus der Liste der Ansuchen kann ein Sachbearbeiter die Anträge selektieren, zu welchen er den Antragssteller vor Ort aufsuchen will. Alle relevanten Daten, welche im System zu diesen Anträgen vorhanden sind, werden auf das Tablet kopiert. Insbesondere kann der Sachbearbeiter so vor Ort auf die Daten zum Antragssteller, den schon bestehenden Förderungen, sowie den benötigten GIS-Daten zugreifen. Vor allem in Zusammenhang mit der Tatsache, dass die Applikation auf dem Tablet vollständig offline arbeiten kann, also keine Verbindung zu dem Internet braucht, ist so ein autonomes Arbeiten vor Ort möglich.

Während des Gesprächs mit dem Antragssteller können diese Daten eventuell ergänzt und korrigiert werden. Zudem können, bedingt durch die vollständigen Analysefunktionen, welche durch die Installation der räumlichen Erweiterung der lokalen Datenbank, SpatialLite, möglich sind, eventuelle Überschneidungen mit schon bestehenden Förderungen sofort erkannt und vermieden werden. Auch die Größe der Maßnahmenfläche wird direkt durch die GIS-Applikation am Tablet errechnet. In Kombination mit den vereinbarten Maßnahmen kann somit die Förderhöhe bei der Datenerfassung ermittelt werden. Das fertig ausgefüllte Formular wird dann direkt vom Antragssteller im Feld auf dem Tablet unterschreiben, sodass im Regelfall ein einziger Besuch pro Ansuchen ausreicht.

Das vervollständigte Ansuchen wird nach Ende des Besuchs wieder mit dem zentralen Server synchronisiert. Über die Weboberfläche wird die Bearbeitung des Antrags abgeschlossen.

3 Architektur

Die mehrschichtige Webapplikation entspricht in ihrem Aufbau den heute gängigen Erwartungen. Insbesondere setzt die Applikation auf einer relationalen Datenbank auf und die Applikationslogik ist mit Symfony als Middleware umgesetzt. Durch den intensiven Einsatz schon bestehender und erprobter Komponenten, ist eine Fokussierung auf die wirklich originellen Aspekte der Applikation möglich.

Die räumlichen Module greifen auf das Projekt FreeGIS zurück, wodurch als Betriebssystem CentOS, für die Datenbank PostgreSQL mit PostGIS, den Kartendienst MapServer und das Web-GIS-Framework GisClient mit OpenLayers eingesetzt werden.

Ein großer Teil des Entwicklungsaufwandes wurde für die Tablet-Applikation eingesetzt. Diese Applikation wurde mit PhoneGap, bzw. Apache Cordova umgesetzt. Kennzeichnend dafür ist die Verschmelzung typischer Webtechnologien, wie HTML5, CSS3 und JavaScript mit den plattformtypischen Merkmalen des Tablets. Applikationen, welche mit dieser Technologie umgesetzt wurden, können potenziell einfach auf andere Plattformen portiert werden.

Die Anwendung kann als klassische App installiert werden, wodurch es auch möglich ist, vollkommen offline zu arbeiten. Durch die Möglichkeit Apache Cordova über Erweiterungen (Plugins) neue Funktionalitäten hinzuzufügen, konnte auch SpatialLite, eine räumliche Erweiterung zu SQLite, in die Applikation integriert werden. Daraus ergibt sich die Möglichkeit, auch komplexere geografische Analysen auf dem Tablet direkt und performant durchzuführen, was vor allem in den Überschneidungen der Antragsflächen zum Tragen kommt.

Abb. 1: Typische Bildschirmmaske der Tablet-Anwendung. Die Benutzeroberfläche der Tablet-Anwendung wurde mit Sencha Touch realisiert.

Abb. 2:
Über das Kartenfenster mit den typischen Werkzeugen, können Geometrien erstellt und geändert werden. Insbesondere bei Geräten, welche mit dem Stift ausgeliefert werden, ist so ein schnelles und präzises Editieren möglich.

Die Daten, welche für die Erhebungen benötigt werden, insbesondere die Details der Anträge, können vom Server auf das Tablet übertragen werden. Umfangreichere Daten, welche die Synchronisation erheblich verlangsamen würden, wie die Biotopkartierung, die Grenzen der Grundstücke, die Flächen der Schutzgebiete und das aktuelle Orthofoto sind schon auf der präparierten SD-Karte, welche in dem Tablet eingefügt wird, vorhanden.

Zusammenfassend lässt sich sagen, dass sich die Umsetzung vor allem durch die enge Integration der Webapplikation mit der Tablet-Applikation von anderen Alternativen hervorhebt. Insbesondere die Offlinefähigkeit und die Integration von SpatiaLite in der Tablet-App erweitern die Einsatzmöglichkeiten, wodurch die erzielte Lösung den herkömmlichen Workflow vollständig ersetzten kann.

Dadurch können für die Verwaltung einige wichtige Ziele erreicht werden. So können wichtige Rahmenbedingungen, welche sich aus dem Natur- und Landschaftsschutz ergeben, schon sofort berücksichtigt werden, da schon während des Betriebsbesuchs durch die Verschneidung der Förderflächen mit anderen GIS Informationen eventuelle Konflikte erkannt werden.

Insgesamt verringert sich auch der Personalaufwand, dadurch viele Vorbereitungen, wie der Ausdruck der Karte, nicht mehr notwendig sind.

Vor allem aber stehen die Daten der Förderverträge durch die vollständige Digitalisierung allen Ebenen der Verwaltung digital zur Verfügung.

Literatur

ALESSANDRO FURIERI, Websitz zu SpatiaLite. http://www.gaia-gis.it/gaia-sins/ (April 2014).

ARBEITSGRUPPE FREEGIS, Das FreeGIS Projekt. https://www.freegis.net, (April 2014).

NETZWERK NATURSCHUTZ – LÄNDLICHE ENTWICKLUNG, Handbuch Kartierung und Beratung der ÖPUL-Naturschutzmaßnahmen.

THE APACHE SOFTWARE FOUNDATION, Apache Cordova. http://cordova.apache.org, (April 2014).

Evaluierung des Nutzungpotenzials von Crowdsourcing in Schutzgebietsverwaltungen

Pierre KARRASCH und Stefan WIEMANN
Technische Universität Dresden · pierre.karrasch@tu-dresden.de

Dieser Beitrag wurde durch das Programmkomitee als „reviewed paper“ angenommen.

Zusammenfassung

Die vorliegende Studie hat zum Ziel, festzustellen, in welcher Form Crowdsourcing als Methode der Datenerhebung in den Verwaltungen von Schutzgebietsregionen wie Biosphärenreservaten oder Naturparks eingesetzt werden kann. Die Ergebnisse basieren auf einer Befragung der Mitarbeiter der jeweiligen Verwaltungen. Sie zeigen, dass die Datenerhebung mit Crowdsourcing derzeit eine untergeordnete Rolle spielt, aber auch, dass grundsätzlich Bereitschaft besteht, Projekte dieser Art zu realisieren. Weiterhin werden Aspekte der Nutzung erhobener Daten, der Charakterisierung der Crowd sowie der Datenerhebung und -qualität beleuchtet.

1 Einleitung

Schutzgebiete wie Nationalparks, Biosphärenreservate oder Naturparks nehmen ca. ein Drittel der Landoberfläche der Bunderepublik Deutschland ein und dienen je nach Charakteristik unterschiedlichen Zielen. Das Monitoring ist dabei vor allem in Nationalparks und Biosphärenreservaten obligatorischer Bestandteil des Gebietsmanagements und verlangt die kontinuierliche Erhebung von Daten, wofür in der Regel klassische Methoden, beispielsweise der Biotoptypenklassifizierung zum Einsatz kommen. Auf der anderen Seite zeigt sich, dass Methoden des Crowdsourcing erfolgreich genutzt werden konnten, um breite Bevölkerungsgruppen zu motivieren Informationen zu erheben und der Gemeinschaft zur Verfügung zu stellen. Crowdsourcing beschreibt in diesem Kontext die Sammlung und Veröffentlichung (sourcing) von, bislang durch ausgebildete Fachkräfte erhobenen, Daten durch freiwillige Helfer oder eine Gemeinschaft (crowd), deren Motivation und Fähigkeiten zunächst unbekannt sind. Im Kontext geographischer Daten hat sich für dieses Prinzip der Begriff Volunteered Geographic Information herausgebildet (GOODCHILD 2007). Im Schnittbereich zwischen der notwendigen, amtlichen Datenerhebung und der möglichen Generierung von Daten und Informationen durch Crowdsourcing stellt sich die Frage, ob und unter welchen Bedingungen unterschiedliche Personengruppen einen Mehrwert leisten können.

Im Rahmen des Projektes COBWEB (Citizen OBservatory WEB) soll eine Plattform bereitgestellt werden, mit der Bürger in UNESCO Biosphärenreservaten Umweltdaten mithilfe mobiler Endgeräte erheben können. Die Schwerpunkte liegen dabei auf der Qualitätssicherung erfasster Daten sowie der Zusammenführung mit existierenden Datenbeständen.

Strobl, J., Blaschke, T., Griesebner, G. & Zagel, B. (Hrsg.) (2014): Angewandte Geoinformatik 2014.

Als Grundlage dafür sollten die gestellten Anforderungen an ein solches System in den deutschen Biosphärenreservaten und zusätzlich in Naturparks analysiert und bewertet werden. Aus diesem Grund wird die grundsätzliche Positionierung der Verwaltungen der Schutzgebiete gegenüber der Thematik des Crowdsourcing sowie den dadurch gewonnenen Daten untersucht. Dabei geht es weniger um detaillierte Fragestellungen bezüglich der Nutzung durch Crowdsourcing erhobener Daten, als um die Sichtweise einer Administration auf diese Thematik, insbesondere mit Blick auf die Nutzungsmöglichkeiten im eigenen Interesse.

2 Crowdsourcing in Schutzgebietsregionen

Die Palette von Schutzgebieten in der Bunderepublik Deutschland ist groß und vielfach kaum überschaubar. Neben der wohl bekanntesten Kategorie der Nationalparks, sind es vor allem Biosphärenreservate und Naturparks, die allein aufgrund ihrer flächenmäßigen Größe eine wesentliche Rolle spielen.

Verbindliche Ziele und Aufgaben für Biosphärenreservate werden im Bundesnaturschutzgesetz (BNatSchG § 25) geregelt. Neben dem reinen Schutzziel sieht das Gesetz ausdrücklich auch die Entwicklung der geschützten Flächen vor. Dies äußert sich vor allem in der Erkenntnis, dass es um den Schutz von Gebieten geht, „die vornehmlich der Erhaltung, Entwicklung oder Wiederherstellung einer durch hergebrachte vielfältige Nutzung geprägten Landschaft und der darin historisch gewachsenen Arten- und Biotopvielfalt, einschließlich Wild- und früherer Kulturformen wirtschaftlich genutzter oder nutzbarer Tier- und Pflanzenarten, dienen“ (BNatSchG § 25). Aufgrund dieser Charakteristik handelt es sich bei Biosphärenreservaten, bis auf sehr geringe Flächenanteile, nicht um Natur-, sondern Kulturlandschaften. Dies äußert sich auch in den internationalen Leitlinien der UNESCO für Biosphärenreservate, welche explizit den Schutz, die wirtschaftlich und ökologisch nachhaltige Entwicklung sowie verschiedene logistischer Aktivitäten, beispielsweise Umweltbildung, -forschung und -beobachtung, festschreibt (UNESCO 1996).

Noch weitreichender als bei Biosphärenreservaten steht der Gedanke der räumlichen Entwicklung einer Schutzgebietsregion bei der Kategorie der Naturparks im Vordergrund. Der Schutzgedanke tritt dabei zurück und gibt insbesondere dem Erholungsziel eine größere Bedeutung (vgl. BNatSchG § 27). Zwar können innerhalb von Naturparks auch Naturschutzgebiete bestehen, der überwiegende Anteil der Flächen ist jedoch der weniger strengen Kategorie der Landschaftsschutzgebiete zugeordnet. Aus dieser Orientierung resultiert ein äußerst heterogenes Gesamtbild der Naturparks.

Eng mit der Art des Schutzes verbunden, ist der dafür beanspruchte Raum. Dabei lässt sich feststellen, dass mit zunehmendem Schutzstatus, also mit eingeschränkter wirtschaftlicher Nutzung, die zu schützenden Regionen kleiner werden. Die als Nationalparke in Deutschland geschützten Gebiete nehmen ca. 0,54 % der Gesamtfläche ein. Bei Biosphärenreservaten sind es bereits ca. 3,7 %. Zusammen mit der Fläche von ca. 27 % für Naturparks steht beinahe ein Drittel der Fläche der Bundesrepublik unter Schutz nach dem Bundesnaturschutzgesetz[1].

---

[1] http://www.bfn.de/0308_gebietsschutz.html (Stand: 17.01.2014)

Sofern Einsatz und Nutzung von Crowdsourcing in Schutzgebieten als Möglichkeit gesehen wird, die Ziele und Aufgaben des jeweiligen Schutzgebietes zu unterstützen, ergeben sich verschiedene Betrachtungsweisen. In einem ersten Schritt muss eine Beurteilung aus der Sicht der Schutzgebiete erfolgen. Hierbei zeigt sich, dass in Biosphärenreservaten die Umweltbeobachtung wesentlicher Bestandteil des Arbeitsauftrages ist. Die Notwendigkeit der Erhebung von Daten ist also gegeben und kann auf direkte Weise durch die Verwaltungen der Schutzgebiete initiiert werden. Im gleichen Zuge scheint eine Erhebung der benötigten Daten durch Crowdsourcing möglich und sinnvoll. Anders verhält es sich in Naturparks, in denen der Erholungsgedanke im Vordergrund steht. Eine indirekte Notwendigkeit für die Sammlung von Umweltinformationen ergibt sich jedoch, sobald die Nachhaltigkeit der landschaftlichen Entwicklung und des Tourismus im Vordergrund stehen.

Aus den genannten Schutzgebieten liegen derzeit relativ wenig Informationen über den aktuellen Status der Nutzung bzw. die Bereitschaft zur Teilnahme an Crowdsourcing-Projekten und den damit verbunden Aktivitäten vor. Aus diesem Grund wurde im Rahmen des Projektes COBWEB eine detaillierte Umfrage in den deutschen Biosphärenreservaten und Naturparks durchgeführt. Die Wahl der Biosphärenreservate erfolgte einerseits auf Grundlage der Projektausrichtung, andererseits gehören Biosphärenreservate zu einer der internationalen Schutzkategorien, in den das Umweltmonitoring zu den elementaren Aufgaben gehört. Als weitere Schutzgebietskategorie wurden die Naturparks gewählt, weil sie gerade diese Ausrichtung nicht aufweisen. Auf eine explizite Befragung der Nationalparke wurde im Weiteren verzichtet, da diese in Teilen bereits durch Verwaltungen der gleichnamigen und zugehörigen Biosphärenreservate oder Naturparks vertreten sind.

Darüber hinaus existiert bereits eine Reihe von Crowdsourcingprojekten, die in weitere Betrachtungen im Projektkontext mit einbezogen werden sollen. Dazu gehört beispielsweise die Plattform *ornitho.de*[2] für deutschlandweite Vogelbeobachtungen oder der *ArtenFinder*[3] des Landes Rheinland-Pfalz. Durch die Beschränkung auf bestimmte Arten oder räumlicher Einheiten, decken diese jedoch nur einen Teil der Schutzgebiete bzw. Schutzgebietsfunktionen ab. Daneben stellt die Global Biodiversity Information Facility[4] (GBIF) eine umfangreiche Sammlung an Umweltbeobachtungen zur Verfügung. Bezogen auf die Schutzgebietsregionen sind dies jedoch nur wenige und zumeist historische Datensätze. Dennoch wird im Laufe des COBWEB Projektes die Nutzung und Anbindung bestehender Projekte und Infrastrukturen angestrebt, um möglichst viel Synergie zu erzeugen.

3 Studiendesign

Wie zuvor bereits erwähnt, soll die Befragung Rückschlüsse über die Relevanz, Akzeptanz und potenzielle Nutzung von Crowdsourcing in den Verwaltungen der Schutzgebiete liefern. Daher beschränkte sich die durchgeführte Befragung auf die Administrationen der Biosphärenreservate sowie Naturparks, die nicht gleichzeitig den Status eines Biosphärenreservates haben. Im Vordergrund steht damit nicht das generelle Interesse der Öffentlichkeit an diesen Daten, sondern vielmehr die Verwendung im amtlichen Kontext.

---

[2] http://ornitho.de/
[3] http://artenfinder.rlp.de/
[4] http://www.gbif.org/

Die Befragung erfolgte mithilfe eines online verfügbaren Fragebogens. Die Verwaltungen wurden schriftlich um eine Teilnahme gebeten. Nach ca. 2-3 Wochen erfolgte eine Erinnerungs-Mail mit einer erneuten Bitte, an der Studie teilzunehmen.

Bei den Biosphärenreservaten erhielten insgesamt 20 Verwaltungen das Informationsschreiben von denen letztendlich 13 an der Befragung teilnahmen. Von den 102 angeschriebenen Naturparks standen die Antworten von 39 für die weitere Auswertung zur Verfügung. Die Rücklaufquote lag damit bei ca. 38 % für die Naturparks und 65 % für die Biosphärenreservate. Als Ursache für die unterschiedliche Rücklaufquote konnten zwei Umstände eruiert werden. Zum einen konnte bei den Biosphärenreservaten an frühere Untersuchungen durch KARRASCH (2011) angeknüpft werden, was ein persönlicheres Anschreiben ermöglichte, andererseits zeigte die Kommunikation mit den Naturparks, dass in einigen Fällen keine Notwendigkeit für die Erfassung von Umweltinformationen gesehen wird und daher der Fragebogen nicht beantworten wurde. Dennoch kann festgehalten werden, dass in beiden Fällen die Rücklaufquote als äußerst positiv zu bewerten ist.

4 Ergebnisse der Studie

4.1 Kategorie 1 – Persönliche Positionierung gegenüber Crowdsourcing

Die Intensität der Verwendung von Geodaten in Schutzgebieten hängt häufig von der entsprechenden Einstellung verantwortlicher Personen in den Verwaltungen ab (KARRASCH 2011). Insofern scheint ein erster Blick auf die persönliche Positionierung der Befragten gegenüber der Thematik des Crowdsourcing interessant.

So zeigt Abbildung 1, dass die persönlichen Erfahrungen mit Crowdsourcing vor allem in den Naturparks als gering eingeschätzt werden muss. Auch in den Biosphärenreservaten sind die Erfahrungen mit dieser Art der Datenerhebung noch gering, liegen aber deutlich über den Werten der Naturparks.

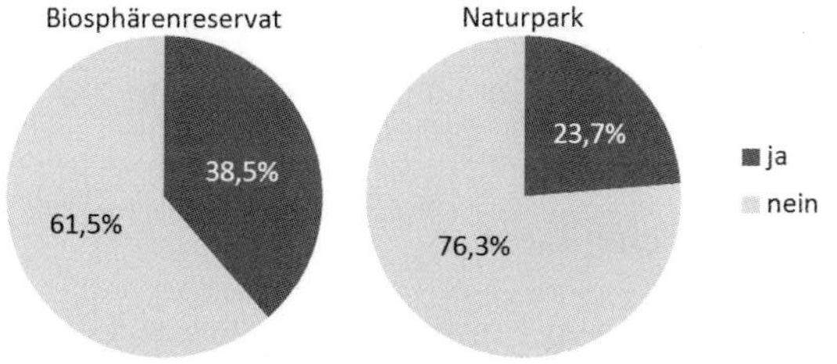

Abb. 1: Haben Sie bereits persönlich Crowdsourcing genutzt?

Entsprechend liegt der Bekanntheitsgrad einzelner Crowdsourcing-Projekte in den Verwaltungen der Biospärenreservate höher als in den Naturparks. Zu den bekanntesten Projekten gehören OpenStreetMap, bekannt bei über 50 % aller Befragten, die ornithologische Plattform ornitho.de (BR: 53,8 %; NP: 17,9 %) und der ArtenFinder (BR: 23,1 %; NP: 10,3 %).

Bei der Analyse des bisherigen Einsatzes von Crowdsourcing ist erkennbar, dass entsprechende Methoden primär zur Sammlung von Daten verwendet werden (BR: 30,8 %; NP:

12,8 %). Der Anteil der Nutzer, die Crowdsourcing zur weitergehenden Datenanalyse eingesetzt und gesammelte Daten zur Verfügung gestellt haben, ist dagegen geringer (Datenanalyse in BR: 23,1 %; in NP: 12,8 %).

Entgegen der bisherigen Kenntnis und Verwendung von Crowdsourcing zeigen die Ergebnisse in Abbildung 2 (oben), dass sowohl in Biosphärenreservaten als auch Naturparks durchaus in Erwägung gezogen wird, Crowdsourcing für eigene Interessen einzusetzen.

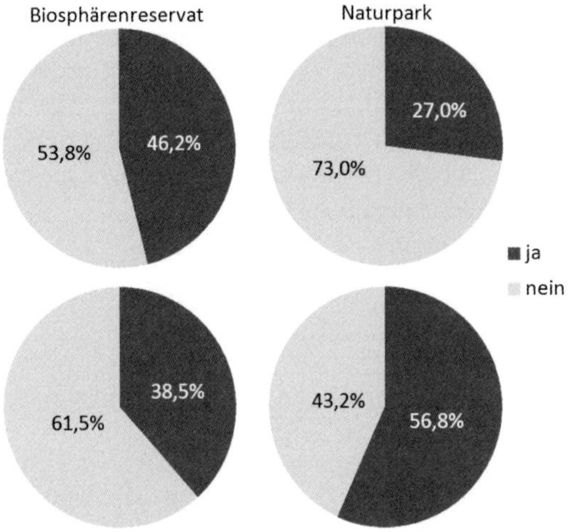

Abb. 2: Oben: Haben Sie schon einmal darüber nachgedacht, Crowdsourcing für Ihren Interessen zu nutzen? Unten: Würden Sie in Erwägung ziehen, ein (weiteres) Crowdsourcing-Projekt zu starten?

Etwas konkreter war die Frage nach der Durchführung von etwaigen Crowdsourcing-Projekten (vgl. Abbildung 2, unten). Hier zeigt sich, dass mehr als ein Drittel der Befragten in den Biosphärenreservaten und mehr als die Hälfte in Naturparks diese Möglichkeit in Betracht ziehen würden. Insbesondere fällt auf, dass im Falle der Naturparks bisher weniger darüber nachgedacht wurde Crowdsourcing zu nutzen, als nunmehr in Erwägung ziehen würden, ein entsprechendes Projekt zu starten.

4.2 Kategorie 2 – Nutzung von Crowdsourcingdaten

Neben der grundsätzlichen Bereitschaft zur Nutzung von Crowdsourcingdaten, stellt sich weiterhin die Frage, für welche Zwecke diese in den Schutzgebieten eingesetzt werden könnten. Dabei wurde zunächst erfasst, in welchem Rahmen (Monitoring, Bildungsarbeit, etc.) die Daten eingesetzt werden könnten (vgl. Abbildung 3).

Die Ergebnisse zeigen, dass sowohl in den Biosphärenreservaten als auch in den Naturparks das Sammeln von Daten einer der wichtigsten Anwendungsbereiche ist. Im Fall der Naturparks wird deutlich, dass sich der Erholungsgedanke, der einen exponierten Stellenwert in diesen Regionen hat, in der möglichen Nutzung von Crowdsourcing für die Öffentlichkeits- und Bildungsarbeit niederschlägt.

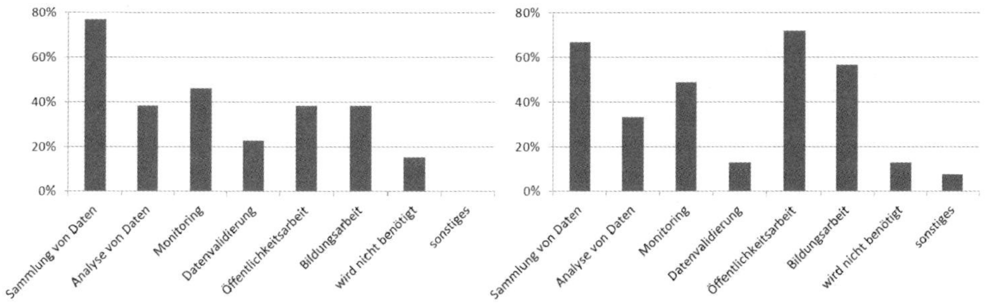

Abb. 3: Wobei könnte Crowdsourcing für Ihre Interessen hilfreich sein? (links: Biosphärenreservate; rechts: Naturparks; Mehrfachantworten möglich)

Durch Crowdsourcing können verschiedenste Objekte erfasst werden. Sowohl in den Biosphärenreservaten als auch in den Naturparks sehen die Befragten Flora und Fauna als wichtigste Art der Daten an, die erhoben werden sollten. Etwas geringer priorisiert wird die Erfassung von Naturschäden und Kulturdenkmalen (vgl. Abbildung 4).

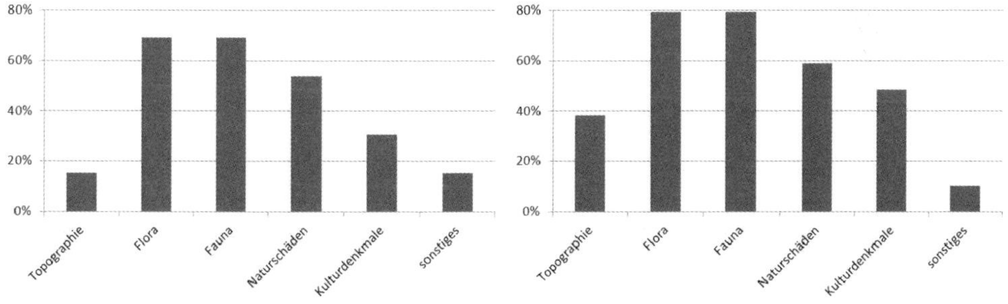

Abb. 4: Welche raumbezogenen Daten sollten Freiwillige erfassen/analysieren können? (links: Biosphärenreservate; rechts: Naturparks; Mehrfachantworten möglich)

Trotz der in Abbildung 4 dargestellten klaren Aussage bezüglich der Erhebung von Daten zu Flora und Fauna, darf nicht außer Acht gelassen werden, dass es sich bei den betrachteten Untersuchungsräumen um Schutzgebiete handelt. Damit liegt die Frage nahe, ob es bestimmte Arten gibt, die nicht erhoben werden sollen (Frage: „Gibt es Daten, die zur Wahrung Ihrer Interessen explizit nicht veröffentlicht werde dürfen? (z. B. aus Gründen des Datenschutzes)“). Vor allem in Biosphärenreservaten wird diese Frage von 75% der Befragten mit „JA“ beantworten; in Naturparks sind es ca. 53 %. Neben grundsätzlichen datenschutzrechtlichen Bedenken, wie personenbezogenen Daten, sind es vor allem Standortdaten von Rote-Liste-Arten (z. B. Horste von Großgreifen), die auf keinen Fall veröffentlicht werden sollen.

4.3 Kategorie 3 – Charakterisierung der Crowd

Wesentliches Element der Datenerhebung mithilfe von Crowdsourcing ist die Charakterisierung der Crowd, welche im Wesentlichen vom teilnehmenden Personenkreis abhängt.

Insofern ist es interessant, welche Gruppen die Befragten als potenzielle Teilnehmer in ihren Regionen sehen. Die Ergebnisse zeigen, dass es in Naturparks keine klaren Präferenzen bezüglich einer der vorgegebenen Gruppen (Besucher, Mitarbeiter, lokale Bevölkerung, Lehreinrichtungen, Umweltbildung/BNE im Schutzgebiet, Fördervereine, Wissenschaft) gibt und alle, nahezu gleichermaßen, als Teil einer möglichen Crowd gesehen werden. Dagegen ist die Auswahl in den Biosphärenreservaten etwas selektiver. Hier sind es vor allem Lehreinrichtungen, die neben der lokalen Bevölkerung als potenzielle Teilnehmer gesehen werden. Es ist weiterhin festzustellen, dass sowohl in Biosphärenreservaten als auch Naturparks ein mäßiges, mitunter aber auch hohes Interesse an der Thematik Crowdsourcing erwartet wird. Dahingegen wird die Anzahl potenzieller Teilnehmer als mäßig bis gering eingeschätzt (vgl. Abbildung 5).

Der Erfolg von Crowdsourcingprojekten hängt wesentlich davon ab, inwieweit sich die Crowd über längere Zeiträume motivieren lässt. In Biosphärenreservaten herrscht diesbezüglich eine geteilte Meinung. Einerseits sieht etwa ein Drittel der Befragten eine hohe Langzeitmotivation der Teilnehmer, gleichzeitig schätzt aber ein weiteres Drittel diese als eher gering ein. Etwas homogener erscheint das Ergebnis auf diese Frage in den Naturparks. Weniger als 20 % der Befragte schätzen die Langzeitmotivation als hoch ein, ca. 45 % beurteilen diese als eher mäßig bis gering. Für etwa jeden dritten Befragten ist die Langzeitmotivation nicht einschätzbar (vgl. Abbildung 5).

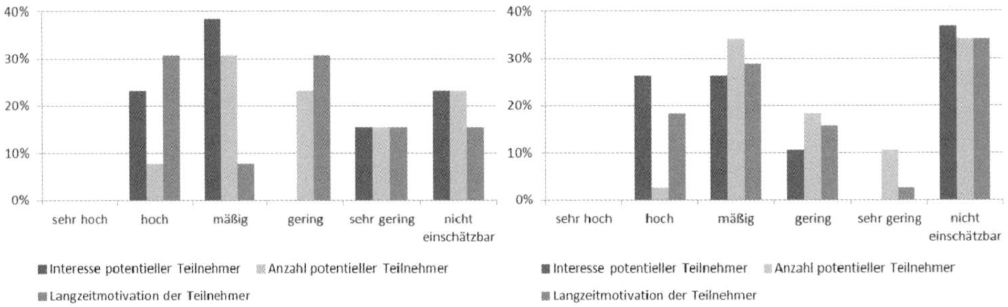

Abb. 5: Wie schätzen Sie die Nutzbarkeit von Crowdsourcing in Ihrem Interessengebiet bezüglich der folgenden Kriterien ein? (links: Biosphärenreservate; rechts: Naturparks)

4.4 Kategorie 4 – Daten und deren Erhebung

Der vierte Teil der Befragung befasste sich zunächst mit Qualität und Quantität der zu erhebenden Daten. So wurde zunächst gefragt, wo die teilnehmenden Mitarbeiter das Optimum zwischen den beiden genannten Größen sehen (vgl. Abbildung 6).

In beiden Schutzgebieten wird deutlich, dass im Grunde ein ausgeglichenes Verhältnis zwischen Qualität und Quantität der Daten gewünscht ist. In Biosphärenreservaten verschiebt sich dieser Wunsch noch etwas weiter in Richtung der Qualität. Grundsätzlich lässt sich aber feststellen, dass durchaus die Bereitschaft vorhanden ist, qualitative Einschränkungen bei den erhobenen Daten in Kauf zu nehmen. Gleichzeitig haben allerdings mehr als die Hälfte der Befragten (BR: 45,5 %; NP: 59,5 %) keine Vorstellungen darüber, wie viele Datensätze überhaupt zu erwarten sind. Etwa ein Viertel (BR: 18,2 %; NP: 25,0 %)

der Befragten schätzen, dass weniger als 20 Datensätze pro Monat durch Crowdsourcing in ihrem Schutzgebiet erfasst werden würden. Eine kontinuierliche Erhebung wird von der Mehrheit nicht erwartet (BR: 73 %; NP: 81 %).

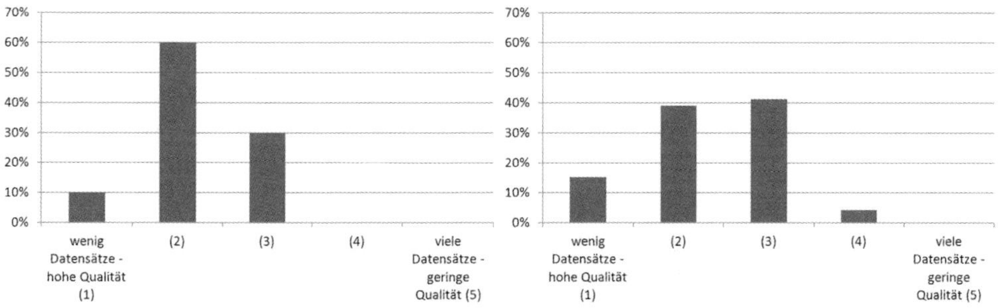

Abb. 6: Wo liegt in Ihren Augen das Optimum für das Verhältnis von Qualität zur Quantität der durch Crowdsourcing erhobenen Daten? (links: Biosphärenreservate; rechts: Naturparks; Mehrfachantworten waren möglich)

Die Übertragung der Daten vom Erfasser zum Onlinesystem kann auf unterschiedliche Art und Weise erfolgen. Klassische Methoden der Datenerhebung im Feld, durch entsprechend bereitgestellte Formulare, spielen auch beim Crowdsourcing eine wichtige Rolle. Etwa 40 % der Befragten sehen diese Form der Datenübermittlung als bewährtes Mittel (vgl. Abbildung 7).

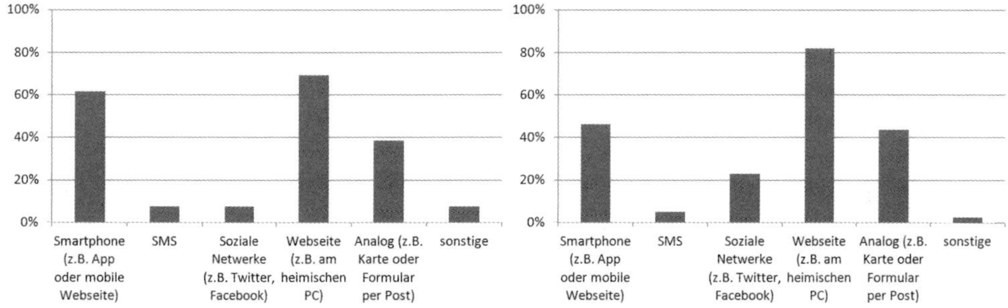

Abb. 7: Welche Wege der Datenübermittlung zwischen Nutzer und Onlinesystem halten Sie in Ihrem Interessengebiet für realistisch? (links: Biosphärenreservate; rechts: Naturparks; Mehrfachantworten waren möglich)

Als wichtigstes Kommunikationsmittel wird die Nutzung von projektspezifischen Webseiten gesehen, über die erhobenen Daten, beispielsweise vom heimischen PC aus, zur Verfügung gestellt werden können. Weiterhin stellt die Nutzung von Smartphones ein probates Mittel zur Datenerfassung und -übertragung dar (BR: 61,5 %; NP: 46,2 %), jedoch eingeschränkt durch die Verfügbarkeit und Empfangsstärke vorhandener Mobilfunknetze, die beinahe drei Viertel aller Befragten (BR: 84,7 %; NP: 71,1 %) als mäßig oder schlecht einschätzt.

5 Bewertung und Interpretation der Ergebnisse

Zusammenfassend lässt sich feststellen, dass die persönlichen Erfahrungen mit Crowdsourcing in Biosphärenreservaten und Naturparks unterschiedlicher Intensität sind. Bedingt durch die gesetzten Rahmenbedingungen über die Notwendigkeit der Erhebung von Daten (Monitoring), ist diese in Biosphärenreservaten deutlich stärker ausgeprägt (vgl. Abbildung 1). Dennoch zeigt sich auch in den Naturparks eine hohe Offenheit gegenüber diesem Konzept der Datenerhebung. Dabei ist die Intention zur Nutzung durchaus unterschiedlich und bezieht sich in Biosphärenreservaten vor allem auf die Datensammlung, während in Naturparks neben der Datensammlung die Öffentlichkeits- und Bildungsarbeit von hohem Interesse ist. Die Nutzung dieses Potenzials hängt dabei aber von der Entwicklung entsprechender pädagogischer Konzepte ab.

Eng mit der potenziellen Nutzung verbunden, sind die Aussagen zur Beurteilung der erwarteten Crowd. Durch die recht gleichmäßige Verteilung der Antworten über mögliche Nutzergruppen und die als eher mäßig eingeschätzte Anzahl erwarteter Teilnehmer wird es notwendig sein, etwaige Crowdsourcingprojekte relativ breit aufzustellen oder spezifisch unterschiedliche Konzepte zu entwickeln. Das im Schnitt als mäßig eingeschätzte Interesse potenzieller Teilnehmer erfordert ein langzeitlich motivierendes Rahmenkonzept, um Crowdsourcingprojekte mittel- und langfristig aufrechterhalten zu können. Hierbei können unter anderem Ansätze zur *Gamification* einen wertvollen Beitrag leisten (HAMARI et al. 2014).

Als limitierender Faktor für den Einsatz moderner mobiler Endgeräte muss die Verfügbarkeit von Mobilfunknetzen gesehen werden. Aufgrund der aktuellen Situation werden mobile Lösungen nur dann erfolgreich sein können, wenn sie vorübergehende oder anhaltende Unterbrechungen der Datenverbindung abfangen können.

Abschließend lassen sich vier Thesen zur Nutzung von Crowdsourcing in Schutzgebieten (Biosphärenreservate und Naturparks) aus den Analyseergebnissen der durchgeführten Umfrage ableiten.

1. In den Verwaltungen von Schutzgebieten wird Crowdsourcing gegenwärtig kaum zur Datenerhebung genutzt; die Erfahrungen damit sind gering. Trotz des nicht-normativen Charakters stehen die Verwaltungen einer zukünftigen Nutzung von Crowdsourcing grundsätzlich offen gegenüber, auch wenn das persönliche Interesse der befragten Mitarbeiter höher einzuschätzen ist als das der Einrichtung.
2. Objekten der Flora und Fauna wird die größte Bedeutung beigemessen. Die Nutzungsmöglichkeiten der Daten sind vielfältig. In Naturparks hat weiterhin die Nutzung von Crowdsourcing für die Öffentlichkeits- und Bildungsarbeit einen besonderen Stellenwert.
3. Ohne explizit (extrinsisch) motivierende Elemente wird sich vor allem langfristig keine Crowd etablieren. Dabei muss gleichzeitig berücksichtigt werden, dass die grundsätzliche Bereitschaft sich freiwillig in Initiativen unterschiedlichster Art zu engagieren, in verschiedenen Kulturkreisen sehr unterschiedlich ausgeprägt ist (MATHOU et al. 2010).
4. Ein ausgeglichenes Verhältnis zwischen Datenqualität und Datenmenge, mit einer Tendenz zur Qualität und damit verbundenen Maßnahmen zur Qualitätssicherung, muss angestrebt werden. Webseitenbasierte Kommunikationswege sind zu bevorzugen. Echtzeit-Monitoring durch mobile Endgeräte ist vielfach nur eingeschränkt möglich.

Es zeigt sich, dass Crowdsourcing in Schutzgebieten einen Beitrag zur Datenerhebung und damit verbundenen Mehrwert für unterschiedliche Zwecke leisten kann. Die Ergebnisse der vorgestellten Studie legen die bestehenden Möglichkeiten, genauso wie die einschränkenden Momente dar. Die vorliegenden Ergebnisse können bei der Umsetzung neuer und der Erweiterung bestehender Systeme (z. B. Artenfinder Rheinland-Pfalz; JACOBS & RESCH 2013) helfen.

Gleichzeitig hängt der Erfolg von Crowdsourcing als Datenquelle für amtliche Aufgaben von weiteren Faktoren ab. Es muss detailliert aufgezeigt werden, welchen Wert und Nutzen Daten dieser Art im Rahmen der amtlichen Aufgabenerfüllung haben können, insbesondere hinsichtlich einer Zusammenführung mit amtlichen Datenbeständen. Hierbei spielen Methoden zur Qualitätssicherung eine wesentliche Rolle. Erst im Anschluss wird es möglich sein, den Schritt von der reinen Datensammlung hin zu einer Datenanalyse zu gehen, und somit einen Mehrwert aus der Nutzung von Crowdsourcing zu ziehen.

Kritisch zu bemerken bleibt, dass die gewählte Methodik es nicht erlaubt, aus den vorgestellten Ergebnissen konkrete Handlungsempfehlungen für die Schutzgebiete abzuleiten. Aufbauend auf den gewonnenen Erkenntnissen soll daher, in einem zweiten Schritt, eine vertiefende Analyse in ausgewählten Schutzgebieten durchgeführt werden, um die spezifischen Planungsgrundlagen der Gebiete mit einbeziehen und weitere Untersuchungen an lokale Gegebenheiten anpassen zu können.

Literatur

GOODCHILD, M. F. (2007), Citizens as sensors: the world of volunteered geography. GeoJournal, 69 (4), 211-221.

HAMARI, J., KOIVISTO, J. & SARSA, H. (2014), Does Gamification Work? – A Literature Review of Empirical Studies on Gamification. Proceedings of the 47th Hawaii International Conference on System Sciences. HICSS.

JACOBS, C. & RESCH, B. (2013), Semi-automatisierte Plausibilitätsprüfung in Citizen Science gestützten Naturbeobachtungen. In: STROBL, J., BLASCHKE, T., GRIESEBNER, G. & ZAGEL, B. (Hrsg.), Angewandte Geoinformatik 2013. Beiträge zum 25. AGIT-Symposium Salzburg. Wichmann, Berlin/Offenbach.

KARRASCH, P. (2011), Umweltbildung und Geoinformation – Analyse, Bewertung und Initiierung der Verwendung von Geoinformationen in der Umweltbildung in Großschutzgebieten am Beispiel der deutschen Biosphärenreservate – Ein Beitrag zur UN-Dekade 'Bildung für nachhaltige Entwicklung'. Dissertation, TU Dresden, Fakultät Forst-, Geo- und Hydrowissenschaften, 2011.

MATHOU, C., TIERNEY, E. & DI PIETRO, D. (2010), Volunteering in the European Union. Technical Report. GHK, Brussels.

UNESCO (1996), Biosphärenreservate. Die Sevilla-Strategie und die Internationalen Leitlinien für das Weltnetz. Bundesamt für Naturschutz, Bonn.

Raumanalyse von Landnutzungswandel und Artendiversität auf Mallorca

Tobias SCHOLZ, Angela HOF und Thomas SCHMITT
Geographisches Institut, Ruhr-Universität Bochum · tobias.scholz-k5i@rub.de

Dieser Beitrag wurde durch das Programmkomitee als „reviewed paper" angenommen.

Zusammenfassung

Im Vordergrund des Beitrags steht die Frage, welche Ergebnisse zur Frage der Zusammenhänge zwischen Landnutzungswandel und Artendiversität erzielt werden können, wenn auf multitemporale und flächendeckend verfügbare CORINE Land-Cover-Daten und Verbreitungsdaten im 1 km² Maßstab zurückgegriffen wird, anstatt zum Beispiel auf Biotopkartierungen im größeren Maßstab in Kombination mit diesen Verbreitungsdaten. Diese Fragestellung ist relevant vor dem Hintergrund der Datenverfügbarkeit für Raumanalysen, die angesichts des beschleunigten Landnutzungswandels planungsrelevante und entscheidungsunterstützende Geoinformationen zu den Wechselwirkungen zwischen Landschaftsveränderungen und Raummustern der Biodiversität liefern sollen.

1 Einleitung

Vor dem Hintergrund beschleunigter Landnutzungsänderungen ist die Interdependenz von Biodiversität, Ökosystemfunktionen und Ökosystemdienstleistungen eine aktuelle raumbezogene Forschungsfrage (HAINES-YOUNG & POTSCHIN 2010). Der Verlust an Biodiversität auf den Ebenen der genetischen Variabilität und der Artenvielfalt ist häufig die Folge eines Verlusts an Diversität auf Ebene der Ökosystemvielfalt, das heißt, Folge eines Rückgangs der Vielfalt an Lebensgemeinschaften und Ökosystemen im Raum (HOBOHM 2000). Die Analyse der Veränderungen der Landschaftskonfiguration über Landschaftsstrukturmaße und die Analyse der Landschaftskomposition über Flächenbilanzen lässt Aussagen zu den Auswirkungen der Landnutzungsänderungen auf Habitatfunktionen zu. Konkrete artspezifische Auswirkungen können nur durch wesentlich komplexere Landschaftsanalysen untersucht werden, für die sich allerdings immer wieder das Problem der Datenverfügbarkeit stellt. Ein weiteres Grundproblem ist, dass Ursachen und Wirkungen zum Teil auf anderen räumlichen und zeitlichen Skalen entstehen und wirksam werden.

Vor diesem Hintergrund wird hier eine Analyse durchgeführt, die CORINE Land-Cover-Daten (EEA 2013) mit Angaben zu den Verbreitungsgebieten von fünf Arten verwendet (GOVERN DE LES ILLES BALEARS 2013a, GOVERN DE LES ILLES BALEARS 2013b). Diesen Tier- und Pflanzenarten ist gemeinsam, dass sie an naturnahe und bedingt naturnahe Garrigue- und Macchieflächen als typische Bestandteile des traditionellen mallorquinischen Landschaftsbildes gebunden sind. Die Daten decken den Maßstabsbereich 1:100.000 (CORINE) ab, während die Verbreitungsgebiete durch 1 × 1 km Fundraster abgebildet

Strobl, J., Blaschke, T., Griesebner, G. & Zagel, B. (Hrsg.) (2014): Angewandte Geoinformatik 2014.
 ISBN 978-3-87907-543-0.

werden. CORINE Land-Cover-Daten (EEA 2013) werden im europaweiten Projekt CORINE Land Cover (CLC) erhoben, das Teil des Programms CORINE (Coordination of Information on the Environment) der Europäischen Union ist. Die CORINE Land-Cover-Daten haben eine thematische Tiefe von fünf Oberkategorien der Landnutzung und Landbedeckung, die in 15 Unterkategorien (Level 2) und auf der höchsten thematischen Auflösungstiefe (Level 3) in 44 Kategorien bzw. Klassen der Landnutzung und Landbedeckung ausdifferenziert werden.

Aus inhaltlicher Perspektive betrachtet ermöglicht diese Datenlage die Analyse der kausalen Zusammenhänge zwischen dem Rückgang des Verbreitungsgebiets einer Art und dem Landschaftsverbrauch, das heißt der Umwidmung von freier, unverbrauchter Landschaft in Siedlungs-, Gewerbe-, Industrie- und Verkehrsflächen im Zuge der touristischen Inwertsetzung und Erschließung, die in den letzten beiden Jahrzehnten vor allem durch den Bau von Ferienimmobilien gekennzeichnet ist. Dieser Zusammenhang wurde durch multitemporale Landschaftsanalysen zu den Wechselwirkungen zwischen dem Verbreitungsgebiet einer im gesamten Mittelmeerraum als gefährdet eingestuften Schildkrötenart, dem Landnutzungswandel und der Landschaftsstruktur auf verschiedenen räumlichen und zeitlichen Skalen durchgeführt und kausalanalytisch mithilfe statistischer Tests geprüft. Es konnte nachgewiesen werden, dass das Schrumpfen und die Zerteilung des Verbreitungsgebiets kausal mit der urban-touristischen Erschließung seit 1979 zusammenhängt (HOF & MICHEL 2012).

Die Zielsetzung dieses Beitrags ist, zu untersuchen, ob sich dieser Zusammenhang auch als Ergebnis von Raumanalysen auf der Basis der oben genannten flächendeckend vorhandenen Landnutzungsdaten ergibt, oder ob eine größere thematische Tiefe und ein größerer Erfassungsmaßstab notwendig sind. Die Analyse wird auf weitere vier Arten ausgedehnt und die Ergebnisse werden vor dem Hintergrund dieser Fragestellung präsentiert und diskutiert.

2 Material und Methoden

Zur Erfassung des Landnutzungswandels in den Verbreitungsgebieten ausgewählter Arten wurde über eine GIS-basierte Analyse der Landnutzungswandel auf der Grundlage von CORINE Land-Cover-Daten von 1990 und 2006 räumlich explizit für Verbreitungsgebiete und angrenzende Gebiete von fünf Arten statistisch ausgewertet.

2.1 Auswahl der untersuchten Arten und des Untersuchungsgebiets

Folgende Arten wurden aufgrund ihres Verbreitungsschwerpunktes im Südwesten der Insel ausgewählt (Abb. 1). Es handelt sich um Tier- und Pflanzenarten, die aufgrund ihrer Habitatansprüche vor allem in naturnahen Biotopen vorkommen und dadurch vom Landnutzungswandel, der zugunsten urbaner Nutzungstypen verläuft, potenziell negativ betroffen sind. Auf das Untersuchungsgebiet, das 6 % der Inselfläche umfasst, entfallen 34 % der Fundraster, in denen die folgenden fünf Arten vorkommen:

- Ruten-Wundklee (*Anthyllis cytisoides*); die Habitatansprüche wurden auf der Grundlage der einschlägigen Literatur ermittelt (BÄRTELS 1997, STRAKA et al. 1987, SCHÖNFELDER & SCHÖNFELDER 1999, SCHÖNFELDER & SCHÖNFELDER 2002).

- Französischer Lavendel (*Lavandula dentata*); die Habitatansprüche wurden auf der Grundlage der einschlägigen Literatur ermittelt (BÄRTELS 1997, STRAKA et al. 1987, SCHÖNFELDER & SCHÖNFELDER 1999, SCHÖNFELDER & SCHÖNFELDER 2002).
- Balearengrasmücke (*Sylvia balearica*); die Habitatansprüche wurden auf der Grundlage der einschlägigen Literatur ermittelt (STERRY 2004).
- Mauergecko (*Tarentola mauritanica*); die Habitatansprüche wurden auf der Grundlage der einschlägigen Literatur ermittelt (RIEPPEL 1981).
- Maurische Landschildkröte (*Testudo graeca*); die Habitatansprüche wurden auf der Grundlage der einschlägigen Literatur ermittelt (BUSKIRK et al. 2001, MICHEL 2011).

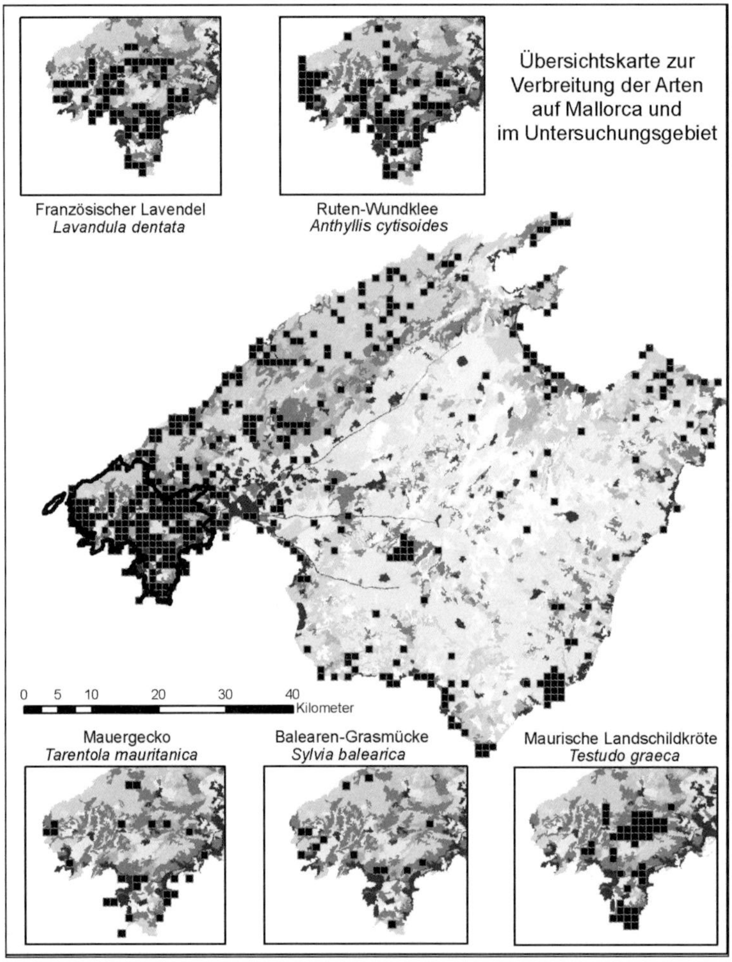

Abb. 1: Verbreitungsgebiete der fünf untersuchten Arten auf der Baleareninsel Mallorca und im Untersuchungsgebiet

Die Verbreitung der Arten wurde mithilfe der vom Umweltministerium veröffentlichten Bioatlanten erhoben (GOVERN DE LES ILLES BALEARS 2013a, GOVERN DE LES ILLES BALEARS 2013b). Diese Geodatenservices liefern die Verbreitung von auf den Balearen vorkommenden Tier- und Pflanzenarten in Form von Fundrastern. Für die Analyse wurden die Fundraster mit einer Größe von 1 km^2 gewählt.

Die Analyse ist auf den südwestlichen Teil der Insel (Gemeinden Calvià und Andratx) beschränkt, weil sich der Verlust von naturnahen Biotopen zugunsten urbaner Flächen dort in den letzen Jahrzehnten am stärksten vollzog (HOF 2013).

Die CORINE-Landnutzungsdaten sind auf der thematischen Tiefe von Level 2 dargestellt. Die Landnutzungstypen „Maritime Wetlands“, „Inland Waters“ und „Marine Waters“ wurden in den GIS-Operationen nicht berücksichtigt, da visuelle Überprüfungen anhand von Orthophotos ergaben, dass diese Flächen in den CORINE Land-Cover-Daten von 1990 in wesentlich geringerem Umfang erfasst wurden, als sie tatsächlich vorhanden waren. Dies ist vermutlich der geringeren geometrischen und radiometrischen Auflösung der Basisdaten geschuldet. Bezogen auf diese Landnutzungstypen sind die CORINE-Daten von 2006 deutlich genauer, wodurch diese Landnutzungstypen nun in den Daten mehr Fläche einnehmen, als in den Daten von 1990, obwohl sich diese Landnutzungstypen in der Realität nicht weiter ausgedehnt haben, sondern, im Gegenteil, besonders von Versiegelung betroffen waren. Der Einbezug dieser Landnutzungstypen würde zu einer ‚Pseudo-Landnutzungsveränderung' und somit einer Verzerrung der Ergebnisse führen.

2.2 Ablauf der Analyse

Zunächst wurden die Fundraster der Arten, welche im Rasterdatenformat vorliegen, in ein Raster im Vektordatenformat überführt, um die anschließenden GIS-Operationen durchführen zu können. Die Attributzuweisung für die einzelnen Rasterzellen des Vektordatensatzes erfolgte nach dem Schema in Tabelle 1 für jede Art. Die Fundrasterzellen, in denen das jeweilige Artvorkommen als gesichert gilt, wurden selektiert und attributiert. Die angrenzenden Rasterzellen wurden selektiert und attributiert, wobei hier davon ausgegangen wird, dass sich die Dynamik des Landnutzungswandels zwischen diesen Fundrastern unterscheidet und hier das Verbreitungsgebiet dadurch flächenbezogen verringert wurde. Das Schema der Attributierung der Rasterzellen ist für *Lavandula dentata* in Abbildung 2 kartographisch visualisiert.

Tabelle 1: Attributierungsschema für die Datenanalyse in GIS

Status der Art in Rasterzelle	Beschreibung	Attributwert
Präsenz	Fundrasterzelle; Art kommt vor	2
Absenz, angrenzend	Rasterzelle grenzt an Fundrasterzelle	1
Absenz	Übrige Zellen im Untersuchungsgebiet	0

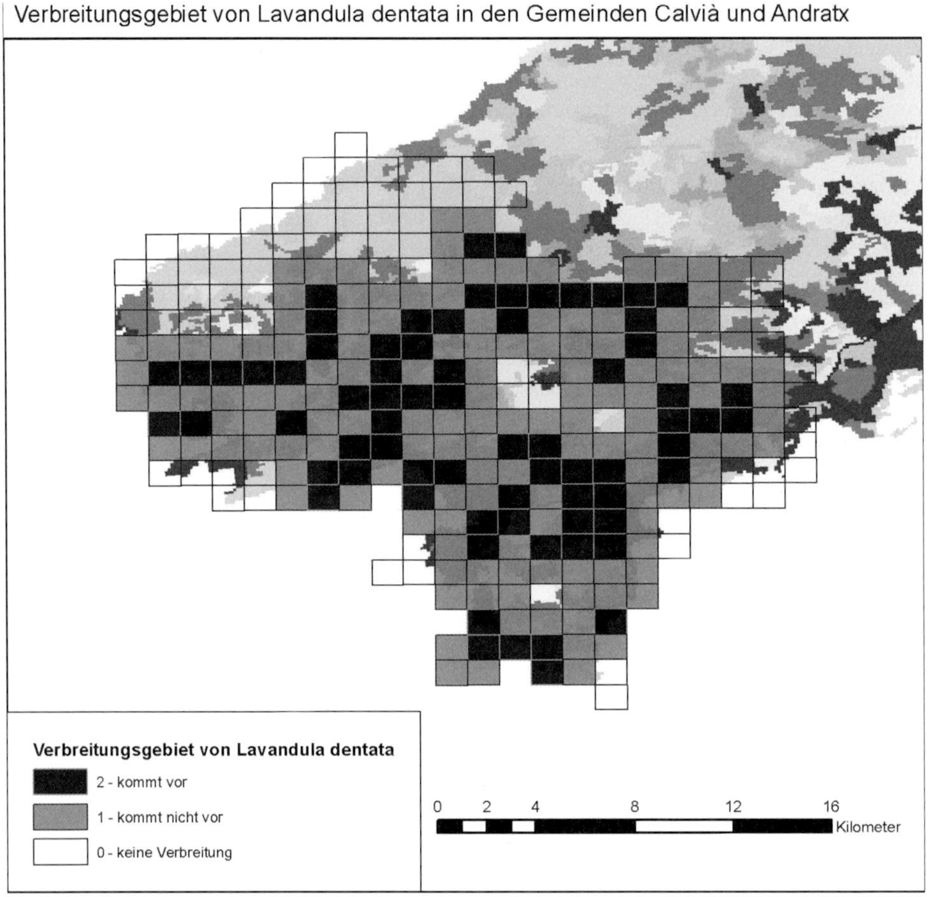

Abb. 2: Schematische Darstellung der Raumanalyse am Beispiel des Verbreitungsgebiets einer der fünf untersuchten Arten (*Lavandula dentata*) im Untersuchungsgebiet. Dabei wurden die CORINE-Daten mit den Verbreitungsrasterzellen der Arten überlagert.

Die Ermittlung der Landnutzung in den einzelnen Rasterzellen erfolgte mit dem ArcGIS-Tool „Zonal Histogram". Dieses Tool wertet die Häufigkeiten der Landnutzungstypen auf Basis von Attributwerten von Vektordatensätzen aus. Das Ergebnis ist eine Tabelle mit den Häufigkeiten der Landnutzungstypen für die Attributwerte, die in Tabelle 1 gelistet sind. Die Operation mit „Zonal Histogram" wurde jeweils für die Landnutzungsraster von 2006 und 1990 durchgeführt, um den Istzustand der Landnutzung in den zwei Zeitabschnitten festzustellen. Der Landnutzungswandel zwischen 2006 und 1990 wurde für die nach dem Schema in Tabelle 2 generalisierten Landnutzungstypen der CORINE-Daten berechnet.

Auf Grundlage der generalisierten Landnutzungskategorien wurde dann für jede Art die relative Veränderungsrate in Prozent zwischen 2006 und 1990 für die Rasterzellenkategorien „Präsenz", „Absenz, angrenzend" und „Absenz" über folgende Formel berechnet:

$$L_{Rate} = ((L_{2006} - L_{1990}) / L_{2006}) * 100$$

L_{Rate} = Veränderungsrate [%] der Landnutzungstypen

L_{2006} = Häufigkeit der Landnutzung im Jahr 2006

L_{1990} = Häufigkeit der Landnutzung im Jahr 1990

Tabelle 2: Generalisierung der CORINE Land-Cover-Daten für die Datenanalyse in GIS

Generalisierte Landnutzungskategorien	**Landnutzungskategorien der CORINE-Daten**
Urbane Nutzung	Urban fabric Industrial, commercial and transport units Mine, dump and construction sites
Landwirtschaftliche Nutzung	Arable land Permanent crops Pastures Heterogeneous agricultural areas
Naturnahe Biotope	Forests Scrub and/or herbaceous vegetation areas Open spaces with little or no vegetation

3 Ergebnisse und Diskussion

Die Analyseergebnisse zeigen für die untersuchten Arten kein einheitliches Bild. In den Fundrastern, die das Verbreitungsgebiet darstellen, war die Veränderungsrate der urbanen Landnutzungsdynamik nahezu gleich hoch oder niedrig wie die Rate in den angrenzenden Rastern, wo die Arten absent sind, mit Ausnahme von *Sylvia balearicus* und *Testudo graeca*. Für diese beiden Arten kann in den Fundrastern des Verbreitungsgebiets eine wesentlich höhere urbane Siedlungsflächenzunahme als in den angrenzenden Gebieten festgestellt werden. Gleichzeitig überwiegt für diese Arten die Rate der Zunahme der landwirtschaftlichen Flächen die der angrenzenden Rasterzellen deutlich, während naturnahe Flächen abnahmen. Bei *Anthyllis cytisoides* und *Lavandula dentata* war die Abnahme der naturnahen Flächen im Verbreitungsgebiet geringer und der Rückgang der landwirtschaftlichen Flächen stärker als außerhalb des Verbreitungsgebiets. Diese beiden gegensätzlichen Veränderungstendenzen der Artendiversität durch den Landnutzungswandel werden durch die Pflanzenart *Anthyllis cytisoides* und die Vogelart *Sylvia balearica* repräsentiert (Tab. 3, Tab. 4, Abb. 3, Abb. 4). Im Verbreitungsgebiet von *Anthyllis cytisoides* hat die urbane Nutzung in den Fundrasterzellen im gleichen Maße zugenommen wie in den angrenzenden Rasterzellen, während der Rückgang der naturnahen Biotope in den angrenzenden Rasterzellen höher war, als in den Fundrastern. Die landwirtschaftliche Nutzung nahm in den

Fundrastern ab (vgl. Tab. 3, Abb. 3). Gegenläufiges zeigt sich bei *Sylvia balearica*. Die urbane Nutzung nahm in den Fundrasterzellen stärker zu als in den angrenzenden Rasterzellen, während die naturnahen Biotope in den Fundrasterzellen im gleichen Maße abgenommen haben, wie in den angrenzenden Zellen. Die landwirtschaftliche Nutzung hat in den Fundrastern zugenommen (vgl. Tab. 4, Abb. 4)

Tabelle 3: Ergebnisse für *Anthyllis cytisoides*: Veränderungsrate in [%] zwischen 2006 und 1990

	Urbane Nutzung	**Landwirtschaftliche Nutzung**	**Naturnahe Biotope**
Anthyllis cytisoides	**Veränderung [%]**	**Veränderung [%]**	**Veränderung [%]**
Präsenz	27,0	–16,9	–8,1
Absenz, angrenzend	25,1	3,8	–13,6
Absenz	34,9	3,1	–24,9

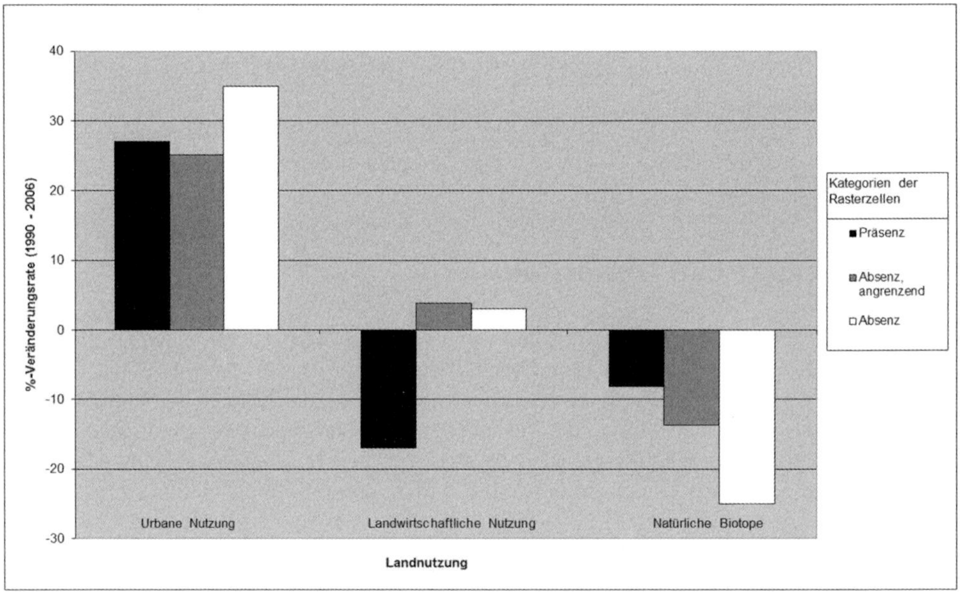

Abb. 3: Ergebnisse zu Dynamik und Prozessmuster des Landnutzungswandels für die untersuchte Art *Anthyllis cytisoides* (1990-2006)

Tabelle 4: Ergebnisse für *Sylvia balearica*: Veränderungsrate in [%] zwischen 2006 und 1990

	Urbane Nutzung	**Landwirtschaftliche Nutzung**	**Naturnahe Biotope**
Sylvi balearica	**Veränderung [%]**	**Veränderung [%]**	**Veränderung [%]**
Präsenz	80	13, 1	–8,9
Absenz, angrenzend	36,3	–8, 6	–13,2
Absenz	19,6	3,1	–8,4

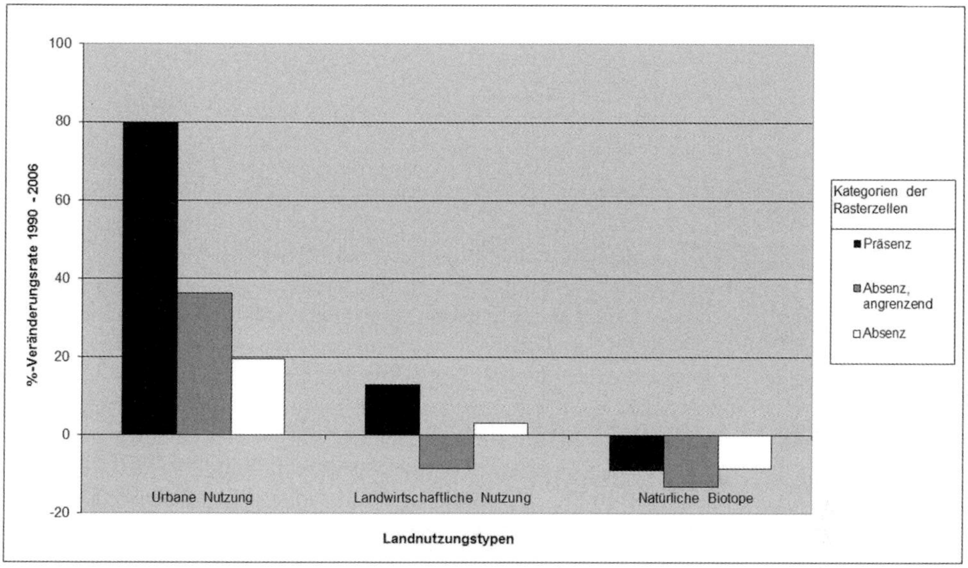

Abb. 4: Ergebnisse zu Dynamik und Prozessmuster des Landnutzungswandels für die untersuchte Art *Sylvia balearica* (1990-2006)

Die Ergebnisse der Studie von Hof & Michel (2012), dass die urbane Flächeninanspruchnahme dort signifikant höher war, wo das Verbreitungsgebiet für die Schildkrötenart *Testudo graeca* geschrumpft ist, konnte durch die hier beschriebene Analyse nicht bestätigt werden. Allerdings unterstreichen auch die hier erzielten Ergebnisse die Bedeutung der naturnahen und landwirtschaftlichen Flächen und der Landschaftsstruktur für das Vorkommen der an diese Strukturen gebundenen Arten. Allerdings kann im Vergleich mit dieser anderen Studie mit der räumlichen Auflösung und thematischen Tiefe der CORINE Land-Cover-Daten eine weniger differenzierte Raumanalyse vorgenommen werden.

Mit Ausnahme des Mauergeckos (*Tarentola mauritanica*) weisen die Landnutzungsmuster der Verbreitungsgebiete der untersuchten Arten verglichen mit den angrenzenden Gebieten einen höheren Flächenanteil naturnaher Flächennutzungen auf, vor allem einen hohen Garrigue-Flächenanteil. Der Mauergecko hingegen scheint, wenn auch nicht direkt von der Versiegelung, sondern indirekt von Begleiterscheinungen wie einem höherem Nahrungsangebot, zu profitieren. Diese Hypothese gilt es, in weiterführenden Untersuchungen zu testen. Ein weiteres Ergebnis ist, dass die Hypothese aufgestellt werden kann, dass *Sylvia balearica* trotz der urbanen Siedlungsdynamik in ihrem Verbreitungsgebiet ausreichend Habitatfläche vorfindet.

Ein Grund könnte die flächenhaft gering verdichtete Siedlungsentwicklung sein, die aufgrund starker Durchgrünung vielfältige Ersatzhabitate und ökologische Nischen bietet. In einer Studie in Leipzig wurde nachgewiesen, dass die größte Vielfalt an Vogelarten häufig in den Stadtgebieten existiert, die durch große Anteile von qualitativ hochwertigen Grünflächen charakterisiert sind (STROHBACH et al. 2009). Auch diese Hypothese gilt es, mit räumlich und thematisch feiner aufgelösten Daten zu überprüfen. Die Raumanalyse hat in dieser Hinsicht wertvolle Erkenntnisse im Hinblick auf Prozessmuster und kausale Zusammenhänge zwischen Landnutzungswandel und Artendiversität auf Mallorca geliefert.

4 Fazit

Aus Platzgründen wurde in der Analyse auf eine kartographische Darstellung der Ergebnisse verzichtet. Anhand der Analyse zeigt sich, dass die Zunahme der urbanen Nutzung im Südwesten Mallorcas auf Kosten naturnaher Biotope verläuft. Bei den Veränderungen der Artendiversität zeigen sich keine einheitlichen Muster, sondern durchaus artspezifische Abhängigkeiten zur Landnutzung. Generell lassen sich aber zwei Muster erkennen, die durch die Arten *Sylvia balearicus* und *Anthyllis cytisoides* repräsentiert werden. Zusammenhänge zwischen Landnutzungswandel und Artendiversität können durch Raumanalysen mit flächendeckend vorhandenen CORINE Land-Cover-Daten und Daten zu Verbreitungsgebieten im 1 km^2 Maßstab tendenziell ermittelt werden, da eine Abnahme der Ökosystemvielfalt, die mit dieser Analyse für Mallorca bestätigt wurde, mit einem Verlust der Artenvielfalt verknüpft ist (HOBOHM 2000). Allerdings sind für weitergehende Aussagen Geodaten mit größerer thematischer Tiefe und einem größeren Erfassungsmaßstab notwendig, die auch differenzierte Aussagen zur Landschaftsstruktur erlauben. Die CORINE Landcover-Daten haben eine thematische Tiefe von 5 ha, was insbesondere Kleinstrukturen nicht adäquat aufzulösen vermag. Demnach kann die Feldarbeit nicht gänzlich durch die Methodik der Fernerkundung ersetzt werden (EINIG et al. 2009).

Als eine an diese Arbeit anknüpfende Analyse eignet sich eine Analyse der Sensibilität und Flexibilität der Arten gegenüber dem festgestellten Landschaftswandel, die bei den Arten ganz unterschiedlich ausgeprägt ist. So weist zum Beispiel *Testudo graeca* eine geringe Toleranz gegenüber der Ausdehnung urbaner Nutzung auf (BUSKIRK et al. 2001), während *Tarentola mauritanica* eine Affinität für urbane Biotope zeigt (RIEPPEL 1989).

Literatur

BÄRTELS, A. (1997), Farbatlas mediterrane Pflanzen. Stuttgart.

BUSKIRK, J., KELLER, C. & ANDREU, A. (2001), Testudo gracea – Maurische Landschildkröte. In: Fritz, U. (Hrsg.), Handbuch der Reptilien und Amphibien Europas. Band 3/ III A: Schildkröten. Kempten.

EEA – European Environment Agency (Hrsg.) (2013), Corine Land Cover 2006 raster data. http://www.eea.europa.eu/data-and-maps/data/corine-land-cover-2006-raster (20.11.2013).

EINIG, K., JONAS, A. & ZASPEL, B. (2009), Eignung von CORINE-Geodaten und Daten der Flächenerhebung zur Analyse der Siedlungs- und Verkehrsflächenentwicklung in Deutschland. Land use economics and planning. Discussion paper No. 2009-08.

GOVERN DE LES ILLES BALEARS (Hrsg.) (2013a), BioAtles 1.3.0. http://ideib.caib.es/pub_ideib/public/TEMATIC-BIOATLES/MapServer/WMSServer? (29.01.2014).

GOVERN DE LES ILLES BALEARS (Hrsg.) (2013b), BioAtles 2.0. http://bioatles.caib.es/serproesfront/cuadriculas.do?seccion=distribEspecies (29.01.2014).

HAINES-YOUNG, R. & POTSCHIN, M. (2010), The links between biodiversity, ecosystem services and human well-being. In: Raffaelli, D.G. & Frid, C. (Hrsg.), Ecosystem ecology. A new synthesis. Cambridge; New York, 110-139.

HOBOHM, C. (2000), Biodiversität. Wiebelsheim.

HOF, A. (2013), Analyse des Urban Sprawl auf Mallorca mit GIS basierten Flächennutzungsdaten auf unterschiedlichen Maßstabsebenen. In: STROBL, J., BLASCHKE, T., GRIESEBNER, G. & ZAGEL, B. (Hrsg.), Angewandte Geoinformatik 2013. Beiträge zum 25. AGIT-Symposium Salzburg. Berlin/Offenbach, 80-89.

HOF, A. & MICHEL, E. (2012), Landscape modeling and metrics for improved integration of urban land change processes and biodiversity indicators in urban management in Mediterranean coastal zones. In: BREUSTE, J., VOIGT, A. & ARTMANN, M. (Eds.), Implementation of Landscape Ecological Knowledge in European Urban Practice. Bayerische Akademie für Naturschutz und Landschaftspflege (Laufener Seminarbeiträge), Laufen, 85-92.

MICHEL, E. (2011), GIS-gestützte Habitat- und Landschaftsstrukturanalyse am Beispiel der Maurischen Landschildkröte in der Gemeinde Calvia/Mallorca. Unveröffentlichte Masterarbeit. Ruhr-Universität Bochum.

RIEPPEL, O. (1981), Tarentola mauritanica – Mauergecko. In: FRITZ, U. (Hrsg.), Handbuch der Reptilien und Amphibien Europas. Band 1 / I: Echsen. Kempten.

SCHÖNFELDER, I. & SCHÖNFELDER, P. (2002), Kosmos Atlas Mittelmeer- und Kanarenflora. 3. Auflage. Stuttgart.

SCHÖNFELDER, I. & SCHÖNFELDER, P. (1999), Die Kosmos-Mittelmeerflora. 2. Auflage. Stuttgart.

STERRY, P. (2004), Die Vögel am Mittelmeer. Kosmos Naturführer. Stuttgart.

STRAKA, H., HAEUPLER, H., GARCIA, L. & ORELL, J. (1987), Führer zur Flora von Mallorca. Stuttgart, New York.

STROHBACH, M. W., HAASE, D. & KABISCH, N. (2009), Birds and the city: urban biodiversity, land use, and socioeconomics. Ecology and Society, 14 (2), 31 [online]).

Der Einfluss der örtlichen Landschaftsplanung auf den Zustand der Landschaft – Untersuchung auf Grundlage von Geodaten in Deutschland

Christian STEIN, Ulrich WALZ und Wolfgang WENDE
Leibniz-Institut für ökologische Raumentwicklung, Dresden · c.stein@ioer.de

1 Hintergrund

Die örtliche Landschaftsplanung stellt die Grundlage zur Berücksichtigung von Naturschutzzielen im Rahmen der Bauleitplanung dar und trägt damit zur Sicherung der natürlichen Lebensgrundlagen bei. Dies gilt besonders für die Bemühungen im Rahmen der „Nationalen Strategie zur biologischen Vielfalt" zum Erhalt der Biodiversität, der Anpassungsstrategien an die Folgen des Klimawandels (HEILAND et al. 2011, RÖßLER & MATHEY 2014, 72), dem steigenden Biomasseanbau (BFN 2010, 28) sowie der Reduzierung und Qualifizierung der Flächeninanspruchnahme im Rahmen des „30-ha-Ziel 2020" (BRUNS et al. 2005, 21).

Doch wie ist der derzeitige Stand der örtlichen Landschaftsplanung in Deutschland? In welchem Maße wird die Landschaftsplanung räumlich wirksam und spiegelt sich in der Landschaftsqualität und -struktur wider? Ist die Wirkung der kommunalen Landschaftsplanung anhand von auf Geoinformationsdaten basierenden Landschaftsindikatoren überhaupt messbar?

Die Umsetzung von Maßnahmen wurde in Studien von WENDE et al. (2005, 2012) anhand von Stichproben konkret vor Ort evaluiert. Aufgrund des immensen Arbeitsaufwandes konnten jedoch nur kleine Stichproben bearbeitet werden und trotz dieser Anstrengungen sind daraus kaum repräsentative Aussagen zur Wirksamkeit der örtlichen Landschaftsplanung ableitbar (HEILAND 2010). Daher soll im Rahmen des von der Deutschen Forschungsgemeinschaft (DFG) geförderten Projektes LANALYS (WE 3057/3-1 bzw. WA 2131/2-1) am Leibniz-Institut für ökologische Raumentwicklung versucht werden, den Einfluss der örtlichen Landschaftsplanung auf die Landschaft mithilfe von auf Geoinformationsdaten basierenden Indikatoren zu untersuchen.

2 Methodik

Die Ermittlung des Planungstands für eine 600 Kommunen umfassende Stichprobe erfolgte in drei Stufen. Zunächst wurde das Landschaftsplanverzeichnis des Bundesamtes für Naturschutz (BfN) als Grundlage herangezogen und mit Verzeichnissen der Bundesländer abgeglichen. Weiterhin wurden alle Kommunen der Stichprobe zur Teilnahme an einer Onlineumfrage aufgerufen, bzw. wenn kein Planungsstand anhand der Verzeichnisse ermittelt werden konnte, telefonisch kontaktiert. Im Rahmen der Onlineumfrage wurden die Gemeinden zur Einschätzung der Umsetzungsquote von Maßnahmen des Landschaftsplans

Strobl, J., Blaschke, T., Griesebner, G. & Zagel, B. (Hrsg.) (2014): Angewandte Geoinformatik 2014.

und zum Bedarf an Bauland und Kompensationsflächen gebeten. Diese qualitativen Daten wurden mit quantitativen Geoinformationsdaten in Zusammenhang gebracht.

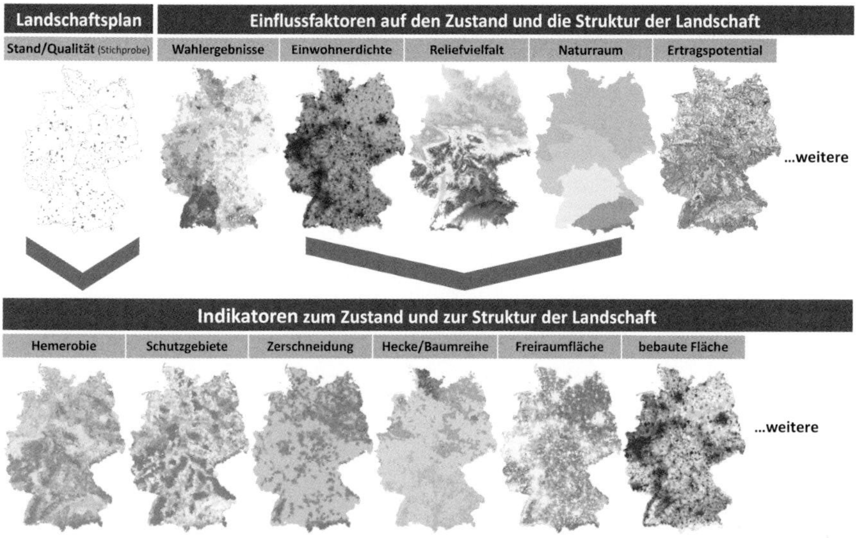

Abb. 1: Schematische Darstellung des methodischen Konzepts zur Bestimmung der Wirkung örtlicher Landschaftsplanung auf den Zustand der Landschaft; Daten: ioer-monitor.de, regionalstatistik.de, BKG 2010, BfN 2009, BGR 2013

Für die Landschaftsplanung sind vielfältige Aufgaben nach § 9 Abs. 3 Nr. 4 BNatSchG definiert. Für jede dieser Aufgaben wurde ein Set von Indikatoren identifiziert. Da einige Indikatoren untereinander stark korrelierten, konnten diese mithilfe einer explorativen Faktorenanalyse auf zehn bedeutsame Faktoren reduziert werden (vgl. Tab. 1). Eine Teilstichprobe von Landschaftsplänen wurde hinsichtlich der festgeschriebenen Erfordernisse und Maßnahmen analysiert, um einschätzen zu können, inwieweit sich diese in den Geoinformationsdaten abzeichnen können.

Als Grundlage dienen Daten aus dem Jahr 2010 des IÖR-Monitor (www.ioer-monitor.de), der eine große Anzahl von Indikatoren zur Siedlungs- und Freiraumentwicklung sowie zur Landschaftsqualität auf administrativen Gebietseinheiten und Rastern zur Verfügung stellt. Diese Indikatoren basieren hauptsächlich auf Daten des ATKIS-Basislandschaftsmodell (ATKIS Basis-DLM). In Kombination mit eigens berechneten Indikatoren (z. B. Attraktivität der Landschaft, Heckenlänge) und der amtlichen Statistik (z. B. Bevölkerung, Raumtypen), bildet dies eine solide Datengrundlage (MEINEL et al. 2013).

Mithilfe von Korrelations- und Regressionsanalysen wurde der Einfluss der örtlichen Landschaftsplanung auf die Qualität der Landschaft im Vergleich zu ausgewählten Faktoren untersucht und damit der Frage nachgegangen, in welchem Maße die Landschaftsplanung tatsächlich flächenwirksam wird. Dabei werden weitere die Landschaft beeinflussende Faktoren (z. B. Naturraum, Relief, ackerbauliches Ertragspotenzial) betrachtet, um die Einflussstärke der örtlichen Landschaftsplanung im Vergleich zu diesen Faktoren zu bestimmen (vgl. Abb. 1).

Tabelle 1: Landschaftsindikatoren für die Aufgaben der Landschaftsplanung; Faktor: Ergebnis der Faktorenanalyse; Kor: Korrelation mit Wirkungsdauer des Landschaftsplans

Aufgaben der Landschaftsplanung	Teilbereiche	Indikatoren	Faktor	Kor
Vermeidung, Minderung oder Beseitigung von Beeinträchtigungen von Natur und Landschaft (NuL)	*Siedlungs- und Verkehrsflächen*	Anteil Siedlungs- und Verkehrsfläche	1	0,164**
		Anteil baulich geprägter Siedlungsfläche	1	0,141**
		Anteil gebäudeüberbauter Fläche	1	0,190**
		Anteil gebäudeüberbauter Fläche	10	0,250**
		Anteil versiegelter Bodenfläche	1	0,157**
	Land- und Forstwirtschaftliche Nutzung	Anteil Landwirtschaftsfläche	2	-0,273**
		Anteil Grünland an der Landwirtschaftsfläche	2	0,138**
		Anteil Ackerland an der Landwirtschaftsfläche	2	-0,229**
		Waldanteil an der Freiraumfläche	2	0,256**
		Waldanteil	2	0,236**
		Anteil Laubwald an Waldfäche	4	0,070
		Anteil Gehölzflächen	10	0,250**
		Anteil Gartenland, Obst- u. Weinbau	10	0,197**
		Anteil unkultivierter Bodenfläche	8	-0,068
	Kultureinfluss	Anteil von naturnaher Flächen	2	0,195**
		Hemerobieindex	2	-0,184**
	Zersiedelung	*Dispersion*	-	-
		Siedlungskörperdichte	9	0,181**
Schutz bestimmter Teile von NuL, Biotope und wild lebende Arten	*Schutzgebiete*	Anteil von Schutzgebietsflächen	6	0,104*
		Anteil von Schutzgebietsflächen, Landschaftsschutz	6	0,119**
		Anteil von Schutzgebietsflächen, Natur- u. Artenschutz	4	-0,011
Schutz u. Förderung von Biotopverbünden und „Natura 2000“	*Biotopverbund*	Anteil Funktionsräume als "Kernräume"	4	0,200**
		Anteil "National bedeutsamer Funktionsräume“	4	0,226**
	Zerschneidung	Anteil unzerschnittener Freiräume größer 50 km^2	5	-0,194**
		Anteil unzerschnittener Wälder > 50 km^2	5	-0,013
		Verkehrswegedichte	1	0,245**
Erhaltung und Entwicklung von Vielfalt, Eigenart, Schönheit von NuL	*Vielfalt der Nutzungsarten*	Reichtum	9	-0,060
		Shannon Eveness Index	2	0,216**
		Shape-Index	-	-
	Landschaftsstruktur	Dichte von Wald-Offenland-Ökotonen	7	0,138**
		Dichte gehölziger Landschaftsstrukturelemente	7	-0,146**
		Patchgröße	-	-
		Randliniendichte aller Freiraumfläche	-	-
	Schönheit	Attraktivität der Landschaft	5	-0,029
Erhaltung und Entwicklung von Freiräumen im besiedelten und unbesiedelten Bereich		Anteil von Freiraumflächen	1	-0,164**
		Anteil Siedlungsfreifläche	1	0,120**
		Anteil von Freiraumflächen je Einwohner	1	-0,204**
		Anteil Siedlungsfreifläche an Siedlungsfläche	3	0,038
		Anteil Siedlungsfreifläche je Einwohner	3	-0,092*
Ausweisung von Flächen für Maßnahmen des Naturschutzes und der Landschaftspflege		Ökokonto vorhanden/nicht vorhanden	-	0,175** (N=241)

** auf dem 0,01-Niveau (2-seitig) signifikant, * auf dem 0,05-Niveau (2-seitig) signifikant, N=595

3 Ergebnisse

Stand der Landschaftsplanung

Die Auswertung zum Stand der örtlichen Landschaftsplanung ergab, dass für 72,5 % der zufällig gezogenen 600 Gemeinden ein Landschaftsplan aufgestellt wurde, 21,5 % der untersuchten Gemeinden hatten keinen Landschaftsplan. Bezogen auf die Fläche der untersuchten Kommunen war für 72,1 % ein Landschaftsplan aufgestellt. Dabei zeigte sich zum einen, dass das Bundesland (rechtliche Verankerung, Förderung) den stärksten Einfluss auf das Vorhandensein eines Landschaftsplans hat und zum anderen besonders peripher gelegene, landwirtschaftlich geprägte Kommunen weniger häufig einen Landschaftsplan aufstellen als städtische Kommunen.

Zusammenhang zwischen Landschaftsplanung und Landschaft

Die Wirkungsdauer des Landschaftsplans (Dauer vom Erstaufstellungsdatum bis 2013) erlaubt zum einen eine Aussage darüber, ob ein örtlicher Landschaftsplan aufgestellt wurde und zum anderen die Darstellung der zeitlichen Dimension, in der der Landschaftsplan seine Wirkung entfalten konnte.

Es konnten keine bzw. nur sehr schwache Korrelationen zwischen der Wirkungsdauer eines Landschaftsplans und den Indikatoren zum Zustand und zur Qualität der Landschaft festgestellt werden (vgl. Tab. 1). Dabei war die Korrelation zwischen der Wirkungsdauer des Landschaftsplans und dem Anteil der Landwirtschaftsfläche am höchsten (r = –0,273; N = 595; p < 0,01). Auch die Faktoren aus der Faktorenanalyse korrelierten nicht oder nur sehr schwach mit der Wirkungsdauer der örtlichen Landschaftsplanung, wobei die Dichte an Gehölzen und Gärten am stärksten (r = 0,243; N = 541; p < 0,01), gefolgt von Faktor 2 (Intensität und Vielfalt der Landnutzung) mit r = 0,243 korrelierte (vgl. Tab. 2).

Tabelle 2: Korrelation zwischen der Wirkungsdauer des Landschaftsplans und Landschaftsfaktoren sowie weiteren Faktoren

	Wirkungsdauer Landschaftsplan	**Ertrags-potenzial**	**Relief-vielfalt**	**Gemeinde-fläche**	**Bevölk-erung**	**Bevölke-rungsdichte**
Wirkungsdauer Landschaftsplan	1	–0,147**	**0,254****	–0,116**	0,060	0,172**
1) Bebauung, Freiraumanteil	0,159**	0,043	–0,049	0,161**	**0,445****	**0,888****
2) Nutzungsintensität, Nutzngsvielfalt	**0,243****	**–0,549****	**0,573****	–0,007	–0,034	0,005
3) Siedlungsfreiflächen/Einwohner	–0,045	0,050	–0,013	0,086*	0,057	–0,008
4) Biotopverbund, Naturschutzgebiete	0,168**	0,001	**0,253****	–0,043	0,012	0,024
5) Zerschneidung, Attraktivität	–0,124**	–0,146**	**0,202****	0,124**	0,043	0,004
6) Landschaftsschutz	0,003	–0,048	0,085*	0,033	–0,036	–0,045
7) Waldränder, Hecken	0,046	0,003	0,049	–0,116**	–0,068	–0,055
8) unkultivierter Boden	–0,093*	**–0,235****	0,154**	0,102*	0,022	0,032
9) Siedlungskörperdichte, Richness	–0,114**	**0,305****	–0,107*	**0,403****	0,072	0,015
10) Gehölze, Gartenanteil	**0,274****	–0,038	0,172**	–0,096*	–0,118**	–0,002

** auf dem 0,01-Niveau (2-seitig) signifikant, * auf dem 0,05-Niveau (2-seitig) signifikant, N=541-595

Zwischen dem mittleren Bodenertragspotenzial und der Nutzungsintensität und -vielfalt (Faktor 2) konnte ein mittelstarker negativer Zusammenhang festgestellt werden (r = –0,549; N = 595; p < 0,01). Da die Indikatoren zur Nutzungsvielfalt und zur Nutzungsintensität (vgl. Tab. 1) gegensätzlich auf den Faktor aufladen, kann dieser Zusammenhang wie folgt interpretiert werden. Je höher das Bodenertragspotenzial, desto höher die Nutzungsintensität und geringer die Nutzungsvielfalt. Je vielfältiger das Relief, desto geringer die Nutzungsintensität und höher die Landnutzungsvielfalt (r = 0,573; N = 595; p < 0,01). Der Faktor 1 „Bebauung, Freiraumanteil" korreliert stark mit der Bevölkerungsdichte (r = 0,888; p < 0,01).

Auswirkung der Umsetzung von Maßnahmen der Landschaftsplanung

Es deutete sich ein schwacher Zusammenhang zwischen der Umsetzungsquote von Maßnahmen des Landschaftsplans (Befragung der Gemeinden) und dem Faktor „Intensität und Vielfalt der Landnutzung" an (rho = 0,314; N = 110; p < 0,01). Je höher die Umsetzungsquote, desto höher die Nutzungsintensität und desto geringer die Vielfalt der Landnutzung. Hier kann nicht eindeutig die Kausalrichtung der Hypothese bestätigt werden. Es kann auch angenommen werden, dass in Kommunen mit hoher Nutzungsintensität und geringer Nutzungsvielfalt ein erhöhter Bedarf zur Umsetzung von Maßnahmen besteht.

Um den Zusammenhang zwischen Wirkungsdauer eines Landschaftsplans und den Landschaftsindikatoren und Faktoren zu beschreiben, wurden lineare Regressionsmodelle berechnet, welche jedoch keine signifikanten linearen Zusammenhänge belegen konnten. Ein multivariates Regressionsmodell unter Einbeziehung von Bodenertragspotenzial, Reliefvielfalt, Anteil Öko-Landbau, durchschnittlicher Größe landwirtschaftlicher Betriebe, Bevölkerungsdichte, Gemeindefläche und der Wirkungsdauer der Landschaftsplanung als unabhängige Variablen zeigte, dass die örtliche Landschaftsplanung im Verhältnis zu den weiteren Variablen für die Erklärung der Intensität und Vielfalt der Landnutzung eher nicht beiträgt. Hier konnten die Reliefvielfalt, das Bodenertragspotenzial, die durchschnittliche Größe landwirtschaftlicher Betriebe sowie der Anteil Öko-Landbau 48,7 % der Varianzen erklären (korr. $R^2 = 0{,}487$; $N = 544$; $p < 0{,}001$). Für den Faktor 1 (Bebauung und Freiflächenanteil) konnte allein die Bevölkerungsdichte 78,8 % der Varianzen erklären ($N = 544$; $p < 0{,}001$).

4 Diskussion und Ausblick

Die Auswertung einer Teilstichprobe von Landschaftsplänen hat gezeigt, dass sich eine Vielzahl von Maßnahmen und Erfordernissen auch in den verwendeten Geodaten flächenwirksam widerspiegeln könnte. Hierzu gehören Aufforstungen, Waldumbau, Umwandlung von Acker in Grünland, Anlage von Gewässern sowie die Pflanzung von Baumreihen, Hecken und Gehölzen, wenn diese eine entsprechende Größe bzw. Länge erreichen. Gleichzeitig ist eine Vielzahl von Maßnahmen mithilfe von Geodaten deutschlandweit nicht evaluierbar. Dazu gehören zum Beispiel jegliche Pflegemaßnahmen (Mahd, Beweidung, Schnitt) oder spezielle Artenschutzmaßnahmen. Gewässerrenaturierungen können sich in den Gewässerstrukturgütekartierungen der Bundesländer widerspiegeln. Selbst wenn sich landschaftspflegerische Maßnahmen langfristig in den Geodaten wiederfinden, so sind die zeitliche Verzögerung und die Erfassungsgenauigkeit zu beachten. Im ATKIS Basis-DLM werden Waldflächen zwar ab 0,1 ha ausgewiesen (d. h. Aufforstungen werden erfasst), die Unterscheidung zwischen Laub-, Nadel- oder Mischwald (z. B. durch Waldumbaumaßnahmen) erfolgt jedoch erst ab einer Flächengröße von 10 ha. Die Einzelzusammenhangshypothese „Je höher die Umsetzungsquote von Maßnahmen eines Landschaftsplans, desto höher die Intensität und geringer die Vielfalt der Landnutzung“ konnte mit einem schwachen Zusammenhang belegt werden, wobei die Kausalrichtung nicht eindeutig bestätigt werden kann.

Es zeigte sich aber auch, dass das Bodenertragspotenzial und die Reliefvielfalt einen stärkeren Einfluss auf die Intensität und Vielfalt der Landnutzung haben als z. B. die Wirkungsdauer der örtlichen Landschaftsplanung. Würde man jedoch nicht den Zustand der Landschaft, sondern die Landschaftsentwicklung über einen längeren Zeitraum (d. h. mehrere Zeitschnitte) betrachten können, würde sich sicherlich ein anderes Bild ergeben, da die abiotischen Faktoren dann konstant wären. Dann könnte ermittelt werden, ob die Landschaftsentwicklung mit einer örtlichen Landschaftsplanung anders verläuft als in Gemeinden ohne bzw. qualitativ schlechterer Landschaftsplanung. Leider liegen für Analysen für einen längeren Zeitraum derzeit keine auswertbaren Daten vor, welche detailliert genug wären, um Maßnahmen der örtlichen Landschaftsplanung zu evaluieren.

Weitere Untersuchungen zum Zusammenhang zwischen Merkmalen der Landschaftsplanung (z. B. Qualität der Planung) und Indikatoren der Landschaftserfassung werden im DFG-Projekt folgen.

Mit einer regelmäßigen Erhebung zum Stand der örtlichen Landschaftsplanung wäre eine Darstellung in einem Geoinformationssystem möglich und die Naturschutzregister und Fachinformationssysteme der Bundesländer oder die Raumordnungskataster (ROK) könnten sinnvoll ergänzt werden. Diese Informationen könnten dokumentieren, inwieweit die angestrebte flächendeckende Landschaftsplanung auf der örtlichen Ebene erreicht wurde. Bisher stehen die Untersuchungen im hier vorgestellten Projekt erst am Anfang.
In Verbindung mit fachlich-inhaltlichen Informationen zum Zustand von Natur und Landschaft (z. B. Hemerobieindex, vgl. WALZ & STEIN 2014) könnten Fragen der Effizienz, der Effektivität und der Weiterentwicklung dieses wichtigen Instruments des Naturschutzes und der Landschaftspflege beantwortet werden.

Literatur

BFN – Bundesamt für Naturschutz (2010), Bioenergie und Naturschutz – Synergien fördern, Risiken vermeiden. Bonn, 30 S.

BRUNS, D., MENGEL, A. & WEINGARTEN, E. (2005), Beiträge der flächendeckenden Landschaftsplanung zur Reduzierung der Flächeninanspruchnahme. Naturschutz und biologische Vielfalt 25. Bonn-Bad Godesberg, 390 S.

HEILAND, S. (2010), Landschaftsplanung. In: HENCKEL, D., VON KUCZKOWSKI, K., LAU, P., PAHL-WEBER, E. & STELLMACHER, F. (Hrsg.), Planen – Bauen – Umwelt. Ein Handbuch. Wiesbaden, 294-300.

HEILAND, S., WILKE, C., BACHMANN, J. & HAGE, G. (2011), Anpassung der Landschaftsplanung an den Klimawandel, Hinweise zu Inhalten, Arbeitsschritten und Prozessen eines Landschaftsplans. Naturs. u. Landschaftspl., 43 (12), 357-363.

MEINEL, G., KRÜGER, T., SCHUMACHER, U., HENNERSDORF, J., FÖRSTER, J., KÖHLER, C., WALZ, U. & STEIN, C. (2013), Flächennutzungsmonitoring – aktuelle Ergebnisse und Entwicklungen im IÖR-Monitor. – In: MEINEL, G., SCHUMACHER, U. & BEHNISCH, M. (Hrsg.), Flächennutzungsmonitoring V. Methodik – Analyseergebnisse – Flächenmanagement. IÖR-Schriften, 61. Berlin, 117-129.

RÖßLER, S. & MATHEY, J. (2014), Potenziale urbaner Brachflächen für den Umgang mit dem Klimawandel in der Stadt. In: WENDE, W., RÖßLER, S. & KRÜGER, T. (Hrsg.), Grundlagen für eine klimawandelangepasste Stadt- und Freiraumplanung. Publikationsreihe des BMBF-geförderten Projektes REGKLAM – Regionales Klimaanpassungsprogramm für die Modellregion Dresden, 6. Berlin, 57-72.

WALZ, U. & STEIN, C. (2014), Indicators of hemeroby for the monitoring of landscapes in Germany. Journal for Nature Conservation. http://dx.doi.org/10.1016/j.jnc.2014.01.007.

WENDE, W., REINSCH, N., JÜLG, D. & FUNKE, J. (2005), Kommunale Landschaftspläne – Rahmenbedingungen der praktischen Umsetzung von Erfordernissen und Maßnahmen. Berlin, 186 S.

WENDE, W., WOJTKIEWICZ, W., MARSCHALL, I., HEILAND, S., LIPP, T., REINKE, M., SCHAAL, P. & SCHMIDT, C. (2012), Putting the Plan into Practice: Implementation of Proposals for Measures of Local Landscape Plans. Lands. Res., 37, 483-500.

Unterstützung der touristischen Entwicklung mittels einer Smartphone-App, dargestellt an einem Fallbeispiel im Umfeld des Schweizer Nationalparks

Lorenz TSCHAMPEL
Hochschule Weihenstephan-Triesdorf · lorenz.tschampel@hswt.de

1 Grundlagen

1.1 Smartphone

Seit dem Smartphoneboom im Jahre 2007 sind die mobilen Alleskönner inzwischen in der Mitte der Gesellschaft angekommen und werden von nahezu jeder Altersgruppe genutzt. Dies geht zum Großteil mit der technischen Entwicklung der Smartphones selbst einher. Größere Touchscreens, logische Bedienung und immer neue und leistungsstärkere Übertragungstechnologien sind die Basis für diesen äußerst schnell expandierenden Markt. Als ‚digitales Schweizer Taschenmesser', also elektronische Alleskönner, werden Smartphones in einem Onlineartikel der Wirtschaftswoche bezeichnet (WIRTSCHAFTSWOCHE 2013). Obwohl sie es im Namen tragen, sind Smartphones dabei, den Hauptzweck eines ‚Phone' (Telefon) zu verdrängen. In den USA wurde 2010 nur noch 32 % der Smartphone-Nutzungszeit für Telefonie und SMS verwendet (APPSFIRE 2013). Sie sind heute in erster Linie Verbindungsgeräte zwischen Mensch und mobilem Internet. „Der Vorteil ist, ich bin immer online. Da drück ich einfach auf einen Button und bin bei Facebook oder auf einen anderen und hab meine E-Mails." (TNS INFRATEST 2012). Smartphones sind also Mobiltelefone mit neuartigem Bedienungs- und Nutzungskonzept, welche dem Benutzer nie da gewesene Möglichkeiten der Kommunikation und Interaktion ermöglichen.

1.2 Applikationen

Der ‚Duden Informatik' definiert mit dem Begriff App „eine Anwendungssoftware (auch Anwendungsprogramm, kurz Anwendung oder Applikation; Englisch: application software, kurz App), ein ausführbares Programm, das genutzt wird, um eine nützliche oder gewünschte nicht systemtechnische Funktionalität zu bearbeiten oder zu unterstützen, das heißt zur Lösung von Benutzerproblemen."

Mit Aufkommen der Smartphones und den mittlerweile in hunderttausendfacher Anzahl verfügbaren Erweiterungsprogrammen, wurde der Begriff ‚App' jedoch erst wirklich geprägt und ist seitdem mit dem Mobilsektor unmittelbar in Verbindung gebracht. Aus ‚application' bürgerte sich dann schnell die Kurzfassung des Begriffs, ‚App' ein. Obwohl man also jedes Computerprogramm auch als App bezeichnen könnte, sind im allgemeinen Sprachgebrauch damit die kleinen Zusatzprogramme speziell für Smartphones, also im mobilen Sektor gemeint. Es gibt inzwischen eine Vielzahl von Apps, welche von Spielen

Strobl, J., Blaschke, T., Griesebner, G. & Zagel, B. (Hrsg.) (2014): Angewandte Geoinformatik 2014.

bis hin zu Navigation reicht, wo vor allem die ‚Location-based Services' (LBS) zu nennen sind, welche ortsabhängige Informationen bereitstellen.

1.3 Tourismus

Tourismus ist ein weltweites Phänomen, welches in den letzten Jahrzehnten starken Zuwachs sowohl im quantitativen und daraus folgend auch im monetären Sinne erfahren hat. Tourismus betrifft nahezu alle Teile unseres Lebens. Angefangen in der Ökonomie, Ökologie und Politik bis hin zum individuellen Freizeitverhalten eines jeden Einzelnen. Aus diesem Grunde ist dieser weltweit wichtige Wirtschaftszweig aus der heutigen Gesellschaft nicht mehr wegzudenken. Der Tourismussektor steht im Jahre 2012, an seinen direkten und indirekten Einkommenseffekten gemessen, mit ca. sechs Billionen US-Dollar für rund neun Prozent der globalen Wirtschaftsleistung (KRANE & HILDEBRANDT, FVW-MAGAZIN 12 (5)). Die positiven Entwicklungen und Tendenzen des Tourismus, der Smartphones und der Applikationen bescheinigen, dass es durchaus einen Markt für touristisch geprägte Apps gibt bzw. er dabei ist, sich zu etablieren. Aus der Konvergenz zwischen Smartphone, dem mobilen Internet und Apps entspringt der mTourismus. Er kann wie folgt definiert werden: „Der Begriff mTourismus ist eine spezielle Ausprägung des mCommerce und meint die Unterstützung und Versorgung des Reisenden vor Ort, während der Reise, unter Verwendung drahtloser Informations- und Kommunikationstechnologien und mobiler Endgeräte." (E-CLIC 2013)

2 Fallbeispiel Spöl-Unglück

Ende März 2013 ereigneten sich an der Grenze des Schweizer Nationalparks (SNP) drei für die Tierwelt äußerst bedauernswerte Unfälle durch eine Panne im Kraftwerkskomplex Punt dal Gall der Engadiner Kraftwerke AG (EKW). Bedingt durch extremes Niedrigwasser im Stausee des Wasserkraftwerks gerieten ca. 4.000 Seesaiblinge in das Treibwassersystem und verendeten in den Turbinen der Anlage. Einen Tag später bemerkten Parkwächter, dass der Spöl – der Restwasserbach welcher der Staumauer „entspringt" – nahezu vollständig versiegt war. Die EKW wurden daraufhin informiert. Man reagierte indem der Grundablass der Staumauer stückweise geöffnet wurde, um das Bachbett wieder mit Wasser zu versorgen. Wider Erwarten ergoss sich statt klarem Bergquellwasser laut Aussagen der Kommunikationsleitung des SNP „eine dreckige Brühe" in die Gewässersohle, was für den Großteil der ansässigen Lebensgemeinschaften das Todesurteil bedeutete.

3 Die App

Aufgabe sollte nun sein, die Ursache des Unglücks, die Katastrophe im Detail sowie die Folgen des Ereignisses mithilfe einer App darzustellen und diese letzten Endes in die (Haupt-) App – iWebPark – des Schweizer Nationalparks zu integrieren. Es erschien sinnvoll und notwendig, sie als LBS-App aufzubauen um dem Benutzer an Ort und Stelle genau die Informationen zu Verfügung zu stellen, welche für das Verständnis der Sachlage essenziell notwendig sind. Hauptzweck der Applikation ist die Information interessierter Parkbesucher über die Geschehnisse am Spöl, deren vorausgegangene Ereignisse und der Versuch durch den so wachsenden Bekanntheitsgrad des Themas die touristische Entwicklung zu unterstützen. Einsatzgebiet entspricht dem Wanderpfad entlang des Spöl, begonnen von der Schweizerischen Flanke der Staumauer Punt dal Gall, dem Abstieg in die Spölschlucht folgend, flussabwärts über den Pfad am rechten Ufer entlang bis hin zum erneuten Aufstieg in die Wälder an den Hängen des Munt la Schera. Mit einer Gehzeit von maximal 1,5 Stunden stellt der Spölpfad eine eher kurze Tour dar. Verbunden mit der Tatsache, dass dem Wanderer die Möglichkeit geboten wird, sich bei Bedarf viel Wissen anzueignen, ist dies ein wichtiges Kriterium. Bei längeren Routen ist allgemein festzustellen, dass die Aufnahmefähigkeit und -bereitschaft dazu sinkt.

Nähe zu den Geschehnissen wird insofern hergestellt, da der Besucher, sobald er am Fuße der Staumauer angelangt ist, jetzt ganz beiläufig den gleichen Weg einschlägt wie einst die Schlammmassen. Dabei soll er sich Stück für Stück ein Bild über Art und Ausmaß der Beeinflussung des Lebensraum Spöl durch die Katastrophe machen können. In den nacheinander angesprochenen Themenbereichen *Technik*, *Unglück* und *Renaturierung* soll dem Wanderer klargemacht werden, wie und warum es zur Katastrophe kam, was ihre Auswirkungen waren und wie der Spöl bzw. die betroffene Flora und Fauna letztendlich darauf reagieren können und werden.

Bereitgestellt werden die Information in erster Linie über Textpassagen sowie durch aktuelle und ältere Aufnahmen der verschiedenen Szenen des Projektgebietes. Diese Bereiche an denen sich die App selbstständig bemerkbar macht, werden als einzelne ‚POI' bezeichnet.

3.1 Innere Struktur der App

Wird die App zu Beginn der Route gestartet, so meldet sich akustisch der erste POI. Hergestellt wird die Beziehung zwischen Smartphone und POI über die jeweilige Position des Endgerätes, welche über ein GPS-Signal ermittelt wird. Im Folgenden eine Auswahl einzelner der insgesamt elf POI.

Die POI am Beginn der Tour sind der Kategorie *Technik* zugeordnet. Hier werden Daten und Grundlagen, aber auch Geschichtliches zu den Anlagen der EKW vermittelt.

- *POI 1 – Willkommen auf dem Spölpfad*: Der erste POI ist als Begrüßungspunkt gedacht. Es folgt eine kurze Beschreibung des Pfades mit grundlegenden Informationen.
- ...
- *POI 5 – Grundablass:* Von hier aus bahnte sich gewissermaßen „die Tragödie ihren Lauf". Fakten sowohl zur normalen Restwasser- als auch zur Unglückssituation werden genannt. Ein anwählbares Untermenü informiert über die Herkunft der problematischen Feinsedimente.

Jetzt findet der thematische Übergang zwischen *Technik* und *Unglück* statt. Unter anderem werden Ursprung und Auswirkungen der Verschlammung des Gewässers behandelt.

- *POI 6 – Messstation:* Sinn, Zweck und Bedeutung der kleinen Station für den Spöl als Restwasserbach wird erläutert. Ein Foto auf dem die Schlammmassen zu sehen sind verdeutlicht, wie dramatisch die Lage war. Das Untermenü gibt unter anderem Auskunft über die Wasserqualität.
- *POI 7 – Verschlammte Kiesbank:* An diesem Punkt wird die Schwierigkeit der Beseitigung der Schäden erläutert. Aufgrund der wechselnden Topographie im Flussbett

werden sie unterschiedliche Auswirkungen haben. Fotos zeigen, wie sehr die kiesigen Bereiche mit Feinsedimenten verdeckt waren.

Die letzten POI widmen sich der *Renaturierung* des Spöl bzw. wie die Natur nach dem Unglück auf die Verschlammung reagiert.

- ...
- *POI 9 – Lebensraum Wasseramsel:* Sie ist vom Gewässer als ihre Nahrungsgrundlage anhängig. Durch das Unglück waren nicht nur Fluss und Fische betroffen. Über ein Quiz kann mehr über die einmalige Vogelart erfahren werden. Es ist außerdem möglich, den Gesang des Tieres abzuspielen.
- ...
- *POI 11 – Tourabschluss:* Die Wege von Spöl und Wanderer trennen sich jetzt. In der Vergangenheit und auch in der Zukunft wird sich der Fluss immer wieder Beeinträchtigungen gegenüberstellen müssen. Informationen zu dem seit dem Jahr 2000 durchgeführten Dynamisierungsprogramm können hier über ein Untermenü aufgerufen werden.

Zur besseren Orientierung im Gelände kann der Benutzer jederzeit in einen Kartenmodus schalten. Je nach GPS-Genauigkeit wird dann der Standort im Gelände angezeigt. Diese Funktion wird im nachfolgenden Kapitel erläutert.

3.2 Probleme und Praxisbeispiele

Die POI wurden bei einer Geländebegehung mittels einem mobilen GPS-Mapper definiert und ihre Koordinaten aufgenommen. Ob ein Parkbesucher X mit seinem privaten Smartphone Y und dessen GPS-Empfänger die relativ extreme Topographie einer schmalen Gebirgsschlucht in gleichem Maße in Einklang bringen vermag, wie unser Team bei der Begehung, bleibt abzuwarten. Obendrein spielen noch Faktoren wie das Wetter, Satellitenverfügbarkeit und ähnliche mit hinein. Bei Begehung im Mai 2013 konnte bei gutem Wetter eine „GPS-POI-Genauigkeit" von ca. 20 Metern erzielt werden, was für sämtliche POI als ausreichend zu bezeichnen ist. Ab rund 30 Metern und mehr dürfte sich der Sinn weniger POI für den unerfahrenen Besucher wohl nicht sofort erschließen. Da die Haupt-App des SNP aber schon länger besteht, sich ähnliche Geländesituationen auch auf anderen Wegen wiederfinden und noch keine Beschwerden über schlechten GPS-Empfang vorliegen, kann man davon ausgehen, dass dies auch im Spöltal kein großes Problem darstellen wird.

3.3 Einblick in die App

Abb. 1:
Ein Screenshot unseres Test-Smartphones beim Erreichen des *POI 9 – Lebensraum Wasseramsel.* Am oberen Rand des Bildschirmes sind verschiedene Menüpunkte platziert auf die hier nicht alle eingegangen werden kann. Über den Sound-Button (Rahmen oben Mitte) wurde der in die App integrierte Player gestartet. Im unteren Bereich werden Details zur aktuellen Wiedergabe des Gesangs der Wasseramsel *(Cinclus cinclus)* eingeblendet. Die abgeschnitten wirkende Überschrift des POI ist dem Screenshot geschuldet. Unter realen Umständen handelt es sich um einen über das Display wandernden Lauftext.
(Quelle: http://www.vogelwarte.ch/assets/images/vogeldb/artbilder/700px/3970_0.jpg, (16.05.2013))

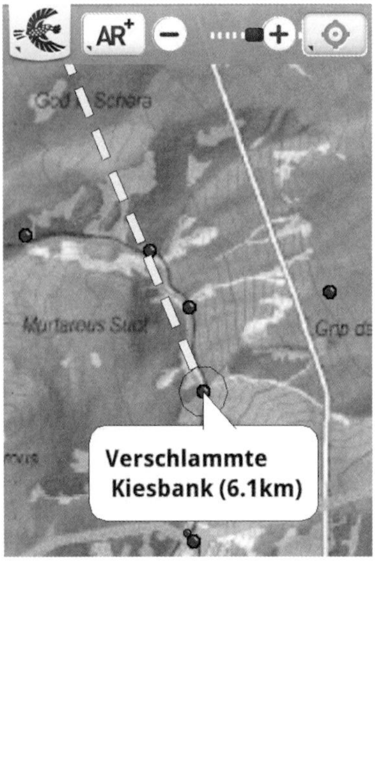

Abb. 2:
Der Kartenmodus der App. An der Position des Schiebereglers am oberen Bildschirmrand lässt sich erkennen, dass die höchste Zoomstufe gewählt ist. Per Touch auf einen bestimmten POI (Punkte) erscheint eine kurze Beschreibung samt Entfernungsangabe zwischen Smartphone und POI, hier 6,1 Kilometer. Abstand und Position der beiden ist durch die gelbe Strichlinie dargestellt.

4 Fazit

Am Schluss ist festzustellen, dass eine zum Ende hin rein persönlich mit „sehr gut“ bewertete App eine wohl nie endende Optimierungsphase mit sich bringt. Diese kann sich sowohl auf neue technische Möglichkeiten im zukünftigen Programmierungsverfahren als auch auf Anpassung des Inhalts beziehen. Die Erkenntnis, zu welchem Zeitpunkt die Datenerfassung wirklich abgeschlossen ist, und wann es notwendig wird, weiterhin Punkte hinzuzufügen bzw. wieder zu entfernen, um die Nutzerzufriedenheit zu steigern, kann letzten Endes nur die Erprobung im realen Einsatz zeigen.

Die App informiert über ein Ereignis, das weitreichende Folgen mit sich brachte und über welches die Menschen schweizweit informiert wurden. Es ist wichtig, das Ausmaß und die Folgen eines solchen Zwischenfalls an möglichst viele Menschen heranzutragen und ihnen die Brisanz des Themas zu vermitteln. Genau das geschieht im Einsatzgebiet der App, dem SNP, welcher jährlich eine hohe Zahl an Besuchern bzw. Touristen aufweist. Solange die App im Programm der SNP-Haupt-App (iWebPark) integriert ist, kann nun jeder wissbegierige Gast des Nationalparks sein Wissen so um ein Stück erweitern und dieses im Idealfall sogar an Bekannte und Freunde weitergeben. So wird eine Steigerung des Popularitätsgrades des Parks im Allgemeinen und des Spöl im speziellen erreicht, was belebend auf die touristische Entwicklung in der Region einwirkt.

Literatur

Elektronische Medien

APPSFIRE (2013), Webseite. http://appsfire.com/infographics/apps_vs_webapps_150dpi.png (10.06.2013).
E-CLIC (2013), Webseite http://www.e-clic-whv.de/content/mtourismus (10.06.2013).
WIRTSCHAFTSWOCHE (2013), Webseite. http://www.wiwo.de/unternehmen/handel/nach-rekord-geschaeftsjahr-smartphones-als-digitales-schweizer-taschenmesser/7272040-3.html (09.06.2013).

Studien & Zeitschriften

KRANE, M. & HILDEBRANDT, K., Die verkannte Weltmacht Fvw-Magazin, 12 (5), 20.
TNS INFRATEST, TRENDBÜRO, Go Smart 2012: Always in Touch – Studie zur Smartphone-Nutzung 2012, 17.
TNS INFRATEST und Trendbüro für Google und OTTO Group.

Katastrophenmanagement 2.0 und Naturgefahren

UN-SPIDER und die Crowdsourcing Community – zusammen für das Katastrophenmanagement

Antje HECHELTJEN[1] und Markus WOLTRAN[2]
[1]OOSA / UN-SPIDER, Bonn · antje.hecheltjen@unoosa.org
[2]OOSA / UN-SPIDER, Wien

Zusammenfassung

Die Crowdsourcing Community birgt hohes Potenzial, wertvolle Geo-Informationen für alle Phasen des Katastrophenmanagementzyklus bereitzustellen. Damit diese Geo-Informationen erfolgreich in der Katastrophenvor- und -nachsorge genutzt werden können, müssen drei sehr unterschiedliche Communities eng zusammen arbeiten: die Crowdsourcing Community, die Weltraum Community und die Katastrophenmanagement Community. Mangelnde Kommunikation zwischen diesen drei Gruppen, fehlendes Vertrauen in die Verlässlichkeit der freiwillig erstellten Informationen, zu wenig Wissen über den Zugang zu Erdbeobachtungsdaten sowie über die Bedürfnisse, Möglichkeiten und Grenzen der anderen Gruppen, erschweren eine Zusammenarbeit. Die Plattform der Vereinten Nationen für raumfahrtgestützte Informationen für Katastrophenmanagement und Notfallmaßnahmen (UN-SPIDER) des VN Weltraumbüros ist per Mandat die zentrale VN-Einrichtung, um die drei Gruppen enger zusammen zu bringen und damit zu effektiverem Katastrophenmanagement beizutragen. Dazu organisiert UN-SPIDER Expertentreffen, führt Trainingsmaßnahmen sowie technische Beratung vor allem in Entwicklungsländern durch und bietet mit dem Wissensportal www.un-spider.org Zugang zu relevanten und aktuellen Informationen.

1 Geodaten: unabdingbar im Katastrophenmanagement

Wirkungsvolles Katastrophenrisikomanagement und Notfallhilfe sind ohne Geodaten nicht mehr denkbar. Für die Unterstützung des gesamten Katastrophenmanagementzyklus werden umfangreiche Basisdaten, Gefahrenkarten und Risikoanalysen benötigt, die idealerweise in nationalen oder regionalen Geodatenbanken gespeichert und regelmäßig aktualisiert werden. Um sowohl in Krisensituationen als auch beim Wiederaufbau richtig handeln zu können, müssen Katastrophenhelfer und -manager einen schnellen Überblick über die Lage und im Besonderen über die entstandenen Schäden erhalten. In vielen Ländern fehlt es an ausreichenden Daten sowie an einer systematischen Geodaten-Infrastruktur. Dadurch steigt die Wahrscheinlichkeit, dass ein Katastrophenfall große und vor allem vermeidbare Ausmaße annimmt.

1.1 Geodaten und Crowdsourcing in den Vereinten Nationen

Die Vereinten Nationen (VN) erheben, archivieren, analysieren und nutzen Geodaten für Planungs- und Entscheidungsprozesse in vielen Aktivitätsbereichen. Sie erkennen an, dass Geodaten nur dann effektiv genutzt werden können, wenn Prinzipien des Teilens, Austau-

Strobl, J., Blaschke, T., Griesebner, G. & Zagel, B. (Hrsg.) (2014): Angewandte Geoinformatik 2014.
 ISBN 978-3-87907-543-0.

sches, freien Zugangs und standardisierter Interoperabilität eingehalten werden. Einige Organisationen und Programme der Vereinten Nationen haben das Potenzial von Crowdsourcing erkannt. Beispielsweise sind das Freiwilligenprogramm der VN (UNV) und das Amt für die Koordinierung humanitärer Angelegenheiten (OCHA) Mitglieder des Digital Humanitarian Network. OCHA und die UN Foundation haben am Bericht der Harvard Humanitarian Initiative mitgewirkt, welcher analysiert, wie humanitäre Organisationen und Crowdsourcing Community nach dem Erdbeben in Haiti 2010 zusammengearbeitet haben und wie die Koordination zwischen den beiden Gruppen verbessert werden kann (HARVARD HUMANITARIAN INITIATIVE 2011). UN-SPIDER hat mit der International Federation of Red Cross and Red Crescent Societies kooperiert bei der Veröffentlichung des World Disaster Report, welcher die Auswirkungen technologischer Innovationen für humanitäre Hilfe untersucht (INTERNATIONAL FEDERATION OF RED CROSS AND RED CRESCENT SOCIETIES 2013).

UN-SPIDER ist die Plattform der Vereinten Nationen für raumfahrgestützte Informationen für Katastrophenmanagement und Notfallmaßnahmen. Das Ziel dieses Programms ist es, dass alle Länder und internationale sowie regionale Organisationen Zugang haben zu jeglichen für das Katastrophenmanagement relevanten Weltrauminformationen. Weltraumtechnologie umfasst Erdbeobachtung, Satellitenkommunikation sowie Navigation und Ortung – also Technologien, die die Crowdsourcing Community nutzt, sei es die Nutzung von Satellitenbildern als Grundlage für Kartierungen, die Aufnahme von GPS-Punkten im Feld oder die Nutzung von Mobiltelefonen für spezielle Applikationen, SMS oder soziale Medien. Die Plattform unterstützt die Entwicklung notwendiger Kompetenzen, um diese Informationen im gesamten Zyklus des Katastrophenmanagements zu nutzen. Seit 2010 ist UN-SPIDER aktiv mit dem Thema Crowdsourcing befasst, hat Veranstaltungen organisiert und einen Newsletter zum Thema herausgegeben (UN-SPIDER 2012).

1.2 Crowdsourcing: hohes Potenzial für Katastrophenmanagement

Die Crowdsourcing Community birgt enormes Potenzial, den relevanten staatlichen Stellen und Katastrophenhelfern nützliche Daten und Karten für alle Phasen des Katastrophenmanagementzyklus zur Verfügung zu stellen. Dies umfasst Kartierungen unmittelbar nach Katastrophenfällen, aber auch die Erstellung von Basisdaten für die Notfallplanung oder Landnutzungsinformationen zur Erstellung von Gefahren- und Risikokarten, und schließlich die Aufnahme von Referenzdaten zur Validierung von Datenprodukten.

2 Crowdsourcing im Katastrophenmanagement: woran fehlt es?

Damit die Datensätze und Karten tatsächlich zu wirkungsvollem Katastrophenrisikomanagement und zur Notfallhilfe beitragen, sind einige Herausforderungen zu meistern. Die Generalversammlung der Vereinten Nationen hat UN-SPIDER mit einem Mandat ausgestattet, das drei Kernfunktionen umfasst: Brücke zwischen Katastrophenmanagement- und Raumfahrtakteuren; Vermittler von Kompetenzentwicklung und institutionellem Ausbau; und Portal zu Weltrauminformation für das Katastrophenmanagement. Jede der drei Funktionen kann dazu dienen, die Crowdsourcing Community bei der Bewältigung gravierender Herausforderungen zu unterstützen.

2.1 Wir müssen Brücken bauen

Drei sehr unterschiedliche Gruppen sind daran beteiligt, wenn auf der Grundlage von Satelliteninformation freiwillig erstellte geographische Informationen erfolgreich im Katastrophenmanagement eingesetzt werden. Erstens, die Freiwilligen, die ihre Arbeitskraft zur Verfügung stellen, um aus Daten Informationen zu extrahieren. Diese Gruppe besteht aus Laien, die ehrenamtlich nach genauen Vorgaben Daten auswerten, sowie aus Experten, die diese Aufgabe unterstützen und koordinieren. Zweitens, die Weltraumcommunity, zu der die Anbieter von Erdbeobachtungs-Daten, Satellitennavigationssystemen sowie Satellitenkommunikationsmitteln zählen. Schließlich die Katastrophenmanager, also Akteure staatlicher und nicht-staatlicher Stellen, die in der Katastrophenvorsorge (Katastrophenvorbeugung und -vorbereitung) sowie Katastrophennachsorge (Katastrophenbewältigung und Wiederaufbau) involviert sind (DIKAU & WEICHSELGARTNER 2005).

Jede dieser drei Gruppen kommt aus einem anderen Umfeld, besucht andere Konferenzen, hat unterschiedliche Kompetenzen, Arbeitsweisen, Bedürfnisse und nutzt unterschiedliches Vokabular. Die Basis zur Zusammenarbeit schwach. Der Hauptgrund, warum freiwillig erstellte Geo-Informationen nicht erfolgreich im Katastrophenmanagement eingesetzt werden, ist mangelnde Kommunikation zwischen den drei Gruppen. Dadurch fehlt auf Seite der Katastrophenmanager zum Teil die Kenntnis über die Potenziale dieser wertvollen Informationen, zum Teil fehlt auch das Vertrauen in die Verlässlichkeit der Informationen. Auf Seiten der Crowdsourcing Community fehlt die genaue Kenntnis über die Anforderungen und Abläufe des Katastrophenmanagements in dem Land, in dem sie gerade aktiv ist.

Ein wichtiger Schlüssel ist die Kommunikation zwischen Entscheidungsträgern und Freiwilligen-Community. UN-SPIDER fördert in seiner Brückenfunktion Allianzen und schafft Foren für die Mitglieder der drei Gruppen (vgl. Schematik in Abb. 1). Mit seinen Veranstaltungen bietet UN-SPIDER eine Plattform für Diskussionen und Fachvorträge, auf der die Communities sich vernetzen und voneinander lernen können. Ziel ist es, die Kluft zwischen Weltraumtechnologie und Katastrophenschutz zu überbrücken.

Abb. 1: UN-SPIDER hilft, die Kluft zwischen Weltraum-, Crowdsourcing- und Katastrophenmanagement-Community zu überbrücken

UN-SPIDER hat seit 2011 drei Expertentreffen in Wien und Genf organisiert, auf denen über 200 Personen aus 50 Ländern und allen drei Communities (Katastrophenmanagement, Weltraum, Crowdsourcing) zusammen kamen. Die Ergebnisse sind in den offiziellen UN Dokumenten A/AC.105/1007 und A/AC.105/C.1/2013/CRP.5 nachzulesen (UNITED NATIONS 2011, UNITED NATIONS 2013). Hervorzuheben ist, dass UN-SPIDER dazu beigetragen hat und weiterhin beiträgt, eine Verbindung zwischen internationalen Mechanismen wie der International

Charter on Space and Major Disasters, Sentinel Asia oder dem Copernicus Emergency Mapping Service und der Crowdsourcing Community herzustellen. Dadurch wird das gegenseitige Verständnis bezüglich der jeweiligen Anforderungen, Grenzen und auch Kosten gestärkt.

Die Expertentreffen sind ein erster Schritt, um die Kommunikation zwischen den drei Communities nachhaltig zu verbessern. Notwendig sind zudem standardisierte Kommunikationsprozesse, die einen zuverlässigen Informationsfluss gewährleisten. Ein Beispiel in diese Richtung sind Emergency Mapping Guidelines der International Working Group on Satellite-based Emergency Mapping (IWG-SEM), deren erste Arbeitsversion im März 2014 veröffentlicht wurde (INTERNATIONAL WORKING GROUP ON SATELLITE-BASED EMERGENCY MANAGEMENT (IWG-SEM) 2014).

2.2 Wir müssen Kompetenzen ausbauen

Kompetenzaufbau ist besonders in den Bereichen gefordert, in denen sich die Communities überschneiden. Wie sich in UN-SPIDER Expertentreffen immer wieder gezeigt hat, haben viele Entscheidungsträger in lokalen und nationalen Regierungen als auch innerhalb von internationalen Organisationen kein Vertrauen in die Qualität der freiwillig erstellten Karten. Auf der anderen Seite fehlt Freiwilligen oft das Wissen darüber, welche Informationen für das Katastrophenmanagement in einem bestimmten Land genau benötigt werden. UN-SPIDER fördert in seiner Vermittlerfunktion die Kompetenzentwicklung und den institutionellen Ausbau, vor allem in Entwicklungsländern.

Auf den oben genannten UN-SPIDER Expertentreffen in Wien und Genf wurde die Idee geboren und weiterentwickelt, eine angewandte Simulationsübung für Vertreter aller drei Communities zu Crowdsourcing für Katastrophenmanagement durchzuführen. Die Idee wurde im Dezember 2011 in Samoa umgesetzt. Die Form der Simulationsübung bewahrheitete sich als sehr geeignet, um sowohl den unterschiedlichen Bedarf an Kompetenzausbau der drei Communities zu bedienen und gleichzeitig die Kommunikationsprozesse und den Informationsfluss zwischen ihnen anhand eines konkreten praktischen Falls zu üben. Der genaue Ablauf sowie die Ergebnisse der Übung sind im entsprechenden Bericht nachzulesen (HEAL 2012).

Die Analyse nationaler Kompetenzen sowie die Bewertung von Aktivitäten, Konzepten und Richtlinien zur Verminderung von Katastrophen und Risiken in Bezug auf die Nutzung von Weltraumtechnologien steht im Zentrum der technischen Beratung, die UN-SPIDER Entwicklungsländern auf Anfrage anbietet. Auf den Technical Advisory Missions (TAMs) besucht ein Team von Experten vor Ort Einrichtungen des nationalen Katastrophenmanage_ments. Durch die Beteiligung von Crowdsourcing Experten bei TAMs wird in Entwicklungsländern das Bewusstsein für das Potenzial von Crowdsource Mapping für Katastrophenvor- und -nachsorge geschärft. Ein Beispiel ist die TAM in Malawi im Oktober 2013, an der ein Experte des HOT-OSM Teams teilnahm (http://www.un-spider.org/advisory-support/advisory-missions/technical-advisory-missions/technical-advisory-mission-malawi).

2.3 Wir müssen Weltrauminformation zugänglich machen

Für Katastrophenmanager und Crowdsourcing Community ist ein direkter Zugang zur Weltraumtechnologie und -nutzung nicht immer gegeben. Eine Herausforderung bleibt der Zugang zu sehr hochaufgelösten Satellitendaten als Grundlage für Kartierungen, da diese nicht ohne Weiteres frei verfügbar sind.

Das UN-SPIDER Wissensportal stellt relevante Informationen für die verschiedenen Akteure zusammen. Zu zahlreichen Katastrophen, unter anderem während des Erdbebens in Haiti sowie während des Super-Taifuns Haiyan auf den Philippinen, hat UN-SPIDER auf dem Wissensportal Links zu Basisdaten, aktuellen Karten und Satellitenbildern zusammengetragen (http://www.un-spider.org/advisory-support/emergency-support). Dadurch wird der Zugang zu Informationen vereinfacht. Die Nutzer müssen nur noch eine Webseite und nicht das gesamte Netz im Auge behalten. Zudem bietet das Wissensportal Datenbanken zu frei verfügbaren Erdbeobachtungsdaten und -produkten sowie zu frei verfügbarer Software, inklusive verschiedener Crowdsourcing-Plattformen (http://www.un-spider.org/links-and-resources).

3 Ausblick

UN-SPIDER wird auch in Zukunft seine Stellung im Zentrum des satellitengestützten Katastrophenmanagement nutzen, um die verschiedensten Communities zu verknüpfen, Kooperation und Kommunikation zu stärken und relevante Informationen allen beteiligten Akteuren zukommen zu lassen.

Literatur

DIKAU, R. & WEICHSELGARTNER, J. (2005), Der unruhige Planet. Der Mensch und die Naturgewalten. Darmstadt.

HARVARD HUMANITARIAN INITIATIVE (2011), Disaster Relief 2.0: The Future of Information Sharing in Humanitarian Emergencies. UN Foundation & Vodafone Foundation Technology Partnership, 2011. Washington, D.C. and Berkshire, UK.

HEAL (2012), NEOC Cyclone Simulation, December 3 & 15 – 2011. Report for MNRE. Released April 30 2012. Samoa.

INTERNATIONAL FEDERATION OF RED CROSS AND RED CRESCENT SOCIETIES (2013), World Disasters Report 2013 – Focus on technology and the future of humanitarian action. Geneva, Switzerland.

INTERNATIONAL WORKING GROUP ON SATELLITE-BASED EMERGENCY MANAGEMENT (IWG-SEM) (2014), Emergency Mapping Guidelines, Working Paper, Draft Version 1.0, March 2014.

UNITED NATIONS (2011), Space-based information for crowdsource mapping – Report of the Secretariat. Committee on the Peaceful Uses of Outer Space, United Nations General Assembly, 6 December 2011. A/AC.105/1007.

UNITED NATIONS (2013), Report on the international expert meeting on crowdsource mapping for disaster risk management and emergency response carried out in the framework of the United Nations Platform for Space-based Information for Disaster Management and Emergency Response. Committee on the Peaceful Uses of Outer Space, Scientific and Technical Subcommittee, Fiftieth session, Vienna, 11-22 February 2013. A/AC.105/C.1/2013/CRP.5.

UN-SPIDER, Wissensportal. www.un-spider.org.

UN-SPIDER (2012), Getting the bigger picture: Crowdsource mapping for disasters. UN-SPIDER Newsletter, 2/2012.

KalypsoRisk – Analyse des Hochwasserschadenspotenzials zur Bewertung von Maßnahmen am Main

Thorsten HENS, Robert UEBERFELDT und Andreas KUTZNER

Björnsen Beratende Ingenieure, Koblenz · t.hens@bjoernsen.de

Zusammenfassung

Untersuchungen der rechtsseitigen Winterdeiche am Unterlauf des Mains haben gezeigt, dass die Standsicherheit für ein 200-jährliches Hochwasserereignis nicht gewährleistet ist. Im Rahmen einer Machbarkeitsstudie wurden Maßnahmen zur Verringerung bzw. zur Vermeidung von hochwasserbedingten Gefahren vorgeschlagen und je Deichabschnitt eine wirtschaftlich optimierte Variante herausgearbeitet. Die Analyse des Schadenspotenzials mit KalypsoRisk lieferte für die Wirtschaftlichkeitsbetrachtung die erforderlichen Nutzwerte.

1 Einführung

1.1 Aufgabenstellung

Untersuchungen der rechtsseitigen Winterdeiche in den Gemarkungen Kostheim, Hochheim, Flörsheim und Hattersheim am Unterlauf des Mains Ende der 1990er-Jahre haben gezeigt, dass die Standsicherheit für ein 200-jährliches Hochwasserereignis (HQ_{200}) nicht gewährleistet ist. Im Vorfeld weiterer Planungen wurde die Björnsen Beratende Ingenieure GmbH beauftragt, die vorhandenen Unterlagen zusammenhängend zu beurteilen und die notwendigen Maßnahmen zur Verringerung bzw. zur Vermeidung von hochwasserbedingten Gefahren an vier Deichabschnitten zu evaluieren und eine wirtschaftlich optimierte Vorzugsvariante herauszuarbeiten.

Die Untersuchung wurde unter Federführung des Landes Hessen, vertreten durch das Regierungspräsidium Darmstadt, Abteilung Arbeitsschutz und Umwelt – Staatlicher Wasserbau – zusammen mit den Städten Hochheim am Main, Flörsheim am Main und Hattersheim am Main erstellt.

1.2 Vorgehensweise

Die Berechnung des Hochwasserschadenspotenzials wurde für insgesamt zwölf Hochwasserereignisse (HQ_{10} bis HQ_{100} in 10er-Schritten sowie HQ_{150} und HQ_{200}) mithilfe des Open-Source-Programmsystems Kalypso[1] mit dem Modul KalypsoRisk ausgeführt.

[1] Kalypso Open Source Modellsystem für numerische Simulationen in der Wasserwirtschaft http://kalypso.bjoernsen.de

Strobl, J., Blaschke, T., Griesebner, G. & Zagel, B. (Hrsg.) (2014): Angewandte Geoinformatik 2014.
 ISBN 978-3-87907-543-0.

KalypsoRisk berechnet das Schadenspotenzial je Hochwasserereignis auf der Grundlage von Wassertiefe, Landnutzung, Vermögenswert sowie wassertiefen- und nutzungsabhängigen Schadensfunktionen. Die Schäden der einzelnen Hochwasserereignisse werden unter Berücksichtigung der Eintrittswahrscheinlichkeit zum jährlichen Schadenserwartungswert aggregiert und als Schadensrisiko klassifiziert. Die Eingangsdaten und die Berechnungsergebnisse wurden im Geografischen Informationssystem (GIS) verarbeitet.

2 Hochwasserabhängiges Schadens- und Gefährdungspotenzial

2.1 Datengrundlage

Die verwendeten Geobasis- und Geofachdaten wurde vom Hessischen Landesamt für Umwelt und Geologie (HLUG), der Hessischen Verwaltung für Bodenmanagement und Geoinformation (HVBG) und von der Bundesanstalt für Gewässerkunde (BfG) zur Verfügung gestellt. Neben umfangreichen und aktuellen Geobasisdaten kam das Digitale Geländemodell (DGM1) der Laserscanbefliegung aus dem Jahr 2010 sowie die aktuellen Daten des Amtlichen Liegenschaftskatasters (ALKIS) mit Nutzungsinformationen zum Einsatz. Wasserspiegelhöhen der Jährlichkeiten HQ_{10}, HQ_{20}, HQ_{50}, HQ_{100} und HQ_{200} konnten aus einer hydraulischen Modellierung des Mains von der BfG und der HLUG bereitgestellt werden.

2.2 Methodik

Die potenziellen Schäden an Vermögenswerten (Schadenspotenzial) und die Anzahl der von Hochwasser betroffenen Personen und Gebäuden (Gefährdungspotenzial) wurden für die Hochwasserereignisse HQ_{10} bis HQ_{100} (in 10er-Schritten), HQ_{150} und HQ_{200} berechnet.

Folgende Arbeitsschritte wurden ausgeführt:

- Berechnung der Wassertiefen und Überschwemmungsgrenzen für alle genannten Bemessungshochwasser im GIS unter der Annahme fehlender Hochwasserschutzdeiche,
- Aggregation der ALKIS-Nutzungsdaten in die Landnutzungsklassen Siedlung, Industrie und Gewerbe, Verkehr, landwirtschaftliche Nutzfläche, Grünland, Forst, Wasserfläche und Naturraum im GIS,
- Übernahme und Anpassung (Inflationsrate) der spezifischen Vermögenswerte auf Grundlage gemeindebezogener Vermögenskomponenten für die o. g. Landnutzungsklassen aus dem Rhein-Atlas (IKSR 2001),
- Übernahme der Schädigungsfunktionen aus dem Rhein-Atlas (IKSR 2001),
- Definition von Schadensrisikoklassen,
- Berechnung der Schadenspotenziale und der Schadenserwartungswerte in Kalypso-Risk,
- Berechnung des Gefährdungspotenzials im GIS sowie
- Übernahme, Analyse und Visualisierung im GIS.

Zur Bestimmung der durch die Deiche geschützten Vermögenswerte wurde in der Berechnung des Schadens- und Gefährdungspotenzials angenommen, dass keine Hochwasserschutzanlagen vorhanden sind und so eine ungehinderte Überschwemmung der eigentlich geschützten Bereiche stattfinden kann.

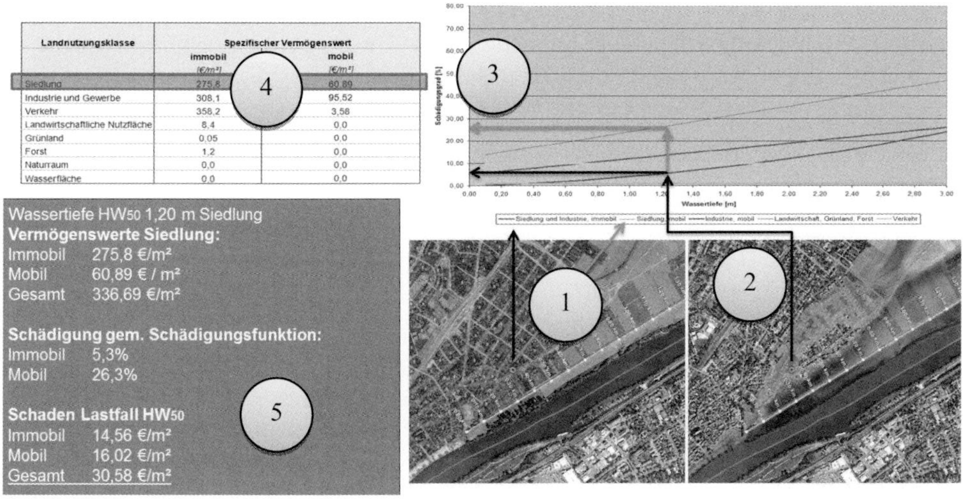

Abb. 1: Methodik der Schadensberechnung am Beispiel einer Siedlungsfläche (BJÖRNSEN BERATENDE INGENIEURE GMBH)

Die Berechnung des Schadens je Rasterzelle (Rastergröße 1 m) lief dabei wie folgt ab (vgl. Abb. 1):

1. Bestimmung der Landnutzungsklasse (1);
2. Bestimmung der Wassertiefe (2);
3. Bestimmung des Schädigungsgrades aus Landnutzungsklasse und Wassertiefe;
4. Bestimmung des Vermögenswertes (4);
5. Berechnung des Schadens aus Schädigungsgrad (3) und Vermögenswert (4).

Aus den Einzelschäden je Hochwasserereignis wurde durch Integration der jährliche Schadenserwartungswert berechnet. Er stellt die Summe der Schäden je Hochwasserereignis unter Berücksichtigung der Eintrittswahrscheinlichkeit dar. Der durch eine Hochwasserschutzmaßnahme vermeidbare Schaden ergibt sich durch den Vergleich der Schadenserwartungswerte für die Fälle „ohne Maßnahme“ und „mit Maßnahme“.

Das Gefährdungspotenzial wurde über die Anzahl der potenziell von Hochwasser betroffenen Einwohner definiert und über einen flächengewichteten Ansatz berechnet. Ergänzend dazu wurde das Gefährdungspotenzial über die Anzahl der betroffenen Gebäude ausgewiesen.

3 Maßnahmenkosten und Bewertung

Im Rahmen der ingenieurfachlichen Beurteilung der vorhandenen Unterlagen wurden zunächst drei grundsätzliche Lösungsansätze definiert:

Minimaler Ansatz
Ist ein Hochwasserschutz überhaupt gerechtfertigt bzw. welches Hochwasserschutzziel lässt sich mit minimalem Aufwand erreichen und welche Schäden lassen sich damit vermeiden?

Maximaler Ansatz
Welche Maßnahmen müssen ergriffen werden, um einen Schutz vor einem 100-jährlichen Ereignis herzustellen?

Mittlerer Ansatz
Welches maximale Hochwasserschutzziel kann unter Wahrung eines „positiven" Nutzen-Kosten-Verhältnisses erzielt werden?

Für jeden Lösungsansatz wurden Maßnahmen definiert, die zur Erfüllung des Lösungsansatzes durchzuführen wären. Für jeden Maßnahmentyp wurden Brutto-Baukosten und Nebenkosten geschätzt. Die Wirtschaftlichkeit einer Hochwasserschutzmaßnahme kann mithilfe eines Nutzen-Kosten-Vergleiches erfasst werden. Der Nutzen beinhaltet dabei die durch die Maßnahme vermeidbaren Schäden. Die Kosten wurden gemäß den „Leitlinien zur Durchführung dynamischer Kostenvergleichsrechnungen" aus den einmaligen Investitionskosten und laufenden Unterhaltskosten (LAWA 2012) ermittelt. Das Verhältnis von Nutzen zu Kosten beschreibt die Wirtschaftlichkeit.

Die Gesamtbewertung dient der Bestimmung der Vorzugsvariante für jeden untersuchten Abschnitt. Dazu wurden für die einzelnen Kriterien der Kategorien Kosten, Ökologie, Wasserwirtschaft, Flächeninanspruchnahme und Gefährdung der Menschen Wertpunkte ermittelt, nach Kategorie gewichtet und zur Gesamtbewertung addiert.

4 Ergebnis

4.1 Untersuchungsabschnitt Stadt Flörsheim (exemplarisch)

Der vorhandene Deich weist im Untersuchungsabschnitt sehr unterschiedliche Deichhöhen auf. Die Deichhöhe beträgt wasserseitig konstant ca. 3 bis 4 m, landseitig zwischen 0,6 m und 1,1 m und erhöht sich dann konstant auf ca. 2,8 m bis 3,0 m. Unter Berücksichtigung eines Freibords von 0,8 m entspricht dies am Abschnittsbeginn einem Schutz vor einem HQ_{30} und am östlichen Abschnittsende mehr als einem HQ_{200}. Gemäß überschlägigen Berechnungen ist der Deich aus untergrundhydraulischen Gründen jedoch nur standsicher bis HQ_{25}.

Hinsichtlich der Gefährdung des Hinterlandes durch Überschwemmungen sind folgende Szenarien zu betrachten:

- Schäden an den Parkplätzen und Straßen sowie der Gebäude westlich des Deiches,
- Versagen des Deiches ab HQ_{25} und Überschwemmung des Hinterlandes,
- Überströmung des Deiches ab HQ_{30} aufgrund der Absenkung am westlichen Abschnittsanfang,
- Fehlfunktion des Verschlusses am Durchlass Ardelgraben (Deich-km 1,7).

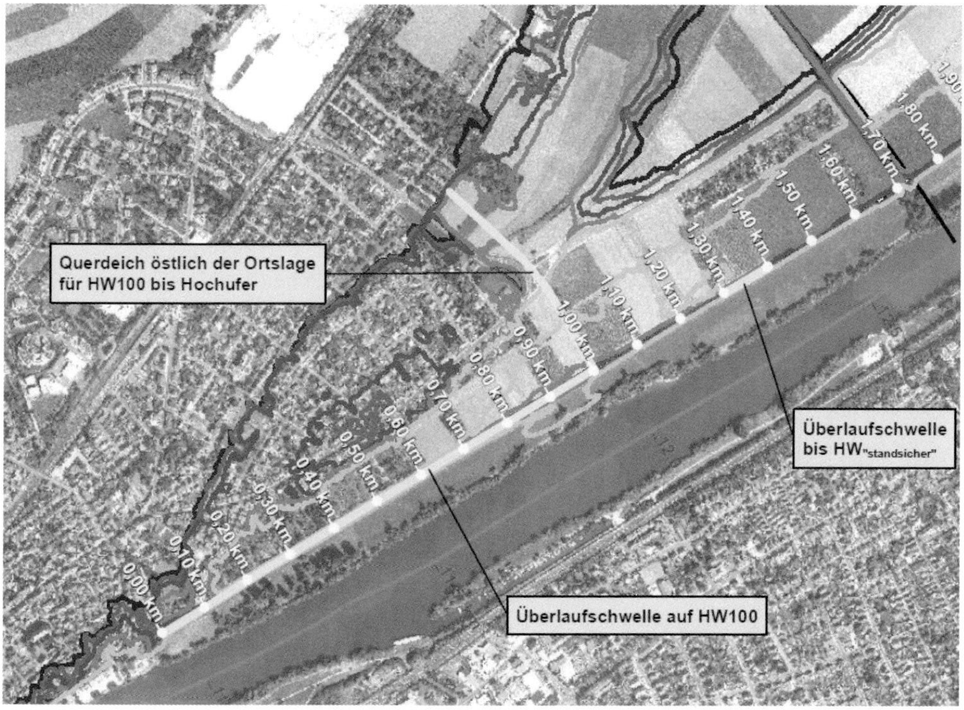

Abb. 2: Maßnahmen der Vorzugsvariante im Abschnitt Flörsheim (BJÖRNSEN BERATENDE INGENIEURE GMBH)

Zur Gewährleistung des Hochwasserschutzes im Hinterland bzw. Verringerung potenzieller Schäden und Gefährdungen bestehen folgende grundsätzliche Lösungsansätze.

- Minimaler Ansatz – Scharte im Deich auf Höhe von $HQ_{standsicher}$ (Status quo, hier HQ_{25})
- Mittlerer Ansatz – Deichsanierung Ortslage (HQ_{100}) bis km 1,0, Querdeich, Deichscharte am Feld etwa bei km 1,3 auf Höhe $HQ_{standsicher}$ (Status quo, hier HQ_{25})
- Maximaler Ansatz – Deichsanierung auf ein HQ_{100}

Die Nutzen-Kosten-Analyse ergab, dass die Gewährleistung des HW-Schutzes im Status quo, d. h. für ein HQ_{25}, mit einem Verhältnis von 6,2 das beste Nutzen-Kosten-Verhältnis darstellt. Die Varianten Deichsanierung nach Stand der Technik bzw. Deichsanierung entlang der Ortslage, östlichem Querdeich und Scharte am Feld weisen mit 1,7 und 2,0 ein deutlich schlechteres Nutzen-Kosten-Verhältnis auf.

Als Vorzugsvariante wurde – aufgrund einer Nutzwertanalyse der Kriterien Gewinn von Retentionsraum, Stadtentwicklung (gewerbliche und private Investitionen) und Förderfähigkeit – die mittlere Variante vorgeschlagen (siehe Abb. 2).

4.2 Gesamtes Untersuchungsgebiet

Die Auswertung der geotechnischen Gutachten der Mainwinterdeiche in Kostheim, Hochheim, Flörsheim und Hattersheim hat gezeigt, dass die bestehenden Deiche, bezogen auf ein HQ_{100}, überwiegend nicht standsicher sind. Überschlägige Berechnungen anhand des sich im Hochwasserfall ergebenden hydraulischen Gradienten ergeben, dass die Standsicherheit der Deiche zum Teil nur für Hochwasserereignisse HQ_{10} bis HQ_{40} gegeben ist.

Zur Ermittlung von in Betracht kommenden Maßnahmen zur Verringerung hochwasserbedingter Gefahren wurden zunächst die Überschwemmungsflächen für verschiedene Hochwasserereignisse und die daraus resultierenden Schadenspotenziale ermittelt. Die bestehenden Deiche wurden bei dieser Ermittlung des Schadenspotenzials zunächst außer Acht gelassen.

Unter Berücksichtigung dieser Ergebnisse, der vorhandenen Topografie und weiterer rechtlicher Randbedingungen wurde das gesamte rechtsmainische Überschwemmungsgebiet zwischen Kostheim und Eddersheim in Abschnitte unterteilt. In diesen Abschnitten wurden verschiedene Maßnahmen entwickelt, mit denen sich die hochwasserbedingten Gefahren verringern lassen. Die Maßnahmen wurden unter wirtschaftlichen, bautechnischen und ökologischen Aspekten untersucht und bewertet.

Die Analyse des Schadenspotenzials mit KalypsoRisk lieferte für die Wirtschaftlichkeitsbetrachtung die erforderlichen Nutzwerte für unterschiedliche Lösungsansätze. Die abschließend empfohlenen Maßnahmen zur Verringerung von hochwasserbedingten Gefahren reichen – je nach Untersuchungsabschnitt – von der Absenkung des Deiches durch Überlaufschwellen zur Gewährleistung der Standsicherheit bis zum Ausbau des Deiches nach Stand der Technik auf ein Schutzniveau von HQ_{100}.

Literatur

BJÖRNSEN BERATENDE IINGINEURE GMBH (2013), Sanierung der Winterdeiche an Rhein und Main Flügeldeiche Kostheim, Hochheim, Flörsheim und Hattersheim – Endbericht der Machbarkeitsstudie. Erstellt im des Landes Hessen, vertreten durch das Regierungspräsidium Darmstadt; unveröffentlicht. Koblenz.

BUNDESANSTALT FÜR GEWÄSSERKUNDE (BFG) (2012), Flusshydraulische Software FLYS Version 2.1.13 mit Daten zum Main, Koblenz.

HENS, T. & KIRSCH, J. (2009), GIS-Automatisierung bei der Erstellung von Hochwassergefahrenkarten. In: STROBL, J. et al. Hrsg.), Angewandte Geoinformatik 2009. Beiträge zum 21. AGIT-Symposium Salzburg 2009. Heidelberg.

IKSR (2001), Atlas der Überschwemmungsgefährdung und möglichen Schäden bei Extremhochwasser am Rhein. http://www.rheinatlas.de/.

LAWA (2012), Leitlinien zur Durchführung dynamischer Kostenvergleichsrechnungen (KVR-Leitlinien, Länderarbeitsgemeinschaft Wasser (LAWA). 8. Auflage.

Dynamische Visualisierung und Ansätze zur Modellierung von Echtzeit-Sensordaten für das Schneelasten-Frühwarnsystem BE-SAFE

Peter LANZ[1], Matthias MÖLLER[1] und Christian LASCHINSKI[2]
[1]Beuth Hochschule für Technik, Berlin · peterlanz@yahoo.com
[2]Ingenieurbüro Laschinski Ingenieure

Dieser Beitrag wurde durch das Programmkomitee als „reviewed paper" angenommen.

Zusammenfassung

Mit dem Projekt BE-SAFE (**Be**obachtung der **S**chneelast **a**uf **F**lachdächern in **E**chtzeit; be-safe.beuth-hochschule.de) wurde eine nachhaltige Verbesserung der Methoden des Monitorings von Schneelasten auf Gebäudedächern angestrebt. Ziel war ein System, das die Automatisierung einzelner Bereiche der Schneelastenfrühwarnung übernimmt, dabei permanente Erreichbarkeit garantiert, und seinen Benutzern eine nutzerfreundliche wie unkomplizierte Oberfläche bietet. Während der Projektlaufzeit entstand als operationeller Prototyp ein dynamischer Webdienst auf Kartenbasis, der die aktuelle Schneelastensituation auf potenziell gefährdeten Gebäuden mit Flachdächern visualisiert. Damit konnte der bisherige Ablauf der Schneelastenbeobachtung im Testgebiet deutlich zuverlässiger, schneller, einfacher und in der Summe effizienter gestaltet werden. Das Webportal hält für die unterschiedlichen Nutzergruppen speziell abgestimmten Funktionsumfang bereit. Es fungiert als zentrale Informationsoberfläche, welche alle Akteure in das Frühwarnsystem und die Aktionspläne einbezieht. Hier ist neben Administratoren und einfachen Besuchern insbesondere an für die Sicherheit von öffentlichen Gebäuden verantwortliche Personen wie Hausmeister oder Dachdecker gedacht. Ihnen soll bei Schneealarm die Chance gegeben werden die vorgesehenen Notfallpläne rechtzeitig umsetzen zu können. Damit weist BE-SAFE die Funktionsweisen eines weitgehend automatisierten, vollwertigen Frühwarnsystems auf, das durch Organisation von Ereignisüberwachung und Alarm bei zu hoher Schneelast automatisch Notaktionen auslösen kann.

1 Schneelasten Frühwarnung

Schneelasten können für die Gebäudestatik eine substanzielle Gefahr darstellen, besonders im Falle von weit spannenden Flachdächern, wie sie bei öffentlichen Einrichtungen wie Sporthallen und Veranstaltungseinrichtungen, oft das architektonische Mittel der Wahl sind. Aufgrund der oft intensiven Nutzung solcher Gebäude ist deren Vulnerabilität entsprechend hoch, im Extremfall ist meist eine große Zahl an Opfern zu beklagen. Tragisches Beispiel dafür ist der Einsturz der Eislaufhalle in Bad Reichenhall am 2. Januar 2006 mit 15 Toten und zahlreichen Verletzten. Verteilte Sensornetzwerke in Verbindung mit Informa-

Strobl, J., Blaschke, T., Griesebner, G. & Zagel, B. (Hrsg.) (2014): Angewandte Geoinformatik 2014.

tionstechnologie ermöglichenden Aufbau dynamischer Systeme. Diese Systeme verarbeiten echtzeitnahe Daten, mit deren Hilfe vor dem Eintreten solcher Katastrophen Warnungen generiert werden können, um rechtzeitig Gegenmaßnahmen laut den Notfallplänen zu ermöglichen. Um die Effizienz solcher Benachrichtigungsketten zu erhöhen, werden Prozessabläufe automatisiert, um die benötigten Sensordaten für alle Beteiligten stets aktuell, raum- und kontextspezifisch verfügbar machen zu können. Dies kann durch automatisierte zeitnahe Integration der Sensormessdaten aus heterogenen Sensor-Messsystemen in gemeinsame Analyseprozesse und der effizienten Organisation und Speicherung in einer dafür optimierten Datenbankstruktur gewährleistet werden. Ziel von BE-SAFE ist es darüber hinaus, benutzerfreundliche Webdienste zur Visualisierung der Ergebnisse in Echtzeit bereitzustellen. Die Datenbasis dafür liefern Wettersensoren, die kontinuierlich verschiedenste Umweltparameter wie Niederschlag, Temperatur oder Luftfeuchte messen. Diese Datenströme bilden auch die Grundlage für Simulations- und Berechnungsmodelle für die Schneeauflast. Operationell brauchbare Schneelastensimulationen ließen die sehr kostenintensive Messung durch vor Ort installierte Auflastsensoren (Waagen) ersetzen.

1.1 Schneelasten Monitoring in Steglitz-Zehlendorf

Im Berliner Bezirk Steglitz-Zehlendorf, dem Testgebiet von BE-SAFE. wird das Monitoring der Schneelasten auf öffentlichen Gebäuden derzeit manuell von verschiedenen Fachleuten übernommen. Dabei kommen analoge, aber sehr zuverlässige und langjährig bewährte Methoden zur Anwendung. In Datenblättern wird die Berechnung der Auflast der potenziell gefährdeten Gebäude fortgeführt. Bei Überschreitung des statischen Grenzwerteseines Objektes wird der Aktionsplan umgesetzt. Dies kann von der raschen Räumung des Daches durch ein spezialisiertes Dachdeckerunternehmen, bis hin zu Evakuierung und Sperrung der Anlage reichen. Seit mehreren Jahren diese Methode von einem Berliner Ingenieurbüro in Kooperation mit der zuständigen Behörde, dem Baumanagement Steglitz-Zehlendorf, umgesetzt. Die Schneelast wird dabei als homogen angenommen, und der Messwert einer Stichprobe für alle Gebäude im Bezirk übernommen. Andere mögliche Faktoren (z. B. Dachspezifika, Dämmqualität, Abschattung, etc.) könnten nur unter großem Aufwand, nämlich durch Direktmessungen auf den Dächern, mit einbezogen werden. Als Konsequenz kann die aktuelle Auflast entweder zu hoch, gegebenenfalls aber auch zu niedrig eingeschätzt werden. Erster Fall ist unter Sicherheitsaspekten zwar sinnvoll, kann aber bei unnötiger Räumung des Daches zu erheblichen Mehrkosten führen; der zweite Fall kann ein Sicherheitsrisiko darstellen.

1.2 Zielsetzungen und Grundsätze

Die bisher zur Anwendung gekommene gut bewährte Arbeitsweise sollte im Hinblick auf die aufwendige Kommunikation der Partner untereinander verbessert, und die angewendeten Verfahren der Schneelastenabschätzung mit einem teilautomatisierten System erweitert werden. Um den höchst sicherheitskritischen Vorgang des Schneelasten Monitorings nachhaltig zu verbessern, sollte ein internetgestütztes System auf Kartenbasis entwickelt werden, das allen Beteiligten die aktuelle Schneelastsituation über ein benutzerfreundliches Front-End im Browser visualisiert. Administratoren sollte zusätzlich schreibender Zugriff auf die Informationen ermöglicht werden. Der zentrale Anspruch dabei ist die automatisierte Darstellung der Echtzeitwerte über einen digitalen Kartendienst in Form eines auf vier Farben erweiterten Ampelschemas. Akkumulation von Schneeauflast kann je nach Wetterlage kleinräumig-regional auftreten und innerhalb weniger Stunden Gefahrensituationen auslösen. Damit handelt es sich um ein Phänomen, das als „eine plötzlich auftretende hydro-meteorologische Katastrophe mit geringer zeitlicher Dimension“ definiert werden kann. Die Mess-, Datenübermittlungs- und Warnintervalle wurden nach diesen Kategorisierungen konzipiert und umgesetzt. Um nun ein effektives wie konsistentes Frühwarnsystem aufzubauen, müssen die drei Hauptsäulen der Frühwarnung abgedeckt sein (vgl. Abb. 1). Das Aktivitätenfeld des Monitorings repräsentiert einen dieser wichtigen Eckpfeiler der Katastrophenfrühwarnung. Es baut auf den Ergebnissen der Vorarbeiten der lokalen Behörden zur Einschätzung von Vulnerabilität und Risiko einerseits und der Informationskampagne für alle Beteiligten im Vorfeld andererseits auf. Im Fall eines Alarms wird dieser nicht nur über den Webdienst kommuniziert, sondern auch via SMS an die jeweiligen verantwortlichen Personen gemeldet, welche dann den lokalen Aktionsplänen entsprechend reagieren können. Das „Responding“ meint im vorliegenden Fall also nicht das Reagieren auf eine eingetretene Katastrophe, sondern das rechtzeitige Verhindern einer solchen (UNEP 2012, GOLNARAGHI 2005).

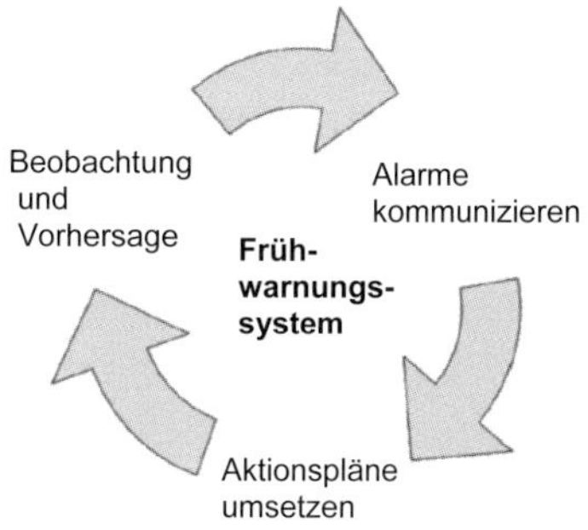

Abb. 1:
3 Säulen der Frühwarnung. Quelle: UNEP 2012 (übers.)

2 Dynamische Visualisierung und Ansätze zur Modellbildung

Die technische Komponente wurde ausschließlich mit Free- & Open Source Software nach Spezifikationen des Open Geospatial Consortium (OGC) umgesetzt. Des Weiteren wurde mit dem Ziel der Übertragbarkeit, Skalierbarkeit und Interoperabilität das Paradigma einer Service Oriented Architecture (SOA) verfolgt (GWENZI 2010, ENDREI 2004). Die Echtzeit Messwerte zur Schneelast werden von zwei Schneewaagen ermittelt und automatisch, dem Applikationsschema folgend, in der Geodatenbank abgelegt, mit jeweiligen gebäudespezifischen Schwellenwerten verglichen und im Webdienst zur Anzeige gebracht. Die Visualisierung ermöglicht es dem Benutzer Warn- und Alarmsituationen im gesamten Testgebiet mittels 4-farbigem Ampelschemas auf einen Blick zu erfassen (vgl. Abb. 2). Für die Entwicklung spielen Operationen und Protokolle des Web Feature Service (WFS, insbes. Web Feature Service – Transactional (WFS-T)) eine zentrale Rolle, da sie schreibenden Zugriff auf die Datenbank ermöglichen (JANSEN & ADAMS 2010, OGC 2012). Administratoren nutzen mit dem Webportal Content-Management-System (CMS) – Funktionalitäten, wie zum Beispiel Gebäude hinzufügen und entfernen und Attributdaten bearbeiten. Im Falle einer Dachräumung (oder etwaiger Systemunregelmäßigkeiten) können die Schneelastwerte der Gebäudeobjekte jederzeit bearbeitet werden. Mittels Einbindung zweier kommerzieller SMS Web-Dienste konnte die Organisation von Ereignisüberwachung und Alarmweiterleitung doppelt abgesichert umgesetzt werden. Alternativ wäre auch die Implementierung eines Sensor Observation Service (SOS) möglich gewesen. In der Sensor Web Enablement (SWE) Initiative des OGC definierten Spezifikationen und die darauf aufbauenden Dienste sind gut geeignet, dynamische Sensor Systeme um die realzeitliche Komponente zu erweitern (ADAMS & HELLE 2009). Im vorliegenden Fall wird aufgrund eines hohen Maßes individueller Anforderungen eine eigene Implementierung mit PHP verwendet.

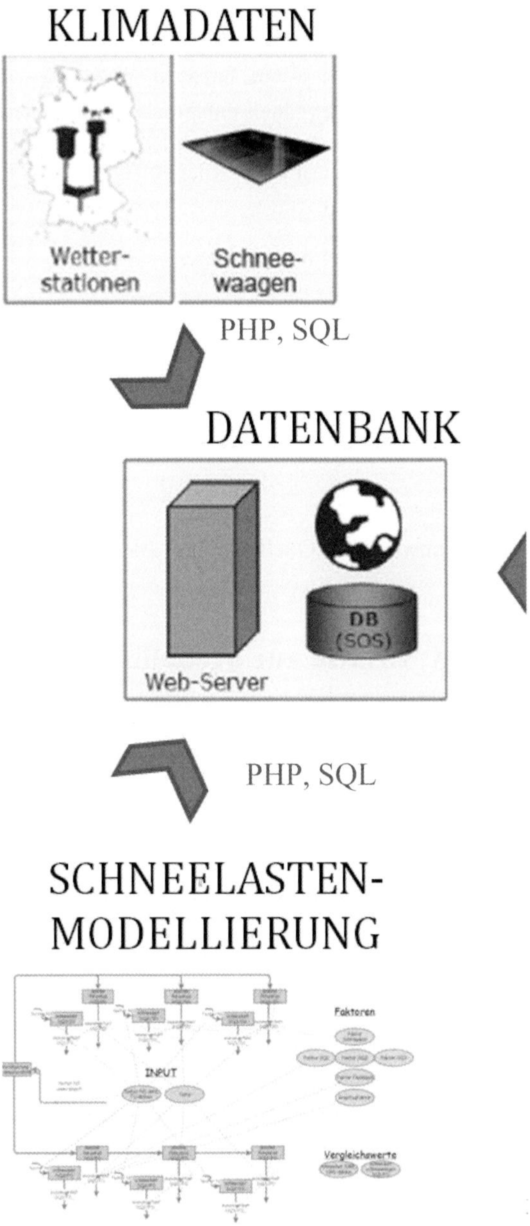

Abb. 2:
BE-SAFE Systemarchitektur

Die diskreten Messwerte der beiden Schneewaagen können nicht ohne Weiteres auf alle beobachteten Gebäude im Testgebiet übertragen werden, da eine ganze Reihe von Faktoren die Schneelast beeinflusst. Für die Realisierung des ersten Prototyps beschränkte sich die Schneemodellierung darauf, die geographische Position als entscheidendes Merkmal festzuhalten. So werden regionale Differenzen im Muster des festen Niederschlags über die Distanz der jeweiligen Objekte zu den Schneewaagen berücksichtigt. Zum Anderen werden drei weitere Klimasensoren in das System integriert, um die Datengrundlage für ein Schneelasten Berechnungsmodell und damit die individuelle Kalkulation der aktuellen Schneelast für alle zu beobachtenden Flachdächer im Testgebiet zu ermöglichen. Dabei handelt es sich um zwei Klimastationen und einen Temperaturfühler unter einer der Schneewiegeflächen.

2.1 Empirische Datenanalyse und Schneemodellierung

Im Vorfeld des Projektes wurden zwei der 38 Dächer im Testgebiet ausgewählt um darauf Schneewaagen zu installieren, welche seitdem Echtzeitdaten zur Schneelast liefern. Im Laufe des Projektes BE-SAFE wurde an der Entwicklung eines Simulationsmodells gearbeitet mit dessen Hilfe die Auflast anderer Gebäude in Abhängigkeit der jeweiligen dachspezifischen Einflussfaktoren berechnet werden kann. Für die Bestimmung dieser Dachspezifika beinhaltet BE-SAFE eine empirische Forschungskomponente. Mit knapp 100 Vorortmessungen der Schneelast auf insgesamt 15 Objekten unterschiedlichen Dachtyps wurde im Winter 2012/13 die Datenbasis geschaffen und die wichtigsten gebäudespezifischen Einflussfaktoren auf die Schneelast konnten identifiziert werden. Diese Analyse fand vor dem Hintergrund und in Abhängigkeit der unmittelbaren Wetterhistorie statt, die Datenbasis hierfür setzt sich zum überwiegenden Teil aus Temperatur- und Niederschlagsdaten des Deutschen Wetterdienstes (DWD) zusammen. Mit Fortschritt des Projektes konnten bereits eigene Sensor-Messreihen mit einbezogen werden. Die Auswertung der Daten bestätigte die Theorie über die Dämmqualität des Daches als einen der Haupteinflussfaktoren, zusätzlich wurde die Dachneigung als solcher identifiziert. Beide wurden in Abstimmung mit dem statischen und architektonischen Fachwissen der Projektpartner der Einteilung nach sechs Gebäudegruppen zugrunde gelegt (vgl. Tab. 1). Die Hauptgruppen nach Flach- und gering geneigten Dächern (max. 5° Neigung) ließen sich zusätzlich jeweils in drei Gruppen nach der Menge der verloren gegangenen Energie pro Zeiteinheit (Watt/m^2/t) unterteilen. In der Spezialgruppe der „Sonderfälle" finden sich Gründächer und solche mit Aufbauten (z. B. Solaranlagen). Sie wurden nicht in die Modellbildung mit einbezogen.

Tabelle 1: Unterteilung der 38 Gebäude im Testgebiet nach Dachtypen

Dämmqualität	**Flachdächer**	**Dachneigung 1-5°**
Hoch ($<0,25 W/m^2$)	3	4
Mittel ($0,25-0,8 W/m^2$)	7	10
Niedrig ($>0,8 W/m^2$)	4	1
Sonderfälle	5	4

Der Einfluss regionalspezifischer Faktoren auf das Schneemodell ist aufgrund der geringen räumlichen Ausdehnung des Testgebietes als sehr gering erachtet, und daher vernachlässigt worden. Die Schneemetamorphose, also sämtliche Vorgänge innerhalb des Schneehorizonts, sollten ebenfalls nicht berücksichtigt werden, genauso wie Verluste durch Verdunstung (Sublimation) und Windabtragung. (GÜNTHER & RACHNER 2000, SCHÖNWIESE 2003, DUNGER 2008). Zudem blieben Abschattungsgrad und Dachausrichtung aufgrund ihrer hohen Homogenität innerhalb des Testgebiets ausgeklammert. Ziel war vielmehr ein konzeptionelles Index Modell zu etablieren, welches, anders als die komplexeren Material- und Energiebilanzmodelle[1], mit einer geringen Anzahl empirisch geeichter Einflussfaktoren auskommt; im vorliegenden Ansatz (vgl. Abb. 3) sollen der feste Niederschlag (Input-Seite) und die Lufttemperatur (Output-Seite) herangezogen werden, um die aktuelle Schneeauflast zu modellieren (KNAUF 1975 & 1980, BREMICKER & LUDWIG 1990, BREMICKER 2000). Für die Berechnung der Abschmelzleistung diente das Gradtagverfahren nach Martinec (1960) als Grundgerüst (MANIAK 2010, LANG et al. 1977). Dieses wurde um gebäudespezifische Faktorenerweitert und so für die Anforderungen der Anwendung auf verschiedene Gruppen von Gebäudedächern adjustiert.

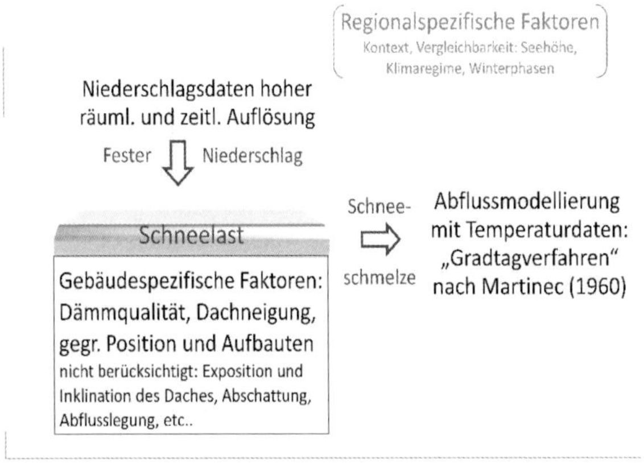

Abb. 3: Schneelasten-Berechnungmodell und Einflussfaktoren

2.2 Werkzeuge für die Modellierung

Für die Simulation und Modellierung eignete sich die online Applikation *Insightmaker*[2]. Unterstützt werden hier sowohl mikroskopische (z. B. agentenbasierte Modelle) als auch makroskopische Simulationen. Zu den makroskopischen Ansätzen zählen Differenzialgleichungsmodelle und System Dynamics. Sie sind durch die Simulation von Zustandsvariablen des Gesamtsystems und der Fortschreibung dieser unter Annahme von Homogenität geprägt (BUNGARTZ et al 2009, KLÜGL 2006).In vorliegender Arbeit kommt eine quantitative Variante der System Dynamics zur Anwendung. Die wichtigsten Komponenten hierbei sind Speicher „Stocks", Flüsse „Flows" und Hilfsgrößen „Variables". Die Darstellung von Flussdiagrammen und deren Simulation ermöglicht dabei ein tieferes Systemverständnis, da die Simulationsszenarien mögliche Systemzustände über die Zeit abbilden. Der Simulation liegen kontinuierliche Daten zu Temperatur- und festem Niederschlag des Winters 2012/2013 zugrunde, die über ein Importwerkzeug geladen werden können. Im Modell

---

1 Z. B.: SNOW Modell des DWD: http://www.dwd.de/SNOW
2 http://insightmaker.com/

schlagen sich feste Niederschläge direkt als Input zur Schneelast nieder. Nach einer kurzen Verzögerung stehen sie für die Abschmelzberechnung im Speicher „Schneelast" zur Verfügung. Je ein Speicher wurde für die sechs definierten Gruppen von Dächern angelegt, aus denen sich jeweils ein Fluss „Abfluss" speist. Dort findet die Modellierung der Reduzierung der Schneelast durch Schneeschmelze in Abhängigkeit der jeweiligen gebäudespezifischen Faktoren statt. Die wichtigste Regelgröße hierfür ist gemäß Martinecs Gradtagverfahren die Lufttemperatur (1).

$$M_d = a_d(T_L - T_b) \quad (1)$$

M_d: Modellierung der Schneeschmelze (mm/Tagesabschnitt)
a_d: Tag-Grad-Faktor; zeitlich wie räumlich stark variabel
T_L: Ø-Lufttemperatur über die Tagesabschnitte, die pos. Temperaturen aufweisen
T_b: Basistemperatur, in der Regel 0 °C

Um den sechs vordefinierten Gruppen von Dächern gerecht zu werden, unterscheiden sich deren Abflusssimulationen durch die oben beschriebenen dachspezifischen Faktoren, die als Hilfsgrößen einfließen (2).

$$M_d = D + a_d(T_L + T_b) \quad (2)$$

M_d: Modellierung der Schneeschmelze (mm/Tagesabschnitt)
D: Dachneigungskoeffizient
a_d: Tag-Grad-Faktor; zeitlich wie räumlich stark variabel
T_L: Ø-Lufttemperatur über die Tagesabschnitte, die pos. Temperaturen aufweisen
T_b: Basistemperatur; abhängig von der Dämmqualität (DQ)

So wird die Dämmqualität der Variable „Basistemperatur" eingeschrieben, ihre bisherigen regionalspezifischen Indikatoren (Vegetation, Geländetyp) können für das Testgebiet vernachlässigt werden. Mit dem zusätzlichen Faktor „Dachneigung" soll schließlich dem schnelleren Abfluss des Schmelzwassers und der geringen Eisbildung bei steigender Dachneigung Rechnung getragen werden. Gemäß den Ergebnissen der schneehydrologischen Messreihen wurden diese in mehreren Versuchsfolgen dahin gehend geeicht, die Simulation mit den gemessenen Daten in Übereinstimmung zu bringen und damit die wirkliche Schneelastensituation möglichst exakt zu simulieren.

3 Ergebnisse der Modellierung

Faktoren für die Dachneigung, der Dämmqualität (DQ) und des Grad-Tag-Faktors wurde zunächst in mehreren Versuchsserien, unter Verwendung der Daten aus den Schneelastmessungen auf Flachdächern der höchsten Dämmqualität, umgesetzt. Erstes Ziel war es, die Messreihen der Schneewaagen, die beide auf Dächern dieses Typs installiert sind, mit der Simulation in Übereinkunft zu bringen (vgl. Abb. 4).

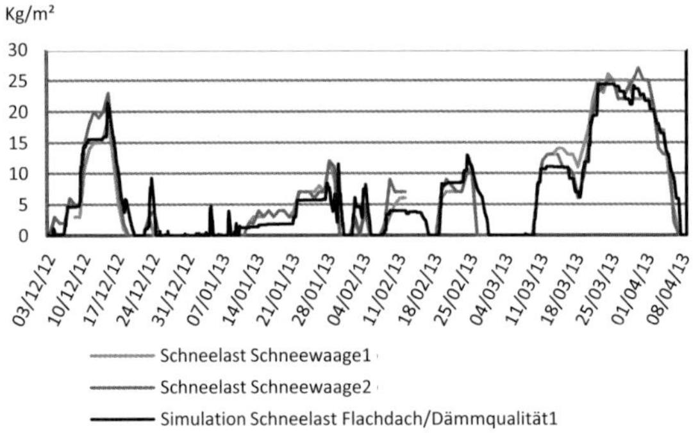

Abb. 4:
Ergebnis der Simulation für Flachdächer der Dämmqualität 1 im Vergleich zu in situ Messungen bei D = 0, Tb = 0 und ad = 0,08

Dieses Grundsetting bildet die Basis für die Schneelastensimulationen der übrigen Dachtypen. Um für diese fünf Gruppen von Dächern die Faktoren Dachneigung und Dämmqualität zu kalibrieren, wurden sie an den Daten der empirischen Studie geeicht. Sie umfasst Stichproben der Schneelast aller Dachtypen. Im Falle der leicht geneigten Dächer zeigt ein Vergleich der Simulationen mit den Vor-Ort-Messungen, dass das Hauptziel, die tatsächliche Schneelast nicht zu unterschätzen (Risiko von falsch-negativ Alarmen), mit wenigen Ausnahmen erreicht werden konnte (vgl. Abb.5).

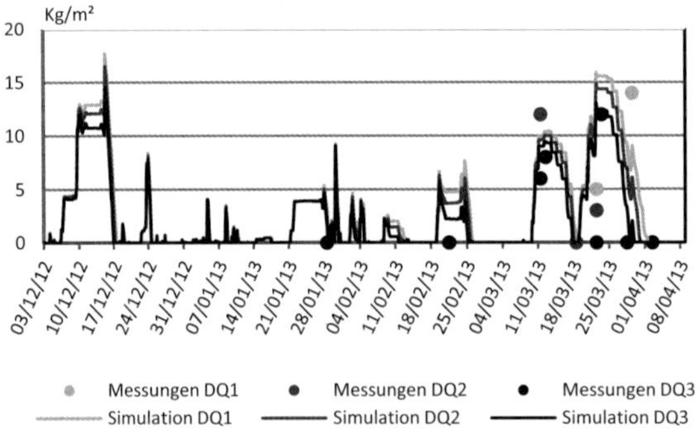

Abb. 5:
Ergebnis der Simulation für Schrägdächer bei D = 0.08 (DQ1) / 0.4 (DQ2) / 0.8 (DQ3), T_b = 0,11 und a_d = 0,08.

Gleichzeitig liegen die Simulationen deutlich unter den Messwerten der Flachdächer (vgl. Abb. 4), was die Wahrscheinlichkeit von falsch-positiven Alarmen verringert. Die Ergebnisse offenbaren aber auch, dass es in Einzelfällen immer wieder zu einer starken Unterschätzung der Schneelast kommen kann. Gründe dafür können Stichproben – Messfehler sein aber auch Schwachstellen der Methodik, welche allfällige Unebenheiten der Flachdächer unberücksichtigt lässt. An Kuhlen oder großflächige Eindellungen kommt es vermehrt zu Agglomeration von Schnee, was schließlich zu einer Überschätzung der Schneelast der übrigen Dachfläche führen kann. Zudem wurden die Messungen immer an diesen tiefsten Stellen der Schneeauflast vorgenommen, um die Schneelast keinesfalls zu unterschätzen.

3.1 Webdienst und Frühwarnsystem

Das Projekt BE-SAFE verfolgte den zentralen Anspruch Echtzeit-Sensordaten zu verarbeiten, zu analysieren und zu visualisieren und darauf aufbauend ein (teil-) automatisiertes Frühwarnsystem bereitzustellen. Das Frontend kann über einen beliebigen Web-Browser erreicht werden und stellt eine wichtige Entscheidungshilfe im Notfall dar. Der Portaldienst ist so gestaltet, dass die aktuelle Schneelastensituation auf einen Blick synoptisch erfasst werden kann, des Weiteren ist er mit einem Ereignis- und Warnmanagement gekoppelt, über das die betroffenen Akteure im Notfall automatisch per SMS verständigt werden. Damit entsteht ein vollwertiges Frühwarnsystem, das von der Ereignisüberwachung über die Informationsbereitstellung bis hin zum Alarm alle dafür essenziellen Bereiche abdeckt. Überdies verfügen Administratoren über CMS-ähnliche Funktionalitäten und Zugriff auf das System und die darin enthaltenen Daten. Damit legt das Projekt die operationelle Basis für ein System, das Sensorklimadaten zeitnah und automatisch prozessiert, und die echtzeitliche Realität modelliert. Die dahin gehenden Untersuchungen zur Simulation der Schneeauflast unter Einbezug dachspezifischer Faktoren zeigten gute Ergebnisse. Die Basis für eine Erweiterung des Systems um eine Implementierung nach definierten Modellvorgaben um die aktuelle Schneeauflast zu generieren, ist damit gelegt.

4 Danksagung

Mein Dank gilt Prof. Matthias Möller, dem Ingenieursbüro Dipl.-Ing. Laschinski und dem Baumanagement Steglitz-Zehlendorf (Fr. Richter und Hr. Böttinger). Sie schufen durch ihre geleistete Vorarbeit erst die Basis für das vorliegende Projekt. Zudem möchte ich Dipl.-Met. Thomas Dümmel (Freie Universität (FU) Berlin) für seine Kooperation und für wertvolle Klimamesswerte des meteorologischen Dienstes der FU danken. Vorliegende Arbeit wurde aus Mitteln der Forschungsförderung „Forschungsassistenz", bereitgestellt vom Europäischen Sozialfonds (ESF) und der Senatsverwaltung Berlin, gefördert.

Literatur

ADAMS, T. & HELLE, D. (2009), OpenLayers trifft Sensor Observation Service (SOS). http://www.fossgis.de/wiki/OpenLayers_trifft_Sensor_Observation_Service_(SOS) (6. August.2012).

BREMICKER, M. & LUDWIG, K. (1990), Einbeziehung des Schneeschmelzprozesses in das Programmiersystem FGMOD. Dokumentation. Ingenieurbüro Dr. K. Ludwig, Karlsruhe im Auftrag des Bayrischen Landesamts für Wasserwirtschaft (unveröffentlicht).

BREMICKER, M. (2000), Das Wasserhaushaltsmodell LARSIM – Modellgrundlagen und Anwendungsbeispiele. Freiburger Schriften zur Hydrologie, 11. Institut für Hydrologie der Universität Freiburg.

BUNGARTZ, H.-J, ZIMMER, S., BUCHHOLZ, M. & PFLÜGER, D. (2009) Modellbildung und Simulation. Eine anwendungsorientierte Einführung. Berlin [u. a.].

DUNGER, V. (2008), Vorlesungsskript Hydrologie I. TU Bergakademie Freiberg.

ENDREI, M., ANG, J., ARSANJANI, A., CHUA, S., COMTE, P. & KROGDAHL, P. (2004), Patterns: Service-Oriented Architecture and Web Services. http://www.redbooks.ibm.com (4.3.2013).

GOLNARAGHI, M. (2005), Early warning systems, UNEP/GRID-Arendal Maps and Graphics Library. http://maps.grida.no/go/graphic/early_warning_systems. (23.Juli.2012).

GÜNTHER, T. & RACHNER, M. (2000), Langzeitverhalten von Schneedeckenparametern Ergebnisse aus KLIWA. KLIWA-Bericht, 1 68-80. Mannheim.

GWENZI, J. (2010), Enhancing Spatial web search with Semantic Web Technology and Metadata Visualisation. Enschede: International Institute for Geo-Information Science and Earth Observation. Enschede.

JANSEN, M. & ADAMS, T. (2010), OpenLayers – Webentwicklung mit dynamischen Karten und Geodaten. München.

JONAS, T., MARTY, C. & MAGNUSSON, J. (2009), Estimating the snow water equivalent from snow depth measurements in the Swiss Alps. Journal of Hydrology, 378 (1-2), 161-167. http://www.sciencedirect.com/science/article/pii/S0022169409005848 (24.7.2012).

KLÜGL, F. (2006), Multiagentensimulation. Würzburg. http://www.gi.de/service/informatiklexikon/detailansicht/article/multiagentensimulation.html (21.11.2013).

KNAUF, D. (1975), Die Abflussbildung in schneebedeckten Einzugsgebieten des Mittelgebirges, Technischer Bericht aus dem Institut für Hydrodynamik und Hydrologie der TH Darmstadt, 17. Darmstadt.

KNAUF, D. (1980), Die Berechnung des Abflusses aus einer Schneedecke. In: DVWK (Hrsg.) (1980) Analyse und Berechnung oberirdische Abflüsse. DVWK-Schrift, 46, 95-135. Deutscher Verband für Wasserwirtschaft und Kulturbau e.V. Bonn.

LANG, H., SCHAEDLER, B. & DAVIDSON, G. (1977), Hydrologische Untersuchungen auf dem Ewigschneefeld des Großen Aletschgletscher. Zeitschr. für Gletscherkunde und Glaziologie, 2, 109-124.

MANIAK, U. (2010), Hydrologie und Wasserwirtschaft: Eine Einführung für Ingenieure. 6. Auflage. Deutschland.

MARTINEC, J. (1960), The degree-day factor for snowmelt runoff forecasting. In IUCC general Assembly of Helsinki, IAHS Commission of Surface Waters, Nr 51, 468-477. Helsinki.

OGC – OPEN GEOSPACIAL CONSORTIUM (2013) Web Feature Service Specifications. http://www.opengeospatial.org/standards/wfs (23.08.2012).

ROHREGGER, J.-B. (2008), Methoden zur Bestimmung der Schneefallgrenze. Diplomarbeit, Inst. für Meteorologie und Geophysik, Univ. Wien.

SCHÖNWIESE, C.-D. (2003), Klimatologie. 3.Auflage. Stuttgart.

UNEP – UNITED NATIONS ENVIRONMENT PROGRAMME (2012), Early Warning Systems: A State of the Art Analysis and Future Directions, Division of Early Warning and Assessment (DEWA). Nairobi. http://na.unep.net/geas/getUNEPPageWithArticleIDScript.php?article_id=89 (12.7.2012).

Integrierte räumliche Schadensanalysen zum Aufbau der Datenhaltungskomponente eines webbasierten Entscheidungsunterstützungssystems

Marco NEUBERT und Rico VOGEL

Leibniz-Institut für ökologische Raumentwicklung e. V. (IÖR), Dresden · m.neubert@ioer.de

1 Einführung

Naturgefahren, Klimawandel sowie anthropogene Umweltbelastungen können für Städte und Regionen zu ernst zu nehmenden Risiken führen. Die räumliche Planung und Steuerung hat erheblichen Bedarf an Informationen und Hilfsmitteln für die Unterstützung von Entscheidungen. Umso stärker rücken Methoden und Instrumente der raumbezogenen integrativen Risikoanalyse in den Mittelpunkt. Ausgehend von umfassenden Forschungsarbeiten zu Hochwasserschäden wurden in den letzten Jahren Modellkomponenten zur räumlich hoch auflösenden Schadens- und Risikoanalysen für Städte und Regionen bis auf die Ebene einzelner Gebäude entwickelt (SCHINKE et al. 2012; NEUBERT et al. 2014). Die einzelnen Modellkomponenten zur Simulation potenzieller Gebäudeschäden durch Gefahren wie Hochwasser (HOWAD) oder Grundhochwasser (GRUWAD) unter Berücksichtigung von Bauvorsorgeoptionen (HOWAD-Prevent) wurden zum *Integrated Spatial Vulnerability and Risk Assessment Tool* (IVART) zusammengeführt. Ergänzend sind mittlerweile auch Schadenspotenziale an Gebäuden durch Kanalüberstau infolge von Starkregen modellierbar.

Das Werkzeug ist als Impakt-Modell eingebunden in die Operationalisierung eines fragestellungs- und gebietsspezifischen Szenarioansatzes zur Exploration zukünftiger Entwicklungen von Städten und Regionen durch regionale Akteure (SCHANZE & SAUER 2011). Der Ansatz wird gegenwärtig am Beispiel der Modellregion Freistaat Sachsen erprobt. Neben IVART kommen zur Ex-Ante-Analyse der Folgen von Projektionen des Klimawandels und des gesellschaftlichen Wandels weitere Modellwerkzeuge zum Einsatz.

Aufgrund der Vielschichtigkeit des Szenarioansatzes wird im Zuge der Umsetzung eine multidimensionale (Geo-)Datenbasis aufgebaut, deren gesamtes Datenvolumen bzw. Datensatzanzahl erheblich sein wird. Dies hat folgende Ursachen: 1. die Berechnungen für die Gesamtfläche des Freistaates Sachsen erfolgen räumlich und teilweise auch zeitlich hoch auflösend (z. B. gebäudescharfe integrierte Schadensanalysen), 2. im Rahmen des Szenarioansatzes werden eine Vielzahl von Themen bzw. Indikatoren untersucht und 3. bei den Untersuchungen werden verschiedene Kombinationen von Projektionen des klimatischen bzw. gesellschaftlichen Wandels und von Handlungsoptionen betrachtet (Zukünfte).

2 Integrierte Schadensmodellierung

Um potenzielle Schäden zu modellieren und das resultierende Risiko zu bestimmen, werden durch das empirische Modell vier Module gekoppelt (siehe Abb. 1):

Strobl, J., Blaschke, T., Griesebner, G. & Zagel, B. (Hrsg.) (2014): Angewandte Geoinformatik 2014.
 ISBN 978-3-87907-543-0.

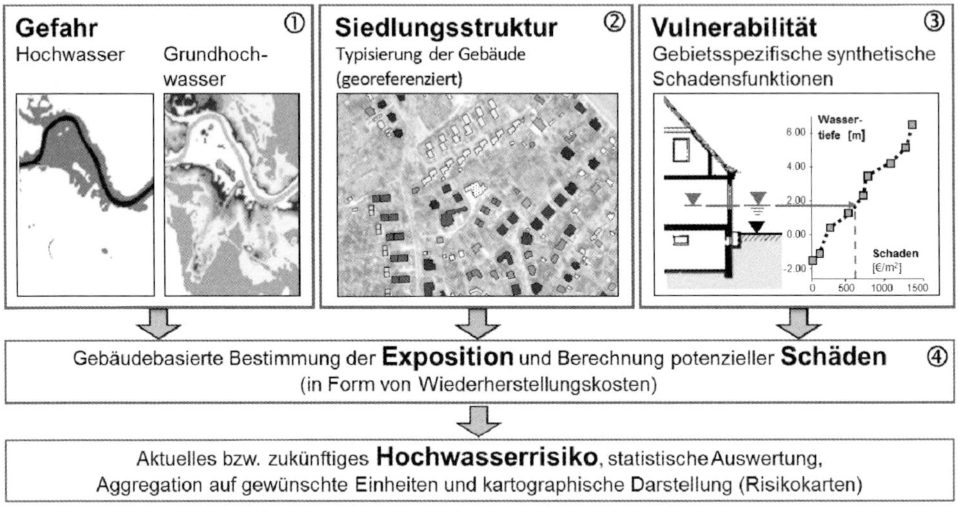

Abb. 1: Modularer Aufbau des Schadenssimulationsmodells IVART am Beispiel von (Grund-)Hochwassergefahren (verändert nach SCHINKE et al. 2012)

1. Räumliche Gefahrendaten: z. B. Ergebnisse der hydrologisch-hydrodynamische Modellierung zur Ermittlung der Wassertiefe bei bestimmten Eintrittswahrscheinlichkeiten;
2. Räumlich hoch auflösende Informationen zu Rezeptoren: z. B. mittels eines Stadtstrukturtypenansatzes (SST) klassifizierte Gebäude;
3. Vulnerabilitätsanalyse der Rezeptoren: z. B. bauingenieurtechnisch ermittelte, gebietsspezifische synthetische Schadensfunktionen von Gebäuden gegenüber Überflutung;
4. Ermittlung der Exposition und Schadensberechnung: z. B. gebäudebasierte Kalkulation potenzieller Schäden (in Form von Wiederherstellungskosten).

Das Ergebnis sind Informationen zum Hochwasserrisiko für den aktuellen Zustand oder für Zukunftsprojektionen. Diese lassen sich statistisch auswerten, auf beliebige räumliche Einheiten aggregieren und kartographisch darstellen. Die Herausforderung besteht hauptsächlich in der Erstellung der Eingangsdaten bzw. der empirischen Ableitung der Schadensfunktionen und erfordert eine interdisziplinäre Zusammenarbeit von Ingenieuren und Naturwissenschaftlern. Dies ist insbesondere durch die Vorgehensweise bedingt und gleichzeitig die Voraussetzung für problemadäquate und fundierte Ergebnisse mit hoher räumlicher Auflösung als das besondere Merkmal des IVART-Werkzeugs. Die bisher bearbeiteten Fallstudien in Bezug auf Hochwasserschäden für die deutsche Elbtalaue sowie die Städte Dresden, Valencia (Spanien) und Heywood, Greater Manchester (UK) demonstrieren die Anwendungsmöglichkeiten des Modellwerkzeugs bzw. seiner Vorläuferentwicklungen (NEUBERT et al. 2014; SCHINKE et al. 2012; GOLZ et al. 2013).

Zahlreiche eigene Analysen des Hochwasserrisikos erfolgten auf Basis von Gebäuden. Die dafür nötigen Eingangsdaten (georeferenzierte Gebäudeumringe) können z. B. durch ATKIS-Daten mit anschließender GIS-gestützter Klassifikation nach Stadtstrukturtypen sowie Baualter (digitale Stadtkarte mit Gebäudebaujahr, Luftbildinterpretation oder automatisierte Klassifikation digitaler Rasterkarten bzw. Vektor-Gebäudegrundrisse mittels SEMENTA®; HECHT 2013) bereitgestellt werden.

Die Vulnerabilität gegenüber Hochwasser wird unter Nutzung gebietsspezifischer synthetischer Wasserstands-Schadensfunktionen angegeben. Deren bauingenieurtechnische Erstellung für relevante Gebäudetypen erfolgte basierend auf Wiederherstellungskosten bei stufenweiser synthetischer Flutung von Gebäude-Repräsentanten (NEUBERT et al. 2014).

Die gebäudebasierte Bestimmung der Exposition und die Berechnung potenzieller Schäden erfolgt räumlich differenziert mittels GIS. Eine abweichende Vorgehensweise erfordert die Ermittlung von Schäden an landwirtschaftlichen Nutzflächen und weiteren flächenhaften Nutzungen – hier werden beispielsweise Kosten für die Minderung bzw. den Ausfall des Ertrags herangezogen. Die Ergebnisse können auf gewünschte Einheiten (Stadtteile, Gemeinden, Landkreise etc.) aggregiert und kartographisch dargestellt werden (Abb. 2).

Bei der Bestimmung des Risikos lässt sich einerseits anhand von Daten zum Ist-Zustand bzw. der beobachteten Vergangenheit das aktuelle Risiko ermitteln. Durch die Einbeziehung von Klima- und Landnutzungsprojektionen kann zudem das zukünftige Risiko bestimmt und kartographisch dargestellt werden (Risikokarten). So lassen sich Bandbreiten der Folgen möglicher zukünftiger klimatischer und gesellschaftlicher Veränderungen bestimmen und unterschiedliche Planungsvarianten (i. S. v. Handlungs-/Anpassungsoptionen) vergleichen.

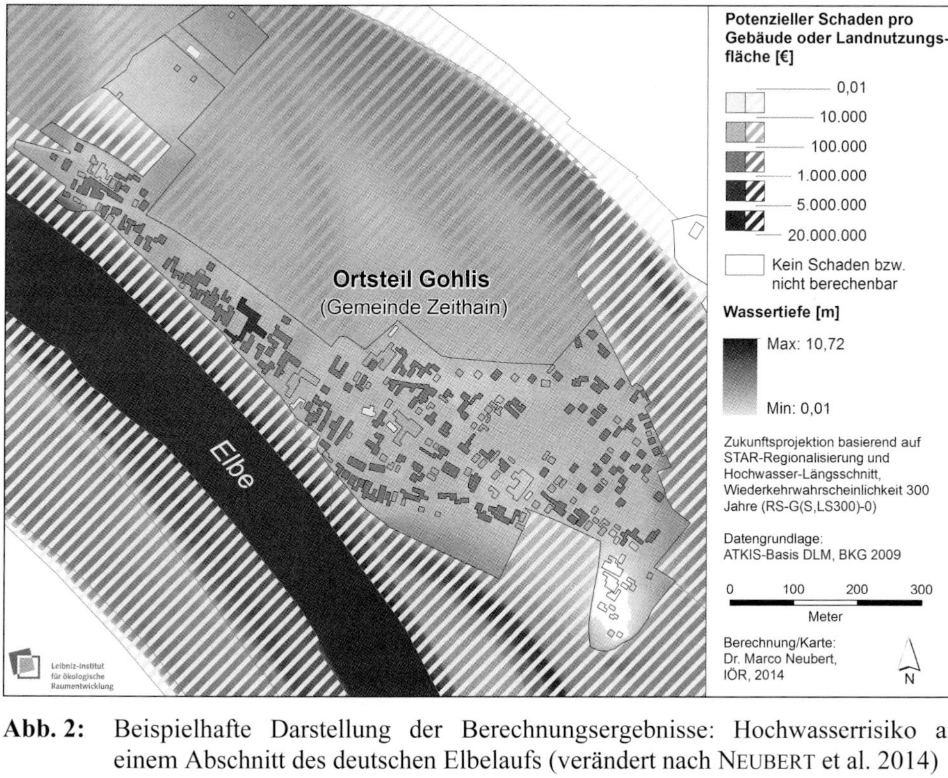

Abb. 2: Beispielhafte Darstellung der Berechnungsergebnisse: Hochwasserrisiko an einem Abschnitt des deutschen Elbelaufs (verändert nach NEUBERT et al. 2014)

3 Aufbau der Datenhaltung eines webbasierten Entscheidungsunterstützungssystems

Die durch VOGEL (2013) initiierte und realisierte Entwicklung eines webbasierten raumbezogenen Entscheidungsunterstützungssystems (Web-based Spatial Decision Support System, WebSDSS; z. B. RINNER 2003) dient in erster Linie der technischen Unterstützung des adressatenorientierten Transfers von Wissen über umfangreiche Projektionen des regionalen Klimawandels und des parallel stattfindenden gesellschaftlichen Wandels entsprechend des o. g. Szenarioansatzes von SCHANZE & SAUER (2011). Dieses Wissen wird beispielsweise durch die Impakt-Modellierung mit IVART generiert.

Hinsichtlich der Entwicklung des WebSDSS besteht insbesondere aufgrund der von VOGEL (2013, 228) vorgesehenen Variante der iterativ-inkrementellen Vorgehensweise, welche dem prototypischen Ansatz folgend im ersten Inkrement primär die Lösung aller technischen Herausforderungen vorsieht (KLEUKER 2011, 30 f.), u. a. ein Erfordernis zum frühzeitigen Aufbau einer entsprechenden Datenhaltungskomponente, durch die zunächst temporäre Testdaten zur Verfügung gestellt werden. Daher wurde im Rahmen der Entwicklung einer Architektur[1] zum Ermöglichen erster Tests vorläufig eine dateibasierte Datenhaltung umgesetzt. Im Rahmen der weiteren Entwicklung erfolgt jedoch zunehmend ein Ersatz der Testdaten durch Daten zu konkreten Zukünften wie sie im Rahmen der laufenden Projekte *RegioRisk* und *Vulnerabilitätsstudie Sachsen* erzeugt werden.

Zur Formalisierung des Szenarioansatzes wurde ein Domänenmodell[2] in Unified Modeling Language (UML)-Notation (z. B. RUMBAUGH et al. 1999) erarbeitet. Das Domänenmodell dient nicht nur als elementarer Bestandteil bei der Entwicklung der Applikationskomponenten des WebSDSS, sondern fungiert gleichermaßen als Basis für die Strukturierung der Datenhaltungskomponente. Im Falle der im Prototyp bislang dateibasierten Datenhaltung mit Datenbereitstellung über Webservices liegt das Domänenmodell der Verzeichnisstruktur sowie der Namensgebung von Dateien und Webservices zugrunde. In Abhängigkeit von der Weiterentwicklung der Architektur könnte die Geodatenhaltung zukünftig in Form einer Geodatenbank realisiert werden.

Aus Sicht der Strukturierung der Datenhaltungskomponente sowie der Datenintegration ergeben sich einige Anforderungen an die Modellierung und die Modellierungsergebnisse, deren Einhaltung sowohl zunächst die Datenintegration (auch bereits der Testdaten) als auch den späteren Produktiveinsatz der WebSDSS-Applikation erleichtert. Hinsichtlich eines abgestimmten Datenflusses wurden folgende Aspekte identifiziert:

1. Frühzeitige Festlegung eines einheitlichen geodätischen Bezugssystems;
2. Festlegung einheitlicher Datenaustauschformate;
3. Favorisierung speichereffizienter Datentypen für Attribut- und Rasterdaten;
4. Festlegungen hinsichtlich der Datenstrukturierung und -benennung;

---

[1] Internes Projektdokument: VOGEL, R. (2013), Konzept für eine Systemarchitektur eines WebSDSS zur Analyse von Szenarien des Klimawandels und des regionalen Wandels. ZENON-Report zu AP3 – Systementwicklung.

[2] Internes Projektdokument: VOGEL, R. (2014), Domänenmodell für ein WebSDSS zur Analyse von Szenarien des Klimawandels und des regionalen Wandels. ZENON-Report zu AP2 – Domänenmodellierung.

5. Festlegungen hinsichtlich des Umgangs mit Metadaten.

In Bezug auf die aufgeführten Punkte wird insbesondere folgende Umsetzung angestrebt:

1. ETRS89/UTM Zone 33N als geodätisches Bezugssystem;
2. File-Geodatabases (FGDB; z. B. Peters 2009, 2-8) als internes Datenaustauschformat;
3. Favorisierung insbesondere der Datentypen integer und long (gegenüber speicherintensiven wie float und double);
4. Nutzung des o. g. Domänenmodells als Basis der Datenstrukturierung und -benennung;
5. Automatisierte Erstellung von Metadatensätzen.

Erfolgreich realisiert und erprobt wurde bereits ein Technologie integrierender Prototyp, der eine entsprechende Datenhaltungskomponente einbindet und einen bidirektionalen Datenfluss erlaubt (VOGEL 2012).

4 Schlussfolgerungen und Ausblick

Aufgrund der bisherigen Erfahrungen kann die gewählte Methodik der räumlichen Schadens- und Risikoanalyse als zielführend erachtet werden. Insbesondere der hohe Detaillierungsgrad wird von Anwendern oft als Vorteil genannt. Die Integration der Ergebnisse in ein WebSDSS bietet den Nutzern einerseits ein umfangreiches Informationsangebot und unterstützt sie andererseits beim Treffen von teils weitreichenden Entscheidungen, indem u. a. Abschätzungen von Folgen diverser Projektionen des Klimawandels, Vergleiche von Planungsvarianten oder Bewertungen von Handlungsoptionen vereinfacht werden.

Basierend auf seinem modularen Aufbau wird das GIS-basierte Berechnungswerkzeug IVART in der Folge weiterentwickelt. Als Entwicklungsplattform dient dabei ESRI ArcGIS. Einerseits erfolgt die Erweiterung über die bisher abbildbaren Einwirkungen auf Gebäude durch (Grund-)Hochwasser hinaus für die Simulation von Schäden z. B. durch Starkregen, Hagel oder Sommerhitze. Andererseits werden zusätzlich zu Gebäudeschäden weitere Wirkungszusammenhänge berücksichtigt, v. a. die Beeinflussung der Vegetation durch Trockenheit auf Land- und Forstwirtschaftsflächen. Teile dieser Erweiterungen können mittels Modellkopplung (z. B. Ertragsmodelle, Waldbrandgefährdung) realisiert werden. Schrittweise soll damit das Ziel einer flächendeckenden, regionalen und integrierten Impaktanalyse erreicht werden.

Die mit IVART generierten Analyseergebnisse vervollständigen sukzessive ausgewählte Inhalte der Datenhaltungskomponente der in Entwicklung befindlichen WebSDSS-Applikation (VOGEL 2012, 2013) und ersetzen somit die bisher genutzten Testdaten. Außerdem eignen sich die Modellergebnisse grundsätzlich zur Ableitung verallgemeinerter Indikatoren für den *Monitor der Siedlungs- und Freiraumentwicklung* (IÖR-Monitor) mit deutschlandweiten Kartendarstellungen. Erste Visualisierungen flächenhafter Risiko-Indikatoren sind bereits verfügbar, so etwa der Anteil baulich geprägter Siedlungs- und Verkehrsfläche in amtlich festgesetzten Überschwemmungsgebieten (IÖR-MONITOR 2014).

Literatur

GOLZ, S., SCHINKE, R., NAUMANN, T., GARVIN, S. & WHITE, I. (2013), Assessing the Effects of Flood Resilient Technologies. In: DJORDJEVIC, S., BUTLER, D., KURZBACH, S., MARK, O. & GOURBESVILLE, P. (Eds.), Proceedings of the International Conference on Flood Resilience: Experiences in Asia and Europe, University of Exeter, United Kingdom, 5-7 September 2013, 109-119.

HECHT, R. (2013), Automatische Erkennung von Gebäudetypen auf Grundlage von Geobasisdaten In: MEINEL, G., SCHUMACHER, U. & BEHNISCH, M. (Hrsg.), Flächennutzungsmonitoring V – Methodik, Analyseergebnisse, Flächenmanagement. Rhombos-Verlag, Berlin, 199-210. (= IÖR-Schriften 61).

IÖR-MONITOR (2014), Anteil baulich geprägter Siedlungs- und Verkehrsfläche im amtlich festgesetzten Überschwemmungsgebiet. http://www.ioer-monitor.de/index.php?id= 8&idk=1386 (04.04.2014)

KLEUKER, S. (2011), Grundkurs Software-Engineering mit UML: Der pragmatische Weg zu erfolgreichen Softwareprojekten. 2. Aufl. Vieweg + Teubner, Wiesbaden.

NEUBERT, M., NAUMANN, T., HENNERSDORF J. & NIKOLOWSKI, J. (2014), The Geographic Information System-based flood damage simulation model HOWAD. Journal of Flood Risk Management. DOI: 10.1111/jfr3.12109

PETERS, D. (2009), System Design Strategies. 26th Edition ArcGIS Desktop Developer Guide, ESRI® Technical Reference Document. http://www.esri.com/library/whitepapers/pdfs/sysdesig.pdf (04.04.2014).

RINNER, C. (2003), Web-based Spatial Decision Support: Status and Research Directions. Journal of Geographic Information and Decision Analysis, 7 (1), 14-31.

RUMBAUGH, J., JACOBSON, I. & BOOCH, G. (1999), The Unified Modeling Language Reference Manual. Addison-Wesley, Reading, Massachusetts.

SCHANZE, J. & SAUER, A. (2011), Dokumentation des fragestellungs- und gebietsspezifischen Szenarioansatzes. REGKLAM Ergebnisbericht Produkt 2.4a (Konzept); unveröffentlicht.

SCHINKE, R., NEUBERT, M., HENNERSDORF, J., STODOLNY, U., SOMMER, T. & NAUMANN, T. (2012), Damage estimation of subterranean building constructions due to groundwater inundation – the GIS-based model approach GRUWAD. Natural Hazards and Earth System Sciences 12, 2865-2877. http://www.nat-hazards-earth-syst-sci.net/12/2865/2012/nhess-12-2865-2012.pdf (04.04.2014).

VOGEL, R. (2012), Prototypische Technologieintegration für ein WebSDSS zur Folgenabschätzung des Klimawandels und des regionalen Wandels. Vortrag, IÖR Dresden.

VOGEL, R. (2013), ZENON – Entwicklung eines WebSDSS zur Abschätzung der Folgen des Klimawandels und des regionalen Wandels. In: STROBL, J., BLASCHKE, T., GRIESEBNER, G. & ZAGEL, B. (Hrsg.), Angewandte Geoinformatik 2013. Beiträge zum 25. AGIT-Symposium Salzburg. Wichmann: Berlin, 227-232. http://gispoint.de/fileadmin/user_upload/paper_gis_open/537533082.pdf (04.04.2014).

Herausforderungen und Lösungsansätze zur Integration von Crowdsourced Geo-Informationen im Krisen- und Katastrophenmanagement

Florian ROTH[1], Hans-Jörg STARK[2] und Michel HERZOG[1]

[1] Center for Security Studies ETH, Zürich · florian.roth@sipo.gess.ethz.ch
[2] Institut Vermessung und Geoinformation FHNW, Muttenz

Zusammenfassung

Der Beitrag betrachtet die zentralen Hindernisse, die einer stärkeren Nutzung von Crowdsourcing im europäischen Krisen- und Katastrophenmanagement entgegenstehen und diskutiert mögliche Lösungsansätze. Insgesamt werden sechs zentrale Herausforderungen dargestellt, die einem proaktiven Einsatz von Crowdsourcing in der Krisenkommunikation bzw. Krisenkartographie gegenwärtig im Wege stehen. Darauf aufbauend wird die Notwendigkeit von Lösungsansätzen diskutiert, die sowohl die spezifischen Gefährdungen als auch den jeweiligen gesellschaftspolitischen Kontext berücksichtigen. Als Beispiel einer solchen kontextspezifischen Lösung wird eine Crisis Mapping-App für die Schweiz präsentiert. Abschließend werden Entwicklungsperspektiven hin zu einer besseren Integration von Social Media und Crowdsourcing in den Strukturen und Prozessen des behördlichen Krisen- und Katastrophenmanagements erörtert.

1 Einführung

In der Krisen- und Katastrophenkommunikation haben die Behörden in den letzten Jahren einen guten Teil ihres Informationsmonopols eingebüßt. Insbesondere über Social Media können die Bürger heute häufig so schnell und direkt krisenrelevante Informationen austauschen, dass die behördliche Kommunikation leicht ins Hintertreffen gerät. Per Crowdsourcing lassen sich zudem die Informationen einzelner Mediennutzer, beispielsweise zu Schäden, Fluchtwegen oder Hilfsangeboten, leicht aggregieren und für die Krisenbewältigung nutzbar machen, wie die Erfahrungen bei zahlreichen Naturkatastrophen, technischen Unfällen und sozialen Krisen der letzten Jahre gezeigt haben (MEYER 2013). Da ein Großteil der so gesammelten Informationen eine wichtige geographische Komponente beinhalten, ist das Ergebnis des Crowdsourcing häufig eine virtuelle Krisenkarte, die ebenso von den Einsatzkräften als auch von den Bürgern selbst bei der Bewältigung der Krisensituation genutzt wird. In einigen Ländern fördern und nutzen Katastrophenschutzbehörden Crowdsourcing bereits aktiv (siehe z. B. FEMA 2013). Hingegen herrscht in weiten Teilen Europas Skepsis oder Unsicherheit beim Thema Crowdsourcing im Katastrophenschutz vor. Entsprechend gibt es bislang nahezu keine Innovation in den Strukturen des behördlichen Krisen- und Katastrophenmanagements hin zur Einbindung von bottom-up generierten Informationen.

Strobl, J., Blaschke, T., Griesebner, G. & Zagel, B. (Hrsg.) (2014): Angewandte Geoinformatik 2014.
 ISBN 978-3-87907-543-0.

Vor diesem Hintergrund stellt sich die Frage, wie Krisenkarten mithilfe von Crowdsourcing schnell und zuverlässig generiert werden können. Im Folgenden werden sechs zentrale Herausforderungen vorgestellt, die einem proaktiven Einsatz von Crowdsourcing in der Krisenkommunikation bzw. Krisenkartographie gegenwärtig im Wege stehen. Darauf aufbauend wird die Notwendigkeit von Lösungsansätzen am Beispiel einer Crisis Mapping-App für die Schweiz diskutiert, die sowohl die spezifischen Gefährdungen als auch den jeweiligen gesellschaftspolitischen Kontext berücksichtigen.

2 Problemfelder

Zu fast jedem Krisen- und Katastrophenereignis der letzten Jahre gibt es Berichte, wie Betroffene, Retter und Unterstützer Social Media- und Crowdsourcing-Anwendungen nutzten, um krisenrelevante Informationen zu sammeln, zu organisieren und zu teilen (MEYER 2013). Allerdings besteht die Gefahr eines Selektionsfehlers, wenn man einseitig solche erfolgreichen Fälle betrachtet. Nachwievor bestehen zahlreiche Herausforderungen bei der Nutzung des Potenzials neuer Informations- und Kommunikationstechnologien in Krisen- und Katastrophenlagen. Insbesondere die wichtige Integration mit den bestehenden, primär staatlich organisierten Bevölkerungsschutzstrukturen bleibt gegenwärtig in den meisten Fällen ein Fernziel. Die sich dabei stellenden Herausforderungen sind auf unterschiedlichen Ebenen angesiedelt, von primär technischen Problemen bis hin zu gesellschaftlich-politischen Themen. Im Rahmen von mehreren Studien zu vergangenen Krisen- und Katastrophenereignissen im In- und Ausland (GIROUX & ROTH 2013, ROTH & GIROUX 2013, ROTH et al. 2013) sowie Workshops mit Vertretern des Bevölkerungsschutzes aus unterschiedlichen Ländern (ROTH 2012, STARK 2013, ROTH & HERZOG 2014) wurden sechs zentrale Problemfelder identifiziert, die gegenwärtig einer verstärkten Nutzung von Geo- und Crowdsourcing-Technologien im Katastrophenschutz entgegenstehen:

2.1 Technische Verfügbarkeit

Die ausreichende Verfügbarkeit technischer Systeme kann, abhängig vom Katastrophenszenario, ein bedeutendes Problem oder zumindest ein nicht zu unterschätzender Unsicherheitsfaktor bei der Anwendung von mobilen Informations- und Kommunikationstechnologien darstellen. So besitzen gegenwärtig die Mobilfunknetze in den meisten Ländern nahezu keine Redundanzen gegenüber großflächigen Stromausfällen (KWASINSKI 2013). Ein weiteres Problem ist die noch immer unvollständige Netzabdeckung in vielen ländlichen Gebieten und alpinen Zonen, die gegenüber vielen Gefährdungen besonders exponiert sind. Aber auch in urbanen Räumen reicht die Netzkapazität häufig nicht aus, um das in Katastrophenlagen stark gesteigerte Kommunikationsvolumen zu verarbeiten. Bestehende Maßnahmen zur Steigerung der Resilienz der technischen Infrastruktur, die zumeist auf dem Freiwilligkeitsprinzip basieren, wurden in der Vergangenheit von den Infrastrukturbetreiber häufig nur zögerlich umgesetzt, da sie mit zusätzlichen Kosten verbunden sind.

2.2 Gesellschaftliche Reichweite

Im Gegensatz zu Radio, Fernsehen und insbesondere Alarmsirenen besitzen die neuen Medien nur eine begrenzte Reichweite. Zwar steigt die Nutzung von Internet und Social Media stetig in den allermeisten Bevölkerungsteilen; zugleich gibt es auch in der heutigen Informationsgesellschaft weiterhin demographische und soziale Gruppen, die von diesen Entwicklungen weitestgehen ausgeschlossen sind (BFS 2014). Aufgrund dieser ungleichen Verbreitung können neue Medien lediglich komplementär zu anderen Kommunikationskanälen des Katastrophenschutzes eingesetzt werden. Ersetzen können sie diese, insbesondere in Hinblick auf Alarmierungsfunktionen, (noch) nicht. Hingegen ist die Frage der gesellschaftlichen Reichweite in der Krisenkartographie eher sekundär, da generell vergleichsweise kleine Gruppen an engagierten „Mappern“ für eine gute Informationslage in Krisensituationen ausreichend sind.

2.3 Informationsgüte

Die Frage, ob crowdsourced Informationen die notwendige Güte haben, um eine tragende Rolle im Krisen- und Katastrophenmanagement spielen zu können, ist eine der umstrittensten Themen in der Diskussion um die Nutzung von mobilen Technologien und Social Media in Krisen- und Notlagen (SILVERMAN 2014). Insbesondere die Behördenvertreter im Bevölkerungsschutz fürchten die Risiken der Manipulation bzw. Korrumpierung von kritischen Informationen. Wichtig erscheint es in diesem Zusammenhang darauf hinzuweisen, dass das Problem von Falschmeldungen auch bei anderen Kommunikationswegen (bspw. bei den telefonischen Notrufsystemen) besteht. Generell lässt sich das Problem solcher Falsch-Positive mit Verifikationsroutinen und ausreichend geschultem Personal in den meisten Fällen gut kontrollieren, wie die überwiegend positiven Erfahrungen internationaler Vorreiter-Organisationen zeigen (vgl. z. B. BRIONES 2011). Durch die aktive Nutzung unterschiedlicher Social-Media-Plattformen haben diese Organisationen es geschafft, sich ein „Sensornetzwerk Bevölkerung“ aufzubauen, das Fehlinformationen weitestgehend selbstständig korrigiert. Das viel größere Problem im Katastrophenmanagement sind zugleich die Falsch-Negative, d. h. relevante Ereignisse, die nicht entdeckt werden. Social Media können hier einen wichtigen Beitrag leisten, die Entdeckungsquote zu erhöhen.

2.4 Rechtliche Unsicherheiten

Gegenwärtig bestehen oftmals noch unterschiedliche rechtliche Probleme bzw. Unsicherheiten hinsichtlich der Anwendung von Crowdsourcing und Social Media in Krisen- und Katastrophenlagen. Aus Behördensicht stehen primär Haftungsfragen im Vordergrund, bspw. wenn Verantwortliche im Bevölkerungsschutz Entscheidungen auf der Grundlage von crowdsourced Krisenkarten treffen. Ebenso kann die Nutzung kommerzieller Dienste mit Sitz im Ausland mit rechtlichen Problemen verbunden sein, insbesondere im Zusammenhang von kritischen Notfallkommunikationsdiensten, aber auch hinsichtlich der Gewährleistung des Datenschutzes. Daneben sind aber auch lizenzrechtliche Aspekte zu klären, in etwa, wenn private Dienste oder Daten für die Generierung von Krisenkarten genutzt werden sollen.

2.5 Innovationskosten

Die häufig nicht unerheblichen Investitionskosten bei der Einführung neuer Technologien stellen für die behördliche Kommunikation eine beachtliche Innovationshürde dar. Hinzu kommt oftmals ein Mangel an ausreichend geschultem Personal. Auch wenn es sich langfristig betrachtet bei den entstehenden Kosten mit großer Sicherheit um sinnvolle Investitionen in die Verbesserung der Katastrophenbewältigungskapazitäten handelt, fehlt den Bevölkerungsschutzorganisationen häufig der finanzielle Spielraum, um solche Investitionen zu tätigen. Akzentuiert wird dieses Problem durch die in vielen Ländern stark föderalistisch ausgeprägten Strukturen im Bevölkerungsschutz, die die Entwicklung und Implementierung zentralisierter technischer Lösungsmodelle gemeinhin erschweren.

2.6 Institutionelle Anpassungsprobleme

Traditionell sind die Strukturen und Prozesse der behördlichen Krisen- und Katastrophenkommunikation auf eine Einwegkommunikation von den Experten hin zur Bevölkerung ausgerichtet. Daher gestaltet sich eine Öffnung hin zur Zweiwegekommunikation mitunter äußerst schwierig und langwierig. Damit verbunden ist das Problem, dass innerhalb der Behörden bzw. im Kreis der verantwortlichen Leitungsgremien der Notfallorganisationen strukturbedingt häufig eher eine konservative Haltung gegenüber neuen Technologien vorherrscht (ROTH & GIROUX 2013). Dies führt u. a. auch dazu, dass etablierte Organisationsprozesse nur mit relativ viel Aufwand an Absprache und Vernehmlassung geändert werden.

3 Kontextspezifische Lösungsansätze

Trotz ihrer sehr unterschiedlichen Ursachen und Wirkungen haben alle oben beschriebenen Problemfelder gemeinsam, dass sie stark kontextabhängig sind. So ist beispielsweise bei Innovationen im Bevölkerungsschutz der inneradministrative Koordinationsaufwand in föderalistisch organisierten Gesellschaftssystemen, wie sie beispielsweise im deutschsprachigen Raum vorzufinden sind, deutlich höher als in einem zentralistischen Staat wie Frankreich. Ebenso lassen sich aufgrund der ungleich strengeren Datenschutzbestimmungen viele Ansätze aus dem angelsächsischen Raum nur sehr begrenzt auf den kontinentaleuropäischen Kontext übertragen. Umso wichtiger erscheint daher die Entwicklung von Lösungsansätzen zur Anwendung von Crowdsourced Informationen im Krisen- und Katastrophenmanagement, die den jeweiligen nationalen – und falls möglich auch lokalen – Rahmenbedingungen angepasst sind.

Ein Beispiel eines solchen kontextzentrierten Lösungsansatzes stellt die Social Media Anwendung (App) „happenings" dar (vgl. Abb. 1), die vom Institut Vermessung und Geoinformation der Fachhochschule Nordwestschweiz FHNW entwickelt wurde. Mit dem technischen Entwicklungsprozess einher gingen regelmässige Konsultationen mit Vertretern unterschiedlicher Organisationen des Schweizer Bevölkerungsschutzes, gemeinsam organisiert durch die FHNW, das Center for Security Studies der ETH Zürich sowie durch das Bundesamt für Bevölkerungsschutz (BABS) und die ihm nachgeordnete Nationale Alarmzentrale der Schweiz (NAZ). Im Rahmen von mehreren Vorstudien durch das BABS und der ETH Zürich (RUCKLI 2013, ROTH et al. 2013), sowie einem eintägigen Experten-Workshop (STARK 2013, ROTH & HERZOG 2014), wurde der spezifische Schweizer Kontext beleuchtet. Hierbei wurde deutlich, dass aufgrund der dezentralen Struktur des schweizerischen Bevölkerungsschutzsystems bislang nur sehr begrenzt neue Medien zur Kommunikation zwischen den Bevölkerungsschutzbehörden auf Bundesebene und der Öffentlichkeit genutzt werden. Wichtig erscheint daher zunächst, eine Social Media Präsenz der entsprechenden Bundesbehörden bereits vor einem Ereignisfall zu etablieren (RUCKLI 2013). Zielführend erscheint insbesondere die Entwicklung einer App, welche auch im Alltag eine sinnvolle Verwendung findet, d. h. es müssen über diesen Kanal tagesaktuelle und für den Anwender relevante Informationen bereitgestellt werden. Zudem sollte die Attraktivität der App durch die Möglichkeit, dass Nutzer crowdsourced Geo-Informationen teilen können, gesteigert werden. schließlich sollten auch Möglichkeiten gesucht werden, um die neu entwickelte App im Rahmen von Bevölkerungsschutzübungen sowie in Zusammenarbeit mit universitären oder zivilgesellschaftlicher Gruppen auf ihre Praxistauglichkeit hin zu testen (ROTH et al. 2013).

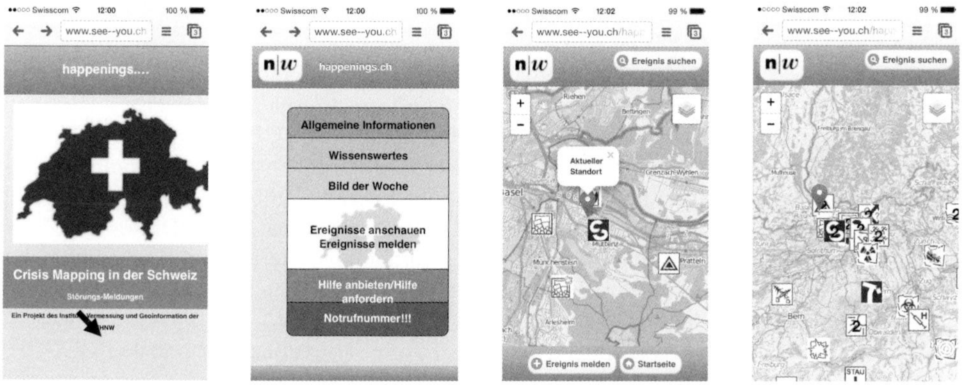

Abb. 1: App „happenings“ für die Ereigniskommunikation. Die vier Screenshots geben einen Einblick in die Nutzerführung und Funktionalität. In der Abbildung ganz rechts werden je nach Maßstab die Ereignisse gruppiert und durch einen entsprechenden Index wird darauf hingewiesen (vgl. Pfeil).

4 Fazit und Ausblick

Die Probleme, die einer stärkeren Integration von crowdsourced Geo-Informationen im Krisen- und Katastrophenmanagement entgegenstehen sind grundsätzlich global. Gleichzeitig müssen Lösungsansätze entwickelt werden, die den nationalen bzw. lokalen Rahmenbedingungen entsprechen. Sowohl Technik, Innovation, Finanzen als auch organisatorische Aspekte bilden die Schlüsselstellen für die Integration von crowdsourced Geo-Informationen im Krisen- und Katastrophenmanagement. Ein wichtiger Schritt scheint daher, die Keyplayer dieser Bereiche zu vernetzen und neue Kooperationen bei der Entwicklung von technischen Lösungen sowie bei der Schulung von Mitarbeitern zu etablieren. U. a. bieten sich Partnerschaften mit Hochschulen, Privatunternehmen oder zivilgesellschaftlichen Akteuren an, wie sie in einigen Ländern bereits heute existieren. Der Beitrag hat anhand der App „happenings“ für die Schweiz versucht zu zeigen, wie die Entwicklung von technischen Lösungen in einen engen Dialog zwischen Experten aus Bevölkerungsschutz, Krisenkommunikation, Geo-Informatik und weiteren Disziplinen eingebunden werden kann. Um das Krisen- und Katastrophenmanagement nachhaltig durch „Crowd-sourced Information“ anzureichern, erscheint es zugleich zentral, solche Dialogformen zu verstetigen, bspw. im Rahmen von interdisziplinären Szenarioübungen.

Literatur

BFS – Bundesamt für Statistik (2014), Informationsgesellschaft – Indikatoren. Haushalte und Bevölkerung – Internetzugang der Haushalte. http://www.bfs.admin.ch/bfs/portal/de/index/themen/16/04/key/approche_globale.indicator.30109.301.html (03.04.2014).

BRIONES, R., KUCH, B., LIU, B. F. & JIN, Y. (2011), Keeping up with the digital age: How the American Red Cross uses social media to build relationships. Public Relations Review, 37 (1), 37-43.

FEMA (2013), Disaster Reporter. http://www.fema.gov/disaster-reporter (15.01.2014).

GIROUX, J. & ROTH, F. (2013), Conceptualizing the Crisis Mapping Phenomenon: Insights on behavior and the coordination of agents and information in complex crisis, Risk and Resilience Report (7/2013), Center for Security Studies (CSS), ETH Zürich.

KWASINSKI, A. (2013), Effects of Hurricanes Isaac and Sandy on Data and Communications Power Infrastructure. In Telecommunications Energy Conference' Smart Power and Efficiency' (INTELEC), Proceedings of 2013 35th International, 1-6. VDE.

MEIER, P. (2013), Strengthening Humanitarian Information: The Role of Technology. In: VINCK, P. et al. (Hrsg.), World Disaster Report, International Committee of the Red Cross and Red Crescent Societies.

ROTH, F. (2012), Risikoanalyse im Bevölkerungsschutz. Trinationaler Workshop D-A-CH, Workshop-Report, Center for Security Studies (CSS), ETH Zürich.

ROTH, F., GIROUX, J. & HERZOG, M. (2013), Crisis mapping in Switzerland: A stakeholder analysis, Risk and Resilience Report (10/2013), Center for Security Studies (CSS), ETH Zürich.

ROTH, F. & GIROUX, J. (2013), Opportunities and Risks of Social Media in Disaster Management – A Swiss Perspective, Paper prepared for the TIEMS conference “Public Alerting and Social Media during Crisis and Disasters”, Berlin, 30. 10. – 01.11.2013.

ROTH, F. & HERZOG, M. (2014), Swiss Crisis Mapping, Workshop-Report, Center for Security Studies (CSS), ETH Zürich.

RUCKLI, C. (2013), Social Media Strategien für die Ereigniskommunikation des Schweizer Bevölkerungsschutzes. Nationale Alarmzentrale, Bundesamt für Bevölkerungsschutz (unveröffentlicht).

SILVERMAN, C. (Hrsg.) (2014), Verification Handbook. An Ultimate Guideline on Digital Age Sourcing for Emergency Coverage, European Journalism Centre (EJC). http://verificationhandbook.com/downloads/verification.handbook.pdf (03.04.2014).

STARK, H. J. (2013), Crisis Mapping. Geomatik Schweiz, 12/2013, 654-658.

ARGUS – luftgestütztes multisensorielles Führungsunterstützungssystem für Einsatzkräfte bei Naturkatastrophen

Thomas SCHNABEL[1], Alexander ALMER[1], Armin KÖFLER[1], Johann RAGGAM[1], Roland WACK[1] und Richard FEISCHL[2]

[1]JOANNEUM RESEARCH Forschungsges.mbH, Graz · thomas.schnabel@joanneum.at
[2]IFR, Gumpoldskirchen

Zusammenfassung

Im Rahmen des Sicherheitsforschungsprogramms KIRAS wurde ein luftgestütztes, multifunktionales Führungsunterstützungssystem entwickelt, welches einerseits das Katastrophenmanagement und andererseits das Bundesheer unterstützen kann. Dieses Paper beschreibt die dabei entwickelten Systemkomponenten sowie deren Leistungsfähigkeit mit Beispielen aus Labortests sowie realen Einsätzen.

Einleitung

Im Rahmen des integrativen österreichischen Sicherheitsforschungsprogramms KIRAS wurde auf Basis bisheriger Entwicklungen ein luftgestütztes, multifunktionales Führungsunterstützungssystem entwickelt, welches einerseits das Katastrophenmanagement bei der Bewältigung von Naturgefahren (Hochwässer, Waldbrände, etc.) und andererseits das Bundesheer bei der Einsatzvorbereitung wie auch im Assistenz- und Sicherungseinsatz unterstützen kann. Ein weiteres Einsatzgebiet ist der Bereich Umweltmonitoring, wobei durch die Integrationsmöglichkeit auf verschiedenen Flugplattformen auch internationale Einsätze effizient durchgeführt werden können. Speziell in der Anforderung nach rasch verfügbaren orthorektifizieren Daten ergaben sich hier Entwicklungsnotwendigkeiten für einen raschen und auch kostenmäßig überschaubaren Einsatz.

Aus den Ergebnissen und Erfahrungen des KIRAS-Projekts PUKIN wurde somit im Projekt AIRWATCH ein wesentlich flexibleres Gesamtkonzept entwickelt, welches sowohl die technologischen Problemstellungen als auch die erweiterten Anforderungen der Bedarfsträger und Industriepartner berücksichtigt. AIRWATCH wurde in enger Zusammenarbeit mit dem BMLVS (Bgdr Dr. F. Teichmann und Obst L. Vuray), der TU Graz (Prof. O. Koudelka) und Diamond Aircraft Industries (Chr. Eberhöfer) durchgeführt. Wesentlich war dabei eine modulare und leicht transportierbare multisensorielle Aufnahmeplattform sowie die effiziente Integration derselben in unterschiedliche Flugzeuge (Pilatus Porter PC-6 AA, DA 42 MPP und div. Cessna Modelle). Das entstandene Gesamtsystem ARGUS (Airborne Real-Time Ground Units Support) ermöglicht leistungsfähige Datenprozessierung und eine auf die Nutzeranforderungen abgestimmte Definition von unterschiedlichen Prozessierungsketten. Für den Einsatz im Bereich Katastrophenmanagement ermöglicht eine zeitoptimierte echtzeitnahe Prozessierung der Daten die Unterstützung zeitkritischer Entschei-

Strobl, J., Blaschke, T., Griesebner, G. & Zagel, B. (Hrsg.) (2014): Angewandte Geoinformatik 2014.
 ISBN 978-3-87907-543-0.

dungsprozesse. Die Managementlösung erlaubt die Koordination der Datenakquisition, die Steuerung der Prozessierungsaufgaben, die Datenarchivierung und eine entsprechende Datenverteilung in andere existierende Systeme.

Die Anforderungen, die an das System gestellt wurden, sind zusammenfassend:

- Entwicklung einer flexiblen Gesamtlösung von der Datenaufnahme über die Prozessierung bis hin zur Datenverwaltung und -distribution.
- Multisensorieller Ansatz zur flexiblen Erweiterbarkeit durch Einbindung optischer und thermischer Sensoren zur Vergrößerung der Anwendungspalette.
- Einsetzbarkeit auf unterschiedlichen Trägerplattformen.
- Georeferenzierungsgenauigkeit gemäß den Anwendungsbedürfnissen (< 1 Meter).
- Echtzeitnahe Datenprozessierung und Analyse (Generierung von radiometrisch kalibrierten Orthofotomosaiken in einem Bodensegment).
- Datenmanagement- und „Decision-Support"-Modul sowie Schnittstellen zu existierenden Systemen.

Systemkomponenten

Damit ergaben sich die wesentlichen Systemkomponenten, welche die oben angeführten Systemanforderungen erfüllen sollen, wie folgt:

- Flugsegment: Sensorset (RGB, NIR, IR und GPS/IMU) zur Aufnahme der Bilddaten sowie eine Steuer- und Kontrollanwendung für den Operator bzw. Guidance des Piloten.
- Datentransferlösung: „Line-of-Sight" (LOS) Verbindung für die echtzeitnahe Datenübermittlung an eine Bodenstation mit einer Reichweite bis zu 70 km.
- Bodenmodule: Eine Basisstation für den Empfang und für die echtzeitnahe Verarbeitung der Bilddaten sowie eine Visualisierungs- und Managementlösung.

Abb. 1: Systemkonzept

Luftsegment und Sensorik

Von Beginn der Entwicklung an stand eine einfache Handhabbarkeit im Vordergrund, wobei neben den RGB-Bilddaten auch Bilder im nahen (NIR) sowie im thermalen (IR) Infrarotbereich aufgenommen werden können. Infrarot wird speziell für die Lokalisierung von Temperaturmaxima benötigt, was besonders für den Einsatz bei Waldbrand- bzw. Hochwasserspezifischen Aufnahmesituationen wichtig ist. Das Flugsegment beinhaltet folgende Teilkomponenten:

Kameras

- Als RGB-Kamera wurde eine Prosilica GE 4900C RGB mit einer Auflösung von 4872 × 3248 Pixel (16 MP) integriert. Mit einem 50-mm-Objektiv ergibt das bei einer als Standard definierten Flughöhe von 1000 m über Grund (AGL) eine Bodenauflösung von 15cm. Dabei wird eine Streifenbreite von 720 m pro Bild aufgenommen.
- Im nahen Infrarotbereich wurde eine Prosilica GC2450 CIR mit 2448 × 2050 Pixel (5 MP) eingesetzt. Diese liefert bei gleicher Abdeckung (720m@1000m AGL) eine Auflösung von 30 cm pro Pixel.
- Für spezielle Anwendungen wie beispielsweise Waldbrände, Dammüberwachung, etc. sind Thermalkameras (IR) eine wichtige Datenquelle. Um dies zu unterstützen, wurde eine INFTRATEC VarioCAM hr 600 mit einer Auflösung von 640 × 480 Pixel (0,3 MP) integriert. Gemeinsam mit einem bewegten Spiegel wird dafür gesorgt, dass derselbe Bereich wie mit der optischen Kamera abgedeckt wird. Damit ergibt sich eine Bodenauflösung von 50 cm pro Pixel.

GPS/IMU

Die direkte echtzeitnahe Georeferenzierung wird durch hochgenaue Werte der verwendeten IMU (Inertial Measurement Unit) realisiert. Das Inertialsystem wird zur Erfassung von Rotationen um alle 3 kartesischen Achsen fest mit dem Bezugssystem der Sensorplattform verbunden. Die IMU erfasst Positions- und Lagedaten der Sensorplattform zeitgleich mit der Bildaufnahme. Da IMUs messprinzipbedingt einen Drift enthalten, der im Verlauf eines Fluges zunimmt, werden die IMU-Positionsdaten mittels GPS gestützt, um die Gesamtgenauigkeit auf Lagefehler bis zu Subdezimeter zu reduzieren. Im Projekt AIRWATCH wurden für den echtzeitnahen Anwendungsfall ein Novatel GPS (L1/L2) Empfänger sowie ein IMAR/FSAS IMU verwendet.

Bordcomputer

An Bord des Flugzeugs befinden sich weiters PCs mit den folgenden Aufgaben:

- Direkte Ansteuerung der unterschiedlichen Sensoren (Kameras, GPS, IMU), Bildauslösung mit anschließender Synchronisation zwischen Bild und Meta-Daten sowie der Bilddatenspeicherung.
- Datenkompression in Abhängigkeit der vorhandenen Datenlink-Bandbreite und anschließende Datenübertragung.

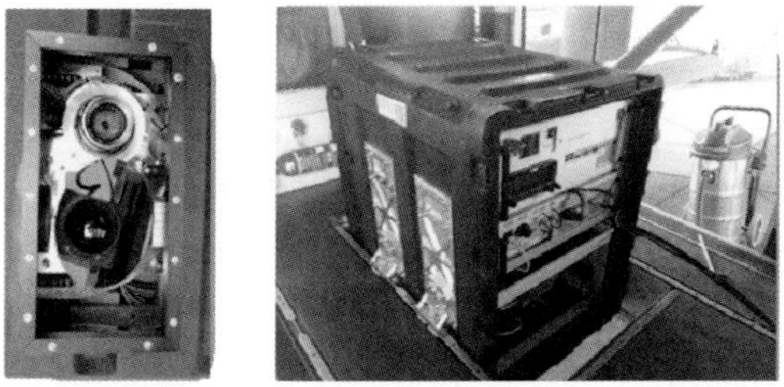

Abb. 2:
Integrierte Komponenten des Luftsegments an Bord einer Pilatus Porter PC-6

Übertragungssegment

Die Datenübertragung wurde in diesem Konzept durch eine Richtfunklösung – „Line of Sight" – realisiert, welche mit 8 MBit/Sekunde einen echtzeitnahen Datendownload ermöglicht. Mittels einer Tracking-Antenne, die dem Flugzeug automatisch nachgeführt wird, konnten so Distanzen bis zu 70 km erreicht werden. Die übermittelten Daten werden an das Bodensegment zur weiteren Verarbeitung übergeben.

Bodensegment und Datenverarbeitung

Als Grundlage für die bodengestützte Datenprozessierung dient das in der Forschungsgruppe „Fernerkundung und Geoinformation" über die letzten beiden Jahrzehnte entwickelte Softwarepaket RSG (Remote Sensing Software Package Graz). Dieses ist für die Verarbeitung von Fernerkundungsbilddaten aller Art konzipiert und deckt auch die grundlegenden Anforderungen photogrammetrischer Prozessierungslinien ab. RSG ist modular konzipiert, wodurch eine problem- und kundenspezifische Generierung und Implementierung von dedizierten Prozessierungsschienen ermöglicht wird. Gemeinsam mit einem effizienten Kontrollsystem für die Prozessierungsabläufe erlaubt es die Verarbeitung auf einem sowie auch auf verteilten Systemen. Dies ist in Hinblick auf die Realisierung einer echtzeitnahen Orthorektifizierung der aufgenommenen Einzelbilder in weniger als 10 Sekunden relevant, da mehrere Bilder gleichzeitig verarbeitet werden können. Die entwickelten Prozessierungsschienen erlauben prinzipiell die Unterstützung von unterschiedlichen Modi und Genauigkeiten. Dabei werden einerseits die echtzeitnahe „direkte Georeferenzierung", ein „Enhanced Mapping" sowie ein „Precision Mapping" unterstützt. Weiters wurden Methoden einer automatischen Mosaikierung aus einer Vielzahl von Orthobildern integriert, um einen flächendeckenden Überblick auch über ausgedehnte Geländebereiche (Flussläufe etc.) zu ermöglichen. Dies vereinfacht nachfolgende Datenverarbeitungsschritte erheblich.

Genauigkeiten der Geocodierung

Wie bereits beschrieben, spielt im Zusammenhang mit Naturgefahrenszenarien der Faktor Zeit im Vergleich zur absoluten Pixellagegenauigkeit eine umso größere Rolle, je schneller sich die Situation in räumlichen Änderungen manifestiert. Eine absolute Lageungenauigkeit von mehreren Metern ist im Rahmen einer Echtzeit-Orthorektifizierung und damit verbundenen Aufgabenstellungen durchaus akzeptabel. Bei dieser direkten Georeferenzierung werden nur die direkt erhobenen und mit den Bilddaten verknüpften GPS und IMU Daten ohne weiterführendes Postprocessing verwendet. Die folgende Tabelle zeigt die mit dem System praktisch erreichten Genauigkeiten bei verschiedenen Prozessierungsmodi. Die Genauigkeit verändert sich hierbei linear zur Änderung der Flughöhe:

Tabelle 1: Lagegenauigkeiten der Prozessierungsergebnisse

Georeferenzierung	Flughöhe über Grund (AGL)	Lagegenauigkeit
Direkte Georeferenzierung	1000 m	~ 1 m
„Enhanced Mapping"	1000 m	~0,5 m
„Precision Mapping"	1000 m	~ 0,15 m

Visualisierungs- und Managementmodul

Nach der Prozessierung der aufgenommenen Daten in der Bodenstation, stehen diese zur Visualisierung bzw. weiteren Bearbeitung zur Verfügung. Dafür wurde eine Managementoberfläche geschaffen, welche dem Operator folgende Funktionalitäten bietet:

- Kontrolle der Situation durch Visualisierung der aufgenommenen Bereiche;
- zeitlich/räumliche Suchfunktionen;
- Visualisierung der aufgenommenen Bilddaten;
- Erstellung von Mosaiken aufgenommener Bilder;
- Datendistribution an externe Systeme (z. B. Intelli (Ruatti) R.4C);
- Vergleich historischer und aktueller Bilder zur Auswertung von Veränderungen;
- Hotspot-Analysen basierend auf den aufgenommenen Thermaldaten.

Abb. 3:
Visualisierungs- und Datenmanagementmodul

Externe Schnittstellen

Weitergabe von Informationsprodukten an externe Systeme (z. B. Landes GIS Systeme, Führungsinformationssysteme des Katastrophenschutzes etc.) ist über OGC-konforme Schnittstellen möglich. So können aktuelle relevante Daten nahtlos durch Experten im Planungsstab bei Einsätzen weiter genutzt werden.

Realer Einsatz

Ein Einsatz des Systems erfolgte im Juni 2013 im Rahmen der Donau-Hochwassersituation. Die Aufnahmeplattform wurde in eine Pilatus Porter PC-6 des BMLVS integriert. Die Datenprozessierung erfolgte in der Einsatzzentrale des Landes Niederösterreich in Tulln. Nachfolgende Bilder zeigen Situationsaufnahmen (optisch und NIR) von Zwentendorf.

Abb. 4:
Optische (links) und NIR (rechts) Aufnahme (4. Juni 2013) von Zwentendorf

Schlussfolgerungen und Ausblick

Wie der Einsatz im Rahmen des Donauhochwassers 2013 gezeigt hat, lassen sich mit den ausgewählten Komponenten die Anforderungen, wie sie vom Katastrophenschutz an ein luftgestütztes Aufnahmesystem gestellt werden, zufriedenstellend erfüllen. Der Informationsgehalt der Bilddaten der verwendeten Sensorik reicht für die wichtigsten Szenarien des Katastrophenschutzes aus. Durch die modulare Konzeption und das bezüglich der Trägerplattform flexible Design, können Anpassungen in Bezug auf Qualitätsanforderungen sehr einfach durchgeführt werden. Durch die Möglichkeit, unterschiedliche Objektive für die Kamerasysteme zu verwenden, können auch szenarienspezifische Anpassungen erfolgen. Auch erlaubt es eine einfache Adaption an unterschiedliche Trägerplattformen, was vor allem im Rahmen internationaler Einsätze einen wichtigen Punkt darstellt.

Bei den im Projekt AIRWATCH durchgeführten Übungen und Demonstrationen wurde der Fokus auf Waldbrand- und Hochwasserszenarien gelegt. Hierbei konnte das Potenzial des aktuellen Aufnahmesystems bezüglich rascher Verfügbarkeit von qualitativ hochwertigem Bildmaterial demonstriert werden. Die weiteren Zielsetzungen sind, das entwickelte System in einen operativen, permanent verfügbaren Katastrophenschutzservice zu integrieren.

Literaturverzeichnis

ALMER, A. (2013), Airborne data acquisition and processing technologies for improved situational awareness. PSC Europe Forum Conference, Bucharest, Romania, 29.-30. Oktober 2013.

ALMER, H., RAGGAM, T., SCHNABEL, M., SCHARDT, R., WACK, K., GUTJAHR, M., SCHMIDT & KOUDELKA, O. (2011), Flugzeugbasierte Low-Cost-Aufnahmeplattform für den internationalen Katastrophenschutz. AGIT 2011.

ALMER, A., SCHNABEL, T., RAGGAM, T., GUTJAHR, K. & VAN DAHL, M. (2007), Rapid Information Flow within a Crisis Management System. 27th Earsel Symposium, "Geoinformation in Europe", Bolzano, June 4th – 7th, 2007.

GUTJAHR, K., HAFNER, P., OFNER, M., LÄNGAUER, K., WIESER, M. &KÜHTREIBER, N. (2010), Performance of GNSS/IMS Integration Methods in Context of a Near Real-Time Airborne Mapping Platform. EuroCOW 2010: the Calibration and Orientation Workshop, Castelldefels, February 10th – 12th, 2010, ISPRS Commission III, WG III/1.

RAGGAM, H., WACK R. & GUTJAHR, K. (2006), Assessment of the Impact of Floods using Image Data acquired from a Helicopter. 26th Earsel Symposium, "New Developments and Challenges in Remote Sensing", Warsaw, May 29th – June 1st, 2006.

RAGGAM, H., WACK, R. & GUTJAHR, K. (2007), Mapping Capability of a Low-Cost Aerial Data Acquisition Platform – First Results. ISPRS-Workshop, Commission VI, WG VI/4, "High Resolution Earth Imaging for Geospatial Information", Hannover, May 29th – June 1st, 2007.

SCHNABEL, T. (2013), Rapid Mapping – Multisensorale Bilddatenprozessierung in Krisensituationen. Innsbrucker Hofburggespräch 5. April 2013.

Quantifizierung der naturgefahrenbedingten Personenrisiken für Verkehrsnetze auf der Basis konfigurierbarer Grundlagendaten

Esther SCHÖNTHAL, Peter GSTEIGER und Serena LIENER

geo7 AG, Bern · esther.schoenthal@geo7.ch

Dieser Beitrag wurde durch das Programmkomitee als „reviewed paper" angenommen.

Zusammenfassung

Für eine großräumige Quantifizierung der naturgefahrenbedingten Risiken auf Verkehrsnetzen wurde eine umfassende Methode entwickelt. Sie dient zur Bestimmung der Personenrisiken zu wählbaren Zeitpunkten und Grundlagendaten auf verschiedenen Verkehrswegen (Bahnlinien, Straßen, Fußwege) und deren Visualisierung für beliebige Maßstäbe. Damit können beispielsweise zukünftige Risiken aufgrund von zunehmenden Verkehrszahlen berechnet werden. Diese Berechnungen ermöglichen Gesamtstrategieüberlegungen und beispielsweise Abschätzungen des zukünftigen Mittelbedarfs für Behörden und Unternehmungen.

1 Einleitung

In der Schweiz werden Analysen zur Abschätzung des Risikos ausgehend von Naturgefahren durchgeführt. Meistens werden diese Risikoanalysen eher für kleinräumige Abschätzungen von Nutzen-Kosten bei Maßnahmenplanungen eingesetzt. Ein weiteres Anwendungsgebiet stellt die Risikoübersicht dar. Diese ermöglicht eine großräumige – beispielsweise schweizweite – Risikoabschätzung. Dadurch können Strecken oder Gebiete, welche ein großes Risiko aufweisen, detektiert werden. Risikoübersichten ermöglichen zudem Gesamtstrategieüberlegungen und beispielsweise Abschätzungen des zukünftigen Mittelbedarfs für Behörden und Unternehmungen.

Im Rahmen zweier Projekte für die Nationalstraßen sowie die Schweizerischen Bundesbahnen (SBB) wurde eine Methode entwickelt, welche eine Quantifizierung der naturgefahrenbedingten Personenrisiken auf Verkehrsnetzen basierend auf konfigurierbaren Grundlagendaten ermöglicht. Eine umfassende Berücksichtigung der verschiedenen Aspekte der Verletzlichkeit von Objekten und Systemen war nicht Ziel der durchgeführten Projekte. Die entwickelte Methode beschränkt sich auf die Berücksichtigung der physischen Verletzlichkeit von Personen auf Verkehrsnetzen. Im Folgenden werden das Konzept, das Datenmanagement und die verschiedenen Verarbeitungsprozesse präsentiert.

Strobl, J., Blaschke, T., Griesebner, G. & Zagel, B. (Hrsg.) (2014): Angewandte Geoinformatik 2014.
 ISBN 978-3-87907-543-0.

2 Zielsetzung

Für ein definiertes Verkehrsnetz soll eine Übersicht über die durch Naturgefahren verursachten Personenrisiken erarbeitet werden. Diese soll auf möglichst einheitlich erstellten Grundlagen hergeleitet werden und mit aktuellen Befunden aktualisiert werden können. Dafür ist ein Datenmanagement zu entwickeln, welches Aktualisierungen und Erweiterungen der Grundlagedaten zulässt und eine Risikoberechnung basierend auf verschiedenen Kombinationen der Grundlagen ermöglicht. Als Ergebnis der Risikoanalyse wird einerseits ein Geodatensatz erwartet, welcher für die verschiedenen Grundlagenkombinationen die potenziell durch Naturgefahren tangierten Abschnitte lokalisiert. Andererseits soll für die identifizierten gefährdeten Verkehrsachsenabschnitte jeweils eine Berechnung der Personenrisiken unter Einbezug streckenbezogener Informationen zum Schadenpotenzial erfolgen.

3 Risikoanalyse

Grundsätzlich werden bei einer Risikoanalyse zwei Einheiten untersucht. Einerseits ist das Schadenpotenzial zu bestimmen (welche Objekte sind bei einem Ereignis betroffen und wie stark?) andererseits das Gefahrenpotenzial (Wie häufig und mit welcher Intensität tritt ein Gefahrenprozess auf?). Beide Einheiten werden mit verschiedenen Faktoren beschrieben. Um das Risiko pro Schadenereignis zu berechnen, werden die jeweiligen Faktoren der beiden Einheiten miteinander kombiniert (vgl. Abbildung 1).

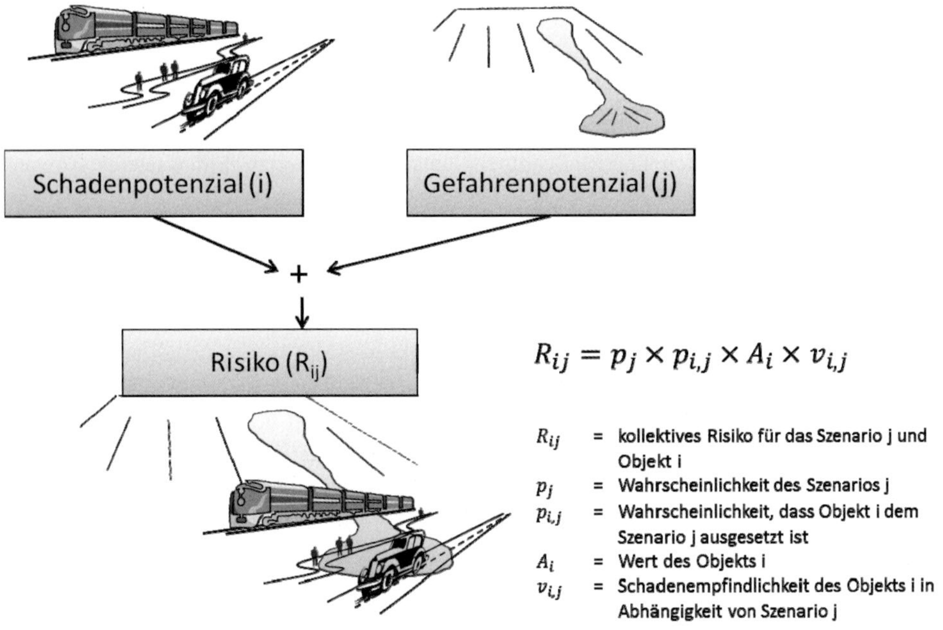

Abb. 1: Grundkonzept Risikoberechnung (eigene Darstellung nach BRÜNDL 2009)

Bei der Risikoberechnung auf Verkehrsnetzen wird grundsätzlich das Schadenbild „Direkttreffer" betrachtet. Bei der Bahn wird aufgrund der längeren Bremswege zusätzlich das Schadenbild „Anprall" berücksichtigt. Für die beiden Schadenbilder lassen sich die Faktoren der Risikoberechnung mit diversen Parametern beschreiben.

Tabelle 1 zeigt die Parameter, welche für die Berechnung von Personenrisiken (kollektives und individuelles Todesfallrisiko) auf Verkehrsnetzen gemäss dem Risikokonzept für Naturgefahren nach BRÜNDL (2009) notwendig sind.

Tabelle 1: Notwendige Parameter für die Risikoberechnung auf Verkehrsnetzen. In kursiv: zusätzlich notwendige Parameter für die Risiken auf einer Bahnlinie.

Faktoren	Notwendige Parameter
p_j	Eintretenswahrscheinlichkeit und räumliche Auftretenswahrscheinlichkeit des Prozesses.
$P_{i,j}$	Mittlere Fahrgeschwindigkeit, Frequenz Fahrzeuge, *mittlere Bahnlänge*, Länge gefährdeter Abschnitt, Sperrungswahrscheinlichkeit, *Wahrscheinlichkeit von unterbrochener Fahrleitung, Wahrscheinlichkeit für Warnung.*
A_i	Mittlerer Besetzungsgrad.
$v_{i,j}$	Letalität bei Direkttreffer in Abhängigkeit von Prozesstyp und Intensität, *Letalität bei Anprall in Abhängigkeit der Geländegegebenheiten, Geschwindigkeit, Prozesstyp und dessen Intensität.*

Um die Personenrisiken bewerten zu können, werden diese monetarisiert. Gemäß BRÜNDL (2009, 43, Teil A) wurden für die Schweiz die Grenzkosten für die Verhinderung eines Todesfalls auf 5 Millionen CHF festgelegt.

4 Umsetzung

4.1 Konzept

Um die geforderte konfigurierbare Risikoberechnung zu ermöglichen, werden zuerst in einem Basisdatenmodell sämtliche Daten und Informationen zum Gefahren- und Schadenpotenzial abgebildet. Das Basisdatenmodell kann beliebig mit weiteren und neuen Befunden ergänzt werden. Dabei wird folgender Umgang für die Datenhaltung der Gefahren- und Schadenpotenzialdaten festgelegt: Die Daten des Schadenpotenzials werden historisiert. Das bedeutet, dass eine Risikoberechnung zu beliebigen Zeitständen erfolgen kann.

Im Gegensatz dazu werden die Daten des Gefahrenpotenzials laufend aktualisiert, wobei alte Befunde deaktiviert werden. Die Risikoberechnung wird somit auf den Gefahrenpotenzialdaten mit der detailliertesten Beurteilungsstufe durchgeführt.

Für die Risikoberechnung einer bestimmten Grundlagenkombination (Situation X), werden die dafür benötigten Daten aus dem Basisdatenmodell extrahiert (vgl. Abbildung 2). Auf dem resultierenden Geoprodukt können einerseits einzelne Parameter des Datenstandes visualisiert werden, andererseits können die Personenrisiken berechnet und in einer Karte dargestellt werden.

Die gesamte Umsetzung erfolgte mittels ESRI ArcInfo und Pythonskripts. Das Basisdatenmodell wird in einer File-Geodatabase gepflegt. Die Verarbeitungsprozesse erfolgen zum grössten Teil mit linear Referencing (BRENNAN 2002, ESRI 2014).

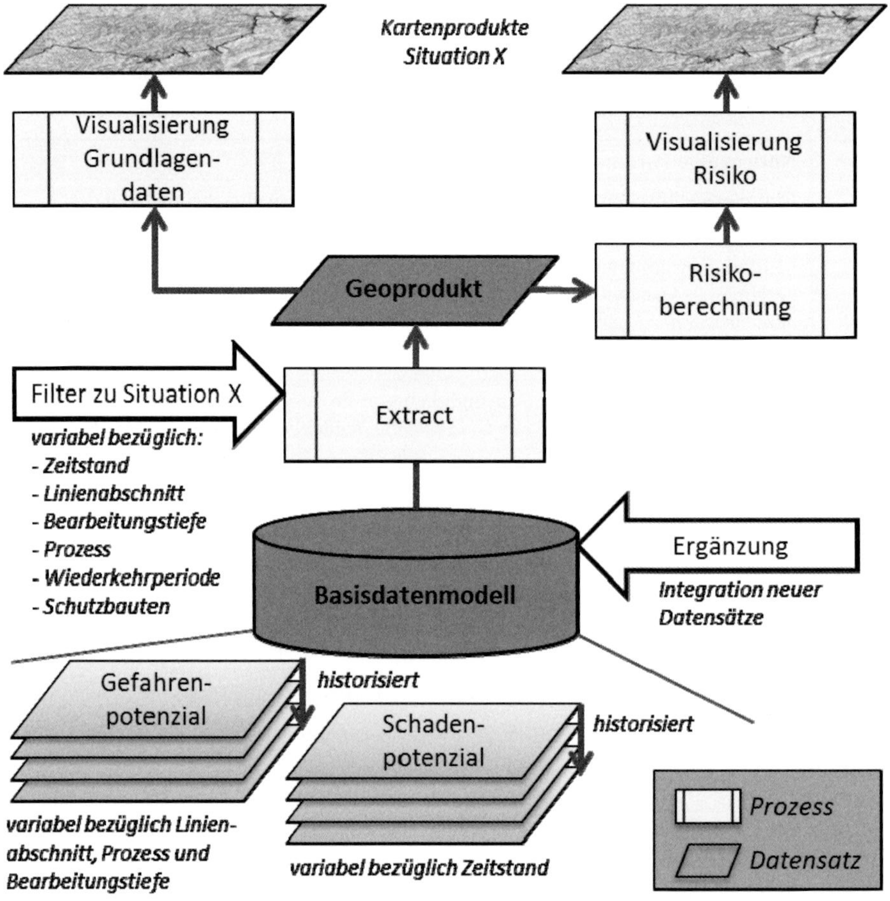

Abb. 2: Übersicht des generellen Umsetzungskonzepts und des Datenmanagements für die Quantifizierung der naturgefahrenbedingten Personenrisiken auf der Basis konfigurierbarer Grundlagendaten

4.2 Aufbau Basisdatenmodell

Zuerst wird in die erstellte File-Geodatabase das topologisch korrigierte Verkehrsnetzwerk, auf welchem die Risikoanalyse basieren soll, in eine Measured Polyline mit einer Routen-ID umgewandelt. Dieser Datensatz dient als räumliches Bezugssystem. Sämtliche weiteren streckenbezogene Datensätze werden darauf referenziert. Anschließend erfolgt die Abbildung der Daten des Schadenpotenzials sowie des Gefahrenpotenzials.

Schadenpotenzial

Für die Beschreibung des Schadenpotenzials werden sämtliche streckenbezogenen Angaben, welche für die Risikoanalyse notwendig sind, als Eventtabelle ins Basismodell überführt (vgl. Tabelle 2).

Tabelle 2: Basisdatenmodell: Übersicht Datenbestand zum Schadenpotenzial

Datenbestand	Modell
Tunnelabschnitte	pro Klasse Event Table: LinienID, von_Meter, bis_Meter
Fahrgeschwindigkeit Verkehrsmittel	Event Table: LinienID, von_Meter, bis_Meter, km/h, Startdatum, Enddatum
Frequenzen Verkehrsmittel	Event Table: LinienID, von_Meter, bis_Meter, Verkehrsmittel/Tag, Startdatum, Enddatum
Frequenzen mittlere Belegung	Event Table: LinienID, von_Meter, bis_Meter, mittlere Belegung/Tag, Startdatum, Enddatum

Um für einen wählbaren Zeitpunkt eine Risikoberechnung auf dem Verkehrsnetz durchführen zu können, bedarf es einer Historisierung der Schadenpotenzialdaten. Dazu werden die Daten im Basisdatenmodell mit zwei Zeitstempel (Start- und Enddatum) versehen. Somit können aktuell gültige Befunde und früher gültige Befunde in derselben Tabelle gehalten werden. Die beiden Zeitstempel ermöglichen eine Selektion der zu einem wählbaren Zeitpunkt gültigen Befunde und bilden somit die Basis für eine Risikoberechnung für verschiedene Zeitstände.

Gefahrenpotenzial

Weiter werden die Datensätze zum Gefahrenpotenzial erstellt. Grundsätzlich werden Daten zu folgenden gravitativen Naturgefahrenprozessen (proz) integriert:

- Fliesslawine, Anriss ausserhalb Wald;
- Steinschlag, Blockschlag, kleine Felsstürze;
- Übersarung, Überflutung steile Gerinne;
- Überflutung Talflüsse, Seen;
- Übermurung;
- Hangmuren.

Da die Gefahrengrundlagen nicht für das gesamte Verkehrsnetz bereits in unterschiedlichen Detaillierungsgraden vorliegen, werden als Grundbeurteilung die großräumigen Geodatensätze der Gefahrenhinweiskarte verwendet. Für fehlende Angaben zu Intensität und Wiederkehrperiode wurden in Absprache mit den Auftraggebern jeweils Werte festgelegt. Meist wurden eine Wiederkehrperiode von 100 Jahren und eine mittlere Intensität angenommen. Anschliessend werden die Informationen aus detaillierten Gefahrenbeurteilungsbefunden nach und nach in das Datenbasismodell integriert. Damit die Risikoberechnung jeweils auf den aktuellsten Gefahrenbeurteilungsbefunden basiert, werden für die Archivierung und Dokumentation der Gefahrenbeurteilungsdaten Tabellen mit Metadaten erstellt (vgl. Tabelle 3).

Tabelle 3: Metadaten zum Gefahrenpotenzial

Datenbestand	Tabellenstruktur
Erhebung	ID, ID_Erh, Erh_Name, Erh_Jahr, BTiefe, Bearbeitung
Auftrag	ID, ID_Erh, proz, wkp

In der Tabelle „Erhebung" werden die Informationen zu den im Datenbestand integrierten Gefahrenbeurteilungen (Erh) aufgeführt. Die entsprechende Bearbeitungstiefe wird über das Attribut „BTiefe" beschrieben (vgl. Tabelle 4). Die Tabelle „Auftrag" enthält die Details zu den einzelnen Erhebungen. Sie beschreibt, welche Prozesse zu welcher Wiederkehrperiode im Rahmen der Gefahrenbeurteilung bearbeitet worden sind.

Tabelle 4: Beurteilungsstufen Gefahrenpotenzial. Je grösser der Wert der BTiefe ist, desto detaillierter erfolgte die Gefahrenbeurteilung.

Beurteilungsstufe	BTiefe	Datengrundlagen
Gefahrenhinweiskarte	1	großräumige Modellierungen (SilvaProtect etc.)
Verifizierte Gefahrenhinweiskarte	2	gutachterliche Verifikation der Modellierungsbefunde
Intensitätskarte	3	Detailstudien Fachpersonen

Die Daten zum Gefahrenpotenzial werden durch folgende Datensätze beschrieben (vgl. Tabelle 5). Der Perimeter-Datensatz hält fest, von wo bis wo auf dem Verkehrsnetz die einzelnen Erhebungen durchgeführt worden sind. Des Weiteren werden die Wirkungsräume von vorhandenen Schutzbauten pro Prozess sowie die schadenpotenzialrelevanten Gefährdungsflächen aus den Gefahrenbeurteilungen pro Prozess und Wiederkehrperiode ins Datenmodell integriert.

Tabelle 5: Basisdatenmodell: Übersicht Datenbestand zum Gefahrenpotenzial

Datenbestand	Modell
Perimeter Gefahrenbeurteilungen	Polyline: ID, ID_Erh, LinienID
Schutzwirkung Schutzbauten pro Prozess	Polygon
Schadenpotenzialrelevante Gefährdungsflächen pro Prozess (proz) und Wiederkehrperiode (wkp)	Polygon: ID, ID_Erh, proz, wkp, int
Gefährdete Streckenabschnitte pro Prozess (proz), Wiederkehrperiode (wkp) und Intensität (int)	Polyline: ID, ID_Erh, LinienID, proz, wkp, int, Startdatum, Enddatum

Schließlich wird ein Gesamtdatensatz sämtlicher Erhebungen mit den gefährdeten Streckenabschnitten pro Prozess, Wiederkehrperiode und Intensität erstellt. Dazu werden die schadenpotenzialrelevanten Gefährdungsflächen mit dem Verkehrsnetz verschnitten. Weiter werden wiederum die beiden Zeitstempel Start- und Enddatum definiert. Wird eine neue Erhebung eingepflegt, so werden die alten Befunde abgeschaltet, indem ein Enddatum definiert wird. Die Abbildung 3 veranschaulicht, wie sich der Datensatz nach der Einpflegung eines detaillierten Befundes verändert.

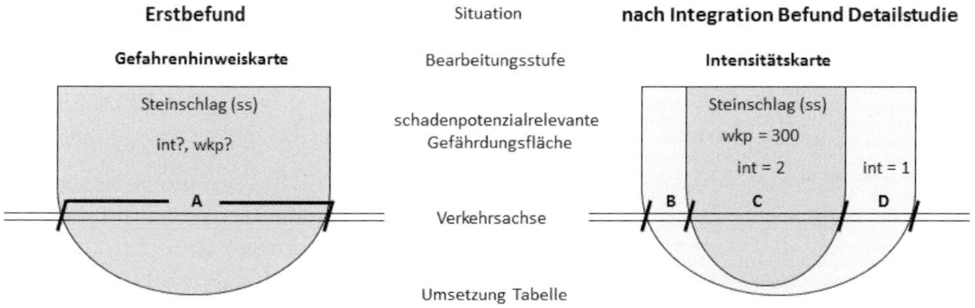

	ID_Erh	Linie	proz	wkp	int	Startdatum	Enddatum
A	1	12	ss	100	2	01.01.2000	

	ID_Erh	Linie	proz	wkp	int	Startdatum	Enddatum
A	1	12	ss	100	2	01.01.2000	01.01.2001
B	2	12	ss	300	1	01.01.2001	
C	2	12	ss	300	2	01.01.2001	
D	2	12	ss	300	1	01.01.2001	

Abb. 3: Schematische Darstellung der Gefährdungssituation auf Stufe Gefahrenhinweis- und Intensitätskarte, sowie Entwicklung der Datentabelle der gefährdeten Streckenabschnitte nach der Integration eines neuen Befundes.

4.3 Verarbeitungsprozesse

4.3.1 Extract

Beim Verarbeitungsprozess „Extract" (vgl. Abbildung 2) wird ein Geoprodukt abgeleitet, welches die gültigen Befunde zu einem wählbaren Zeitpunkt aufgrund eines vordefinierten Filters aufzeigt. Über den Filter können der Zeitstand, der Detaillierungsgrad der Gefährdungsflächen, die berücksichtigten Prozesse und Verkehrsachsen definiert werden. Weiter kann bestimmt werden, ob die Wirkungsräume der vorhandenen Schutzbauten (Verbauungen, Brücken, Galerien etc.) berücksichtigt werden sollen oder nicht. Aufgrund dieser definierten Filterkriterien wird anschließend das Geoprodukt aufgearbeitet.

Dazu werden beim Gefahrenpotenzial zuerst alle gültigen Befunde (ohne Enddatum) selektiert und auf dem Verkehrsnetz verortet, wodurch eine Eventtabelle mit den potenziell gefährdeten Verkehrsachsenabschnitten resultiert. Zugleich werden die Längen (Gesamtlänge und Länge pro Intensität) der gefährdeten Abschnitten pro Prozessquelle in der Tabelle ergänzt. Danach werden Befunde im Bereich von Tunnels bei den Prozessen Lawine, Sturz, Hangmure und Murgang gelöscht. Falls die Wirkung der Schutzbauten mitberücksichtigt werden soll, werden pro Prozess die Befunde innerhalb der Wirkungsräume der Schutzbauten gelöscht.

Beim Schadenpotenzial werden die gültigen Events zum gewählten Zeitstand nacheinander aus dem Basisdatensatz extrahiert. Anschließend werden die verschiedenen Informationen zum Schadenpotenzial und Gefahrenpotenzial in einen Datensatz kombiniert. Das resultierende Geoprodukt aus dem „Extract"-Prozess ist eine Measured Polyline Feature Class mit sämtlichen notwendigen Informationen für die nachfolgende Risikoberechnung.

4.3.2 Risikoberechnung

Die Berechnung der kollektiven und individuellen Personenrisiken erfolgt auf Basis des extrahierten Geoproduktes (vgl. Abbildung 2) und wird nach den Ansätzen von EconoMe2.2 nach BRÜNDL et al. (2008) oder EconoMe Railway1.0 nach WINKLER et al. (2011) durchgeführt. Dazu werden für die automatische Risikoberechnung die Berechnungsformeln in einem Skript nachgebildet. Aufgrund fehlender Informationen werden bei der Berechnung gewisse Aspekte vereinfacht (Stufe Gefahrenhinweiskarte: alle Prozesse: 100-jährlich und mittlere Intensität, Sperrung infolge gleichzeitiger Ereignisse etc.).

Für die Resultate der Risikoberechnung wird eine neue Polyline Feature Class erstellt, welche die Risiken pro Prozess abbildet. In einem iterativen automatisierten Prozess wird für jedes Feature des Geoproduktes das Risiko pro Gefahrenprozess errechnet und in die Ergebnis-Feature Class abgefüllt. Die Risikoberechnung wird dabei dynamisch in Abhängigkeit der prozessspezifischen Grundparameter durchgeführt. Zudem werden die Risiken über die verschiedenen Jährlichkeiten pro Prozess aggregiert.

Aufgrund der erfolgten Risikoberechnung sind verschiedene Aussagen zu den naturgefahrenbedingten Risiken auf den Verkehrsachsen möglich. Einerseits sind tabellarische Ergebnisse mit zusammengefassten Angaben zu den Risiken möglich (Wie viele Kilometer sind durch Sturzprozesse betroffen? Wie groß ist das Gesamtrisiko auf dem gesamten Streckennetz?). Andererseits können für einzelne Streckenabschnitte detaillierte Angaben gemacht werden (Dieser Abschnitt ist durch Sturzprozesse gefährdet und weist ein kollektives Risiko von X auf). Kombiniert man zwei Risikoberechnungen aufgrund verschiedener Grundlagen, so können weitere Auswertungen durchgeführt werden: Befüllt man beispielsweise den Basisdatenbestand mit prognostizierten Daten, können auch Zukunftsszenarien berechnet werden und mögliche Entwicklungen der Risiken visualisiert werden. Oder wird das Risiko einmal mit und einmal ohne Berücksichtigung der Wirkungsräume der Schutzbauten berechnet, so kann aus der Differenz der beiden Resultate der Wert der Schutzwirkung der vorhandenen Verbauungen abgeschätzt werden.

4.3.3 Visualisierung

Um die Risiken kartographisch zu präsentieren, sind die Resultate aufzubereiten. Die Risiken wurden für jedes Feature einzeln berechnet. Die Features weisen jedoch unterschiedliche Längen auf. Damit die Risikowerte untereinander vergleichbar sind, sind die Risiken in Bezug zu einer festen, beliebig wählbaren Länge zu berechnen (Risiko/ 100 m). Zudem erfolgt für eine erleichterte Interpretation der Resultate eine Monetarisierung der Risiken. Diese Umrechnung in CHF pro Jahr erfolgt mittels Multiplikation des Risikos mit den Grenzkosten pro verhinderten Todesfall (vgl. Kapitel 2). Die Abbildung 4 zeigt eine mögliche Visualisierung der Risiken entlang einer Verkehrsachse. Der Kartenausschnitt A zeigt eine mögliche Darstellung für großmaßstäbige Karten, wobei die Risikowerte klassiert werden. Für kleinmaßstäbige Übersichten (Ausschnitt B) ist es sinnvoll, die Resultate zusätzlich zu generalisieren. Beispielsweise kann das durchschnittliche Risiko pro 100 m pro

Route dargestellt werden, womit potenziell problematische Verkehrsnetzabschnitte in Bezug auf die Gefährdung von Naturgefahren gut erkennbar werden.

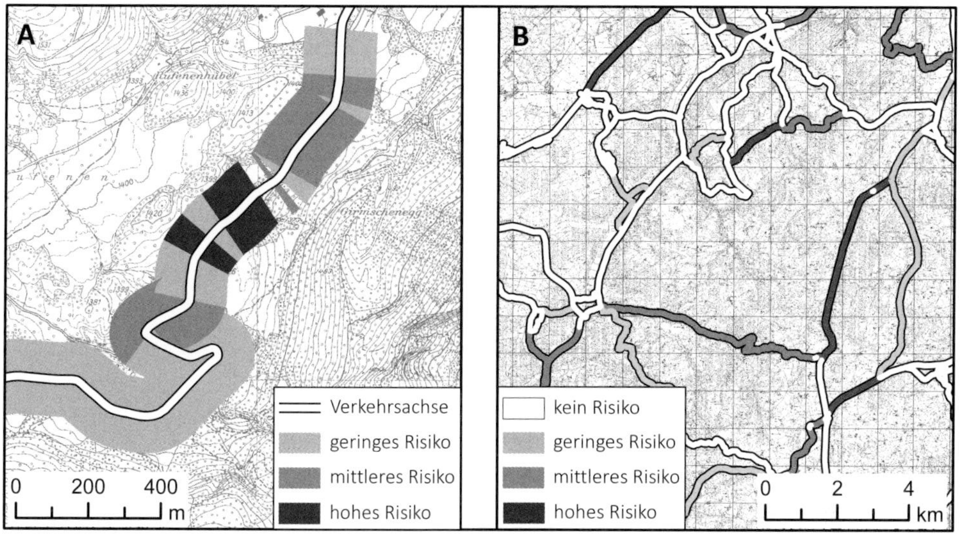

Abb. 4: Visualisierungsmöglichkeiten der Personenrisiken entlang einer Verkehrsachse. Ausschnitt A zeigt eine großmaßstäbige Karte, Abschnitt B eine kleinmaßstäbige Karte. (Quelle Hintergrundkarte: Digitaler Übersichtsplan UP5 © Amt für Geoinformation des Kantons Bern)

5 Schlussfolgerung / Ausblick

Das präsentierte Konzept lässt verschiedene Risikoberechnungen auf der Basis konfigurierbaren Grunddaten sowohl im Bereich des Schadenpotenzials also auch des Gefahrenpotenzials zu. Für wählbare Zeitstände kann eine Risikoberechnung durchgeführt und ein Überblick über die problematischen Bereiche in Bezug auf die Gefährdung durch Naturgefahren geschaffen werden. Aufgrund der flexiblen Struktur können die Grunddaten jeder Zeit mit Änderungen im Verkehrsnetz, der Schadenpotenzialdaten oder Gefahrenbeurteilungen ergänzt werden und darauf basierend eine aktualisierte Risikoberechnung erstellt werden. Somit ist es möglich, Zukunftsszenarien zu berechnen und mögliche Entwicklungen aufzuzeigen. Weiter kann die Schutzwirkung bestehender Schutzbauten quantifiziert werden. Für die langfristige Budgetplanung und die Abschätzung der Auswirkungen und Kosteneffizienz von Infrastrukturausbauten (z. B. Schutzmaßnahmen) können wertvolle Planungsgrundlagen geboten werden.

Weiter ist jederzeit eine Verfeinerung des Modells möglich. Es können neue Grundparameter integriert und somit die Risiken noch differenzierter bestimmt werden. Beispielsweise könnte die Risikoberechnung mit weiteren Schadenbildern wie „Kollision“ oder mit der Bestimmung der Sachrisiken erweitert werden. Das bedeutet auch, dass weitere Aspekte der

Verletzlichkeit (physische Verletzlichkeit der Infrastrukturobjekte oder ökonomische Einbußen) berücksichtigt werden können.

Gemäß EconoMe wurden bisher nur Risiken der statischen Situation bestimmt. Aufgrund der Verarbeitung der Daten in Bezug auf ein Routennetz ist es theoretisch möglich, den Risikobefund zu personalisieren, respektive für Objekte in Bewegung zu bestimmen (Person X fährt von A nach B). Die dafür notwendigen Anpassungen in der Risikoberechnung können mit den vorhandenen Datenstrukturen umgesetzt werden.

Trotz der vielseitigen Anwendungs-, und Optimierungsmöglichkeiten sowie der flexiblen Datenstruktur ist bei der Interpretation der Resultate zu beachten, dass diese immer nur so gut sind wie die Grundlagen.

Literatur

BRENNAN, P. (2002), Linear Referencing in ArcGIS. Esri, Redlands.

BRÜNDL, M., KRUMMENACHER, B., RHEINBERGER, C. & WINKLER, C. (2011), Formeln zur Berechnung des Risikos bei Naturgefahren. Interprävent 2008, Dornbirn.

BRÜNDL, M. (Ed.) (2009), Risikokonzept für Naturgefahren – Leitfaden. Nationale Plattform für Naturgefahren PLANAT. Bern.

ESRI (2014), ArcGIS Resource Center – ArcGIS Help Library – Professional Library – Guide books: Linear referencing. http://help.arcgis.com/en/arcgisdesktop/10.0/help/index.html#//003900000001000000.htm (29.01.2014).

SPICHTIG, S. & BRÜNDL, M. (2008), Verletzlichkeit bei gravitativen Naturgefahren – eine Situationsanalyse. Nationale Plattform für Naturgefahren PLANAT, Bern.

WINKLER, C., LAMBRIGGER, A. & BRÜNDL, M. (2011), EconoMeRailway – Risikoanalysen Naturgefahren entlang von Bahnstrecken, Methodik. BAFU/BAV/BLS/BOB/MGB/RHB/SBB/ZB, Bern.

Simulationsgestützte Missionsplanung für B-VLOS RPAS im überregionalen Katastrophenhilfeeinsatz

Fritz ZOBL[1], Robert MARSCHALLINGER[1], Thomas GRÄUPL[2],
Elias PSCHERNIG[2] und Carl-Herbert ROKITANSKY[2]

[1]Interfakultärer Fachbereich Geoinformatik – Z_GIS, Universität Salzburg
[2]Aerospace Research, Fachbereich Computerwissenschaften, Universität Salzburg

1 Hintergrund

Remotely Piloted Aircraft Systems (RPAS) stellen in einem breiten Spektrum von Bereichen ein großes Potenzial für die Entwicklung von innovativen zivilen (wissenschaftlich, kommerziell, behördlich, etc.) Anwendungen dar. Die rasante Entwicklung an potenziellen Anwendungen und eine schnell wachsende Anzahl von RPAS erfordern jedoch eine rasche und effiziente Integration in den Luftraum. Das gilt besonders für „beyond visual line of sight (B-VLOS)“ oder „class 2“ RPAS (WATTS et al. 2012). Einsatz von B-VLOS RPAS erfordern daher auch die Entwicklung von geeigneten Flugplanungstechnologien, welche die Integration von RPAS in den kontrollierten Luftraum berücksichtigen.

2 Problemstellung

Durch Naturkatastrophen verursachten Schäden können sowohl für Menschen als auch für Infrastruktureinrichtungen nachhaltige Auswirkungen haben. Ein Katastropheneinsatz umfasst alle Aktivitäten vor, während und nach einer Katstrophe, um die Auswirkungen möglichst gering zu halten (ALTAY & GREEN 2006, GALINDO & BATTA 2013). Während eines Katstrophenhilfeeinsatzes sind die beteiligten Akteure mit vielen logistischen Herausforderungen durch z. B. beschädigte Verkehrsinfrastruktur oder limitierte Kommunikation konfrontiert (COPPOLA 2011, DE LA TORRE et al. 2012).

Katastropheneinsätze sind – wegen der durch die mit den Katastrophen oft verbundenen widrigen Wetterverhältnisse bzw. der schlechten Erreichbarkeit durch Veränderungen an der Erdoberfläche – mit erhöhten Risiken verbunden. RPAS in Kombination mit diversen Sensoren bieten im Katastrophenfall daher eine gute Ergänzung für (i) die visuelle Inspektion und (ii) die geodätische Vermessung der Erdoberfläche zur Beurteilung von Veränderungen in den unterschiedlichen Phasen der Katstropheneinsätze. Grundsätzlich sind RPAS für unterschiedlichste Katastropheneinsätze wie z. B. Hochwasser, Lawinen oder Hangrutschungen geeignet. Je nach Art der Katastrophe sind unterschiedlich große Areale (m^2 bis km^2) mit flachen oder auch hochalpinen Topographien betroffen. In Zukunft könnte – entsprechende Reichweite des RPAS vorausgesetzt – ähnlich derzeitigen Rettungshubschraubern das Unmanned Aerial Vehicle (UAV) von einer Einsatzzentrale starten und zum jeweiligen Einsatzort fliegen. Dies erfordert eine flexible Flugplanung, die auch den Einsatz über direkten unbehinderten Sichtkontakt hinaus unterstützt und die Integration des RPAS in den kontrollierten Luftraum über dem Katastrophengebiet berücksichtigt.

Strobl, J., Blaschke, T., Griesebner, G. & Zagel, B. (Hrsg.) (2014): Angewandte Geoinformatik 2014.
 ISBN 978-3-87907-543-0.

3 Fallbeispiel

Der entwickelte überregionale Flugplanungsansatz mit Simulation einer B-VLOS RPAS Mission unter Berücksichtigung der Integration in den kontrollierten Luftraum wird am Beispiel eines inneralpinen Hangrutschungskatastropheneinsatzes demonstriert.

Die Erfolgskriterien für einen solchen Einsatz sind dabei durch vor allem durch die steiles Gelände mit engen Tälern komplex und erfordern die Berücksichtigung etlicher Aspekte. Ein wesentlicher Aspekt dabei ist die Bereitstellung bedarfsangepasster aktueller Lagebilder für die jeweiligen Entscheidungsträger. Dazu muss die aktuelle Situation ortsspezifisch einerseits punktuell aber auch flächig erfasst werden. Dies erfordert eine zweckmäßige und effiziente Aufgabenzuordnung für die unterschiedlichen RPAS-Aufklärungssysteme bzw. auch eine entsprechende Flugführung zur Separierung des RPAS-Flugbetriebs vom restlichen Flugverkehr, um das höchst mögliche Maß an Flugsicherheit zu gewährleisten. Sämtliche flugsicherheitsspezifischen bzw. flugtechnischen Kriterien müssen daher schon bei der Planung von RPAS-Missionen mit einbezogen werden.

Der angestrebte Einsatz von unterschiedlichen RPAS-Aufklärungssystemen im Katastropheneinsatz sieht auch den Einsatz von weitreichenden „beyond visual line of sight“ Systemen vor. Der Einsatz von weitreichenden RPAS ist hier vor allem zur Überwachung von Hangrutschungen bzw. Felsstürzen unter „Live“-Datenübertragung zu den für die Leitung der Einsätze verantwortlichen Warnzentralen vorgesehen. Neben der „Live“-Datenübertragung zur visuellen Inspektion soll der Einsatz von Senkrechtbildaufklärung zur Dokumentation des Schadensverlaufes bzw. des aktuellen Lagebildes unter regelmäßiger Weitergabe der ausgewerteten Luftbilder bzw. erfassten Geländedaten an die jeweiligen Bedarfsträger erfolgen. Für einen effizienten RPAS-Einsatz sind daher unterschiedliche und individuell abgestimmte Flugplanungen notwendig.

4 Multi-scale RPAS-Missionsplanung

Der in diesem Beitrag vorgestellte Ansatz ermöglicht die Integration von ortsspezifischen (Gelände-)informationen mit entsprechend der Aufgabe angepassten Genauigkeitsstufen sowie die Berücksichtigung des kontrollierten Luftraums über dem betroffenen Katstrophengebiet für den Prozess der Missionsplanung. Eine B-VLOS-RPAS-Mission wird daher in einem iterativen, mehrstufigen Prozess erstellt. Der erste Schritt ist die Definition von „areas of interest“. Grundsätzlich können dazu Daten unterschiedlicher Auflösung berücksichtigt werden. Für eine schnelle Planung im Katstrophenfall werden zuerst überregional verfügbare Daten (digitales Geländemodell, Luftbilder, Karten, etc.) verwendet. Bei Verfügbarkeit können auch hochgenaue ortsspezifische Daten mit eingebunden werden.

Im nächsten Schritt werden mit einem eigens entwickelten Algorithmus kollisionsfreie RPAS-Flugrouten unter Berücksichtigung der Geländesituation erstellt (Abbildung 1a). Dieser Algorithmus basiert auf einer graphentheoretischen Darstellung der Höhenmodelle und einer Variante des A* Algorithmus zur Wegfindung. Diese Flugroute wird in einen Flugverkehrssimulator eingespeist und entsprechend der Parameter des RPAS-Systems (Flugleistung, etc.) und des umgebenden Luftraums adaptiert (Luftstraßen und Navigationspunkte, Abbildung 1b). Anschließend werden die simulierten Missionen in Kombination mit thematischer Information dreidimensional visualisiert (Abbildung 1c und 1d) und validiert.

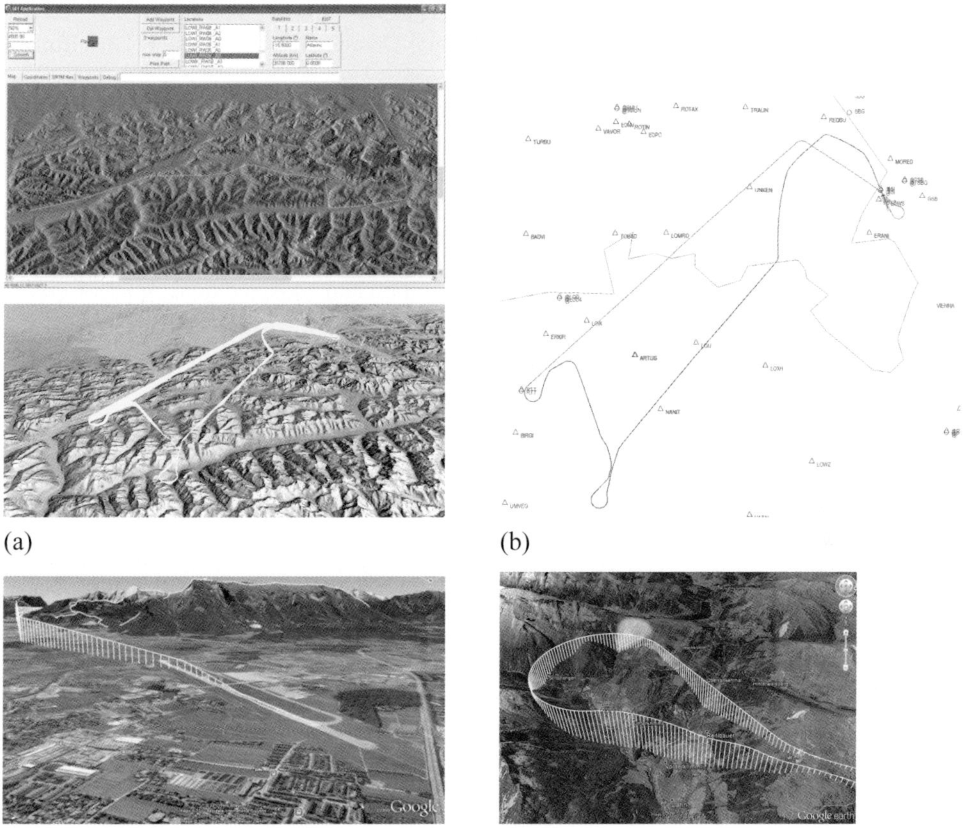

(a) (b) (c) (d)

Abb. 1: Multi-scale Streckenplanung unter Berücksichtigung (a) eines DGM (generierter Flugpfad: gelb) und (b) der Luftraumstruktur; Visulisierung der simulierten Mission (c) mit Start am Flughafen Salzburg und (d) simulierter Flugpfad (gelb) im Katastrophengebiet. Bilder: Google Earth 2014.

Die in diesem Beitrag diskutierten Ansätze werden in einer Computersimulation umgesetzt. Der Beitrag stellt erste Ergebnisse vor und diskutierte weitere Forschungsziele anhand der „lessons-learnt“. In einer zukünftigen Weiterentwicklung des Ansatzes soll diese Missionsroute dann in hochgenaue aerodynamische RPAS-Modelle und später in reale RPAS-Systeme eingespeist werden.

Literatur

ALTAY, N. & GREEN, W. G. (2006), OR/MS research in disaster operations management. European Journal of Operational Research, 175 (1), 475-493.

COPPOLA, D. P. (2011), Introduction to International Disaster Management. 2nd Ed. Butterworth-Heinemann, 696 S.

DE LA TORRE, L. E., DOLINSKAYA, I. S. & SMILOWITZ, K. R. (2012), Disaster relief routing: Integrating research and practice. Socio-Economic Planning Sciences, 46, 88-97.

GALINDO, G. & BATTA, R. (2013), Review of recent developments in OR/MS research in disaster operations management. European Journal of Operational Research, 230 (2), 201-211.

WATTS, A. C., AMBROSIA, V. G. & HINKLEY, E. A. (2012), Unmanned aircraft systems in remote sensing and scientific research: Classification and considerations of use. Remote Sensing, 4.6, 2012, 1671-1692.

Mobilität und Verkehr

Optimierte Wegefindung für Fußgänger basierend auf vorhandenen OpenStreetMap-Daten

Clemens BAUER, Alexander ALMER, Stefan LADSTÄTTER und Patrick M. LULEY
JOANNEUM RESEARCH Forschungsges.mbH, Graz · clemensb@aon.at

Zusammenfassung

Die auf mobilen Geräten angebotenen Applikationen zur Navigationsunterstützung werden vielfach genutzt und erfreuen sich einer hohen Beliebtheit. Mittlerweile verwenden auch Fußgänger für eine schnelle und einfache Wegfindung das Smartphone als Hilfsmittel. Jedoch nur in den seltensten Fällen sind diese Routen an die Bedürfnisse von Fußgängern angepasst, da die zugrunde liegenden Routingalgorithmen und das Kartenmaterial von der Fahrzeugnavigation übernommen wurden. Fußgänger neigen meist dazu, Strecken individuell abzukürzen, eine Möglichkeit, die bei der Benützung von Fahrzeugen aufgrund der Gebundenheit an Straßenverläufe nicht möglich wäre. Insbesondere der hohe Freiheitsgrad in der Bewegung wird derzeit nicht berücksichtigt. Die Durchquerung von Fußgängerzonen ist in vielen Fällen direkt, und ohne Umwege möglich. Bei Standardnavigationsprogrammen ist es meist auch nicht möglich einen selbstbestimmten Start- und Endpunkt koordinatengenau zu wählen, da der nächste im Routinggraph befindliche Punkt als Start- oder Endpunkt verwendet wird. Somit ist eine punktgenaue benutzerdefinierte Auswahl nicht gewährleistet und verlängert auch aus diesem Aspekt die Wegstrecke. In dieser Arbeit wird eine Methode vorgestellt, die es ermöglicht Routenberechnungen für Fußgängerstrecken unter Berücksichtigung dieser speziellen Anforderungen durchzuführen. In weiterer Folge kann die errechnete Fußgängerroute für jede Person individuell angepasst werden. Dies erfolgt über verschiedenste erstellte Profile.

1 Einleitung

Smartphones sind in der heutigen Zeit ein ständiger Wegbegleiter in der modernen Welt geworden. Mobile Anwendungen auf diesen Geräten helfen uns leichter durch den Alltag zu kommen. Routing Apps zur Wegefindung mit verschiedenen Verkehrsmitteln erfreuen sich hoher Beliebtheit. Navigationsanwendungen wurden nach und nach intermodular mit weiteren Fortbewegungsarten erweitert. War zuerst die Fahrzeugnavigation vorherrschend, setzt sich neben der Integration des öffentlichen Verkehrs auch Fahrrad- und Fußgängernavigation mittels mobilen Endgeräten immer mehr durch. Die Vorteile dieser Navigation im Außenbereich liegen auf der Hand. Zum einen kann man sich schneller orientieren und dadurch schneller sein Ziel finden. Zum anderen können die Routen, durch die Nutzung von Umbegungsinformationen zur vorhandenen Infrastruktur aus offenen Datenbanken, individuell an die Bedürfnisse von NutzerInnen angepasst werden. Viele dieser vorhandenen Online-Informationen können einfach verarbeitet werden und auch im Routingprozess eingesetzt werden. Mithilfe dieser Informationen kann die Wegeführung benutzerdefiniert

Strobl, J., Blaschke, T., Griesebner, G. & Zagel, B. (Hrsg.) (2014): Angewandte Geoinformatik 2014.
 ISBN 978-3-87907-543-0.

gestaltet werden, um den Benutzer nur durch von ihm/ihr bevorzugte Gegenden und Zonen zu führen. Die Entwicklungen wurden im Rahmen des vom Land Steiermark geförderten Projektes NeoAttrakt durchgeführt.

1.1 Ausgangssituation

Die heutige Fußgängernavigation basiert Großteils auf der Fahrzeugnavigation und bildet keineswegs den Freiheitsgrad der Fußgänger ab. Fahrzeuge müssen, so navigiert werden, dass sie sich an die Verkehrsregeln halten. Ein triviales Beispiel ist, dass Fahrzeuge Einbahnen nur in eine Richtung befahren dürfen, während Fußgänger diese in beide Richtungen ohne Einschränkungen benutzen können. Fußgänger können überall, wo es ihnen erlaubt ist, ohne Einschränkungen hingehen. Diese Freiheit wird aber in Routingapplikation für Fußgänger kaum bis gar nicht berücksichtigt. Es gibt aber auch noch andere Faktoren, die bei der Fußgängernavigation kaum berücksichtigt werden. So besteht bei mobilen Fußgänger Apps kaum die Möglichkeit die Route individuell zu berechnen. Mit Ausnahme von wenigen Apps (NARZT et al. 2013), bekommen Personen mit eingeschränkter Mobilität die gleiche Route vorgeschlagen, wie Personen die keine Einschränkung in dieser Hinsicht haben. Hier gibt es allerdings einiges zu berücksichtigen, um eine angenehme und auch sichere Route vorschlagen zu können. Außerdem will man als Fußgänger seine Route auch punkt- und zielgenau planen können. Der Benutzer will von einem selbst gewählten oder vom derzeitigen Standort zu exakten Zielkoordinaten geführt werden. Dazu dürfen diese eingegebenen Start bzw. Zielkoordinaten nichteinfach auf den nächstgelegenen Knotenpunkt des Routinggraphen gemappt werden, wie dies in vielen Apps der Fall ist. Ohne Optimierung kann es vorkommen, dass ein Umweg entsteht, da der nächste Routingpunkt weiter weg liegt als die gewünschten Koordinaten. Die hier vorgestellte Routinglösung kann durch Optimierungsalgorithmen den Routinggraph zur Laufzeit intelligent erweitern um eine individuell geplante Route über das im Routinggraph abgebildete Netzwerk hinaus berechnen zu können. Dabei werden die vorgebrachten Aspekte vollständig berücksichtigt.

Das immer wichtiger werdende Thema Sicherheit (Kriminalität und Überfälle) bei der Wegefindung kann in diesem System ebenfalls Einfluss auf die Routenfindung nehmen. Zum einen können dadurch belebte Regionen mit hoher Personenfrequenz und geöffneten Geschäften sowie gut beleuchtete Gegenden eher bevorzugt werden, als wenig belebte und unzureichend beleuchtete Plätze, Wege oder Park. (BRUGGER et al. 2004). Der entwickelte Prototyp berücksichtigt auch diese Aspekte, sofern die notwendigen Daten zu Öffnungszeiten und Beleuchtungsinstallationen zur Verfügung stehen.

1.2 Komponenten

Die Datenbank von OpenStreetMap (OSM) hat viele zusätzliche Informationen zu Gebäuden und Gegenden gespeichert. Diese Informationen können dazu verwendet werden, um den mit dem Routingalgorithmus berechneten Weg zu optimieren. Um diese Daten für das Routing verwenden zu können, müssen sie dementsprechend aufbereitet werden. Im Folgenden werden die dafür verwendeten Komponenten beschrieben:

- Android OS – der Algorithmus zur Optimierung von Fußwegen wurde für mobile Android basierte Geräte entwickelt.

- OSM-Kartenmaterial – das verwendete Kartenmaterial und die zusätzlichen Information sind aus der OSM-Datenbank entnommen.
- OSM2po (MOELLER 2013) konvertierte OSM-Daten – die OSM-Rohdaten müssen mithilfe von OSM2po in einen Routinggraphen konvertiert werden, da der Routingalgorithmus nur mithilfe eines Routinggraphen Wege finden kann.
- OSMgPAP – um kürzere Wege durch Fußgängerzonen und Plätze errechnen zu können, ist es notwendig die Polygone mit den Attributen „area=yes“ und „highway=pedestrian“ herauszufiltern. Das entwickelte Tool OSMgPAP(OSM get Pedestrian Area Polygons) liefert alle notwendigen Knoten, die zur Erstellung der Hülle des Polygons benötigt werden.
- PostgresSQL mit PostGIS-Erweiterung – alle extrahierten Daten von OSM2po und OSMgPAP werden in einer PostgresSQL-Datenbank mit der Erweiterung für geographische Daten (PostGIS) gespeichert.

2 Algorithmus zur Wegefindung in Fußgänger Polygonen

Der Algorithmus zur Optimierung von Fußgängerrouten über Plätze und durch Fußgängerzonen benötigt als Ausgangsdaten die Koordinaten der herkömmlich errechneten Route, die von einem Routingalgorithmus geliefert werden. In weiterer Folge wird für jeden gefundenen Koordinatenpunkt mithilfe eines Raycasting-Algorithmus (KUSHNARENKO 2013) festgestellt, ob dieser in einem Polygon liegt oder nicht. Dieser kann feststellen, ob ein Punkt in einem Polygon oder auf dessen Hülle liegt. In den meisten Fällen liegt der Punkt aufgrund des Routingergebnisses auf der Hülle des Polygons. Diesen Punkten wird dann die entsprechende PolygonID zugeordnet. Wenn ein Punkt in keinem Polygon liegt, so wird ihm die PolygonID `-1` zugewiesen. Da Punkte auf der Hülle von mehreren Polygonen liegen, können und jedem Punkt die PolygonID von allen gefundenen Polygonen zugewiesen wird, kann es passieren, dass mehr als zwei PolygonIDs einem Punkt zugewiesen werden. Dies kann zu einem Problem bei der Auswertung führen. Aus diesem Grund wird mit einem Voroptimierungsalgorithmus die Anzahl der zugewiesenen PolygonIDs auf höchstens zwei reduziert. Zwei PolygonID-Einträge bedeuten, dass die Route aus einem Polygon kommt und in das nächste weitergeführt wird (vgl. Abb. 1(a)). Ein PolygonID-Eintrag bedeutet, dass sich die Route nur in diesem Polygon befindet.

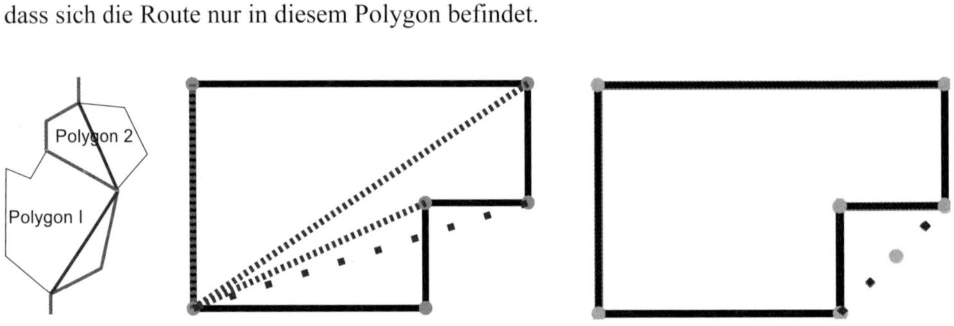

(a) (b) (c)

Abb. 1: Darstellung von Wegen in Polygonen: (a) optimierte und nicht optimierte Routen, (b) erlaubte und nicht erlaubte Wege, (c) nicht erlaubter Weg außerhalb des Polygons

Die Optimierung erfolgt so, dass die Liste aller Routingpunkte mit dem Ersten beginnend, solange durchsucht wird, bis die nächste Koordinate mit der gleichen PolygonID gefunden wurde. Dieser Vorgang wird solange durchlaufen, bis der letzte Punkt in diesem Polygon gefunden wurde. Danach generiert der Algorithmus eine Testlinie mit dem ersten und letzten gefunden Punkt in diesem Polygon. Anschließend wird geprüft, ob diese Linie das Polygon schneidet oder ob es außerhalb des Polygons liegt (vgl. Abb. 1(c)). Alle möglichen und nicht möglichen Verbindungen werden in Abbildung 1 (b) dargestellt. Liegt ein Fall von nicht erlaubten Verbindungen vor, dann wird der kürzeste Weg durch das betreffende Polygon mit den gegebenen Start- und Endpunkten mit dem Dijkstra Algorithmus berechnet. Dazu werden vorher alle möglichen Verbindungen im Polygon ermittelt und gespeichert. Die bekannten Punkte zwischen diesem Start- und Endpunkt werden dann gelöscht und durch die eben gefundenen Koordinaten ersetzt. Wenn der Weg zwischen den zwei Punkten bereits der kürzeste Weg im Polygon ist und es sich um keine verbotene Verbindung handelt, dann werden die Punkte zwischen den Koordinaten gelöscht.

Bevor die Route angezeigt wird, wird der benutzerdefinierte Start- und Endpunkt durch einen eigenen Algorithmus integriert. In einem ersten Schritt wird geprüft, ob ein Punkt in der Koordinatenliste näher ist, als der erste Eintrag. Sollte ein Punkt näher sein, so werden die anderen einfach aus der Liste entfernt. In einem weiteren Schritt wird die Distanz zwischen dem selbstdefinierten Punkt und den nächsten zwei Koordinateneinträgen berechnet. Durch die Verwendung von UTM (Universal Transverse Mercator)-Koordinaten wird ein genaueres Ergebnis erzielt, als mit WGS84 (Word Geodetic System)-Koordinaten. Je nachdem, ob eine kürzere Distanz möglich ist, wird ein Punkt in der Koordinatenliste entfernt oder nicht. Ein Vergleich ist in Abb. 2(a) und Abb. 2(b) dargestellt. Ein weiteres Problem, das auftreten kann, ist, dass die gefundene Wegstrecke Gebäude schneidet. Dies kann durch die Entfernung von zu vielen Koordinaten vorkommen. Durch die Berechnung der Richtung von zwei Linien kann man feststellen, ob eine Koordinate in diesem Bereich entfernt werden darf oder nicht. Dazu wird von der benutzerdefinierten Koordinate zum ersten Eintrag in der Koordinatenliste sowie von dieser zum nächsten Eintrag die Richtung berechnet. Sollte die Differenz der beiden Winkel größer als 67° sein, dann wird davon ausgegangen, dass man sich an einer Kreuzung befindet und auf keinen Fall Koordinaten entfernen darf, sonst kann man die Koordinaten problemlos entfernen (vgl. Abb. 2 (c)).

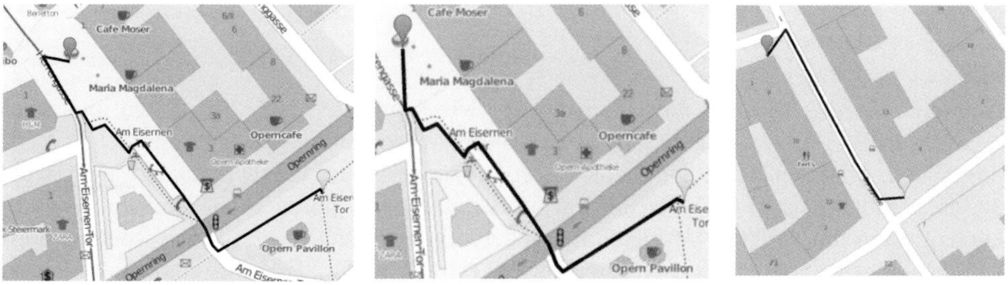

(a) (b) (c)

Abb. 2: Vergleich der Integration von Start- und Endpunkten. Bild (a) zeigt die normal Route. Bild (b) zeigt eine optimierte Variante. Bild (c) zeigt die Integration an Kreuzungen.

3 Berücksichtigung der benutzerspezifischen Anforderungen

Die benutzerspezifischen Anforderungen können in den Einstellungen von osm2po (MOELLER 2013) anfänglich geändert werden. Zusätzlich kann man beim Laden des Routinggraphen die Gewichte der Kanten noch so verändern, dass bestimmte Kanten eine höhere bzw. niedrigere Gewichtung erhalten. Dies erfolgt je nach Präferenz des Benutzers bzw. nach dem gewählten Routingprofil. Mithilfe dieser Konfiguration kann man verschiedene Routinggraphen erstellen. Die Graphen berücksichtigen dann beispielsweise Fußgängerwege oder Stiegen stärker als normale Straßen und eventuell vorhandene Aufstiegshilfen.

Eine wichtige benutzerdefinierte Anforderung stellt die Möglichkeit dar, seinen Start- und Endpunkt koordinatengenau zu wählen. Da das Routing mit einem Routingalgorithmus immer Knoten benötigt (RÖGLIN et al. 2011), sucht der Algorithmus nach dem nächsten Knoten und startet die Berechnung des Weges. Am Ende werden die Verbindungen vom letzten Routingknoten zum selbst gewählten Punkt optimiert. In dieser Hinsicht wurde ein Algorithmus entwickelt, welcher die Verbindung aufgrund von Distanzen und Winkel optimiert, ohne dabei Gebäude zu schneiden und dadurch angezeigte Umwege großteils vermeidet. Bei Kreuzungen wird ebenfalls versucht, eine optimierte Wegstrecke zu errechnen. Dies ist allerdings in Ausnahmen nicht erfolgreich, da das Verfahren auf Winkelberechnungen basiert.

Das Thema subjektive Sicherheitswahrnehmung ist eine benutzerdefinierte Eigenschaft, die auch die Wegefindung beeinflussen kann. In verschiedenen Untersuchungen (HÄBERLIN et al. 2008) wurde festgestellt, dass sich Personen sicherer und wohler fühlen, wenn sie Bereiche durchqueren die auch in der Dämmerung und den Nachstunden noch ausreichend beleuchtet sind. Außerdem fühlen sich die befragten Personen in belebten Straßen und Fußgängerzonen mit längeren Öffnungszeiten sicherer (BRUGGER et al. 2004). Diese Eigenschaften können im Wegefindungskonzept verwendet werden. Während des Ladevorgangs des Routinggraphen wird geprüft, ob Knoten in einem Bereich liegt, welchen BenutzerInnen meiden möchte. Ist dies der Fall, so wird der Knoten nicht in den Routinggraphen aufgenommen und kann somit auch nicht Teil einer berechneten Route sein. Natürlich kann dies einen Umweg zu Gunsten der Sicherheit für BenutzerInnen bedeuten.

4 Ergebnis

Abbildung 3 zeigt deutlich die Unterschiede zwischen einer nicht optimierten und einer optimierten Wegstrecke auf. Die nicht optimierte Wegstrecke eines herkömmlichen Routingsystems bildet eine Route ab, welche ein Fußgänger in der Praxis niemals wählen würde, da sich die meisten eingezeichneten Streckenabschnitte durch einen direkten Weg abkürzen lassen. Im direkten Vergleich mit anderen kommerziellen und freien Routingapplikationen könnte nur ein anderes Routingservice (vgl. BERGER 2014) eine ähnlich optimierte Wegstrecke aufzeigen. Im Weiteren zeigen beide Abbildungen eine gute Integration der selbst gewählten Start- und Zielpunkte. In Abbildung 4 wird ein Vergleich mit Openrouteservice.org dargestellt. Dieser zeigt, dass die Wegstrecke keine Optimierung für Fußgänger durchrührt. Der hier vorgestellte Algorithmus findet hingegen eine für Fußgänger optimierte und angepasste Wegstrecke, die auch annähernd der tatsächlich in der Praxis von Fußgängern in einer Fußgängerzone gewählten Strecke entspricht.

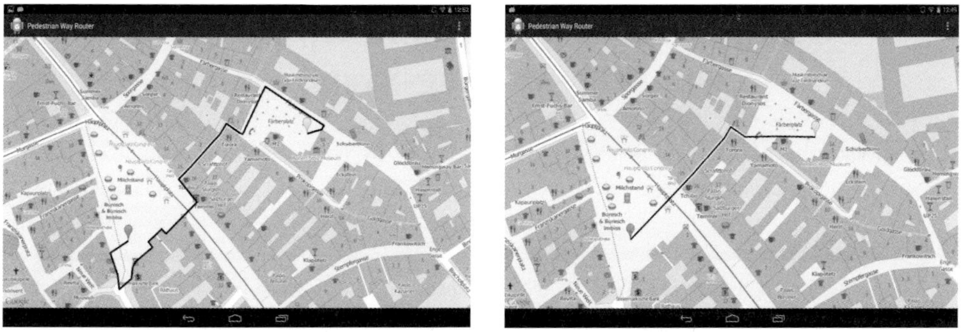

Abb. 3: Die Abbildung zeigt die Gegenüberstellung von einer normal berechneten Route (links) und eine für Fußgänger optimierte Route (rechts)

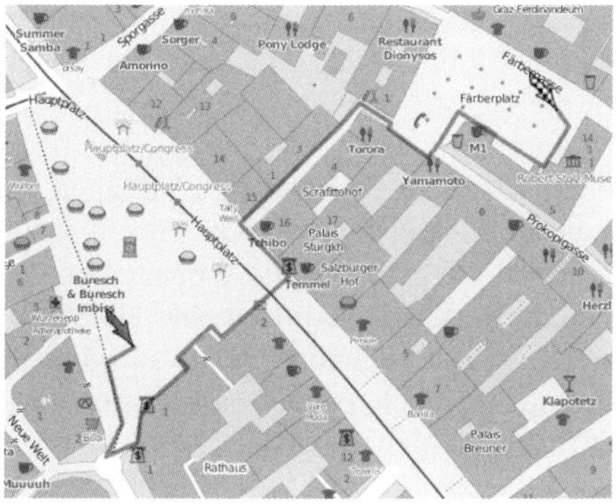

Abb. 4:
Die geplante Route ist von OpenRouteService.org

Literaturverzeichnis

BERGER, M. (2014), Routing mit OpenStreetMap. http://geo.dianacht.de/topo/?track=salzburgflaechen, (17.03.2014).

BRUGGER, S., WAHL, M., HEIL, S., HALLAUER, P. & SCHIESSER, C. (2004), Bedeutungen des Bahnhofs Bern aus der Sicht der Benutzer und Benutzerinnen, Universität Bern, Geographisches Institut.

HÄBERLIN, D. U. (2008), (UN-)Sicherheit und Urbanität. MA 18, Stadtentwicklung und Stadtplanung.

KUSHNARENKO, R. (2013), Polygon contains point. https://github.com/sromku/polygon-contains-point (12.12.2013).

MOELLER, C. (2013), Osm2po, Routing on OpenStreetMap. http://osm2po.de/ (14.11.2013).

NARZT, W. & WASSERBURGER, W. W. (2013), VIATOR – A Mobile Travel Companion for DISABLED PERSONS. IN: PROC. REAL CORP 2013, 1411-1416.

RÖGLIN, P. D. H. (2011), AI Algorithm und Berechnungskomplexität I. 9-20.

GIS-gestützte Analyse und Optimierung von Bike-Sharing-Systemen

Matthias BENEDEK, Carolin VON GROOTE-BIDLINGMAIER und Sabine TIMPF
Geoinformatics Group, Universität Augsburg · matthias.felix.benedek@student.uni-augsburg.de

Dieser Beitrag wurde durch das Programmkomitee als „reviewed paper" angenommen.

Zusammenfassung

Bike-Sharing-Systeme (BSS) erweitern in vielen Städten das Mobilitätsangebot. Neben der Frage nach der optimalen Standortwahl für die Stationen gilt es, den Transport der Räder zwischen diesen zu gewährleisten. Dieser ist durch die tageszeitlichen Nachfrageschwankungen, variierende Ausleihzeiten und Einwegnutzungen notwendig, da dem Nutzer trotz allem immer freie Räder zur Verfügung stehen sollen. Dazu ist eine ständige Verlagerung der Räder notwendig, wobei die Kosten dafür minimiert werden müssen. Aus diesem Grund werden Methoden für eine Optimierung erarbeitet und getestet. Diese beinhalten die Positionierung der BSS und die Logistik bezüglich der Verfügbarkeit. Um eine Unterversorgung oder falsche Positionierung zu ermitteln, werden die zugehörigen Einzugsgebiete herangezogen. Anschließend wird eine optimale Route (je nach Bedarf: schnellster oder kürzester Weg) ermittelt, auf der die Räder umpositioniert werden können.

1 Einführung

In Konzepten nachhaltiger Stadtentwicklung ist die Reduzierung von Emissionen ein wiederkehrendes Ziel. Zur Erreichung dieses Ziels die Förderung und der Ausbau des öffentlichen Personennahverkehrs (ÖPNV) von großer Bedeutung. Allerdings schränkt diese Art der Fortbewegung die Individualität der Fahrgäste durch feste Abfahrtszeiten, starre Routen und teils schlecht erschlossene Gebiete ein. Als Alternative kann man das Fahrrad als Fortbewegungsmittel nennen. Dieses trägt weder zur Staubildung in den Innenstädten bei, noch verursacht es Feinstaub und Lärmemissionen sind vernachlässigbar. Die Attraktivität dieser Alternative wird dabei allerdings durch die Abhängigkeit vom Wetter oder weite Strecken verringert. Öffentliche Fahrradverleihsysteme, auch Bike-Sharing-Systeme (BSS) genannt, bieten die Möglichkeit, ÖPNV und Fahrrad als Verkehrsmittel zu verbinden. Durch diese Kombination werden die Nachteile beider Fortbewegungsarten teilweise kompensiert, sodass der Nutzer das für ihn aktuell sinnvollste Verkehrsmittel wählen kann.

Um den Nutzern ein optimales und passendes Angebot zu bieten, ist es notwendig, dass an zentralen oder wichtigen Stellen immer Fahrräder ausgeliehen oder zurückgegeben werden können, wodurch auch die Nachfrage erhöht werden soll. Diese Problemstellung behandeln bereits existierende Forschungsbeiträge (MATTFELD & VOGEL 2012; RICKER et al. 2012), wobei allerdings wenig auf die geographischen Aspekte des Problems bzw. die Möglichkei-

Strobl, J., Blaschke, T., Griesebner, G. & Zagel, B. (Hrsg.) (2014): Angewandte Geoinformatik 2014.

ten von Geographischen Informationssystemen (GIS) bei der Analyse eingegangen wird. In dieser Arbeit werden deshalb erste Methoden erarbeitet, um BSS mithilfe eines GIS zu analysieren und zu optimieren. Dazu werden zunächst die Herausforderungen bei BSS betrachtet, um Ansatzpunkte für eine Optimierung herausarbeiten zu können. Anschließend werden diese Methoden angewandt, um eine Analyse sowie eine Optimierung durchzuführen. Abschließend werden die Ergebnisse betrachtet und die vorgestellten Methoden auf ihre Verwendbarkeit, Einschränkungen und Erweiterbarkeit geprüft.

2 Hintergrundinformationen

2.1 Entstehung des Fahrradverleihs

Erste öffentliche Fahrradverleihsysteme in der heutigen Form traten ab 1996 sporadisch auf und ein erstes großes Verleihsystem wurde im Jahr 2005 in Lyon mit 1.500 Fahrrädern in Betrieb genommen (DEMAIO 2009, 43). Inzwischen gibt es zwei unterschiedliche Typen von BSS. Das stationslose BSS, wie es hauptsächlich von der DB-Tochter DB Rent verwendet wird, und das stationsbasierte System, welches in dieser Arbeit analysiert und optimiert werden soll.

2.2 Ziele der Planung von BSS

Eines der Ziele von BSS ist es, potenzielle Nutzer ohne verfügbares Fahrrad anzusprechen. Dies muss vor allem durch Positionierung der Stationen vorwiegend in Wohngebieten sowie bei den bevorzugten Zielen des täglichen Bedarfs geschehen. Zusätzlich dazu müsste am Umsetzungsort verstärkt etwas für die Fahrradsicherheit – zum Beispiel durch einen Ausbau der Radwege – getan werden, um trotz der erhöhten Anzahl der (teils unerfahrenen) Nutzer für ausreichend Unfallsicherheit zu sorgen (OBIS 2011, 40).

Ein weiteres Ziel ist die Erhöhung des Anteils am Modal Split. Die BSS werden dabei als flexible Erweiterung des ÖPNV gesehen. Dies kann in Gebieten eine Verbesserung erzielen, in denen eine Versorgung mit dem ÖPNV nicht möglich bzw. diese kaum bis gar nicht vorhanden ist. Zudem kann auch bei stark frequentierten Strecken eine Alternative benötigt werden (OBIS 2011, 40). Dafür ist es wichtig, dass sich die Standorte der Stationen in der Nähe zentraler Haltestellen oder in unterversorgten Gebieten befinden.

Als ein letztes mögliches Ziel betrachten wir die Förderung des Tourismus. Touristen waren bereits von Beginn an eine Zielgruppe des Fahrradverleihs (MONHEIM 2011, 4) und haben durch BSS die Möglichkeit, sich vor Ort schnell, unkompliziert und kostengünstig fortzubewegen (OBIS 2011, 41). Um auch Touristen als Zielgruppe anzusprechen, sollten Stationen daher vor allem in der Nähe von Sehenswürdigkeiten positioniert werden.

2.3 Herausforderungen und Optimierungsmöglichkeiten

Eine Optimierung bestehender BSS ist unter anderem notwendig, um den bei der Installation eines BSS nicht immer kalkulierbaren Bedarf bzw. erhöhten Bedarf zu Stoßzeiten (MATTFELD & VOGEL 2012, 1), in welchen viele Nutzer gleichzeitig ein Rad benötigen oder an Stationen in der Nähe von beliebten Zielorten, auszugleichen (RICKER et al. 2012, 2). Eine geringe Nachfrage lässt darauf schließen, dass potenzielle Nutzer die Standorte nicht oder nur schwer erreichen können, bzw. durch ihre Entfernung zu den Stationen keine Verwendbarkeit sehen (OBIS 2011, 59). Die Nutzer müssen also Stationen bei Bedarf schnell erreichen und an zentralen Orten das geliehene Rad auch zurückgeben können.

Um den erhöhten Bedarf vor allem bei Stoßzeiten zu befriedigen, ist neben der Anpassung von Stationen die Umverteilung von Fahrrädern notwendig. Bei der Umverteilung sollen Engpässe, die durch tageszeitliche Schwankungen entstehen, ausgeglichen werden (MATTFELD & VOGEL 2012, 25). Hier sorgen vor allem eine starke Einwegnutzung und variierende Ausleihzeiten dafür, dass Stationen unter- oder überversorgt sind (MATTFELD & VOGEL 2012, 25). Die Schwankungen sind auch nicht kalkulierbar, da keine Reservierungsmöglichkeit besteht. Das Ziel muss also sein, dass Nutzer an Stationen Räder in ausreichender Menge vorfinden und Räder zurückgeben können, wobei zu beachten ist, dass eine Umverteilung für den Betreiber effizient verlaufen muss und lange Leerfahrten vermieden werden.

Eine weitere Möglichkeit der Optimierung betrifft die Nähe der Stationen zu Haltestellen des ÖPNV. Da der Verleih häufig genutzt wird, um kaum erschlossene Gebiete zu erreichen (VOGEL & MATTFELD 2010, 1987), ist eine nahe Lage an Haltestellen, Parkhäusern, P&R-Plätzen sowie Carsharing Ports empfehlenswert (OBIS 2011, 64). Dadurch soll eine Alternative, vor allem bei Kurzstrecken, entstehen oder die bestehenden Verkehrsmittel ergänzt werden.

3 Methodik

3.1 Datengrundlage

Als Datengrundlage wurden Wohnbevölkerungsdaten von Augsburg nach Stadtteilen, sogenannte „Points of Interest“ (POI), das Straßennetz, Gebäudeflächen, Gemeinde- und Bezirksgrenzen und Flächennutzungsdaten verwendet. Die Bevölkerungsdaten der Stadtbezirke wurden dem Strukturatlas der Stadt Augsburg 2012 und die Bevölkerungsdaten der angrenzenden Gemeinden Friedberg und Stadtbergen der Genesis Datenbank entnommen. Bei den geographischen Daten wurden die POI, das Straßennetz und die Gebäudedaten dem frei verfügbaren Kartendienst OpenStreetMap (OSM), die Verwaltungsgrenzen den frei verfügbaren Daten des Landesamts für Vermessungsverwaltung Bayern und die Flächennutzungsdaten den kostenpflichtigen ATKIS-Bestandsdaten entnommen.

Um eine Annäherung an die Bevölkerungsdichte, speziell an die Wohnbevölkerungsdichte, zu erreichen, werden die Wohnflächen und Flächen gemischter Nutzung aus den ATKIS-Daten entnommen und mit den Gebäudeflächen (aus OSM) verschnitten. Dieses Ergebnis wird mit den Wohnbevölkerungsdaten der 15- bis 65-jährigen verbunden und somit die Wohnbevölkerung jeder Fläche berechnet. Das Ergebnis liefert keine konkrete Aussage über die Bevölkerungsverteilung, dient allerdings als Richtwert für die Berechnung und dem Vergleich der Ergebnisse. Die Auswahl der Altersgruppe erfolgte in Anlehnung an die in der Umfrage „Fahrrad-Monitor Deutschland" (SINUS 2011) befragten Altersgruppen. Kinder unter 15 Jahren wurden hierbei ausgenommen, da diese als nicht relevant für die Nutzung eingestuft werden und auch keine Kinderräder ausgeliehen werden können.

Die POI aus OSM werden ebenfalls für die Optimierung überarbeitet. Punkte, welche als nicht relevant eingestuft werden (Ampeln, etc.) werden entfernt. Die verbliebenen Typen werden in sieben Kategorien unterteilt. Die Kategorisierung fand in Anlehnung an die Umfrage „Fahrrad-Monitor Deutschland“ (SINUS 2011) sowie MATTFELD & VOGEL (2012, 27f) statt (Tabelle 1). Eine Überprüfung der Datengrundlage auf Vollständigkeit konnte nur aus eigener Erfahrung und stichprobenartig erfolgen.

Tabelle 1: Klassifizierung und Bewertung der POI

Kategorie	Definition	Wert
ÖPNV	Alle Haltestellen des ÖPNV	10
Freizeit & Tourismus	Öffentliche Einrichtungen: Theater, Kino, Sehenswürdigkeiten etc.	8
Einkaufen	Geschäfte für Einkäufe des tägl. Bedarfs, Bekleidungsgeschäfte etc.	7
Erledigungen	Geschäfte/Dienstleistungen mit begrenzten Öffnungszeiten: Ärzte, Banken, etc.	7
Gastronomie	Restaurants, Cafés, Bars, Clubs etc.	5
Arbeit & Bildung	Arbeitsstätten und Bildungseinrichtungen	4
Sonstiges	Geldautomaten, Briefkästen, Fahrradständer etc.	2

Dem öffentlichen Personennahverkehr wurde die höchste Bewertung zugewiesen, da die Nähe zu den Haltestellen und damit die Erweiterung des ÖPNV eine zentrale Ausrichtung der Optimierung sein soll. Als Arbeitsstätten werden nur diejenigen POI mit Personal gewertet, welche zuvor keiner Kategorie eindeutig zugeordnet werden konnten. Die Tatsache, dass im Prinzip alle Einrichtungen als Arbeitsplatz gewertet werden können und damit doppelt belegt wären, wird nicht weiter betrachtet. Die letzte Kategorie wurde mit „Sonstiges“ gebildet. Diese enthält, im Gegensatz zur Kategorie „Arbeit“, weniger wichtige und passive Punkte, welche nicht standortentscheidend sind, aber eine geringe Bedeutung besitzen. Die Bewertung der Kategorien und der Abstand der Werte richten sich hauptsächlich nach den Ergebnissen der Umfrage Fahrrad-Monitor Deutschland 2009 und 2011 (SINUS 2011) und sollen den Tourismus, bzw. die Freizeitaktivitäten in den Vordergrund stellen.

Ein letzter Punkt betrifft das Straßennetz für die Netzwerkanalyse. Dieses wurde aus dem OSM-Datensatz entnommen. Als Impedanzen wurden die Wegstrecke in Meter und der Zeitbedarf in Minuten verwendet. Weitere Faktoren wie z. B. die Steigung werden nicht beachtet. Die Geschwindigkeitswerte der einzelnen Straßentypen werden aus OpenRouteService, einem freien Routenservice auf Basis von OSM, entnommen und stellen die Geschwindigkeiten des MIV dar. Falls für ein Feature eine Höchstgeschwindigkeit hinterlegt ist, wird diese anstelle des Wertes von OpenRouteService verwendet.

3.2 Standortoptimierung der Stationen

Für die Optimierung der Stationen werden die Bevölkerungsdaten sowie die POI verwendet. Das Ziel ist es eine Station in der Nähe so vieler Einwohner oder so vieler POI wie möglich zu platzieren. Die Nähe zu Einwohnern dient der Maximierung der potenziellen Nutzer in fußläufiger Umgebung und soll die potenziellen Freizeitnutzer maximieren. Die Nähe zu den POI dient der Erreichbarkeit beliebter Orte von den Stationen aus.

Um eine Vergleichbarkeit der Ergebnisse zu gewährleisten, wird eine Analyse der bestehenden Stationen durchgeführt. Die Analyse umfasst eine Netzwerkanalyse und erstellt ein Einzugsgebiet mit der Impedanz von 300 und 600 Metern um jede Station. Anschließend wird das Einzugsgebiet mit den Flächen der Wohnbevölkerung sowie den POI überschnitten. Die Impedanz 300 bzw. 600 Metern entspricht einer Laufzeit von fünf bis zehn Minuten und orientiert sich an der fußläufigen Entfernung, welche in der Stadtplanung als maximale Entfernung von Wohngebieten zu Versorgungsmöglichkeiten definiert ist (ILS 2007, 1). Als Ergebnis erhält man für jede Station die Anzahl der Einwohner, welche diese Station erreichen, und die Anzahl der erreichbaren POI sortiert nach deren Kategorie.

Für die Berechnung neuer Standorte wird eine Netzwerkanalyse vom Typ Location-Allocation verwendet. Das Ziel einer Location-Allocation-Analyse besteht darin, die optimale Verteilung – hinsichtlich der Abdeckung von Bedarfspunkten – verschiedener Einrichtungen zu ermitteln. Die Analyse wird separat für die POI und für die Bevölkerung ausgeführt, um die zutreffendste Problemlösung für jeden Fall verwenden zu können.

Bei der Optimierung unter Verwendung der POI wird die Problemlösung „Flächendeckung maximieren" gewählt. Hierbei werden die zu suchenden Einrichtungen so angeordnet, dass möglichst viele Bedarfspunkte innerhalb der angegebenen Impedanz erreicht werden können. Die Gewichtung der Distanzpunkte nimmt mit steigender Entfernung nicht ab und eignet sich daher für eine Ausrichtung nach den POI, da die Stationen an möglichst zentralen Orten positioniert werden sollen. Für die Gewichtung entspricht der Wertung der Kategorien. Als Impedanz wird hier eine Distanz von 300 Meter verwendet, um so viele POI wie möglich im engsten Umkreis zu finden.

Bei der Bevölkerung wird dagegen der Problemtyp „Erreichbarkeit maximieren" verwendet. Hierbei wird versucht, den Einrichtungen so viel Bedarfsgewichtung wie möglich zuzuordnen. Die Bedarfsgewichtung nimmt dabei mit steigender Entfernung zu der Einrichtung ab. Dieser Problemtyp wird z. B. auch bei Bushaltestellen verwendet, da angenommen wird, dass mit steigender Entfernung die Bereitschaft abnimmt, die Einrichtung aufzusuchen (ESRI 2013). Daher kann für diese Analyse ein ähnliches Verhalten der Nutzer angenommen werden. Als Gewichtung wird die absolute Bevölkerungszahl einer Wohnfläche verwendet. Die gewählte Impedanz wird hierbei mit 600 Meter an die Obergrenze der fußläufigen Entfernung gelegt.

Die Location-Allocation-Analyse benötigt weiterhin bereits bestehende, potenzielle Standorte. Diese werden durch sämtliche Bus- und Straßenbahnhaltestellen repräsentiert. Damit wird das Ziel einer Erweiterung der Erreichbarkeit des ÖPNV in die Analyse mit aufgenommen. Um eine hohe Abdeckung zu erreichen und die Methoden zu testen, werden zwei Optimierungen – mit fünf und zehn zusätzlichen Stationen – durchgeführt.

3.3 Optimierung der Radumverteilung

Die Umverteilung der Räder erfolgt in Abhängigkeit des Bestandes und Bedarfs an jeder einzelnen Station. Da keine realen Daten zur Verfügung stehen, wird die Optimierung mit generierten Werten durchgeführt, welche sechs Szenarien der Umverteilung an einem Tag repräsentieren. Die Unterscheidung der Tageszeit findet durch die Anzahl der Stationen mit Bedarf statt. Es wird lediglich zwischen den Zuständen „muss angefahren werden" und „muss nicht angefahren werden" unterschieden.

Die Berechnung der Wegstrecken erfolgt durch eine Netzwerkanalyse nach dem „Problem des Handlungsreisenden". Dabei werden die Punkte neu sortiert, um die Route mit der kürzesten Strecke oder dem geringsten Zeitaufwand zu finden. Die Route startet stets bei der Station der „Jungen Werkstatt" und endet wieder dort, da dies der Standort des Umverteilungswagens ist (SCHÄFER 2013).

Die erstellten Fälle sollen anschließend optimiert werden. Dazu werden zwei Routenanalysen mit jeweils Distanz oder Zeit als Kostenfaktor durchgeführt. Die Optimierung läuft für jede der sechs Situationen wie folgt ab:

1. Die Stationen werden nach dem gemeldeten Bedarf ausgewählt um die Route zur berechnen.
2. Um die Route von 1. wird ein Puffer erstellt, alle Stationen innerhalb dieses Puffers neu als Haltepunkte hinzugefügt und mit derselben Impedanz neu berechnet. Die zusätzlich ausgewählten Stationen (im Vergleich zu 1.) werden von der Bedarfsliste der nächsten Situation entfernt.

Der Grundgedanke ist die Abdeckung mehrerer Stationen mit einem geringen Mehraufwand. So kann eine Station durch einen geringen Umweg mitversorgt werden, benötigt bei der nächsten Umverteilung keine Anfahrt und kann dadurch ausgelassen werden. Ein Nebeneffekt dieser Methode kann sein, dass sich das Angebot für die Nutzer verbessert. Als Wert für die Pufferdistanz wurden 200 Meter nach mehreren Testläufen festgelegt, da der Umweg nicht zu groß sein darf, gleichzeitig allerdings noch Stationen entlang der Route in den Puffer fallen sollen. Als Ergebnis ist eine generell höhere Verfügbarkeit an Rädern, höhere Zufriedenheit der Nutzer sowie geringere Kosten zu erwarten, da ungelegene Stationen bei einer nächsten Fahrt unter Umständen nicht mehr angefahren werden müssen.

4 Ergebnisse

4.1 Ergebnisse der Standortsuche

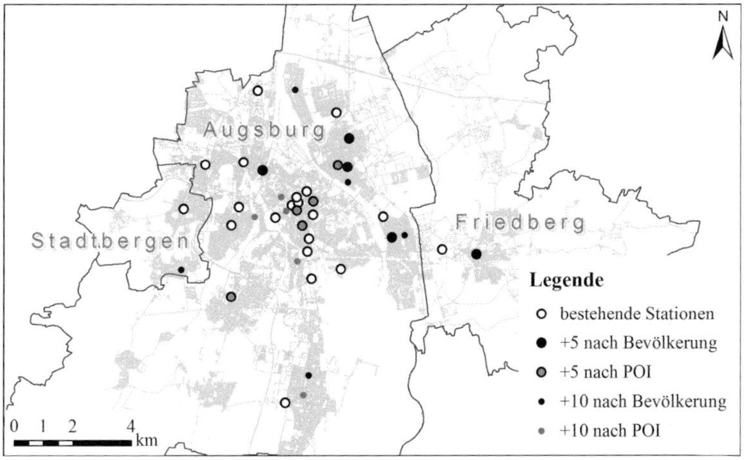

Abb. 1: Übersicht über die Stationen

Die Ergebnisse der Standortsuche mit den POI und mit der Bevölkerung unterscheiden sich deutlich voneinander. Die zusätzlichen Stationen bei der Optimierung nach den POI wurden hauptsächlich in der Innenstadt und dem näheren Umfeld positioniert, während die neuen Standorte bei der Optimierung nach der Bevölkerung in typischen Wohngebieten verortet wurden (Abb. 1). Eine Verschneidung der Ergebnisse um die besten Standorte beider Analysen ermitteln zu können ist aufgrund der räumlichen Verteilung nicht möglich.

Werden die Ergebnisse aus beiden Analysen allerdings zusammengefügt, so erhält man insgesamt zehn bzw. zwanzig zusätzliche Stationen. Vergleicht man die Werte für die erreichten Einwohner und erreichbaren POI der neuen Zustände mit dem ursprünglichen Zustand (Abb. 2) so lässt sich erkennen, dass nach der Analyse höhere Ergebnisse erreicht werden. Während die Auswertung der bestehenden Stationen auch Nullwerte enthält, liefern die neuen Stationen Ergebnisse über dem bisherigen Durchschnitt. Dadurch liegen die Zahlen im Umkreis von 300 Metern bei den erreichten Einwohnern um das 2,1-Fache und bei den POI um das 1,6-Fache höher als im ursprünglichen Zustand. Bei insgesamt 20 zusätzlichen Stationen erhöht sich der Anteil der Bevölkerung um das Dreifache, während die erreichbaren POI um das Zweifache ansteigen. Bei einem Untersuchungsradius von 600 Metern ist das Ergebnis ähnlich, der Faktor, um den die Werte steigen, ist allerdings geringer.

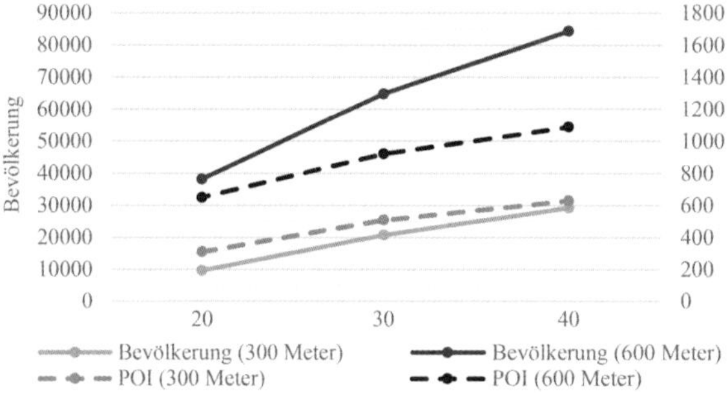

Abb. 2: Ergebnis der Suche nach zusätzlichen Standorten von Stationen

4.2 Ergebnisse der Routenberechnung

Bei den Ergebnissen der Routenberechnung ist zu erkennen, dass bei der optimierten Route mehr Stationen angefahren werden (Abb. 3 und Abb. 4), während sich die aufgewendete Zeit bzw. Strecke nur wenig verändert. Bei der Berechnung mit der Impedanz wird pro Station zwischen sechs und 20 % weniger Zeit aufgewendet. Dadurch ergibt sich eine Gesamt-

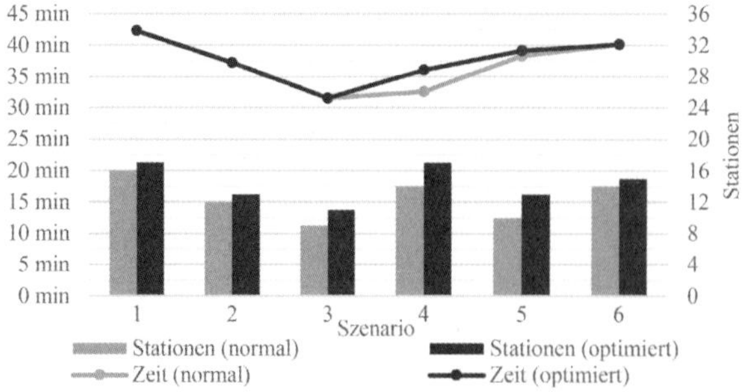

Abb. 3: Ergebnis der Routenberechnung nach der Zeit

ersparnis pro Station von elf Prozent. Es können also, mit einem geringen zeitlichen Mehraufwand, insgesamt 86 anstatt 75 angefahren werden. Eine Verringerung der aufgewendeten Zeit findet dagegen nicht statt.

Mit der Strecke als Impedanz werden zwischen sechs und 32 % der aufgewendeten Strecke pro Station eingespart. Insgesamt werden 89 Stationen angefahren und anstatt 179 km 183 km aufgewendet, wodurch sich eine Gesamtersparnis von 14 % ergibt. Auch hier findet bei keiner Route eine Verringerung der aufgewendeten Strecke statt.

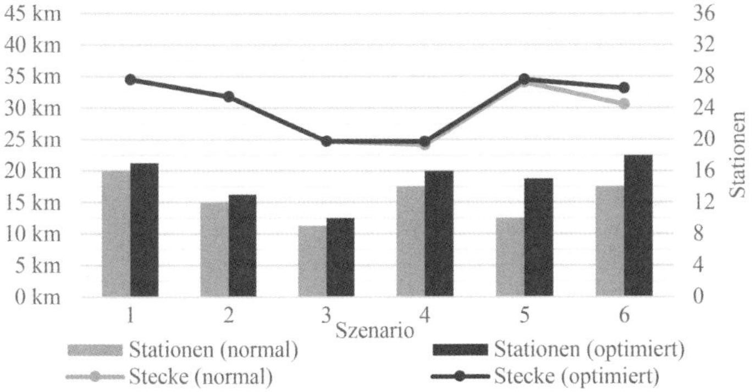

Abb. 4: Ergebnis der Routenberechnung nach der Strecke

5 Diskussion

Die unterschiedliche Erhöhung der Werte für Bevölkerung und POI lässt sich auf die Verteilung der Bedarfspunkte zurückführen. Während im Raum Augsburg mehrere, verteilte Wohngebiete mit hohen Bevölkerungszahlen existieren, sind die POI auf die Innenstadt konzentriert. Bei der verwendeten Analysemethode dürfen neue Standorte nicht die POI der bereits gesetzten Standorte beanspruchen, also ein POI kann nur einfach gewichtet werden. Da es nur eine begrenzte Anzahl an POI gibt, kann eine sinnvolle Verteilung der Standorte nach den POI nur bis zu einer gewissen Anzahl erfolgen.

Bei der Bevölkerung dagegen fällt eine bessere Effizienz auf. Dies ist auch durch einige bestehende Stationen begründet, welche in ihrem Einzugsgebiet keine oder nur sehr wenig Bevölkerung abdeckt. Die Vermutung liegt nahe, dass die Stationen wenig Ausleihaktivität haben. Reale Nutzungsdaten für den Abgleich der theoretisch errechneten Werte liegen nicht vor, allerdings wurde von den Stadtwerken eine der Stationen als Schlechteste genannt, welche nach den Ergebnissen der Analyse ebenfalls keine Bevölkerung abdeckt (SCHÄFER 2013). Solche Stationen sind allerdings nicht generell unwirtschaftlich, da diese an Endhaltestellen des ÖPNV liegen können. Dadurch wird, falls Gegenstationen in Wohngebieten vorhanden sind, eine Verbindung in entfernte Wohngebiete realisiert.

Ein weiterer Punkt ist die unterschiedliche Verteilung der Stationen, welche auf die getrennte Suche durch Bevölkerungszahlen und POI zurückzuführen ist. Eine Kombination der Analysen war nicht möglich, da eine Gewichtung beider Werte nicht begründet werden konnte. Um eine Annäherung an eine Gewichtung zu erzielen, müssten in zukünftigen Arbeiten Nutzungsdaten vorliegen oder erhoben werden und entsprechend ausgewertet werden. Allerdings kann man die getrennte Analyse als unterschiedliche Anforderungen werten und weiterhin getrennt behandeln, da beide Stations-„Arten“ benötigt werden um eine Verbindung von interessanten Orten mit den Nachfragern, der Bevölkerung, zu erreichen.

Die letzten Punkte bei der Standortsuche sind die Kategorisierung und Gewichtung der POI sowie die Ableitung der Bevölkerungszahlen. Die Kategorisierung wurde hauptsächlich auf Basis einer Umfrage vorgenommen und muss nicht zwingend den realen Anforderungen entsprechen. Hierfür müssen also noch verlässliche Anhaltspunkte, eventuell durch Nutzungsdaten, ermittelt werden, um den Anforderungen zu entsprechen. Bei der Ableitung der Bevölkerungszahlen wurden aufgrund der nur großräumig verfügbaren Daten mehrere Annahmen getroffen, welche das Ergebnis verfälschen können. Für eine bessere Aussagekraft müssten hier kleinräumigere Daten zur Verteilung der Wohnbevölkerung vorhanden sein. Eine Validierung der Ergebnisse war daher noch nicht möglich.

Die Ergebnisse der Routenberechnung zeigen, dass eine theoretisch höhere Effizienz bei der Umverteilung möglich ist. Die aufgewendete Zeit, bzw. aufgewendete Strecke pro Station wird gesenkt. Betrachtet man den exakten Verlauf der Routen, dann erkennt man, warum bei keiner optimierten Umverteilung weniger Stationen angefahren werden. So werden die Stationen, welche bei der vorherigen Umverteilung mit angefahren wurden zwar berücksichtigt und aus dem Bedarf gelöscht, allerdings liegen an einer anderen Stelle neue Stationen oder sogar die gelöschte Station wieder im Puffer. Daher bedarf die Methode zur Umverteilung weitere Testläufe und Anpassungen, um nicht nur dem Nutzer erhöhte Verfügbarkeit zu bieten, sondern auch dem Betreiber Einsparungsmöglichkeiten zu geben. Weiterhin wurde ein wichtiger Einflussfaktor, die benötigte Zeit zum ein- und ausladen, bei der Zeitangabe noch nicht berücksichtigt.

Die Steigerung der Effizienz, durch die zusätzliche Auswahl von Stationen, spricht für die Methode, allerdings sind durch den Puffer negative Effekte möglich. So könnten durch den Puffer Stationen auf der anderen Seite von unpassierbaren Hindernissen (z. B. Flüsse) ausgewählt werden und dadurch ein erheblicher Umweg vorgeschlagen werden. Abhilfe würde hier die Verwendung von TINs schaffen, bei welchen Hindernisse berücksichtigt werden können. Eine weitere, rechenintensive Möglichkeit wäre, zusätzliche Stationen nacheinander hinzuzufügen und die Routenergebnisse auf Ausreißer zu überprüfen.

Zuletzt ist zu anzumerken, dass der Kapazität des Transporters und der individuelle Bedarf der anzufahrenden Stationen bei der Optimierung keine Bedeutung zugemessen wurde. So ist es möglich, dass eine weitere Station gar nicht angefahren werden kann, da keine Räder oder kein Platz auf dem Transporter zur Verfügung steht.

6 Fazit und Ausblick

In der vorliegenden Arbeit wurden verschiedene Methoden für eine GIS-gestützte Analyse und Optimierung von BSS vorgestellt. Diese wurden in einem GIS am Beispiel Augsburg umgesetzt und auf deren Verwendbarkeit und Effektivität getestet.

Die Hauptaspekte bei der Stationsoptimierung waren die Erreichbarkeit jener aus Sicht der Einwohner und die Nähe zu interessanten Orten. Ignoriert man die bestehende Ungenauigkeit durch die gestellten Annahmen, so lässt sich anhand der Kriterien feststellen, dass die Position der zusätzlichen Stationen vergleichsweise besser ist. Eine Verbesserung dieser

Methodiken ließe sich erreichen wenn erhobene Daten, wie Nutzungsdaten, mit einfließen würden und man daraus die Bedeutung der Kriterien und Bewertung der Kategorien bei den POI besser einschätzen könnte.

Bei der Routenoptimierung war der Kosten/Nutzen-Faktor das Hauptkriterium. Von diesem ausgehend wurde angenommen, dass auch eine bessere Versorgung aller Stationen stattfindet. Eine bessere Versorgung bzw. ein besseres Angebot an den Stationen konnte in dieser Arbeit nicht bewiesen werden. Im Gegensatz dazu war allerdings zu erkennen, dass durch die angepasste Routenführung weniger Zeit bzw. eine kürzere Strecke pro Station notwendig ist. In zukünftigen Arbeiten muss diese Methodik noch verbessert und weiter an den realen Ablauf angepasst werden. Dafür ist es denkbar, ein Multi-Agenten-System zu verwenden, um Faktoren wie die Transporterkapazität sinnvoll mit einzubinden.

Zusammengefasst lässt sich sagen, dass die hier vorgestellten Methoden einen messbaren Effekt erzielen können, welcher allerdings noch nicht validiert wurde. Es sollte außerdem eine Verbindung der beiden Optimierungsschritte stattfinden. Zukünftige Arbeiten müssten ferner Nutzungsdaten von BSS verwenden, um neben der Validierung aussagekräftigere Ergebnisse und Handlungsempfehlungen zu erhalten.

Literatur

ESRI (2013), ArcGIS Help 10.1. Location-Allocation-Analyse. Esri. http://resources.arcgis.com/de/help/main/10.1/index.html#/na/004700000050000000/ (28.01.2014).

DEMAIO, P. (2009), Bike Sharing. History, Impacts, Models of Provision and Future. Journal of public transportation, 12 (4), 41-56.

ILS – INSTITUT FÜR LANDES- UND STADTENTWICKLUNGSFORSCHUNG UND BAUWESEN DES LANDES NRW (2007), Trends. Entwicklungen in NRW. Dortmund.

MATTFELD, D. C. & VOGEL, P. (2012), Unterstützung der Standortplanung in Bike-Sharing-Systemen durch Geographic Knowledge Discovery. In: M.-O. LÖWNER, F. HILLEN & R. WOHLFAHRT (Hrsg.), Geoinformatik 2012 – Mobilität und Umwelt. Konferenzband, 28. – 30. März 2012. Braunschweig, 25-32.

MONHEIM, H. (2011), Statusanalyse Fahrradverleihsysteme. Potenziale und Zukunft kommunaler und regionaler Fahrradverleihsysteme in Deutschland. Trier.

OBIS (2011), Optimising bike sharing in European cities. A handbook. Deutschland.

RICKER, V., MEISEL & MATTFELD, D. C. (2012), Optimierung von stationsbasierten Bike-Sharing Systemen. In: MATTFELD, D. & ROBRA-BISSANTZ (Hrsg), Multikonferenz Wirtschaftsinformatik 2012. Tagungsband der MKWI 2012. Berlin/Braunschweig, 215-227.

SCHÄFER, D. (Stadtwerke Augsburg Verkehrs-GmbH) (2013), Persönliches Interview, geführt von Matthias Benedek. Augsburg, 09.04.2013.

SINUS MARKT- UND SOZIALFORSCHUNG GMBH (2011), Fahrrad-Monitor Deutschland. Ergebnisse einer repräsentativen Online-Befragung. Heidelberg.

VOGEL, P. & MATTFELD, D. C. (2010), Informationssysteme im Bike-Sharing: Ein System Dynamics Ansatz. In: SCHUMANN, M., KOLBE, L. M., BREITNER, M. H. & FRERICHS, A. (Hrsg), Multikonferenz Wirtschaftsinformatik 2010. Göttingen, 23. – 25. Februar 2010. Göttingen, 1987-1999.

MDM – MobilitätsDatenMarktplatz als Plattform zur Bereitstellung regionaler Informationen zum Lkw-Verkehr

Rüdiger BERNHARD[1] und Florian HILTI[2]

[1]ivm GmbH, Frankfurt am Main · r.bernhard@ivm-rheinmain.de
[2]PRISMA solutions EDV-Dienstleistungen GmbH, Mödling

1 Lkw-Lotse Region Frankfurt RheinMain

www.lkw-lotse.de ist ein webbasierter Routenplaner für Lkw-Verkehre in der Region Frankfurt RheinMain. Mit dem Lkw-Lotsen können Routen unter Berücksichtigung der beschilderten, Lkw-spezifischen Streckenverbote wie z. B. Höhen-, Breiten- und Gewichtsbeschränkungen aber auch der aktuellen Verkehrslage sowie aktuellen Netzeinschränkungen durch Baustellen oder Veranstaltungen ermittelt werden. Darüber hinaus erfolgt die Routenberechnung auf Grundlage eines mit den Gebietskörperschaften abgestimmten Lkw-Vorzugsnetzes, mit dem die Sensibilität angrenzender Nutzung wie z. B. Schulen oder Krankenhäuser gegenüber den Belastungen durch den Lkw-Verkehr abgebildet werden (MILTNER 2012).

Der Lkw-Lotse RheinMain ist ein Produkt der ivm GmbH (Integriertes Verkehrs- und Mobilitätsmanagement Region Frankfurt RheinMain), einer regionalen Institution öffentlicher Gesellschafter. Aufgabe der ivm ist die Konzeption und Umsetzung eines regionalen, institutionsübergreifenden Mobilitäts- und Verkehrsmanagements. In diesem Zusammenhang ist es Aufgabe der ivm, die für den Betrieb des Lkw-Lotsen erforderlichen Daten zu erfassen, vorhandene Informationen in Zusammenarbeit mit den Gebietskörperschaften kontinuierlich zu aktualisieren und das Lkw-Vorrangnetz abzustimmen.

Mit VIELMOBIL (BERNHARD 2012) betreibt die ivm neben einem intermodalen Auskunftssystem (www.vielmobil.info) auch einen hessenweiten Netzgraphen als Referenzsystem zur Verwaltung unterschiedlicher, mobilitätsbezogener Daten. In diesem Referenzsystem werden seit kurzem auch die für das Lkw-Routing erforderlichen Daten zur Befahrbarkeit des Straßennetzes eingepflegt. Der Lkw-Lotse kann so die vorhandenen Verkehrsmeldungen, Umweltzonen und die aktuelle Verkehrslage nutzen. Der entwickelte Netzgraph wird so zu einer zentralen Datenplattform für unterschiedliche regionale Dienste ausgebaut. Durch die Zusammenarbeit mit den lokalen Fachbehörden und Know-how-Trägern werden ein hoher Detailgrad und eine hohe Qualität der Information erreicht.

Allerdings ist diese Qualität auf das Gebiet der ivm begrenzt. Die ivm hat sich daher entschieden, die vorhandenen Informationen auch überregionalen Informationsdiensten zur Verfügung zu stellen, sodass diese die Daten zur Berechnung von Routen mit Quelle oder Ziel außerhalb der Region Frankfurt RheinMain nutzen können. Die ivm übernimmt dabei die Rolle eines regionalen Bereitstellungs- und Verteilerknotens.

Strobl, J., Blaschke, T., Griesebner, G. & Zagel, B. (Hrsg.) (2014): Angewandte Geoinformatik 2014.
 ISBN 978-3-87907-543-0.

2 Regionales Datenmanagement

Der Netzgraph als Grundlage für VIELMOBIL und für den Lkw-Lotsen wurde auf Basis unterschiedlicher Datenquellen erstellt. Für das Rad- und Fußwegenetz wurden die Daten des Amtlichen Topographisch-Kartographischen Informationssystems (ATKIS) verwendet, während das Straßennetz für den MIV auf Daten der Firma Navteq basiert. Der hessenweite Netzgraph wurde aus diesen Grundlagedaten mittels Net-Matching-Algorithmen zu einem multimodalen, routingfähigen Verkehrsgraphen verknüpft.

Die Netzpflege erfolgt in Abstimmung mit den Kommunen oder durch die Kommunen selbst. Die Idee dabei ist es, ein zentrales, regionales Datenmanagement zu etablieren. Die Datenerfassung durch die Verantwortlichen der Fachbereiche in den jeweiligen Kommunen, welche für Bauvorhaben und verkehrliche Maßnahmen verantwortlich sind, gewährleistet eine hohe Datenqualität und -aktualität.

Für die Netzpflege wird den Kommunen ein eigens für diesen Zweck entwickelter Web-GIS-Client zur Verfügung gestellt. Dieser Netzclient erlaubt eine schnelle und benutzerfreundliche Erfassung und Bearbeitung der Netzkanten, Abbiegerelationen und Points of Interest. Für die Datenansicht und -bearbeitung kann zwischen der Darstellung des ATKIS-Netzes und des Navteq-Netzes gewechselt werden. Das Primärnetz für die Verortung und für die Weitergabe referenzierter Daten an Dritte ist das ATKIS-Netz. Für die regionalen Dienste der ivm erfolgt intern eine Zuordnung der streckenbezogenen Daten auf das routingfähige Navteq-Netz.

Zur Erfassung und Bearbeitung von Verkehrsmeldungen existiert mit dem Meldungsclient ein zweiter WebGIS-Client, welcher es den Kommunen ermöglicht, temporäre Ereignisse wie Baustellen, Sperrungen oder Veranstaltungen zu planen, zu erfassen und an die Anwendungen VIELMOBIL und Lkw-Lotse sowie an Dritte weiterzugeben. Auch die Erfassung von Umleitungen ist möglich.

Die in den Anwendungen – und Meldungsclient gepflegten Daten beschränken sich wie erwähnt auf die Region RheinMain. Die Datenbereitstellung für interessierte Nutzer aus anderen Regionen, die beispielsweise in oder durch die Region RheinMain reisen oder Güter transportieren möchten, erfolgt über mehrere Wege. Zunächst hat die ivm die Daten auf bilateralem Weg über unterschiedlichste Schnittstellen an einzelne Dritte weitergegeben. Um eine flächendeckende, überregionale Nutzbarkeit der Daten zu gewährleisten, bietet sich nun der in diesem Vortrag beschriebene Weg über den MDM an, wie nachfolgendes Kapitel aufzeigt.

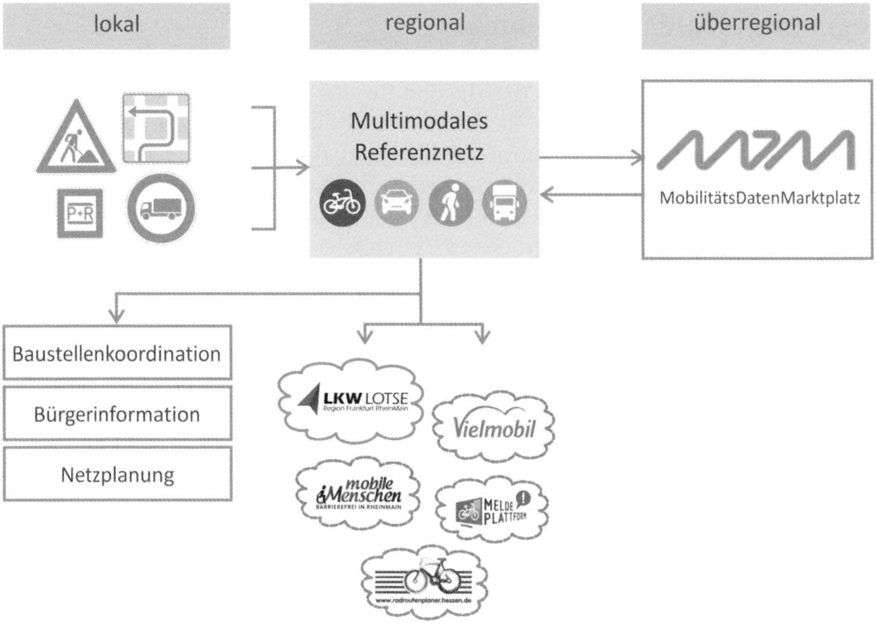

Abb. 1: Regionales Datenmanagement ivm

3 MDM – MobilitätsDatenMarktplatz

Bislang wurde die Datenbereitstellung und -nutzung immer bilateral und zumeist nach individuellen Standards organisiert. Als Folge davon war es für Informationsdienstleister recht mühsam, sich einen Überblick über die meist räumlich begrenzten Informationsquellen zu verschaffen und diese in großräumige Dienste zu integrieren. Dies führte zumeist dazu, dass großräumige Dienste den Aufwand zur Integration lokaler Informationen scheuten und Informationsdienste vor allem im nachgeordneten Straßennetz eine gewisse Unschärfe aufwiesen.

Um den Datenaustausch zwischen Datenanbietern und Datennutzern zu vereinfachen und somit die Nutzung vorhandener Daten zu vereinfachen und zu fördern, wird in Deutschland unter der Regie des Bundesministeriums für Verkehr und digitale Infrastruktur – BMVI der MobilitätsDatenMarktplatz – MDM (www.mdm-portal.de) aufgebaut. Mit der besseren Vernetzung von Anbietern und Nutzern von Mobilitätsdaten unterschiedlichster Art soll der MDM neue Geschäftsmodelle und die Entwicklung verkehrsmittel- und regionsübergreifender Informationsdienste unterstützen.

Für den Datenaustausch über den MDM werden standardisierte Schnittstellen und eine Übersicht der verfügbaren Mobilitätsdaten einzelner Datengeber und existierender Plattformen bereitgestellt. Damit ermöglicht der MDM das Anbieten, Finden und Abonnieren mobilitätsrelevanter Daten, ohne dass eine langwierige Suche nach den relevanten Daten und eine aufwendige technische und organisatorische bilaterale Abstimmung zwischen Datennehmern und Datengebern notwendig sind. (MDM 2013/12)

Aus Sicht der ivm als potenzieller Datenanbieter bietet der MDM eine einfache Möglichkeit, die vorhandenen Daten einer großen Zahl potenzieller Nutzer zur Verfügung zu stellen ohne für jeden einzelnen Nutzer eine individuelle Schnittstelle erstellen und betreiben zu müssen. Neben den klassischen Verkehrsmeldungen zu temporären Einschränkungen des Straßennetzes stellt die ivm auch die beschilderten Einschränkungen für den Lkw-Verkehr sowie das mit den Kommunen abgestimmte Lkw-Vorrangnetz über den MDM bereit. Mittelfristig werden weitere Daten etwa zu P+R- und B+R-Anlagen folgen.

Das Konzept der Datenverbreitung über den MDM setzt voraus, dass die potenziellen Datennutzer die vom MDM vorgegebenen Schnittstellen und Referenzierungsmethoden bereits beherrschen oder sich das erforderliche Know-how aneignen. Es bleibt daher abzuwarten, inwieweit sich die Nutzung des MDM vor allem bei kleineren Datenanbietern und -nutzern durchsetzen wird.

4 Datenbereitstellung – technische Umsetzung

Für den Datenaustausch über den MDM sind grundsätzlich die Art der Georeferenzierung sowie das Austauschformat zur Beschreibung der verkehrlichen Inhalte festzulegen. Da auch Daten für Abschnitte des kommunalen, nachgeordneten Straßennetzes übergeben werden sollen, wurde OpenLR als Referenzierungsstandard gewählt. OpenLR ist ein offener, ursprünglich von der Firma TomTom entwickelter Standard für die Kodierung, Übermittlung und Dekodierung räumlicher Verkehrsdaten unabhängig vom verwendeten Modellnetz. Dadurch wird ein zuverlässiger Austausch dynamischer Verkehrsdaten sowie das Referenzieren auf Karten unterschiedlicher Hersteller ermöglicht. Ein wesentlicher Vorteil von OpenLR gegenüber RDS-TMC ist, dass die Straßen keine Vorkodierung benötigen. Dadurch ist die Anzahl der übereinstimmenden Verortungen nicht limitiert. (TOMTOM 2012).

Zur Übertragung der verkehrlichen Inhalte akzeptiert der MDM ein erweitertes DATEX II-Format, mit dem vor allem klassische Verkehrsmeldungen übertragen werden können, sowie ein XML basierendes Containerformat für allgemeine, streckenbezogene Daten. DATEX II definiert XML Strukturen sowohl für komplette Datenpakete als auch für Änderungen zu vorherigen Versionen. Das Containerformat hingegen wurde eigens für den Datenaustausch über den MDM geschaffen und ist ein flexibles Austauschformat, welches aus einem Header- und einem Body-Element besteht. Im Body-Element werden die eigentlichen Nutzdaten gespeichert, während im Header-Element weitere Strukturinformationen übertragen werden können. Erst das flexible Container-Format ermöglicht es, die komplexen Datenstrukturen des Lkw-Lotsen zu beschreiben und zu übertragen.

Der MDM ist dabei als ein Brokersystem anzusehen, der eine Verbindung zwischen einem Datengebersystem wie dem Lkw-Lotsen und einem oder mehreren Datennehmern wie z. B. überregionalen Diensten, herstellt. Die Daten können dabei entweder von Brokersystem des MDM abgerufen werden (Client-Pull) oder vom Datengeber an das Brokersystem geschickt werden (Publisher-Push). Im Fall des Lkw-Lotsen wird die Client-Pull-Schnittstelle verwendet. Die von den Kommunen erfassten Verkehrsmeldungen werden in DATEX II übertragen, während die Lkw-spezifischen Einschränkungen über das Containerformat übertragen werden. (MDM 2013/05)

5 Wertschöpfung und Mehrwert

Ziel des MDM ist es, die (Daten-)Grundlage für neue Geschäftsmodelle im Bereich Mobilitätsinformationsdienste bereitzustellen. Es ist zu erwarten, dass sowohl die bereits etablierten als auch neue Anbieter die verfügbaren Daten nutzen werden und sowohl vorhandene Dienste verbessern als auch neue Angebote entwickeln.

Aus Sicht einer regionalen Institution wie die ivm profitieren aber vor allem die Gebietskörperschaften von der Weitergabe ihrer lokalen Daten an Dritte über den MDM, da so die lokalen Daten und somit die Interessen und Strategien des lokalen Verkehrsmanagements auch in übergeordneten Diensten berücksichtigt werden. Dieser Mehrwert wird durch das Konzept zum regionalen Datenmanagement der ivm unterstützt oder überhaupt erst möglich. Die Gebietskörperschaften profitieren davon, dass sie ihre Informationen in gewohnter Form, also in der Regel als Papierplan, zur Verfügung stellen können und die ivm sich um die technische Integration, Standardisierung und inhaltliche Koordination dieser Daten kümmert. In Kombination mit weiteren lokalen Daten, etwa zu Lkw-Parkplätzen oder temporären Netzeinschränkungen, werden durch das regionale Datenmanagement der ivm zusätzliche inhaltliche Synergien erzeugt. Somit ermöglicht die Zusammenarbeit der Gebietskörperschaften mit der ivm eine durchgehende Informationskette von der lokalen Anordnung einer verkehrswirksamen Maßnahme über die diskriminierungsfreie und netzunabhängige Bereitstellung für beliebige Datenveredler und Informationsdienstebetreiber bis hin zur eigentlichen Zielgruppe, den Disponenten und Lkw-Fahrern.

Ähnlich gelagert ist der Mehrwert aus Sicht von Politik, lokaler Wirtschaftsförderung und Interessensvertretern aus dem Bereich Transport und Logistik. Diese profitieren ohnehin schon von einem regional abgestimmten Lkw-Vorrangnetz, da dies ein wichtiges Instrument im Rahmen der öffentlichen Diskussion um wachsende Belastungen durch den straßenseitigen Güterverkehr und der gesicherten Erreichbarkeit einerseits und der umfeldverträglichen Abwicklung dieser Verkehre anderseits ist. Über die überregionale Verbreitung dieser Daten über den MDM wird dieser Effekt weiter verstärkt, da damit lokale und regionale verkehrspolitische Interessen, Ziele und Planungen auch über Regionsgrenzen hinaus verbreitet werden können.

Weiteren Mehrwert bietet der MDM bei der Zielsetzung eines großflächigen ggf. sogar nationalen Lkw-Vorrangnetzes, da die Bereitstellung von Daten über den MDM zwangsläufig zu einer weitgehenden Standardisierung der Daten zum Lkw-Vorrangnetz führt. Andere Regionen, die sich aufgrund mangelnder Verbreitungsmöglichkeiten bislang nicht mit der Abstimmung eines solchen Netzes beschäftigt haben, greifen die vorhandenen Ansätze und Standards auf und orientieren sich an den über den MDM verbreiteten Daten. Somit führt der MDM nicht nur zu einer vereinfachten Übersicht über das vorhandene Angebot an verfügbaren Daten, sondern eben auch dazu, dass Gebietskörperschaften ein Weg zur Verbreitung ihrer Daten aufgezeigt wird und sie somit motiviert werden, diese Informationen zu generieren und bereitzustellen.

Für die ivm als regionale Institution liefert der MDM mit der Möglichkeit der Datenweitergabe an Dritte wertvolle Argumente in der Diskussion mit Kommunen und Landkreisen, sich an der Datenbereitstellung zu beteiligen. Die ivm kann deutlich machen, dass die bereitgestellten Daten nicht nur in regional begrenzten Mobilitätsdiensten verwendet, sondern auch an Navigationsdienstleister weitergegeben werden. Das stärkt die Rolle der ivm im regionalen Verkehrsmanagement, eröffnet weitere Möglichkeiten der regionalen Kooperation und erschließt zusätzliche Datenbestände.

6 Fazit und Ausblick

Mit dem MDM steht eine Plattform zur Verfügung, die es ermöglicht, Daten einfach und transparent interessierten Anbietern zur Verfügung zu stellen. Damit bietet sich regionalen Organisationen wie der ivm die Möglichkeit, hochwertige kleinräumige Daten auch überregional agierenden Informations- und Routingdiensten zur Verfügung zu stellen und somit ihren Aktionsradius „virtuell" zu vergrößern.

Andererseits wachsen mit der Onlineverfügbarkeit von Daten wie z. B. Netzeinschränkungen für den Lkw-Verkehr die Anforderungen an Genauigkeit, Vollständigkeit und Aktualität der bereitgestellten Daten. Somit wachsen auch die Anforderungen an Prozesse zur Qualitätssicherung und zur Erfassung der notwendigen Daten z. B. durch Systeme zum Beschilderungsmanagement oder für die elektronische Verarbeitung von Anträgen und Genehmigungen für Maßnahmen im Straßenraum. Hier besteht erheblicher Entwicklungs- und Umsetzungsbedarf um verkehrsrelevante Daten möglichst einfach und ohne Systembrüche aus kommunalen Verwaltungsprozessen ableiten zu können. Gerade dabei kommt der Geoinformation eine besondere Bedeutung und verknüpfende Funktion zu.

Literatur

BERNHARD, R., KRAMPE, S. & KOLLARITS, S. (2012),Vielmobil – Mobilitätslotse für die Region Frankfurt RheinMain. In: STROBL, J., BLASCHKE, T. & GRIESEBNER, G. (Hrsg.), Angewandte Geoinformatik 2012. Wichmann, Berlin/Offenbach, 430-435.

MDM – MOBILITÄTSDATENMARKTPLATZ (2013/05), Technische Schnittstellenbeschreibung, Version 2.3.1 vom 17.05.2013.

MDM – MOBILITÄTSDATENMARKTPLATZ (2013/12), Nutzungsbedingungen, Stand 13.12.2013.

MILTNER, T. & BERNHARD, R. (2012), Lkw-Lotse Region Frankfurt RheinMain. In: STROBL, J., BLASCHKE, T. & GRIESEBNER, G. (Hrsg.), Angewandte Geoinformatik 2012. Wichmann, Berlin/Offenbach, 465-474.

TOMTOM (2012), OpenLR – White Paper, Version 1.5 revision 2. www.openlr.org.

Energieeffiziente Elektroautos? Zum realen Stromverbrauch von Elektrofahrzeugen

Andreas BRAUN[1], Karsten HAGER[1] und Wolfgang RID[12]

[1]Universität Stuttgart · andreas.braun@si.uni-stuttgart.de
[2]Fachhochschule Erfurt

Zusammenfassung

Der Beitrag gibt Einblicke in eine laufende Forschung zur Identifizierung und Quantifizierung insbesondere der strukturellen Einflussfaktoren auf den Energieverbrauch von Elektrofahrzeugen. Im Umfeld von Mittelstädten in der Region Stuttgart werden mehrere Elektrofahrzeuge in ihrer alltäglichen Praxis-Nutzung mittels GPS getrackt und dabei Energiedaten aufgenommen. Das Wissen um die Bedingungen des Energieverbrauchs ist insbesondere angesichts der begrenzten Reichweite der Fahrzeuge eine Voraussetzung zur Nutzenoptimierung. Bisherige Beispielfahrten zeigen auf qualitativer Ebene bereits den Einfluss des Höhenprofils und der Straßenklasse.

1 Einleitung

Elektromobilität bewegt. Dies gilt insbesondere für die Gemüter vieler Akteure aus Politik, Planung und Wirtschaft, welche mit der Elektromobilität teils sehr unterschiedliche Hoffnungen und Erwartungen verbinden. So könnte die Elektrifizierung des motorisierten Individualverkehrs dazu beitragen, lokale Lärm- und Schadstoffemissionen zu vermeiden, die Abhängigkeit Deutschlands von Ölimporten zu senken oder der europäischen Automobilindustrie die weitergehende Produktion energieintensiver Oberklassefahrzeuge zu erleichtern[1]. Vor allem jedoch wird die Elektromobilität als ein zentrales Instrument zur Verbesserung der Energieeffizienz sowie zur Senkung der CO_2-Emissionen im Verkehrssektor gesehen. Ein zentraler Aspekt der energetischen und klimatischen Wirkungen der Elektromobilität ist dabei der Energieverbrauch dieser Fahrzeuge unter Realbedingungen.

Der generelle Energieverbrauch von Elektroautos in der Praxis ist bisher wenig erforscht. Die Herstellerangaben werden unter Laborbedingungen für festgelegte Fahrtzyklen gemessen und weichen dadurch deutlich von den realen Verbräuchen ab. Durch die Messung der Verbräuche in der Praxis können interessierten Personen und Firmen realistische Werte aufgezeigt werden. Zu wissen, welche strukturellen Bedingungen den Energieverbrauch bestimmen, ermöglicht zudem die Beantwortung der Frage, in welchen räumlichen Strukturen die energetischen Stärken und Schwächen von Elektroautos liegen. Betreiber von Fahrzeugflotten können damit auf Grundlage der Fahrzeugnutzung die mit den Energieverbräu-

---

[1] So ist geplant, bei den EU-Verbrauchsobergrenzen für Neuwagen im Jahr 2020 Elektroautos durch sogenannte „Supercredits" mehrfach anzurechnen (RUHKAMP 2013, 20).

Strobl, J., Blaschke, T., Griesebner, G. & Zagel, B. (Hrsg.) (2014): Angewandte Geoinformatik 2014.
 ISBN 978-3-87907-543-0.

chen verbundenen Gesamtbetriebskosten („total cost of ownership“) abschätzen. Dies ist ein wichtiges Element bei der Kaufentscheidung von Fahrzeugen. In Anbetracht der begrenzten Reichweite von Elektrofahrzeugen ist das Wissen darüber, wie viel Energie die Fahrzeuge in unterschiedlichen Fahrsituationen benötigen, zudem eine Voraussetzung zur Reichweitenoptimierung. So können zum einen Vorschläge für ein sparsames Fahrverhalten abgeleitet werden, zum anderen kann im Bereich der Fahrzeugnavigation die Auswahl einer möglichst sparsamen Route unterstützt werden („Eco-Routing“; vgl. ERICSSON et al. 2006). Generell ermöglicht das Wissen um die strukturellen Einflussfaktoren des Energieverbrauchs die Ableitung verlässlicher Informationen zur verbleibenden Restreichweite, was die Einsatzfähigkeit der Fahrzeuge erhöht. Das Ziel dieser Studie ist daher die Identifizierung und Quantifizierung der strukturellen Einflussfaktoren auf den Energieverbrauch von Elektrofahrzeugen.

2 Stand der Forschung

Aktuelle Verbrauchsangaben der Hersteller für verschiedene Elektroautos liegen in etwa zwischen 13 und 18 kWh/100 km (DEUTSCHE AUTOMOBIL TREUHAND GMBH 2013). Eine Unterscheidung zwischen Stadt- und Landfahrzyklus, wie bei konventionellen Fahrzeugen üblich, findet nicht statt. Die Auswertung der Realdaten von 350 eingesetzten Fahrzeugen in den Projekten des Bundesprogramms “Elektromobilität in Modellregionen“ zwischen 2010 und 2012 ergab einen kombinierten Verbrauchswert von 16,9 kWh/100 km bei Kompakt- und Mittelklassewagen (BRAUNE 2012). In einer Studie von HOWEY et al. (2011) wird der Energieverbrauch von konventionellen Hybrid- und Elektroautos auf einer vordefinierten Strecke gemessen. Ziel war es, durch eine möglichst sparsame Fahrweise den Energieverbrauch so gering wie möglich zu halten. Bei dieser kaum auf den Alltag übertragbaren Messung verbrauchten die Elektroautos 0,62 MJ/km (17,2 kWh/100 km). FARIA et al. (2013) untersuchten den Energieverbrauch dreier verschiedener Elektroautos (Nissan Leaf, Smart ED und Peugeot iOn) auf Basis eines Fahrzeugtrackings auf einer definierten Teststrecke. Dabei werden mehrere Einflussfaktoren untersucht, insbesondere der Einfluss der Klimaanlage (aus, ankühlen, anheizen), des Fahrstils (aggressiv, normal, Eco) und der Umgebung (Stadt, Land). So steigerte eine aggressive Fahrweise den Stromverbrauch um fast 50 Prozent. Der Nissan Leaf verbrauchte auf der kombinierten Strecke bei normalem Fahrstiel und bei ausgeschalteter Klimaanlage 13,1 kWh/100 km. Dieser Wert steigt bei eingeschalteter Heizung jedoch auf 18,3 kWh/100 km.

Für konventionelle Fahrzeuge gibt es bereits umfangreichere Untersuchungen zur Ermittlung der Energieverbräuche in Abhängigkeit von Fahrsituation, Nutzerverhalten, etc. (z. B. BRUNDELL-FREIJ & ERICSSON 2005; SMIDFELD ROSQVIST 2000). Jedoch sind für Elektrofahrzeuge durchaus einige Änderungen zu erwarten. So ist insbesondere die Abhängigkeit der Reichweite des Fahrzeugs von der Außentemperatur deutlich. Bei niedrigen Temperaturen sind Elektroautos aufgrund höherer Speicherverluste der Batterie und durch einen höheren Stromverbrauch aufgrund der Heizung deutlich weniger effizient, als bei sommerlichen Temperaturen (DEKRA 2011, 2). Das Auftreten von Tank- (sprich Lade-) Verlusten ist ebenfalls elektrofahrzeugspezifisch (vgl. EHSANI et al. 2005, 309). Bei konventionellen Fahrzeugen bedeutet das häufige Bremsen und Beschleunigen beim Fahren in der Stadt einen stark erhöhten Kraftstoffverbrauch im Vergleich zu Fahrten über Land. Dieser Effekt könnte bei Elektroautos geringer sein, da sie Bremsenergie wiedergewinnen können. Um diese Effekte zu quantifizieren, bedarf es einer detaillierten Analyse.

Bei den bisher gemessenen Fahrten der vergleichbaren Studien handelt es sich jeweils um Testfahrten, die nur zum Zweck der Verbrauchsmessung in einem relativ kurzen Zeitraum stattgefunden haben. Ein Einsatz der Fahrzeuge unter tatsächlichen Alltagsbedingungen erfolgte nicht. Zudem wurden auch keine Untersuchungen zur Größe der jeweiligen Einflüsse gemacht. Hier setzt die vorliegende Studie an.

3 Methodik

Ziel der Arbeit ist es, anhand von strukturellen Umgebungsmerkmalen die Höhe des Energieverbrauchs der elektrischen Testfahrzeuge zu erklären. Neben den strukturellen Merkmalen werden auch Merkmale der Fahrer (z. B. Geschlecht und Alter), des Fahrzeugs (z. B. Klimaanlage) und der Umwelt (z. B. Witterung) untersucht. Die räumliche Zuordnung des Energieverbrauchs zu den jeweiligen strukturellen Merkmalen erfolgt in einem geographischen Informationssystem (ArcGIS 10). Einige der strukturellen Merkmale (z. B. Siedlungsdichte, Quartierstypen) werden aus städtischen GIS-Daten (z. B. Gebäude, Landnutzung) abgeleitet. Zur Erstellung eines entsprechenden Modells wird eine multiple Regressionsanalyse verwendet. Mit dieser Methode können die Wirkungsbeziehungen zwischen einer abhängigen und mehreren unabhängigen Variablen untersucht werden. Die Zusammenhänge zwischen den strukturellen Umgebungsmerkmalen und dem Energieverbrauch lassen sich somit überprüfen und quantifizieren. Tabelle 1 gibt einen Überblick über die potenziellen Einflussfaktoren aus dem Bereich der strukturellen Einflussfaktoren.

Tabelle 1: Strukturelle Einflussfaktoren auf den Energieverbrauch

Bereich	Faktor	Quellen
Siedlung	Raumtyp (Stadt vs. Land)	FARIA et al. 2013, 275 HOWEY et al. 2011
	Innerstädtisch: Quartierstyp	BRUNDELL-FREIJ & ERICSSON 2005
	Innerstädtisch: Dichte	–
	Raumkategorien des BRR	
	Landnutzung (Wohnen, Industrie, LWS, etc.)	–
Straße	Straßenneigung (bergauf, bergab)	EE-TOUR ALLGÄU 2011, 22, 26 FARIA et al. 2013, 275
	Straßenklasse (Gemeinde-, Bundesstraße, etc.)	JENSEN 1995 BRUNDELL-FREIJ & ERICSSON 2005 SMIDFELD ROSQVIST 2000 EE-TOUR ALLGÄU 2011, 28
	Breite / Zahl der Spuren	–
	Geschwindigkeit (Max., Mittel)	BRUNDELL-FREIJ & ERICSSON 2005 EE-TOUR ALLGÄU 2011, 26
	Hindernisdichte (Kreuzungen, Ampeln, etc.)	BRUNDELL-FREIJ & ERICSSON 2005 SMIDFELD ROSQVIST 2000
	Verkehrsbelastung / Stau	SMIT et al. 2008

4 Datenerhebung

Zur Erhebung der Energiedaten werden drei Mitsubishi iMiEV sowie drei Smart ED Elektroautos über den Zeitraum eines Jahres hinweg während ihrer alltäglichen Nutzung als Firmenfahrzeuge getrackt. Auf diese Weise werden die Daten einerseits unter Real-Bedingungen erhoben, andererseits werden saisonale Effekte eingefangen. Dadurch, dass die Fahrzeuge als Poolfahrzeuge von verschiedenen Personen genutzt werden, kann auch der Einfluss des Fahrerverhaltens gemessen werden. Die Fahrer werden zusätzlich mittels Fragebogen befragt, während die Daten zu den strukturellen Merkmalen aus sekundären Geo-Daten des Untersuchungsraums stammen. Das Tracking unterliegt technischen und rechtlichen Einschränkungen. Um die Daten der Mitsubishi-Fahrzeuge aufnehmen zu können, muss das Fahrzeug mit einem CAN-Bus-Gateway, einem Datenlogger und einer GPS/UMTS-Antenne ausgerüstet werden. Das Gateway ist ein von Mitsubishi angebotenes Gerät, welches das Auslesen der entsprechenden Daten aus dem CAN-Bus des Fahrzeugs erlaubt. Die Komponenten werden unsichtbar im Fahrzeug verbaut. Das Tracking-System wurde im Dezember 2013 in zwei der drei Fahrzeuge verbaut und befindet sich seitdem in der Testphase. Im Mai 2014 beginnt die kontinuierliche Datenerfassung und es erfolgt der Einbau des Systems in das dritte Mitsubishi-Fahrzeug. Das Tracking im Fall der Smart ED Fahrzeuge erfolgt auf ähnliche Weise. Allerdings ist die Datenaufnahme hier aus rechtlichen Gründen auf aggregierte Daten für Einzelfahrten beschränkt.

5 Ergebnisse

Zum jetzigen Zeitpunkt liegen lediglich Daten zu einzelnen Testfahrten vor, aus denen sich noch keine quantifizierenden Aussagen ableiten lassen. Qualitativ lassen sich jedoch bereits Einflussfaktoren darstellen.

Abbildung 1 zeigt die Aufzeichnungen einer 11 km langen Testfahrt mit Stromverbrauch, Straßenklassen, Tempolimits und Höhenprofil. Der mittlere Verbrauch auf dieser Fahrt lag bei etwa 14 kWh/100 km, wobei kurzfristige Spitzen des Verbrauchs bis auf 300 kWh/100 km in den Beschleunigungsphasen steigen. Auf der anderen Seite wurde durch Rekuperation bis zu 38 kWh/100 km zurückgewonnen. In Abbildung 1 sind die Beschleunigungsphasen bei Kilometer 0,7 und Kilometer 6,3 deutlich zu sehen, nachdem das Fahrzeug auf eine höhere Straßenklasse aufgefahren ist. Der Einfluss des Fahrzyklus (Bremsen/Beschleunigung) lässt einen Unterschied zwischen Stadt- und Landfahrten erwarten. Auf Basis der geltenden Höchstgeschwindigkeiten kann eine Differenzierung zwischen städtischen und ländlichen Streckenabschnitten erfolgen. Die Verbräuche erscheinen hier bei niedrigeren Tempolimits (in der Stadt) höher als bei höheren Limits (über Land). Alle Einflüsse werden dabei von der Topographie überlagert (Abb. 1 unten). Dieser Faktor zeigt insbesondere im hinteren Verlauf der Strecke seinen Einfluss. Durch das abfallende Straßenprofil ist der Energieverbrauch sehr gering, bzw. es wird sogar Bremsenergie zurückgewonnen.

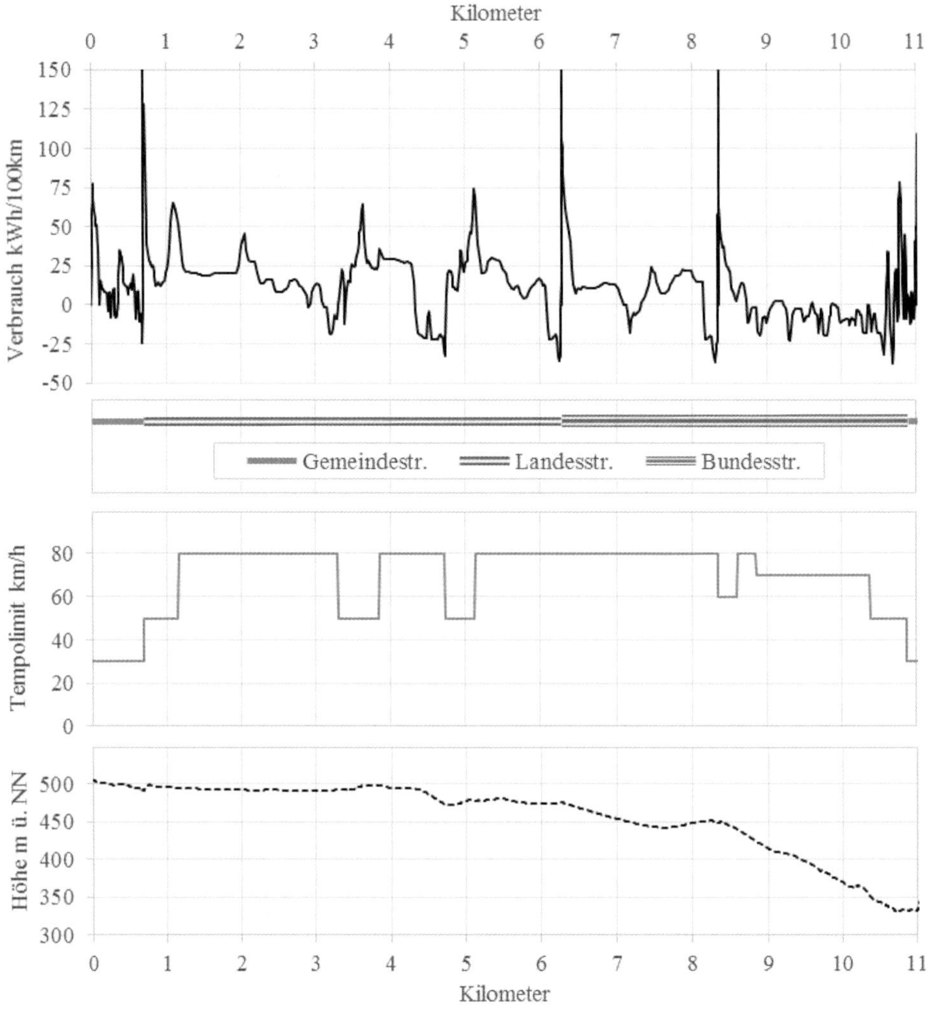

Abb. 1: Stromverbrauch, Straßenklassen, Tempolimits und Höhenprofil während einer Test-Fahrt mit einem Mitsubishi iMiEV im März 2014. (Quelle Tempolimits u. Straßenklasse: Verkehrsmodell Region Stuttgart 2010)

6 Fazit und Ausblick

Das Ziel der Arbeit, insbesondere anhand von strukturellen Umgebungsmerkmalen die Höhe des Energieverbrauchs von Elektroautos zu erklären, kann durch das dargestellte Forschungsdesign erreicht werden. Erste Ergebnisse zeigen, dass sich bereits auf Basis einzelner Test-Tracks bestimmte Einflussfaktoren identifizieren lassen. In der weitergehenden Forschung wird die Menge der zur Verfügung stehenden Fahrten um ein Vielfaches erweitert. Dadurch kann sowohl die Identifizierung langfristiger Einflüsse als auch eine Quantifizierung der Einflüsse erreicht werden. Eine Herausforderung stellt dabei die automatisierte und möglichst fehlerfreie Zuordnung der strukturellen Umgebungsmerkmale zu den GPS-Tracks mittels GIS dar. Ein anderer Punkt, dem in der weitergehenden Forschung Aufmerksamkeit geschenkt werden soll, sind Ladeverluste, die zwar nicht direkt mit dem Fahren zusammenhängen, für den Gesamtenergieverbrauch der Fahrzeuge jedoch unbedingt berücksichtigt werden müssen.

Literatur

BRAUNE, O. (2012), Ergebnisse des Bundesprogramms "Elektromobilität in Modellregionen". Vortragsfolien. NOW GmbH. Hamburg, 16.05.12.

BRUNDELL-FREIJ, K., ERICSSON, E. (2005), Influence of street characteristics, driver category and car performance on urban driving patterns. Transportation Research Part D: Transport and Environment, 10 (3), 213-229.

DEKRA e. V. (2011), Mit der Temperatur sinkt die Reichweite. Pressemitteilung. www.dekra.de (10.10.2013).

DEUTSCHE AUTOMOBIL TREUHAND GMBH (DAT) (2013), Leitfaden über den Kraftstoffverbrauch, die CO2-Emissionen und den Stromverbrauch aller neuen Personenkraftwagenmodelle, die in Deutschland zum Verkauf angeboten werden. 1. Quartal 2013.

EE-TOUR ALLGÄU PROJEKTKONSORTIUM (2011), IKT als Wegbereiter für die Elektromobilität. Projektbericht.

EHSANI, M., GAO, Y., GAY, S. E. & EMADI, A. (2005), Modern Electric, Hybrid Electric, and Fuel Cell Vehicles. Fundamentals, Theory, and Design. Boca Raton, Washington, D.C.

ERICSSON, E., LARSSON, H. & BRUNDELL-FREIJ, K. (2006), Optimizing route choice for lowest fuel consumption – Potential effects of a new driver support tool. Transportation Research Part C: Emerging Technologies, 14 (6), 369-383.

FARIA, R., MARQUES, P., MOURA, P., FREIRE, F., DELGADO, J. & DE ALMEIDA, A. T. (2013), Impact of the electricity mix and use profile in the life-cycle assessment of electric vehicles. Renewable and Sustainable Energy Reviews, 24, 271-287.

HOWEY, D. A., MARTINEZ-BOTAS, R. F., CUSSONS, B. & LYTTON, L. (2011), Comparative measurements of the energy consumption of 51 electric, hybrid and internal combustion engine vehicles. Transportation Research Part D: Transport and Environment, 16 (6), 459-464.

JENSEN, S. S. (1995), Driving patterns and emissions from different types of roads. Science of The Total Environment, 169, 123-128.

RUHKAMP, C. (2013), Die Kanzlerin springt der Autoindustrie bei. Frankfurter Allgemeine Zeitung (F.A.Z.), 213, 13.09.2013.

SMIDFELD ROSQVIST, L. (2000), Vehicular emissions and fuel consumption in street configurations with different characteristics. In: INSTITUTIONEN FOER TEKNIK OCH SAMHAELLE UND LUNDS TEKNISKA HOEGSKOLA (Eds.), Urban Transport Systems. Proceedings from the 2nd KFB Research Conferernce,(Bulletin 187), 187, 79-89.

SMIT, R., BROWN, A. & CHAN, Y. (2008), Do air pollution emissions and fuel consumption models for roadways include the effects of congestion in the roadway traffic flow? Environmental Modelling & Software, 23 (10), 1262-1270.

Umfeld und Erreichbarkeit von urbanen Grünflächen mit öffentlichen Verkehrsmitteln in Istanbul

Kerstin DOHR, Josef GSPURNING und Wolfgang SULZER
Universität Graz · kerstin.dohr@edu.uni-graz.at

Dieser Beitrag wurde durch das Programmkomitee als „reviewed paper" angenommen.

Zusammenfassung

Ein ausschlaggebender Faktor, der die Attraktivität von urbanen Räumen deutlich steigert, sind Grünflächen innerhalb einer Stadt oder Metropole. In der gegenständlichen Arbeit haben sich die Autoren mit dem Umfeld und der Erreichbarkeit der innerstädtischen Grünflächen von Istanbul beschäftigt, wobei ganz im Sinne der Nachhaltigkeit, das Netz der öffentlichen Verkehrsmittel – in gewissem Sinne strukturgebend für das Untersuchungsgebiet – im Fokus der Betrachtung stand. Die aktuellen Erhebungen konzentrieren sich räumlich auf das historische Finanz-, Wirtschafts- und Kulturzentrum (CBD), die Areale beiderseits des Haliç und die daran anschließenden Stadterweiterungszonen. Die die urbanen Grünflächen charakterisierenden Studien wurden auf der Basis aktueller hochauflösender Satellitenbilddaten durchgeführt. Erreichbarkeitsanalysen und Zonierung des Grünland-Umfeldes wurden unter Zuhilfenahme von Netzwerkdatensets umgesetzt. Ergänzend dazu wurden Demografie- und Marktforschungsdaten verwendet, um das Umfeld der Grünanlagen bezüglich der Bevölkerungsverteilung, der Alters- und Einkommensstruktur näher zu untersuchen.

1 Einleitung

In Zeiten, in denen Städte, vor allem Metropolregionen wie Istanbul, gut entwickelt sind und soziale Kriterien, wie Bildung, Beschäftigung und Sicherheit zu einem zufriedenstellenden Maße erreicht werden, bestimmen andere Faktoren die Attraktivität eines Raumes. Umweltbedingungen, zu denen auch innerstädtische Grünflächen zählen, werden immer bedeutender. Das Fehlen von urbanen Grün- und Erholungszonen ist einer der Hauptgründe für die Entsiedelung der Innenstädte und die daraus resultierende Suburbanisierung (VAN HERZELE & WIEDEMANN 2003).

Bereits im Juni 2009 hat ein Artikel in der Tageszeitung Hürriyet auf die steigende Urbanisierung auf Kosten der urbanen Grünflächen in Istanbul hingewiesen. The Green Area Ratio GAR (LOPEZNIETO 2012 & FITZGERALD 2007), die die verfügbare Grünfläche pro Person beschreibt, betrug in Istanbul 2009 nur 6,4 m^2 (SIEMENS 2009 & HÜRRIYET 2009) während der Durchschnitt für die Europäische Union bei 20 m^2 und global bei 7 m^2 liegt. Im European Green City Index (SIEMENS 2009) rangiert Istanbul lediglich auf dem 62. Platz. Ein Resultat, das unter anderem dem geringen Anteil an Grünflächen in der Stadt zuzuschreiben ist.

Strobl, J., Blaschke, T., Griesebner, G. & Zagel, B. (Hrsg.) (2014): Angewandte Geoinformatik 2014.
 ISBN 978-3-87907-543-0.

Ein erheblicher Teil der existierenden Veröffentlichungen über urbanes Grün und dessen Erreichbarkeit nutzt Geographische Informationssysteme, wie es auch in dieser Arbeit der Fall ist. Unter den Autoren herrscht weitgehende Übereinstimmung in der Definition von physischer Erreichbarkeit betreffend der Distanz zwischen zu definierenden Ausgangspunkten (etwa Wohnstätten oder – wie im vorliegenden Fall – Haltestellen des ÖPNV) und urbanen Grünflächen sowie der empfohlenen Mindestgröße innerstädtischen Grüns. Allgemein gelten Distanzen zwischen 300 und 500 Metern als plausibel für den Fußweg und 2 Hektar für die erwähnte Mindestgröße (COMBER et al. 2008, 2010, 2011; BARBOSA et al. 2007; VAN HERZELE & WIEDEMANN 2003). Die gewählten Zugänge der genannten Autoren sind unterschiedlich und reichen vom Sicherheitsaspekt über die Zugänglichkeit von Grünflächen nach gesellschaftlichen, sozioökonomischen und kulturellen Hintergründen bis zu ethnischen und religiösen Zugehörigkeiten. MOSELEY et al. (2013) und LA ROSA (2014) haben einen Vergleich unterschiedlicher Ansätze zur Klassifikation der Erreichbarkeit von urbanen Grünflächen unternommen und Analysen mithilfe der euklidischen Distanz komplexen Netzwerken gegenübergestellt.

KISAR-KORAMAZ & TÜRKOĞLU (2010) haben die Bedeutung von urbanen Grünflächen für die Lebensqualität und die Zufriedenheit der Bewohner in Istanbul untersucht. HOSGOR & GENLI YIGITER (2006) beschäftigten sich wiederum mit der Bedeutung von Grünflächen im historischen Zentrum von Istanbul und deren Wert als Erholungszonen für die Einwohner einer Stadt, die teilweise als „Freiluftmuseum“ fungiert. OGUZ (2000) führte eine Befragung von Nutzern dreier verschiedener Parks in Ankara durch. ERKIP (1997) evaluierte die Verteilung von öffentlichen städtischen Dienstleistungen wie Parks und Naherholungsgebieten ebenfalls in Ankara. Historisch sind städtische Parkflächen ein relativ junges Phänomen in türkischen Planungsbemühungen. OGUZ (2000) stellte auch fest, dass es keine „[...] Parktradition vor der Republikanischen Zeit“ gab. Die Errichtung klassischer Parks erfolgte erst ab 1923 und war Teil des Republikanischen Projektes (OGUZ 2000).

In der vorliegenden Arbeit untersuchen die Autoren die Erreichbarkeit urbaner Grünflächen mit öffentlichen Verkehrsmitteln in Istanbul. Frühere Studien in Großbritannien zeigten, dass für nahezu 40 % der Befragten die Erreichbarkeit mithilfe der öffentlichen Verkehrsmittel von Bedeutung ist (COMBER et al. 2011). Dies und die Tatsache, dass sich Istanbul seit einigen Jahren zur Forcierung des ÖPNV veranlasst sieht, war Motivation für die Fokussierung auf dieses Verkehrsmittel.

Das Ziel der vorliegenden Arbeit ist es, in diesem Sinne die Entfernung zwischen urbanen Grünflächen und Haltestellen öffentlicher Verkehrsmittel zu untersuchen, und so in weiterer Folge Aussagen über die Zugänglichkeit eben dieser Bereiche unter Nutzung des öffentlichen Verkehrs treffen zu können. An dieser Stelle sei angemerkt, dass in Istanbul 54 %[1] der Einwohner öffentliche Verkehrsmittel für ihren täglichen Weg zur Arbeit nutzen (SIEMENS 2009). Ausgehend davon ist die Nähe zu Haltestellen ein wichtigstes Kriterium der Zugänglichkeit und Häufigkeit der Nutzung von Grünflächen (FOSTER 1989 & ERKIP 1997). Das Ergebnis bildet eine Klassifikation des urbanen Grün nach seiner Erreichbarkeit mit den öffentlichen Verkehrsmitteln, mit deren Hilfe einerseits Ausstattungsdefizite innerhalb des

[1] Diese Angaben beinhalten normalerweise auch Personen, die zu Fuß oder mit dem Fahrrad zur Arbeit gelangen. Kenntnisse der lokalen Situation haben die Autoren jedoch dazu veranlasst, die Angaben auf die Nutzung öffentlicher Verkehrsmittel zu beschränken, da in Istanbul der Fußweg oder das Fahrrad kaum zur Bewältigung täglicher Wegstrecken genutzt werden.

Testgebiets identifiziert werden können, und andererseits eine Bewertung der Grünflächen unterstützt werden kann. Diese Aussagen werden durch Einbeziehung von Daten über das soziodemografische und ökonomische Umfeld der ausgewählten Parkflächen noch ergänzt.

2 Grundlagen

2.1 Untersuchungsgebiet

Das Untersuchungsgebiet umfasst sowohl das historische Kultur-, Finanz-, Wirtschaftszentrum (CBD), die Areale beiderseits des Haliç (Fatih, Beyoğlu und Teile von Eyüp) als auch die daran anschließenden Suburbanisierungszonen von Eyüp, Gaziosmanpaşa, Kağithane und Zeytinburnu (SEGER 2010) und ist besonders gut von den Linien des öffentlichen Verkehrs erschlossen; des Weiteren ermöglichten zahlreiche Umstrukturierungsprogramme in diesem Raum die Schaffung ausgedehnter neuer Parkanlagen und prädestiniert das Gebiet für eine solche Untersuchung.

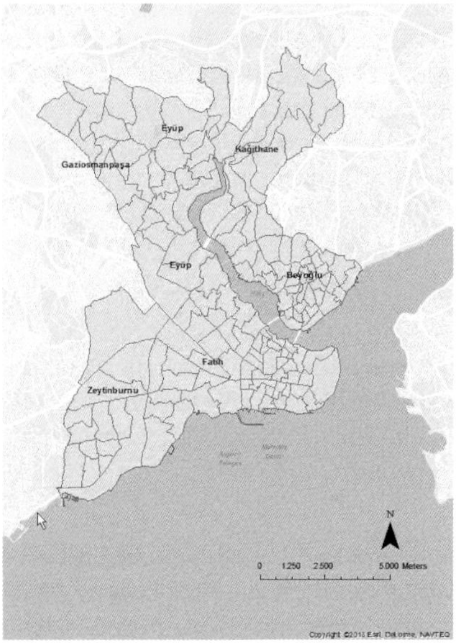

Abb. 1:
Überblick über das Untersuchungsgebiet im Originalmaßstab 1:100.000. Grundkarte: ESRI modifiziert durch DOHR et al. (2014).

2.2 Urbane Grünflächen

Unter urbanen Grünflächen sind Plätze innerhalb oder um eine Stadt zusammengefasst, die die Lebensqualität erhöhen und sich positiv auf die Umwelt auswirken (BEER 2000). Sie ermöglichen entweder eine direkte (aktive oder passive) Erholung für die Besucher oder wirken sich positiv auf die städtische Umwelt aus (ATIQUL HAQ 2011). Die vorliegenden Untersuchungen der urbanen Grünflächen umfassen grundsätzlich alle intraurbanen Parkanlagen. Damit kann die Verknüpfung von öffentlich geplanter Verkehrsinfrastruktur mit geschaffenem Erholungsraum analysiert werden.

Die räumliche Verteilung von Parks in Istanbul und ihre Häufigkeit in den einzelnen Stadtteilen ist sehr heterogen (AKSOY 2012). In den Stadtteilen mit einer Bevölkerungsabnahme aufgrund der Suburbanisierung konnten – im Sinne einer „nachträglichen Planung" – zusätzliche Grünflächen geschaffen werden. Im Gegensatz dazu weisen Randbereiche sehr niedrige Raten auf, was durch das Fehlen wirksamer Planungsmaßnahmen begründet werden kann (AKSOY 2012). Die Parkfläche pro Person betrug 2004 nur 1,1 m^2, entgegen den gesetzlichen Forderungen von 2,2 m^2/Person und jener von 10 m^2/Person für Grünflächen (AKSOY 2007, zitiert in AKSOY 2012 & HÜRRIYET 2009).

2.3 Erreichbarkeit

Zur Messung der Erreichbarkeit von urbanen Grünflächen werden grundsätzlich die Anzahl von Grünflächen in einer Stadt und deren Entfernung von bzw. zu den einzelnen Wohnstätten herangezogen (COMBER et al 2011 & BARBOSA et al. 2007 & VAN HERZELE & WIEDEMANN 2003 & COMBER et al. 2008 & OGUZ 2000). Auch ERKIP (1997) stellte fest, dass der Zugang zu öffentlichen Dienstleistungen u. a. von Parkanlagen und deren Verteilung im Raum abhängt.

Frühere Arbeiten untersuchten die Erreichbarkeit ausgehend von Wohnstätten (COMBER et al. 2008, 2010, 2011 & BARBOSA et al. 2007). Diese Untersuchung fokussiert hingegen auf die Erreichbarkeit mithilfe des öffentlichen Verkehrs und konzentriert sich hierbei auf die Entfernung zwischen Haltestellen und städtischen Parks, orientiert sich jedoch nur bedingt an den sonst in der Literatur verwendeten Distanzen, wo 300 Meter als gute, 300 bis 1000 Meter als mittlere und über 1000 Meter Entfernung von einer Haltestelle als unzureichende Erreichbarkeit mithilfe des öffentlichen Verkehrs angesehen werden. Als Schwellenwerte für Gehzeiten werden je nach Kategorie unter 5, 5 bis 10 oder 15 und mehr Minuten angenommen (COMBER et al. 2010 & ERKIP 1997). Diese Klassifizierung entspricht im Übrigen auch den Indikatoren der OECD (2012) für eine kompakte Stadtentwicklung.

3 Datenverarbeitung

3.1 Datenerfassung

Für die Erfassung der urbanen Grünräume im Untersuchungsgebiet wurde eine WV2-Satellitenbildaufnahme vom 26. Mai 2013 mit einer Auflösung von 0,5 m verwendet. Die Kartierung erfolgte in einem ersten Schritt über eine objektbasierte Klassifikation eines Satellitenbildes mit einer Softwarelösung von Definiens. Die Zuordnung von Grünflächen hinsichtlich ihres funktionalen bzw. „amtlichen" Status als Park erfolgte einerseits mit Crowd-Mapping – basiertem Material, andererseits aber durch Verwendung der via Internet angebotenen und aus den offiziellen Planungsgrundlagen abgeleitetem Kartenmaterial der Stadt Istanbul (http://sehirrehberi.ibb.gov.tr/map.aspx).

Unter Zuhilfenahme von hochauflösendem (Luft-)Bildmaterial und Ortskenntnis wurden für die Analysen zusätzlich noch Zugangsreferenzpunkte zu den berücksichtigten Anlagen digitalisiert. Zur Darstellung und Analyse des öffentlichen Verkehrsnetzes (Liniengraphen und Haltestellen) wurde ebenso wie beim Straßen-Netzwerk auf die zu diesem Zeitpunkt (Anfang Jänner 2014) aktuellsten *OpenStreetMap*-Daten der Provider Geofabrik und Metro Extract zurückgegriffen; diese Datensätze wurden im Anschluss daran auf Geometriefehler und korrekte Topologie überprüft und gegebenenfalls korrigiert. Das solcherart entstandene und der Untersuchung zugrunde liegende Verkehrsnetz umfasst: Eisenbahn-, U-Bahn-, Straßenbahn- und Metrobuslinien sowie die dazugehörenden Haltestellen. Die Bushaltestellen mussten erfasst werden und wurden unter Verwendung von Referenzdaten der Stadt Istanbul (http://sehirrehberi.ibb.gov.tr/map.aspx) im *ArcGIS* digitalisiert und mit im Rahmen anderer Unternehmungen GPS-gestützt akquirierten Datenquellen abgeglichen.

Um demografische Informationen über die Bevölkerung im Einzugsgebiet der Parks zu erhalten, wurden soziodemografische Daten (MB-RESEARCH 2010) in die Analyse mit einbezogen. Ausgewertet wurden die Altersstruktur/m^2 und Einzugsgebiet in Wegzeitminuten sowie die Kaufkraft/m^2 im selbigen Teilgebiet.

3.2 Datenmodell und Analyse

Auf der Basis der erhobenen Daten und des konstruierten Netzwerkes wurden Analysen durchgeführt, die die Erreichbarkeit der urbanen Parkanlagen mittels öffentlicher Verkehrsmittel evaluierten. Durch das gegenwärtig erst rudimentär vorhandene und daher wenig repräsentative Datenmaterial über die Herkunft der Parkbesucher lassen sich kaum tragfähige Schlussfolgerungen hinsichtlich ihres Mobilitätsverhaltens zwischen Wohnung und Eintritt in das öffentliche Verkehrsnetz ziehen; die vorliegende Studie geht also von der Annahme aus, dass – unabhängig vom Einstiegsort – der Passant auf seinem Weg zum Park automatisch die für ihn wegtechnisch günstigste Kombination von Ausstiegshaltestelle und Parkzugang auswählt.

Anders als in den in Punkt 2.3 vorgestellten Zugängen, in denen ausgehend von diesen Haltestellen gemeinhin drei Erreichbarkeitsklassen definiert wurden, werden in dem hier propagierten wegzeitbasierten Ansatz Erreichbarkeitszonen mit 10 äquidistanten Wegzeitklassen von je 3 Minuten konstruiert. Die Entfernung wird über die reelle Distanz spezifiziert. Der zurückgelegte Weg wurde abhängig von Steigung bzw. Gefälle in exakt beschreibbaren Beziehungen zwischen Verkehrsgraphen und Geländemodell verlängert. Zudem wurden die lokalen Neigungsverhältnisse bzw. deren Auswirkung auf die Impedanz/Wegzeit durch die Einbeziehung eines Leistungskilometer- (besser: Leistungsmeter-) Konzeptes gewichtet. Auch das mittlere Verkehrsaufkommen bzw. die diesbezügliche Attraktivität der Strecke wurden eingebaut. Schlussendlich wurde versucht, Einflüsse des *passenger flow environments* mithilfe von GPS- und Videoaufzeichnungen aus früheren Untersuchungen einfließen zu lassen.

Neben der Erreichbarkeit mithilfe der öffentlichen Verkehrsmittel wurde auch das Einzugsgebiet der Parks untersucht. Dieses wurde nach Wegzeitminuten klassifiziert und mit soziodemografischen und ökonomischen Daten verschnitten. Um einen ersten Überblick zu erhalten, wurden für die gegenständliche Analyse die ersten 3 Zonen des zugrunde liegenden Wegzeitmodells herangezogen, d. h. 0 bis 3, 3 bis 6 und 6 bis 9 Minuten ausgehend vom jeweiligen Parkpolygon. Die Analyse der mit diesen Zonen assoziierten statistischen Daten versucht die Frage zu klären, ob sich im Umfeld bestimmter städtischer Parks bevorzugt bestimmte sozio-ökonomische bzw. demografische Gruppen niederlassen, und untersucht zudem die Kaufkraft und die Altersstruktur im Umfeld der urbanen Parks.

4 Ergebnisse

Aus dem Blickwinkel der unter Punkt 1 formulierten Zielvorgaben lassen sich bereits jetzt auf mehreren Ebenen Ergebnisse vorstellen: Schon bei Betrachtung des Untersuchungsgebiets in seiner Gesamtheit fällt die relativ gleichförmige Verteilung der berücksichtigten Anlagen (3 Größenklassen mit einer mittleren Fläche von je ca. 36500 m^2) auf, wobei lediglich im Bereich der historischen Altstadt, entlang der W-E Hauptverkehrsachse und am europäischen Bosporusufer eine besondere Nähe zwischen Haltestellen und Parks zu erkennen ist. An dieser Stelle soll zudem auf ein bemerkenswertes Detail hingewiesen werden, das – obwohl nicht im Fokus der Analyse – wegen seiner planerischen Relevanz dennoch nicht verschwiegen werden soll: In Summe nehmen die 142 Parks eine Gesamtfläche von etwa 520.000 m^2 ein, die nach offiziellen Szenarien (Bu et al. 2003) im Erdbebenfall knapp 150.000 Personen Schutz bieten könnten. Die aktuell in diesem Stadtviertel lebende Bevölkerung beläuft sich jedoch nach jüngsten Schätzungen auf ca. das 7-fache!

Hinsichtlich des Zusammenhangs zwischen ÖPNV und urbanem Grün erlaubte die Verschneidung der Isochronen mit den ausgewiesenen Grünflächen zunächst eine Beurteilung der Qualität der jeweils zugeordneten Haltestelle und zwar in Gestalt der Anzahl der davon innerhalb einer bestimmten Zeitspanne erreichbaren Parkzugänge, des Weiteren aber auch als Summe der von einer bestimmten Wegzeitzone vereinnahmten Grünlandfläche. Etwa die Hälfte der untersuchten Parkzugänge liegt in Entfernungszonen 3 bzw. 4, also etwa 9 bis 12 Minuten von den Stationen entfernt, etwa ein Viertel liegt in den Zonen 5 und 6 (max. 15 bis max. 18 Minuten). Besonders bemerkenswert: Die verbleibenden 25 %, die letztlich jene Bereiche markieren, in denen Haltestellen und Parks besonders weit voneinander getrennt auftreten, liegen in Zeytinburnu, beiderseits des mittleren Haliç und in Beyoğlu.

Der zweitgenannte Zugang untersucht das Problemfeld aus einer eher Park-zentrierten Sichtweise. Durch die Berücksichtigung der wirtschaftlichen und demografischen Charakteristik der unmittelbaren Umgebung der Grünflächen können Aufschlüsse über möglicherweise existierende Zusammenhänge zwischen (der bisher noch nicht berücksichtigten) Ausstattung der Grünflächen und der Struktur ihrer Umgebung nachgewiesen werden. Angesichts dessen wurde das Einzugsgebiet der Parks wie oben erwähnt charakterisiert. Der erste Aspekt der solcherart eingebunden wurde, war die Kaufkraft als Parameter für den „Wohlstand" der Anwohner. Als Beispiele wurden Parks in Beyoğlu stellvertretend für die Innenstadt und Parks in Eyüp repräsentativ für das Stadterweiterungsgebiet ausgewählt. Die nachstehende Abbildung zeigt die unterschiedliche Verteilung in den einzelnen Regionen. In Beyoğlu (siehe Abb. 2 oben) ist die Kaufkraft bezogen auf die Fläche höher je näher man den einzelnen Parks kommt. In den Klassen 0 bis 3 und 3 bis 6 Minuten ist sie „sehr hoch" während sie in der Zone 6 bis 9 auf „hoch" bis „mittel" abnimmt. Die Gebiete um die abgebildeten Parks gehören zu jenen Gebieten, die mitunter die höchste Kaufkraft in Beyoğlu aufweisen. Die Situation um die ausgewählten Parks in Eyüp spiegelt ein umgekehrtes Bild wieder. In der Klasse 0 bis 3 Minuten ist sie „sehr niedrig" bis „niedrig" während sie ein mittleres bis hohes Niveau in den beiden übrigen Klassen erreicht. Die Kaufkraft nimmt also mit der Entfernung von den einzelnen Parks zu. Unter Berücksichtigung, dass es sich in den ausgewählten Regionen rund um die Parks um dünn besiedelte Wohngebiete handelt, ist die geringe Kaufkraft auf starke bzw. fehlende wirtschaftliche Aktivität im Einzugsgebiet zurückzuführen.

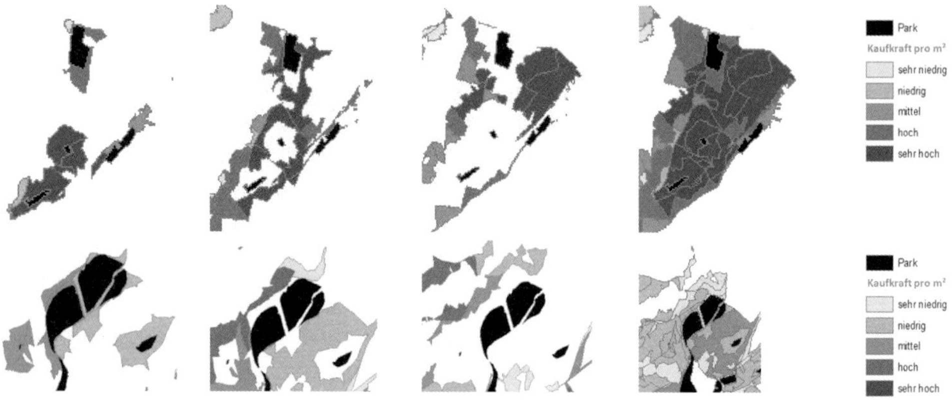

Abb. 2: Die Abbildung zeigt die Kaufkraft in EURO/m^2 im Einzugsgebiet der Parks zwischen 0 bis 3, 3 bis 6 und 6 bis 9 Minuten Wegzeit (von links nach rechts) in Beyoğlu (oben) und in Eyüp (unten) (nach DOHR et al. 2014).

Als letzter Aspekt aus dem Kanon der soziodemografischen Variablen soll ein Blick auf die Altersstruktur im Einzugsgebiet der Parks geworfen werden. Es wurden wiederum zwei Beispiele ausgewählt. Dazu zählen Parks in Fatih/Zeytinburnu (siehe Abb. 3) angrenzend an die Theodosianische Mauer und am oberen Haliç in Kağithane. Die Ergebnisse zeigen in der Region um die Parks in Fatih einen hohen Anteil an Bewohner mit 60 Jahren und darüber. „Hohe" Anteile sind in allen drei Klassen zu verzeichnen. Der Anteil der Senioren ist in der Klasse 6 bis 9 Minuten „sehr hoch". In den Klassen von 0 bis 3 und von 3 bis 6 Minuten liegt er noch immer bei „hoch" bis „mittel". Diese Werte gelten für die nordöstlichen bis südlichen Breiche der untersuchten Einzugsgebiete. Diese umfassen jene Wohngebiete jenseits der Theodosianischen Mauer, die zum Stadtteil Fatih gehören. Während jene, die zum Stadtteil Zeytinburnu gehören, aufgrund der gewerblich genutzen Bereiche einen niedrigeren Anteil an Senioren aufweisen. Im Vergleich dazu reicht der Anteil der übrigen Altersgruppen in allen Klassen nur von „sehr gering" bis „mittel". Allgemein ist festzuhalten, dass der westliche Teil des Einzugsgebietes in Zeytinburnu vor allem industriell genutzt wird.

Abb. 3: Die Abbildung zeigt den Anteil der Bewohner mit 60 Jahren und älter/m^2 im Einzugsgebiet ausgewählter Parks in Fatih (oben) und der übrigen Altersgruppen (unten) (nach DOHR et al. 2014).

In Kağithane hingegen ist der Unterschied des Anteils der einzelnen Altersgruppen am Einzugsgebiet der Parks gering. Während der Anteil der 0- bis 59-Jährigen in den einzelnen Klassen variiert, ist jener der 60-Jährigen und älter konstant und reicht von „mittel“ bis „hoch“.

Bezogen auf die soziodemografischen Daten kann festgehalten werden, dass die geringe Kaufkraft in der unmittelbaren Umgebung der Parks, aufgrund der dünnen Besiedelung, dem Vorhandensein bzw. der Abwesenheit lokaler wirtschaftlicher Aktivität zugeschrieben werden kann. Städtische Parks sind demnach nicht entscheidend für die Niederlassung wirtschaftlich gut gestellter Gruppen. Hingegen lässt die Betrachtung der Altersstruktur in unmittelbarer Umgebung der Parks Rückschlüsse auf die Besiedelung des Einzugsgebietes zu. Die Analyse hat ergeben, dass besonders die Gruppe der 60-Jährigen und älter die Nähe zu städtischen Parks sucht. Ein naheliegender Abgleich dieser Ergebnisse mit allenfalls aus Umfragen gewonnenen Resultaten musste bedauerlicherweise unterbleiben, weil im Rahmen von Feldarbeiten mit Studierenden zwar Erhebungen bezüglich Besucherzahl,–struktur und –verhalten vorgenommen wurden, die solcherart gewonnenen Informationen jedoch wegen sprachlicher Barrieren aber auch aus anderen Gründen als nicht repräsentativ erachtet wurden.

Literatur

AKSOY, Y. (2012), An Evaluation of Distribution and Quantity of Parks in Istanbul. Urban Development, March 2012.

ATIQUL HAQ, SHAH MD. (2011), Urban Green Spaces and an Integrative Approach to Sustainable Environment. In: Corre, KMI, Open University. http://core.kmi.open.ac.uk/display/5847377 (08/2013).

BARBOSA, O., TRATALOS, J., ARMSWORTH, P., DAVIES, R., FULLER, R., JOHNSON, P. & GASTON, K. (2007), Who benefits from access to green space? A case study from Sheffield, UK. Landscape an Urban Planning, 83, 187-195.

BEER, A. & COSTC11 research group, (2000), Greenstructures and Urban Planning. http://www.greenstructureplanning.eu/COSTC11/gloss.htm (07/2013).

BOGAZICI UNIVERSITY (BU), ISTANBUL TECHNICAL UNICERSITY (ITU), MIDDLE EAST TECHNICAL UNIVERSITY (METU) & YILDIZ TECHNICAL UNIVERSITY (YTU) (2003), Earthquake Masterplan for Istanbul. Geotechnical and Earthquake Investigation Department, Planning and Construction Directorate, Metropolitan Municipality of Istanbul. 569 p.

COMBER, A., BRUNSDON, C. & GREEN, E. (2008), Using a GIS-based network analysis to determine urban greenspace accessibility for different ethnic and religious groups. Landscape and Urban Planning, 86, 103-114.

COMBER, L. & SOTOUDEHNIA, F. (2010), Poverty and environmental justice: a GIS analysis of urban greenspace accessibility for different economic groups. In: 13th AGILE International Conference on Geographic Information Science 2010 Guimaraes, Portugal.

COMBER, L. & SOTOUDEHNIA, F. (2011), Measuring Perceived Accessibility to Urban Green Space: An Integration of GIS and Participatory Map. In: AGILE-online.org, Conference Papers 2011, 18-25.

ERKIP, F. (1997), The distribution of urban public services in Ankara: the case of parks and recreational services in Ankara. Cities, 4 (6), 353-361.

FITZGERALD, S. (2007), Green Urbanism and Ecological Infrastructure. Department of Landscape Architecture and Regional Planning, University of Massachusetts, Amherst. http://courses.umass.edu/greenurb/2006/sfitzgerald/Innovations_GAF.htm (08/2013).

HOSGOR, Z. & GENLI YIGITER, R. (2006), The Role of Greenways For Cultural And Historical Continuity In New Urbanism: A Case Study For Halic. European Regional Science Association, ERSA Conference Papers No. ersa06p886. http://www-sre.wu-wien.ac.at/ersa/ersaconfs/ersa06/papers/886.pdf (08/2013).

HÜRRIYET GAZETE HABERLERI (2009), Istanbul's green space disappearing. http://hurarsiv.hurriyet.com.tr/goster/haber.aspx?id=11926014&p=2 (08/2013).

ISTANBUL BÜYÜKSEHIR BELEDIYESI, City Map. http://sehirrehberi.ibb.gov.tr/map.aspx (08/2013)

KISAR-KORAMAZ, E. & TYRKOĞLU, H. (2010), Urban Green Areas' Contribution To Residential Quality: Case from Istanbul. ENHR Conference 2010, 4-7 July: Urban Dynamics and Housing Change, Istanbul.

LA ROSA, D. (2013), Accessibility to greenspaces: GIS based indicators for sustainable planning in a dense urban context. Ecol. Indicat. (2013). Article in press.

LOPEZNIETO, M., SOUTHERN DESIGN & BUILDING (2012), Green Area Ratio: Making Urban Areas More Sustainable. http://www.southerndesignandbuilding.org/front/item/254-green-area-ratio-making-urban-areas-more-sustainable (08/2013).

MB-RESEARCH (2013): Soziodemographische Daten von Istanbul aus dem Jahr 2010.

MOSELEY, D., MARZANO, M., CHETCUTI, J. & WATTS, K. (2013), Green networks for people: Application of a functional approach to support the planning and management of greenspace. Landscape and Urban Planning, 116, 1-12.

OECD (2012), Compact City Policies: A Comparative Assessment, OECD Green Growth Studies, OECD Publishing. http://dx.doi.org/10.1787/9789254167865.en (01/2014).

OGUZ, D. (2000), User surveys of Ankara's urban parks. Landscape and Urban Planning, 52, 165-171.

SEGER, M. (2010), Stadtentwicklung und Segregation im Großraum Istanbul. Geographische Rundschau, 1/2010, 12-18.

THOMPSON, C. (2002), Urban open space in the 21st century. Landscape and Urban Planning, 60, 59-72.

VAN HERZELE, A. & WIEDEMANN, T. (2003), A monitoring tool for the provision of accessible and attractive urban green spaces. Landscape and Urban Planning, 63, 109-126.

Eco-Routing auf Smartphones für Elektrofahrzeuge

Bernd DREIER, Uli GÖHNER, Andreas FISCHER und Robert SCHMID
Hochschule Kempten · bernd.dreier@hs-kempten.de

Zusammenfassung

Eine der größten Barrieren der heutigen Elektrofahrzeuge ist ihre limitierte Reichweite. Obwohl die Mehrheit der Autofahrer nicht mehr als 40 Kilometer pro Tag fährt (MOBILITÄT IN DEUTSCHLAND 2008), ist das Kaufverhalten für Elektrofahrzeuge mit viel kleinerer Reichweite als solcher mit Verbrennungsmotoren sehr zurückhaltend. Mit dieser Arbeit adressieren wir die zusätzlichen Informationsbedürfnisse der Fahrer von E-Fahrzeugen durch die Entwicklung einer Applikation für Standard-Smartphones, welche sowohl eine detaillierte und genaue grafische Repräsentation der Reichweite des Elektrofahrzeugs ermöglicht, als auch einen fortgeschrittenen Routing-Algorithmus implementiert, der den spezifischen Energieverbrauch des Elektrofahrzeugs berücksichtigt.

1 Besonderheiten der verwendeten Plattform

Die hier beschriebene Softwareplattform wird seit 2009 im Rahmen der Forschungsprojekte ee-tour (ERGEBNISBUCH EE-TOUR ALLGÄU 2011) und e-connect (VERBUNDVORHABEN „ECONNECT GERMANY" 2013) an der Hochschule Kempten weiterentwickelt. In diesen Projekten wurden verschiedenste Fahrzeugtypen mit jeweils völlig unterschiedlichen, meist fest verbauten, Steuersystemen verwendet. Auch die Art und Weise der Nutzung deckte zwischen Pendler, Flughafentransfer und Ausflugsfahrt im Urlaub die unterschiedlichsten Profile ab. Daher waren für die zu entwickelnde Plattform folgende Punkte besonders wichtig:

- Unabhängigkeit von Datennetzen, da die Alpenregion eine schlechte Netzabdeckung hat und eine Routen- und Reichweitenberechnung an jedem Ort zu jeder Zeit möglich sein muss, auch grenzüberschreitend.
- Verwendung in verschiedensten Fahrzeugtypen.
- Unabhängigkeit von Kartenmaterial Dritter, da für die exakten Berechnungen an verschiedensten Stellen in die Algorithmen und auch in die Datenhaltung eingegriffen werden muss.

1.1 Entwicklung auf Google Android mit Offlinekarten

Auf Basis der obigen Überlegungen bot sich besonders Google Android an, das sowohl für verschiedenste Mobiltelefone als auch für Tablets zur Verfügung steht. Da die Anwendung unabhängig von Datennetzen sein soll und wir das Kartenmaterial durch zusätzliche Daten anreichern (s. u.), arbeitet unsere Anwendung ausschließlich mit Offlinekarten. Allerdings erfordert dieser Ansatz auch mehr benötigten Speicherplatz auf dem mobilen Gerät, welcher bei aktuellen Generationen an sich ausreichend vorhanden ist. Dennoch ergeben sich

Strobl, J., Blaschke, T., Griesebner, G. & Zagel, B. (Hrsg.) (2014): Angewandte Geoinformatik 2014.
 ISBN 978-3-87907-543-0.

für die Entwicklung einige Einschränkungen, insbesondere im Bezug auf die verwendbare Programm-Heap-Größe und den Arbeitsspeicher. So ist es mit dem Android-SDK nur möglich 16 MB Heap-Speicher pro Applikation zu allokieren. Es ist daher besonders wichtig ressourcensparende Algorithmen zu entwickeln.

2 Routen- und Reichweitenberechnung

2.1 Routing-Graph

Die Anwendung verwendet das in Java geschriebene Routing-Framework „graphhopper“[1], dessen kompaktes Routing-Graph-Format auf OSM[2] Daten basiert. Da OSM momentan keinerlei Höheninformationen mitführt, müssen diese zusätzlich beschafft und in das Framework integriert werden. Für die hier beschriebenen Anwendungen wurden die kostenfrei verfügbaren Höhendaten SRTM[3] heruntergeladen und als zusätzliches Attribut für die Graph-Knoten hinzugefügt.

Der Routing-Graph besteht aus Knoten (Nodes) welche über Kanten (Edges) miteinander verbunden sind. Jeder Knoten setzt sich aus einer GPS-Koordinate und der Höhe zusammen. Eine Kante kennt ihre beiden Endpunkte, die Richtungen in der sie durchfahren werden darf, ihre Länge in Metern und die Geschwindigkeit die durchschnittlich auf ihr gefahren wird in m/s als Kanten-Gewichte. Abbildung 1 veranschaulicht die Datenstruktur anhand von Beispieldaten.

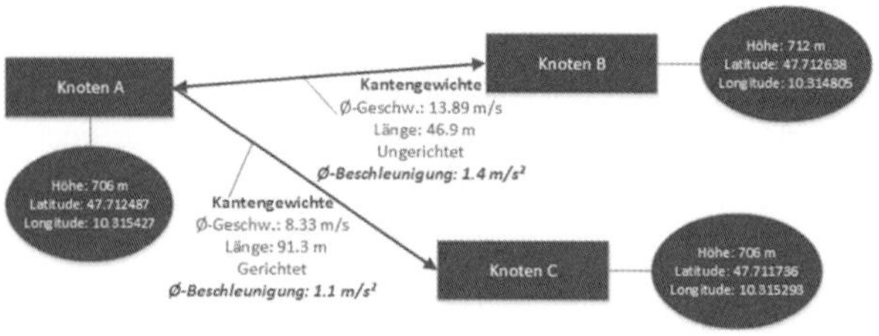

Abb. 1: Graph-Struktur mit Beispieldaten. Fett gedruckte Gewichte werden derzeit durch Kartendatenanreicherung hinzugefügt

2.2 Theoretisches Energieverbrauchsmodell

Für eine verlässliche Reichweitenprognose des Fahrzeugs ist ein exaktes Energieverbrauchsmodell unerlässlich, das die voraussichtlich benötigte Energiemenge abhängig von bestimmten Umweltfaktoren, dem Fahrzeug selbst und dem individuellen Verhalten des Fahrers möglichst genau vorhersagt. Die Energie aus der Hauptbatterie des Elektrofahrzeugs wird während der Fahrt dazu benötigt, den Fahrwiderstand zu überwinden. Dieser setzt sich zusammen aus vier Komponenten: Luft-, Roll-, Beschleunigungs- und Steigungswiderstand. Letztere beiden können in allen Berechnungen mit negativen Vorzeichen (Rekuperation) vorkommen.

---

[1] Siehe http://graphhopper.com
[2] Siehe http://www.openstreetmap.de
[3] Shuttle Radar Topography Mission (SRTM) im Februar 2000 unter Beteiligung der DLR

Im derzeitigen Entwicklungsstand haben wir einige Vereinfachungen angenommen: Temperatur- sowie alterungsabhängige Einwirkungen auf die Kapazität der Batterie sind in der Reichweitenberechnung lediglich pauschal vorgesehen und werden derzeit von einem „Schwesterprojekt" an der Hochschule Kempten genauer untersucht (ARMSTORFER 2013). Auch Regen und Schnee trägt zu verändertem Fahrverhalten des Fahrers und Rollwiderstand bei. Diese Komponenten wurden aktuell ebenfalls außer Acht gelassen, d. h. alle Messwerte und Annahmen legen nahezu trockene Fahrbedingungen zugrunde. Als am schwersten vorherzusehender Faktor gestaltet sich die Annahme über das Verhalten des Fahrers. Neben stark veränderlichen Beschleunigungswerten erlauben einige Fahrzeuge Bremswirkung durch Rekuperation. Schon ohne die Berücksichtigung dieser Art der Energierückgewinnung erzielen wir allerdings sehr gute Näherungen, was sich mit den Erkenntnissen spezifischer Untersuchungen zu diesem Gebiet deckt, Rekuperation in der Praxis als verhältnismäßig wenig relevant einstufen (BRÜCKNER 2011)

2.3 Berechnung und Anzeige einer Reichweitenkarte

In einer Straßenkarte werden dem Benutzer auf Basis der OSM-Kartendaten drei Polygone angezeigt. Die Außenkanten dieser Polygone beschreiben die maximale Reichweite des Elektrofahrzeugs bei verschiedenen Fahrprofilen. Wir unterscheiden dabei zwischen den drei Fahrstilen „sportlich", „durchschnittlich" und „energieeffizient". Abbildung 2 zeigt die beschriebene Reichweitenkarte in Graustufen (in der Anwendung natürlich farbig).

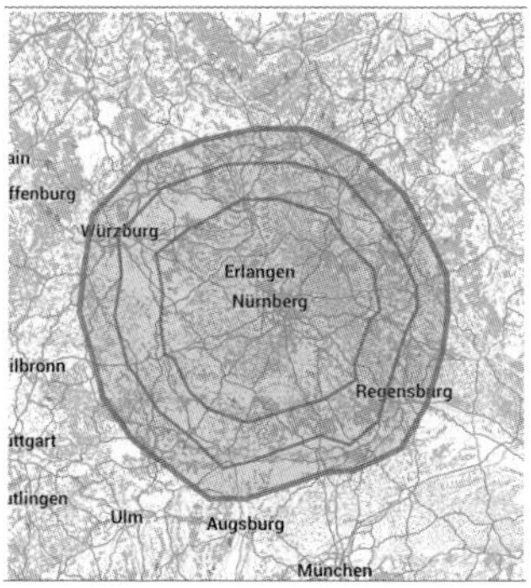

Abb. 2:
„Spiegeleikarte" mit den Reichweiten für die verschiedenen Fahrstile „sportlich", „durchschnittlich" und „energieeffizient" (von innen nach außen)

Damit die Reichweitenkarte schnell berechnet werden kann, müssen möglichst schnelle Routingtechniken und –Algorithmen eingesetzt werden. In diesem Fall wurden „Contraction Hierarchies" (nach GEISBERGER 2008) mit bidirektionalen Routingalgorithmen eingesetzt, um das Berechnen von Pfaden in einem Graphen maßgeblich zu beschleunigen. Hierbei wird die Reichweitenkarte immer von einer Ausgangskoordinate M (i. d. R. von der Position des Fahrzeugs) aus berechnet. Um diesen Punkt werden kreisförmig neue Koordinaten mit einem Radius r = 110 % der maximalen Reichweite des Fahrzeugs in km generiert (siehe Abb. 3). Anschließend sind alle Routen vom Ausgangspunkt zu diesen Koordinaten zu berechnen. Um überhaupt eine Aussage über die verbrauchte Energie treffen zu können, muss ein Simulator geschaffen werden, der virtuell eine Route abfährt und mithilfe des in Kapitel 446 beschriebenen Modells den Energieverbrauch vorausberechnen kann. Dieser Simulator in Form eines virtuellen Fahrzeugs liefert dann die Graph-Kante auf der die Energie des Autos voraussichtlich verbraucht sein wird. Genauer werden folgende Schritte durchlaufen:

Kreis-Vertices berechnen

Leider sind Kreisberechnungen in einem GPS-Koordinatensystem nicht trivial, da seine beiden Achsen abhängig von der elliptischen Form des Planeten unterschiedlich skaliert sind. An der Koordinate 47.0,10.0 beträgt beispielsweise ein Schritt von 0.1 Längengraden eine Distanz von ca. 11 Kilometern, wohingegen ein gleich großer Schritt in Breitengradrichtung eine Distanz von ca. 7.5 Kilometern beträgt. Um dennoch einen konstanten Radius r für alle Kreispunkte zu erhalten, findet hier die Haversine-Formel Anwendung. Mit dieser Formel lässt sich ausgehend von einer gegebenen GPS Koordinate unter Angabe eines Winkels und einer Distanz in Kilometern die korrekte GPS Koordinate errechnen. Alle errechneten Kreispunkte werden anschließend auf ihren nächstgelegenen Graph-Knoten verschoben ebenso wie der Ausgangspunkt der Reichweitenkarte. Abbildung 3 zeigt das Ergebnis des beschriebenen Verfahrens.

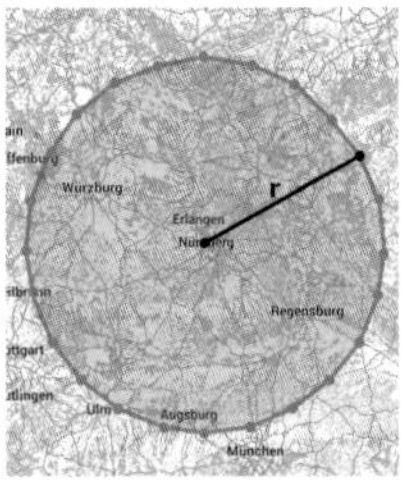

Abb. 3: Kreis definiert durch auf Graph-Knoten gelegte Vertices mit Abstand r zum Ausgangspunkt

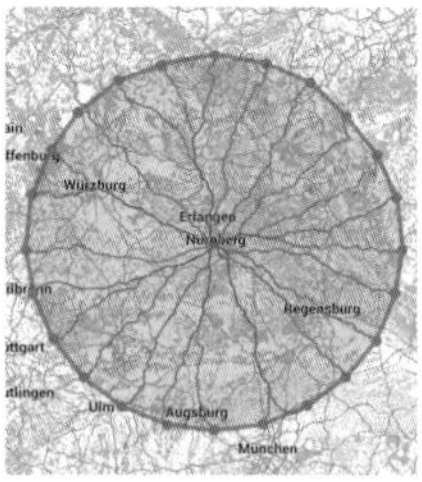

Abb. 4: Berechnete Routen vom Ausgangspunkt zu den vorläufig errechneten Kreispunkten

Wie viele Kreispunkte letztendlich generiert werden, wird durch den Auflösungsparameter n bestimmt. Je größer n, desto genauer die Reichweitenkarte und desto länger die Berechnungszeit.

Routenberechnung

Verteilt auf mehrere asynchrone Threads können unabhängig voneinander die Routen vom Ausgangspunkt der Karte zu den vorläufig berechneten Kreis-Vertices berechnet werden, wie in Abbildung 4 gezeigt. Diese Routen dienen als Input für das theoretische Energieverbrauchsmodell. Beim Routen wird zwischen verschiedenen Routentypen differenziert. Der Benutzer kann zwischen kürzester, schnellster und energieeffizientester Kalkulation wählen. Zur Berechnung werden verschiedene Kantengewichte herangezogen, wie etwa die Distanz, die Energie oder die Zeit. Um die bestmöglichste Route zu erhalten, müssen präzise Gewichte verwendet werden. Diese erhält man durch die Anreicherung von Kartendaten (siehe Kapitel 3.2).

Tatsächliche Kartengrenzpunkte berechnen

Die berechneten Routen werden von virtuellen Fahrzeugen, deren Parameter entsprechend der Realität nachempfunden wurden (siehe Kapitel 2.2), „nachgefahren". Dabei wird die pro Graph-Kante benötigte Energie dem Ladezustand der virtuellen Batterie des Fahrzeugs abgezogen. Initial wird der Batteriestand auf den realen Ladestand des Fahrzeugs gesetzt. Erreicht die Simulation eine Kante, welche den Ladestand der Batterie auf 0 sinken lässt, so wird der Eintrittsknoten dieser Kante als Vertex für das Reichweitenpolygon verwendet (siehe Abb. 2). Für die Polygone der beiden anderen Fahrstile „sportlich" und „durchschnittlich" werden analog erneut virtuelle Fahrzeuge über die bereits berechneten Routen „geschickt". Dadurch ergeben sich die in Abbildung 2 ersichtlichen Abstufungen.

Die Berechnungszeit für die Reichweitenkarte beträgt auf einem Samsung Galaxy Note II mit einer maximalen Fahrzeugreichweite von 130 Kilometern, 100 % Akkuladestand, einem Auflösungsfaktor n=24 und 3 parallel arbeitenden Threads in etwa 7 Sekunden, was bei einem großen Updateintervall durchaus vertretbar ist.

3 Aktuell laufende Verbesserungen

3.1 Mehrkriterienoptimierung

Grundsätzlich gilt es zu bedenken, dass, anders als in herkömmlichen Fahrzeugen, im Elektrofahrzeug selten die schnellste oder kürzeste Route gewählt werden wird. Allerdings wohl auch niemals die energieeffizienteste, da sich aus dem theoretischen Energiemodell offensichtlich ergibt, dass diese Route von möglichst niedrigen Geschwindigkeiten dominiert wird, also z. B. alle Tempo-30-Zonen durchfahren würde. Gesucht ist also eine Route, die eine sinnvolle Kombination der Attribute kurz, schnell und energiesparsam bietet.

Unser Ansatz hierzu basiert auf Methoden der genetischen Algorithmen, die aus einer Menge existierender Routen verbesserte Lösungen generieren können (YUSSOF 2011). Der Ablauf ist in etwa wie folgt: Zunächst wird ein Pool von Lösungsvorschlägen für das Routingproblem angelegt. Beim Start werden in diesen Pool mehrere Routen, die mit bekannten Standardverfahren gefunden wurden, mit ihrem Energieverbrauch eingebracht. Dazu zählen z. B. die schnellste und die kürzeste Route. Aus diesem Pool werden zwei Routen ausgewählt, die einen gemeinsamen Teilstreckenverlauf besitzen. Innerhalb des gemeinsamen Streckenteils wird ein Punkt ausgesucht, der als Kreuzungspunkt dient. Durch die Kombination der Streckenteile entstehen zwei neue Routen (Crossover). Auch diese Routen werden dem Pool hinzugefügt. Im folgenden Schritt entsteht mit einer gewissen Wahrscheinlichkeit aus jeder bis hierher verwendeten Routen eine abgeänderte Variante (Mutation). Hierzu werden die Streckeneigenschaften untersucht und Bereiche identifiziert, die sich merklich negativ in der Energiebilanz niederschlagen. Durch Einfügen einer Streckenumleitung (z. B. Umfahren von Bergen) wird versucht, an dieser Stelle weniger Energie zu verbrauchen. Die leicht veränderte Route wird wieder energetisch bewertet und dem Routenpool eingefügt. Zum Abschluss werden nur diejenigen Routen übernommen, die bezüglich Zeit und benötigter Energiemenge pareto-optimal sind (Fitness). Nach einer fixen Anzahl von Iterationen des Gesamtzyklus wird aus der Pareto-Front eine Route gewählt, die die gewünschten Eigenschaften in Bezug auf die Kriterien Zeit und Energieverbrauch bietet. Dieser Algorithmus wurde bisher an ausgewählten Testfahrten erprobt und liefert für die untersuchten Strecken die für Ortskundige sinnvollen bzw. erwarteten Strecken.

3.2 Anreicherung von OSM-Kartendaten und Validierung der Energiemodelle

Mit der Aufzeichnung einer gefahrenen Strecke ist es möglich, eine Nachberechnung der Energiedaten anzustellen und daraus resultierende Diskrepanzen zu analysieren. Bei der Auswertung werden real gefahrene GPS-Daten unter Verwendung eines Mapmatchers auf den Routinggraphen projiziert und die gefundenen Kanten mit deren Energieverbrauch ausgegeben. Da wir dieses Mapmatching auch für Echtzeitfahrten verwenden, haben wir den in (ZHU 2011) beschriebenen Algorithmus implementiert, der nur die vergangenen

GPS-Punkte verwendet. Für die reine Analyse bereits abgeschlossener Fahrten wären einfachere Algorithmen ausreichend. Diese können mit den realen Energieverbräuchen verglichen werden. Aus den oben genannten Projekten liegen einige Hunderttausend-Fahrkilometer vor, die im Moment zur Validierung unserer bisherigen Ergebnisse untersucht werden.

Dies ist auch der erste Schritt hin zu einer Datenanreicherung um unseren Routing-Graphen iterativ zu verbessern. Dabei werden real gemessene Werte, wie Zeit-, Höhen- und Geschwindigkeitsdaten sowie die durchschnittliche Beschleunigung der Fahrer auf einer Kante, als Kantengewichte (siehe Abb. 1) in den Routing-Graphen gespeichert, um in Zukunft noch genauere Vorausberechnungen anstellen zu können. Auch Daten wie Fahrbahnbeschaffenheit, Kurvenradien in Teilstücken könnten hierzu verwendet werden. Diese Daten könnten auch automatisiert über Smartphones aufgezeichnet und in die Karten zurückgespielt werden.

4 Ausblick

Die Anreicherung der Kartendaten bzw. Routinggraphen mit verschiedensten Kantengewichten steht in nächster Zeit im Fokus unserer Arbeit, um noch genauere Prognosen treffen zu können. Außerdem arbeiten wir an einer adaptiven Fahrerklassifikation, mit deren Hilfe der Energieverbrauch abhängig vom Fahrstil des jeweiligen Fahrers in Echtzeit berechnet wird. Der Abgleich mit der Vorausberechnung erlaubt es dann, dem Fahrer Feedback zum Fahrtverlauf sowie Hinweise auf Abweichungen und deren Ursache zu geben.

Literatur

ARMSTORFER, A., BIECHL, H., ALT, B., MÜLLER, H., SOLLACHER, R., MOST, D., SZABO, A., KÖBERLE, R. & FIEDELDEY, M. (2013), Internationaler ETG-Kongress 2013 „Einsatz von Batteriespeichern in Smart Grids“.

BRÜCKNER (2011), Betrachtungen zum Energiehaushalt eines Elektrofahrzeugs. Tag der Forschung, HTW Dresden.

ERGEBNISBUCH EE-TOUR ALLGÄU (2011), „iKT als Wegbereiter für die Elektromobilität“.

GEISBERGER, R., SANDERS, P., SCHULTERS, D. & DELLING, D. (2008), Contraction Hierarchies: Faster and Simpler Hierarchical Routing in Road Networks. Experimental Algorithms, LNCS 5038.

MOBILITÄT IN DEUTSCHLAND, KURZBERICHT (2008), infas.

VERBUNDVORHABEN „ECONNECT GERMANY“ (2013), Zwischenbericht.

YUSSOF, S., RAZALI, R. A. & SEE, O. H. (2011), An Investigation of Using Parallel Genetic Algorithm for Solving the Shortest Path Routing Problem. Journal of Computer Science, 7 (2), 206-215.

ZHU, Z., XING, J., MENG, L., WU, Y., & LI, F. (2011), SRMM: Simple Real-Time Map-Matching Model and Algorithm in Urban Area Traffic Integrated Application. In Intelligent System Design and Engineering Application (ISDEA), 2010 International Conference on, 2, 395-398.

Integration von Bodenbelagsinformationen zum energieeffizienten Routen von Elektrorollstühlen

Dženan DŽAFIĆ, Danni BAUMEISTER, Dominik FRANKE und Stefan KOWALEWSKI

RWTH Aachen · dzafic@embedded.rwth-aachen.de

Dieser Beitrag wurde durch das Programmkomitee als „reviewed paper“ angenommen.

Zusammenfassung

Fahrbahnen, deren Oberfläche aus Kopfsteinpflaster besteht, stellen nicht nur für Fahrer eines Elektrorollstuhls einen unbequemen Verkehrsträger dar. Diese Beobachtung legt nahe, den Einfluss des Straßenbelags auf die Güte einer durch ein Navigationssystem berechneten Route zu begutachten. Insbesondere bei der Betrachtung des Energieverbrauchs ist bekannt, dass der Straßenbelag die Motorleistung und somit den Stromverbrauch beeinflusst. Dieser Beitrag beschreibt den Vorgang der Integration des Faktors Rollwiderstand in das Navigationssystem eNav und liefert eine ausführliche Auswertung der potenziellen Energieeinsparung durch Betrachtung der Steigungsinformationen und des Straßenbelags. Das System wird dabei neben dem bereits integrierten Einflussfaktor Steigung, um den Straßenbelag ergänzt, sodass anhand von Reibungsfaktoren eine Erweiterung der bereits bestehenden Verbrauchsfunktion vorgenommen werden kann. Eine Evaluation mit Testrouten, die auf Basis zufällig generierter Start- und Zielpunkte berechnet werden, gibt abschließend Aufschluss über die Auswirkung des Straßenbelags auf den Stromverbrauch. Insgesamt lässt sich eine Verbesserung der Genauigkeit der Verbrauchsfunktion feststellen, jedoch ist der Einfluss des Straßenbelags auf den Energieverbrauch geringer als zunächst erwartet.

1 Einleitung

Navigationssysteme bieten bezüglich der Routenberechnung in der Regel zwei Auswahlmöglichkeiten. Zum einen wird für die Berechnung die Distanz zugrunde gelegt und dadurch die kürzeste Route berechnet, zum anderen bezieht das Navigationssystem die maximale Geschwindigkeit ein und liefert eine schnellste Route. Der Energieverbrauch wird vernachlässigt. Fahrradfahrer bemerken intuitiv, dass auf gewissen Strecken ein größerer Kraftaufwand nötig ist als auf anderen (WILSON 2004, SHIRABE 2008). Das Navigationssystem eNav versucht von dieser Erkenntnis hinsichtlich der Nutzung von Elektrorollstühle zu profitieren und ermittelt eine energieeffiziente Route, was bereits durch einige Veröffentlichungen thematisiert wird (FRANKE et al. 2011, FRANKE et al. 2012, DZAFIC et al. 2013). Der Energieverbrauch wird dabei anhand topographischer Eigenschaften, wie beispielsweise der Steigung, kalkuliert. Dazu bedarf es Kartenmaterial, das um zusätzliche Informationen ergänzt wird. Die Basis bietet dabei OpenStreetMap (OSM) Kartenmaterial, das bereits mit Höheninformationen aus einem Laserscan der Bezirksregierung aus Köln

Strobl, J., Blaschke, T., Griesebner, G. & Zagel, B. (Hrsg.) (2014): Angewandte Geoinformatik 2014.
 ISBN 978-3-87907-543-0.

angereichert ist. Das Kartenmaterial verfügt somit über dreidimensionale Komponenten. Für die Integration der Straßenbeläge ist eine weitere Datenquelle notwendig, da OSM über unzureichende Informationen verfügt. Weitere auf den Energieverbrauch Einfluss nehmende Faktoren, wie Temperatur oder Reifendruck, sollen außerdem für die zukünftigen Erweiterungen eine Rolle spielen.

2 Grundlagen

Die folgenden Unterkapitel beschreiben die Basis für das Navigationssystem eNav, welche die Integration der Rollwiderstände begünstigt. Eine Erläuterung des A*-Algorithmus (HART et al. 1968) und der Modifikationen (DZAFIC et al. 2013) wird aufgrund der Beschränkung der Seitenzahl ausgelassen. Eine detaillierte Beschreibung ist in (NORVIG et al. 2012) zu finden. Der Schwerpunkt dieses Beitrags liegt auf der Beschreibung der Zuordnung und der Integration der Straßenbeläge aus dem Shapefile des Stadtbetriebs Aachen in das OSM-Kartenmaterial.

2.1 eNav

Das Projekt eNav ist eine Entwicklung mit dem Ziel, die Mobilität von Nutzern von Elektrorollstühlen zu steigern, indem die Berechnung von energieeffizienten Routen eine bessere Ausnutzung der Akkukapazität erlaubt. Dazu bezieht das Navigationssystem bisher den Faktor Streckensteigung in die Berechnung ein, um Routen auswählen zu können, die die Motorleistung durch ein flaches Terrain, bzw. die Ausnutzung von Gefällen weniger beanspruchen. Der in das System integrierte modifizierte A*-Algorithmus liefert eine energieeffiziente Route unter Verwendung der Höheninformationen, welche die Berechnung der Steigung zwischen zwei Knoten ermöglichen. Die gerichtete Kante zwischen den beiden Knoten wird vorbereitend mit dem Energieverbrauch beschriftet, sodass eine Ersetzung des Kantengewichtes, welches ursprünglich als Distanzwert gespeichert wird, stattfindet. Der bisherige Energieverbrauch setzt sich wie folgt zusammen:

$$Verbrauch := Normalverbrauch * Distanz * 1{,}15^{Steigung}$$

Diese Verbrauchsfunktion ist im Ursprung aus (FRANKE et al. 2011) hervorgegangen. Eine kontinuierliche Weiterentwicklung führt zu der angeführten Form. Für eine detaillierte Beschreibung der Verbrauchsfunktion wird auf (DZAFIC et al. 2013) verwiesen. Die Korrektheit der Heuristik, die bei der Verwendung des A*-Algorithmus zum Einsatz kommt, wird ebenfalls in dieser Veröffentlichung belegt. In dieser Arbeit liegt der Fokus auf zwei zentralen Punkten. Zum einen wird die Erweiterung der Verbrauchsfunktion um den Faktor Straßenbelag und der damit verbundenen Anpassungen des Kartenmaterials vorgestellt, zum anderen wird das eNav-System einer umfassenden Evaluierung unterzogen.

2.2 OpenStreetMap

Frei erhältliches Kartenmaterial ist für ein Projekt in frühen Entwicklungsstadien eine attraktive Lösung. OpenstreetMap (OSM) bietet sich für das eNav-Projekt dabei in besonderem Maße an, da eine enorme Datendichte und eine ständige Aktualisierung des Kartenmaterials durch eine große Anzahl an Mitgliedern eine hohe Qualität sicherstellt (RAMM et al.

2010). Das Format der OSM-Dateien ermöglicht eine einfache Weiterverarbeitung der Daten sowie ein Hinzufügen von neuen Informationen über definierte Tags, welche in Form von Key-Value-Paaren vorliegen. Bisher steht die Verwendung der Tags *Altitude* und *Elevation*, welche in OSM als Synonym angesehen werden, im Vordergrund. Für die Integration des Rollwiderstandes spielt der Tag *Surface* eine wichtige Rolle, da aus der Bezeichnung der Straßenoberfläche ein Widerstandswert abgeleitet werden kann. Die Informationen in OSM, die sich hinter den Oberflächentypen verbergen, sind allerdings bezüglich der Genauigkeit für das Projekt eNav nicht ausreichend. Auf diese Problematik wird in einem späteren Abschnitt noch genauer eingegangen. Der Zugriff auf eine weitere Datenquelle, welche im nächsten Abschnitt thematisiert wird, wird nötig.

2.3 Straßenbelagsinformationen

Aufgrund der Tatsache, dass die Angaben über die Straßenoberfläche in OSM nicht vollständig bzw. ungenau sind, ist eine Ergänzung durch weitere Daten erforderlich. Der Stadtbetrieb Aachen stellt eine Datei mit Informationen über die Bodenbeschaffenheit der Straßen bereit, die für die Zwecke von eNav geeignet sind. Die Daten liegen in einem Geoformat namens Shapefile vor. Eine solche Datei setzt sich aus mindestens drei unterliegenden Dateien zusammen, wobei sich optional weitere Dateien hinzufügen lassen. Eine SHP-Datei für die Speicherung der Geometriedaten, eine DBF-Datei für Sachdaten im dBASE-Format und eine SHX-Datei, die zur Verknüpfüng der beiden erstgenannten Dateien dient, bilden die Grundlage eines Shapefiles. Zusätzlich fallen bei genauer Studie der Daten einige Konventionen auf, die beim Handling zu beachten sind. Eine Straße besteht aus einer oder mehreren Spuren. Eine Spur wird durch ein Polygon, dessen Länge im Bereich von 50 Meter bis 150 Meter liegt, repräsentiert. Jeder Spur ist ein Straßenbelag zugeordnet und es existieren eine positive und eine negative Bezeichnung für die Spurnummer, die Auskunft darüber zulässt, ob die Hausnummern auf der Straßenseite gerade oder ungerade sind. Grafisch darstellen lässt sich das Shapfile mit der Software QGis. Abbildung 1 zeigt einen Ausschnitt aus dem Shapefile.

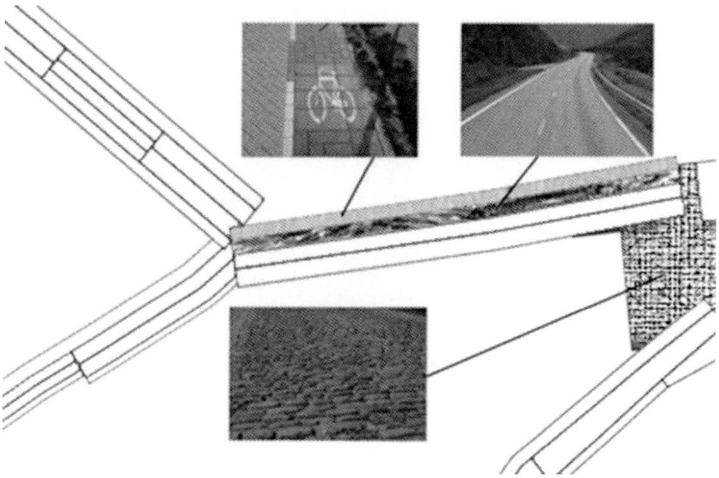

Abb. 1: Spuren im Shapefile

3 Einbeziehung des Straßenbelags in die Routenberechnung

Um die Berechnung einer energieeffizienten Route unter Berücksichtigung des Straßenbelags durchführen zu können, sind einige Anpassungen nötig. Das in den Grundlagen beschriebene OSM-Kartenmaterial ist um die Straßenbeläge aus dem Shapefile anzureichern. Dazu ist ein Mapping der unter dem Tag *surface* vorhandenen Belagbezeichnern auf die in dem Shapefile befindlichen erforderlich. Überdies ergibt sich durch Möglichkeiten unterschiedlicher Erfassung von Straßen in OSM eine Herausforderung. Es ist möglich mehrere Fahrbahnen in einer einzigen Kante parallel zu speichern, z. B. lässt sich ein Fahrradweg einer Straße hinzufügen. Dazu bedarf es nur eines Wahrheitswertes, der die Existenz eines Fahrradwegs anzeigt. In einem solchen Fall müsste eine solche Kante bei unterschiedlichen Straßenbelägen über zwei separate Werte für den Tag *surface* verfügen. Es lässt sich jedoch nur ein Wert speichern. Ein Informationsverlust ist deshalb nicht vermeidbar.

Eine besondere Herausforderung ergibt sich aus der folgenden Aufgabe. Innerhalb des Shapefile verfügt eine Straße über mehrere Spuren, deren Straßenbelag sich deutlich unterscheiden kann. Abbildung 2 macht die Unterschiede der beiden Datenformate in grafischer Form sichtbar. Die zusätzlichen Informationen im Shapefile sind für das eNav-System nützlich, erfordern aber eine Strategie für die Zuordnung des Straßenbelags. Die Länge der Polygone, die eine Spur repräsentieren, entspricht in der Regel nicht der Kantenlänge in OSM und erschwert dadurch ebenfalls ein exaktes Matching des Straßenbelags. Einige Strategien eignen sich für die Zuteilung der Straßenbeläge. Unter der Verwendung eines Parsers lassen sich nicht alle effizient realisieren oder weisen bezüglich der Genauigkeit Mängel auf. Die gewählte Strategie liefert allerdings eine für das eNav-Projekt akzeptable Genauigkeit und ist bezüglich der Laufzeit effizient. Aus Platzgründen wird die Strategie nicht weiter vorgestellt.

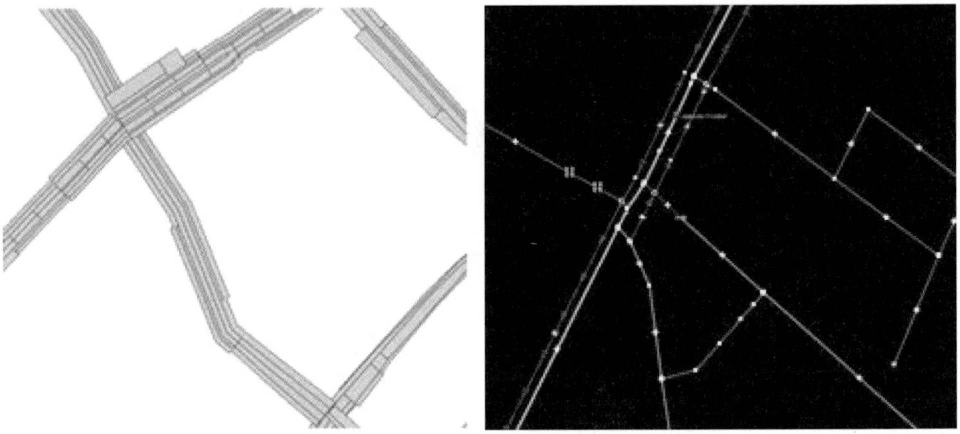

Abb. 2: Vergleich von Shapefile- und OSM-Darstellung

Für die Modifikation der Verbrauchsfunktion ist die Identifikation des Straßenbelags nicht ausreichend. Erst die Verknüpfung des Straßenbelags mit einem Reibungsfaktor ermöglicht eine Berechnung des Energieverbrauchs. Eine Studie der Universität Wuppertal liefert

Reibungskoeffizienten für die jeweiligen Straßenbeläge (SCHMITT et al. 2003). Diese sind jedoch nur in Intervallen angegeben, sodass ein konkreter Wert noch zu wählen ist. In Tabelle 1 sind die in Zusammenarbeit mit dem Institut für Straßenwesen der RWTH abgeleiteten Reibungsfaktoren aufgelistet, die bei der Berechnung den Energieverbrauch beeinflussen. Der Reibungskoeffizient von Asphalt ist der Basiswert für die Funktion, da dieser Straßenbelag den niedrigsten Widerstand erzeugt. Alle anderen Faktoren ergeben sich durch die Relation des konkreten Reibungskoeffizienten im Vergleich zu Asphalt.

Tabelle 1: Zuordnung von OSM-Tags und Reibungsfaktoren

Shapefile	**OSM-Tag**	**Faktor**
Asphalt	Asphalt	1,00
Beton	Concrete	1,00
Großer Natursteinpflaster	cobblestone	1,05
Kleiner Natursteinpflaster	cobblestone:flattened	1,02
Betonpflaster	paving_stones	1,01
Plattenbelag	concrete_plates	1,02
Unbefestigte Beläge	Pepplestone	1,07

Nach der Zuordnung der Werte lässt sich der Reibungsfaktor als zusätzlicher Parameter an die Verbrauchsfunktion anbinden. Die daraus resultierende Formel hat die folgende Form:

$$Verbrauch := Normalverbrauch * Distanz * 1{,}15^{Steigung} * Reibungsfaktor$$

Bezüglich der A*-Heuristik wird der Reibungsfaktor von Asphalt verwendet, da es unter den betrachteten Straßenbelägen keinen gibt, der Asphalt unterbietet. Daraus lässt sich folgern, dass die Anforderung an die Korrektheit der A*-Heuristik aufrechterhalten wird. Dadurch ergibt sich folgende Formel:

$$Verbrauch := Normalverbrauch * Distanz * 1{,}15^{Steigung} * 1{,}00$$

Das Einsetzen des Faktors 1 führt dazu, dass die Formel äquivalent ist zu:

$$Verbrauch := Normalverbrauch * Distanz * 1{,}15^{Steigung}$$

Diese Funktion ist identisch zu der bisherigen und der Korrektheitsbeweis behält seine Gültigkeit (DZAFIC et al. 2013).

4 Evaluation

Dieses Kapitel stellt eine Testmenge aus kürzesten und effizientesten Routen gegenüber und untersucht, inwiefern sich die Wahl der effizientesten Route bezüglich des Energieverbrauchs auszahlt. Eine größere Untersuchung ist bis zum jetzigen Zeitpunkt nicht existent, jedoch gibt es Indizien dafür, dass die Rentabilität der effizienten Route deutlich höher ist als bei der kürzesten Route. Die folgenden Unterkapitel untersuchen genau diese Annahme.

4.1 Testablauf

Bei der Durchführung der Tests werden 100.000 Routen über zufällig erzeugte Start- und Zielpunkte berechnet. Diese Punkte liegen dabei innerhalb eines abgegrenzten Bereichs der Stadt Aachen. Für jedes der 100.000 generierten Paare aus Start- und Zielpunkten wird sowohl die kürzeste als auch die effizienteste Route berechnet. Als Information für die Logdatei werden Start- und Zielpunkt gespeichert, sowie die Distanz, als auch der Verbrauch beider Routen. Anschließend werden die Daten mithilfe einer PostgreSQL-Datenbank importiert und ausgewertet. Für die Auswertung wird bei der Berechnung der effizientesten Route sowohl die Steigung als auch der Straßenbelag einbezogen.

4.2 Vergleich kürzeste vs. effizienteste Route

Als erster zu untersuchender Punkt ist die Anzahl der Routen, bei denen die effizienteste Route einen niedrigeren Energieverbrauch aufweist als die kürzeste Route, zu nennen. Abbildung 3 zeigt den prozentualen Anteil, bei dem die effizienteste Route weniger Strom veranschlagt als die kürzeste Route. In 41 % der Fälle kann durch die effizienteste Route Energie eingespart werden. In den anderen 59 % sind die effizienteste und die kürzeste Route identisch. Um die Güte besser einschätzen zu können, ist zu erwähnen, dass der Höhenunterschied in Aachen von 125 Meter bis 410 Meter über dem Meeresspiegel reicht. In flacheren Gebieten fällt das Verhältnis wahrscheinlich anders aus. Bei der Berechnung des Durchschnittswertes ergibt sich, dass eine Effizienzsteigerung von 2 % erreicht wird. Dieser Wert entsteht dadurch, dass ein Großteil der kürzesten und effizientesten Routen sich um weniger als 1 % unterscheidet. Ein Wechsel der Straßenseiten ist für dieses Phänomen verantwortlich. Abbildung 4 stellt die Relation zwischen effizientester und kürzester Route unter Verwendung eines Filters dar. Dieser zeichnet sich dadurch aus, dass alle Fälle, bei denen die Effizienz um weniger als 1 % gesteigert wird, unbeachtet bleiben. Ein solcher Filter ist notwendig, da die Häufigkeit dieser Fälle sehr groß ist und den tatsächlichen Wert verfälscht. Das Ergebnis zeigt, dass nur in 31 % der Fälle die effizienteste Route energiesparsamer ist als die kürzeste Route. Im Durchschnitt ergibt sich bei Anwendung des Filters ein Unterschied des Verbrauchs um 6 %, ohne wären es jedoch nur 2 %.

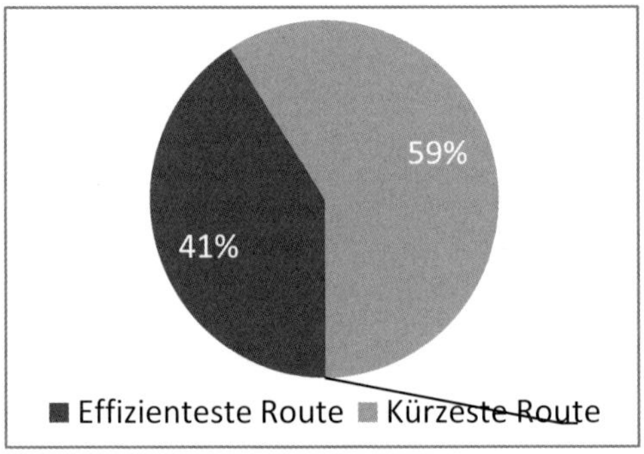

Abb. 3: Routenvergleich

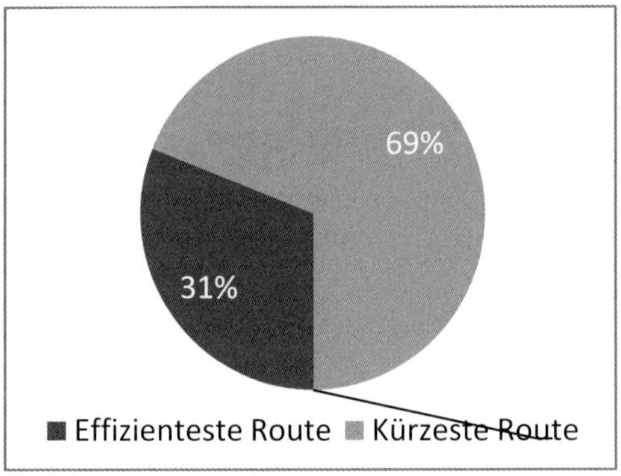

Abb. 4: Routenvergleich mit Filter

Eine genaue Verteilung der 41 % effizienterer Routen ist in Abbildung 5 zu sehen. Die Unterteilung der prozentualen Energieeinsparung ist in Intervallen vorgenommen. In Klammern ist die absolute Häufigkeit der Routen angegeben. Eine interessante Beobachtung ist, dass Routen existieren, die über 50 % der Energie einsparen. Der maximale Wert liegt bei 61 % bei einer Distanz von 1,8 km und einem Umweg von 160 Metern. Auffällig ist zudem, dass in dem ersten Intervall mit 67 % die meisten Routen eingeordnet sind. Aufgrund dessen wird dieser Bereich in Abbildung 7 noch genauer unterteilt. Das beschriebene Phänomen des Straßenseitenwechsels ist in 9,7 % der Fälle der gesamten Testmenge zu beobachten. Dieser Wert führt dazu, dass der Durchschnitt zu Beginn deutlich gesenkt wird.

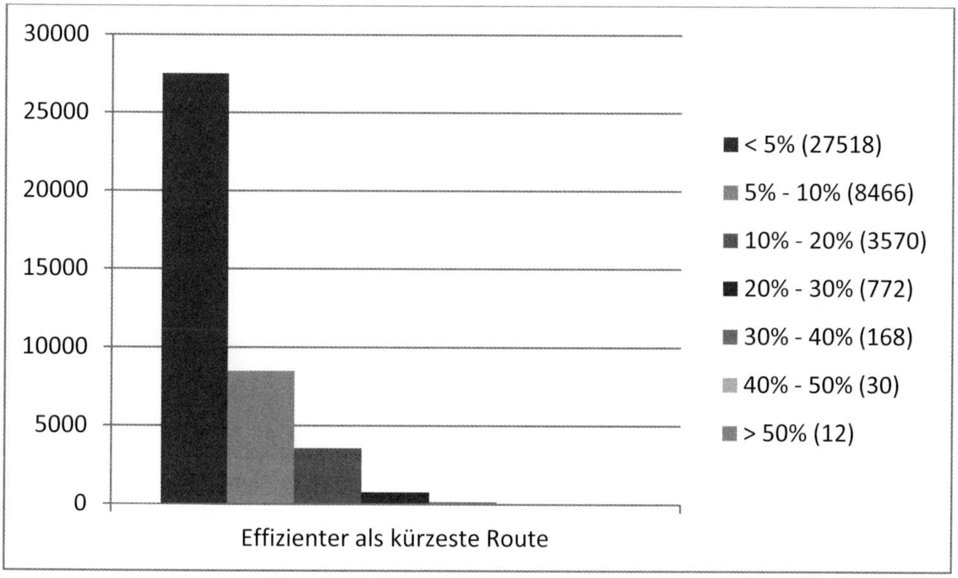

Abb. 5: Verteilung der effizientesten Routen

Bei der Betrachtung des Box Plots in Abbildung 6 lässt sich feststellen, dass die beiden Quantils unterhalb der 10-%-Grenze liegen. Selbst bei der Anwendung des Filters bleiben beide darunter. Beachtenswert ist, dass die Hälfte der Routen eine Energieersparnis von mehr als 7 % aufweist, was den Nutzen von effizienten Routen bekräftigt. Besonders unter Berücksichtigung der Umwege, die in der Regel kurz sind, ist dies positiv zu bewerten. Der Ausreißer bei 61 % fällt ebenfalls besonders ins Auge, da so große Ersparnisse eher selten vorkommen.

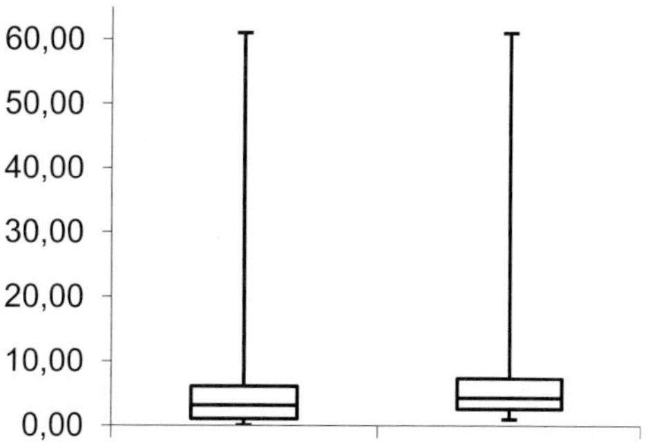

Abb. 6: Effizienteste Route ohne (links) und mit Filter (rechts)

Bei der Untersuchung der für die effizienteste Route benötigten Streckenlänge im Vergleich zur kürzesten Route ergibt sich aus Abbildung 8 aus dem ersten Intervall das gleiche Phänomen. Seitenwechsel führen zu sehr kurzen Umwegen von einigen Metern. Insgesamt ergibt sich im Durchschnitt ein Umweg von 1 % der Gesamtlänge. Unter Ausschluss der beobachteten Seitenwechsel bei 1 % Abweichung liegt der Unterschied bei durchschnittlich 5 %. Interessanterweise liegen die Durchschnittswerte nahe beieinander, allerdings ist in der Gesamtheit kein Zusammenhang zwischen dem Umweg und der Energieersparnis zu erkennen. Der maximale Umweg innerhalb der Testrouten liegt bei 180 % der kürzesten Strecke und spart dabei immerhin 30 % der Energie ein. Im Vergleich dazu beträgt die Ersparnis bei einer Route aus der Testmenge mit einem Umweg von 160 % der Streckenlänge nur 5 %. Aus diesem Grund ist sinnvoll, den Nutzer selbst zwischen der kürzesten und effizientesten Route wählen zu lassen, da nicht jeder Umweg dienlich ist.

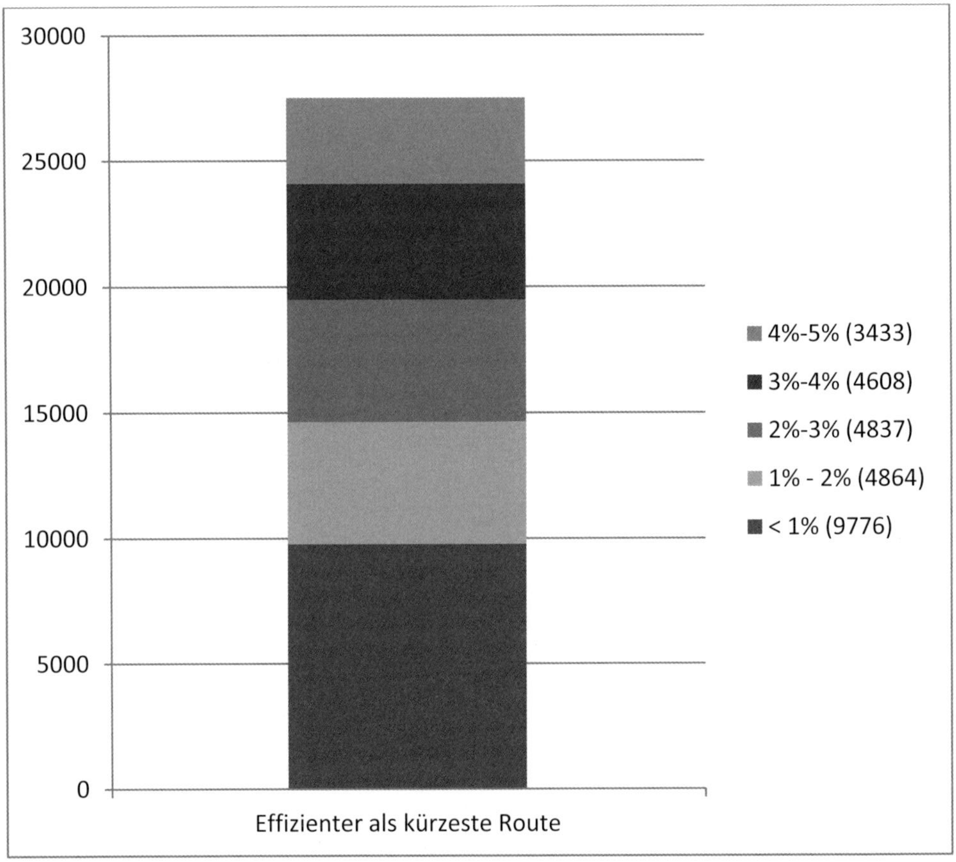

Abb. 7: Verteilung der Routen bis 5 %

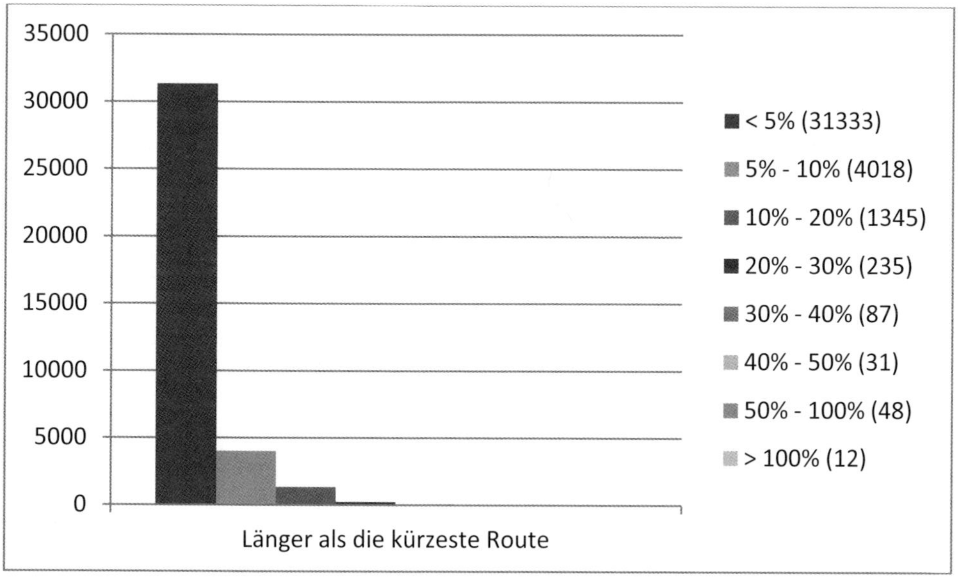

Abb. 8: Zusatzaufwand bezüglich der Streckenlänge

5 Fazit und Ausblick

Die Erweiterung des Navigationssystems eNav um den Einflussfaktor Reibung verbessert die Genauigkeit der Verbrauchsfunktion. Insgesamt wirkt sich der Einflussfaktor Reibung im Vergleich zur Steigung nicht signifikant auf den Energieverbrauch aus. Die Berücksichtigung des Faktors ist technisch realisierbar und trägt trotz eines eher geringen Effekts zur Verbesserung der Verbrauchsfunktion bei. Ein Punkt, der die Betrachtung des Straßenbelags aufwertet, ist der Reisekomfort. Dieser kann mithilfe der Informationen über den Straßenbelag angehoben werden und somit einen weiteren Beitrag zur Verbesserung der Mobilität von Elektrorollstuhlfahrern leisten.

Der Test des e-Nav Systems unter Berücksichtigung des Straßenbelags und der Steigung ergibt, dass zu ca. einem Drittel der Start- und Zielknotenpaare eine effiziente Route existiert. Diese Tatsache bestätigt, dass effiziente Routen unter der Betrachtung der Steigung und des Straßenbelags nützlich sind und bei geringer Akkukapazität bis zu 50 % Ersparnis erreichen. Allerdings lässt sich festhalten, dass bei einem hohen Akkustand und unter Zeitdruck eine effizienteste Route nicht ausnahmslos die sinnvollste Wahl sein muss.

Die Integration der Straßenbeläge und der Steigung haben gezeigt, dass sich der Energieverbrauch reduzieren lässt. Die Erfahrungen dienen als Motivation, um sich weiteren Einflussfaktoren zu widmen. Als vielversprechender Faktor ist die Temperatur hervorzuheben, da in der Theorie bei Kälte eine beträchtliche Reduzierung der Akkukapazität nachgewiesen ist. Die Temperatur hat keinen signifikanten Einfluss auf die Routenwahl für Elektrorollstühle, jedoch kann das Navigationssystem dem Fahrer eine genauere Auskunft über die Reichweite des Akkus geben.

Literatur

ANDRE, F. (2008), Modellierung einer Li-Ionen Batterie für Hybridfahrzeug-Simulationen – Modellbildung und Echtzeitsimulation technischer Systeme. TU Berlin.

DZAFIC, D., FRANKE, D., BAUMEISTER, D. & KOWALEWSKI, S. (2013), Modifikation des A*-Algorithmus für energieeffizientes 3D-Routing. In: STROBL, J. et al. (Hrsg.), Angewandte Geoinformatik 2013. Wichmann, Berlin/Offenbach, 414-423.

HART, P. E., NILSSON, N. J. & RAPHAEL, B. (1968), A Formal Basis for the Heuristic Determination of Minimum Cost Paths. IEEE (Hrsg), Transactions on Systems Science and Cybernetics. Menlo Park, California, USA.

FRANKE, D., DZAFIC, D., WEISE, C. & KOWALEWSKI, S. (2011), Konzept eines Mobilen OSM-Navigationssystems für Elektrofahrzeuge. In: STROBL, J. et al. (Hrsg.), Angewandte Geoinformatik 2011. Wichmann, Berlin/Offenbach, 148-157.

FRANKE, D., DZAFIC, D., BAUMEISTER, D. & KOWALEWSKI, S. (2012), Energieeffizientes Routing für Elektrorollstühle. In: 13. Aachener Kolloquium Mobilität und Stadt (AMUS/ACMOTE), Aachen, 65-67.

NORWIG, P. & RUSSELL, S. (2011), Künstliche Intelligenz – Ein Moderner Ansatz. München.

RAMM, F. & TOPF, J. (2010), OpenStreetMap – Die freie Weltkarte nutzen und mitgestalten. Berlin.

SCHMITT, S. & SCHLENDER, D. (2003), Untersuchung zum saisonalen Reifenwechsel unter Berücksichtigung technischer und klimatischer Aspekte. Bericht, Bergische Universität Wuppertal.

SHIRABE, T. (2008), Minimum work paths in elevated networks. Networks, 88-97.

WILSON, D. (2004), Bicycling Science. MIT Press.

Entwicklung eines Stadtmodells für ein Ladeinfrastrukturkonzept auf Basis von Geo- und Nutzerdaten

Karsten HAGER[1], Andreas BRAUN[1] und Wolfgang RID[12]

[1]Universität Stuttgart · karsten.hager@si.uni-stuttgart.de
[2]Fachhochschule Erfurt

Zusammenfassung

Durch eine Kombination von stadtstrukturellen Merkmalen sowie Berücksichtigung der Nutzerperspektive bei Elektroautos wird am Beispiel der Mittelstadt Göppingen eine „Elektromobile Quartierstypologie" entwickelt. Deren Ziel ist es, das Potenzial von Elektromobilität im Kontext der Stadtstruktur und deren Quartiere zu analysieren, um Standortvorschläge für Ladesäulen zu erarbeiten. Im Ergebnis wird eine optimale Standortempfehlung für Ladeinfrastruktur vorgestellt, welche die Potenziale der Elektromobilität, verschiedene urbane Indikatoren sowie die Schwerpunkte der städtischen Versorgungsketten berücksichtigt. Zur Erstellung der Typologie werden geostatistische Routinen vorgestellt, um aufgrund soziodemografischer und stadtstruktureller Indikatoren mehrere Quartierstypen zu ermitteln und eine Verortung von Ladeinfrastruktur im städtischen Kontext zu gewährleisten. Abschließend wird der vorgestellte Ansatz mit vergleichbaren wissenschaftlichen Konzepten verglichen und Schlussfolgerungen gezogen.

1 Elektromobilität

1.1 Zielsetzung

Die Europäische Union hat sich das Ziel gesetzt, bis 2020 sichtbare Fortschritte bei der Bewältigung des Klimawandels und der Energie- und Ressourcenknappheit zu erzielen. Das Handlungsfeld Elektromobilität ist ein wichtiger Baustein zur Erreichung der europäischen Klimaschutzziele (EUROPÄISCHE KOMMISSION 2010). Bis heute sind in Deutschland gerade einmal rund 1.500 Ladestationen für Elektroautos für die Öffentlichkeit zugänglich, obwohl bis Ende dieses Jahrzehnts rund 86.000 funktionsfähige Ladesäulen aufgestellt sein sollen (KAFSACK & SCHWENN 2013). Der Ausbau der öffentlichen Ladeinfrastruktur soll bedarfsgerecht erfolgen, wobei davon ausgegangen wird, dass das Vorhalten von Ladeinfrastruktur für Elektrofahrzeuge einen positiven Einfluss auf das Kaufverhalten von Elektrofahrzeugen ausübt (BIOLY et al. 2012). Das hier vorgestellte Konzept wurde im Rahmen des EMiS-Projektes (Elektromobilität im Stauferland, http://www.emis-projekt.de/) an den Mittelstädten Göppingen und Schwäbisch-Gmünd mit jeweils ca. 55.000 Einwohnern erprobt.

Strobl, J., Blaschke, T., Griesebner, G. & Zagel, B. (Hrsg.) (2014): Angewandte Geoinformatik 2014.
 ISBN 978-3-87907-543-0.

1.2 Ladeinfrastruktur

Der Ladevorgang eines Elektrofahrzeugs muss erfolgen, wenn die Nutzer nicht mobil sein müssen und über einen gewissen Zeitraum einer bestimmten Aktivität nachgehen. Dies kann über Nacht, tagsüber während der Arbeit oder bei Freizeitaktivitäten der Fall sein. Deshalb müssen zur Erarbeitung eines optimalen Konzeptes die städtischen Wohngebiete sowie „Points of Interest“ (POIs) berücksichtigt werden. Zu den POIs gehören z. B. Knotenpunkte des öffentlichen Verkehrs, Kliniken und Ärztezentren oder großflächige Einzelhändler. Das Laden während der Arbeitszeit wird kritisch gesehen, da diese Stellplätze ganztägig besetzt wären, Pendeldistanzen zu Arbeitsstellen in der Regel mit einer Ladung zu leisten sind und eine Bereitstellung durch den jeweiligen Arbeitergeber und nicht durch die öffentliche Institutionen geleistet werden soll (HUBER & REUTTER 2012)

Grundsätzlich werden zwei Personengruppen unterschieden, die zum Auftanken ihrer Elektrofahrzeuge auf öffentliche Ladeinfrastruktur zurückgreifen müssen: Auswärtige und Anwohner ohne private Lademöglichkeit. Um Auswärtige mit längerem Anfahrtsweg zu versorgen, sollte sich die Ladeinfrastruktur an vorhandenen Parkplätzen und ggf. Tankstellen orientieren. Für Anwohner müssen insbesondere die Wohngebiete auf ihre potenzielle Verfügbarkeit von privater Ladeinfrastruktur untersucht werden, um den Bedarf an öffentlicher Ladeinfrastruktur feststellen zu können.

2 Elektromobile Quartierstypologie

Die „Elektromobile Quartierstypologie“ definiert verschiedene Quartierstypen, die einen unterschiedlichen Bedarf an Ladeinfrastruktur besitzen. Dabei wird allen Wohngebäuden einer der Quartierstypen Einfamilienhaus, Mehrfamilienhaus oder Geschosswohnungsbau zugewiesen. Diese Quartierstypen unterscheiden sich in ihren jeweiligen Auswirkungen auf Intermodalität, Umwelt, Infrastruktur sowie Stadt und Energie. Es werden nur die Wohngebiete der Städte betrachtet, da dort die größten Potenziale für öffentliche Ladeinfrastruktur vorhanden sind. Gewerbegebiete wurden aus den in Kapitel 1.2 genannten Gründen bislang nicht in diesen Ansatz miteinbezogen. Die relevante Stadtstruktur wird über die vorgestellten Quartierstypen widergespiegelt.

Die Zuweisung der Quartierstypen auf die Gebäude erfolgt mithilfe einer unüberwachten Klassifikation, die auf Basis von drei gebäudebezogenen Variablen erfolgt: die Grundfläche des Gebäudes, die Höhe des Gebäudes sowie die Distanz zum nächstgelegenen Gebäude. Die so klassifizierten Gebäude werden durch einen GIS-Algorithmus in die Fläche interpoliert, um großräumige Quartiere entstehen zu lassen. Dabei werden bis zu einer festgelegten Distanz Gebäude des gleichen Typs im Umfeld identifiziert und zu Quartierstypen zusammengefasst. Falls im Umfeld eines Gebäudes kein weiteres Gebäude des gleichen Quartierstyps gefunden werden kann, wird kein Quartierstyp erstellt, weil einzelne Gebäude keinen Einfluss auf die Verteilung von Ladeinfrastruktur besitzen. Als Ergebnis sind die Wohngebiete des gesamten Stadtgebietes mit einem der drei Quartierstypen klassifiziert worden.

Für Gebiete, die als Einfamilienhaus klassifiziert sind, ist kein Bedarf an öffentlicher Ladeinfrastruktur gegeben. Hier muss das Laden von Elektrofahrzeugen privat in Garagen oder auf Parkplätzen in Häusereinfahrten organisiert werden. Die Flächen, die als Mehrfamilienhaus oder Geschosswohnungsbau typisiert sind, müssen mit öffentlicher Ladeinfrastruktur versorgt werden. Um die optimalen Standorte in diesen Gebieten zu finden, müssen zusätzlich POIs herangezogen werden. Diese POIs werden durch verschiedene Kriterien gewichtet:

- hohe Nutzungsdichte im Umfeld,
- Nutzungsmischung im Umfeld (Wohnen, öffentliche Einrichtung, Gewerbe),
- hohe Besucherfrequenz potenzieller Nutzer,
- Freihaltung hochwertigen öffentlichen Raums,
- gute allgemeine Sichtbarkeit,
- gute Zugangsmöglichkeit & Auffindbarkeit vor Ort,
- Intermodalität.

Durch eine erhöhte Nutzungsdichte bzw. Nutzungsmischung im Umfeld sowie eine hohe Besucherfrequenz wird das Risiko einer zu geringen Auslastung der Ladesäule reduziert. Eine Übermöblierung des öffentlichen Raums durch Ladeinfrastruktur kann die Akzeptanz der Elektromobilität senken. Trotzdem sollte die Ladeinfrastruktur für die Allgemeinheit sichtbar und mit guten Zugangsmöglichkeiten platziert werden, damit das Bewusstsein in der Bevölkerung für Elektromobilität gestärkt wird. Gerade in Kombination mit anderen Verkehrsträgern besitzen Elektrofahrzeuge großes Potenzial, um negative Auswirkungen des Verkehrs zu verringern.

Auf Basis der Quartierstypen und der Gewichtung der POIs wird eine Entscheidungsgrundlage für die örtlichen Verwaltungseinrichtungen ermittelt. In einer Diskussionsrunde können spezifische Gegebenheiten einzelner Standorte erörtert und in das Konzept eingearbeitet werden. Die Einzugsgebiete der POIs werden mit den Einzugsgebieten der Quartiere abgeglichen und der Standort in Einklang mit beiden Kriterien gebracht.

Die vorgestellte Methode der „Elektromobile Quartierstypologie" ist sehr gut geeignet, um das Potenzial und den Bedarf an Ladeinfrastruktur in urbanen Räumen zu ermitteln. Der Ansatz kann ohne zusätzliche Daten oder Informationen auf vergleichbare Untersuchungsgebiete übertragen werden. Im Folgenden werden nun die Ergebnisse am Beispiel von Göppingen vorgestellt.

3 Ergebnisse

Die von keinem Quartierstyp bedeckten Gebiete Göppingens sind entweder Gewerbegebiete, besitzen überhaupt keine Bebauung oder besitzen nicht genug Wohnbebauung, um nach der vorgestellten Definition als Quartierstyp zu gelten (s. Abb. 1). Die Innenstadt von Göppingen zeichnet sich durch eine hohe Mischung an Quartierstypen sowie eine hohe Dichte an POIs aus. Im nahen Umfeld der Innenstadt dominieren Mehrfamilienhäuser, in Stadtteilen abseits vom Zentrum dominieren Einfamilienhäuser (nicht mehr auf der Abbildung zu sehen).

Insgesamt sind zurzeit sieben Ladesäulen in Göppingen in Betrieb, acht weitere sind noch in Planung (s. Abb. 1). 13 dieser insgesamt 15 Standorte sind mithilfe der „Elektromobilien Quartierstypologie" verortet. Die identifizierten Einfamilienhausgebiete können als Standorte ausgeschlossen werden, sofern kein POI in der unmittelbaren Umgebung ist. Mehrfamilienhausgebiete und Geschosswohnungsbau müssen mit Ladeinfrastruktur versehen werden. Dazu wird um diese Gebiete ein Radius gelegt (zumutbare Mindestentfernung für potenzielle Nutzer), um die Einzugsgebiete der Quartierstypen mit den Einzugsgebieten der gewichteten POIs abzugleichen und damit potenzielle Überschneidungen bzw. exakte Standorte zu identifizieren. Während in Wohngebieten eine Anpassung bzw. eine Umwidmung des Straßenraums für den Aufbau einer Ladesäule vorgenommen werden muss, besitzen POIs i. d. R. schon vorhandene Parkmöglichkeiten, die eine Aufstellung von Ladesäulen ohne größere Umbauten möglich machen.

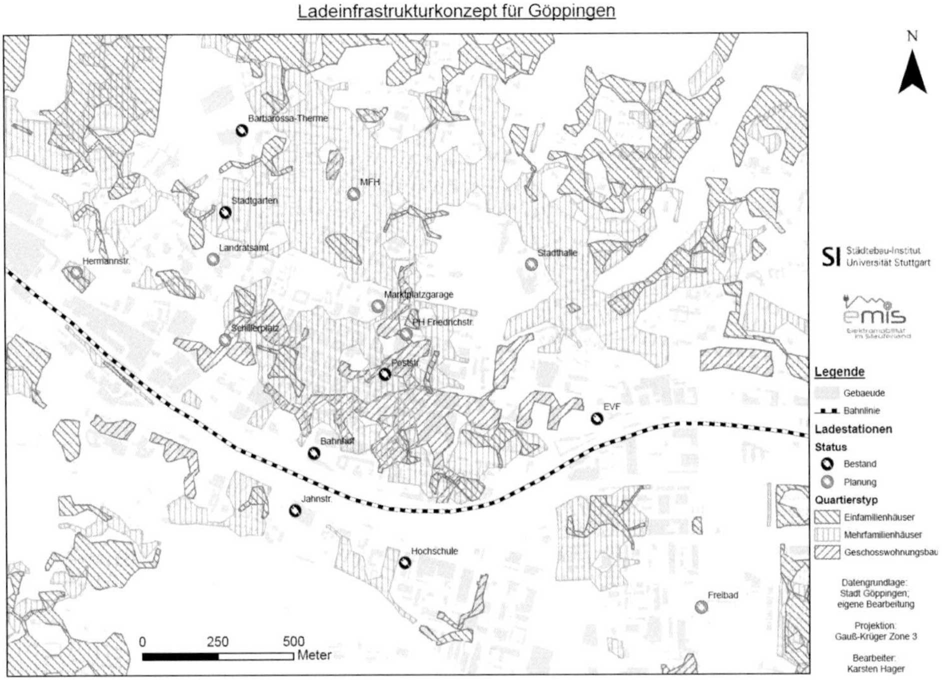

Abb. 1: Quartierstypologie Göppingen (eigene Darstellung)

4 Diskussion

Deutschlands urbane Struktur setzt sich zum größten Teil aus Mittelstädten wie Göppingen zusammen. In diesen städtischen Räumen entscheidet sich die Zukunft des Verkehrssystems bezüglich der Umweltverträglichkeit des Verkehrs an sich und der Akzeptanz von neuen Antriebstechnologien in der Bevölkerung. Die „Elektromobile Quartierstypologie" setzt an diesem Punkt an, um eine übertragbare Methode zur Verortung von Ladeinfrastruktur in Mittelstädten zu gewährleisten. Der vorgestellte Ansatz wird weiterentwickelt (z. B. bei der Anzahl der verwendeten Quartierstypen und den Gebäudevariablen) und in vergleichbaren Projekten an anderen Mittelstädten angewandt.

Die Standorte der Ladeinfrastruktur von Göppingen konnten bedarfsgerecht für das städtische Gebiet ermittelt und den Entscheidungsträgern vorgelegt werden. Zusätzliche potenzielle Standorte können verortet werden. Die Hälfte aller vorgeschlagenen Standorte wurde von den lokalen Entscheidungsträgern angenommen und umgesetzt. Nach dem Aufbau der Ladeinfrastruktur muss die Auslastung der einzelnen Ladesäulen überprüft werden, um ihre Aufstellung zu rechtfertigen. Die Aktivitäten, denen die Nutzer der Ladesäulen an Ihren jeweiligen Standorten nachgehen, müssen sich in den technischen Spezifikationen widerspiegeln (fährt der Nutzer z. B. zu einer Sporthalle wird er dort weniger Zeit verbringen als über Nacht in seiner Wohnung. Dementsprechend kürzer ist die Zeit, um das Elektroauto ausreichend zu laden).

Während sich der hier vorgestellte Ansatz auf die Verwendung von Geo- und Nutzerdaten beschränkt, können auch Variablen wie die Bevölkerung oder das durchschnittliche Einkommen verwendet werden, um Ladeinfrastruktur im städtischen Raum zu verorten (EFTHIYMOU et al. 2012). Eine Studie, die in England durchgeführt wurde, bezieht noch detailliertere soziodemografische Daten ein. Allerdings muss dabei auch auf die andere Gebäudestruktur hingewiesen werden (Einzelhaus, Doppelhaushälfte und Reihenhäuser), die bei einer Anpassung zu diesem Ansatz andere Quartierstypen zur Folge hätte (NAMDEO et al. 2013). Weitere technische Spezifikationen können ebenfalls in Studien für potenzielle Ladeinfrastruktur integriert werden (ZUBARYEVA et al. 2012). Andere Möglichkeiten zur Verlängerung der Reichweite von Elektroautos, wie z. B. Batteriewechsel, sowie die Verortung von solchen Stationen im städtischen Raum, sind ebenfalls Gegenstand der Forschung (LIU 2012). Die Verortung von Ladestationen kann auch vollkommen automatisch ohne Berücksichtigung der Nutzerperspektive erfolgen (XU et al. 2013). Eine Studie, die zu einem vergleichbaren Ergebnis kommt, sieht die Standorte der Ladeinfrastruktur an zentrale Versorgungseinrichtungen, vergleichbar mit den POIs (DONG et al. 2014). Ebenso wird die Bedeutung von der Nähe von Ladeinfrastruktur zu den Versorgungsketten der Städte hervorgehoben (LUCAS et al. 2012).

5 Fazit

Die Verortung von Ladesäulen im urbanen Raum ist eine der zentralen Aufgaben, die es zu Erfüllen gilt, um der Elektromobilität einen Platz im Verkehrssystem von heute und morgen zu garantieren. Diese Fragestellung ist mindestens genauso wichtig wie die technischen Herausforderungen bei der Herstellung von Elektrofahrzeugen, um die Reichweite aus technischer Sicht zu verlängern und die Ladezeit zu verkürzen. Der Literaturvergleich hat gezeigt, dass der vorgestellte Ansatz durch viele Facetten noch erweitert und u. U. verbessert werden kann. Die Hervorhebung der Nutzerperspektive ist im wissenschaftlichen Vergleich ein Alleinstellungsmerkmal der „Elektromobilen Quartierstypologie".

Der Fokus der „Elektromobilen Quartierstypologie" liegt auf der Analyse der Stadtstruktur sowie der Berücksichtigung der Nutzerperspektive, um Ladeinfrastruktur bedarfsgerecht aufzubauen. Letztendliche Zielerreichungswerte können erst gemessen werden, wenn die Ladesäulen über einen längeren Zeitraum in Betrieb sind und die Auslastung ausgewertet wurde. Der öffentliche Raum ist mit Infrastruktur überladen, weshalb zusätzliche bauliche Verdichtungen des öffentlichen Raums nur in geringem Ausmaß stattfinden sollten. Aus diesem Grund sollte Ladeinfrastruktur nicht im Überfluss gebaut werden, sondern nur an Orten mit Bedarf. Ein solcher Ansatz wurde in dieser Arbeit vorgestellt.

Literatur

BIOLY, S., KUCHSHAUS, V. & KLUMPP, M. (2012), Elektromobilität und Ladesäulenstandortbestimmung – Eine exemplarische Analyse mit dem Beispiel der Stadt Duisburg. In: KLUMPP, M. (Hrsg.), ild Schriftenreihe Logistikforschung, 24. FOM Hochschule für Oekonomie & Management, ild Institut für Logistik- & Dienstleistungsmanagement.

DONG, J., LIU, C. & LIN, Z. (2014), Charging infrastructure planning for promoting battery electric vehicles: An activity-based approach using multiday travel data. Transportation Research Part C: Emerging Technologies, 38, 44-55.

EFTHYMIOU, D., ANTONIOU, C., TYRIOPOYLOS, Y. & MITSAKIS, E. (2012), Spatial Exploration of Effective Electric Vehicle Infrastructure Location. Procedia – Social and Behavioral Sciences, 48, 765-774.

EMIS (2014), EMiS – Elektromobilität im Stauferland. http://www.emis-projekt.de (16.04.2014).

EUROPÄISCHE KOMMISSION (2010), EUROPA 2020 – Eine Strategie für intelligentes, nach haltiges und integratives Wachstum. KOM(2010) 2020. http://ec.europa.eu/europe2020/europe-2020-in-a-nutshell/index_de.htm# (16.04.2014).

HUBER, F. & REUTTER, U. (2012), Potenziale und mögliche Entwicklungspfade für Elektromobilität in Leipzig und alternative Mobilitätsmaßnahmen. Fachgutachten, 35 S. Wuppertal/Kaiserslautern.

KAFSACK, H. & SCHWENN, K. (2013), 86000 Elektro-Tankstellen für Deutschland. U-Parlament fordert flächendeckenden Ausbau / Koalition will Elektroautos fördern. Frankfurter Allgemeine Zeitung (F.A.Z.), 27.11.2013 (276).

LIU, J. (2012), Electric vehicle charging infrastructure assignment and power grid impacts assessment in Beijing. Energy Policy, 51, 544-557.

LUCAS, A., ALEXANDRA SILVA, C. & COSTA NETO, R. (2012), Life cycle analysis of energy supply infrastructure for conventional and electric vehicles. Energy Policy, 41, 537-547.

NAMDEO, A., TIWARY, A. & DZIRULA, R. (2013), Spatial planning of public charging points using multi-dimensional analysis of early adopters of electric vehicles for a city region. In: Technological Forecasting and Social Change (in press).

XU, H., MIAO, S., ZHANG, C. & SHI, D. (2013), Optimal placement of charging infrastructures for large-scale integration of pure electric vehicles into grid. International Journal of Electrical Power & Energy Systems, 53, 159-165.

ZUBARYEVA, A., THIEL, C., ZACCARELLI, N., BARBONE, E. & MERCIER, A. (2012), Spatial multi-criteria assessment of potential lead markets for electrified vehicles in Europe. Transportation Research Part A: Policy and Practice, 46 (9), 1477-1489.

GIP Day

Klaus HEIMBUCHNER

ITS Vienna Region · klaus.heimbuchner@its-viennaregion.at

Zusammenfassung

In GIP.at wird ein gemeinsames digitales Verkehrsnetz (= Graph) für ganz Österreich umgesetzt, die Graphenintegrations-Plattform GIP. Auf die GIP können sich alle Behörden beziehen und so ihre Daten vernetzen. Die GIP umfasst alle Verkehrsmittel (öffentlicher Verkehr, Radfahren, zu Fuß gehen, Autoverkehr) und ist auch bis hin zu einzelnen Fahrstreifen aktueller und detaillierter als bisherige Graphen. Dadurch eignet sich die GIP nicht nur für Verkehrsauskünfte, sondern auch für rechtsverbindliche Verwaltungsabläufe und E-Government. Die GIP steht allen Gemeinden, Städten und weiteren Gebietskörperschaften kostenlos zur Verfügung und kann von diesen selbstständig aktualisiert werden.

In GIP.gv.at werden jene Werkzeuge für die Behörden entwickelt, mit denen diese die GIP laufend aktuell halten können und die ihnen dadurch die Arbeit erleichtern. Die neuen Maßnahmen- und Kreuzungsassistenten ermöglichen etwa die einfache Verwaltung und Kundmachung von Verkehrsmaßnahmen, die Prognose ihrer Wirkungen im Verkehrssystem und die einheitliche und übersichtliche Verortung in der GIP. Die Lizenz steht allen öffentlichen Infrastrukturbetreibern kostenlos zur Verfügung.

Mit der aktuellen, österreichweiten GIP als Basis wird schließlich in VAO eine gemeinsame Verkehrsauskunft für ganz Österreich und für alle Verkehrsarten (also zu Fuß gehen, Radfahren, öffentlicher Verkehr und Autoverkehr) in einheitlich hoher Qualität umgesetzt. Durch das Aufzeigen von Alternativen werden die Möglichkeiten zum Umstieg auf umweltfreundliche Verkehrsmittel attraktiv und bewusst gemacht. Dieser Effekt ist ein Meilenstein hinsichtlich Datenqualität und umfassender Information. Aber auch für die Verwaltung ergeben sich völlig neue Möglichkeiten bei der aktiven Verkehrslenkung und Verkehrssteuerung sowie bei der aktuellen Information über das Verkehrsgeschehen.

1 Von den Anfängen zur Graphenintegrations-Plattform GIP

Wichtige Vorarbeiten für ein gemeinsames digitales Verkehrsnetz in Österreich erfolgten unter anderem 2001 im Projekt VEMA (Wien), ab 2006 in den Projekten VIP Vienna Region (Wien / Niederösterreich / Burgenland) und IWN Integriertes Wegenetz (Steiermark) sowie auf lokaler Ebene etwa in der Gemeinde Klosterneuburg. Dabei wurden bereits erste GIP-Basiskomponenten entwickelt.

Im Jänner 2008 wurde beim ersten Ländertreffen „Straße und Verkehr“ in Klagenfurt die Einreichung eines Förderantrags für die Projekte GIP.at und GIP.gv.at beim KLIEN beschlossen.

Strobl, J., Blaschke, T., Griesebner, G. & Zagel, B. (Hrsg.) (2014): Angewandte Geoinformatik 2014.
 ISBN 978-3-87907-543-0.

2009 starteten schließlich die drei großen österreichweiten Projekte GIP.at, GIP.gv.at und Verkehrsauskunft Österreich VAO. Das Ziel war die Schaffung eines Verkehrsreferenzsystems für alle Verkehrsarten (Graphenintegrations-Plattform GIP), darauf aufbauender elektronischer Verwaltungsprozesse und einer multimodalen Verkehrsauskunft (VAO). Und das gemeinsam für ganz Österreich und mit bester Qualität und Aktualität.

Anfang 2012 wurde ein erster GIP-Prototyp österreichweit implementiert, es waren aber noch eine Reihe an Erweiterungen, Integrationen und Optimierungen notwendig. Diese werden in Projekten wie GIP Niederösterreich, GIP Erweiterungen oder GIP Erweiterungen II umgesetzt.

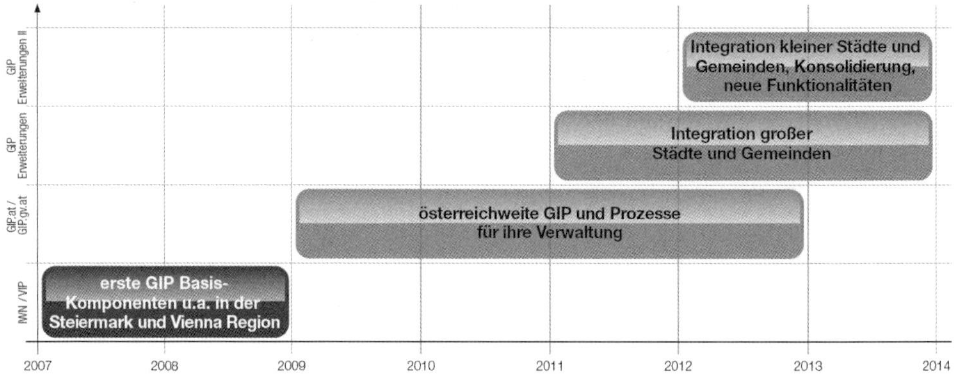

Abb. 1: Von den Anfängen zur Graphenintegrations-Plattform GIP

2 GIP.at – die Grundlage für eine zeitgemäße Verwaltung von Österreichs Verkehrswegen

2.1 GIP.at – der Schritt von der analogen in die digitale Welt

Verkehrssteuerung erfolgt durch Behördenverfahren und erfordert die Zusammenarbeit von Infrastrukturerhaltern, Behörden unterschiedlicher Verwaltungsebenen und Verkehrsunternehmen. Dafür notwendig sind zeitgemäße Technologien für Wirkungsberechnung, verwaltungsübergreifende Kommunikation, Nachvollziehbarkeit und Dokumentation. Die Grundlage dafür ist die Graphenintegrations-Plattform GIP, die im Rahmen des Projektes GIP.at in ganz Österreich umgesetzt wird. Der Datenaustausch zwischen den Gebietskörperschaften wird durch den Datennutzungsvertrag geregelt, die Datenhoheiten bleiben dadurch erhalten. Über einen Netzclient wird die GIP laufend aktuell gehalten.

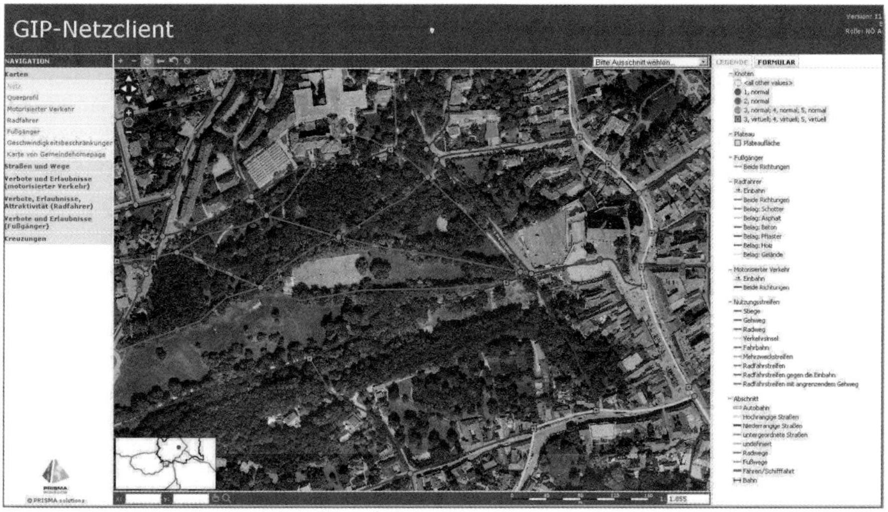

Abb. 2: Über den GIP-Netzclient wird die GIP laufend aktuell gehalten

Österreichs öffentliche Hand hat die Verwaltungsprozesse bei der Verkehrsinfrastruktur in den letzten Jahren konsequent digitalisiert. Dabei haben die verschiedenen Stellen jeweils die für sie günstigsten Zeitpunkte und Systeme zur Datenablage gewählt, wodurch parallele Systeme entstanden sind, die sich nicht zusammenfügen lassen. Die GIP ist die Verbindung zwischen diesen parallelen Systemen: der gemeinsame „amtliche" Referenzgraph, auf den sich nun alle verschiedenen Systeme der Verwaltungseinheiten beziehen und so verknüpft werden können. Die GIP umfasst alle Verkehrsarten (motorisierter Individualverkehr, Öffentlicher Verkehr, Radfahren, zu Fuß gehen) und kann diese zudem intermodal verknüpfen. Durch E-Government-Prozesse wird sie laufend aktuell gehalten.

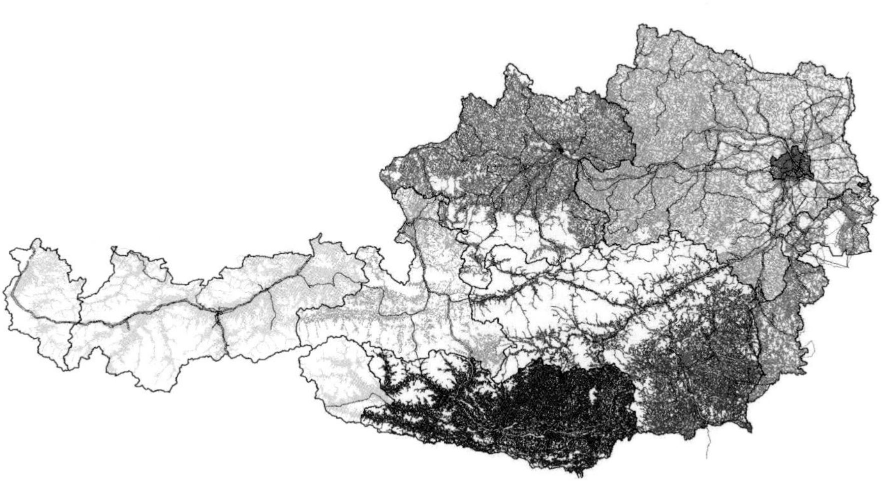

Abb. 3: Die GIP als gemeinsamer Verkehrsgraph für Österreich

2.2 Vorteile für Verwaltung, VerkehrsteilnehmerInnen und Einsatzkräfte

Die GIP bietet der öffentlichen Verwaltung und den Behörden einen Überblick über die gesamte Verkehrsinfrastruktur, indem alle wesentlichen Informationen gebündelt vorliegen. Eine parallele und damit mehrfache Datenhaltung ist damit nicht mehr erforderlich. So wird etwa die einfache Überprüfung möglich, ob eine behördliche Anordnung bzw. Maßnahme der StVO entspricht oder im Widerspruch zu anderen behördlichen Anordnungen steht. Außerdem können die Wirkungen der Verkehrszeichen auf den Verkehrsfluss abgebildet werden. Die GIP bildet auch die Voraussetzung für die Umsetzung des IVS-Gesetzes, der INSPIRE-Richtlinie und der PSI-Richtlinie in den Gebietskörperschaften. Der Bevölkerung, welche von den diversen Maßnahmen betroffenen ist, kann die Verwaltung durch einen raschen Informationszugriff mehr Service bieten. Denn die GIP ermöglicht eine Gesamtsicht der jeweiligen Sachlage, wodurch schneller auf Anfragen reagiert werden kann. Für die Berichtspflichten des Umweltmonitoring im Verkehrsbereich bildet die GIP ebenso eine unverzichtbare Basis, wie für eine österreichweite gemeinsame Verkehrsauskunft. Durch das Aufzeigen von Alternativen wird dabei der Umstieg auf umweltfreundlichen Verkehr (öffentlicher Verkehr, Fahrrad, zu Fuß gehen) attraktiv und bewusst gemacht. Mithilfe der GIP können Unfälle von der Exekutive mit weniger Aufwand und zugleich exakter verortet werden. Das Unfallmanagement und die Analyse von Unfallhäufungspunkten werden dadurch wesentlich erleichtert. Die GIP bildet zudem auch die Grundlage von Routengenehmigungen für Sondertransporte (SOTRA) und Gefahrguttransporte.

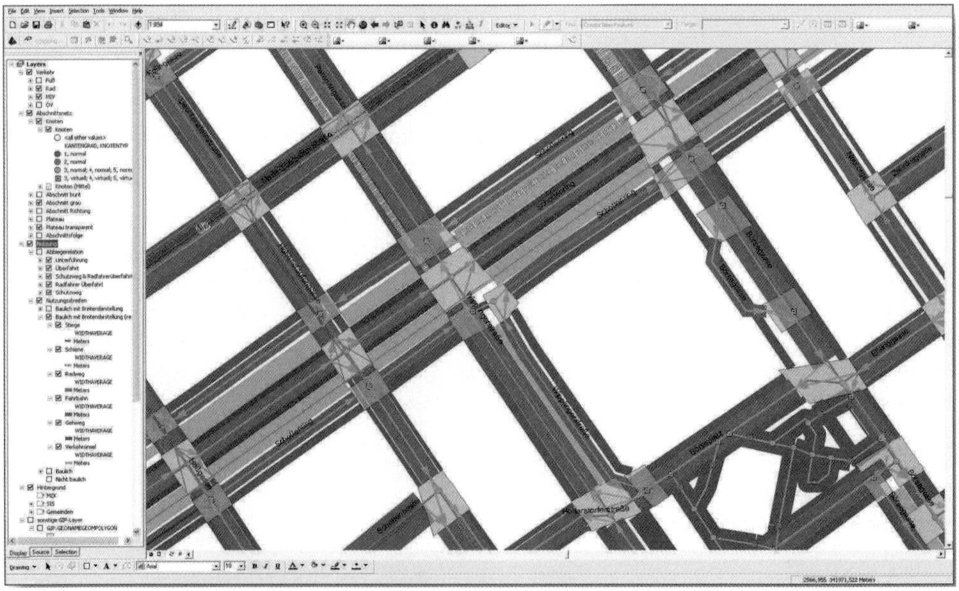

Abb. 4: Die GIP umfasst alle Verkehrsarten und kann diese auch kombinieren (intermodal)

2.3 GIP.at Erweiterungen (2011 – 2012/13)

Im Rahmen von GIP.at Erweiterungenen erfolgt die Erweiterung der GIP-Funktionalitäten vor allem für größere Städte und Gemeinden. Durch deren Integration werden die Voraussetzungen für einen effizienten Datenaustausch geschaffen. Größere Städte und Gemeinden können nun ihre Verkehrsnetz-Daten selbstständig erfassen und pflegen und ohne Mehraufwand in die österreichweite GIP einfügen. GIP.at Erweiterungen ist ein ganz wesentlicher Schritt für die laufende Aktualität der österreichweiten Graphenintegrations-Plattform.

GIP.at Erweiterungen ist ein gemeinsames Projekt der Konsortien von GIP.at und GIP.gv.at und wird durch den Klima- und Energiefonds zu 50 % gefördert. Die Koordination übernimmt das Land Kärnten.

2.4 GIP.at Erweiterungen II (2012 – 2014)

Hier werden die Grundlagen für den Einsatz der GIP in kleinen und mittelgroßen Städten und Gemeinden geschaffen. Außerdem wird die GIP auf Basis der Erfahrungen der letzten Jahre konsolidiert, Umfang und Qualität der Daten verbessert und weitere nützliche Tools entwickelt, etwa für Einsatzorganisationen oder Baustellenmanagement.

GIP.at Erweiterungen II ist ein gemeinsames Projekt der österreichischen Bundesländer mit Ausnahme Vorarlbergs, ASFINAG, ÖBB Infrastruktur, BMVIT und ITS Vienna Region und wird durch den Klima- und Energiefonds zu 50 % gefördert. Die Koordination übernimmt ITS Vienna Region.

2.5 GIP.at im Überblick

Mit GIP.at (Laufzeit 9/2009 – 12/2011) wird die Graphenintegrations-Plattform GIP in ganz Österreich umgesetzt. Ziel des Projekts GIP.at ist es, dass die Verkehrsdaten nach einheitlichen Regeln digital verwaltet werden können. Dafür ist es erforderlich, dass die verschiedenen Bezugssysteme, mit deren Hilfe Daten abgelegt werden (= Graphen), voneinander wissen. Dieses neue System ist die Graphenintegrations-Plattform GIP. Sie wird den Städten, Gemeinden und weiteren Gebietskörperschaften kostenlos zur Verfügung gestellt werden. GIP.at ist ein gemeinsames Projekt der österreichischen Bundesländer, ASFINAG, ÖBB Infrastruktur, BMVIT und des Partners ITS Vienna Region. Der österreichische Städtebund ist assoziierter Partner. Das Projekt GIP.at hat wurde durch den Klima- und Energiefonds ermöglicht, indem es zu 50 % gefördert wurde.

Leitung:

DI Irmgard Mandl-Mair
Amt der Kärntner Landesregierung
Abteilung 7 – Kompetenzzentrum Wirtschaftsrecht und Infrastruktur
Mail: irmgard.mandl-mair@ktn.gv.at
Information: www.GIP.gv.at

3 GIP.gv.at – die Werkzeuge für aktuelle Verkehrsdaten in der Graphenintegrations-Plattform GIP

3.1 GIP.gv.at – E-Government Prozesse auf Basis der GIP

Die laufende Adaptierung und Verbesserung der Verkehrsinfrastruktur ist stets mit rechtlichen Grundlagen und zumeist mit Änderungen der Verkehrsorganisation verbunden. Verkehrszeichen und Bodenmarkierungen müssen daher von den Behörden laufend geprüft und gegebenenfalls neu festgelegt werden. Die Magistrate und Bezirkshauptmannschaften verfügen über alle Informationen zum Fließverkehr, die Behörden der Länder und Gemeinden über jene zum öffentlichen und ruhenden Verkehr. Allerdings wurden bisher, mit zusätzlichem Verwaltungsaufwand, viele parallele digitale Datenbanken geführt, die gegenseitig nicht abgeglichen werden konnten. Durch das Projekt GIP.gv.at ist es nun möglich, verkehrsbezogene Daten, die durch gesetzliche Grundlagen entstehen, mittels E-Government Prozessen direkt und gesammelt digital verfügbar zu machen. Diese E-Government Prozesse sowie die notwendigen Schnittstellen und Standards wurden von den Projektpartnern gemeinsam festgelegt und entwickelt. Die Graphenintegrations-Plattform GIP bildet das Bezugssystem für alle E-Government Prozesse und verbessert damit die Grundlage für die Behörden, etwa bei Kilometrierung, Straßennamen oder Zuständigkeiten. Die Vorteile liegen auf der Hand: tagesaktueller Überblick über alle Verkehrsmaßnahmen; rasche Beauskunftung; weniger Lokalaugenscheine und Verhandlungen vor Ort und damit Verfahrensbeschleunigung bei allen Verwaltungsbehörden; Qualitätssteigerung durch leicht sichtbare inhaltliche Widersprüche; Vorteile für Blaulichtorganisationen und Katastropheneinsätze durch vereinfachte Unfallaufnahme sowie Datenweiterleitung und Datenbereitstellung.

3.2 Maßnahmen- und Kreuzungsassistent als Werkzeuge

Mithilfe von E-Government-Prozessen und Werkzeugen, wie dem Maßnahmen- und Kreuzungsassistenten, ist es nun möglich, den Bestand aller Maßnahmen ohne zusätzlichen Aufwand laufend aktuell zu halten. Jede Gebietskörperschaft ist weiterhin für ihren Zuständigkeitsbereich verantwortlich, daher sind beide Assistenten im Portalverbund des Bundes integriert. Sie können mit der Software SKAT, aber auch mit jeder beliebigen Weboberfläche und aus anderen Programmen heraus, angesteuert werden. Maßnahmen- und Kreuzungsassistent stehen allen Städten und Gemeinden lizenzfrei zur Verfügung, da diese von den Ländern finanziert werden. Der Maßnahmenassistent ist ein praktisches Werkzeug, mit dem StVO-Maßnahmen zur Verkehrssteuerung sofort visualisiert, geplant und auf ihre Wirkung hin überprüft werden können. Das Wegenetz kann dabei auch mit Orthofotos und dem Grundstückskataster hinterlegt werden. Der Sachbearbeiter muss nur die zu treffende Maßnahme inklusive ihrer Gültigkeit eingeben und erhält sofort einen Vorschlag zur Kundmachung sowie den entsprechenden Verordnungstext. Dieser kann direkt in das Dokument für die behördliche Tätigkeit übernommen werden. Gleichzeitig legt der Maßnahmenassistent die Wirkung der Maßnahme im System ab, wo sie automatisch auf Widersprüche zu anderen Maßnahmen überprüft wird. Nachdem die Umsetzung der Maßnahme gemeldet ist, muss sie vom Sachbearbeiter noch gültig geschaltet werden und steht damit allen Informationssystemen tagesaktuell zur Verfügung. Der Maßnahmenassistent ist auch Grundlage für zahlreiche weitere E-Government-Entwicklungen in der Verwaltung, wie ein Baustellenmanagementsystem oder ein System zur Verwaltung der Konzessionen im öffentlichen Verkehr (Kraftfahrliniengesetz). Der Kreuzungsassistent ist ein spezielles ergänzendes Werkzeug für den Straßenerhalter zur fahrspurgenauen Aufbereitung von Kreuzungsbereichen. Darauf aufbauend kann die Behörde fahrspurgenaue Maßnahmen setzen.

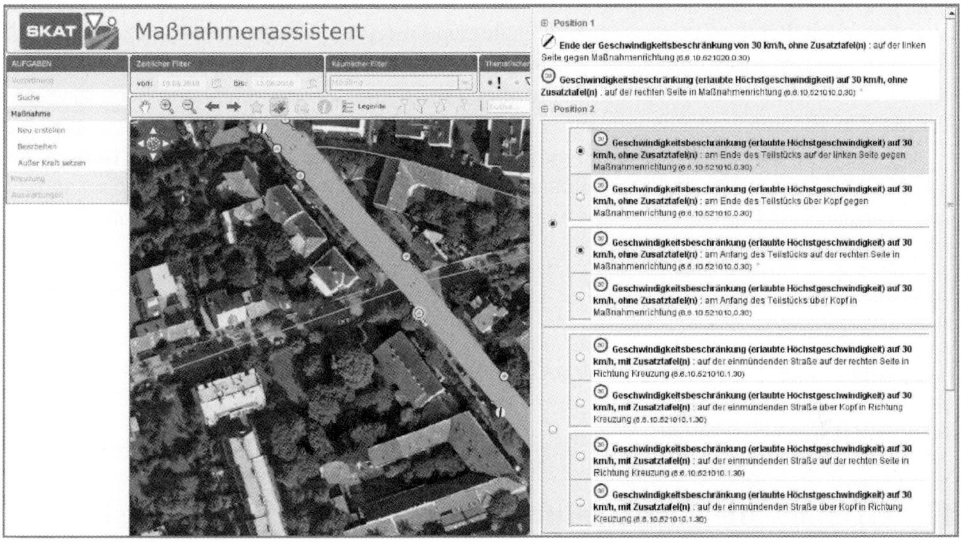

Abb. 5: Der Maßnahmenassistent als Werkzeug um Verkehrsmaßnahmen in die GIP einzupflegen

Abb. 6: Der Kreuzungsassistent als Werkzeug zur fahrspurgenauen Aufbereitung von Kreuzungsbereichen

3.3 GIP.gv.at im Überblick

In GIP.gv.at (9/2009 – 12/2012) werden E-Government Prozesse auf Basis der Graphenintegrations-Plattform GIP entwickelt. Diese elektronischen Prozesse unterstützen Verwaltungsabläufe bei Verordnungen und Genehmigungen im Straßenraum. Das Aktuellhalten der Datenbanken erfolgt dabei zuverlässig und ohne zusätzlichen Arbeitsaufwand über die eigens entwickelten Kreuzungs- und Maßnahmenassistenten. Mit diesen können die rechtlichen Maßnahmen im Straßennetz laut StVO vollständig, aktuell und räumlich erfasst werden. Die entwickelten E-Government-Prozesse (Bearbeitungswerkzeuge und Schnittstellen) werden den Städten und Gemeinden sowie weiteren Gebietskörperschaften kostenlos zur Verfügung gestellt. GIP.gv.at ist ein gemeinsames Projekt der österreichischen Bundesländer, ASFINAG, BMVIT und ITS Vienna Region. Der österreichische Städtebund ist assoziierter Partner. Das Projekt GIP.gv.at wurde erst durch den Klima- und Energiefonds ermöglicht, da es zu 50 % gefördert wird.

Leitung:

DI Christoph Westhauser
ITS Vienna Region / Verkehrsverbund Ost-Region (VOR) GmbH
Mail: office@its-viennaregion.at
Information: www.GIP.gv.at

4 GIP.nö – die Graphenintegrations-Plattform Niederösterreich

4.1 Der Niederösterreichische Verkehrsdatenverbund

Im Jahr 2009 wurde durch den Landesamtsdirektor-Stellvertreter das Gruppen übergreifende Projekt „Niederösterreichischer Verkehrsdatenverbund" initiiert. Ziel ist es, eine Verwaltungsvereinfachung herbei zu führen und die gewonnenen Daten für Projekte, die zur Hebung der Verkehrssicherheit, zur Verkehrssteuerung und zur Verkehrsvermeidung dienen, zur Verfügung zu stellen.

4.2 Daten zentral sammeln, Arbeit erleichtern, Verkehr optimieren

Ein Ergebnis ist eine zentrale Plattform mit allen Daten der niederösterreichischen Verkehrsnetze – in bester Datenqualität, laufend aktualisiert und einem bisher nicht verfügbaren Umfang. Die neue „GIP.nö" wird als amtliches Verkehrsbezugssystem nicht nur allen Dienststellen auf Landes-, Bezirks- und Gemeindeebene die Arbeit erleichtern, sondern auch die Entwicklung vieler Services im Verkehrs-, Umwelt- und Sicherheitsbereich ermöglichen.

Die bearbeiteten Datenbestände umfassen Gemeindestraßen (fahrstreifengenau), Güterwege, Brücken, Tunnel, Kreuzungen mit Abbiegerelationen, Rad- und Fußgängerinfrastruktur, Bushaltestellen, Nebenbahnen (NÖVOG-Strecken) sowie Zugangswege zu Bahnhöfen. Hausnummern können auf Wunsch der Gemeinden korrigiert werden. Die geografischen Basisdaten (Digitale Katastralmappe, Orthofotos, Höhenmodelle) werden von der Abt. Hydrologie und Geoinformation eingebracht.

4.3 Mit 573 Gemeinden gemeinsam zum besten digitalen Verkehrsnetz

Es werden alle Verkehrsinfrastrukturdaten in allen 573 Gemeinden kontrolliert und korrigiert. Noch nicht erfasste Daten werden ergänzt und gemeinsam mit dem bestehenden Datenbestand in der Plattform „GIP.nö“ zusammengeführt. Da auch die Abbiegerelationen erfasst werden, ist damit ein optimales Routing möglich – unabhängig von Startadresse, Ziel-Adresse oder Verkehrsmittel.

Diese Daten werden auch die verschiedenen Navi-Anbieter nutzen können. Vor allem haben die Verkehrsverbünde großes Interesse und auch den gesetzlichen Auftrag eine Verkehrsauskunft von Haustür zu Haustür zur Verfügung zu stellen. Damit grenzt sich das Projekt von Feldwegen, Wanderwegen und Forstwegen ab. Diese führen zu keiner Adresse und werden daher nicht erfasst.

Die gewonnen Daten werden allen Gemeinden zu ihrer Verwendung kostenlos zur Verfügung gestellt, wenn diese sich bereit erklären die Daten aktuell zu halten.

4.4 GIP.nö im Überblick

Im Rahmen von GIP.nö werden 80.000 km Straßen, 70.000 Hausnummern und 13.000 Haltestellen kontrolliert und korrigiert. Das Projekt startete im März 2013 und ist auf die Dauer von zwei Jahren ausgelegt. GIP.nö wird aus Mitteln des Europäischen Fonds für regionale Entwicklung (EFRE) und des Landes Niederösterreich finanziert.

Mit der Umsetzung wurde die ARGE GIP.nö bestehend aus den Unternehmen EVN Geoinfo, PRISMA solutions und GeoMarketing beauftragt. ITS Vienna Region ist verantwortlich für die Projektleitung und die Qualitätskontrolle.

Kontakt:

Verkehrsverbund Ost-Region VOR / ITS Vienna Region
Andreas Unterluggauer, Projektleitung
Mail: a.unterluggauer@its-viennaregion.at

Im Auftrag des
Amtes der NÖ Landesregierung
Abt. Gesamtverkehrsangelegenheiten
Mag. Roman Dangl
Mail: roman.dangl@noel.gv.at
Information: www.GIP.gv.at

5 VAO – die gemeinsame Verkehrsauskunft für ganz Österreich

5.1 Eine gemeinsame statt viele verschiedene Verkehrsauskünfte

Den VerkehrsteilnehmerInnen stehen derzeit in Österreich viele verschiedene Verkehrsauskünfte zur Verfügung: etwa ÖBB Scotty, ASFINAG Roadpilot, AnachB, qando, Ö3-Verkehrsredaktion oder die Verkehrsauskünfte von ÖAMTC und Verkehrsverbünden. Einerseits ist diese Vielfalt sehr positiv. Andererseits besteht hier in vielen Bereichen noch Verbesserungspotenzial:

Das Angebot soll übersichtlicher werden und nicht wie derzeit häufig nur Teilbereiche des Mobilitätsangebots abdecken. Die Qualität soll für alle Services gleich hoch sein. Diese sollen daher auf eine gemeinsame Datenbasis zugreifen können, sodass widersprüchliche Empfehlungen vermieden werden. Auch die verwendeten digitalen Karten sollen abgestimmt und so Widersprüche bei Routing und Verortung minimiert werden. Eine Verkehrslenkung hin zu flexibler, ökologischer und effizienter Mobilität wird durch eine gemeinsame abgestimmte Strategie möglich.

5.2 VAO als homogene Grundlage für die Services der Partner

Die Idee der Verkehrsauskunft Österreich VAO ist es, eine gemeinsame Auskunft für ganz Österreich in einheitlicher hoher Qualität zu schaffen, die das gesamte Verkehrsgeschehen abdeckt (Radfahren, zu Fuß gehen, öffentlicher Verkehr, Auto, Park & Ride). Alle Partner stellen gemeinsam ihre Verkehrsdaten, Verkehrslage- und Reisezeitberechnungen sowie Verkehrsmeldungen der VAO zur Verfügung. Als digitales Verkehrsnetz (Graph) wird die Graphenintegrations-Plattform GIP verwendet.

Durch das Aufzeigen von Alternativen werden die Möglichkeiten zum Umstieg auf umweltfreundliche Verkehrsmittel attraktiv und bewusst gemacht. Die VAO dient als Grundlage für die Verkehrsauskünfte der Partner und kann entweder über eine Schnittstelle oder via mandantenfähiger Website und Apps genutzt werden.

Der Effekt ist ein Meilenstein bei Datenqualität und umfassender Information. Aber auch für die Verwaltung ergeben sich völlig neue Möglichkeiten bei der aktiven Verkehrslenkung und -steuerung sowie bei der aktuellen Information über das Verkehrsgeschehen.

Abb. 7: Beispiele für die mandantenfähige VAO Website, die als Grundlage für die Services der Partner dient (hier: ITS Vienna Region/AnachB, ÖAMTC, ASFINAG)

5.3 VAO II

In VAO II (7/2012 – 6/2015) wird die Verkehrsauskunft Österreich noch weiter verbessert: zusätzliche Daten werden erhoben, die Erfassung von Verkehrsdaten- und Echtzeitdaten wird optimiert und zusätzliche Mobilitätsangebote (z. B. Sharingmodelle) werden integriert. Usability und Leistungsfähigkeit der Endbenutzer-Services werden ebenfalls nochmals verbessert. Auch VAO II kooperiert eng mit zahlreichen Projekten, wie etwa GIP.at, GIP.gv.at, FCD-Modellregion Salzburg oder Testfeldtelematik.

5.4 VAO im Überblick

Mit der Verkehrsauskunft Österreich VAO (9/2009 – 3/2013) wird für ganz Österreich eine gemeinsame Verkehrsauskunft in höchster Qualität geschaffen, die das gesamte Verkehrsgeschehen abdeckt. VAO ist ein gemeinsames Projekt von ASFINAG (Koordinator), Arbeitsgemeinschaft der österreichischen Verkehrsverbund-Organisationsgesellschaften ARGE ÖVV, ITS Vienna Region, Ö3-Verkehrsredaktion, ÖAMTC, Stadt Graz sowie den Bundesländern Burgenland, Kärnten, Niederösterreich, Salzburg, Steiermark, Tirol und Wien. Kooptierte Partner sind zudem Austro Control, Österreichische Arbeitsgemeinschaft für Rehabilitation (ÖAR), BMI und das Land Oberösterreich. Die AustriaTech stellt als „Trusted 3rd Party“ sicher, dass für alle Interessenten und Partner ein gleichwertiger diskriminierungsfreier Zugang zur VAO gewährleistet ist.

VAO und VAO II und wurden erst durch den Klima- und Energiefonds ermöglicht, indem sie im Rahmenprogramm „Öffentlicher Verkehr“ zu 50 % gefördert wurden.

Leitung:

DI(FH) Martin Müllner
ASFINAG Maut Service GmbH
Mail: martin.muellner@asfinag.at
Information: www.verkehrsauskunft.at

Literatur

GRAPHENINTEGRATIONS-PLATTFORM GIP – http://www.GIP.gv.at (11.04.2014).
VERKEHRSAUSKUNFT ÖSTERREICH VAO – http://www.verkehrsauskunft.at (11.04.2014).

Konzeption und Implementierung der nutzerzentrierten mobilen Flugnavigationsapplikation „VFR-2-SKY“

Gernot KLINGER[1] und Markus FLATSCHER[2]

[1]Austro Control GmbH, Wien · gernot.klinger@austrocontrol.at
[2]Universität Salzburg

Dieser Beitrag wurde durch das Programmkomitee als „reviewed paper“ angenommen.

Zusammenfassung

Ziel des Projektes ist die Konzeption einer Flugnavigationsapplikation, die in der Lage sein muss, offizielle Luftfahrtkarten gemäß ICAO Annex 4 darzustellen, sowie die Implementierung als Prototyp für Piloten, die sich unter Sichtflugbedingungen am Boden und in der Luft bewegen. Der Fokus der gesamten Entwicklung liegt dabei stets auf Nutzerzentriertheit. Vor dem Start des Projekts wurden Mindestanforderungen definiert, die in einer späteren Evaluierung durch Privatpiloten nach deren Wichtigkeit gereiht wurden. Zusätzlich diente diese Umfrage dazu, Daten zu gewinnen, die nachfolgend für die Erstellung von Personas und Szenarios verwendet wurden. Diese stellen wiederum einen wesentlichen Bestandteil des Designprozesses dar.

Für die Implementierung eines Prototyps ist zuerst die Aufbereitung der Luftfahrtkarten notwendig, um diese für Smartphones und Tablets „lesbar“ zu machen. Anschließend kann die Applikation mithilfe einer Entwicklungsumgebung (in diesem Fall Eclipse) erstellt werden. In einem zweistufigen Testverfahren, einerseits mit Pkw, andererseits bei einem Testflug unter Realbedingungen, wurde schließlich der Nachweis erbracht, dass der Prototyp seinen zu Beginn definierten Ansprüchen gerecht wird.

1 Einleitung

Ziel des Projektes ist die Entwicklung eines funktionsfähigen Prototyps einer mobilen Flugnavigationsapplikation für das Android-Betriebssystem basierend auf bestehenden Geodaten der Flugsicherung unter intensiver Einbeziehung der Pilotenschaft. Die Entscheidung zugunsten dieses Betriebssystems fiel zum einen aufgrund der Tatsache, dass Google bereits einen weltweiten Marktanteil von über 80 % für sein Android-Betriebssystem beansprucht, womit eine breite potenzielle Kundenschicht erreicht werden kann und ist zum anderen darin begründet, dass beim Programmieren von Android Apps keine Kosten, wie etwa durch anfallende Lizenzgebühren, anfallen (IDC CORPORATE USA 2014). Zum Zeitpunkt des Projektstarts war zudem keine Flugnavigationsapplikation verfügbar, die die offiziellen österreichischen Luftfahrtkarten in ihrem Sortiment inkludiert hat.

Strobl, J., Blaschke, T., Griesebner, G. & Zagel, B. (Hrsg.) (2014): Angewandte Geoinformatik 2014.
 ISBN 978-3-87907-543-0.

Das Projekt erhielt den Namen „VFR-2-SKY“ in Anlehnung an die primäre Kundschaft der Piloten, die unter Sichtflugbedingungen navigieren (im englischen „*Visual Flight Rules*“ – VFR). Im Folgenden wird die Herangehensweise bei der Entwicklung dieser Applikation beschrieben, wobei der Fokus auf die Nutzerzentriertheit gelegt wird, was mithilfe eines Fragebogens, der unter Privatpiloten verteilt wurde, sowie Interviews, Personas und Szenarios gewährleistet wird. Die technische Umsetzung der Applikation steht im vorliegenden Paper nicht im Vordergrund, dennoch werden die wichtigsten Herausforderungen skizziert. Ein abschließendes Kapitel widmet sich dem Testen der Applikation und den Ergebnissen, die aus den Testläufen gewonnen wurden.

2 Anforderungen an die Applikation

Zu Beginn wurden folgende Mindestanforderungen definiert, die in der Applikation „VFR-2-SKY“ umgesetzt werden sollen:

- Offline-Laden von georeferenzierten Flugnavigationskarten in verschiedenen Maßstäben (z. B. Luftfahrtkarte ICAO 1:500.000).
- Implementierung von Zoom- und Pan-Funktion.
- Abrufen und Darstellen der eigenen Position auf der Karte mithilfe des geräteinternen GPS-Empfängers.
- Ableitung und Darstellung von Flughöhe, Geschwindigkeit und Kursrichtung.
- Visualisierung aller österreichischen Flugplätze.
- Dokumentation des Quellcodes.

Basierend auf diesen Mindestanforderungen wurden außerdem, aus Gründen der Performancesteigerung und Usability folgende optionale Anforderungen definiert:

- Kachelung der Karte und Anlegen von Bildpyramiden.
- Implementierung einer Trackingfunktion und Exportmöglichkeit von aufgezeichneten Tracks als .gpx- oder .kml-Datei.
- Umsetzung von aufrufbaren Flugplatzinformationen.
- Automatischer Wechsel zwischen den aeronautischen Basiskarten in Abhängigkeit von Zoomlevel und Flugplatznähe.

Zielgruppe der Applikation sind Privatpiloten, die unter Sichtflugbedingungen fliegen und diese App zur Flugvorbereitung, sowie als zusätzliche Orientierungshilfe auch während des Fluges verwenden. Ein wichtiges Anliegen war es dabei, die Applikation für die Verwendung auf größeren Displays zu optimieren, da davon ausgegangen werden kann, dass die Kartendarstellung sowie die Auffassung des Karteninhalts auf Tablets besser zur Geltung kommt, als auf kleineren Displays von Smartphones. Als „größere Displays“ werden hierbei Bildschirme betrachtet, die eine Diagonale von mindestens 8 Zoll (ca. 20 cm) aufweisen.

3 Herangehensweise

Abbildung 1 zeigt den generellen Entwicklungsprozess einer Software mit Fokus auf Nutzerzentriertheit. Dieser „*user-centered approach*“ findet auch in der Applikation „VFR-2-

SKY“ Anwendung. Die Frage des Funktionsumfangs der App steht an erster Stelle des Entwicklungsprozesses und wurde in diesem Fall bereits durch die Definition der Mindest- und optionalen Anforderungen beantwortet. Um darüber hinaus einen Eindruck davon zu gewinnen, welche Aspekte einer Flugnavigationsapplikation für die Piloten wirklich am wichtigsten sind, wurde ein Fragebogen konzipiert, der auf diese Fragestellung abzielt. Der Fragebogen diente dazu, den Schwerpunkt der Entwicklung auf diejenigen Aspekte zu legen, die auch tatsächlich von den Piloten gewünscht werden. Dabei wurden von den befragten Piloten vor allem die korrekte Darstellung der Luftraumstruktur, die Implementierung von Flugplatzinformationen und die Visualisierung der Flugparameter als besonders wichtig genannt.

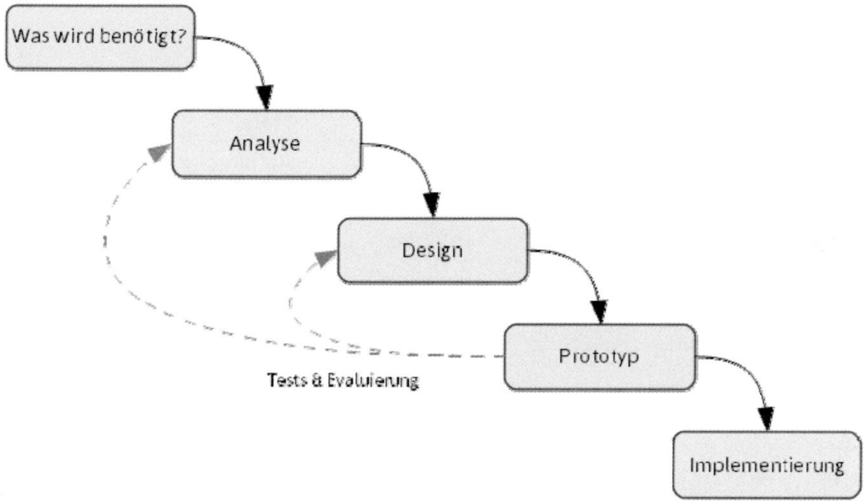

Abb. 1: Design Prozess (eigene Darstellung nach DIX et al. 2004)

Zusätzlich konnten durch den Fragebogen persönliche Daten, wie Alter, Qualifikation oder die Anzahl der jährlich erworbenen Flugstunden erfasst werden. Diese Daten wurden später für die Erstellung von Personas und Szenarios verwendet. Zusätzlich wurden die Piloten auch dazu angehalten, aus mehreren Entwürfen einer Benutzeroberfläche das ihrer Meinung nach Beste auszuwählen.

4 Personas

Personas gelten als aussagekräftiges Werkzeug bei der Entwicklung von Produkten oder Software. Sie repräsentieren fiktive Personen, die in irgendeiner Art und Weise mit dem zu entwickelnden Produkt in Verbindung stehen. Jedoch sind Personas nicht einfach erfundene Persönlichkeiten. Vielmehr werden etwa aus Umfragen und/oder Nachforschung gewonnenen Daten als Grundlage dazu verwendet, Benutzergruppen zu identifizieren, welche anschließend durch Personas repräsentiert werden. COOPER et al. (2007) definieren folgende Charakteristika für Personas:

- sie fußen auf (Nach-)Forschung,
- sie werden als Individuen dargestellt,
- sie repräsentieren User-Gruppen,
- sie haben Motivationen.

Nachfolgende Abbildung zeigt exemplarisch die fiktive Person „Karl“, die beim Design von „VFR-2-SKY“ als zentrales Persona diente.

Karl
technology-affine pilot rookie

Demographics

Age:	26
Gender:	Male
Occupation:	Architectural Draftsman
Education:	College
Hobbies:	Sport, Traveling, Party
Location:	Innsbruck, Austria

Experience

Pilot licenses:	PPL
Since:	2010
Flight hours p.a.:	about 15
Flying area:	Austria

Devices & usage

Smartphone:	Apple iOS & Android
Tablet:	Apple iOS & Android
Usage:	• always online • uses many functions of his devices • uses a lot of apps regularly

Abb. 2: Beispielhaftes Persona „Karl“ für das Projekt „VFR-2-SKY“

„Karl“ ist ein technikbegeisterter Neuling als Pilot und verwendet stets die neuesten Smartphones und Tablets. Als Pilot hat er noch keine große Erfahrung, da er seine Pilotenlizenz erst 2010 erworben hat und nur etwa 15 Flugstunden pro Jahr sammelt. Deswegen verlässt er sich auf „VFR-2-SKY“ als zusätzliche Orientierungshilfe im dreidimensionalen Luftraum. Die Verwendung einer Flugnavigationsapplikation verleiht ihm ein Gefühl von Sicherheit.

5 Szenarios

Szenarios stellen eine weitere Stufe in der Entwicklung von „VFR-2-SKY“ dar. In Szenarios werden verschiedene Alltagssituationen dargestellt, in denen die vorher erstellten Personas verschiedenen Herausforderungen gegenüberstehen oder bestimmte Ziele verfolgen (COOPER et al. 2007). Ziel von Szenarios ist es, konkrete Userziele und Anforderungen abzuleiten, bzw. vordefinierte Anforderungen zu konkretisieren. Für das beispielhafte Persona „Karl" wurde folgendes Szenario entworfen:

> *Karl ist als Pilot natürlich daran gewöhnt und trainiert, mithilfe von Karten und den Flugzeuginstrumenten zu navigieren. Da er sehr technikbegeistert ist, hat er zusätzlich eine neue Flugnavigationsapplikation auf seinem Tablet installiert.*
>
> *Vor jedem Flug benutzt er diese Applikation, um eine Flugroute zu planen, diese zu speichern und später auf einer Luftfahrtkarte darzustellen. Nach Aktivierung des geräteinternen GPS-Empfängers, kann das Tablet die eigene Position abrufen und mithilfe eines Flugzeug-Symbols auf dem Display darstellen.*
>
> *Kurz vor dem Start aktiviert Karl die implementierte Tracking-Funktion der Applikation, um seinen Flug aufzuzeichnen. Diesen aufgezeichneten Flug kann er später in unterschiedliche Dateiformate exportieren und z. B. mit anderen Piloten austauschen.*
>
> *Beim Anflug auf einen Flugplatz verwendet Karl die integrierten Sichtflugkarten, die einen relativ großen Maßstab aufweisen und nur das Gebiet rund um einen Flugplatz darstellen.*
>
> *Obwohl er immer analoges Kartenmaterial mit sich führt, fühlt sich Karl sehr wohl bei der Verwendung dieser Flugnavigationsapplikation, die ihm ein Gefühl der Sicherheit verleiht.*

Dieses Szenario zeigt beispielhaft, wie dieses Designtool dazu beitragen kann, dass ein Designer oder Programmierer ein besseres Verständnis für das zu entwickelnde Produkt erhält. Wie auch bei den Personas gilt auch für Szenarios der Grundsatz, dass diese nicht frei erfunden werden, sondern auf Daten basieren sollen, die durch Interviews und Nachforschung gewonnen wurden. Dies soll Realitätsnähe gewährleisten und verhindern, dass ein Produkt entwickelt wird, das die Anforderungen des Zielpublikums nicht kennt bzw. berücksichtigt.

6 Datenaufbereitung und Implementierung

Aus den in Fragebögen, persönlichen Interviews, Personas und Szenarios gewonnenen Erkenntnissen, kann anschließend ein Design-Framework erstellt werden, das als Gerüst der Applikationsentwicklung gesehen wird. In einem Design-Framework werden erste Entwürfe eines User-Interfaces erstellt und Funktionen der Applikation konkretisiert sowie Ideen gesammelt, wie diese Funktionen umgesetzt werden sollen und an welcher Stelle Buttons oder Icons platziert werden.

Diese Erkenntnisse dienen nun dazu, eine Applikation entwickeln zu können, die sowohl den Ansprüchen und Wünschen der Piloten, als auch denen der Flugsicherung gerecht wird. Basierend auf der Entscheidung zugunsten des Android-Betriebssystems, wurde als Entwicklungsumgebung die Eclipse IDE gewählt. Das von Google entwickelte Android Software Development Kit (SDK) enthält alle relevanten Java-Bibliotheken, die zur Entwicklung von Android Apps benötigt werden. Schließlich kann mit dem Google ADT-Plug-in eine „Brücke“ zwischen Android SDK und Eclipse hergestellt werden, um alle Android-relevanten Funktionen und Bibliotheken direkt in Eclipse verwenden zu können (BLESKE 2012).

Um den Anforderungen der Offline-Darstellung der österreichischen Luftfahrtkarten gerecht zu werden und den Maßstab der Karte auf dem Smartphone oder Tablet verändern zu können, ist es nötig, die im GeoTIFF-Format bereitgestellten Karten weiter zu bearbeiten. Zu diesem Zweck wurde die Software „TileMill“ des Herstellers MapBox verwendet (MAPBOX 2014a). Diese ermöglicht es, Karten in ein für mobile Geräte lesbares .mbtiles-Format umzuwandeln. Dies kann gezielt für bestimmte Zoomlevels bewerkstelligt werden. Allerdings tritt die Einschränkung auf, dass lediglich die Google Mercator Projektion unterstützt wird, was eine Verzerrung der ursprünglichen Karte bedingt, da österreichische Luftfahrtkarten eine international vorgeschriebene konforme Kegelprojektion verwenden (INTERNATIONAL CIVIL AVIATION ORGANIZATION 2009).

Abb. 3: Auswirkungen der Umprojizierung

Anhand der Luftfahrtkarte – ICAO 1:500.000 zeigt Abbildung 3, wie bei der Umprojizierung von einer Kegel- zu einer Zylinderprojektion ein „Ziehharmonikaeffekt“ auftritt. Um die aufbereitete Karte anschließend auf einem Smartphone oder Tablet darstellen zu können, ist die Einbindung einer Mapping Application Programming Interface (API) nötig.

Da die im Android SDK bereits integrierte Google Maps API nicht den erforderlichen Funktionsumfang aufweist, greift „VFR-2-SKY“ auf die Altus Mapping Engine des US-Herstellers BA3 zurück (BA3 LLC 2014). Für das Android-Betriebssystem wurde diese API erst im Juli 2013 veröffentlicht und bietet alle nötigen Funktionen zum Laden von

Basemaps, Karten-Overlays oder Markern. Das ausschlaggebende Argument zugunsten dieser API ist allerdings die Tatsache, dass ein sphärisches Display verwendet wird und sämtliche Overlays auf einem virtuellen Globus dargestellt werden und nicht auf einem planaren Display, wie bei herkömmlichen APIs.

Die in TileMill aufbereiteten Karten können auf diese Weise dargestellt werden, ohne dass durch Projektionen bedingte Verzerrungen auftreten. Insbesondere für die Navigation und die Orientierung der Piloten ist dies essenziell, da weder Winkel, noch Distanzen oder Flächen verzerrt dargestellt werden.

Abbildung 4 zeigt einen Ausschnitt des aktuellen User-Interfaces von „VFR-2-SKY", das aus den bereits beschriebenen Anforderungen abgeleitet wurde. Insbesondere wurde Wert darauf gelegt, den Piloten in der geräuschintensiven und unruhigen Umgebung eines Flugzeugcockpits eine Designlösung zu bieten, die sowohl alle nötigen Funktionen unterstützt, als auch einfach in der Handhabe ist. So kann z. B. jede Funktion der App mit maximal zwei Fingertipps angesteuert und bedient werden. Außerdem wurde auf die Implementierung von verschachtelten und komplexen Menüs verzichtet.

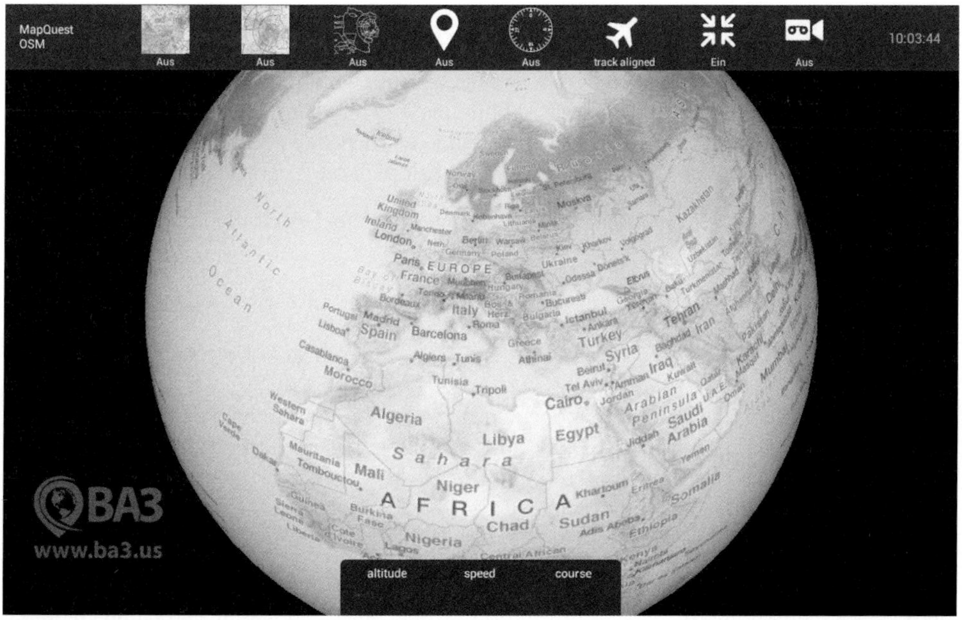

Abb. 4: Benutzeroberfläche von „VFR-2-SKY"

Die Programmlogik im Hintergrund von „VFR-2-SKY" zielt darauf ab, dass allgemeine Einstellungen, wie z. B. die Zeitintervalle für Standortupdates, bereits vor dem Flug getroffen werden sollen. Dies reduziert zwar in gewissem Maße die Flexibilität, verringert allerdings im Gegenzug auch die Komplexität und erhöht damit letztendlich die Nutzerfreundlichkeit.

Besonders erwähnenswert ist die Tatsache, dass die Altus Mapping Engine das Verwenden von Basemaps erheblich erleichtert. In diesem Projekt wurde eine Open Street Map (OSM) als Basiskarte verwendet. Alle in TileMill erstellten .mbtiles-Dateien können anschließend als Overlays über die OSM-Karte gelegt werden. Eine .mbtiles-Datei beseht im Wesentlichen aus einer SQLite Datenbank, in der alle erstellten Kartenfliesen (Maptiles) nach Zoom-Levels organisiert und gespeichert werden (MapBox 2014b).

Durch die Implementierung zweier zusätzlicher SQLite-Datenbanken konnten außerdem zum einen die Darstellung aller österreichischer Flugplätze und zusätzlich aller österreichischer Navigationshilfen sowie zum anderen das Speichern von aufgezeichneten Tracks umgesetzt werden.

Die erste der beiden Datenbanken wird bereits im Vorhinein mit Daten befüllt und dient der Darstellung von Markern (Flugplätze und Navigationshilfen). Per Fingertipp auf einen Marker können zusätzliche Informationen, wie z. B. die Beschaffenheit einer Landebahn oder die Frequenz eines Drehfunkfeuers eingesehen werden.

Die zweite Datenbank wird erst zur Laufzeit der Applikation mit Daten befüllt, sobald ein User das Kamera-Symbol der Menüleiste drückt und damit das Tracking aktiviert (siehe Abb. 4). Nun werden alle Wegpunkte in die Datenbank geschrieben. Ein erneuter Fingertipp auf das Kamera-Symbol beendet das Tracking schließlich wieder. In einer separaten Kartenansicht können alle gespeicherten Tracks anschließend geladen, eingesehen und als .kml- oder .gpx-Datei exportiert werden. Abbildung 4 zeigt außerdem drei graue Textfelder am unteren Rand des Displays. Diese Textfelder werden dazu verwendet, die aktuellen Flugparameter – Flughöhe, Geschwindigkeit und Kursrichtung – anzuzeigen.

In diesem Entwicklungsstadium konnte schließlich mit dem Testen der Applikation begonnen werden.

7 Testergebnisse

Um sicher zu stellen, dass alle Komponenten der Applikation reibungslos zusammenarbeiten, ist es unumgänglich diverse Tests durchzuführen. Dies wurde zum einen per Pkw durchgeführt, um die Funktionalität von „VFR-2-SKY“ testen zu können und zum anderen bei einem Testflug unter Realbedingungen.

Während des Testlaufs per Pkw erbrachte der Prototyp dabei den Nachweis, dass alle Funktionen und Komponenten der Applikation reibungslos funktionieren. Auch das Aufzeichnen eines Tracks funktionierte dabei einwandfrei, wobei auch Signalunterbrechungen durch Tunnelfahrten simuliert werden konnten. Dies war die Voraussetzung für einen Testflug, der anschließend durchgeführt wurde.

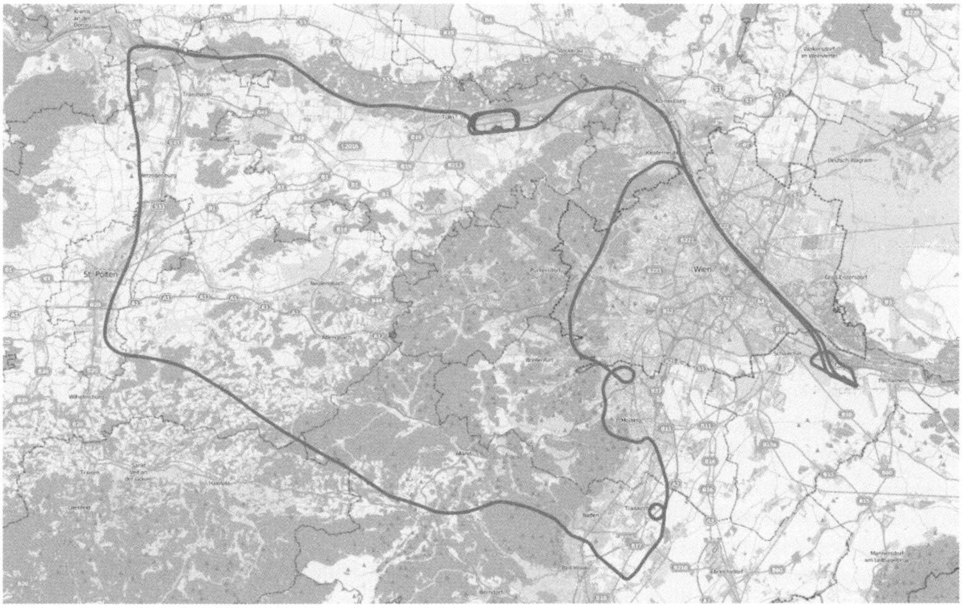

Abb. 5: Testflugstrecke

Ziel dieses Testfluges war es, die Applikation unter Realbedingungen im dreidimensionalen Raum zu testen. Dazu wurden in der Luftfahrt typische Trainingselemente durchgeführt, die das Verhalten und Reaktionsvermögen der Applikation an ihre Grenzen bringen sollten, wie etwa „touch and go“-Anflüge, abrupte Höhenveränderungen oder enge Kurven.

Ein erwähnenswertes Ergebnis ist hierbei, dass es eine Diskrepanz zwischen den vom Smartphone oder Tablet ermittelten GPS-Höhenwerten und den im Flugzeug ermittelten Höhenwerten gibt. Diese betrugen beim Testflug bis zu 160 Fuß (ca. 57 m). Die Instrumente in einem Flugzeug sind fein kalibriert und arbeiten höchst präzise, während die GPS-Werte aus der Zeitspanne ermittelt werden, die ein Signal zwischen einem GPS-Satelliten und der Erdoberfläche zurücklegt. Dies führt zu den erwähnten Diskrepanzen. Wie vonseiten der Piloten allerdings kommuniziert wurde, ist dieses Problem nicht gravierend, da eine Flugnavigationsapplikation ohnehin vorwiegend zur lateralen Navigation verwendet wird und bei Bodenannäherung auf Sicht und nicht nach Instrumenten geflogen wird bzw. werden darf.

8 Fazit und Ausblick

Als zentrales Ergebnis der Entwicklung der Applikation „VFR-2-SKY“ kann festgehalten werden, dass es für ein erfolgreiches Design unerlässlich ist, die potenziellen Nutzergruppen von Anfang an in den Designprozess einzubinden. Dies stellt sicher, dass die Applikation den Ansprüchen und Anforderungen der Nutzer gerecht wird, und sichert somit den kommerziellen Erfolg des Produktes.

Die Tests von „VFR-2-SKY" haben den Beweis erbracht, dass alle geforderten Mindestanforderungen umgesetzt werden konnten und ordnungsgemäß funktionieren. Allerdings gibt es auch Aspekte, die in der aktuellen Version von „VFR-2-SKY" noch nicht umgesetzt werden konnten, für zukünftige Versionen allerdings nutzerrelevant sind.

Dies betrifft z. B. die Bereitstellung von aktuellen Wetterinformationen und die automatische Darstellung jener Kontrollstellen, in deren Verantwortungsbereich sich das Luftfahrzeug aktuell befindet. Diese Erweiterungen sollen den Piloten zusätzliche Übersicht und Komfort ermöglichen und in zukünftigen Versionen von „VFR-2-SKY" implementiert werden.

Literatur

BA3 LLC (2014), Altus Mapping Engine. http://www.ba3.us/?page=pages/mapping-engine (18.04.2014).

BLESKE, C. (2012), Java für Android. Native Android Apps programmieren. Franzis, Haar bei München.

COOPER, A., REIMANN, R. & CRONIN, D. (2007), About Face 3. The Essentials of Interaction Design. Wiley Publishing Inc.

DIX, A., FINLAY, J., ABOWD, G. & BEALE. R. (2004), Human-Computer Interaction. Third Edition. Pearson education Ltd.

IDC CORPORATE USA (2014), Android Pushes Past 80% Market Share While Windows Phone Shipments Leap 156,0% Year Over Year in the Third Quarter, According to IDC. http://www.idc.com/getdoc.jsp?containerId=prUS24442013 (10.01.2014).

INTERNATIONAL CIVIL AVIATION ORGANIZATION (2009), Annex 4 to the Convention on International Aviation. Aeronautical Charts. Eleventh Edition. Montreal.

MAPBOX (2014a), TileMill. Create beatiful interactive maps. https://www.mapbox.com/tilemill/ (18.04.2014).

MAPBOX (2014b), TileMill. Storing Tiles. https://www.mapbox.com/developers/mbtiles/ (18.04.2014).

Automatische Verkehrsmittelerkennung aus Sensordaten

Birgit KOHLA

Institut für Straßen- und Verkehrswesen, Technische Universität Graz · birgit.kohla@tugraz.at

Zusammenfassung

Ein Einsatz mobiler Erhebungsgeräte, wie Smartphones und GPS-Logger zur automatisierten Aufzeichnung des Mobilitätsverhaltens verspricht viele Vorteile gegenüber Befragungsmethoden. Das folgende Paper beschäftigt sich mit der automatisierten Erkennung von 8 Verkehrsmittelkategorien aus charakteristischen Bewegungsmustern von Personen unter Nutzung aufgezeichneter Daten tragbarer GPS-Erhebungsgeräte mit eingebauten 3D-Beschleunigungssensoren. Es wird ein Algorithmus zur voll automatisierten Verkehrsmittelerkennung inklusive einer verlässlichen Detektion von Verkehrsmittelwechselpunkten zur Etappenabgrenzung aus diesen Sensordaten vorgestellt. Bei einer Testanwendung des entwickelten Verfahrens konnte, allein durch Verarbeitung von Beschleunigungs- und GPS-Daten, eine richtige Gesamttrefferquote von 77 % und mehr erreicht werden.

1 Einleitung und Problemstellung

Qualitativ hochwertige Daten zum Mobilitätsverhalten von Personen stellen eine wichtige Grundlage in Verkehrs- und Raumplanung sowie für die Forschung dar. Traditionell werden zur Erhebung des täglichen Mobilitätsverhaltens überwiegend Befragungsmethoden (Fragebogen oder Interview) eingesetzt. Diese Methoden sind aufwendig für die Zielpersonen und es kommt leicht zu inhaltlichen Qualitätseinbußen bei den Ergebnisdaten (vgl. STOPHER et al. 2008). Ein Einsatz mobiler Erhebungsgeräte, wie Smartphones und GPS-Logger zur automatisierten Aufzeichnung des Mobilitätsverhaltens verspricht viele Vorteile gegenüber Befragungsmethoden. Diese Methode wird daher in der Mobilitätsforschung als zukünftige Alternative angesehen. Je nach eingesetztem Erhebungsgerät können Daten unterschiedlicher Sensoren genutzt werden, um das Mobilitätsverhalten von Personen über einen bestimmten Zeitraum zu rekonstruieren.

Eine bisher nicht vollständig gelöste Fragestellung bei technologiegestützten Mobilitätserhebungen ist die automatisierte Identifizierung und Zuordnung genutzter Verkehrsmittel zu einzelnen Wegen bzw. Wegetappen. Es finden sich dazu bereits einige Ansätze in nationaler und internationaler Forschung, die überwiegend auf der Auswertung von Geschwindigkeitsprofilen aus Positionsdaten (GPS) und teilweise auf dem Abgleich von Positionsdaten mit Geodaten des Verkehrsangebots basieren (RUDLOFF & RAY 2010, CHEN et al. 2011, RIESER-SCHÜSSLER et al. 2011, STOPHER et al. 2011). Die Nutzung von Daten aus dreidimensionalen Beschleunigungssensoren wird auch international erst seit Kurzem in wenigen Arbeiten erforscht (TROPED et al. 2008, OLIVER et al. 2010, REDDY et al. 2010, FENG et al. 2011, RIESER-SCHÜSSLER et al. 2011, WIDHALM et al. 2012, YU et al. 2013). Je nach Be-

Strobl, J., Blaschke, T., Griesebner, G. & Zagel, B. (Hrsg.) (2014): Angewandte Geoinformatik 2014.
 ISBN 978-3-87907-543-0.

einträchtigung des Satellitenempfangs kommt es bei der GPS-Positionierung immer wieder zu Datenausfällen. 3D-Beschleunigungssensoren sind unabhängig von Satellitenempfang und liefern daher vollständigere und genauere Daten als die GPS-Technologie. Daher ist diese Datenquelle ein Schwerpunkt dieser Forschungsarbeit.

Das folgende Paper beschäftigt sich mit der automatisierten Erkennung von acht Verkehrsmittelkategorien aus charakteristischen Bewegungsmustern von Personen unter Nutzung aufgezeichneter Daten tragbarer GPS-Erhebungsgeräte mit eingebauten 3D-Beschleunigungssensoren. Es wird ein Algorithmus zur voll automatisierten Verkehrsmittelerkennung inklusive einer verlässlichen Detektion von Verkehrsmittelwechselpunkten zur Etappenabgrenzung in erhobenen Zeitreihen von GPS- und Beschleunigungsdaten vorgestellt.

2 Sensordaten und Hypothesen

Für die statistische Datenanalyse und die Entwicklung eines Algorithmus zur Verkehrsmittelerkennung stehen empirisch erhobene Referenzdaten aus dem Forschungsprojekt MobiFIT (HERRY et al. 2011) zur Verfügung. Darin wurden 134 freiwillige Probanden mit passiven Datenloggern ausgestattet, welche GPS-Daten (Zeitreihen mit einer Aufzeichnung pro Sekunde) und Beschleunigungsdaten in drei Achsen (Zeitreihen mit zehn Aufzeichnungen pro Sekunde) aufzeichneten. Personenspezifische Merkmale wurden zusätzlich erhoben und das Mobilitätsverhalten der Probanden in einem persönlichen Interview mithilfe einer kartographischen Darstellung der GPS-Daten rekonstruiert. Für manche Verkehrsmittel mussten für die vorliegende Arbeit zusätzlich gezielte Ergänzungserhebungen durchgeführt werden, um eine ausreichende Datengrundlage zu erhalten. Im Zuge der Datenaufbereitung werden ungenaue und unplausible Daten gefiltert, sodass schließlich 1.713 Wege (das entspricht 327 Stunden Datenmaterial) für die weiteren Schritte zur Verfügung stehen.

Eine statistische Analyse des Zusammenhangs zwischen Sensordaten (aus 3D-Beschleunigungssensoren und GPS Positionierung) bzw. personenbezogenen Daten und gewählter Verkehrsmittelkategorie erfolgt mittels multinomialer logistischer Regressionsmodelle. Für die Modellformulierung werden insgesamt 230 potenzielle Einflussvariable aus den verfügbaren Sensordaten und personenspezifischen Merkmalen abgeleitet und getestet. Folgende Merkmalsgruppen wurden untersucht: Geschwindigkeit in Bewegungsrichtung, Beschleunigung in Bewegungsrichtung, resultierende 3D-Beschleunigung, Änderung der Bewegungsrichtung (Azimut), Umwegfaktor, verkehrsbedingte Halte, Qualität der GPS-Positionierung und Verkehrsmitteloptionen der Nutzer.

3 Modellkalibrierung

Für den Algorithmus zur Verkehrsmittelerkennung werden zwei multimodale logistische Regressionsmodelle zur Ermittlung einer Zugehörigkeitswahrscheinlichkeit für jede Verkehrsmittelkategorie kalibriert. Anhand der Zugehörigkeitswahrscheinlichkeiten erfolgt die Zuordnung von Bewegungsabschnitten zu einer der untersuchten Verkehrsmittelkategorien. Ein Modell wird für die Identifikation von Fußgängern, eines zur Unterscheidung aller acht Verkehrsmittelkategorien optimiert. Die Variablenauswahl erfolgt für beide Modelle schrittweise basierend auf statistischen Qualitätsmerkmalen der getesteten Variablen.

Für das Fußgängermodell werden nach dieser Vorgangsweise drei Variablen ausgewählt, davon zwei Variablen abgeleitet aus Beschleunigungsdaten und eine Variable abgeleitet aus GPS Positionen. Bei Zuordnung zu jener Kategorie mit der maximalen ermittelten Zugehörigkeitswahrscheinlichkeit wird mit diesem Modell für die Modellkalibrierung eine Trefferquote von 96 % erreicht. Der Likelihood-Ratio-Test zeigt mit einem Signifikanzniveau von 0,000 eine gute Modellanpassung. Aus dem Pseudo-R^2 nach Nagelkerke kann geschlossen werden, dass 88 % der Varianz durch die drei ausgewählten Variablen erklärbar sind.

Für das 8-Verkehrsmittel-Modell werden sieben Variable ausgewählt, davon vier abgeleitet aus Beschleunigungsdaten und drei abgeleitet aus GPS Positionen. Bei Zuordnung zu jener Kategorie mit der maximalen ermittelten Zugehörigkeitswahrscheinlichkeit wird mit diesem Modell für die Modellkalibrierung eine Trefferquote von 85 % erreicht. Der Likelihood-Ratio-Test zeigt auch bei diesem Modell mit einem Signifikanzniveau von 0,000 eine gute Modellanpassung. Aus dem Pseudo-R^2 nach Nagelkerke kann geschlossen werden, dass 97 % der Varianz durch die ausgewählten Variablen erklärbar sind.

4 Algorithmus zur Verkehrsmittelerkennung

Die beiden Modelle werden in einen Algorithmus implementiert, mit dem Ziel aus aufgezeichneten Datenreihen Wegetappen abzugrenzen und diese einer der folgenden acht Verkehrsmittelkategorien zuzuordnen: zu Fuß, Fahrrad, einspuriger motorisierter Individualverkehr, mehrspuriger motorisierter Individualverkehr, Linienbus, Straßenbahn, U-Bahn, Eisenbahn.

Um Mess- und Speicherfehler zu beheben, werden die aufgezeichneten Sensordaten anhand verschiedener Kriterien vorgefiltert. Anschließend erfolgt eine Unterteilung der Datenreihen in Abschnitte mit und ohne Bewegung. Die Unterteilung in Wegetappen basiert auf der Überlegung, dass mit jedem Verkehrsmittelwechsel eine (zumindest kurze) Etappe zu Fuß verbunden ist. Daher kommt ein zweistufiges Verfahren zur Anwendung (siehe Abbildung 1). In der ersten Stufe wird ein gleitendes Fenster von 20 s zur Unterteilung der Datenreihen und Ermittlung der Variablen für das Fußgängermodell eingesetzt. Anhand der ermittelten Zugehörigkeitswahrscheinlichkeiten aus dem Fußgängermodell erfolgt eine Unterteilung der Datenreihen in Fußgänger und „Nicht-Fußgänger" und damit eine erste Abgrenzung von Verkehrsmitteletappen. Diese abgegrenzten Etappen werden mithilfe des 8-Verkehrsmittel-Modells einer der acht Verkehrsmittelkategorien zugeordnet. Nach der Klassifizierung werden die Etappengrenzen erneut überprüft und aufeinander folgende Etappen derselben Verkehrsmittelkategorie aggregiert.

Abb. 1: Schematische Darstellung des Verfahrens zur Verkehrsmittelerkennung

5 Ergebnisse der Testanwendung

Aufgrund der geringen Fallzahlen in einigen Verkehrsmittelkategorien kann der verwendete Datensatz für Modellkalibrierung und Testanwendung nicht geteilt werden und es kommt derselbe Datensatz zum Einsatz. Allerdings wird für die Testanwendung davon ausgegangen, dass Beginn und Ende von Wegetappen unbekannt sind, also ausschließlich Messreihen der Sensoren vorliegen. Das muss vor allem bei einer Beurteilung der Ergebnisse der Testanwendung berücksichtigt werden.

Mit dem entwickelten zwei-stufigen Algorithmus konnte für den gesamten Datensatz bei der Verkehrsmittelkategorisierung eine Gesamttrefferquote von 77 % erreicht werden (siehe Tabelle 1). Die Verkehrsmittel Motorrad und Moped, Eisenbahn, Fahrrad und zu Fuß erreichten vergleichbare Ergebnisse zur Modellkalibrierung, während insbesondere städtische öffentliche Verkehrsmittel schlechtere Ergebnisse brachten. Das Filtern von Daten im Bereich von berichteten Verkehrsmittelwechseln brachte eine weitere Verbesserung der Ergebnisse, was auf Ungenauigkeiten bei der Abgrenzung der Wegetappen in den Referenzdaten schließen lässt.

Tabelle 1: Klassifizierungsergebnisse der Testanwendung für acht Verkehrsmittelkategorien, n = 1.166.221 Sekunden

Verkehrsmittel		**Geschätzt**								**% richtig**
Beobachtet		Keine Daten	F	R	M	P	U	S	B	E	
zu Fuß	(F)	4.343	295.532	4.902	0	7.986	3.190	27.343	8.237	6.125	84%
Fahrrad	(R)	865	8.501	68.709	779	0	0	0	1.020	180	87%
MIV einspurig	(M)	0	0	540	7.153	0	0	0	0	0	93%
MIV mehrspurig	(P)	6.420	20.130	3.994	19.448	426.177	9.784	41.377	46.307	12.898	73%
ÖV U-Bahn	(U)	334	1.482	0	0	0	7.615	0	0	2.078	68%
ÖV Straßenbahn	(S)	5.254	11.089	1.323	0	1.221	3.232	27.180	1.821	5	59%
ÖV Bus	(B)	245	5.826	1.560	0	85	597	2.700	15.487	2.804	53%
ÖV Eisenbahn	(E)	1.745	675	0	169	1.138	873	1.200	0	36.543	90%
% richtig			86%	85%	26%	98%	30%	27%	21%	60%	77%

6 Fazit und Ausblick

Eine detaillierte Beschreibung der entwickelten Modelle, sowie des Algorithmus zur Etappenabgrenzung und Verkehrsmittelidentifikation findet sich bei KOHLA 2013. Es zeigte sich, dass Daten von 3D-Beschleunigungssensoren neben Positionsdaten sehr gut zur Erklärung des genutzten Verkehrsmittels geeignet sind. Variable aus personenbezogenen Merkmalen brachten für beide Modelle keine zusätzliche Verbesserung der Ergebnisse.

Unter Berücksichtigung der vergleichsweise großen Anzahl an zu unterscheidenden Verkehrsmittelkategorien (acht plus Stopp), und der geringen Anzahl an erklärenden Variablen (insgesamt neun) aus nur zwei Datenquellen (3D-Beschleunigung und GPS), liefert das entwickelte Verfahren gute Ergebnisse. Ein Vergleich mit Ergebnissen anderer Autoren ist aufgrund der unterschiedlichen Datengrundlagen und methodischen Vorgangsweisen kaum möglich. Ein Vergleich statistischer Methoden zur Verkehrsmittelklassifizierung wurde von

FENG & TIMMERMANS 2010 durchgeführt. Mit der Anwendung von Bayes'schen Netzen wurden dabei die besten Ergebnisse erzielt. Diese und andere vielversprechende Methoden sollten für die Weiterentwicklung des Verfahrens geprüft werden.

Durch Optimierung einzelner Verfahrensschritte, sowie durch Nutzung zusätzlicher Datenquellen lässt sich ebenfalls eine Verbesserung des entwickelten Verfahrens erwarten. In modernen Smartphones sind bereits vielversprechende Sensoren und Daten verfügbar:

- „Footprint" Technologie zur kombinierten Positionierung (GPS, GSM, WLAN),
- Gyroskop und Beschleunigungssensor zur Inertialnavigation,
- Magnetometer zur Bestimmung der Orientierung des Geräts und zur Erkennung von Fahrzeugkarosserien,
- Barometer zur Analyse von Höhenprofilen.

Zur Verbesserung der Unterscheidung öffentlicher Verkehrsmittel können Informationen zu räumlicher und zeitlicher Verfügbarkeit (wie Liniennetze oder Fahrplandaten) der Verkehrsmittel genutzt werden. Ansätze dazu finden sich beispielsweise bei CHEN et al. (2011), RIESER-SCHÜSSLER et al. (2011) oder STOPHER et al. (2011). Eine Implementierung dieser Ansätze im Zuge von weiterführender Forschung ist geplant, sodass Trefferquoten über 80 % zu erwarten sind.

Literatur

CHEN, J., BIERLAIRE, M. & FLÖTTERÖD, G. (2011), Probabilistic multi-modal map matching with rich smartphone data. Paper presented at the 11th Swiss Transport Research Conference, Monte Verità.

FENG, T., MOISEEVA, A. & TIMMERMANS, H. (2011), Processing of National Travel Survey GPS Pilot Data – A technical report prepared for the Department for Transport. Eindhoven, Netherlands: Eindhoven University of Technology, Department of the built environment.

FENG, T. & TIMMERMANS, H. (2010), Comparative evaluation of algorithms for GPS data imputation. Paper presented at the 13th WCTR, Rio de Janeiro, Brazil.

HERRY, M., TOMSCHY, R., SAMMER, G., MESCHIK, M., KOHLA, B., WALLY, R. & FÜRDÖS, A. (2011), MobiFIT – Mobilitätserhebungen basierend auf intelligenten Technologien. Endbericht. Gefördert vom Bundesministerium für Verkehr, Innovation und Technologie, Wien.

KOHLA, B. (2013), Erkennung von Wegetappen und Verkehrsmitteln für Mobilitätserhebungen mit mobilen Erhebungsgeräten. Doktorarbeit, Institut für Verkehrswesen, Universität für Bodenkultur Wien.

OLIVER, M., BADLAND, H., MAVOA, S., DUNCAN, M. J. & DUNCAN, S. (2010), Combining GPS, GIS, and Accelerometry: Methodological Issues in the Assessment of Location and Intensity of Travel Behaviors. Journal of Physical Activity and Health, 7, 102-108.

REDDY, S., MUN, M., BURKE, J., ESTRIN, D., HANSEN, M. & SRIVASTAVA, M. (2010), Using mobile phones to determine transportation modes. ACM Transactions on Sensor Networks, 6 (2), Article 13.

RIESER-SCHÜSSLER, N., MONTINI, L. & DOBLER, C. (2011), Improving post-processing routines for GPS observations using prompted-recall data. Paper presented at the 9th International Conference on Survey Methods in Transport, Termas de Puyehue, Chile.

RUDLOFF, C. & RAY, M. (2010), Detecting travel modes and profiling commuter habits solely based on GPS data. Paper presented at the Transportation Research Board 89th Annual Meeting, Washington DC.

STOPHER, P. R., KOCKELMAN, K., GREAVES, S. P. & CLIFFORD, E. (2008), Reducing Burden and Sample Sizes in Multiday Household Travel Surveys. Transportation Research Record, 2064, 12-18.

STOPHER, P. R., ZHANG, J. & PRASAD, C. (2011), Evaluating and Improving Software for Identifying Trips, Occupancy, Mode and Purpose from GPS Traces. Paper presented at the 9th International Conference on Survey Methods in Transport, Termas de Puyehue, Chile.

TROPED, P. J., OLIVEIRA, M. S., MATTHEWS, C. E., CROMLEY, E. K., MELLY, S. J. & CRAIG, B. A. (2008), Prediction of Activity Mode with Global Positioning System and Accelerometer Data. Medicine and science in sports and exercise. Official Journal of the American College of Sports Medicine, 40 (5), 972-978.

WIDHALM, P., NITSCHE, P. & BRÄNDLE, N. (2012), Transport mode detection with realistic smartphone sensor data. Paper presented at the 21st International Conference on Pattern Recognition (ICPR). Tsukuba, Japan.

YU, M.-C., YU, T., WANG, S.-C., LIN, C.-J. & CHANG, E. Y. (2013), Low-power and Low-cost Sensor Hub for Transportation-mode Detection (Technical report). HTC and National Taiwan University, Taiwan.

Qualitätsbewertung von FC-Daten zur Verkehrslageermittlung in Niedersachsen

Stefan KRAMPE[1], Stefan TRUPAT[2] und Joachim WAHLE[3]

[1]TraffiCon GmbH, Salzburg · krampe@trafficon.eu
[2]SSP Consult, Beratende Ingenieure GmbH, Stuttgart
[3]TraffGo Road GmbH, Krefeld

Dieser Beitrag wurde durch das Programmkomitee als „reviewed paper" angenommen.

Zusammenfassung

Neue Technologien auf Basis anonymisierter Floating Car Daten (FCD) ermöglichen es, die Erkenntnisse zur Verkehrslage zu verdichten sowie diese stabiler zu beschreiben. Ob sich Verkehrslage und Verkehrsinformationen in Niedersachsen durch Bündelung von Verkehrsdaten verschiedener Quellen verbessern lassen, ist zentraler Untersuchungsgegenstand eines Pilotprojektes des Niedersächsischen Ministeriums für Wirtschaft, Arbeit und Verkehr und dem ADAC e. V. Der vorliegende Beitrag fasst die Ergebnisse der Untersuchung zusammen, die von einer Arbeitsgemeinschaft der SSP Consult Beratende Ingenieure GmbH und TraffiCon GmbH mit dem Unterauftragnehmer TraffGo Road GmbH durchgeführt wurde.

Grundlage sind archivierte FCD des ADAC im Vergleich mit Daten aus ortsfesten Messquerschnitten der Verkehrsbeeinflussungsanlage A 2 sowie Daten aus von den Gutachtern durchgeführten Messfahrten. Im ersten Teil des vorliegenden Beitrags werden Literatur- und Internetquellen in Kombination mit Expertenbefragungen vorgestellt, um den aktuellen Wissensstand zur Datenerfassung mithilfe der FC-Technik projektbezogen auszuwerten (z. B. Anforderungen an Datengüte und Qualität, Kriterien für die Bewertung der FCD). Der zweite Teil der Untersuchung beinhaltet Vorbereitung, Durchführung und Evaluierung eines Pilotprojektes mit Schwerpunkt auf der A 2 in Niedersachsen.

1 Einführung

Das Niedersächsische Ministerium für Wirtschaft, Arbeit und Verkehr hat in einem Pilotversuch in Kooperation mit dem ADAC e. V. eine Untersuchung durchgeführt, bei der geprüft wurde, ob sich Aussagen über die Verkehrslage und Verkehrsinformationen in Niedersachsen durch Bündelung von Daten aus unterschiedlichen Quellen verbessern lassen. Grundlage sind historische (monatlich archivierte) Floating-Car-Daten des ADAC im Vergleich mit Daten aus ortsfesten Messquerschnitten der Verkehrsbeeinflussungsanlage auf der A 2 sowie Daten aus speziellen, von den Gutachtern durchgeführten Messfahrten.

Im ersten Teil der Untersuchung werden Literatur- und Internetquellen in Kombination mit Expertenbefragungen ausgewertet, um den aktuellen Forschungs- und Wissensstand zur

Strobl, J., Blaschke, T., Griesebner, G. & Zagel, B. (Hrsg.) (2014): Angewandte Geoinformatik 2014.
 ISBN 978-3-87907-543-0.

Datenerfassung mithilfe der FC-Technik zu beschreiben sowie projektbezogen auszuwerten. Der zweite Teil der Untersuchung befasst sich mit der Vorbereitung, Durchführung und Evaluierung des Pilotprojektes. Analysiert werden insbesondere Qualität, Verfügbarkeit sowie Nutzbarkeit der FCD.

Der vorliegende Beitrag fasst die Kernergebnisse zusammen und identifiziert künftige Anwendungsmöglichkeiten für den Einsatz von FCD in Niedersachsen.

2 Ergebnisse einer Expertenbefragung zum Einsatz von FCD

Zur Erweiterung der Erkenntnisse aus den Literatur- und Quellenanalysen wurden mit 14 Fachexperten der Straßenbauverwaltungen der Länder, Kommunen, Forschungseinrichtungen und kommerziellen FC-Daten-Anbietern in Deutschland und Österreich Interviews geführt[1].

2.1 Ergebnisse aus Sicht der Öffentlichen Hand

Aus Sicht der Öffentlichen Hand sind FC-Daten auf Autobahnen für Reisezeitberechnungen wegen der weitest gehenden Unabhängigkeit von lokalen Einflüssen (z. B. Baustellen) eine sinnvolle Ergänzung gegenüber der Detektion mit lokalen Messeinrichtungen und statischen bzw. dynamischen Verkehrsmodellen. Bei FC-Daten privater Anbieter ist die Datenqualität derzeit nicht ausreichend transparent. Bluetooth-Detektion stufen die meisten Befragten als eine kostengünstige Ergänzung der Reisezeitmessungen ein. Dies gilt insbesondere für die Befragten mit Erfahrungen in der aktiven Anwendung dieser Technologie.

Haupterkenntnis aus der Befragung ist der Wunsch nach einem unabhängigen „Prüfsiegel", mit welchem die Qualität der FC-Daten verschiedener Quellen bewertet werden kann. Bei Ausschreibungen durch die Öffentliche Hand zu FC-Daten ist die zu liefernde Qualität festzuschreiben und durch den Anbieter in geeigneter Form nachzuweisen. Die Verwendung von ADAC-FCD bietet nach Ansicht aller Befragten eine Alternative und Ergänzung zu kommerziellen Anbietern wie TomTom und INRIX, da hier auf anonymisierte Rohdaten (gehashte IDs für definierte Streckenabschnitte mit Entfernung von Start- und Zielort) zurückgegriffen werden kann, die eine transparente Qualitätsbewertung der Daten ermöglichen.

Beim Erkennen von Störfällen und der Ermittlung der Verkehrslage sind die Anforderungen an Transparenz und Güte der Daten abweichend. Da das Fahrverhalten von Pkw und Lkw unterschiedlich ist und auf Autobahnen einzelne Fahrstreifen unterschiedlich belastet sind (z. B. Lkw-Stau auf rechtem Fahrstreifen), ist nach Ansicht der Befragten nur eine flottenspezifische Differenzierung von FC-Daten (Pkw/Lkw) zielführend.

---

[1] Gesprächspartner: Hessen-Mobil, ivm – integriertes Verkehrs- und Mobilitätsmanagement Region Frankfurt RheinMain, Stadt Frankfurt, Zentralstelle für Verkehrsmanagement Bayern, ASFINAG, Austriatech, Bundesland Salzburg/ITS Austria, Technische Universität München, Ministerium des Innern für Sport und Infrastruktur Rheinland-Pfalz, Ruhr-Pilot Nordrhein-Westfalen, INRIX, TomTom, ADAC

2.2 Ergebnisse aus Sicht privater FCD-Anbieter

Private Anbieter von FC-Daten haben aus der Befragung heraus generell ein hohes Vertrauen in die eigene Produktqualität. Mittel- bis langfristige Zielstellungen sind die Stärkung der Marktpräsenz sowie eine stärkere Orientierung an den Anforderungen der Kunden. Darüber hinaus wollen die Anbieter Qualität und Umfang der Daten beziehungsweise Informationen zum FC-Datenbestand durch Einbeziehung weiterer Quellen sukzessive steigern.

Generell gilt: Die Verfahren zur Datenaufbereitung und Datenfusion entwickeln eine zunehmende Komplexität. Gleichzeitig steigt die Anzahl der verwendeten (teils heterogenen) Datenquellen. Hier zeigt sich immer mehr die Diskrepanz zwischen Schutz des Firmengeheimnisses und Anforderung der Öffentlichen Hand an die Transparenz. Private Kunden fordern im Regelfall Qualitätsnachweise etwa durch Referenzsysteme. Ein möglicher Ausweg liegt in der Definition verbindlicher Qualitätsstandards oder Referenzsysteme auf Endnutzerebene.

2.3 Anwenderunabhängige Erkenntnisse

Unabhängig davon bleibt festzuhalten: Vor allem bedingt durch die unterschiedliche Interessenlage von Öffentlicher Hand und privaten Anbietern variieren die Einschätzungen hinsichtlich der Zuständigkeiten für die Ermittlung von Verkehrsinformationen und Verkehrssteuerung sehr stark. Nur durch eine bessere Zusammenarbeit kann eine Optimierung des Gesamtsystems „Verkehrslage/Verkehrsmanagement“ erfolgen.

Verbesserungspotenziale bestehen in einer Vereinheitlichung der Ortsreferenzierung bzw. Kartengrundlagen (Geo-Standards), einer weiteren Erhöhung der Durchdringungsraten sowie der Optimierung von Referenzierungsverfahren. Bei Letzteren reicht es künftig nicht mehr aus, Daten lediglich auf den TMC-Abschnitten zu beziehen. Gerade im nachgeordneten Netz sind hier keine ausreichenden Netzabdeckungen gegeben. Außerdem steigen die Anforderungen an eine sehr genaue Lokalisierung der generierten Daten/Informationen.

Hinsichtlich der Prüfung der Plausibilität der FC-Daten sind die Ansätze bei privaten Anbietern und Öffentlicher Hand ähnlich. Damit ist auch eine Grundlage für Qualitätsanalysen und ggf. spätere Zertifizierungsprozesse gegeben, um beurteilen zu können, inwieweit sich die Daten für die Verkehrslageermittlung oder Steuerung/Verkehrsmanagement nutzen lassen. Als künftiger Meldungsstandard wird TPEG wegen der größeren Flexibilität und der besseren Möglichkeiten, zusätzliche Informationen, etwa zu den Ursachen einer Störung bzw. konkreten Umleitungsstrecken, weiterzugeben, angesehen.

2.4 Fazit für den Pilotversuch in Niedersachen

Die Ergebnisse aus den Literatur- und Quellenanalysen sowie Expertenbefragungen zeigen insbesondere die Notwendigkeit einer abgesicherten Validierung der FC-Daten mittels qualitativer Kennwerte. Die nachweisliche Sicherstellung einer ausreichenden Datengüte würde die Anwendbarkeit für die Öffentliche Hand sichern. Dabei ist die Bestimmung von

- fahrzeugklassenbezogenen (Pkw und Lkw),
- tageszeitabhängigen (Spitzenzeiten und verkehrsärmere Zeiten) und
- segmentspezifischen (unterschiedliche Situation in benachbarten Abschnitten bzw. auch auf stärker oder weniger stark belasteten Streckenabschnitten)

Detektionshäufigkeiten sind besonders wichtig. Nur so lässt sich im Anschluss unter Betrachtung aller erhobenen FC-Kennwerte eine Defizitanalyse der Verkehrsdatenquantität und -qualität durchführen. Hierfür besonders geeignet sind.

- Vergleiche mit anderen (lokalen oder streckenbezogenen) Datenquellen;
- die Ermittlung sogenannter „Level-of-Services (LOS)" auf verschiedene Weise (insbesondere HCM (HBS oder MARZ im Vergleich zu einem FCD-LOS);
- der Abgleich mit RDS-TMC-Meldungen zum Vergleich der Qualität der Lokalisierungsinformationen;
- die Einbringung eines FCD-Bewertungskennwertes unter Berücksichtigung der Varianz und Häufigkeit der Daten sowie
- die Berücksichtigung von Latenzzeiten.

3 FCD-Pilotversuch Niedersachsen

Der zweite Teil der Untersuchung befasst sich mit der konkreten Vorbereitung, Durchführung und Evaluierung des Pilotprojektes zur Einbindung von ADAC-FCD. Analysiert werden insbesondere Qualität, Verfügbarkeit sowie Nutzbarkeit der Flottendaten des ADAC. Der ADAC hat dazu alle FC-Daten für das Jahr 2012 und ausgewählte Landkreise in Niedersachsen zur Verfügung gestellt. Im Wesentlichen wurden dabei die Autobahnen A2, A7, A39, A352, A391 mit einer Gesamtnetzlänge von 423 km untersucht.

3.1 Datenanalyse/Methodik

Wesentliches Ziel der Untersuchung ist es, die verfügbaren FC-Daten hinsichtlich einer Beurteilung der Datengüte und der Verwendbarkeit zur möglichst flächendeckenden Verkehrslage und Verkehrssteuerung zu validieren. Ausgangsbasis sind folgende zur Verfügung stehenden Daten:

- FC-Daten des ADAC mit gehashten IDs,
- Verkehrslage des ADAC (segmentbezogene Geschwindigkeiten und LOS),
- Verkehrsdaten der auf der A 2 vorhandenen ortsfesten Datenerfassung,
- RDS-TMC-Meldungen sowie
- zusätzliche im Rahmen des Pilotversuches durchgeführte GPS-basierte Streckenbefahrungen (mit Erstellung von Geschwindigkeitsprofilen) als unabhängige räumlich-zeitlich sehr genaue Vergleichsgröße).

Dabei wurde nach Fahrzeugklassen (Pkw und Lkw) sowie deren zeitlicher und räumlicher Verteilung im Straßennetz differenziert. Bestimmen lassen sich dabei sowohl eine punkt- (lokale) als auch eine streckenbezogene (momentane) Verkehrslage. Ein entwickeltes MapMatching-Verfahren ermöglichte die streckenbezogene Analyse und die Berechnung verkehrlicher Kennwerte. Die Daten wurden in einer für die Belange des Projektes speziell aufgebauten Datenbank gespeichert. Darauf aufbauend wurde eine Web-Gis-Anwendung entwickelt, die einen Vergleich unterschiedlicher Datenquellen auf einzelnen Streckensegmenten ermöglicht.

Im Ergebnis kann ermittelt werden, ob die Daten der Messfahrten mit den Erkenntnissen aus anderen Datenquellen (ADAC-FCD, Detektordaten, Verkehrsmeldungen) übereinstimmen, bzw. welche der Vergleichsdatenquellen (lokale und streckenbezogene Daten) bessere Übereinstimmungen zeigen. Neben allgemeinen statistischen Untersuchungen werden für einzelne Wochentage je 15-Min.-Zeitintervall verkehrliche Kennwerte berechnet.

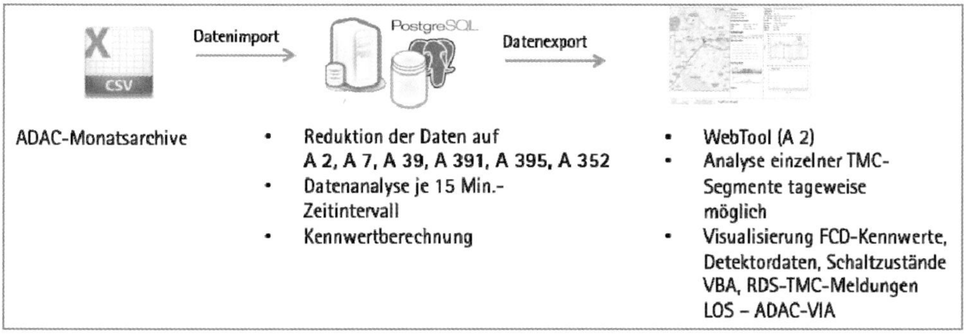

Abb. 1: Übergreifender Auswertprozess

Neben einer detaillierten Datenanalyse ist das für die A2 entwickelte webbasierte Auswertetool zur Visualisierung verkehrlicher Kennwerte in Raum und Zeit eine wichtige Grundlage für die Auswertungen. Abb. 2 zeigt dessen Aufbau und Inhalte exemplarisch.

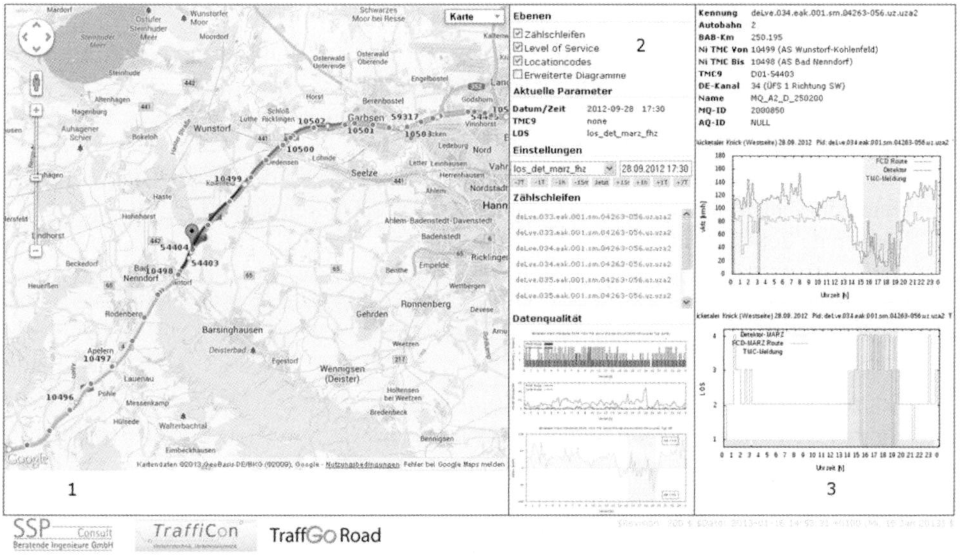

Abb. 2: Webbasiertes Auswertetool mit Kartenansicht (1), Navigationsbereich zur Auswahl der Daten (2) und Diagrammen (3)

3.2 Kennwerte der Evaluierung

Im Folgenden ist dargestellt, mit welchen Kenngrößen die Analysen durchgeführt wurden. Kenngrößen zur Bewertung der **Qualität der Datenquelle** sind

- Zeitliche und räumliche Abdeckung/Meldungsdichte,
- Flottenzusammensetzung (Verteilung Pkw/Lkw),
- Anzahl der Datenpunkte bezogen auf die betrachteten Intervalle und die allgemeine Verkehrsbelastung (Durchdringungsrate)/Anzahl bzw. Häufigkeit nicht belegter Intervalle sowie
- Abdeckung der Datenpunkte.

Kenngrößen zur Bewertung der **Identifikation von Störungen** sind

- Vergleich der Reisezeitgeschwindigkeiten und des Staueintrittszeitpunktes aus den FC-Daten mit den Referenzdaten aus Messquerschnitten und Befahrungen sowie mit den TMC-Meldungen,
- getrennte Analyse nach Pkw- und Lkw-Staus anhand fahrstreifenbezogener Datenabgleiche mit den MQ-Daten sowie
- besondere Betrachtung des teilgebundenen Verkehrs zur Analyse der Auswirkungen des Anteils der Lkw an den FC-Daten (z. B. über die Einbeziehung der VBA-Schaltungen „80" und „60" auf Basis der Verkehrsdetektion der VBA A 2).

Kenngrößen zur **allgemeinen Bewertung der FC-Daten im Rahmen der Störungserkennung** sind

- Qualität/Zuverlässigkeit der Identifikation von Störungen in Form von Geschwindigkeitseinbrüchen (insgesamt),
- Vergleich der Erkennung von regelmäßigen und unregelmäßigen Störungen (insbesondere auch von Störungen im teilgebundenen Verkehr),
- Möglichkeit (auf Basis des Kollektivs) einer zuverlässigen Unterscheidung von „Pkw- und Lkw-Staus",
- Stauausdehnung und Latenzzeit der Detektion (Zeitversatz der systemseitigen Erkennung von Stauauf- oder Stauabbau gegenüber der realen Zeitpunkte),
- Bewertung der Qualität der LOS-Ermittlung,
- Optionen zur Nutzung für die Reisezeitermittlung bzw. die Erkennung von baustellenbedingten Störungen sowie
- Technische Qualität der Anbindung der FCD.

4 Ergebnisse der Evaluierung (Auszug)

Aufgrund der großen Datenmengen und Auswertungen können an dieser Stelle nur ausgewählte Evaluierungsergebnisse wiedergegeben werden.

4.1 Flottenspezifische Differenzierung

Ein weiteres Kriterium für die Bewertung der Einsatzmöglichkeiten der ADAC-FCD ist die flottenspezifische Zusammensetzung. Abbildung 3 zeigt die detektierten Fahrzeugklassen auf den analysierten Autobahnen.

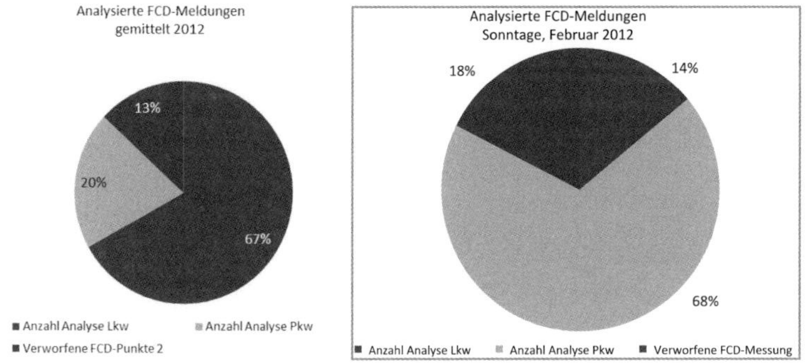

Abb. 3: FCD-Meldungen nach Fahrzeugkategorien gemittelt (links) und an Sonntagen am Beispiel des Monats Februar 2012 (rechts)

Es zeigt sich, dass ca. 2/3 aller FC-Daten von Lkw generiert werden. Bei einer stichprobenartigen Analyse einzelner Wochentage der einzelnen Monatsdaten hat sich gezeigt, dass sich an Sonntagen das Verhältnis zwischen der Pkw/Lkw-Detektionsverteilung umkehrt. An Sonntagen sinkt die Anzahl der Meldungen um ca. 50 % gegenüber einem Werktag. An Sonntagen im Februar 2012 sind dabei bei insgesamt geringerem Gesamtdatenaufkommen im Mittel 68 % Pkw-Detektionen erkennbar. „Nur" 14 % der Fahrzeuge sind Lkw.

4.2 Räumliche Genauigkeit und Erkennung von Störungen

Die ADAC-FCD ermöglichen eine räumlich präzise Erkennung von Störfällen. Abb. 4 zeigt dies am Beispiel einer Stauentwicklung im Bereich Hannover-West am 18.08.2012. Aufgetragen sind die FCD-Meldungen mit den zugehörigen Geschwindigkeiten im Zeitraum von 14:00 bis 15:00 Uhr.

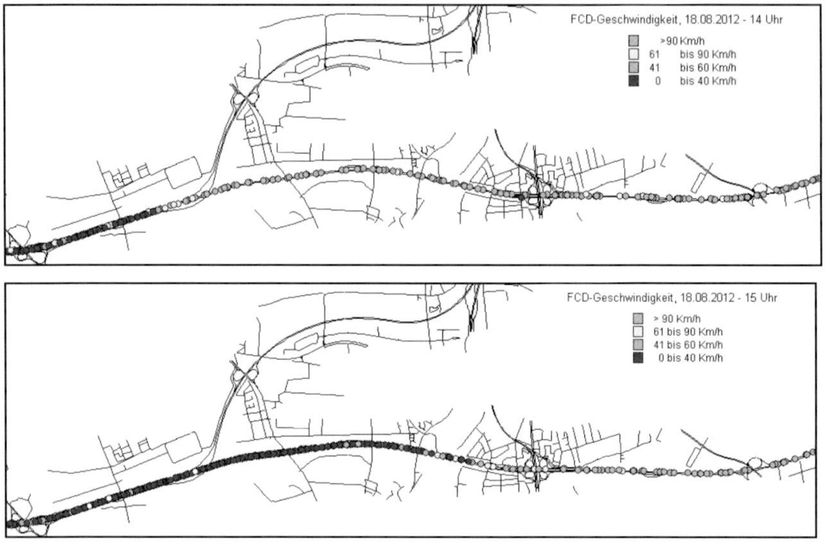

Abb. 4: Räumliche Verortung eines Stauereignisses im Bereich Hannover-West, A 2, FR Westen über alle Einzelfahrten zwischen 14:00 und 15:00 Uhr am 18.08.2012

Geschwindigkeitseinbrüche lassen sich auf Basis der ADAC-FCD im Gegensatz zu rein lokalen Datenquellen bis auf die Größenordnung von ca. 100 Metern lokalisieren, wenn ein Fahrzeug diesen Streckenabschnitt befährt und entsprechende Daten generiert. Für eine Gesamtverkehrslage Niedersachsen können in diesem Zusammenhang die folgenden drei Qualitätsstufen zur räumlichen Genauigkeit der Erkennung von Geschwindigkeitseinbrüchen und deren Referenzierung aus FC-Daten abgeleitet werden:

1. Verortung von Geschwindigkeitseinbrüchen auf Basis von TMC-Locations: mittlere bis geringe Genauigkeit (0,5 km bis 10 km, abhängig von der TMC-LC-Dichte, auf Autobahnen abhängig von Ein- und Ausfahrten).
2. Verortung von Geschwindigkeitseinbrüchen auf Basis von Straßensegmenten (z. B. Navteq-Netzelementen): mittlere Genauigkeit (je nach Ausdehnung des Navteq-Elements 10 m bis 2 km).
3. Verortung von Geschwindigkeitseinbrüchen auf Basis von Geokoordinaten: sehr hohe Genauigkeit (< 100 m) – momentan aufgrund der hohen Datenmengen mit großem Rechenaufwand verbunden und bei größeren Streckenabschnitten schwierig darzustellen.

Aus der Analyse aller verfügbaren Vergleichsdaten lässt sich folgendes Zwischenfazit hinsichtlich der räumlichen und zeitlichen Erkennung von Störungen ziehen:

- Staus, welche den gesamten Richtungsquerschnitt der BAB betreffen, lassen sich mit den FC-Daten sehr gut sowohl hinsichtlich Ausprägung als auch Dauer (vom Eintritt bis zur Auflösung) abbilden. Durch die Möglichkeiten der kleinräumigen Differenzierung bis auf Navteq-Ebene sind auch räumlich-zeitliche Stauentwicklungen besser darstellbar.
- Für die Gesamtverkehrssituation nicht repräsentativ ist – insbesondere in den Zeiträumen mit sehr geringen Pkw-Anteilen an den FC-Daten – die Detektion von sogenann-

ten „Lkw-Staus" auf dem rechten Fahrstreifen, wenn in der Mitte und links noch zumindest teilgebundener Verkehr möglich ist. Dies führt zu einer deutlichen Unterschätzung der Geschwindigkeiten bezogen auf den Gesamtverkehr.

Hinsichtlich der Ermittlung des LOS gilt:

- Stausituationen mit einer Einstufung in Stufe Z 4 (nach MARZ) bzw. F (nach HCM) werden weitestgehend übereinstimmend aus den Detektorwerten und FCD durch den LOS wiedergeben.
- Unter freiem Verkehrsfluss wird der FCD-LOS i. d. R. schlechter eingestuft, da durch die geringere Lkw-Geschwindigkeit von 80 km/h eine teilgebundene Verkehrssituation suggeriert wird.
- Auch bei der LOS-Definition ist deshalb nach Pkw/Lkw zu differenzieren.

4.3 Verbesserung von Verkehrsmeldungen

Auf Basis der durchgeführten Analysen ist die Qualität der TMC-Meldungen sehr unterschiedlich. In kürzeren TMC-Abschnitten sowie bei stärker ausgeprägten Störungen ist eine gute Übereinstimmung zwischen detektierter Störung und TMC-Meldung (sowohl aus FC- als auch aus Detektor-Daten) zu erkennen. Es gibt aber Fälle, in denen zeitliche und/oder räumliche Abweichungen zwischen Detektion und Meldung auftreten (vgl. Abb. 5)

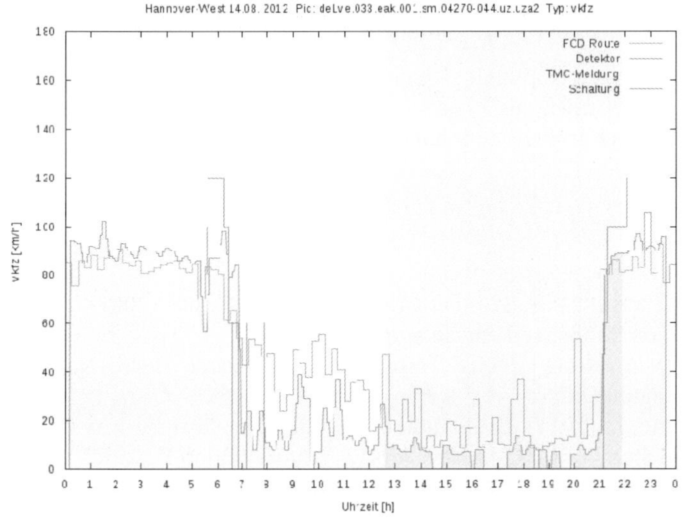

Abb. 5: Vergleich TMC-Meldung zu detektierter Störung – zeitliche Verschiebung

Ein wesentlicher Grund für die erkannten Unschärfen liegt vermutlich darin, dass kein direkter Zusammenhang zwischen Meldung und Störung besteht. Oft sind die betreffenden TMC-Segmente zu lang oder die Störungen nicht ausreichend ausgeprägt, um durchgängig eindeutige Zuordnungen und somit eine durchgängig hohe Meldungsqualität zu generieren.

5 Fazit

Allgemeine querschnittsbezogene Stausituationen sind durch die FCD sehr gut erkennbar. Dies konnte auch durch die zusätzlich durchgeführten Befahrungen bestätigt werden. Dagegen kommt es bei „Lkw-Staus", die auf dem rechten Fahrstreifen beschränkt sind, häufig zu einer Überschätzung ihrer Gesamtauswirkungen auf den Verkehrsfluss bzw. zu einer Unter-schätzung der Reisegeschwindigkeiten auf dem mittleren und linken Fahrstreifen (hoher Pkw-Anteil). Auch teilgebundene Verkehrssituationen lassen sich mit den bisherigen FCD aufgrund des geringen Pkw-Anteils nur bedingt identifizieren. TMC-Meldungen lassen sich durch die Einbindung von FCD ebenfalls verbessern. Vor allem Beginn und Ende von Verkehrsbehinderungen können mit FCD gut festgestellt werden.

Darüber hinaus existieren zahlreiche Möglichkeiten zur Onlinenutzung von FCD, die hierfür in die jeweilige Systemlandschaft zu implementieren wären. Auf Grundlage der positiven Untersuchungsergebnisse ist zu empfehlen, die Einbindung von FCD zur Ermittlung der Verkehrslage und Ableitung von TMC-Meldungen weiterzuverfolgen. Dies gilt insbesondere für Bereiche, in denen eine entsprechende Dichte von lokalen Messquerschnitten nicht gegeben (bzw. in Kürze nicht zu erwarten) ist bzw. wo absehbar ist.

Zur Generierung von Reisezeiten auf Relationen der sogenannten Long Distance Corridors (LDC) bzw. sonstiger überregionaler Wechselwegweisungsmaßnahmen bieten sich aus Sicht der Autoren Online-Implementierungen der FCD an. Durch FCD wird eine Verdichtung der stationären Verkehrsdatenerfassung bewirkt, sodass stabilere Grundlagen zur Ableitung von Schaltempfehlungen erwartet werden können.

Bei positivem Verlauf dieser Ansätze empfiehlt sich dann der Einsatz im Rahmen des übergreifenden Verkehrsmanagements sowie als Ersatz von Messstellen, wenn diese im Zuge von Baustellen längerer Dauer über größere Zeiträume ausfallen.

Literatur

FGSV – Forschungsgesellschaft für Straßen- und Verkehrswesen (2001), Handbuch für die Bemessung von Straßenverkehrsanlagen (HBS). Köln.

HCM – Highway Capacity Manual (2000), Transportation Research Board National Research Council, Washington D.C.

Kim, K., Chien, S. & Spasovic, L. (2011), Evaluation of Technologies for Free-way Travel Time Estimation: A Case Study of I 287 in New Jersey, Transportation Research Board Annual Meeting, Washington.

Krampe, S. (2006), Nutzung von Floating Traveller Data (FTD) für mobile Lotsendienste im Verkehr. Dissertation TU Darmstadt, Fachbereich Bauingenieurwesen und Geodäsie, Darmstadt.

MARZ – Forschungsgesellschaft für Straßen- und Verkehrswesen, Arbeitsgruppe Verkehrsführung und Verkehrssicherheit (1991), Merkblatt für Detektoren für den Straßenverkehr, Köln.

Quantis, http://www.quantis-project.eu/.

Aufbereitung von OpenStreetMap-Daten für GIS-Modellierungen und Analysen

Martin LOIDL[1], Stefan KRAMPE[2], Bernhard ZAGEL[1] und Gernot PUCHER[2]

[1]IFFB Geoinformatik, Universität Salzburg · martin.loidl@sbg.ac.at
[2]TraffiCon GmbH Salzburg

Dieser Beitrag wurde durch das Programmkomitee als „reviewed paper" angenommen.

Zusammenfassung

OpenStreetMap dient in zunehmendem Maße als Datengrundlage diverser Anwendungen und Visualisierungen im Web-GIS-Bereich. Während dabei die Qualität der Daten hinsichtlich ihrer Vollständigkeit oder Lagegenauigkeit, im Vergleich zu behördlichen und kommerziellen Alternativen – vor allem in urbanen Gegenden – als sehr gut bezeichnet werden kann, stellen die attributiven Eigenheiten für Modellierungs- und Analyseaufgaben nach wie vor eine signifikante Herausforderung dar.

Ausgehend von einem konkreten Beispieldatensatz wird in diesem Beitrag auf drei Implikationen für die GIS-Modellierung und darauf aufbauende Analyse eingegangen: attributive Lücken, Fehler und Heterogenität. Neben einer exemplarischen Darstellung werden jeweils praktische Möglichkeiten für den Umgang mit diesen Implikationen aufgezeigt. Dabei wird deutlich, wie durch die explizite Adressierung dieser Eigenheiten in der Modellierung ein Mehrwert für weiterführende Analysen gegenüber dem direkten Zugriff auf die Datenbasis erzielt werden kann. Die hier geschilderten Konzepte ergeben sich zwar teilweise unmittelbar aus den Rahmenbedingungen und dem Datenmodell von OpenStreetMap, lassen sich jedoch auch auf andere Datenbasen übertragen.

1 OSM als Datenbasis

Wie aus der aktuellen, statistischen Auswertung (http://wiki.openstreetmap.org/wiki/Stats) des OpenStreetMap Projekts (OSM), zu erkennen ist, wächst dessen Datenbasis nach wie vor. So verschieden dabei die Entwicklungsstände von OSM in unterschiedlichen Gegenden sein mögen, der Trend zu einer steten Verdichtung, d. h. einer steigenden Anzahl an Dateneinträgen ist grundsätzlich auszumachen (CORCORAN & MOONEY 2013). Dies trifft vor allem für urbane Regionen Europas, Australiens und Nordamerikas zu (NEIS et al. 2013). Die große Abdeckung und der wachsende Umfang der Datenbasis machen OSM zu einer immer attraktiveren Alternative in verschiedenen Anwendungs- und Forschungsprojekten.

Durch das einheitliche Datenmodell und die Verwendung eines einzigen, räumlichen Bezugssystems bietet OSM als Datenbasis zudem vor allem in grenzüberschreitenden Projekten bzw. Anwendungen große Vorteile. Während behördliche Datensätze nach wie vor in regional oder national spezifischen Bezugssystemen und unterschiedlichen Datenmodellen

Strobl, J., Blaschke, T., Griesebner, G. & Zagel, B. (Hrsg.) (2014): Angewandte Geoinformatik 2014.
 ISBN 978-3-87907-543-0.

oder Attributstrukturen vorliegen und nur mit erheblichem Aufwand zusammengeführt werden können, spielen administrative Grenzen in OSM keinerlei Rolle.

Ein weiterer Vorteil von OSM ist die kostenfreie Verfügbarkeit aktueller Daten. Durch die Art der Lizenzierung (ODbL) können die Daten uneingeschränkt verwendet, wenn diese entsprechend dem Share-Alike-Prinzip nach der Bearbeitung auch unter derselben Lizenz zur Verfügung gestellt werden. Einen ausführlichen Überblick über die rechtlichen Implikationen bietet SCASSA (2013). Anders als bei vielen behördlichen Daten entfallen bei OSM jegliche Formalien, wie Überlassungserklärungen u. Ä. Zur Qualität der Daten gibt es seit Beginn des OSM-Projekts umfangreiche Untersuchungen; aktuell ist hier beispielsweise die grundlegende Arbeit von BARRON et al. (2014) zu nennen. Vor allem was den geographischen, und bedingt auch attributiven, Detailgrad und die Aktualität der Daten betrifft, steht OSM – besonders in städtischen Regionen – behördlichen und kommerziellen Datenanbietern grundsätzlich nicht nach.

Wie im Folgenden gezeigt werden soll, sind die hier angeführten Eigenschaften – nämlich das einheitliche Datenmodell und räumliche Bezugssystem, die Verfügbarkeit, die Lizenzbedingungen und die Qualität – von besonderem Vorteil für grenzüberschreitende (vor allem transnationale) Arbeiten. Allerdings ergeben sich bei einer auf die OSM-Datenbasis aufbauenden Modellierung und sonstiger Verwertung herausfordernde Implikationen, die bisher noch relativ wenig Beachtung im Diskurs zu OSM fanden.

2 Implikationen der Modellierung auf OSM-Basis

Nur in wenigen Fällen wird bei Anwendungen direkt auf den Rohdatenbestand zurückgegriffen – und wenn, dann ist das Ergebnis häufig nur bedingt zufriedenstellend[1]. Viel eher stehen zwischen der Datenbasis und der fertigen Anwendung Schritte der Harmonisierung, Modellierung, Analyse, Manipulation oder Selektion.

Im Beispiel, auf das sich die folgenden Ausführungen beziehen, wurden Daten aus OSM (Stand der Datenbasis: August 2013) benutzt, um Aussagen über die Eignung von Straßenabschnitte für den sicheren Radverkehr ableiten zu können (vgl. LOIDL & ZAGEL 2010; LOIDL & ZAGEL 2013). Durch die Verarbeitung der Ausgangsdaten in einem GIS-basierten Modell konnten neue Informationen generiert werden, die anschließend für Analysezwecke verwendet wurden. Als Anwendungsgebiet diente der Bayrisch-Österreichische Grenzraum, mit den Gemeinden Wals-Siezenheim auf Österreichischer und Ainring, Freilassing, Piding und Saaldorf-Surheim auf bayerischer Seite. Der Fokus der Arbeit lag auf straßenbezogenen Informationen, die für die Radverkehrssicherheit von Relevanz sind.

In Anbetracht der zahlreichen Arbeiten über OSM an sich (beginnend bei HAKLAY & WEBER (2008)), werden die Grundlagen des OSM-Datenmodells hier lediglich in aller Kürze dargestellt. Außerdem beschränken sich die Ausführungen auf die Attributebene. Geometrische Operationen werden hier nicht berücksichtigt.

---

[1] Die an und für sich hervorragende Seite *Velo Access Map* greift beispielsweise auf unprozessierte OSM-Daten zurück. Dadurch entstehen beispielsweise innerhalb des Stadtgebiets von Salzburg (s. St.-Julien-Straße), wo durchgehend ein Radstreifen vorhanden ist, Lücken und inkonsistente Symbolisierungen [http://osm.t-i.ch/bicycle/map/?zoom=15&lat=47.80963&lon=13.03807; 10.01.2014]

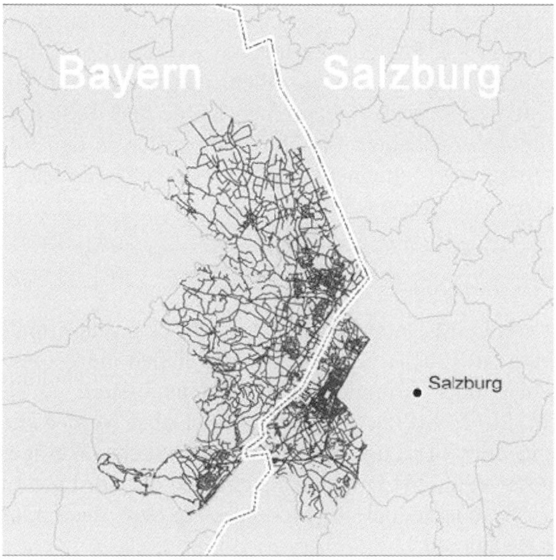

highway = value	Anzahl	Länge (km)
construction	6	2,67
cycleway	94	23,51
footway	424	32,74
living_street	115	8,86
motorway	103	20,65
motorway_link	75	16,61
path	585	108,69
pedestrian	9	0,49
primary	170	35,27
primary_link	42	3,24
raceway	4	0,83
residential	1179	199,58
secondary	71	14,51
service	1077	123,69
steps	38	0,55
tertiary	206	68,33
track	772	244,10
unclassified	293	103,23

Abb. 1: Ausschnitt aus OSM-Netz im bayerisch-österreichischen Grenzraum (links). Werte für *highway* = * *Tag* samt Kennzahlen (rechts). Gesamtlänge des Wegenetzes = 1.007,56 km, Anzahl der Segmente (*ways*) = 5.236

2.1 Datenmodell OSM

Das Datenmodell von OSM ist in seiner Konzeption sehr einfach. Es setzt sich aus *Nodes* (die einzigen Objekte mit direktem Raumbezug), *Ways* (inkl. dem Sonderfall einer geschlossenen Linie, die als Fläche interpretiert wird) und *Relations* zusammen. Jedes dieser drei Elemente wird mit sogenannten *Tags* attribuiert. Ein *Tag* wird durch die Logik *Key* = *Value* aufgebaut, wobei jeder *Tag* nur aus einem *Key* bestehen kann. Der *Key* entspricht einem Attribut und der *Value* legt dessen Ausprägung fest (z. B. *highway* = *cycleway*). Bei *Key* und *Value* handelt es sich um Textfreifelder, die prinzipiell vom Nutzer festgelegt werden können. Allerdings haben sich innerhalb der Community gewisse Konventionen etabliert, die in den entsprechenden Wikis auch festgehalten und empfohlen werden (z. B. http://wiki.openstreetmap.org/wiki/Map_Features). Je mehr *Tags* einem Element angefügt werden, umso detaillierter ist die Beschreibung des zugrunde liegenden Objekts.

Je nachdem welcher Editor für das Erfassen von Objekten verwendet wird, ist es in der Regel zwingend notwendig einem Element zumindest einen *Tag* anzufügen. Für den Fall eines Straßennetzwerks wäre dies der *Tag highway* = *. Dadurch wird klar, dass es sich bei einem Linienelement (*Way*) um eine Straße und nicht z. B. um einen Fluss oder einen Grenzverlauf handelt. Um einen möglichst aussagekräftigen Datensatz zu erhalten, ist es vorteilhaft, wenn relevante Informationen, die über den Straßentyp hinausgehen bzw. diesen spezifizieren, hinterlegt werden.

Genau an dieser Stelle treten allerdings Implikationen auf, die für folgende Modellierungsschritte mitunter Schwierigkeiten darstellen. Da prinzipiell kein oder nur ein *Tag* an einen *Way* angefügt werden muss, ist der Datensatz in einem geographischen Ausschnitt oft lückenhaft. Umgekehrt kann es passieren, dass bei mehreren *Tags* inkonsistente Attribuierungen zutage treten, sprich, widersprüchliche $K = V$ Paare offensichtlich werden. Ein drittes Phänomen betrifft die attributive Heterogenität. Diese tritt vor allem dann auf, wenn ein und derselbe Straßenzug von verschiedenen Personen aufgenommen wurde und diese keiner einheitlichen *Tag*-Logik folgten. Alle drei genannten Implikationen sollen in den folgenden Abschnitten kurz beschrieben werden, bevor in einem abschließenden Kapitel mögliche Lösungen für diese Herausforderungen präsentiert werden.

2.2 Attributive Lücken

Viele Arbeiten, die sich mit der Qualität von OSM-Daten beschäftigen (für eine sehr grundlegende Auseinandersetzung sei auf SPIELMAN (2014) verwiesen), vergleichen die geometrischen Eigenschaften mit behördlichen oder kommerziellen Datenanbietern (z. B. HAKLAY & ELLUL 2010; HELBICH et al. 2012; JACKSON et al. 2013). Dabei werden die Weglänge des Netzwerks, die Topologie oder die Lagegenauigkeit untersucht. Weniger Autoren (z. B. LUDWIG et al. 2011; GRASER et al. 2013) widmen sich auch der attributiven Qualität bzw. Vollständigkeit der Daten. Diese ist jedoch für Modellierung bzw. die darauf aufbauende Analyse von entscheidender Bedeutung.

Im Rahmen des hier zitierten Anwendungsfalls stellten die mangelnde Vollständigkeit der Attributdaten eine große Herausforderung dar.

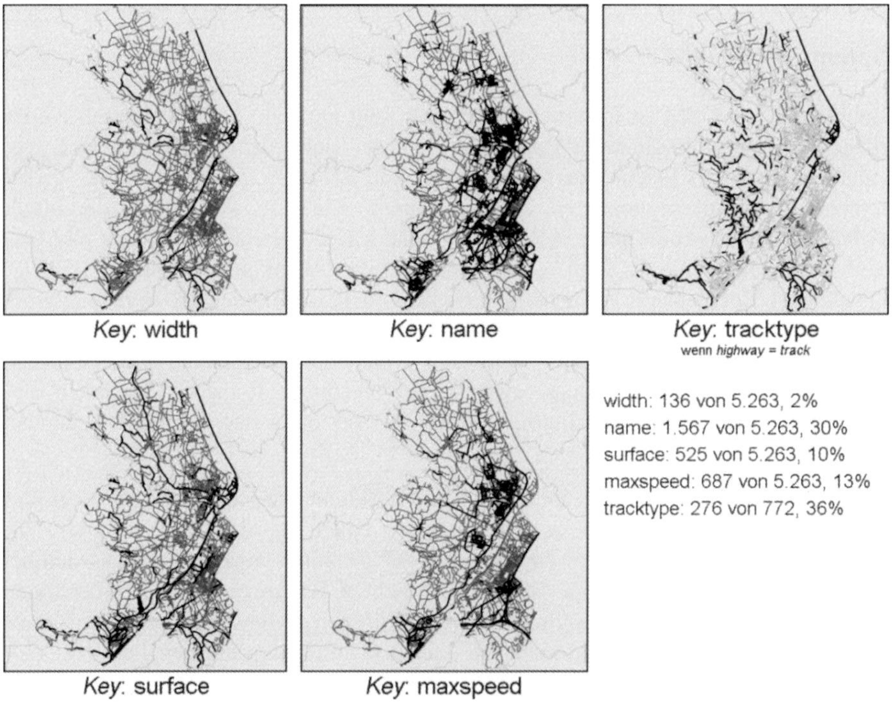

Abb. 2: Vollständigkeit ausgewählter *Tags*. In Hellgrau ist die Grundgesamtheit des Netzes, in Dunkelgrau die Segmente (*Ways*) mit vorhandenem Attributeintrag (*Value*).

Wie sehr sich die mangelnde attributive Vollständigkeit auf das Resultat auswirkt, hängt in erster Linie von der Datenverwendung ab. Für das Rendern von topographischen Übersichtskarten genügen tendenziell weniger Attribute (z. B. Straßenkategorien). Je spezieller eine Anwendung ist, umso eher kommt es zu attributiven Lücken, die das Ergebnis maßgeblich beeinflussen. Für das Ableiten von Aussagen zur Verkehrssicherheit ist beispielsweise die Breite der Infrastruktur ein entscheidender Parameter. Diese Information ist allerdings – wie in Abbildung 2 zu sehen ist – nur für sehr wenige *Ways* hinterlegt. Unter diesem Gesichtspunkt gibt es also, trotz der immensen Datendichte, noch erhebliche weiße Flecken auf der digitalen Landkarte (vgl. Abbildung 2). Durch die Bereitstellung von innovativen Erhebungswerkzeugen, wie beispielsweise KORT (HUNZIKER & ODERBOLZ 2012), sind in dieser Hinsicht zukünftig Verbesserungen zu erwarten.

2.3 Attributive Fehler

Abgesehen von der attributiven Vollständigkeit, wird das Modellierungs- und in weiterer Folge das Analyseergebnis maßgeblich von der Korrektheit bzw. Konsistenz der Attributwerte beeinflusst. Wie in allen anderen Datensätzen auch kann es bei der Parametrisierung der *Tags* zu Fehlern bzw. Inkonsistenzen kommen. Neben einer Überprüfung der Daten vor Ort und/oder mit Experten können Fehler, bei Vorhandensein einer ausreichenden Anzahl an *Tags*, durch eine systematische Konsistenzprüfung sichtbar gemacht werden.

Das linke Beispiel in Abbildung 3 zeigt ein Liniensegment mit folgenden Tags: *highway = track*, *tracktype = grade5* und *surface = gravel*. Hier widersprechen sich die Angaben zur Art des Weges (*grade5* ist die niedrigste Wegekategorie und umfasst unbefestigte Wege) und zum Straßenbelag. Eine derartige Inkonsistenz auf Attributebene kann durch kombinierte Abfragen festgestellt und, so wie in diesem Fall durch die Überprüfung im Orthophoto, behoben werden. Im Gegensatz dazu gestaltet sich die Fehlerdetektion im Beispiel rechts (Abbildung 3) ungleich schwieriger. Die einzige attributive Information zum gezeigten Segment ist *highway = cycleway*. Um diese Fehlklassifikation zu entdecken, ist es notwendig Ortskenntnisse zu besitzen oder durch Zufall den tatsächlichen Zustand im Orthophoto zu erkennen: Hier handelt es sich um ein Segment, dass als *highway = track* klassifiziert werden müsste.

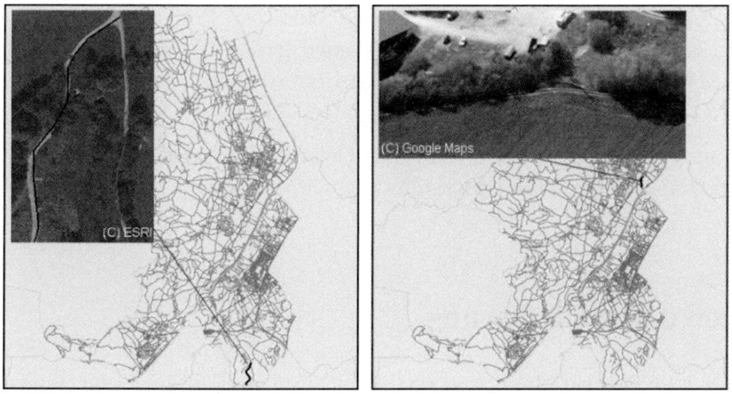

Abb. 3: Durch Konsistenzprüfung detektierter (links) und nur durch Personen mit Ortskenntnis feststellbarer Fehler (rechts). Die Fallbeschreibung wird im Fließtext erläutert.

2.4 Attributive Heterogenität

Das Problem der attributiven Heterogenität entsteht mitunter durch die große Freiheit, die dem „Mapper“ bei der Verwendung und Parametrisierung der *Tags* eingeräumt wird. So kann grundsätzlich ein und dieselbe realweltliche Entität unterschiedlich in OSM abgebildet werden. Dies führt potenziell zu unterschiedlichen digitalen Abbildungen des gleichen Objekttyps.

Im Kontext der Erhebung der Radinfrastruktur wurde dieses Phänomen mehrfach festgestellt. Ein typisches Beispiel sind die baulich getrennten, gemischten Geh- und Radwege entlang von Bundesstraßen. Diese werden – und alle genannten Varianten sind uneingeschränkt richtig – entweder als *highway = cycleway* und *foot = designated* oder als *highway = footway* und *bicycle = designated* oder als *highway = path* und *bicylce = designated* und *foot = designated* abgebildet. Berücksichtigt man in solchen Fällen, beispielsweise für die Visualisierung, nur eine Version, können innerhalb eines Straßenzuges unbegründete Lücken auftreten. Analog dazu ergeben sich bei der Modellierung entsprechende Mehrdeutigkeiten.

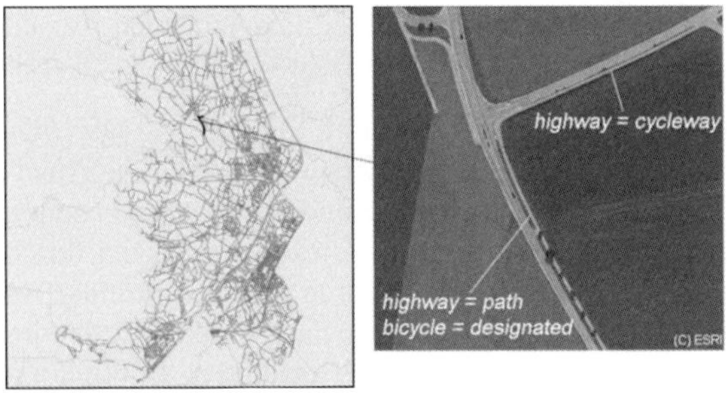

Abb. 4:
Beispiel für attributive Heterogenität: baulich getrennter Radweg wird auf Attributebene unterschiedlich abgebildet.

Diese Form der attributiven Heterogenität ist aufgrund der Konzeption des OSM-Projekts praktisch nicht zu vermeiden. Zwar bieten die entsprechenden Wikis sehr ausführliche Anhaltspunkte, jedoch decken auch diese nicht jede mögliche realweltliche Situation ab und sie sind für die Beitragenden auch nicht zwingend bindend. So spiegeln die verschiedenen Attribuierungen auch ein Stück weit die individuelle Sicht bzw. Präferenz des „Mappers“ wider. Im obigen Beispiel werden fahrradaffine Mapper gemischte Verkehrsanlagen eher als *highway = cycleway* mit den entsprechenden *Tag*-Ergänzungen festhalten, als passionierte Fußgänger usw.

Um eine flächendeckende Analyse trotz der attributiven Heterogenität konsistent gestalten zu können, muss in einem vorangestellten Modellierungsschritt dieser Umstand explizit berücksichtigt werden.

3 Möglichkeiten der Modellierung

Viele Modellierungs- und Analyseverfahren sind von der Vollständigkeit der Daten fundamental abhängig; beispielsweise sei auf die Konsequenzen einer lückenhaften Datengrundlage für Navigationssysteme verwiesen. Um *crowd sourced* Daten für die operative Verwendung zu vervollständigen, oder zu korrigieren, werden verschiedene Methoden im Vorfeld angewandt. Sind Referenzdaten – meist kommerzieller oder behördlicher Anbieter – vorhanden, kann die Qualität von Daten durch ein Zusammenführen (*data matching, data fusion*) erstens ermittelt und zweitens verbessert werden (KOUKOLETSOS et al. 2012). Ein derartiger Vorgang ist allerdings nicht immer möglich. Sei es aus lizenzrechtlichen Gründen, die gegen ein Verschmelzen der Daten sprechen, oder schlicht das Fehlen geeigneter Referenzdaten.

Um trotz der oben beschriebenen Implikationen geeignete Modelle aufbauen und belastbare Analyse durchführen zu können, ist es notwendig diese Eigenheiten – seien es Lücken, Fehler oder heterogene Attribute – der Daten in der Modellierung explizit zu berücksichtigen.

3.1 Berücksichtigung von Attributlücken

Lücken in den Attributdaten können im Idealfall durch Nacherhebungen durch die Community (z. B. im Rahmen von thematischen „Mapping Parties") geschlossen werden. Dies erfordert jedoch viel Aufwand und ist keine Garantie für eine daraus resultierende Vollständigkeit. Für flächendeckende Modellierungsansätze reicht es häufig aus, fehlende Attribute zu schätzen. Dies ist vor allem dann möglich, wenn andere Attribute unmittelbar mit dem betroffenen verbunden sind, d. h. wenn funktionale Abhängigkeiten bestehen.

Im gegenständlichen Beispielfall wurden die fehlenden Werte für den *Key maxspeed* auf Grundlage der Straßenkategorie und zusätzlichen Parametern geschätzt. Dabei kam folgende Heuristik (Auszug aus Python-Skript) zur Anwendung:

```
def function(maxspeed, access, bicycle, foot, highway, motorcar, ref, tracktype, Speed):

    if (highway == "residential" or highway == "living_street" or highway == "tertiary") and (access
== " " or access == "designated" or access == "destination" or access == "yes"):
      return 50

    elif highway == "cycleway" or highway == "footway" or bicycle == "yes" or bicycle == "designated"
or foot == "yes" or foot == "designated" or foot == "official" or foot == "permissive":
      return 0

    elif (highway == "track" or highway == "path" or highway == "unclassified") and bicycle != "no"
and foot != "no" and motorcar != "yes" and (tracktype == "grade3" or tracktype == "grade4" or trackty-
pe == "grade5"):
      return 0

    elif highway == "motorway":
      return 130

    elif highway == "motorway_link":
      return 100

    elif highway == "primary_link":
      return 80

    elif access == "no" or motorcar == "no" or highway == "steps":
      return 0

    elif motorcar == "agricultural" or highway == "path" or (highway == "track" and access != "no"):
      return 10

    elif highway == "living_street" or (highway == "service" and access == "private") or (highway ==
"residential" and access == "private") or (highway == "construction" and tracktype != None):
      return 20

    elif highway == "service":
      return 30

usw.
```

Naturgemäß müssen bei einem derartigen Vorgehen Fehler in Kauf genommen werden. Für viele Analyseverfahren, ist eine solche Näherung jedoch ausreichend – beispielsweise für die Reisezeitberechnung in Routinganwendungen. Dies gilt vor allem in Anbetracht der ungleich aufwendigeren Alternativen.

3.2 Berücksichtigung von Attributfehlern

Im Zuge der oben beschriebenen Konsistenzprüfung ist es – bei ausreichender attributiver Information – möglich, die Inkonsistenzen zu beseitigen. Allerdings muss aus den Attributdaten klar ersichtlich sein, welches Attribut falsch ist. So wäre zwar der Fall bestehend aus den beiden *Tags highway = residential* und *maxspeed = 130* offensichtlich falsch, allerdings kann ausschließlich auf Attributebene nicht festgestellt werden ob die Straßenkategorie oder die Höchstgeschwindigkeit falsch attribuiert wurde. Hier kann lediglich, unter Berücksichtigung einer gewissen Fehlerwahrscheinlichkeit, von den angrenzenden Segmenten oder auf Basis weiterer Attribute auf den Fehler geschlossen werden. Das heißt, ist das Segment vor und nach dem betroffenen Segment mit *highway = motorway* attribuiert oder deuten weitere Tags in eine diametrale Richtung (z. B. *width = 10*), kann davon ausgegangen werden, dass die Straßenkategorie falsch zugeteilt wurde.

Fehler, die nicht mittels einer Konsistenzprüfung eruiert werden können, lassen sich praktisch nicht systematisch erfassen. Im hier vorgestellten Fall wurden zur Überprüfung der Datenvalidität Workshops mit lokalen Experten abgehalten. Fehler, die auch hier unentdeckt blieben, wurden vielfach erst bei auffälligen Analyseergebnissen entdeckt und nach einer Überprüfung vor Ort entsprechend behoben.

3.3 Berücksichtigung von Attributheterogenität

Um die unterschiedliche Beschreibung der gleichen Objekte in der Modellierung berücksichtigen zu können, muss in einem ersten Schritt geklärt werden, ob die attributive Beschreibung an sich korrekt ist. Sind mehrere Beschreibungsvarianten möglich und grundsätzlich auch in Übereinstimmung mit den Empfehlungen in den entsprechenden Wikis (z. B. http://wiki.openstreetmap.org/wiki/Map_Features), empfiehlt sich die Einrichtung von abgeleiteten Attributen. Dabei handelt es sich um Attribute, die sich aus mehreren bestehenden Attributen ergeben und die Heterogenität weitgehend beseitigen können.

Für das zuvor genannte Beispiel der unterschiedlichen Abbildung eines baulich getrennten Radwegs mit gemischter Nutzung würde die Logik wie in Abbildung 5 dargestellt lauten:

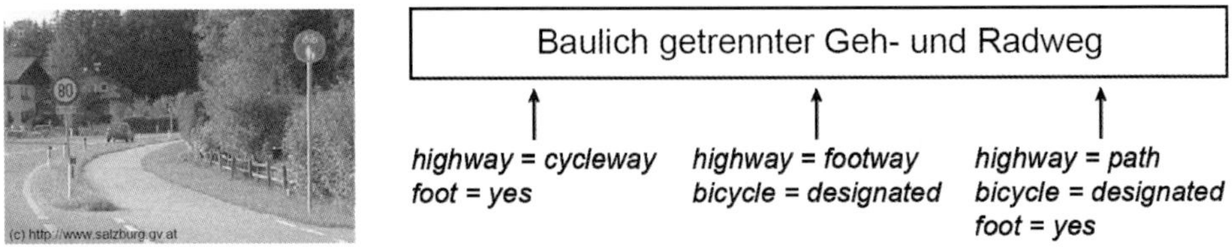

Abb. 5: Durch die Schaffung eines abgeleiteten Attributs können die verschiedenen Möglichkeiten (hier werden drei exemplarisch angeführt) der attributiven Abbildung in der Modellierung geeignet berücksichtigt werden.

Um abgeleitete Attribute, wie oben dargestellt, erstellen zu können ist es notwendig, zum einen die Möglichkeiten der attributiven Abbildung in OSM zu kennen und zum anderen um die verschiedenen Varianten im Datensatz zu wissen. Für Letztgenanntes sind systematische Abfrageroutinen samt visuelle, kartenbasierte Plausibilitätsprüfungen gut geeignet.

4 Resümee

Fehlerhafte Attribuierungen sind kein Spezifikum von OSM-Daten; sie tauchen praktisch in allen analogen und digitalen Datenbeständen auf. Dahingegen sind Lücken in den Attributen und eine heterogene attributive Repräsentanz mitunter durch die Konzeption von OSM bedingt. Diese Implikationen können erhebliche Auswirkungen auf Analyseergebnisse haben, beispielsweise in Navigationslösungen.

Die hier präsentierten Routinen wurden im Zuge der Datenaufbereitung für ein Routenauskunftsportal für RadfahrerInnen entwickelt (LOIDL et al. 2013). Grundlage dieser Routingapplikation ist eine GIS-gestützte Bewertung des Straßennetzes hinsichtlich des Gefährdungspotenzials für RadfahrerInnen. Die Aussage dieses Bewertungsmodells ist maßgeblich von der Verfügbarkeit und Konsistenz der zugrunde liegenden Daten abhängig. Durch die Entwicklung und Anwendung der hier vorgestellten Modellierungsansätze konnten – in Bezug auf die spezifische Fragestellung und die damit verbundenen Anforderungen an die Datengrundlage – signifikant bessere (das sind plausiblere) Ergebnisse generiert werden als bei einem direkten Zugriff auf die Datenbasis.

Inwieweit diese Ansätze auf weitere Anwendungsdomänen übertragbar sind, muss in weiteren Forschungsarbeiten bzw. Anwendungsfällen evaluiert. Grundsätzlich sind die Modellierungsroutinen aber derart konzipiert, dass sie sich für beliebige Fragestellungen und Datensätze mit lücken-, fehlerhaften und heterogenen Attributdaten eignen.

Danksagung

Diese Arbeit entstand im Rahmen des Projekts „Grenzüberschreitende Radlkarte“, gefördert mit Mitteln aus dem EU INTERREG Programm und dem Klima- und Energiefond (KLIEN). Die Webanwendung steht unter www.radlkarte.eu kostenfrei zur Verfügung.

Literatur

BARRON, C., NEIS, P. & ZIPF, A. (2014), A Comprehensive Framework for Intrinsic OpenStreetMap Quality Analysis. Transactions in GIS, S. pending.

CORCORAN, P. & MOONEY, P. (2013), Characterising the metric and topological evolution of OpenStreetMap network representations. The European Physical Journal Special Topics, 215 (1), 109-122.

GRASER, A., STRAUB, M. & DRAGASCHNIG, M. (2013), Ein systematischer Vergleich der Straßennetzwerke von GIP und OpenStreetMap im Großraum Wien Angewandte Geoinformatik AGIT. In: STROBL, J., BLASCHKE, T., GRIESEBNER, G. & ZAGEL, B. (Hrsg.), Angewandte Geoinformatik 2013. Wichmann, Berlin/Offenbach, 424-433.

HAKLAY, M. & WEBER, P. (2008), OpenStreetMap: User-Generated Street Maps. IEEE Pervasive Computing, 7 (4), 12-18.

HAKLAY, M. & ELLUL, C. (2010), Completeness in volunteered geographical information – the evolution of OpenStreetMap coverage in England (2008-2009). Journal of Spatial Information Science.

HELBICH, M., AMELUNXEN, C., NEIS, P. & ZIPF, A. (2012), Comparative Spatial Analysis of Positional Accuracy of OpenStreetMap and Proprietary Geodata GI_Forum 2012: Geovisualization, Society and Learning. In: JEKEL, T., CAR, A., STROBL, J. & GRIESEBNER, G. (Eds.), GI_Forum 2013. Wichmann, Berlin/Offenbach, 24-33.

HUNZIKER, J. & ODERBOLZ, S. (2012), Gamified Mobile App für die Verbesserung von OpenStreetMap. Thesis, Hochschule für Technik, Rapperswil.

JACKSON, S. P., MULLEN, W., AGOURIS, P., CROOKS, A., CROITORU, A. & STEFANIDIS, A. (2013), Assessing Completeness and Spatial Error of Features in Volunteered Geographic Information. ISPRS International Journal of Geo-Information, 2 (2), 507-530.

KOUKOLETSOS, T., HAKLAY, M. & ELLUL, C. (2012), Assessing Data Completeness of VGI through an Automated Matching Procedure for Linear Data. Transactions in GIS, 16 (4), 477-498.

LOIDL, M. & ZAGEL, B. (2010), Wie sicher ist sicher? – Innovatives Kostenmodell zur Ermittlung des Gefährdungspotenzials auf Radwegen. In: STROBL, J., BLASCHKE, T. & GRIESEBNER, G. (Hrsg.), Angewandte Geoinformatik 2010. Wichmann, Berlin/Offenbach, 394-403.

LOIDL, M. & ZAGEL, B. (2013), Sicher mit dem Rad. gis.Business, 4/2013, 36-39.

LOIDL, M., ZAGEL, B., KRAMPE, S. & REITHOFER, J. (2013), Radlkarte Salzburg – Das Radroutingportal für die Stadt Salzburg. In: STROBL, J., BLASCHKE, T. & GRIESEBNER, G. (Hrsg.), Angewandte Geoinformatik 2013, Wichmann, Berlin/Offenbach,, 456-461.

LUDWIG, I., VOSS, A. & KRAUSE-TRAUDES, M. (2011), A Comparison of the Street Networks of Navteq and OSM in Germany. In: GEERTMAN, S., REINHARDT, W. & TOPPEN, F. (Hrsg.), Advancing Geoinformation Science for a Changing World. Springer, Berlin/Heidelberg, 65-84.

NEIS, P., ZIELSTRA, D. & ZIPF, A. (2013), Comparison of Volunteered Geographic Information Data Contributions and Community Development for Selected World Regions. Future Internet, 5 (2), 282-300.

SCASSA, T. (2013), Legal issues with volunteered geographic information. The Canadian Geographer/Le Géographe canadien, 57 (1), 1-10.

SPIELMAN, S. E. (2014), Spatial collective intelligence? Credibility, accuracy, and volunteered geographic information. Cartography and Geographic Information Science, 1-10.

Automatisierte bedarfsorientierte Fahrplankoordinierung

Anton MARAULI

planma, Graz · anton.marauli@planma.at

Dieser Beitrag wurde durch das Programmkomitee als „reviewed paper" angenommen.

Zusammenfassung

Die Qualität eines Angebots im öffentlichen Personennahverkehr hängt von der Koordination der Fahrpläne von Linien ab. Die Gestaltung eines Fahrplans mit dem Ziel kurzer Wartezeiten bei Umsteigevorgängen ist eine komplexe Aufgabe, die mathematisch nur schwer eindeutig lösbar ist. In dieser Arbeit wird ein Algorithmus entwickelt, der die Summe der Wartezeiten aller Fahrgäste Verkehrsbetreiber übergreifend minimiert. Dabei werden die Abfahrtszeiten von Linien aller ÖPNV-Verkehre sowohl mit als auch ohne Taktfahrplan so gegeneinander verschoben, dass die Gesamtwartezeit unter Einbeziehung der Verkehrsnachfrage minimiert wird. Damit kann einerseits ein optimal abgestimmter Fahrplan gefunden werden und andererseits sind lokale Kenntnisse von Umsteigehaltestellen nicht erforderlich. Der Algorithmus zur Lösung des Optimierungsproblems ist in einem Microsoft Visual Basic-Skript umgesetzt. Dabei erfolgt eine kontinuierliche Kommunikation mit einem Verkehrsmodell.

Für den Tageszeitbereich von 12 bis 14 Uhr wird das Tool für alle ÖV-Linien der Stadt Graz angewendet. Die Datengrundlage liefert dazu ein GIP- basierendes Verkehrsmodell. Die mittlere Wartezeit pro Umstieg kann durch die angewandte Optimierung von 140 auf 117 Sekunden reduziert werden, was einer Verbesserung von rund 16 % entspricht.

1 Traditionelle Fahrplangestaltung

Neben der Liniennetz- und Betriebsplanung trägt die Fahrplangestaltung für ein hochwertiges Angebot im ÖV bei. Umsteigen ist für Fahrgäste häufig unumgänglich, wobei günstige Umsteigezeiten die Akzeptanz zur Nutzung des ÖV erhöhen. Die Planung von Fahrplänen erfolgt häufig auf Basis eines historisch gewachsenen Fahrplans, bei dem versucht wird, fahrplanbezogene Fahrgastbeschwerden zu berücksichtigen. Dabei werden die Auswirkungen von Wartezeiten beim Verschieben von Abfahrtszeiten an Umsteigehaltestellen Linie für Linie quantifiziert. Verbesserungen an der stärksten Umsteigerelation oder an der Haltestelle mit den meisten Umsteigevorgängen haben nicht zwingend den größten Effekt auf die Gesamtwartezeiten in einem Verkehrsnetz. Es besteht die Gefahr, dass einzelne Umsteigerelationen vom Planer über- oder unterbewertet werden. Vielmehr sind alle Umsteigerelationen entlang eines gesamten Linienumlaufes zu berücksichtigen. Durch die Gründung von Verkehrsverbünden ist die Bereitschaft für fahrplanmäßige Anschlussabstimmungen von

Strobl, J., Blaschke, T., Griesebner, G. & Zagel, B. (Hrsg.) (2014): Angewandte Geoinformatik 2014.
 ISBN 978-3-87907-543-0.

Verkehrsbetreibern vorhanden. In einem gesamten Netz einer Stadt treten viele unregelmäßige Fahrten, Linienverläufe und Taktintervalle auf. Dadurch und aufgrund vieler Überschneidungen in einem Netz wird die Gestaltung eines Betreiber übergreifenden Fahrplanes zu einer komplexen Aufgabe. Mittels einer nachfrageorientierten und Betreiber übergreifenden Fahrplanoptimierung kann eine hohe Umsteigequalität angeboten werden.

2 Ansätze der Fahrplanoptimierung

In der Literatur sind Verfahren zur Fahrplanoptimierung mit unterschiedlich verfolgten Zielen bekannt. Diese Ansätze sind entweder nicht nachfrageorientiert, nicht Betreiber übergreifend, betrachten nicht alle Verkehrssysteme, berücksichtigen nur Taktverkehre oder verwenden mathematische Optimierungsverfahren, die Idealisierungen zur Lösungsfindung benötigen und somit Verzerrungen mit sich bringen.

Bei der Minimierung der Summe aller Umsteigezeiten liegt ein quadratic semi-assignment problem (QSAP) vor, das für größere Probleminstanzen nicht exakt zu lösen ist. Bekannte Methoden zum Lösen des QSAP erfordern Regelmäßigkeiten von Takt und Fahrzeitprofilen und betrachten meist nur ein Verkehrssystem.

LIEBCHEN (2006) modelliert die Taktfahrplanoptimierung mittels des periodic event scheduling problem (PESP), dass wiederkehrenden Ereignisse optimiert. Die Methode untersucht, ob ein Taktfahrplan für definierte Rahmenbedingungen vorhanden ist. Mit den Restriktionen können betriebliche Anforderungen von spurgebundenen Fahrzeugen, wie z. B. Begegnungsverbote oder Überholverbote, berücksichtigt werden. Je nach Gewichtung kann bei diesem Verfahren die Summe der Umsteigezeiten oder die Anzahl der Fahrzeuge minimiert werden.

Der Ansatz von SCHRÖDER, SCHÜLE (2008) berücksichtigt auch Betreiber übergreifende Anschlüsse und teilt je nach Wartezeit Anschlusstypen in fünf Klassen: kein Anschluss, Risiko-, Beinahe-, Komfort- und Geduldanschluss. Ziel ist es, eine große Menge an komfortablen Anschlüssen zu erreichen. Für die Zielfunktion werden Strafpunkte für jeden Anschlusstyp vergeben und die Strafpunktsumme minimiert.

HALLER (2011) bewertet eine Umsteigerelation nicht nur mit Strafpunkten, sondern die Anzahl der umsteigenden Personen wird mit den Strafpunkten des Anschlusstyps multipliziert, sodass auch die Nachfrage Einfluss hat.

Eine Betreiber übergreifende Gesamtbetrachtung aller Anschlüsse ist mit Unregelmäßigkeiten bezüglich Fahrzeitfolgezeiten, Umlaufzeiten sowie sich ändernder Linienverläufe verbunden. Es fehlt eine Methode, die die Summe aller Wartezeiten eines Fahrplans für ein gesamtes Netz unter Berücksichtigung aller verkehrenden Linien minimiert.

3 Methode Betreiber übergreifende Fahrplankoordinierung

Zur Lösung der Fahrplangestaltung kommt ein iteratives Optimierungsverfahren zur Anwendung, das einen Fahrplan bis zum Erreichen des globalen Wartezeitenminimums in mehreren Optimierungsdurchläufen immer nur verbessert und niemals verschlechtert. Das kontinuierliche Verbesserungsverfahren minimiert die Gesamtwartezeit aller Fahrgäste in einem betrachteten Verkehrsnetz. Es können alle Linien eines Netzes, unabhängig davon ob sie mit oder ohne Takt verkehren, berücksichtigt werden. Auch Taktsprünge können im betrachteten Zeitraum auftreten.

3.1 Grundvoraussetzungen

Um netzweite Auswirkungen der Wartezeiten ermitteln zu können, ist die Verwendung eines Verkehrsmodells notwendig. Mit einem ÖV-Verkehrsmodell liegt ein planerisches Hilfsmittel vor, das einen Fahrplan und Nachfragedaten zwischen Quell- und Zielorten beinhaltet. Nachfragematrizen geben Fahrtenmengen zwischen Quelle-Ziel-Beziehungen an und können mittels Strukturdaten wie Einwohnerzahl oder Anzahl Arbeitsplätze auf Basis aktivitätsbezogener Wegekettenverteilungen berechnet werden. Fahrplandaten wie beispielsweise Fahrzeitprofile oder Übergangsgehzeiten zwischen Haltepunkten können aus der GIP importiert werden. Mittels einer fahrplanfeinen Umlegungsberechnung, bei der Verbindungen für alle Fahrten ermittelt werden, können Auswirkungen bei Fahrplanänderungen anhand von Kennzahlen wie z. B. mittlere Wartezeit oder Umsteigehäufigkeit festgestellt werden. Als Ergebnis liegen linienbezogene Querschnitts- und Fahrzeugbelastungen sowie alle Einsteiger, Aussteiger, Durchfahrer und Umsteiger an Haltestellen vor. Mit einem kalibrierten Verkehrsnachfragemodell kann eine realistische Nachbildung von Wirkungen auf die Nachfrage berücksichtigt werden.

3.2 Definition Steuerungsparameter

Bei diesem entwickelten Verfahren besteht die Möglichkeit das zu betrachtende Zeitfenster beliebig zu wählen, jedoch sollen Zeitfenster entsprechend der Verkehrszeiten definiert werden. Linien können zu einem Linienbündel zusammengefasst werden, wenn eine größere Schnittmenge der Linienverläufe vorhanden ist. Die Kriterien für die Bildung eines Linienbündels liegen in der Entscheidung des Verkehrsplaners. In weiterer Folge wird nur mehr die Bezeichnung Linie verwendet, unabhängig davon ob es sich um eine Linie oder um ein Linienbündel handelt. Linien, deren Abfahrtszeiten zeitlich nicht verschoben werden sollen, sind vor der Optimierung zu definieren. Dürfen Wendezeiten an der Start- und an der Endhaltstelle einer Linie variieren sind entsprechende Mindestwendezeiten die nicht unterschritten werden dürfen, zu bestimmen.

3.3 Fahrzeugersparnis

Das Verfahren überprüft ob Fahrzeuge eingespart werden können. Fahrzeugersparnisse sind möglich, wenn die Summe der Fahrzeiten und der minimalen Wendezeiten eines Fahrzeugumlaufes kleiner ist als die Summe der auftretenden Wendezeiten aller Fahrzeuge dieser Linie.

3.4 Optimierungsverfahren

Die Umsteigemengen und die auftretenden Umsteigezeiten aller im Verkehrsmodell auftretenden Umsteigevorgänge beschreiben die Ausgangslösung, wobei die Umsteigezeit einer Umsteigerelation die Differenz zwischen Ankunftszeit des ersten Fahrzeuges und Abfahrtszeit des Anschlussfahrzeuges ist. Daraus werden die Kenngrößen mittlere Umsteigezeit und

Anzahl der Umsteiger für jede Umsteigerelation für den definierten Zeitbereich errechnet. Eine Umsteigerelation beschreibt eine Umsteigeverbindung an einer Haltestelle von einer zu einer anderen Linie. Das folgende Flussdiagramm stellt den Verfahrensablauf der Fahrplanoptimierung schematisch dar. Zur Analyse des Potenzials von Umsteigerelationen wird die potenzielle Wartezeit eingeführt. Darunter ist die Summe der Wartezeiten aller Fahrgäste an einer Umsteigerelation abzüglich der Übergangsgehzeit zu verstehen. Die potenzielle Wartezeit gibt prinzipiell das mögliche zeitliche Einsparungspotenzial von Fahrgästen einer Umsteigerelation an. Dadurch ist die Grundlage für einen nachfrageabhängigen Fahrplan gegeben, bei dem jede Wartezeitminute eines Fahrgastes gleichwertig berücksichtigt wird.

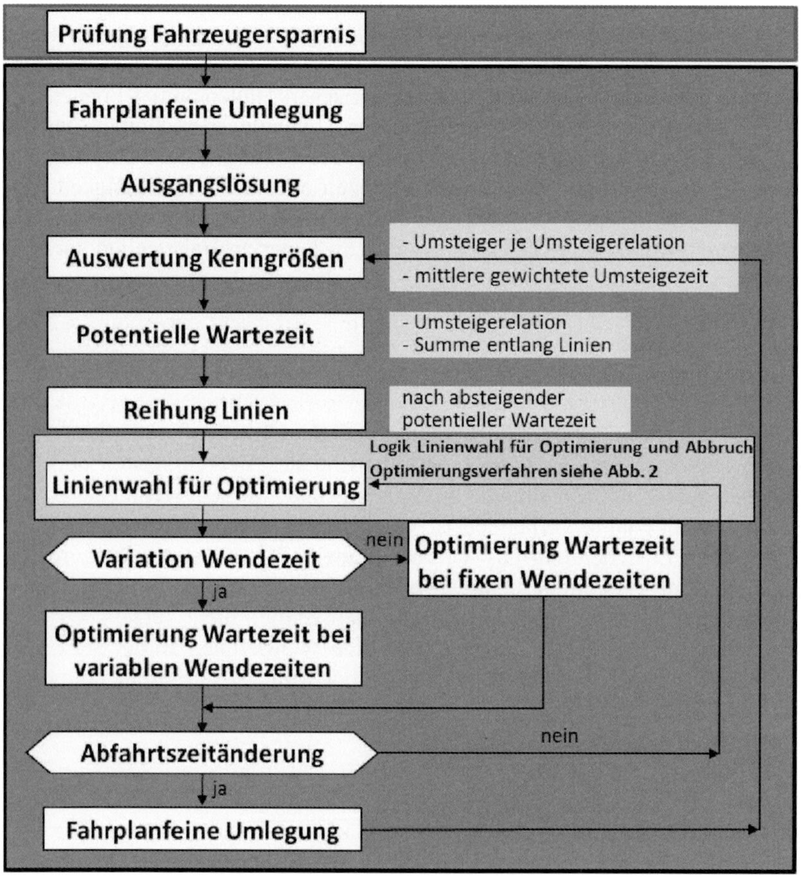

Abb. 1: Methodik der Fahrplankoordinierung

In einem nächsten Schritt werden alle potenziellen Wartezeiten von Umsteigerelationen entlang einer Linie aufsummiert. Dabei ist es egal, ob es sich um eine Zu- oder Abbringerlinie handelt. Eine auftretende Wartezeit einer Umsteigerelation wird somit der Zubringerlinie und der Anschlusslinie zugeordnet. Die Summe der potenziellen Wartezeiten innerhalb eines Netzes entspricht dem Doppelten der tatsächlichen Wartezeit aller Fahrgäste. Mit dieser Vorgehensweise erfolgt eine linienbezogene Berücksichtigung der Nachfrage.

3.5 Reihung der Linien und Linienwahl zur Optimierung

Die Reihung der Linien erfolgt absteigend nach der potenziellen Wartezeit einer Linie. Es werden nur Linien oder Linienbündel berücksichtigt, bei denen Fahrplanverschiebungen möglich sind. Die Linienwahl gibt an, welche Linie auf Basis der Linienreihung zur Fahrplanoptimierung herangezogen wird. Ein vollständiger Optimierungsdurchlauf i liegt dann vor, wenn sich eine Änderung im Fahrplan einer Linie ergibt. In jedem Optimierungsdurchlauf wird eine neue Reihung der Linien vorgenommen und die Linie mit dem Rang R=1 als erstes betrachtet. Im Falle, dass eine Linie kein Optimierungspotenzial aufweist, weil sie über den optimalen Fahrplan verfügt, werden so lange Linien mit dem Rang R=R+1 untersucht, bis eine Linie mit einem Verbesserungspotenzial und einer zeitlichen Verschiebung gefunden wird. Um Änderungen in der Verbindungswahl durch Fahrplanänderungen zu berücksichtigen, wird jeder Optimierungsdurchlauf mit einer Umlegungsberechnung beendet. Zusätzlich erfolgen Abfragen. um Ränge überspringen zu können. Die Abfragen, ob eine Optimierung dieser Linie bereits einmal durchgeführt wurde und ob die aktuell errechnete potenzielle Wartezeit im Vergleich zur Optimierung j=j-1 dieser Linie verändert hat, verringern den Rechenaufwand. Bei Nichtübereinstimmung der potenziellen Wartezeit oder keiner bereits durchgeführten Optimierung dieser Linie wird diese hinsichtlich möglichen Verbesserungspotenzials untersucht. Sind die potenziellen Wartezeiten ident, bedeutet dies, dass der zuletzt durchgeführte Optimierungsdurchlauf keine Auswirkungen auf die aktuell betrachtete Linie hat und die Linie mit dem nächsten Rang wird zur Koordinierung herangezogen. Erreicht die zu optimierende Linie den Rang, der der Anzahl der zeitlich verschiebbaren Linien entspricht, bedeutet dies, dass alle Linien optimiert sind. Das Optimierungsverfahren wird beendet und der Fahrplan mit dem lokalen Minimum der gesamten Wartezeit liegt vor. Keine einzige Verschiebung von Abfahrtszeiten würde eine Verbesserung bringen. In Abbildung 2 ist die Logik für die Linienwahl dargestellt.

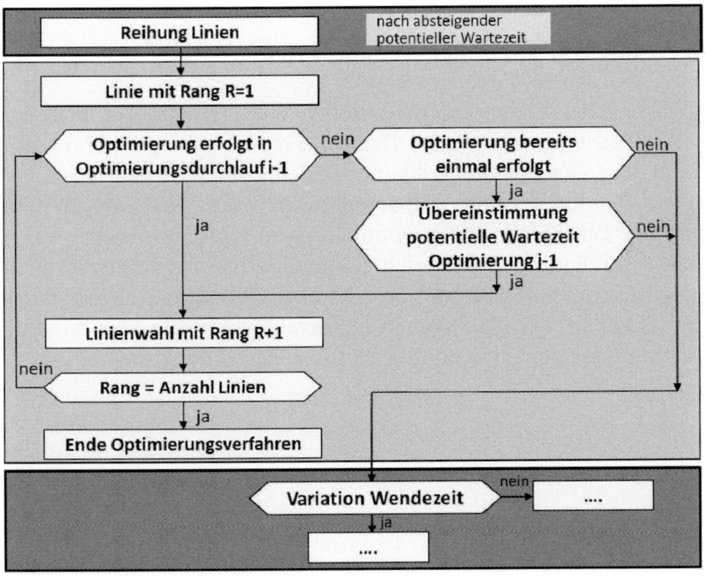

Abb. 2: Logik der Linienwahl für Optimierung

Eine Verschiebung der Abfahrtszeiten um Verbesserungen zu erreichen, erfolgt immer nur an einer Linie. Aus der Menge aller Verschiebungen wird die Lösung mit der minimalen potenziellen Wartezeit der Linie herangezogen. Durch Änderungen der potenziellen Wartezeit kann eine Linie mehrmals die Optimierung durchlaufen.

Der Algorithmus zur Lösung des Optimierungsproblems wird in der Software Microsoft Excel unter Ausführung eines Microsoft Visual-Basic-Skripts umgesetzt. Dabei erfolgt eine kontinuierliche Kopplung mit einem Verkehrsmodell der Verkehrsplanungssoftware VISUM. Die Rechendauer zur Optimierung hängt primär von der Anzahl der verschiebbaren Linien und deren Taktgrößen ab.

3.6 Optimierung einer Linie mit fixen Wendezeiten

Durch zeitliche Verschiebungen von Abfahrtszeiten einer Linie im Zuge einer Optimierungsiteration treten Änderungen der Umsteigezeiten entlang dieser Linie auf. Abfahrtszeiten einer Linie werden bis zu jenen des Folgefahrzeuges derselben Linie jeweils um eine Minute verschoben. Bei einer zeitlichen Verschiebung im Ausmaß des Taktes T_L tritt die Ausgangslösung wieder ein. Für die Minimierung der Wartezeiten für Fahrgäste entlang der Linie ergibt sich folgende Zielfunktion:

$$\min_{S_i \in T_L} \; t_{L,S_i}^{W_{pot}}$$

Nebenbedingungen

$$0 \leq S_i \leq T_L$$

$$S_i \in N_0$$

$t_{L,S_i}^{W_{pot}}$ Potenzielle Wartezeit einer Linie bei einer zeitlichen Verschiebung S_i der Abfahrtszeiten [min]

3.7 Optimierung einer Linie mit variablen Wendezeiten

Auch im Falle variabler Wendezeiten werden die potenziellen Wartezeiten von Linien auf mögliche Verbesserungen für Umsteiger untersucht. Der Unterschied zur Optimierung mit fixen Wendezeiten liegt darin, dass es mehr Möglichkeiten in der Ausprägung eines Linienfahrplans durch die variablen Wendezeiten gibt und somit zusätzliches Einsparungspotenzial an Wartezeit vorhanden ist. Eine Teilung der Optimierung in Hin- und Rückrichtung wird erforderlich, wobei die Optimierung der Hinrichtung analog mit fixen Wendezeiten ist. Für die Optimierung der Rückrichtung erfolgt eine zusätzliche Variation der Abfahrtszeiten in Abhängigkeit der aktuellen Verschiebung in Hinrichtung. Für die Minimierung der Wartezeiten für Fahrgäste entlang der Linie ergibt sich folgende Zielfunktion:

$$\min_{S_i \in T_L} \; \left(t_{L,S_{i,H}}^{W_{pot}} + t_{L,S_{i,R}}^{W_{pot}} \right)$$

Nebenbedingungen

$$0 \leq S_{i,H} \leq T_L$$

$$S_{i,R} = S_{i,H} + S_{i,W}$$

$S_{i,R} \in Z; \; S_{i,H} \in N_0$

$t^{W_{pot}}_{L,S_{i,H}}, t^{W_{pot}}_{L,S_{i,R}}$	Potenzielle Wartezeit der Hinrichtung H bzw. Rückrichtung R einer Linie bei einer zeitlichen Verschiebung S_i der Abfahrtszeiten [min]
$S_{i,H}, S_{i,R}$	zeitliche Verschiebung in Hinrichtung H bzw. Rückrichtung R [min]
$S_{i,W}$	zeitliche Verschiebung aus Variation der Wendezeiten einer Linie [min]

Ist durch Verschieben der Abfahrtszeiten der Zubringerlinie sowohl mit fixen als auch mit variablen Wendezeiten ein Erreichen einer Anschlussverbindung nicht mehr möglich, wird die nächstmögliche erreichbare Verbindung berücksichtigt. Im Fall, dass mit einem späteren Fahrzeug der Zubringerlinie das zeitlich verschobene Anschlussfahrzeug noch erreicht werden kann, wird die Umsteigezeit des letztmöglichen Zubringerfahrzeugs verwendet. Somit können realitätsnahe Anpassungen von Fahrgästen in ihrer Verbindungswahl berücksichtigt werden. Mit den aus den Verschiebungen ergebenden neuen Umsteigezeiten wird die potenzielle Wartezeit einer Linie berechnet. Der Abfahrtszeitpunkt mit der kleinsten potenziellen Wartezeit ist der optimale Fahrplan mit der minimalen Gesamtwartezeit. Erfolgt eine Veränderung am Fahrplan einer Linie, so wird eine Umlegung berechnet, um Änderungen in der Verbindungswahl mit dem neuen Fahrplan berücksichtigen zu können.

4 Anwendungen Fahrplantool für Graz

Für den Großraum Graz liegt ein multimodales und stundenfeines Verkehrsmodell vor, deren Verkehrsnetz- und ÖV-Angebotsdaten aus der GIP stammen. Dieses beinhaltet im ÖV sowohl Übergangsgehzeiten zwischen Haltepunkten, als auch Fahrplandaten der Kalenderperiode 2011. Die Berechnung der stündlichen Nachfrage erfolgt auf der Basis von Wegeketten für unterschiedliche verhaltenshomogene Personenkategorien. Durch Rückkopplungen des ÖV-Verkehrsangebotes auf die Nachfrage werden realitätsnahe Wirkungen, wie z. B. ein verändertes Ziel- oder Verkehrsmittelwahlverhalten infolge sinkender Verkehrsqualität des Kfz-Verkehrs in den Spitzenstunden, berücksichtigt (MARAULI et al. 2011). Die Anzahl aller getätigten Fahrten an einem typischen Werktag von oder nach Graz sowie innerhalb der Stadt mittels ÖV ergeben sich im Verkehrsmodell zu rund 227.000. Davon erfordern rund 57 % mindestens einen Umstieg in eine andere Linie. An 186 Haltestellen mit Umsteigemöglichkeit treten rund 2.864 Umsteigerelationen mit Nachfrage auf. Die tägliche mittlere Wartezeit für einen Umstieg in Graz beträgt rund 2,1 Minuten (MARAULI 2013). Eine Befragung von Fahrgästen in Graz, die zumindest einen Teil des Weges zwischen ihrem Quell- und Zielort mit dem Verkehrssystem Zug zurücklegen und an einem bedeutenden Umsteigeknoten in Graz ein-, um- oder aussteigen zeigt, dass 56 % einen Umstieg und 15 % zwei oder mehr Umstiege auf ihrem Weg durchführen (KÖNIGSHOFER 2009).

Das Verfahren wird für Graz für den Zeitbereich von 12 bis 14 Uhr angewendet. Dabei werden alle Fahrten, die in diesem Zeitfenster an der Starthaltestelle abfahren oder an der Endhaltestelle ankommen, berücksichtigt. Es werden Linien aller Verkehrsbetreiber unabhängig vom Verkehrssystem, die in, ab oder nach Graz fahren, herangezogen. Fernverkehrslinien werden im Zuge des Optimierungsverfahrens nicht verschoben, jedoch werden die Wartezeiten bei Übergängen zu anderen Linien berücksichtigt. Zeitliche Verschiebungen des Fahrplanes erfolgen an 23 Linien und 5 Linienbündel und insgesamt werden 371 Fahrten im Zuge der Optimierung verschoben.

Mit dem entwickelten Optimierungsverfahren werden Reduktionen von Wartezeiten an Umsteigehaltestellen erreicht. Jeder zweite Umstieg ist nach der Optimierung ohne Zeitverlust möglich. Die netzweite gesamte Wartezeit reduziert sich trotz leichter Zunahme der Umsteigevorgänge um rund 100 Stunden. Die mittlere Wartezeit für einen Umstieg im Ausgangsfall beträgt 140 und im optimierten Netz nur mehr 117 Sekunden, siehe Tabelle 1.

Tabelle 1: Kenngrößen vor und nach der Optimierung von 12 bis 14 Uhr

	Ausgangslösung	nach Optimierung	relative Differenz
Beförderungszeit gesamt [h]	7 127,2	7 012,8	-1,6%
Wartezeit gesamt [h]	700,9	600,2	-14,4%
Umsteigehäufigkeit [-]	18 036	18 407	2,1%
mittlere Wartezeit pro Umstieg [s]	140	117	-16,1%

Um Auswirkungen auf Fahrgäste zu bestimmen, sind Veränderungen der Wartezeiten von Fahrten vor und nach der Optimierung zu quantifizieren. Bei der Hälfte aller berücksichtigten Fahrten treten keine Veränderungen auf. Rund ein Drittel der Fahrten mit Zeitgewinn steht ein Sechstel der Fahrten mit Zeitverlust gegenüber.

5 Fazit

Ein wesentlicher Gedanke des Algorithmus liegt darin, dass ihm eine automatisierte Herangehensweise ähnlich wie bei einer manuellen Fahrplangestaltung, bei der Linie für Linie betrachtet wird, zugrunde liegt. Dadurch ist nicht nur eine Transparenz des Verfahrens gegeben, sondern es kann auch eine Akzeptanz bei Verkehrsplanern und Verkehrsbetreibern zur Anwendung erzielt werden. Das entwickelte Verfahren verbessert nachfrageabhängig einen Fahrplan einer Verbundregion oder eines Teilgebietes eines Verkehrsverbundes und minimiert dabei die Gesamtwartezeit aller umsteigenden Fahrgäste in einem Netz. Linien, sowohl mit als auch ohne Taktfahrplan, werden betrachtet. Durch die Reduzierung der mittleren Wartezeit eines Fahrgastes bei keinen zusätzlich anfallenden Betriebs- und Investitionskosten kann ein qualitativ hochwertiges Verkehrsangebot sichergestellt werden. Unter Verwendung des Tools ergibt sich einerseits eine deutliche Zeitersparnis bei der Erstellung von Fahrplänen und andererseits kann sichergestellt werden, dass eine optimale Lösung für ein Netz vorliegt. Bei geänderten Bedingungen – wie zum Beispiel Änderung der Linienführung durch eine Baustelle – kann ohne großen Zeitaufwand ein optimaler Fahrplan für ein gesamtes Netz gefunden werden. Auch Änderungen von Takten, Fahrzeitprofilen, Wendezeiten, Übergangsgehzeiten oder Linienbündel können berücksichtigt werden und ergeben bei Anwendung der Methode schnell einen netzweiten optimalen Fahrplan.

Literatur

DOMSCHKE, W., FORST, P. & VOß, S. (1992), Tabu search techniques for the quadratic semi-assignment problem. New Directions for Operations Research in Manufacturing, 389-405.

HALLER, F. (2011), Nachfrageorientierte Fahrplanoptimierung am Beispiel des Grazer Öffentlichen Verkehrs. Masterarbeit, Institut für Straßen- und Verkehrswesen, Technische Universität Graz.

KÖNIGSHOFER, D. (2009), Verkehrsbetreiberübergreifendes Umsteigeverhalten von Fahrgästen des ÖPNV an wichtigen Umsteigeknoten in Graz. Diplomarbeit, Institut für Straßen- und Verkehrswesen, Technische Universität Graz.

LIEBCHEN, C. (2006), Periodic Timetable Optimization in Public Transport. Dissertation, Fakultät für Mathematik und Naturwissenschaften der Technischen Universität Berlin.

LIEBCHEN, C. & NÖKEL, K. (2002), Überführung eines mathematischen Modells zur Taktversatzoptimierung in die Praxis. Heureka 02, Optimierung in Verkehr und Transport, 49-61. FGSV Verlag, Karlsruhe.

MARAULI, A., FELLENDORF, M., BERGER, M. & SELZ, E. (2011), ÖV-Angebotsdaten in einem GIS-basierenden Verkehrsnachfragemodell. In: STROBL, J. et al. (Hrsg.), Angewandte Geoinformatik 2011. Wichmann Verlag, Berlin/Offenbach, 393-402.

MARAULI, A. (2013), Nachfrageabhängige verkehrsbetreiberübergreifende Fahrplanoptimierung. Dissertation, Institut für Straßen- und Verkehrswesen, Technische Universität Graz.

SCHRÖDER, M. & SCHÜLE, I. (2008), Interaktive mehrkriterielle Optimierung für die regionale Fahrplanabstimmung in Verkehrsverbünden. Straßenverkehrstechnik, 6/2008, 332-340.

Simulation zur Untersuchung der räumlichen Verteilung von Routenergebnissen bei stochastischen Wegekosten

Andreas PARTUSCH

ITS Vienna Region, Wien · andreas.partusch@its-viennaregion.at

Zusammenfassung

Dieser Artikel beschäftigt sich mit der Frage, welche Auswirkungen nicht exakt bestimmbare Reisegeschwindigkeiten auf das Ergebnis von Kürzeste-Wege-Algorithmen hinsichtlich der Routenführung haben können. Es wird ein Verfahren präsentiert, mit dem räumliche Verteilungen von Routenergebnissen, welche durch die Berücksichtigung von Varianzen bei Reisegeschwindigkeiten entstehen, genauer analysiert und bewertet werden können. Für die Evaluierung des Verfahrens wurden unterschiedliche Testfälle und Routen im Wiener Stadtgebiet definiert und analysiert.

1 Einführung und Zielsetzung

Für die Berechnung der „optimalen“ Route bei Routingapplikationen werden Algorithmen herangezogen, welche die „Reisekosten“ vom Start- zum Zielpunkt auf einem Verkehrsgraphen minimieren. Beim motorisierten Individualverkehr basieren diese „Kosten“ meist zum überwiegenden Teil auf den Reisezeiten, wobei bei „State of the Art“ Routingalgorithmen diese als deterministisch angenommen werden (MILLER-HOOKS et al. 2003). Durch diese Annahme kann eine effiziente und performante Routenberechnung ermöglicht werden. Da aufgrund von unterschiedlichen Einflussfaktoren (aktuelle Verkehrsstärken, Wetterbedingungen, etc.) die tatsächlichen Reisezeiten bzw. Reisegeschwindigkeiten nicht mit Sicherheit vorhergesagt werden können, führt dies jedoch zur Vernachlässigung von Varianzen (KHAROUFEH et al. 2004), die Auswirkungen auf das Routingergebnis haben können. Dies bedeutet, dass für eine bestimmte Start-Ziel-Relation möglicherweise mehrere Wege existieren, die mit einer bestimmten Wahrscheinlichkeit die „optimale“ Route darstellen, was zur Folge hat, dass bei der klassischen Modellierung mit deterministischen Annahmen mitunter suboptimale Ergebnisse zurückgegeben werden (FU et al. 1998).

Um die Auswirkungen nicht exakt bestimmbarer Reisegeschwindigkeiten auf die räumliche Verteilung von Routenergebnissen genauer untersuchen zu können, wird in diesem Artikel ein Verfahren beschrieben, bei dem eine Monte-Carlo-Simulation auf einen Routingalgorithmus angewendet wird. Dabei wird der zugrunde liegende Prozess der Routenberechnung mehrere Tausend Mal für die jeweilige Start-Ziel-Relation ausgeführt, wobei die Reisegeschwindigkeiten je Kante des Verkehrsgraphen für jede Iteration neu und zufällig, basierend auf einer angenommenen Wahrscheinlichkeitsverteilung, gewählt werden. Das Ergebnis der Simulation sind Routenbündel, die aus Tausenden von unterschiedlichen „optimalen“ Wegen bestehen. Die Charakteristik dieser Routenbündel ist neben der Geschwin-

Strobl, J., Blaschke, T., Griesebner, G. & Zagel, B. (Hrsg.) (2014): Angewandte Geoinformatik 2014.
 ISBN 978-3-87907-543-0.

digkeitsverteilung auch stark von der Topografie des Verkehrsnetzes abhängig. Aus diesem Grunde wurden für die Evaluierung des Verfahrens unterschiedliche Testszenarien und Routen im Wiener Stadtgebiet definiert und analysiert.

Die aus der Simulation resultierenden Routenbündel können einen wichtigen Beitrag für die Planung und Bewertung von Verkehrsnetzen leisten, wie beispielsweise die Identifizierung von attraktiven Netzabschnitten, welche viel Verkehr „anziehen“ oder das Aufzeigen von Bottlenecks. Des Weiteren können mithilfe der Routenbündel unterschiedliche Routenalternativen gefunden werden. Das Berechnen von plausiblen Routenvarianten stellt einen wichtigen und aktuellen Forschungsgegenstand im Routingbereich dar. In dem vorliegenden Artikel wird eine Methode präsentiert, mit der sinnvolle Routenrepräsentanten aus den resultierenden Bündeln extrahiert werden können.

2 Simulationsaufbau und Datengrundlage

Monte Carlo Simulationen beruhen auf dem Gesetz der großen Zahlen (DUNN et al. 2012). Es werden Prozessketten und Verfahren mit unterschiedlichen Inputparametern, die als stochastische Variablen modelliert sind, tausende Male durchlaufen, um einen gesuchten Output zu approximieren oder dessen Verteilung zu untersuchen. Der Input kann auch als Zufallsvektor mit *n* Zufallsvariablen betrachtet werden. Für das in diesem Artikel beschriebene Verfahren besteht dieser Zufallsvektor somit aus *n* Geschwindigkeitswerten (vgl. Abb. 1), wobei n die Anzahl der Links des Verkehrsgraphen darstellt.

Ein wichtiger Bestandteil der Prozesskette ist die Routenberechnung. GEROE (GEROE et al. 2011) beschreibt die Entwicklung einer Routingapplikation für den motorisierten Individualverkehr, die aus einem GIP (Graphenintegrations-Plattform) Export einen routingfähigen Verkehrsgraphen erzeugt und das Routing auf diesem anhand definierter Qualitätskriterien durchführt. Für die Evaluierung des Verfahrens wurde eine Schnittstelle zu dieser Routingapplikation implementiert. Der Output des Routers ist eine Liste von GIP Links, welche den „optimalen“ Weg beschreibt. Dieser Output kann ebenfalls in Form eines Vektors mit *m* Variablen bzw. GIP-Links beschrieben werden (vgl. Abb. 1). Um in weiterer Folge eine detaillierte Analyse zu ermöglichen, müssen die einzelnen Routenergebnisse in einer geeigneten Form (z. B. in einer Datenbank) gespeichert werden.

Der implementierte Algorithmus prüft nach jeder Routenberechnung, ob die Laufvariable *j* die gewünschte Iterationsanzahl *k* erreicht hat. Ist dies nicht der Fall, wird ein neuer Zufallsvektor bestehend aus Link-Reisegeschwindigkeiten erzeugt und auf den Verkehrsgraphen umgelegt, sowie eine erneute Routenberechnung für die Start-Ziel-Relation gestartet.

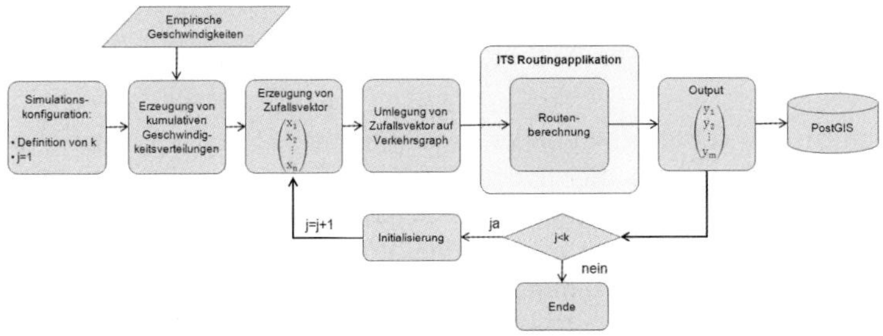

Abb. 1: Vereinfachte Darstellung des Simulationsaufbaus

Um realistische Annahmen für die Verteilung der Reisegeschwindigkeiten treffen zu können, wurde ein FLEET FCD (Floating Car Data) Satz für einen Zeitraum von zwei Wochen (8.4.2013 – 21.4.2013) mit insgesamt 19.849.709 auf den Graphen projizierten Datenpunkten herangezogen, um kumulative Verteilungsfunktionen (vgl. Abb. 2) für unterschiedliche Straßenklassen des verwendeten Netzes zu erzeugen. Aufgrund der Abhängigkeit der Geschwindigkeitsverteilungen vom Tagestyp und der Tageszeit wurden zwei möglichst unterschiedliche 3-Stunden-Zeitscheiben für Werktage und deren Geschwindigkeitsverteilung genauer betrachtet. Die Zeitscheiben wurden wie folgt definiert:

- Werktags (MO-FR) 01:00 – 04:00 Uhr – Verteilung bei freifließendem Verkehr
- Werktags (MO-FR) 06:00 – 09:00 Uhr – Verteilung zur Morgenspitze

Vergleicht man die Geschwindigkeitsverteilungen der beiden Zeitscheiben miteinander, so zeigt sich, dass bei allen Straßenklassen in der Zeitscheibe 01:00 – 04:00 Uhr ein größerer Anteil an höheren Geschwindigkeiten vorhanden ist, als in der Zeitscheibe 06:00 – 09:00 Uhr (vgl. Abb.2).

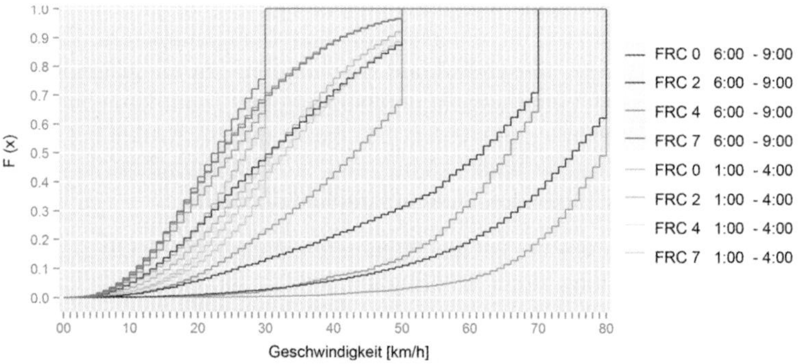

Abb. 2: Kumulative Verteilungsfunktionen *F(x)* für unterschiedliche Straßenklassen für die Zeitscheiben MO-FR 01:00-04:00 Uhr und 06:00-09:00 Uhr

Bei der Projektion der einzelnen FC-Datenpunkte auf den Verkehrsgraphen, hat sich gezeigt, dass die FCD Geschwindigkeitswerte mitunter über den zulässigen Höchstgeschwindigkeiten liegen, was mit gewissen Unschärfen bei der Methode, aufgrund von unvollständigen FCD Informationen, die auch von LABORCZI (LABORCZI et al. 2006) beschrieben werden, zusammenhängen kann, sowie mit dem Umstand, dass Probe Cars auch schneller, als eigentlich erlaubt, fahren können. Daher wurden Geschwindigkeiten über der zulässigen Höchstgeschwindigkeit auf diesen Wert zurückgesetzt, um zu garantieren, dass bei der Routenberechnung nicht unzulässige Geschwindigkeiten verwendet werden. Das Zurücksetzen dieser erhöhten Geschwindigkeiten ist bei den kumulierten Verteilungsfunktionen durch den sprunghaften Anstieg auf den Wert *1* am Ende der jeweiligen Funktion (vgl. Abb. 2) ersichtlich.

Das Sampling der randomisierten Geschwindigkeiten je Link für eine Simulationsiteration erfolgt mittels Inversionsmethode, bei der die inverse Funktion $F^{-1}(\xi)$ der monoton steigenden kumulativen Verteilungsfunktion $F(x) = \xi$ verwendet wird, um das Sampling durchzuführen. Dabei wird die Variable ξ als gleich verteilte Zufallsvariable im Intervall *(0,1)* definiert und auf die kumulative Verteilungsfunktion *F(x)* projiziert (DUNN et al. 2012).

3 Testcases und Ergebnisse

Für die Evaluierung der Methode wurden neun Start-Ziel-Relationen im Wiener Stadtgebiet definiert, die in drei Kategorien (tangentiale Routen, radiale Routen und längere Routen quer durch die Stadt) eingeteilt wurden (PARTUSCH 2013). Für diese neun Start-Ziel-Relationen wurde je ein Simulationsdurchlauf (10.000 Iterationen) mit den Geschwindigkeitsverteilungen der Zeitscheiben 01:00 – 04:00 Uhr und 06:00 – 09:00 Uhr durchgeführt.

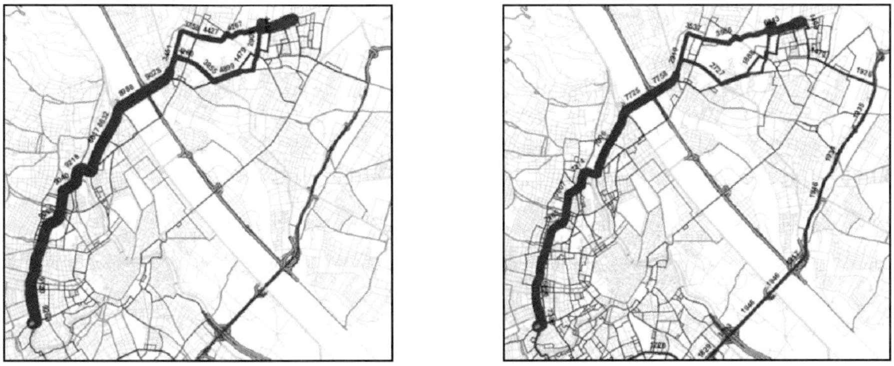

Abb. 3: Routenbündel für eine Start-Ziel-Relation von der äußeren Mariahilfer Straße in die Schererstraße im 21. Bezirk für die Zeitscheiben 01:00 – 04:00 Uhr (links) und 06:00 – 09:00 Uhr (rechts)

Abbildung 3 zeigt die resultierenden Routenbündel für einen der neun Testcases. Die Routenbündel zeigen, dass bei der Berücksichtigung der erzeugten Geschwindigkeitsverteilungen das Routingergebnis nicht eindeutig ist, sich die Routen jedoch sehr stark an bestimmten Verkehrsachsen orientieren. Beispielsweise führen über 70 % der Routen bei der Simulation für die Zeitscheibe 06:00 – 09:00 Uhr über den Gürtel und die Nordbrücke und fast 20 % der Routen über die A23. Das bedeutet, dass abseits dieser beiden Routenkorridore nur 10 % der berechneten Routenergebnisse liegen. Bei den Ergebnissen für die Zeitscheibe 01:00 – 04:00 Uhr ist die Konzentration der zurückgegebenen Routen über den Gürtel und die Nordbrücke mit beinahe 90 % der 10.000 berechneten Routen noch höher.

Bei der Auswertung der räumlichen Verteilung der Routingergebnisse für alle definierten Testcases konnten folgende Punkte beobachtet werden (PARTUSCH 2013):

- Die „räumliche Streuung" der Routen im Start- und Zielbereich ist größer, speziell wenn sich die Start-/Zielpunkte am niederrangigen Straßennetz befinden. Diese Teile einer Route werden häufig als die erste/letzte Meile bezeichnet. In diesen Bereichen ist es oft unwesentlich, ob bereits an der ersten möglichen Kreuzung abgebogen wird oder einer späteren.
- Abgesehen vom Start-/Zielbereich, wo eine größere „Streuung" der Routen erkennbar ist, konzentrieren sich die Routenbündel stark an bestimmte Routenkorridore.
- Die „benutzten" Routenkorridore sind räumlich meist klar voneinander getrennt.
- Die „Streuungen" der Routenbündel bei der Zeitscheibe 06:00 – 09:00 Uhr sind deutlich höher als bei der Zeitscheibe 01:00 – 04:00. Dies ist darauf zurückzuführen, dass

die Attraktivität von höherrangigen Straßen während der Morgenspitze sinkt, da die Reisegeschwindigkeiten auf diesen Straßen stärker abnehmen, als auf den niederrangigen Straßen.

- Die „Streuung" der resultierenden Routenbündel bei den tangentialen Testcases ist tendenziell größer als bei den restlichen Beispielen. Dies ist vermutlich auf die Topografie und die Ausrichtung des Verkehrsnetzes zurückzuführen.

4 Extrahieren von Routenrepräsentanten

Basierend auf den resultierenden Routenbündeln der Simulation wird ein Verfahren vorgestellt, mit dem unterschiedliche Routenrepräsentanten für Start-Ziel-Relationen berechnet werden können. Die Anforderungen an diese Routenrepräsentanten sind zum einen, dass diese eine hohe Wahrscheinlichkeit aufweisen, den „optimalen" Weg vom Start zum Ziel darzustellen und zum anderen sollten die Repräsentanten möglichst unterschiedlich sein, um sinnvolle Alternativen zu präsentieren.

Für das Extrahieren der Routenrepräsentanten aus den Routenbündeln wurde ein Routingprozess mit einer adaptierten Kostenfunktion aufgesetzt, bei der die Link-Kosten *w(e)* eines Links *e* mit der Länge *l(e)* und der Häufigkeit *n(e)*, die angibt, wie oft *e* im Routenbündel enthalten ist, nach folgender Formel berechnet werden:

$$w(e) = \frac{c}{n(e)} * l(e) \tag{1}$$

Während Links mit einer sehr hohen Häufigkeit *n(e)* aufgrund des Reziprokwerts relativ günstig sind, sind die Kosten für Links die im Routenbündel nicht vorkommen unendlich hoch. Mit dem Faktor *c* in der Kostenfunktion wird die Nähe der Routenrepräsentanten zueinander gesteuert (vgl. Abb. 4).

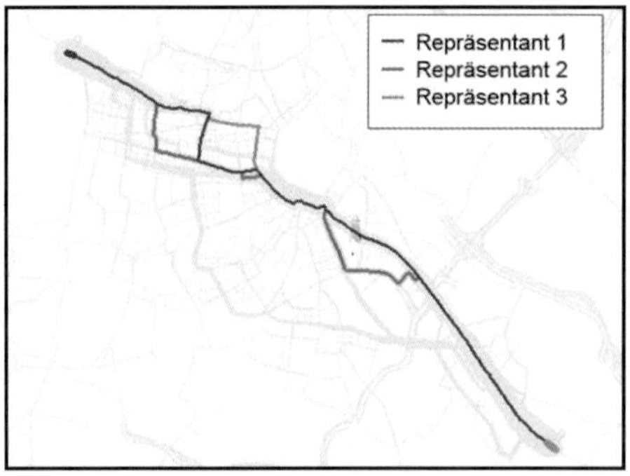

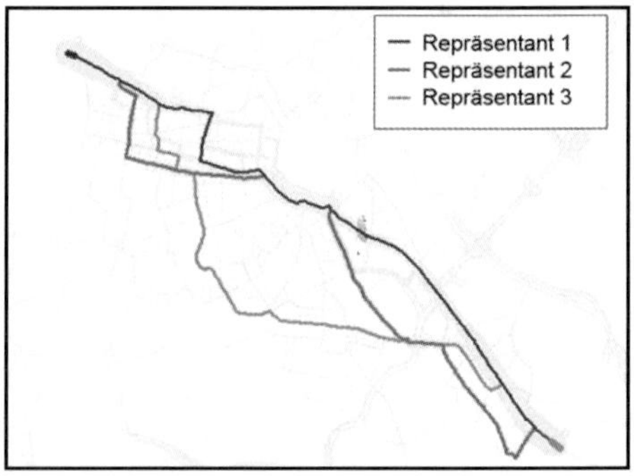

Abb. 4: Extrahierte Routenvarianten aus einem Routenbündel von Simmering nach Hernals mit c=2,0 (links) und c=10,0 (rechts)

Für das Extrahieren des ersten Routenrepräsentanten gilt *c=1,0*. Für die Berechnung weiterer Varianten wird bei jenen Links, die in einem der bereits berechneten Repräsentanten enthalten sind, der Faktor *c* erhöht. Je höher der Faktor *c* gesetzt wird, desto deutlicher unterscheiden sich die extrahierten Routenvarianten (vgl. Abb. 4).

5 Fazit und Ausblick

Die Simulationsergebnisse haben gezeigt, dass bei der Berücksichtigung von Varianzen bei Reisegeschwindigkeiten, basierend auf tatsächlichen Messdaten, keine eindeutigen „optimalen“ Routen für eine bestimmte Start-Ziel-Relation existieren. Dennoch orientieren sich die Routen sehr stark an bestimmte Korridore, die eine hohe Wahrscheinlichkeit aufweisen Teil der günstigsten Route zu sein. Durch die Modellierung von unterschiedlichen Zeitscheiben konnte beobachtet werden, dass die räumliche Verteilung der Routen auch von der Tageszeit abhängig ist. In den Nachtstunden ist die Streuung der Routen deutlich geringer als während der Morgenspitze. All diese Erkenntnisse lassen darauf schließen, dass das vorgestellte Verfahren einen wesentlichen Beitrag zur Planung und Bewertung von Verkehrsnetzen leisten kann.

Des Weiteren bieten die resultierenden Routenbündel auch eine Basis, auf der unterschiedliche Routenvarianten für Start-Ziel-Relationen ermittelt werden können. In diesem Beitrag wurde ein Verfahren vorgestellt, mit dem plausible Ergebnisse aus den Routenbündeln extrahiert werden können. Da die Simulation zur Berechnung der Routenbündel jedoch sehr rechenintensiv ist, ist die derzeitige Methodik noch nicht für Echtzeit-Routingapplikationen geeignet. Ein interessanter Aspekt für zukünftige Arbeiten ist eine Überarbeitung und Optimierung des Verfahrens hinsichtlich der Performanz, sodass es auch im Bereich des Echtzeit-Routings Anwendung finden kann.

Literatur

DUNN, W. L. & SHULTIS, J. K. (2012), Exploring Monte Carlo Methods. Elsevier B. V., Amsterdam.

FU, L. & RILETT L. R. (1998), Expected shortest paths in dynamic and stochastic traffic networks. Transpn Res.-B, 32 (7), 499-516.

GEROE, D., NAVRATIL, G. & FIBY, H. (2011), Entwicklung eines Graphenmodells als Grundlage für eine Routingapplikation für den motorisierten Individualverkehr basierend auf der GIP. In: STROBL, J. et al. (Hrsg.), Angewandte Geoinformatik 2011. Wichmann, Berlin/Offenbach, 347-357.

KHAROUFEH, J. P. & GAUTAM, N. (2004), Deriving Link Travel-Time Distributions via Stochastic Speed Processes. Transportation Science, 38 (1), 97-106.

LABORCZI, P., LINAUER, M. & NOWOTNY, B. (2006), Travel time estimation based on incomplete probe car information, 13. ITS Weltkongress, London. http://www.ikti.hu/download/publikaciok/2006_its_laborczi_2236.pdf (24.01.2014).

MILLER-HOOKS, E. & MAHMASSANI, H. (2003), Path comparisons for a priori and time-adaptive descisions in stochastic, time-varying networks. European Journal of Operational Research, 146, 67-82.

PARTUSCH, A. (2013), Monte Carlo Simulation for the evaluation of routing results concerning their spatial distribution and variation. Masterarbeit, FH Technikum Wien.

Naturraum und Landschaft, Klima und Hydrologie

Entwicklung und Implementierung eines Algorithmus für die Abgrenzung von vergleichbaren Talbodensegmenten im Rahmen des Sparkling Science Projektes „FlussAu:WOW!“

Markus HEINGARTNER[1], Sabine PREIS[2], Andreas LOACH[2], Roland GRILLMAYER[1], Sigrid SCHEIKL[2], Michaela POPPE[2], Brigitte RUDEL[1] und Susanne MUHAR[2]

[1]Fachhochschule Wiener Neustadt, Studiengang Informatik · 77908@fhwn.ac.at
[2]Universität für Bodenkultur, Institut für Hydrobiologie und Gewässermanagement, Wien

Dieser Beitrag wurde durch das Programmkomitee als „reviewed paper“ angenommen.

Zusammenfassung

Im Rahmen des Sparkling Science Projektes „FlussAu:WOW!“ sollen wichtige Funktionen und Prozesse von Flusslandschaften unter besonderer Berücksichtigung des Fluss-Auenniveaus durch integrative biologische, abiotische und/oder räumliche Indikatoren erfasst und bewertet werden. Zentrale Datenbasis für die Analysen bilden die sogenannten LiSA-Landbedeckungs- und Landnutzungsdaten („LiSA“ – Landinformationssystem Austria), welche im Rahmen der EU-Aktionslinie GMES (Global Monitoring for Environment and Security) durch FFG und BMVIT gefördert wurden (vgl. WEICHSELBAUM et al. 2009, GRILLMAYER et al. 2010, BANKO et al. 2012).

Die Entwicklung eines Algorithmus für die Segmentierung der untersuchten Flusslandschaften in räumlich vergleichbare Subeinheiten stellt eine wichtige Grundlage für die o. g. Forschungsarbeiten dar. Der Segmentierungsalgorithmus wurde vom Fachbereich Geoinformatik der Fachhochschule Wiener Neustadt in den sogenannten *TalbodenTools* umgesetzt. Aufbauend auf den im Rahmen des Projektes abgeleiteten Talbodenpolygonen (vgl. POPPE et al. (in Präp.)) werden in einem ersten Arbeitsschritt die Talachsen abgeleitet und in weiterer Folge die Talböden in vergleichbare Subeinheiten segmentiert. Im Rahmen der vorliegenden Publikation werden die entwickelten Algorithmen, die Ableitung der Talbodenpolygone sowie die Implementierung der Algorithmen beschrieben.

1 Ausgangslage und Fragestellung

Im Rahmen von Sparkling Science, einem Forschungsprogramm des Bundesministeriums für Wissenschaft und Forschung zur wissenschaftlichen Nachwuchsförderung, wird im Zeitraum von September 2012 bis Dezember 2014 vom Institut für Hydrobiologie und Gewässermanagement (IHG) der Universität für Bodenkultur in Zusammenarbeit mit dem Institut für Vermessung, Fernerkundung und Landinformation (IVFL, BOKU Wien) sowie der Fachhochschule Wiener Neustadt, Fachbereich Geoinformatik, das Projekt *„FlussAu:*

Strobl, J., Blaschke, T., Griesebner, G. & Zagel, B. (Hrsg.) (2014): Angewandte Geoinformatik 2014.
 ISBN 978-3-87907-543-0.

WOW! – Erfassen und Verstehen von Prozessen in Flusslandschaften mittels innovativer Geodaten" erarbeitet. Ein wesentliches Ziel des Projektes ist es, wichtige Funktionen und Prozesse von Flusslandschaften unter besonderer Berücksichtigung des Fluss-Auenniveaus durch integrative biologische, abiotische und/oder räumliche Indikatoren zu erfassen und zu bewerten. Dabei soll beispielsweise beantwortet werden, wie Flusslandschaften sowohl qualitativ als auch quantitativ ausgestattet sein müssen, um alle wesentlichen Funktionen erfüllen zu können. Das Forschungsprojekt greift somit u. a. Vorgaben der EU-WRRL (2000) auf, welche die ökologische Bedeutung funktionsfähiger Flusslandschaften für die Erreichung ihrer Umweltziele betont, jedoch in der praktischen Umsetzung in Bezug auf das flussgeprägte Umland viele Antworten schuldig bleibt (vgl. CIS-ARBEITSGRUPPE 2003, FUCHS et al. 2010, KORN et al. 2005).

Zentrale Datenbasis für die Analysen bilden die sogenannten LiSA-Landbedeckungs- und Landnutzungsdaten („LiSA" – Landinformationssystem Austria), welche aktuell für 48 über Österreich verteilte Gebiete mit einer Gesamtfläche von über 1.500 km² vorliegen (vgl. STEINNOCHER et al. 2011). Das LiSA-Projekt wurde im Rahmen der EU-Aktionslinie GMES (Global Monitoring for Environment and Security) durch FFG und BMVIT gefördert und hat das Ziel, auf Basis der vielfältigen Nutzeranforderungen einen fachübergreifenden Konsens für ein bedarfsgerechtes Informations- und Monitoringsystem zu etablieren und eine digitale, homogene und qualitätskontrollierte Landbedeckungs-/Landnutzungs-Datenbank bereit zu stellen (vgl. WEICHSELBAUM et al. 2009, GRILLMAYER et al. 2010, BANKO et al. 2012). Im Rahmen des LiSA-Projektes wurden somit die technischen Grundlagen für detaillierte und österreichweit konsistente Geodaten zur Landbedeckung und Landnutzung geschaffen.

Die Segmentierung der untersuchten Flusslandschaften in räumlich vergleichbare Subeinheiten stellt eine wichtige Grundlage für die o. g. Forschungsarbeiten dar. Der entwickelte Segmentierungsalgorithmus wurde im Rahmen einer Master Thesis an der Fachhochschule Wiener Neustadt in den sogenannten *TalbodenTools* umgesetzt, welche aufbauend auf den im Rahmen des Projektes abgeleiteten Talbodenpolygonen (vgl. POPPE et al. (in Präp.)) Talachsen ableiten und mittels dieser die Talböden in vergleichbare Subeinheiten segmentieren.

In weiterer Folge werden der entwickelte Algorithmus und dessen Umsetzung skizziert sowie die Ergebnisse der Talbodensegmentierung diskutiert.

2 Datengrundlage: Ausweisung des Fluss-Auensystems (Talboden)

Ein entscheidender methodischer Aspekt im Hinblick auf die im „FlussAu:WOW!" Projekt durchgeführten Bewertungen der Funktionen und Prozesse von Flusslandschaften ist die räumliche Abgrenzung des Untersuchungsgebietes. Die Flusslandschaft wird dabei im Sinne der ökologischen Einheit „Fluss-Auensystem" verstanden, in welcher unter natürlichen Bedingungen alle wesentlichen gewässertypischen Habitate vorliegen und alle charakteristischen Prozesse ablaufen (vgl. MUHAR et al. 2000). Die räumliche Abgrenzung der Fluss-Auenzone folgt dabei sowohl hydrologischen (Beeinflussung durch Überschwemmung und Grundwasser) als auch geomorphologischen Aspekten (Eingrenzung auf Talböden und Niederungen) sowie geomorphologischen Prozessen (nacheiszeitliche (holozäne)

Flussablagerungen, alluviale Ablagerungen, etc.) und entspricht gängiger wissenschaftlicher Praxis (vgl. MEHL et al. 2009, BRUNOTTE et al. 2009, KOENZEN 2005, KOENZEN & GÜNTHER-DIRINGER 2009). Wesentlich dabei ist, dass sie jenen flussbegleitenden Bereich umfasst, der natürlicherweise von mehr oder weniger regelmäßig wiederkehrenden Überflutungen geprägt wurde und heute von einem Hochwasser theoretisch erreichbar wäre, wenn keine Maßnahmen zum Hochwasserschutz, wie z. B. Deiche, existieren würden (BRUNOTTE et al. 2009).

Aufgrund der großen Anzahl an Gewässern – insgesamt liegen 170 km Fließgewässer in den 17 untersuchten LiSA-Testgebieten – wurde bei der Abgrenzung der Fluss-Auensysteme vorwiegend auf bestehende digitale Grundlagendaten zugegriffen:

- *Geologische Karten* (Webservice der Geologische Bundesanstalt) im Maßstab 1:50.000, 1:75.000 und 1:100.000 bis 200.000 als Basis für die Abgrenzung der alluvialen Ablagerungen.
- *HORA HQ-Abflussbereiche (HQ_{30}, HQ_{100}, HQ_{200})* (BMLFUW / LFRZ).
- *ASTER DEM (Auflösung 30 m Grid)* (Ministry of Economy, Trade, and Industry (METI) of Japan and the United States National Aeronautics and Space Administration (NASA)).
- *ÖK50 – AMapFly 5.0* (BEV, EADS).
- *Orthofoto* (Webservice des BMLFUW).

Grundsätzlich erfolgte die Abgrenzung der Fluss-Auenzone anhand der nacheiszeitlichen Ablagerungen bzw. des Alluviums über die geologischen Karten. Vor allem in alpinen Bereichen konnten zusätzlich mittels des digitalen Geländemodells (ASTER DEM) markante Tal- oder Terrassenkanten für die Identifikation des Übergangs vom Talboden zur Talflanke herangezogen werden.

In reliefschwachen Gebieten (Beckenlandschaften, hügelige Gebiete, etc.) erfolgte die Abgrenzung aufgrund fehlender markanter Geländestufen vermehrt mittels Geländedaten und Landnutzungen (ÖK50, Orthofotos). HQ-Abflussbereiche aus den HORA-Daten wurden hierbei nur unterstützend eingesetzt, da sie vielerorts aufgrund anthropogener Veränderungen durch z. B. Hochwasserschutzmaßnahmen nur bedingt aussagekräftig sind.

Abbildung 1 (a) bis (c) zeigt am Beispiel der Salzach im Testgebiet Mittersill die wesentlichen zur Ausweisung eines alpinen Talbodens herangezogenen Geodaten. Das Talbodenergebnis findet sich in Abbildung 1 (d).

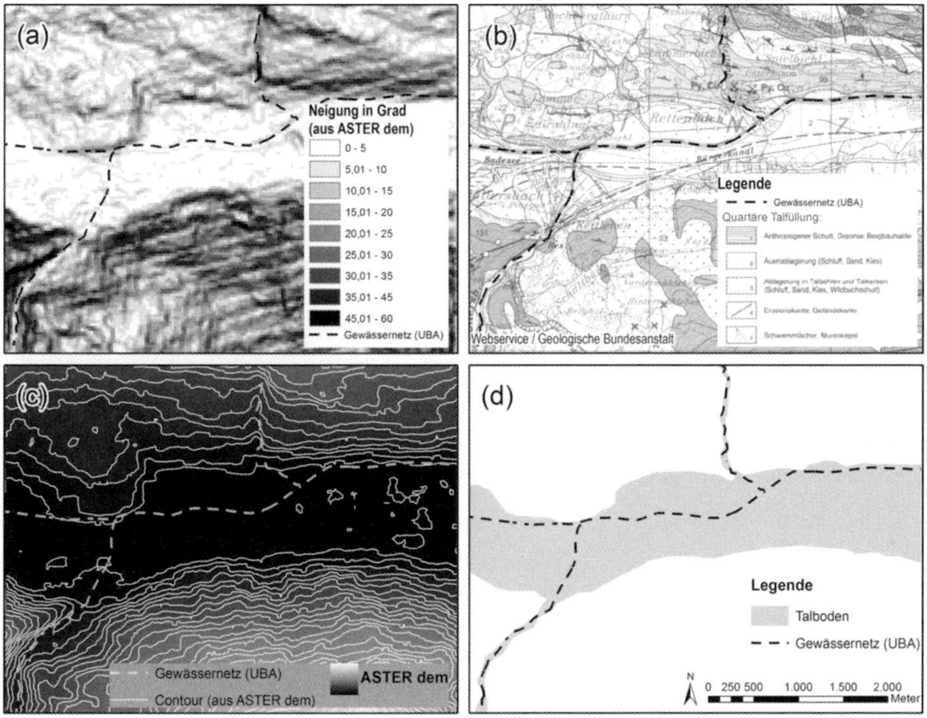

Abb. 1: Ausweisung des Talbodens im alpinen Bereich anhand des Beispiels Salzach im Testgebiet Mittersill: (a) Neigungskarte, (b) Geologische Karte 122, Kitzbühel, (c) Höhenschichtlinien & ASTERdem, (d) Talboden)

3 Methodik

3.1 Ableitung der Talachsen

Die Ableitung von Mittelachsen gegebener Geometrien stellt sowohl in der Geoinformatik als auch in anderen mit Formen befassten Disziplinen ein immer wiederkehrendes Problem dar. Bereits in den späten 1960er-Jahren legte Blum mit seiner Mittelachsentransformation (kurz MAT; vgl. BLUM 1967) den Grundstein für einen gangbaren Weg zur Ableitung der Mittelachse von 2-D Objekten.

KATZ et al. beschreiben, dass die MAT zwar verblüffend auf der einen Seite, gleichzeitig aber schwierig robust und stabil anzuwenden auf der anderen Seite ist (vgl. KATZ & PIZER 2003). Außerdem führen bereits kleinste Änderungen der Eingangsgeometrie zu großen Veränderungen der Mittelachse. Aufgrund der unzureichenden Robustheit und Stabilität sowie der schwierigen Implementierbarkeit konnte die MAT im vorliegenden Projekt nicht zur Ableitung der Talbodenachsen herangezogen werden.

Eine weitere Möglichkeit zur Ableitung von Mittelachsen stellt die Nutzung von Voronoi- oder Thiessenpolygonen dar. OGNIEWICZ (1992) beschreibt die Mittelachse intuitiv als Reduktion eines zweidimensionalen Objektes auf einen Graphen (vgl. OGNIEWICZ 1992).

Ungünstiger Weise führt jede konvexe Ausbuchtung der Eingangsgeometrie bei der Verwendung von Voronoipolygonen zur Entstehung von zusätzlichen Achsen (skeleton branches), welche im Anschluss aufwendig interpretiert und wieder aus der Mittelachse entfernt werden müssen (vgl. OGNIEWICZ & ILG 1992). Derartige konvexe Ausbuchtungen treten entlang der gegebenen Talböden des vorliegenden Projektes häufig auf, was die Anwendung von Voronoipolygonen zur Mittelachsenableitung als wenig zielführend erscheinen lässt.

Aus diesen Gründen wurde ein neuer Algorithmus entwickelt, der den Anforderungen des vorliegenden Projektes bestmöglich entspricht. Dieser Algorithmus beruht auf der Suche nach dem nächst liegenden Stützpunkt der Randlinie R_2 (SP_{R2}) für jeden Stützpunkt der Randlinie R_1 (SP_{R1}) und umgekehrt. Unter Anwendung dieses simplen Prinzips kann in wenigen Schritten die Mittelachse M ermittelt werden.

Der genaue Ablauf des Algorithmus wird nachfolgend erläutert, die Abbildungen (Abbildung 2 bis Abbildung 4) beschreiben den Ablauf anhand eines Beispiels.

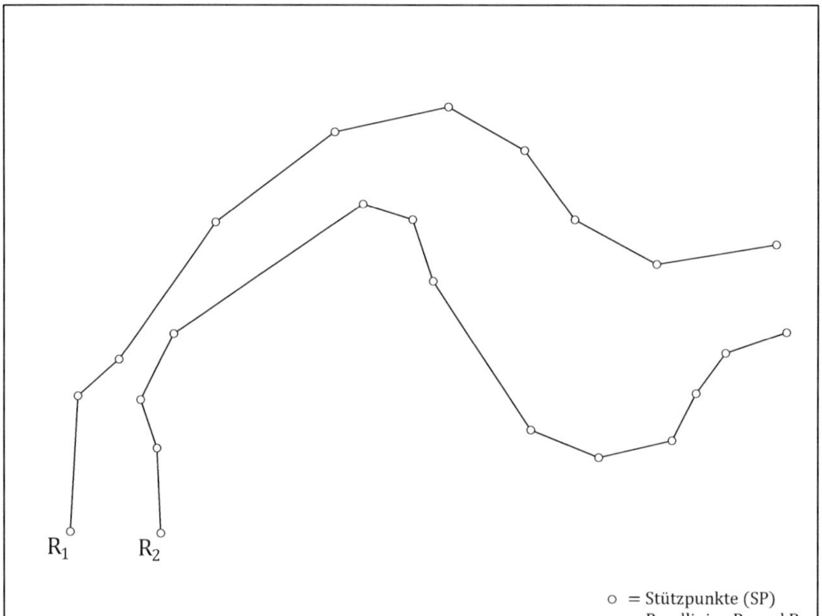

Abb. 2: Ausgangsdaten für die Ableitung der Mittellinie M. R_1 und R_2 stellen die Talbodenbegrenzenden dar

Zunächst werden R_1, die Randlinie links der gesuchten Mittelachse und R_2, die Randlinie rechts der gesuchten Mittelachse, derart bearbeitet, dass der Abstand zweier aufeinanderfolgender Stützpunkte zueinander nicht größer ist als der durchschnittliche Abstand aller aufeinander folgender Stützpunkte beider Randlinien (siehe Abbildung 3 (a) und (b)). Dies darf nur durch Hinzufügen zusätzlicher Stützpunkte geschehen, nicht aber durch Entfernen bereits bestehender. Das Hinzufügen hat derart zu geschehen, dass bestehende Linienabschnitte in beliebig viele, gleich große Abschnitte geteilt werden, die alle kürzer sind als die Durchschnittslänge. Es gilt also folgende Bedingung:

$$\mathit{für\ alle\ i\ gilt}\ |SP_iSP_{i+1}| \leq \frac{\sum_{i=1}^{n-1}|SP_iSP_{i+1}|}{n}, i = 1\ \mathit{bis}\ n-1$$

Anschließend werden für alle Stützpunkte von R_1 die nächstliegenden Nachbarstützpunkte von R_2 ermittelt. Der nächstliegende Nachbarstützpunkt auf R_2 ist nur dann gültig, wenn die gedachte Linie vom Stützpunkt der Randlinie R_1 zum Stützpunkt der Randlinie R_2 zwischen den Randlinien verläuft, ohne den Bereich zwischen den Randlinien zu verlassen. Ist ein Stützpunkt nicht gültig, so muss weiter nach dem nächstliegenden gültigen Stützpunkt gesucht werden.

Ist der jeweils nächstliegende Nachbarstützpunkt gefunden, wird der Mittelpunkt der gedachten Verbindungslinie (A_{1i} oder A_{2i}) markiert. Wurde ein Mittelpunkt für alle Stützpunkte von R_1 bestimmt, können diese Mittelpunkte verbunden werden und ergeben so die erste abgeleitete Linie A_1. Das Verfahren wird in weiterer Folge auch für alle Stützpunkte von R_2 durchgeführt, um die abgeleitete Linie A_2 zu erhalten (siehe Abbildung 3 (c) und (d)).

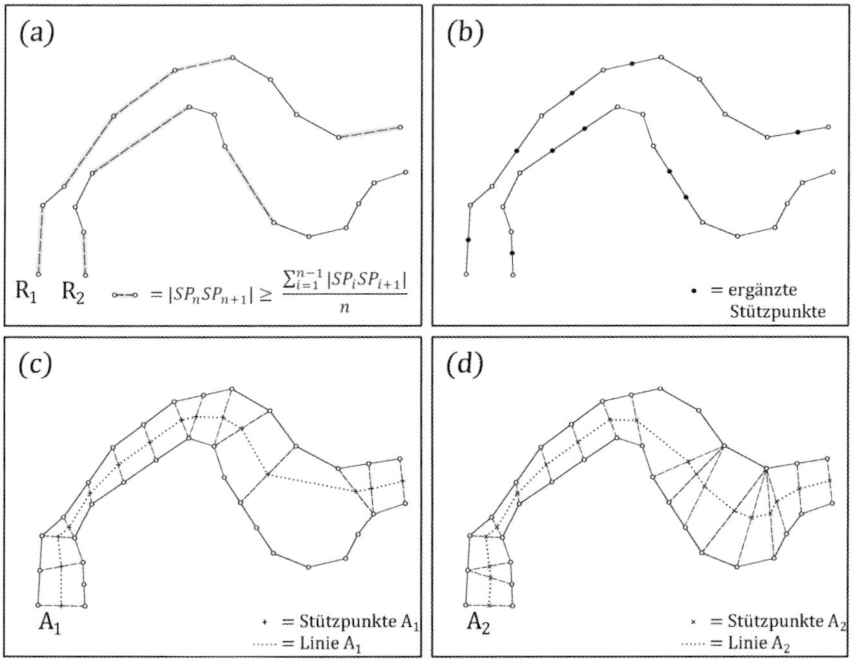

Abb. 3: Schritte zur Ermittlung der abgeleiteten Linien A_1 und A_2

Um A_1 und A_2 zu M zu vereinen, werden zunächst alle lagegleichen Stützpunkte ($A_{1i} = A_{2i}$) als Stützpunkte für M übernommen. Linienabschnitte zwischen zwei übernommenen Stützpunkten werden in Bereichen, in denen die zu erzeugende Mittellinie nach rechts schwenkt, von A_1 und in Bereichen, in denen die zu erzeugende Mittellinie nach links schwenkt, von A_2 übernommen (siehe Abbildung 4).

Das Ergebnis der Ableitung der Talbodenachse ist in Abbildung 4 dargestellt.

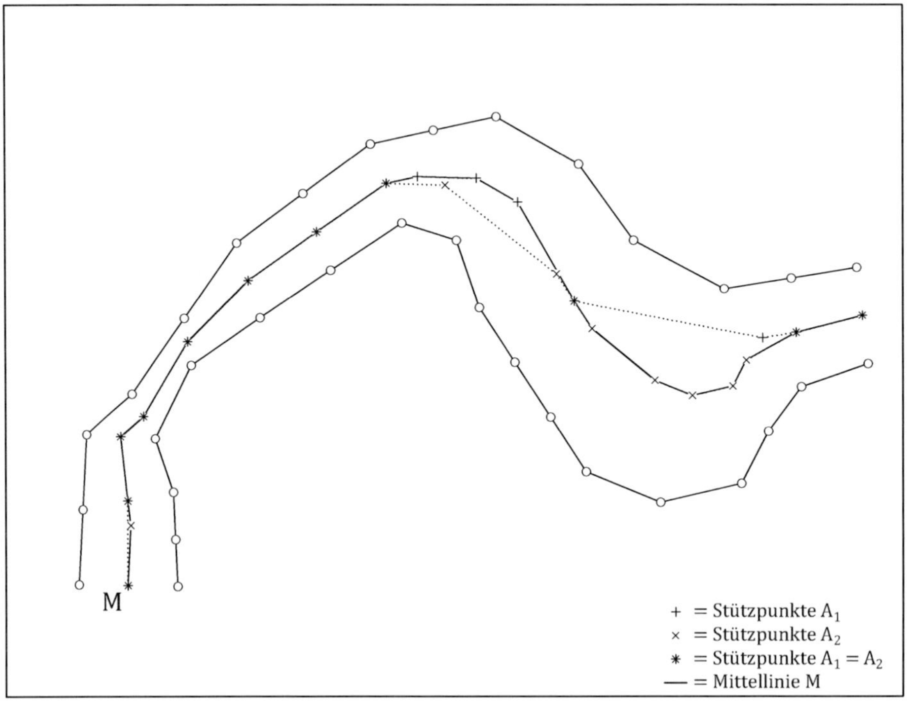

Abb. 4: Vereinigung der abgeleiteten Linien A_1 und A_2 zur Mittellinie M

3.2 Ableitung der Talbodensegmente

Anders als bei der Ableitung der Talachsen wurde für die Ableitung der Talbodensegmente nicht versucht, auf bereits bestehende Lösungen aufzubauen. Stattdessen wurde ein Segmentierungsalgorithmus entwickelt, der nachfolgend beschrieben wird.

Die Ausgangsdaten für die Talbodensegmentierung sind durch die Randlinien R_1 und R_2, die abgeleitete Mittelache M sowie die Gerinneachse G gegeben. Die Gerinneachse selbst kann wiederum in n Segmente – sogenannte Gerinne-Achsensegmente – unterteilt werden. Jedes dieser Segmente verfügt über eine eindeutige ID, die in weiterer Folge auch als ID für die gesuchten Talbodensegmente übernommen wird.

Anhand der Anfangs- und Endpunkte der Gerinne-Achsensegmente (siehe Abbildung 5 (a)) wird zunächst versucht, jenen Punkt auf der Talbodenachse zu finden, bei dem ein vom Gerinne-Achsensegmentpunkt ausgehender Strahl die möglichst gleichgroßen Winkel α und β auf die Talbodenachse erzeugt (siehe Abbildung 5 (b)). Der gefundene Punkt liegt auf der Grenze zwischen zwei Talbodensegmenten.

Durch Verbinden des Gerinne-Achsensegmentpunktes und des gefundenen Punktes sowie anschließendem Verlängern der Verbindungslinie bis an die Randlinien R_1 und R_2 wird im nächsten Schritt die Talbodensegmentgrenze erzeugt (siehe Abbildung 5 (c)).

Nach Erzeugen aller Talbodensegmentgrenzen kann die Indizierung von den Gerinne-Achsensegmenten übernommen werden. Das Ergebnis der Segmentierung ist in Abbildung 5 (d) zu sehen.

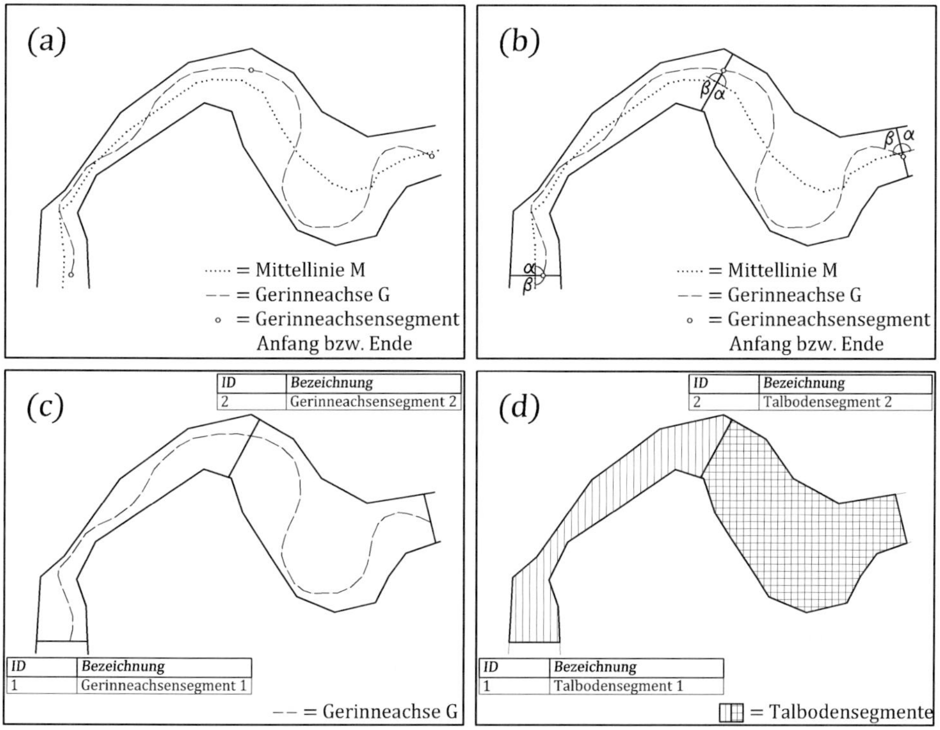

Abb. 5: Schritte zur Ableitung der indizierten Talbodensegmente

3.3 Implementierung der „TalbodenTools“

Die Implementierung der oben beschriebenen Algorithmen wurde unter Nutzung des Microsoft .NET Frameworks unter der Windows Presentation Foundation (WPF) im Programm *TalbodenTools* durchgeführt.

TalbodenTools ermöglicht dem Nutzer die automatisierte Ableitung von Talbodenachsen und -segmenten. Als Dateiformat kommen ESRI Shapefiles (Linien – und Polygon – Shapefiles) zur Anwendung.

Um die Lese- und Schreibfunktionalität von Shapefiles herzustellen, wurde auf Bibliotheken des durch die LGPL-Lizenz geschützten Projektes dotSpatial zurückgegriffen.

Abbildung 6 zeigt einen Screenshot des Programms *TalbodenTools*.

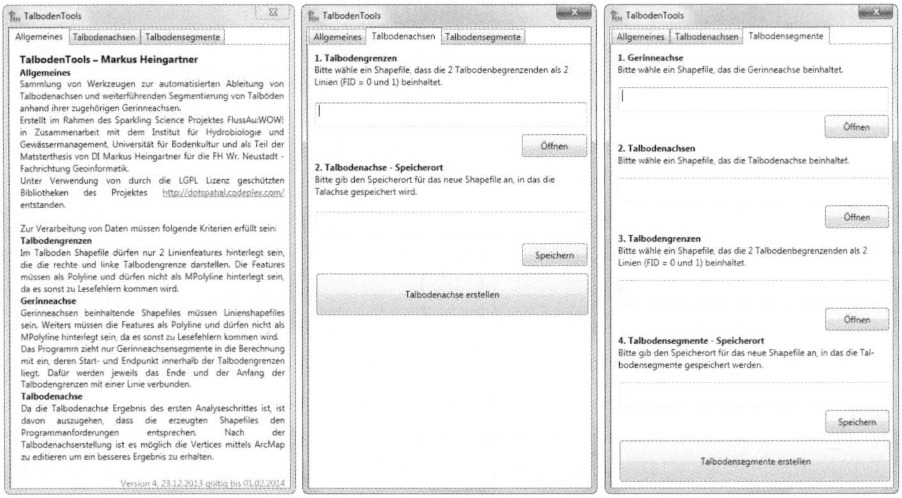

Abb. 6: Screenshot der *TalbodenTools* in der Version 4

Literatur

BANKO, G., MANSBERGER, R., GALLAUN, H., GRILLMAYER, R., PRÜLLER, R., RIEDL, M., STEMBERGER, W., STEINNOCHER K. & WALLI, A. (2012), Land Use & land cover mapping in Europe: Current practice, trends and future. Examples from national approaches: LISA – the Austrian approach. To be published in: Springer-Verlag, "Land Use & land cover mapping in Europe: Current practice, trends and future". BRAUN, M. & MANAKOS, I. (Eds.), Annual Book Series „Remote Sensing and Digital Image Processing".

BLUM, H. (1967), A Transformation for Extracting New Descriptors of Shape. In: WATHEN-DUNN, W. (Ed.), Models for the Perception of Speech and Visual Form. Cambridge, 362-380.

BRUNOTTE, E., DISTER, E., GÜNTHER-DIRINGER, D., KOENZEN, U. & MEHL, D. (2009), Flußauen in Deutschland. Erfassung und Bewertung des Auenzustandes. Naturschutz und Biologische Vielfalt, 87, 141 S. + 102 S. Ang. + Kartenband. BfN, Bonn-Bad-Godesberg.

CIS-ARBEITSGRUPPE (2003), Übergreifender Leitfaden zur Bedeutung der Feuchtgebiete im Zusammenhang mit der Wasserrahmenrichtlinie (Nr. 12). 83 S.

FUCHS, M., PREIS, S., WIRTH, V., BINZENHÖFER, B., PRÖBSTL, U., POHL, G., MUHAR, S. & JUNGWIRTH, M. (2010), Wasserrahmenrichtlinie und Natura 2000. Gemeinsame Umsetzung in Deutschland und Österreich am Beispiel der Grenzflüsse Salzach und Inn. Naturschutz und Biologische Vielfalt, 85, 318 S. BfN Bonn-Bad-Godesberg.

GALLANT, J. C. & DOWLING, T. I. (2003), A multiresolution index of valley bottom flatness for mapping depositional areas. Water Resource Research, 39 (12).

GRILLMAYER, R., BANKO, G., SCHOLZ, J., PERGER, C., STEINNOCHER, K., WALLI, A. & WEICHSELBAUM, J. (2010), Land Information System Austria (LISA): Objektorientiertes Datenmodell zur Abbildung der Landbedeckung und Landnutzung. In: STROBL, J., BLASCHKE, T. & GRIESEBNER, G. (Hrsg.), Angewandte Geoinformatik 2010. Wichmann, Berlin/Offenbach, 616-621.

KATZ, R. A. & PIZER, S. M. (2003), Untangling the Blum Medial Axis Transform. International Journal of Computer Vision, 55, 139-153.

KOENZEN, U. (2005), Fluss- und Stromauen in Deutschland – Typologie und Leitbilder. Angewandte Landschaftsökologie, 65, 1-327.

KOENZEN, U. & GÜNTHER-DIRINGER, D. (2009), Auenzustandsbericht – Flussauen in Deutschland. Hrsg.: Bundesministerium für Umwelt, Naturschutz und Reaktorsicherheit (BMU) & Bundesamt für Naturschutz (BfN).

KORN, N., JESSEL, B., HASCH, B. & MÜHLINGHAUS, R. (2005), Flussauen und Wasserrahmenrichtlinie. Bedeutung der Flussauen für die Umsetzung der europäischen Wasserrahmenrichtlinie – Handlungsempfehlungen für Naturschutz und Wasserwirtschaft. Naturschutz und Biologische Vielfalt, 27, 253 S.

MEHL, D., HOFFMANN, T. G. & HELBIG, H. (2009), Bestimmung der morphologischen Auen in Sachsen-Anhalt mithilfe eines Fuzzylogik-Ansatzes. Korrespondenz Wasserwirtschaft, 21, 659-665.

MUHAR, S., EGGER, G., ZAUNER, G., MICHOR, K., ANGERMANN, K., PINKA, P., UNFER, G., SCHMUTZ, S., PREIS, S. & JUNGWIRTH, M. (2000), Beurteilung flussbaulicher Maßnahmen an der Oberen Drau in Hinblick auf die Verbesserung der ökologischen Funktionsfähigkeit. Studie i. A. des Bundesministeriums für Land- und Forstwirtschaft, Wien.

OGNIEWICZ, R. L. (1992), Discrete Voronoi Skeletons. Swiss Federal Institute of Technology, Zurich.

OGNIEWICZ, R. L. & ILG, M. (1992), Voronoi Skeletons: Theory and Applications. Proceedings CVPR '92., 1992 IEEE Computer Society Conference. Illinois, 63-69.

POPPE, M. et al. (in präp.), Endbericht zum Sparkling Science Projekt „FlussAU:WOW! – Erfassen und Verstehen von Prozessen in Flusslandschaften mittels innovativer Geodaten". I. A. des BM für Wissenschaft und Forschung.

RICHTLINIE 2000/60/EG DES EUROPÄISCHEN PARLAMENTS UND DES RATES vom 23. Oktober 2000 zur Schaffung eines Ordnungsrahmens für Maßnahmen der Gemeinschaft im Bereich der Wasserpolitik.

STEINNOCHER, K., BANKO, G. & WEICHSELBAUM, J. (2011), Planungsrelevante Datengrundlagen für Österreich: LISA – Land Information System Austria. In: SCHRENK, M., POPOVICH, V. & ZEILE, P. (Eds.), REAL CORP 2011. Change for Stability – Lifecycles of Cities and Regions. The Role and Possibilities of Foresighted Planning in Transformation Processes. Proceedings of 16th International Conference on Urban Planning, Regional Development and Information Society, 707-714.

WEICHSELBAUM, J., BANKO, G., HOFFMANN, C., RIEDL, M., SCHARDT, M., STEINNOCHER, K., WAGNER, W. & WALLI, A. (2009), Land Information System Austria (LISA): Bedarfsgerechte Landnutzungsinformationen für die öffentliche Verwaltung. In: Conference and Exhibition on Applied Geoinformatics (AGIT) 2009, Salzburg.

GIS- und geodatenbasierte Erfassung und Bewertung von Ökosystemdienstleistungen auf Mallorca

Angela HOF und Catharina MÜLLER
Geographisches Institut, Ruhr-Universität Bochum · angela.hof@rub.de

Zusammenfassung

Der Beitrag zeigt auf, wie die Analyse von ausgewählten Ökosystemdienstleistungen mit flächendeckend verfügbaren digitalen Landnutzungs- und Geodaten operationell umgesetzt und ein intersubjektiv nachvollziehbares Bewertungsverfahren in GIS implementiert werden kann. Als Fallbeispiel dient die naturbezogene Erholungsfunktion der Landschaft, die zu den kulturellen Ökosystemdienstleistungen zählt und ein essenzieller Bestandteil des touristischen Potenzials der Baleareninsel Mallorca ist.

1 Einleitung und Fragestellung

1.1 Zum Begriff der Ökosystemdienstleistungen

Das Konzept der Ökosystemdienstleistungen (*ecosystem goods and services*) bietet einen fachübergreifenden Ansatz und gleichzeitig eine Systematik, die es ermöglicht, von Ökosystemen ausgehende Wohlfahrtswirkungen und Nutzenstiftungen für den Menschen zu erfassen und zu bewerten. Der Ökosystemdienstleistungsansatz ist ein anthropozentrisches Konzept, das dezidiert auf eine sozial-ökonomische Bewertung ökologischer Strukturen und Prozesse abzielt. Betont wird dabei, dass das Wissen um die sozialen Faktoren der Wertschätzung von Ökosystemprozessen und -funktionen genauso wichtig ist wie das Verständnis der ökologischen Zusammenhänge selbst (DE GROOT et al. 2010, HAINES-YOUNG & POTSCHIN 2010). Die Ermittlung und Bewertung von Ökosystemdienstleistungen verfolgt das Ziel, den menschlichen Nutzen zu erhalten und zu diesem Zweck entsprechende Planungs- und Steuerungsinstrumente zu nutzen oder zu schaffen. Ökosystemdienstleistungen werden in versorgende, kulturelle, regulierende und unterstützende Wohlfahrtswirkungen und Nutzenstiftungen für den Menschen unterteilt. Zu den kulturellen Ökosystemdienstleistungen zählt die Erholungsfunktion der Landschaft, die sowohl ästhetische Funktionen umfasst (Landschaftsbild) als auch Aspekte der Identitätsbildung und des kulturellen Erbes sowie bioklimatische Wirkungen (vgl. SCHENK 2002).

1.2 Bedeutung kultureller Ökosystemdienstleistungen für den Tourismus

Für viele Orte und Regionen, in denen Tourismus ein Wirtschaftsfaktor ist, spielt der Erhalt der kulturellen Ökosystemdienstleistungen eine große Rolle. Die Besonderheit des Tourismus besteht darin, dass Tourismus paradoxerweise gleichzeitig sozioökonomischen Nutzen

Strobl, J., Blaschke, T., Griesebner, G. & Zagel, B. (Hrsg.) (2014): Angewandte Geoinformatik 2014.
 ISBN 978-3-87907-543-0.

aber auch Probleme mit vielen Facetten verursacht – Tourismus basiert immer auf Ressourcen, die durch Tourismus selbst verändert, verbraucht, beansprucht und manchmal auch zerstört werden. Tourismus bewirkt Veränderungen und dabei zumeist Belastungen der Landschaft und des Naturhaushalts und weist im Extremfall Tendenzen auf, sich seiner ursprünglichen Grundlagen selbst zu berauben, was zum Niedergang touristischer Destinationen führen kann (vgl. STEINECKE 2011). Den monetären Wert der landschaftlichen Vielfalt der Insel Mallorca für den Massentourismus haben Umweltökonomen bereits dargestellt. Neben „Strand und Sonne" als Hauptmotiv für Badetourismus an Küsten hat RIERA FONT (2000) nachgewiesen, dass naturbezogene Erholung in Wäldern und Schutzgebieten ein essenzieller Bestandteil des touristischen Potenzials der Baleareninsel Mallorca ist. Weiterführende Analysen haben untermauert, dass landschaftliche Vielfalt und die damit korrespondierende Landschaftskonfiguration wichtige touristische Ressourcen sind, woraus sich die Bedeutung eines ganzheitlichen Naturschutzes zum Wohle des künftigen Tourismus ableitet (BUJOSA BESTARD & RIERA FONT 2009).

1.3 Fragestellung und Zielsetzung

Im Vordergrund des Beitrags steht die Fragestellung, wie die Analyse von ausgewählten Ökosystemdienstleistungen mittels flächendeckend verfügbarer digitaler Landnutzungsdaten operationell umgesetzt werden kann. Bezogen auf die naturbezogene Erholungsfunktion der Landschaft hat SCHMITT (1999) ein Bewertungsverfahren vorgestellt, mit der die Landschaft Mallorcas im Hinblick auf die Sicherung von Naturschutz und Erholungsfunktion bewertet werden kann. Als Fallbeispiel dient die Analyse der Erholungsfunktion der Landschaft durch Umsetzung des Bewertungsverfahrens von SCHMITT (1999) in GIS mit Digitalen Höhenmodelldaten, Biotoptypenkartierungen und CORINE Land Cover Daten. Neben Oberflächenanalysen werden Landschaftsstrukturmaße zur Erfassung der Bewertungskriterien eingesetzt und die Veränderung des Erholungswerts der Landschaft durch urban-touristische Transformation wird anhand der CORINE Land Cover Daten über die Zeitscheiben 1990, 2000 und 2006 betrachtet. Die operationelle Implementierung des Analyseverfahrens in GIS wird für einen Raumausschnitt im Südwesten der Insel umgesetzt und kann später für eine Analyse der Erholungsfunktion der gesamten Insel eingesetzt werden.

2 Material und Methoden

Die naturbezogene Erholungsfunktion der Landschaft, die nach BUJOSA BESTARD & RIERA FONT (2009), RIERA FONT (2000) und SCHMITT (1999) im Vordergrund der Betrachtung steht, bezieht sich auf landschaftsbezogene Aktivitäten wie Baden und Spazierengehen am Meer und in den Dünen, Naturbeobachtung und Landschaftserlebnis, Sport, Picknicken, Ausruhen und motorisierte Landschaftserkundung wie Motorradfahren. Als Bewertungskriterien werden die Reliefausprägung, die landschaftliche Vielfalt und die Landnutzung erfasst und in einem multikriteriellen Bewertungsverfahren logisch zu einem Erholungswert verknüpft. Die Synthese der Ergebnisse aus der Kriterienbewertung erfolgt in Form eines Entscheidungsbaums (Dendrogramm) und ergibt eine dreistufige Abgrenzung der Wertkategorien: hoch, mittel und gering (SCHMITT 1999). Die Operationalisierung der Bewertungskriterien durch Geodaten und Raumanalyse sowie die Umsetzung des multikriteriellen Bewertungsverfahrens in GIS werden im Folgenden beschrieben.

2.1 Geodaten für die Erfassung und Bewertung der naturbezogenen Erholungsfunktion der Landschaft

Die Anwendung des Bewertungsverfahrens basiert einerseits auf großmaßstäbigen Biotoptypenkartierungen (1:5.000 bis 1:2.000), mit denen die ökologische Landschaftsanalyse ausgewählter Raumeinheiten Mallorcas für die massentouristische Expansionsphase herausgearbeitet wurde (SCHMITT 1999) und die durch nachfolgende Kartierungen (MICHEL 2011) für ein großmaßstäbiges Langzeitmonitoring ergänzt wurden (zum Standardbiotopverzeichnis für Mallorca und zur Bewertungsmethodik vgl. SCHMITT 1999). Andererseits basiert die Anwendung des Bewertungsverfahrens für den Erholungswert der Landschaft auf CORINE Land Cover Daten, die wie die Biotoptypen auch den übergeordneten, zur Evaluierung ausgegliederten Landnutzungstypen zugeordnet werden können. Aus Biotoptypenkartierungen und CORINE Land Cover Daten werden die Geodaten zum Kriterium „Landnutzung“ abgeleitet. Analysen zur Erfassung der Merkmalsausprägungen zum Kriterium „Reliefausprägung“ werden mit den Oberflächenwerkzeugen in ArcGIS vorgenommen, um Informationen zur Reliefausprägung der Landschaft aus den digitalen Höhenmodelldaten des Global Digital Elevation Model (GDEM) der ASTER Satellitenmission (Advanced Spaceborne Thermal Emission and Reflection Radiometer) mit einer geometrischen Auflösung von 15m abzuleiten.

2.2 Erfassung des Kriteriums „Landnutzung“ durch Integration von Biotopkartierungen und CORINE Land Cover Daten

Da die durchgeführte Inventarisierung der Biotoptypen vom Untersuchungsgebiet als Basisdaten zur Analyse des Erholungswertes zugrunde liegt, müssen diese in die 2006 aufgenommene Bodenbedeckungsdaten des CORINE Land Cover (CLC)-Projekts der Europäischen Union (EEA 2012) integriert werden.

Bei der Erfassung des Kriteriums „Landnutzung“ ist es nötig, auf das Standardbiotoptypenverzeichnis der Kartierung zurückzugreifen. Die Zuweisung der Landnutzungswerte der Biotopkartierung sowie der CORINE Land Cover Daten zu den Wertstufen „hoch“, „mittel“, „gering“ erfolgt manuell in den jeweiligen Kartierungsschlüsseln auf Basis der von SCHMITT (1999) erstellten Grundwerte (vgl. SCHMITT 1999, Tab. 5.6, S. 209). Um beide Datengrundlagen in die Analyse mit einfließen zu lassen, muss die Biotoptypenkartierung räumlich auf den CLC-Datensatz angepasst werden. Hierzu werden in ArcGIS beide Datensätze miteinander verschnitten. Aufgrund der Zusammenführung, weisen einige CLC Flächen doppelte Landnutzungswerte der Biotoptypenkartierung auf. Um dem entgegenzuwirken, wird der jeweilige Flächenanteil des Standardbiotoptyps an der CLC Fläche errechnet. Die Zuteilung des Landnutzungswerts für die Biotoptypenkartierung ergibt sich über den jeweiligen „Landnutzungswert“, der den meisten Flächenanteil an dem entsprechenden CLC Polygon besitzt. Wie auch bei der Ermittlung des Erholungswertes handelt es sich um ordinal skalierte Daten, bei denen die Berechnung des arithmetischen Mittels bei der Auswertung der Daten nicht sinnvoll ist (LANG & BLASCHKE 2007). Aufgrund dessen werden mithilfe einer Entscheidungsmatrix, die die Werte „hoch“, „mittel“, „gering“ enthält, die Landnutzungswerte der CLC-Daten und der Biotoptypenkartierung logisch verknüpft. Dies erfolgt über ein im „Field Calculator“ implementiertes Pre-Logic VB-Skript, das jede mögliche logische Verknüpfung enthält. Dadurch werden beide Werte gleichgewichtet in die Ermittlung des Landnutzungswertes einbezogen.

2.3 Erfassung des Kriteriums „Reliefausprägung" mit Spatial Analyst

Das Kriterium „Reliefausprägung" wird durch drei Teilwerte bestimmt. Der erste Teilwert wird durch den manuell zugewiesenen Grundwert der Reliefausprägung (vgl. SCHMITT 1999, Tab. 5.4, S. 206) gebildet. Dieser Grundwert richtet sich nach dem Potenzial der Landschaftseinheit, welches sie für die Aktivitäten der Erholungssuchenden hat. Als zweiter Teilwert wird die Reliefenergie einer Raumeinheit auf Basis des digitalen ASTER-Höhenmodells (NASA LP DAAC & U.S. GEOLOGICAL SURVEY 2009) mit der ArcGIS -Erweiterung Spatial-Analyst berechnet. Dabei wird die Neigung der Oberfläche in Grad für jede Rasterzelle ermittelt und den folgenden Klassen zugewiesen:

- Hoch = 0-5°
- Mittel = > 20°
- Gering = 5-20°

Es wird nicht davon ausgegangen, dass eine hohe Reliefenergie mit einem hohen Erholungswert einhergeht. Dünengebiete weisen zum Beispiel eine geringere Reliefenergie auf, sind jedoch für Erholungssuchende von hoher Attraktivität. Um präzise Aussagen über die Reliefenergie einer Raumeinheit treffen zu können, wurde eine Methode entwickelt, die es ermöglicht, den am prozentual häufigsten auftretenden Wert der Neigungsklasse der Pixel innerhalb einer Raumeinheit auf die gesamte Landschaftseinheit zu übertragen. Zudem muss für eine weitere Analyse die Heterogenität bzw. Homogenität der Neigung innerhalb einer Raumeinheit berücksichtigt werden, welche den dritten Teilwert der Reliefausprägung darstellt. Dazu dient eine weitere Berechnung, die Verteilung der Reliefenergie einer Landschaftseinheit untersucht. Auch hier erfolgt eine Einteilung der Endwerte in die Klassen „hoch" (< 33 %); „mittel" (33 % < 66 %); „gering" (> 66 %).

Die Zuweisung des Endwertes des Kriteriums „Reliefausprägung" wird durch ein implementiertes Dendrogramm im „Field Calculator" vollzogen.

2.4 Umsetzung des Bewertungsverfahrens in ArcGIS

Um den endgültigen landschaftsbezogenen Erholungswert in ArcGIS zu ermitteln, müssen alle Teilwerte der Kriterien zu einem Endwert zusammengefügt werden. Jedes Kriterium wird mit einer dreistufigen Ordinalskala „hoch" „mittel" „gering" bewertet. In den Endwert fließen alle drei Kriterien gleichgewichtet mit ein. Wie schon bei der Ermittlung der Teilwerte der Kriterien „Landnutzung" sowie „Reliefausprägung" wird auch hier auf ein angepasstes implementiertes VB-Skript zurückgegriffen.

2.5 Multitemporale Analyse

Für die multitemporale Analyse wird die oben beschriebene Methodik auf die Aufnahmeintervalle der CLC-Daten übertragen und ein Vergleich bezüglich der Veränderung im Hinblick auf den Erholungswert vorgenommen. Die Veränderung des Erholungswerts der Landschaft durch urban-touristische Transformation wird anhand der CORINE Land Cover Daten über die Zeitscheiben 1990, 2000 und 2006 betrachtet. Dabei stehen folgende Fragestellungen im Vordergrund:

- *Raummuster* des Erholungswerts der Landschaft;
- *Flächenbilanz* bezogen auf hohen, mittleren oder geringen Erholungswert;

- *Zeitliche Dynamik* und Wechselwirkungen zwischen urban-touristischer Flächenentwicklung und dem Erholungswert der Landschaft.

3 Ergebnisse und Diskussion

Einen mittleren bis hohen Erholungswert weisen die Sandstrände und Steilküstenabschnitte, Waldkomplexe sowie reich strukturierte Agrarflächen auf. Insgesamt nimmt der mittlere Erholungswert einen Flächenanteil bis zu 70 % ein. Intensiv genutzte Agrarflächen und Offenlandflächen, die sich überwiegend aus stark anthropogen überformten Ruderalstandorten zusammensetzen, sind von geringer Erholungseignung. Es fällt auf, dass der geringe Erholungswert bei der multitemporalen Analyse der CLC-Daten nicht vertreten ist. Zurückzuführen ist dies auf die kleinmaßstäbigere Kartierung der CORINE Land Cover Daten. Bei der Betrachtung der zeitlichen Entwicklung wird deutlich, dass die städtisch geprägten Gebiete um 7 % gewachsen sind, zulasten des potenziellen Erholungsraums für Touristen, welcher um 14 % im Zeitraum von 1990 – 2006 schrumpfte. Gleichzeitig wird eine Verschiebung von einem hohen zu einem mittleren Erholungswert um 14 % verzeichnet (Abb.1).

Weitere Auswertungsschritte bestehen in der Erfassung des Kriteriums „Grenzlinieneffekt" und der landschaftlichen Vielfalt mit Landschaftsstrukturmaßen. Insgesamt hat sich die Umsetzung des Bewertungsverfahrens in GIS als operationelle Methode für die Erfassung und Bewertung kultureller Ökosystemdienstleistungen erwiesen.

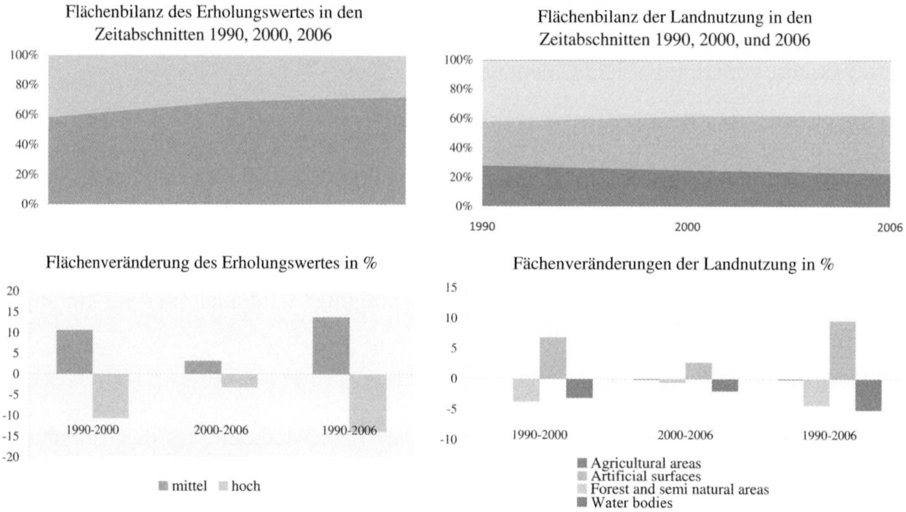

Abb. 1: Vergleich der Flächenbilanz des Erholungswertes und der Entwicklung von urban-touristisch geprägten Räumen im Untersuchungsgebiet (Quelle: eigene Darstellung)

Literatur

BUJOSA BESTARD, A. & RIERA FONT, A. (2009), Environmental diversity in recreational choice modelling. Ecological Economics, 68 (11), 2743-2750.

DE GROOT, R.S., ALKEMADE, R., BRAAT, L., HEIN, L. & WILLEMEN, L. (2010), Challenges in integrating the concept of ecosystem services and values in landscape planning, management and decision making. Ecological Complexity, 7 (3), 260-272.

EEA – EUROPEAN ENVIRONMENT AGENCY (Hrsg.) (2012), Corine Land Cover (1990, 2000, 2006) raster data. Copenhagen: European Enviroment Agency. http://www.eea.europa.eu/data-and-maps (09.12.2013).

HAINES-YOUNG, R. & POTSCHIN, M. (2010), The links between biodiversity, ecosystem services and human well-being. In: RAFFAELLI, D. G. & FRID, C. L. J. (Eds.), Ecosystem ecology. A new synthesis. Cambridge, New York, 110-139.

LANG, S. & BLASCHKE, T. (2007), Landschaftsanalyse mit GIS. Stuttgart.

MICHEL, E. (2011), GIS-gestützte Habitat- und Landschaftsstrukturanalyse am Beispiel der maurischen Landschildkröte in der Gemeinde Calvià/ Mallorca. Unveröffentlichte M. Sc. Arbeit. Ruhr-Universität Bochum, Bochum. Geographisches Institut.

NASA LP DAAC, U. S. GEOLOGICAL SURVEY (2009), METI/NASA ASTER Global Digital Elevation Model V002. http://gcmd.gsfc.nasa.gov/KeywordSearch/Metadata.do?Portal=GCMD&MetadataType=0&MetadataView=Full&KeywordPath=&EntryId=[GCMD]ASTGTM2 (31.01.2014).

RIERA FONT, A. (2000), Mass Tourism and the Demand for Protected Natural Areas: A Travel Cost Approach. Journal of Environmental Economics and Management, 39 (1), 97-116.

SCHENK, W. (2002), „Landschaft" und „Kulturlandschaft". „Getönte" Leitbegriffe für aktuelle Konzepte geographischer Forschung und räumlicher Planung. Petermanns Geographische Mitteilungen, 146 (6), 6-13.

SCHMITT, T. (1999), Ökologische Landschaftsanalyse und -bewertung in ausgewählten Raumeinheiten Mallorcas als Grundlage einer umweltverträglichen Tourismusentwicklung. Franz Steiner Verlag, Stuttgart (Erdwissenschaftliche Forschung, 37).

STEINECKE, A. (2011), Tourismus. 2. Auflage. Braunschweig.

Drahtlose Echtzeitanalysen von Phosphorausträgen bei klimatischen Extremereignissen

Hermann KLUG[1], Alexander KMOCH[2] und Christian JUHASZ[3]

[1]IFFB Geoinformatik Z_GIS, Universität Salzburg · hermann.klug@sbg.ac.at

[2]GNS Science c/o, Wairakei, Neuseeland

[3]Informationstechnik und System-Management (its), Fachhochschule Salzburg GmbH

Dieser Beitrag wurde durch das Programmkomitee als „reviewed paper“ angenommen.

Zusammenfassung

Klimatische Extremereignisse wirken sich stark auf terrestrische und aquatische Landschaftsökosysteme aus und werden wissenschaftlichen Prognosen zufolge in Zukunft zunehmen. In dieser Arbeit stehen die Schneeschmelze und Starkregenereignisse im Vordergrund, da sie zu 80 % der Gesamt-Jahresfracht des limitierenden Nährstoffs beitragen. Dies bedingt eine raumzeitkritische Erfassung der Wasser- und Nährstoffflüsse, welche nur über ein in Echtzeit operierendes drahtloses Sensornetzwerk erreicht werden kann. Für die ereignisgesteuerte Umsetzung von Mess- und Analysezyklen bedarf es eines standardisierten Austauschs von Messergebnissen. In dieser Arbeit hinterfragen wir, ob eine sensorgesteuerte Automatisierung von Abfluss- und Phosphormessungen möglich bzw. unter Verwendung einer energieautarken, kostengünstigen und drahtlosen Übertragungsplattform zielführend ist. Während wir das wissenschaftliche Konzept der sensorgesteuerten Automatisierung von Drittsensoren verifizieren konnten, konnte während der achtmonatigen Testphase die automatisierte Steuerung aufgrund fehlender Extremereignisse bisher nicht unter realen Bedingungen getestet werden.

1 Einleitung

Durch den Einsatz zeitlich hochauflösender Monitoringsysteme wurde die Bedeutung meteorologischer Extremereignisse für terrestrische und aquatische Ökosysteme in Europa nachgewiesen (JENNINGS et al. 2012, JONES 2013). Extremereignisse (definiert als 50 mm/6 Stunden oder 100 mm/24 Stunden) werden in den europäischen Alpen mit großer Wahrscheinlichkeit zunehmen (DOBLER et al. 2013). Für die Region Salzburg wird eine 20 %ige Steigerung der Extremniederschläge in den Sommermonaten für die Periode 2007-2050 vorhergesagt (HOFSTÄTTER et al. 2010). Solche Extremereignisse führten bereits in der letzten Dekade im Mondsee-Einzugsgebiet zu starken Überflutungen (SEIBERT et al. 2007). Zuletzt überstiegen zwischen dem 29. Mai und dem 4. Juni 2013 die Niederschlagssummen im Westen und Norden Österreichs 200mm. Sie überfluteten große Teile des Mondsee-Einzugsgebietes und führten zu einem Seespiegelanstieg von etwa 1,5 Metern. Eine Studie von JONGMAN et al. (2014) belegt die damit verbundenen ökologischen und ökonomische Konsequenzen, welche sich europaweit bis 2050 verdoppeln werden. Gravie-

Strobl, J., Blaschke, T., Griesebner, G. & Zagel, B. (Hrsg.) (2014): Angewandte Geoinformatik 2014.
 ISBN 978-3-87907-543-0.

rend waren allerdings auch die mit den Starkniederschlägen einhergehenden Nährstoffeinträge in die Gewässer. Im August 2002 ermittelten STRAUSS & STAUDINGER (2007) einen Austrag von 50 % der Jahresphosphoremissionen in den Mondsee. Die Ergebnisse zeigen darüber hinaus, dass in meteorologisch Durchschnittsjahren bis zu 80 % der Phosphorfrachten durch Ereignisse der Schneeschmelze im Februar/März sowie Sommer-Starkregenereignissen erklärt werden kann. Dies ist insbesondere bedeutsam, als Phosphor als limitierendes Nährstoffelement die Nettoprimärproduktion im See beeinflusst. Dies führt zu Algenblüten und zieht weitere aquatische (ökologische?) Konsequenzen nach sich. Die Signifikanz der Regenfrequenz und -intensität auf die Austragswahrscheinlichkeit konnte in Studien JORDAN et al. (2005a), JORDAN et al. (2005b), ANN et al. (1999) nachgewiesen werden. Ein prozessbasiertes Verständnis der Bewegung von verschiedenen Phosphorfraktionen im Mondsee Einzugsgebiet wurde aber experimentell bisher nicht untersucht. Eine fest definierte zeitliche Erfassung und Speicherung von Messwerten ist hier aber wenig zielführend. Extremereignisse treten kurzfristig auf und können schnell wieder aussetzen, sodass die räumliche und zeitliche Erfassung von Phosphorkonzentrationen von 0,01 P gesamt per mg/l bei Basisabfluss und 0,4 P gesamt per mg/l bei Abflussspitzen kritisch für die Erfassung von Gesamtphosphorbilanzen ist.

Um das Ausmaß der Phosphorfrachten und die Transportpfade während genannter Extremereignisse abzuschätzen zu können, bedarf es eines drahtlosen Sensornetzwerkes, welches die Basis für regelbasierte Mess- und Analysevorgänge bildet. Wir erhoffen uns, durch langfristige kontinuierliche automatisierte Messmethoden den Einfluss des Klimawandels auf die Nährstoffausträge als auch die Konsequenzen für das Seeökosystem bestimmen zu können. In Verbindung mit Untersuchungen an biologischen Parametern im Mondsee (Phytoplankton) erwarten wir Erkenntnisse, bei denen die Phosphorfrachten als Frühwarnsystem fungieren könnten. Mittelfristig verfolgen wir die Überprüfung der Hypothese, dass der Einfluss meteorologischer Extremereignisse einen Einfluss auf die Nährstoffemissionen und das Seeökosystem hat und dort insbesondere der Phosphor als limitierendes Element im Fokus steht. Um die Hypothese beantworten zu können, bedarf es folgender in dieser Arbeit umgesetzter methodisch-technischer Ziele:

- die raumzeitliche Erfassung von meteorologischen, hydrologischen und bodenkundlichen Umwelteigenschaften mit anwendungsbezogen ausgewählten Sensoren,
- der kontinuierliche Betrieb von kostengünstigen Umweltsensoren in extremen Klimabedingungen,
- die Umsetzung eines plattformunabhängigen, quelloffenen, energieautarken und damit standortungebundenen Sensornetzwerkes,
- die onlinebasierte, standardisierte Datenübertragung nach Kriterien des Open Geospatial Consortium (OGC) und der Internationalen Organisation für Normung (ISO),
- eine sensorgesteuerte Messungen zeit- und ortsspezifisch zu erfassender Umweltparameter (z. B. Phosphor in Gewässern).

Besondere Aufmerksamkeit wird hier dem letztgenannten methodischen Ziel gewidmet und hinterfragt, ob eine sensorgesteuerte Automatisierung von Abfluss- und Phosphormessungen möglich bzw. zielführend ist.

2 Material und Methoden

2.1 Das geowissenschaftliche Forschungsfeld Koppl

Der Versuchsaufbau konzentriert sich auf das Teileinzugsgebiet Koppl, 5 km östlich der Stadt Salzburg (Abb. 1), welches 6km² des 246 km² großen Mondsee-Einzugsgebiets abdeckt. Dieses Teileinzugsgebiet umfasst den südwestlichen Teil des Mondsee-Einzugsgebiets. Bei den Aufstellungsorten der Stationen wurden verschiedene geowissenschaftliche Kriterien berücksichtigt: (i) flächenbezogene Einschränkungen seitens der Landwirte, (ii) Kriterien zur Aufstellung meteorologischer Stationen von der Zentralanstalt für Meteorologie und Geodynamik (ZAMG) und des Deutschen Wetterdienstes (DWD) sowie der Weltorganisation für Meteorologie (WMO). Innerhalb des Sensornetzwerkes ist ein zentraler Knotenpunkt situiert, an dem Topologie beschreibende Parameter, Messdaten und Metainformationen zusammengeführt werden. Diese Komponente stellt die Schnittstelle zwischen Sensornetz und den Endanwendern zur Einsicht und Untersuchung der Daten dar. Die Stationen 2-10 sind Nebenstationen mit limitierter Anzahl an Sensoren.

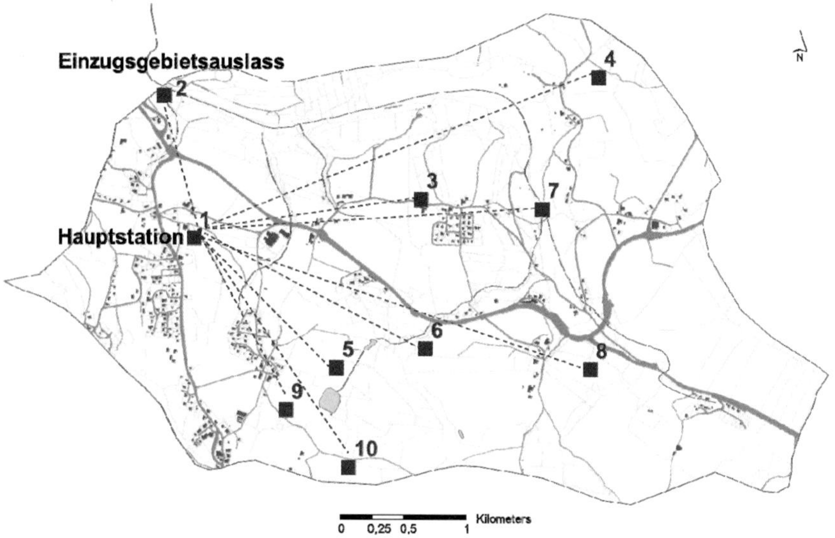

Abb. 1: Das 6 km² große geowissenschaftliche Forschungsfeld Koppl

2.2 Aufbau des drahtlosen Sensornetzwerkes

Für die Implementierung des Sensornetzwerkes verwendeten wir die Grundlagen nach BRÖRING et al. (2011) und MORREALE et al. (2011) sowie die in BOTTS et al. (2008) genannten Standards des „Sensor Web Enablement“. Auf der Basis der von RODRIGUES & NEVES (2010) aufgezeigten Hardwareplattformen zur Entwicklung von Sensorknoten wählten wir ein Sensorknoten mit der Produktbezeichnung WaspMote und einen zentralen Knotenpunkt mit der Bezeichnung Meshlium der Firma Libelium.

In den von CHRISTIN et al. (2010) vorgestellten Funkübertragungstechnologien wählten wir den Standard nach IEEE 802.15.4, der sich durch eine geringe Leistungsaufnahme und kostengünstige Hardware auszeichnet. Darüber hinaus garantiert er eine robuste Datenübertragung, unterschiedliche Reichweiten und eine kostenfreie Nutzung für nicht kommerzielle Anwendungen (BARONTI et al. 2007). Wir folgen der Beschreibung von LÖNN & OLSSON (2005) zur Implementierung des ZigBee-Protokolls als Übertragungsstandard.

Nachdem der Energieverbrauch nach ANASTASI et al. (2009) und AKYILDIZ et al. (2002) durch höhere Datenoperationen zugunsten von geringeren Datenübertragungsvolumina reduziert werden kann, setzen wir ein Abhandlungsschema von Dienstzyklen und damit ein Abschalten zu bestimmten Zeiten nicht benötigter Komponenten nach dem Vorbild von CHUNG & HWANG (2010) sowie GAMM et al. (2012) um. Eine integrierte zyklische Aktivitätsaufnahme befähigt den Sensorknoten in vordefinierten Zeitintervallen den Schlafmodus zu verlassen, um die Arbeitsoperationen wieder aufzunehmen. Eine gleichzeitige Verringerung der transferierten Datenpakete reduziert durch Filterung redundanter Daten den Energiebedarf zusätzlich (ZÚNIGA & KRISHNAMACHARI 2004). Der Verbrauch der Einzelkomponenten wurde mit den Messgeräten UNI-T UT81B und G.T.Power Watt Meter bestimmt und die Energieautarkie durch entsprechende Dimensionierung einer Photovoltaikanlage hergestellt.

Die öffentliche Datenanbindung zur Publizierung der Daten erfolgt über ein „Sensor Observation Service“ (SOS) mit den Datenschemata Observations & Measurements (O&M) und Water Markup Language (WaterML). Die Echtzeitübertragung erfolgt auf Basis der Mobilfunkschnittstelle des Anbieters „Drei“.

2.3 Integration von Sensoren

Nach den Ausführungen von MAHARREY et al. (2012) werden anwendungsspezifische Messgrößenumformer und Umrechnungsroutinen auf die bereitgestellten physikalischen Messgrößen angewendet und in computerverwertbare Größen transferiert. Folgende, bisher nicht auf den WaspMotes implementierte Sensoren, werden eingebunden: (1) Luftdruck (Freescale Semiconductor MPX4115A), (2) Bodenfeuchte (Decagon 10HS und Watermark), (3) Sonneneinstrahlung (Apogee Instruments SQ-110), (4) Niederschlag, (5) Windrichtung, und (6) Windgeschwindigkeit (4-6 Fa. Davis), (7) (Grund-)Wasserstand (Quantum Q-PSB bivalent), (8) Relative Luftfeuchtigkeit (Sencera Co. Ltd. 808H5V5), (9) Relative Luftfeuchtigkeit (Sensiron SHT75), (10) Temperatur (Sensiron SHT75), (11) Temperatur (Dallas Semiconductor DS1820), (12) Schneehöhe (Sommer USH-8) und (13) Schneewasseräquivalente (Sommer Snow Pack Analyse), (14) Wasserabfluss (Sontek IQ Plus) und (15) Phosphormessgerät (Systea WIZ).

Die Integration der Sensorik erfordert die Anwendung spezifischer Sensorplatinen, welche mit dem WaspMote verbunden werden. Die Einbindung der Sensoren 1, 3 bis 6 und 8 bis 10 erfolgt mit dem „Agriculture Board“ von Libelium. Die Sensoren 2, 7, 11, 14 und 15 sind nicht in die Libelium Plattform integriert. Ein entsprechendes Sensorboard wird unter Verwendung der Leiterplattensoftware Eagle 6.4.0 entworfen und mit den Steckverbindern des WaspMotes verbunden. Ein Prototyp dieser Platine wird mit einem Fräsbohrplotter gefertigt und manuell mit Bauteilen bestückt.

Die Sensoren < 9 sind integrierte Sensoren, also Sensoren mit passiver Funktionsweise. Bei den Sensoren >8 handelt es sich um Sensoren mit digitalem Interface zur Datenkommunikation. Dabei implementiert der Sensor 9 und 10 den I2C Bus und erlaubt die Erfassung zweier Phänomene, der Sensor 11 zieht den One-Wire Bus zur Datenkommunikation heran. Zuletzt gelistete Sensoren 12 bis 15 implementieren eine RS-232 Schnittstelle. Sie weisen durch vorkonfigurierte, betriebsbestimmende Parameter eigenständige Arbeitsweisen auf. Die Erfassung der Bodenfeuchtigkeit (2) wird zur Messung in unterschiedlichen Tiefenstufen dreifach vorgenommen. Zugleich erfolgt die Erfassung der Temperaturen (Sensor 11) an diesen Positionen sowie an der Erdoberfläche und in 2 m Höhe.

2.4 Automatisiertes Messkonzept

Ziel ist die standardbasierte Übertragung und Verarbeitung der Messwerte in nahezu Echtzeit, um daraus einerseits Mess- und Analysezyklen zu bestimmen und andererseits ereignisangepasste Steuerungen zu automatisieren. Die ereignisangepasste Steuerung von Sensoren soll zum Beispiel die Messzyklen der Phosphorprobenahme (Sensor 15), als auch des Abflussmessgerätes (Sensor 14) steuern. Dies unterbindet die hochfrequente redundante Messung von gleichen Messwerten und spart für die Phosphoranalyse notwendige Chemikalien und entsprechende Wartungsintervalle. Änderungen von Messwerten sind während der Schneeschmelze als auch während Regenereignissen zu erwarten. Aus diesem Grund sollen sowohl Niederschläge als auch Reduzierungen der Schneewasseranteile über eine dynamische Konfiguration über einen „Sensor Planning Service“ die Messzyklen definieren. Diese Messzyklen sind gerätespezifisch und beim Phosphormessgerät auf 20 Minuten für Orthophosphatmessungen (PO_4) limitiert.

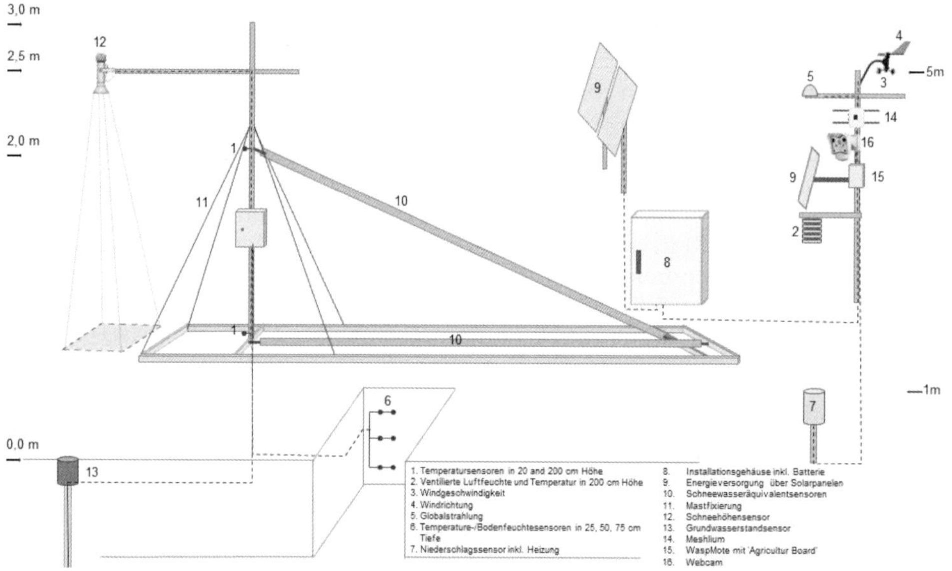

Abb. 2: Die Hauptstation „Meindlbauer“

3 Ergebnisse

3.1 Plattformunabhängiger Betrieb

Der zentrale Knotenpunkt (freies Betriebssystem Debian GNU/Linux 5.0 mit MySQL Datenbank) bildet die Basis der lizenzkostenfreien Betriebsführung des Sensornetzwerkes. Die Herstellung der Plattformunabhängigkeit erfolgte durch Java mit der Entwicklungsumgebung NetBeans 7.3, welche mit Windows, Linux oder Mac Betriebssystemen kompatibel ist. Zur Ausführung von Java-Anwendungen ist auf dem Meshlium die Java-Laufzeitumgebung mit der Version 1.6u25 32 Bit installiert.

Die Anwendungsentwicklung auf den Sensorknoten erfolgte durch die integrierte Entwicklungsumgebung von Libelium, welche für den WaspMote V1.1 in der Version 0.2 vorliegt und ebenfalls unter Mac, Windows und Linux Betriebssystemen ausgeführt werden kann. Die Unterstützung des anwendungsspezifischen Entwicklungsvorgangs eines WapsMote Sensorknoten erfolgte über die quelloffene Programmierschnittstelle von Libelium, welche in der Version 0.32 vorliegt.

3.2 Autarke Energieversorgung

Zur Umsetzung der autarken Energieversorgung wurde für die Komponenten SPA und USH-8 eine durchschnittliche Leistung von 0,14 W ermittelt, womit sich ein Tagesverbrauch von 3,36 Wh ergibt. Der Schnittstellenkonverter Moxa Nport besitzt eine offizielle Leistungsaufnahme von 2,4 W (Tagesverbrauch 57,6 Wh). Die beiden Sensorknoten erfordern eine Leistung von 3 W, wobei durch die Gleichspannungswandlung ein Verlust von 20 % und eine tägliche Aktivität von 10 % angenommen wurden. Dies resultiert in einem Tagesverbrauch von jeweils 8,64 Wh. Zur Herstellung des energieautarken Betriebs mit einer Beheizung des Regenmessers mit 50 % Tagesaktivität würden bei 24 W 288 Wh verbraucht. Damit muss von der Photovoltaikanlage ein täglicher Energieverbrauch von 495,84 Wh bereitgestellt werden.

Die autarke Energieversorgung der Hauptstation erfolgt mit zwei Solarpanelen (LG285N1C Mono X Neon), einer AGM-Batterie (12 V 260 Ah) sowie einem Wechselrichter (Steca Tarom 4545). Das Meshlium wird über eine 12 V Gleichspannung (12 VDC) mittels Power over Ethernet (POE) versorgt. Der Schnittstellenkonverter (Moxa Nport W2250A) wird über eine Ethernet Schnittstelle mit Energie versorgt und die die Datenübertragung mit 10 Mbit/s und 100 Mbit/s realisiert.

Die Energieversorgung der Nebenstationen wird durch integrierte Funktionsgruppen innerhalb der Sensorknoten veranlasst. Dabei stellt ein Solarpanel (3 Wp) elektrische Energie dem Sensorknoten bereit, um die für den Betrieb erforderlichen Spannungsversorgungen durch Zuhilfenahme einer wieder aufladbaren Pufferbatterie (Spannung 4.2 V, Kapazität 6600 mAh) herzustellen.

3.3 Integration Neuer Sensoren

Die Speicherungen von Messungen im SOS erfordert die Kenntnis mehrerer verbundener Metainformationen. Beschreibende Informationen der eingesetzten Sensorik sind in der Datenbank inkludiert. Dabei erlaubt der Einsatz einer Sensoridentifikation und einem Sensornamen, die Sensoren zu unterscheiden. Des Weiteren sind Felder für das erfasste Phänomen (z. B. Temperatur), einer Einheit (z. B. °C) und einer Beschreibung enthalten. Diese Parameter müssen vor Betriebsherstellung des Sensornetzwerkes in der Datenbank angelegt sein, um eine SOS konforme Datenübermittlung zu ermöglichen. Zusammen mit dem Informationsgehalt dieser Felder und der erfassten Messungen, die sowohl einen Messzeitpunkt und ein numerisches Messergebnis beinhalten, erfolgt die Übermittlung durch eine SOS-Software-Verbindungskomponente. Diese speist die generierten Messdaten mittels „InsertObservation" Transaktionen in den SOS-Server im Internet ein. Die Datenverbindung nutzt allein die Mobilfunkschnittstelle des Meshliums zur Datenkommunikation mit dem Internet. Die Parameter zu einer Beobachtung werden zugleich als Datensicherung in der lokalen Datenbank auf dem Meshlium abgelegt und werden über den SOS-Webdienst direkt in O&M sowie WaterML im Internet verfügbar gemacht.

4 Diskussion

Mit dem hier vorgestellten System wird die Basis für eine höher frequentierte, zeitgenaue Erfassung von Umweltparametern wie Phosphor zu Extremereignissen möglich. Gemäß der Annahme von STRAUSS & STAUDINGER (2007) können 80 % der Phosphoremissionen auf Basis von Echtzeitmesswerten beschrieben und damit die Auswirkungen von Extremereignissen besser gedeutet werden. Eine prozessorientierte Beschreibung der Wasser- und Nährstoffflüsse ist bisher aufgrund fehlender Ressourcen nicht erfolgt. Der Testbetrieb hat indes gezeigt, dass eine automatische Steuerung möglich ist. Eine Anwendung unter Extrembedingungen ist allerdings ausständig, da in der Testperiode keine Extremereignisse aufgetreten sind. Damit konnte die Frage, ob die Automatisierung der Messlogik zielführend ist, nicht geklärt werden. Zukünftige Messergebnisse müssen den Nachweis der Korrelation zwischen Extremereignissen und Phosphorfrachten im Gewässer erst noch untermauern.

Über die Hauptfragestellung hinaus konnten die genannten technischen Ziele zur Erfassung von speziellen Umweltparametern durch neue in die Libelium-Entwicklungsumgebung integrierter Sensoren erfolgreich verifiziert werden. Im genannten Untersuchungsgebiet konnten über acht Monate – unter sommerlichen und winterlichen Bedingungen – erfolgreich Messwerte aufgenommen werden. Diese Rohmesswerte sind teilweise durch Schwankungen gekennzeichnet, welche einen Einfluss auf die automatisierte Steuerung der Messzyklen anderer Sensoren haben. Damit sind zur adäquaten Steuerung noch Vorprozessierungsmethoden auf den Daten vor der Integration in den SOS zu implementieren.

Die Minimierung des Energiebedarfs der Sensor Nodes wurde mit der Einbettung von Dienstzyklen sowie der unterdrückten Erfassung redundanter Informationen erreicht und eine dauerhafte Energieversorgung mit maximalem Verlust von 22 % Batteriekapazität sichergestellt. Der gute Ladezustand der Batterie ist aber auch Wetterbedingungen ohne langandauernde Schneefälle, Schneebedeckung, Wolken oder Hochnebel während der Wintermonate zu verdanken. Trotz der positiven Energieversorgung konnte die initial vorgesehene Heizkomponente des Regenmessers nicht energieautark abgebildet werden. Hier sind weitere energieoptimierende Maßnahmen von Nöten, um die Heizperioden und die Heizflächen am Sensor maßgeblich zu verringern. Dies könnte durch eine Reduzierung der Beheizung auf Tage mit Schneefall oder feuchten Bedingungen bei unter null Grad erreicht werden. Ferner wurde aufgrund der sensorspezifischen Eigenschaften der Watermark Bodenfeuchtesensoren ein erhöhter Energieverbrauch festgestellt. Um diesen weiter zu optimieren, wird in Zukunft der Bodenfeuchtesensor 10HS von Decagon verwendet.

5 Ausblick

Die im SOS registrierten geowissenschaftlichen Messwerte ermöglichen zukünftige Analysen von ortsspezifischen, hydrologischen Prozessen. Dadurch kann unter Verwendung von weiteren geowissenschaftlichen Daten (z. B. Bodendaten) eine prozessorientierte Modellbildung und Integration in ein automatisiertes „Web Processing Service" erreicht werden. Ferner erwarten wir durch die kontinuierlichen hochfrequenten und ereignisorientierten Analysen darlegen zu können, dass bisherige Überwachungszyklen im Rahmen der Wasserrahmenrichtlinie mit monatlicher bzw. vierteljährlicher Probenahme für die Bestimmung der Qualität von Seeökosystemen nicht zielführend sind. Das zukünftige Ziel muss die operationelle Analyse und Vorhersage von tatsächlichen bzw. möglichen Auswirkungen von Extremereignissen auf Basis integrativ-holistischer Prozessbeziehungen sein. Eine transdisziplinäre Reflektion der Umweltbeziehungen mit besonderem Bezug auf Nährstoffemissionen während Extremereignissen muss auch die gesellschaftlichen Aktivitäten wie die Landbewirtschaftung integrieren. Gassensoren könnten Gülleapplikationen räumlich und zeitlich registrieren und dadurch landwirtschaftliche Phosphorausträge mit Extremereignissen korreliert werden. Nach KLUG & ZEIL (2008) erfolgen die Phosphoremissionen über eine Vielzahl von Austragspfaden, welche die verschiedene Aspekte des Landschaftshaushalts (zum Beispiel aus den Beiträgen von KLUG & LÖSCHENBRAND (2006), KLUG et al. (2007), KLUG & HASLAUER (2010), KLUG et al. (2010)) in die Analyse zu integrieren sind.

Danksagung

Die Autoren bedanken sich beim Fördergeber des „Ministry of Business, Innovation, and Employment (MBIE)" aus Neuseeland im Rahmen des SMART Projektes (07/2011 – 06/2017) für Bereitstellung der Mittel zur Entwicklung des Sensornetzwerkes. Ferner danken wir den Landwirten für die Bereitstellung ihrer Flächen für den Aufbau der Stationen, sowie der Gemeinde Koppl für ihre ständige Unterstützung des Forschungsansatzes.

Literatur

AKYILDIZ, I. F., SU, W., SANKARASUBRAMANIAM, Y. & CAYIRCI, E. (2002), Wireless sensor networks: a survey. Computer Networks, 38 (4), 393-422.

ANASTASI, G., CONTI, M., DI FRANCESCO, M. & PASSARELLA, A. (2009), Energy conservation in wireless sensor networks: A survey. Ad Hoc Networks, 7 (3), 537-568.

ANN, Y., REDDY, K. R. & DELFINO, J. J. (1999), Influence of chemical amendments on phosphorus immobilization in soils from a constructed wetland. Ecological Engineering, 14 (1-2), 157-167.

BARONTI, P., PILLAI, P., CHOOK, V. W. C., CHESSA, S., GOTTA, A. & HU, Y. F. (2007), Wireless sensor networks: A survey on the state of the art and the 802.15.4 and ZigBee standards. Computer Communications, 30 (7), 1655-1695.

BOTTS, M., PERCIVALL, G., REED, C. & DAVIDSON, J. (2008), OGC® Sensor Web Enablement: Overview and High Level Architecture. In: NITTEL, S., LABRINIDIS, A. & STEFANIDIS, A. (Hrsg.), GeoSensor Networks. Springer, Berlin/Heidelberg, 4540, 175-190.

BRÖRING, A., ECHTERHOFF, J., JIRKA, S., SIMONIS, I., EVERDING, T., STASCH, C., LIANG, S. & LEMMENS, R. (2011), New Generation Sensor Web Enablement. Sensors, 11 (3), 2652-2699.

CHRISTIN, D., MOGRE, P. S. & HOLLICK, M. (2010), Survey on Wireless Sensor Network Technologies for Industrial Automation: The Security and Quality of Service Perspectives. Future Internet, 2 (2), 96-125.

CHUNG, Y. W. & HWANG, H. Y. (2010), Modeling and Analysis of Energy Conservation Scheme Based on Duty Cycling in Wireless Ad Hoc Sensor Network. Sensors, 10 (6), 5569-5589.

DOBLER, C., BÜRGER, G. & STÖTTER, J. (2013), Simulating future precipitation extremes in a complex Alpine catchment. Nat. Hazards Earth Syst. Sci., 13, 263-277.

GAMM, G. U., KOSTIC, M., SIPPEL, M. & REINDL, L. M. (2012), Low-power sensor node with addressable wake-up on-demand capability. International Journal of Sensor Networks, 11 (1), 48-56(9).

HOFSTÄTTER, M., MATULLA, C., WANG, J. & WAGNER, S. (2010), PRISK-CHANGE – Veränderung des Risikos extremer Niederschlagsereignisse als Folge des Klimawandels. Projektbericht, Zentralanstalt für Meteorologie und Geodynamik (ZAMG).

JENNINGS, E., JONES, S. E., ARVOLA, L., STAEHR, P. A., GAISER, E., JONES, I. D., WEATHERS, K. C., WEYHENMEYER, G. A., CHIU, C.-Y. & DE EYTO, E. (2012), Effects of weather-related episodic events in lakes: an analysis based on high-frequency data. Freshwater Biol., 57 (3), 589-601.

JONES, I. (Ed.) (2013), The Impact of Extreme Events on Freshwater Ecosystems. The British Ecological Society.

JONGMAN, B., HOCHRAINER-STIGLER, S., FEYEN, L., AERTS, J. C. J. H., MECHLER, R., BOTZEN, W. J. W., BOUWER, L. M., PFLUG, G. ROJAS, R. & WARD, P. J. (2014), Increasing stress on disaster-risk finance due to large floods. Nature Clim. Change Nr. advance online publication.

JORDAN, P., ARNSCHEIDT, J., MCGROGAN, H. & MCCORMICK, S. (2005a), High-resolution phosphorus transfers at the catchment scale: the hidden importance of non-storm transfers. Hydrol. Earth Syst. Sci., 9 (6), 685-691.

JORDAN, P., MENARY, W., DALY, K., KIELY, G., MORGAN, G., BYRNE, P. & MOLES, R. 2005b), Patterns and processes of phosphorus transfer from Irish grassland soils to rivers – integration of laboratory and catchment studies. Journal of Hydrology, 304, 20-34.

KLUG, H. & LÖSCHENBRAND, F. (2006), GIS gestütztes Verfahren zur Abschätzung potenziell drainierter landwirtschaftlicher Nutzflächen am Beispiel der Einzugsgebiete Mondsee und Waginger-Tachinger See. In: STROBL, J., BLASCHKE, T. & GRIESEBNER, G. (Hrsg.), Angewandte Geographische Informationsverarbeitung XVIII: Wichmann Verlag, Heidelberg, 308-317.

KLUG, H., LANG, S., PERNKOPF, M. L. & ZEIL, P. (2007), Vorstellung einer Methode zur Ermittlung der Nutzungsintensität auf Grünlandflächen unter Einbezug von Fernerkundungsdaten und objekt-basierter Klassifikation. Schriftenreihe BAW, 26, 51-65.

KLUG, H. & ZEIL, P. (2008), Spatially Explicit Modelling of Phosphorus Emissions. Geoinformatics, 8 (11), 32-35.

KLUG, H. & HASLAUER, E. (2010), Raum-zeitliche Abschätzung der Verdunstungskapazität von Landoberflächen. In: STROBL, J., BLASCHKE, T. & GRIESEBNER, G. (Hrsg.), Angewandte Geoinformatik 2010. Wichmann Verlag, Berlin/Offenbach, 641-650.

KLUG, H., WASNER, Y., SCHIEDER, G. & MAISLINGER, G. (2010), Flächendifferenzierte Modellierung der Grundwasserneubildungsrate im Mondsee Einzugsgebiet. In: STROBL, J., BLASCHKE, T. & GRIESEBNER, G. (Hrsg.), Angewandte Geoinformatik 2010. Wichmann Verlag, Berlin/Offenbach, 300-309.

LÖNN, J. & OLSSON, J. (2005), Zigbee for wireless networking. Thesis. Department of Science and Technology Norrköping, Linköpings Universitet, 73.

MAHARREY, B. K., LIM, A. S. & GAO, S. (2012), Interconnection between IP Networks and Wireless Sensor Networks. International Journal of Distributed Sensor Networks, 2012, 1-15.

MORREALE, P., QI, F. & CROFT, P. (2011), A green wireless sensor network for environmental monitoring and risk identification. International Journal of Sensor Networks, 10 (1/2), 73-82.

RODRIGUES, J. J. P. C. & NEVES, P. A. C. S. (2010), A survey on IP-based wireless sensor network solutions. International Journal of Communication Systems, 23 (8), 963-981.

SEIBERT, P., FRANK, A. & FORMAYER, H. (2007), Synoptic and regional patterns of heavy precipitation in Austria. Theoretical and Applied Climatology, 87 (1-4), 139-153.

STRAUSS, P. & STAUDINGER, B. (2007), Berechnung der Phosphor und Schwebstofffrachten zweier Hauptzubringer (Zellerache, Fuschlerache) des Mondsees. Schriftenreihe BAW, 26, 18-33.

ZÚNIGA, Z. M. & KRISHNAMACHARI, B. (2004), Integrating Future Large-scale Wireless Sensor Networks with the Internet. CiteSeer, 6.

Qualitätsbewertung von Korrekturmethoden für hydrographische Zeitreihen

Emanuel ROBATSCH, Alfred WIESER und Karl-Heinrich ANDERS
Fachhochschule Kärnten, Villach · emanuel.robatsch@edu.fh-kaernten.ac.at

Dieser Beitrag wurde durch das Programmkomitee als „reviewed paper“ angenommen.

Zusammenfassung

Das Hochwasser im Oktober 2012 hat gezeigt, dass Hochwasserereignisse auch in Kärnten vorkommen können. Bei der Vorhersage von Hochwassern spielt besonders die Qualität der gemessenen hydrographischen Daten eine wichtige Rolle. Jedoch treten wie bei allen Messungen einzelne Fehlmessungen auf und können somit das Gesamtergebnis, auf dem das Vorhersagemodell basiert, verfälschen. Etwaige Fehler sollten somit in kürzester Zeit aufgespürt und wenn möglich so korrigiert werden, dass sie das Gesamtergebnis nur minimal verfälschen. Die Prüfung und Korrektur der einzelnen Zeitreihen passiert mithilfe von vordefinierten Prüf- und Korrekturmethoden. Ziel dieser Arbeit es ein Konzept zu erstellen und zu implementieren welches die Qualität der Korrekturmethoden untereinander vergleicht und bewertet. Durch die Bewertung sollte es am Ende möglich sein Aussagen zu treffen wie: Die Korrekturmethode A ist besser als die Korrekturmethode B und C.

1 Einleitung

In Kärnten existieren circa 300 Wettermessstationen, die über das gesamte Bundesland verteilt sind (Stand Februar 2013). Bei einem Teil dieser Messstationen handelt es sich um hydrographische Messstationen, welche dazu dienen, die Pegelstände der für Kärnten relevanten Flüsse aufzuzeichnen und in weiterer Folge zu überwachen. Diese Messstationen sind besonders relevant für die Vorhersage von auftretendem Hochwasser. Anhand derer Messwerte muss im Falle einer Zunahme des Wasserstandes entschieden werden, ob etwa Schleusen geöffnet oder geschlossen bleiben.

Wie bei jeder Messung kann es auch beim Messen von Pegelständen zum Auftreten von Messfehlern kommen, welche in weitere Folge das Gesamtergebnis (Zeitreihe) beeinflussen bzw. verfälschen können. Es existiert eine Vielzahl von Faktoren die Messfehler verursachen können. Auftretender Frost, Verschleiß und mangelnde Stromversorgung sind nur einige wenige Ursachen die Messfehler erzeugen können. Um zu verhindern, dass fehlerhafte Messwerte das Gesamtergebnis verfälschen, bedarf es einer frühzeitigen Erkennung derer, um in weiterer Folge diese zu korrigieren. In Kärnten werden die vom Hydrographischen Dienst erfassten Messwerte innerhalb eines Zeitfensters von drei Minuten geprüft und bei Bedarf korrigiert. Da für jede Art von Fehler mehrere Korrekturmethoden zu Verfügung stehen, stelle sich die Frage, welche dieser Korrekturmethoden die besten Ergebnisse liefert. Um dies herauszufinden, wurde im Rahmen dieser Arbeit ein Java basiertes Tool

Strobl, J., Blaschke, T., Griesebner, G. & Zagel, B. (Hrsg.) (2014): Angewandte Geoinformatik 2014.
 ISBN 978-3-87907-543-0.

entwickelt welches die unterschiedlichen Korrekturmethoden für hydrographische Zeitreihen untereinander vergleicht und auf objektive Weise bewertet.

2 Technischer Hintergrund

Im Vorfeld dieser Arbeit wurde im Rahmen einer Forschungskooperation zwischen dem Amt der Kärntner Landesregierung hydrographischer Dienst[1] und der Fachhochschule Kärnten ein gemeinsames Regelwerk (MOSER, 2010) erarbeitet, welches anwendbaren Methoden zur Messdatenprüfung bzw. zur Rekonstruktion von Daten dokumentiert. Das gesamte System, welches Messungen durchführt, diese speichert und in weiterer Folge vergleicht, besteht aus folgenden Komponenten. Wobei für unsere Betrachtung besonders die Softwares HyDaMS und ECO die wichtigsten Rollen spielen.

2.1 Hydrographisches Datenmanagementsystem (HyDaMS)

Bei HyDaMS handelt sich um eine in den 90er-Jahren von der Firma AquaPlan[2] entwickelten Software zur Analyse und Weiterverarbeitung von Zeitreihen. Mithilfe dieses Produkts ist es möglich, Stammdaten und Zeitreihen zu bearbeiten. HyDaMS besitzt eine einfache Benutzeroberfläche welche es dem Benutzer ermöglich schnell auf Daten zuzugreifen. Außerdem ist diese Software so konzipiert, dass es kein Problem darstellt, diese modular zu erweitern. Des Weiteren ist es möglich, bereits vorhandene Zeitreihen zu manipulieren und zu bearbeiten.

2.2 ECO (Plug-In für HyDaMS)

Bei ECO handelt es sich um eine Software die Rahmen der Forschungskooperation zwischen der Fachhochschule Kärnten (Studienbereich Geoinformation & Umwelttechnologien) und dem Hydrographischen Dienst des Landes Kärnten. Die Aufgabe dieser Software ist es die von den Sensoren erfassten Daten zu prüfen und, sollten diese Messfehler aufweisen, in weiterer Folge zu korrigieren. Der Einsatz der jeweiligen Prüfprofile kann sowohl im manuellen als auch im zeitgesteuerten oder automatischen Betrieb erfolgen. Darüber hinaus ist es möglich, Prüfprofile selbst zu definieren und diese anzuwenden. Die Anwendung dieser Prüf- und Korrekturmethoden kann für mehrere Zeitreihen erfolgen und bei Bedarf wiederholt erfolgen. Bei dem Einsatz von Prüfmethoden sind prinzipiell keine Grenzen gesetzt es kann sowohl nur ein Prüfprofil auf eine Zeitreihe angewandt werden, es können jedoch auch mehrere Prüfprofile auf eine Zeitreihe angewandt werden. ECO ist in HyDaMS integriert und besitzt eine einfache Benutzeroberfläche. Außerdem ist der Aufbau der Software so gegliedert, dass diese jederzeit erweitert werden kann. Es existieren drei verschiedene Korrekturmodi, die das ECO-System aufweist:

- *manuell* – die Korrektur erfolgt innerhalb eines zuvor definierten Zeitraums kann aber auch sofort eingeleitet werden;

---

[1] http://www.ktn.gv.at/152237_DE-Organisation-Hydrographie (zuletzt besucht: 03.02.2013)
[2] http://www.aquaplan.de/ (zuletzt besucht: 02.01.2013)

- *zeitgesteuert* – die Korrektur geschieht zu einem vordefinierten Zeitpunkt z. B. täglich 12:00 Uhr;
- *automatisiert* – die Korrektur findet statt wenn neue Messdaten (*z. B. Niederschlag*) eingehen und dies automatisiert vom System korrigiert werden.

2.3 Messstationen

In Kärnten gibt es circa 63 Messstationen, welche die Pegelstände von Flüssen messen. Diese Messstationen sind über das ganze Land Kärnten verteilt, eine kleine Anzahl an Messstationen befindet sich jedoch außerhalb des Landesgebietes. Die Gailitz etwa welche in der Nähe des Nevea-Sattels in Italien entspringt und ab in Arnoldstein in die Gail mündet beeinflusst die Hochwassersituation in Kärnten. Darum befinden sich schon am Oberarm der Gailitz Sensoren, welche die Durchflussrate messen, damit im Falle eines Pegelanstieges deren Daten schon rechtzeitig in die Hochwasserprognose des Landes einfließen. Weitere Messstationen befinden sich in Slowenien oder an der Grenze zu Italien. Einige Messstationen besitzen Sensoren für unterschiedliche Parameter manche hingegen messen nur einen einzigen Parameter. Mithilfe der Sensoren ist es möglich folgende Wetterphänomene zu messen: Temperatur, Niederschlag, Luftfeuchtigkeit, Luftdruck, Windgeschwindigkeit, Windrichtung, Abfluss, Schneehöhe und weitere. Jedoch kann nicht jede Messstation alle Parameter messen. Die Wartung und Kontrolle der Messstationen und deren Sensoren obliegen dem Land Kärnten.

2.4 Funktionsweise

Die Messstation misst entweder jeweils beim Eintreten des Wetterereignisses, z. B. Niederschlag oder kontinuierlich, wie dies beim Parameter Temperatur der Fall ist. Daraufhin werden die gemessenen Daten an die tstp[3]-Schnittstelle gesandt danach werden diese mithilfe der Software ECO analysiert. Dabei wird erkannt ob es sich um fehlerhafte oder korrekte Daten handelt. Bei fehlerhaften Daten werden diese einer, bereits zuvor definierten, Korrektur unterzogen. Nachdem die Korrektur abgeschlossen ist, werden die korrigierten Daten an den tstp-Server gesandt und dort gespeichert. Die HyDaMS Software kann im Gegensatz zur ECO-Software direkt auf die Messdaten zugreifen. Jedoch dient die HyDaMS Software nicht zur Korrektur von Messdaten, sondern nur zur Betrachtung und Visualisierung der Messdaten.

3 Theoretischer Hintergrund

3.1 Fehlerarten

Die Fehlerarten, die auftreten können, sind äußerst vielfältig und teilweise Parameter abhängig. Allgemein kann gesagt werden, es gibt Fehler, die bei allen Parametern auftreten können, und parameterspezifische Fehler, die nur bei einigen Parametern auftreten. Des Weiteren können die Fehlerarten grob in drei Kategorien eingegrenzt werden:

---

[3] Time series transfer Protokoll

- *sensorbedingt* – Fehler treten aufgrund des Sensors auf z. B. Akkuleistung, Fehlkalibrierung eines Sensors;
- *wetterbedingt* – aufgrund von Wetterereignissen wie Sturmböen, Hagel, Frost treibenden Eisschollen kommt es zu Fehlern oder zur Beschädigung des Sensors;
- *umweltbedingt* – menschliche Aktivitäten um den Sensor führen zu Fehlern, z. B. vorbeifahrt eines Bootes→ Pegelstand wird verfälscht.

Zurzeit (Februar 2013) existieren bereits 15 implementierte Fehlererkennungs- und deren Korrekturmethoden für die Parameter Lufttemperatur, Niederschlag, Wasserstand, Abfluss, Schneehöhe, Windgeschwindigkeit und Windrichtung. Diese Fehlerkennungs- und Korrekturmethoden erkennen und korrigieren unter anderem Ausreißer, Lücken, Flatliner und andere. In Zusammenarbeit mit dem Hydrographischen Dienst des Landes Kärnten wurde ein umfassendes Regelwerk (MOSER, 2010) erarbeitet, welches die häufigsten Fehler und deren passenden Korrekturmethoden beinhaltet und deren genau Funktionsweise beschreibt.

3.2 Qualitätsbewertung

Als Kernpunkt dieser Arbeit gilt es, die Qualität der Korrekturmethoden zu analysieren. Qualität ist jedoch ein äußerst dehnbarer Begriff, der unterschiedlich definiert werden kann. Um Qualität zu bewerten bzw. zu messen bedarf es zuvor einer passenden Definition, damit die Frage der Begrifflichkeit geklärt ist. Jene Korrekturmethoden sind qualitativ am hochwertigsten einzustufen welche eine fehlerhafte Zeitreihe so korrigieren, dass diese der Originalzeitreihe am ähnlichsten ist. Somit gilt folgendes Optimum:

Fehlerhafte-Zeitreihe+ Korrekturmethode = Originalzeitreihe

Um die korrigierte Zeitreihe mit der Originalzeitreihe zu vergleichen, wurden mehrere statistische Maßzahlen verwendet. Diese Maßzahlen vergleichen die korrigierte Zeitreihe mit der Originalzeitreihe und beschreiben deren Unterschiedlichkeit bzw. Ähnlichkeit auf mathematische Weise. Jede Maßzahl hat jedoch anderes Optimum definiert, um die Ähnlichkeit der korrigierten Zeitreihe mit der Originalen zu beschreiben. Da eine einzige Maßzahl nicht aussagekräftig genug ist, wurden mehrere Maßzahlen verwendet, um die Qualität noch besser zu beschreiben. Somit wird jene korrigierte Zeitreihe als am qualitativ hochwertigsten angesehen, welche die höchste Anzahl an Maßzahlen favorisiert.

Beispiel:

- Korrigierte Zeitreihe A (Korrekturmethode A);
  - 2 von 5 Maßzahlen favorisieren diese Korrekturmethode.
- Korrigierte Zeitreihe B (Korrekturmethode B);
  - 3 von 5 Maßzahlen favorisieren diese Korrekturmethode.

Somit ist die korrigierte Zeitreihe (B) als qualitativ hochwertiger anzusehen als korrigierte Zeitreihe (A).

3.2.1 Statistische Maßzahlen

Bestimmtheitsmaß (ide)

$$\boldsymbol{R}^2 = \frac{[\sum_{i=1}^{n}(\boldsymbol{Q}_i^* - \bar{\boldsymbol{Q}}^*) \times (\boldsymbol{Q}_i - \bar{\boldsymbol{Q}})]^2}{\sum_{i=1}^{n}(\boldsymbol{Q}_i - \bar{\boldsymbol{Q}})^2 \times \sum_{i=1}^{n}(\boldsymbol{Q}_i^* - \bar{\boldsymbol{Q}}^*)^2} \quad (1)$$

Bei dem Bestimmtheitsmaß (1) handelt es sich um eine statistische Maßzahl zur Beschreibung der Variabilität zwischen beobachteten (Original) und modellierten (korrigierten) Werten (REED, ZHANG, & SCHAAKE, 2007). Das Ergebnis dieser Formel spiegelt den prozentuellen Unterschied zwischen Beobachteten und (GUPTA & SCHAEFLE, 2007) modellierten Werten wieder. Der Ergebnisbereich bewegt sich zwischen 0 und 1 wobei es sich bei 0 um das schlecht möglichste Ergebnis handelt und bei 1 um das bestmögliche Ergebnis (DRABEK, 2010).

root mean squared error (rmse)

$$\boldsymbol{rmse} = \sqrt{\frac{\boldsymbol{1}}{\boldsymbol{n}}\sum_{\boldsymbol{i=1}}^{\boldsymbol{n}}(\boldsymbol{Q}_i^* - \boldsymbol{Q}_i)^2} \quad (2)$$

Bei dieser statistischen Maßzahl (2) handelt es sich um die Wurzel des mittleren quadratischen Fehlers *rmse*. GOURLEY & VIEUX (2006) beschreiben den gesamten Fehler sowohl zufällig als auch systematisch. Der Ergebniswert ist immer positiv umso höher dieser Wert umso schlechter das Ergebnis bzw. umso unähnlicher sind sich Original und korrigierte Zeitreihe. Ein Wert von 0 stellt das Optimum dar; Original und korrigierte Zeitreihe sind in diesem Fall mit hoher Wahrscheinlichkeit ident (DRABEK, 2010).

normalised mean error (nme)

$$nme = \frac{me}{Q^-} = \frac{\frac{1}{n}\sum_{i=1}^{n} Q_i^* - Q_i}{\sum_{i=1}^{n} Q_i} \quad (3)$$

Der normierte mittlere Fehler (3) gibt ähnlich wie der *bias* (absoluter systematischer Fehler) Auskunft über den systematischen Fehler (GOURLEY & VIEUX, 2006). Durch die Normierung wird ein besser vergleichbarer Wert ermittelt. Das Ergebnis kann sowohl positiv als auch negativ sein. Das bestmögliche Ergebnis in Bezug auf deren Ähnlichkeit ist 0 (DRABEK, 2010).

normalised standard deviation error (nsdve)

$$nsdve = \frac{sdve}{\bar{Q}} = \frac{\sqrt{\frac{1}{n}\sum_{i=1}^{n}[(Q_i^* - Q_i) - me]^2}}{\bar{Q}} \quad (4)$$

Bei dieser Maßzahl (4) handelt es sich um die normierte Standardabweichung des Fehlers (REED, ZHANG, & SCHAAKE, 2007). Die Standardabweichung ist ein Maß für die Streuung der Werte einer Zufallsvariable um ihren Mittelwert. Normiert mit dem Mittelwert der Beobachtung wird daraus eine besser vergleichbare Größe. Der *nsdve* ist immer positiv, für ein perfektes Modell ist *nsdve*=0 (DRABEK, 2010).

Nash-Sutcliffe model efficiency (nsme)

$$nsme = 1 - \frac{\sum_{i=1}^{n}(Q_i^* - Q_i)^2}{\sum_{i=1}^{n}(Q_i - \bar{Q})^2} \tag{5}$$

Das *Nash-Sutcliff Kriterium* (5) kurz *nsme* ist ein kombiniertes Maß für zufälligen[4] und systematischen FehleR (NASH & SUTCLIFFE, 1970). Der Ergebniswert bewegt sich zwischen -∞ bis 1.Wobei 1 bedeutet, dass es sich hierbei um eine perfekte Modellierung handelt. Der Wert 0 bedeutet, dass die Modellierung so gut ist wie der Mittelwert der Beobachtung (Original). *nsme* < 0 tritt hingegen auf, wenn der Mittelwert der Beobachtung ein besseres „Modell", darstellt als das eigentliche Simulationsmodell (korrigierte Zeitreihe), d. h., wenn die Fehler des Modells (im Zähler) größer werden als die Varianz in der Beobachtung (im Nenner) (DRABEK, 2010).

Benchmark-Modell (bme)

$$bme = \frac{\sum_{i=1}^{n}(Q_i^* - Q_i)^2}{\sum_{i=1}^{n}(Q_i - Q_b)^2} \tag{6}$$

Das Benchmark-Modell (6) ist eine Erweiterung des Nash-Sutcliffe Kriteriums und unterscheidet sich im Wesentlichen nur durch eine andere Definition der Variablen $\bar{Q}$.

Nash-Sutcliffe versus Benchmark-Modell

Das Nash-Sutcliff Kriterium benötigt zu dessen Berechnung immer den Mittelwert der Beobachtung $\bar{Q}$. Dieser ist jedoch bei der Berechnung von Wetterdaten bzw. deren Vergleich nicht unbedingt genau. Man berechne zum Beispiel den Jahresmittelwert des Pegelstands eines Flusses für ein ganzes Jahr. Diesen Wert als Mittelwert für die Berechnungen etwa des Monats Augusts oder Dezembers heranzunehmen, ist unbrauchbar. Somit erwähnten schon GUPTA & SCHAEFLE (2007), dass es sinnvoller ist, nicht etwa den Jahresmittelwert $\bar{Q}$ heranzuziehen, sondern dem Mittelwert des jeweils zu berechnenden Monats Q_b. In unserem Fall jeweils den Mittelwert der Monate August oder Dezember. Deshalb unterschieden sich die zwei Formeln nur durch eine Variable: $\bar{Q}$ durch Q_b.

[4] *Systematischer und zufälliger Fehler* http://www.statistics4u.info/fundstat_germ/ee_precision_ accuracy.html (zuletzt besucht:01.02.2013)

3.2.2 Optimum und Pessimum der Maßzahlen

Wie in der Tabelle 1 erkennbar reichen die Grenzwerte bei der Maßzahl nme von $-\infty$ bis $+\infty$ wobei 0 das Optimum darstellt. Umso weiter das Ergebnis von 0 entfernt ist umso schlechter das Ergebnis. Die Grenzwerte der Maßzahlen rsme, nsdve befinden sich zwischen 0 und $+\infty$, wobei 0 das Optimum darstellt. Umso höher der Wert umso schlechter das erzielte Ergebnis. Bei der Maßzahl nsme ergibt sich wieder eine andere Konstellation der Wert 0 bedeutet, dass das erzielte Ergebnis gleich gut ist wie der Mittelwert der Beobachtung. Das Optimum stellt der Wert 1 dar.

Tabelle 1: Optimum und Pessimum der Maßzahlen

Maßzahlen	Optimum	Pessimum
root mean squared error (rsme)	0	höher
Nash-Sutcliffe model effiency (nsme)	1	x=0 Ergebnis gleich gut wie Mittelwert
Bestimmtheitsmaß(ide)	1	0
normalised mean error (nme)	0	niedriger oder höher als 0
normalised standard deviation error (nsdve)	0	höher

4 Implementierung

Zur Ermittlung der Qualität der einzelnen Korrekturmethoden wurde ein Programm in Java implementiert welches die unterschiedlichen bereits korrigierten Zeitreihen mit der original Zeitreihe vergleicht.

Der Qualitätstest erfolgt in mehreren Schritten:

1. Auswählen einer Zeitreihe z. B. *Drau-Amlach-Pegelstand.*
2. Mithilfe der HyDaMS-Software wird die Zeitreihe betrachtet und Fehler werden erzeugt. Es wird z. B. ein Teil der Zeitreihe gelöscht.
3. Die ECO-Software wird gestartet und eine Korrekturmethode für dies Zeitreihe wird ausgewählt, z. B. *limitcheck.xml.*
4. Die Zeitreihe *Drau-Amlach-Pegelstand* wird geprüft und korrigiert.
5. Es werden weitere Korrekturmethoden auf diese Zeitreihe angewandt.
6. Das Quality-Tool evaluiert daraufhin, welche der Korrekturmethoden die Zeitreihe am besten korrigiert hat.
7. Analyse der Ergebnisse

Anhand der durch das Programm *(Quality Tool*) berechneten Werte ist nun durch den Benutzer zu erkennen, welche Korrekturmethode die Beste ist. Die Interpretation der Ergebnisse erfolgt durch den Benutzer und nicht durch das Programm. Die genaue Funktionsweise des Programms und der Aufbau der programmierten Klassen ist dem technischem Bericht zu entnehmen (ROBATSCH & LEHRER 2013)

5 Anwendung

Im nächsten Schritt wurde das Implementierte *Quality Tool* getestet, um den Einsatz der einzelnen statistischen Maßzahlen möglichst objektiv zu bewerten wurden Testdaten verwendet. Die Ergebnisse wurden mithilfe des Programms *Microsoft Excel* grafisch aufbereitet, um einfacher interpretiert werden zu können.

Tabelle 2: Testdaten grafisch aufbereitet (Originaldaten Spalte 1, Messzeitpunkt Spalte 2, Spalte 4 manipulierte Originaldaten, Spalte 5-8 korrigierte Zeitreihen)

			Töbring Temperatur in °C Zeitraum VON 0:00 12.09.2012 BIS 03:00 12.09.2012					
Originaldaten	**Messzeitpunkt**	**Art (Original)**	**Original manipuliert**	**Korrigiert A**	**Korrigiert B**	**Korrigiert C**	**Korrigiert D**	**Art (Korrigiert)**
5	○ 00:00	Korrekt	5	5	5	5	5	Original
7	○ 00:15	Korrekt	7	7	7	7	7	Original
7	○ 00:30	Korrekt	7	7	7	7	7	Original
6	○ 00:45	Korrekt	6	6	6	6	6	Original
8	○ 01:00	Korrekt	8	8	8	8	8	Original
10	○ 01:15	Korrekt	10	10	10	10	10	Original
11	○ 01:30	synthethischer Fehler	0	10	9	11	9	Korrigiert
10	○ 01:45	synthethischer Fehler	0	10	9	12	10	Korrigiert
11	○ 02:00	synthethischer Fehler	0	9	8	10	9	Korrigiert
12	○ 02:15	Korrekt	12	12	12	12	12	Original
10	○ 02:30	Korrekt	10	10	10	10	10	Original
7	○ 02:45	Korrekt	7	7	7	7	7	Original
6	● 03:00	Korrekt	6	6	6	6	6	Original

Wie in Tabelle 2 erkennbar ist, befinden sich in der ersten Spalte von links (Bezeichnung: Originaldaten) jeweils die Ergebnisse der Originalzeitreihe. In der zweiten Spalte (Bezeichnung: Messzeitpunkt) werden die einzelnen Messzeitpunkte der Messungen angegeben. Die dritte Spalte (Bezeichnung: Art (Original)) gibt Auskunft über die Art der jeweiligen Spalten. Korrekt: Bedeutet, dass es sich hierbei um fehlerfreie Messwerte handelt. Synthetischer Fehler: Bedeutet die Werte, welche sich in den Spalten rechts (Bezeichnung: Original manipuliert) dieser Spalte und Zeile befinden, mithilfe von HyDaMS manipuliert wurden. Wie zu erkennen sind diese Werte je mit dem Wert 0 °C belegt. Die Spalten fünf bis acht stellen die Ergebnisse der einzelnen Korrekturmethoden, A-B-C-D, dar. Die Korrekturmethoden wurden bewusst nur mit A, B, C, D bezeichnet um die Objektivität der Analyse zu erhöhen. Denn so ist es für den Bewerter der Analyse schwieriger, etwa eine favorisierte Korrekturmethode zu bevorzugen. Die letzte Spalte wiederum kennzeichnet (Bezeichnung: Art (Korrigiert)) ob es sich hier um Originalteil oder den von der Korrekturmethode korrigierten Teil handelt. „Original“: Steht für den nicht korrigierten Teil; „Korrigiert“: Steht für den korrigierten Teil der Zeitreihe.

Tabelle 3: Ergebnisse der Analyse der Testdaten (die besten Werte sind grau markiert)

Maßzahl	Original Manipuliert	A	B	C	D
rsme	5129102485590660,00	0.6201736729460423	0.8257382111239755	0.6201736729460423	0.7844645405527362
nsme	-4408759124087590,00	0.9209245742092458	0.7785888077858881	0.9209245742092458	0.8734793187347932
ide	-687612398180,47	0.016815156719622155	0.016846503755421557	0.01456745066234117	0.01689227362093512
nme	-0.2909090909090909	-0.02727272727272727	-0.05454545454545454	0.00909090909090909	-0.03636363636363636
nsdve	5309993696592420,00	435943926942464,00	4457772486028200,00	4228328313953220,00	4392217008292490,00

In Tabelle 3 werden die Ergebnisse der Analysen, durch die statistischen Maßzahlen, dargestellt. In der ersten Spalte (Bezeichnung: Maßzahl) werden die angewendeten Maßzahlen aufgelistet. In der der zweiten Spalte (Bezeichnung: Original Manipuliert) sind die Ergebnisse zu erkenne welche die manipulierte Zeitreihe verglichen mit der Originalzeitreihe erreicht. Hierbei ist zu erkennen, dass die manipulierte Zeitreihe bei jeder statistischen Maßzahl am schlechtesten abschneidet. Spalten drei bis sechs stellt die Ergebnisse der restlichen Korrekturmethoden verglichen mit der Originalzeitreihe dar. Die beste(n) Korrekturmethode wurde jeweils pro Zeile *grau markiert*. Bei der schlussendlichen Bewertung der Ergebnisse ist zu erkennen, dass sich die Korrekturmethode A und C ein Kopf an Kopf Rennen liefern. Erst ab der vierten Maßzahl entscheidet die Korrekturmethode C das Rennen für sich. Die Korrekturmethode *ide* (Bestimmtheitsmaß) wurde nicht in die Bewertung mit einbezogen, siehe Fazit.

6 Diskussion

Zu Beginn der Arbeit wurde die Idee angedacht, die einzelnen Maßzahlen zu einer Gesamtformel zusammenzufügen. Diese Idee wurde jedoch während der Projektarbeit wieder verworfen, da die Maßzahlen untereinander zu unterschiedliche Grenzwerte aufweisen. In der Folge der weiteren Ausbildung wurde jedoch eine Möglichkeit gefunden, diese Maßzahlen zu einer Zahl zu vereinigen. Um dies anzustellen, ist es jedoch notwendig, die unterschiedlichen Optima und Pessima zu vereinheitlichen. Dies kann mithilfe der Definition von Cost- und Benefit-Criteria erfolgen. Das Programm DEFINITE[5] könnte sich bei solch einer Vereinheitlichung der Maßzahlen als besonders hilfreich erweisen. Eine solch vereinheitlichte Zahl könnte vom Programm selbst interpretiert und ausgewertet werden. Ferner ist es noch notwendig das Programm noch zusätzlichen Tests mit unterschiedlichsten Testdaten zu unterziehen, um dessen Aussagekraft weiter zu untermauern. Zusätzlich könnte in Zukunft auch noch das Interface des Programms verbessert und benutzer-freundlicher gestaltet werden.

[5] http://www.ivm.vu.nl/en/projects/Projects/spatial-analysis/DEFINITE/index.asp (zuletzt besucht: 19.01.2014)

7 Fazit

Zur Bewertung der Qualität der Korrekturmethoden mithilfe der ausgewählten Maßzahlen ist das entwickelte Programm durchaus zweckdienlich. Die Maßzahl des Bestimmtheitsmaßes ist aufgrund der Ergebnisse am wenigsten geeignet. Zwar erzielt diese Maßzahl auch gute Ergebnisse, jedoch sollte man nicht außer Acht lassen, dass das Bestimmtheitsmaß nur ein deskriptives Maß für die Güte der Anpassung der Regressionsgeraden ist und kein Maß für die Qualität der Schätzung.

Literatur

DRABEK, U. (2010), Anwendungsbezogene Aspekte der operationellen Durchflussvorhersage (Bd. 221). (I. f. o. Univ.-Prof. Dipl.-Ing. Dr. Günter Blöschl, Hrsg.) Wien, Österreich, TU Wien.

GOURLEY & VIEUX (2006), A method for identifying sources of model uncertainty in rainfall-runoff simulations. Journal of Hydrology, 327, 68-80.

GUPTA & SCHAEFLI (2007), Hydrological Processes. John Wiley & Sons, Ltd., USA:

MOSER, J. E. (2010), Theoretisches Regelwerk – Fehlererkennungs- und Rekonstrukti-onsmethoden für meteorologische/hydrologische Messungen. Klagenfurt: Amt der Kärntner Landesregierung/Abteilung 8/Hydrographischer Dienst.

NASH & SUTCLIFFE (1970), River flow forecasting through conceptual models part I – A discussion of principles. Journal of Hydrology, 10 (3), 282-290.

REED, S., ZHANG, Z. & SCHAAKE, J. (2007), A distributed hydrological model and threshold frequency-based method for flash flood forecasting at ungauged stations. Journal of Hydrology, 337, 402-420.

ROBATSCH, E. (2013), ECO-Quality of Service. Bachelorarbeit 1.

ROBATSCH & LEHRER (2013), Technischer Bericht – ECO-Quality of Service.

GIS-gestützte Klimaprojektionen als Grundlage für Handlungsstrategien auf lokaler Ebene

Stefan TAEGER und Lothar ULFERTS
Hochschule Osnabrück · s.taeger@hs-osnabrueck.de

Dieser Beitrag wurde durch das Programmkomitee als „reviewed paper" angenommen.

1 Anlass und Grundlagen

GIS-gestützte Klimaprojektionen liefern die fachlichen Grundlagen für Klimaanpassungsstrategien auf verschiedenen Planungsebenen. Auf der kommunalen Ebene sind Projektionen gefordert, die eine ausreichend hohe inhaltliche und räumliche Auflösung besitzen und lokale Akteure direkt in die Lage versetzen, Handlungsstrategien zu entwickeln. Idealerweise sind die zugrunde liegenden Methoden dabei mit allgemein zur Verfügung stehenden Geodaten sowie begrenztem Personal- und Zeitaufwand umsetzbar. Ein Modellierungsansatz, der explizit auf diese Erfordernisse der kommunalen Ebene zugeschnitten ist, wurde auf der AGIT 2013 vorgestellt (vgl. KING & TAEGER 2013). Der vorliegende Beitrag befasst sich mit der Weiterentwicklung des dort vorgestellten Ansatzes.

Die wesentlichen Merkmale des Modellansatzes sind folgende:

Expositionsanalyse

Die Projektion künftiger klimatischer Zustände basiert auf den SRES-Szenarien des IPCC (vgl. WALKENHORST & STOCK 2009) und dessen globalem Klimamodell. Das im vergangenen Jahr vorgestellte Projekt verwendete das A1B-Szenario, das innerhalb der Bandbreite möglicher Klimaänderungen einen mittleren Entwicklungspfad beschreibt. Auf dessen Grundlage wurden regionale Änderungen der Temperatur- und Niederschlagsverhältnisse ermittelt und spezifische Empfindlichkeiten im Projektgebiet analysiert.

Der überarbeitete Modellansatz stellt stattdessen die Bandbreite möglicher Entwicklungen auf der Basis von zwei Szenarien dar. Hierdurch bietet sich die Möglichkeit, die Bandbreite möglicher Veränderungen in Form von maximaler und minimaler Betroffenheit innerhalb eines Erwartungsintervalls im Projektgebiet aufzuzeigen (vgl. Abb. 1).

Sensitivitätsanalyse:

Die Empfindlichkeiten des Projektgebietes werden anhand der Auswirkungen klimatischer Veränderungen auf landwirtschaftliche Nutzflächen dargestellt. Zentrales Kriterium ist hier die Wasserversorgung landwirtschaftlicher Nutzpflanzen am jeweiligen Standort. Der Landschaftswasserhaushalt wird anhand der klimatischen Wasserbilanz (KWB) operationalisiert. Diese gibt die Differenz zwischen jährlichem Niederschlag und Verdunstung im gleichen Zeitraum an. Die KWB wird durch klimatische Veränderungen gegenüber dem heutigen Zustand verändert. Neben der KWB hat die spezifische Wasserhaltefähigkeit des Bodens ausschlaggebende Bedeutung für die Menge pflanzenverfügbaren Wassers. Diese

Strobl, J., Blaschke, T., Griesebner, G. & Zagel, B. (Hrsg.) (2014): Angewandte Geoinformatik 2014.
 ISBN 978-3-87907-543-0.

wird als nutzbare Feldkapazität (nFk) bezeichnet (vgl. AD-HOC-AG BODEN 2005). Die Wasserhaltefähigkeit kann ausgleichend auf Wasserverfügbarkeit bei sich negativ verändernder KWB wirken. Die Trockenstresswahrscheinlichkeit für landwirtschaftliche Kulturen ergibt sich daher aus einer Verknüpfung der KWB und der nFk (vgl. Abb. 1).

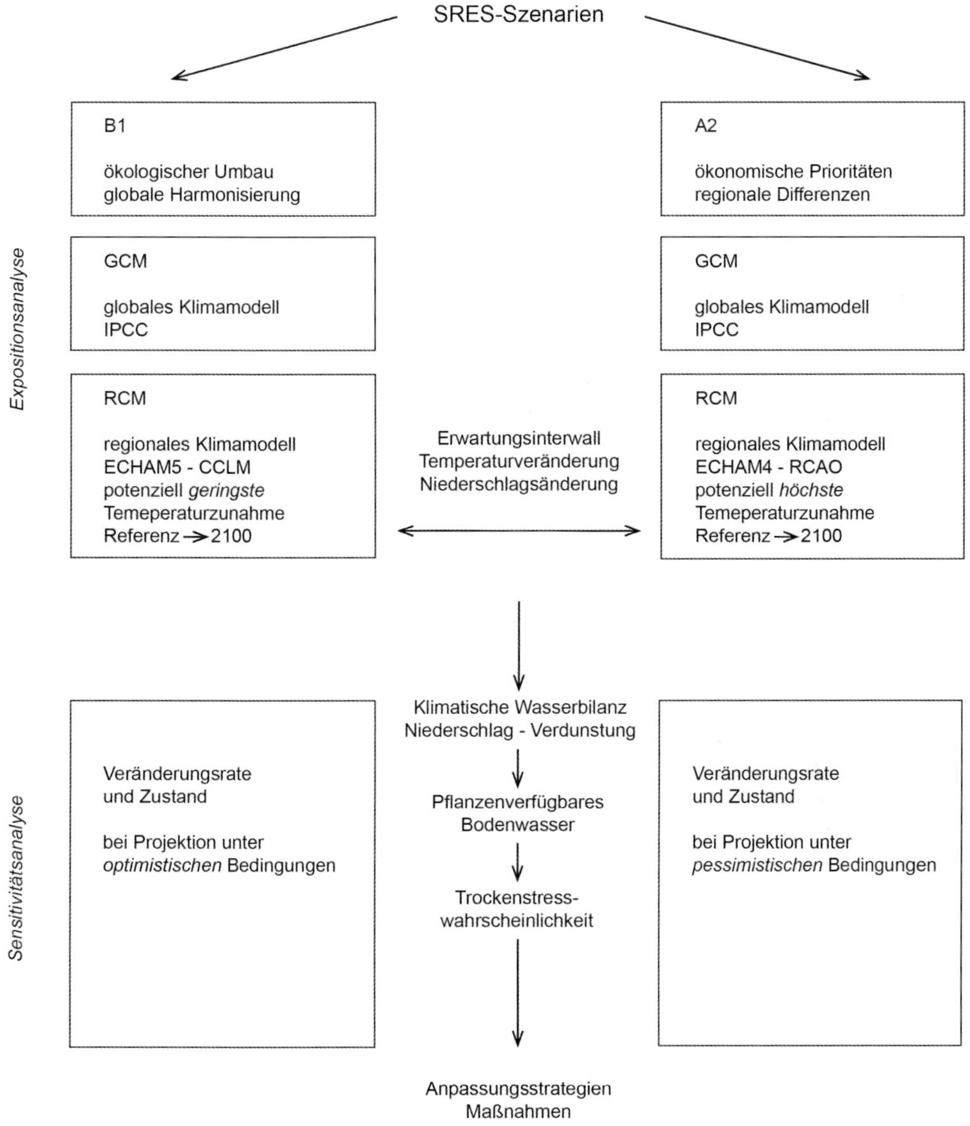

Abb. 1: Grundkonzeption des Modellansatzes

Die KWB wird anhand der Parameter Globalstrahlung, Relief und Bodenverhältnisse im GIS bilanziert. Das 2013 vorgestellte Projekt wurde in Südwestdeutschland umgesetzt, wobei das Untersuchungsgebiet eine relativ hohe Globalstrahlung, Reliefenergie und zu

Trockenheit neigende Bodenverhältnisse aufwies. Insofern waren für die Erstanwendung gute Randbedingungen gegeben, um die Größenordnung klimatischer Veränderungen lokal sichtbar zu machen.

Im Zuge der Überarbeitung wurde überprüft, ob mit dem vorliegenden Modellierungsansatz auch in Gebieten mit deutlich geringerer Globalstrahlung und Reliefenergie ebenfalls aussagekräftige Ergebnisse erzielt werden können. Hierzu wurde der Modellansatz in zwei Untersuchungsgebieten (UG) in Nordwestdeutschland getestet (UG „Melle“: nordwestdeutsches Tief- und Hügelland; UG „Höxter“: Mittelgebirge). Beide Gebiete weisen mit Globalstrahlungswerten von 981 – 1000 kWh/m² deutlich geringere Werte auf, als das Projektgebiet 2013 (1121 – 1140 kWh/m²).

2 Exposition – Berechnung künftiger Klimaveränderungen

Datengrundlagen und Vorgehen

Die Klimaprojektion basiert auf den Ergebnissen der regionalen Klimamodelle (RCM) REMO und RCAO und verwendet zwei SRES-Szenarien, um den möglichen Erwartungsintervall klimatischer Veränderungen für die Jahre 2075 – 2100 aufzuspannen (vgl. Abb. 1). Zur Anwendung kommt auf der einen Seite das B1-Szenario, das vergleichsweise moderate Temperaturanstiege und geringe Veränderungen der Niederschlagsmengen abbildet. Eine entgegengesetzte Entwicklung zeigt Szenario A2, welches die höchsten Temperaturanstiege und hohe Veränderungen der Niederschlagsverhältnisse für Deutschland umfasst (Helmholtz Gesellschaft 2012).

Für den Zeithorizont 2075 – 2100 liegen die resultierenden Temperaturen und Niederschlagsmengen für die Untersuchungsgebiete „Melle“ und „Höxter“ im Dreimonatsmittel (Winter, Frühjahr, Sommer, Herbst) auf Basis der RCM vor. Zur Darstellung der heutigen klimatischen Bedingungen werden lokale Klimadaten des Deutschen Wetterdienstes (DWD) für den Referenzzeitraum 1961–1990 verwendet. Eingang finden jeweils die Klimagrößen Temperatur und Niederschlagsmenge als langjährige Monatsmittelwerte (Januar bis Dezember). Diese werden mit den Ergebnissen der RCM in Beziehung gesetzt, aus der Differenz der Daten des Referenzzeitraums und Projektionszeitraums werden die Veränderungen der mittleren Temperaturen und Niederschlagsmengen berechnet und kommen als Datengrundlage für die folgende Sensitivitätsanalyse zur Anwendung. Hierbei ist zu beachten, dass es durch die Verwendung der Dreimonatsmittelwerte der RCM zu Unschärfen kommt, die jedoch im Gesamtzusammenhang der Analyse zu vernachlässigen sind. Tab. 1 zeigt aus Gründen der Übersichtlichkeit für Referenz- wie Projektionszeitraum lediglich die Dreimonatsmittelwerte.

Ergebnisse

In Tabelle 1 werden die Temperaturwerte für beide SRES-Szenarien und jeweils beide Untersuchungsgebiete sowohl für den Referenzzeitraum 1961 – 1990 sowie den Projektionszeitraum 2075 – 2100 gezeigt. In gleicher Form liegen heutige und künftige Niederschlagsmengen vor. Die Ergebnisse der regionalen Klimamodelle zeigen innerhalb desselben Szenarios identische Trends für beide Untersuchungsgebiete.

Vergleicht man die Temperaturunterschiede zwischen den beiden Szenarien, so ergibt sich damit für beide Untersuchungsgebiete ein Erwartungsintervall von 3,6 °C Differenz zwischen B1- und A2-Szenario für die Sommermonate und 2,1 °C Differenz für die Wintermonate. Bereits beim Vergleich dieser Zahlen lässt sich vermuten, dass die folgende Sensitivitätsanalyse deutlich unterschiedliche Betroffenheiten, abhängig vom zugrunde gelegten Szenario, zeigen wird.

Die Ergebnisse der regionalen Klimamodelle zeigen bezüglich der Niederschläge bei zugrunde liegendem B1-Szenario für die Jahreszeiten Winter, Frühjahr und Herbst zunehmende Niederschlagsmengen zwischen 10 – 17 % im Vergleich zum Referenzeitraum, für den Sommer eine Abnahme der Niederschlagsmenge um ca. 12 %. Bei zugrunde liegendem A2-Szenario nehmen die Niederschlagsmengen im Winter um ca. 40 % und im Herbst um ca. 10% zu, im Frühjahr bleiben sie gegenüber dem Referenzzeitraum gleich, im Sommer nehmen sie jedoch um 45% gegenüber dem Referenzzeitraum ab.

Tabelle 1: Temperaturwerte und -veränderungen zwischen Referenzzeitraum (1961 – 1990) und Projektionszeitraum (2075 – 2100) für SRES-Szenario B1 (oben) und SRES-Szenario A2 (unten) – Angaben jeweils in °C

Mittlere Temperatur		Winter	Frühling	Sommer	Herbst
HÖXTER	Referenzzeitraum	-0,7	6,2	14,5	7,6
	Veränderung	*2,5*	*1,2*	*1,9*	*2,1*
	Zukunftswert	1,8	7,4	16,4	9,7
MELLE	Referenzzeitraum	1,5	8,2	16,4	9,3
	Veränderung	*2,5*	*1,2*	*1,9*	*2,1*
	Zukunftswert	4,0	9,4	18,3	11,4
Mittlere Temperatur		Winter	Frühling	Sommer	Herbst
HÖXTER	Referenzzeitraum	-0,7	6,2	14,5	7,6
	Veränderung	4,6	4,6	5,5	4,7
	Zukunftswert	3,9	10,8	20,0	12,3
MELLE	Referenzzeitraum	1,5	8,2	16,4	9,3
	Veränderung	4,6	4,6	5,5	4,7
	Zukunftswert	6,1	12,8	21,9	14,0

3 Sensitivitätsanalyse – Ermittlung der spezifischen Empfindlichkeit

Datengrundlagen und Vorgehen

Stellvertretend für zahlreiche weitere Analysemöglichkeiten, die das Grundkonzept des Modellansatzes bietet, soll die spezifische Empfindlichkeit der landwirtschaftlichen Nutzflächen der beiden UG bezüglich der Wasserversorgung von Kulturpflanzen bzw. Feldfrüchten ermittelt werden. Der Landschaftswasserhaushalt wird dabei vereinfacht anhand der klimatischen Wasserbilanz (KWB) abgebildet. Diese ergibt sich aus Niederschlagsmenge abzüglich Verdunstung, bezogen auf einen definierten Zeitraum und ist eine zentrale Größe zur Klimakennzeichnung und Beurteilung der Wasserversorgung (vgl. AD-HOC-AG

BODEN 2005). Die KWB ist dabei der Modellparameter, der sich gegenüber seinem heutigen Zustand in Zukunft verändern wird. Insbesondere in den Sommermonaten und damit auch innerhalb der Vegetationsperiode werden die Niederschläge je nach Szenario unterschiedlich stark abnehmen und gleichzeitig die mittleren Temperaturen deutlich ansteigen. Damit verringert sich in den Sommermonaten das Wasserdargebot, gleichzeitig steigt infolge der höheren Temperaturen die Verdunstung. Die KWB wird sich somit zum Negativen gegenüber heute verändern. Dieser Effekt kann teilweise durch die Wasserhaltefähigkeit der Böden kompensiert werden, sodass je nach vorherrschenden Bodenverhältnissen eine Pufferung des verringerten Wasserdargebots erfolgen kann. Dieses Wirkungsgefüge ist mit geeigneten Ansätzen und Datengrundlagen zu modellieren.

Die KWB wird dabei folgendermaßen abgebildet: Der Niederschlag fließt als einheitlicher Wert für ein UG aus der Expositionsanalyse in die Berechnung ein. Die Verdunstung wird anhand der FAO-Grasreferenzverdunstung nach dem Penman-Monteith-Ansatz (vgl. GLUGLA et al. 2003) im GIS ermittelt. Das Vorgehen hierzu wird bei KING & TAEGER 2013 beschrieben. Als Ergebnis steht die Verdunstungsrate als räumlich variabler Wert zur Verfügung. In diesen fließen Temperatur, Globalstrahlung, Geländeexposition und Geländehöhe ein. Die Kalibrierung des Modells erfolgte über Anpassungen der Globalstrahlungsanalyse. Deren Parameter wurden so eingestellt, dass die im GIS ermittelten Globalstrahlungswerte mit den durchschnittlichen Werten des DWD für den Referenzzeitraum übereinstimmten.

Als Datengrundlage dient ein digitales Geländemodell (DGM) auf Basis des DGM 5 der Landesvermessungen Nordrhein-Westfalen bzw. Niedersachsen. Dieses steht als Raster mit einer Auflösung von 25 × 25 m bereit. Für jede Zelle wird nun die KWB anhand des Niederschlags- und Verdunstungswertes berechnet und steht als Zahlenwert in der Einheit mm/Zeitraum zur Verfügung.

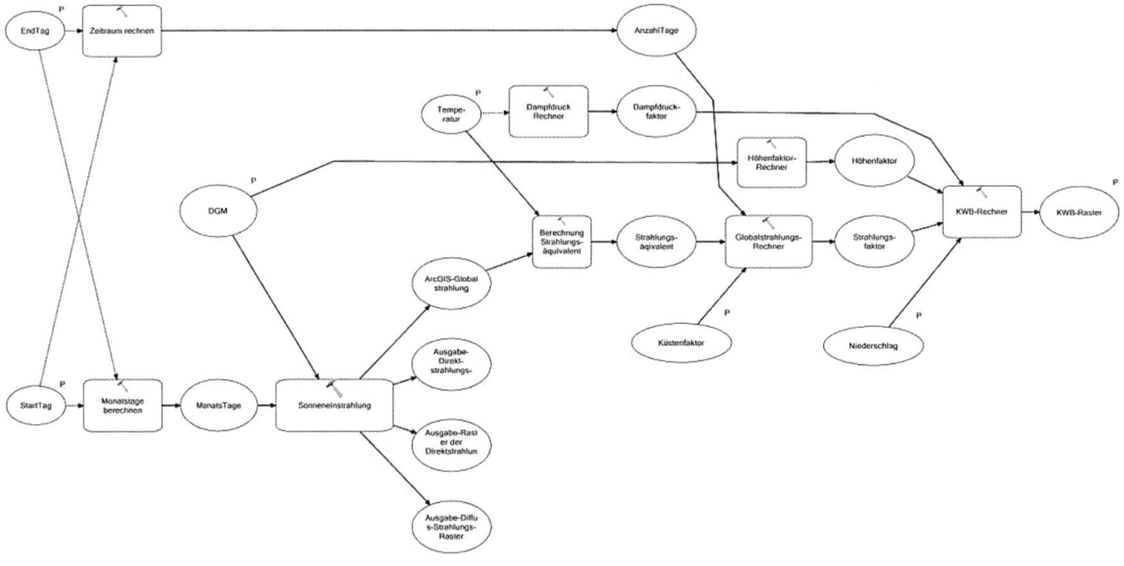

Abb. 2: Berechnung der KWB im ArcGIS-Modelbuilder

Als Software kommt ESRI ArcGIS Desktop Advanced mit der Erweiterung Spatial Analyst zur Anwendung. Das Gesamtmodell wurde dabei im Modelbuilder mit Python-Skripten sowie Standardwerkzeugen des Spatial Analysts umgesetzt (vgl. Abb. 2) und für jedes UG und Szenario ein neuer Rechengang angestoßen.

Die Werkzeuge „Dampfdruckrechner", „Globalstrahlungsrechner" und „Höhenfaktorrechner" setzen die einzelnen Terme des Penman-Monteith-Ansatz zur Berechnung der Grasreferenzverdunstung um, der „KWB-Rechner" subtrahiert diesen Wert vom Niederschlagswert desselben Zeitraums und stellt das Ergebnis als Floating-Grid dar. Die KWB wird als Größe in der Einheit mm/Monat für jeden Monat von Januar bis Dezember separat berechnet und steht für den Referenzzeitraum, B1- sowie A2-Szenario zur Verfügung. Damit ergibt sich die Möglichkeit, die KWB für das Gesamtjahr als auch für den Zeitraum der Hauptvegetationsperiode (KWBv) zwischen Mai und Oktober abzuleiten.

Die Wasserhaltefähigkeit der Böden fließt als Modellparameter anhand der nutzbaren Feldkapazität (nFk) in die Berechnung ein. Diese beschreibt den Anteil des Bodenwassers, den ein Boden entgegen der Schwerkraft halten kann und der der Aufnahme durch Pflanzenwurzeln zur Verfügung steht (vgl. AD-HOC-AG BODEN 2005). Die nFk wird aus einzelnen Bodenkennwerten berechnet (vgl. MÜLLER & WALDECK 2011) und steht in der Einheit mm oder Vol.% zur Verfügung. Für die UG „Melle" und „Höxter" liegt die BK 25 nicht flächendeckend vor. Da dieses Kartenwerk ohnehin in den meisten Bundesländern zugunsten der BK 1:50.000 nicht weiterbearbeitet wird, kommt hier die BK 50 des geologischen Dienstes NRW sowie des LBEG Niedersachsen zur Anwendung. Diese enthält lediglich aggregierte Angaben zu Bodenkennwerten, die nFk wird hier ausschließlich in Stufen (1 – 5 / sehr gering – sehr hoch) gemäß der Bodenkundlichen Kartieranleitung (vgl. AD-HOC-AG BODEN 2005: 233) angegeben. Die digitale BK 50 wurde mit den Attributwerten der nFk ebenfalls in einen Rasterdatensatz konvertiert und mit den Daten zur KWB verschnitten.

	nFK -->	sehr gering	gering	mittel	hoch	sehr hoch
KWB in mm	Klasse	1	2	3	4	5
-100	1					
-90	2					
-80	3					
-70	4					
-60	5					
-50	6					
-40	7					
-30	8					
-20	9					
-10	10					
0	11					
10	12					
20	13					
30	14					
40	15					
50	16					
60	17					
70	18					
80	19					
90	20					

Tabelle 2: Trockenstresswahrscheinlichkeit (TSW) als Ergebnis der Verknüpfung von Klimatischer Wasserbilanz (KWB) und nutzbarer Feldkapazität (nFk): rot: hohe TSW, orange: mittlere TSW, gelb: geringe TSW (Farbe in Originalabbildung)

Zur Zusammenführung der kardinal skalierten Werte der KWB und der ordinalskalierten Werte der nFk wurden die absoluten Werte der KWB ebenfalls in eine Ordinalskala reklassifiziert und über eine Verknüpfungsmatrix mit der nFk in Beziehung gesetzt. Der resultierende Ergebniswert gibt die Trockenstresswahrscheinlichkeit (TSW) auf einer dreistufigen Skala (gering, mittel oder hoch) an. Tabelle 2 zeigt die Verknüpfungsmatrix und die jeweiligen Klassengrenzen.

Ergebnisse

Die klimatische Wasserbilanz der Hauptvegetationsperiode (KWBv) liefert die für die Landwirtschaft bedeutsame Aussage, ob innerhalb der Vegetationszeit von Kulturpflanzen mit signifikanten Veränderungen der Wasserbilanz bzw. -versorgung zu rechnen ist. In beiden UG liegen die Ergebnisse für den Referenzzeitraum, wie auch beide Szenarien innerhalb eines Wertebereichs von –50 bis +50 mm. Dieser wird gemäß AD-HOC-AG BODEN 2005 als geringe KWBv eingestuft. Abbildung 3 zeigt die Ergebnisse für das UG „Melle", hier wird deutlich, dass zwischen Referenzzeitraum und Projektion des B1-Szenarios kaum Veränderungen zu beobachten sind, zwischen Referenzzeitraum und Projektion des A2-Szenarios jedoch eine klare negative Tendenz der KWBv sichtbar wird, welche die ohnehin geringe Bilanz innerhalb der Vegetationsperiode weiter verschlechtert. Große Bereiche des UG „Melle" würden im Unterschied zu heutigen Bedingungen künftig eine deutlich negative KWBv aufweisen.

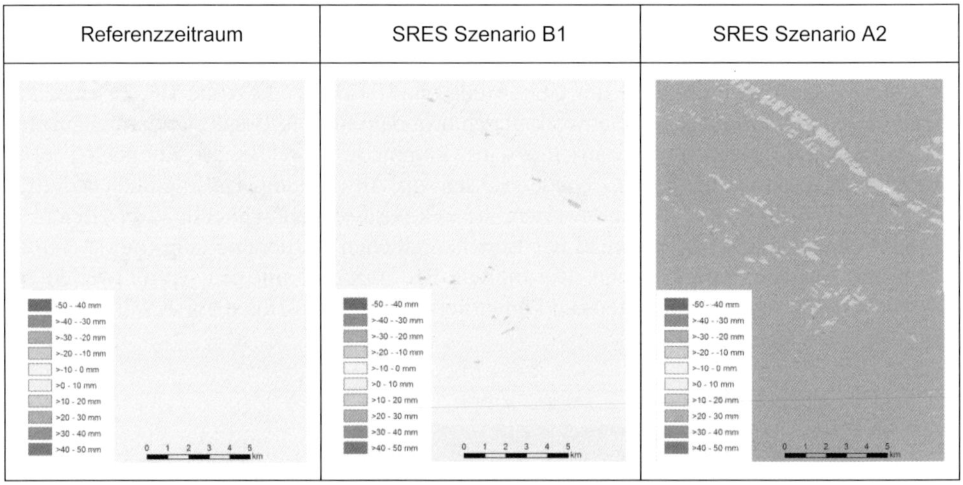

Abb. 3: KWBv in mm für das UG „Melle"

Auf diese Ergebnisse aufbauend liefert die Zusammenführung von KWBv und nFk nach o. g. Methodik Aussagen darüber, inwieweit Kulturpflanzen einem Trockenstressrisiko ausgesetzt sind, falls eine ungünstige Wasserbilanz und eine geringe Wasserhaltefähigkeit der Böden zusammentreffen. Als Ergebnis liegen Darstellungen der Trockenstresswahrscheinlichkeit für die Untersuchungsgebiete „Melle" und „Höxter" vor (vgl. Abb. 4 und 5).

Die Ergebnisse zeigen für die Hauptvegetationsperiode die Trockenstresswahrscheinlichkeit für den Referenzzeitraum sowie das jeweilige Szenario (B1 oder A2) an. Somit können zum einen die Trends zwischen Referenzzeitraum 1961 – 1990 und die SRES-Szenarien für 2075 – 2100 aufgezeigt werden. Zum anderen kann die Spannweite bzw. das Erwartungsintervall zwischen einer Entwicklung unter optimistischen Annahmen und einer Entwicklung unter eher pessimistischen Annahmen bezüglich gesellschaftlich-wirtschaftlicher Rahmenbedingungen sichtbar gemacht werden.

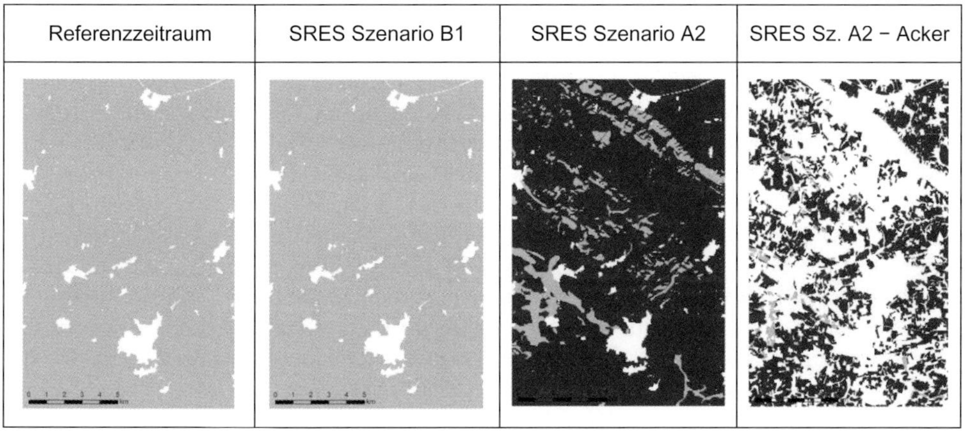

Abb. 4: Ergebnisse für das UG „Melle" (Hauptvegetationsperiode): *gelb*: geringe TSW, *orange*: mittlere TSW, *rot*: hohe TSW

Für das UG „Melle" (Abb. 4) wird sichtbar, dass das Trockenstressrisiko bereits heute fast im gesamten UG im mittleren Bereich liegt. Eine geringe Trockenstresswahrscheinlichkeit ist selbst im Referenzzeitraum während der Vegetationsperiode lediglich auf kleineren Flächen anzutreffen. Die Projektion des B1-Szenarios zeigt kaum Veränderungen des heutigen Zustands. Im Gegensatz dazu zeigt die Projektion des A2-Szenarios eine Steigerung des Trockenstressrisikos um eine Stufe, die nur in kleineren Bereichen des UG durch eine günstige Wasserhaltefähigkeit der Böden abgepuffert werden kann. Die Grafik ganz rechts zeigt dabei alle heute in Ackernutzung befindlichen Flächen. Auf diesen Flächen sind mit hoher Priorität Anpassungsmaßnahmen erforderlich, um auch zukünftig eine ausreichende Wasserversorgung der landwirtschaftlichen Kulturen sicherzustellen.

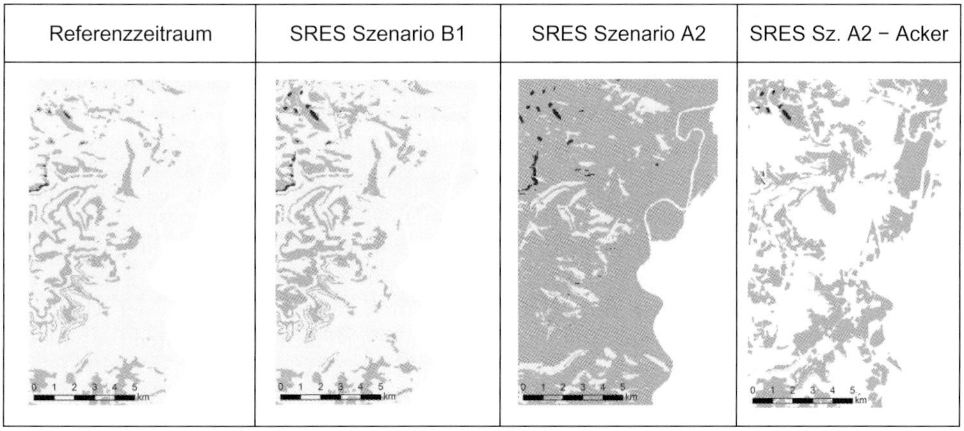

Abb. 5: Ergebnisse für das UG „Höxter" (Hauptvegetationsperiode): *gelb*: geringe TSW, *orange*: mittlere TSW, *rot*: hohe TSW

Abb. 5 zeigt die Ergebnisse für das UG „Höxter“ in der Hauptvegetationsperiode. Im Vergleich mit dem UG „Melle“ fällt auf, dass im Referenzzeitraum ein großer Teil der Flächen lediglich eine geringe Trockenstresswahrscheinlichkeit aufweist. Da die Globalstrahlungswerte in beiden UG sehr ähnlich sind, ist zu vermuten, dass die Unterschiede durch die lokalen Bodenverhältnisse hervorgerufen werden und die Auenböden des Wesertals und seiner Nebentäler, die einen großen Anteil des UG abdecken, hier puffernd wirken. Eine detailliertere Auswertung der Attributwerte zeigt daneben jedoch im UG Höxter auch günstigere KWBv-Klassen, die ihre Ursache vermutlich in den Höhenlagen des Mittelgebirges haben (UG „Höxter“: 85 – 365 m ü. NHN, UG „Melle“ 50 – 230 m ü. NHN). Negative KWBv-Werte, die in Melle bereits heute erreicht werden, treten im UG „Höxter“ erst unter Annahme des A2-Szenarios auf. Insofern ist in diesem UG ein ähnlicher Trend wie im UG „Melle“ zu beobachten, dass signifikante Veränderungen des Trockenstressrisikos erst unter Annahme des A2-Szeanrios zu erwarten sind. Diese fallen im UG „Höxter“ jedoch weniger gravierend aus, als im UG „Melle“, sodass hier auf einzelnen betroffenen Ackerflächen mit Sicherheit Anpassungsmaßnahmen notwendig sein werden, jedoch nicht mit derart hoher Priorität wie im UG „Melle“.

4 Diskussion und Ausblick

Die Modellergebnisse zeigen in beiden Untersuchungsgebieten plausible, aussagekräftige Ergebnisse. Insbesondere durch die Verwendung von zwei SRES-Szenarien wird die Spannweite möglicher Entwicklungen der Trockenstresswahrscheinlichkeit auf landwirtschaftlich genutzten Flächen sichtbar. So können diejenigen Bereiche identifiziert werden, die ein geringes Puffervermögen aufweisen und bereits bei moderaten klimatischen Veränderungen unter Trockenstress geraten. Die für das Projekt verwendeten Eingangsgrößen aus RCM auf Basis von SRES-Szenarien stellen heute noch die am höchsten aufgelösten, allgemein verfügbaren regionalen Klimaprojektionen dar, wenngleich sie auch künftig von RCP-Szenarien abgelöst werden. Sowohl die zugrunde liegenden Analysemethoden wie auch die verwendeten Geodaten erlauben eine nahezu flächenscharfe Auswertung der Ergebnisse. Damit ist es möglich, neben der Darstellung allgemeiner Trends in zwei norddeutschen Untersuchungsgebieten, auch flächenkonkrete Anpassungsmaßnahmen für landwirtschaftliche Betriebe zu konzipieren und zu priorisieren.

Künftig geplante Schritte betreffen die Übertragung des Modellansatzes auf naturschutzfachliche Fragestellungen. Durch Integration zusätzlicher Modellparameter soll geprüft werden, inwieweit neben der Wasserversorgung auch weitere Lebensraumansprüche natürlicher Pflanzengesellschaften modelliert werden können. Damit wird es möglich, potenzielle Ausweichlebensräume oder Wanderkorridore für von klimatischen Veränderungen betroffene Arten- und Lebensgemeinschaften zu identifizieren und auf Basis der Modellergebnisse planerische Strategien zur Freihaltung geeigneter Flächen einzuleiten (vgl. hierzu SCHULZ 2012).

Literatur

AD-HOC-AG BODEN DER STAATLICHEN GEOLOGISCHEN DIENSTE UND DER BUNDESANSTALT FÜR GEOWISSENSCHAFTEN UND ROHSTOFFE (2005), Bodenkundliche Kartieranleitung. 5. Auflage. Hannover.

BUNDESMINISTERIUM FÜR VERKEHR, BAU UND STADTENTWICKLUNG (2011), MORO Informationen 7/3, Raumentwicklungsstrategien zum Klimawandel. Berlin.

GLUGLA, G., JANKIEWICZ, P., RACHIMOW, C., LOJEK, K., RICHTER, K., FÜRTIG, G. & KRAHE, P. (2003), „BAGLUVA – Wasserhaushaltsverfahren zur Berechnung vieljähriger Mittelwerte der tatsächlichen Verdunstung und des Gesamtabflusses." Bundesanstalt für Gewässerkunde, BfG-Bericht 1342. Koblenz.

HELMHOLTZ GESELLSCHAFT (2012), „Regionaler Klimaatlas Deutschland" der Helmholtz Gesellschaft. http://www.regionaler-klimaatlas.de (01.02.2014).

IPCC (2007), Zusammenfassung für politische Entscheidungsträger. In: Klimaänderung 2007: Wissenschaftliche Grundlagen. Beitrag der Arbeitsgruppe I zum Vierten Sachstandsbericht des Zwischenstaatlichen Ausschusses für Klimaänderung (IPCC), SOLOMON, S., QIN, D., MANNING, M., CHEN, Z., MARQUIS, M., AVERYT, K. B., TIGNOR, M. & MILLER, H. L. (Eds.), Cambridge University Press, Cambridge, United Kingdom und New York, NY, USA. Deutsche Übersetzung durch ProClim. Österreichisches Umweltbundesamt, deutsche IPCC-Koordinationsstelle, Bern/Wien/Berlin.

KING, C. & TAEGER, S. (2013), Lokale Klimaprojektionen mit GIS als Grundlage für Klimaanpassungsstrategien auf kommunaler Ebene. In: STROBL, J., BLASCHKE, T., GRIESEBNER, G. & ZAGEL, B. (Hrsg.), Angewandte Geoinformatik 2013 – Beiträge zum 25. AGIT-Symposium Salzburg. Wichmann, Berlin/Offenbach.

MÜLLER, U. & WALDECK, A. (2011), Auswertungsmethoden im Bodenschutz – Dokumentation zur Methodendatenbank des Niedersächsischen Bodeninformationssystems (NIBIS), Geoberichte 19. Landesamt für Bergbau, Energie und Geologie, Hannover.

SCHULZ, C.-H. (2012), Praktische Ansätze zur Schaffung von Wanderkorridoren für Pflanzen und Tiere aufgrund des Klimawandels, beispielhaft dargestellt am Projekt „Niederung des Elbe-Lübeck-Kanals". BfN-Onlinedokumentation. http://www.bfn.de/fileadmin/MDB/documents/ina/vortraege/2012/2012-Vernetzung-Schulz.pdf (Zugriff 31.1.2014).

STOCK, M. (2005), KLARA – Klimawandel – Auswirkungen, Risiken, Anpassung. PIK Report, 99, Potsdam-Institut für Klimafolgenforschung.

WALKENHORST, O. & STOCK, M. (2009), „Regionale Klimaszenarien für Deutschland – Eine Leseanleitung". Akademie Für Raumforschung und Landesplanung, Hannover.

Analyse raumzeitlicher Dynamiken von Feuchtgebieten unterschiedlicher Klimazonen mit Envisat ASAR

Barbara WIDHALM

Department für Geodäsie und Geoinformation, TU Wien · barbara.widhalm@tuwien.ac.at

Dieser Beitrag wurde durch das Programmkomitee als „reviewed paper“ angenommen.

Zusammenfassung

Feuchtgebiete sind dynamische Ökosysteme die hochsensibel auf jegliche Umweltänderungen reagieren. Viele Feuchtgebiete hängen nicht nur von lokalen Regenfällen sondern auch von externem Zufluss aus deren Einzugsgebieten ab. Die Mikrowellenfernerkundung hat sich aufgrund der Abhängigkeit der Rückstreuung von Bodenwassergehalt und Vegetationsstruktur als geeignet für das Monitoring von Feuchtgebieten erwiesen. Vorangegangene Untersuchungen zeigten den Zusammenhang der Radarrückstreuung der Einzugsgebiete, welche in enger Verbindung mit der Bodenfeuchte steht, mit gemessenen Abflusswerten. Aufbauend darauf wird die Korrelation der Envisat ASAR GM (Advanced Synthetic Aperture Radar, Global Mode) Rückstreuzeitserien ausgewählter Feuchtgebiete verschiedener Klimazonen mit deren Einzugsgebieten untersucht, wobei die Einzugsgebiete in Zonen gleicher Fließlänge unterteilt werden. In diesem Zusammenhang wird weiters analysiert, ob es aufgrund von zur Regenzeit versetzt eintreffenden Fluten zu höheren Korrelationen durch einen zeitlichen Versatz kommen kann.

Im Zuge der Untersuchungen dieser Arbeit werden Unterschiede zwischen salinen und nicht salinen Feuchtgebieten deutlich. So ergeben sich negative Korrelationswerte bei salinen Feuchtgebieten mit deren Einzugsgebieten, im Gegensatz zu den nicht salinen Feuchtgebieten. Das Eintreffen von zur Regenzeit zeitlich versetzen Fluten kann in dieser Arbeit für die meisten Untersuchungsgebiete jedoch weder in den Abbildungen der Zeitreihen, noch durch die Korrelation der Zeitreihen von Feuchtgebiet und Einzugsgebiet mit zeitlichem Versatz eindeutig erkannt werden.

1 Einführung

Laut Ramsar-Konvention (RAMSAR 2014), einem internationalen Übereinkommen zum insbesonderen Schutz von Feuchtgebieten,sind Feuchtgebiete Feuchtwiesen, Moor- und Sumpfgebiete oder Gewässer, die natürlich oder künstlich, dauernd oder zeitweilig, stehend oder fließend, Süß-, Brack- oder Salzwasser sind, einschließlich solcher Meeresgebiete, die eine Tiefe von sechs Metern bei Niedrigwasser nicht übersteigen. Feuchtgebiete sind hoch anfällig für Umweltänderungen und daher sensible Indikatoren für Änderungen in globalem, regionalem und lokalem Maß (ERWIN 2009, ZMT-BREMEN 2014). Mithilfe der Fern-

Strobl, J., Blaschke, T., Griesebner, G. & Zagel, B. (Hrsg.) (2014): Angewandte Geoinformatik 2014.
 ISBN 978-3-87907-543-0.

erkundung lassen sich diese fragilen Ökosysteme in hoher zeitlicher und räumlicher Auflösung untersuchen. Da Radarsignale neben der Oberflächenrauheit sehr stark von hydrologischen Eigenschaften und der Vegetation des Beobachtungsfeldes abhängig sind, können multitemporale Daten zur Detektion von Umweltprozessen eingesetzt werden.

1.1 Fallstudien

Diese Arbeit baut auf den Analyseansätzen von SCIPAL et al. (2005) und BARTSCH et al. (2008) auf. Bei SCIPAL et al. (2005) werden Bodenfeuchtedaten des ERS Scatterometers über mehrere Jahre mit Abflusswerten des Zambesi Flusses verglichen. Hier wird aufgrund der hohen Korrelation zwischen der im Einzugsgebiet gemittelten Bodenfeuchte und der Abflusszeitserie gezeigt, dass das saisonale Verhalten des Abflusses mithilfe des ERS Scatterometers beobachtet werden kann.

Bei BARTSCH et al. (2008) werden, zurückgreifend auf die Methode mit Scatterometerdaten von SCIPAL et al. (2005), die relative Bodenfeuchte von Envisat-ASAR-GM-Daten mit gemessenen Abflusswerten verglichen. Hierbei hat sich eine Einteilung des Einzugsgebietes in zwei verschiedene Zonen als sinnvoll erwiesen, da nur eine dieser Zonen zur Speisung des untersuchten Feuchtgebiets beitrug. Es konnte eine Korrelation der relativen mittleren Bodenfeuchte mit den Abflusswerten festgestellt werden, die aufgrund der langsamen Bewegung der Flutwelle ein Maximum bei einem zeitlichen Versatz von drei Monaten erreicht. Dies führt zu einer erneuten maximalen Ausdehnung des Feuchtgebietes außerhalb der Regenzeit.

In dieser Arbeit soll der Zusammenhang von Zeitreihen von Rückstreuwerten von Envisat-ASAR-Daten verschiedener Feuchtgebiete, mit den Zeitreihen der Einzugsgebiete dieser Feuchtgebiete, unterteilt in Abschnitte gleicher Fließlänge, untersucht werden. Dies soll Aufschluss liefern über die Abhängigkeit des saisonalen Verhaltens von Feuchtgebieten von deren Einzugsgebietszonen.

1.2 Datengrundlagen

Die in der Mikrowellenfernerkundung wichtige Beobachtungsgröße ist der Rückstreukoeffizient σ^0. Er gibt den Anteil der elektromagnetischen Energie an, der von der Auflösungszelle zum Empfänger reflektiert wird und hängt von einer Anzahl an Flächenparametern ab, wie Geometrie, Oberflächenrauheit, Feuchtegehalt ab, sowie von Radarsystemparametern wie Wellenlänge, Einfallswinkel und Polarisation (JENSEN 2007).

Die in der Mikrowellenfernerkundung essenzielle Größe zur Beschreibung der Materialeigenschaften ist die elektrische Permittivität (SCHANDA 1986). Im Mikrowellenbereich hat die dielektrische Konstante der meisten natürlichen Materialen im trockenen Zustand Werte von 3 bis 8 (HENDERSON & LEWIS 1998). Wasser hat eine dielektrische Konstante von 80, daher wird das zurückkehrende Radarsignal durch den Feuchtegehalt in Boden und Vegetation beeinflusst. Eine hohe dielektrische Konstante bedeutet einen hohen Feuchtegehalt, hohe Reflektivität und ein potenziell hohes Antwortsignal.

In dieser Arbeit wurden Envisat-ASAR-Daten verwendet. Synthetic Aperture Radar (SAR) sind Radar-Systeme mit hoher räumlicher und daher geringerer zeitlicher Auflösung. Die hohe räumliche Auflösung wird in Azimutrichtung durch die sogenannte synthetische Apertur erreicht (WOODHOUSE 2006).

ESAs Envisat wurde im März 2002 gestartet und war die größte zivile Erdbeobachtungsmission. Das Advanced Synthetic Aperture Radar (ASAR) Instrument arbeitete im C-Frequenzbandbereich und verlängerte die Mission des Active Microwave Instrument (AMI) SAR der ERS-1 und ERS-2 Satelliten. Der in dieser Arbeit verwendete Global Monitoring (GM)-Mode hat eine niedrigere Auflösung von 1 km (ENVISAT ASAR PRODUCT HANDBOOK 2004).

Die Envisat-Mission endete im April 2012 nach dem Verlust des Kontakts zum Satelliten.

Für die Bestimmung der räumlichen Ausdehnung der in dieser Arbeit untersuchten Feuchtgebiete wurde die Global Lakes and Wetlands Database (GLWD) herangezogen. Die Daten der GLWD basieren auf einer Vielfalt bereits vorhandener Karten, Daten und Informationen, die innerhalb der GLWD in einer Datenbank mit GIS Funktionalität verbunden wurden (LEHNER & DÖLL 2004).

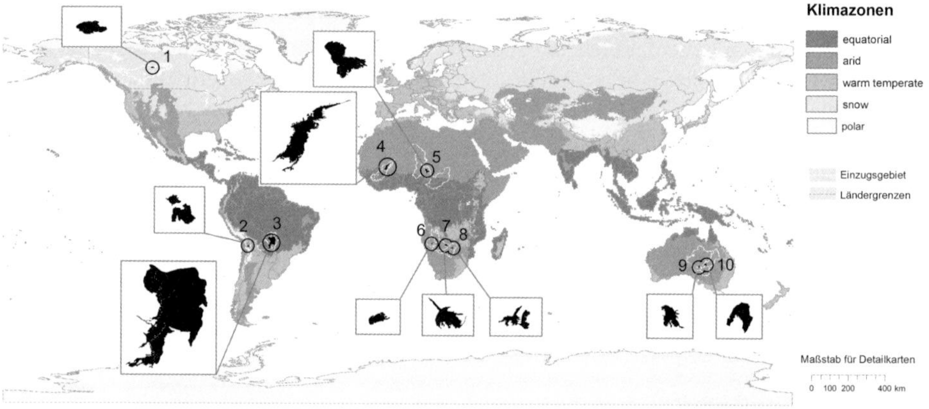

Abb. 1: Untersuchungsgebiete: 1 Peace-Athabasca Delta; 2 Salar de Uyuni; 3 Pantanal; 4 Inneres Niger Delta; 5 Tschadsee; 6 Etosha; 7 Okavango; 8 Makgadikgadi; 9 Lake Eyre; 10 Coongie Lakes, (Basiskarte: Köppen-Geiger Klimaklassifikation)

Für die Untersuchungen wurden Feuchtgebiete unterschiedlicher Klassen und verschiedener Klimazonen gewählt (siehe Abbildung 1, Tabelle 1). Unter den zu untersuchenden Feuchtgebieten befinden sich Salzpfannen bzw. saline Feuchtgebiete, Süßwassersümpfe bzw. Überschwemmungsgebiete und intermittierende Feuchtgebiete. Es wurden weltweit möglichst große Feuchtgebiete gewählt. Sie sollten außerdem in einem nicht allzu gebirgigen Gebiet liegen, um geometrische Abbildungsverzerrungen zu vermeiden und möglichst nicht übermäßig bewaldet sein, um gute Messungen des Bodens zu gewährleisten. Ein weiteres wichtiges Auswahlkriterium war eine gute Abdeckung durch die ASAR-Daten. Die Verfügbarkeit der in dieser Arbeit verwendeten Envisat-ASAR-GM-Daten hängt zwar von der Anfrage anderer vorrangiger Modi ab, dennoch ist die Aufnahmehäufigkeit im Durchschnitt, abhängig von der Latitude, zweiwöchentlich bis monatlich. Es können jedoch bis zu mehrere Bilder pro Woche mit verschiedenem Einfallswinkel aufgenommen werden (BARTSCH et al. 2009).

Tabelle 1: Untersuchungsgebiete

	Feucht-gebiet	GLWD-Klasse	ASAR-GM-Daten – Zeitraum (Jan. 2005 bis ...)	Größe Feucht-gebiet [Mio. km²] gerundet	Einzugs-gebiet [Mio. km²] gerundet	Koor-dinaten
1	Peace-Athabasca Delta	Lake; 25-100 % Wetland	Nov. 2006	0,01	1,1	111,8° W 58,6° N
2	Salar de Uyuni	Pan, Brackish/ Saline Wetland	Aug. 2009	0,014	0,1	67,6° W 20,2° S
3	Pantanal	Freshwater Marsh, Floodplain	Okt. 2008	0,144	0,4	56,5° W 18° S
4	Inneres Niger Delta	Freshwater Marsh, Floodplain	Mai 2008	0,037	0,6	4° W 15,5° N
5	Tschadsee	Lake; Freshwater Marsh, Floodplain; Intermittent Wet-land/Lake	Jul. 2008	0,026	1,3	14° E 13,5° N
6	Etosha	Pan, Brackish/ Saline Wetland	Dez. 2011	0,005	0,2	16,3° E 18,8° S
7	Okavango Delta	Freshwater Marsh, Floodplain	Dez. 2011	0,015	0,4	22,5° E 19° S
8	Makga-dikgadi	Pan, Brackish/ Saline Wetland	Dez. 2011	0,01	0,3	25,5° E 20,5° S
9	Lake Eyre	Pan, Brackish/ Saline Wetland	Dez. 2011	0,01	1,3	137,3° E 28,5° S
10	Coongie Lakes	Intermittent Wet-land/Lake	Dez. 2011	0,014	0,3	140° E 27,5° S

2 Methoden

In Anlehnung an SCIPAL et al. (2005) und BARTSCH et al. (2008) wurde die Korrelation der Rückstreuwerte von Feuchtgebieten mit deren Einzugsgebiet bestimmt um die Abhängigkeit verschiedener Feuchtgebiete von deren Einzugsgebieten zu untersuchen.

Ein wichtiger Faktor, der zu Veränderungen der Rückstreuung in den Einzugsgebieten führt, ist die Variation der Bodenfeuchte. Das im Boden gespeicherte Wasser des Einzugsgebietes kann durch oberflächlichen oder unterirdischen Abfluss zur Speisung des Feuchtgebietes beitragen. In den Feuchtgebieten selbst verursachen neben der Änderung der Bodenfeuchtigkeit weitere Effekte, wie gerichtete Reflexion an entstandenen offenen Wasserflächen oder Zweifachreflexion an im Wasser stehender Vegetation, Änderungen der Rückstreuung.

Die verwendeten Envisat-ASAR-GM-Daten wurden mit der SAR Geophysical Retrieval Toolbox, wie bei SABEL et al. (2012) beschrieben, geocodiert und in ein fixes Raster umformatiert. Anschließend wurden die ASAR-Daten aufgrund der Winkelabhängigkeit der Rückstreuintensität auf einen Referenzwinkel von 30 ° normalisiert.

Für die Definition des Ausmaßes der Feuchtgebiete wurde die Global Lakes and Wetlands Database (GLWD) verwendet. Mithilfe des Höhenmodells GETASSE30 wurden in ArcMap die Einzugsgebiete der Feuchtgebiete abgeleitet und anschließend in Zonen gleicher Fließlänge (in 100 km Schritten) geteilt. Die ASAR-GM-Zeitreihen der Feuchtgebiete und deren Einzugsgebietszonen wurden mithilfe der Software IDL analysiert. Für die Korrelation der Zeitreihen wurden jene Tage bestimmt, an denen es zu einer vollen Abdeckung des Feuchtgebietes kam. Die Werte wurden für diese Tage über das Feuchtgebiet gemittelt und in den Zonen des Einzugsgebietes über eine Woche vor diesen Tagen gemittelt. Da jedoch für die Feuchtgebiete des Pantanal und des Inneren Niger Deltas nicht genügend Daten mit 100 % Abdeckung vorhanden waren, wurde für diese eine Abdeckung von mindestens 80 % gewählt. Für die Gebiete des Tschadsees und des Lake Eyre wurden Subeinzugsgebiete gewählt, die den größten Beitrag zum Feuchtgebiet beisteuern und somit klarere Ergebnisse liefern, als bei einer Verwendung des theoretischen Einzugsgebietes, in dem gewisse Teile über einen längeren Zeitraum keinen Zufluss zum Feuchtgebiet liefern (MCMAHON et al. 2005, LEBLANC et al. 2011).

Weiters wurde das Korrelationsverhalten bei zeitlichem Versatz der Zeitreihen untersucht, da viele der untersuchten Feuchtgebiete durch Fluten gespeist werden, die erst Wochen nach Regenereignissen im Einzugsgebiet eintreffen. Hierfür wurden wöchentlich gemittelten Zeitreihen der Feuchtgebiete und Einzugsgebietszonen verwendet, wobei die Zeitreihen der Feuchtgebiete für die Korrelation in Wochenschritten bis zu 40 Wochen versetzt wurden.

3 Ergebnisse

In Abbildung 2, welche die Korrelationswerte der Rückstreuzeitreihen der Feuchtgebiete mit deren Einzugsgebieten wiedergibt, erkennt man einen klaren Unterschied zwischen den salinen Feuchtgebieten und den restlichen Feuchtgebieten. Die salinen Feuchtgebiete weisen negative Korrelationswerte auf. Der Grund dafür lässt sich in der Darstellung der Zeitreihen des Feuchtgebietes und dessen Einzugsgebiet erkennen (Abbildung 3 und Abbildung 4).

Am Beispiel des Salar de Uyuni (Abbildung 3) erkennt man, dass es in den Monaten der Regenzeit von Januar bis März zu negativen Spitzenwerten kommt, im Einzugsgebiet entstehen jedoch aufgrund der höheren Bodenfeuchte höhere Rückstreuwerte, auch wenn diese im Altiplano aufgrund der oft felsigen Gegend nicht besonders ausgeprägt sind. Da sich die Salzpfanne in der Regenzeit mit Wasser füllt und somit zu einer riesigen spiegelnden Fläche wird, kommt es zu gerichteter Reflexion, was die niedrigen Werte und somit die negative Korrelation der salinen Feuchtgebiete erklärt.

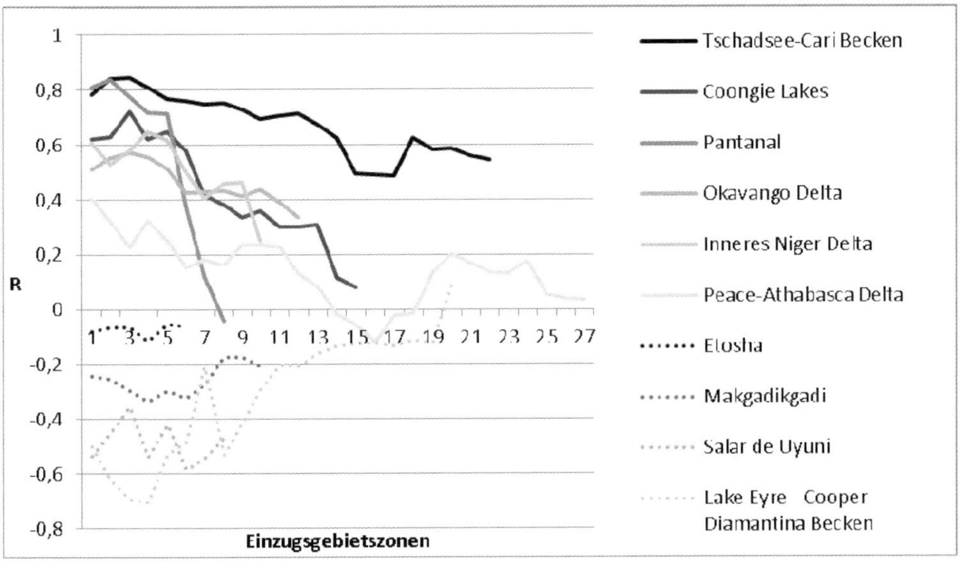

Abb. 2: Korrelation der Rückstreuzeitreihen der Feuchtgebiete mit deren Einzugsgebieten; Einzugsgebietszonen in 100 km Schritten; durchgehende Linien: nicht saline Feuchtgebiete; gepunktete Linien: saline Feuchtgebiete

Als Beispiel für die nicht salinen Feuchtgebiete ist in Abbildung 4 die Zeitreihe für das Gebiet des Tschadsees dargestellt. Man erkennt in der Zeitreihe des Feuchtgebietes den Beginn der Regenzeit im Mai bis Juni durch den Anstieg der Rückstreuwerte aufgrund einer Erhöhung der Bodenfeuchte. Spitzenwerte werden im August erzielt, wo die Niederschlagswerte ihr Maximum erreichen (LEBLANC et al. 2011). Die Werte des Einzugsgebietes weisen einen ähnlichen saisonalen Verlauf auf, was zu einer positiven Korrelation führt.

Die Rückstreumittelwerte sind für die salinen Feuchtgebiete niedriger als für die nicht salinen Feuchtgebiete, da es bei den in der Regenzeit gefüllten Salzseen zu gerichteter Reflexion und somit zu niedrigen Rückstreuwerten kommt. Hingegen findet man bei den übrigen Feuchtgebieten oft durch die schnell wachsende Vegetation kaum große offene Wasseroberflächen in den Überschwemmungsgebieten. Die Vegetation und die erhöhte Bodenfeuchte verursachen somit höhere Rückstreuwerte.

Der in vielen der untersuchten Feuchtgebiete zeitliche Versatz der eintreffenden Flut lässt sich in den Zeitreihen nicht eindeutig feststellen. Es wurde untersucht, ob es in den Einzugsgebietszonen bei einem zeitlichen Versatz von bis zu mehreren Wochen zu höheren Korrelationswerten kommt.

Die Korrelation der meisten positiv korrelierten Einzugsgebiete nimmt mit zunehmendem zeitlichem Versatz ab und erreicht negative Korrelation. Die Korrelation der negativ korrelierten Salzpfannen geht bei zunehmendem zeitlichem Versatz ebenfalls gegen null und anschließend in den positiven Bereich. Erwähnenswerte Abweichungen weisen z. B. die Gebiete der Etosha Salzpfanne und des Lake Eyre sowie des Inneren Niger Deltas auf. Nach einem zeitlichen Versatz von rund 15 Wochen weisen die Einzugsgebietszonen der

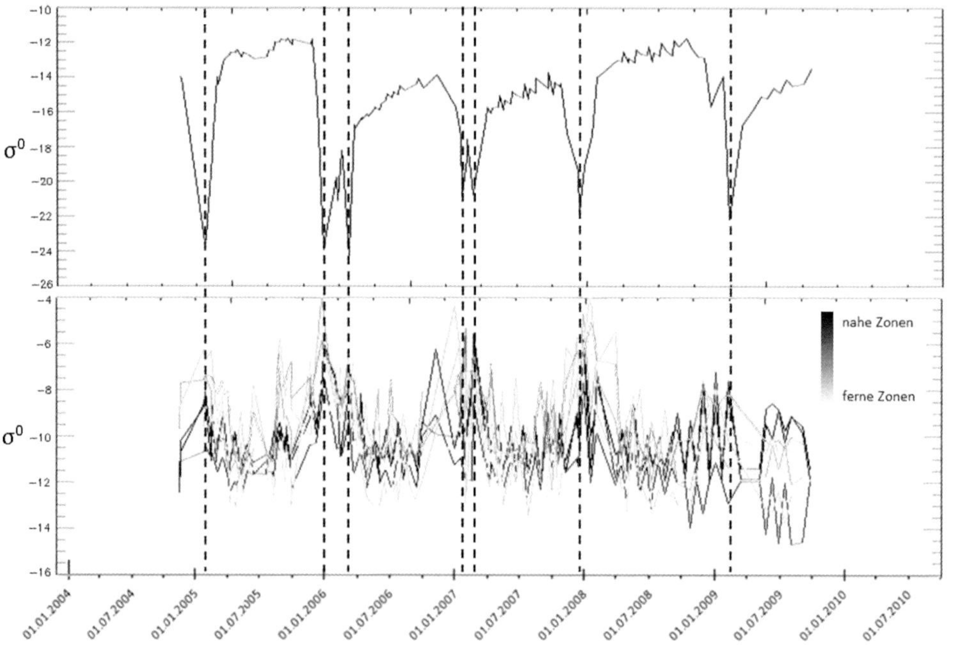

Abb. 3: Oben: Zeitreihe der σ^0Werte des Salar de Uyuni; unten: Zeitreihe der σ^0Werte des Einzugsgebietes

Etosha Pfanne anstatt einer Korrelation von zuvor rund –0.1 nun –0.3 auf und erst nach weiter ansteigendem Versatz erreicht die Korrelation positive Werte. Beim Gebiet des Lake Eyre weisen die Einzugsgebietszonen einen deutlichen Trendunterschied auf. Während die Korrelationswerte der nahen Einzugsgebietszonen bei steigendem zeitlichen Versatz erwartungsgemäß gegen null gehen, nehmen die Absolutwerte der Korrelationsergebnisse der Zonen mit einer Fließlängenentfernung von größer als rund 500 km anfangs zu. Erst nach einem zeitlichen Versatz von vier Monaten wird in diesen Zonen das Maximum der negativen Korrelation erreicht, mit einer Differenz von rund 0.3 zu den ursprünglichen Korrelationswerten. Danach gehen die Werte wieder gegen null. Ein ähnliches Verhalten zeigt das Innere Niger Delta, bei welchem es bei einer Korrelation mit zeitlichem Versatz bei Zonen größerer Entfernung zu höheren Werten kommt. Ab einer Entfernung von 300 km zeigen sich bei einem Versatz von bis zu 10 Wochen höhere Korrelationswerte. Das würde darauf hindeuten, dass für diese Feuchtgebiete jene weiter entfernten Einzugsgebietszonen einen größeren Einfluss auf das Feuchtgebiet haben.

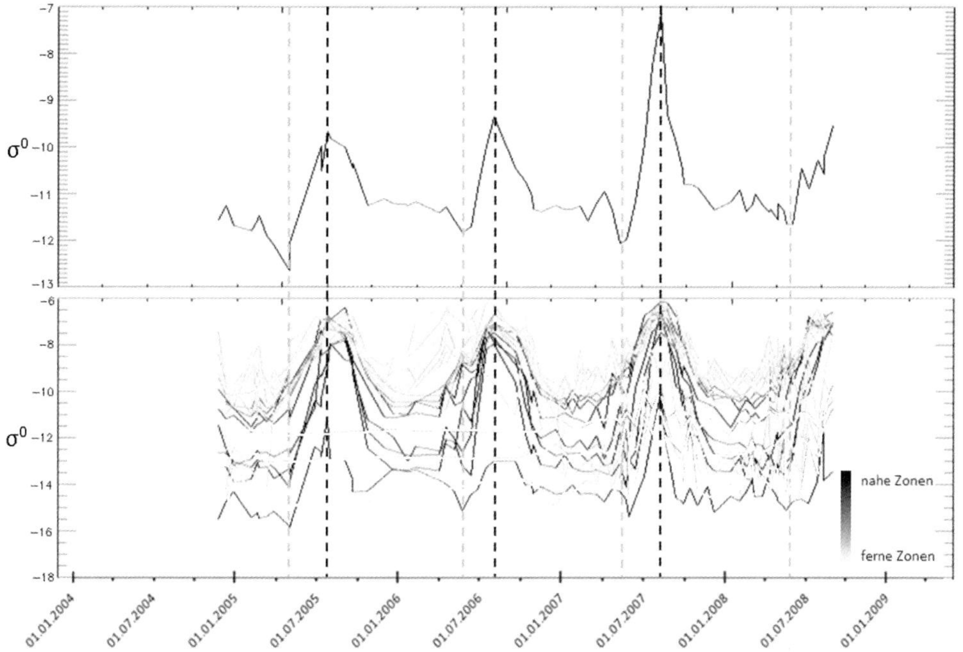

Abb. 4: Oben: Zeitreihe der σ^0-Werte des Tschadsees; unten: Zeitreihe der σ^0-Werte des Chari-Subeinzugsgebietes

4 Diskussion

Eine quantitative Fehleraussage der Ergebnisse ist durch das Fehlen vergleichbarer Daten schwer möglich. PATHE et al. (2009) belegen den Zusammenhang zwischen Bodenfeuchteänderungen welche aus Rückstreuzeitreihen von ASAR-GM-Daten abgeleitet wurden mit in-situ Messungen zur Bodenfeuchte (relativer Fehler 10 % – 20 %). Des Weiteren wurden in BARTSCH et al. (2010) ASAR-GM-Bodenfeuchtedaten mithilfe von Niederschlagsmessungen evaluiert.

Es konnte in BARTSCH et al. (2008) eine hohe Korrelation zwischen der relativen Bodenfeuchte des Einzugsgebietes des Okavangodeltas und den Abflussmengen mit einem zeitlichen Versatz festgestellt werden. Das Eintreffen von zur Regenzeit zeitlich versetzen Fluten, welche in anderen Arbeiten für viele Untersuchungsgebiete festgestellt wurde (BARTSCH et al 2008, GUMBRICHT et al. 2004, LEBLANC et al. 2011, MCCLAIN 2002, MCMAHON et al. 2005, MILZOW et al. 2009), konnte in dieser Arbeit mit wenigen Ausnahmen für die meisten Untersuchungsgebiete jedoch nicht durch die Korrelation der Zeitreihen von Feuchtgebiet und Einzugsgebiet mit zeitlichem Versatz eindeutig erkannt werden. Daraus lässt sich schließen, dass die Rückstreuwerte der Feuchtgebiete eher von großmaßstäblichen Wetterphänomenen abhängen als vom Zufluss aus den Einzugsgebieten. Es wäre jedoch sinnvoll, diese Schlussfolgerung durch erneute Untersuchungen mit dynamischem Feuchtgebietsausmaß zu bestätigen, da die Zeitreihen der über die Feuchtgebiete gemittelten Rückstreuungen durch eine variable, oder kleinere Ausdehnung verfälscht werden können. Hierbei sollten außerdem offene Wasserflächen aufgrund ihrer markanten Unterschiede des Rückstreuverhaltens getrennt klassifiziert werden (RESCHKE et al. 2012). Dass eine höhere Korrelation bei zeitlichem Versatz möglich ist, zeigte sich an den Gebieten Etosha, Lake Eyre und dem Inneren Niger Delta, wobei die Korrelation im Etosha-Untersuchungsgebiet im Gegensatz zu den beiden Letzteren keine Abhängigkeit von der Einzugsgebietszone aufwies.

Danksagung

Mein Dank gilt dem Department für Geodäsie und Geoinformation, Forschungsgruppe Fernerkundung der Technischen Universität Wien, für die Unterstützung und Bereitstellung von Daten und Programmen. Diese Forschungsarbeit entstand im Zuge meiner Masterarbeit, die von Privatdozentin Dipl.-Geogr. Dr. Annett Bartsch betreut wurde.

Literatur

ENVISAT ASAR PRODUCT HANDBOOK (2004), ENVISAT ASAR product handbook. European Space Agency, 1.2.

BARTSCH, A., DOUBKOVA, M., PATHE, C., SABEL, D., WAGNER, W. & WOLSKI, P. (2008), River flow & wetland monitoring with ENVISAT ASAR Global Mode in the Okavango basin and delta. Proceedings of the Second IASTED Africa Conference Water Resource Management (AfricaWRM 2008) September 8-10, 2008 Gaborone, Botswana, ACTA Press, 152-156.

BARTSCH, A., WAGNER, W., SCIPAL, K., PATHE, C., SABEL, D. & WOLSKI, P. (2009), Global monitoring of wetlands – the value of ENVISAT ASAR Global mode. Journal of Environmental Management, 90, 2226-2233.

BARTSCH, A., SABEL, D., PATHE, C., SINCLAIR, S., VISCHEL, T., DOUBKOVA, M., WAGNER, W. & PEGRAM, G. (2010), Soil moisture dynamics from Synthetic Aperture Radar for Hydrometeorological Applications in the Southern African Development Community. Application of satellite remote sensing to support water resources management in Africa: Results from the TIGER Initiative, UNESCO Working Series SC-2010/WS/15, IHP-VII Technical Documents in Hydrology, 85, 133-143.

ERWIN, K. L, (2009), Wetlands and global climate change: the role of wetland restoration in a changing world. Wetlands Ecol Manage, 17, 71-84.

GUMBRICHT, T., WOLSKI, P., FROST, P. & MCCARTHY, T. S. (2004), Forecasting the spatial extent of the annual flood in the Okavango delta, Botswana. Journal of Hydrology, 290, 178-191.

HENDERSON, F. M. & LEWIS, A. J. (1998), Principles & Applications of Imaging Radar. Manual of Remote Sensing. Third Edition, Vol. 2. American Society for Photogrammetry and Remote Sensing.

JENSEN, J. R. (2007), Remote Sensing of the Environment; An Earth Resource Perspective. Pearson Prentice Hall, Upper Saddle River, NJ.

LEBLANC, M., LEMOALLE, J., BADER, J.-C., TWEED, S. & MOFOR, L. (2011), Thermal remote sensing of water under flooded vegetation: New observations of inundation patterns for the 'Small' Lake Chad. Journal of Hydrology,404, 87-98.

LEHNER, B. & DÖLL, P. (2004), Development and validation of a global database of lakes, reservoirs and wetlands. Journal of Hydrology, 296, 1-22.

MCCLAIN, M. E. (2002), The Ecohydrology of South American Rivers and Wetlands. IAHS Special Publication, 6.

MCMAHON, T. A., MURPHY, R., LITTLE, P., COSTELLOE, J. F., PEEL, M. C., CHIEW, F. H. S., HAYES, S., NATHAN, R. & KANDEL, D. D. (2005), Hydrology of Lake Eyre Basin; PROJECT REPORT. Sinclair Knight Merz Pty Ltd.

MILZOW, C., KGOTHLANG, L., BAUER-GOTTWEIN, P., MEIER, P. & KINZELBACH, W. (2009), Regional review: the hydrology of the Okavango Delta, Botswana – processes, data and modelling. Hydrogeology Journal, 17, 1297-1328.

PATHE, C., WAGNER, W., SABEL, D., DOUBKOVA, M. & BASARA, J. B. (2009): Using ENVISAT ASAR Global Mode Data for Surface Soil Moisture Retrieval Over Oklahoma, USA. IEEE Transactions on Geoscience and Remote Sensing, 47 (2), 468-480.

RAMSAR (o. J.), Übereinkommen über Feuchtgebiete, insbesondere als Lebensraum für Wasser- und Watvögel, von internationaler Bedeutung. http://www.ramsar.org/cda/en/ramsar-documents-texts-abereinkommen-aber/main/ramsar/1-31-38%5E20701_4000_0__ (10.01.2014).

RESCHKE, J., BARTSCH, A., SCHLAFFER, S. & SCHEPASCHENKO, D. (2012), Capability of C-Band SAR for Operational Wetland Monitoring at High Latitudes. Remote Sensing, 4/2012, 2923-2943.

SABEL, D., BARTALIS, Z., WAGNER, W., DOUBCOVA, M. & KLEIN, J.-P. (2012), Development of a Global Backscatter Model in support to the Sentinel-1 mission design. Remote Sensing of Environment, 120, 102-112.

SCHANDA, E. (1986), Physical fundamentals of remote sensing. Springer-Verlag, Berlin/Heidelberg/New York.

SCIPAL, K., SCHEFFLER, C. & WAGNER, W. (2005), Soil moisture-runoff relation at the catchment scale as observed with coarse resolution microwave remote sensing. Hydrology and Earth System Sciences, 9, 173-183.

ULABY, F. T., MOORE, R. K. & FUNG, A. K. (1981), Microwave Remote Sensing. Active and Passive, Vol. I. Reading, MA, Addison-Wesley.

WOODHOUSE, I. H. (2006), Introduction to microwave remote sensing. CRC, Taylor & Francis, Boca Raton, USA.

ZMT-BREMEN (o. J.), Wetland dynamics. http://www.zmt-bremen.de/en/Wetland_Dynamics.html (10.01.2014).

Raumplanung und Regionalentwicklung

Berechnung und Visualisierung von Indikatoren zur Nahversorgung

Markus BURGDORF, Gesine KRISCHAUSKY und Renate MÜLLER-KLEISSLER
Bundesinstitut für Bau-, Stadt- und Raumforschung, Bonn · markus.burgdorf@bbr.bund.de

Dieser Beitrag wurde durch das Programmkomitee als „reviewed paper" angenommen.

Zusammenfassung

Die Diskussion um Tragfähigkeit von Einrichtungen der Grundversorgung insbesondere im ländlichen Raum benötigt aussagekräftige und flächendeckende empirische Informationsgrundlagen. Bisher stehen dazu nur wenige regionalstatistische Daten zur Verfügung. Der Beitrag stellt einen Ansatz vor, wie dieses Informationsdefizit in der Raumbeobachtung mithilfe von adressbezogenen Standortdaten behoben werden kann. Im Vordergrund steht dabei der Aspekt der Nahversorgung. Dazu werden zwei gängige GIS-Verfahren zur Ermittlung von Luftliniendistanzen betrachtet.

1 Infrastruktur und Daseinsvorsorge

Der Begriff Daseinsvorsorge steht für die öffentliche Gewährleistung eines ausreichenden Angebotes lebensnotwendiger und gemeinwohlorientierter Güter und Dienstleistungen und deren angemessener Zugänglichkeit (EINIG 2008). Einrichtungen, in denen diese Güter und Leistungen erbracht werden, werden allgemein als Infrastruktur zusammengefasst. Analysen zur Infrastrukturausstattung liefern daher wichtige Beiträge zur Diskussion um die Sicherung der Daseinsvorsorge (BBSR 2012). Idealerweise sollten sie Informationen über die Verfügbarkeit, Qualität, Erschwinglichkeit und Erreichbarkeit der verschiedenen Angebote in den Regionen bzw. Teilräumen liefern. Konzepte zur Messung von Qualität und Erschwinglichkeit liegen wegen der Komplexität und Subjektivität dieser Sachverhalte kaum vor. Insofern müssen sich Aussagen zu Infrastrukturausstattung auf die Aspekte der Verfügbarkeit und Erreichbarkeit beschränken.

Neben amtlichen und nicht-amtlichen Regionalstatistiken sind dazu insbesondere Standortdaten zur regionalen und lokalen Infrastrukturversorgung von hohem Interesse. Im Folgenden werden diese entsprechend dem Sprachgebrauch im GIS-Umfeld als Points of Interest (POI) bezeichnet. Im Gegensatz zu Regionalstatistiken liegen POIs nicht gebietsbezogen, sondern mit Angabe der Adresse vor. Sie ermöglichen räumlich differenzierte Analysen wie z. B. Erreichbarkeitsanalysen und Abgleiche der tatsächlichen Situation mit Ausstattungskatalogen zentraler Orte. So lassen sich aussagekräftige Indikatoren zur Ausstattung und Erreichbarkeit auf der zentralörtlichen Grundstufe eines Mittel- oder Oberzentrums berechnen (BBSR 2012). Schwieriger stellt sich die Situation jedoch für die Beurteilung der Nahversorgung dar. Hier sind weitere und differenziertere Informationen erforderlich.

Strobl, J., Blaschke, T., Griesebner, G. & Zagel, B. (Hrsg.) (2014): Angewandte Geoinformatik 2014.
 ISBN 978-3-87907-543-0.

2 Anforderungen an Indikatoren zur Nahversorgung

Unter Nahversorgung versteht man die „zeit- und ortsnahe Versorgung mit Gütern des täglichen Bedarfs“ (BMVBS 2013, S. 3). Die Definitionen des täglichen Bedarfs sind uneinheitlich, umfassen aber regelmäßig die Versorgung mit Lebensmitteln. Zur typischen Ausstattung auf der zentralörtlichen Grundstufe Grund-/Kleinzentrum gehören u. a. Einzelhandel, Apotheke, Allgemeinarzt usw.

Schon der Begriff Nahversorgung signalisiert, dass neben dem Aspekt der Verfügbarkeit, insbesondere die Nähe, also Erreichbarkeit ein entscheidendes Kriterium ist. Für die Beurteilung des Versorgungsgrades ist hier also vor allem ausschlaggebend, ob diese Angebote für die Bewohner nahe am Wohnort erreichbar sind. Allgemeingültige Festlegungen zur Definition von Ortsnähe in Form von Obergrenzen für Entfernungen oder Wegzeiten existieren nicht. In der Literatur findet sich jedoch die Anforderung auf eine Erreichbarkeit dieser Angebote in fußläufiger Entfernung (ILS 2007). Dazu werden üblicherweise etwa 10 Minuten Fußweg oder 500 m bis maximal 1.00 0m als Zielvorgabe angesehen.

Eine zentrale Anforderung an Indikatoren zur Nahversorgung ist daher die Berücksichtigung der Distanz zwischen den Standorten von Versorgungseinrichtungen und den Wohnorten der Verbraucher. Für bundesweit vergleichende Analysen ist weiterhin eine flächendeckende Betrachtung erforderlich.

3 GIS-gestützte Berechnung von Distanzindikatoren

Im Folgenden wird ein Ansatz vorgestellt, diese Informationen mithilfe eines Geoinformationssystems (GIS) flächendeckend für das gesamte Bundesgebiet zu ermitteln. Die geforderte Flächendeckung schließt derzeit eine Berechnung realer Wege auf Basis eines Fußwegenetzes aus. Entsprechende Verfahren werden mittlerweile zwar erfolgreich eingesetzt, allerdings nur begrenzt auf relativ kleine Untersuchungsgebiete (SCHAUSS 2012, SCHULTE & SCHWEIKART 2010, PIEPER 2009). Einer Übertragung auf große Gebiete stehen meist Lizenzkosten für routingfähige Netzwerke oder im Fall OpenStreetMap erhebliche Erfassungslücken in dünner besiedelten Räumen entgegen.

Aus diesem Grund kann die fußläufige Entfernung hier nur als kürzeste Verbindung zwischen zwei Punkten angenähert werden. Die Berechnungen wurden mit der Software ArcGIS durchgeführt. Die unter 3.2 genannten Berechnungsverfahren sind daher gleichlautend mit den entsprechenden Analysewerkzeugen in ArcGIS.

3.1 Datengrundlagen

3.1.1 Adressbezogene Infrastrukturdaten (POIs)

Bundesweit flächendeckende und annähernd vollständige adressbezogene Infrastrukturdaten (POIs) sind derzeit nur für wenige Infrastrukturbereiche erhältlich. Nur in wenigen Fällen wie z. B. den Schulverzeichnissen der Länder oder dem Bundesapothekenregister stehen amtliche Statistiken bzw. Verbandsstatistiken zur Verfügung. Für weitere Daten, z. B. zur Lebensmittelversorgung, muss auf Angebote kommerzieller Adressdienstleister zurückgegriffen werden.

Sofern die Datensätze den Qualitätsansprüchen an Vollständigkeit (Stichprobenprüfung) und sachliche Differenzierung genügen, werden die Adressen der Daten durch geometrische Verortung (Geocodierung) in Koordinatenpaare umgewandelt, sodass diese als Punktdaten für weitere Analysen im GIS vorliegen. Zur Geocodierung dient der Web Feature Service Adressen des Bundesamtes für Kartographie und Geodäsie (BKG). Der Geocodierungsdienst nutzt einen fehlertoleranten und phonetischen Algorithmus und liefert Angaben zur Qualität der Übereinstimmung zwischen Eingabedaten und Referenzdaten. Als Referenzdatenbestand dient der Datensatz georeferenzierte Adressdaten Bund (BKG 2011).

3.1.2 Siedlungsflächen

Bei der Ermittlung der durchschnittlichen Luftliniendistanz wird hier vorausgesetzt, dass der Startpunkt aller Wege zu einer Einrichtung der Nahversorgung grundsätzlich im besiedelten Bereich liegt. Die Abgrenzung der Siedlungsflächen wurde anhand der Daten des ATKIS Basis DLM (ADV 2013) vorgenommen.

Weiterhin wird angenommen, dass sich die Distanzwerte zur nächsten Infrastruktureinrichtung auf kleinstem Raum nur unwesentlich ändern. Eine repräsentative Annäherung der Distanzwerte ist daher über ein Messpunktgitter mit einer Maschenweite von 250 m möglich. Auf die Siedlungsflächen des gesamten Bundesgebietes verteilen sich so rund 1,25 Mio. Messpunkte.

3.1.3 Einwohnerzahlen

Bundesweit liegen Einwohnerzahlen der amtlichen Statistik nur bis auf Ebene der Gemeinden vor. Unterhalb der Gemeindeebene kommen für einzelne Kommunen Daten zu Einwohnerzahlen für kleinräumige statistische Gebietseinheiten hinzu. Anhand von Geodaten zur Verteilung und Größe der Nutzungsarten im Objektbereich Siedlungsfläche des ATKIS Basis DLM lassen sich genauere Rückschlüsse über die kleinräumige Verteilung der Bevölkerung innerhalb dieser Gebiete ziehen. Mithilfe einer gewichteten Umschätzung konnten Einwohnerzahlen bis auf ein Raster mit einer dem Messpunktgitter entsprechenden Auflösung von 250m ermittelt werden (Burgdorf 2010). Die hier verwendete Disaggregation bildet den Stand der Einwohnerzahlen und Siedlungsflächen im Jahr 2011 ab.

3.2 Berechnungsverfahren

3.2.1 Berechnungsverfahren NEAR

Dieses Verfahren berechnet die euklidische Distanz zwischen zwei Punkten. Für jeden der 1,25 Mio. Punkte im Messpunktraster wird dabei der nächstgelegene Standort einer Infrastruktureinrichtung ermittelt. Die Distanzwerte ergeben sich jeweils aus der Luftlinienverbindung dieser Start-Ziel-Beziehungen.

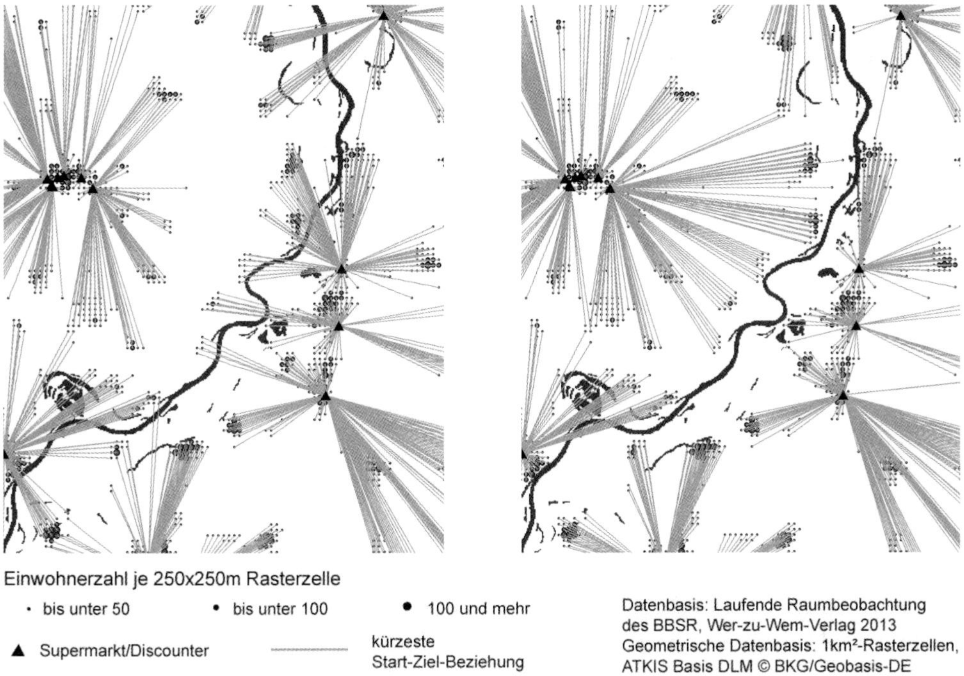

Abb. 1: Start-Ziel-Beziehungen zwischen Messpunkten und Standorten ohne (links) und mit (rechts) Berücksichtigung eines Flusslaufs als Barriere

Diese Einzelwerte lassen sich wiederum zu durchschnittlichen Distanzen für beliebige Raumeinheiten (z. B. Gemeinden) und Raumtypen aggregieren. Darüber hinaus ist eine Gewichtung der Distanzwerte mit der Einwohnerzahl möglich. Distanzwerte für Messpunkte in Gebieten mit einer hohen Einwohnerzahl erhalten dann bei der Aggregation zu einem Durchschnittswert ein höheres Gewicht als solche in dünn besiedelten Gebieten. So kann nicht nur eine Aussage darüber gemacht werden, wie weit es in einem bestimmten Gebiet durchschnittlich zur nächsten Einrichtung ist, sondern auch welche Entfernung dessen Bewohner dorthin durchschnittlich zurücklegen müssen. Durch eine kartographische Darstellung der Start-Ziel-Beziehungen fallen besonders lange Wegstrecken bzw. sehr große Versorgungsbereiche unmittelbar ins Auge (Abb. 1).

3.2.2 Berechnungsverfahren PATH DISTANCE

Bei näherer Betrachtung der topographischen Gegebenheiten lassen sich unplausible Fälle der mit dem NEAR-Verfahren ermittelten Start-Ziel-Beziehungen erkennen. Besonders auffällig sind Beziehungen über fußläufig nicht überwindbare Barrieren durch breite Flüsse (Abb. 1 links). In solchen Fällen ergeben sich Start-Ziel-Beziehungen, die für einen Fußweg nicht infrage kommen. Das zellbasierte Verfahren PATH DISTANCE ermöglicht die Berücksichtigung topographischer Hindernisse in Form von Distanzkosten. In diesem Fall haben die Gewässerflächen des ATKIS Basis DLM die Funktion von Barrieren. Dadurch sind Start-Ziel-Beziehungen durch die maskierten Zellen ausgeschlossen. Eine weitere Differenzierung des Kostenlayers nach Landnutzungsarten erfolgt nicht.

Im Vergleich mit dem NEAR Verfahren sind die betroffenen Start-Ziel-Beziehungen entlang der flächenhaft modellierten Gewässer bereinigt, alle übrigen Beziehungen bleiben unverändert (Abb. 1 rechts). Es muss allerdings beachtet werden, dass auch bei ansonsten unveränderten Beziehungen die Distanzwerte um die Länge von bis zu einer halben Zelldiagonale (hier also bis zu 175 m) von den im NEAR Verfahren ermittelten Distanzwerten abweichen können. Dies ist durch die in der Vektor- bzw. Rasterumgebung jeweils unterschiedliche Metrik begründet.

4 Beispielauswertung: Supermärkte und Discounter

Für den Lebensmitteleinzelhandel existieren nach den bisherigen Recherchen keine diesen Bereich vollständig abdeckenden Daten. Für eine Annäherung wurde daher auf Standortdaten der Supermärkte und Discounter zurückgegriffen (Quelle: Wer-zu-Wem-Verlag). Zum Erhebungsstand 2011 sind dies 28.332 Standorte von Supermärkten und Discountern. Stichproben haben gezeigt, dass der Datensatz bis auf wenige Standorte weitgehend vollständig ist. Kleinere Lebensmittelgeschäfte und weitere Einkaufsmöglichkeiten wie z. B. Kioske, Tankstelle und mobile Versorger sind jedoch nicht enthalten. Insofern bilden die Daten den Lebensmittelsektor nicht vollständig ab. Weiterhin liegen Angaben zu den Standorten ohne weitere sachliche Differenzierung vor. Es können somit nur Aussagen über die exakte Lokalisierung, nicht jedoch über Verkaufsfläche, Öffnungszeiten oder Vielfalt des Angebots gemacht werden.

Die Qualität der Geocodierung lässt sich anhand der Übereinstimmung der Adressen mit dem Referenzdatensatz ablesen. In rund 92 % der Fälle kann eine Zuordnung bis zur Hausnummer vorgenommen werden. Lediglich knapp 500 Standorte können nur dem Gebiet einer PLZ oder Gemeinde zugeordnet werden.

Bislang dient die Dichte der Infrastruktureinrichtungen als Indikator für die Erreichbarkeit im Nahbereich. Dies ist jedoch mit Blick auf die Aussagekraft unbefriedigend, da eine gleichmäßige Verteilung der Standorte angenommen wird. Aussagen über tatsächliche Wohnortnähe sind so nicht möglich. Die Luftliniendistanz erweist sich als problemadäquater und zudem leichter interpretierbar. Sie liefert die Antwort auf die für die Nahversorgung zentrale Frage „Wie weit haben es die Bewohner zum nächsten Standort?“

In den Abbildungen 2 und 3 sind die Indikatoren Standortdichte und einwohnergewichtete Luftliniendistanz am Beispiel der Supermärkte und Discounter auf Ebene der Gemeinden und Gemeindeverbände dargestellt. Beide Karten zeigen bei jeweils gleichen Klassenstärken eine ähnliche Musterverteilung, aus der sich weitestgehend die bekannte Siedlungsstruktur ablesen lässt. Im Vergleich zeigt sich jedoch, dass die Zunahme der Luftliniendistanzen im Übergang von städtischen zu den ländlichen Gebieten weniger steil ausfällt als die Abnahme der Standortdichten. Auch sind im Detail Gebiete erkennbar, in denen der Zusammenhang zwischen Standortdichte und Luftliniendistanz weniger ausgeprägt ist.

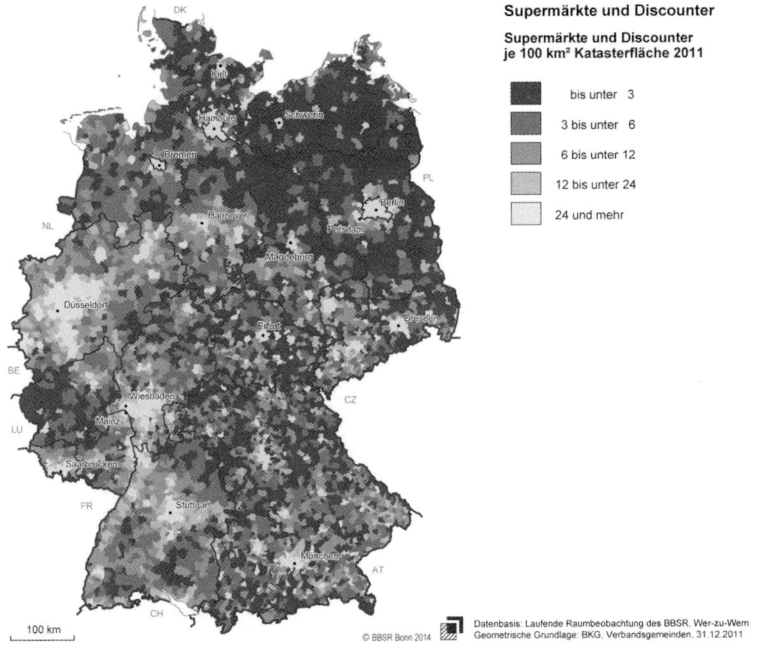

Abb. 2: Relation Supermärkte/Discounter je 100 km²

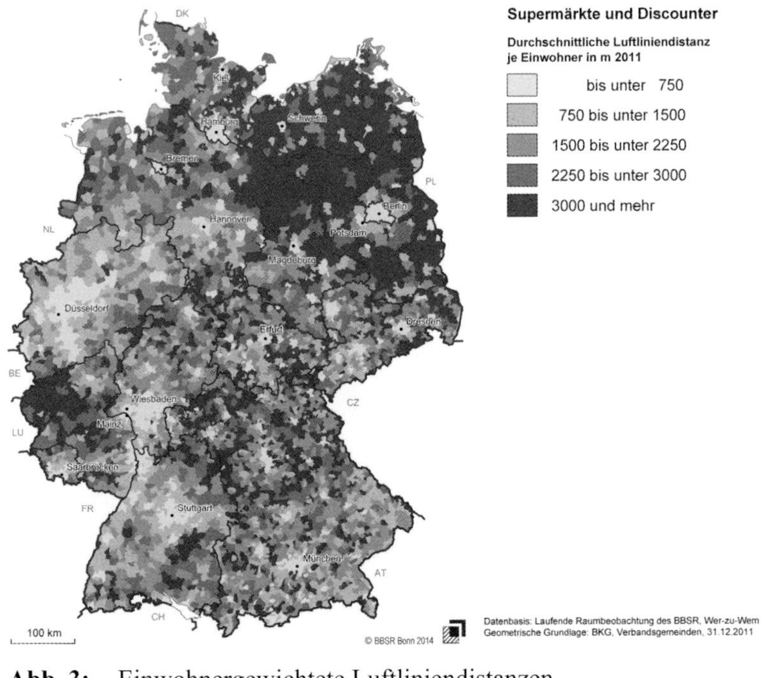

Abb. 3: Einwohnergewichtete Luftliniendistanzen

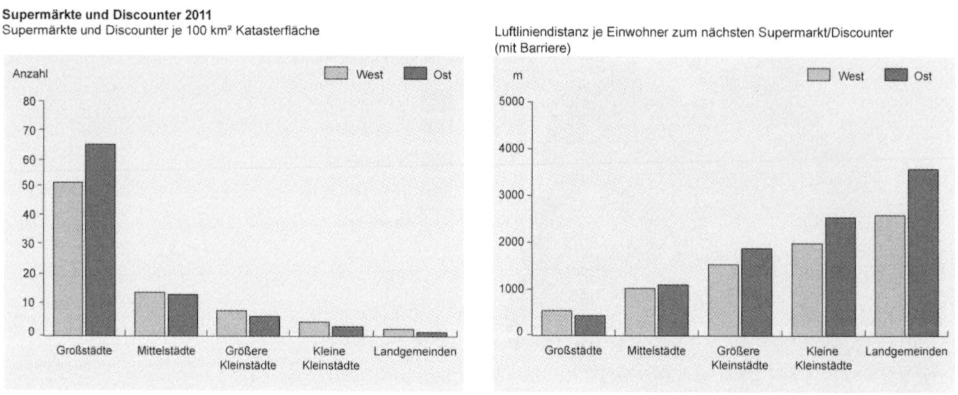

Abb. 4: Auswertungsergebnisse zur Versorgungssituation mit Supermärkten/Discountern. Links: Standortdichte, Rechts: Einwohnergewichtete Luftliniendistanz

Abb. 4 zeigt eine vergleichende Auswertung anhand des Stadt- und Gemeindetyps, der über die Kriterien Größe der Gemeinde (Bevölkerungszahl) und ihre zentralörtliche Funktion definiert ist (BBSR 2012a). Während die Dichte von Supermärkten und Discountern in den Großstädten gegenüber allen anderen Stadt- und Gemeindetypen extrem hoch ist, weisen die Luftliniendistanzen von den Großstädten zu den Landgemeinden lediglich graduelle Zunahmen auf. Auch wird deutlich, dass die Entfernungen in ostdeutschen Städten und Gemeinden in Kleinstädten und vor allem Landgemeinden deutlich länger sind als im Westen.

5 Fazit

Am Beispiel der beschriebenen Auswertungen zeigt sich, dass mit der GIS-gestützten Ermittlung von Luftliniendistanzen deutlich aussagekräftigere Indikatoren gewonnen werden können. Dies gilt es anhand von Analysen für weitere Infrastruktureinrichtungen der Nahversorgung zu vertiefen.

Bei der Interpretation muss jedoch der Modellcharakter berücksichtigt werden. Unschärfen ergeben sich durch vereinzelte Lücken in den POI-Datensätzen und dem Anteil ungenau geocodierter Standorte. Zudem können lokale Besonderheiten nur ansatzweise berücksichtigt werden. Hier sind für bundesweite Auswertungen schnell die Grenzen des derzeit Machbaren erreicht. Aggregiert auf größere Gebietseinheiten ist dennoch eine realitätsnahe Abschätzung der wohnortnahen Erreichbarkeit möglich. Durch die Berechnung auf Basis eines regelmäßigen Gitters von Messpunkten lassen sich die Werte flexibel auf beliebige Raumbezüge und Raumtypen aggregieren.

Für Zwecke der Raumbeobachtung auf Ebene des Bundes stellen die so gewonnen Indikatoren daher einen deutlichen Informationsgewinn dar und können einen empirischen Beitrag zur Diskussion um Tragfähigkeit und Mindeststandards in der Daseinsvorsorge vor dem Hintergrund des demografischen Wandels liefern.

Literatur

ADV (2013), GeoInfoDok Version 6.0.1 – Erläuterungen zum ATKIS Basis DLM. Arbeitsgemeinschaft der Vermessungsverwaltungen der Länder der Bundesrepublik Deutschland. Online.

BBSR (2012), Raumordnungsbericht 2011. Bundesinstitut für Bau-, Stadt- und Raumforschung, Bonn.

BBST (2012a), Raumabgrenzungen und Raumtypen des BBSR. Analysen Bau.Stadt.Raum, Band 6. Bundesinstitut für Bau-, Stadt- und Raumforschung, Bonn.

BKG (2011), Beschreibung des Web-Dienstes WFS Adressen. Bundesamt für Kartographie und Geodäsie, Frankfurt/M. http://www.geodatenzentrum.de/docpdf/wfs-adressen.pdf.

BMVBS (2013), Nahversorgung in ländlichen Räumen. BMVBS Online-Publikation 02/2013. Bundesministerium für Verkehr, Bau und Stadtentwicklung. Bearbeiter: KUEPPER, P. & EBERHARDT, E., Johann Heinrich von Thünen-Institut, Braunschweig.

BURGDORF, M. (2010), Disaggregation von Bevölkerungsdaten mittels ATKIS Basis DLM. In: STROBL J. et al. (Hrsg.), Angewandte Geoinformatik 2010. Wichmann, Berlin/Offenbach.

EINIG, K. (2008), Regulierung der Daseinsvorsorge als Aufgabe der Raumordnung im Gewährleistungsstaat. In: Informationen zur Raumentwicklung, 1/2 2008. Bundesinstitut für Bau-, Stadt- und Raumforschung, Bonn.

ILS (2007), Sicherung von Nahversorgung und Nahmobilität, ILS Trends 2/2007. Institut für Landes- und Stadtentwicklungsforschung und Bauwesen des Landes NRW, Dortmund.

PIEPER, J. (2009), Indikatorgestützte Bewertung städtischer Versorgungsdichten in der ambulanten medizinischen Versorgung am Beispiel von Berlin. In: STROBL J. et al. (Hrsg.), Angewandte Geoinformatik 2009. Wichmann, Heidelberg.

SCHAUSS, A. (2012), GIS-gestützte Erreichbarkeitsanalyse von Trinkwasserbrunnen auf Grundlage eines OSM-Fußgängernetzwerkes. Unveröffentlichte Bachelorarbeit. Universität Bonn.

SCHULTE, B. & SCHWEIKART, J. (2010), Nachhaltiger Konsum in Berlin – eine raumbezogene Analyse. In: STROBL J. et al. (Hrsg.), Angewandte Geoinformatik 2010. Wichmann, Berlin/Offenbach.

Erstellung der aktuellen Landnutzung für Tirol

Sylvia FARBMACHER und Manfred RIEDL

Amt der Tiroler Landesregierung, Innsbruck · sylvia.farbmacher@tirol.gv.at

Dieser Beitrag wurde durch das Programmkomitee als „reviewed paper“ angenommen.

Zusammenfassung

Ausgehend von den Ergebnissen des Forschungsprojektes Land Information System Austria LISA (vgl. LISA 2014) wird im Auftrag der Tiroler Landesregierung die aktuelle Landnutzung (2013) für Tirol erstellt. Die Landnutzung wird aus bestehenden öffentlichen Geodaten des Tiroler Rauminformationssystem ***tiris*** abgeleitet. Zur Veranschaulichung werden aktuelle Landnutzungsdaten für zwei geografisch unterschiedliche Planungsverbände Ötztal sowie Wörgl und Umgebung bearbeitet. Diese Daten werden statistisch ausgewertet und für beide Gebiete gegenübergestellt.

1 Land Information System Austria (LISA)

Die Erstellung eines satellitenbasierten Land-Monitoring-Systems (Land Monitoring Core Service, LMCS) dient als ein grenzüberschreitendes Instrument der Politik der Europäischen Union. Aufgrund der Vorgaben wurde 2009 das Land Information System Austria (LISA) als ein österreichweites Projekt zur Strukturierung und Erstellung eines nationalen Land-Monitorings ins Leben gerufen. Ziel ist es, ein digitales, homogenes, qualitätskontrolliertes und aktualisierbares Land-Monitoring bereit zu stellen. LISA unterscheidet dabei zwischen zwei Klassen: Bodenbedeckung und Landnutzung. Die Bodenbedeckung gibt den Istzustand der Geländeoberfläche wieder und wird ausschließlich aus Fernerkundungsdaten erzeugt.

2 Definition von Landnutzung

Die Landnutzung hingegen stellt den tatsächlichen, vom Menschen beeinflussten oder verursachten Nutzungsaspekt der Erdoberfläche in den Vordergrund.

2.1 Definition Landnutzung

Aus dem LISA-Datenmodell ergibt sich, dass die Datenstruktur für eine Landnutzungskartierung ein Set von untergliederten Klassen basierend auf vorhandenen Geodaten und Auswertungen von Orthofotos ist. Der Landnutzungsdatensatz wird in sechs Hauptklassen (Blöcke) unterteilt: Siedlung, Verkehr, Landwirtschaft, Wald, Natürliche Flächen und Gewässer. Diese Hauptnutzungsarten werden wiederum in Klassen unterteilt, welche durch Attribute weiter differenziert werden können. Zur Erstellung dieser Nutzungsklassen wer-

Strobl, J., Blaschke, T., Griesebner, G. & Zagel, B. (Hrsg.) (2014): Angewandte Geoinformatik 2014.
 ISBN 978-3-87907-543-0.

den schon vorhandene, aber sachlich differenzierte Geodatensätze verwendet. Dies kann zu räumlichen Überlagerungen von Nutzungen führen, nach dem LISA-Datenmodell sind diese Mehrfachzuordnungen in der Landnutzung durchaus erlaubt.

2.2 Beschreibung der Landnutzungsklassen und deren Erstellung

Der Landnutzungsblock Siedlung wird in drei Unterklassen unterteilt: Bebaute Siedlungsflächen (Siedlung im engeren Sinne), Anwesen und Anlagen, wobei die Unterklasse Siedlungstyp wieder in Wohn-, Mischnutzung, Industrie und Gewerbe sowie sonstige Nutzung gemäß ihrer Funktion als gewidmetes Bauland aufgeteilt wird. Unter Anwesen versteht man bebaute (in Tirol) im Freiland befindliche Flächen wie z. B. einzeln stehende Bauernhäuser älteren Baujahres. Anlagen bezeichnen nicht mit Gebäude, sondern mit baulichen Anlagen bebaute, gewidmete und tatsächlich genutzte Flächen. In den Verkehrsblock werden die Grundflächen von öffentlichen Straßenanlagen und Parkplätzen, Eisenbahnanlagen und Flugverkehrsanlagen aufgenommen, soweit diese Verkehrswege durch öffentliche Geodaten erfasst sind. InVeKoS-Daten ohne Personenbezug bilden die Grundlage der Flächennutzung durch Landwirtschaft und nach diesen vorgegebenen Klassen wird auch die LISA-Landwirtschaft unterschieden. Der Nutzungsblock Wald wird aus dem tiris-Waldlayer nach dem Forstgesetz übernommen. Naturschutzrechtlich besonders („ex lege") bedeutsame Flächen werden im Block Natürliche Flächen erfasst. In diesem Block wird zwischen Gletschern, Feuchtgebieten, Schilfgürtel und Moore unterschieden. Gewässer aus dem öffentlichen Wassergut werden im Nutzungsblock Gewässer dargestellt.

Die Landnutzungsdaten nach der in Tirol entwickelten Erstellungsmethode werden aus öffentlich verfügbaren, standardisierten Datenbeständen des ***tiris*** zusammengeführt und mit gewissen Auswertungen der Bodenbedeckung (z. B. der Bebauung) von aktuellen Orthofotos hinsichtlich ihrer tatsächlichen Nutzung verifiziert. Der derart zusammengeführte Datensatz wird zur weiteren Verwendung mit einem nummerischen Code an das LISA-Datenmodell angepasst.

3 Grundlage und Arbeitsweise der Datenaufbereitung

Die Datenaufbereitung aus ***tiris***-*Geodaten* erfolgt in mehreren unterschiedlichen Schritten und ist thematisch in die sechs Hauptblöcke des LISA-Datenmodells unterteilt.

Tabelle 1: Geodatensätze zur Ermittlung der Landnutzung

Siedlung	Flächenwidmung
	Gebäude
	DKM
	Adressen
	Erholungsraum-Freihalteflächen aus dem örtlichen Raumordnungskonzept
Verkehr	Flächenwidmung
	Straßenachsen GIP

Tabelle 2 (Fortsetzung)

Landwirtschaft	Auszug InVeKoS-GIS-Daten
	Landwirtschaftliche Freihalteflächen aus dem Örtlichen Raumordnungskonzept
Wald	Waldflächen laut Forstgesetz
Natürliche Flächen	Biotopkatierung
	Moorkatalog
	Gletscherkataster Tirol
Gewässer	Öffentliches Wassergut
	Gewässernetz

3.1 Siedlung

Zur Gewinnung des Landnutzungsblocks Siedlung wird der Datenerstellungsprozess in drei separate Schritte unterteilt. Die tatsächlich gewidmeten und bebauten Grundstücke zur Ermittlung des Siedlungsgebiets werden getrennt von den Anwesen (in Tirol nicht als Bauland gewidmete Gebäude) eruiert. Die Anlagen werden anschließend in einem dritten, von den beiden vorherigen unabhängigen Schritt bearbeitet.

Zur Unterscheidung der Siedlungsgebiete werden die bebauten Grundstücke (Datengrundlage DKM) ermittelt. Damit ein Grundstück als bebaut angesehen wird, muss das Gebäude (Gebäudelayer aus aktuellen Orthophoto oder Laserscandaten ausgewertet) eine Mindestgröße von $50m^2$ aufweisen. Die so ermittelten, bebauten Grundstücke werden mit dem Flächenwidmungsplan korreliert, um den Baulandtyp des jeweiligen Grundstücks zu erhalten. Damit wird das bebaute Grundstück durch den schon erwähnten nummerischen Code einem der vier Siedlungstypen zugeordnet. Die Zuordnung zu den Siedlungstypen erfolgt mithilfe eines Datenskripts automatisiert.

Als Anwesen werden jene bebauten Nutzungsflächen bezeichnet, welche im Freiland liegen und eine unbestimmte Parzellierung aufweisen. Die Datengrundlage zur Ermittlung dieser bebauten Fläche stellen die schon erwähnten Gebäudelayer, Adressdaten (Punktverortung der Adressinformation des Bundesland Tirol), Waldlayer und InVeKoS-Daten (= landwirtschaftliche Nutzflächen) zur Abgrenzung dar. Im ersten Arbeitsschritt wird ein Puffer von sechs Meter um die Gebäude ($> 50\ m^2$) gelegt. Dieser Puffer wurde so gewählt, um einen Hofverband in seiner Gänze zu erfassen. Einen beträchtlichen Aufwand bei der Erstellung des Anwesen-Datensatzes stellt die Nachkontrolle jeder einzelnen Grundfläche dar. Bei dieser Kontrolle werden die so entstandenen Polygone sowohl den landwirtschaftlichen Nutzflächen als auch dem Wald angepasst (geclipt oder erweitert). Der Grund hierfür ist, dass die Parzellierung im Freiland nach dem historischen Grundsteuerkataster beibehalten wurde und man erst mithilfe der InVeKoS--Daten eine schärfere Abgrenzung der Hofverbände erhält. Kleine landwirtschaftliche Nebengebäude wie beispielsweise Städel, welche im Freiland stehen, werden durch eine Gebäudegröße $> 50\ m^2$ automatisch ausgeschlossen. Jene Gebäude, die größer $50\ m^2$ sind, aber keine Siedlungsnutzung aufweisen, werden durch Zuhilfenahme der Adressendaten eliminiert.

Der dritte Siedlungsblocktyp Anlagen wird direkt aus dem Flächenwidmungsplan der jeweiligen Gemeinde entnommen, in Tirol handelt es sich um speziell gewidmete Sonderflächen. Dazu wird anhand des Orthofoto die tatsächliche Nutzung der gewidmeten Anlage überprüft und anschließend den LISA-Blöcken (Öffentliche Anlagen, Sport & Erholung und technische Infrastruktur) zugeordnet. Die einzige Ausnahme der Anlage bilden die Skigebiete. Diese Sport- & Erholungsflächen werden aus dem Örtlichen Raumordnungskonzept der Gemeinden entnommen und ebenfalls auf ihre aktuelle Nutzung mithilfe des Orthofoto überprüft.

3.2 Verkehrsflächen

Die öffentlichen Verkehrsflächen werden aus dem digitalen Flächenwidmungsplan entnommen. Hierzu werden bestehende Straßenverkehrsflächen, Eisenbahnflächen, Parkplätze und Grundstücke öffentlicher Flughafengesellschaften in den LISA-Datensatz Verkehrsflächen übernommen. Güter- und Forstwege sind auf diesem Wege nicht flächig ermittelbar. Diese werden mithilfe der Straßenachsen aus der Graphenintegrations-Plattform GIP dargestellt. Solche Straßenachsen dienen zudem zur Kenntlichmachung der Funktion der Verkehrsflächen, ausgenommen Parkplätze. Ebenfalls linienhaft dargestellt werden Hochspannungsleitungen sowie Seilbahnen und Lifte.

3.3 Gewässer

Die Datengrundlage zur Ermittlung des Gewässers bildet der ***tiris***-Geodatensatz über das öffentliche Wassergut. Nach dem Wasserrechtsgesetz 1959 stelle dieser Geodatensatz besonders gewidmete und geschützte Grundflächen dar. Diese werden unbearbeitet in den Landnutzungsblock Gewässer übernommen. Im öffentlichen Wassergut sind jedoch nicht alle Gewässer Tirols erfasst. Deswegen wird bei der grafischen Aufbereitung der Daten das Gewässernetz (Achsen) über den Gewässerlayer gelegt, somit werden auch kleinere Bäche und Flüsse dargestellt.

3.4 Landwirtschaft

Für den Landnutzungsblock Landwirtschaft wurden vom Lebensministerium (BMLFUW) InVeKoS--GIS-Daten ohne Personenbezug zur Verfügung gestellt. Die LISA-Attribute sind an die Nutzungsarten dieser Daten angepasst und somit können diese unverändert in die LISA-Struktur übernommen werden. Die InVeKoS--Daten weisen jedoch Lücken auf. Sind diese größer als die kleinste Erfassungseinheit (MMU: 5.000 m^2; Banko et al. 2010), so werden sie mit den landwirtschaftlichen Freihalteflächen des örtlichen Raumordnungskonzepts (ÖRK), ein weiteres Planungsinstrument der Tiroler Raumordnung, ergänzt.

3.5 Wald

Die Erstellung des Landnutzungsblocks Wald wird mit den ***tiris***-Waldflächen laut Forstgesetz aus dem bestehenden Geodatensatz vorgenommen. Es handelt sich hierbei um eine kleine Abweichung vom den LISA-Vorgaben, da im Wald-Geodatensatz nur zwischen zwei Kategorien unterschieden wird: Hochwald und Forstliche Strauchflächen.

3.6 Natürliche Flächen

Die Biotopkartierung Tirol, der Österreichische Moorschutzkatalog und der Gletscherkataster Tirols bilden die Datengrundlage der Natürlichen Flächen. Aus der Biotopkartierung Tirol werden jedoch nur jene Polygone genommen, die ex lege geschützte Gebiete sind. Die Moorflächen aus dem Moorschutzkatalog werden nur dann den Natürlichen Flächen zugeordnet, wenn diese nicht bereits in der Biotopkartierung erfasst sind. Diese Darstellung der Natürlichen Flächen soll Nutzungskonflikte beispielsweise zwischen landwirtschaftlich genutzten Flächen und eines Feuchtgebiets verdeutlichen. Im 3. Gletscherkataster Tirols, welcher in Zusammenarbeit mit der UNI Innsbruck Institut für Meteorologie und Geophysik erstellt wurde, sind die Gletscher Tirols flächenhaft als Polygone erfasst worden.

4 Aufwand und Grenzen der Bearbeitung

Die Erstellung des Landnutzungsblocks Siedlung ist mit dem größten Zeitaufwand verbunden. Dabei erfolgt die Zuordnung zur LISA-Kategorie Siedlungsfläche automatisiert und bedarf nur einer groben Nachkontrolle. Die Erfassung der Anwesen stellt hingegen einen weit größeren zeitlichen Aufwand dar. Hierfür muss, wie in der Arbeitsweise der Datenaufbereitung Siedlung schon beschrieben, jedes einzelne Polygon überprüft und an den Wald- bzw. Landwirtschaftslayer angepasst werden. Aufgrund der oftmals veralteten Parzellenstruktur im Freiland kann diese händische Nachkontrolle noch nicht automatisiert werden. Die große Anzahl der Sonderflächen in Tirol und deren unterschiedliche Festlegung führen dazu, dass die einzelnen Polygone für Anlagen anhand des Orthofoto kontrolliert werden müssen und anschließend den betreffenden Anlagetypen zugeordnet werden müssen.

Kleinere Einschränkungen bei der Erstellung des Landnutzungsblocks Wald kommen daher, dass die vorhandenen Daten nicht weiter, etwa hinsichtlich der Überschirmung, differenziert werden können. Die InVeKoS-Daten über landwirtschaftliche Nutzflächen sind nicht flächendeckend, dies kann aufgrund von fehlenden Anträgen oder nicht förderwürdigen Flächen der Fall sein. Diese Lücken werden, wie schon erwähnt, mit den landwirtschaftlichen Freihalteflächen aus dem örtlichen Raumordnungskonzept ergänzt. Im Falle eines fehlenden digitalen örtlichen Raumordnungskonzeptes sind solche Daten für einige Gemeinden (noch) nicht vorhanden und fehlende Flächen können daher auch nicht ergänzt werden.

Da nur geschützte Flächen kartiert sind und in den Nutzungsblock Natürliche Flächen aufgenommen werden, gibt es hier deutliche Abweichungen von den LISA-Vorgaben. Mit Ausnahme der Gletscherflächen fehlen nicht (dominant) menschlich genutzte Flächen wie alpine Graslandschaften, Fels und Geröll zur Gänze.

5 Diskussion erster Ergebnisse

Die oben genannte Methodik wurde für zwei Planungsverbände Ötztal (ohne die Gemeinde Sautens) und Wörgl und Umgebung angewandt.

5.1 Erste Ergebnisse für zwei Gebietseinheiten: Planungsverbände Ötztal sowie Wörgl und Umgebung

5.1.1 Landnutzung im Planungsverband Ötztal

Die nachfolgenden Ergebnisse des Planungsverbandes Ötztal wurden ohne die Gemeinde Sautens erhoben, da diese Gemeinde noch nicht über einen digitalen Flächenwidmungsplan verfügt.

Tabelle 3: Landnutzung im Planungsverband Ötztal

Planungsverband Ötztal	**ha**	**%**
Gesamtfläche des Planungsverbands	90.048,7	
Siedlung	3.957,7	4,4
Verkehr	378,1	0,4
Landwirtschaft	28.513,9	31,7
Landwirtschaft/Wald	3.064,4	3,4
Wald	14.205,9	15,8
Natürliche Flächen	9.376,8	10,4
Natürliche Flächen/Landwirtschaft	238,8	0,3
Gewässer	533,8	0,6
LISA-Gesamtfläche	**60.269,4**	**66,9**

Der Planungsverband Ötztal (ohne Gemeinde Sautens) umfasst eine Gesamtfläche von 90.048,7 ha ein. Von dieser Fläche entfallen 4,4 % (3.957,7 ha) auf Siedlungen. Die Landwirtschaft (mit hohem Anteil an Almflächen) stellt mit 31,7 % die größte Landnutzungskategorie im Ötztal dar. Um die Hälfte geringer ist der Anteil des Waldes. Die Natürlichen Flächen sind infolge der Gletscher flächenmäßig mit 10,4 % vertreten. Das Ötztal ist auch geprägt von vielen Gebirgsbächen, welche eine Fläche von 533,8 ha einnehmen. Es gibt Überlagerungen zwischen den Nutzungsarten Landwirtschaft/Wald (3,4 %) und Natürlichen Flächen/Landwirtschaft (0,3 %).

Tabelle 4: Landnutzungsblock Siedlung

Siedlung	**ha**	**%**
Wohnnutzung	221,5	5,6
Mischnutzung	251,7	6,4
Industrie und Gewerbe	119,1	3,0
Sonstige Nutzung	19,3	0,5
Anwesen	83,9	2,1
Anlagen	3.262,0	82,4
Gesamtfläche	**3.957,5**	

Die Siedlung lässt sich in drei Klassen unterteilen: Siedlungstyp (15,5 %), Anwesen (2,1 %) und – mit dominanter Größenordnung aufgrund der großflächigen Schigebiete – Anlagen (82,4 %). Den höchsten Anteil an der Siedlungsfläche im engeren Sinne bildet der

Siedlungstyps Mischnutzung: 6,4 %. Industrie- und Gewerbeflächen (3 %) sind prozentuell am wenigsten vorhanden. Die Wohnnutzung hat einen Anteil von 5,6 % an der Siedlungsgesamtfläche. Sonstige Nutzungsflächen (0,5 %) halten sich im Hintergrund.

5.1.2 Landnutzung im Planungsverband Wörgl und Umgebung

Tabelle 5: Landnutzung im Planungsverband Wörgl und Umgebung

Planungsverband Wörgl und Umgebung	**ha**	**%**
Gesamtfläche des Planungsverbands	12.925,3	
Siedlung	1.026,6	7,9
Verkehr	401,2	3,1
Landwirtschaft	3.988,4	30,9
Landwirtschaft/Wald	329,5	2,5
Wald	6.035,3	46,7
Natürliche Flächen	61,7	0,5
Natürliche Flächen/Landwirtschaft	47,8	0,4
Gewässer	331,7	2,6
LISA-Gesamtfläche	**12.222,2**	**94,6**

Der Planungsverband Wörgl und Umgebung weist eine Gesamtfläche von 12.925,3 ha auf. Die Siedlung und der Verkehr nehmen 11 % der Fläche dieses Gebietes in Anspruch. Der größte Teil der Fläche wird von Wald (46,7 %) bedeckt. Die landwirtschaftliche Nutzung weist einen prozentuellen Anteil von 30,9 % auf. Der Inn schneidet den Planungsverband Wörgl und Umgebung, insgesamt weist das Gewässer eine Fläche von 331,7 ha (2,6 %). Die Natürlichen Flächen: Moore, Feuchtgebiete und Schilf sind mit 0,5 % vertreten. Überschneidungen zwischen landwirtschaftlich Nutzflächen und Wald betragen 2,5 %. 0,4 % an der Gesamtfläche werden sowohl von Natürlichen Flächen als auch von der Landwirtschaft eingenommen.

Tabelle 6: Landnutzungsblock Siedlung

Siedlung	**ha**	**%**
Wohnnutzung	408,8	39,8
Mischnutzung	199,7	19,5
Industrie und Gewerbe	167,3	16,3
Sonstige Nutzung	22,0	2,1
Anwesen	108,9	10,6
Anlagen	119,9	11,7
Gesamtfläche	**1.026,6**	

Die Hauptsiedlungsklasse ist in diesem Gebiet die Wohnnutzung (39,8 %). Die Mischnutzung (19,5 %) und industrielle bzw. gewerbliche Nutzung (16,3 %) liegen anteilsmäßig dahinter. Den geringsten Anteil an den Siedlungstypen bildet die sonstige Nutzung (2,1 %). Bei den Anwesen wurde eine Fläche von 108,9 ha (10,6 %) erfasst. Die Anlagen nehmen 11,7 % der Siedlungsfläche ein.

6 Darstellender Vergleich der beiden Planungsverbände

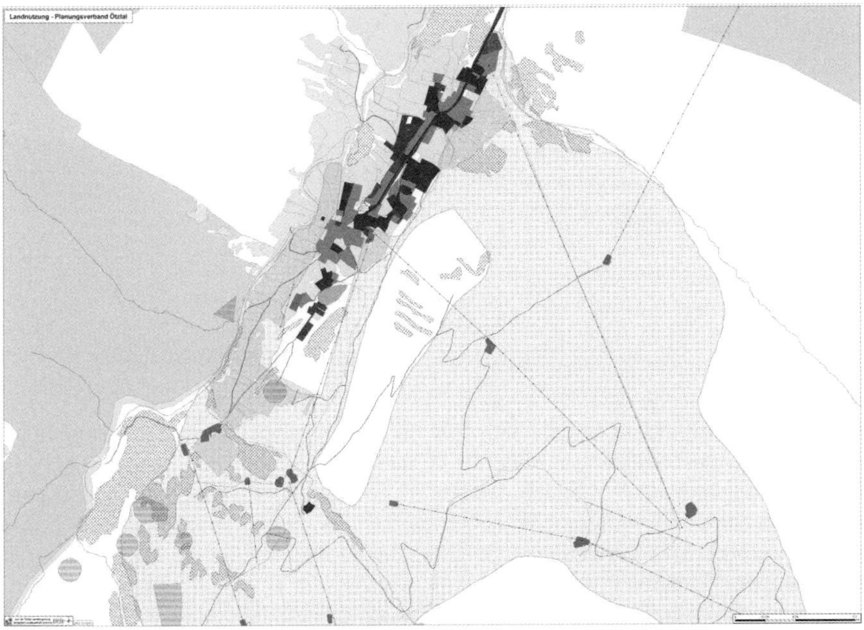

Abb. 1: Teilausschnitt der Landnutzung im Planungsverband Ötztal

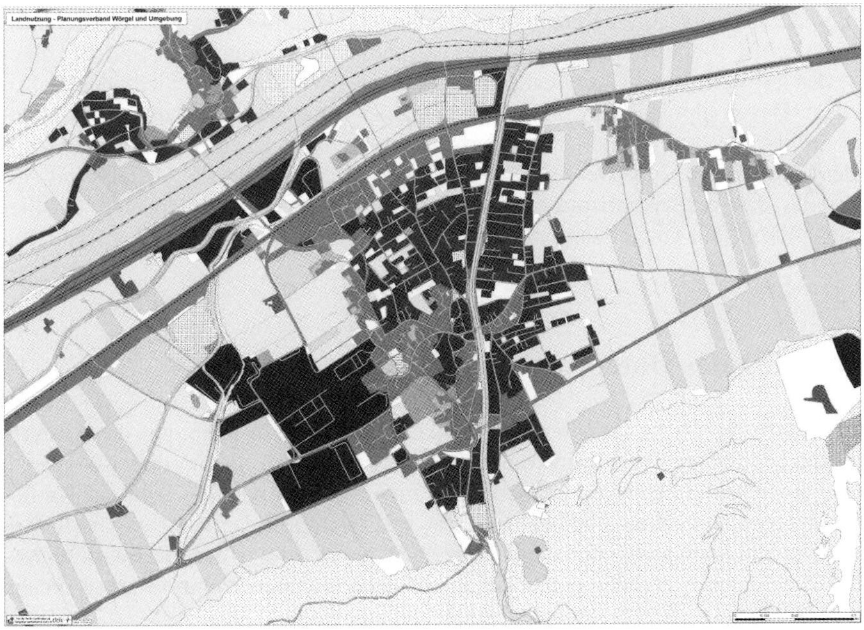

Abb. 2: Teilausschnitt der Landnutzung im Planungsverband Wörgl und Umgebung

Abb. 3:
Legende Landnutzungsklassen Tirol

Die beiden ausgewählten Planungsverbände Ötztal (Gemeinden Haiming, Längenfeld, Oetz, Roppen, Sölden und Umhausen, ohne die Gemeinde Sautens; siehe Anhang Abb. 1) sowie Wörgl und Umgebung (Gemeinden Angath, Angerberg, Bad Häring, Breitenbach am Inn, Kirchbichl, Kundl, Mariastein und Wörgl, siehe Anhang Abb. 2) sind geografisch und soziologisch sehr unterschiedlich geprägte Gebiete. Das Ötztal ist eine der stärksten durch den Tourismus geprägten alpinen Regionen Tirols, welche sich in einem Seitental des Inntals auf die Länge von 65 km erstreckt. Der Planungsverband Ötztal ist mit 90.048,7 ha um das Siebenfache größer als der Planungsverband Wörgl und Umgebung (12.925,3 ha). Dieser Gemeindeverband liegt in montaner Höhenstufe im Unterinntal, das von Mittelgebirgsterrassen begleitet wird. Bedingt durch die günstige Lage im Inntal, seiner Nähe zu größeren Städten und einer sehr guten Verkehrserschließung wird dieser Planungsverband auch zu den dynamischen Wachstumsräumen Tirols gezählt. Die Standortgunst und Bevölkerungsdichte des PV Wörgl und Umgebung führt dazu, dass der Anteil der Siedlungsflächen bei 7,9 % liegt. Das in alpinen bzw. nivalen Höhenstufen liegende Ötztal, obwohl flächenmäßig weit größer, weist aufgrund seiner touristischen Struktur einen Siedlungsanteil von 4,4 % an der Gesamtfläche auf. Der Großteil der Siedlungsfläche des PV Ötztals sind Anlagen (82 %) für den Wintertourismus, welche im alpinen Bereich, situiert sind. Im Planungsverband Wörgl und Umgebung ist hingegen die Wohnnutzung (39,8 %) im Talraum vorherrschend.

7 Bedeutung des Datensatzes

Bisher stützten sich räumliche bzw. raumplanerische Analysen vor allem auf die Auswertung der Inhalte rechtlicher Planungsinstrumente wie der Örtlichen Raumordnungskonzepte und der Flächenwidmungspläne, die planerische Entwicklungen wiedergeben, auf Kartierungen zu einzelnen speziellen Themenbereichen wie Biotope oder landwirtschaftlichen Bonitäten, sowie auf Analyseinstrumente zu einzelnen Aspekten wie den Baulandreserven. Im vorliegenden Datensatz wurden nun erstmals alle maßgeblichen raumrelevanten Inhalte aus den verschiedenen Quellen zusammengespielt und analysiert.

Der große Unterschied zu den bisher bestehenden Plandarstellungen liegt darin, dass die Landnutzung die tatsächlich genutzten Flächen darstellt. Einen Mehrwert stellt auch die Erfassung von Bauten (Anwesen) und Anlagen im Freiland dar, welche bis dato nur mit großem Aufwand berücksichtigt werden konnten. Im Vergleich mit anderen Planungsinstrumenten lässt sich die Struktur einer Gemeinde/ eines Planungsverbandes leichter nachvollziehen und visualisieren. In Kombination mit den Statistiken, welche aus diesem Geodatensatz ableitbar sind, gewinnt man sehr viel Information über die prozentuelle Verteilung unterschiedlich genutzter Flächen.

Die Entwicklung der Nutzungsarten insbesondere der Siedlungsentwicklung über einen längeren Zeitraum zu beobachten kann längerfristig gesehen von Interesse sein. Mit der Visualisierung der Landnutzung aufgrund unterschiedlicher bestehender Datensätze können somit erstmalig die Verteilungsmuster der tatsächlichen räumlichen Nutzungen ohne großen Aufwand ersichtlich gemacht werden. Bereiche mit einer starken Zersiedlung können ebenso schnell wahrgenommen werden wie potenzielle Nutzungskonflikte, etwa zwischen Siedlungen und ökologisch wertvollen Flächen. Die Überlagerung von Wald und landwirtschaftlichen Nutzflächen (zumeist Almen) geben Hinweise auf die aktuelle Debatte über die Almflächenförderung.

Durch die Visualisierung der Siedlungs-, Verkehrs- und bestimmter Landwirtschaftsflächen, also den besiedelten und auch intensiv bewirtschafteten Flächen ergibt sich eine aktuelle Abgrenzung des sogenannten Dauersiedlungsraumes. Der Datenbenutzer kann somit den Dauersiedlungsraum genauer in die unterschiedlichen Nutzungsklassen und deren Anteile differenzieren.

Die konkrete Nutzungsdarstellung ist auch für umweltpolitische Fragestellungen (z. B. Naturschutz) von Interesse. Mit einem Blick sieht man diverse Habitate, deren Nachbarschaften und auch Zerschneidungen. Konflikte zwischen naturbelassenen Flächen und Siedlung werden deutlich. Dabei geht es aber nicht nur um Momentaufnahmen, vielmehr lassen sich in diesem Zusammenhang in Zukunft auch Veränderungen der Landnutzung bzw. die Entwicklung einzelner Nutzungsarten über längere Zeiträume gut beobachten.

Literatur

BANKO, G., GRILLMAYER, R., ORTNER, S. & PERGER, C. (2010), LISA Datenmodell – Textteil Vers. 3.1. Land Information System Austria. Hrsg.: Umweltbundesamt und FH-Wiener Neustadt. Wien/Wiener Neustadt.

LISA – Land Information System Austria (o. J.), http://www.landinformationsystem.at/de-at/lisa/überblick.aspx (30.01.2014).

WEICHSELBAUM, J., BANKO, G., HOFFMANN, C., RIEDL, M., SCHARDT, M., STEINNOCHER, K., WAGNER, W. & WALLI, A. (2009), Land Information System Austria (LISA): Bedarfsgerechte Landnutzungsinformationen für die öffentliche Verwaltung. In: STROBL, J., BLASCHKE, T. & GRIESEBNER, G. (Hrsg.), Angewandte Geoinformatik 2009. Beiträge zum 21. AGIT-Symposium. Wichmann, Heidelberg, 492-497.

Anwendungsbeispiele für länderübergreifende Erreichbarkeitsmodelle

Andreas FRIEDWAGNER[1], Thomas LANGTHALER[1], Simon ORTNER[2], Karl REHRL[3] und Michael USCHNIGG[4]

[1]Verracon GmbH, Wien · office@verracon.at
[2]Amt der NÖ Landesregierung, St. Pölten
[3]Salzburg Research Forschungsgesellschaft mbH
[4]PRISMA solutions EDV-Dienstleistungen GmbH

1 Ausgangslage

Mit der Intensivierung der länderübergreifenden Zusammenarbeit und dem damit notwendigen Ausbau der Verkehrsinfrastruktur im Grenzraum Niederösterreich-Tschechien-Slowakei-Ungarn veränderten sich die Qualitäten der Regionen als Wirtschafts- und Wohnstandort entscheidend. Die Erreichbarkeit von sozialen und wirtschaftlichen Einrichtungen ist ein wesentlicher Faktor für Standortentscheidungen. Daher trägt die Identifizierung, Sicherung und Entwicklung geeigneter Standorte wesentlich zur Steigerung der regionalen Wettbewerbsfähigkeit und Lebensqualität bei. Bis dato scheiterte die länderübergreifende Betrachtung von Raumphänomenen an der Verfügbarkeit von homogenen Datengrundlagen und grenzüberschreitenden Erreichbarkeitsmatrizen in ausreichender räumlicher Auflösung.

2 Länderübergreifende Betrachtung von Raumqualitäten

Im Rahmen des Projekts „ERRAM cross border" wurde ein grenzüberschreitendes Erreichbarkeitsmodell für die Regionen Niederösterreich, Burgenland, Südböhmen, Südmähren, Bratislava, Trnava, sowie die westungarischen Komitate Győr-Moson-Sopron, Vas und Zala erarbeitet. Zehn Partner aus vier Ländern entwickelten in den letzten 24 Monaten eine vergleichbare Datenbasis und entsprechende Instrumente für die grenzüberschreitende Raumanalyse. Das Erreichbarkeitsmodell fußt auf folgenden Grundlagen:

2.1 Vergleichbare Gebietseinheiten

Um die Vergleichbarkeit auf einer möglichst kleinräumigen Ebene sicherzustellen, haben sich die Projektpartner auf die Entwicklung eines weitgehend homogenen 1.000-m-Raster als räumliche Bezugseinheit geeinigt. 51.950 Rasterzellen decken das gesamte Untersuchungsgebiet ab. Um die Validität der Ergebnisse in den Randbereichen sicherzustellen, wurden darüber hinaus Einrichtungen innerhalb eines 100-km-Puffers um den Untersuchungsraum in den Berechnungen berücksichtigt.

Strobl, J., Blaschke, T., Griesebner, G. & Zagel, B. (Hrsg.) (2014): Angewandte Geoinformatik 2014.
 ISBN 978-3-87907-543-0.

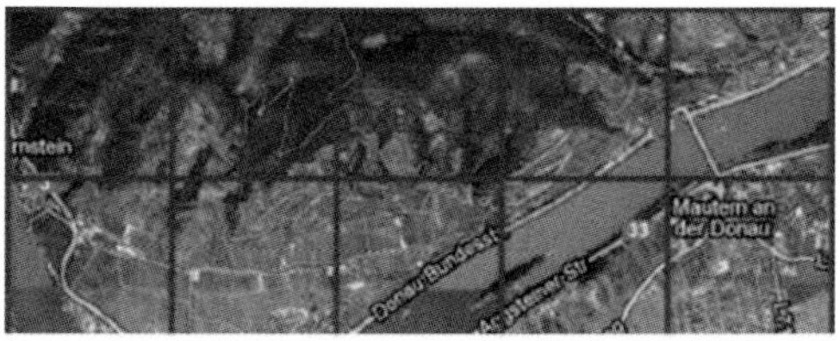

Abb 1:
Grenzüberschreitendes Rastermodell
(Quelle: ARGE ERRAM 2014)

2.2 Grenzüberschreitende Datenbasis

Die Aufbereitung einer grenzüberschreitend harmonisierten Datenbank mit standortrelevanten Daten (Nahversorgung, Gesundheit, Bildung, etc.) stellte eine große Herausforderung dar. In mehreren Workshops wurde die Qualität der verfügbaren Daten geprüft und Ergänzungen bzw. Verbesserungen vorgenommen. Am Ende des Projekts steht den Projektpartnern ein umfangreiches Set an harmonisierten Daten grenzüberschreitend zur Verfügung.

2.3 Grenzüberschreitende Fahrzeitmatrizen

Um die Erreichbarkeit als wesentlichen Standortfaktor in die Analyse von Raumqualitäten einbeziehen zu können, war die Berechnung von Fahrzeitmatrizen im motorisierten Individualverkehr (MIV) sowie im Öffentlichen Verkehr (ÖV) notwendig. Auf Basis von OpenStreetMap (OSM) wurde ein Verkehrsgraph für den gesamten Untersuchungsraum erstellt. Vorangegangene Tests hatten ergeben, dass sich OSM prinzipiell für die Berechnung von länderübergreifenden Erreichbarkeitspotenzialen eignet (REHRL et al. 2012). In Abstimmung mit den Planungen in den Partnerregionen wurden neben dem Istzustand mehrere künftige Netzzustände (Planfall 2020, 2030, Wunschnetz) erzeugt und für die Berechnung von Fahrzeitmatrizen herangezogen.

3 Analyseinstrumente

Im Sinne einer nutzerfreundlichen Möglichkeit zur Berechnung und Visualisierung von Erreichbarkeitspotenzialen wurde ein ArcGIS Add-in entwickelt. Die Funktionalität dieses Add-ins lässt sich aufgrund des ERRAM-Workflows in vier Blöcke einteilen:

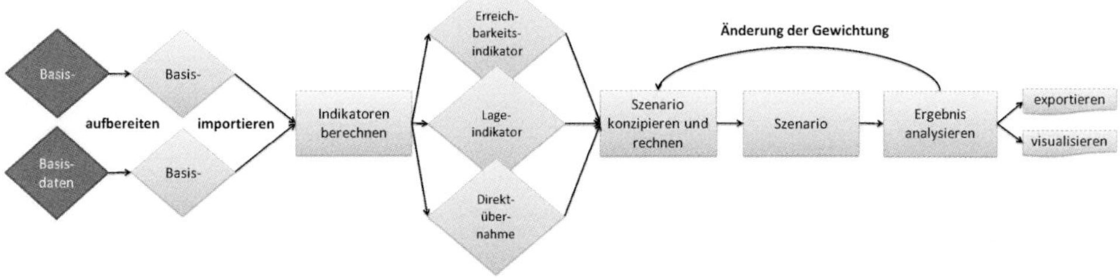

Abb. 2: ERRAM-Workflow (Quelle: ARGE ERRAM 2014)

Aufbereitung und Import von Basisdaten

Basisdaten sind die Grundvoraussetzung zur Berechnung von Indikatoren. Sobald die Originaldaten auf das Rastermodell umgelegt sind, können sie über das ERRAM-ArcGIS-Add-in in die Projektdatenbank importiert werden.

Indikatoren berechnen

Die Berechnung von Indikatoren ist Voraussetzung für die Konzeption und Berechnung von Szenarios. Das ERRAM-ArcGIS-Add-in bietet unterschiedliche Elemente für die Berechnung verschiedenen Indikatortypen. Bei der Berechnung werden die harmonisierten Basisdaten mit den Fahrzeitmatrizen verknüpft.

Szenario konzipieren und rechnen

In einem Szenario werden je nach Fragestellung mehrere Indikatoren zusammengeführt. Das ERRAM-ArcGIS-Add-in bietet die Möglichkeit, die ausgewählten Indikatoren entsprechend ihrer Bedeutung für die Fragestellung zu gewichten.

Ergebnisse analysieren

Die ERRAM-Werkzeugleiste bietet die Möglichkeit, alle relevanten Datensätze (Basisdaten, Indikatoren, Ausstattungsqualität) gestaffelt anzuzeigen sowie diese als Shape zu exportieren. Darüber hinaus können für die Analyse auch alle Standard-ArcGIS-Funktionen direkt angewendet werden.

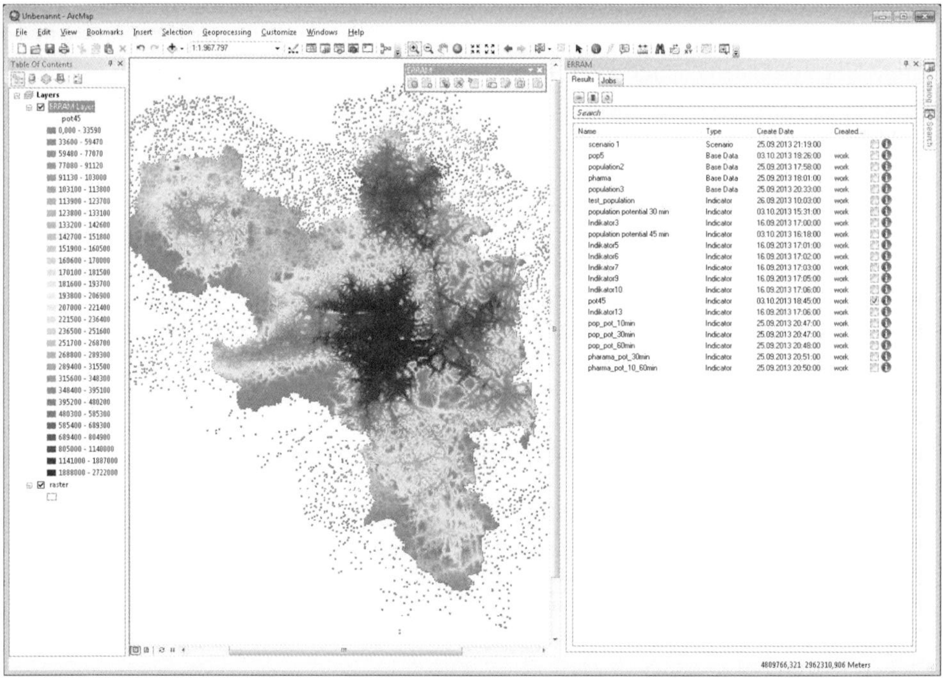

Abb. 3: ArcGIS-Client (Quelle: ARGE ERRAM 2014)

Um trotz umfangreicher Datenmengen die Rechenzeiten gering zu halten, war es notwendig den Partnern leistungsfähige Datenbanken zur Verfügung zu stellen. Neben einer Microsoft SQL Datenbanklösung steht mit PostgreSQL auch eine Open Source Lösung zur Verfügung, die es über ein entsprechendes Indizierungskonzept ermöglicht rasch auf die umfangreichen Datengrundlagen zuzugreifen.

Seit April stehen den Partnern leistungsfähige Instrumente zur grenzüberschreitenden Analyse von Raumqualitäten zur Verfügung. Im nächsten Abschnitt soll auf die Anwendungsmöglichkeiten von länderübergreifenden Erreichbarkeitsmodellen eingegangen werden.

4 Anwendungsmöglichkeiten

Mit dem nunmehr vorliegenden Erreichbarkeitsmodell können sowohl die Qualitäten einzelner Indikatoren im Raum als auch komplexe gewichtete Indikatorenbündel in Form von Szenarien berechnet und visualisiert werden. Fahrzeitmatrizen für unterschiedliche Planfälle ermöglichen die Prognose künftiger Qualitäten basierend auf existierenden Ausbauplänen der Regionen.

4.1 Lage- und Erreichbarkeitspotenziale

Für die Bestimmung der Zahl an potenziellen Arbeitskräften ist nicht die Zahl der in der Standortgemeinde (-bezirk etc.) wohnhaften Personen einer bestimmten Qualifikationsstufe ausschlaggebend, sondern vielmehr die Zahl der Personen, die den Standort in einer bestimmten Zeit erreichen können. Die Entfernung zum Standort kann dabei als zusätzliches Gewicht mit einbezogen werden (Funktion des abnehmenden Grenzbeitrags). Damit ist sowohl die Verteilung von Ressourcen im Raum als auch ihre Erreichbarkeit, abhängig von der Verkehrsinfrastruktur, entscheidend. Der auf diesem Weg berechnete Wert wird als Erreichbarkeitspotenzial bezeichnet und stellt einen der drei Typen von Indikatoren, die in die ERRAM-Funktionalität einfließen, dar.

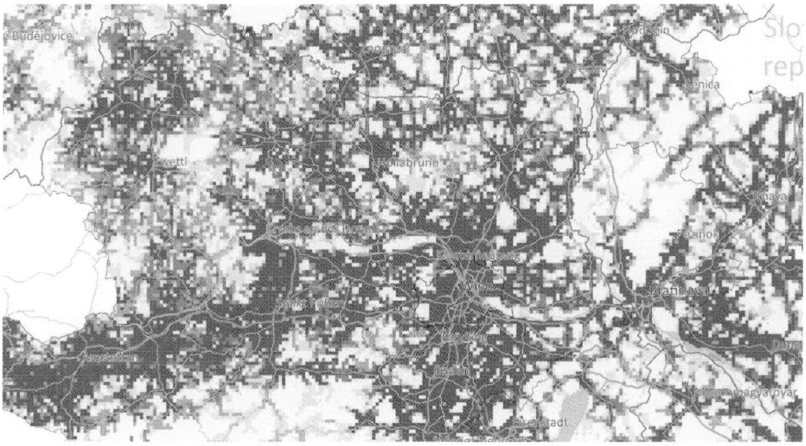

Abb. 4: Erreichbarkeitspotenzial – Kinderbetreuungseinrichtungen innerhalb von 10 min (Quelle: ARGE ERRAM 2014)

Neben dem Erreichbarkeitspotenzial gibt es außerdem das Lagepotenzial als zeitbasierten Indikator. Vereinfacht gesagt trifft dieser Indikator eine Aussage über die Zeit oder Distanz zu einem Suchkriterium. Ein Beispiel hierfür wäre die Fahrzeit zur nächstgelegenen Anschlussstelle des Hochleistungsstraßennetzes

4.2 Szenarien

Die Ausstattungsqualität einer jeden Rasterzelle berechnet sich aus der Kombination von mehreren relevanten Indikatoren (ERRAM-Szenario). Methodisch wird dies durch Gewichtung der Indikatoren zueinander und Aufsummierung je Rasterzelle erreicht. Der Benutzer hat die Möglichkeit, unterschiedliche Szenarios für eine zielgruppenorientierte Gewichtung der Indikatoren zu erstellen (für Familien sind beispielsweise andere Dinge wichtiger als für IT-Unternehmen). Um eine möglichst feinstufig veränderbare Gewichtung zu ermöglichen, werden Indikatoren zu Indikatorbündeln zusammengefasst, die außerhalb gegeneinander und innerhalb gewichtet werden.

Abb. 5: Szenario – Lebensqualität für Jungfamilien (Quelle: ARGE ERRAM 2014)

4.3 Planfälle

Lagepotenziale, Erreichbarkeitspotenziale und darauf aufbauende Szenarien können auf dem Istzustand im Straßennetz referenzieren, oder aber künftige Ausbauzustände berücksichtigen. Im Projekt ERRAM wurden 3 Planfälle berechnet: das Straßennetz 2020, 2030 und ein Wunschnetz, dass auch Maßnahmen beinhaltet sind, deren Umsetzung zum jetzigen Zeitpunkt noch nicht gesichert ist. Mithilfe dieser Planfälle kann die Wirkung von Verkehrsinfrastrukturmaßnahmen auf die Ausstattungsqualität dargestellt werden. Ein weiterer Anwendungsfall wäre die Öffnung von zusätzlichen Grenzübergängen oder die Verbesserung der Versorgungsqualität durch einen neuen Krankenhausstandort.

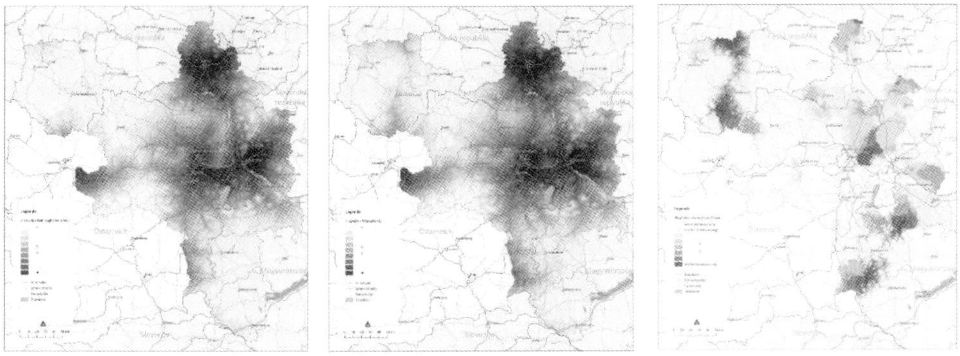

Abb. 6: Lagepotenzial – internationale Flughäfen 2013/ Planfall 2030/ Differenzdarstellung (Quelle ARGE ERRAM 2014)

Zielgruppen für die Verwendung des Erreichbarkeitsmodells sind die Verwaltungen der Kreise bzw. Bundesländer im Projektgebiet. Von den Ergebnissen der Standortbewertung sollen regionale Organisationen, Wirtschaftsförderungsagenturen, Raumplanungs- und Verkehrsexperten ebenso profitieren wie Unternehmer, Forschungseinrichtungen, Investoren, der Non-Profit Sektor und somit letztlich auch die regionale Bevölkerung.

4.4 Perspektiven und Herausforderungen

Das Erreichbarkeitsmodell ist ein wertvolles Modell für die Arbeiten der Raumplaner und Regionalentwickler. Der besondere Mehrwert liegt in der Betrachtung grenzüberschreitender Funktionalräume. Beispielsweise verzeichnen die Grenzregionen um Brünn und Bratislava eine hohe Dynamik. Die räumlichen Wirkungen des Bevölkerungswachstums und der wirtschaftliche Dynamik enden nicht an den Staatsgrenzen. Dieses Modell ist ein erster Schritt den öffentlichen Planern im gesamten Grenzgebiet dasselbe Werkzeug und die gleichen Datengrundlagen zur Verfügung zu stellen. Wie immer leben solche ambitionierten Projekte immer von ständigen Adaptierungen und Weiterentwicklungen. Demnach wird der nachhaltige Erfolg dieses Projekts davon abhängen, ob es gelingt, die Datenbank gemeinsam weiterzupflegen und den Informationsaustausch raumordnungsrelevanter Projekte zu institutionalisieren. Das Gesamtprojekt „ERRAM cross-border“ wurde im Rahmen von drei EU-Projekten (ETZ HUAT, CZAT, SKAT) abgewickelt. Die Einbettung im EU-Programm hat nicht nur dafür gesorgt, dass die Entwicklungskosten maßgeblich EU-kofinanziert wurden, auch die Institutionalisierung der Kooperation zwischen Verwaltungen verschiedener Staaten wurde dadurch gewährleistet. Die neue Regionalplanung in Niederösterreich wird auch in der aktuellen EU-Förderperiode versuchen, dieses Projekt weiterzuentwickeln.

Literatur

REHRL, EEDLINGER, FRIEDWAGNER, HAHN, LANGTHALER, WAGNER & WIMMER (2012), Evaluierung von Verkehrsgraphen für die Berechnung von länderübergreifenden Erreichbarkeitspotentialen am Beispiel von OpenStreetMap – reviewed paper AGIT 2012.

Konzeption, Umsetzung und Ergebnisse einer internetbasierten Umfrage zur Landschaftsbildbewertung

Gernot PAULUS[1], Bernhard KOSAR[1], Christoph ERLACHER[1], Karl-Heinrich ANDERS[1], Werner PÖLL[2], Brigitte GRIESSER[2], Daniel BOGNER[3], David MELCHER[3], Alexandra RIEGER[4] und Lukas UMGEHER[4]

[1] FH Kärnten, Villach · gernot.paulus@fh-kaernten.at
[2] freiland Umweltconsulting ZT GmbH, Graz
[3] eb&p Umweltbüro GmbH, Klagenfurt
[4] Revital Integrative Naturraumplanung GmbH, Lienz

Zusammenfassung

Die umgesetzte Online-Umfrage zur Landschaftsbildbewertung ist ein Teil eines von der FFG geförderten COIN Projektes und soll empirisch zeigen, wie Menschen Landschaften und Objekte in der Landschaft wahrnehmen und bewerten. Dies ist speziell im Zusammenhang mit Infrastrukturprojekten (z. B. Straßen, Brücken, Windparks …), die oft maßgebliche Auswirkungen auf unsere Lebensräume haben, von sehr großer Bedeutung. Fast 700 TeilnehmerInnen mit unterschiedlichem Alter sowie geographischen und beruflichen Hintergrund haben den Onlinefragebogen vollständig ausgefüllt. Die Ergebnisse der statistischen Auswertung geben Aufschluss, wie das Landschaftsbild durch den getesteten TeilnehmerInnenkreis wahrgenommen wird, um so einen Rückschluss auf den Gewichtungsanteil der Einflussfaktoren Vielfalt, Eigenart, Naturnähe und Störfaktoren zu erhalten. Die ausgewerteten Ergebnisse repräsentieren die Grundlage für den Aufbau eines standardisieren räumlichen Entscheidungsmodells zur Landschaftsbildbewertung.

1 Einleitung

Technische Infrastrukturprojekte verändern das Landschaftsbild. Zur Bewertung des Istzustands der Landschaft, der Auswirkungen von Infrastrukturprojekten und der Wirkung von Ausgleichsmaßnahmen auf das Landschaftsbild gibt es bisher keine einheitlich angewandte Methode. In dem durch die Österreichische Forschungsförderungsgesellschaft FFG geförderten COIN Projekts „*wall-ie – Workflow for Assessment of Landscape and Landforms – Infrastructure Effects*“ (WALL-IE 2014) kooperieren drei Umweltplanungsbüros mit unterschiedlichen thematischen Schwerpunkten und ein Unternehmen im Bereich Satellitenbildklassifikation mit einer Hochschule, um ein innovatives quantitatives Verfahren zur Landschaftsbildbewertung bei Umweltprüfverfahren (Wasserkraftwerke, Straßenprojekte, Windkraftanlagen etc.) zu entwickeln und in Case-Studies zu testen.

Ziel des Projektes ist es, die Landschaftsbildbewertung objektiv zu gestalten und damit Entscheidungen im Rahmen von Umweltverträglichkeitsprüfung-Verfahren (UVP-Verfahren) transparent und nachvollziehbar zu machen. Das Landschaftsbild wird personenabhän-

Strobl, J., Blaschke, T., Griesebner, G. & Zagel, B. (Hrsg.) (2014): Angewandte Geoinformatik 2014.
 ISBN 978-3-87907-543-0.

gig durch die jeweiligen Bearbeiter subjektiv wahrgenommen, beschrieben und bewertet. Gängige Parameter bzw. Kriterien in der Landschaftsbildbewertung sind u. a.: Vielfalt, Eigenart, Schönheit (NOHL 1993, ROTH 2012) von Natur und Landschaft oder auch Harmonie und Überschaubarkeit. Bis heute fehlen jedoch bewährte quantitative Methoden, die eine objektive Bewertung ermöglichen.

Die Grundlage für die quantitativen Berechnungs- und Bewertungsmethoden wurde mit einer repräsentativen webbasierten Umfrage zur Wahrnehmung und Bewertung von Landschaften geschaffen. Die Umfrage basiert auf Fotos realer Landschaften, aber auch auf Basis von Fotomontagen von Infrastrukturen in der Landschaft. Die repräsentative, empirische Onlinebefragung soll Aufschluss darüber geben, wie das Landschaftsbild von der Bevölkerung empfunden und bewertet wird. Die Daten der empirischen Umfrage wurden statistisch ausgewertet und bilden eine Orientierungsgrundlage für die Kriteriengewichtung des räumlichen Entscheidungsunterstützungssystems (engl. SDSS – Spatial Decision Support System) (MALCZEWSKI 1999), das im Rahmen des wall-ie Projektes entwickelt wird.

2 Aufbau des Online-Fragenbogens

Der Aufbau des Onlinefragebogens wurde mittels einer klickbaren graphischen Rating-Skala umgesetzt. Die Werte der Ratingskala liegen im ganzzahligen Intervall zwischen 1 (trifft nicht zu) und 10 (trifft voll zu). Die direkte Zahleneingabe wird dadurch verhindert, um einerseits den Benutzern die Eingabe zu erleichtern und anderseits um potenzielle Fehlerquellen bei der Dateneingaben und Bewertung zu minimieren. Die in der Online-Umfrage integrierten Landschaftsbilder werden anhand der Kriterien „Schönheit" (von 1 *nicht schön* bis 10 *sehr schön*), „Vielfalt" (von 1 *monoton* bis *abwechslungsreich*), „Eigenart" (von 1 *austauschbar* bis *unverwechselbar*) und „Naturnähe" (von 1 *künstlich* bis 10 *ursprünglich*) von den Nutzern bewertet. Mit diesem Konzept und als Arbeitshypothese wird davon ausgegangen, dass das Kriterium „Schönheit" durch die drei Kriterien „Vielfalt", „Naturnähe" und „Eigenart" beschrieben werden kann. Die Benutzer werden zudem in die Gruppen Experten und Laien gegliedert, um feststellen zu können, ob es hinsichtlich dieser zwei Gruppen signifikante Unterschiede bei der Beurteilung des Landschaftsbildes gibt. Weitere wichtige Aspekte bezüglich des Aufbaus der Onlineumfrage sind Einfachheit in der Bedienung, eine eindeutige und übersichtliche Struktur sowie Lernwerkzeuge wie Übungsfragen, um mögliche Hürden bei der Fragebogeneingabe zu minimieren. Zusätzlich werden die einzelnen Landschaftsbilder für jede Bewertung zufällig angeordnet, um Reihenfolgeeffekte (zum Beispiel durch Abnahme der Aufmerksamkeit mit zunehmender Fragebogendauer oder vorzeitiger Ausstieg) zu vermeiden. Für die Onlinefrage ist es wichtig, dass die einzelnen Landschaftsbilder annähernd gleich oft von den Nutzern bewertet werden. Damit Personen die Bewertung nicht abbrechen, werden als „Incentive" Gewinne am Ende der Befragung eingeführt. Dies soll den Anreiz für die vollständige Durchführung der Bewertung deutlich erhöhen.

3 Technische Umsetzung der Befragung

Für die technische Umsetzung wurde die Open-Source- & freie Softwareanwendung Lime-Survey in der Version 2.0 verwendet. Diese Softwarelösung hat den Vorteil, dass keine

Lizenzkosten entstehen und alle definierten Anforderungen für die Onlineumfrage erfüllt werden. Mit diesem Tool ist es einfach und unkompliziert möglich, Umfragen zu erstellen und diese zu verwalten sowie aus einem Portfolio von vordefinierten Fragebogendesigns zu wählen (Abb. 1).

Abb. 1:
Übungsfrage des Onlinefragebogens zur Bewertung des Landschaftsbildes hinsichtlich der vier Kriterien Schönheit, Vielfalt, Naturnähe und Eigenart

4 Auswertung der Umfrageergebnisse

Insgesamt haben 646 Personen den Fragebogen vollständig ausgefüllt. Diese Stichprobe wurde nach Alter, Geschlecht, Ausbildung, Affinität zu Aktivitäten in der Natur, vorhandene Expertise beim Thema Landschaftsbildbewertung sowie geographische Herkunft und geographischer Lebensmittelpunkt ausgewertet. Neben den Einzelbildauswertungen für die Hauptkriterien wurden auch die Subkriterien, die die Hauptkriterien beschreiben, hinsichtlich des Einflusses abgefragt. Abb. 2 zeigt beispielsweise, dass Gewässer, Berggipfel oder Waldränder einen höheren Einfluss als Weinberge, Gärten oder Alleen aufweisen (siehe Abb. 2). Abb.3 und Abb. 4 zeigen ein Beispiel der Einzelbildauswertung. Teilweise unterscheiden sich die Ergebnisse bei der Kriterienbewertung von Laien im Vergleich mit den Ergebnissen der ExpertInnen doch erheblich (siehe Abb. 4).

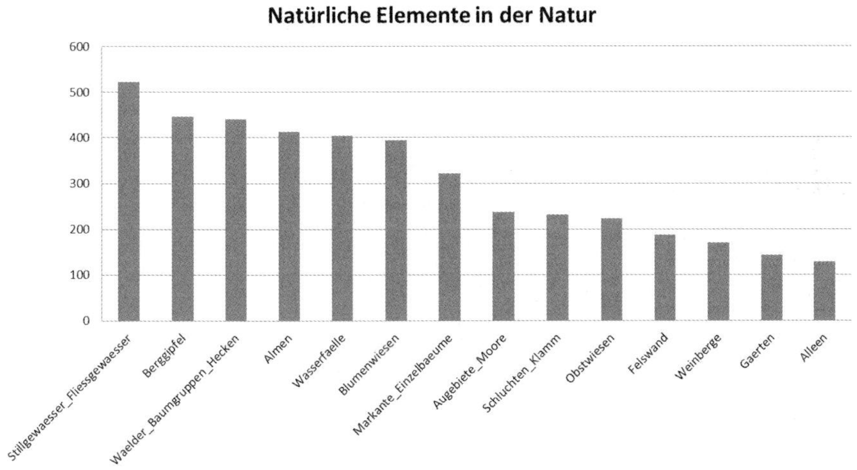

Abb. 2: Absolute Nennungen hinsichtlich der Wichtigkeit natürlicher Elemente

Abb. 3: Beispiel eines Landschaftsbildes aus der Onlineumfrage

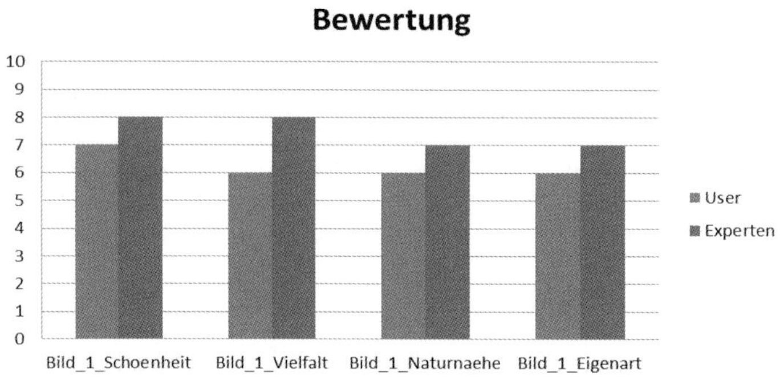

Abb. 4: Bewertung des Landschaftsbildes aus Abbildung 3 durch alle Nutzer (User) und durch die ExpertInnen im wall-ie Projektteam

Bei der schrittweisen multiplen Regression ist „Schönheit" die abhängige Variable, die mittels der Kriterien „Vielfalt", „Naturnähe" und „Eigenart" beschrieben wird (Abb. 5).

Koeffizienten[a]

Modell		Nicht standardisierte Koeffizienten		Standardisierte Koeffizienten		
		Regressionskoeffizient B	Standardfehler	Beta	T	Sig.
1	(Konstante)	1,904	,034		55,895	,000
	Vielfalt	,749	,006	,712	125,314	,000
2	(Konstante)	1,186	,032		37,097	,000
	Vielfalt	,488	,007	,464	74,001	,000
	Naturnaehe	,391	,006	,413	65,828	,000
3	(Konstante)	1,177	,031		37,430	,000
	Vielfalt	,412	,007	,391	56,491	,000
	Naturnaehe	,305	,007	,323	44,119	,000
	Eigenart	,171	,007	,184	22,902	,000

a. Abhängige Variable: Schoenheit

Modellzusammenfassung

Modell	R	R-Quadrat	Korrigiertes R-Quadrat	Standardfehler des Schätzers
1	,712[a]	,506	,506	1,5757
2	784[b]	,615	,615	1,3912
3	,792[c]	,628	,628	1,3680

a. Einflussvariablen: (Konstante), Vielfalt
b. Einflussvariablen: (Konstante), Vielfalt, Naturnaehe
c. Einflussvariablen: (Konstante), Vielfalt, Naturnaehe, Eigenart

Abb. 5: Ergebnis der multiplen Regression. 62,8 Prozent des Kriteriums „Schönheit" lassen sich durch das Model statistisch erklären

Für die erste Iteration wird das Kriterium mit der höchsten Partialkorrelation aufgenommen. In unserem Fall handelt es dabei um das Kriterium „Vielfalt". Die Schritte werden so lange wiederholt, bis keine Variable mehr in die Gleichung aufgenommen oder ausgeschlossen werden kann. Vorteil der schrittweisen Methode ist, dass redundante Prädikatoren nicht in die Regressionsgleichung aufgenommen werden. Die drei Kriterien können die „Schönheit" zu 62,8 % beschreiben. Die restlichen 37,2 % werden entweder durch weitere Kriterien (z. B. Störfaktoren) erklärt, oder das Attribut „Eigenart" wurde, wie auch häufig in der Literatur der Landschaftsbildbewertung diskutiert und kritisch angemerkt, von den Benutzern nicht richtig verstanden bzw. missverstanden. Das Kriterium „Eigenart" hat auch den geringsten Einfluss im Modell, da unser Modell schon zu 61,5 % von den Kriterien „Vielfalt" und „Naturnähe" beschrieben wird. Zudem muss der Experte, der das Landschaftsbild hinsichtlich Eigenart bewertet, ein lokales Wissen über die zu bewertende Landschaft haben, um die Eigenart im Projektgebiet korrekt bewerten zu können.

Mit der Umsetzung der Onlineumfrage besteht eine umfassend getestete Infrastruktur, die einfach für neue Projektgebiete adaptiert werden kann und somit die Möglichkeit bietet, die lokale Bevölkerung konkret im Zuge eines BürgerInnenbeteiligungsprozesses in die Planung von neuen Infrastrukturprojekten miteinzubeziehen.

Literatur

MALCZEWSKI, J. (1999), GIS and Multicriteria Decision Analysis. Wiley, New York.

NOHL, W. (1993), Beeinträchtigung des Landschaftsbildes durch mastenartige Eingriffe. Materialien für die naturschutzfachliche Bewertung und Kompensationsermittlung. Kirchheim, München, 79 S.

ROTH, M. (2012), Landschaftsbildbewertung in der Landschaftsplanung. Entwicklung und Anwendung einer Methode zur Validierung von Verfahren zur Bewertung des Landschaftsbildes durch internetgestützte Naturbefragungen. Leibniz-Institut für ökologische Raumentwicklung. Rhombos-Verlag, Berlin.

WALL-IE (2014), Projekt-Wiki „*wall-ie – Workflow for Assessment of Landscape and Landforms – Infrastructure Effects*". http://www.fh-kaernten.at/wall-ie (11.04.2014).

MORECO Siedlungsrechner – Planungstool zur Abschätzung mobilitätsbezogener Folgekosten im Wohnbau

Dagmar SCHNÜRCH, Eva HASLAUER, Bernhard CASTELLAZZI und Thomas PRINZ
Research Studios Austria – iSPACE, Salzburg · dagmar.schnuerch@researchstudio.at

Dieser Beitrag wurde durch das Programmkomitee als „reviewed paper“ angenommen.

Zusammenfassung

In vielen Regionen des Alpenraums ist die Siedlungsentwicklung durch starke Zersiedelung, hohen Landverbrauch und geringe Siedlungsdichten gekennzeichnet, was eine Reihe negativer Konsequenzen nach sich zieht. Der „MORECO Siedlungsrechner“ ist ein webbasiertes Planungstool, das als Werkzeug für Regional- und Ortsplaner hilft, Folgekosten von Wohnbauvorhaben, wie etwa die Mobilitätsaufwände künftiger Bewohner, besser abschätzen zu können. Damit soll eine nachhaltige Siedlungsentwicklung im Sinne einer Nutzung bestehender (Infra-)Strukturen und Reduktion des Autoverkehrs gefördert werden. Die Entwicklung dieses Planungstools – beginnend mit Leitbildern und Zielvorstellungen über die Berechnung der Mobilitätsaufwände bis hin zur Entstehung eines interaktiven Online-Rechners für eine ausgewählte Pilotregion – wird in diesem Beitrag vorgestellt. Raumplanern wird damit eine Möglichkeit geboten, Standorte der Siedlungsentwicklung hinsichtlich verschiedener Mobilitätsaspekte und infrastruktureller Standortqualitäten zu vergleichen und die Ergebnisse in einen fundierten Entscheidungsfindungsprozess einfließen zu lassen.

1 Hintergrund und Ziele

Das Projekt MORECO

Aufgrund geringerer Grundstückskosten und der oftmals besseren Verfügbarkeit von Baugründen, aber auch aus persönlichen Gründen, wie etwa der Präferenz zum Wohnen im Grünen, entscheiden sich heute viele Menschen von der Stadt aufs Land oder in Stadtumlandgebiete zu ziehen. Im vorangehenden Entscheidungsprozess bezüglich des Wohnstandortes werden jedoch längerfristige Effekte und Folgekosten häufig zu wenig berücksichtigt. Oftmals werden nur die niedrigeren Wohnkosten beachtet, unbedacht bleiben dann die höheren Mobilitätskosten im suburbanen und ländlichen Raum. Aufgrund eines eingeschränkten Angebots an öffentlichem Verkehr und längeren Distanzen wird das Auto häufiger gebraucht, in vielen Familien ist die Beschaffung eines Zweit- oder sogar Drittautos notwendig. Fahrzeiten zur Arbeitsstätte, Freizeiteinrichtungen etc. nehmen zu, Kinder werden vermehrt mit dem Auto zum Kindergarten oder zur Schule gebracht. Steigende Benzinpreise lassen die Mobilitätskosten, die ohnehin aufgrund der vermehrten Benutzung privater

Strobl, J., Blaschke, T., Griesebner, G. & Zagel, B. (Hrsg.) (2014): Angewandte Geoinformatik 2014.

PKWs schon gestiegen sind, weiter anschwellen. (vgl. HASLAUER et al. 2013, BRUCK et al. 2013, HOLZ-RAU et al. 2010). Wohlgemerkt wurde an dieser Stelle nur der monetäre Aspekt der Mobilitätkosten genannt; der steigende Zeitaufwand beispielsweise wurde noch gar nicht berücksichtigt.

Wohnstandortentscheidungen ohne langfristige Folgenabschätzung haben aber nicht nur Auswirkungen auf die Mobilitätskosten privater Haushalte. Es entsteht dadurch auch immer mehr Wohnraum abseits bestehender infrastruktureller Versorgung. Besonders in Regionen des Alpenraums hat die entstehende Zersiedelung viele negative Folgen für die Bevölkerung, die öffentliche Hand und die Umwelt (vgl. MORECO 2012).

Aus diesen Überlegungen heraus entstand die Projektidee für MORECO[1] (MObility and REsidential COsts). In diesem Alpine Space Projekt arbeiten von 2011 bis 2014 zehn Partner aus fünf verschiedenen Ländern zusammen, um den angesprochenen Zusammenhang von Wohnstandortentscheidungen, Mobilitätskosten, langfristigen Effekten und Folgekosten bewusst zu machen und somit eine nachhaltige und ressourcenschonende Siedlungsentwicklung zu fördern. Diese orientiert sich idealerweise an bestehenden infrastrukturellen Einrichtungen und Verkehrsachsen – vorzugsweise natürlich dem ÖPNV (siehe etwa KUPFERSCHMID et al. 2014). Zu diesem Zweck werden im Projekt Werkzeuge und Planungsunterlagen für unterschiedliche Zielgruppen entwickelt und in mehreren Pilotregionen in Österreich, Italien, Slowenien und Frankreich umgesetzt. Konkret handelt es sich dabei um Präsentations- und Informationsmaterial für politische Entscheidungsträger und die allgemeine Öffentlichkeit, einen MORECO Haushaltsrechner für Privatpersonen sowie um einen MORECO Siedlungsrechner für Regional- und Ortsplaner, der in diesem Beitrag im Detail vorgestellt wird.

Der MORECO Siedlungsrechner

Entwicklungen wie Zersiedelung, hoher Landverbrauch und geringe Siedlungsdichten haben häufig negative Folgen wie ein steigendes Verkehrsaufkommen in der Region einen Kostenanstieg beim Bau, Erhalt und Betrieb von sowohl technischer Infrastruktur als auch Nahversorgung, sozialer Infrastruktur oder öffentlichem Verkehr. Bei der Planung neuer Siedlungsprojekte ist es daher besonders wichtig, auch langfristige Effekte und Folgekosten zu berücksichtigen. Um Standorte diesbezüglich besser einschätzen zu können, wurde der MORECO Siedlungsrechner als Werkzeug für die Regional- und Ortsplanung entwickelt. Er zielt konkret darauf ab, objektive und transparente Informationen zu Standorten der Siedlungsentwicklung zur Verfügung zu stellen. Ein Raumplaner soll dadurch die Möglichkeit erhalten, bestimmte Adressen oder Grundstücke hinsichtlich wichtiger mobilitätsbeeinflussender Aspekte, wie Versorgung im Wohnumfeld oder Nähe und Qualität des öffentlichen Verkehrs, zu analysieren und zu bewerten. Dem Nutzer wird ein Überblick über Entfernungen zu wichtigen Zielen, zu erwartende Verkehrsmittelwahl künftiger Bewohner sowie Mobilitätsaufwände wie Jahreskilometer und CO_2-Emissionen für einen statistisch durchschnittlichen Haushalt am betrachteten Standort gegeben. Damit bietet sich die Möglichkeit, unter geringem Aufwand Standorte zu vergleichen und dies für fundierte Entscheidungsfindungen in der Siedlungsentwicklung und Flächenwidmung zu nutzen.

---

[1] Weitere Informationen zu MORECO sind auf der internationalen (www.moreco-project.eu) und der österreichischen Projekthomepage (www.moreco.at) zu finden.

Der MORECO Siedlungsrechner und weitere bestehende Tools können zu unterschiedlichen Zeitpunkten eines planerischen Prozesses auf unterschiedlichen räumlichen Ebenen zum Einsatz kommen. An dieser Stelle sei auch das Zusammenwirken komplementärer Tools für unterschiedliche Akteure betont. So wurde etwa im Projekt MORECO neben dem Siedlungsrechner auch ein Haushaltsrechner[2] entwickelt, der darauf abzielt, Bürger und Wohnungssuchende bei der Standortwahl zu unterstützen und ihnen die Auswirkungen und Folgekosten bewusst zu machen (vgl. CADUS 2014).

2 Vorgehensweise

Mit dem Ziel der Entwicklung eines Mobilitäts- und Siedlungskostenrechners für Regional- und Ortsplaner erfolgt in einem ersten Schritt eine Sammlung und Zusammenführung von relevanten Leitbildern und Zielvorstellungen hinsichtlich Siedlungsentwicklung und Mobilität. Davon ausgehend werden in der Folge mögliche Indikatoren als Grundgerüst für den Rechner abgeleitet und auf ihre Zusammenhänge und Wirkungen hin untersucht. Auf dieser Basis wird ein Konzept für die Berechnung von Mobilitätsaufwänden eines Haushaltes ausgearbeitet. Die Indikatoren sowie die darauf aufbauenden Berechnungen werden mit geographischen Daten und Werkzeugen der Geoinformatik räumlich umgesetzt, sodass als Ergebnis ein Rasterdatensatz zur Verfügung steht, der für das Projektgebiet flächendeckend Informationen zu den relevanten Indikatoren und Ergebniswerten enthält. Diese werden abschließend in einem webbasierten Tool, dem MORECO Siedlungsrechner, visualisiert und dem Nutzer zur Verfügung gestellt.

2.1 Sammlung von Leitbildern und Zielen

Die Siedlungsentwicklung und Mobilität im Alpenraum wird in zahlreichen Entwicklungskonzepten und Planungsprogrammen thematisiert und in Leitbildern und Zielen verankert. Um die passenden Indikatoren für den MORECO Siedlungsrechner abzuleiten, werden diese Zielvorstellungen gesammelt und zusammengeführt. Auszugsweise sind diese speziell für Salzburg in der folgenden Auflistung enthalten:

- „Erhaltung bzw. Schaffung kompakter Siedlungen mit klar definierten Grenzen zum Außenraum und haushälterische Nutzung von Grund und Boden“ (AMT DER SALZBURGER LANDESREGIERUNG 2003).
- Leitbild „Konzentration und Verdichtung der Siedlungsentwicklung entlang des leistungsfähigen öffentlichen Verkehrs” (AMT DER SALZBURGER LANDESREGIERUNG 2009).
- „Erhöhung der Funktionsvielfalt von Ortszentren und Siedlungsschwerpunkten“ (AMT DER SALZBURGER LANDESREGIERUNG 2003).
- Leitbild „Wohnen und Arbeiten in einer Region der kurzen Wege” (AMT DER SALZBURGER LANDESREGIERUNG 2009).
- „Sicherstellung einer möglichst gleichwertigen Versorgung der Bevölkerung bei möglichst geringer Abhängigkeit vom motorisierten Individualverkehr“ (AMT DER SALZBURGER LANDESREGIERUNG 2003).

---

[2] Zugriff unter www.moreco.at/haushaltsrechner

- Förderung und Verbesserung von Zugang und Nutzung bestehender Infrastruktur zur Steigerung des wirtschaftlichen und gesellschaftlichen Nutzen und Verringerung negativer Umweltauswirkungen (EUROPEAN TERRITORIAL COOPERATION 2007 – 2013 (2007)).

2.2 Leitbildorientierte Ableitung von Indikatoren

Bei der Ableitung der Indikatoren, die in den Siedlungsrechner eingehen, wird versucht, sich der in Kapitel 2.1 beschriebenen Sammlung an Zielvorstellungen anzunähern. Folgende tabellarische Übersicht an Indikatoren, unterteilt in standort- und gemeindebezogene Größen, bildet das Grundgerüst des Siedlungsrechners und soll die gesammelten Ziele abbilden bzw. messbar machen.

Tabelle 1: Ausgewählte Indikatoren für den MORECO Siedlungsrechner

Standortbezogene Indikatoren	Gemeindebezogene Indikatoren
Nähe zu sozialer Infrastruktur	Siedlungsdichte
Nähe und Qualität der Nahversorgung (Lebensmittel)	Zentralität
Nähe zu Freizeiteinrichtungen und Erholungsbereichen	Durchschnittliche Auspendeldistanz
Verfügbarkeit von privaten Grünflächen	Auspendleranteil
Nähe und Qualität des öffentlichen Verkehrs	Qualität der Rad- und Fußinfrastruktur
Nähe zu lokalen und regionalen Zentren	
Nähe zu Arbeitszentren	
Anbindung an Geh- und Radwege	
Dominierende Siedlungsform	
Landnutzung	
(Nach)verdichtung	
Höhenunterschiede	

2.3 Zusammenhänge und Auswirkungen der gewählten Indikatoren

In einer umfassenden Analyse und Recherche werden zwei Hauptfaktoren festgelegt, die durch die gewählten Indikatoren und deren unterschiedliche Ausprägungen beeinflusst werden. Zum einen handelt es sich dabei um die Verkehrsmittelwahl, also den Modal Split, auf den die meisten der Indikatoren wirken. Als Beispiel hierfür sei der Indikator „Siedlungsdichte" genannt: Je höher die Siedlungsdichte einer Gemeinde (definiert als Anzahl an Einwohnern je Hektar Wohnbauland), umso mehr Wege werden in dieser Gemeinde zu Fuß, mit dem Rad oder mit öffentlichen Verkehrsmitteln zurückgelegt (SCHAD et al. 2007), während sich Gemeinden mit geringen Siedlungsdichten eher durch einen hohen Autoanteil auszeichnen. Außerdem fördern höhere Siedlungsdichten den Ticket-Abo-Besitz für öffentliche Verkehrsmittel (BUNDESAMT FÜR RAUMENTWICKLUNG 2006). Zum anderen hat ein großer Teil der gewählten Indikatoren, der die Nähe zu diversen Infrastruktureinrichtungen und Zentren abbildet, Einfluss auf die Distanzen, die wir täglich zurücklegen. Diese fallen natürlich bei geringerer Distanz des Wohnstandorts zu Versorgungseinrichtungen wie etwa Nahversorgern, Ärzten oder Apotheken niedriger aus. Zudem werden kurze Wege mit höherer Wahrscheinlichkeit durch nicht motorisierten Individualverkehr zurückgelegt (BUNDESAMT FÜR RAUMENTWICKLUNG 2006). Die Vorgehensweise von der leitbildorientierten Ableitung der Indikatoren und der Untersuchung der Zusammenhänge und Auswirkungen wird in Abb. 1 anhand von zwei weiteren Beispielen verdeutlicht:

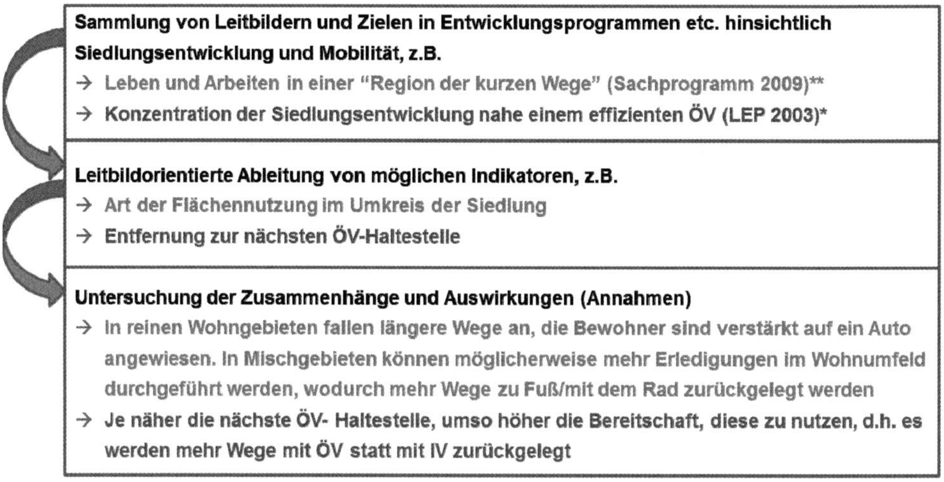

* Landesentwicklungsprogramm Salzburg (AMT DER SALZBURGER LANDESREGIERUNG 2003)
** Standortentwicklung für Wohnen und Arbeiten im Salzburger Zentralraum (AMT DER SALZBURGER LANDESREGIERUNG 2009)

Abb. 1: Vorgehensweise bei der Ableitung der Indikatoren und Auswirkungen

Die Erkenntnisse, die aus diesen Recherchen gewonnen werden konnten, stellen die weitere Basis für die Modellierung der Mobilitätsaufwände auf Basis des festgelegten Sets an Indikatoren dar.

2.4 Berechnung der Mobilitätsaufwände

Ein Planer soll mit dem gegenständlichen Tool die Möglichkeit haben, zu erwartende Mobilitätsaufwände potenzieller Bewohner abzuschätzen, was ihn wiederum beim Vergleich von Standorten und bei Entscheidungen über neue Siedlungsprojekte unterstützen soll.

Bei den Mobilitätsaufwänden, die im Siedlungsrechner ermittelt und als Ergebnis dargestellt werden, handelt es sich um die Jahreskilometer für einen statistisch durchschnittlichen Haushalt (nur auf Basis der Distanzen zu lokaler Infrastruktur und der Nähe zu Zentren), den Anteil davon, der erwartungsgemäß mit dem motorisierten Individualverkehr (MIV) zurückgelegt wird als auch um die daraus resultierenden CO_2-Emissionen. Als wichtiges Zwischenergebnis wird ein auf den gewählten Standort bezogener Modal Split geschätzt. Abb. 2 gibt einen Überblick der Berechnungsschritte:

Die wesentlichen Inputs der Berechnungen sind die Ausprägungen der gewählten Indikatoren, ein regionaler Modal Split und die Anzahl von Wegen zu unterschiedlichen Zielen. Die einzelnen Schritte (Pfeile) sind: (1) Auf Basis eines regionalen Modal Splits und den Indikatoren-Werten wird ein Modal Split für den betrachteten Standort abgeleitet. (2) Gleichzeitig werden die Jahreskilometer eines durchschnittlichen Haushalts am betrachteten Standort berechnet, indem die Anzahl der Wege zu bestimmten Zielen mit den Entfernungen zu diesen Zielen multipliziert und auf ein Jahr hochgerechnet werden. (3) Auf Basis des geschätzten Modal Splits und den berechneten Jahreskilometern eines statistisch durchschnittlichen Haushalts am betrachteten Standort wird jener Kilometeranteil ermittelt, der erwartungsgemäß mit dem Auto zurückgelegt wird. (4) Darauf aufbauend werden die CO_2-Emissionen, verursacht durch den motorisierten Individualverkehr, berechnet.

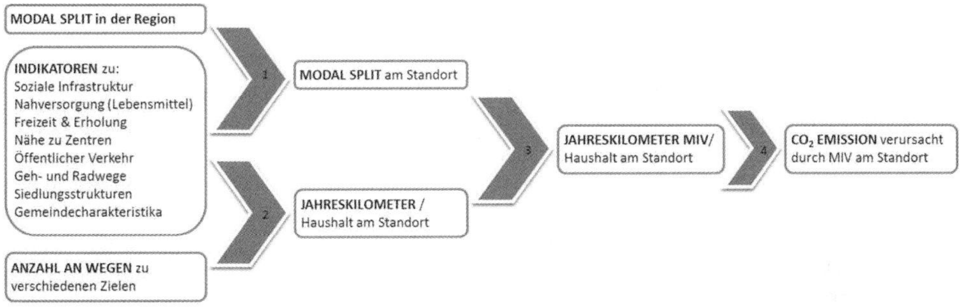

Abb. 2: Berechnungsschritte der Mobilitätsaufwände

2.4.1 Jahreskilometer eines durchschnittlichen Haushalts am Standort

Die unterhalb angeführte Formel stellt die Basisüberlegung für die Berechnung der Mobilitätsaufwände dar. Sie wird verwendet, um die täglich zurückgelegten Distanzen eines statistisch durchschnittlichen Haushalts zu einem bestimmten Ziel, wie beispielsweise dem nächsten lokalen oder regionalen Zentrum, zu ermitteln. Dafür wird die Anzahl der Wege pro Tag und Haushalt zu den im Rechner enthaltenen Zielen benötigt. Diese Daten werden aus statistischen Größen, wie der durchschnittlichen Haushaltsgröße im Land Salzburg, und Daten aus Mobilitätsstudien, wie der täglichen Wegzweckverteilung, abgeleitet und, wie in der Formel ersichtlich, mit der jeweiligen, im Rechner ermittelten Distanz zur Einrichtung, multipliziert.

*Zurückgelegte Distanz / Tag / durchschnittlicher Haushalt zum nächsten Zentrum = Anzahl der Wege / Tag / durchschnittlicher Haushalt * Distanz zum nächsten Zentrum*

Dieser Schritt wird für jeden distanzbezogenen Indikator im Rechner durchgeführt und die einzelnen Produkte auf ein Jahr hochgerechnet. Somit ergibt sich ein Jahreskilometerwert für einen durchschnittlichen Haushalt am betrachteten Standort, der jedoch nur die Wege zu den im Rechner enthaltenen Zielen umfasst.

2.4.2 Modal Split am Standort

Um für den betrachteten Standort die Verkehrsmittelwahl künftiger Bewohner zu schätzen, wird ein regionaler Modal Split herangezogen und den Ausprägungen der beeinflussenden Indikatoren entsprechend verändert. Konkret bedeutet dies, dass jeder Indikator, der Einfluss auf die Verkehrsmittelwahl hat, Faktoren je Ausprägung zugewiesen bekommt, die anschließend mit den Werten des regionalen Modal Split multipliziert werden. Dadurch ergibt sich eine neue Verteilung, die wieder auf 100 % normiert wird.

2.4.3 Mit dem Auto zurückgelegte Distanzen und CO_2-Ausstoß

Basierend auf den geschätzten Jahreskilometern und dem Modal Split Anteil des motorisierten Individualverkehrs wird die Distanz ermittelt, die jährlich mit dem Auto zurückgelegt wird. Indem diese Distanz mit einem durchschnittlichen Wert für den CO_2-Ausstoß je km multipliziert wird, erhält man die zu erwartenden CO_2-Emissionen am betrachteten Standort, verursacht durch den MIV eines durchschnittlichen Haushalts.

2.5 Geodatenaufbereitung und Modellierung der Ergebnisraster

Die abgeleiteten Indikatoren (vgl. Kapitel 2.2) werden für die Salzburger Pilotregion Flachgau als Geodaten aufbereitet und können somit weiterverarbeitet werden und in ein Modell zur Berechnung der Mobilitätsaufwände (vgl. Kapitel 2.4) einfließen. Als räumliche Bezugsebene für die geplante Standortabfrage wird auf Basis des 100-m-ETRS-LAEA-Rasters der Statistik Austria ein 50m-Raster für das Projektgebiet erstellt. Nach Auswahl der durch SAGIS und SVV bereitgestellten, aber auch von der Statistik Austria bezogenen Fach- bzw. Standortdaten erfolgt eine GIS-gestützte Aufbereitung und Prozessierung dieser Daten. Konkret handelt es sich dabei vor allem um Punktdaten, welche die einzelnen Standorte innerhalb des Projektgebiets repräsentieren, wie beispielsweise Kindergärten, praktische Ärzte, Erholungsgebiete, ÖV-Haltestellen oder Einkaufsmöglichkeiten. Neben diesen Punktdaten zählen auch regionalstatistische Rasterdaten (Beschäftigte) sowie statistische Daten auf Gemeindeebene zum Datenbestand für die weiteren Analysen. Auf Basis des aufbereiteten Datenbestandes können die abgeleiteten Indikatoren für das Projektgebiet Flachgau auf Rasterbasis berechnet und räumlich dargestellt werden.

Mittels Netzwerkanalysen, die zur Modellierung der distanzbezogenen Indikatoren dienen, wird ausgehend von jedem Zentroid (Mittelpunkte der 50-m-Rasterzellen) über ein fußläufiges Straßen-und Wegenetz hin zur nächstgelegenen Einrichtung je Kategorie (Kindergärten, Volksschulen etc.) geroutet. Diese im Anschluss noch klassifizierten kürzesten Entfernungen stellen die Ergebnisse der distanzbezogenen Indikatoren im Rechner dar. Im Falle der Indikatoren zum Öffentlichen Verkehr wird in einem vorhergehenden Schritt das Intervall je Haltestelle sowie das Verkehrsmittel, das diese bedient, auf Basis von elektronischen Fahrplandaten ermittelt. Somit kann neben der Entfernung der nächsten Haltestelle auch deren Qualität abgebildet werden. Die weiteren Indikatoren, die sich auf die Gemeinde eines Standorts beziehen, werden durch eine räumliche Verschneidung der Rasterzellen mit den georeferenzierten Gemeindedaten berechnet.

Aufbauend auf diesen Ergebnissen je Indikator erfolgt – wiederum auf Rasterbasis – die Modellierung und Berechnung der Mobilitätsaufwände, wie in Kapitel 2.4 erläutert. Danach steht ein Datensatz zur Verfügung, der eine flächendeckende Abfrage der einzelnen Indikatoren wie auch der Mobilitätsaufwände auf 50-m-Rasterbasis zulässt. Um ein regelmäßiges Datenupdate zu ermöglichen und ggf. Indikatoren zu adaptieren, werden alle Analysen, Berechnungen und Bewertungen in Modellen (ArcGIS 10.1) erstellt und durchgeführt.

Bei der Interpretation der Ergebnisse ist zu berücksichtigen, dass sich die Ergebnisse auf Rasterzellen beziehen. Diese Vorgehensweise hat den Vorteil, dass nicht nur bestehende

Adresspunkte, sondern das gesamte Projektgebiet analysiert werden kann. Es zieht allerdings auch eine gewisse Generalisierung nach sich.

2.6 Umsetzung und Visualisierung der Ergebnisse im Webviewer

Die in Kapitel 2.5 beschriebenen Ergebnisse in Form von Rasterdaten werden für die Salzburger Pilotregion Flachgau in einem webbasierten Tool, dem MORECO Siedlungsrechner, visualisiert und so dem Nutzer zur Verfügung gestellt. Die Applikation ist online unter dem Link http://www.moreco.at/siedlungsrechner abrufbar und gliedert sich wie in Abbildung 3 ersichtlich in die vier Module „Lokale Infrastruktur", „Anbindung & Verkehr", „Gemeinde & Siedlung" und „Ergebnisübersicht".

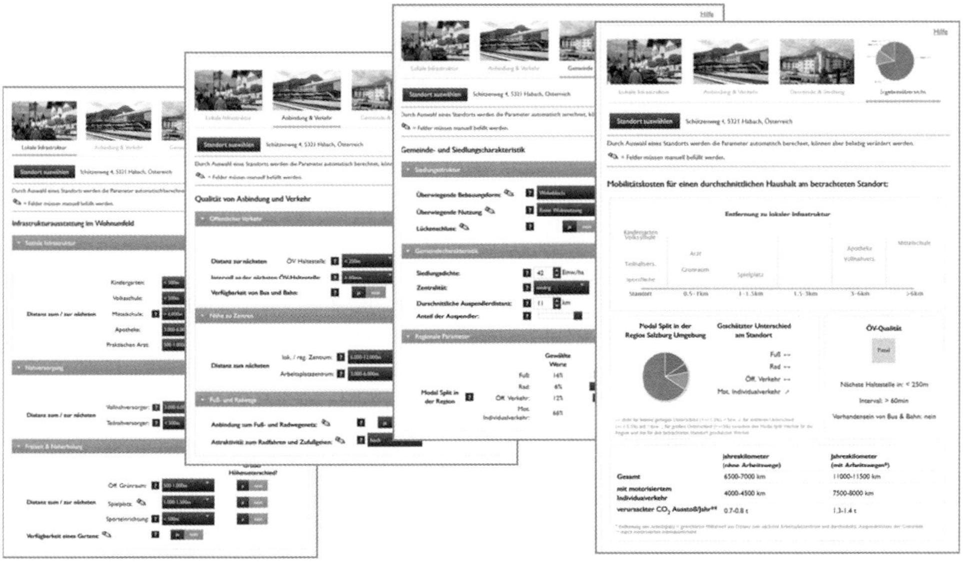

Abb. 3: Aufbau der Webapplikation (http://www.moreco.at/siedlungsrechner/)

Das Webtool liefert für das Projektgebiet Flachgau durch Eingabe einer gewünschten Adresse eine Übersicht der Entfernungen zu ausgewählten Infrastruktureinrichtungen, der zu erwartenden Verkehrsmittelwahl künftiger Bewohner und der zu erwartenden Mobilitätsaufwände eines dort wohnenden, statistisch durchschnittlichen Haushalts. Nach Auswahl eines Standorts – je nach Belieben mittels Adresseingabe oder Setzen eines Markers in einer Kartenanwendung – bekommt der Nutzer konkrete Ergebnisse je Indikator, unterteilt in Themenbereiche. Diese Ergebnisse, welche aus den in Kapitel 2.5 beschriebenen modellierten Ergebnisrastern abgefragt werden, können vom Nutzer bei Bedarf beliebig verändert werden. Einzelne Indikatoren sind nicht mit Daten hinterlegt, sondern müssen vom Planer selbst eingegeben werden. Im Anschluss gelangt der User zur Übersicht der Gesamtergebnisse, die ihm helfen soll, einen Standort hinsichtlich seiner Eignung als Wohnstandort einer nachhaltigen Siedlungsentwicklung einzuschätzen.

Die technische Umsetzung des Rechners erfolgte serverseitig als Java Servlet Applikation, welche den vorgestellten Berechnungsalgorithmus in Form einer eigenen Klasse bereitstellt. Die Kommunikation zwischen Server und Client (der Eingabeoberfläche) wurde mit jQuery/jQueryUI AJAX-basiert umgesetzt. Zur Einbindung der räumlichen Daten wurde die Openlayers Webkartenbibliothek in die Client-Applikation integriert, welche eine Abfrage der Daten via OGC Web Map Service erlaubt. Die Bereitstellung der geographischen Services erfolgt mit dem Webkartenserver Geoserver 2.4.

3 Fazit und Ausblick

Mit dem MORECO Siedlungsrechner wird ein Instrument geschaffen, mit dem sämtliche Standorte im Flachgau hinsichtlich mobilitätsrelevanter Aspekte automatisiert analysiert und bewertet werden können. Dies ermöglicht, Anwendern aus der Raumplanung und Regionalentwicklung im Sinne einer nachhaltigen Siedlungsentwicklung Informationen zu unterschiedlichen Standorten einzuholen und zu vergleichen. Zu beachten bleibt, dass das Tool bzw. die Berechnungen im Hintergrund unter Einbeziehung statistischer Daten, Mobilitätserhebungen und aufgrund eigener Annahmen konzipiert wurden. Die Ergebnisse sollen entscheidungsunterstützend genutzt werden – und zwar im Sinne von vergleichbaren Übersichten innerhalb einer Gemeinde oder Region, und weniger als exakte Werte und Maßzahlen.

Neben der Pilotregion Flachgau wird der MORECO Siedlungsrechner auch in weiteren Pilotregionen des Alpenraums in Slowenien, Italien und Frankreich, implementiert. Das bedeutet, das entwickelte Konzept wird herangezogen, an lokale Gegebenheiten angepasst, mit Daten aus der Region befüllt, in die jeweilige Sprache übersetzt und in Form eines webbasierten Tools umgesetzt.

Um den Nutzen des Salzburger Siedlungsrechners als integratives Planungsinstrument zu erhöhen, ist in Abstimmung mit der Landesplanung eine Weiterentwicklung des Informationsdienstes in mehrere Richtungen vorgesehen: Um die Ergebnisse für bestimmte Standorte noch besser einstufen zu können, wird an einer Lösung gearbeitet, Ergebnisse im Vergleich zu den übrigen Standorten einer Gemeinde darzustellen. So soll eine Art Benchmark innerhalb der Gemeinde ermöglicht werden. Auch eine regionale Ausdehnung des Rechners auf das gesamte Bundesland Salzburg wird derzeit angedacht. Aus Datensicht ist eine Aktualisierung wichtiger Infrastruktur- sowie Statistikdaten je nach Verfügbarkeit geplant. Außerdem soll eine neue Mobilitätsstudie für den Raum Salzburg Inputs bzw. Aktualisierungen für die Parameter und Schwellwerte im Modell bringen. Eine Verknüpfung mit der Verkehrsauskunft Österreich kann außerdem einen Mehrwert für den Themenbereich Öffentlicher Verkehr bringen, indem die aktuellsten Infomationen zur Qualität von Haltestellen (Serviceintervalle) abgefragt und in den Rechner eingebunden werden.

Literatur

AMT DER SALZBURGER LANDESREGIERUNG, ABTEILUNG 7 – RAUMPLANUNG (2003), Salzburger Landesentwicklungsprogramm. Gesamtüberarbeitung 2003. Entwicklungsprogramme und Konzepte, 3. Salzburg.

AMT DER SALZBURGER LANDESREGIERUNG, ABTEILUNG 7 – RAUMPLANUNG (2009), Sachprogramm Standortentwicklung für Wohnen und Arbeiten im Salzburger Zentralraum. Entwicklungsprogramme und Konzepte, 5. Salzburg.

BRUCK, E., HASLAUER, E. & PRINZ, T. (2013), Social Impact of Mobility Infrastructure. Atlantis Magazine by Polis, 24.1, 14-17.

BUNDESAMT FÜR RAUMENTWICKLUNG (2006), Raumstruktur und Mobilität von Personen. Unterstützung nachhaltiger Mobilitätsstile durch Raumplanung. Ergebnisse einer Sonderauswertung des Mikrozensus zum Verkehrsverhalten 2000. Argumentarium. Bern.

CADUS, S., (2014, accepted), A web-based housing and mobility cost calculator for Salzburg. In: Proceedings of GI Forum 2014.

EUROPEAN TERRITORIAL COOPERATION 2007 – 2013 (2007), Operational Programme. Alpine Space.
http://www.alpine-space.eu/uploads/media/Operational_Programme_ASP_01.pdf (21.09. 2012.)

HASLAUER, E., SCHNÜRCH, D. & PRINZ, T. (2013), A spotlight on mobility and interconnection in rural vs. urban areas. In: CAR, A., JEKEL, T. & STROBL, J. (Eds.), GI Forum 2013. Heidelberg, 177-186.

HOLZ-RAU, C., SCHEINER, J. & SCHWARZE, (2010), Wohnstandortinformation für private Haushalte. Dortmunder Beiträge zur Raumplanung, V9. Dortmund.

KUPFERSCHMID, J., MÜHLICH,N. , RUBI, S. & TSCHIRNER, V. (2014), Sechs Thesen zur Mobilitätskultur der Zuknft. Regionale Schienen, 04/2013, 33.

MORECO (2012), Mehr Lebensqualität durch kluge Standortwahl.
http://moreco-project.eu/download/projects/moreco%20leaflet_DE.pdf (28.01.2014).

SCHAD, H., OHNMACHT, T. & SAUTER, D. (2007), Gebaute Umwelt und körperliche Aktivität. Ein Literaturbericht. ITW Working Paper Mobilität 03/2007. Luzern.
http://www.hslu.ch/w-itw-working-paper-series-mobilitaet-3-07a.pdf (9. 10. 2012).

Zur Wirkung von Verkehrstrassen im Siedlungskörper – eine vergleichende Analyse aus städtebaulicher Sicht

Ulrich SCHUMACHER und Iris LEHMANN

Leibniz-Institut für ökologische Raumentwicklung, Dresden · u.schumacher@ioer.de

Zusammenfassung

Hauptstraßen und Eisenbahntrassen haben zerschneidende und lärmerzeugende Wirkungen, die den Siedlungskörper von Städten in der Lebens- und Aufenthaltsqualität beeinflussen. Die Indikatoren „Zerschneidungsgrad" sowie „Verlärmte Flächen im Siedlungskörper" wurden GIS-basiert für ausgewählte Groß- und Mittelstädte in Deutschland verräumlicht und quantifiziert. Im Ergebnis können Aussagen zu spezifischen Stärken und Schwächen der Siedlungsphysiognomien getroffen werden.

1 Problemstellung

Siedlungsstrukturelle Ressourceneffizienz bildet ein wichtiges Forschungsfeld am Leibniz-Institut für ökologische Raumentwicklung (IÖR) in Dresden. In diesem Kontext werden ausgewählte Kenngrößen auf ihre Eignung zur räumlichen Charakteristik von Siedlungsstrukturen untersucht, wobei hier der Fokus auf dem gesamtstädtischen Maßstab liegt. Untersucht werden u. a. die Kompaktheit des Siedlungskörpers, die Größe und räumliche Verteilung städtebaulicher Strukturen, der Grünausstattung sowie der Verkehrswege.

Im Mittelpunkt dieses Beitrags stehen die Auswirkungen von Hauptverkehrstrassen mit hohem Verkehrsaufkommen. Dazu werden der Zerschneidungsgrad (effektive Maschenweite) sowie der Anteil verlärmter Flächen im Siedlungskörper bestimmt. Die Erprobung dieser Kenngrößen erfolgt GIS-gestützt mithilfe von Geobasisdaten für ausgewählte kontrastierende Groß- und Mittelstädte in Deutschland.

2 Leitbilder und Indikatoren

Siedlungs- und Bebauungsstrukturen stehen in einem grundlegenden Zusammenhang zu den Phänomenen einer Stadt, beispielsweise der Bodenversiegelung, Flächenzerschneidung, Grünausstattung oder stadtökologischen Qualität. Somit können städtebauliche Leitvorstellungen ausgehend von Grundsätzen einer nachhaltigen Stadtentwicklung in Beziehung zu physiognomischen Merkmalen von Siedlungsstrukturen gestellt werden. Dies erfolgt in Form einer Thesenmatrix. Sie ist das Ergebnis einer kritischen Diskussion innerhalb eines interdisziplinären Teams von Architekten, Stadtplanern und Geomatikern. Um die Siedlungsstrukturen quantitativ zu charakterisieren, bedarf es geeigneter Indikatoren, durch die relevante physiognomische Merkmale (wie Formkomplexität, Diversität oder Nachbar-

Strobl, J., Blaschke, T., Griesebner, G. & Zagel, B. (Hrsg.) (2014): Angewandte Geoinformatik 2014.
 ISBN 978-3-87907-543-0.

schaft) abgebildet werden können. Es wurde geprüft, inwieweit anerkannte Indizes aus der landschaftsökologischen Strukturforschung (LANG & BLASCHKE 2007) genutzt und auf den Siedlungsbereich (ggf. modifiziert) übertragen werden können.

Die in diesem Beitrag im Fokus stehende städtebauliche Leitvorstellung lautet in Thesenform wie folgt: *Hauptstraßen und Eisenbahntrassen besitzen räumlich trennende Wirkung in einem Siedlungskörper sowie Auswirkungen auf die städtebauhygienische Situation der angrenzenden Flächen.* Die physiognomisch relevanten Merkmale betreffen Zerschneidung und Lärmimmissionen im Siedlungskörper, ausgehend von Hauptverkehrstrassen. Hintergrund ist das Wissen um gesundheitliche Folgen bei den Menschen durch Lärmbelastung aufgrund eines hohen Verkehrsaufkommens. Dies betrifft insbesondere Autobahnen, Bundes- und Landesstraßen, die als Ortsdurchfahrten durch die Städte, aber auch tangierend an deren Peripherie geführt werden. Im Ergebnis einer repräsentativen Umfrage des deutschen Umweltbundesamtes 2010 musste festgestellt werden, dass sich ca. 55 % der Bevölkerung durch Straßenverkehrslärm und 22 % durch Schienenverkehrslärm (insbesondere entlang von Güterzugstrecken) belästigt fühlen (MVI 2013).

3 Geobasisdaten

Das ATKIS-Basis-Landschaftsmodell dient als wichtigste Geodatengrundlage für die Analyse der Siedlungsstrukturen und die Berechnung entsprechender Kenngrößen (ADV 2008). Damit kann der Siedlungskörper als Hauptkomponente einer funktional orientierten Physiognomie des Siedlungsraumes konstruiert werden – als generalisierte Vereinigung der Ortslage mit allen baulich geprägten Flächen (SCHUMACHER et al. 2012). Außerdem steht das klassifizierte Straßennetz bzw. das betriebene Schienennetz entsprechend seiner linienhaften Modellierung zur Verfügung.

4 Zerschneidung

Zerschneidungsaspekt aus städtebaulicher Sicht

Verkehrstrassen zerschneiden nicht nur Landschaftsräume, sondern trennen oft zusammengehörende städtebauliche Strukturen und wirken wie Barrieren im Siedlungskörper. Es besteht eine Analogie zur Landschaftszerschneidung. Die Lebens- und Aufenthaltsqualität in diesen durch Verkehrswege getrennten Stadträumen wird in Abhängigkeit von der Verkehrskategorie und dem damit verbundenen Verkehrsaufkommen beeinträchtigt. Zudem kommt es zu einer Zäsur und somit zu einer „harten“ Trennung der zerschnittenen städtischen Räume. Je nach Lage der Verkehrstrassen können „Insellagen“ innerhalb einer Stadt entstehen. Die daraus ableitbare Fragestellung konzentriert sich auf die Anzahl und Verteilung der übergeordneten Verkehrstrassen innerhalb von Städten und deren Auswirkungen. Die Beantwortung der Fragestellung erfolgt durch modifizierte Anwendung der Strukturkennzahl „Effektive Maschenweite“ nach Jaeger (JAEGER 2002).

Bei der GIS-Analyse wird der Siedlungskörper mit zerschneidungsrelevanten Verkehrstrassen überlagert (überörtliches Straßennetz sowie Hauptbahnstrecken) und – in Analogie zu Landschaftsräumen – der Zerschneidungsgrad bzw. die Fragmentierung des Siedlungskörpers quantifiziert. Im Ergebnis werden die Flächen unzerschnittener städtischer Lebensräume für jede Stadt verräumlicht (Beispiel Aachen in Abb. 1) sowie der Zerschneidungsgrad im Städtevergleich dokumentiert (Abb.2).

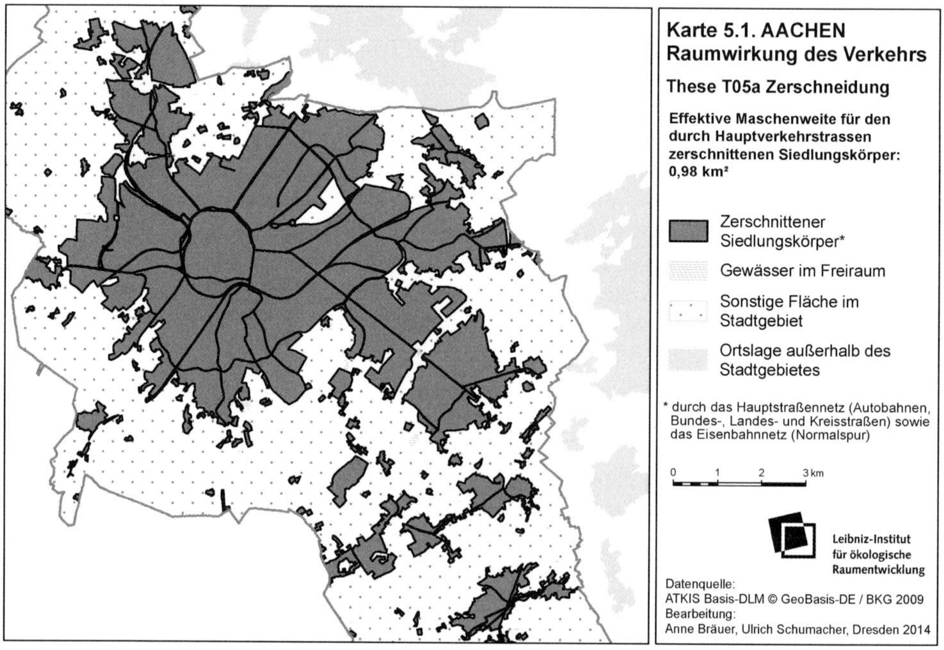

Abb. 1: Übersichtskarte zur räumlichen Zerschneidungswirkung des Verkehrs in Aachen – Ausschnitt (Quelle: IÖR 2014)

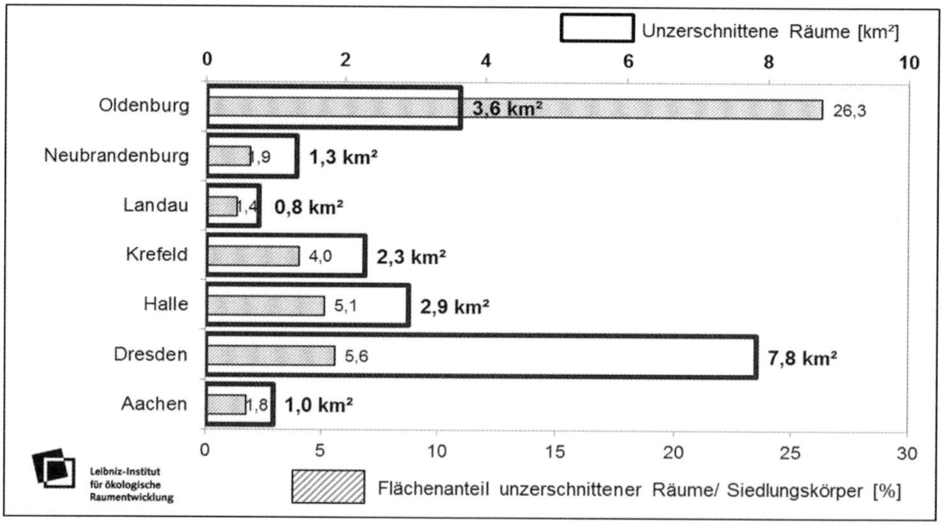

Abb. 2: Effektive Maschenweite absolut sowie als Anteilswert bezogen auf die Fläche des Siedlungskörpers – Städtevergleich (Quelle: IÖR 2014)

Die effektive Maschenweite absolut, d. h. die Flächengröße unzerschnittener Lebensräume im Siedlungskörper liegt zwischen 0,8 km² in Landau und 7,8 km² in Dresden. Setzt man diese ins Verhältnis zur Fläche des Siedlungskörpers der Stadt, so zeigt Oldenburg den relativ größten unzerschnittenen Flächenanteil mit 26,3 %. Dagegen beträgt der unzerschnittene Flächenanteil des Siedlungskörpers in Landau lediglich 1,4 %.

5 Immission

Immissionsaspekt aus städtebaulicher Sicht

Mit zunehmendem Ausbau des Straßen- und Schienenverkehrsnetzes nehmen die durch Lärm- und Schadstoffimmissionen betroffenen Flächen einer Stadt zu. Dadurch verringert sich die Aufenthalts- bzw. Lebensqualität in der Stadt. Je mehr Wohnbauflächen im Immissionsbereich von Verkehrstrassen liegen, desto geringer ist die Wohn- und Wohnumfeldqualität der betroffenen städtebaulichen Räume. Aus gesundheitlicher Sicht führt Lärm bereits bei mittleren Pegeln zu gesundheitlichen Beeinträchtigungen und Belästigungsreaktionen (First & Kühne 2010). Aus ökonomischer Sicht sinken in den betroffenen Gebieten tendenziell die Boden- und Mietpreise. Die für Deutschland geschätzten volkswirtschaftlichen Kosten des Verkehrslärms pro Jahr betragen 9 Milliarden Euro (Giering 2009).

Bei der GIS-Analyse werden die Abstände ausgehend von der Achse des Verkehrsweges zugrunde gelegt, die bei einer ungehinderten Schallausbreitung erforderlich wären, um den für Mischgebiete ausgewiesenen Beurteilungspegel nachts von 50 dB einhalten zu können (zulässiger Beurteilungspegel für reine Wohngebiete nachts 40 dB). Dabei handelt es sich um einen Ansatz auf mittelmaßstäblicher Ebene mit einer groben Näherung. Gezielte Schallschutzmaßnahmen (z. B. Schallschutzwände), städtebauliche schallabschirmende Hindernisse (z. B. geschlossene Blockbebauung oder Zeilenbebauung parallel zum Verkehrsweg) sowie meteorologische Einflüsse und Boden bleiben unberücksichtigt.

GIS-technisch werden die immissionsrelevanten Verkehrstrassen entsprechend ihrer Schallemissionskategorie gepuffert (MVI 2013) und anschließend mit den baulich geprägten Flächen im Siedlungskörper verschnitten. Damit können potenziell immissionsbelastete Wohngebiete räumlich verortet und für die Gesamtstadt flächenmäßig bestimmt werden (Beispiel Dresden in Abb. 3).

Die Ergebnisse zeigen, dass in den Beispielstädten Flächenanteile im Siedlungskörper zwischen 42 % (Halle) und 66 % (Aachen) durch Hauptstraßen und Eisenbahntrassen in den Nachtstunden mindestens 50 dB verlärmt sind. Von der Verlärmung sind maßgeblich Flächen der Wohnbebauung in allen untersuchten sieben Städten betroffen (Abb. 4).

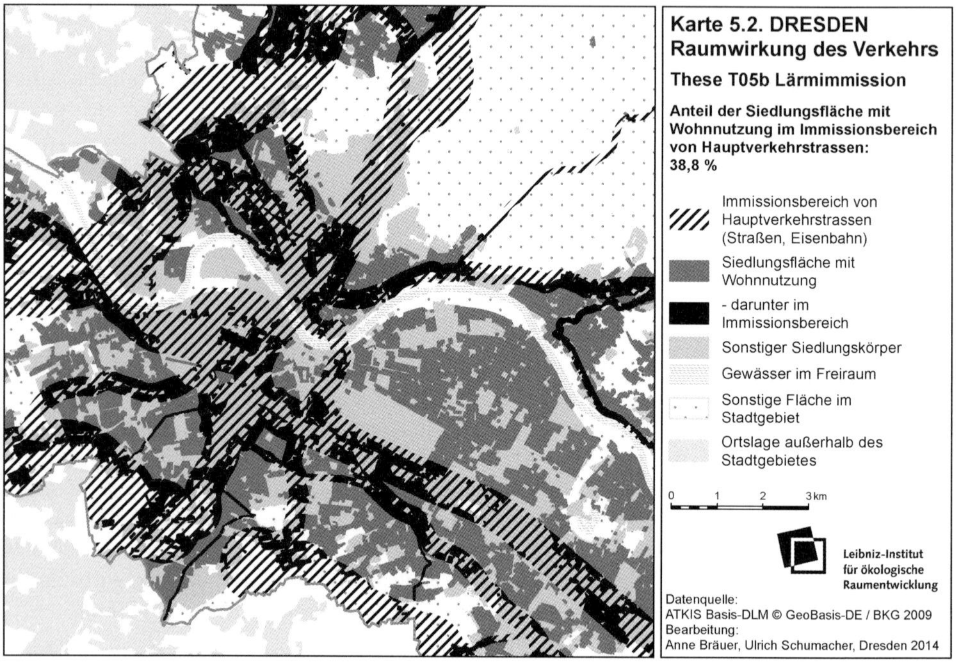

Abb. 3: Übersichtskarte zur räumlichen Immissionswirkung des Verkehrs in Dresden – Ausschnitt (Quelle: IÖR 2014)

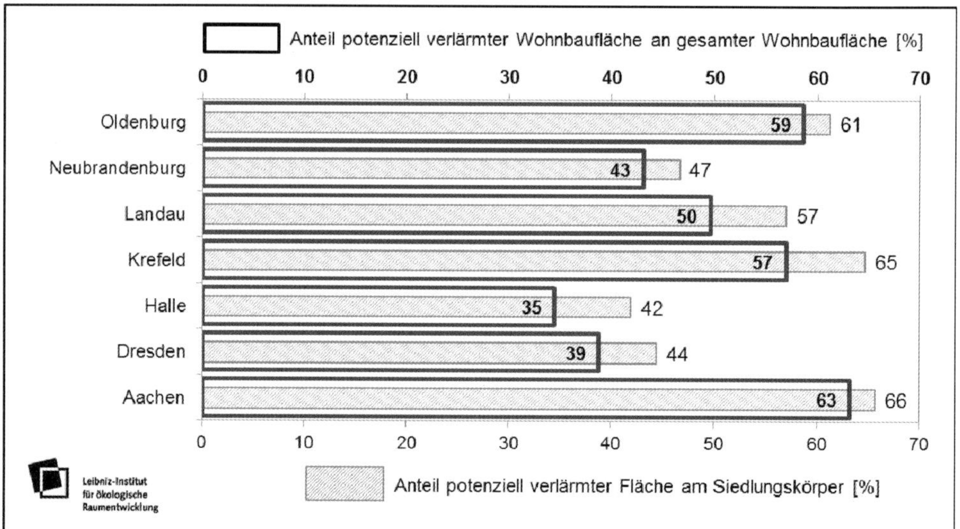

Abb. 4: Anteil potenziell verlärmter Flächen durch Hauptverkehrstrassen im Siedlungskörper – Städtevergleich (Quelle: IÖR 2014)

6 Fazit und Ausblick

Die kartographische Präsentation der Zerschneidung sowie verlärmter Flächen im Siedlungskörper ermöglicht Aussagen zu spezifischen Stärken und Schwächen der Siedlungsphysiognomien. Aus der Untersuchung der sieben unterschiedlichen Städte deuten sich erste Interpretationen bzw. Hypothesen an, die weiter zu prüfen sind: (1) Ostdeutsche Städte scheinen weniger stark von Verkehrstrassen verlärmt zu sein als westdeutsche Städte. (2) Die effektive Maschenweite als Zerschneidungsindikator ist möglicherweise weniger aussagefähig für die Verlärmung als die Art der Verkehrstrasse.

Die Nutzung amtlicher Geobasisdaten wie ATKIS bietet die prinzipielle Möglichkeit, die Entwicklung von Siedlungskörpern, Verkehrstrassen und anderen topographischen Elementen über einen längeren Zeitraum zu beobachten (Monitoring) sowie über Wirkungsanalysen im Sinne der Nachhaltigkeit zu quantifizieren.

Es wird angestrebt, für die Immissionswirkungen durch den Verkehr das Bebauungsdämpfungsmaß bei den Berechnungen zu berücksichtigen. Die Schwankungsbreite des Dämpfungskoeffizienten ist von der Art, Dichte und Höhe der Bebauung abhängig und beträgt zwischen ca. 0,01 und 0,2 dB/m (LEISTNER 2011).

Literatur

ADV – ARBEITSGEMEINSCHAFT DER VERMESSUNGSVERWALTUNGEN DER LÄNDER DER BUNDESREPUBLIK DEUTSCHLAND (2008), GeoInfoDok. ATKIS-Objektartenkatalog für das Digitale Basis-Landschaftsmodell. http://www.adv-online.de/AAA-Modell/Dokumente-der-GeoInfoDok (21.03.2014).

FIRST, P., KÜHNE, R. & DEUTSCHE GESELLSCHAFT FÜR AKUSTIK E.V. (HRSG.) (2010), Straßenverkehrslärm – Eine Hilfestellung für Betroffene. ALD-Schriften, 1, Berlin.

GIERING, K. (2009), Monetäre Bewertung des Straßenverkehrslärms für Deutschland. Lärmbekämpfung, 5, 200-203.

JAEGER, J. A. G. (2002), Landschaftszerschneidung. Eine transdisziplinäre Studie gemäß dem Konzept der Umweltgefährdung. Ulmer, Stuttgart.

LANG, S. & BLASCHKE, T. (2007), Landschaftsanalyse mit GIS. Ulmer, Stuttgart.

LEISTNER, P. (2011), Schallimmissionsschutz- Literatur, Normen, Software. Frauenhofer Gesellschaft, Institut für Bauphysik IBP. http://www.bp.bgu.tum.de/images/file/LEHRE/Akustik/SS11_Akustik_Block_3_Schall immissionschutz_Leistner.pdf (04.04.2014).

MVI – MINISTERIUM FÜR VERKEHR UND INFRASTRUKTUR BADEN-WÜRTTEMBERG (Hrsg.) (2013), Städtebauliche Lärmfibel Online. Hinweise für die Bauleitplanung. http://www.staedtebauliche-laermfibel.de/?p=8 (25.03.2014).

SCHUMACHER, U., BRÄUER, A. & BEHNISCH, M. (2012), Zur Analyse der Formkomplexität von Siedlungsstrukturen und ihrer Lage zum Freiraum – Ergebnisse aus Halle (Saale). In: STROBL, J., BLASCHKE, T. & GRIESEBNER, G. (Hrsg.): Angewandte Geoinformatik 2012. Beiträge zum 24. AGIT-Symposium Salzburg. Wichmann, Berlin/Offenbach, 795-800.

Real Time und Smart Cities

Augmented Reality in Architektur und Stadtplanung – Techniken und Einsatzfelder

Daniel BROSCHART und Peter ZEILE

Technische Universität Kaiserslautern · dbroscha@rhrk.uni-kl.de

Dieser Beitrag wurde durch das Programmkomitee als „reviewed paper“ angenommen.

Zusammenfassung

Visualisierung und Kommunikation gehören zu den täglichen Aufgaben von Planern und Architekten. Die dabei zur Unterstützung einsetzbaren Techniken erfahren eine fortlaufende Entwicklung, woraus sich immerzu neue Anwendungsfälle ergeben. Insbesondere um die Möglichkeit der eigenen Meinungsbildung des sogenannten interessierten Laien zu verbessern, gilt es solche interaktive Techniken auszuwählen, die vielseitig einsetzbar sind und mithilfe derer sich der Laie auf spielerische Weise für durchaus ernste Themen der städtebaulichen Planung informieren kann. Das vorliegende Paper befasst sich insbesondere mit den Möglichkeiten von Augmented Reality- (kurz: AR-) Darstellungen auf mobilen Endgeräten in den Themenfeldern von Architektur und Stadtplanung. Gängige AR-Techniken werden vorgestellt, ihre spezifischen Eigenschaften betrachtet und dementsprechende Anwendungsfälle abgeleitet und aufgezeigt. Des Weiteren wird auf die Bedeutung dieser Form der Plankommunikation aus sozialer Sicht sowie sich daraus ergebender Entwicklungen für die Stadtplanung insgesamt diskutiert.

1 Einleitung

1.1 Einordnung

Die gebaute Umgebung stellt ein Spiegelbild der darin lebenden Gesellschaft dar. Der Lebensraum eines jeden Bürgers unterliegt ständigen Veränderungen und Anpassungen. Aus diesem Grund muss auch jedem Bevölkerungsmitglied, dessen Belange bei einer Veränderung der baulichen Struktur seines Lebensraumes betroffen sind, ermöglicht werden sich eine eigene Meinung dazu zu bilden. Da aber nicht jeder Betroffene eine architektonische oder planerische Ausbildung genossen haben dürfte, sind die Voraussetzungen des räumlichen Vorstellungsvermögens unterschiedlich einzuschätzen. Wenn es um das Teilen von Inhalten geht, stellen Visualisierung und Kommunikation zentrale Aufgaben in Architektur und Stadtplanung dar. Der Empfänger der zu vermittelnden Information ist in jedem dieser Fälle ein Anderer, somit gilt es Visualisierungs- und Kommunikationstechniken zu wählen, die eine vielseitig verständliche Vermittlung der Inhalte zulassen.

Durch die Verbreitung von Smartphones erfährt der Zugang zu Information in der Bevölkerung eine neue Dimension. Durch ständigen Internetzugang, Applikationen (kurz: Apps) bis

Strobl, J., Blaschke, T., Griesebner, G. & Zagel, B. (Hrsg.) (2014): Angewandte Geoinformatik 2014.
 ISBN 978-3-87907-543-0.

hin zu Augmented Reality-Browsern stehen Informationen zu jeder Zeit und an jedem Ort bereit. Für die Kommunikation im Planungsprozess ergeben sich aus diesen technischen Entwicklungen ständig neue Anwendungsfälle (REINWALD et al. 2013). Da das Methodenrepertoire des Ingenieurs dabei anhaltend durch neue Techniken und Funktionen erweitert wird, muss dieser den Überblick über seine Werkzeuge behalten, welche Möglichkeiten ihm diese bieten und wie er sie für die tägliche Arbeit einsetzen kann.

1.2 Kommunikation im Planungsprozess

Die auf den Kommunikationsprozess zwischen Planer und Adressaten anwendbaren, analytischen Kategorien der Kommunikationstheorie, das sogenannte Sender-Empfänger-Prinzip (FÜRST & SCHOLLES 2008, 198) bildet ein zentrales Element bei dieser Arbeit. Mithilfe der betrachteten Techniken wird untersucht, wie im Rahmen der Visualisierung Inhalte aufseiten des Senders codiert und in den darauf folgenden Prozessen der Kommunikation zum Empfänger übermittelt werden (vgl. Abb. 1).

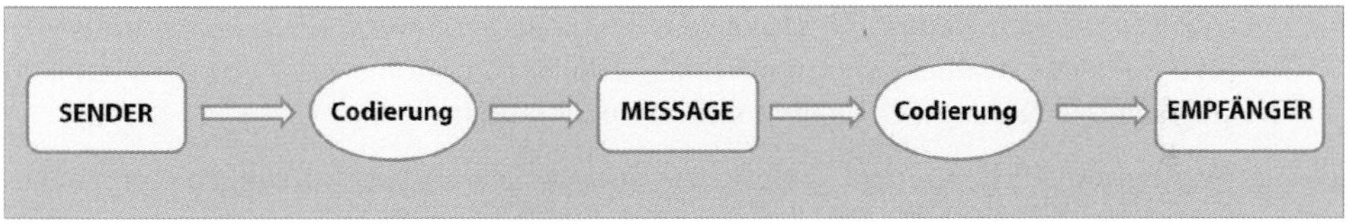

Abb. 1: Vorgang der Plankommunikation nach dem Sender-Empfänger-Prinzip (Quelle: eigene Darstellung nach FÜRST & SCHOLLES 2008, 198)

Mit der Erstellung einer Visualisierung codiert der Planer die zu vermittelnden Planinhalte. Die Betrachtung dieser erstellten Inhalte kann bereits eine Wirkung beim Betrachter erzielen, jedoch stellt sich die Frage, ob deren alleiniger unkommentierter Einsatz ausreicht, um dem Empfänger die relevanten Aussagen „richtig“ zu vermitteln. Der Bereich der Kommunikation geht über die reine Visualisierung hinaus, lässt sich somit als ein „Entgegenkommen“ zum Empfänger der Information beschreiben. Im Idealfall soll der Empfänger dabei, gemäß dem „homo ludens“-Ansatzes (STREICH 2011, 217) spielerisch mit den für ihn interessanten Inhalten umgehen. Dies erfordert einen gewissen Anspruch an Interaktivität des Gezeigten und stellt den Sender gleichzeitig vor die Herausforderung sich fortwährend um neue Techniken zu kümmern, die ihn bei seiner Vermittlungsarbeit unterstützen und diese verbessern.

1.3 Definition Augmented Reality

Wörtlich übersetzt bedeutet Augmented Reality (kurz: AR) „erweiterte Realität“ oder „angereicherte Realität“. Augmented Reality wird den sogenannten Mensch-Methode-Interaktion-Methoden zugeordnet (ZEILE 2010, 28). Allgemein betrachtet wird mit Augmented Reality die Möglichkeit einer computergestützten Überlagerung menschlicher Sinneswahrnehmungen in Echtzeit bezeichnet (MILGRAM & COLQUOHOUN 1999). Demzufolge kann die Realität mithilfe eines AR-Systems sowohl um visuelle, akustische als auch haptische Informationen erweitert werden (HÖHL 2008, 10). Zur Umsetzung einer Augmented-Reality-Darstellung werden grundsätzlich vier Komponenten benötigt (ZEILE 2011):

- eine *Rendereinheit*, d. h. ein Computer mit entsprechender Software,
- ein *Trackingsystem*, wobei es sich dabei entweder um einen GPS-Empfänger oder ein Bilderkennungssystem handeln kann,
- ein *Aufnahmesensor* in der Form einer Kamera und
- eine *Anzeigekomponente*, d. h. ein Monitor.

Sind diese Voraussetzungen erfüllt, d. h. alle Komponenten vorhanden, lassen sich damit vier unterschiedliche Augmented Reality-Darstellungsverfahren umsetzen (HÖHL 2008):

- *Projective Augmented Reality (PAR):* Die digitalen Inhalte werden mithilfe von Beamern auf real existierende Objekte projiziert.
- *Video See-Through (VST):* Die zu überlagernden Inhalte werden auf zwei kleine vor dem Auge platzierte Bildschirme einer nach außen hin abgeschlossenen Datenbrille projiziert.
- *Optical See-Through (OST):* Bei diesem Verfahren wird ebenfalls eine Datenbrille eingesetzt, jedoch wird die Realitätsüberlagerung auf einem halbdurchlässigen Spiegel dargestellt.
- *Monitor Augmented Reality (MAR):* Diese Methode verwendet einen Monitor als Anzeigekomponente. Kamera und Rendereinheit spielen zusammen und erzeugen auf dem Display eine Abbildung der Realität mit virtueller Überlagerung.

Da die jüngsten Smartphone- und Tablet-Generationen über die erforderlichen Komponenten verfügen, handelt es sich bei der Monitor Augmented Reality um diejenige AR-Methode, die von diesen „Computern im Hosentaschenformat" umgesetzt werden kann. Um die Aufgaben der Rendereinheit absolvieren zu können, ist lediglich das Aufspielen einer App in Form eines sogenannten AR-Browsers erforderlich. Diese als mobile Monitor Augmented Reality (mMAR) bezeichenbare AR-Variante stellt eine Weiterentwicklung der MAR dar. Der Nutzer ist nicht länger an einen festen Standort gebunden und kann sich frei im Raum bewegen. Dadurch lässt sich dieses System nahezu überall einsetzen (ALLBACH et al. 2011).

2 AR-Techniken – Stand der Forschung

2.1 Geolokalisierung vs. Marker

Die gängigen monitorbasierten AR-Techniken lassen sich bezüglich der verwendeten Trackingeinheit nochmals in zwei Verfahrensarten unterscheiden: Die auf das integrierte GPS-Modul zurückgreifenden, geolokalisierten Techniken auf der einen Seite und die auf Bilderkennung basierenden, sogenannten Marker-basierten AR-Verfahren auf der anderen Seite. Bei den geolokalisierten Techniken werden anzuzeigenden Inhalte mit den zugehörigen Geoinformationen bestückt. Auf diese Weise lassen sich diese Inhalte am Ort des Geschehens betrachten, sofern dieser mit dem Smartphone erreicht wird. Durch nicht immer gewährleistete beziehungsweise ungenaue GPS-Ortung, erfährt diese Technik jedoch eine Einschränkung. Dieses Problem tritt auch an solchen Stellen auf, an denen eine enge Bebauung oder dichte Baumkronen vorherrschen. Das GPS-Signal und somit auch die hinterlegten Inhalte der AR-Darstellung beginnen zu „springen".

Die markerbasierten Techniken knüpfen an dieser Stelle an und versuchen diese Problematik zu umgehen: Ein GPS-Signal wird hierbei nicht benötigt. Die Szenerie, in die der virtuelle Inhalt überlagert werden soll, wird auf einem Server in Form eines Bildes hinterlegt. Erkennt der AR-Browser die Szene anhand des mithilfe der Smartphone-Kamera aufgenommenen Bildes, wird der hinterlegte Inhalt auf das Smartphone gestreamt und als Überlagerung dargestellt. Ursprünglich auf Printmedien ausgelegt, kann diese Technik mit etwas Anpassungsarbeit in die gebaute Realität transferiert werden. Störende Elemente, welche die spätere Bilderkennung erschweren könnten, müssen zunächst mithilfe eines Bildbearbeitungsprogramms entfernt werden.

Einer der bekanntesten Vertreter der AR-Browser ist die für Apples iOS als auch für Googles Android verfügbare App „Layar" (LAYAR 2014). Diese Applikation vereint die beiden Varianten einer geolokalisierten und markerbasierten AR-Technik in einem AR-Browser. Ist für die Erkundung von POIs in der Umgebung des Nutzers in einem Geo-Layer nur die Auswahl der entsprechenden Ebene nötig und das verhältnismäßig „passive" spazieren durch die Umgebung nötig, muss er beim Erkunden von auf Bilderkennung basierender überlagerter Inhalte immer wieder aktiv werden und jede neue Szene scannen um die entsprechende Serverabfrage durchzuführen.

War es vor wenigen Jahren nur einigen wenigen Experten mit dem nötigen Fachwissen möglich, den nötigen Server aufzusetzen, von dem die virtuellen Inhalte gestreamt werden können, sinkt diese Barriere durch die Etablierung von Plattformen mit grafischer Benutzeroberflächen und „Drag & Drop"-Funktionalität. Hierzu können beispielsweise die RADAR-Plattform des DFKI Kaiserslautern (MEMMEL & GROß 2011) für den Bereich der Geolokalisierungstechnik und die Layar-eigene Plattform des Layar-Creators zur Erstellung einer eigenen Marker-basierten AR-Kampagne angeführt werden (LAYAR 2014).

2.2 Streaming vs. Lokalspeicherung

Die oben beschriebenen Techniken der Geolokalisierung oder markerbasierten AR-Technik mithilfe von Layars benötigen jeweils einen Server von dem die zu überlagernden Inhalte gestreamt werden können. Dies setzt jedoch gleichzeitig voraus, dass jederzeit eine entsprechend gute mobile Internetverbindung bereitsteht, um die Inhalte in einer angemessenen Geschwindigkeit streamen zu können.

An diesem Punkt rücken solche AR-Applikationen in den Fokus der Betrachtung, bei denen die zu überlagernden Inhalte lokal auf dem Endgerät gespeichert werden können. Die Apps „AR Media" (INGLOBE TECHNOLOGIES 2014) und „Sightspace 3D" bieten eben diese Möglichkeit: 3D-Modelle können, je nachdem ob es sich um ein iOS- oder Android-Gerät handelt, per iTunes-Synchronisation oder „Drag & Drop"-Funktion auf dem Endgerät gespeichert und nach einer Bibliotheksaktualisierung innerhalb der App direkt anzeigen. Für die AR-Visualisierung mittels AR Media werden die 3D-Modelle zunächst über ein Plug-in für gängige 3D-Programme auf einem Marker platziert. Ein ausgedrucktes Exemplar dieses dient anschließend der Skalierung des 3D-Modells während der AR-Darstellung. Sightspace 3D bietet die Möglichkeiten der oben beschriebenen Techniken der Geolokalisierung und der Markerverwendung: Das 3D-Modell kann sowohl auf einem Marker platziert werden als auch über zugeordnete Geokoordinaten an der entsprechenden Stelle angezeigt werden. Zudem bietet Sightspace 3D die Möglichkeit einer manuellen Standortdefinition und deren Anpassung während der AR-Darstellung.

Das von UR-AR-Limited entwickelte Vectorworks-PlugIn „AR-Works“ gehört ebenfalls zu den Vertretern einer markerbasierten AR-Darstellung bei lokaler Speicherung der Inhalte. Jedoch handelt es sich dabei um keine Smartphone-AR-Variante. Der AR-Works-Viewer ist für Windows-PC und Mac kostenfrei verfügbar. Hervorheben lassen sich bei dieser Anwendung die zusätzlichen Funktionen zum Ein- und Ausblenden einzelner Layer oder die Möglichkeit einer Schattensimulation.

3 AR-Einsatzfelder in der Architektur und Stadtplanung

3.1 Talking Places und Urban Story-Telling

Welche Möglichkeiten bieten die mobilen AR-Techniken hinsichtlich ihrer Einsatzfelder in der Architektur und Stadtplanung? Aufgrund der Eigenschaft Inhalte an einer gewünschten Position über die gebaute Realität einblenden zu können, liegt das Visualisieren historischer Bausubstanz am ehemaligen Standort oder die Visualisierung baulicher Vorhaben am Ort des Geschehens quasi auf der Hand. In dem Projekt „Talking Places“ wird deshalb der Ansatz verfolgt, nicht mehr existierende Gebäude im Stadtgebiet von Kaiserslautern wiedererlebbar zu machen. Bei den Gebäuden handelt es sich entweder um während des Zweiten Weltkrieges zerstörte oder zwischenzeitlich abgerissenen Gebäuden. Ihre die Stadtgeschichte mitprägende Geschichte soll mithilfe dieses Projekt virtuell „am Leben“ gehalten werden (HESCH 2011). Das „Geschichtenerzählen“ stellt ein weiteres Anwendungsfeld dar: Durch das Hinterlegen von Audiofiles im Stadtgebiet an den entsprechenden Geopositionen können Geschichten im Stadtraum umgesetzt und als Audiowalk durch diesen umgesetzt werden (DÖRRZAPF 2012).

3.2 Baukultur mit allen Sinnen entdecken und erleben

Abb. 2: Baukultur in der Praxis trifft Technologie, Rundgang und Infostand am Tag des offenen Denkmals 2013 (Quelle: eigene Darstellung)

Im Studienprojekt „Baukultur mit allen Sinnen entdecken und erleben“ wurde unter der Verwendung von Layar ein digitaler Rundgang erstellt, der in diesem Falle die Nutzer durch die Eisenbahnstraße in Saarbrücken führt. Inhaltlich ging es in dem in Kooperation mit der Landeshauptstadt Saarbrücken durchgeführten Projekt darum, die Bevölkerung für das Thema der 50er-Jahre Architektur zu sensibilisieren, da deren Besonderheiten oft erst „auf den zweiten Blick" zu entdecken sind. Insbesondere im Hinblick anstehender Modernisierungsarbeiten gilt es in der Bevölkerung, ein Bewusstsein für den Erhalt der Eigenarten dieser Bauwerke zu schaffen. Zudem sollen aufgrund zwischenzeitlich durchgeführter „schlechter" Sanierungsarbeiten überformte 50er-Jahre-Details wiederhergestellt werden. Die Ergebnisse wurden während der Eröffnung des „Tag des offenen Denkmals 2013" in Saarbrücken der Bevölkerung vorgestellt, der Rundgang durch die Eisenbahnstraße als geführte Tour angeboten und an einem zentralen Infostand zusätzlich Inhalte in Form augmentierter Poster und Flyer bereitgestellt. Für diejenigen Personen, die am Rundgang durch die Eisenbahnstraße nicht teilnehmen konnten, wurde diese zudem in Form eines auf einem Marker platzierten AR-Media-Modells am Infostand gezeigt (BIWER et al. 2013).

3.3 Variantendiskussion anhand verschiedener Marker

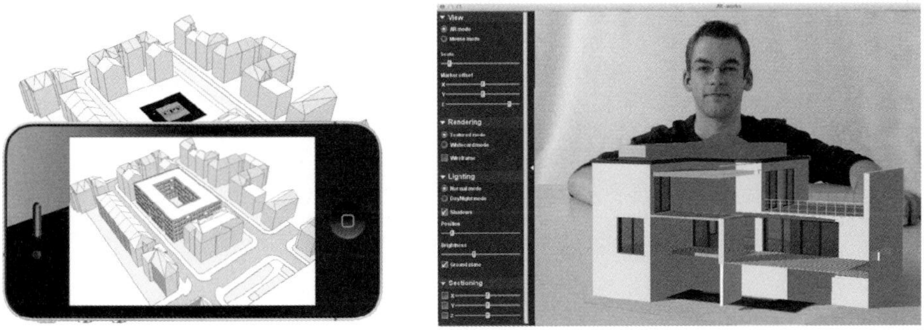

Abb. 3: AR-Visualisierung zur Variantendiskussion anhand von Markern mit AR Media (links) und AR-Works (rechts) (Quelle: eigene Darstellung unter Verwendung von JOST (links); eigene Darstellung (rechts))

Für die auf Markerbasis und lokaler Speicherung arbeitenden Systeme von AR Media oder AR-Works wären beispielsweise auch der fortwährende Austausch während der Projektentwicklung eines Projektes denkbar. Der Auftraggeber muss in diesem Fall nur den Marker ausdrucken und das aktuelle Modell herunterladen. Durch das Platzieren verschiedener Modelle auf mehreren Markern bietet sich die Möglichkeit der Variantendiskussion. Werden diese unterschiedlichen Marker in einem physisch gebauten Umgebungsmodell platziert, lassen sich die Wirkungen der einzelnen Varianten betrachten und bewerten.

3.4 AR-Bebauungsplan

In einem Bebauungsplan werden Festsetzungen getroffen und dargestellt, die den einzelnen Bürger in der Möglichkeit der Bebauung seines Grundstücks betreffen. Das Problem ist dabei trotz Pflicht einer Auslegung die Lesbarkeit dieser Darstellung für den interessierten Laien. Wie soll sich der Laie eine eigene Meinung zu einem Bebauungsplan bilden und diese im Rahmen des Beteiligungsverfahrens äußern, wenn er die Inhalte des Bebauungsplans nicht auf Anhieb verstehen kann? Aus dieser Problematik heraus entstanden im Rahmen einer Abschlussarbeit Vorschläge, wie die einzelnen Elemente der Planzeichenverordnung in ein dreidimensionales Pendants überführt werden könnten. Mit der Absicht dem Bürger bei der Übersetzung der zweidimensionalen Informationen des Bebauungsplans zu unterstützten, wird ein Angleich der Dimensionalität dieser Inhalte vorgenommen, um den Abstraktionsgrad der Darstellung zu vermindern. Außer der Darstellung des 3D-Bebauungsplans in virtuellen Umgebung und virtuellen Globen stellt in diesem Falle der Bereich der Augmented Reality eine weitere Möglichkeit der Kommunikation der Planinhalte dar: Der Plan selbst fungiert als Marker auf dem die Baumöglichkeiten direkt als 3D-Modell überlagert dargestellt werden (BROSCHART 2011).

Abb. 4: Augmentierter Bebauungsplan (Quelle: eigene Darstellung)

4 Diskussion und Schlussfolgerungen

4.1 Einschätzung der vorgestellten Techniken

Jede der vorgestellten Techniken hat ihre Daseinsberechtigung, jedoch eignet sich nicht jede Technik um jeden beliebigen Inhalt darzustellen und zu kommunizieren. Die Auswahl des einzusetzenden Tools muss demnach immer nach dem speziellen Inhalt erfolgen, welcher kommuniziert werden soll.

Lassen sich Streaming-Varianten dazu einsetzen, Informationen eines niedrigen Detaillierungsgrades einem möglichst großen Nutzerkreis zugänglich zu machen, bieten die Möglichkeiten der lokalen Speicherung einen höheren Detaillierungsgrad hinsichtlich der Dateigröße und Komplexität des anzuzeigenden Inhalts. Im Gegensatz zu der Limitierung durch die mobile Internetverbindung bildet bei dieser Variante theoretisch lediglich die Hardwarekonfiguration des Endgeräts den „Flaschenhals" der umsetzbaren AR-Darstellung. Reichen die Möglichkeiten der Smartphone- und Tablet-Darstellung auch hierbei nicht mehr aus, können solche AR-Varianten herangezogen werden, die über Notebooks und Desktop-PCs umgesetzt werden können. Werden dabei die Grenzen der AR-Darstellung überschritten, lässt sich ein höherer Detaillierungsgrad in einer reinen virtuellen Umgebung (Virtual Reality, kurz: VR) umsetzen (vgl. Abb. 5).

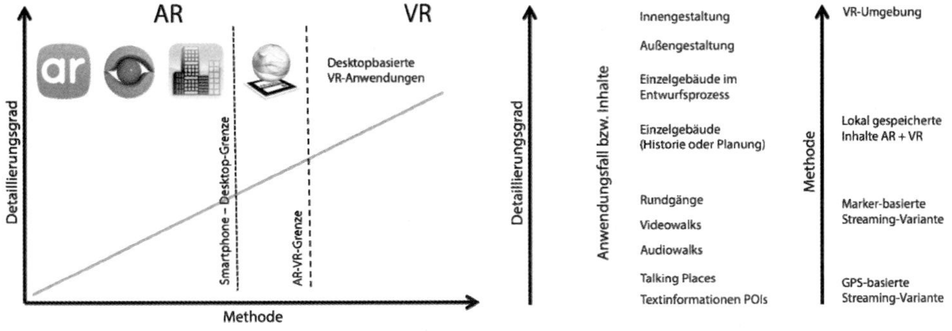

Abb. 5: Realisierbarer Detaillierungsgrad in Abhängigkeit der eingesetzten Methode und denkbare Anwendungsfälle (Quelle: eigene Darstellung)

Aus den umsetzbaren Detaillierungsgraden der jeweiligen Anwendungen lassen sich dementsprechende Anwendungsfälle ableiten. Diese reichen von einfachen Textinformationen, hinterlegten Audio- und Video-Files und 3D-Modellen bei den GPS- und Marker-basierten Streaming-Varianten über detaillierte 3D-Darstellungen von Gebäuden bei einer lokalen Speicherung bis hin zu Inneneinrichtungen in reinen VR-Umgebungen.

4.2 Bedeutung aus sozialer Sicht

Was bedeutet der Einsatz der vorgestellten Visualisierungs- und Kommunikationstechniken aus sozialer Sicht? Die Kommunikation von Experten zu interessierten Laien hat das Ziel einer Sensibilisierung der breiten Bevölkerung für die jeweils transportierten Themen aus Architektur und Stadtplanung. Durch den spielerischen Umgang mit planerischem Inhalt lernt der interessierte Laie etwas Neues, das ihm vorher fremd war, er wird für dieses Thema sensibilisiert und bildet eine eigene Meinung dazu, die er in weiteren Planungsphasen äußern kann. Dies ist insbesondere dann von enormer Bedeutung, wenn der Private durch eine Planung direkt oder indirekt berührt wird und die Betroffenheit seiner Belange in den rechtlich vorgesehenen Beteiligungsverfahren kundgeben möchte.

Beim Einsatz von Smartphone, Tablet und sämtlichen digitalen Medien in Kommunikationsprozessen muss jederzeit beachtet werden, dass diese eine zusätzliche Möglichkeit der Plankommunikation darstellen. Soziale Gruppen, die (noch) nicht über das entsprechende Endgerät verfügen, dürfen in keinem Fall aufgrund einer technischen Barriere vom Planungs- und Beteiligungsprozess ausgeschlossen werden. Um diesem Digital Divide vorzubeugen, gleichzeitig aber jedem der Beteiligten die Vorzüge neuer Medien in der Plankommunikation anbieten zu können, wären geführte Touren, kommentierte Visualisierungen, usw. vorstellbar. Der Planer nimmt in diesem Fall die Rolle des vermittelnden „Notars" ein, dessen Aufgabe darin besteht, wesentliche und für den Bürger relevante Informationen einer Planung verständlich zu vermitteln, damit dessen eigene Meinungsbildung ermöglicht wird.

Gleichzeitig muss beim Einsatz der vorgestellten Techniken beachtet werden, dass es sich bei der Kommunikation im Planungs- und Entwurfsprozess um keine Einbahnstraße handelt. Das heißt der Informationsfluss erfolgt nicht nur von der Seite des Experten zum interessierten Laien hin, sondern die Meinung des Bürgers zu einem Projekt ist für ein Planungsbüro von großer Bedeutung. Die Kombination der genannten Visualisierungs- und Kommunikationstechniken mit sozialen Medien stellt hierbei eine Möglichkeit eines solchen Responsesystems dar. Nachdem sich die Bürger vor Ort oder mithilfe der eingesetzten, zunächst auf einseitigen Informationsfluss gerichteten, Kommunikationstechniken informiert haben, können sie anschließend ihre Meinung direkt in Form von Kommentaren an den ursprünglichen Sender zurücksenden. Die Voraussetzungen einer erfolgreichen Kommunikation sind demnach gewährleistet, wenn die Elemente Visualisierung, Interaktionsmöglichkeit, zusätzlicher Kommentar durch den Sender sowie einer Rückmeldefunktion für den Empfänger gleichermaßen beachtet und eingesetzt werden.

Bei aller Euphorie für die technischen Möglichkeiten der neuen Kommunikationstechniken sollte immer der Grundsatz im Hinterkopf behalten werden, dass das Online nicht ohne das Offline funktioniert! Die vorgestellten Techniken sind als eine Ergänzung der dem Architekten oder Planers ohnehin zur Verfügung stehender Werkzeuge anzusehen. Durch ihren Einsatz wird dieser in seiner täglichen Kommunikationsarbeit unterstützt, das direkte Gespräch und Interagieren mit den beteiligten Personen können und sollten sie jedoch nicht ersetzen!

4.3 Bedeutung für die Stadtplanung

Beim Laien soll auf spielerische Weise Interesse für durchaus ernste Themen der städtebaulichen Planung geweckt werden. Auf diesem Wege kann er sich eine eigene Meinung bilden und wird selbst zum Experten für Themen die ihn selbst betreffen. Dies stellt einen ersten Schritt einer Entwicklung dar, die noch weiter geht: Durch den Einsatz von jedermann bedienbarer smarter Technologien erfährt die Stadtplanung insgesamt eine Veränderung, die sich zu einer Art Do-it-yourself-Stadtplanung weiterentwickelt. Insbesondere aus der Kombination aus sozialen Netzwerktechnologien und sozialen Kommunikationsbedürfnissen entsteht eine Netzwerkgesellschaft, aufgrund derer sich das Verständnis von Stadtplanung, und somit das Aufgabengebiet von Stadtplanern grundlegend ändern wird. Soziale Gruppen erfassen mithilfe smarter Technologien selbstständig und georeferenziert, erkennen Probleme (tag-cloud driven planning), diskutieren diese untereinander und entwickeln daraus Meinungen und Vorschläge, die in einem Bottom-up-Planungsansatz nach Umsetzung verlangen. Das Rollenverständnis des Planers wird sich dementsprechend ändern müssen, er stellt den Experten dar, welcher die „von unten heraus" entwickelten Planungsansätze im Sinne der Rolle eines Notars oder Anwalts auf ihre Richtigkeit, Korrektheit und Vollständigkeit überprüft und für deren Umsetzung verantwortlich ist (Streich 2014).

Literatur

Allbach, B., Memmel, M., Zeile, P. & Streich, B. (2011), Mobile Augmented City – New Methods for urban analysis and urban design processes by using mobile augmented reality services. In: Schrenk, M., Popovich, V., Zeile, P.: Proceedings of RealCORP 2011, Zeche Zollverein Essen, Wien.

Biwer, J., Brack, C., Broschart, D., Schneider, M. & Zemla, A. (2013), Baukultur mit allen Sinnen entdecken und erleben. Masterprojekt, TU Kaiserslautern, Kaiserslautern.

Broschart, D. (2011), Bebauungsplan 3D? – Die Möglichkeiten der Visualisierung planerischer Festsetzungen. Bachelorarbeit, TU Kaiserslautern, Kaiserslautern.

BROSCHART, D. (2013), ARchitektur – Die Fortentwicklung der Visualisierungs- und Kommunikationsmethoden in der Architektur und Stadtplanung. Masterarbeit, TU Kaiserslautern, Kaiserslautern.

DÖRRZAPF, L. (2012), Location-based Audio – Einsatzmöglichkeiten, Entwicklungstrends und konzeptionelle Ansätze am Beispiel der Stadt Wien. Diplomarbeit, TU Kaiserslautern, Kaiserslautern.

FÜRST, D. & SCHOLLES, F. (2008), Planungstheorie – Wissenschaftliche- und kommunikationstheoretische Grundlagen der Planung. In: Handbuch Theorien und Methoden der Raum- und Umweltplanung, Dortmunder Vertrieb für Bau- und Planungsliteratur.

HESCH, G. (2011), Talking Places Kaiserslautern – Making the invisible visible. Bachelorarbeit, TU Kaiserslautern, Kaiserslautern.

HÖHL, W. (2008), Interaktive Ambiente mit Open-Source-Software: 3D-Walk-Throughs und Augmented Reality für Architekten mit Blender 2.43, DART 3.0 und ARToolKit 2.72. 1. Auflage. Springer, Wien.

INGLOBE TECHNOLOGIES (2014), www.inglobetechnologies.com (01.02.2014).

LAYAR (2014), www.layar.com (01.02.2014).

MEMMEL, M. & GROß, F. (2011), RADAR – Potentials for Supporting Urban Development with a Social Geocontent Hub. In: SCHRENK, M., POPOVICH, V., ZEILE, P.: Procedings of RealCORP 2011, Zeche Zollverein Essen, Wien.

MILGRAM, P. & COLQUOHOUN, H. (1999), A Taxonomy of Real and Virtual World Display Integration. In: OHTA, Y., TAMURA, H.: International Symposium on Mixed Reality. Berlin.

REINWALD, F., SCHOBER, C. & DAMYANOVIC, D. (2013), From Plan to Augmented Reality Workflow for Successful Implementation of AR Solution in Planning and Participation Proccesses. In: SCHRENK, M., POPOVICH, V. & ZEILE, P.: Proceedings of RealCORP 2013, Casa dell' Architectura, Rom, Wien.

STREICH, B. (2011), Stadtplanung in der Wissensgesellschaft. 2. Auflage. Springer VS, Wiesbaden.

STREICH, B. (2014), Subversive Stadtplanung. Springer VS, Wiesbaden.

ZEILE, P. (2010), Echtzeitplanung – Die Fortentwicklung der Simulations- und Visualisierungsmethoden für die städtebauliche Gestaltungsplanung. Dissertation, TU Kaiserslautern, Kaiserslautern.

ZEILE, P. (2011), Augmented City – erweiterte Realität in der Stadtplanung. Stadtbauwelt, 24/2011.

FACTS4Stops – Informationsdienste zur bedarfsgerechten Anbindung von ÖV-Haltestelle und Umgebungs-infrastruktur

Stefan HERBST[1], Daniel BELL[2], Peter ZALAVARI[3],
Wolfgang SPITZER[1], Christine CHALOUPKA-RISSER[2],
Stefan KRAMPE[3] und Thomas PRINZ[1]

[1]Research Studios Austria – Studio iSPACE, Salzburg · stefan.herbst@researchstudio.at
[2]FACTUM, Wien
[3]TraffiCon, Salzburg

Dieser Beitrag wurde durch das Programmkomitee als „reviewed paper" angenommen.

Zusammenfassung

Für die Nutzung öffentlicher Verkehrsmittel stellt die Qualität einer Haltestelle, jedoch ebenso des unmittelbaren Haltestellenumfeldes und damit auch der Zugänglichkeit ein wesentliches Attraktivitätskriterium dar. Die Anpassung an die Bedürfnisse gegenwärtiger und zukünftiger ÖV-NutzerInnen, aber insbesondere auch der Nicht-NutzerInnen ist eine zentrale Herausforderung in der Stärkung des öffentlichen Verkehrs.

Der siedlungsstrukturelle Kontext einer Haltestelle – das Haltestellenumfeld – wird bislang in Planungsansätzen für eine Erhöhung der Bedarfsgerechtigkeit zu wenig berücksichtigt. Es mangelt an Wissen zu raumbezogenen Mobilitätsbedürfnissen und angepassten Maßnahmen. Es fehlt die explizite wechselseitige Berücksichtigung von tatsächlich im Umfeld einer Haltestelle vorhandenem Bedarf und Nutzeransprüchen mit der an der Haltestelle, am Zugangsweg zur Haltestelle sowie im Haltestellenumfeld vorhandenen Ausstattung.

FACTS4Stops liefert hierfür räumlich übertragbare Lösungen sowohl für den ÖV-Nutzer als auch für den Planer. Dazu werden raumbezogene Nutzerbedürfnisse und das infrastrukturelle Angebot an Haltestellen und im Umfeld in Informations- und Planungswerkzeuge integriert.

1 Problemstellung

Mobilitätserhebungen zeigen, dass das Ausmaß der Nutzung des öffentlichen Verkehrs je nach Wegezweck sehr unterschiedlich ist. Höhere ÖV-Anteile finden sich bei „Pflichtwegen", wie den Wegen zur Arbeit oder zur Ausbildung. Beim Einkaufen oder privaten Erledigungen ist der Anteil sehr gering. Abseits städtischer Kernlagen sinkt der Anteil weiter und liegt in ländlichen Regionen bei 0 – 4 %, der MIV-Anteil bei über 90 %. Mehr als die Hälfte aller Einkaufswege sind Teil einer Wegekette (bspw. Teil des Arbeitsweges). Ein

Strobl, J., Blaschke, T., Griesebner, G. & Zagel, B. (Hrsg.) (2014): Angewandte Geoinformatik 2014.
 ISBN 978-3-87907-543-0.

wichtiger Schritt zur Steigerung des ÖV-Anteils in diesen Wegeketten wird darin gesehen, die ÖV-Haltestellen mit ihrem jeweiligen Umfeld zu analysieren und Maßnahmen zu Steigerung der Attraktivität für die NutzerInnen (ÖV-Angebot, intermodale Anbindung, Einrichtungen mit Zusatznutzen, …) abzuleiten (FOLLMER 2008).

Integrative Ansätze und Tools zur Förderung der Attraktivität des öffentlichen Verkehrs fehlen an verschiedenen Stellen, während der Druck auf die öffentliche Planung, Investitionsmaßnahmen zu priorisieren, aufgrund der Verknappung öffentlicher Mittel steigt.

Im ways2go Projekt PublicTransportScreener (BRUGGER et al. 2012) wurden erste Webtools für Planer (http://pts.researchstudio.at) entwickelt, deren Ziel es ist, die Siedlungsentwicklung und die Planung des Öffentlichen Verkehrs regional und lokal besser aufeinander abzustimmen. So zeigen die Dienste bspw. die ÖV-Angebotsqualität in der Fläche in Verbindung mit der Siedlungsstruktur.

Bisherige Informationen und Tools für den/die ÖV-NutzerIn konzentrieren sich v. a. auf die mit der Reise verbundenen Aspekte (Reiseplanung). Die eigentliche Reiseplanung kann bereits mit mobilen Anwendungen sehr gut durchgeführt werden (z. B. ÖBB-Scotty, Qando, DB Navigator). Die Integration von Umfeldinformation an den Haltestellen (z. B. nächste Versorgungseinrichtungen, Freizeitmöglichkeiten) gibt es bislang nur ansatzweise.

2 Zielsetzung

Zielsetzung des vom Bundesministeriums für Verkehr, Innovation und Technologie geförderten Projektes FACTS4Stops ist es, erstmalig spezifische Nutzerbedürfnisse, Haltestellenausstattung sowie Infrastruktur im Haltestellenumfeld gemeinsam in der Priorisierung von Maßnahmen zur Erhöhung der Bedarfsgerechtigkeit in Planungsprozessen systematisch zu berücksichtigen.

Zentral ist dabei die prototypische Entwicklung und Evaluation eines Planungstools, welches über Webdienste ermöglicht, die Bedarfsgerechtigkeit von ÖV-Haltestellen für die vorhandenen Nutzeransprüche unter expliziter Berücksichtigung des Haltestellenumfeldes und partizipativer Einbeziehung der ÖV-Nutzer räumlich hoch auflösend zu messen. Dafür werden amtliche Daten zur vorhandenen Infrastruktur mit räumlichen Informationen aus Open StreetMap und Sozialen Netzwerken (bspw. Facebook Places) abgeglichen und raumbezogenen Anforderungsprofilen verschiedener Nutzergruppen rechnerisch gegenübergestellt. Für die Anwendung in Planungsfragen werden in den Webdiensten auch bedarfsgerechte Empfehlungen zu Verbesserungsmaßnahmen und Priorisierungen von Investitionen ausgewiesen.

Im Projekt werden mit sozialwissenschaftlichen Methoden (u. a. Fokusgruppeninterview, Usability Tests) Anforderungsspezifikationen zu verschiedenen Nutzerbedürfnissen unter differenzierter Berücksichtigung städtischer und ländlicher Strukturen erstellt, über geographische Analysemethoden mit dem Raum gekoppelt und mit Infrastrukturdaten der Haltestelle und des Haltestellenumfeldes verknüpft. Grundlage dafür bildet ein funktionales und technisches Konzept zum Aufbau eines Haltstellendatenmodells, zur Entwicklung eines mobilen ÖV-Community-Clients sowie von Webinformationsdiensten.

Die Methoden und Technologien von FACTS4Stops wurden in enger Abstimmung mit Entscheidungsträgern der öffentlichen Planung und Versorgungsunternehmen entwickelt. In einem Feldtest wurde die Machbarkeit der FACTS4Stops Prototypen demonstriert und die Funktionalitäten evaluiert und Verwertungsmöglichkeiten aufgezeigt.

3 Zielgruppenspezifische Anforderungsspezifikation

Zur Erfassung der Anforderungen verschiedener Nutzergruppen wurde die qualitative Forschungsmethode der Sozialraumanalyse eingesetzt, welche auf Grundlage einer umfassenden Literaturanalyse zur Feststellung relevanter Nutzergruppen, zweier Fokusgruppendiskussionen mit VertreterInnen der identifizierten Nutzergruppen, sowie durch Haltestellen- und Haltestellenumfeldanalysen umgesetzt wurde. Die durchgeführten Arbeitsschritte wurden anhand folgender drei Dimensionen untersucht und hinsichtlich der Nutzerbedürfnisse im Haltestellenumfeld interpretiert:

- Mindestanforderungen: Barrierefreie Ausstattung und Infrastruktur [Verbindungswege], Sicherheit, „würdevolle“[1] Nutzbarkeit, Fokus auf PendlerInnen und regelmäßige NutzerInnen, Verlässlichkeit der Informationen.
- Erweiterter Nutzen: In Verbindung mit speziellen Wegezwecken, höhere Bedeutung von Inhalt und Menge der verfügbaren Zusatzinformationen (z. B.: Angabe einer größeren Auswahl an unterschiedlichen Points of Interest etc.), Zuverlässigkeit/Genauigkeit der Angaben (z. B.: exakte Abfahrtszeiten etc.), Versorgung vor Ort [Getränke, Snacks etc.]. Durch Zusatznutzen/-informationen besteht das Potenzial, Nicht-NutzerInnen zur ÖV-Nutzung zu bewegen.
- Informationsvermittlung – Schließung der Lücke: Haltestelle – Umfeld durch stationäre Informationen (z. B.: Beschilderungen an Haltestellen und im Haltestellenumfeld etc.), Mobiler Client (zur Pre- und vor allem On-Trip Information), Einbindung in Social Media Dienste.

Auf Grundlage der so erfassten Ergebnisse werden in Verbindung mit unterschiedlichen ÖV-Nutzungszusammenhängen (Freizeit, Ausbildung, Versorgung, Arbeit, Genderunterschiede, Wohnort, Verkehrsmittelwahl etc.) vor allem folgende Gruppen bei Erstellung der Anforderungsprofile berücksichtigt:

- Kinder/Jugendliche (auf dem Weg von/zur Ausbildungsstätte).
- Erwachsene (versorgender/versorgter Alltag; auf dem Weg von/zur Ausbildungsstätte/zum Arbeitsplatz etc.).
- ältere Personen/hochaltrige Personen (versorgender/versorgter Alltag).
- Personen mit besonderen Mobilitätsbedürfnissen (sensorisch, motorisch, kognitiv beeinträchtige Personen, mit Kind, mit Gepäck etc.).
- ÖV-Nicht-NutzerInnen.

[1] Gleichberechtigte Zugänglichkeit und Nutzbarkeit öffentlicher Infrastruktur für alle VerkehrsteilnehmerInnen

Die gesammelten Informationen bezüglich potenzieller NutzerInnen und deren Bedürfnisse an ÖV-Haltestellen und im entsprechenden Haltestellenumfeld wurden im Rahmen eines Anforderungskatalogs zusammengefasst und umfassend dargestellt. Für die Verortung dieses nutzerspezifischen Bedarfes in der Haltestellenumgebung wurden die entwickelten Nutzergruppen über räumliche Indikatoren aus verfügbaren amtlichen regionalstatistischen Daten (Paket abgestimmte Erwerbsstatistik auf Basis regionalstatistischer Raster von Statistik Austria) abgebildet. Dies erlaubt eine Priorisierung der Nutzerbedürfnisse in den verschiedenen Haltestellenumgebungen (Mindestanforderungen, erweiterter Nutzen, Informationsvermittlung). Die verwendeten Daten ermöglichen die räumliche Übertragbarkeit auf andere Planungsfälle und Reproduzierbarkeit (Monitoring).

In die Webdienste werden – jeweils ausgewertet für das jeweilige Haltestellenumfeld – einerseits die räumlich verorteten Nutzergruppen, als auch die Relevanz der Einrichtung aus Nutzersicht (Nutzerstatistik kombiniert mit Bedürfnissen) integriert.

4 Bewertungsschema zum Haltestellenumfeld

Für das übergeordnete Ziel der Steigerung der Gesamtattraktivität des ÖPNV wird zum Aspekt Infrastruktur meist die Haltestelle als wichtigster Handlungspunkt gesehen. Bestehende Entwicklungsprogramme und Verkehrskonzepte (LAND SALZBURG 2006, LAND STEIERMARK 2008) enthalten dazu verschiedene Kriterien der Mindestausstattung (Barrierefreiheit, Sicherheit,...). Ziele zur Anbindung des Haltestellenumfeldes fehlen hingegen.

Im gegenständlichen Projekt wurde aufbauend auf den bestehenden Haltestellenausstattungsstandards ein Umfeldschema mit den – für den/die ÖV-NutzerIn potenziell wichtigen – Infrastruktureinrichtungen erstellt und in Gruppen nach Wegezweck (Ausbildung, Einkauf, Private Erledigungen, Abholen/Bringen von Personen und Freizeit) zusammengefasst. Aus den Arbeiten der Anforderungsspezifikation (Kap. 3) sowie weiterer Literatur zu Wegehäufigkeiten (vgl. FOLLMER et al. 2010, HERRY 2004) wird für jede Nutzergruppe eine nutzerspezifische Relevanz angegeben (Abb. 1). Im Webdienst für Planer (Kap. 5) erlaubt die Analyse des einzelnen Einzugsgebietes die haltestellenumfeld-spezifische Auswertung dieser Relevanz, die einen Hinweis auf die Wichtigkeit der Infrastruktur aus Nutzersicht gibt.

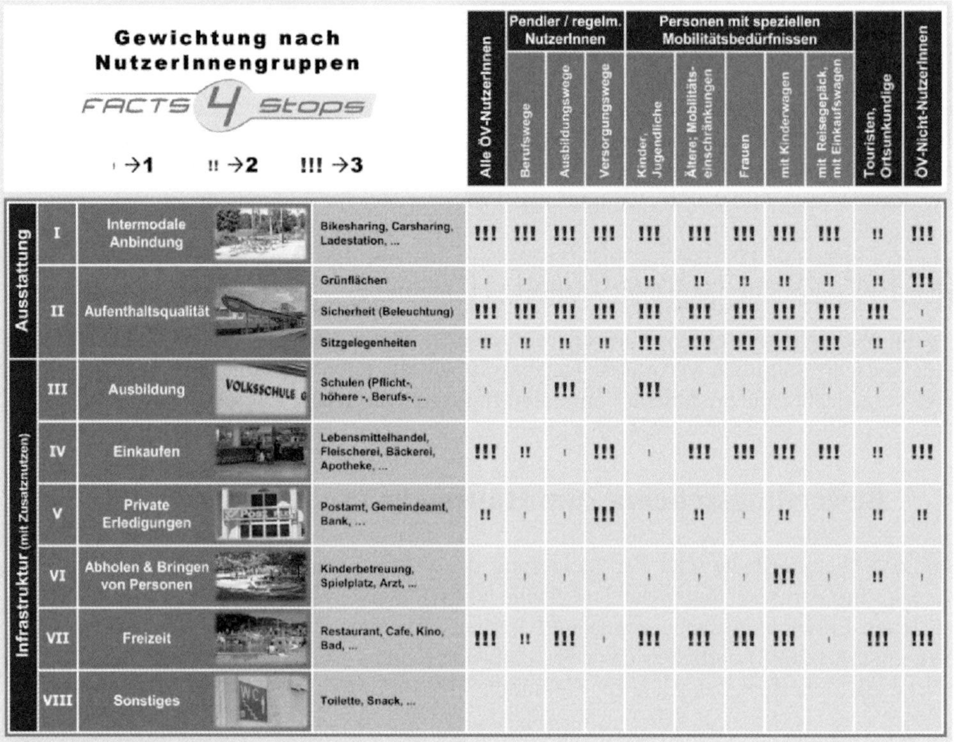

				Alle ÖV-NutzerInnen	Pendler / regelm. NutzerInnen: Berufswege	Pendler / regelm. NutzerInnen: Ausbildungswege	Pendler / regelm. NutzerInnen: Versorgungswege	Personen mit speziellen Mobilitätsbedürfnissen: Kinder, Jugendliche	Personen mit speziellen Mobilitätsbedürfnissen: Ältere; Mobilitäts-einschränkungen	Personen mit speziellen Mobilitätsbedürfnissen: Frauen	Personen mit speziellen Mobilitätsbedürfnissen: mit Kinderwagen	Personen mit speziellen Mobilitätsbedürfnissen: mit Reisegepäck, mit Einkaufswagen	Touristen, Ortsunkundige	ÖV-Nicht-NutzerInnen
Ausstattung	I	Intermodale Anbindung	Bikesharing, Carsharing, Ladestation, ...	!!!	!!!	!!!	!!!	!!!	!!!	!!!	!!!	!!!	!!	!!!
Ausstattung	II	Aufenthaltsqualität	Grünflächen	!	!	!	!	!!	!!	!!	!!	!!	!!	!!!
			Sicherheit (Beleuchtung)	!!!	!!!	!!!	!!!	!!!	!!!	!!!	!!!	!!!	!!!	!
			Sitzgelegenheiten	!!	!!	!!	!!	!!!	!!!	!!!	!!!	!!!	!!	!
Infrastruktur (mit Zusatznutzen)	III	Ausbildung	Schulen (Pflicht-, höhere -, Berufs-, ...	!	!	!!!	!	!!!	!	!	!	!	!	!
	IV	Einkaufen	Lebensmittelhandel, Fleischerei, Bäckerei, Apotheke, ...	!!!	!!	!	!!!	!	!!!	!!!	!!!	!!!	!!	!!!
	V	Private Erledigungen	Postamt, Gemeindeamt, Bank, ...	!!	!	!	!!!	!	!!	!	!!	!	!!	!!
	VI	Abholen & Bringen von Personen	Kinderbetreuung, Spielplatz, Arzt, ...	!	!	!	!	!	!	!	!!!	!	!!	!
	VII	Freizeit	Restaurant, Cafe, Kino, Bad, ...	!!!	!!	!!!	!	!!!	!!!	!!!	!!!	!	!!!	!!!
	VIII	Sonstiges	Toilette, Snack, ...											

Abb. 1: Schema zum Haltestellenumfeld nach Wegezweck mit nutzerspezifischer Relevanz (! … geringe Relevanz, !!! … hohe Relevanz)

Mit beiden Schemata ist eine integrierte Sicht auf Haltestelle und Haltestellenumfeld möglich. Synergien zwischen Ausstattungsstandards an den Haltestellen und der vorhandenen Umgebungsinfrastruktur ermöglichen kosteneffiziente Maßnahmen zur verbesserten Anbindung / Information die auch die Nutzeransprüche erfüllen (Förderung intermodaler Wegeketten bspw. durch Park&Ride, E-Ladestationen, …).

5 ÖV-Community Client

Versorgungseinrichtungen wie Bäcker, Supermarkt, Trafik etc. werden in großen Bahnhöfen als selbstverständlich angesehen. Unter dem Motto „Haltestelle der Zukunft" soll dieser Standard auch auf kleinere Stationen und Haltestellen durch verbesserte Informationen zum Haltestellenumfeld mit dem ÖV-Community-Client (Abb. 2) umgesetzt werden. Der ÖV-Community-Client (mobiler räumlicher Informationsdienst für ÖV-NutzerInnen) erlaubt den ÖV-NutzerInnen, Informationen zum Haltestellenumfeld bzw. an den Zugangswegen als „Haltestellenumgebungskarte" abzurufen. Je nach Wegezweck und Zielgruppe (vgl. Abb. 1) werden spezifische Einrichtungen und Informationen zum Haltestellenumfeld dargestellt. Dies soll intermodale Wegeketten im Umweltverbund stärken.

Social-Media-Dienste wie Facebook, Google-Places und Twitter erfreuen sich großer Beliebtheit und Akzeptanz. Sie bieten offene Schnittstellen zur Integration der Services in eigenen Anwendungen (API). Zur Generierung der Daten zu Einrichtungen in der Haltestellenumgebung werden daher Community-Services wie OpenStreetMap und Social-Media-Dienste wie Google-Places und Facebook und Foursquare eingesetzt. Zusätzlich können auch vorhandene bisher nicht erfasste Infrastrukturen oder Merkmale ergänzt werden und ebenso die persönlich empfundenen Defizite gekennzeichnet werden.

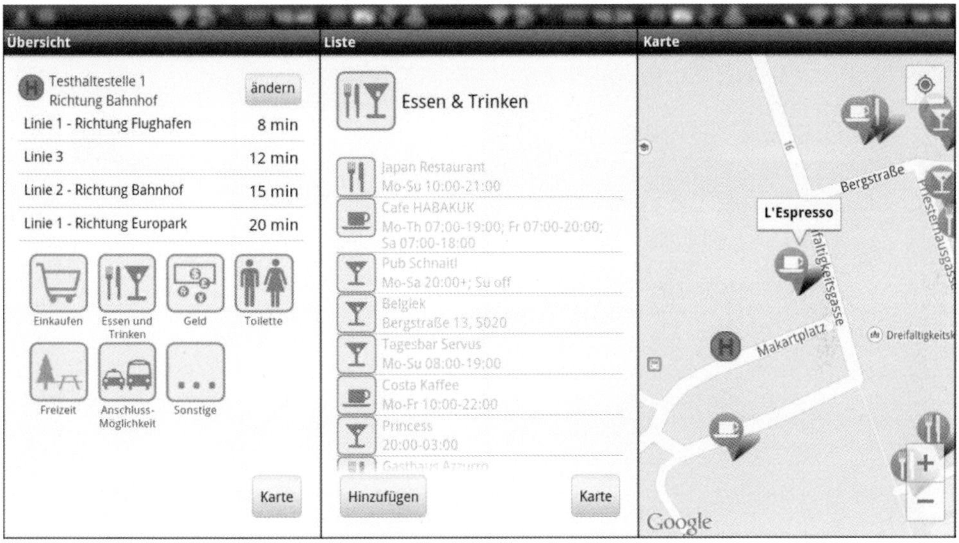

Abb. 2: ÖV-Community-Client (Android), Abfahrtsmonitor der Öffis (li.) mit der Anzeige von Einrichtungen (nach Bedürfnis) im Haltestellenumfeld (re.)

Der prototypische ÖV-Community-Client konnte in den Praxistests seine Funktion erfolgreich unter Beweis stellen. Die Evaluation des Clients an Haltestellen im ländlichen als auch urbanen Raum im Bundesland Salzburg hat gezeigt, dass ÖV-NutzerInnen auf bislang nicht bekannte Einrichtungen im Haltestellenumfeld aufmerksam gemacht wurden und so die Planung erweiterter Wegeketten (Arbeit – Besorgung – Heimfahrt) aber auch die Aufenthaltsqualität an Haltestellen verbessert wird.

6 Webdienste zur Haltestellenumgebung für PlanerInnen

In den Webdiensten, prototypisch umgesetzt für Anwendergruppen Verkehrs-/RaumplanerInnen sowie Nahversorger, ist die Auswertung für einen spezifischen Haltestellen-/Nahversorgerstandort und dessen Umfeld und die Ableitung von bedarfsgerechten Maßnahmen möglich.

Für die Ermittlung der nutzerspezifischen Nachfrage wurde ein fußläufiges Umfeld um Haltestelle / Nahversorgerstandort (500 bis 2.000 m) mit den kleinräumig verorteten regionalstatischen Daten ausgewertet. Zur Darstellung der unterschiedlichen Verteilung der NutzerInnen im Umfeld wurde ein räumliches Modell entwickelt, das die Nutzerstatistik für einzelne Zugangswege zu Haltestelle oder Nahversorger ermittelt (Abb. 3). Die Zugangswege illustrieren über die Linienstärke den prozentuellen Anteil der Personen, die diesem Wegeabschnitt zugeordnet werden, und damit die geschätzte Nutzerfrequenz des Korridors um den Zugangsweg.

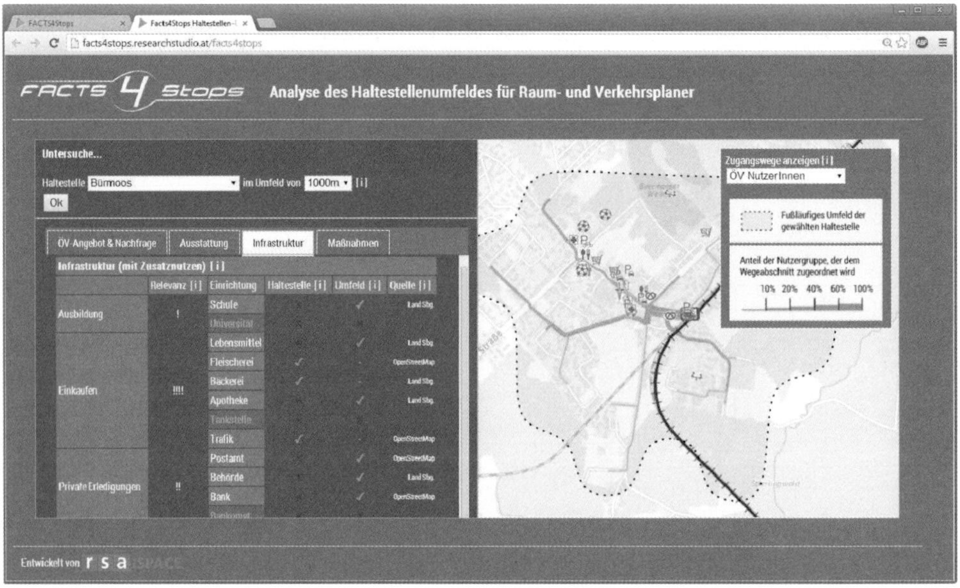

Abb. 3: Webdienst zum Haltestellenumfeld für Raum- und Verkehrsplaner (http://facts4stops.researchstudio.at/)

Für die Abbildung von Ausstattung und Infrastruktur im Haltestellenumfeld werden sowohl POIs aus Social-Media-Diensten als auch amtliche Daten verwendet. Dabei bilden die Infrastrukturdaten des Landes Salzburg (SAGIS) die Basis, die in weiterer Folge mit zusätzlichen Daten aus Social-Media-Diensten ergänzt werden.

Die Verknüpfung der nutzerspezifischen Nachfrage mit der Ausstattung / Infrastruktur ermöglicht schließlich eine nutzerspezifische Priorisierung der Infrastruktur für jedes Haltestelleinzugsgebiet („Relevanz“), für welches dadurch Maßnahmen abgeleitet werden können.

Verschiedene technologische Innovationen, die in den Diensten umgesetzt wurden, gewährleisten einerseits die räumliche und zeitliche Übertragbarkeit der Arbeiten, andererseits können die Komponenten auch für weitere Anwendungsfälle genutzt werden.

- Die Verortung der Nutzergruppen und ihrer Bedürfnisse (s. o.) erfolgte mit der „Abgestimmten Erwerbsstatistik“, einem Datenpaket auf Basis statistischer Raster der Statistik Austria, das österreichweit vorliegt und jährlich aktualisiert wird.

- Die Infrastrukturdaten unterliegen einer zeitlichen Dynamik. Daher erfolgt die Darstellung und räumliche Auswertung für das Haltestellenumfeld zum Zeitpunkt der Abfrage durch den/die NutzerIn des Webdienstes.
- Die Daten zum ÖV-Angebot an der Haltestelle (bspw. Takt, ...) werden über die Verkehrsauskunft Österreich (VAO) integriert.
- Erreichbarkeitsmodelle basieren auf dem Netzgraphen der Graphenintegrations-Plattform (GIP).
- Als Hintergrundkarte der Webdienste wird die auf Verwaltungsgeodaten basierende Internetgrundkarte von Österreich „basemap.at" verwendet.

Damit zeigt der Webdienst die vorhandenen Infrastruktureinrichtungen (Schule, Lebensmittel, Postamt, P+R, Ladestation usw.) und die potenzielle ÖV-Nachfrage (Zahl der Einwohner, Beschäftigten, Pendler, Personen mit speziellen Mobilitätsbedürfnissen, ...) im Einzugsgebiet einer Haltestelle oder eines Nahversorgerstandorts. Gemeinsam mit dem ebenfalls abgefragten ÖV-Angebot (Takt, Distanz des Nahversorgers zur nächsten Haltestelle) unterstützen diese ortsbezogenen Informationen konkrete Planungen im Umfeld eines Standorts.

7 Evaluierung, Nutzen

Im Rahmen eines Feldtests mit NutzerInnen der öffentlichen Verkehrsmittel in Salzburg wurde die Funktionsweise des ÖV-Community Client demonstriert und durch die TeilnehmerInnen evaluiert. Sowohl Feldtests als auch Abschlussdiskussionen bestätigten das Potenzial der getesteten Anwendung, zu einer Steigerung der Attraktivität der öffentlichen Verkehrsmittel beitragen zu können. Die tatsächliche Relevanz der demonstrierten Zusatzinformationen sowohl für bestimmte Nutzergruppen mit spezifischen Bedürfnissen hinsichtlich des Haltestellenumfelds als auch in Verbindung mit unterschiedlichen Nutzungszusammenhängen (in der Freizeit, auf dem Weg zur Arbeits-/Ausbildungsstelle etc.) hat sich deutlich gezeigt. Insbesondere Wegeziele und Nutzungszusammenhänge stellen dabei eine wichtige Grundlage für das Informationsbedürfnis der TeilnehmerInnen dar, wobei PendlerInnen vor allem die Verfügbarkeit der Fahrtzeiten, FreizeitnutzerInnen und TouristInnen eher Zusatzinformationen zu bspw. Restaurants, Sehenswürdigkeiten etc. positiv bewerten.

Die Ergebnisse der Demonstration hinsichtlich der Nutzungsbereitschaft zeigen, dass vor allem Aktualität und Zuverlässigkeit, der angebotenen Informationen als auch an konkrete Bedürfnisse anpassbare Kategorien (bspw. zum Einkauf, für schnelle Erledigungen oder Geldabhebungen etc.) für ÖV-NutzerInnen im Alltag von Bedeutung sind. Bereits die Testversion des ÖV Community Clients wurde sehr positiv von den TestteilnehmerInnen bewertet, wobei die Möglichkeit zur Personalisierung, der verfügbaren Informationen und die Integration in bestehende Dienste eine nachhaltige Form der Verbreitung dieses Service darstellen.

EntscheidungsträgerInnen der Verkehrs- und Raumplanung und Nahversorgern werden Bewertungsschemata sowie ortsbezogene Informationen und Services bereitgestellt. Ziel ist es, neue Grundlagen bereitzustellen, um das Zusammenwirken von Haltestelle und näherem Umfeld zu unterstützen sowie die siedlungsstrukturelle Integration zu fördern. Dies ist insbesondere für intermodale Wegeketten (bspw. Arbeit und Einkaufen) und attraktive

Haltestellenbereiche und Verkehrsknoten (bspw. Integration Park&Ride, Fußwege, Bike&Ride) von Bedeutung.

Ein gemäß Landesmobilitätskonzepten angestrebter Ausstattungsstandard kann bspw. so durch die Einbeziehung des Haltestellenumfeldes ohne weitere Investitionsmaßnahmen verbessert, Doppelinvestitionen können vermieden werden. Wird trotzdem unzureichende Ausstattung festgestellt, ermöglicht die Überlagerung der Haltestellenausstattung mit der umgebenden Siedlungsstruktur eine Priorisierung von Investitionsmaßnamen nach dem lokalen Bedarf der NutzerInnen.

Von Nahversorgern, die ÖV-KundInnen als stark wachsende Zielgruppe immer stärker im Fokus haben, wurde der Nutzen der Webdienste ebenfalls sehr positiv bewertet. Neben Kriterien, wie Bedienungshäufigkeiten und Fahrgastaufkommen an den Haltestellen, wird auch die Infrastruktur im Umfeld als wichtiges Entscheidungskriterium für die Standortplanung von Versorgungseinrichtungen gesehen.

8 Fazit

FACTS4Stops zeigt mit Informationsdiensten Lösungen auf, wie sich Nutzerbedürfnisse im Raum verorten lassen, wie Informationen zu Infrastruktur und Ausstattung mit Unterstützung von ÖV-Nutzern erfasst und bewertet werden können, wie sich bedarfsgerechte Maßnahmen bei der Planung empfehlen lassen und wie diese Informationen dem ÖV-Nutzer und der Planung bereitgestellt werden können.

Die Ergebnisse unterstützen den notwendigen integrativen Planungsprozess zu einer bedarfsgerechten Attraktivierung des öffentlichen Verkehrs. Das Projekt zeigt dabei neue intelligente Lösungswege zur kosteneffizienten Qualitätssteigerung von Verkehrsstationen unter Berücksichtigung möglicher neuer Kooperationen (bspw. öffentliche Planung und Nahversorgung) auf.

Literatur

BRUGGER, P., HERBST, S., LENZ, P., STEIGER, E., KRAMPE, S. & PRINZ, T. (2012), PublicTransportSCreener – praxisorientierte Planungstools zur Bewertung der ÖV-Angebotsqualität. In: STROBL, J., BLASCHKE, T. & GRIESEBNER, G. (Hrsg.), Angewandte Geoinformatik 2012. Heidelberg, 158-163.

EUROPÄISCHE KOMMISSION (2011), Weißbuch. Fahrplan zu einem einheitlichen europäischen Verkehrsraum – Hin zu einem wettbewerbsorientierten und ressourcenschonenden Verkehrssystem. Brüssel.

FOLLMER, R. et al. (2010), MID 2008. Mobilität in Deutschland 2008. Ergebnisbericht Struktur – Aufkommen – Emissionen – Trends. Bonn, Berlin.

HERRY (2005), Mobilitätsanalyse Stadt Salzburg und Umgebung 2004. Wien.

LAND SALZBURG (2002), Leitlinien zur Landesmobilitätspolitik. Salzburger Landesmobilitäts-konzept 2002. Salzburg.

LAND SALZBURG (2006), Mobilität mit Qualität, Salzburger Landesmobilitätskonzept 2006 – 2015. Salzburg.

LAND STEIERMARK (2008), Das steirische Gesamtverkehrskonzept 2008+ – Wege in die Zukunft. http://www.verkehr.steiermark.at/cms/beitrag/10911747/11160763 (13.11.2013).
ÖROK (2011), Österreichisches Raumentwicklungskonzept, ÖREK 2011. Wien.
SCHRENK, M. et al. (2010), Bus Stop 3.0 – Bushaltestelle der Zukunft. ÖV-Haltestellen als multifunktionale Zentren innovativer Stadt- und Regionalentwicklung. Schwechat.

Fast-Echtzeit vs. Echtzeit – die Auswirkungen von Echtzeit-Datenintegration am Beispiel einer agentenbasierten Modellierung im GIS

Florian HILLEN[1] und Bernhard HÖFLE[2]
[1]IGF, Universität Osnabrück · fhillen@igf.uos.de
[2]Geographisches Institut, Universität Heidelberg

Zusammenfassung

Geo-Sensoren liefern in der heutigen Zeit Informationen mit einer sehr hohen zeitlichen Auslösung. Für eine Vielzahl von geographischen Fragestellungen besteht die Möglichkeit diese stetig aktualisierten Informationen in Echtzeit in Analysen, Visualisierungen oder Simulationen zu integrieren. Die Integration von (quasi) kontinuierlichen Datenströmen stellt dabei eine technische Herausforderung dar, bietet jedoch wesentliche Vorteile hinsichtlich der Aktualität sowie der Korrektheit der Anwendung. Diese Arbeit fokussiert auf die Integration von Informationen aus Fernerkundungs- und Smartphone-Sensordaten in eine Agentenbasierte Modellierung (ABM) für die Untersuchung von Personenbewegungen im Rahmen von Großveranstaltungen. Ein besonderes Augenmerk liegt hier auf dem Vergleich der Datenintegration in Fast-Echtzeit (10 und 15 Sekunden) sowie in Echtzeit (1 und 2 Sekunden) und die daraus resultierenden Veränderungen des Modellierungsergebnisses. Dabei zeigt sich, dass unter Verwendung von höheren Aktualisierungsfrequenzen die tatsächliche Bewegung einer Person exakter simuliert werden kann. Geringere Frequenzen hingehen führen zu geglätteten Bewegungsverläufen, da eventuelle Hindernisse, die im Verlauf der Simulation auftreten, nicht einbezogen werden können.

1 Einleitung

Die Verfügbarkeit und die Nutzung von Geoinformationen haben sich im vergangenen Jahrzehnt entscheidend gewandelt. Lieferten Geodaten früher hauptsächlich statische Informationen in Form von traditionellen Vektor- oder Rasterdaten, so haben der Einzug des Internets in die Geoinformatik und die Verfügbarkeit von kostengünstigen (Geo-) Sensoren, wie z. B. in Smartphones, die Geodaten dynamisiert und die Nutzung hochaktueller Daten ermöglicht. Aktuelle Entwicklungen in den Forschungsbereichen der Geosensornetzwerke, der Echtzeitprozessierung von Geodaten und der Sensorfusion sowie die Entwicklung der zugehörigen Standards des Open Geospatial Consortium (OGC) bestätigen diesen Trend (siehe RESCH 2012).

Die Integration hochaktueller Geoinformationen ist in besonderer Weise für zeitkritische Anwendungen, wie z. B. Precision Farming (DONG et al. 2013) oder auch für diverse Sicherheitsfragestellungen (CHATFIELD et al. 2013), von höchster Wichtigkeit. Je nach Fragestellung ist die Aktualität der Daten maßgeblich entscheidend für die Korrektheit z. B. der

Strobl, J., Blaschke, T., Griesebner, G. & Zagel, B. (Hrsg.) (2014): Angewandte Geoinformatik 2014.
 ISBN 978-3-87907-543-0.

Analyse oder der Simulation. Mit der Erhöhung der Frequenz der Datenaktualisierung steigt in der Regel der Aufwand hinsichtlich Datenspeicherung und Analyseaufwand proportional an. In dieser Arbeit wird die Auswirkung der Aktualisierungsfrequenz von Echtzeit (1 und 2 Sekunden) gegenüber Fast-Echtzeit (10 und 15 Sekunden) auf das Analyseergebnis untersucht. Als Anwendungsbeispiel dient dabei die Simulation von Personenbewegungen bei Großveranstaltungen. Mittels agentenbasierter Modellierung wird der Bewegungsverlauf einer Testperson durch eine Menschenmenge simuliert (vgl. KERRIDGE et al. 2001, TORRENS 2011). Da sich viele Passanten im Testgebiet aufhalten, muss diese Testperson möglichst ohne Kollisionen durch diese Menschenmenge hindurch navigieren. Dabei werden Informationen aus Fernerkundungsbildern (Position der Passanten) und Smartphone-Sensordaten (Bewegungsrichtung der Testperson) jeweils in verschiedenen Zeitintervallen in die Modellierung integriert.

2 Agentenbasierte Modellierung

Die Agentenbasierte Modellierung (ABM) beschreibt die Modellierung eines Systems mittels spezifischer Einheiten, genannt Agenten (JENNINGS 2000). Jeder Agent besitzt dabei die Fähigkeit, auf seine Umgebung und seine momentane Situation anhand vordefinierter Regelsätze zu reagieren. Ebenso können die Agenten durch festgelegte Beziehung untereinander interagieren und sich in ihrem Verhalten beeinflussen. Darüber hinaus besteht die Möglichkeit, dass Agenten aus ihrer Erfahrung lernen und sich somit dynamisch weiterentwickeln (BONABEAU 2002). Heutzutage findet ABM in den verschiedensten Bereichen Anwendung, wie z. B. Evakuierungsmanagement (CHEN et al. 2006), Verkehrs- und Besucherflussmodellierung (LODHI et al. 2012, BAYDAR 2003) oder den Sozialwissenschaften (HELBING 2012).

Durch die beginnende Verbindung zwischen ABM und Geoinformationssystemen (GIS) zu Beginn der 1990er-Jahre ist es zum einen möglich in einer definierten räumlichen Umgebung zu modellieren sowie sämtliche räumliche Funktionen und Analysen in diese Modellierung bzw. Simulation einfließen zu lassen (GIMBLETT 2002). In dieser Arbeit wird hierfür die Software Agent Analyst (ESRI 2013), die die Entwicklung von Agentenbasierten Modellen und deren Einbindung in ArcGIS ermöglicht, verwendet.

3 Methodik

Mithilfe der ABM soll im Folgenden der Bewegungsverlauf einer Testperson durch eine Menschenmenge simuliert werden. Hierzu werden Bewegungsdaten vom Smartphone der Testperson sowie die Positionen der Passanten im Untersuchungsgebiet abgeleitet aus Fernerkundungsdaten in das Model integriert. Das Aktualisierungsintervall der letztgenannten Passantenpositionen variiert dabei entsprechend der zu untersuchenden Aktualisierungsfrequenz (1, 2, 10 oder 15 Sekunden).

Das zugrunde liegende Modell basiert auf den Grundannahmen, die von HILLEN et al. (2014) zur Modellierung von Bewegungen einer einzelnen Testperson zu einem definierten Ziel unter Einbeziehung der realen Positionen aller im Testgebiet befindlichen Personen skizziert wurden. Die Testperson zeichnet dabei ihre aktuelle Position und Bewegungsrichtung durch Smartphone-Sensoren (GPS und Beschleunigungssensoren) auf. Die modellierte Laufrichtung setzt sich dabei aus der direkten Verbindung zum Zielpunkt und der aufgenommen Bewegungsrichtung der Smartphone-Sensoren zusammen. Zudem wird im Modell festgelegt, dass die Testperson den anderen Personen ausweichen soll, sofern diese den Laufweg durchkreuzen. Hierzu wird eine „Comfort Zone" von 50 cm definiert in der sich keine andere Person befinden darf.

Bei dem modellierten Szenario handelt es sich um eine zeitkritische Anwendung, bei der die Bewegung der anderen Personen einen erheblichen Einfluss auf die Bewegungsrichtung der Testperson hat. Die (quasi) Echtzeitkomponente wird daher erweitert, indem die Positionsdaten der Passanten in festgelegten Intervallen aktualisiert werden (5 Sekunden bei HILLEN et al. 2014). Ohne diese Aktualisierung der Daten kann keine realistische Modellierung der tatsächlichen Bewegung der Testperson durchgeführt werden, da in diesem Fall angenommen wird, dass alle anderen Personen in der Szene innerhalb des Intervalls auf ihrer Position verweilen. Erst durch die Integration aktueller Informationen wird eine realistische Grundlage für die Modellierung geschaffen.

In dieser Arbeit wird die Simulation von HILLEN et al. (2014) erweitert, um die Auswirkungen der Aktualisierungsfrequenz zu untersuchen. Dazu werden die Bewegungsmuster der Testperson bei variierender Frequenz mit dem tatsächlichen Bewegungsverlauf verglichen. In dem durchgeführten Experiment werden nicht nur höhere Frequenzen (1 und 2 Sekunden), sondern auch niedrigere Frequenzen (10 und 15 Sekunden) untersucht. Die Entfernungen der resultierenden Bewegungsverläufe vom eigentlichen Verlauf der Testperson werden anschließend verglichen. Die Güte der Simulation kann somit sowohl visuell als auch statistisch interpretiert werden.

4 Ergebnisse

Unterschiedliche Aktualisierungsfrequenzen führen zu abweichenden Modellierungsergebnissen hinsichtlich der Anpassung an den tatsächlichen Bewegungsverlauf der Testperson. Abbildung 1 zeigt die Ergebnisse der getesteten Frequenzen von 1 Sekunde (A), 2 Sekunden (B), 10 Sekunden (C) und 15 Sekunden (D). Der Startpunkt des Agenten befindet sich jeweils in der linken unteren und das Ziel in der oberen rechten Ecke. Die grünen Punkte symbolisieren die tatsächlichen Positionen der Testperson, welche aus den Bildern abgeleitet wurden. Die sternenförmigen Symbole mit unterschiedlichen Farben zeigen die geschätzten Positionen der Testperson, also des Agenten.

Die Modellierungsergebnisse mit einer Frequenz von 1 bzw. 2 Sekunden für die Aktualisierung der Positionen der Passanten weisen visuell eine gute Übereinstimmung der geschätzten Positionen mit dem tatsächlichen Verlauf der Testperson auf. Dieses gilt im Besonderen auch für den kurvigen Bewegungsverlauf zu Beginn der Modellierung (gestricheltes Rechteck in Abb. 1), bei dem die Testperson und somit auch der Agent besonders vielen Passanten ausweichen muss. Es ist jedoch zu beobachten, dass der Verlauf bei einer Aktualisierungsfrequenz von 2 Sekunden deutlich homogener ist als der teilweise sprunghafte Verlauf bei 1 Sekunde (siehe Hotspots 1, 2 und 3 in Abb. 1). Diese Sprünge lassen sich durch andere Passanten erklären, die den Weg des Agenten kreuzen. Bei einer Aktualisierung in 2 Sekunden Abständen, ist die Wahrscheinlichkeit daher deutlich höher, dass der entsprechende Passant sich bereits weiter bewegt hat und somit den Weg des Agenten nicht mehr direkt beeinflusst (einzige Übereinstimmung in Hotspot 1 und 4 in Abb. 1). Der Verlauf wirkt daher geglätteter. Dennoch ist das Ergebnis des Modells A statistisch geringfügig besser (arithmetisches Mittel: 0,49 m / Standardabweichung: 0,24 m) als das Ergebnis von Modell B (arithmetisches Mittel: 0,52 m / Standardabweichung: 0,26 m) hinsichtlich des Abstandes zu den tatsächlichen Positionen der Testperson.

Demgegenüber passen sich die Modellierungsergebnisse mit 10 bzw. 15 Sekunden Aktualisierungsfrequenz weniger deutlich dem eigentlichen Verlauf der Testperson an. Ein auffällig geradliniger Bewegungsverlauf zeigt sich in der Fokusregion zu Beginn der Modellierung (gestricheltes Rechteck in Abb. 1), der durch weniger Dynamik bei den Passanten aufgrund der geringen Aktualisierungsfrequenz zu begründen ist.

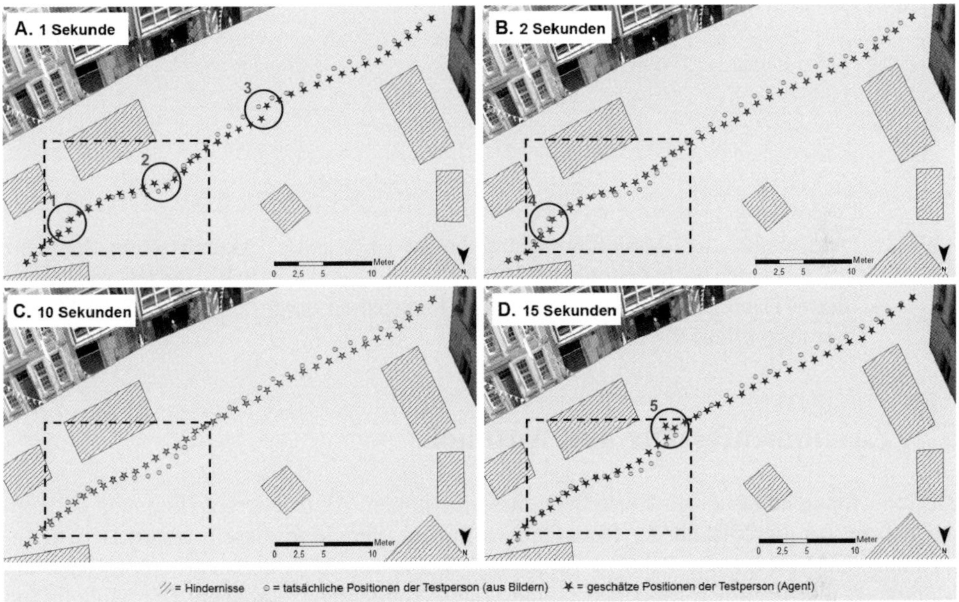

Abb. 1: Modellierungsergebnisse mit unterschiedlichen Aktualisierungsfrequenzen der relevanten Daten. A: 1 Sekunde, B: 2 Sekunden, C: 10 Sekunden, D: 15 Sekunden. Die Fokusregion mit den größten Unterschieden ist mit einem gestrichelten Rechteck markiert. Hotspots sind durchnummeriert und mit einem roten Kreis gekennzeichnet.

Auffällig bei geringen Aktualisierungsfrequenzen ist die Fehleranfälligkeit bedingt durch (i) ausgelassene Hindernisse, die gar nicht erfasst wurden sowie durch (ii) Hindernisse die plötzlich auftauchen. Letzterer Aspekt lässt sich in den Modellierungsergebnissen deutlich am Hotspot 5 bei Modell D (siehe Abb. 1) beobachten. Abbildung 2 zeigt diesen Ausschnitt der Modellierungsergebnisse mit einer Aktualisierungsfrequenz von 15 Sekunden zum Zeitpunkt 17:10:29 Uhr (A) und 17:10:30 Uhr (B). Bevor die neue Position für den Agenten durch das Modell berechnet wird (A), verändert sich jedoch beim Übergang von A zu B die Datengrundlage durch die Aktualisierung der Passanten. Ein vorher nicht erkennbarer Passant befindet sich nun im Weg des Agenten, der reagieren und ausweichen muss. Diese

Korrektur widerspricht jedoch dem eigentlichen Bewegungsverlauf der Testperson. Gleichgeartete Korrekturen finden sich auch beim Modell A und B aus Abbildung 1 mit einer Aktualisierungsfrequenz von 1 Sekunde bzw. 2 Sekunden (siehe Hotspots 1, 2, 3 und 4). Hier sind diese Korrekturen aufgrund der hohen Aktualität der Daten jedoch korrigierend und nähern sich dem eigentlichen Verlauf der Testperson wieder an, anstatt von ihm abzuweichen.

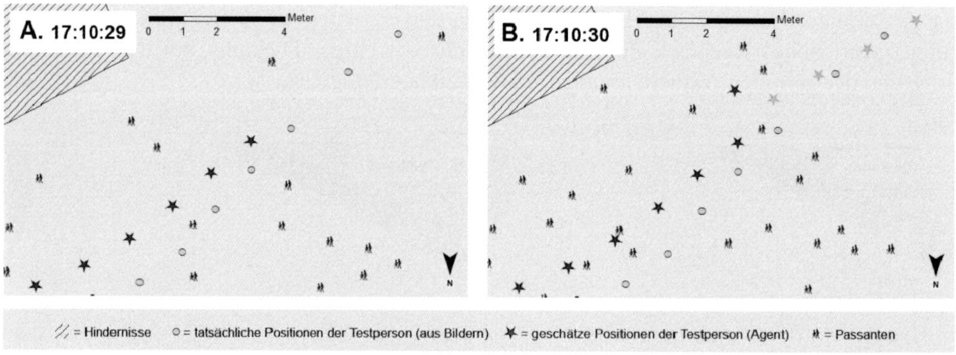

Abb. 2: Ausschnitt der Modellierungsergebnisse mit einer Aktualisierungsfrequenz 15 Sekunden zum Zeitpunkt 17:10:29 Uhr (A) und 17:10:30 Uhr (B) mit veränderter Datengrundlage der Passanten. Transparent dargestellt der weitere Modellierungsverlauf für Teil B.

5 Zusammenfassung und Ausblick

Zusammenfassend lässt sich feststellen, dass eine höhere Aktualisierungsfrequenz der Eingangsdaten (in diesem Fall der Passantenpositionen), gerade in diesem zeitkritischen Anwendungsfall, das erzielte Resultat verbessert. Dieses lässt sich deutlich im Vergleich der Modelle A und B zu den Modellen C und D aus Abbildung 1 erkennen. Die Modelle mit einer höheren Aktualisierungsfrequenz passen sich sowohl visuell als auch statistisch (maximale Distanz A: 0,95 m / C: 1,29 m) dem tatsächlichen Verlauf der Testperson besser an.

Je nach Anwendungsfall muss jedoch abwogen werden, ob ein höherer Aufwand hinsichtlich Analysegeschwindigkeit und Datenspeicherung in Kauf zu nehmen ist. Die durchgeführten Analysen sind daher eine wichtige Grundlage für die Entwicklung neuer Modellierungsansätze sowie für zukünftige Datenaufnahmen bei Großereignissen, wie bei Fußballspielen und Festivals.

Literatur

BAYDAR, C. (2003), Agent-based modeling and simulation of store performance for personalized pricing. Proc. Simulation Conference, 2003, 1759-1764.

BONABEAU, E. (2002), Agent-based modeling: Methods and techniques for simulating human systems. PNAS, 99, No. Suppl 3, 7280-7287.

CHATFIELD, A. T., SCHOLL, H. J. & BRAJAWIDAGDA, U. (2013), Tsunami early warnings via Twitter in government: Net-savvy citizens' co-production of time-critical public information services. Government Information Quarterly, 30 (4), 377-386.

CHEN, X., MEAKER, J. W. & ZHAN, F. B. (2006), Agent-Based Modeling and Analysis of Hurricane Evacuation Procedures for the Florida Keys. Natural Hazards, 38 (3), 321-338.

DONG, X., VURAN, M. & IRMAK (2013), Autonomous precision agriculture through integration of wireless underground sensor networks with center pivot irrigation systems. Ad Hoc Networks, 11 (7), 1975-1987.

ESRI (2013), Agent Analyst: Agent-Based Modeling in ArcGIS. http://resources.arcgis.com/en/help/agent-analyst/ (01.04.2014).

GIMBLETT, H. R. (2002), Integrating Geographic Information Systems and Agent-based Technologies for Modeling and Simulating Social and Ecological Phenomena. In: Integrating Geographic Information Systems and Agent-based Modeling Techniques for Simulating Social and Ecological Processes, 1-20.

HELBING, D. (2012), Social self-organization: Agent-based simulations and experiments to study emergent social behavior. Springer.

HILLEN, F., HÖFLE, B., EHLERS, M. & REINARTZ, P. (2014), Information Fusion Infrastructure for Remote Sensing and In-Situ Sensor Data to Model People Dynamics. International Journal of Image and Data Fusion, accepted for publication, 5 (1), 54-69.

JENNINGS, N. R. (2000), On agent-based software engineering. Artificial Intelligence, 117 (2), 277-296.

KERRIDGE, J., HINE, J. & WIGAN, M. (2001), Agent-based modelling of pedestrian movements: the questions that need to be asked and answered. Environment and Planning B: Planning and Design, 28 (3), 327-341.

LODHI, A., DHAMDHERE, A. & DOVROLIS, C. (2012), GENESIS: An agent-based model of interdomain network formation, traffic flow and economics. Proc. IEEE INFOCOM, 2012, 1197-1205.

RESCH, B. (2012), Live Geography – Standardised Geo-sensor Webs for Real-time Monitoring in Urban Environments. Dissertations in Geographic Information Science, Akademische Verlagsgesellschaft AKA GmbH, Heidelberg.

TORRENS, P. M. (2011), Moving Agent Pedestrians Through Space and Time. Annals of the Association of American Geographers, 102 (1), 35-66.

Urban Emotions – kontextuelle Emotionsinformationen für die räumliche Planung auf Basis von Echtzeit-Humansensorik und Crowdsourcing-Ansätzen

Peter ZEILE[1], Bernd RESCH[2], Jan-Philipp EXNER[1],
Günther SAGL[2] und Anja SUMMA[2]

[1]Technische Universität Kaiserslautern · zeile@rhrk.uni-kl.de
[2]Universität Heidelberg

Zusammenfassung

Wie der Mensch urbane Räume wahrnimmt, ist eine wesentliche Fragestellung für eine nachhaltige räumliche Planung. Der vorliegende Beitrag beschreibt die Intention des von der DFG geförderten Forschungsprojektes „Urban Emotions“. Dabei werden kurz die methodischen und inhaltlichen Verknüpfungen von smarten Technologien und der räumlichen Planung erläutert, die als Grundlage für die schon teilweise umgesetzten und zukünftigen Methoden innerhalb des Forschungsprojektes angedacht sind. Anhand einer Groundtruthing App nach dem „People as Sensor“-Konzepts sowie einer Studie zur psychophysiologischen Messung von Reaktionen von Fahrradfahrern im städtischen Verkehr wird das Potenzial des Zusammenwachsen dieser Technologien ersichtlich. Die Vision dieses bürgerzentrierten Ansatzes, bei dem den Menschen als intelligenten Sensor eine tragende Rolle in der zukünftigen Stadtplanung zugeordnet wird, ist Forschungsgegenstand des Urban Emotions Projektes und Inhalt dieses Beitrages.

1 Einleitung

Vor dem Hintergrund der Entwicklung von einer digitalen zu einer intelligenten Stadt bietet sich die Möglichkeit, Daten mit räumlicher Relevanz nahezu in Echtzeit zu erfassen und daraus Informationen zu generieren. Im Rahmen von Real-time und Live Cities eröffnen sich vielfältige Möglichkeiten, die Verbindung zwischen der physischen und der digitalen Welt mittels vielfältiger „Sensorik“ – von kalibrierter Elektronik in Messgeräten und Sensormessnetzen bis hin zu menschlichen Sensoren (GOODCHILD 2007), psychophysiologische Messungen im Stadtraum – „Emotional Mapping/Emomaps“ (ZEILE et al. 2009), Mobilfunkdaten und sozialen Netzwerken im Web 2.0. (SAGL et al. 2012) – herzustellen. Aufgrund der neu zur Verfügung stehenden Informationen für den urbanen Raum besteht die Chance, das Funktionieren dieses Gefüges aus einer komplett neuen raumwissenschaftlichen Sicht zu sehen. Dieses Potenzial für Analyse und Simulation des urbanen Raumes, welches noch nicht annähernd ausgeschöpft ist, wird als neue „Science of Cities“ beschrieben (BATTY 2013). Jedoch sind es, wie BATTY (2012) auch feststellt, vor allem die Bürger, welche die Stadt tatsächlich intelligent machen – aber gerade diese Interaktionen zwischen Bürger und urbanen Räumen werden zurzeit aus wissenschaftlicher Sicht noch unzureichend betrachtet.

Strobl, J., Blaschke, T., Griesebner, G. & Zagel, B. (Hrsg.) (2014): Angewandte Geoinformatik 2014.
 ISBN 978-3-87907-543-0.

Das Urban Emotions Konzept setzt genau hier an und trägt dazu bei, diese Lücke zu schließen: Es soll eine neue, ergänzende Sichtweise auf die Stadt mithilfe des „Sensors" Mensch entstehen, damit dieser in planerische Prozesse integrativer einbezogen werden kann. Dabei wird im Gegensatz zu einer subjektiven Beurteilung einer statischen Situation, wie dies z. B. in SALESSES et al. (2013) der Fall ist, der dynamische situative urbane Kontext in der subjektiven Wahrnehmung und Bewertung mitberücksichtigt.

2 Smarte Technologien und räumliche Planung

Die räumliche Planung steht vor der großen Aufgabe, dass sie in Zukunft eine immens große Datenmenge mit räumlichem Bezug verarbeiten muss. Die Diskussion um die Nutzung und die richtige Extraktion von „Big Data" beginnt gerade. Eine enge interdisziplinäre Zusammenarbeit von Spezialisten aus der Geoinformatik und der Planungsdomäne ist deshalb für die Zukunft unverzichtbar. Gleichzeitig sollten neue, kreative Methoden zur Identifizierung städtischer Probleme erprobt werden, so wie es im Rahmen des Forschungsprojektes „Urban Emotions" angedacht ist. Im Erfolgsfall können diese neuen „smarten Methoden" der „Mainstream-Stadtplanung" eine wertvolle Ergänzung sein, und sie im Idealfall auch ersetzen (STREICH 2014).

Insbesondere die zunehmende Verbreitung der Wearables und die damit verbundene Möglichkeit zur umfassenden sensorgestützten – und teilweise echtzeitbasierten – Datenerfassung eröffnen eine neue Dimension des urbanen Erkenntnisgewinns. Gleichzeitig wird der Trend zur zunehmenden Vernetzung des öffentlichen Raumes mit Sensoren vonseiten der Wirtschaft verstärkt lanciert, die planenden Institutionen in den Städten reagieren oftmals nur auf diesen Trend. Gerade der Kontext Mensch, Stadt und Sensoren/Daten erlaubt einen Einblick in die Wirkungsweise der komplexen Beziehungen der einzelnen Entitäten untereinander. Nicht nur technische Aspekte sind hierbei wichtig, sondern vor allem auch die sozialen Bezüge: Denn die Smart City braucht den „smarten Citizen" (RATTI 2014). Für die räumliche Planung bedeutet dies, sich ihres interdisziplinären Charakters zunehmend bewusst zu sein, nur so wird sie „smart". Die verantwortlichen Akteure müssen fundiertes Fachwissen der Technologie, Administration und Soziologie besitzen, um dies zu erreich (EXNER 2014). Oder, wie GREENFIELD (2011) es ausdrückt: Der Planer der Zukunft muss „mindestens so vertraut mit der Arbeit von Jane Jacobs, Jan Gehl und Holly Whyte sein, wie er mit der von Vint Cerf oder Eric Raymond ist".

3 Methoden und prototypische Umsetzung

Im Zuge des DFG-geförderten „Urban Emotions"-Projektes wurde eine People as Sensors App entwickelt, die Menschen die Möglichkeit bietet, den Kontext eines emotionalen Ausschlages einzugeben. Dieser Kontext besteht einerseits aus der Art der Emotion (Angst, Überraschung, Freude, etc.) und der Suche nach dem Trigger, dem Emotionsauslöser.

Abbildung 1 zeigt das generelle Urban Emotions Konzept bestehend aus fünf Kernbausteinen. Im ersten Schritt werden Emotionsinformationen über Humansensorik aufgenommen. Da Emotionen mit derzeit verfügbaren Sensoren nur als nicht zuordenbare Ausschläge gemessen werden können, wurde eine Art „Ground-truthing" App auf Basis des „People as

Sensors“ Konzeptes (Resch 2013) kreiert (s. u.). Im zweiten Schritt werden diese Emotionsdaten mit Social Media Daten korreliert, wobei computerlinguistische Methoden für die Extraktion von Emotionen aus den Textdaten verwendet werden. Die aus dieser Korrelation gewonnenen Emotionsinformationen werden im dritten Schritt mittels dynamischer Visualisierungsmethoden raumzeitlich dargestellt und anschließend, im vierten Schritt, in stadtplanerischen Szenarien erprobt um so mögliche Rückkoppelung im Gefüge Mensch-Sensor-Stadt (Raum) erkennen zu können. Auf Basis der Ergebnisse wird im fünften und letzten Schritt ein Set von konkreten Handlungsempfehlungen für die Stadtplanung erstellt.

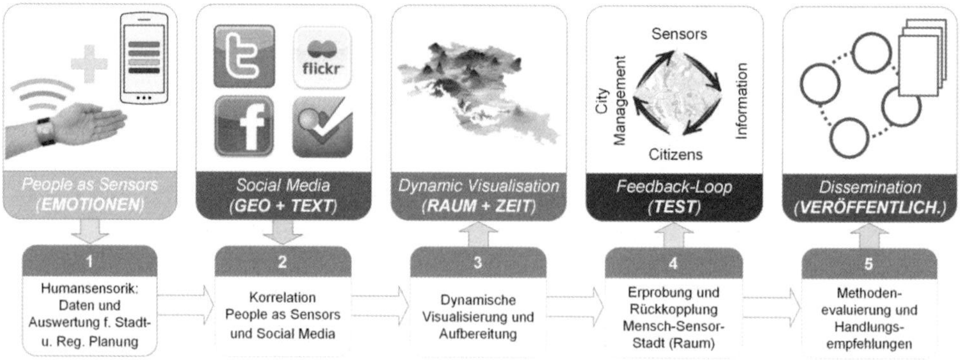

Abb. 1: Urban Emotions Konzept: 1) Messung von Emotionen, 2) Korrelation mit VGI, 3) dynamische raumzeitliche Visualisierung, 4) Validierung und Rückführung in stadtplanerische Prozesse, und 5) Erstellung von Handlungsempfehlungen

Darüber hinaus wurde ein Verfahren konzipiert, das Daten aus diversen VGI-Beständen analysiert und Emotionen extrahiert. Vorerst werden hauptsächlich georeferenzierte Twitter Tweets berücksichtigt. Der Hauptgrund liegt darin, dass die Twitter Community ständig größer und mobiler wird, dies begünstigt schnelle Antworten auf Tweets was wiederum die Aktualität und Frequenz der gesamten Beiträge erhöht (Perreault & Ruths 2011). Zusätzlich kann davon ausgegangen werden, dass sich der unmittelbare Kontext des mobilen Benutzers bis zu einen gewissen Grad in dessen Tweets widerspiegelt. Zudem sind Twitter Daten grundsätzlich über eine öffentliche Application Programming Interface (API) frei zugänglich (https://dev.twitter.com/). Für die Extraktion von Emotionsinformation aus Tweets wurden Methoden aus der Computerlinguistik mit Geoinformatikmethoden kombiniert.

Der zentrale Schwerpunkt des Projektes – und damit auch die Innovationsleistung, die über bisherige Ansätze hinaus geht – liegt in der Aufgabe, eine echtzeitnahe und auch für planerische Zwecke zielgerichtete Kombination von Emotionsmessungen, People as Sensors Beobachtungen und VGI-Emotionsinformation zu entwickeln. Derzeit stehen die Einzelkomponenten wie nachfolgend beschrieben schon als Solitär zur Verfügung.

3.1 Ground-truthing: People as Sensors App

Um Emotionsinformation gezielt in städtische Planungsprozesse integrieren zu können, müssen Emotionen möglichst akkurat in Bezug auf ihre räumliche Genauigkeit und ihren kausalen Ursprung bestimmt werden. Speziell der Grund, warum eine Emotion ausgelöst wurde und welche Art der Emotion zu einem Ausschlag geführt hat, ist eine technische und methodische Herausforderung. Das derzeitige Problem besteht darin, dass die Art der Emotion nicht über verfügbare Sensorik bestimmbar ist. Deshalb wurde im Urban Emotions Projekt eine Methodik für eine Art „Ground-truthing" entwickelt, die eine klare Zuordnung eines gemessenen emotionalen Ausschlages zu einer von sieben Basisemotionen (EKMAN 1988) und dem Grund des Ausschlags schafft. Mithilfe einer einfachen People as Sensors Smartphone App werden subjektive Gefühlslagen der Probanden durch deren Benutzereingaben erfasst und automatisch mit Zeitstempel und geographischen Koordinaten versehen. Durch diese zusätzliche Datenerfassung werden die objektiven Messungen validiert, wodurch deren Aussagekraft bedeutend erhöht werden kann. Konkret wird Testpersonen die Möglichkeit gegeben, ihre subjektiven Empfindungen in urbanen Situationen einzugeben. Dadurch wird eine Zuordnung von Ausschlägen der Emotionssensoren zu den tatsächlichen Ereignissen in der physischen Welt geschaffen.

Das grundlegende Konzept der Urban Emotions App ist in Abbildung 2 dargestellt. Die in die android-basierte App eingegebenen Emotionen werden mit den Sensormessungen kombiniert und über standardisierte Schnittstellen (Transactional Sensor Observation Service – SOS-T) an einen Server geschickt, der die Daten speichert und für weitere Analyse- und Visualisierungsprozesse aufbereitet.

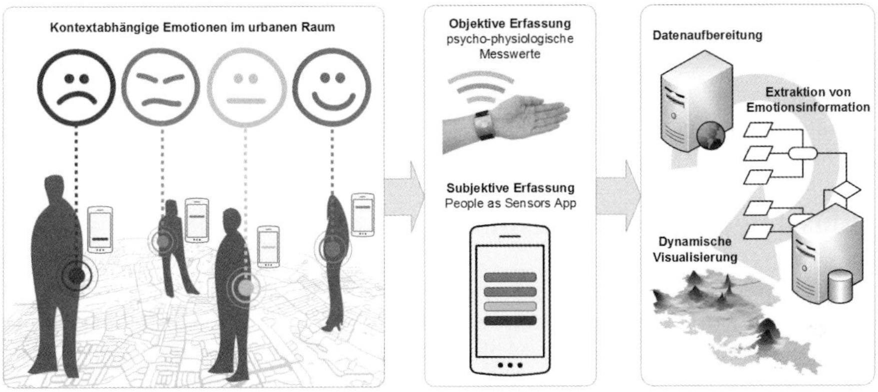

Abb. 2: Überführung von gemessenen Emotionen zu Basisinformationen für städteplanerische Prozesse durch Kombination vom Sensordaten und People as Sensors Eingaben

3.2 Beispiel EmoCycling

Eine erste Studie zum Potenzial der humansensorischen Datenerfassung wurde im Kontext der Forschungstätigkeiten mit dem EmoCycling-Projekt vollzogen, welches die emotionalen Befindlichkeiten von Radfahrern im urbanen Raum untersuchte. Hierbei wurden mit einem „Wearable", dem Smartband, die psycho-physiologischer Reaktionen der Körper aufgezeichnet. Durch eine Kombination von Video-Kamera-Signalen und GPS-Koordinaten kann der emotionale Stress sekundengenau gemessen und verortet werden (vgl. hierzu ZEILE et al. 2013). Analyseort dieses ersten Tests des „Urban Emotions"-Equipments noch ohne den Einsatz der App war eine Radstrecke in der Stadt Kaiserslautern. Dabei wurde

Wert auf eine repräsentative Auswahl von Straßenabschnitten gelegt. Zusätzlich war für eine Strecke mit einer höheren Geländebewegung vorgesehen, diese einmal mit Pedelecs (Pedal Electric Cycle) und als Vergleich mit einem klassischen Fahrrad zu befahren. Zur Identifikation von Stresshotspots werden alle Datensätze aggregiert, die Triggerpunkte extrahiert und zu einer Heatmap verdichtet. Besondere Bereiche von vermehrten Stressreaktionen können nachträglich per Videomaterial gesichtet werden und dienen als Ansatzpunkte für verkehrsplanerische Optimierung. Auffällig bei der Studie ist die geringere Stressdichte bei Bergauffahrten des Pedelecs im Vergleich zum Fahrrad. Zwar liegt es nahe, den Grund dafür in dem unterstützenden Elektromotor zu sehen, aber weitere Verifizierungen diesbezüglich werden durch den Einsatz der Urban Emotions App erhofft, welche in zukünftigen Szenarien integriert wird.

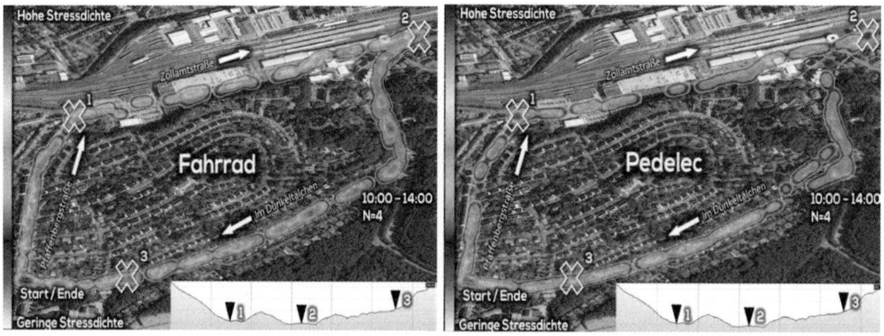

Abb. 3: Vergleich der ermittelten Stresspunkte zwischen Fahrradfahren und Pedelec-Fahrern (HÖFFKEN et al. 2014)

4 Schlussfolgerung und Ausblick

Wichtigste Voraussetzung für eine erfolgreiche Entwicklung einer auf Emotionsmessungen basierenden Informationsgrundlage für die Stadtplanung ist eine dezidierte Analyse der Ausgangsituation. Eine neue innovative Methode im Bereich des Live-Monitorings ist die emotionale Stadtkartierung, bekannt als „Emotional Mapping“ oder „EmoMapping“. Das EmoCycling-Projekt zeigt das Potenzial bei der Analyse bei einer klassischen verkehrsplanerischen Fragestellung und ermöglicht zeitnah und situativ Problemstellen lokalisieren und stadtplanerisch adressieren. Ergänzend dazu wird in Zukunft im Rahmen des Urban Emotions Projektes auch die Informationsbeschaffung über explizit geäußerte nutzergenerierte Daten untersucht werden, welche die implizit erfassten humansensorischen Daten verifizieren können. Auch potenzielle Konfliktfelder, wie etwa die unterschiedlich hohe Verbreitung der Bevölkerung mit verschiedenen Social Media-Diensten in verschiedenen Ländern sollen dabei beleuchtet werden. Von den Ergebnissen des Forschungsprojektes wird höchste Relevanz für die Raum- und vor allem Stadtplanung in Zukunft zu erwarten sein. So drängt sich eine weitergehende Integration der urbanen Emotionsdaten in Planning Support Systems (PSS) sowie auch konkret in der städtischen Verwaltung auf.

Danksagung

Das Projekt „Urban Emotions" der Kooperationspartner CPE (TU Kaiserslautern) und Geoinformatik (Universität Heidelberg) wird von der Deutschen Forschungsgesellschaft (DFG) gefördert. Mitarbeiter innerhalb der EMOCYCLING-Studie waren Andrea Meyer-Hentschel, Carsten Miller, Dennis Groß, Fabian Schmitt, Filiz Yesil, Florian Denzer, Hannah Rauschkolb, Johann Wilhelm, Nora Daude und Sebastian Buschlinger.

Literatur

BATTY, M. (2012), Smart Cities of the Future. UCL Working Paper Series, 188, 1-41.

BATTY, M. (2013), The New Science of Cities. The MIT Press, Cambridge.

EKMAN, P. (1988), Gesichtsausdruck und Gefühl (Hrsg.). 20 Jahre Forschung von Paul Ekman. Junfermann-Verlag, Paderborn.

EXNER, J. (2013), Smarte Planung – Ansätze zur Qualifizierung eines neuen Instrumenten- und Methodenrepertoires im Rahmen von Geoweb, Raumsensorik und Monitoring für die räumliche Planung. Sierke, Göttingen.

GOODCHILD, M. F. (2007), Citizens as Sensors: the World of Volunteered Geography. GeoJournal, 69 (4), 211-221.

GREENFIELD, A. (2011), Beyond the smart city. Urbanscale. http://urbanscale.org/news/2011/02/17/beyond-the-smart-city/.

HÖFFKEN, S., WILHELM, J., GROß, D., BERGNER, B. & ZEILE, P. (2014), EmoCycling – Analysen von Radwegen mittels Humansensorik und Wearable Computing, Proceedings RealCORP2014. Wien (akzeptierter Konferenzbeitrag).

PERREAULT, M. & RUTHS, D. (2011), The effect of mobile platforms on Twitter content generation. Proceedings of the Fifth International Conference on Weblogs and Social Media. Barcelona (Spain), 289-296.

RATTI, C. (2014), Forget Flying Cars – Smart Cities Just Need Smart Citizens, The European, 21.3.2014.

RESCH, B. (2013), People as Sensors and Collective Sensing-Contextual Observations Complementing Geo-Sensor Network Measurements. In: KRISP, J. M. (Ed.), Progress in Location-Based Services. Springer, Berlin/Heidelberg, 391-406.

SAGL, G., RESCH, B., HAWELKA, B. & BEINAT, E. (2012), From Social Sensor Data to Collective Human Behaviour Patterns: Analysing and Visualising Spatio-Temporal Dynamics in Urban Environments. In: JEKEL, T., CAR, A., STROBL, J. & GRIESEBNER, G. (Hrsg.), GI-Forum 2012: Geovisualization, Society and Learning. Wichmann, Berlin/Offenbach, 54-63.

SALESSES, P., SCHECHTNER, K. & HIDALGO, C. A. (2013), The Collaborative Image of The City: Mapping the Inequality of Urban Perception. PLoS ONE, 8 (7), e68400.

STREICH, B. (2014), Subversive Stadtplanung. Springer VS, Wiesbaden.

ZEILE, P., EXNER, J.-P., BERGNER, B. S. & STREICH, B. (2013), Humansensorik und Kartierung von Emotionen in der räumlichen Planung. In: BUHMANN, E. et al. (Eds.), Peer reviewed Proceedings of Digital Landscape Architecture 2013 at Anhalt University of Applied Sciences. Wichmann, Berlin/Offenbach, 129-141.

SDI – Geodateninfrastrukturen

Eine Softwareinfrastruktur für bessere Dateninteroperabilität in der Wasserversorgung

Andreas ABECKER[1], Torsten BRAUER[1], Michael QUENZER[1], Babis MAGOUTAS[2], Gregoris MENTZAS[2] und Nikos PAPAGEORGIOU[2]

[1] Disy Informationssysteme GmbH, Karlsruhe · andreas.abecker@disy.net
[2] ICCS, National Technical University of Athens, Griechenland

Zusammenfassung

Das EU-FP7 Projekt WatERP-Projekt hat mehr Interoperabilität von Softwaresystemen entlang der Versorgungskette für Trinkwasser (vom Flusseinzugsgebiet bis zum Stadtwerk) zum Ziel. Wichtige Elemente hierbei sind ein Multiagentensystem zur Vermittlung zwischen unterschiedlichen Softwaresystemen und eine zentrale Geodatenhaltung im sog. WatERP Water Data Warehouse (WDW). In diesem Beitrag werden grundlegende Architekturentscheidungen und Funktionalitäten des WDW vorgestellt.

1 Motivation

Betrachtet man die Trink- und Brauchwasserversorgung ganzheitlich, beginnend z. B. beim Niederschlag in einem Flusseinzugsgebiet oder am Brunnen zu einem Grundwasserleiter und endend mit dem privaten, industriellen oder landwirtschaftlichen Verbraucher, findet man eine ganze Reihe von Akteuren aus Verwaltung, Wirtschaft und Gesellschaft, die zusammen die Versorgungskette bzw. das Wertschöpfungsnetzwerk bilden. Je nach Gesetzgebung und wirtschaftlichem und administrativem System ist die Ausgestaltung dieses Wertschöpfungsnetzwerks in verschiedenen europäischen Ländern sehr unterschiedlich; dennoch bleibt als wiederkehrendes Element, dass in jedem Land über die ganze Versorgungskette hinweg mehrere (wenn man die Endverbraucher in die Betrachtung mit einbezieht, sehr viele), hochgradig unterschiedliche Akteure sehr unterschiedliche Rollen und Aufgaben einnehmen. Diese Akteure sind z. B. Fernwasserversorger, Talsperrenverwaltungen, Stadtwerke, große Industriekunden, Privathaushalte …, wobei man als Organisationsformen z. B. öffentliche Verwaltungen, Zweckverbände, Anstalten des öffentlichen Rechts, privatwirtschaftliche Unternehmen oder Unternehmen in der öffentlichen Hand vorfindet. Auch die mit der Wasserversorgung verbundenen Aufgaben umfassen nicht nur die Bereitstellung von Wasser, sondern berühren auch wichtige Nebenziele und Randbedingungen wie Energieerzeugung, Hochwasserschutz, Naturschutz und natürlich Qualitätskontrolle und -sicherung des Wassers.

Die Vermutung liegt nahe, dass bei dieser Vielzahl von Akteuren und Aufgaben manche Aktivität in Effektivität oder Effizienz profitieren könnte, wenn sie zeitnah umfassende Daten mit vor- oder nachgelagerten Aktivitäten austauschen würde. Gerade bei der Optimierung der Wasserverteilung bei Minderversorgung in zeitweise trockenen Gebieten könnte z. B. eine frühzeitige Schätzung des Wasserdargebots eines Fernwasserversorgers

Strobl, J., Blaschke, T., Griesebner, G. & Zagel, B. (Hrsg.) (2014): Angewandte Geoinformatik 2014.
 ISBN 978-3-87907-543-0.

an einem bestimmten Übergabepunkt zusammen mit einer guten Schätzung des kurz-/mittelfristigen Wasserbedarfs seiner Abnehmer für eine konfliktfreiere Verteilung zwischen verschiedenen konkurrierenden Abnehmern sorgen oder es könnten betriebswirtschaftliche (flexible Tarife), organisatorische (zeitliche Abstimmung zwischen verschiedenen industriellen Verbrauchern), motivatorische (Information und Appelle an die Bevölkerung), oder regulatorische (Kontingentierung) Maßnahmen des *Demand Management* besser aufeinander abgestimmt werden. Bei vorhersehbaren Verbrauchsspitzen kann natürlich auch der Betrieb von Brunnen, Reservoirs, etc. gezielter gesteuert werden. Aber auch in Gebieten ohne Wasserknappheit sind Optimierungspotenziale vorstellbar, insbesondere des Energieverbrauchs oder der Energiekosten (bei flexiblen Strompreisen) für den Verteilnetzbetrieb (Pumpenbetrieb zum Befüllen von Hochbehältern und für die Herstellung eines konstanten Wasserdrucks in Druckzonen), wenn man genauere Bedarfsprognosen in die Netzbetriebsplanung einbezieht, aktuellere Verbrauchsdaten für die Betriebsführung nutzt oder sogar große industrielle Verbraucher in die Planung mit einbezieht.

Eine solche systematische, umfassende und zeitnahe Daten- und Softwareinteroperabilität der verschiedenen Akteure im Versorgungsprozess ist aber heute nicht gegeben. Primär findet Kommunikation und Koordination nur zwischen zwei in der Versorgungskette aufeinanderfolgenden Organisationen für Zwecke des unmittelbaren Operativbetriebs statt, in der Regel mit sehr einfachen technischen Mitteln und nicht immer mit sehr aktuellen Daten.

Deshalb werden im Rahmen des EU-FP7-Projekts WatERP (ANZALDI et al. 2013, ANZALDI et al. 2014) einerseits entscheidungsunterstützende Werkzeuge geschaffen, um die gesamte Versorgungskette zu optimieren bzw. dafür die Grundlagen zu schaffen (Werkzeuge zur Verbrauchsprognose, zum energieoptimierten Versorgungsnetzbetrieb, ….), und andererseits eine Plattform implementiert, über die die verschiedenen Akteure der Wasserversorgung ihre Softwaresysteme zusammenschalten und relevante Daten austauschen können. Dabei müssen Optimierungspotenziale nicht immer durch *organisationsübergreifende* Kooperation aufgezeigt werden, sondern teilweise kann schon die verbesserte Systemoperabilität *innerhalb* eines Akteurs oder z. B. auch die Vernetzung eines Versorgers mit seinen Kunden neue Nutzenpotenziale erschließen. Ein wesentlicher Bestandteil dieser Datenaustauschplattform ist das WatERP Water Data Warehouse (WDW). Hier werden die unterschiedlichsten im Versorgungsbetrieb relevanten Daten zentral gesammelt und für verschiedene Zwecke in geeigneten Darstellungen und Aufbereitungen effizient bereitgestellt.

2 Grobarchitektur des WatERP Water Data Warehouse

Das WDW kopiert Daten aus Operativsystemen für Analysezwecke und stellt sie für verschiedene Zwecke in optimierten Formen und Formaten bereit. Typische Funktionen innerhalb eines Data Warehouse sind z. B. Algorithmen zur Messfehlerbereinigung, zur inhaltlichen Zusammenführung verschiedener Datenströme und semantischen Harmonisierung von Datenbeständen sowie die Bereitstellung spezieller Aggregationen und Sichten für die effiziente Datenauswertung. Abbildung 1 skizziert die interne Struktur des WatERP Water Data Warehouse (WDW) im Gesamtkontext. Eine wichtige Grundsatzentscheidung ist die, im WDW zwei Speicherbereiche zu unterscheiden:

- Die Massendaten (Zeitreihen zu Sensordaten aus Flussgebietsbeobachtung, Netzbetrieb, …) halten wir in einem konventionellen objektrelationalen Speicherbereich (in der Grafik links), konkret als PostGIS-Datenbank. Diese Massendaten populieren ein Datenmodell, das auf der Struktur des OGC/ISO konzeptuellen Modells „Observations and Measurements"[1] bzw. auf OGC WaterML2.0[2] beruht.
- Komplexere logische Zusammenhänge (z. B. für konzeptuelles Hintergrundwissen, relationale Zusammenhänge, regelhaftes Wissen, etc.) werden mithilfe semantischer Technologien in einem Triple Store gespeichert und können via Geo-SPARQL angefragt werden (in der Grafik rechts).

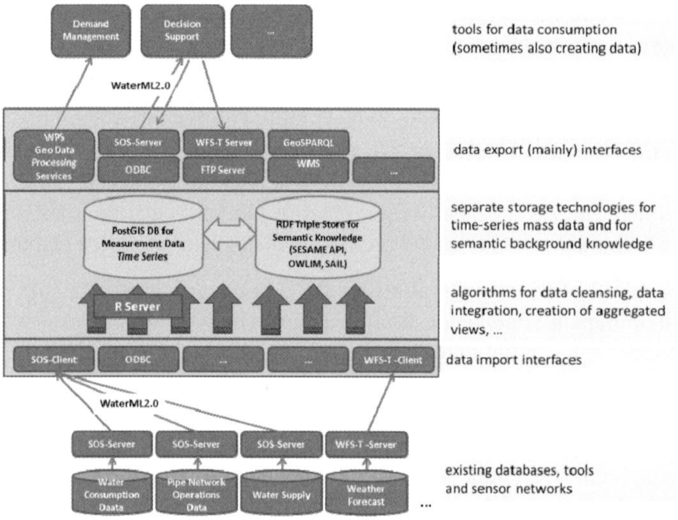

Abb. 1: Vereinfachte Architektur des WatERP Water Data Warehouse

3 Teile des Water Data Warehouse

WaterML2.0 und SOS

Grundidee in WatERP ist es, möglichst alle datenbezogene Kommunikation über das OGC SOS-Protokoll mit WaterML2.0 als Datenformat abzuwickeln. Im Projekt kommt dafür der 52°North SOS Server zum Einsatz. Das interne Datenmodell des Messdatenmanagements folgt soweit möglich WaterML2.0 – auf die Projektthemen „abgespeckt" sowie teilweise um fachliche Aspekte ergänzt. Wir binden alle Datenlieferanten über SOS an (mit Ausnahme der Wettervorhersagedaten, für deren Struktur uns WFS die geeignetere Schnittstelle erschien) und liefern Zeitreihen natürlich auch als WaterML2.0 über SOS aus. Die existierenden Lösungen arbeiten stabil und funktional. In der Anzahl parallel verarbeitbarer Sen-

[1] http://www.opengeospatial.org/standards/om
[2] http://www.opengeospatial.org/standards/waterml

soren skaliert die Lösung sehr gut. Allerdings bekommt der 52°North SOS Server unausweichlich technisch bedingte Probleme, wenn man über das SOS-Protokoll mit den vollständigen WaterML2.0 Metadaten versucht, auf einen Schlag große Mengen von Beobachtungen zu laden (mehr als 1 Mio.). Das ist natürlich nicht der intendierte Anwendungsfall von SOS, kann aber z. B. bei der Altdatenübernahme vorkommen. Hier schaffen das Aufteilen in überschaubare Zeitintervalle oder natürlich das Einladen als CSV Abhilfe.

Semantische Wissensbasis und Geospatial Reasoning

Das Einbinden einer semantischen Wissensbasis folgt dem Trend, zunehmend wissensbasierte Komponenten in moderne Softwarelösungen einzubauen, Interoperabilität durch Ontologien zu erhöhen oder auch Datenbereitstellungen im Sinn von *Linked Open Data* mit *Semantic Web* Methoden anzubieten. In WatERP erschien uns die vollständige „Semantifizierung“ aller Messdaten aus verschiedenen Gründen abwegig. Stattdessen kann der Triple Store zusätzlich zu den WaterML2.0 folgenden Messdaten Hintergrund- und ergänzende Informationen liefern. Insbesondere können wir im Triple Store alle Messstellen semantisch beschreiben, ebenso wie ihre Rolle im Versorgungsnetz, Hintergrundwissen zu technischen Methoden, Messverfahren, Zusammenhängen von Messparametern usw.

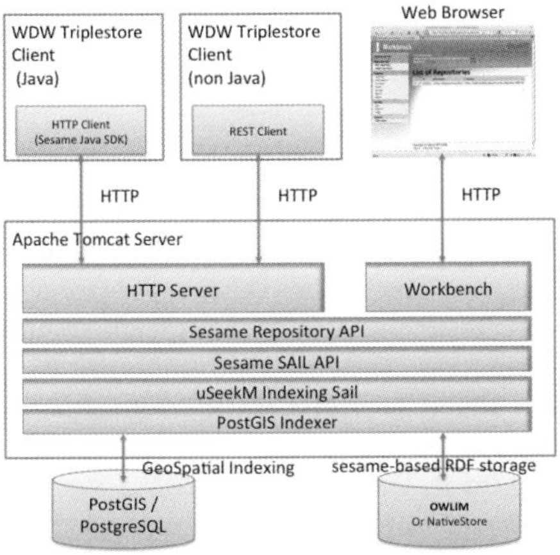

Abb. 2: Architektur und Schnittstellen des WDW Triple Store

Wenn dann via SOS/WaterML2.0 Messdaten geliefert werden, können sich die entsprechenden Metadaten (Messstelle, Messmethode, …) auf die Objekte im Triple Store beziehen, sodass grundsätzlich integrierte Fragen über Messwerte und Hintergrundwissen möglich werden. Beispielsweise könnte man – je nach modelliertem Hintergrundwissen – alle Messwerte abfragen, die in einem bestimmten Gebiet mit einer Messmethode durchgeführt wurden, die bestimmte Eigenschaften hat. Oder nach allen Messwerten von einem bestimmten Punkt ab flussaufwärts, die Aussagen über eine Gruppe verwandter chemischer oder biologischer Verunreinigungen machen können. Solche Analysen könnten bspw. zur schnellen Lokalisierung unerlaubter Einleiter führen und die Planung von Reinigungsmaßnahmen, Eindämmungsmaßnahmen oder von Schutzmaßnahmen gefährdeter Verbraucher unterstützen. Es wäre auch vorstellbar, die Wasserqualität in Abhängigkeit von landwirtschaftlichen Landnutzungsarten und Bodentypen in einem Flusseinzugsgebiet zu untersuchen oder Wasserverbrauchsprofile in verschiedenen Stadtquartieren mit unterschiedlichen sozio-ökonomischen Siedlungscharakteristika zu vergleichen. In der aktuellen Implementierung werden simultane Abfragen von Messdaten und semantischen Informationen allerdings nicht vollständig im WDW ausgewertet, sondern die beiden WDW-Teile müssen von einem Agenten außerhalb des WDW getrennt durchgeführt und ihre Ergebnisse dann zusammengeführt werden.

Der WDW Triple Store (siehe Abb. 2) wurde implementiert mithilfe der Libraries uSeekM und Sesame Java, zusammen mit PostGIS als Geodatenbank und dem Sesame-basierten RDF-Speicher OWLIM. OpenSahara uSeekM ist eine Java Library, die räumliche Indizes und Abfragen als Erweiterung von Sesame Java-basierten RDF-Speichern realisiert. uSeekM indiziert räumliche Daten in einem separaten R-Tree Index. uSeekM fängt GeoSPARQL[3]-Anfragen ab und schreibt sie um in eine Kombination von Queries gegen den räumlichen Index und den RDF-Speicher. Dazu können viele unterschiedliche RDF-Speicher verwendet werden, sofern sie Sesame Sail unterstützen. Sesame ist ein Java Framework zur Implementierung von RDF-Speichern, welches unter anderem eine erweiterbare API anbietet, auf die man andere Speicher aufsetzen kann. Die Sesame Sail API ermöglicht Funktionserweiterungen von RDF-Speichern erweitern als Low-Level System-API für RDF-Speicher und Inferenzmaschinen, um von Implementierungsdetails zu abstrahieren und damit verschiedene Arten von Speichern und Inferenzmaschinen nutzen zu können. In WatERP wurde als RDF-Speicher OWLIM eingebunden, welches Schlussfolgerungen über eine in OWL implementierte Ontologie erlaubt, sodass der WDW Triple Store gemischte ontologische und räumliche Schlussfolgerungen unterstützt.

Realisierung von ETL-Prozessen und Aggregationen

Ein Data Warehouse hat häufig die Notwendigkeit, eingehende Daten in sogenannten ETL-Prozessen *(Extract – Transform – Load)* vorzuverarbeiten, z. B. zur Datenbereinigung oder zur Datenintegration. Außerdem ist es häufig nützlich, bestimmte Datenaggregationen (z. B. zeitlich oder räumlich) im Data Warehouse zu berechnen, explizit abzuspeichern und dann für Analysezwecke anderen Prozessen zur Verfügung zu stellen. Im Laufe des Projekts hat sich herausgestellt, dass R[4] eine sehr große Menge sehr effizient implementierter statistischer und geostatistischer Routinen anbietet, die hierfür genutzt werden können. Außerdem existiert auch bereits eine SOS-Anbindung für R. Daher wurden diverse Vorverarbeitungs- und Aggregationsprozesse im WDW mithilfe des R Servers implementiert, wie in Abb. 3 angedeutet: Sobald ein SOS Sensor neue Daten empfängt, kann dieser vordefinierte Verarbeitungsprozesse anstoßen. Ein solcher besteht aus einem R-Skript und dem dazugehörigen Parametersatz. Ergebnis der Verarbeitung ist dann eine modifizierte Messdatenreihe, die ihrerseits in einen abgeleiteten („virtuellen“) Sensor gespeichert wird.

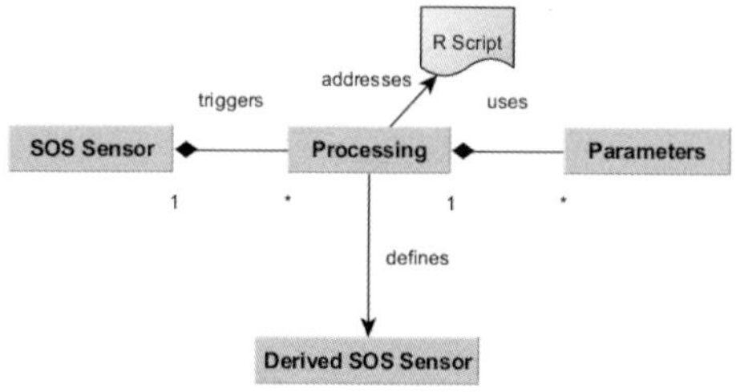

Abb. 3:
Nutzung von R für ETL-Prozesse

[3] http://www.opengeospatial.org/standards/geosparql
[4] http://www.r-project.org/

4 Fazit

Das WatERP Water Data Warehouse steht zum Zeitpunkt dieser Berichtserstellung als voll funktionsfähiger Prototyp bereit und wird mit Testdaten der Pilotanwender im Projekt befüllt (Agencia Catalana de l'Aigua / ACA,Barcelona und Stadtwerke Karlsruhe GmbH).

Die aktuelle Implementierung ist nicht dafür gedacht, sehr viele und hochfrequente Datenströme in (Nah-)Echtzeit aufzunehmen (z. B. kontinuierliche Wasserstandsmeldungen von Tausenden Pegeln eines Flusseinzugsgebiets oder kontinuierliche Smart-Meter Verbrauchsdaten von Zehntausenden Endverbrauchern), sondern betrachtet in den beiden Pilotanwendungen jeweils einige Hundert Fachobjekte (Übergabepunkte zwischen Akteuren, Hochspeicher, Hauptleitungen, Druckzonen, …) mit Datenaktualisierungsintervallen im Stunden- bis Mehrtagesbereich. Das Hochskalieren zu einem noch echtzeitfähigeren und feinkörnigeren System böte aus Informatiksicht noch einmal interessante Performanz-/ Architekturherausforderungen zur Datenstromverarbeitung (*Big-Data*-Methoden). Gleichwohl bietet schon die aktuelle Variante aus Endanwendersicht vielfältige Nutzenpotenziale und es ist nicht klar, wann bzw. ob die Praxis in der nahen Zukunft solche großen Datenströme liefern bzw. auch sinnvoll nutzen könnte.

Eine der interessantesten Möglichkeiten ist unseres Erachtens die Kombination von Geospatial Reasoning und Messdatenauswertungen im PostGIS. Bis dato haben die Endanwender das Potenzial dieser Technologie noch nicht voll erkannt. Es muss sich zeigen, ob sich für solche „intelligenten" räumlichen Abfragen und Auswertungen praxisrelevante Anwendungsfälle finden.

Weiterhin muss auch klar gesagt werden, dass das WatERP-Projekt Methoden und Techniken für die *technische* Interoperabilität liefert. Ob Anwendungsfälle in der Praxis auch zum Tragen kommen (sprich, ob Akteure überhaupt Daten austauschen wollen und dürfen), hängt natürlich in hohem Maße auch von gesetzlichen Rahmenbedingungen, Verwaltungsstrukturen und ökonomisch-politischen Anreizsystemen ab.

Danksagung

Das Projekt Projekt WatERP (Water Enhanced Resource Planning – Where Water Supply Meets Demand, http://www.waterp-fp7.eu/, EU-FP7-ICT-318603) wird von der Europäischen Kommission teilfinanziert.

Literatur

ANZALDI, G., CHOMAT, C., RUBIÓN, E., CORCHERO, A., MOYA, A., MOYA, C., CIANCIO, J. & HELMBRECHT, J. (2013), A Holistic ICT Solution To Improve Matching Between Supply And Demand Over The Water Supply Distribution Chain. In: SDEWES2013, 8th Conference on Sustainable Development of Energy, Water and Environment Systems, Dubrovnik, Croatia.

ANZALDI, G., WU, W., ABECKER, A., RUBIÓN, E., CORCHERO, A., HUSSAIN, A. & QUENZER, M. (2014), Integration of Water Supply Distribution Systems By Using Interoperable Standards To Make Effective Decisions. In: HIC-2014, 11th Int. Conference on Hydroinformatics. New York, USA, Forthcoming.

Die Schwierigkeit, eine Norm zu erfüllen

Rudolf ASCHAUER

Amt der Stmk Landesregierung, Technische Universität Graz · rudolf.aschauer@stmk.gv.at

Zusammenfassung

Im Amt der Steiermärkischen Landesregierung werden digitale Flächenwidmungspläne und örtliche Entwicklungskonzepte, welche von Raumplanern erstellt werden, über ein Portal abgegeben, vollautomatisch kontrolliert und verarbeitet. Der gesamte Vorgang, beginnend mit der Datenabgabe an einem Internetportal bis zur Veröffentlichung im Internet benötigt keine Mitarbeiter. Vom Amt der Landesregierung wird lediglich ein System bereitgestellt und gewartet.

Die in einem Zeitraum von 2,6 Jahren abgegebenen 331 Flächenwidmungspläne werden im Vortrag analysiert, indem die aufgetretenen Fehler in Kategorien eingeordnet werden. Damit erhält man einen Überblick der wesentlichen Probleme beim Erstellen dieser Pläne. Die Analyse ergab, dass fast immer gleichartige Fehler auftraten. Daher kann man effektive Korrekturprogramme entwickeln. Die vorkorrigierten Daten werden rückübermittelt, vom Planer kontrolliert und neuerlich hochgeladen.

1 Grundsätzliches

1.1 Verarbeitete Pläne

In diesem Vortrag geht es hauptsächlich um örtliche Entwicklungskonzepte und Flächenwidmungspläne. Diese Pläne sind sowohl als analoge Ausdrucke als auch als Geodatensätze beim Amt der Steiermärkischen Landesregierung abzugeben, wobei die Geodatensätze einer Norm entsprechen müssen. Diese Norm wurde im Jahr 2007 überarbeitet und am 26. November 2007 verordnet.[1] Seit dieser Zeit werden diese Geodaten über ein Internetportal abgegeben.

Da die Verarbeitung der Pläne über Regeltabellen bzw. Steuertabellen erfolgt, ist eine beliebige Erweiterung um neue Planarten möglich. Das System, welches ursprünglich für Flächenwidmungspläne und örtliche Entwicklungskonzepte konzipiert wurde, ist bereits um kommunale Beleuchtungskörper erweitert worden.

[1] Verordnung der Steiermärkischen Landesregierung vom 26.11.2007, mit der die Form, der Maßstab und die Planzeichen für Entwicklungspläne und Flächenwidmungspläne geregelt werden (Planzeichenverordnung 2007), http://www.raumplanung.steiermark.at/cms/beitrag/10882364/19834135/.

Strobl, J., Blaschke, T., Griesebner, G. & Zagel, B. (Hrsg.) (2014): Angewandte Geoinformatik 2014.
 ISBN 978-3-87907-543-0.

1.2 Ablauf

Raumplaner bzw. beauftragte Mitarbeiter von Gemeinden authentifizieren sich gegenüber einem Internetportal. Beschreibende Metainformationen zu den Geodaten werden abgefragt. Das sind unter anderem die betroffene Gemeinde, der Verfahrensfall sowie die Art des Planes, welcher abgegeben wird. Der Plan wird in gezippter Form hochgeladen, entpackt und der Übermittler der Daten erhält eine automatische Mail, in der die Übergabe bestätigt wird. Die Metadaten des Übergabeformulars werden in einer Oracle-Tabelle gespeichert. In dieser Tabelle wird auch der Verarbeitungszustand der Daten verwaltet. Dieser Prozessablauf ist sehr schnell möglich, weshalb sehr viele Pläne auf diese Art bearbeitet werden können.

Nun erfolgt die Prüfung der abgegebenen Daten, welche wesentlich zeitintensiver ist. Dazu wird von einem automatischen Task die Oracle-Tabelle gelesen und neue Pläne, welche an einem Statusfeld erkannt werden, kommen zur Verarbeitung. Auf die einzelnen Prüfungen wird im Rahmen der Fehleranalyse detailliert eingegangen. Es sei jedoch erwähnt, dass dabei eine Überprüfung der in der Planzeichenverordnung festgelegten Sachverhalte erfolgt. Das sind z. B. die Namen der Ebenen, die zugeordneten Geometrietypen, der Spaltenaufbau u. a.

Eine inhaltliche Überprüfung der Daten ist in der Realisierungsphase. Der Pilot, welcher in Zusammenarbeit mit dem Universitätszentrum Rottenmann entwickelt wurde, läuft erfolgreich. Dafür werden die Planinhalte mit anderen Datenbeständen des Landes abgeglichen. Zum Beispiel sind im Flächenwidmungsplan Ortsbildschutzgebiete ersichtlich zu machen. Sind im Land entsprechende Flächen vorhanden, die im Flächenwidmungsplan jedoch nicht vorliegen, liegt ein Fehler vor. Die technische Herausforderung besteht im Abgleich von Daten verschiedener Maßstäbe und Dimensionen[2]. So liegen die Rüsthäuser der Feuerwehr im Land als Punkte vor und sind im Flächenwidmungsplan als Flächen darzustellen. Das Objekt mit der höheren Dimension wird in Abhängigkeit vom Maßstabsunterschied gepuffert und das Objekt mit der geringen Dimension muss darin vollständig enthalten sein. Ist der Vergleichsdatensatz und der Prüfdatensatz von der gleichen Dimension, kann entweder das Prüfobjekt oder das zu prüfende Objekt zur Pufferung herangezogen werden.

Über das Ergebnis der Prüfung wird der Raumplaner über ein Mail informiert, welches alle Fehler und Warnungen auflistet und textlich beschreibt. Liegen fehlerfreie Daten vor, werden die Gemeinde und relevante Fachstellen des Landes von der positiven Abgabe der Daten durch ein automatisches Mail verständigt. Anderenfalls werden die Daten vom System repariert. Der Raumplaner erhält ein zusätzliches Mail, in dem alle Geodatensätze enthalten sind, an denen Reparaturen erfolgt sind. Diese veränderten Daten sind vom Raumplaner noch einmal zu kontrollieren und darüber hinausgehend möglicherweise weiter zu überarbeiten. Den Raumplanern wird auf diese Weise viel Arbeit abgenommen. Da alle Flächenwidmungspläne und örtlichen Entwicklungskonzepte über diese Software laufen, kann die vergleichsweise geringe Mühe der Entwicklung zu sehr viel Arbeitsersparnis führen. Darüber hinaus erfolgt die Entwicklung im Rahmen einer Dissertation, weshalb sie für das Land kostenfrei ist. Die Fehleranalyse wird die Größenordnung der Arbeitserleichterung aufzeigen.

2 Punkt … nulldimensionales Objekt, Linie … eindimensionales Objekt, Fläche … zweidimensionales Objekt.

Positiv beurteilte Geodaten werden aufbereitet und in die Geodatenbank des Landes (Spatial Database Engine von ESRI © auf Basis von Microsoft SQL Server ©) integriert. Das Einfügen der Daten in den landesweiten Datenpool erfolgt mit Regeltabellen, die Beschreiben wo die Daten abzulegen sind. Hier wird auch gesteuert, ob ein ersetzendes Kopieren durchgeführt wird oder die alten Datenversionen erhalten bleiben sollen, wie es für die Historisierung notwendig ist. Die aktuelle Situation steht damit in landesweiten Layern bereit und auch eine historische Datenführung existiert. Zur vollständigen Überführung der Pläne sind mehr als 1000 Regeln notwendig. Einige Sonderextrakte aus den Daten mussten ausprogrammiert werden.

Jede Nacht wird diese „Arbeitsdatenbank" in eine „Produktionsdatenbank" übergeführt und ArcGIS for Server © stellt diese Daten als Kartendienst zur Verfügung. Darüber hinaus gibt es auch eine Smartphone Applikation zur Darstellung und Abfrage des Flächenwidmungsplans.

2 Analyse der abgegebenen Pläne

Um eine qualitative und quantitativ Einschätzung zu bekommen, welche Probleme bei der Erstellung der Pläne auftreten, wurden die Planabgaben von 967 Tagen (2,6 Jahren) analysiert[3]. Innerhalb dieses Zeitraums wurden 53 Flächenwidmungspläne erfolgreich übermittelt, was 9,8 % aller möglichen Flächenwidmungspläne entspricht. Für eine positive Übernahme waren generell mehrere Versuche notwendig.

Die Analyse brachte als erstes wertvolles Ergebnis zu Tage, dass im Bereich der Flächenwidmungspläne 5 Systemfehler bei 331 Prüfungen auftragen. Es gab also bei 1,5 % der Bearbeitungen Schwierigkeiten, was einerseits auf die komplexe EDV – Struktur und andererseits auf Programmfehler zurückzuführen war. Insgesamt sind 6 Server beteiligt, wobei jeder unterschiedliche Aufgaben ausführen muss. Fällt ein Server aus, kommt es zu Problemen, die das System nun erkennt und die Verarbeitung stoppt. Ein Systemfehler liegt vor, und ein manuelles Eingreifen ist notwendig. Damit werden Grenzen eines Cloud – Computings aufgezeigt. Das Computerprogramm wurde in der Zwischenzeit neu programmiert. Die Software wird evaluiert werden, um zu erkennen, ob die getroffenen Maßnahmen (objektorientierte Softwareentwurf, Test Driven Development siehe auch Clean Coder[4], Seite 115-122, Überarbeiten der Softwarearchitektur) erfolgreich waren.

Es stellt sich die Frage, wie viele Versuche notwendig sind, um einen positiv bewerteten Plan abzugeben.

In der Flächenwidmungsplanung kommen auf eine positive Abgabe ca. 2,4 fehlgeschlagene Versuche. Zehn Gemeinden benötigten lediglich zwei Übergaben.

---

[3] 27.3.2009 – 19.11.2011.
[4] R. C. Martin (2011), The Clean Coder. Verlag Addison-Wesley. ISBN 978-3-8273-3104-5.

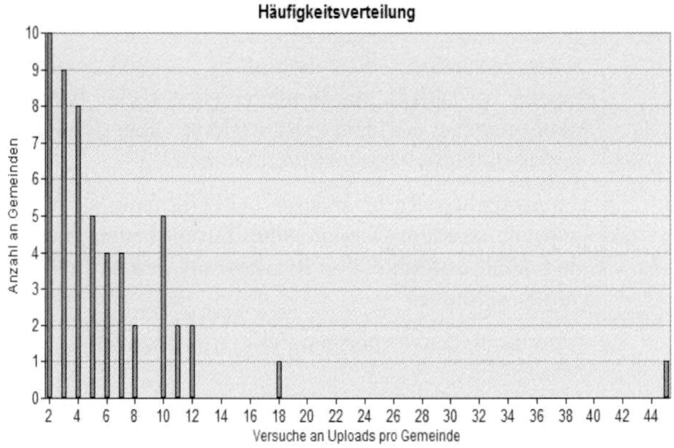

Nach dem Upload der Geodaten kontrollieren die Raumplaner die Daten noch einmal im Internet. Die optische Kontrolle deckt Fehler auf, welche der Software verborgen blieben. Dementsprechend führen die Raumplaner weitere Uploads durch, sodass im Mittel 6,2 Uploads pro Plan notwendig sind. Wir können aus diesen Zahlen die Konsequenz ziehen, dass eine optische Überprüfung unabdingbar ist.

Nach dieser generellen Sicht ist von Interesse, was Planern besonders schwer fällt. Nachstehende Tabelle listet die Kontrollen, die Anzahl der entdeckten Fehler durch diese Kontrolle und eine Einschätzung auf, wie weit diese Fehler automatisch korrigierbar sind.

Kategorie	Anzahl	Korrigierbarkeit
Es liegen keine GIS-Daten vor	0	nicht korrigierbar
Unvollständiger File Aufbau von Geodatensätzen (fehlende dbf-Datei etc. im Shapeformat)	1	nicht korrigierbar
Falsche Groß- u. Kleinschreibung im Namen der Ebene	60	korrigierbar
Fehlerhafter Geometrietyp	21	in 17 Fällen korrigierbar (Multipoint to Singlepoint)
Kein Objekt in Ebene	308	Wahrscheinlich korrigierbar (löschen der Feature Class)
Objekte außerhalb der Gemeinde bzw. des Bereiches	132	teilweise korrigierbar 1) falsches Koordinatensystem (0 Fälle) lösbar 2) falsch vorgegebene Gemeindenummer lösbar (zwei Fälle) 3) überstehende Leitungen etc. lösbar durch ein Clip (Rest der Fälle)
Unzulässiger Name einer Ebene	24	1) Verwechslung der vorgegebenen Planart. Sie kann aus den Ebenennamen rekonstruiert werden (8 Ebenen) 2) Buchstabensturz, ein Buchstabe fehlt, ein Buchstabe zu viel (sechs Fälle), kann erkannt werden

Kategorie	Anzahl	Korrigierbarkeit
		3) Eigenständige Erweiterungen, sinnverwandte Namen u. Namen mit Sonderzeichen (zehn Fälle), kann teilweise aus dem Geometrietyp, dem Spaltenaufbau und Inhalt rekonstruiert werden.
Unzulässige Spaltennamen	293	Hauptsächlich Reste anderer Datenformate; können gelöscht werden; wenige sind falsch benannt und man kann aufgrund des Inhaltes auf den korrekten Namen schließen
Fehlende Spalten	10	Wird durch den vorherigen Punkt mitbehandelt.

Neben dem Aufbau der Geodatensätze wird auch der Inhalt kontrolliert. Nur definierte Inhalte sind erlaubt. Die Prüfung erfolgt entweder über eine Aufzählung gültiger Einträge oder durch die Vorgabe von Text beschreibenden Regeln (z. B.: \AR\d+\Z für R mit fortlaufenden Nummern wie R12[5]).

Insgesamt sind im Beobachtungszeitraum 10.923 Fehler in Spalteneinträgen aufgetreten, die in Hinblick auf ihre automatische Korrigierbarkeit kategorisiert wurden.

	Kategorie	Anzahl
a	Groß- u. Kleinschreibung	3066
b	nicht eruierbar	2776
c	Syntax wie fehlende Klammern,..	1481
d	kein Einheitszeichen	868
e	Zahlenfeld -> Textfeld	781
f	aus Ebenen- u. Spaltennamen erschließbar	644
g	Formular	305
h	falsche Spalte	203
i	Regel erläutern	191
j	Schnittstelle	116
k	Vorgesehen (*Prüfung falsch*)	98
l	nicht benötigt – löschen von Eigennamen etc.	73
m	Verdoppelung	41
n	Straße und Nr.	32
o	Röm. Arabische Ziffer	9
p	sinnverwandtes Wort	8
q	Umlaut	6
r	Buchstabensturz	4
s	Sonderzeichen	3
t	Leerzeichen löschen	2

[5] Das Re-Modul von Python wurde verwendet.

Automatisiert man die Korrektur der Fehlergruppen a, c, d, e und f kann, mit vertretbarem Programmieraufwand viel erreicht werden, d. h. 62 % der attributiven Fehler sind ohne großen Programmieraufwand zu beseitigen.

In der Gruppe a sind Fehler in der Groß- u. Kleinschreibung zusammengefasst, die auf einfache Weise rückgesetzt werden können. Die Gruppe b beschreibt nicht korrigierbare Fehler. Der gewünschte Wert kann nicht erschlossen werden. Gruppe c und d kann bereinigt werden, indem fehlende Klammern und Einheitszeichen gesetzt werden.

Mitunter ist der Spalteninhalt durch die Ebene und die Spalte eindeutig festgelegt, weil nur ein Eintrag erlaubt ist (f).

Dem Leser mag das bekannt vorkommen. Smartphones bessern bei Bedarf die Rechtschreibung von Kurznachrichten aus.

3 Softwareentwicklung

Die Softwareentwicklung erfolgte mit Python, wobei mit Klassen der Firma ESRI gearbeitet wurde. Besonderer Wert wurde auf einen objektorientierten Entwurf gelegt, damit die Software gut zu warten ist und stabil läuft. Das Verfahren des „Test Driven Development" hat sich als wertvoll herausgestellt. Die Systembeschreibungen, Regeldateien etc. sind in einer File Geodatenbank von ESRI© abgelegt. Die Führung und Wartung des Systems ist sehr einfach auf diese Weise möglich und kann von GI – Spezialisten in der gewohnten Umgebung durchgeführt werden. Der Aufbau der zur Prüfung und Korrektur notwendigen Objekte aus diesen relationalen Tabellen ist zeitintensiv. Eine Lösung wurde in der Pickle-Datei gefunden, in der ein komplexes Objekt abgelegt und bei Bedarf schnell gelesen werden kann, was einen Geschwindigkeitsgewinn um den Faktor 300 bringt.

4 Ausblick

Nachdem alle automatischen Korrekturen umgesetzt sind und auch die inhaltliche Kontrolle der Daten integriert wurde, möchten wir die legistischen und technischen Voraussetzungen erarbeiten, damit Geodaten Rechtsrelevanz erhalten können. Vorbilder sind hier das Land Tirol und seine Verarbeitung von Flächenwidmungsplänen sowie der Schweizer ÖREB[6]

---

[6] Schweizer Register der **Ö**ffentlichen **R**echten **E**igentums**b**eschränkungen auf Grundstücke (ÖREB-Kataster).

Virtuelles Kartenforum 2.0 – Verfügbarmachung von Altkarten über eine räumliche Portalanwendung

Ralf BILL[1], Kai WALTER[1] und Jacob MENDT[2]
[1]Professur für Geodäsie und Geoinformatik, Universität Rostock · ralf.bill@uni-rostock.de
[2]Sächsische Landesbibliothek – Staats- und Universitätsbibliothek Dresden

Dieser Beitrag wurde durch das Programmkomitee als „reviewed paper" angenommen.

Zusammenfassung

Das Kartenforum in der Deutschen Fotothek (SLUB) beinhaltet einen umfangreichen digitalisierten Kartenbestand, u. a. flächendeckend für das Deutsche Reich ab 1870 die Karten 1:100.000 (674 Blatt) und die Messtischblätter 1:25.000 (über 6.000 Blatt), die recherchierbar aufbereitet und mit einer Vielzahl anderer Bilddokumente verknüpft sind. Ein solcher Datenfundus ist für Wissenschaftsdisziplinen, die räumlich und zeitlich arbeiten, hochinteressant (z. B. Historiker, Geographen, Planer, Ökologen, Statistiker, Demographen usw.), jedoch nur, wenn diese Altkarten georeferenziert und per interoperabler Dienste verfügbar gemacht werden. Im DFG-Projekt „Virtuelles Kartenforum 2.0" wird ein Zugang zu diesen dann georeferenzierten Kartensammlungen konzipiert und entwickelt.

1 Bereitstellung von digitalen Altkarten

1.1 Im Bibliothekswesen

Historische Karten, Stadtpläne und Ansichten gehören zu den wertvollsten Beständen großer europäischer Bibliotheken. Eine der größten und wichtigsten Sammlungen dieser Art in Deutschland befindet sich mit ca. 177.000 Einzelblättern im Besitz der Sächsischen Landesbibliothek – Staats- und Universitätsbibliothek Dresden (SLUB). Um den Zugriff auf diese großen Kartensammlungen zu verbessern und gleichzeitig die wertvollen Bestände zu schonen, entwickelte die SLUB seit 2005 das Kartenforum (http://www.slub-dresden.de/sammlungen/karten/). Dieses ermöglicht mithilfe einer interaktiven Suchmaske den Zugriff auf einen schnell wachsenden Bestand digitalisierter Karten und Ansichten (aktuell ca. 22.000, SLUB 2014). Die Staatsbibliothek zu Berlin (SBB) betreibt zusammen mit dem Gemeinsamen Bibliotheksverband (GBV) die zentrale Altkartendatenbank IKAR (IKAR 2014). Bis zum Jahresende 2012 enthielt diese bibliographische Nachweise für ca. 269.700 Titel sowie Verweise für den Fernzugriff auf 4.520 digitalisierte Altkarten. Ein weiteres zentrales Rechercheinstrument für Kartenbestände ging aus dem Projekt GEO-LEO hervor (GEO-LEO 2014). Das durch die Universitätsbibliothek der TU Bergakademie (UBF) und der Niedersächsischen Staats- und Universitätsbibliothek Göttingen (SUB) entwickelte Gemeinschaftsprodukt bietet in Teilen ebenfalls einen Zugang zu digitalisierten Karten auf Basis eines Fernzugriffes. Im direkten Vergleich zum Kartenforum der SLUB

Strobl, J., Blaschke, T., Griesebner, G. & Zagel, B. (Hrsg.) (2014): Angewandte Geoinformatik 2014.
 ISBN 978-3-87907-543-0.

stehen dagegen Angebote wie die „Bayerische Landesbibliothek Online“ (BLO 2014), das Elektronische Kartenarchiv der ULB Halle (ULBH 2014), das historische Kartenportal der Staats- und Universitätsbibliothek Bremen (SUUB 2014) oder die Sammlung Ryhiner der UB Bern (SR 2014).

1.2 Sonstige Bestände

Neben den Bibliotheken und Archiven verfügen auch die Landesvermessungsämter über umfangreiche Sammlungen historischer Karten. So bietet beispielsweise das Landesvermessungsamt des Freistaat Sachsen die topographischen Karten des Deutschen Reiches (Maßstab 1:100.000) und die topographische Landesaufname (Messtischblätter, Maßstab 1:25.000) an (GEOSN 2014). Maßstäbe im internationalen Vergleich setzen insbesondere die privat betriebenen Portale „David Rumsey Map Collection“ und „Old Maps Online“. Beide Portale ermöglichen neben einer thematischen Suche auch eine Recherche von Karten auf Basis ihrer räumlichen und zeitlichen Ausdehnung. Demgegenüber erfüllt „Old Maps Online“ vor allem eine Funktion als Proxy. Es ermöglicht die Recherche von Karten, verweist allerdings für deren Visualisierung auf die entsprechenden Kartenanbieter (DR 2014; OMO 2014).

1.3 Bewertung der Nutzbarkeit für die Forschung

Online Möglichkeiten zur Recherche historischer Karten haben sich in dem letzten Jahrzehnt fest in Deutschland etabliert. Hierbei sind insbesondere die sammlungsübergreifenden Datenbanken IKAR und GEO-LEO zu nennen. Deren Herausforderung wird im Kontext historischer Karten in Zukunft insbesondere die Unterstützung von Recherchen auf Basis räumlicher und zeitlicher Suchkriterien sein. Internationale Portale wie „Old Maps Online“ geben hier die Richtung vor. Im Hinblick auf die Gestaltung der Rechercheoberfläche sowie die anschließende Visualisierung historischer Karten sticht das Kartenforum der SLUB aus dem Angebot deutscher Bibliotheken hervor. Neben Werkzeugen zur Recherche und Visualisierung von Karten, bietet es Forschern ebenso die Möglichkeit, die originalen Karten auf Basis eines digitalen Bestellsystems für eigene Arbeiten sowohl in digitaler als auch analoger Form zu ordern. Somit zeigt es auch ein Geschäftsmodell für historische Karten in der digitalen Welt auf, das allerdings in Teilen dem Open-Access-Prinzip gegenübersteht. Mit dem Aufkommen von Geo-Informationssystemen (GIS) in den raumwissenschaftlichen Forschungsdisziplinen stellen sich außerdem weitere Anforderungen an digitale Sammlungen historischer Karten. So ermöglichen georeferenzierte Karten in Kombination mit GIS-Werkzeugen die Aufstellung neuer Forschungsfragen und -methoden, wie sie beispielsweise in den Spatial Humanities zur Geltung kommen (BODENHAMER, CORRIGAN, HARRIS 2010). Welchen Mehrwert solche georeferenzierten Karten erzeugen können, lässt sich bei NLS (2014), bei BILL (2012), VKLANDLAB (2014) oder bei GEOMIS (2014) nachverfolgen. Allerdings fehlt es überwiegend an nutzerfreundlichen integrativen Lösungen, welche die Suche, die Visualisierung und anschließende Einbindung in beliebige Arbeitsumgebungen von Forschern ermöglichen.

2 Virtuelle Forschungsumgebungen

2.1 e-Science und Forschungsinfrastrukturen

Die Prägung der modernen Wissens- und Informationsgesellschaft mit ihren vielfältigen Möglichkeiten der effizienten Kommunikation und dem einfachen Zugang zu sehr großen Informationsmengen und leistungsfähiger Rechentechnik ist auch für die Wissenschaft eine neue Herausforderung. Unter dem Stichwort „e-Science" etabliert sich zunehmend eine netzbasierte Wissenschaft resp. eine „digitally enhanced science". Die DFG strebt mit der Förderung virtueller Forschungsumgebungen die Entwicklung solcher integrierter Informationsinfrastrukturen für die netzbasierte Forschung an. Projekte reichen von virtuellen Arbeitsplattformen für Technik und Organisation, Bildarchiven für kooperative Annotationen in der kunsthistorischen Forschung, webbasierter Datenbank und Visualisierung zur weltweiten Tierverfolgung bis zu Grid-Projekten wie TextGrid oder C3Grid. Die Projekte umspannen also nahezu alle Wissenschaftsdisziplinen. Eine Übersicht ist mit dem neuen DFG-Portal für Forschungsinfrastrukturen „RIsources" gegeben (http://risources.dfg.de/).

2.2 Karten in der Kulturlandschaftsforschung

Die Kulturlandschaftsforschung etabliert sich heute verstärkt als interdisziplinäre Forschung zahlreicher Fachgebiete wie der Geographie, der Siedlungs- und Landschaftsplanung, der Landespflege und der Geoökologie, den Geo- und Umweltwissenschaften, der Archäologie und Denkmalpflege, der Kartographie u. v. a. Die Kulturlandschaftsanalyse als ein Beispiel historisch-geographischer und landeskultureller Forschung bedarf der Modellierung landschaftlicher und sozioökonomischer Prozesse in ihrem zeitlichen Verlauf. Bei der Bewertung der Nachhaltigkeit von Landschaftsentwicklungen muss insbesondere das räumliche Verteilungsmuster sowie das Mosaik der eine Landschaft prägenden Elemente berücksichtigt werden. Hierzu greift die Kulturlandschaftsforschung auf historische Datenbestände zurück. Umfangreiche Datenbestände, die in den vergangenen Jahrzehnten von statistischen Ämtern, Museen, Archiven und zahlreichen historischen und geographischen Forschungsprojekten in elektronischer Form gesammelt wurden, lassen sich so heute mit modernen IT-Methoden neu in Wert setzen. Historische Karten (hier Altkarten genannt) sind als wichtige Zeitdokumente landschaftlicher, landeskultureller sowie industrieller Entwicklungen anzusehen, wobei sie insbesondere in der Erforschung der Kulturlandschaftsentwicklung mit der möglichen Analyse von natürlichen und anthropogenen Veränderungen von Landschaftselementen als unverzichtbares Hilfsmittel gelten.

2.3 Vorarbeiten/Arbeitsstand aus dem DFG-Projekt „VKLandLab"

An der Professur für Geodäsie und Geoinformatik, Universität Rostock, konnte in einem von der Deutschen Forschungsgemeinschaft geförderten Forschungsvorhaben eine virtuelle Forschungsumgebung für die interdisziplinäre Kulturlandschaftsforschung aufgebaut werden, die den mecklenburgischen Raum über mehr als zwei Jahrhunderte auf Basis von Altkarten betrachtet und mittels standardisierter Webdienste der Wissenschaft verfügbar macht. Ausgehend von georeferenzierten Altkarten ab 1786 über die Messtischblätter von etwa 1890, Luft- und Satellitenbilddaten seit etwa 1973 bis hin zu aktuellen Geoinformationen lassen sich so in dieser Forschungsumgebung raumzeitliche Forschungsfragen auf unterschiedlichen Skalenebenen in Raum und Zeit bearbeiten. Hierzu gehörte zudem der

Aufbau eines historischen Ortsnamensverzeichnisses für Mecklenburg, welches die Verschlagwortung und Referenzierung von Informationsressourcen mit einem räumlichen Bezug (wie z. B. Karten, Aufsätze, Bilder etc.) über die Verwendung von Ortsnamen ermöglicht. In der Publikation von BILL (2012) wird der Stand der virtuellen Forschungsumgebung Ende 2012 detailliert beschrieben. Auf dieser Grundlage aufbauend ist es das Ziel des Projekts „Virtuelles Kartenforum 2.0“, die digitalisierten historischen Karten der SLUB Dresden, insbesondere die Messtischblätter des Deutschen Reiches ab 1870, raumzeitlich zu erschließen sowie die Daten für die Wissenschaftler in einer virtuellen Forschungsumgebung und über standardisierte Schnittstellen zur Verfügung zu stellen.

3 Portal „Virtuelles Kartenforum 2.0“

3.1 Ausgangslage und Anforderungen

Das Kartenforum der Sächsischen Landesbibliothek – Staats- und Universitätsbibliothek Dresden (SLUB) bietet aktuell einen digitalen Zugriff auf über 20.000 historische Karten und Ansichten, z. B. für das Gebiet des Deutschen Reiches im Maßstab 1:100.000 (674 Blatt) oder die Messtischblätter im Maßstab 1:25.000 (über 6.000 Blatt). Das über Sachsen hinaus reichende flächendeckende kartographische Basisangebot ist dabei insbesondere auf ein vorheriges DFG-Projekt zurückzuführen, bei welchem eine Vielzahl an Originalen der Kartensammlung der SLUB hochauflösend (ca. 120 Megapixel, 24 Bit Color, TIF unkomprimiert, ergibt eine Pixelauflösung von ca. 400 dpi bzw. ca. 160 Pixel/cm bei einer Bodenauflösung von 1,6m im Maßstab 1:25.000) digitalisiert wurden.

Bei den Ende des 19. Jahrhunderts entstandenen Messtischblättern im Maßstab 1:25.000 handelt es sich um ein erstes flächendeckendes topographisches Kartenwerk in den Grenzen des damaligen Deutschen Reiches. Der Blattschnitt dieser Gradabteilungskarten umfasst geographisch je 10 Längenminuten mal 6 Breitenminuten. Die eindeutige Identifizierung des einzelnen Messtischblattes ist über die Blattnummer gegeben. Somit sind die vier Eckpunktkoordinaten in geographischen Koordinaten auf dem Bessel-Ellipsoid bekannt. Aufgrund der bisher fehlenden Georeferenzierung der Digitalisate ist allerdings eine raumzeitliche Suche, wie sie heute von vielen Wissenschaftsdisziplinen, welche raumzeitlichen Fragestellungen nachgehen, gewünscht wird, nicht möglich. Auch der Zugriff mithilfe interoperabler Webdienste oder die Recherche auf Basis standardisierter räumlicher Metainformationen kann derzeit nicht unterstützt werden. In der Summe beschränken diese Faktoren den Zugriff auf die Daten und verhindern auch die Ad-hoc-Einbindung der Daten in lokale Arbeitsumgebungen von Wissenschaftlern.

Aus den beschriebenen Vorgaben ergeben sich somit eine Reihe von Anforderungen, vorangestellt die erhebliche Notwendigkeit der Überführung der Digitalisate in einen räumlichen Kontext durch Georeferenzierung. In einem nächsten Schritt sollen die Produkte dieser Verarbeitung für die Nutzung durch raum-/zeitliche Fragestellungen über die Verwendung einschlägiger interoperabler Schnittstellenstandards der räumlichen Datenverarbeitung, wie z. B. des Open Geospatial Consortium, bereitgestellt werden. Der Zugang für Nutzer soll dabei sowohl über eine zentrale Portal-/Forschungsumgebung wie auch über direkte Einbeziehung in die eigene Arbeitsumgebung durch herunterladbare Inhalte zur Verfügung stehen.

3.2 Methodik von Georeferenzierung und Bereitstellung

Die über 6.000 Messtischblätter sollten ursprünglich mithilfe autonomer Bildverarbeitungsverfahren weitestgehend automatisiert georeferenziert werden. Nach einer ersten umfangreichen Sichtung der Kartengrundlage ergab sich jedoch, entgegen einer zumindest zu großen Teilen angenommenen Einheitlichkeit der Kartenblattrahmen, eine starke Heterogenität insbesondere in der Randgestaltung, die trotz der Verwendung von automatisierter Bilderkennung zu erheblichen manuellen Nacharbeiten führen würde. Als aussichtsreiche Alternative wird nun, neben dem Automatisierungsversuch, ein Crowdsourcing-Ansatz nach internationalem Vorbild verfolgt, bei welchem eine Infrastruktur aufgebaut wird, die es interessierten Nutzern und Wissenschaftlern ermöglichen soll, historische Karten selbst zu georeferenzieren. Internationale Projekte wie z. B. das der British Library (http://www.bl.uk/maps/) zeigen dabei eindrucksvoll, wie mithilfe von interessierten und engagierten Freiwilligen große Mengen von Altkarten verlässlich und zeitnah georeferenziert werden können. Ausgerichtet auf die Verwendung in diesem Umfeld von Interessengemeinschaften werden die Leistungen einzelner Nutzer systematisch gesammelt, in Form einer Nutzerhistorie visualisiert und in Form von Akkreditierungspunkten angerechnet, um neben reiner Anerkennung zusätzlich eine Art von Wettbewerb zwischen den Nutzern zu stimulieren.

3.3 Technologie/Infrastruktur

Die für alle Arbeitsschritte benötigten Funktionalitäten, wie die Bereitstellung der Digitalisate zur Georeferenzierung sowie die Veröffentlichung der georeferenzierten Produkte wie auch ihrer Metadaten, werden im Projekt durch die SLUB über einschlägige webbasierte Dienste mit standardisierten Schnittstellen bereitgestellt. Eine detaillierte Erläuterung über alle Komponenten der so entstehenden Geodateninfrastruktur (siehe Abb. 1) soll im folgenden Kapitel gegeben werden.

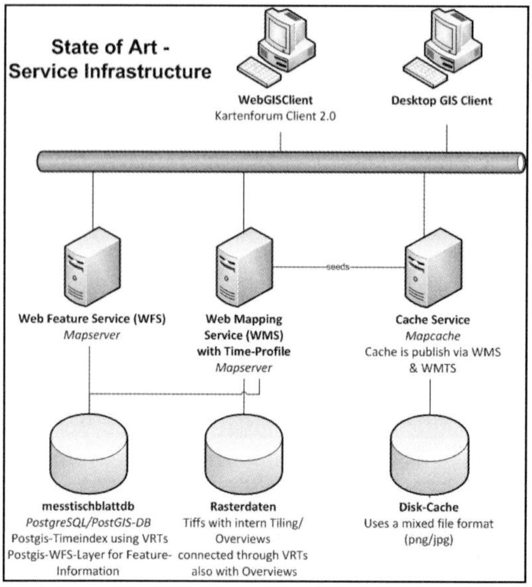

Abb. 1: Dienste-Architektur „Virtuelles Kartenforum 2.0“ als erste Stufe zum Portal

3.3.1 Veröffentlichung und Georeferenzierung der originalen Messtischblätter via Web Map Service

Durch die Georeferenzierung der Messtischblätter per Crowdsourcing entstand die Anforderung, die originalen Kartenscans (TIFF-Format) dynamisch an den Nutzer ausliefern zu können. Dies wurde in bisherigen Tests mit der Auslieferung der originalen Messtischblätter mithilfe der Mapserver-Software über einen Web Map Service (WMS) realisiert und soll in Zukunft durch die Nutzung der bereits existierenden Zoomify-Kacheln ersetzt werden. Parallel werden noch Verfahren zur automatisierten Georeferenzierung auf Basis von Bildverarbeitungsalgorithmen mithilfe des kommerziellen Softwareprodukts HALCON untersucht. Auf Basis der per WMS ausgelieferten Scans der Messtischblätter wurde ein Georeferenzierungs-Webclient entwickelt, welcher die Erfassung der Georeferenzierungsparameter in Form der Eckpunktkoordinaten der Kartenbildrahmen ermöglicht (siehe Abb. 2). Durch die bekannte Methodik des Aufbaus des Blattschnittmusters der Messtischblätter, mit jeweils einer Ausdehnung von 10 Gradminuten geographischer Länge und 6 Gradminuten geographischer Breite, konnten alle Realweltkoordinaten im Voraus errechnet, in einer Datenbank hinterlegt und mit den Eckpunkten der jeweiligen Kartenblätter in Referenz gesetzt werden. Die erfassten Parameter können anschließend an die Webschnittstelle übermittelt werden. Für die Berechnung der Georeferenzierung nach der Messung der vier Eckpunkte können hier unterschiedlichste mathematische 2D-Transformationsverfahren verwendet werden. In der aktuellen pragmatischen Umsetzung wird mittels einer Funktion der Softwarebibliothek Geospatial Data Abstraction Library (GDAL) eine polynomiale Transformation ersten Grades gerechnet. Dies entspricht einer Affintransformation mit 6 Parametern. Die Ergebnisse dieses Vorgangs können sowohl dynamisch zur Validierung an den Nutzer des Georeferenzierungs-Webclients zurückgeliefert, als auch im Anschluss persistent im Data-Backend abgelegt werden. Dem Nutzer kann sofort ein visuelles Ergebnis seiner Arbeit auf dem räumlich passenden aktuellen OpenStreetMap-Datenbestand gezeigt werden, in dem er sich selbst von der Qualität seiner Arbeit überzeugen kann.

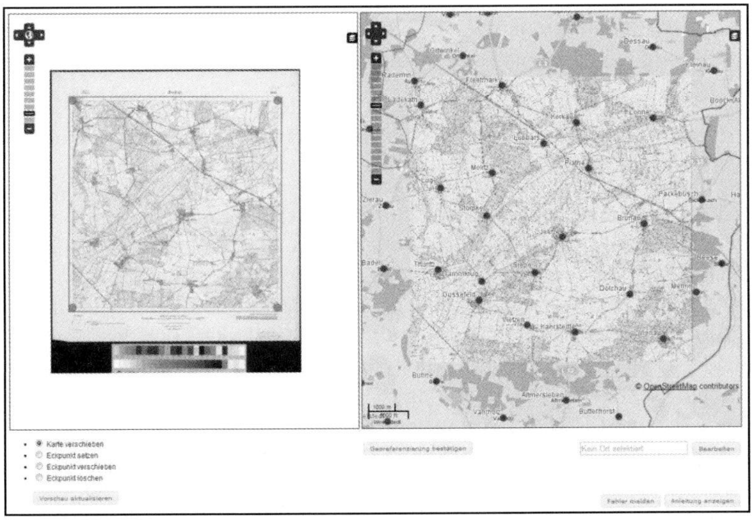

Abb. 2: Webclient zur Georeferenzierung der Messtischblätter und Erfassung von Ortsnamen

Zur Bestimmung der Transformationsparameter zwischen den Bildkoordinaten und den Weltkoordinaten wurden auch mathematisch aufwendigere Verfahren untersucht. Drei überbestimmte 2D-Transformationsansätze wurden an einer Stichprobe der ersten georeferenzierten Karten getestet und verglichen (Ähnlichkeitstransformation nach Helmert, Affintransformation und Projektivtransformation). Die Messtischblätter haben den Maßstab 1:25000, d. h. eine Zeichengenauigkeit von 0,1 mm bis 0,2 mm unter heutigen Qualitätsmaßstäben würde zu einem Lagefehler von etwa 2,5 m führen. Die oben angegebene Scanqualität von 1,6 m liegt ebenfalls in dieser Größenordnung. Die Qualität der Kartenerstellung vor fast 150 Jahren war deutlich geringer, zudem sind noch Lagerungseffekte, Deformationen des Originals sowie Qualitätsverluste beim Scannen zu berücksichtigen. Umfangreiche Untersuchungen zu Altkarten und ihrer Qualität finden sich in KREẞNER (2009). Daher ist für die Messtischblätter bestenfalls eine Koordinatengenauigkeit von etwa 10 m zu erwarten, die im Einzelfall auch deutlich schlechter sein kann. An fünf Messtischblättern wurde die Qualität der Georeferenzierung und der Berechnung der Transformationsparameter exemplarisch untersucht. Bei den untersuchten Blättern ergeben sich durchschnittliche Koordinatengenauigkeiten zwischen 6,6 m und 35 m. Weitere Untersuchungen stehen jedoch noch aus, um schlussendlich blattbezogen je eine Qualitätsaussage an die Nutzer weitergeben zu können.

3.3.2 Data-Backend für das dienstebasierte Portal „Virtuelles Kartenforum 2.0"

Als erste Stufe des zukünftigen Portals wurde im Rahmen des Data-Backends ein Datenbankschema entwickelt, welches alle relevanten Metadaten zu den Messtischblättern umfasst. Dazu gehören die bestehenden Metadaten aus dem Bestand des Kartenforums der Deutschen Fotothek, allgemeine Daten für das Management des Virtuellen Kartenforum 2.0, die durch den Nutzer erfassten Georeferenzierungsparameter, allgemeine Informationen zu den Nutzern der Georeferenzierungsinfrastruktur und das historische Ortsnamensverzeichnis. Implementiert wurde das Schema mittels einer PostgreSQL/PostGIS Datenbank. Aufbauend auf den vorhandenen Informationen in der messtischblattdb wurde eine Metadatenbeschreibung in Übereinstimmung zur ISO 19115/19139 für die Messtischblätter entwickelt. Diese wird für alle georeferenzierten Messtischblätter und mithilfe der dienstebasierten Katalog-Anwendung GeoNetwork als Catalog Service for the Web (CSW) veröffentlicht (VK2 2014).

3.3.3 Veröffentlichung der georeferenzierten Messtischblätter im dienstebasierten Portal „Virtuelles Kartenforum 2.0"

Die persistent abgelegten georeferenzierten Messtischblätter werden aktuell mithilfe eines WMS angeboten. Dieser unterstützt auch zeitliche Abfragen, d. h. neben räumlichen Parametern können ihm auch Zeitstempel übergeben werden, was dem Umstand geschuldet ist, dass der Kartensatz der Messtischblätter eine Vielzahl verschiedener Zeitschnitte für identische Raumausschnitte über den Zeitraum 1870 bis etwa 1945 beinhaltet. Für die Realisierung der Zeitunterstützung wird Mapserver in Kombination mit einem PostGIS-Timeindex eingesetzt, welcher für jeden Zeitschnitt auf ein anderes vorprozessiertes Virtual Dataset (VRT) verweist. Diese wiederum fassen die einzelnen Messtischblätter eines Zeitschnitts zusammen und ermöglichen außerdem die Vorberechnung von Bildpyramiden, was den dynamischen Zugriff auf den WMS deutlich beschleunigt. Des Weiteren wurde ein Cache für den WMS aufgesetzt, welcher ebenfalls raumzeitliche Abfragen unterstützt und außerdem die OGC-Schnittstelle Web Map Tile Service (WMTS) implementiert. Zur Visualisierung der Ergebnisse sowie als Vorstufe des raumzeitlichen Webportals zu den Altkarten wurden erste Konzepte und Testentwicklungen getätigt (siehe Abb. 3). Die Testentwicklungen setzen dabei überwiegend auf den Javascript-Bibliotheken OpenLayers und JQuery auf. Sie ermöglichen die raumzeitliche Suche und Visualisierung von georeferenzierten Messtischblättern sowie die Weiterleitung zu dem bestehenden Angebot im Kartenforum der Deutschen Fotothek. Die eigentlichen Messtischblätter werden hierbei als Rasterbilder per WMS an den Client geliefert, wobei zusätzliche Metadaten per Web Feature Service (WFS) übermittelt werden.

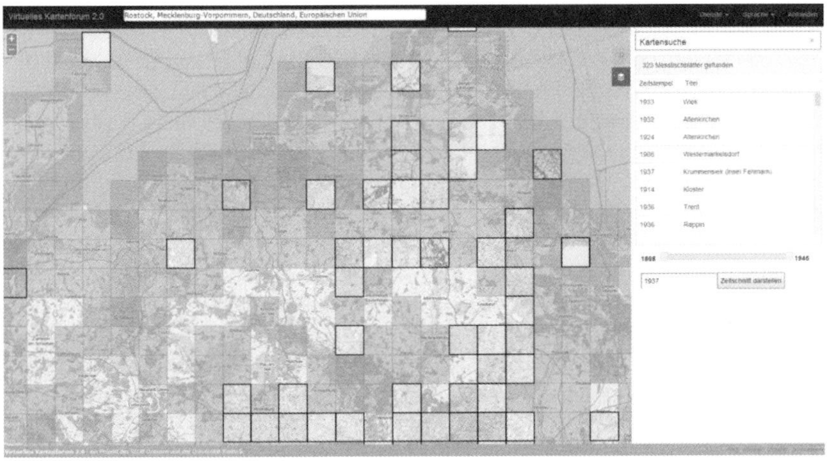

Abb. 3: Portal Virtuelles Kartenforum 2.0

3.3.4 Erfassung und Erweiterung des historischen Ortsnamensverzeichnis

Das im Rahmen des VKLandLab-Projekts (siehe BILL 2012 und LABAHN et al. 2012) entwickelte historische Ortsnamensverzeichnis für Mecklenburg-Vorpommern (HONV MV) wurde entsprechend weiterentwickelt und in einem ersten Schritt für den Einsatz in einem bundesweiten und internationalen Kontext erweitert. Zur Schaffung eines ersten grundlegenden Datenbestands wurden für die BRD und umliegende Länder aus dem Datenbestand des OpenStreetMap-Projekts (OSM) aktuelle Ortsobjekte (Größenklassen Großstadt bis Weiler) exportiert und für die Verwendung in einer räumlichen Datenhaltung (PostGIS Datenbank) umgewandelt. Für die Fläche innerhalb der Grenzen des ehemaligen Deutschen Reichs ergibt sich eine räumlich sehr fein aufgelöste Punktwolke von fast 90.000 Ortsobjekten. Diese Objekte können den Messtischblättern und den darauf verzeichneten Ortslagen anhand bekannter Positionen zugeordnet werden und dienen als Grundlage für die Sammlung anderssprachiger/historischer Varianten von Ortsnamen. Der Arbeitsablauf zur Aufnahme dieser Informationen wurde in den Georeferenzierungs-Webclient (siehe Kapitel 3.3.1 u. Abb. 2) integriert, wodurch eine visuelle Prüfung von Ortslagen sowie die Ergänzung von Synonymen und Sammlung von historischen Ortsbezeichnungen ermöglicht werden. Im Einklang mit dem beschriebenen Crowdsourcing-Ansatz, kann so der Bestand von Ortsobjekten zur Erstellung eines überregionalen historischen Ortsnamensverzeichnisses (HONV) schon während der Georeferenzierung der Messtischblätter erweitert werden.

4 Stand und Ausblick

Mit den beschriebenen Verfahren und Komponenten konnten in weniger als einem Jahr Projektlaufzeit bereits über 1400 Messtischblätter von über 60 Beteiligten georeferenziert werden. Im Rahmen der Entwicklungs- und Testprozesse wurde davon etwa ein Drittel von direkten Projektmitarbeitern bearbeitet. Im nächsten Schritt wurden im Rahmen eines ersten Betatests ca. 20 weitere Beteiligte in Form von Mitarbeitern und wissenschaftlichen Hilfskräften der Universität Rostock und der SLUB herangezogen (414 Messtischblätter). In einem weiteren Betatest dienten Studenten aus dem aktuell laufenden Masterstudiengang Umweltingenieurwissenschaften an der Universität Rostock als Probanden für den Crowdsourcing-Ansatz (537 Messtischblätter). Durch Einbindung in die Lehre konnte so auch der studentische Nachwuchs nah an der Forschung ausgebildet werden. Feedback zu Performanz, Umgang und Problemen mit der Anwendung wurde in beiden Betaphasen gesammelt und ausgewertet. Insgesamt ergab sich dabei eine Nettoarbeitszeit von knapp über elf Stunden mit einer durchschnittlichen Bearbeitungszeit von ca. 80 Sekunden pro Messtischblatt. Der zur allgemeinen Veröffentlichung vorgesehene Client zur Erfassung der Georeferenzierungsparameter befindet sich zurzeit in der Feinabstimmung der Entwicklung und steht zur AGIT 2014 zur öffentlichen Mitwirkung unter http://kartenforum.slub-dresden.de/vkviewer/ bereit. Weiterhin bietet die präsentierte Portalanwendung die Möglichkeit zur raumzeitlichen Suche nach Messtischblättern sowie die Kopplung an das bestehende Kartenforum. Die bisherigen Georeferenzierungsergebnisse lassen sich bei Bedarf auch direkt per WMS-Schnittstelle über die URL http://kartenforum.slub-dresden.de/cgi-bin/mtbwms?REQUEST =GetCapabilities&SERVICE=WMS abrufen.

Die aktuelle Dienste-Architektur ist in Abbildung 1 dargestellt. Zum jetzigen Zeitpunkt sind die Updatezyklen des Cache aufgrund des großen Prozessierungsaufwands deutlich länger als die des WMS. Dem soll in naher Zukunft mit leistungsfähigerer Hardware begegnet werden. Außerdem soll die Dienste-Architektur um einen Ortsnamensdienst (Gazetteer) und einen Web Coverage Service (WCS) ergänzt werden. Alle bisherigen Ergebnisse werden der Öffentlichkeit zugänglich gemacht und aktiv in einschlägige Communities kommuniziert und somit freiwillige Helfer für die Erfassung von Georeferenzierungsparametern für die übrigen knapp 5000 Messtischblätter (alternativ zur automatisierten Lösung auf Basis von Bildverarbeitungsalgorithmen, an der aktuell gearbeitet wird) gewonnen werden. Die Werkzeuge zur Georeferenzierung sollen dahin gehend erweitert werden, dass sie auch die Bearbeitung anderer Typen historischer Karten und die Erhebung von darauf verzeichneten Ortsnamen sowie die Verknüpfung dieser mit bestehenden Orten im historischen Ortsnamensverzeichnis (HONV) unterstützen. Weiterhin soll das HONV über den Import von behördlich geführten landes- und bundesweiten Sammlungen sowie den Austausch mit externen historischen Forschungsprojekten und Initiativen erweitert werden. Damit die Geodateninfrastruktur auch den Ansprüchen zukünftiger Entwicklungen gerecht wird, insbesondere im Hinblick auf die Performanz, wird weiterhin an ihrer Verbesserung gearbeitet. Hierbei sollen insbesondere durch den verstärkten Einsatz von Caching-Diensten deutliche Performanzverbesserungen erreicht werden.

Danksagung

Die Autoren danken der Deutschen Forschungsgemeinschaft (DFG) für die Förderung des Projektes im Rahmen des Förderprogramms Virtuelle Forschungslaboratorien (Förderkennzeichen BU 2228/14-1 und Bi 467/22-1).

Literatur

BILL, R. (Hrsg.) (2012), Kulturlandschaftsforschung in einer virtuellen Forschungsumgebung auf Basis von Internet-GIS-Technologien. Wichmann Verlag, Berlin/Offenbach, 186 S.

BILL, R. & WALTER, K. (2011), Virtuelles Kulturlandschaftslaboratorium. In: STROBL, J., BLASCHKE, T. & GRIESEBNER, G. (Hrsg.), Angewandte Geoinformatik 2011. Beiträge zum 23. AGIT-Symposium Salzburg. Wichmann Verlag, Berlin/Offenbach, 528-537.

BODENHAMER, D. J., CORRIGAN, J. & HARRIS, T. M. (2010), The Spatial Humanities: GIS and the Future of Humanities Scholarship.

BLO – Bayerische Landesbibliothek Online (2014), http://www.bayerische-landesbibliothek-online.de/schwerpunkte (14.01.2014).

DR – David Rumsey Map Collection (2014), http://www.davidrumsey.com/ (14.01.2014)

GEO-LEO (2014), http://geo-leo.de/en/ (14.01.2014).

GEOMIS – GeoMIS Sachsen – Die Suchmaschine für Geodaten und Geodatendienste in Sachsen (2014), http://www.geomis.sachsen.de/terraCatalog/Query/ShowCSWInfo.do?fileIdentifier=7d104f4b-72ba-4ebc-a422-3571b8bfba0b (14.01.2014).

GEOSN – Staatsbetrieb Geobasisinformation und Vermessung Sachsen (2014), http://www.landesvermessung.sachsen.de/inhalt/produkte/karten/hist/hist.html (14.01.2014)

IKAR (2014), http://ikar.staatsbibliothek-berlin.de (14.01.2014).

LABAHN, K, STEPHAN, R. & ZEPF, R. (2012), Digitale Bibliothek und Virtuelle Forschungsumgebung – raumbezogene Verknüpfung und Recherche von bibliothekarischen Datenbeständen. In: BILL, R. (Hrsg.), Virtuelle Forschungsumgebung für die Kulturlandschaftsforschung auf Basis von Internet-GIS-Techn. Wichmann Verlag, Berlin/Offenbach, 59-82.

VKLANDLAB – Virtuelles Kulturlandschaftslaboratorium (2014), kvwmap.geoinformatik.uni-rostock.de/VKLandLab/index.php?gast=45 (14.01.2014).

VK2 – Virtuelles Kartenforum 2.0. (2014), http://kartenforum.slub-dresden.de/geonetwork/srv/eng/home (24.01.2014).

NLS – National Library of Scotland (2014), http://maps.nls.uk/geo/explore/ (14.01.2014).

OMO – Old Maps Online (2014), http://www.oldmapsonline.org (14.01.2014).

SLUB – Sächsiche Landesbibliothek – Staats- und Universitätsbibliothek Dresden (2014), http://www.slub-dresden.de/sammlungen/karten/ (14.01.2014).

SR – Sammlung Ryhiner (2014), http://biblio.unibe.ch/maps/ryhiner/sammlung/?group=volume (14.01.2014).

SUUB – Staats- und Universitätsbibliothek Bremen (2014), http://gauss.suub.uni-bremen.de/suub/hist/index.jsp (14.01.2014).

ULBH – Universitäts- und Landesbibliothek Sachsen-Anhalt (2014), http://bibliothek.uni-halle.de/dbib/digital/karten/ (14.01.2014)

Darstellung von Untergrunddaten in 3D im Browser am Beispiel des Landes Brandenburg

Steffi FORBERIG

terrestris GmbH & Co. KG, Bonn · forberig@terrestris.de

Dieser Beitrag wurde durch das Programmkomitee als „reviewed paper“ angenommen.

Zusammenfassung

Auf Basis von Open-Source-Softwarekomponenten wurde eine nutzerfreundliche Webanwendung zur Visualisierung von 3D-Modelldaten erarbeitet, die kostenfrei für jedermann zugänglich ist. Ohne Plugins, allein über den Webbrowser, stehen so einer breiten Öffentlichkeit und dem Fachpublikum Informationen über den Untergrund des Landes Brandenburg in 3D zur Verfügung. Die vielfältige Funktionalität erlaubt sowohl spezifische Datenanalysen von Fachbesuchern als auch Erkenntnisgewinn bei Nutzern ohne geologische Vorbildung. Durch die Bereitstellung der Daten als OGC-konforme Dienste ist die Voraussetzung für grenzüberschreitende Kollaboration gegeben.

In einer Livepräsentation wird die Funktionalität der Webanwendung demonstriert.

1 Einleitung – geologische Erkundungen in der DDR

Zu Zeiten der DDR beschäftigten sich die Geowissenschaften mit dem tieferen Untergrund, hauptsächlich um Ressourcen zu erkunden. In den gut 40 Jahren des Bestehens der DDR wurden in den dortigen Bundesländern erhebliche Datenmengen unter anderem aus reflexionsseismischen Messungen gewonnen. Wie in vielen anderen Ländern auch war das Wissen um die vorhandene Geologie von volkswirtschaftlicher Bedeutung und unterlag dementsprechend in großem Ausmaß der Geheimhaltung (BANKWITZ 2008). Aber auch nach dem Wegfallen politischer Gründe für das Zurückhalten derartiger Informationen verhindern fehlende technische Voraussetzungen einen unkomplizierten Zugang für eine breite Öffentlichkeit. Diese Daten waren auch über 20 Jahre nach Ende der DDR nur für Spezialisten unter Verwendung von teurer und komplexer Software zugänglich.

1.1 Zielsetzung

Dem Land Brandenburg, vertreten durch das Landesamt für Bergbau, Geologie und Rohstoffe (LBGR), liegen die oben bereits erwähnten, wertvollen Daten über den tieferen Untergrund in Form von zahlreichen Bohrungsberichten reflexionsseismischer Untersuchungen in Archiven vor. Durch Eingang in die Geodateninfrastruktur (GDI) Brandenburgs soll der Öffentlichkeit ein Einblick in diese Informationen ermöglicht werden. Dazu ist mit einer Visualisierung der 3D-Daten über das Internet, allein über den Browser und damit

Strobl, J., Blaschke, T., Griesebner, G. & Zagel, B. (Hrsg.) (2014): Angewandte Geoinformatik 2014.
 ISBN 978-3-87907-543-0.

ohne Spezialsoftware, eine wesentliche Voraussetzung zu schaffen. Die Realisierung soll über den Aufbau eines Infrastrukturknotens (ISK) auf Basis von Freier Software erfolgen.

Die als Karten (2D) dargestellten Daten sind über OGC[1]-konforme Schnittstellen als WMS bzw. WFS bereitzustellen und damit jedermann für die Weiterverwendung verfügbar zu machen.

1.2 Technische Herausforderungen

Das erklärte Ziel, den Zugriff auf die 2D- und 3D-Informationen ohne Spezialsoftware, allein über den Browser, ohne Plugin, zu ermöglichen, stellte eine der zentralen Herausforderungen dieses Projektes dar. Die Realisierung dieser Anforderung ist möglich geworden, weil im Jahr 2011 mit WebGL eine Programmierschnittstelle für 3D-Grafik im Browser geschaffen wurde, die von vielen großen Browseranbietern unterstützt wird. Es existieren eine Reihe von Bibliotheken, mit denen die geforderte Funktionalität hergestellt werden kann. Im vorliegenden Fall wurde X3DOM im Zusammenspiel mit ExtJS, einer Javascript-Bibliothek, ausgewählt.

Eine weitere Herausforderung war die mit dem ursprünglichen 3D-Untergrund-Modell des Landes Brandenburg einhergehende Datenmenge von ca. 1 GB. Die aus den archivierten Unterlagen gewonnenen Informationen sind in parallel abgelaufenen Projekten so aufbereitet und modelliert worden, dass das Modell zwölf geologische Horizonte enthält. Diese Datenmenge musste durch Generalisierung und andere Verfahren optimiert und reduziert werden. Dadurch kann mit aktuell verfügbaren Internetbandbreiten eine flüssige, der heute üblichen Nutzungsgewohnheit von Internetanwendungen entsprechende und weitgehend intuitiv bedienbare Ansicht der Daten gewährleistet werden.

Nicht unerwähnt bleiben soll die Herausforderung, die darin bestand, die Daten so zu präsentieren, dass auch weniger geologisch vorgebildete Nutzer einen Erkenntnisgewinn bei der Nutzung der Anwendung haben. Denn schließlich besteht ein wesentliches Projektziel darin, der breiten Öffentlichkeit den Zugang zu derartigen Informationen zu ermöglichen. Die Integration eines Kartenviewers, also einer 2D-Ansicht, schafft die Voraussetzung, dass die fachliche Information in einer – dank OSM (**O**pen**S**treet**M**ap, die freie Weltkarte: www.openstreetmap.org), Google & Co. – inzwischen gewohnten Kartenumgebung präsentiert wird. Die Abfrage von Informationen aus dem 3D-Modell über diesen 2D-Viewer geschieht unbemerkt vom Nutzer. Die Kopplung beider Viewer-Ansichten verschafft dem Nutzer aber den geforderten einfachen Umgang mit der Anwendung.

1.3 Grundlagen und Aufbau des Portals zum geologischen Landesmodell Brandenburg

Die Anwendung ist ein Gemeinschaftsprodukt der Firmen camptocamp SA, Glamus GmbH und terrestris GmbH & Co. KG. Sie basiert vollständig auf OpenSource-Softwarekomponenten. Als Kartenserver für alle OWS-Dienste wird die Software GeoServer [1] eingesetzt. Für den Kartenviewer werden die Komponenten OpenLayers [2] und GeoExt [3] genutzt. Der 3D-Viewer basiert auf den Komponenten ExtJs [4] und X3DOM [5], welche den hohen

---

[1] OGC: Open Geospatial Consortium, das Standardisierungsgremium für Geodaten und -dienste.

Anforderungen am besten gerecht werden. Die Klammer über beiden Viewern ist das Framework ExtJS, welches es ermöglicht, einige Komponenten auf Basis desselben Codes aufzubauen und beide Viewer vom Look & Feel her sehr ähnlich zu gestalten.

Das Portal zum geologischen Landesmodell von Brandenburg ist dreiteilig wie folgt aufgebaut:

- *Startseite* („Home“) mit Informationen über die Internetanwendung, zum Projekt, über die verwendeten und dargestellten Daten (inklusive Downloadmöglichkeit), den Auftraggeber und die beteiligten Firmen.
- *Kartenviewer* („2D Mapviewer“), der die geologischen Informationen auf Karten präsentiert und Informationsabfragen aus der Datenbank sowie dem 3D-Untergrundmodell ermöglicht.
- *3D-Viewer* („3D Earthviewer“), mit dem das 3D-Untergrundmodell betrachtet und Informationen aus ihm abgefragt werden können.

Die folgenden Ausführungen beginnen zunächst beim Kartenviewer mit dem Schwerpunkt, die Funktionalität bezüglich der dabei genutzten 3D-Informationen kurz vorzustellen. Anschließend wird der 3D-Viewer mit seiner Funktionalität kurz beschrieben. Im Anschluss erfolgt eine Livepräsentation der Anwendung.

Das Portal zum geologischen Landesmodell von Brandenburg ist frei im Internet erreichbar: http://www.geo.brandenburg.de/Brandenburg_3D/portal/

2 Kartenviewer

2.1 Überblick

Bei dem Kartenviewer handelt es sich zunächst um ein klassisches WebGIS. Als Positionierungsgrundlage für die Fachinformationen wird ein von terrestris kostenlos bereitgestellter Kartendienst (OWS – **O**pen **W**eb **S**ervice http://ows.terrestris.de), der OSM-Daten visualisiert, genutzt. Die geologischen Fachinformationen sind in einer Modelldatenbank abgelegt. Es handelt sich dabei im Wesentlichen um Informationen zu Bohrungen und Schichtenschnitten sowie um die Verbreitungsflächen der geologischen Horizonte.

Die entstandene Webanwendung erlaubt über zahlreiche Such- und Filterfunktionen einen raschen und gezielten Zugriff auf diese Informationen. Neben der Präsentation dieser Informationen stellt das Portal diese auch als WMS und WFS bereit. Dadurch entstehen Vorteile bezüglich der Interoperabilität und in der grenzübergreifenden Kollaboration, die zuvor nicht gegeben waren.

Mit der Möglichkeit, vom Kartenviewer aus eine Datenanalyse im 3D-Untergrundmodell anzustoßen, lassen sich virtuelle Bohrungen und virtuelle Schichtenschnitte an jeder beliebigen Stelle Brandenburgs generieren. Das bietet dem Nutzer weitreichende Möglichkeiten, über die zu den Bohrungen und Schichtenschnitte abgelegten Informationen Kenntnisse über den Untergrund zu erlangen.

Diese, bisher nur in Spezialsoftware integrierte Funktionalität, eröffnet vielen potenziellen Anwendern einen weitreichenden Zugang zu geologischen Informationen. Die Art der Datenaufbereitung und Darstellung ist für viele geologische Fragestellungen geeignet, auch für die tiefe und oberflächennahe Geothermie. Es hängt lediglich von den zur Verfügung stehenden Daten ab, welche Fragestellung bearbeitet werden kann. Die Technik bleibt in allen Fällen die gleiche.

2.2 Funktionalität des Kartenviewers

Trotz der großen Informationsfülle und der hohen Komplexität des Sachverhaltes ist eine Anwendung entstanden, die einen weitgehend intuitiven Zugang ermöglicht. Der Schulungsbedarf im Umgang mit der Applikation ist daher minimal. Zusätzlich steht dem Nutzer eine Onlinehilfe als Unterstützung zur Verfügung.

Beim Start der Anwendung werden auf der Landesfläche von Brandenburg alle Bohrungen angezeigt, für die in der Datenbank Informationen hinterlegt sind.

In der folgenden Demonstration wird auf die Funktionalität der am oberen Rand des Kartenfensters angeordneten Schaltflächen eingegangen. Die Funktionen sind in Blöcken zusammengefasst:

- *Block 1* Navigation auf der Karte, Zoom- und Hover-Funktion;
- *Block 2* Messen auf der Karte;
- *Block 3* Kollaboration: Permalink und Einbinden anderer WMS;
- *Block 4* Suchwerkzeuge;
- *Block 5* Zugriff auf 3D-Information (virtuelle Bohrung, virtueller Schichtenschnitt);
- *Block 6* kontextsensitive Hilfe.

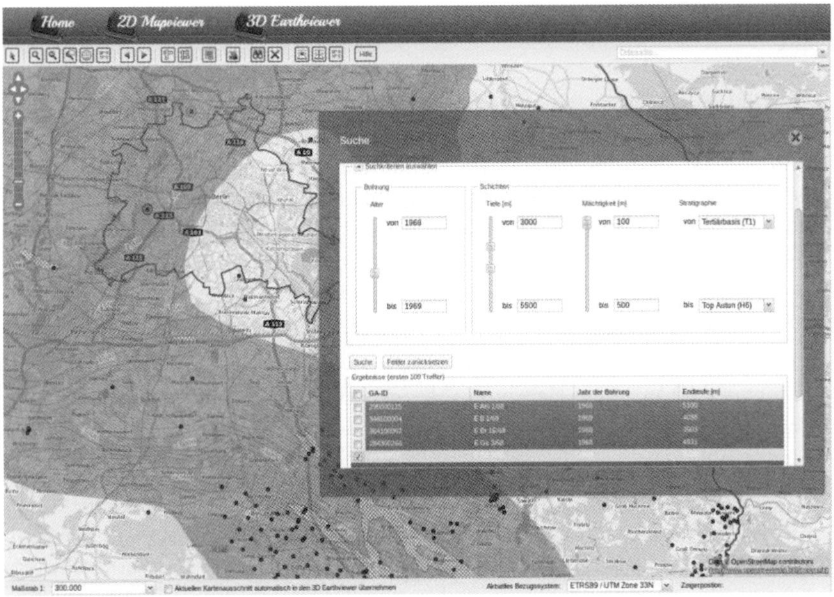

Abb. 1: 2D-Mapviewer mit Dialog zur Kombination diverser Suchkriterien aus den 2D- und 3D-Informationen, die eine sehr komplexe Suche in den umfangreichen Informationen ermöglichen

Die Funktionalität des Themenbaumes besteht im Wesentlichen aus:

- Ein-/Ausschalten von Layern;
- Änderung der Layersymbolisierung und der Transparenz;
- Klassifizierung der Layerinformation;
- Downloadfunktion.

Im Footer stehen folgende Informationen und Funktionen zur Verfügung:

- Maßstabsanzeige/-wahl;
- Anzeige/Auswahl Koordinatenbezugssystem;
- Koordinatenangabe für Mauszeiger;
- Auswahl der Kopplung des Kartenausschnittes von 2D- und 3D-Viewer.

Mit einer kombinierten Anwendung der bereitgestellten Funktionen kann der Nutzer sich eine spezifische, seinen Anforderungen entsprechende Ansicht erzeugen. Es wurden spezielle Werkzeuge entwickelt, mit denen man auf die dritte Dimension der Geodaten zugreifen kann. So ist möglich, über die Tiefeninformationen der Bohrungen (z. B. Endteufe der Bohrung, Mächtigkeit der angetroffenen Schichten) zu filtern (s. Abbildung 1). Beide Viewerkomponenten können über das Portal miteinander kommunizieren. Der im 2D-Viewer gewählte Kartenausschnitt kann dadurch in den 3D-Viewer übernommen werden. Hat der Anwender also mittels der Suche eine ihn interessierende Bohrung gefunden, kann er direkt in den 3D-Viewer wechseln, um sie im 3D-Modell zu betrachten.

3 3D-Viewer

3.1 Überblick

Voraussetzung für die Realisierung des innovativen 3D-Viewers war der technische Fortschritt im Bereich der 3D-Visualisierung von Geodaten mittels HTML5 und WebGL. Der 3D-Viewer basiert auf standardisierten WebDiensten (OGC, BML, usw.), um die Interoperabilität des Systems mit anderen Diensten sicherzustellen. Die OGC-Norm für die Darstellung von 3D-Modellen (W3DS Web 3D Services, OGC Draft Candidate) wurde im Projekt eingesetzt. Die Webdienste stützen sich auf eine relationale Datenbank, um die Speicherung der 3D-Daten langfristig zu sichern. In diesem Bereich existiert die ISO Norm SFS MM, die beschreibt, wie 3D-Daten in einer räumlichen Datenbank zu speichern sind.

Das gesamte Konzept zur Umsetzung des 3D-Earth-Viewers stützt sich auf eine serviceorientierte Architektur (SOA) unter Beachtung der internationalen Normen (ISO, OGC, W3C) sowie der Nutzung von offenen Standards. Als Softwarekomponenten wurde die erprobte OpenSource Software X3DOM sowie ExtJS als JS-Framework eingesetzt.

X3DOM ist eine innovative Open Source HTML5/Javascript Programmbibliothek, um X3D-Daten im Browser darzustellen und damit zu interagieren. Dank der DOM-Integration ist es möglich, Layer an- und abzuwählen, Objekte zu selektieren oder die Farben zu ändern. WebGL ist Teil des HTML5-Standards und wurde konzipiert, um 3D-Grafiken ohne Plugin im Browser darzustellen. Die meisten Browser unterstützen diesen Standard (Firefox, Chromium, Safari, Opera, auf allen Plattformen). Da der ExtJS-Viewport sowohl für den Kartenviewer als auch für den 3D-Viewer die Basis bildet, sind beide Viewer gleichartig aufgebaut.

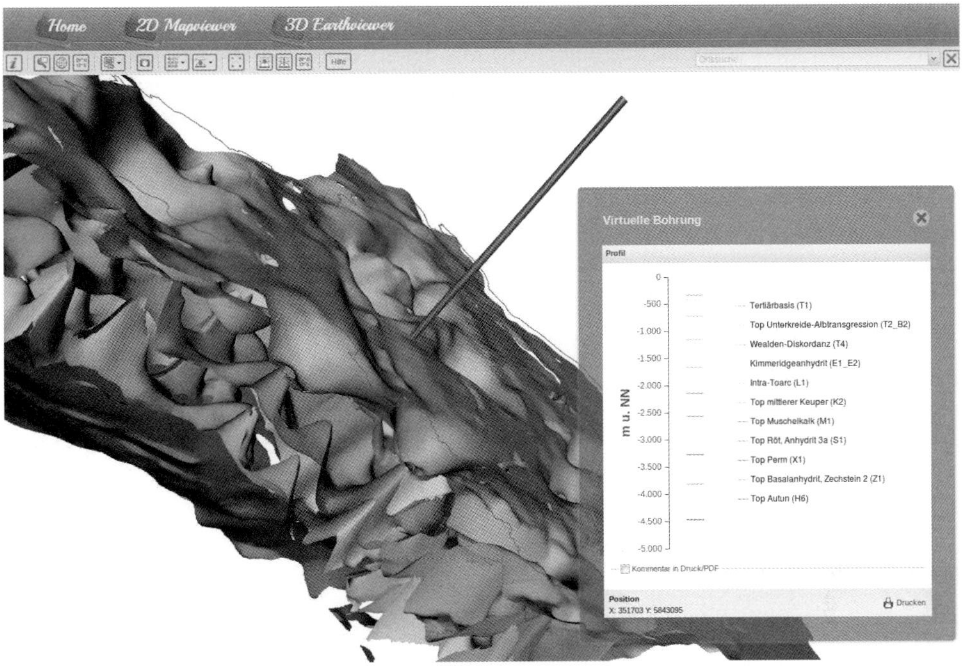

Abb. 2: 3D-Earthviewer mit virtueller Bohrung

3.2 Funktionalitäten

In der Startansicht werden der oberste und der unterste Horizont für die Landesfläche Brandenburgs im Top-View aufgebaut, wenn nicht die Verbindung beider Ansichten im Kartenviewer ausgewählt wurde. In diesem Fall würde ein dem Ausschnitt im Kartenviewer entsprechender Bereich im Top-View dargestellt werden.

Zur besseren Orientierung bei der Betrachtung des 3D-Modells dient Übersichtskarte (auf Grundlage des terrestris OWS), auf der mit einem Punkt die Mausposition in der 3D-Ansicht und mit einem stilisierten Auge das anvisierte Ziel dargestellt wird. Die Verbindungslinie zeigt die Blickrichtung an. Über dieser Übersichtskarte wird die Sichthöhe angegeben. Mithilfe der Funktionsbuttons, der Maus und der Tastatur kann durch das 3D-Modell navigiert werden: Es lässt sich in jede Richtung kippen und drehen, die Überhöhung kann mit einem Schieberegler (zwischen ein- und zehnfach) eingestellt werden. Da es sich um ein echtes 3D-Modell handelt, kann man sich virtuell regelrecht durch das Modell bewegen. Im Themenbaum lassen sich die gewünschten Horizonte auswählen, Bohrungen und Störungsflächen in die Darstellung integrieren.

Um eine hohe Performance der Anwendung zu erreichen, wurden die Modelldaten generalisiert. Aus einem regelmäßigen Raster wurde ein TIN[2] berechnet, das mit nur sehr geringem Detailverlust die Horizonte mit wesentlich weniger Punkten (ca. 10 % der ursprüngli-

[2] TIN – Trinagulated Irregular Network.

chen Datenmenge) abbildet. Um den Zugriff auf das ungeneralisierte Modell zu ermöglichen, wurde eine Lupenfunktion integriert, mit der in einem definierten Ausschnitt von 40 × 40 km um den angeklickten Punkt das Originalmodell angezeigt wird. Neben der Darstellung der Horizonte als geschlossene Flächen können auch die Punkte, die die Fläche definieren, angezeigt werden.

Wie auch im Kartenviewer ist die Generierung von virtuellen Bohrungen und Schichtenschnitten möglich. Diese werden im 3D-Viewer im Modell als Bohrweg oder Schnittfläche abgebildet und verdeutlichen so sehr anschaulich, über welche Stelle im 3D-Modell Profile für Bohrung oder Schnitt angezeigt werden.

Wie im Kartenviewer können die Ergebnisinformationen als PDF ausgedruckt werden. Über die Downloadfunktion des Themenbaumes können die Daten als W3DS bereitgestellt und sind damit für die Weiterverwendung verfügbar.

Literatur

Monographien

BANKWITZ, P. (2008), Sitzungsberichte der Leibniz-Sozietät der Wissenschaften zu Berlin.

Webseiten

[1] http://geoserver.org/display/GEOS/Welcome (17.04.2014).
[2] http://openlayers.org/ (17.04.2014).
[3] http://geoext.github.io/geoext2/ (17.04.2014).
[4] http://www.sencha.com/products/extjs/ (17.04.2014).
[5] http://www.x3dom.org/ (17.04.2014).

GIS-basierte Nutzerschnittstelle für Führungsinformationssysteme

Norman JANSEN, Daniel KRÄMER und Marc SPIELMANN
Fraunhofer FKIE, Wachtberg · norman.jansen@fkie.fraunhofer.de

Führungsinformationssysteme (FüInfoSys) bilden die Grundlage für den computergestützten militärischen Führungsprozess, welcher u. a. die Planung und Befehlsgebung umfasst. Die von FüInfoSys zu verarbeitenden Informationen haben fast immer einen direkten oder indirekten geografischen Bezug. Prominentes Beispiel sind Lageinformationen, also Informationen über die aktuelle Situation in einem Operationsraum. Diese beinhalten bestimmte Attribute (bspw. Position, räumliche Orientierung und Typ etc.) von militärischen Objekten (bspw. Truppenteile, Sperrgebiete, Konvoi-Routen oder feindliche Kräfte). Aber auch Informationen, die originär nicht der GIS-Domäne zugeordnet werden (z. B. Meldungen), besitzen oft geographischen Bezug (z. B. die Koordinaten betroffener Einheiten).

Das Fraunhofer-Institut für Kommunikation, Informationsverarbeitung und Ergonomie (FKIE) in Wachtberg entwickelt Konzepte für GIS-basierte Nutzerschnittstellen, die Informationen von beliebigen (nicht zwangsläufig der GIS-Domäne zugehörigen) FüInfoSys-Diensten zusammenführen und dem Nutzer über eine Lagekarte bereitstellen (NITSCHE & WOTZLAW 2009).

1 Problemstellung

Ein Grundproblem bei der Realisierung von FüInfoSys besteht darin, vorhandene Applikationen, Dienste und Teilsysteme in ein Gesamtsystem zu integrieren und dem Nutzer bereitzustellen. Neben den üblichen Officeapplikationen gibt es eine Vielzahl von fachspezifischen Applikationen, bspw. zur Bearbeitung und Verteilung strukturierter Texte (insb. Meldungen und Befehle). Als Hauptkomponente zur Visualisierung von Lageinformationen werden GIS verwendet. In einer Lagekarte (vgl. Abb. 1) werden militärisch relevante Informationen (Fachdaten) wie etwa die taktischen Symbole von Truppenteilen vor dem Hintergrund von Kartenlayern dargestellt. Die Hintergrundkarten werden in einer eigenen Geodatenbank gehalten und als Service (WMS, WFS) bereitgestellt. Die Pflege und Bereitstellung von Karten erfolgt durch speziell geschulte Geofachleute (dem GeoInfoDienst der Bundeswehr). In den meisten Fällen ist eine laufende flächendeckende Aktualisierung von Kartenmaterial am Einsatzort (z. B. in Afghanistan) aus logistischen Gründen nicht oder nur begrenzt möglich. Im Regelfall wird Kartenmaterial daher in „gröberen" Zeitabständen (z. B. vierteljährlich) vom GeoInfoDienst aktualisiert und an die Einheiten verteilt (also in die Geodatenbanken am Einsatzort eingespielt).

Zeitkritische Informationen wie Meldungen, Befehle, Logistikinformationen, aber auch aktuelle Positionen von Truppenteilen müssen den Einheiten im Einsatz jedoch möglichst zeitnah zur Verfügung stehen. Sie werden daher in applikationsspezifischen, lokal verteilten Datenhaltungen (Fachdatenbanken) gehalten, die speziellen militärischen Anforderun-

Strobl, J., Blaschke, T., Griesebner, G. & Zagel, B. (Hrsg.) (2014): Angewandte Geoinformatik 2014.
 ISBN 978-3-87907-543-0.

gen (z. B. Sicherheitskriterien und einer hohen Aktualisierungsrate) unterliegen. Fachdatenbanken werden i. d. R. am Einsatzort gepflegt und in kürzeren Abständen (bspw. stündlich, minütlich) aktualisiert.

Abb. 1:
Militärische Lagekarte

Die von diesem komplexen heterogenen Gesamtsystem (mit unterschiedlichen Applikationen, Datenhaltungen und Wartungszyklen) bereitgestellten Informationen und Funktionalitäten sollen dem Nutzer übersichtlich in einer möglichst flexibel und intuitiv nutzbaren Oberfläche dargestellt bzw. angeboten werden. Eine attraktive, weil kostengünstige und technisch überschaubare Lösung für dieses Integrationsproblem bietet die Portaltechnik. Dabei werden lediglich die Oberflächen unterschiedlicher Anwendungen nebeneinander in einem gemeinsamen Fenster angeordnet. Die Verwendung von Portalen bringt allerdings für den Nutzer eine Reihe von Nachteilen mit sich:

- **Mangelnde Verknüpfungsmöglichkeiten für Geodaten mit Fachdaten.** Ein Problem, welches sich aus der o. g. Trennung zwischen Fachdatenbanken und Geodatenbank ergibt, ist, dass es nicht ohne Weiteres möglich ist, Verknüpfungen zwischen Elementen aus unterschiedlichen Datenbanken anzulegen. Beispielsweise kann zu einer Brücke, welche als Teil eines Vektorlayers im GIS angezeigt wird, nicht ohne Weiteres ein Verweis auf eine in der Fachdatenbank vorliegende Meldung „Brücke wurde zerstört!" gespeichert werden. Dies kann dazu führen, dass derartige wichtige Informationen für den Nutzer verborgen bleiben oder nur verspätet zugänglich gemacht werden.

- **Fragmentierung der Gesamtsicht.** Oftmals stellen Anwendungen jeweils eigene Lagekarten (Teilsichten) für ihre jeweiligen Anwendungsbereiche bereit. Ein Radarsystem hat bspw. eine eigene Kartendarstellung mit den vom Radar erfassten Objekten. Das Radarsystem kann jedoch i. d. R. nicht erkennen, um was es sich bei einem erfassten Objekt genau handelt. Ein „BlueForceTracking-Service" hingegen zeigt die Positionen (und weitere Attribute) der eigenen Kräfte in einer separaten Lagedarstellung an. Ein Nutzer muss dann visuell verschiedene Darstellungen vergleichen, um ein (mentales) Gesamtbild der Lage zu erhalten. Beispielsweise muss er entscheiden, welche Objekte in der Radarkarte eigene Kräfte repräsentieren. Zudem muss er möglicherweise Inkonsistenzen zwischen verschiedenen Darstellungen erkennen und auflösen. Dies wird u. a. dadurch erschwert, dass unterschiedliche Anwendungen oftmals unterschiedliches zeitliches Verhalten (z. B. unterschiedliche Aktualisierungszeitpunkte) aufweisen.

- **Mangelnde intuitive Bedienung.** Um eine Nachricht an eine andere Einheit zu senden, muss ein Nutzer in einer Portallösung u. U. die folgenden Schritte ausführen:
  1. Ermitteln der Bezeichnung der Einheit in der Lagekarte,
  2. Wechseln in die Oberfläche einer E-Mail-Applikation,
  3. Ermitteln der Adresse der Einheit (z. B. per Browsen im Adressbuch),
  4. Verfassen und Versenden der Nachricht.

  Jeder dieser Schritte ist eine potenzielle Fehlerquelle. Intuitiver wäre es, wenn der Nutzer per Mausklick eine Einheit in der Lagekarte markiert, einen Kontextmenü-Eintrag „Versende Nachricht" auswählen könnte und sich dann automatisch eine E-Mail-Applikation mit der voreingestellten Adresse des Empfängers öffnen würde.

Im folgenden Abschnitt wird erläutert, wie die genannten Nachteile einer herkömmlichen Portallösung verbessert (bzw. beseitigt) werden können. Dabei muss insbesondere berücksichtigt werden, dass viele FüInfoSys-Anwendungen (z. B. Legacy-Anwendungen) geschlossene Systeme sind, die keine oder nur wenige Möglichkeiten für softwaretechnische Änderungen bieten. Im vorgestellten Ansatz werden daher keine besonderen Anforderungen an die bestehenden FüInfoSys-Anwendungen gestellt oder Modifikationen der Anwendungen gefordert. Zudem sollen möglichst viele der für die Visualisierung von georeferenzierten Daten benötigten GIS-Funktionalitäten mittels einer allgemeingültigen Schnittstelle gekapselt werden. Zu kapselnde Anteile können z. B. Bibliotheken mit grundlegenden Visualisierungsfunktionen eines eingesetzten GIS sein. Der Austausch von GIS-Komponenten wird durch die Definition einer allgemeingültigen Schnittstelle vereinfacht. Zudem wird die Entwicklung von FüInfoSys durch die Verwendung einer solchen allgemeinen GIS- Schnittstelle unabhängig von den teilweisen komplexen und je nach Hersteller vollkommen unterschiedlich umgesetzten GIS-Schnittstellen (GIS-Einbindung per „Plug & Play").

2 Architekturkonzept

In diesem Abschnitt wird ein Architekturkonzept für eine GIS-basierte Nutzerschnittstelle, die als zentraler Einstiegspunkt zu allen FüInfoSys-Diensten dient, vorgestellt (KRÄMER et al. 2009). Die Nutzerschnittstelle (hier kurz GUI genannt; vgl. Abb. 2) verwendet dafür grundlegende GIS-Funktionalität (z. B. Anzeige von Kartenlayern, Navigation und GIS-Planungsfunktionalität) und ergänzt diese um Funktionalitäten anderer FüInfoSys-Anwendungen (z. B. E-Mail-Funktionalität, Meldungswesen). Die GUI wird als eigener Service im FüInfoSys bereitgestellt. Sie ist modular aufgebaut, wobei die Lagekarte zentrale Komponente ist. Für die Darstellung der Lagekarte wird GIS-Software (z. B. ArcGIS Engine oder LuciadMap Foundation) über eine produktunabhängige Schnittstelle angebunden (vgl. Absatz „GIS-Anbindung" unten). Die Abbildung der herstellerabhängigen GIS-Software auf die produktunabhängige Schnittstelle erfolgt in einem Wrapper (vgl. GIS-Wrapper in Abb. 2). Dies ermöglicht eine einfache Integration von prinzipiell beliebigen

GIS-Anteilen (KRÄMER 2009) in das FüInfoSys. Neben der Lagekarte stellt die GUI auch Funktionalitäten zur Anzeige oder Bearbeitung von Daten ohne georeferenzierten Bezug bereit. Wir erläutern nachfolgend zunächst die GIS-Anbindung an die GUI. Danach wird die Anbindung der FüInfoSys-Services beschrieben. Abschließend zeigen wir auf, wie durch die GUI eine intuitivere Bedienung erreicht wird.

GIS-Anbindung. Bei der Konzeption der produktunabhängigen GIS-Schnittstelle standen Funktionen zur Darstellung von GeoInfoDaten und Fachdaten des FüInfoSys im Vordergrund. Es wurden beispielsweise Funktionen für die Initialisierung der GIS-Panels (Kartenfenster, Übersichtsfenster, Toolbar, Statusbar), für die Anzeige von Vektor- und Rasterdaten und für die Anzeige von militärischen Symbolen realisiert. Besonderer Wert wurde auf eine feingranulare (objektspezifische) Steuerung gelegt, sodass bei Bedarf prinzipiell beliebige Features eines Vektorlayers eingeblendet werden können. Das Lagebild kann somit über die Schnittstelle flexibel an die aktuelle Situation im Operationsraum angepasst werden. Beispielsweise kann ein entsprechend konfigurierter GeoInfoDaten-Service nur ausgewählte (etwa für eine Nutzerrolle relevante) Features eines Vektorlayers für die Anzeige vorsehen bzw. einblenden lassen. Eine Informationsüberflutung, etwa durch zu viele vollständig eingeblendete Layer, wird auf diese Weise vermieden. Zudem wurden elementare Geoprocessingfunktionen in einer allgemeingültigen Art und Weise getrennt nach Attribut- und Feature-basierten Filtern sowie Generatoren zur Erzeugung neuer Layer in der Schnittstelle berücksichtigt. Diese bieten die Möglichkeit, Features mit bestimmten Eigenschaften (z. B. Brücken mit bestimmter Tragfähigkeit) zu berechnen und einzublenden. Durch die Schachtelung von Funktionen können auch komplexe Analyseprozesse vorgefertigt und bei Bedarf automatisiert abgerufen werden.

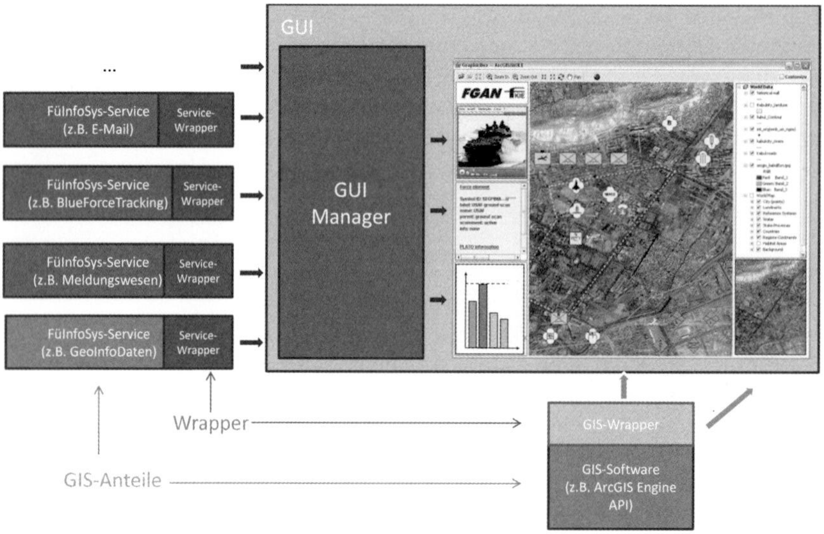

Abb. 2: Übersicht über das GUI-Konzept

Service-Anbindung. Die serviceseitige Bereitstellung der in der GUI zu visualisierenden Daten erfolgt in einem serviceunabhängigen Format (META-Objekte). META-Objekte werden von FüInfoSys-Services (bzw. zwischengeschalteten Wrappern; vgl. Service-

Wrapper in Abb. 2) generiert und enthalten u. a. darstellbare Anteile der Service-spezifischen Fachdaten. Ein GeoInfoDaten-Service kapselt die vom GeoInfoDienst der Bundeswehr (per WMS, WFS und WCS) bereitgestellten Geodaten. Ein META-Objekt eines GeoInfoDaten-Services enthält dann bspw. eine URL eines (WFS-)Vektorlayers oder einer Satellitenkarte sowie Koordinaten des anzuzeigenden Kartenausschnitts. META-Objekte eines BlueForceTracking-Service enthalten Koordinaten von Einheiten sowie Symbol-ID der in der Karte darzustellenden Symbole (nach dem militärischen Standard APP 6a). In der GUI werden die META-Objekte dann entsprechend visualisiert. Die Verwaltung und Steuerung aller in der GUI visualisierten META-Objekte erfolgt in einer GUI-eigenen Steuerungskomponente, dem GUIManager. META-Objekte eines BlueForceTracking-Service visualisiert der GUIManager bspw. mittels der angebundenen GIS-Software als militärisches Symbol in der Lagekarte (vgl. Symbole in der Karte in Abb. 2). Raumbezogene Meldungen eines Message-Services (z. B. Meldungen über die Zerstörung einer Brücke) können ebenfalls in der Lagekarte visualisiert werden. Die GUI führt damit Informationen aus verschiedenen FüInfoSys-Services in der Lagekarte zusammen und ermöglicht über die GIS-Kartendarstellung eine aggregierte Sicht auf die Lageinformationen.

Intuitive Bedienung. Durch die Bereitstellung einer GIS-basierten Nutzerschnittstelle und die damit einhergehende Entkopplung von FüInfoSys-Services und Visualisierung ergibt sich eine Reihe von Vorteilen. Beispielsweise kann ein zentrales Lagebild als Visualisierung für beliebige Services verwendet werden. Die o. g. Fragmentierung der Gesamtsicht entfällt somit. Zudem können innerhalb der GUI zusätzliche Informationen zu den META-Objekten hinzugefügt werden. Beispielsweise kann in einem META-Objekt ein Symbol der Lagekarte mit einem Adressbucheintrag verknüpft werden. Technisch gesehen wird dadurch innerhalb der GUI eine Verknüpfung zwischen zwei Fachdaten aus zwei verschiedenen Services (bspw. einer Einheit X des BlueForceTracking-Service und dem Adressbucheintrag für X in einer E-Mail-Applikation) angelegt. Wählt ein Nutzer nun das taktische Zeichen der Einheit X in der Lagekarte aus (vgl. Abb. 3), so kann der GUI-Manager die Adresse automatisch ermitteln und eine E-Mail-Applikation mit den voreingestellten Adressdaten öffnen.

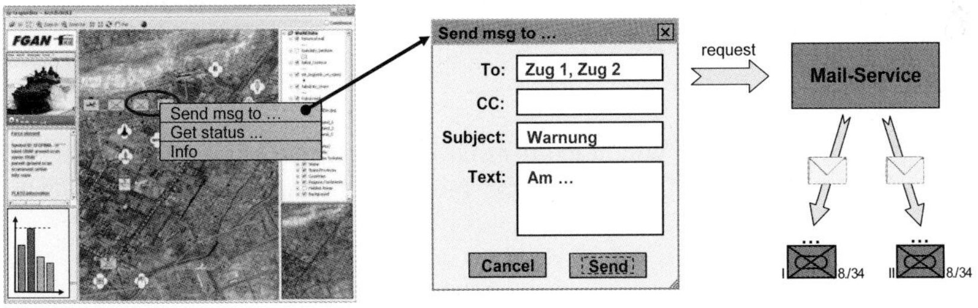

Abb. 3: Aufruf einer E-Mail-Funktionalität aus der Lagekarte

Der Nutzer muss folglich nur noch den eigentlichen Nachrichtentext eingeben. Die vollständige Nachricht wird dann an die Nachrichtenapplikation weitergeleitet, die sie an den/die angegebenen Empfänger versendet. Prinzipiell können auf ähnliche Weise beliebige visualisierte Objekte verknüpft werden. Beispielsweise kann eine Brücke (als Feature eines Vektorlayers) verknüpft werden mit einer Warnmeldung „Brücke zerstört!“ aus einer Meldungsapplikation. Klickt ein Nutzer dann in der Lagekarte im entsprechenden Layer auf die Brücke, so kann die GUI automatisch die Warnmeldung öffnen. Bemerkenswert dabei ist, dass das Anlegen solcher Verknüpfungen ohne Veränderung der eigentlichen Fachdaten oder Geodaten, d. h. ohne Veränderung des Vektorlayers in der Geodatenbank, durchgeführt werden kann. Jeder Verfasser einer solchen Warnmeldung kann also prinzipiell eine derartige Verknüpfung anlegen, ohne etwa spezielle GeoInfo-Kenntnisse oder Rechte zur Modifikation von Vektorkarten zu besitzen. Zudem müssen betroffene (Legacy-)Systeme nicht modifiziert werden.

Im Rahmen weiterer Arbeiten wurde zudem ein Mechanismus zur automatisierten Verteilung von META-Objekten konzipiert (KRÄMER et al. 2009). Dadurch steht eine von einem Nutzer angelegte Verknüpfung anderen FüInfoSys-Nutzern direkt zur Verfügung, während etwa eine Veränderung an einem Vektorlayer (z. B. eine Entfernung/Markierung einer Brücke) erst bei einer Kartenaktualisierung durch den GeoInfoDienst (also je nach Einsatzort womöglich Wochen/Monate später) vorgenommen werden könnten.

3 Fazit

Es wurde ein Architekturkonzept für eine GIS-basierte Nutzerschnittstelle, die als zentraler Einstiegspunkt zu beliebigen Services militärischer Führungsinformationssysteme dient (KRÄMER et al. 2009), vorgestellt. Zum einen wird durch die Nutzerschnittstelle eine einheitliche Gesamtsicht auf die aktuelle militärische Situation (Lage) erzeugt. Zum anderen können aus der Lagekarte heraus beliebige Funktionalitäten von (auch nicht GIS-basierten) FüInfoSys-Services (z. B. Meldungsanwendungen) gestartet werden.

Die Nutzerschnittstelle ist modular aufgebaut. Für die Darstellung der Lagekarte wird GIS-Software (z. B. ArcGIS Engine oder LuciadMap Foundation) über eine produktunabhängige Schnittstelle angebunden. Die entwickelte Schnittstelle ist möglichst einfach gehalten und kann auch von nicht speziell „GIS-geschulten" Entwicklern genutzt werden. Das zugrunde liegende Architekturkonzept orientiert sich an den Prinzipien einer serviceorientierten Architektur (SOA) und passt nahtlos in die zukünftige IT-Landschaft der Bundeswehr.

Literatur

KRÄMER, D. (2009), Anbindung von Geoinformationssystemen an FüInfoSys. In: WUNDER, M. & GROSCHE, J. (Hrsg.), Verteilte Führungsinformationssysteme. Springer-Verlag.

KRÄMER, D., NITSCHE, T., SPIELMANN, M. & WOTZLAW, A. (2009), FKIE-Bericht Nr. 186, Portal zur Integration von FüInfoSys-Services. FKIE, Wachtberg.

NITSCHE, T. & WOTZLAW, A. (2009), Integration von heterogenen Quellen. In: WUNDER, M. & GROSCHE, J. (Hrsg.), Verteilte Führungsinformationssysteme. Springer-Verlag.

Verwendung von Wiktionary zur Verbesserung der Discovery in geoplatform.at

Manfred MITTLBÖCK und Bernhard VOCKNER
Research Studios Austria – iSPACE, Salzburg · manfred.mittlboeck@researchstudio.at

Zusammenfassung

Geoportale dienen als Zugangspunkte zu Geodateninfrastrukturen (GDI), um (geographische) Information zu finden, zu evaluieren und zu verwerten. Eine große Herausforderung in Bezug auf das Auffinden und Entdecken von Information ergibt sich aufgrund der semantischen Heterogenität der Dokumentationen. Letztere entsteht dadurch, dass in der Metadatenerfassung in verschiedenen Anwendungsdomänen unterschiedliche (fachspezifische) Begrifflichkeiten bzw. fremdsprachige Begriffe zur Beschreibung von Ressourcen Anwendung finden. Um mit der semantischen Heterogenität besser umgehen zu können, schlagen wir eine semantische Erweiterung von Metadaten mithilfe von Ontologien und Thesauri vor. Dazu haben wir Werkzeuge entwickelt, die eine automatische Extraktion von Schlüsselwörtern, deren Synonymen, Ober- und Unterbegriffen sowie Übersetzungen in andere Sprachen aus Ontologien und Thesauri ermöglicht. Die daraus extrahierten Termini reichern Metadaten mit zusätzlichen Inhalten an und können damit die Discovery Experience bei der Suche in Geoportallösungen erheblich verbessern.

1 Einleitung

Geoportale sind zentrale Zugriffspunkte auf räumliche und vermehrt auch auf nichträumliche Informationen. Ein wesentlicher Nachteil bestehender Geoportalimplementierungen ist sehr häufig, dass diese aus Sicht der Anwender nur mangelhaft mit Suchanfragen umgehen können, d. h. oft unzureichende Suchergebnisse liefern. Dies tritt vor allem in Fällen auf, in denen der vom Nutzer eingegebene Suchbegriff nur bedingt mit den dokumentierten Begriffen der gesuchten Datensätze übereinstimmt (SMITS & FRIIS-CHRISTENSEN 2007). Dieses Phänomen, das auch als ‚Semantische Heterogenität' bezeichnet wird, tritt vor allem dann gehäuft auf, wenn Vertreter unterschiedlicher Domänen in einer gemeinsamen anwendungsagnostischen Geoportal Zusammenschau nach Daten suchen (ANDRADE & BAPTISTA 2011). Zusätzlich können Schwierigkeiten auftreten, wenn sich die Sprache der Suchanfrage auf Seite Suchsprache des Geoportalnutzers von jener des Datenbereitstellers unterscheidet (NOWAK et al. 2005, OSTLÄNDER & LUTZ 2008). Beispielsweise sind in Österreich Ressourcen Großteils in Deutsch dokumentiert, obwohl diese oftmals auch für andersspraсhige Nutzer von Interesse sind. Daher ist ein multilingualer Suchansatz mit automatischer Übersetzung der Suchresultate in die eigene Sprache wünschenswert.

Um diese Anforderungen besser erfüllen zu können und trotz unterschiedlicher Verwendung von Suchbegriffen und Sprachen bessere Ergebnisse zu liefern, präsentieren wir die semantische Erweiterung von Metadaten mithilfe von Ontologien und Thesauri. Diese

Strobl, J., Blaschke, T., Griesebner, G. & Zagel, B. (Hrsg.) (2014): Angewandte Geoinformatik 2014.

werden in der Literatur als Methoden zum effizienten Umgang mit semantischer Heterogenität beschrieben (WACHE et al., 2001 SMITS & FRIIS-CHRISTENSEN 2007; JANOWICZ et al. 2008).

In der prototypischen geoplatform.at (siehe Abb. 1) haben wir exemplarisch Wiktionary als multilingualen Thesaurus verwendet, um Suchresultate basierend auf Synonymen, Toponymen und anderssprachigen Begriffen zu verbessern.

Abb. 1: geoplatform.at: Eine zentrale Plattform um Wissen zu teilen

Im Moment umfasst Wiktionary 363.500 deutschsprachige Einträge, deren qualitative Korrektheit, ähnlich wie bei Wikipedia durch eine breite Community definiert wird. Aufgrund der Begriffsvielfalt und der laufenden Aktualisierung sowie personalisierter Qualitätssicherung haben wir in diesem Ansatz Wiktionary gegenüber Fachthesauri bevorzugt für unsere semantische Erweiterung herangezogen. Dies geht einher mit der Tatsache, dass wir geoplatform.at möglichst benutzerfreundlich gestalten wollten.

2 Geoplatform.at

Als Grundlage für unseren Ansatz der semantischen Erweiterung von Metadaten stehen uns Dateninhalte von der ‚Cooperation OGD Österreich', den INSPIRE Österreich Geoportalinhalten über das ‚Bundesamt für Eich- und Vermessungswesen' (BEV) und dem ‚Land-, forst- und wasserwirtschaftliches Rechenzentrum' (LfRZ)', ‚Geoland.at' und Portalen der einzelnen Bundesländer (z. B. ‚GIS-Steiermark') zur Verfügung. Durch die semantische Verknüpfung dieser Inhalte stellt geoplatform.at eine breite domänenoffene Informationsbasis an raumbezogenen Ressourcen aus Österreich bereit.

3 Semantische Erweiterung von Metadaten in geoplatform.at

Unser Prozessmodell zur semantischen Erweiterung von Metadaten beruht auf Ontologien, Thesauri und SKOS (Simple Knowledge Organization Systems). In geoplatform.at werden die Metadatendokumente aus den in Kapitel 2 angeführten Metadatenkatalogen semantisch erweitert. Das dahinterliegende technische System basiert auf Geoportal Server 1.2.4 (Open Source). Zur Extraktion der Schlüsselwörter aus den Metadatendokumenten verwenden wir Python 2.7 basierte Scripte.

Neben den Werkzeugen zur Extraktion der Schlüsselwörter aus den Metadatendokumenten haben wir noch weitere Tools zum Finden von Synonymen, Ober- und Unterbegriffen sowie deren automatisierter Übersetzungen entwickelt, mit denen die bestehenden Metadatensätze ergänzt werden.

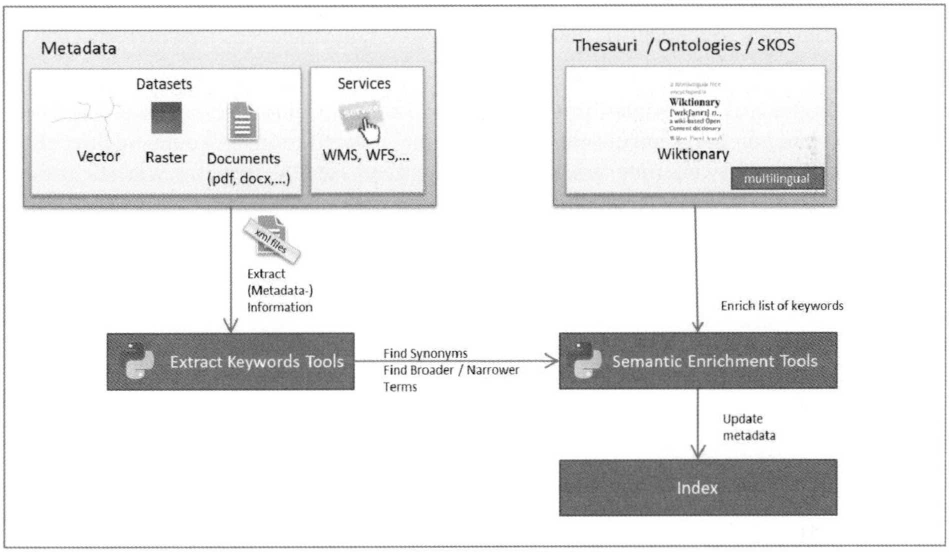

Abb. 2: Schema der semantischen Erweiterung der Discovery in geoplatform.at

Abb. 2 zeigt den Arbeitsablauf für die semantische Erweiterung von geoplatform.at:

In einem ersten Schritt werden Informationen aus bestehenden Metadatensätzen (vorwiegend Schlüsselwörter und Textbaustein-Schlüsselwärter) aus geoplatform.at extrahiert. Angewandt wird dieses Werkzeug für Metadatensätzen die für Vektor- und Rasterdaten, Dokumenten (pdfs, docx) sowie Geodiensten (WMS, WFS) zur Verfügung stehen.

Diese extrahierten Schlüsselwörter dienen als Baustein für die Extraktion von Synonymen sowie generellere (‚broader terms‘) oder spezifischere Begriffe (‚narrower terms‘) aus Wiktionary. Diese neuen Metadateninhalte werden in den bestehenden Metadaten in separaten Sektionen als Schlüsselwörter ergänzt. Diese Erweiterungen dienen dazu, die Metadaten selbst effizienter auffindbar zu machen. Vor allem in Hinblick auf verteilte räumlich-semantische Suchanfragen mit GeoSPARQL (Geographic Query Language for RDF) (OGC

2012) über verschiedene Metadatenkataloge hinweg, ist diese Erweiterung der Metadaten, einer on-the-fly Zuordnung der Vorzug zu geben.

4 Resultate

Um mit der enormen Ressourcenvielfalt in GDIs umgehen zu können, haben wir effiziente Methoden und Strategien zum Auffinden und Entdecken von Information entwickelt. Diese umfassen den Prozessablauf zur Anreicherung von Metadaten mit Synonymen, Ober- und Unterbegriffen sowie Übersetzungen extrahiert aus allgemeinen Ontologien sowie spezialisierten Thesauri und SKOS (Simple Knowledge Organization System) Komponenten. Für die Umsetzung dieser Anreicherungen haben wir Werkzeuge entwickelt, die nach ON/EN/ISO 19139 organisierte Metadaten in Geo-Katalogen z. B. in geoplatform.at anreichern. Diese Ergänzungen ermöglichen die Verbesserung der User-Experience Suchergebnislisten, wenn sich Suchbegriff und Schlüsselwort voneinander unterscheiden, jedoch synonym verwendet oder verwandt sind (Stichwort: broader, narrower).

Als Beispiel kann z. B. in geoplatform.at nach dem Begriff ‚Cabrio' gesucht werden. Diese Suchanfrage hat vor der semantischen Erweiterung mit Wiktionary keine Suchresultate geliefert. Nach der Erweiterung erscheinen Suchergebnisse die Begriffe wie ‚Kraftfahrzeugbestand' und ‚Straßenverkehrsunfälle' beinhalten auch in der Ergebnisliste (Abb. 3).

Abb. 3: Synonymsuche in geoplatform.at

Die oben stehend beschriebene Vorgehensweise ist auch mit englischen Begriffen durchführbar. Die Suche nach ‚car' liefert dementsprechend die gleichen Suchresultate wie die Suche nach dem Begriff ‚Auto' (Abb. 4). Eine automatische Übersetzung der Suchergebnisse in die Sprache der Suche ermöglicht dem Nutzer, ein Grundverständnis über den Datensatz zu erlangen – auch wenn er diese Sprache selbst nicht beherrscht (Abb. 5).

Abb. 4: Englischsprachige Suche in geoplatform.at

Abb. 5: Automatische Übersetzung der Suchresultate in geoplatform.at

5 Fazit und Ausblick

Wir empfehlen die Integration von semantischen Erweiterungen mit Bezug auf multilinguale Ontologien und Thesauri, veranschaulicht anhand von Wiktionary.org in Geoportal-Lösungen. Zu diesem Zweck haben wir Werkzeuge entwickelt, die eine automatische Extraktion von Schlüsselwörtern sowie deren Synonymen, Ober- und Unterbegriffen sowie Übersetzungen in andere Sprachen ermöglichen und diese Informationen als zusätzliche Information, ergänzt in den Metadaten zu den dokumentierten Ressourcen bereitzustellen. Dieses Set an Werkzeugen und deren Integration in bestehende Geoportallösungen über standardisierte Schnittstellen (OGC CSW – Catalogue Service Web) bilden das Fundament, die User Experience durch die Verbesserung der Trefferquote bei Suchanfragen entscheidend zu stärken.

Wir wollen darauf hinweisen, dass noch weitere Forschungsarbeit v. a. hinsichtlich der Granulierung unseres Ansatzes notwendig ist. Dies vor dem Hintergrund, dass die automatische Synonymverknüpfung out-of-the box in Hinblick auf die Kontextualisierung schwächen aufzeigt. Dies führt zum Beispiel dazu, dass z. B. bei der Eingabe von ‚Kokain' als Suchbegriff zum Auffinden von Datensätzen zu Drogenkriminalität auch Suchresultate zu Ressourcen über „Schneebedeckung" bzw. ‚Winterdienst' gelistet werden. Dieses lässt sich zwar einfach damit erklären, dass ‚Koks' wie auch ‚Schnee' umgangssprachliche Synonyme für Kokain darstellen. Eine verbesserte Integration und Querabfrage des Such-Kontexts soll hier in Zukunft entsprechende Verbesserungen mit sich bringen. Dazu haben wir geplant, zukünftig die Relevanz von Synonymen sowie deren Ober- und Unterbegriffe zu gewichten und umgangssprachliche Synonyme in unserem Metadatenanreicherungsprozess auszuklammern.

Wir haben unsere Forschungsergebnisse in geoplatform.at validiert. Dieser Forschungsprototyp besteht zurzeit aus mehr als 2.200 deutschsprachigen räumlichen und a-räumlichen Metadatendokumenten aktuell zusammengeführt aus verschiedenen Metadatenkatalogen in Österreich.

Literatur

ANDRADE, F. G. DE & BAPTISTA, C. S. DE (2011), Using Semantic Similarity to Improve Information Discovery in Spatial Data Infrastructures. Journal of Information and Data, 2, 181-194.

JANOWICZ, K., WILKES, M. & LUTZ, M. (2008), Similarity-Based Information Retrieval and Its Role within Spatial Data Infrastructures. In: Proceedings of the 5th International Conference on Geographic Information Science. Springer-Verlag, Park City, UT, USA, Vol. 5266, 151-167.

NOWAK, J., NOGUERAS-ISO, J. & PEEDELL, S. (2005), Issues of multilinguality in creating a European SDI – The perspective for spatial data interoperability. In: Proceedings of the 11th EC GI&GIS Workshop, ESDI Seeting the Framework, Alghero, Italien. 29.06.-01.07.2005.

OGC (2012), OGC GeoSPARQL – A Geographic Query Language for RDF Data. Online 20.04.2014: https://portal.opengeospatial.org/files/?artifact_id=47664.

OSTLÄNDER, N. & LUTZ, M. (2008), INSPIRE-ing GEMET – Enhancing Metadata Creation and Discovery. In: MOELLER, A., PAGE, B., SCHREIBER, M. (Eds.), Environmental Informatics and Industrial Ecology. Proceedings of EnviroInfo 2008 (Lüneburg), 212-214.

SMITS, P. C. & FRIIS-CHRISTENSEN, A. (2007), Resource Discovery in a European Spatial Data Infrastructure. In: IEEE Trans. On Knowl. And Data Eng., 19, 85-95.

WACHE, H., VÖGELE, T., VISSER, U., STUCKENSCHMIDT, H., SCHUSTER, G., NEUMANN, H. & HÜBNER, S. (2001), Ontology-based integration of information – a survey of existing approaches. In: IJCAI-01 Workshop: Ontologies and Information Sharing. Seattle, WA, 04.04.-05.04.2001, 108-117.

Entwicklung operationeller Dienste zur Nutzung der Sentinel- und weiterer Erdbeobachtungsdaten in einer cloudbasierten Infrastruktur

Gernot RÜCKER[1], Florian APPEL[2], Jurry DE LA MAR[3], Heike BACH[2], Florian SIEGERT[4], Thomas HEEGE[5] und Joachim TIEMANN[1]

[1]ZEBRIS GbR, München · gruecker@zebris.com
[2]VISTA GmbH, Weßling
[3]EOMAP GmbH & Co KG, Seefeld
[4]Remote Sensing Solutions (RSS) GmbH, Baierbrunn
[5]T-Systems GmbH, München

Zusammenfassung

Durch den exponentiellen Zuwachs und die zunehmende offene Verfügbarkeit hochqualitativer Erdbeobachtungsdaten und -produkte verändert sich der Markt für Erdbeobachtung rapide. Zum einen wird die Entwicklung innovativer Dienste mit hoher Aktualität möglich, zum anderen steigen die Anforderungen an die Prozessierung und die technische Infrastruktur; hier geht der Trend zu vollständig automatisierten Verfahren. Idealerweise würden in einer leistungsfähigen Erdbeobachtungsplattform Datenzentrum, Rechenleistung und Werkzeuge in einer Umgebung zusammenwirken. Im Projekt APPS4GMES werden wesentliche Elemente einer solchen Plattform prototypisch entwickelt und durch Pilotdienste genutzt. APPS4GMES steht für Applications for GMES (GMES ist das Erdbeobachtungsprogramm der EU und firmiert seit 2013 unter dem Namen Copernicus). Das Konsortium für APPS4GMES besteht aus vier im Erdbeobachtungsbereich tätigen bayerischen KMUs und einem internationalen Anbieter technischer Infrastruktur. Im Rahmen von APPS4GMES werden operationelle Erdbeobachtungsdienste in verschiedenen Anwendungsbereichen erstellt. Diese sind: Monitoring von Wasserquantität, Qualität von Oberflächengewässern, landwirtschaftliche Dienste, Umweltbeobachtungsdienste (Moore und Grünflächen), Dienste zur Unterstützung von REDD-Projekten (Reducing Emissions from Deforestation and Degradation) und zum Monitoring von Wald- und Vegetationsbränden. Alle Dienste nutzen eine gemeinsame, cloudbasierte Infrastruktur, die später direkten Zugang zu den Sentinel-Daten haben soll. Die Vorbereitung zur Nutzung der neuen europäischen Erdbeobachtungssatelliten der Sentinel-Serie ist ein wesentliches Ziel des Verbundprojektes.

Strobl, J., Blaschke, T., Griesebner, G. & Zagel, B. (Hrsg.) (2014): Angewandte Geoinformatik 2014.
 ISBN 978-3-87907-543-0.

1 Einleitung

Durch den exponentiellen Zuwachs und die zunehmende offene Verfügbarkeit hochqualitativer Erdbeobachtungsdaten und -produkte verändert sich der Markt für Erdbeobachtung rapide. Zum einen wird die Entwicklung innovativer Dienste mit hoher Aktualität möglich, zum anderen steigen die Anforderungen an die Prozessierung und die technische Infrastruktur; hier geht der Trend zu vollständig automatisierten Verfahren. Kleinen und mittleren Unternehmen als Anbieter innovativer Erdbeobachtungsdienste eröffnen sich mit den Methoden des Cloud-Computings neue Möglichkeiten zur Nutzung von IT Infrastrukturen und Plattformen. Durch die großen Datenmengen sind allerdings auch bei hohen Bandbreiten, wie sie in Rechenzentren zur Verfügung stehen, der effizienten Prozessierung von Daten Grenzen gesetzt. Idealerweise würden in einer leistungsfähigen Erdbeobachtungsplattform Datenzentrum, Rechenleistung und Werkzeuge in einer Umgebung zusammenwirken.

Im Projekt APPS4GMES werden wesentliche Elemente einer solchen Plattform prototypisch entwickelt und durch Pilotdienste genutzt. APPS4GMES steht für Applications for GMES (GMES ist das Erdbeobachtungsprogramm der EU und firmiert seit 2013 unter dem Namen Copernicus). Das Konsortium für APPS4GMES besteht aus vier im Erdbeobachtungsbereich international tätigen bayerischen KMUs und einem internationalen Anbieter technischer Infrastruktur. Die Partner und ihr Kerngeschäft sowie ihre Projektbeiträge sind in Tabelle 1 zusammengefasst. Das Projekt mit einer Laufzeit von 2012 – 2015 wird durch das bayerische Wirtschaftsministerium unterstützt und soll später in eine operationelle Nutzung überführt werden.

Im Rahmen von APPS4GMES werden operationelle Erdbeobachtungsdienste in verschiedenen Anwendungsbereichen erstellt. Diese sind: Monitoring von Wasserquantität, Qualität von Oberflächengewässern, landwirtschaftliche Dienste, Umweltbeobachtungsdienste (Moore und Grünflächen), Dienste zur Unterstützung von REDD-Projekten (Reducing Emissions from Deforestation and Degradation) und zum Monitoring von Wald- und Vegetationsbränden.

2 Architektur

Alle Dienste nutzen eine gemeinsame, cloudbasierte Infrastruktur, die später direkten Zugang zu den Sentinel-Daten haben soll. Die Vorbereitung zur Nutzung der neuen europäischen Erdbeobachtungssatelliten der Sentinel-Serie, die seit April 2014 kontinuierlich installiert werden, ist ein wesentliches Ziel des Verbundprojektes.

Die einzelnen Dienste (oder Apps) bzw. bestimmte Teilprozessoren daraus können zu Serviceketten miteinander verknüpft werden, so kann z. B. ein Prozess einen atmosphärenkorrigierten Datensatz erstellen, der dann von anderen nachfolgenden Diensten genutzt wird.

Diese im Rahmen des Projektes prototypisch entwickelten Serviceketten arbeiten mit standardisierten, vorprozessierten Multi-Missions-Eingangsdaten. Die automatisierte Berechnung höherwertiger Produkte wird durch eine skalierbare Cloud-Infrastruktur unterstützt.

Die gemeinsame Plattform besteht aus folgenden Hauptkomponenten:

- Input Data Portal: Das Eingangsdatenportal dient der Suche und Bereitstellung der Daten an die Dienste.
- APPS4GMES Data Portal: Dieses Portal stellt die Endprodukte den Anwendern bereit.
- Service Chain Manager: Dieser Dienst ermöglicht die einfache Verknüpfung der Dienste untereinander.
- Billing Manager: Dieser Dienst unterstützt die Abrechnung von Leistungen der Dienste untereinander und die Abrechnung gegenüber den Endkunden.

Das Input Data Portal besteht aus einem Datenkatalog, einem Metadatenharvester zur Befüllung des Kataloges, einem Bestell- und Downloadmodul sowie einem Konsolidierungsmodul zur Vorprozessierung der Daten. Der Aufbau des Portals folgt den Regeln einer dienstebasierten Architektur und unterstützt folgende Standards des Open Geospatial Consortium (OGC): Metadaten für Erdbeobachtungsprodukte (GASPERI et al. 2012), Katalogdienste mit Erweiterungen für Erdbeobachtungsprodukte (HOUBIE & BIGAGLI 2010), Bestell-Framework für Erdbeobachtunsgprodukte (MARCHIONI & PAPAGALLO 2012). Im Folgenden wird auf die Architektur des Eingangsdatenportals näher eingegangen.

Ziel der Entwicklung des Input Data Portals ist zum einen eine automatisierte Bereitstellung der Eingangsdaten für die Dienste – hierfür ist eine Maschine-zu-Maschine-Kommunikation erforderlich, die von den meisten Portalen für Erdbeobachtungsdaten nicht unterstützt wird. Zum anderen soll über das Harvesting von Metadaten mit dem Input Data Portal Katalog ein zentraler Abfragepunkt für die Dienste geschaffen werden. Der Metadatenharvester überführt die oftmals in proprietären Formaten vorliegenden Metadaten in das OGC-konforme und erweiterbare Earth Observation Products-Schema (EOP). Dabei werden Metadaten von verschiedenen Anbietern über die von diesen Anbietern bereitgestellten Schnittstellen abgefragt (derzeit verschiedene Produkte des NASA MODIS Sensors an Bord der Terra und Aqua Satelliten, Der Landsat-Satellitenreihe und der RapidEye-Satelliten). Diese Daten werden z. B. über eine FTP-, http- oder REST-Schnittstelle bereitgestellt und im XML- oder CSV-Format dargeboten. Der Metadatenharvester konvertiert diese Daten über eine Mapping-Tabelle in das EOP 2.0 Schema und sie in den OGC-konformen Katalog. Die Metadatenschemata der Sentinel-Satelliten liegen bereits vor – diese sind EOP 2.0 konform – und werden bei Verfügbarkeit der Satellitendaten ebenfalls in den Katalog geladen. Ein kontinuierliches Metadatenharvesting wird über geplante Aufgaben (scheduled tasks) am Input-Data-Portal konfiguriert.

Durch die Standardkonformität ist eine Föderation (Federation) von Katalogen von Erdbeobachtungsdaten über Organisationsgrenzen hinweg bereits vorbereitet. Das Input Data Portal ermöglicht den anfragenden Diensten eine Datenrecherche über eine einheitliche Schnittstelle, ohne die Notwendigkeit, sich bei vielen verschiedenen Katalogen anzumelden und mit unterschiedlichen Tools zu operieren, die meist Nutzerinput über eine Benutzeroberfläche erfordern.

Nach der Bestellung der Daten über das Bestellmodul werden die Daten vom Datenprovider heruntergeladen, durch das Konsolidierungsmodul prozessiert und dem bestellenden Dienst bereitgestellt. Auch dieser Prozess ist vollständig automatisiert und kann durch die dienstbasierte Architektur über eine reine Maschine-zu-Maschine-Kommunikation abgewickelt werden. Dies ist derzeit allerdings nur für eine eingeschränkte Anzahl von Erdbeobachtungsprodukten möglich, da die meisten Anbieter keinen automatisierten Download ermöglichen, bzw. keine Schnittstelle zur Automatisierung von Bestellprozessen bereitstellen.

In ähnlicher Weise werden die weiteren gemeinsam genutzten Module – basierend auf offenen Standards – den Diensten eine leistungsfähige und erweiterbare Infrastruktur bereitstellen.

Tabelle 1: Partner und Dienste

Partner	Tätigkeitsfeld	Beitrag zu APPS4GMES
VISTA	Remote sensing and modelling in agriculture and hydrology	Project coordinator Agriculture, Water Quantity
EOMAP	Coastal and inland waters monitoring	Water Quality, water depth
RSS	Environmental monitoring, agriculture and forestry, cartography, natural hazards and damage analysis	Environment and REDD
ZEBRIS	GIS and Remote Sensing for natural resource management (forestry, water protection, fire management)	Fire Emission Monitoring and REDD
T-Systems	Global ICT and cloud computing services	Portals, Mobile, Billing and Cloud Computing

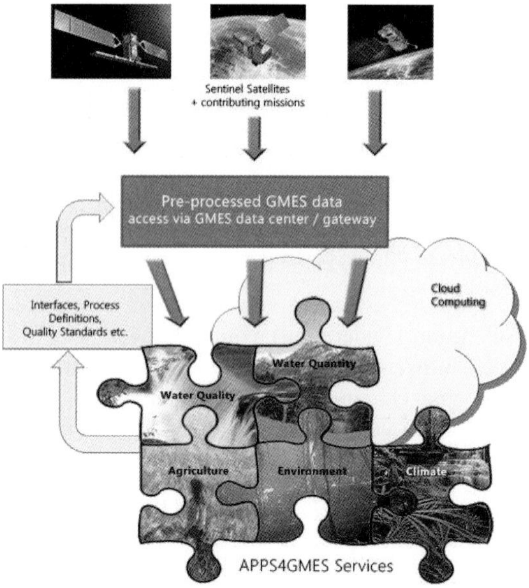

Abb. 1: Überblick zum APPS4GMES-Konzept

3 Bereitgestellte Dienste

VISTA wird neben Produkten für den Endanwender auch atmosphärenkorrigierte Erdbeobachtungsdaten zur Verwendung in weiteren Serviceketten anbieten. Im Bereich Landwirtschaft wird VISTA Eigenschaften von Feldfrüchten wie Blattoberfläche, Pflanzenwasserzustand, Biomasse und schließlich Ertrag (BACH et al. 2010a, BACH et al. 2012). VISTA außerdem bestehende Dienste im Schneeflächenmonitoring, Wasserbilanzsimulationen, Abfluss- und Wasserkraftmonitoring und – vorhersage in die neue Infrastruktur migrieren (APPEL et al. 2010, BACH et al. 2010b). Beide Dienste nutzen Datenassimilationstechniken, die sowohl sehr viel parallele Rechenzeit als auch große räumlich Abdeckungen und somit hohe Speicherkapazitäten und raschen Datenzugriff benötigen.

EOMAP implementiert Wasserqualitätsprozessoren in verschiedenen räumlichen Auflösungen (HEEGE et al. 2010) in der APPS4GMES-infrastruktur und vertreibt die so erstellten Produkte auch über mobile Geräte. Der EOMAP Bathymetrie Prozessor (OHLENDORF et al. 2011) wird derzeit überarbeitet, um die Ableitung der Wassertiefen auf große Gebiete ausdehnen zu können.

Die von RSS entwickelten Dienste bieten eine breite Palette an Umweltbeobachtungsanwendungen zur Unterstützung von nationalen und internationalen Naturschutzabkommen wie NATURA 2000 (FRANKE et al. 2012a). Darüber hinaus entwickelt RSS Erdbobachtungsdienste für Monitoring, Berichterstattung und Verifizierung (Monitoring, Reporting and Verification, MRV) zur Unterstützung von Klimaschutzprojekten im Rahmen von REDD (Reducing Emissions from Deforestation and Degradation) (FRANKE et al. 2012b). RSS wird zudem in Zusammenarbeit mit ZEBRIS an dem Dienst zum Feuermonitoring mitarbeiten.

ZEBRIS entwickelt einen Dienst zum Monitoring von Treibhausgasemissionen durch Wald- und Vegetationsbrände (RUECKER et al. 2013). Dieser Dienst basiert auf mehrmals täglichen Beobachtungen von Feuern durch verschiedene Erdbeobachtungssatelliten sowie einem statistischen Modell unter Einbeziehung von Wetterdaten und Landnutzungsinformation. Die großen anfallenden Datenmengen und der hohe Rechenaufwand könnten durch eine skalierbare, cloudbasierte Lösung hervorragend unterstützt werden.

Danksagung

Das Projekt wird durch das Raumfahrtprogramm des Bayerischen Staatsministeriums für Bayerische Ministerium für Wirtschaft und Medien, Energie und Technologie unterstützt.

Literatur

APPEL, F., BACH, H., HEEGE, T., DE LA MAR, J., SIEGERT , F. & RÜCKER, G. (2013), APPS4GMES – Development of operational products and services for GMES a bavarian initiative. Proc. of the ESA Living Planet Symposium, Edinburgh, 09.-13. September 2013.

APPEL, F., BACH, H., HALL, R. & METSAMAKI, S. (2010), Snow Services from GSE Polar View – Five Winters of Operational Service and the Extension Towards a Pan-European Service, Proceedings of the ESA Living Planet Symposium. ESA Special Publication SP-686, CD-Rom.

BACH, H., MIGDALL, S., MAUSER, W., ANGERMAIR, W. & SEPHTON, A. J., MARTIN-DE-MERCADO, G. (2010a), An integrative approach of using satellite-based information for Precision farming: TalkingFields. Proceedings 61st International Astronautical Congress, Prague, CZ.

BACH, H., APPEL, F., RUST, F. & MAUSER, W. (2010b), Polar View Snow Service – Operational Snow Cover Mapping for Downstream Runoff Modeling and Hydropower Predictions, Proceedings of the ESA Living Planet Symposium. ESA Special Publication SP-686, CD-Rom.

BACH, H., MIGDALL, S., SPANNRAFT, K., HANK, T. & MAUSER, W. (2012), Potential and challenges of using Sentinel-2 for Smart Farming; Sentinel-2 Preparatory Symposium, ESA-ESRIN, Frascati, Italy, 23 to 27 April 2012.

FRANKE, J., KEUCK, V. & SIEGERT, F. (2012a), Assessment of grassland use intensity by remote sensing to support conservation schemes. Journal for Nature Conservation, 20 (3), 125-134.

FRANKE, J., NAVRATIL, P., KEUCK, V., PETERSON, K. & SIEGERT, F. (2012b), Monitoring fire and selective logging activities in tropical peat swamp forests. IEEE Journal of Selected Topics in Applied Earth Observations and Remote Sensing, 5 (6), 1811-1820.

GASPERI, J., HOUBIE, F., WOOLF, A. & SMOLDERS, S. (Hrsg.) (2012), Earth Observation Metadata profile of Observations & Measurements, Open Geospatial Consortium Implementation Standard, Open Geospatial Consortium, Washington.

HEEGE, T., KISELEV, V., GEBHARD, S., HUTH, J., TRINH THI LONG & VO KHAC TRI (2009), Processing of Multiple Sensor Images of Aquatic Systems. Proc. of 33rd International Symposium on Remote Sensing of Environment (ISRSE), May 4-8, 2009, Stresa, CD-ROM publication.

HOUBIE, F. & BIGAGLI, L. (Hrsg.) (2010), OGC® Catalogue Services Standard 2.0 Extension Package for ebRIM Application Profile: Earth Observation Products, Open Geospatial Consortium Implementation Standard, Open Geospatial Consortium, Washington.

MARCHIONNI, D. & PAPPAGALLO, S. (Hrsg.) (2012), Ordering Services Framework for Earth Observation Products Interface Standard, Open Geospatial Consortium Implementation Standard, Open Geospatial Consortium, Washington.

OHLENDORF, S., MÜLLER, A., HEEGE, T., CERDEIRA-ESTRADA, S. & KOBRYN, H. T. (2011), "Bathymetry mapping and sea floor classification using multispectral satellite data and standardized physics-based data processing", Proc. SPIE 8175, 817503; doi:10.1117/12.898652.

RUECKER, G., HOFFMANN, A. A., LEIMBACH, D., TIEMANN, J. & NG'ATIGWA, C. (2013), Burned Area, Active Fires and Biomass burning – Approaches to account for Emissions from Fires in Tanzania. Poster Presentation, EGU 2013, Vienna 07-12 April 2013.

Kulturhistorische Forschung und Geodatenportale – raumbasierte Recherche in kulturhistorischen Datenbeständen mithilfe einer generisch erweiterbaren Diensteinfrastruktur

Kai WALTER[1], Karsten LABAHN[2], Ralf BILL[1] und Robert ZEPF[2]

[1]Professur für Geodäsie und Geoinformatik, Universität Rostock · kai.walter@uni-rostock.de
[2]Universitätsbibliothek, Universität Rostock

Dieser Beitrag wurde durch das Programmkomitee als „reviewed paper“ angenommen.

Zusammenfassung

Die Verknüpfung von ortsbezogenen Daten stellt einen wichtigen Punkt zur Anbindung und Aufbereitung kulturhistorischer Erkenntnisse mit modernen Informationsinfrastrukturen dar. Ziel des vorgestellten Projekts ist die Einbindung von vorhandenen regionalen Bibliotheksressourcen in eine Forschungsumgebung zur Kulturlandschaftsforschung, wobei der Mehrwert der normierten geographischen Schlagwörter durch Georeferenzierung erheblich verbessert wird. Hierzu soll eine generisch erweiterbare webbasierte Diensteinfrastruktur zur Verknüpfung dieser Datenbestände genutzt werden.

1 Raumbezug in kulturhistorischen Datenbeständen

Neben primär räumlichen Datenbeständen wie Altkarten, Luftbilder und modernen Geodaten sind für die Auswertung im Rahmen einer historischen Kulturlandschaftsforschung eine Vielzahl von Informationsressourcen relevant, die in wissenschaftlichen, amtlichen, landeskundlichen oder literarischen Zusammenhängen entstanden und publiziert worden sind. In den Medien der kulturellen Überlieferung sowie in der wissenschaftlichen Produktion werden räumliche Bezüge in der Regel *textuell* über geographische Namen hergestellt. Entsprechend erfolgt auch die Recherche von relevanten Dokumenten über eine *textbasierte* Suche in Titeln, Volltexten, Schlagworten oder Klassifikationssystemen. Gerade universale, interdisziplinäre und fachlich übergreifende Informationseinrichtungen widmen dem geographischen Bezug bei der inhaltlichen Erschließung und Vermittlung besondere Aufmerksamkeit. Für die bibliothekarischen Sacherschließungssysteme gilt dies in besonderem Maße, wobei sich in Deutschland zwar bereits seit dem 18. Jahrhundert Erschließungsgrundsätze etablierten, jedoch erst in den 1980er-Jahren mit den Regeln für den Schlagwortkatalog (RSWK) ein nationaler Sacherschließungsstandard für den deutschsprachigen Raum erarbeitet wurde (vgl. dazu BRAUNE EGLOFF 2002). Publikationen über Mecklenburg-Vorpommern werden von der Landesbibliothek Mecklenburg-Vorpommern in Schwerin gesammelt und in der Landesbibliographie Mecklenburg-Vorpommern nachgewiesen und erschlossen (GREWOLLS 2006). Die Landesbibliographie umfasst derzeit etwa 350.000

Strobl, J., Blaschke, T., Griesebner, G. & Zagel, B. (Hrsg.) (2014): Angewandte Geoinformatik 2014.
 ISBN 978-3-87907-543-0.

Titelnachweise, die in einer elektronischen Datenbank gespeichert und online recherchierbar sind. Inhaltlich erschlossen wird das Schrifttum über eine eigene, hierarchisch gegliederte Systematik mit ca. 1.400 Sachgebieten sowie durch Sach-, Zeit- und geographische Schlagworte. Sofern ein Aufsatz geographische Objekte behandelt, wurden entsprechende geographische Schlagworte vergeben. Hierbei wird eine einheitliche Verschlagwortung durch die Verknüpfung mit Schlagwortnormdatensätzen gewährleistet. Die Schlagwortnormdatensätze enthalten einen eindeutigen Identifier (PPN – PicaProduktionsNummer), einen geographischen Namen und ggf. weitere Informationen zur Art und zur Lage des geographischen Objekts sowie Verknüpfungen zu übergeordneten administrativen Einheiten (Kreis, Amt). Der Umgang mit geographischen Namen ist jedoch mit vielfältigen Schwierigkeiten verbunden, die vor allem auf ihrer Mehrdeutigkeit und ihrer uneinheitlichen Verwendung beruhen. Traditionell wird versucht, den beschriebenen Problemen durch die Verwendung von normierten Ortsnamen mit einheitlicher Schreibung und zusätzlicher Lagebestimmung („Kreis ...", „bei ...") zu begegnen. So finden sich etwa Ortsregister in Buchpublikationen, Ortskarteien als Findhilfsmittel in Archiven oder Normschlagworte in Bibliothekskatalogen. Auf diese Weise gelingt es jedoch nur eine begrenzte – oft auf eine Publikation beschränkte – Einheitlichkeit herzustellen, da kein Konsens über ein universell eindeutiges und einheitliches Vokabular besteht. Dies wird besonders deutlich, wenn eine verteilte Recherche über verschiedene disparate Ressourcen und Datenbestände vorgenommen werden soll. Ein neuerer Lösungsansatz ist die Georeferenzierung von Informationen durch die Verwendung von geographischen Koordinaten als ein Mittel *formaler* anstelle von Ortsnamen als *informaler* Repräsentation geographischer Lage (HILL 2006). Mit dem Aufkommen der GIS-Technologie kam zudem die Möglichkeit in den Blick, neben der textbasierten Suche in herkömmlichen Bibliothekskatalogen auch interaktive digitale Karten zur Recherche und zur Visualisierung von Suchergebnissen zu nutzen. Vor allem im Bereich der Kartenbibliotheken ist ein entsprechender Bedarf evident, weil die konventionelle Erschließung mit Autor, Titel, Schlagwort nur sehr unzureichende Recherchemöglichkeiten für kartographische Materialien bietet (GEISLER 2009). Die Beschreibung einer Position auf der Erdoberfläche durch die Angabe von Längen- und Breitengrad ist weitgehend exakt, eindeutig und international akzeptiert. Im vorgestellten Projekt werden vorhandene regionale Bibliotheksressourcen in eine virtuelle Forschungsumgebung zur Kulturlandschaftsforschung (vgl. BILL 2012 oder BILL & WALTER 2011) integriert, wobei der Mehrwert der normierten geographischen Schlagwörter durch Georeferenzierung erheblich verbessert wird.

2 Aufbau einer generisch erweiterbaren webbasierten Diensteinfrastruktur

Ziel der hier dargestellten Entwicklung ist die verbesserte räumliche Nutzung von Ortsreferenzen in bibliographischen Metadatensätzen. Um Ortsschlagworte entsprechend anreichern zu können, wurde ein Referenzdatensatz (Historisches Ortsnamenverzeichnis M-V) aufgebaut und spezielle Mapping-Verfahren entwickelt, die zuerst exemplarisch am Beispiel der Landesbibliothek Mecklenburg-Vorpommern zum Einsatz kamen. Zur Nutzung der daraus erzielten Ergebnisse wurde eine generisch erweiterbare webbasierte Diensteinfrastruktur zur räumlichen Verknüpfung von historisch-kulturwissenschaftlichen Datenbeständen konzipiert und entwickelt. Hiermit soll eine Vielzahl verschiedener, im Internet publizierter, raumbezogener Datenbestände vernetzt, recherchiert, visualisiert und analysiert werden können, ohne dass die Daten den Zuständigkeitsbereich des jeweiligen Fachdatenanbieters verlassen müssen. Die hierfür notwendigen Komponenten und Funktionen skizziert der Systemaufbau in Abbildung 1. In diesem kann die Anfrage nach Ortsnamen über eine Portalanwendung durch einen Nutzer angestoßen werden. Durch die zurückgegebenen Ortspositionen kann über eine Dienstemittelschicht (Harvester) auf den Fachdatenbeständen räumlich recherchiert werden. Hierfür werden die einzelnen Fachdatenquellen mit Schnittstellen im GeoBeacon-Format versehen, über die eine räumliche webbasierte Abfrage von Fachinformationen ermöglicht wird. Im Folgenden soll auf die einzelnen Komponenten und notwendigen Funktionen im Detail eingegangen werden.

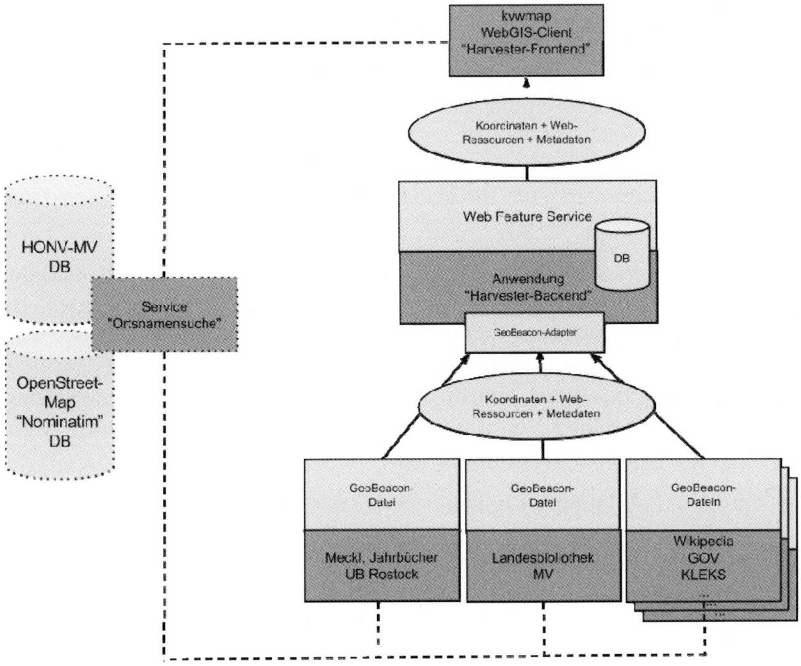

Abb. 1: Systemkonzeption der Diensteinfrastruktur

2.1 Aufbau eines Historischen Ortsnamensverzeichnisses als Referenzdatensatz

Zur Georeferenzierung der auf Ortschaften bezogenen geographischen Schlagwortnormdatensätze der Landesbibliographie M-V waren verschiedene Arbeitsschritte nötig, die im Folgenden zusammengefasst dargestellt werden sollen (zu ausführlichen Angaben siehe LABAHN et al. 2012). Zunächst musste ein Referenzdatensatz aufgebaut werden, in dem möglichst vollständig und zuverlässig Ortsnamen und Geokoordinaten zum Raum Mecklenburg-Vorpommern verzeichnet sind. Eine Recherche möglicher Quelldatenbestände zum Raum Mecklenburg-Vorpommern seit etwa 1800 führte zu dem Ergebnis, dass bestehende Ortsverzeichnisse entweder nicht in elektronischer Form vorliegen, nur Orte zu bestimmten

– zumeist aktuellen – Zeitschnitten umfassen oder kleinere Ortschaften und Wohnplätze nicht im notwendigen Umfang enthalten. Somit ergab sich die Anforderung, ein eigenes Historisches OrtsNamenVerzeichnis (HONV) für M-V aufzubauen.

Um einen Grundbestand an Ortsnamen für das HONV aufzubauen, wurden bestehende digitale Ortsdatensätze ausgewertet. Dabei handelt es sich zum einen um das „Verzeichnis der Ortschaften Mecklenburg-Vorpommern mit Höhen- und Koordinatenangaben" (VzO MV, 5.800 Einträge), welches vom Landesamt für innere Verwaltung M-V, Amt für Geoinformation, Vermessungs- und Katasterwesen, in elektronischer Form herausgegeben wird. Zum anderen konnte ein Datensatz (2.800 Einträge) genutzt werden, der von Gyula Pápay als Grundlage für verschiedene historisch-geographische Informationssysteme zum Raum Mecklenburg erarbeitet wurde (PÁPAY 2010). Anschließend erfolgte ein weiterer Abgleich mit dem Genealogischen Ortsverzeichnis (GOV, SCHNADT 2011).[1]. Erste Implementierungen des HONV erfolgten in einem relationalen Datenbanksystem (PostgreSQL). Insgesamt enthält das Verzeichnis zurzeit etwa 7.200 Ortsnamen mit Lageinformationen in Form von Geokoordinaten (WGS84) sowie Entfernung und Richtung zu einem Bezugsort. Es ist jeweils dokumentiert, aufgrund welcher Quelldatensätze der Ortsname in das HONV gelangt ist sowie aus welcher Quelle die Positionsangabe stammt und welche Qualität diese hat (genau, ungefähr, grob). Schreibvarianten zu den Ortsnamen können in einer separaten Tabelle gespeichert werden.

In einem nächsten Schritt mussten die Ortsschlagwortdatensätze mittels weitgehend automatisierter Verfahren mit dem beschriebenen Referenzdatensatz abgeglichen werden. Im Zuge des Aufbaus des Grundnamensbestands für das HONV wurden Verfahren entwickelt, um Listen von Orten gegeneinander abzugleichen und Übereinstimmungen zu ermitteln (siehe LABAHN et al. 2012). Im zweiten Schritt wurde die Liste der Ortsschlagworte mit bereinigten Ortsnamen und ungefährer Verortung mithilfe entsprechend entwickelter Algorithmen mit dem Referenzdatensatz HONV abgeglichen.

Im dritten Schritt mussten die Mapping-Ergebnisse systematisch gesichtet werden. Im Ergebnis konnten 93,6 % der ca. 4.600 Ortsschlagwortnormdatensätze aus der Landesbibliographie M-V um die Angabe von Geokoordinaten ergänzt werden. Dabei ist jeweils angegeben, auf welche Weise (manuell, automatisch) und anhand welcher Kriterien (Ähnlichkeit des Ortsnamens) die Zuordnung der Geokoordinaten erfolgt ist. Über die Verknüpfung zum HONV ist außerdem die Genauigkeit und die Quelle der angegebenen Geokoordinaten dokumentiert. Um das aufgebaute Ortsnamenverzeichnis im Rahmen der zu entwickelnden Webdienste-Infrastruktur aber auch für Betreiber von nicht georeferenzierten Fachdatenressourcen nutzbar machen zu können, wurde das HONV über eine webbasierte Schnittstelle zugänglich gemacht (REST-API, JSON-Austauschformat, siehe z. B. http://honv.ub.uni-rostock.de/api/v1/placenames.json?q=Krumm*). Neben der Schnittstelle wurde zusätzlich eine Webanwendung erstellt, um Nutzern eine intuitive Recherche im HONV zu ermöglichen.[2] Hier kann über ein Suchformular nach Ortsnamen bzw. Ortsnamensbestandteilen recherchiert werden. Die Trefferliste umfasst die vollständigen HONV-Datensätze einschließlich Lageinformationen, Schreibvarianten und Quellenangaben sowie Verknüpfungen zu externen Ortsverzeichnissen mit zusätzlichen Informationen wie historischen und

---

1 http://gov.genealogy.net

2 http://honv.ub.uni-rostock.de/

aktuellen Verwaltungszugehörigkeiten.[3] Außerdem werden die Treffer auf dynamischen Karten über die OpenLayers-Technologie visualisiert, wobei über Web Map Services verschiedene aktuelle und historische Kartenlayer zur Verfügung stehen.

2.2 Anreicherung von Fachdatenbeständen mit Geokoordinaten

Auf Grundlage des hier vorgestellten prototypischen Verfahrens wurden verschiedene Datenbestände mit Geokoordinaten versehen.

- *Landesbibliographie M-V*[4]: ca. 350.000 Titelnachweise landeskundlich relevanter Literatur, erschlossen u. a. durch geographische Schlagworte über Verknüpfung mit ca. 6.000 Schlagwortnormdatensätzen (davon 4.600 auf Ortschaften bezogen), Zuordnung von Geokoordinaten für 93,6 % der Ortsschlagworte.
- *WossiDiA* (Wossidlo Digital Archive)[5]: sachsystematisch geordnetes Zettelarchiv mit ca. 900.000 volkskundlichen Belegen, erschlossen u. a. über Ortsregister mit ca. 3.500 geographischen Namen (davon ca. 3.300 auf Ortschaften bezogen), Zuordnung von Geokoordinaten für 96 % der Ortsnamen.
- *Gyula Pápay: „Historischer Atlas Mecklenburg" u. a.*[6]: historisch-geographische Informationssysteme zu Mecklenburg, auf der Grundlage einer Datenbank mit 2.100 Gemeinden bzw. 2.900 Ortsnamen, Zuordnung zu Geokoordinaten für 98 % der Ortsnamen.
- *Ortsbezogene Bevölkerungszahlen 1867 in Mecklenburg-Schwerin*[7]: für ca. 2.400 Orte jeweils aggregierte Bevölkerungszahlen aus der Volkszählung 1867, Zuordnung von Geokoordinaten für 99 % der Ortsnamen[8].
- *Rostocker Matrikelportal*[9]: ca. 100.000 Einschreibungen in die Rostocker Universitätsmatrikel, ca. 3.800 Herkunftsorte der eingeschriebenen Personen des Zeitraums 1419-1830, Zuordnung von Geokoordinaten für 84 % der Ortsnamen[10].

2.3 Austauschformat „GeoBeacon"

Eine der wichtigsten Fragestellungen im vorliegenden Projekt war die Festlegung einer Schnittstelle, über die Anbieter von kulturwissenschaftlichen Fachdatenbeständen Ressourcen unter niedrigen technischen Einstiegshürden räumlich recherchierbar zur Verfügung stellen können. Als eine leichtgewichtige und einfach umzusetzende Lösung wird hierbei ein Verfahren erachtet, bei dem die Fachdatenanbieter ihre Daten in einer einfachen strukturierten Textdatei bereitstellen, die von einem Harvester eingelesen und für die räumliche

---

[3] Genealogisches Ortsverzeichnis GOV; Landesamt für innere Verwaltung M-V: Verzeichnis der Ortschaften in M-V 2011

[4] http://www.landesbibliographie-mv.de

[5] http://www.wossidia.de

[6] http://histdem.de/sites/default/files/HistorischeInformationssysteme.html

[7] http://histdem.de/ressourcen/bevoelkerung1867

[8] Eine Online-Publikation der Daten durch den Rostocker Forschungsverbund Historische Demographie bzw. das Max-Planck-Institut für Demographie ist noch nicht erfolgt.

[9] http://matrikel.uni-rostock.de

[10] Die Georeferenzierung erfolgte teilweise bereits außerhalb des vorliegenden Projekts. Für nicht-mecklenburgische Ortsnamen wurden andere Referenzdatensätze genutzt (GOV, Geonames).

Recherche weiterverarbeitet wird. Dies beruht auf dem BEACON-Format[11], in dem Links zu Webressourcen mit Normdaten verknüpft werden. Es handelt sich um eine einfache Textdatei, die aus mehreren Header- und Datenzeilen besteht. Jede Datenzeile besteht aus einem Link und einem Normdatenidentifier, in der bisherigen Praxis in der Regel eine GND-Nummer.[12] Der Dienst PND/BEACON-AKS[13] aggregiert GND-Beacon-Dateien aus verschiedensten Projekten (z. Zt. ca. 300) und liefert bei Übergabe einer GND-Nummer eine Liste mit Internetressourcen zurück, die Informationen zu der mit dieser Nummer identifizierten Person anbieten. Im vorliegenden Projekt wurde eine Spezifikation des Beacon-Formats für Internetressourcen mit Raumbezug definiert („GeoBeacon"):

Beacon-Header:

#FORMAT: GeoBEACON	Name des Formates (Konstante)
#VERSION: 0.1	Version des Formates
#FEED: http://honv.ub.uni-rostock.de[...]	URL der Beacon-Datei
#CONTACT: karsten.labahn@uni-rostock.de	Ansprechpartner
#INSTITUTION: UB Rostock	Institution/Herausgeber
#NAME: GIS Mecklenburg 1819/1867	Name des Projektes
#DESCRIPTION: Gyula Pápay […]	Kurzbeschreibung des Projektes
#WEBSITE: http://histdem.de/gis/histagsoc	Webseite des Projektes
#UPDATE: monthly	Angaben zum Update-Zyklus
#SRS: 4326	Koordinatenreferenzssystem
#TIMESTAMP: 2013/07/22T10:51:12Z	Erstellungszeitpunkt
#REVISIT: 2013/08/19T10:51:12Z	Vorgeschlagener Zeitpunkt für Update

Beacon-Datenzeile, bestehend aus drei Parametern in einer Zeile, durch | getrennt:

1. **Parameter: Koordinaten (WKT-Format, derzeit nur POINT)**
2. **Bezeichnung des räumlichen Objekts** (Text, i. d. R. der Ortsname)
3. **URL der Ressource**
4. **optional: Anzeigetext für die URL (Link-Titel)**

Beispiel:

```
POINT (13.26031 53.55740)|Neubrandenburg|http://landesbibliographie-
mv.de/PPNSET?PPN=231426380 | Literaturnachweise zu Neubrandenburg in der
Landesbibliographie M-V
```

---

[11] http://de.wikipedia.org/wiki/Wikipedia:BEACON Derzeit laufen Bestrebungen das Beacon-Format als Request For Comments (RFC) bei der Internet Engineering Task Force (IETF) zu standardisieren, http://gbv.github.com/beaconspec/beacon.html

[12] Gemeinsame NormDatei der Deutschen Nationalbibliothek, http://www.dnb.de/DE/Standardisierung/Normdaten/GND/gnd_node.html. Die GND umfasst ca. sieben Millionen Personen- sowie Körperschafts- und Sachschlagwortnormdatensätze.

[13] http://beacon.findbuch.de/seealso/pnd-aks

Im Unterschied zum GND-Beacon-Format wird hier statt eines Normdatenidentifiers eine Georeferenz mit einer Internetressource verknüpft. Dies hat den entscheidenden Vorteil, dass kein Konsens über eine universell eindeutige Ortsnormdatei bestehen muss, um in verteilten Datenbeständen gemeinsam zu recherchieren. Ergänzend wird eine textuelle Bezeichnung des referenzierten Geoobjekts angegeben, um verschiedene Objekte mit demselben Raumbezug (Ort, Ortsteil) zu unterscheiden. Im nächsten Schritt wurden zehn GeoBeacon-Dateien für ausgewählte Datenbestände erstellt. Zum einen sind dies die in Abschnitt 2.2 beschriebenen im Projekt mit Geokoordinaten angereicherten Datenbestände. Im Folgenden wird jeweils ein Teil des Headers jeder GeoBeacon-Datei aufgeführt, da hier die relevanten Informationen vorliegen. Der aktive Link im Feld #FEED führt jeweils zur vollständigen GeoBeacon-Datei.

- FEED: http://honv.ub.uni-rostock.de/geobeacon/mjb_geobeacon.txt (Mecklenburgische Jahrbücher 1836-1940, MVDok)
- FEED: http://honv.ub.uni-rostock.de/geobeacon/lbmv_geobeacon.txt (Landesbibliographie M-V)
- FEED: http://honv.ub.uni-rostock.de/geobeacon/wossidia_geobeacon.txt (WossiDiA - Das digitale Wossidlo-Archiv)
- FEED: http://honv.ub.uni-rostock.de/geobeacon/gisvz1867_geobeacon.txt (GIS Mecklenburg 1819/1867 zur Mecklenburg-Schweriner Volkszählung von 1867 und vergleichend 1819, Gyula Pápay, 2010)
- FEED: http://honv.ub.uni-rostock.de/geobeacon/rostocker-matrikel-orte_geobeacon.txt (Rostocker Matrikelportal1419-1831)

Zum anderen wurden exemplarisch weitere sowohl speziell auf Mecklenburg-Vorpommern bezogene als auch darüber hinaus gehende Datenbestände ausgewählt, die bereits Geokoordinaten enthalten:

- FEED: http://honv.ub.uni-rostock.de/geobeacon/gov_geobeacon.txt (Genealogisches Ortsverzeichnis: Orte in M-V, gov.genealogy.net)
- FEED: http://honv.ub.uni-rostock.de/geobeacon/kleks-auswahl_geobeacon.txt (KLEKs - Das Kulturlandschafts-Wiki, 21.11.2013)
- FEED: http://honv.ub.uni-rostock.de/geobeacon/wp-see-mv_geobeacon.txt (Wikipedia: Seen in Mecklenburg-Vorpommern, 20.11.2013)
- FEED: http://honv.ub.uni-rostock.de/geobeacon/wp-ort-de_geobeacon.txt (Wikipedia: Orte in Deutschland, 20.11.2013)
- FEED: http://honv.ub.uni-rostock.de/geobeacon/dnb-ort-de_geobeacon.txt (Katalog der Deutschen Nationalbibliothek: Orte in Deutschland)

Die GeoBeacon-Dateien für die externen Datenbestände wurden über verschiedene, von den jeweiligen Anbietern bereitgestellte Schnittstellen erstellt. Beispielsweise existiert im Rahmen des Wikipedia-Unterprojekts Wikipedia-World das Tool „kmlexport“,[14] womit für alle Artikel einer Kategorie samt Unterkategorien alle Geokoordinaten exportiert werden können. Die DINI-AG KIM hat 2011 ein Mapping der SWD (Schlagwortnormdatei, heute Teil der GND) zu GeoNames bereitgestellt,[15] auf dessen Grundlage gemeinsam mit Anfragen an die GND-Schnittstelle die GeoBeacon-Datei für den Katalog der Deutschen Nationalbibliothek erstellt werden konnte.

---

[14] http://toolserver.org/~para/cgi-bin/kmlexport

[15] https://wiki.dnb.de/display/DINIAGKIM/Normdaten-Mappings

2.4 Webbasiertes Harvesting von verteilten Fachdatenressourcen

Aufbauend auf dem zuvor beschriebenen Konzept zur Nutzung des GeoBeacon-Formats als Austauschformat wurde mithilfe des Ruby-basierten domänenspezifischen Programmierframeworks Sinatra ein Harvester-Webservice implementiert, der verortete Informationsressourcen über das beschriebene Austauschformat GeoBeacon ausliest, zusammenträgt und für eine einheitliche räumliche Recherche verfügbar macht. Die URLs der Ablageorte dieser öffentlich zugänglichen Dateien können dem Harvester-Backend über einen webbasierten Aufruf initial übermittelt werden. Das Harvester-Backend liest den Inhalt automatisiert ein, überprüft die GeoBeacon-Dateien daraufhin regelmäßig auf Änderungen und trägt ihre Inhalte in einer räumlichen Datenbank (PostGIS) zusammen.

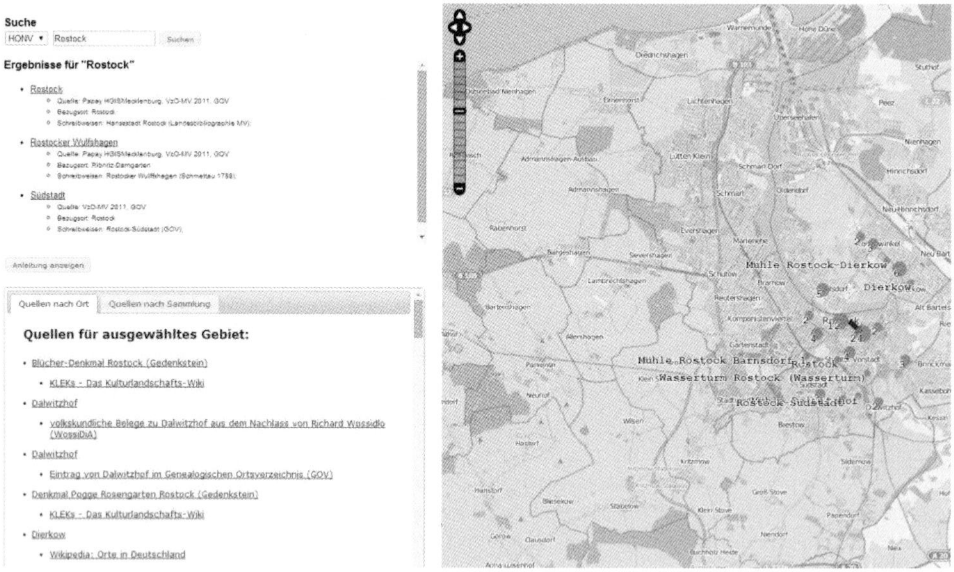

Abb. 2: Web-GIS-Clientanwendung zur räumlichen Recherche und Filterung aller gesammelten Informationsressourcen

3 Räumliche Recherche und standardisierter Zugriff auf gesammelte Fachdatenressourcen

Die über den in Kapitel 2.4 beschriebenen Harvester-Dienst gespeiste Datenhaltung soll im Rahmen der Projektarbeiten webbasiert über verschiedene Zugriffsmethoden zugänglich und recherchierbar gemacht werden. Um einen möglichst verbreiteten Schnittstellenstandard anbieten zu können, wurde ein Web Feature Service mithilfe der Anwendung GeoServer umgesetzt. Über die WFS-Schnittstelle erhalten interessierte Nutzer somit die Möglichkeit, Daten aller gesammelten Fachdatenressourcen in der eigenen Anwendungsumgebung (z. B. in Desktop-GIS-Anwendungen) recherchieren und herunterladen zu können. Weiterhin wurde eine Web-GIS-Clientanwendung mithilfe der Entwicklungsbibliothek OpenLayers implementiert (Abb. 2)[16]. Nutzer können sich hierfür zunächst manuell oder mithilfe einer automatischen Ortsnamensuche auf einer Karte verorten. Diese Ortsnamensuche kann wahlweise direkt mit dem Datenbestand des HONV-MV oder alternativ des OpenStreetMap-Projekts „Nominatim" als Suchfunktion unterlegt werden. Über eine Umkreissuche werden die im Harvester-Dienst hinterlegten Ressourcen abgerufen und in Form von Quellenangaben präsentiert. Die Verknüpfung und Weiterleitung zu den hinterlegten Fachinformationen geschieht über die direkte Verwendung der URLs als Verweis auf die Webpräsenz der externen Fachdatenanbieter.

4 Fazit

Die Verknüpfung von ortsbezogenen Daten stellt einen wichtigen Punkt zur Anbindung und Aufbereitung kulturhistorischer Erkenntnisse mit modernen Informationsinfrastrukturen dar. Die Grundidee dieses Ansatzes besteht darin, dass viele im Internet verfügbare historisch-kulturwissenschaftlichen Datenbestände raumbezogene Informationen enthalten, die Raumbezüge jedoch über geographische Namen hergestellt werden, womit vielfältige Schwierigkeiten für Recherche und Analyse verbunden sind, die vor allem auf der Mehrdeutigkeit und der uneinheitlichen Verwendung von Ortsnamen insbesondere in historischer Perspektive beruhen. Ist ein Datenbestand jedoch mittels Geokoordinaten erschlossen, können diese – als eine Form formaler anstelle von Ortsnamen als informaler Repräsentation geographischer Lage, die weitgehend exakt, eindeutig und international akzeptiert ist – dazu genutzt werden, eine automatische Verknüpfung von oder eine verteilte Recherche in verschiedenen disparaten Datenbeständen zu realisieren. Die hier vorgestellte konsequent räumliche Herangehensweise mithilfe einer generischen und erweiterbaren Plattform zur Verknüpfung von historisch-kulturwissenschaftlichen Datenbeständen konnte umgesetzt und auf seine praktische Anwendbarkeit überprüft werden. Insgesamt konnten bis zum Zeitpunkt dieses Beitrags über 18.000 verteilte Informationsressourcen für den Raum Mecklenburg-Vorpommern von fünf externen Anbietern gebündelt und über eine zentrale Anwendung zur räumlichen Recherche verfügbar gemacht werden. Zusammen mit den weiteren, in Kapitel 2.3 genannten, externen Anbietern konnte dieser Umfang sogar auf über 90.000 Informationsressourcen erweitert werden. Durch die Ausstattung mit standardisierten Schnittstellenprofilen aus dem Bereich der räumlichen Datenverarbeitung (Web Feature Service) und des Bibliothekswesens (GND, Beacon-Format) kann weiterhin eine ad-hoc Interoperabilität zu weiteren externen Diensten und übergeordneten Geodateninfrastrukturen gewährleistet werden. Das GeoBeacon-Format, als räumliche Abwandlung des Beacon-Formats, erwies sich hierbei als leichtgewichtiges und unkompliziert umzusetzendes Austauschformat, um webbasierte Informationsressourcen einfach nach außen sichtbar machen und für Harvesting- und Aggregierungsstrategien zur Verfügung stellen zu können.

Danksagung

Die Autoren danken der Deutschen Forschungsgemeinschaft (DFG) für die Förderung des Projektes im Rahmen des Förderprogramms Virtuelle Forschungslaboratorien (Förderkennzeichen Bi 467/21-2).

[16] http://139.30.132.26/beacon/search.html

Literatur

BILL, R. (2012) (Hrsg.), Virtuelle Forschungsumgebung für die Kulturlandschaftsforschung auf Basis von Internet-GIS-Technologien. Wichmann Verlag, Berlin/Offenbach, 186 S.

BILL, R. & WALTER, K. (2011), Virtuelles Kulturlandschaftslaboratorium. In: STROBL, J., BLASCHKE, T. & GRIESEBNER, G. (Hrsg.), Angewandte Geoinformatik 2011. Wichmann Verlag, Berlin/Offenbach, 528-537.

BRAUNE-EGLOFF, D. (2002), „Vom Ich zum Wir“: Die Entwicklung der sachlichen Erschließung von Medien an der Freien Universität Berlin. In: NAUMANN, U. et. al. (Hrsg.), Fünfzig Jahre Universitätsbibliothek der Freien Universität Berlin. Berlin: UB der Freien Universität, 269-299. http://www.ub.fu-berlin.de/service_neu/ubpubl/mitarbeiter/dbe/SWK-50.pdf.

GEISLER, F. (2009), Erschließung kartographischer Materialen. Ein Update. Berlin: Institut für Bibliotheks- und Informationswissenschaft der Humboldt-Universität (Berliner Handreichungen zur Bibliotheks- und Informationswissenschaft 259). http://edoc.hu-berlin.de/series/berliner-handreichungen/2009-259/PDF/259.pdf.

GREWOLLS, G. (2006), Die Mecklenburg-Vorpommersche Bibliographie: von der Druckausgabe zur Datenbank. In: SYRÉ, L. &WIESENMÜLLER, H. (Hrsg.), Die Regionalbibliographie im digitalen Zeitalter, 279-291.

HILL, L. L. (2006), Georeferencing. The Geographic Associations of Information. The MIT Press, Cambridge/London.

LABAHN, K., STEPHAN, R. & ZEPF, R. (2012), Digitale Bibliothek und Virtuelle Forschungsumgebung – raumbezogene Verknüpfung und Recherche von bibliothekarischen Datenbeständen. In: BILL, R. (Hrsg.), Virtuelle Forschungsumgebung für die Kulturlandschaftsforschung auf Basis von Internet-GIS-Technologien. Wichmann Verlag, Berlin/Offenbach, 59-82.

PÁPAY, G. (2010), GIS zur Mecklenburg-Schweriner Volkszählung von 1867 (und vergleichend 1819). Universität Rostock, Arbeitsbereich Multimedia und Datenverarbeitung in den Geisteswissenschaften. http://histdem.de/sites/default/files/gis1867/StartGIS1819_67.html.

SCHNADT, J. (2011), Das genealogische Ortsverzeichnis (GOV). Vermessung Brandenburg, 1/2011, 35-42.

Optimierte Steuerung von Weichenheizungen mithilfe von ortsbezogenen Wetterprognosen

Christoph WEIß, Thilo KÄSEMANN und Karl KLINGE
i3mainz, Mainz · christoph.weiss@fh-mainz.de

Zusammenfassung

Die optimierte Steuerung von Weichen im Netz der Deutschen Bahn anhand von ortsbezogenen Wetterprognosen ist ein Beispiel für die praxisorientierte Anwendung von Geoinformation. Dieser Ansatz wird im Rahmen des Forschungsprojektes InfraGrid am Institut für Raumbezogene Informations- und Messtechnik der Fachhochschule Mainz (i3mainz) umgesetzt. Dieser Beitrag stellt zunächst die verwendeten Wetterdaten und deren Verarbeitung sowie die prototypische Entwicklung einer Visualisierungsoberfläche vor. Abschließend wird ein Blick auf die zukünftigen Entwicklungen geworfen.

1 Einleitung

Wer im Winter viel mit der Bahn fährt oder in dieser Zeit aufmerksam die Presse verfolgt, wird regelmäßig mit den Herausforderungen von Netzbetreibern in der Winterzeit konfrontiert (SÜDDEUTSCHE 2012 und ZEIT 2010). Die winterlichen Bedingungen führen speziell bei Weichen zu Störungen (DEUTSCHE BAHN 2010). Daher sind 48.500 der 72.000 Weichen im Streckennetz der DB beheizt, um eine Aufrechterhaltung des Betriebes zu gewährleisten. Eine Weichenheizung verbraucht im Winter so viel Energie wie ein Zweifamilienhaus und alle Anlagen zusammen genommen so viel Energie wie eine deutsche Großstadt.

Stand der Technik ist auf lokale Sensoren gestützte witterungsabhängige automatische Steuerung der Einzelanlagen. Hierbei werden in Abhängigkeit von vor Ort gemessenen Umweltparametern die Weichen beheizt. Die Ermittlung der gemessenen Parameter ist durch die Anzahl und Art der verwendeten Fühler begrenzt. Zudem kann auf Wetterereignisse erst reagiert werden, wenn die lokalen Messeinrichtungen das Wetterereignis erfasst haben.

Ziel des Forschungsprojektes InfraGrid ist daher die Erweiterung des Kontextes um ortsbezogene Wetterprognosen, um so das Verhalten der Anlagen besser zu prognostizieren. Dadurch können die Energienutzung und die betriebliche Zuverlässigkeit der Weichen in den Wintermonaten optimiert werden.

Strobl, J., Blaschke, T., Griesebner, G. & Zagel, B. (Hrsg.) (2014): Angewandte Geoinformatik 2014.
 ISBN 978-3-87907-543-0.

2 Auswahl meteorologischer Parameter anhand von Weichenvereisungsszenarien

Die Vereisungsgefahr einer Weiche ist stark abhängig von den meteorologischen Gegebenheiten, die in der Umgebung vorherrschen.

Dabei können sowohl die zurückliegenden Wetterdaten als auch die aktuellen Wetterprognosen verwendet werden. Anhand der zurückliegenden Wetterdaten im Abgleich mit dem zum gleichen Zeitpunkt erfassten Anlagenverhalten wird ein funktionaler Zusammenhang ermittelt. Dieser Zusammenhang kann mithilfe von Wettervorhersagen zur Prognose des Verhaltens genutzt werden.

Der Deutsche Wetterdienst (DWD) stellt als Wetterdienstleister die entsprechenden Daten deutschlandweit einheitlich zur Verfügung. Dafür betreibt er ein Netz von Messstationen an denen meteorologische Parameter gemessen werden. Der DWD kann Daten auch über zurückliegende Zeitpunkte bereitstellen. Aufbauend auf den gemessenen Daten berechnet der DWD verschiedene Wettervorhersagen. Für das Projekt werden die beiden numerischen Wettervorhersagemodelle COSMO-EU und COSMO-DE verwendet. Diese unterscheiden sich in ihrer räumlichen sowie zeitlichen Auflösung. Während COMSO-EU eine Vorhersage für bis zu 78 Stunden bei einer Gitterauflösung von 7,8 km bietet, ist der Vorhersagezeitraum bei COSMO-DE mit 27 Stunden geringer dafür ist das Gitter mit 2,8 km höher aufgelöst. (BALDAUF 2011, SCHULZ & SCHÄTTLER 2011).

Die Wettervorhersagemodelle stellen eine Vielzahl von Parametern bereit, wobei nicht alle im Kontext von Weichenvereisungen relevant sind. Die relevanten Parameter lassen sich anhand einer Analyse von Vereisungsszenarien ermitteln: es werden alle Bedingungen betrachtet, bei denen Weichen einfrieren können und welche meteorologischen Parameter dabei relevant sind.

Auf Grundlage dieser Szenarien können die relevanten meteorologischen Parameter abgeleitet werden. Diese Auswahl erfolgte in enger Absprache mit Weichenheizungsherstellern. Unter Betrachtung dieser Vereisungsfälle sind die Parameter Temperatur, Niederschlag (Gesamtniederschlag sowie Aufteilung in Regen, Schnee und Graupel), Luftfeuchtigkeit, Windgeschwindigkeit und die Höhe der Schneedecke wichtig um das Verhalten von Weichenheizungen simulieren und prognostizieren zu können.

3 Verarbeitung und Bereitstellung der Wetterdaten

Die im vorherigen Kapitel festgelegten Wetterdaten werden vom DWD im standardisierten GRIB (GRIdded Binary)-Format der WMO (World Meteorological Organization) bereitgestellt, das auf einem regelmäßigen Punktraster basiert. Die Verarbeitung der meteorologischen Parameter erfolgt automatisiert (siehe Abb. 1). Dabei werden die Wetterdaten zunächst vom Server des Deutschen Wetterdienstes heruntergeladen. Im Anschluss werden die Gitterpunkte mithilfe des „VectorToRasterProcess“ von geotools in GeoTIFFs umgewandelt. Dabei wird für jeden Wetterparameter und jeden Vorhersagezeitpunkt ein GeoTIFF erstellt. Für die Betriebsstellen mit elektrischen Weichenheizungen liegen Koordinaten in einer PostgreSQL-Datenbank mit PostGIS-Erweiterung vor. Für diese Koordinaten können die Wetterparameter auf den GeoTIFFs bilinear interpoliert werden. Somit liegen für alle Betriebsstellen ortsbezogene Wetterprognosen vor, die aufgrund der großen Datenmengen und den einfach strukturierten Abfragen in einer nicht relationalen Datenbank vorgehalten werden. Die Wetterprognosen liegen in der Datenbank in einer zeitlichen Auflösung von 15 Minuten vor.

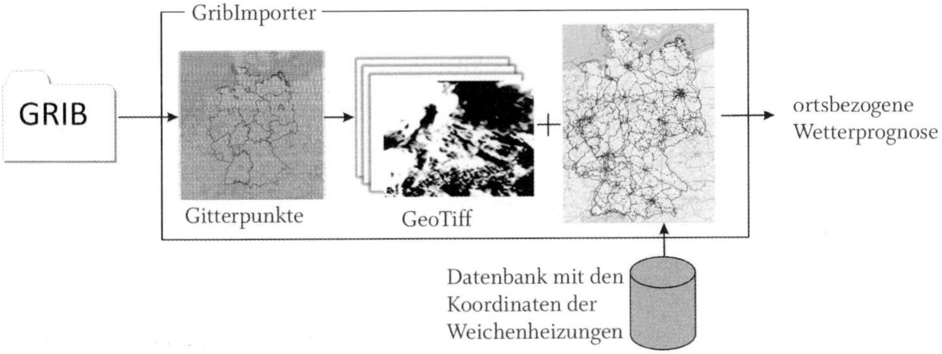

Abb. 1: Workflow für die Verarbeitung der Wetterdaten

Die in der Datenbank enthaltenen Daten werden über einen WebService bereitgestellt. Der WebService bietet die Möglichkeit, pro Weichenheizungssteuerung die historischen Anlagendaten in Kombination mit ebenfalls historischen meteorologischen Parametern abzufragen. Die eindeutige Identifikation der Anlagen lehnt sich an das ERP-System des Betreibers an und besteht als sogenannter Technischer Platz mindestens aus der Betriebsstellen-Kennung und einer Kennziffer. Durch eine Gegenüberstellung der gemessenen Wetterparameter an der Anlage und der Wetterdaten des DWD ist es möglich systematische Abweichung, die sich durch mikroklimatische Besonderheiten oder fehlerhafte Messinstrumente ergeben zu ermitteln und Korrekturen anzubringen.

Der WebService stellt zudem für alle Betriebsstellen die kurz- und langfristigen Wettervorhersagen bereit.

Die Wetterdaten sind ein wichtiger Baustein für das Projekt und somit ist der WebService zur Bereitstellung der Wetterdaten eine zentrale Infrastruktur für das Projekt.

4 Analyse und Visualisierung

Auf Grundlage der Wetterdaten können potenziell kritische Zeitpunkte ermittelt werden, an denen eine Weichenvereisung anhand der meteorologischen Gegebenheiten droht. Zur Ableitung dieser kritischen Zeitpunkte wurde ein Entscheidungsbaum entwickelt (siehe Abb. 2). Die Wettervorhersage kann so jeweils pro Betriebsstelle separat analysiert werden und im 15-Minuten-Raster Zeitpunkte ermittelt werden, an denen ein Vorheizen der Weiche sinnvoll ist, um eine Vereisung zu verhindern.

Nach BUSCH (2014) existieren folgende Szenarien:

- Vereisung durch Niederschläge in (unterkühlter) flüssiger Form (Eisregen),
- Vereisung durch Niederschläge in (nicht unterkühlter) flüssiger Form (Glatteis),

- Vereisung durch Schneefälle,
- Vereisung durch Schneeverwehungen,
- Vereisung durch Graupel und Hagel,
- Vereisung durch extreme Temperaturstürze,
- erhöhte Viskosität der Schmiermittel bei Temperaturen unter –20 °C.

Diese Szenarien lassen sich in einem Entscheidungsbaum systematisieren.

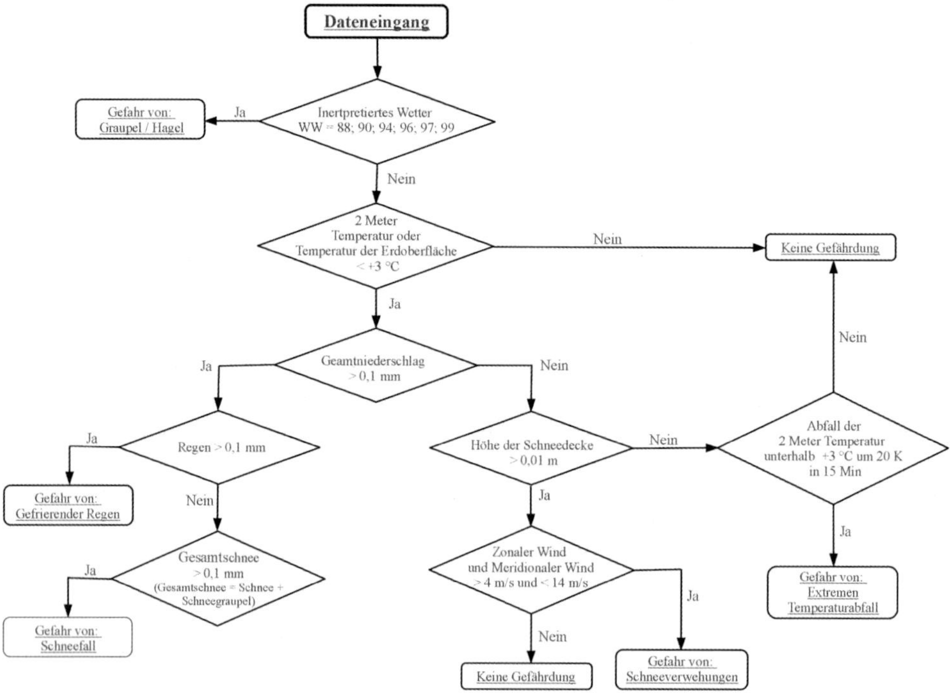

Abb. 2: Entscheidungsbaum InfraGrid zum Ableiten kritischer Wetterereignisse (BUSCH 2014)

Die Zuverlässigkeit der Aussagen kann durch die Berücksichtigung der systematischen Abweichungen der Anlagen erhöht werden. Dafür ermöglichen die Diagnosedaten eine Gegenüberstellung der tatsächlich gemessenen meteorologischen Parameter an den Anlagen und den vorhergesagten meteorologischen Parametern des DWD. Abbildung 3 zeigt die Gegenüberstellung am Beispiel der Betriebsstelle Hannover-Hainholz (HHZ) für den Parameter Temperatur. In Hannover-Hainholz sind 4 Weichenheizungssteuerungen installiert. Auffällig ist, dass die gemessene Temperatur bei zwei der Anlagen deutlich unter der Temperatur des DWD liegt, bei den anderen beiden liegt die Temperatur leicht oberhalb. Dieses Verhalten ist auch bei anderen Betriebsstellen erkennbar, sodass die Korrekturen der meteorologischen Parameter anlagenspezifisch angebracht werden müssen.

Die durch die Analyse mit dem Entscheidungsbaum ermittelten Zeitpunkte können genutzt werden, um die exakten Einschaltzeitpunkte der Anlagen zu ermitteln. Dazu muss das Aufheizverhalten der Anlagen bekannt sein. Die Diagnosedaten in Kombination mit den historischen Wetterdaten bilden dafür die Basis und ermöglichen die Ableitung eines funktionalen Zusammenhangs. Somit kann der Einschaltzeitpunkt zurückgerechnet werden, sodass die Anlage zum potenziell kritischen Zeitpunkt rechtzeitig vorgeheizt ist.

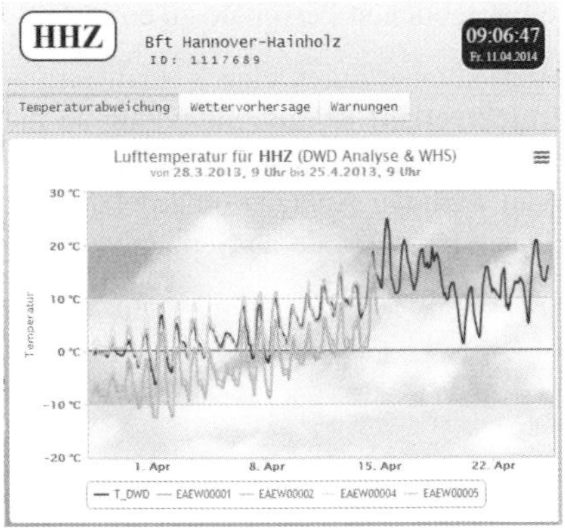

Abb. 3: Temperaturabweichung der einzelnen Steuerungen in Hannover-Hainholz

Die entwickelte Visualisierung ermöglicht dem Nutzer, die berechneten Einschaltzeitpunkte nachzuvollziehen und zu validieren. Dabei können sowohl die Vorhersage verschiedener meteorologischer Parameter deutschlandweit flächenhaft als auch betriebsstellenbezogen betrachtet werden. Abbildung 4 zeigt die Darstellung einer Betriebsstelle mit der dazugehörigen Vorhersage der meteorologischen Parameter. Zudem wird durch den roten Balken eine potenziell gefährliche Wettersituation visualisiert, die zu einer Einschaltung der Weichenheizung führt

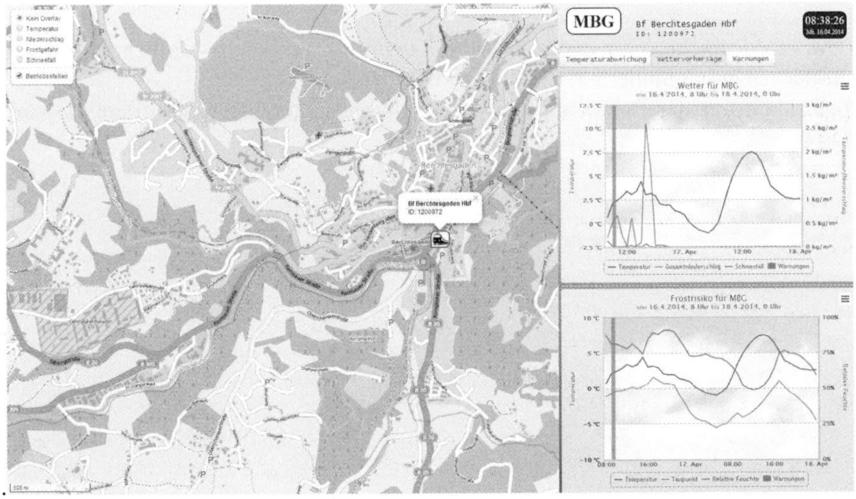

Abb. 4: Detailansicht einer Betriebsstelle in der Visualisierungsoberfläche; der graue Balken repräsentiert die Wetterwarnung

5 Fazit und Ausblick

Die hier vorgestellten Entwicklungen im Rahmen des Projektes InfraGrid sind eine sinnvolle Ergänzung zu den bisherigen Möglichkeiten der Steuerung und Überwachung von Weichenheizungen. Anhand der Visualisierung bietet sich dem Betreiber die Möglichkeit, die Weichenheizungen automatisiert zu betreiben und die betrieblichen Personale zu entlasten.

Die zugrunde liegenden Wetterdaten und Berechnungen können durch eine Visualisierung in einer Testphase verifiziert werden. Im weiteren Projektverlauf ist die Anbindung an die Diagnoseplattform der Deutschen Bahn AG zur direkten Ausführung der Einschaltungen vorgesehen. Das wird zunächst in einem Testbetrieb an wenigen Anlagen umgesetzt. Eine erste Testphase unter Realbedingungen ist für die nächste Heizperiode ab September 2014 geplant.

Literatur

BALDAUF, M. et al. (2011), Kurze Beschreibung des Lokal-Modells Kürzestfrist COSMO-DE (LMK) und seiner Datenbank auf dem Datenserver des DWD. Offenbach a. M.

BUSCH, A. (2014), Analyse und Bereitstellung notwendiger Wetterdaten zur Situativsteuerung von Weichenheizungen. Masterarbeit, FH Mainz.

DEUTSCHE BAHN (2010), Winterdienste bei der Deutschen Bahn. http://www.deutschebahn.com/file/2238488/data/winterperiode_20101201.pdf (10.04.2014).

SCHULZ, J.-P. & SCHÄTTLER, U. (2011), Kurze Beschreibung des Lokal-Modells Europa COSMO-EU (LME) und seiner Datenbanken auf dem Datenserver des DWD. Offenbach a. M.

SÜDDEUTSCHE (2012), S-Bahn kämpft gegen Kälte, Dauereinsatz soll Einfrieren der Züge verhindern. http://www.sueddeutsche.de/muenchen/s-bahn-kaempft-gegen-kaelte-lokfuehrer-sollen-einfrieren-der-zuege-verhindern-1.1277082 (9.04.2014).

ZEIT (2010), Frieren mit der Bahn, http://www.zeit.de/reisen/2010-01/bahn_frage-antwort (9.04.2014).

smart SensorIQS – erweiterte Qualitätssicherung für hydrologische Sensormessdaten

Alfred WIESER[1], Manfred MITTLBÖCK[2] und Bernhard VOCKNER[2]

[1]FH Kärnten, Villach · a.wieser@fh-kaernten.at
[2]Research Studios Austria – iSPACE, Salzburg

Zusammenfassung

Hydrologische Messdaten sind die Grundlage für Wetterprognosen und dienen als Basis für die quantitative Bewertung des Klimawandels. Die Ergebnisse der dafür verwendeten Rechenmodelle sind dabei von der Qualität der zugrunde liegenden Messdaten abhängig.

Ziel des Forschungsprojektes ‚smart SensorIQS' ist es, Konzepte und Methoden zu entwickeln, die eine effektive automatisierte Qualitätssicherung hydrologischer Messdaten in naher Echtzeit ermöglichen.

1 Einleitung

In bestehenden Messnetzen erfolgt die Qualitätsprüfung der gemessenen hydrologischen Messdaten meist nach Basis-Parametrisierungen, semiautomatisiert und in vielen Fällen stichprobenhaft und nicht kontinuierlich. In manchen Fällen ist es sehr schwierig, bewertbare Aussagen über die Datenqualität von Messungen durchzuführen (EEA 2012).

Im schlimmsten Fall kann demzufolge keine Aussage über die Datenqualität einer Messung getätigt werden. Ungenügende, semantisch nicht eindeutige oder gar fehlende Kenntnisse über Qualität oder die Qualitätsstufe der gemessenen Daten kann in weiterer Folge zu unerwarteten bis hin zu falsch interpretierten Ergebnissen bei darauf aufbauenden Modellberechnungen und Simulationen führen (SAGL et al. 2011).

Messfehler können z. B. unter anderem durch ‚falsche' Ausreißer (vgl. Abb. 1) verursacht sein. Die Gefahr ist daher groß, dass solche Ausreißer, speziell bei hoch-dynamischen hydrologischen Phänomenen wie z. B. dem aktuellen Niederschlag, falsche Analyseergebnisse von weiterführenden Berechnungen liefern (ANDERS et al. 2011). Eine intelligente und harmonisierte Qualitätssicherung von ‚live'-Sensormessdaten ist daher unabdingbar (vgl. DWD 2014).

Strobl, J., Blaschke, T., Griesebner, G. & Zagel, B. (Hrsg.) (2014): Angewandte Geoinformatik 2014.
 ISBN 978-3-87907-543-0.

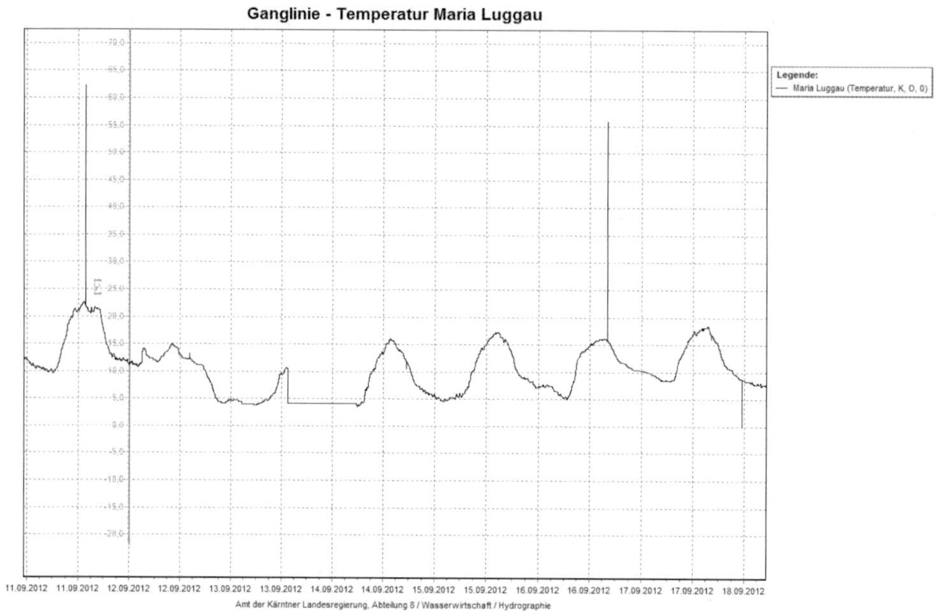

Abb. 1: Messfehler in der Ganglinie einer Temperaturkurve (Quelle: Amt der Kärntner Landesregierung, Abteilung 8/Wasserwirtschaft/Hydrographie)

2 Zielsetzung

Die Herausforderungen im Projekt ‚smart SensorIQS' liegen in der Konzeption und Entwicklung eines nachhaltigen, methodischen und technischen Lösungsansatzes, der es ermöglicht, qualitätsgesicherte hydrologische Messdaten – mit einem gemeinsamen, vergleichbaren Verständnis für die Messdatenqualität – ‚live' in interoperablen IT-Infrastrukturen für die weitere Verwertung bereitzustellen.

Im Mittelpunkt der Forschungsarbeiten stehen die Harmonisierung, Definition und Organisation neuer raumzeitlicher Prüfkonzepte für hydrologische Messdaten sowie die anschließende Kombination mit neuen service-orientierten Ansätzen für den standardisierten Messdatenaustausch wie Open Geospatial Consortium Sensor Observation Services (OGC SOS) unter Berücksichtigung nationaler und europäischer gesetzlicher Rahmenbedingungen (z. B. INSPIRE Annex III Thema ‚Umweltüberwachung'). Ziel des Projektes ist die Entwicklung eines Frameworks für die technische und die semantisch harmonisierte (ON/EN/ISO 19157, ON/EN/19158) near-real-time Qualitätssicherung von hydrologischen Messdaten mit einer prototypischen Validierung dieses Ansatzes als technisches System.

Für die qualitative Bewertung von Sensormessungen müssen effiziente und umfassende Mechanismen zur Definition und der raumzeitlichen Zuordnung der Qualitätsniveaus zu den Messwerten geschaffen werden. Hier spielt die Querverbindung zu Linked-Data-Konzepten – dem konkreten Ansatz zur Realisierung der Vision eines Semantic Web – eine entscheidende Rolle, um konsistente sowie qualitative Beschreibungen für die Metadatenbestände von Sensoren, deren Messdaten und Serviceschnittstellen möglichst automatisiert und umfassend bereitzustellen.

3 Konzept und Methodik

3.1 Konzept der Qualitätssicherung

Der erste inhaltliche Schwerpunkt des Forschungsprojektes ‚smart SensorIQS' fokussiert auf die gemeinsame Definition einer neuen, österreichweit harmonisierten und international abgestimmten Methodik und Beschreibung der automatisierten Qualitätssicherung (vgl. SAGL et al. 2012) von hydrologischen (Roh-)Daten. Diese inhaltliche Festlegung erfolgt in Konsolidierung mit Experten der hydrographischen Dienste in Österreich und wird zusätzlich mit nationalen sowie europäischer Richtlinien und Gesetzen abgestimmt.

Wissenschaftliche Grundbausteine dafür sind der Aufbau einer (österreichweit) harmonisierten ‚Qualitäts-Ontologie' (‚EcoOnt') für hydrologische Umweltphänomene sowie die technische Konzeption und prototypische Implementierung eines automatisierten ‚Regelwerks' zur Fehlererkennung und Fehlerkorrektur. Durch die Konzeption und Verwendung einer Ontologie wird gewährleistet, dass Messsensoriken (Messstationseigenschaften), gemessene Umweltphänomene und deren Charakteristika sowie die Beschreibung der physiogeografischen Rahmenbedingungen (Position, Exposition, etc.) strukturiert in die Semantik eingeordnet werden können. Die Regelwerksbeschreibungen für Fehlererkennung und Fehlerkorrekturen werden abstrahiert, in UML modelliert und für die weitere Verwertung in XML repräsentiert.

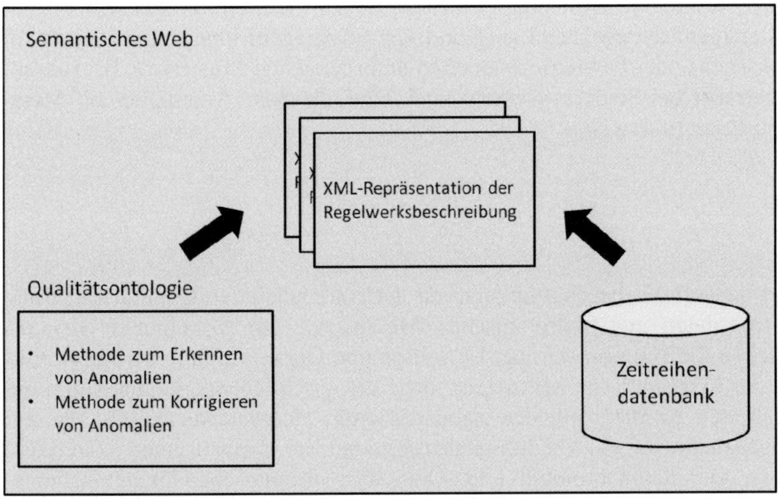

Abb. 2: Konzept der erweiterten Qualitätssicherung

3.2 Methodik zur Umsetzung

Zur Erfüllung der Anforderung der breiten Verfügbarmachung von hydrologischen Messdaten in ‚naher Echtzeit' (z. B. für Wetterprognosen und Unwetterwarnungen) gilt es, einhergehend mit der Leistungssteigerung bei den dafür notwendigen Algorithmen und Modellrechnungen, neue Strategien in der Bereitstellung qualitätsgesicherter Messdaten und deren semantischer Beschreibung zu konzipieren, prototypisch umzusetzen und zu validederen.

Im Rahmen des Projektes wird untersucht, inwieweit, neue Standards des Open Geospatial Consortium (OGC) zu Sensor Web Enablement (SWE) die Anforderungen für die ‚pull'-basierte ‚live' Messdatenbereitstellung und Qualitätsbeschreibung erfüllen können (vgl. SAGL et al. 2011). Für die ‚push'-basierte Bereitstellung wird untersucht, inwieweit das bidirektionale, TCP-basierte Kommunikationsprotokoll W3C WebSockets Anwendung finden kann, diese Information als OGC SOS Erweiterung bzw, über eigene, semantisch an internationale Standards angelehnte JSON bzw. GeoJSON kompatible Definitionen automatisiert auszutauschen. Um die notwendigen Qualitätsberechnungen der Messungen möglichst effektiv und schnell durchführen zu können, werden anstelle von klassischen Datenbank-Konzepten neue, räumlich erweiterte Complex-Event-Processing (CEP) Konzepte und für Qualitätsregeln, bei denen historische Messdaten benötigt werden, Big-Data-Storage Konzepte (z. B. Redis und MongoDB) evaluiert. Diese neuen Technologien sind notwendig, um auch Relationen zwischen den einzelnen Stationen, wie die räumliche Distanz und historische Vergleiche in naher Echtzeit in die automatisierte Qualitätssicherung einzubeziehen.

Das ist notwendig, um die automatisierte, near real-time Detektion und Bewertung von Anomalien für Messreihen zu ermöglichen. Dies ermöglicht mitunter die Unterscheidung, ob die festgestellten Anomalien Bestandteil eines typischen, dem hydrologischen Phänomen (z. B. schnell steigender Pegelstand aufgrund von Starkregen) innewohnendem (z. B. aufgrund von Starkregen) oder bewusst gesteuerten anthropogenen Musters (z. B. Ausspülung der Geschiebefracht bei Staukraftwerken) sind, bzw. ob diese Anomalien auf Mess- oder Datenfehler zurückzuführen sind.

4 Fazit

Das Projekt ‚smart SensorIQS' beschäftigt sich mit der automatisierten Qualitätssicherung von ‚live'-Sensormessdaten aus hydrologischen Messnetzen. Im Mittelpunkt der Forschungsarbeiten stehen die Harmonisierung, Definition und Organisation neuer raumzeitlicher Prüfkonzepte für hydrologische Messdaten sowie die anschließende Kombination mit neuen serviceorientierten Ansätzen für den standardisierten Messdatenaustausch. Wissenschaftliche Grundbausteine für die Qualitätssicherung sind der Aufbau einer (österreichweit) harmonisierten ‚Qualitäts-Ontologie' (‚EcoOnt') für hydrologische Umweltphänomene sowie die technische Konzeption und prototypische Implementierung eines automatisierten ‚Regelwerks' zur Fehlererkennung und Fehlerkorrektur.

Danksagung

smart SensorIQS wird durch die FFG im Rahmen der Bridge-Programmlinie gefördert. Die FH Kärnten koordiniert das Projekt, das weiters folgende Partner umfasst: Research Studios Austria Forschungsgesellschaft mbH Studio iSPACE (Salzburg), toposoft Gesellschaft für Datenbanken und Applikationen mbH (Aachen, Deutschland).

Literatur

ANDERS, K., ANDRAE, S., GRUBER, G., HECKE, A, KOPEINIG, C., MOSER, J. & WIESER, A. (2011), Web-basierter Dienst zur Messdatenvalidierung in einem automatischen Sensornetzwerk. In: Conference Journal für 5. Forschungsforum der österreichischen Fachhochschulen, Wien.

DWD – DEUTSCHER WETTERDIENST (2014), http://www.dwd.de/bvbw/appmanager/bvbw/dwdwwwDesktop?_nfpb=true&_pageLabel=dwdwww_result_page&gsbSearchDocId=679378.

EUROPEAN ENVIRONMENT AGENCY (EEA), EEA Report No. 12/2012, Climate change, impacts and vulnerability in Europe 2012, 42-45.

SAGL, G., LIPPAUTZ, M., RESCH, B. & MITTLBOECK, M. (2011), Near Real-Time Geo-Analyses for Emergency Support: A Radiation Safety Exercise. In: Proceedings of the 14th AGILE International Conference on Geographic Information Science, Utrecht, The Netherlands, 18-21 April 2011.

SAGL, G., ATZL, C., MITTLBÖCK, M., ADLER, S., RESCH, B., LUKIC, S. & LIPPAUTZ, M. (2012), Von Sensordaten zu raumzeitlicher Umweltinformation als Web-Service – Konzeption, Implementierung und Validierung eines vollautomatisierten Workflows. In: STROBL, J. et al. (Hrsg.), Angewandte Geoinformatik 2012. Wichmann Verlag, Berlin/Offenbach, 276-282.

Danksagung

Ein besonderer Dank gilt dem Programmkomitee der AGIT 2014, welches das AGIT-Team in fachlicher Hinsicht ergänzt!

Die thematische Breite sowie die Programmgestaltung und Qualitätssicherung einer Veranstaltung dieser Größenordnung bedarf der Unterstützung durch Fachkolleginnen und -kollegen, die zusätzliche Kompetenzen einbringen und sich bei der Sichtung und Beurteilung der zahlreichen eingereichten Beitragsangebote engagiert haben.

Im Namen aller Teilnehmerinnen und Teilnehmer und vor allem der Autorinnen und Autoren der AGIT 2014 sei den nachstehenden Damen und Herren für ihre Bereitschaft zur Mitarbeit Anerkennung und herzlichen Dank ausgesprochen:

Albrecht, Jochen – City University of New York

Almer, Alexander – Joanneum Research

Bartelme, Norbert – TU Graz

Bill, Ralf – Universität Rostock

Blaschke, Thomas – Universität Salzburg

Bieberach, Markus – Research Studios Austria Forschungsgesellschaft

Böhner, Jürgen – Universität Hamburg

Buhmann, Erich – Hochschule Anhalt

Car, Adriana – German University of Technology, Muscat

Dollinger, Franz – Land Salzburg

Fally, Michael – SPAR Österreich

Forsythe, Wayne – Ryerson University

Greve, Klaus – Universität Bonn

Griesebner, Gerald – Universität Salzburg

Gruber, Gerald – FH Kärnten

Heistracher, Thomas – FH Salzburg

Heller, Armin – Universität Innsbruck

Hofer, Barbara – Universität Salzburg

Hofmann, Peter – Universität Salzburg

Keller, Stefan – Hochschule für Technik Rapperswil

Kias, Ulrich – FH Weihenstephan

Kiehle, Christian – CSC Deutschland Solutions GmbH

Klug, Hermann – Universität Salzburg

Koch, Andreas – Universität Salzburg

Kollarits, Stefan – PRISMA Solutions Wien

Krampe, Stefan – TraffiCon Salzburg

Lang, Stefan – Universität Salzburg
Leitner, Michael – Louisiana State University
Loidl, Martin – Universität Salzburg
Mandl, Peter – Universität Klagenfurt
Margraf, Otti – IfL Leipzig
Mittlböck, Manfred – Research Studios Austria Forschungsgesellschaft
Möller, Matthias – Beuth Hochschule Berlin
Muhar, Andreas – Universität für Bodenkultur Wien
Paulus, Gernot – FH Kärnten
Peyke, Gerd – Universität Augsburg
Prinz, Thomas – Research Studios Austria Forschungsgesellschaft
Rase, Wolf-Dieter – BA für Bauwesen und Raumordnung
Resch, Bernd – Universität Heidelberg
Roth, Cornelius – Wirtschaftsförderungsgesellschaft Berchtesgadener Land mbH
Scholz, Johannes – Research Studios Austria Forschungsgesellschaft
Schweikart, Jürgen – Beuth Hochschule Berlin
Staudinger, Martin – FernFH Wien, Wiener Neustadt
Steinnocher, Klaus – Austrian Institute for Technology
Strobl, Josef – Universität Salzburg
Tiede, Dirk – Universität Salzburg
Traun, Christoph – Universität Salzburg
Vogler, Robert, – Universität Salzburg
Zagel, Bernhard – Universität Salzburg
Zeil, Peter – Copernicus Bureau, European Commission
Zipf, Alexander – Universität Heidelberg

UNIVERSITÄT SALZBURG

UNIGIS

Z_GIS

INTERFAKULTÄRER FACHBEREICH GEOINFORMATIK – Z_GIS